Xinbian Qiaoliang Shigong Gongchengshi Shouce

新编桥梁施工工程师手册

向中富　邹毅松　杨寿忠　主编

人民交通出版社

内 容 提 要

本手册依据《公路桥涵施工技术规范》(JTG/T F50—2011)进行编写,并结合桥梁建设最新进展,采用图表方式介绍了当前常见及最新桥梁施工方法、技术、工艺及质量要求,内容包括:桥梁施工常用资料,桥梁施工组织设计,桥梁施工测量,桥梁施工支架、模板及临时设施,桥梁钢筋(包括预应力钢筋),钢结构及混凝土工程,桥梁基础及墩台施工,各主要形式桥梁施工,桥面与附属工程施工,以及桥梁维护与加固施工等,共21章。

本手册可作为桥梁施工工程师的实用手册,也可供桥梁设计、管养人员以及高等学校相关专业的师生参考。

图书在版编目(CIP)数据

新编桥梁施工工程师手册/向中富,邹毅松,杨寿忠主编.—北京:人民交通出版社,2011.6

ISBN 978-7-114-09195-7

Ⅰ.新… Ⅱ.①向…②邹…③杨… Ⅲ.①桥梁施工—工程技术人员—技术手册 Ⅳ.①U445—62

中国版本图书馆 CIP 数据核字(2011)第111641号

书　　名:新编桥梁施工工程师手册
著 作 者:向中富　邹毅松　杨寿忠
责任编辑:曲　乐　李　喆
出版发行:人民交通出版社股份有限公司
地　　址:(100011)北京市朝阳区安定门外外馆斜街3号
网　　址:http://www.ccpress.com.cn
销售电话:(010) 59757973
总 经 销:人民交通出版社股份有限公司发行部
经　　销:各地新华书店
印　　刷:北京市密东印刷有限公司
开　　本:787×1092　1/16
印　　张:41.75
字　　数:997千
版　　次:2011年7月　第1版
印　　次:2019年4月　第4次印刷
书　　号:ISBN 978-7-114-09195-7
定　　价:95.00元

前 言

随着我国交通及城市建设的飞速发展，桥梁作为跨越江河、山谷、海峡和线路（公路、市政道路、铁路）等障碍的道路咽喉工程，也随之快速发展，新的桥梁形式及结构体系不断涌现，新的桥梁建造技术、工艺及建桥材料不断推出，新的施工手段及设备不断出现，新的技术标准、规范及质量要求相继提出。为了适应新时期桥梁建设需要，满足广大桥梁技术人员的新需求，我们组织编写了这本《新编桥梁施工工程师手册》。

本手册主要针对新建桥梁施工，并主要依据《公路桥涵施工技术规范》（JTG/T F50—2011）等一系列国家及行业最新标准、规范以及桥梁施工技术发展实际，考虑桥梁施工方法、技术、工艺的成熟性和普遍性，采用图表方式进行编写。主要内容包括：桥梁施工常用资料，桥梁施工组织设计，桥梁施工测量，明挖基础、桩基础、沉井基础、地下连续墙基础和组合基础，模板、支（拱）架及设备、设施，钢筋、混凝土工程及预应力、砌体及钢结构工程，墩台及梁桥、拱桥、斜拉桥、悬索桥施工，桥面及附属工程施工，桥梁维护与加固施工。

本手册分为21章，其中，第1章由邹毅松编写，第2、第4、第7、第8、第10、第11、第13章由杨寿忠编写，第3章由潘国兵编写，第5、第6章由易晋生、向中富编写，第9章由杨寿忠、向中富、王俊如编写，第12章由刘大超编写，第14章由陈思甜编写，第15、第16章由吴海军、邹毅松编写、第18、第19章由邹毅松、向中富、张雪松编写，第17、第20、第21章由向中富编写。全书由向中富、邹毅松、杨寿忠主编，向中富统稿。

由于水平有限，其中的谬误及不当之处，敬请指正！

编者

2011年6月

总　目

目 录

1 桥梁施工常用资料

2 桥梁施工组织设计

3 桥梁施工测量

4 明 挖 基 础

5 桩 基 础

6 沉 井 基 础

7　地下连续墙基础

8　组 合 基 础

9　模板、支(拱)架与施工设备、设施

10　钢　　筋

11　预　应　力

12　混凝土工程

13 砌体

14 桥梁钢结构工程

15 桥梁墩台

16 梁桥施工

17 拱桥施工

18　斜拉桥施工

19　悬索桥施工

20　桥面及附属工程

21　桥梁维护与加固

参考文献

1 桥梁施工常用资料

1.1 常用桥梁技术术语

常用桥梁技术术语　表1.1-1

术　语	术 语 释 意
控制测量 control survey	为建立测量控制网而进行的测量工作,包括平面控制测量、高程控制测量和三维控制测量
GPS测量 global positioning system survey	通过接收卫星发布的定位信息,求定测站点空间坐标的方法
跨河水准测量 river-crossing leveling	视线长度超过规定,跨越江河(湖塘、宽沟、洼地、山谷等)的水准测量
施工测量 construction survey	工程开工前及施工中,根据设计图在现场恢复道路中线、定出构造物位置等测量放样的作业
竣工测量 final survey	工程竣工后,为编制竣工文件,对实际完成的各项工程进行的一次全面测量的作业
围堰 coffer dam	用于水下施工的临时性挡水设施
锚锭 anchor	将系于水中船只或双壁钢围堰的缆索固定的临时构造物
围幕法排水 ring curtain wall de-watering	用以隔断水源,减少渗流水量,防止流沙、突涌、管涌、潜蚀等,在基坑边线外设置的一圈隔水幕
地基 subsoil	直接承受构造物荷载影响的地层
加固地基 consolidated subsoil	用换土、夯实、有机或无机结合料稳定等方法加固处理的地基
天然地基 natural subsoil	未经加固处理或扰动的地基
沉入桩 penetrated pile	钢、木、钢筋混凝土等材料制作的柱状构件,经锤击、振动、射水、静压等方式沉入或埋入地基而成的桩
贯入度 penetration	锤击沉入桩时,根据锤的种类取每锤或每分钟桩的贯入量,以mm/击、mm/min计

续上表

术　语	术语释意
灌注桩 cast-in-place concrete pile	在地基中以人工或机械成孔，在孔中灌注混凝土而成的桩
大直径桩 large diameter pile	将直径大于等于2.5m的钻孔灌注桩界定为大直径桩
超长桩 extra-long pile	桩长大于等于90m的钻孔灌注桩
摩擦桩 friction pile	主要靠桩表面与地基之间的摩擦力支承荷载的桩
支承桩 bearing pile	主要靠桩的下端反力支承荷载的桩
PHP泥浆 PHP mud	丙烯酰胺泥浆，即PHP泥浆，以膨润土、碳酸钠、聚丙烯酰胺的水解物和锯木屑、稻草、水泥或有机纤维复合物，按一定比例配制的不分散、低固相、高黏度泥浆
沉井基础 open caisson foundation	上下敞口带刃脚的空心井筒状结构物，下沉水中到设计高程处，以井筒作为结构外壳而建筑成的基础
地下连续墙 underground continuous wall	用专用的挖槽（孔）设备，沿着深基础或地下构筑物周边，采用泥浆护壁，开挖出具有一定宽度（直径）与深度的沟槽（孔），在槽（孔）内设置钢筋骨架，采用导管法浇混凝土，筑成一个单元墙（桩柱）段，依次施工，以某种接头方式连接成一道连续的地下钢筋混凝土墙，作为基坑开挖时防渗、挡土、邻近建筑物基础的支护以及直接成为承受垂直荷载的基础结构物的一部分。这种地下墙体，即为现浇钢筋混凝土地下连续墙
导墙 guide wall	用于地下连续墙施工导向、蓄积泥浆并维持表面高度，支承挖墙机械设备，维护槽顶表土层的稳定和阻止地面水流入沟槽的板形、匚形、倒L形构造物
钢筋闪光对焊 flash butt welding of reinforcing steel bar	将两根钢筋安放成对接形式，利用电阻热使接触点金属熔化，产生强烈飞溅，形成闪光，迅速加顶锻力完成的一种压焊方法
钢筋电渣压力焊 electroslag pressure welding of reinforcing steel bar	将钢筋安放成竖向对接形式，利用焊接电流通过两钢筋端面间隙，在焊剂层下形成电弧过程和电渣过程，产生电弧热和电阻热，熔化钢筋，加压完成的一种压焊方式
预埋件钢筋埋弧压力焊 submerged-arc pressure welding of reinforcing steel bar at embedded components	将钢筋与钢板安放成T形接头形式，利用焊接电流通过，在焊剂层下产生电弧，形成熔池，加压完成的一种压焊方法
钢筋机械连接 rebar mechanical splicing	通过连接件的机械咬合作用或钢筋端面的承压作用，将一根钢筋中的力传递至另一根钢筋的连接方法
挤压套筒接头 compressed sleeve coupler	通过挤压力使连接用钢套塑性变形与带肋钢筋紧密咬合形成的接头

续上表

术　　语	术 语 释 意
锥螺纹套筒接头 coupler of taper threaded sleeve	通过钢筋端头特制的锥形螺纹和锥纹套管咬合形成的接头
直螺纹套筒接头 coupler of linear screw thread sleeve	通过钢筋端头特制的直螺纹和直螺纹套管咬合形成的接头
焊接网 welded fabric	具有相同或不同直径的纵向和横向钢筋，分别以一定距离垂直排列，全部交叉点均用电阻电焊在一起的钢筋网片
水泥强度 cement strength	水泥强度用强度等级表示，水泥强度等级按规定龄期的抗压强度和抗折强度来划分，单位为 MPa，水泥的强度等级依次为 32.5,32.5R,42.5,42.5R,52.5,52.5R,62.5,62.5R
水胶比 water to binder ratio	混凝土拌和物用水量与胶凝材料总量（水泥和矿物掺和料质量之和）之比
胶凝材料 cementitious material, or binder	混凝土原材料中具有胶结作用的硅酸盐水泥和粉煤灰、硅灰、磨细矿渣等矿物掺和料（混合材料）的总称。矿物掺和料在混凝土配合比中的用量，以其占胶凝材料的质量百分比表示
高强度混凝土 high strength concrete	强度等级 C60 及以上的混凝土
高性能混凝土 high performance concrete	用混凝土的常规材料、常规工艺，在常温下，以低水胶比、大掺量优质掺和料和严格的质量控制措施制作的，具有良好的施工工作性能且硬化后具有高耐久性、高尺寸稳定性及较高强度的混凝土
海工耐久混凝土 mar' me structure durable concrete	用混凝土常规原材料、常规工艺、加矿物掺和料及化学外加剂，经配合比优化而制作的，在海洋环境中具有高耐久性、高尺寸稳定性和良好工作性的高性能结构混凝土
氯离子在混凝土中的扩散系数 chloride diffusion coefficient of concrete	表示氯离子在混凝土中扩散性的一个参数
混凝土耐久性 durability of concrete	在正常设计、施工、使用和维护条件下，混凝土在设计使用期内具有抗冻、防止钢筋腐蚀和抗渗的能力
大体积混凝土 major volume concrete	现场浇筑的最小边尺寸大于或等于 1m 且必须采取措施以避免水化热引起的内表温差过大而导致裂缝的混凝土，称为大体积混凝土
钢筋的混凝土保护层 concrete cover to reinforcement	从混凝土表面到钢筋最外缘之间的距离。在耐久性设计中，如无特殊标明，这一保护层应为最外侧钢筋的保护层，通常情况下应为箍筋或外侧分布筋而不是主筋
先张法 pretensioning method	先在台座上张拉预应力钢材，然后浇筑水泥混凝土以形成预应力混凝土构件的施工方法
后张法 post-tensioning method	先浇筑水泥混凝土，待达到规定的强度后再张拉预应力筋以形成预应力混凝土构件的施工方法
片石 rubble	符合工程要求的岩石，经开采选择所得的形状不规则的、边长一般不小于 150mm 的石块
块石 block stone	符合工程要求的岩石，经开采并加工而成的形状大致方正的石块

续上表

术　语	术语释意
料石 dressed stone	按规定要求经凿琢加工而成的形状规则的石块
结构物的表面系数 surface factor of structure	是指结构物冷却面积(m^2)与结构体积(m^3)的比值
移动模架逐跨施工法 span by span method with stepping formwork	采用可在桥墩上纵向移动的支架及模板,在其上逐跨拼装水泥混凝土梁体预制件或现浇梁体水泥混凝土,并逐跨施加预应力的施工方法
悬臂浇筑法 cast-in-place cantilever method	在桥墩顺桥向两侧采用专用设备对称平衡地逐段向跨中悬臂浇筑水泥混凝土梁体,并逐段施加预应力的施工方法
挂篮 movable suspended scaffolding	用悬臂浇筑法浇筑T形刚构梁、连续梁等水泥混凝土梁时,用于承受施工荷载及梁体自重,能逐段向前移动经特殊设计的主要工艺设备。主要组成部分有承重系统、提升系统、锚固系统、行走系统、模板与支架系统
伸缩缝 expansion joint	为减轻材料膨胀对结构物的影响,而在结构物中预先设置的间隙
沉降缝 settlement joint	为减轻地基不均匀变形对结构物的影响,而在结构物中预先设置的间隙
施工缝 construction joint	当混凝土施工时,由于技术上或施工组织上的原因,不能一次连续浇筑时,而在结构的规定位置留置的搭接面或后浇间隔槽
预制节段逐跨拼装法 segmental construction span by span	将预制好的梁体混凝土块件利用专用设备逐跨进行拼装,并逐跨施加预应力的施工方法
悬臂拼装法 balance cantilever erection method	在桥墩顺桥向两侧,采用专用设备对称平衡地逐段向跨中悬臂拼装水泥混凝土梁体预制块件,并逐段施加预应力的施工方法
支架 support	用于支承模板或其他施工荷载的临时结构
托架 corbel	墩顶梁段及附近梁段施工,浇筑悬浇部分时利用墩身预埋件与型钢或万能杆件拼制连接而成的支架
膺架 falsework	悬臂浇筑施工墩顶梁段及附近梁段,根据墩身高度、承台形式和地形情况用分别支承在墩身、承台上的型钢或万能杆件拼制的支架
箱梁基准块 datum segent of box girder	悬臂拼装施工过程中作为控制桥轴线和高程标准的首块梁块,预制时在该梁块顶面埋置轴线和高程控制标志,预制尺寸精度要求高,悬拼时安放在墩侧
胶接缝 glued joint with epoxy resin	预应力混凝土梁体分块预制,悬臂拼装成大跨度连续梁,梁体间采用现浇混凝土将梁块连成整体的接缝
顶推法 incremental launching method	梁体在桥头逐段浇筑或拼装,在梁前端安装导梁,用千斤顶纵向顶推,使梁体通过各墩顶的临时滑动支座就位的施工方法
滑板 sliding plate(PTEE)	在顶推施工的顶进过程中,在主梁与墩、台上的滑道或导向装置之间随顶进而填加进滑道内的临时块件,由钢板夹橡胶等粘贴聚四氟乙烯板组成
预拱度 camber	为抵消梁、拱、桁架等结构在荷载作用下产生的位移(挠度),而在施工或制造时所预留的与位移方向相反的校正量
施工荷载 construction load	施工阶段为验算桥梁结构或构件安全度所考虑的临时荷载,如结构重力、施工设备、人群、风力、拱桥单向推力等

续上表

术　语	术语释意
分环(层)分段浇筑法 concretion layer by layer and segment by segment	在拱架上浇筑大跨径拱圈(拱肋)时,为减轻拱架负荷,沿拱圈纵向分成若干条幅或上下分层浇筑。分条幅浇筑时,中间条幅先行浇筑合龙,再横向对称、分次浇筑其他条幅,其浇筑顺序应通过计算确定
分环多工作面均衡浇筑法 balanced concreting layer by layer with multi-workpoint	浇筑大跨径劲性骨架混凝土拱圈(拱肋)时,为使劲性骨架变形均匀并有效地控制拱圈内力和变形,将拱圈沿纵向分为多个工作面,每个工作面沿横向又分成多个工作段,各工作面对称、均衡浇筑
斜拉扣挂分环连接浇筑 concreting under control of stress adjustment with a cable-stayed system	浇筑劲性骨架混凝土拱圈(拱肋)时,在拱圈(拱肋)适当位置选取扣点,用钢绞线作为扣索(斜拉索)连接于两岸设置的临时塔架,在混凝土浇筑过程中,根据各断面的应力情况对扣索进行张拉或放松,以实现从拱脚到拱顶连续浇筑混凝土
风缆系统 cable-stayed stability system	为实现拱肋无支架吊装,确保拱肋横向稳定而进行专门设计的包括风缆及其附属设施的固定拱肋的临时装置
缆索吊装法 erection with cableway method	利用支承在索塔上缆索运输和安装桥梁构件的施工方法
转体架桥法 construction by swing method	利用河岸地形预制两个半孔桥跨结构,在岸墩或桥台上旋转就位跨中合龙的施工方法
零件 part	组成部件或构件的最小单元,如节点板、翼缘板等
部件 component	由若干零件组成的单元,如焊接H形钢、牛脚等
构件 element	由零件或零件和部件组成的钢结构基本单元,如梁、柱、支撑等
高强度螺栓连接副 a set of high strength bolt	高强度螺栓和与之配套的螺母、垫圈的总称
抗滑移系数 slip factor	高强度螺栓连接中,使连接件摩擦面产生滑动时的外力与垂直于摩擦面的高强度螺母预拉力之和的比值
超声波探伤 supersonic sounding	利用超声波对结构或钢材焊接进行质量检验的方法
射线探伤 γ or X-ray inspecting	利用X、γ射线对结构或钢材焊接进行质量检验的方法
预拼装 test assembling	在安装施工前,为检验构件是否满足安装质量要求而进行的拼装
环境温度 ambient temperature	制作或安装时现场的温度
锚碇 anchor	一般指悬索桥主缆索的锚固系统,包括锚块、鞍部及其他附属构造的锚体和基础的总称

续上表

术 语	术 语 释 意
索(桥)塔 cable bent tower	索塔指悬索桥支承主索的塔形构造物,桥塔指斜拉桥锚固斜拉索的塔形构造物
施工猫道 catwalk for construction	因悬索桥索股架设、紧缆、索夹安装、吊索架设、加劲梁架设、缠丝等的施工需要而架设的施工便道,一般由缆索支承的空中施工通道
空中纺线法 airspinning method	一种将单根钢丝在锚体之间往返编织而形成悬索桥主缆的架设方法
索鞍 cable saddle	在悬索桥索塔顶部设置的鞍状支承装置
索夹 cable clamp	将悬索桥吊索与主缆连接的夹箍式构件
吊索 suspender	将悬索桥主缆与主梁相联系的受拉构件。将主梁承受的恒荷载及活载传递给主缆
加劲钢箱梁 stiffened steel box girder	支承桥面,与桥面结合成一体并将恒荷载及活荷载通过吊、拉索传递给索塔或通过梁底支座传递给墩台的钢制箱形构件
预制平行钢丝索股法 shop-fabricated parallel wire strand method	以多根平行钢丝预制成索股,并将其从一端锚体向另一端锚体牵引就位锚固而形成悬索桥主缆的架设方法
拉索 main cable	承受拉力并作为主梁主要支承的结构构件
初拉力 initial tension	安装拉索时,给拉索施加的张拉力
拉索调整力 adjustment of cable tension	为改善主梁及索塔的截面内力及变形而调整拉索的拉力
模数式伸缩装置 module expansion equipment(joint)	伸缩体由异形钢梁与单元橡胶密封带组合而成的伸缩装置,适用于伸缩量为 80 ~ 1 200mm 的公路桥梁工程
弹塑体材料填充式伸缩装置 expansion equipment(joint) filled with elastic materials	伸缩体由高黏弹塑性材料和碎石结合而成,填充于伸缩缝内,称为填充式弹塑体材料伸缩装置,适用于伸缩量小于 50mm 的中、小跨径公路桥梁工程
复合改性沥青填充式伸缩装置 expansion equipment(joint)filed with compound modified asphalt	伸缩体由复合改性沥青及碎石混合而成,填充于伸缩缝内,称为复合改性沥青填充式伸缩装置,适用于伸缩量小于 50mm 的中、小跨径公路桥梁工程
顶进法 jack-in method	利用顶进设备将预制的箱形或圆管形构造物逐渐顶入路基,以构成立体交叉通道或涵洞的施工方法
桥涵顶进后背 tempory reaction suppor	在桥涵顶进施工中,承受千斤顶反力的临时结构物
作用 action	施加在结构上的集中力或分布力,如汽车、结构的自重等,称为直接作用,也称为荷载;引起结构外加变形或约束变形的原因,如地震、基础不均匀沉降、温度变化等,称为间接作用。两者统称为作用
永久作用 permanent action	在结构使用期间,其量值不随时间而变化,或其变化值与平均值比较可忽略不计的作用

续上表

术 语	术语释意
可变作用 variable action	在结构使用期间,其量值随时间而变化,且其变化值与平均值比较不可忽略的作用
偶然作用 accidental action	在结构使用期间出现的概率很小,一旦出现,其值很大且持续时间很短的作用
作用代表值 representative value of an action	结构或结构构件设计时,针对不同设计目的所采用的各种作用规定值,它包括作用标准值、准永久值和频遇值等
作用标准值 characteristic value of an action	结构或结构构件设计时,采用的各种作用的基本代表值,其值可根据作用在设计基准期内最大值概率分布的某一分位值确定
设计基准期 design reference period	在进行结构可靠性分析时,考虑持久设计状况下各项基本变量与时间关系所采用的基准时间参数
作用频遇值 frequent value of an action	结构或构件按正常使用极限状态短期效应组合设计时,采用的一种可变作用代表值,其值可根据在足够长观测期内作用任意时点概率分布的0.95分位值确定
作用准永久值 quasi-permanent value of an action	结构或构件按正常使用极限状态长期效应组合设计时,采用的另一种可变作用代表值,其值可根据在足够长观测期内作用任意时点概率分布的0.5(或略高于0.5)分位值确定
作用效应 effect of action	结构对所受作用的反应,如由作用产生的结构或构件的轴向力、弯矩、剪力、应力、裂缝、变形等,称为作用效应
作用效应设计值 design value of an action effect	作用标准值效应与作用分项系数的乘积
分项系数 partial safety factor	为保证所设计的结构具有规定的可靠度而在设计表达式中采用的系数,分作用分项系数和抗力分项系数两类
作用效应组合 combination for action effects	结构上几种作用分别产生的效应的随机叠加
结构重要性系数 coefficient for importance of a structure	对不同安全等级的结构,为使其具有规定的可靠度而采用的作用效应附加的分项系数
作用效应组合系数 coefficient of combination for action effects	在作用效应组合中,由于几个独立可变作用效应最不利值同时出现的概率较小,而对作用采用的折减系数
作用效应基本组合 fundamental combination for action effects	承载能力极限状态设计时,永久作用设计值效应与可变作用设计值效应的组合
作用效应偶然组合 accidental combination for action effects	承载能力极限状态设计时,永久作用标准值效应与可变作用某种代表值效应、一种偶然作用标准值效应的组合
作用短期效应组合 combination for short-term action effects	正常使用极限状态设计时,永久作用标准值效应与可变作用频遇值效应的组合
作用长期效应组合 combination for long-term action effects	正常使用极限状态设计时,永久作用标准值效应与可变作用准永久值效应的组合

续上表

术　语	术语释意
材料强度标准值 characteristic value of material strength	设计结构或构件时,采用的材料强度的基本代表值。该值可根据符合规定标准的材料,其强度概率分布的0.05分位值确定
材料强度设计值 design value of material strength	材料强度标准值除以材料强度分项系数后的值
安全等级 safety class	为使桥涵具有合理的安全性,根据桥涵结构破坏所产生后果的严重程度而划分的设计等级
几何参数标准值 nominal value of geometrical parameter	设计结构或构件时采用的几何参数的基本代表值,其值可按设计文件规定值确定
承载力设计值 design value of ultimate bearing capacity	结构或构件按承载能力极限状态设计时,用材料强度设计值计算的结构或构件极限承载能力
开裂弯矩 cracking moment	构件出现裂缝时的理论临界弯矩
圬工桥涵 masonry bridge and culvert	以石材或混凝土包括以其块件和砂浆或小石子混凝土结合而成的砌体作为建筑材料,所建成的桥梁和涵洞
基础 foundation	将结构所承受的各种作用传递到地基上的结构组成部分
节理 joint	岩体破裂面两侧岩层无明显位移的裂缝或裂隙
承载力容许值 allowable value of bearing capacity	地基压力变形曲线上,在线性段内某一变形所对应的压力值
持力层 bearing stratum	直接承受基础作用的地层
下卧层 underlying stratum	位于持力层以下,处于被压缩或可能被剪损的一定深度内的土层
重力密度 gravity density	单位体积岩土所承受的重力,为岩土的密度与重力加速度的乘积
季节性冻土 seasonal frozen soil	冬季冻结、春(夏)季全部融化的土层
多年冻土 permafrost	冻结状态持续两年以上的土层
桩基础 pile foundation	由桩以及连接桩顶的承台或系梁所组成的基础
负摩阻力 negative friction	桩身周围土由于自重固结、自重湿陷、地面附加荷载等原因而产生大于桩身的沉降时,土对桩侧表面所产生的向下摩阻力
基桩 foundation pile	桩基础中的单桩

续上表

术 语	术 语 释 意
极限状态 limit states	整体结构或结构的一部分,超过某一特定状态就不能满足设计规定的某一功能要求时,此特定状态为该功能的极限状态
可靠度 degree of reliability	结构在规定的时间内,在规定的条件下,完成预定功能的概率
设计状况 design situation	结构从施工到使用的全过程中,代表一定时段的一组物理条件,设计时必须做到使结构在该时段内不超越有关的极限状态
群桩基础 foundation of pile-group	由两根及以上基桩组成的桩基础
地基处理 ground treatment	为提高地基土的承载力、改善其变形性质或渗透性质而采用的工程措施
切向冻胀力 tangential frost-heave	地基土在冻结膨胀时所产生的作用方向平行于基础侧面的力
加固施工 strengthening construction	对桥梁进行使用功能恢复或承载能力提高及缺陷处理的施工
裂缝表面封闭法 sealed surface method	对混凝十构件表面微小裂缝进行封闭处理的方法
自动低压渗注法 the automatic low pressure seeps method	采用低压注射装置,利用注浆体良好的渗透性能处理裂缝的方法
压力注浆法 pressure slip casting method	通过一定的压力将浆液压入混凝土裂缝中的方法
环氧涂层钢筋 epoxy coating reinforcement	表面涂有封闭环氧涂层的钢筋
套拱加固法 interlink arch strengthening method	在原桥主拱圈底面新增拱圈,使新旧拱圈共同受力的加固方法
更换斜拉索 stayed cable replacement	对不能满足正常使用要求的斜拉索进行更换
焊接加固法 welding strengthening method	采用焊接工艺对钢构件进行加固的方法
栓接加固法 bolting strengthening method	采用螺栓连接工艺进行加固的方法
裂纹修理 restoration of crack	对钢构件产生的裂纹进行的修理
套箍加固法 strengthening method with hoops	在桥梁墩身、台身表面缠绕钢带、纤维复合材料条带或浇筑钢筋混凝土形成封闭式套环的加固方法

注:表中术语并非涵盖了全部桥梁技术术语。术语的解释,其中有一部分是国际公认的定义,但大部分则是概括性的涵义,并非国际或国家公认的定义。术语的英文名称不是标准化名称,仅供引用时参考。

1.2 桥梁施工常用几何、截面特性计算公式

1.2.1 三角形计算公式

三角形计算公式表 表 1.2-1

图形	已知	求	公式	直角三角形表解			
				b	a	A	c
F——面积 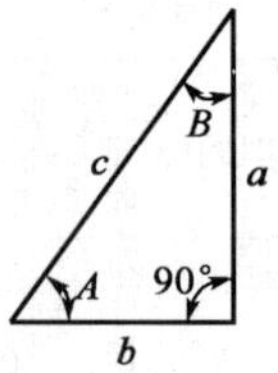	a,c	A,B	$\sin A=\frac{a}{c},\cos B=\frac{a}{c}$	1/12	1	85°14′	1.003 5
		b,F	$b=\sqrt{c^2-a^2},F=\frac{a}{2}\sqrt{c^2-a^2}$				
	a,b	A,B	$\tan A=\frac{a}{b},\tan B=\frac{b}{a}$	1/11	1	84°50′	1.004 1
		c,F	$c=\sqrt{a^2+b^2},F=\frac{ab}{2}$	1/10	1	84°17′	1.005 0
	A,a	B,b	$B=90°-A,b=a\cot A$	1/9	1	83°40′	1.006 1
		c,F	$c=\frac{a}{\sin A},F=\frac{a^2\cot A}{2}$	1/8	1	82°53′	1.008 0
	A,b	B,a	$B=90°-A,a=b\tan A=c\cos B$	1/7	1	81°52′	1.010 2
		c,F	$c=\frac{b}{\cos A},F=\frac{b^2}{2}\tan A$	1/6	1	80°31′	1.013 8
	A,c	B,a	$B=90°-A,a=c\sin A$	1/5	1	78°41′	1.019 8
		b,F	$b=c\cos A$, $F=\frac{c^2\sin A\cos A}{2}=\frac{c^2\sin 2A}{4}$	1/4	1	75°58′	1.030 7
	c,F	A,B	$\cos A=\frac{b}{c},B=90°-A$	1/2	1	63°26′	1.118 0
		a,F	$a=\sqrt{c^2-b^2},F=\frac{ab}{2}$	3/4	1	53°08′	1.250 0
$s=\frac{a+b+c}{2}$ 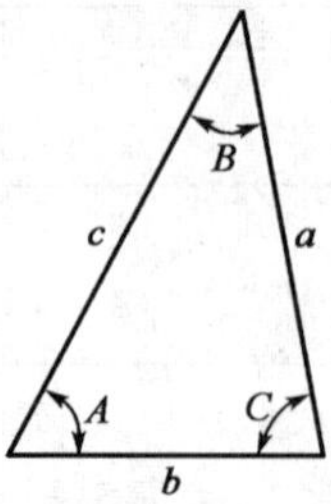	a,b,c	A	$\sin\frac{1}{2}A=\sqrt{\frac{(s-b)(s-c)}{bc}}$ $\cos\frac{1}{2}A=\sqrt{\frac{s(s-a)}{bc}}$	1	1	45°00′	1.414 2
			$\tan\frac{1}{2}A=\sqrt{\frac{(s-b)(s-c)}{s(s-a)}}$	$1\frac{1}{4}$	1	38°40′	1.600 0
		B	$\sin\frac{1}{2}B=\sqrt{\frac{(s-a)(s-c)}{ac}}$	$1\frac{1}{4}$	1	38°40′	1.600 0
			$\cos\frac{1}{2}B=\sqrt{\frac{s(s-b)}{ac}}$ $\tan\frac{1}{2}B=\sqrt{\frac{(s-a)(s-c)}{s(s-b)}}$	$1\frac{1}{2}$	1	33°42′	1.802 8
		C	$\sin\frac{1}{2}C=\sqrt{\frac{(s-a)(s-c)}{ab}}$ $\cos\frac{1}{2}C=\sqrt{\frac{s(s-c)}{ab}}$	$1\frac{3}{4}$	1	29°44′	2.016 0
			$\tan\frac{1}{2}C=\sqrt{\frac{(0s-b)(s-a)}{s(s-c)}}$	$2\frac{1}{2}$	1	26°34′	2.236 0
		F	$F=\sqrt{s(s-a)(s-b)(s-c)}$	$2\frac{1}{2}$	1	26°34′	2.236 0

续上表

图　形	已知	求	公　式	直角三角形表解			
				b	a	A	c
	a,b,A	b,c	$b=\frac{a\sin B}{\sin A}$ $c=\frac{a\sin C}{\sin A}=\frac{a\sin(A+B)}{\sin A}$	$2\frac{1}{2}$	1	21°50′	2.685 0
		F	$F=\frac{1}{2}ab\sin C$ $=\frac{a^2\sin B\sin C}{2\sin A}$	3	1	18°26′	3.162 0
	a,b,A	B	$\sin B=\frac{b\sin A}{a}$	$3\frac{1}{2}$	1	16°00′	3.688 0
		c	$c=\frac{a\sin C}{\sin A}=\frac{b\sin C}{\sin B}$ $=\sqrt{a^2+b^2-2ab\cos C}$	4	1	14°02′	4.124 0
		F	$F=\frac{1}{2}ab\sin C$	$4\frac{1}{2}$	1	12°32′	4.608 1
	a,b,c	A	$\tan A=\frac{a\sin C}{b-a\cos C}$	5	1	11°18′	5.100 3
$s=\frac{a+b+c}{2}$ B c a A C b			$\tan A=\frac{1}{2}(A-B)$ $=\frac{a-b}{a+b}\cot\frac{1}{2}C$	$5\frac{1}{2}$	1	10°18′	5.600 0
		c	$c=\sqrt{a^2+b^2-2ab\cos C}$ $=\frac{a\sin C}{\sin A}$	6	1	9°25′	6.112 1
		F	$F=\frac{1}{2}ab\sin C$ $=\frac{1}{2}bc\sin A$	$6\frac{1}{2}$	1	8°45′	6.573 3
			$A+B+C=180°$ $\frac{a}{\sin A}=\frac{b}{\sin B}=\frac{c}{\sin C}$	7	1	8°08′	7.068 0
			$\sin A+\sin B+\sin C$ $=4\cos\frac{A}{2}\cos\frac{B}{2}\cos\frac{C}{2}$	$7\frac{1}{2}$	1	7°36′	7.560 1
			$\cos A+\cos B+\cos C$ $=1+4\sin\frac{A}{2}\sin\frac{B}{2}\sin\frac{C}{2}$	8	1	7°07′	8.071 7
			$\tan A+\tan B+\tan C$ $=\tan A\tan B\tan C$	$\frac{a+b}{a-b}=\frac{\tan\frac{1}{2}(A+B)}{\tan\frac{1}{2}(A-B)}$			
			$a^2=b^2+c^2-2bc\cos A$ $b^2=a^2+c^2-2ac\cos B$ $c^2=a^2+c^2-2ab\cos C$				

1.2.2 平面图形计算公式

平面图形计算公式表 表 1.2-2

A——面积；R——半径、外接圆半径；r——内切圆半径；S——边长；C——周长；
n——边数；α——角度；l——弧长、圆周长；l_b——摆线长；p——椭圆周长

图形	公式	图形	公式
直角三角形 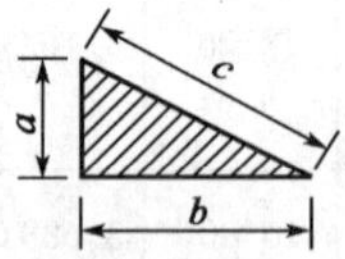	$A = \frac{ab}{2}$ $c = \sqrt{a^2 + b^2}$ $a = \sqrt{c^2 - b^2}$ $b = \sqrt{c^2 - a^2}$	等边三角形 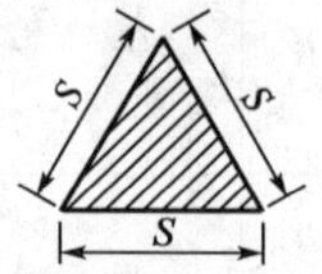	$A = \frac{\sqrt{3}}{4}S^2 = 0.433S^2$
锐角三角形 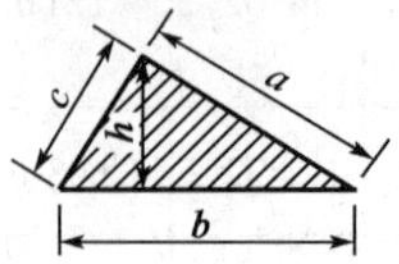	$A = \frac{bh}{2} = \frac{b}{2}\sqrt{a^2 - \left(\frac{a^2 + b^2 - c^2}{2b}\right)^2}$ 设 $s = \frac{1}{2}(a + b + c)$，则 $A = \sqrt{s(s-a)(s-b)(s-c)}$	正方形 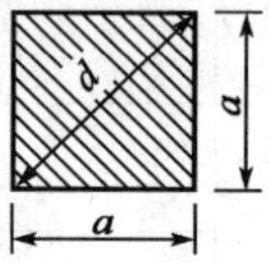	$A = \frac{1}{2}d^2$ $a = 0.707\,1d$ $d = 1.414a$
钝角三角形 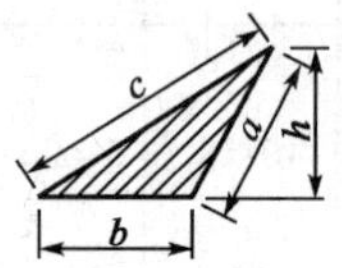	$A = \frac{bh}{2} = \frac{b}{2}\sqrt{a^2 - \left(\frac{c^2 - a^2 - b^2}{2b}\right)^2}$ 设 $s = \frac{1}{2}(a + b + c)$，则 $A = \sqrt{s(s-a)(s-b)(s-c)}$	矩形 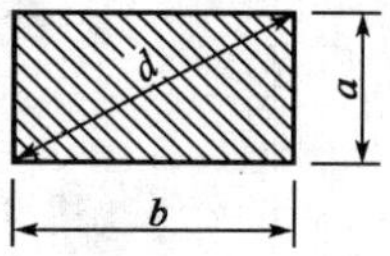	$A = ab$ $A = a\sqrt{d^2 - a^2} = b\sqrt{d^2 - b^2}$ $d = \sqrt{a^2 + b^2}$ $a = \sqrt{d^2 - b^2} = A/b$ $b = \sqrt{d^2 - a^2} = A/a$
平行四边形 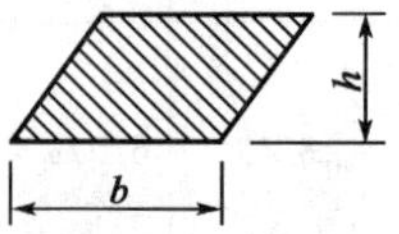	$A = bh$	正多边形 	$\alpha = 360°/n, \beta = 180° - \alpha$ $A = \frac{nsr}{2} = \frac{ns}{2}\sqrt{R^2 - \frac{S^2}{4}}$ $R = \sqrt{r^2 + \frac{S^2}{4}}, r = \sqrt{R^2 - \frac{S^2}{4}}$ $S = 2\sqrt{R^2 - r^2}$
梯形 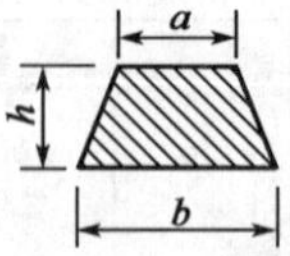	$A = \frac{a + b}{2}h, h = \frac{2A}{a + b}$ $a = \frac{2A}{h} - b, b = \frac{2A}{h} - a$	圆形 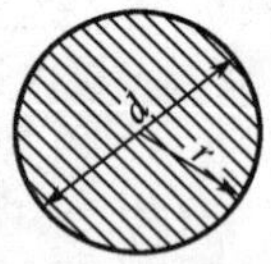	$A = \pi r^2 = 3.141\,6r^2 = 0.785\,4d^2$ $C = 2\pi r = 6.283\,2r$ $r = C/6.283\,2 = \sqrt{A/3.141\,6}$ $= 0.564\sqrt{A}$ $d = C/3.141\,6 = \sqrt{A/0.785\,4}$ $= 1.128\sqrt{A}$
任意四边形 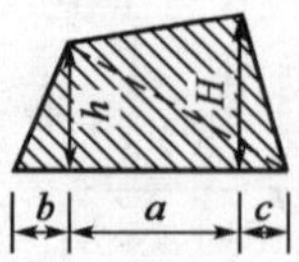	$A = \frac{(H + h)a + bh + ch}{2}$ 亦可分割成两个三角形将其面积相加求得	分圆 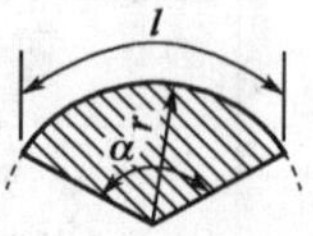	$l = \frac{r \times \alpha \times \pi}{180} = 0.017\,45r\alpha$ $= \frac{2A}{r}$ $A = \frac{rl}{2}0.008\,727\alpha r^2$ $\alpha = \frac{57.296}{r}, r = \frac{2A}{l} = \frac{57.296l}{r}$

续上表

A——面积；R——半径、外接圆半径；r——内切圆半径；S——边长；C——周长；
n——边数；α——角度；l——弧长、圆周长；l_b——摆线长；p——椭圆周长

图　形	公　式	图　形	公　式
正五边形 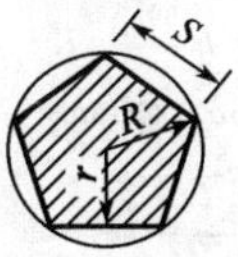	$A = 2.3777R^2 = 3.6327r^2$ $S = 1.1756R$	割圆（弓形） 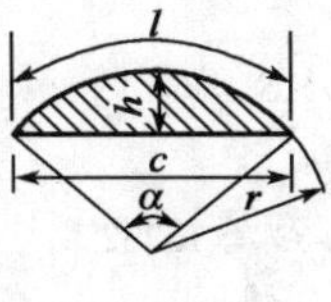	$A = \frac{1}{2}[rl - cr - h]$ $C = 2\sqrt{h(2r-h)}$ $r = \frac{c^2 + 4h^2}{8h}, l = 0.01745\alpha$ $h = r - \frac{1}{2}\sqrt{4r^2 - c^2}$ $\alpha = \frac{57.296l}{r}$
正六边形 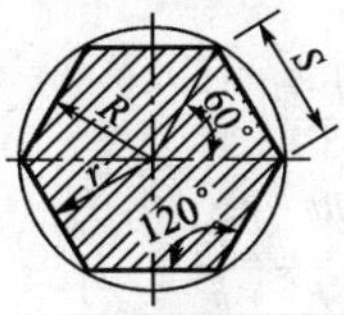	$A = \frac{3\sqrt{3}}{2}S^2 = 2.5981S^2$ $= 2.5981R^2 = 2\sqrt{3}r^2$ $= 3.4641r^2$ $R = S = 1.155r$ $r = 0.866S = 0.866R$	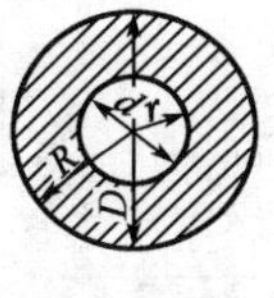	$A = r(R^2 - r^2)$ $= 3.1416(R^2 - r^2)$ $= 3.1416(R-r)(R+r)$ $= 0.7854(D^2 - d^2)$ $= 0.7854(D-d)(D+d)$
正七边形 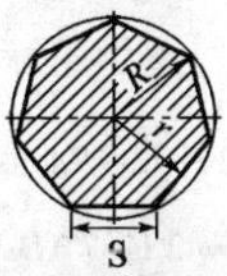	$A = 2.7365R^2 = 3.3714r^2$ $= 0.8678R$	直角角缘面积 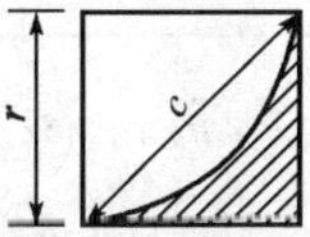	$A = r^2 - \frac{\pi r^2}{4} = 0.2146r^2$ $= 0.1075c^2$
正八边形 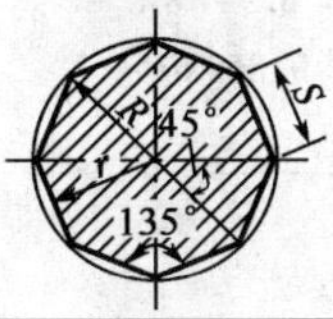	$A = 4.828S^2 = 2.828R^2$ $= 3.314r^2$ $R = 1.307S = 1.082r$ $r = 1.207S = 0.924R$ $S = 0.765R = 0.828r$	不定角角缘面积 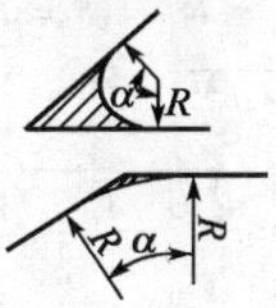	$A = R^2\left(\tan\frac{\alpha}{2} - 0.00873\alpha\right)$
扇形 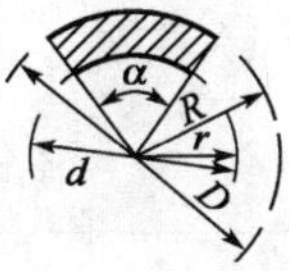	$A = \frac{\alpha\pi}{360}(R^2 - r^2)$ $= 0.00873\alpha(R^2 - r^2)$ $= \frac{\alpha\pi}{4 \times 360}(D^2 - d^2)$ $= 0.00218\alpha(D^2 - d^2)$	抛物线 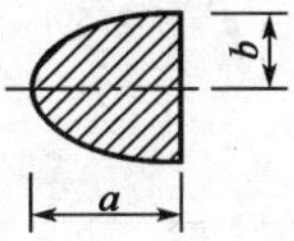	$A = \frac{4}{3}ab$
椭圆 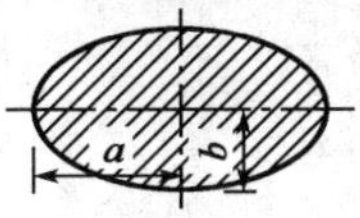	p——椭圆周长 $A = \pi ab = 3.1416ab$ p 的近似值：$p = \pi\sqrt{2(a^2 + b^2)}$ $p = \pi\sqrt{2(a^2 + b^2) - \frac{(a-b)^2}{22}}$	抛物线 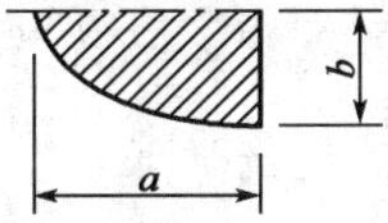	$A = \frac{2}{3}ab$
中空椭圆 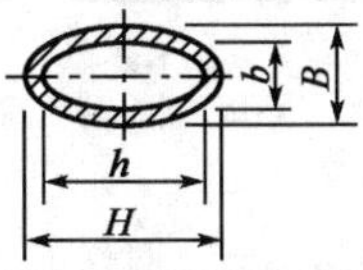	$A = \frac{\pi}{4}(HB - hb)$ $= 0.7854(HB - hb)$	抛物线 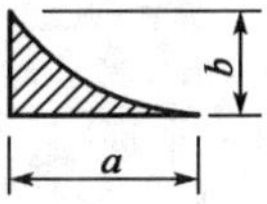	$A = \frac{1}{3}ab$
椭圆角缘面积 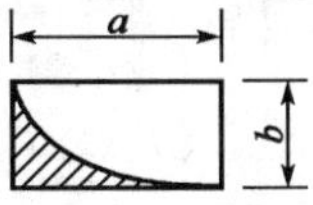	$A = ab\left(1 - \frac{\pi}{4}\right)$	摆线 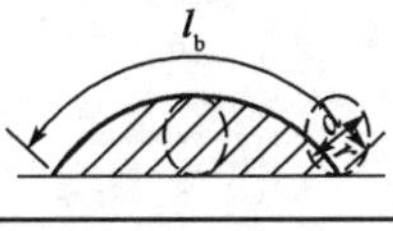	$A = 3\pi r^2 = 9.4248r^2$ $= 2.3562d^2$ = （转动圆的面积）×3 $l_b = 8r = 4d$

1.2.3 立体图形计算公式

立体图形计算公式表 表1.2-3

图形	公式	图形	公式
正方体	$V=a^3, S=6a^2$ $A_s=4a^2$ $d=a\sqrt{3}=1.7321a$	正六角柱	$V=2.598a^2h$ $S=5.1963a^2+6ah$ $A_s=6ah$ $d=\sqrt{4a^2+h^2}$
长方体	$V=abh$ $S=2(ab+ah+bh)$ $A_s=2h(a+b)$ $d=\sqrt{a^2+b^2+h^2}$	圆锥	$V=\frac{\pi R^2h}{3}$ $A_s=\pi Rl$ $l=\sqrt{R^2+h^2}$
截头圆锥	$V=\frac{\pi h}{3}(R^2+Rr+r^2)$ $=\frac{h}{4}\left(\pi a^2+\frac{1}{3}\pi b^2\right)$ $A_s=\pi la, a=R+r, b=R-r$ $l=\sqrt{b^2+h^2}$	圆环	$V=2\pi^2Rr^2=1.9739Rr^2$ $=\frac{1}{4}\pi^2Dd^2=2.4674Dd^2$ $S=4\pi^2Rr=3.9478Rr$ $=\pi^2Dd=9.8696Dd$
角锥	$V=\frac{A_bh}{3}$ $A_b=\frac{3\sqrt{3}}{2}a^2=2.598a^2$	椭圆环	$V=0.7854d^2(\pi D+2l)$ $S=9.87Dd+6.28Dd$
截头角锥	$V=\frac{\pi}{6}(A_b+A_{b1}+\sqrt{A_bA_{b1}})$ $A_b=\frac{3\sqrt{3}}{2}a^2=2.598a^2$	交叉圆柱部分	$V=r^3(\frac{\pi}{2}-\frac{4}{3})$ $=0.2375r^2$
平截方锥	$V=\frac{h}{6}[(2a+a_1)b+(2a_1+a)b_1]$ $=\frac{1}{6}[ab+(a+a_1)(b+b_1)+a_1b_1]$	弹簧	A——截面积，X——圈数 $V=AX\sqrt{9.86965D^2+P^2}$

V——容积；S——表面积；A_s——侧面积；A_b——底面积

续上表

V——容积;S——表面积;A_s——侧面积;A_b——底面积

图　形	公　式	图　形	公　式
圆柱 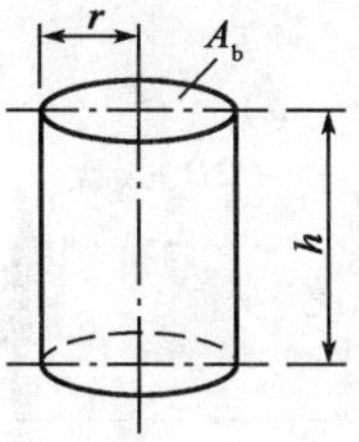	$V=\pi r^2 h=A_b h$ $S=2\pi r(r+h)$ $A_s=2\pi rh$	圆台 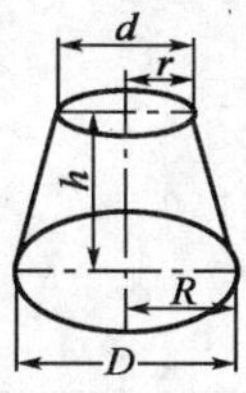	$V=\frac{\pi h}{3}(R^2+r^2+rR)$ $V=0.262h(D^2+d^2+Dd)$
中空圆柱 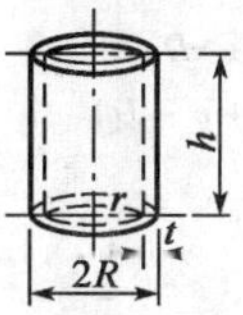	$V=\pi h(R^2-r^2)$ $=\pi th(2R-t)$ $=\pi th(2R+t)$	弓形体 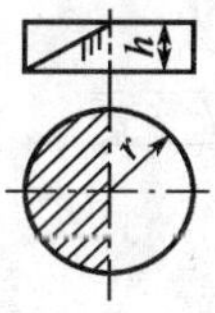	$V=0.904\,13r^2h$
斜截头圆柱 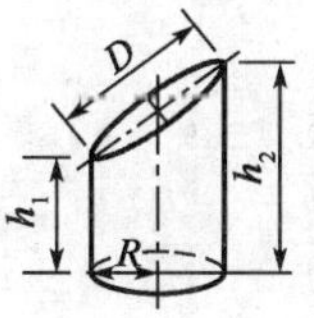	$V=R^2\pi\frac{h_1+h_2}{2}$ $=\frac{\pi D}{2}(h_1+h_2)$	球 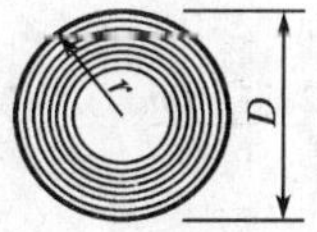	$V=\frac{4\pi r^3}{3}=4.188\,79r^3$ $=\frac{\pi D^3}{6}=0.523\,599D^3$ $S=4\pi r^2=\pi D^2$ $r=\sqrt[3]{\frac{3V}{4\pi}}=0.620\,35\sqrt[3]{V}$
中空球 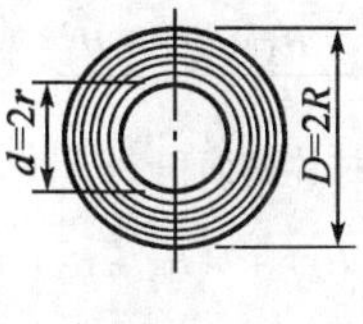	$V=\frac{4\pi}{3}(R^3-r^3)$ $=4.188\,79(R^3-r^3)$ $=\frac{\pi}{6}(D^3-d^3)$ $=0.523\,599(D^3-d^3)$	棱柱体 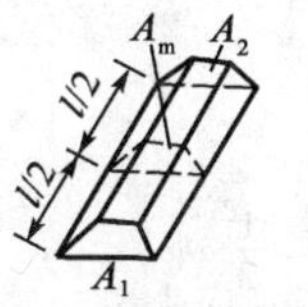	$V=\frac{l}{2}(A_1+4A_m+A_2)$ $A_m=\frac{A_1+A_2}{2}$
半球 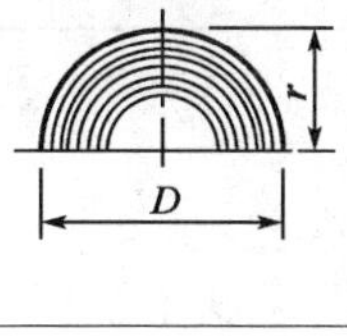	$V=\frac{2}{3}\pi r^3=2.094\,4r^3$ $=\frac{\pi}{12}D^2=0.261\,8D^2$ $A_s=2\pi r^2=\frac{\pi D^2}{2}$	棱柱体 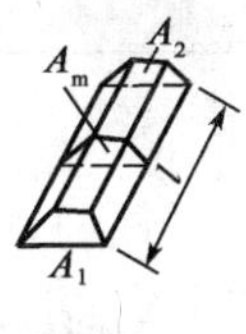	$V=\frac{A_1+A_2}{2}l$ $A_m=\frac{A_1+A_2}{2}$
球状楔形 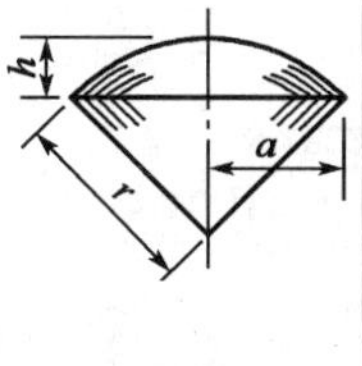	$V=\frac{2\pi r^2 h}{3}=2.094\,395r^2$ $S=\pi r(2h+a)$	坡道(路基) 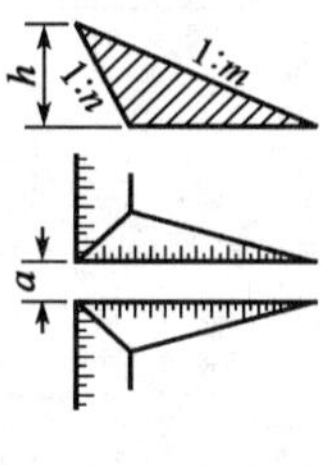	$V=\frac{h^2}{6}\left[3a+2hn\left(1-\frac{n}{m}\right)\right]\times(m-n)$

续上表

V——容积；S——表面积；A_s——侧面积；A_b——底面积

图形	公式	图形	公式
割球 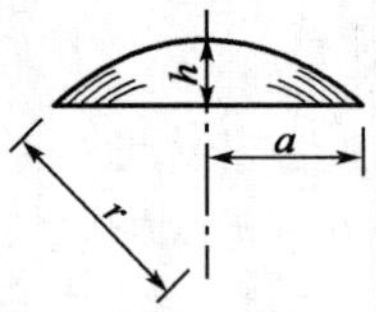	$V=\frac{\pi h}{6}(3a^2+h^2)$ $=\frac{\pi h^2}{3}(3r-h)$ $A_s=2\pi rh=\pi(a^2+h^2)$ $a^2=h(2r-h)$	工形柱体 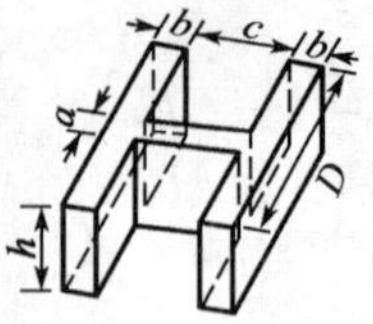	$V=h(2bD+ac)$ $A_s=2h(2b+c+2D-a)$
扁球 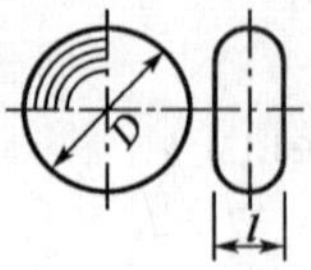	$V=\frac{\pi}{6}D^2 l$ $S=rD\sqrt{\frac{l^2+D^2}{2}}$	T形柱体 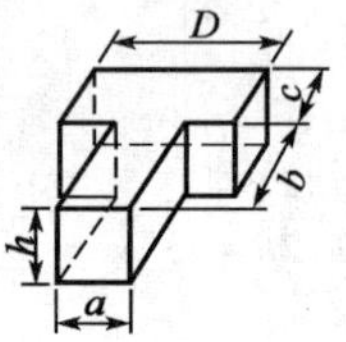	$V=h(ab+cD)$ $A_s=2h(b+c+D)$
楔形体 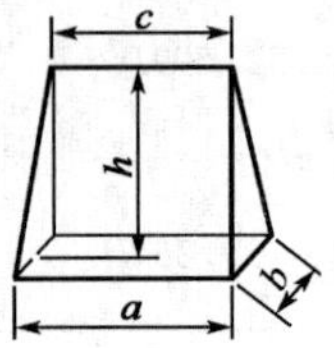	$V=\frac{(2a+c)bh}{6}$	U形柱体 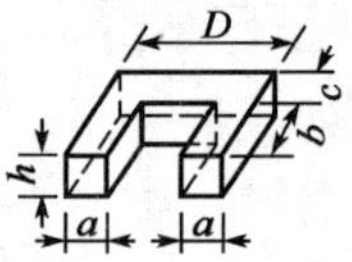	$V=h(Dc+2ab)$ $A_s=2h(b+c+D)$
楔形体 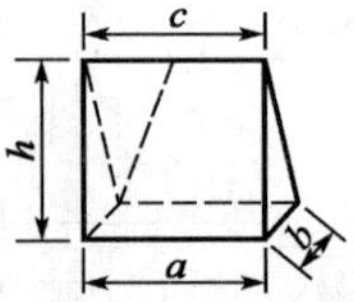	$V=\frac{1}{2}abh$	矩形柱体 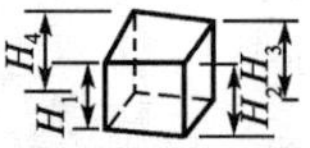	$V=A_b\frac{H_1+H_2+H_3+H_3+H_4}{4}$ A_b——柱体底面积 $A_s=\frac{1}{2}[a(H_1+H_2)+b(H_2+H_3)+c(H_3+H_4)+d(H_4+H_1)]$ a、b、c、d——底面各边长度

1.2.4 型材截面积计算公式

型材截面积计算公式 表1.2-4

图形	公式	图形	公式
方型材 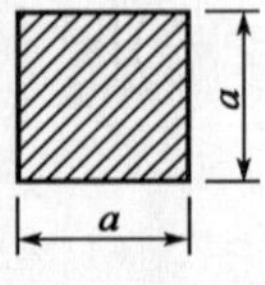	$A=a^2$	八角型材 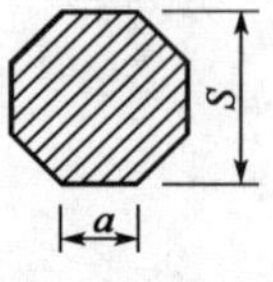	$A=0.8284S^2$ $=4.8284a^2$

续上表

图　形	公　式	图　形	公　式
圆角方型材 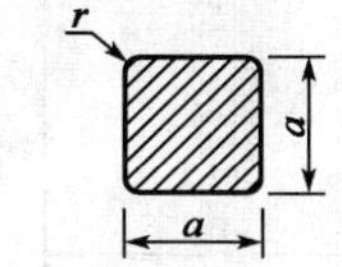	$A = a^2 - 0.8584r^2$	管材 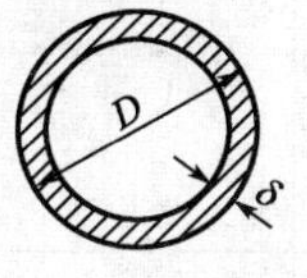	$A = 3.1416\delta(D - \delta)$
板材、带材 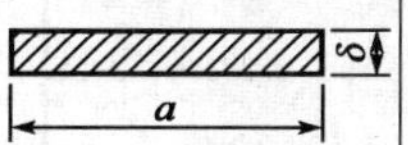	$A = a\delta$	等边角钢 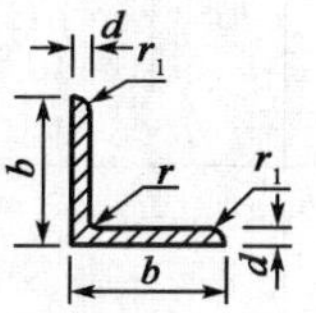	$A = d(2b - d) + 0.2146(r^2 - 2r_1^2)$
圆形带材 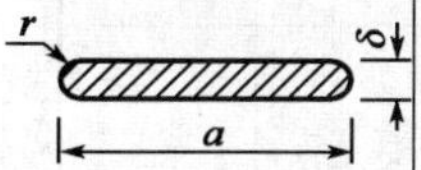	$A = a\delta - 0.8584r^2$	不等边角钢 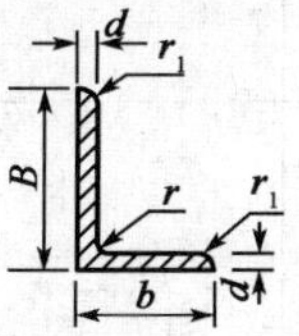	$A = d(B + b - d) + 0.2146(r^2 - 2r_1^2)$
圆材、丝材 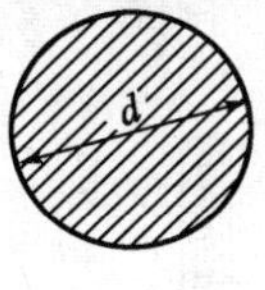	$A = 0.7854d^2$	工字钢 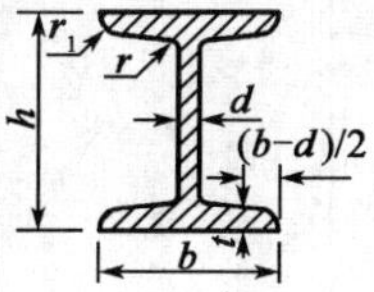	$A = hd + 2t(b - d) + 0.615(r^2 - r_1^2)$
六角型材 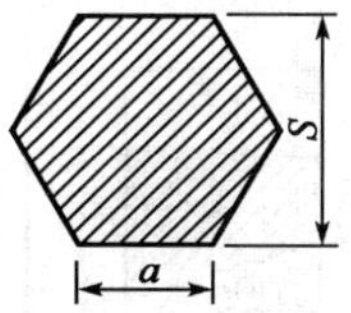	$A = 0.866S^2$ $= 2.598a^2$	槽钢 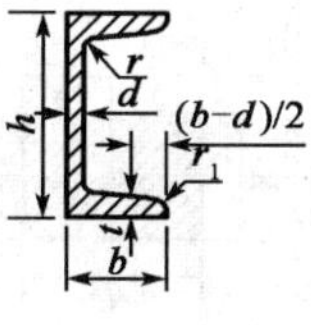	$A = hd + 2t(b - d) + 0.349(r^2 - r_1^2)$

1.2.5 各种截面的力学特性

各种截面力学特性公式表

表 1.2-5

截面简图	面积 F	惯性矩 J	截面模量 $W=\frac{J}{e}$	重心 s 至相应边的距离 e	回转半径 $i=\sqrt{\frac{J}{F}}$
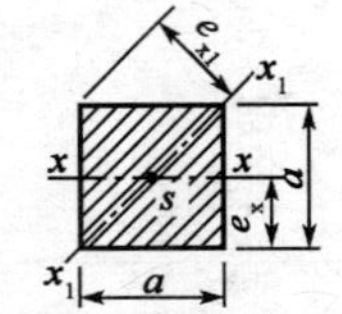	$F=a^2$	$J=\frac{a^4}{12}$	$W_x=\frac{a^3}{6}$ $W_{x1}=0.1179a^3$	$e_x=\frac{a}{2}$ $e_{x1}=0.7071a$	$i=\frac{a}{\sqrt{12}}=0.289a$
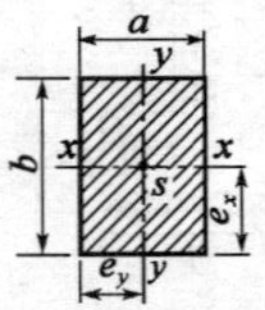	$F=ab$	$J_x=\frac{ab^3}{12}$ $J_y=\frac{ba^3}{12}$	$W_x=\frac{ab^2}{6}$ $W_y=\frac{a^2b}{6}$	$e_x=\frac{b}{2}$ $e_y=\frac{a}{2}$	$i_x=0.289b$ $i_y=0.289a$
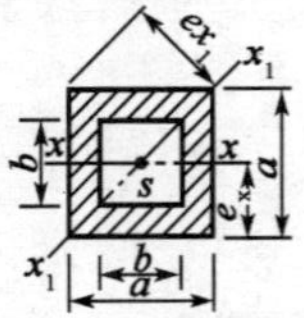	$F=a^2-b^2$	$J=\frac{a^4-b^4}{12}$	$W_x=\frac{a^4-b^4}{6a}$ $W_{x1}=0.1179\frac{a^4-b^4}{a}$	$e_x=\frac{a}{2}$ $e_{x1}=0.7071a$	$i=0.289\sqrt{a^2+b^2}$
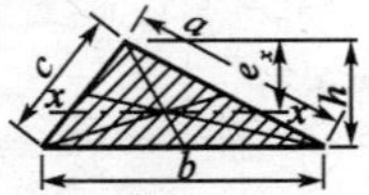	$F=\frac{bh}{2}$ $=\sqrt{p(p-a)(p-b)(p-c)}$ $p=\frac{1}{2}(a+b+c)$	$J_x=\frac{bh^3}{36}$	$W_x=\frac{bh^2}{24}$	$e_x=\frac{2h}{3}$	$i=0.236h$
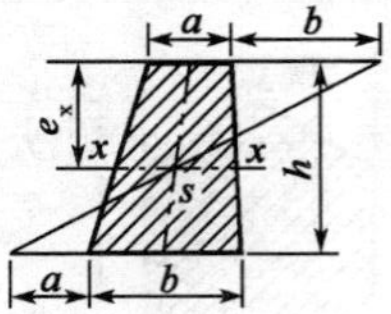	$F=\frac{h(a+b)}{2}$	$J_x=\frac{h^3(a^2+4ab+b^2)}{36(a+b)}$	$W_{xa}=\frac{h^2(a^2+4ab+b^2)}{12(a+2b)}$ $W_{xb}=\frac{h^2(a^2+4ab+b^2)}{12(2a+b)}$	$e_x=\frac{h(a+2b)}{3(a+b)}$	$i_x=\frac{h}{3(a+b)}\times\sqrt{\frac{a^2+4ab+b^2}{2}}$

续上表

截面简图	面积 F	惯性矩 J	截面模量 $W=\frac{J}{e}$	重心 s 至相应边的距离 e	回转半径 $i=\sqrt{\frac{J}{F}}$
	$F=2.598c^2=3.464r^2$ $c=R$ $r=0.866R$	$J_x=0.5413R^4$	$W_x=0.625R^3$ $W_y=0.5413R^3$	$e_x=0.866R$ $e_y=R$	$i=0.4566h$
	$F=\frac{ncr}{2}$ $=\frac{nc}{2}\sqrt{R^2-\frac{c^2}{4}}$ $c=2\sqrt{R^2-r^2}$ $\alpha=\frac{360°}{n}$ $\beta=180°-\alpha$ n——多角形边数 对八角形 $F=2.828R^2=4.828c^2$ $r=0.924Rc=0.765R$	对八角形 $J=0.638R^4$ $=0.8752r^4$	对八角形 $W_x=0.691R^3$ $=0.876r^3$	$e_x=r=\sqrt{R^2-\frac{c^2}{4}}$	对八角形 $i=0.4749R$
	$F=\frac{\pi}{4}d^2$	$J=\frac{\pi}{64}d^4$	$W=\frac{\pi}{32}d^3$	$e_x=\frac{d}{2}$	$i=\frac{d}{4}$
	$F=\frac{\pi}{4}(D^2-d^2)$	$J=\frac{\pi}{64}(D^4-d^4)$	$W=\frac{\pi(D^4-d^4)}{32D}$	$e_x=\frac{D}{2}$	$i=\frac{1}{4}\sqrt{D^2-d^2}$

续上表

截面简图	面积 F	惯性矩 J	截面模量 $W=\frac{J}{e}$	重心 s 至相应边的距离 e	回转半径 $i=\sqrt{\frac{J}{F}}$
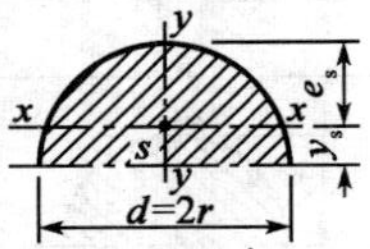	$F=\frac{\pi}{8}d^2$	$J_x=0.006\ 86d^4$ $J_y=\frac{\pi}{128}d^4\approx0.024\ 5d^4$	$W_x=0.023\ 9d^2$ $W_y=\frac{\pi}{64}d^4\approx0.05d^3$	$e_x=0.287\ 8d$ $Y_s=0.212\ 2d$	$i_x=0.131\ 9d$ $i_y=\frac{1}{4}d$
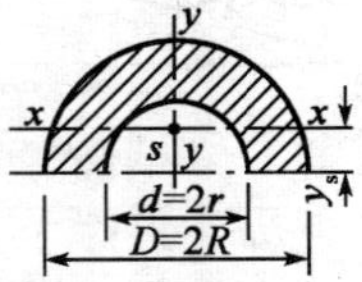	$F=\frac{\pi(D^2-d^2)}{8}$	$J_x=0.006\ 86(D^4-d^4)-\frac{0.017\ 7D^2\times d^2(D-d)}{D+d}$ $J_y=\frac{\pi(D^4-d^4)}{128}$	$W_y=\frac{\pi D^3}{64}\left(1-\frac{d^4}{D^4}\right)$	$y_s=\frac{2(D^2+Dd+d^2)}{3\pi(D+d)}$	$i_x=\sqrt{\frac{J_x}{F}}$ $i_y=\sqrt{\frac{J_y}{F}}$
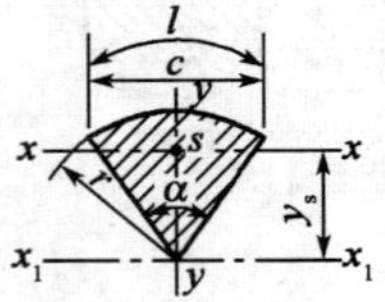	$F=\frac{\pi r^2\alpha}{360}=0.008\ 73r^2\alpha$ $l=\frac{\pi r\alpha}{180}=0.017\ 45r\alpha$ $c=2r\sin\frac{\alpha}{2}$	$J_{x1}=\frac{r^4}{8}\left(\pi\frac{\alpha}{180}+\sin\alpha\right)$ $J_x=\frac{r^4}{8}\left(\pi\frac{\alpha}{180}+\sin\alpha-\frac{64}{9}\sin^2\frac{\alpha}{2}\cdot\frac{180}{\pi\alpha}\right)$ $J_y=\frac{r^4}{8}\left(\pi\frac{\alpha}{180}-\sin\alpha\right)$		$y_s=\frac{2rc}{3l}$	$i_x=\frac{r}{2}\sqrt{1+\frac{\sin\alpha}{\alpha}\cdot\frac{180}{\pi}-\frac{64}{9}\cdot\frac{\sin^2\frac{\alpha}{2}}{\left(\alpha\frac{\pi}{180}\right)^2}}$ $i_y=\frac{r}{2}\sqrt{1+\frac{\sin\alpha}{\alpha}\cdot\frac{180}{\pi}}$
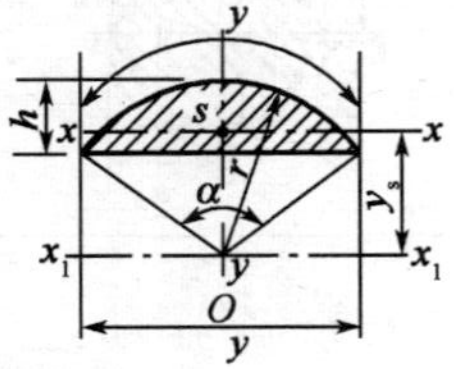	$F=\frac{1}{2}[rl-c(r-h)]$ $c=2\sqrt{h(2r-h)}$ $r=\frac{c^2+4h^2}{8h}$ $h=r-\frac{1}{2}\sqrt{4r^2-c^2}$ $l=0.017\ 45r\alpha$ $\alpha=\frac{57.296l}{r}$	$J_{x1}=\frac{lr^3}{8}-\frac{r^4}{4}\sin\alpha\cos^3\alpha$ $J_x=J_{x1}-Fy_s^2$ $J_y=\frac{r^4}{8}\left(\frac{\alpha\pi}{180}-\sin\alpha-\frac{2}{3}\sin\alpha\sin^2\frac{\alpha}{2}\right)$ $W_x=\frac{J_x}{r-y_s}$		$y_s=\frac{c^3}{12F}$	$i_x=\sqrt{\frac{J_x}{F}}$

续上表

截面简图	面积 F	惯性矩 J	截面模量 $W=\frac{J}{e}$	重心 s 至相应边的距离 e	回转半径 $i=\sqrt{\frac{J}{F}}$
	$F=\frac{\pi\alpha}{180}(R^2-r^2)$	$J_{x1}=\frac{R^4-r^4}{8}\left(\frac{\pi\alpha}{180}+\sin\alpha\right)$ $J_x=J_{x1}-Fy_s^2$ $J_y=\frac{R^4-r^4}{8}\left(\frac{\pi\alpha}{180}-\sin\alpha\right)$		$y_s=38.197\frac{(R^3-r^3)\sin\alpha}{(R^2-r^2)\alpha}$	$i_x=\sqrt{\frac{J_x}{F}}$ $i=\sqrt{\frac{J_y}{F}}$
	$F=\pi ab$	$J_x=\frac{\pi ab^3}{4}$ $J_y=\frac{\pi a^3b}{4}$	$W_x=\frac{\pi ab^2}{4}$ $W_y=\frac{\pi a^2b}{4}$	$e_x=b$ $e_y=a$	$i_x=\frac{b}{2}$ $i_y=\frac{a}{2}$
	$F=\pi(ab-a_1b_1)$	$J_x=\frac{\pi}{4}(ab^3-a_1b_1^3)$ $J_y=\frac{\pi}{4}(a^3b-a_1^3b_1)$	$W_x=\frac{\pi(ab^3-a_1b_1^3)}{4b}$ $W_y=\frac{\pi(a^3b-a_1^3b_1)}{4b}$	$e_x=b$ $e_y=a$	$i_x=\sqrt{\frac{J_x}{F}}$ $i_y=\sqrt{\frac{J_y}{F}}$
	$F=b(H-h)$	$J_x=\frac{b(H^3-h^3)}{12}$ $J_y=\frac{b^3(H-h)}{12}$	$W_x=\frac{b(H^3-h^3)}{6H}$ $W_y=\frac{b^2(H-h)}{6}$	$e_x=\frac{H}{2}$ $e_y=\frac{b}{2}$	$i_x=\sqrt{\frac{H^2+Hh+h^2}{12}}$ $i_y=0.2896$
	$F=a^2-\frac{\pi d^2}{4}$	$J=\frac{1}{12}\left(a^4-\frac{3\pi d^4}{16}\right)$	$W=\frac{1}{6a}\left(a^4-\frac{3\pi d^4}{16}\right)$	$e_x=\frac{a}{2}$	$i=\sqrt{\frac{16a^4-3\pi d^4}{48(4a^2-\pi d^2)}}$

续上表

截 面 简 图	面积 F	惯性矩 J	截面模量 $W=\frac{J}{e}$	重心 s 至相应边的距离 e	回转半径 $i=\sqrt{\frac{J}{F}}$
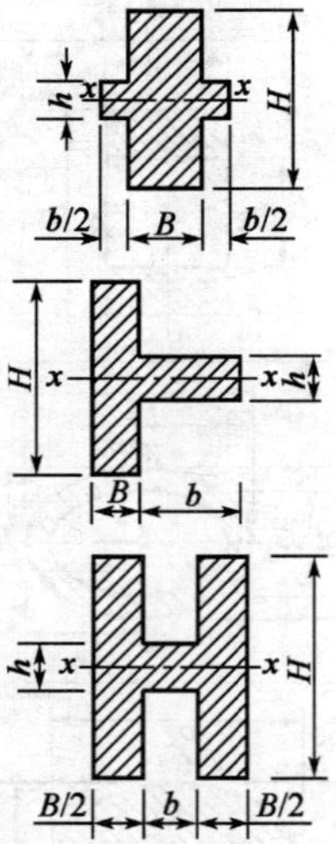	$F=BH+bh$	$J_x=\frac{BH^3+bh^3}{12}$	$W_x=\frac{BH^3+bh^3}{6H}$	$e_x=\frac{H}{2}$	$i_x=\sqrt{\frac{J_x}{F}}$
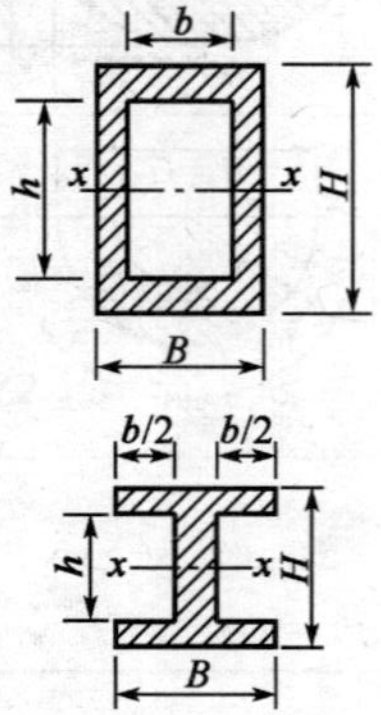	$F=BH-bh$	$J_x=\frac{BH^3-bh^3}{12}$	$W_x=\frac{BH^3-bh^3}{6H}$	$e_x=\frac{H}{2}$	$i_x=\sqrt{\frac{J_x}{F}}$

续上表

截 面 简 图	面积 F	惯性矩 J	截面模量 $W = \frac{J}{e}$	重心 s 至相应边的距离 e	回转半径 $i = \sqrt{\frac{J}{F}}$
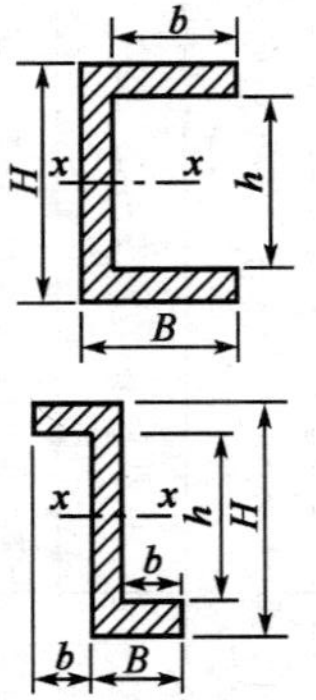	$F = BH - bh$	$J_x = \frac{BH^3 - bh^3}{12}$	$W_x = \frac{BH^3 - bh^3}{6H}$	$e_x = \frac{H}{2}$	$i_x = \sqrt{\frac{J_x}{F}}$
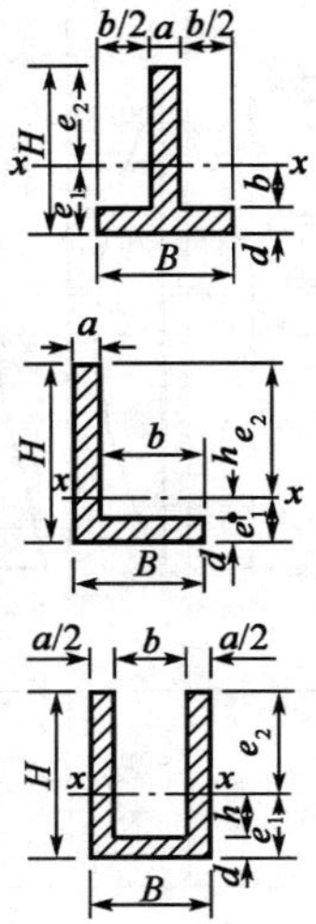	$F = BH - b(e_2 + h)$	$J_x = \frac{1}{3}(Be_1^3 - bh^3 + ae_2^3)$	$W_{x1} = \frac{J_x}{e_1}$ $W_{x2} = \frac{J_x}{e_2}$	$e_1 = \frac{aH^2 + bd^2}{2(aH + bd)}$ $e_2 = H - e_1$	$i_x = \sqrt{\frac{J_x}{F}}$

1.3 常用静力计算公式及用表

1.3.1 简支梁的反力、剪力、弯矩和挠度

简支梁的反力、剪力、弯矩和挠度计算表　　表 1.3-1

序号	荷载内力	图　示	项目	计 算 公 式
1	荷载	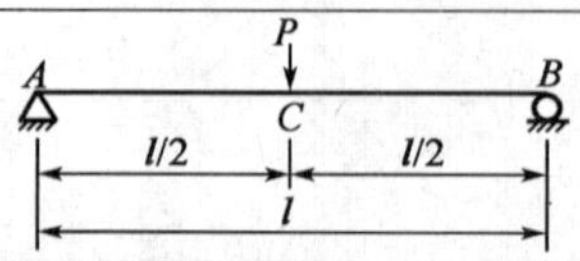	反力	$R_A = R_B = \frac{P}{2}$
			剪力	$Q_A = \frac{P}{2}, Q_B = -\frac{P}{2}$
	弯矩	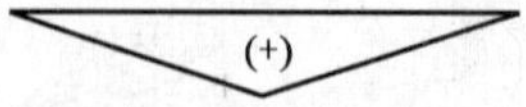	弯矩	$M_{max} = \frac{Pl}{4}$
	剪力	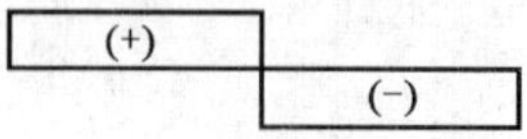	挠度	$f_{max} = \frac{Pl^3}{48EI}$
2	荷载	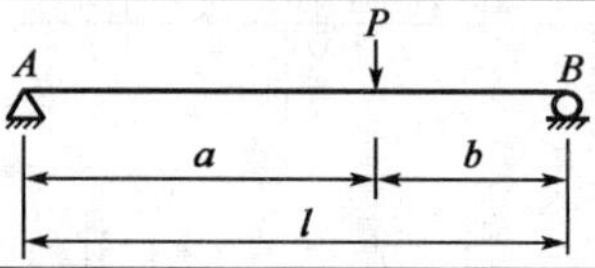	反力	$R_A = \frac{Pb}{l}, R_B = \frac{Pa}{l}$
			剪力	$Q_A = \frac{Pb}{l}, Q_B = -\frac{Pa}{l}$
	弯矩	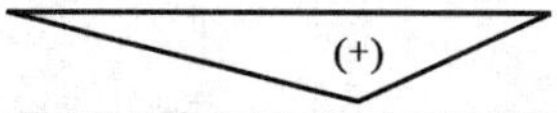	弯矩	$M_{max} = \frac{Pab}{l}$
	剪力	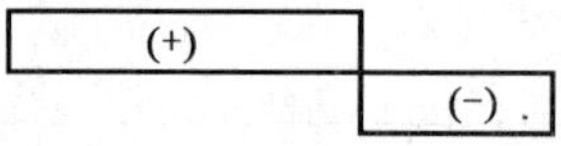	挠度	若 $a > b$，当 $x = \sqrt{\frac{a}{3}(a+2b)}$ 时， $f_{max} = \frac{Pb}{9EIl}\sqrt{\frac{(a^2+2ab)^3}{3}}$
3	荷载	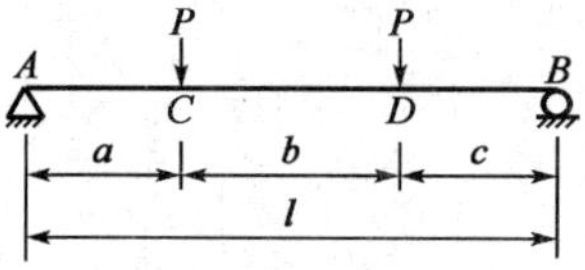	反力	$R_A = \frac{P(2c+b)}{l}, R_B = \frac{P(2a+b)}{l}$
			剪力	AC 段：$Q = \frac{P}{l}(2c+b)$ CD 段：$Q = \frac{P}{l}(c-a)$ DB 段：$Q = -\frac{P}{l}(2a+b)$
	弯矩	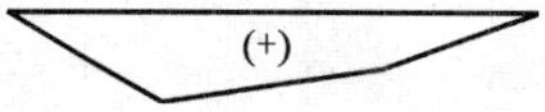	弯矩	AC 段：$M = \frac{P}{l}(2c+b)x$ CD 段：$M = \frac{P}{l}[(c-a)x+al]$ DB 段：$M = \frac{P}{l}(2a+b)(l-x)$
	剪力	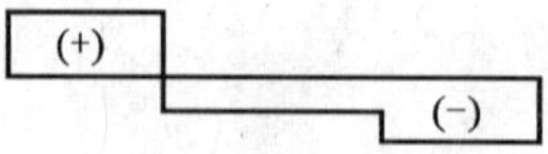	挠度	$f_C = \frac{Pa}{6EIl}[(2a+c)l^2 - 4a^2l + 2a^3 - a^2c - c^3]$ $f_D = \frac{Pc}{6EIl}[(2c+a)l^2 - 4c^2l + 2c^3 - ac^2 - a^3]$
4	荷载	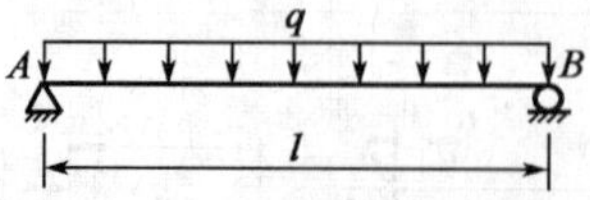	反力	$R_A = R_B = \frac{ql}{2}$
			剪力	$Q_x = \frac{ql}{2}(1 - \frac{2x}{l})$
	弯矩	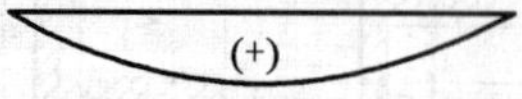	弯矩	$M_x = \frac{qlx}{2}(1 - \frac{x}{l}), M_{max} = \frac{ql^2}{8}$
	剪力	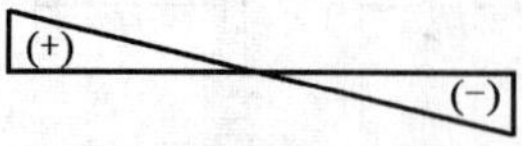	挠度	$f_x = \frac{ql^3x}{24EI}(1 - 2\frac{x^2}{l^2} + \frac{x^3}{l^3}), f_{max} = \frac{5ql^4}{384EI}$

续上表

序号	荷载内力	图　示	项目	计 算 公 式
5	荷载	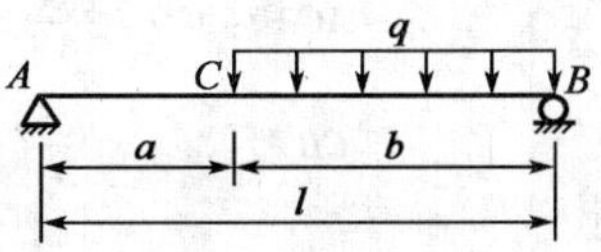	反力	$R_A=\frac{qb^2}{2l},R_B=\frac{qb}{2}(2-\frac{b}{l})$
			剪力	AC 段：$Q_x=\frac{qb^2}{2l}$ CB 段：$Q_x=\frac{qb}{2}\left[\frac{b}{l}-\frac{2(x-a)}{b}\right]$
	弯矩	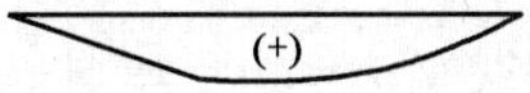	弯矩	AC 段：$M_x=\frac{qb^2x}{2l}$ CB 段：$M_x=\frac{qb^2}{2}\left[\frac{x}{l}-\frac{(x-a)^2}{b^2}\right]$ 当 $x=a+\frac{b^2}{2l}$ 时，$M_{max}=\frac{qb^2}{8}(2-\frac{b}{l})^2$
	剪力	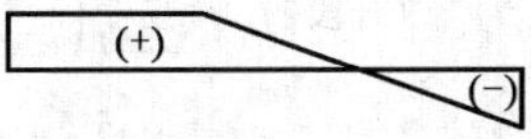	挠度	AC 段：$f_x=\frac{qb^2lx}{24EI}(2-\frac{b^2}{l^2}-2\frac{x^2}{l^2})$ CB 段：$f_x=\frac{qb^2l^2}{24EI}\left[(2-\frac{b^2}{l^2}-2\frac{x^2}{l^2})\frac{x}{l}+\frac{(x-a)^4}{b^2l^2}\right]$
6	荷载	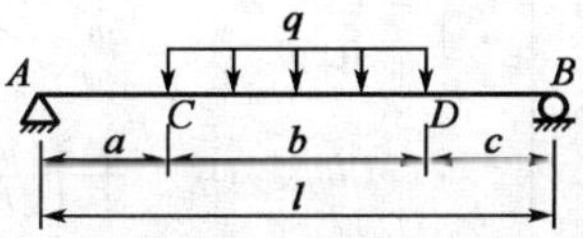	反力	$R_A=\frac{qcb}{l},R_B=\frac{qb(a+b)}{l}$
			剪力	AC 段：$Q_x=\frac{qcb}{l}$ CD 段：$Q_x=qb(\frac{c}{l}-\frac{x-a}{b})$ DB 段：$Q_x=-\frac{qb(a+b)}{l}$
	弯矩	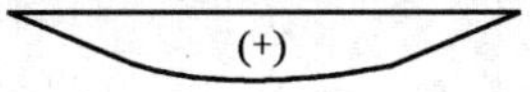	弯矩	AC 段：$M_x=\frac{qcb}{l}x$ CD 段：$M_x=qb\left[\frac{cx}{l}-\frac{(x-a)^2}{2b}\right]$ DB 段：$M_x=qb(a+b)(1-\frac{x}{l})$
	剪力	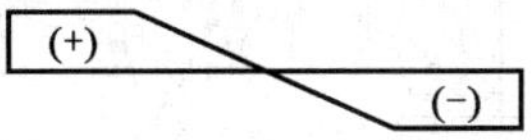	挠度	AC 段：$f_x=\frac{qcb}{24EI}\left[(4l-4\frac{c^2}{l}-\frac{b^2}{l})x-4\frac{x^3}{l}\right]$ CD 段：$f_x=\frac{qcb}{24EI}\left[(4l-4\frac{c^2}{l}-\frac{b^2}{l})x-4\frac{x^3}{l}+\frac{(x-a)^4}{bc}\right]$ DB 段：$f_x=\frac{qcb}{24EI}\left[4c(l-\frac{c^2}{l})x-4\frac{x^3c}{l}+4(x-a-b)^3-(a+b)b^2(1-\frac{x}{l})\right]$
7	荷载	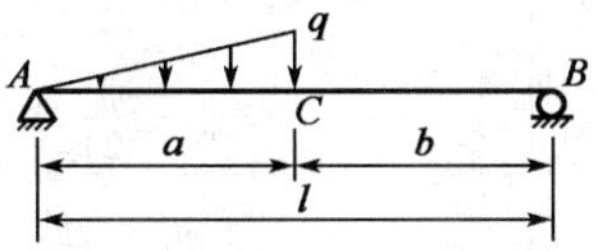	反力	$R_A=\frac{qa}{6}(3-\frac{2a}{l}),R_B=\frac{qa^2}{3l}$
			剪力	AC 段：$Q_x=\frac{qa}{6}(3-\frac{2a}{l}-3\frac{x^2}{a^2})$ CB 段：$Q_x=-\frac{qa^2}{3l}$

续上表

序号	荷载内力	图示	项目	计算公式
7	弯矩	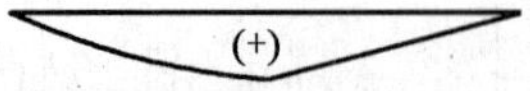	弯矩	AC段：$M_x=\frac{qax}{6}(3-\frac{2a}{l}-\frac{x^2}{a^2})$ CB段：$M_x=\frac{qa^2}{3}(1-\frac{x}{l})$ 当 $x=a\sqrt{1-\frac{2a}{3l}}$ 时， $M_{max}=\frac{qa^2}{3}\sqrt{(1-\frac{2a}{3l})^3}$
	剪力	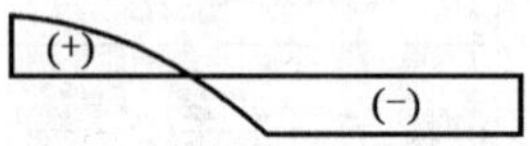	挠度	AC段：$f_x=\frac{qal^2x}{72EI}\left[8\frac{a}{l}-9\frac{a^2}{l^2}+12\frac{a^3}{l^3}-(6-4\frac{a}{l})\frac{x^2}{l^2}+\frac{3x^4}{5a^2l^2}\right]$ CB段：$f_x=\frac{qa^2l^2}{72EI}\left[-\frac{12a^2}{5l^2}+(8+\frac{12a^2}{5l^2})\frac{x}{l}-12\frac{x^2}{l^2}+\frac{4x^3}{l^3}\right]$
8	荷载	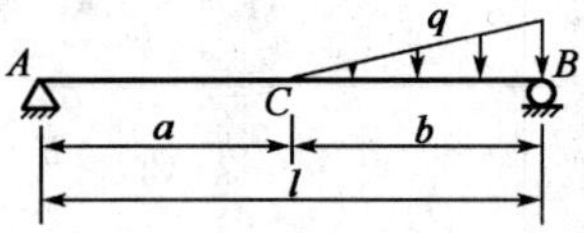	反力	$R_A=\frac{qb^2}{6l},R_B=\frac{qb}{6}(3-\frac{b}{l})$
			剪力	AC段：$Q_x=\frac{qb^2}{6l}$ CB段：$Q_x=\frac{qb}{6}\left[\frac{b}{l}-\frac{3(x-a)^2}{b^2}\right]$
	弯矩	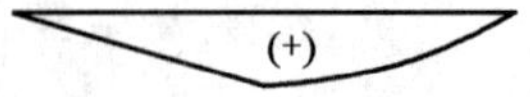	弯矩	AC段：$M_x=\frac{qb^2}{6l}x$ CB段：$M_x=\frac{qb^2}{6}\left[\frac{x}{l}-\frac{(x-a)^3}{b^3}\right]$ 当 $x=a+b\sqrt{\frac{b}{3l}}$ 时， $M_{max}=\frac{qb^2}{6}(\frac{a}{l}+\frac{2b}{3l}\sqrt{\frac{b}{3l}})$
	剪力	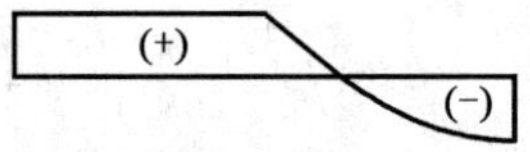	挠度	AC段：$f_x=\frac{qb^2lx}{72EI}(2-\frac{3b^2}{5l^2}-2\frac{x^2}{l^2})$ CB段：$f_x=\frac{qb^2l^2}{72EI}\left[(2-\frac{3b^2}{5l^2}-\frac{2x^2}{l^2})\frac{x}{l}+\frac{3(x-a)^5}{5b^3l^2}\right]$
9	荷载	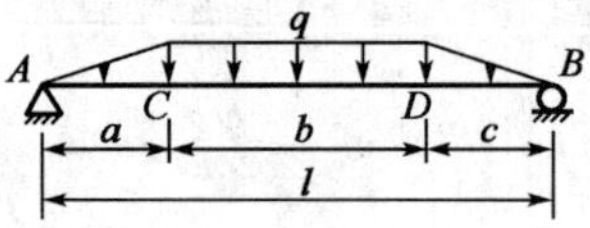	反力	$R_A=R_B=\frac{ql^2}{2}(1-\frac{a}{l})$
			剪力	AC段：$Q_x=\frac{ql}{2}(1-\frac{a}{l}-\frac{x^2}{al})$ CD段：$Q_x=\frac{ql}{2}(1-\frac{2x}{l})$
	弯矩	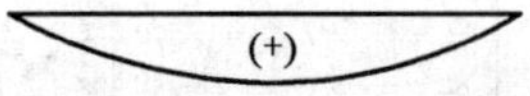	弯矩	AC段：$M_x=\frac{qlx}{6}(3-3\frac{a}{l}-\frac{x^2}{al})$ CD段：$M_x=\frac{ql^2}{6}(-\frac{a^2}{l^2}+\frac{3x}{l}-\frac{3x^2}{l^2})$ $M_{max}=\frac{ql^2}{24}(3-4\frac{a^2}{l^2})$
	剪力		挠度	$f_{max}=\frac{ql^4}{240EI}(\frac{25}{8}-5\frac{a^2}{l^2}+2\frac{a^4}{l^4})$

续上表

序号	荷载内力	图　示	项目	计 算 公 式
10	荷载	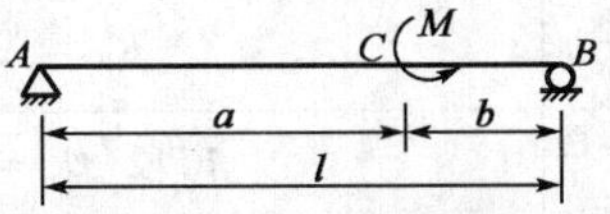 A C M B a b l	反力	$R_A = \frac{M}{l}, R_B = -\frac{M}{l}$
			剪力	$Q_x = \frac{M}{l}$
	弯矩	(+) (−)	弯矩	AC 段：$M_x = \frac{Mx}{l}$ CB 段：$M_x = -\frac{Mx}{l}$
	剪力	(+)	挠度	AC 段：$f_x = \frac{Mlx}{6EI}(1 - 3\frac{b^2}{l^2} - \frac{x^2}{l^2})$ CB 段：$f_x = \frac{-Ml(l-x)}{6EI}(\frac{2x}{l} - \frac{3a^2}{l^2} - \frac{x^2}{l^2})$
11	荷载	M_1 M_2 $M_2>M_1$ 设$M_0=M_2-M_1$	反力	$M_0 = M_2 - M_1$ $R_A = \frac{M_0}{l}, R_B = -\frac{M_0}{l}$
			剪力	$Q_x = \frac{M_0}{l}$
	弯矩	(+)	弯矩	$M_x = M_1 + M_0\frac{x}{l}$ $M_{max} = M_2$
	剪力	(−)	挠度	$f_x = \frac{M_1 lx}{6EI}\left[2 + \frac{M_2}{M_1} - 3\frac{x}{l} - (\frac{M_2}{M_1} - 1)\frac{x^2}{l^2}\right]$

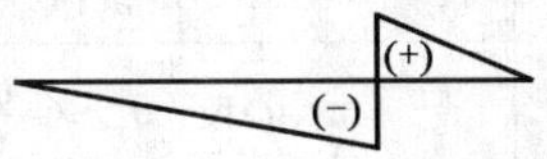

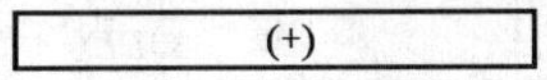

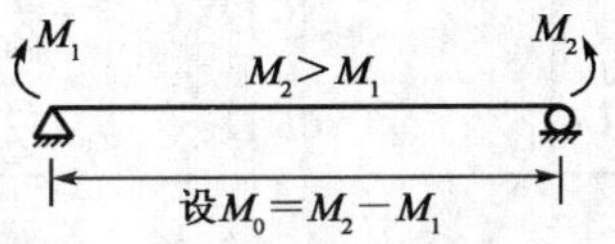

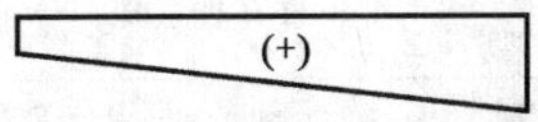

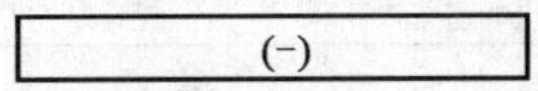

1.3.2 悬臂梁的反力、剪力、弯矩和挠度

悬臂梁的反力、剪力、弯矩和挠度计算表　　表 1.3-2

序号	荷载内力	图　示	项目	计 算 公 式
1	荷载	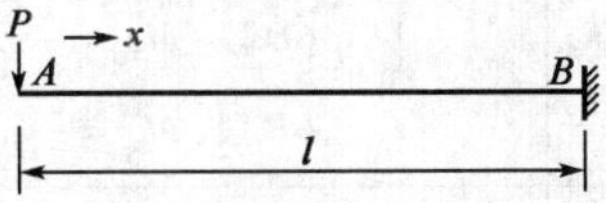 P → x A B l	反力	$R_B = P$
			剪力	$Q_x = -P$
	弯矩	(−)	弯矩	$M_x = -Px$
	剪力	(−)	挠度	$f_x = \frac{Pl^3}{6EI}(2 - 3\frac{x}{l} + \frac{x^3}{l^3}), f_A = \frac{Pl^3}{3EI}$
2	荷载	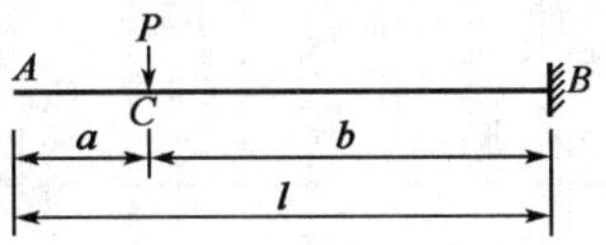 P A C B a b l	反力	$R_B = P$
			剪力	AC 段：$Q_x = 0$ CB 段：$Q_x = -P$
	弯矩	(−)	弯矩	AC 段：$M_x = 0$ CB 段：$M_x = -P(x-a), M_{max} = -Pb$
	剪力	(−)	挠度	$f_{max} = f_A = \frac{Pb^2 l}{6EI}(3 - \frac{b}{l})$

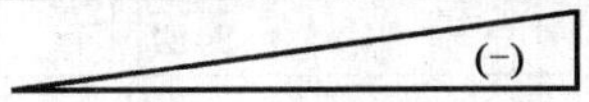

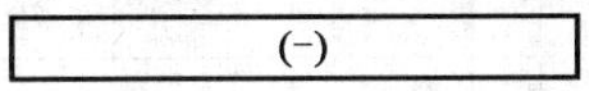

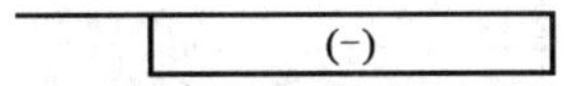

续上表

序号	荷载内力	图　示	项目	计 算 公 式
3	荷载	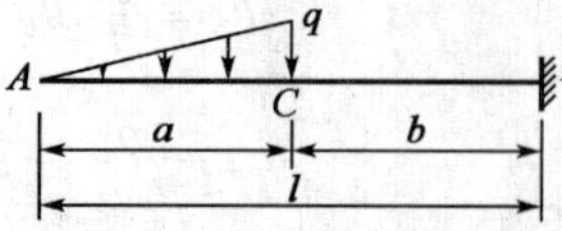	反力	$R_B = \frac{qa}{2}$
			剪力	AC 段: $Q_x = -\frac{qx^2}{2a}$ CB 段: $Q_x = -\frac{qa}{2}$
	弯矩	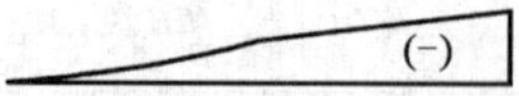 (−)	弯矩	AC 段: $M_x = -\frac{qx^3}{6a}$ CB 段: $M_x = -\frac{qa}{6}(3x-2a)$
	剪力	 (−)	挠度	$f_x = \frac{qal^3}{30EI}(5-5\frac{a}{l}+\frac{a^3}{l^3})$
4	荷载	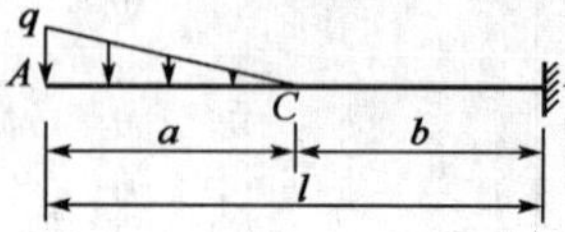	反力	$R_B = \frac{qa}{2}$
			剪力	AC 段: $Q_x = -\frac{qx}{2a}(2a-x)$ CB 段: $Q_x = -\frac{qa}{2}$
	弯矩	 (−)	弯矩	AC 段: $M_x = -\frac{qx^2}{2}(3a-x)$ CB 段: $M_x = -\frac{qa}{6}(3x-a)$
	剪力	 (−)	挠度	$f_x = \frac{qal^3}{120EI}(20-10\frac{a}{l}+\frac{a^3}{l^3})$
5	荷载	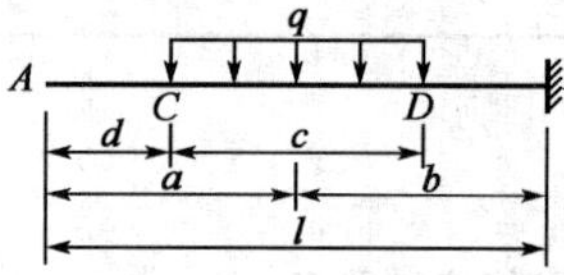	反力	$R_B = qc$
			剪力	AC 段: $Q_x = 0$ CD 段: $Q_x = -q(x-d)$ DB 段: $Q_x = -qc$
	弯矩	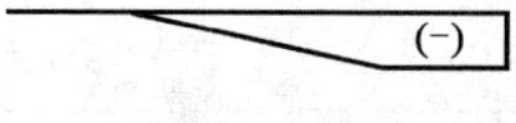 (−)	弯矩	AC 段: $M_x = 0$ CD 段: $M_x = -\frac{q}{2}(x-d)^2$ DB 段: $M_x = -qc(x-a)$
	剪力	 (−)	挠度	$f_A = \frac{qc}{24EI}(12b^2l-4b^3+ac^2)$
6	荷载	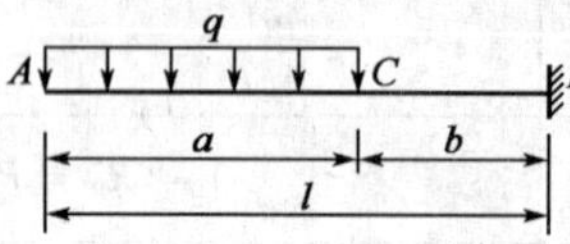	反力	$R_B = qa$
			剪力	AC 段: $Q_x = -qx$ CB 段: $Q_x = -qa$
	弯矩	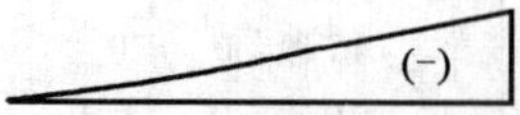 (−)	弯矩	AC 段: $M_x = -\frac{1}{2}qx^3$ CB 段: $M_x = -qa(x-\frac{a}{2})$
	剪力	 (−)	挠度	$f_A = \frac{ql^4}{24EI}(3-4\frac{b^3}{l^3}+\frac{b^4}{l^4})$

续上表

序号	荷载内力	图　示	项目	计 算 公 式
7	荷载	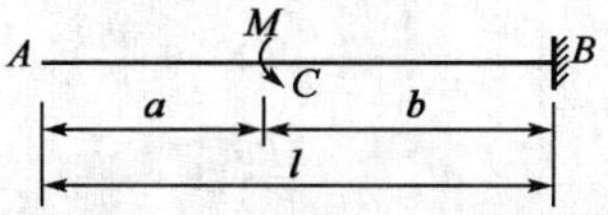 A M C B a b l	反力	$R_B = 0$
			剪力	$Q_x = 0$
	弯矩	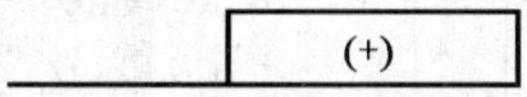 (+)	弯矩	AC 段: $M_x = 0$ CB 段: $M_x = -M$
	剪力	 0	挠度	$f_x = \frac{Mbl}{2EI}(2 - \frac{b}{l})$

1.3.3 一端固定另一端简支的梁的反力、剪力、弯矩和挠度

一端固定另一端简支的梁的反力、剪力、弯矩和挠度计算表　表 1.3-3

序号	荷载内力	图　示	项目	计 算 公 式
1	荷载	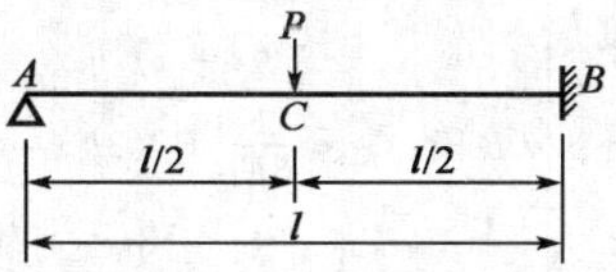 P A C B l/2 l/2 l	反力	$R_A = \frac{5P}{16}, R_B = \frac{11P}{16}, M_B = -\frac{3Pl}{16}$
			剪力	AC 段: $Q_x = \frac{5P}{16}$ CB 段: $Q_x = -\frac{11P}{16}$
	弯矩	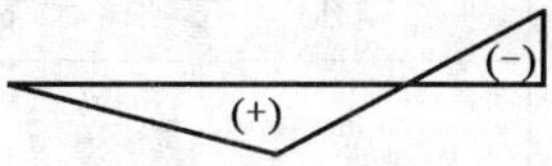 (+) (−)	弯矩	AC 段: $M_x = \frac{5Px}{16}$ CB 段: $M_x = \frac{Pl}{16}(8 - \frac{11x}{l})$ $M_C = M_{max} = \frac{5Pl}{32}$
	剪力	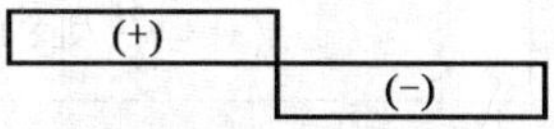 (+) (−)	挠度	$f_c = \frac{7Pl^3}{768EI}$ 当 $x = 0.447l, f_{max} = 0.009\,32\frac{Pl^3}{EI}$
2	荷载	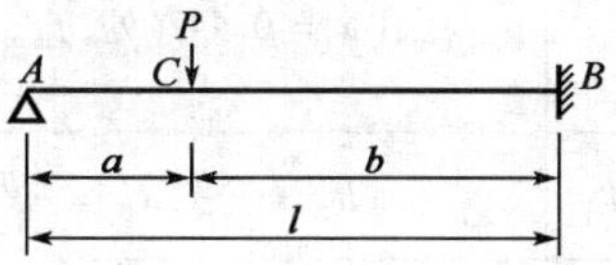 P A C B a b l	反力	$R_A = \frac{Pb^2}{2l^2}(3 - \frac{b}{l}), R_B = \frac{Pa}{2l}(3 - \frac{a^2}{l^2})$ $M_B = -\frac{Pab}{2l}(1 + \frac{a}{l})$
			剪力	AC 段: $Q_x = R_A$ CB 段: $Q_x = R_A - P$
	弯矩	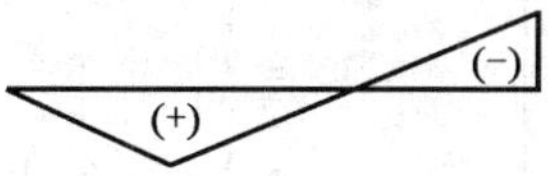 (+) (−)	弯矩	AC 段: $M_x = R_A x$ CB 段: $M_x = R_A x - P(x - a)$
	剪力	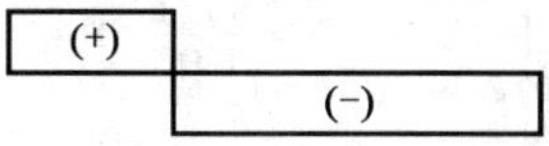 (+) (−)	挠度	AC 段: $f_x = \frac{1}{6EI}[R_A(3l^3 x - x^3) - 3Pb^2 x]$ CB 段: $f_x = \frac{1}{6EI}[R_A(3l^2 x - x^3) - 3Pb^2 x + P(x - a)^3]$

续上表

序号	荷载内力	图示	项目	计算公式
3	荷载	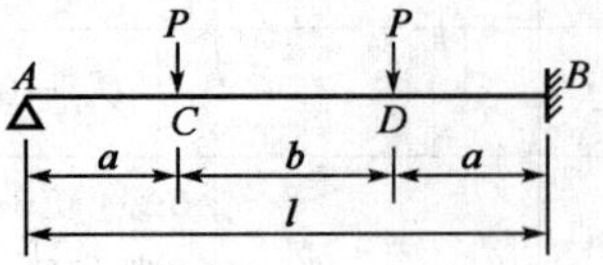 P P A C D B a b a l	反力	$R_A = \frac{P}{2}(2 - 3\frac{ab}{l^2}), R_B = \frac{P}{2}(2 + 3\frac{ab}{l^2})$ $M_B = -\frac{3Pa}{2}(1 - \frac{a}{l})$
			剪力	AC 段：$Q_x = R_A$ CD 段：$Q_x = R_A - P$ DB 段：$Q_x = R_A - 2P$
	弯矩	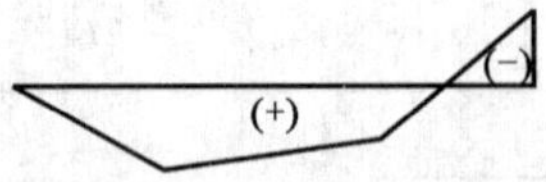 (+) (−)	弯矩	AC 段：$M_x = R_A x$ CD 段：$M_x = R_A x - p(x - a)$ DB 段：$M_x = R_A x - P(2x - l)$
	剪力	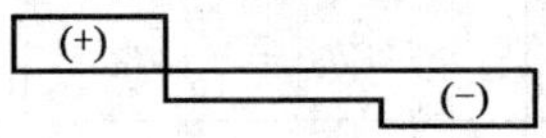 (+) (−)	挠度	AC 段：$f_A = \frac{1}{6EI}[R_A(3l^2x - x^3) - 3P(a^2 + b^2)x]$ CD 段：$f_A = \frac{1}{6EI}[R_A(3l^2x - x^3) - 3P(a^2 + b^2)x + P(x - a)^3]$ DB 段：$f_A = \frac{1}{6EI}[R_A(3l^2x - x^3 - 2l^3) + P(l^3 - 3lx^2 + 2x^3)]$
4	荷载	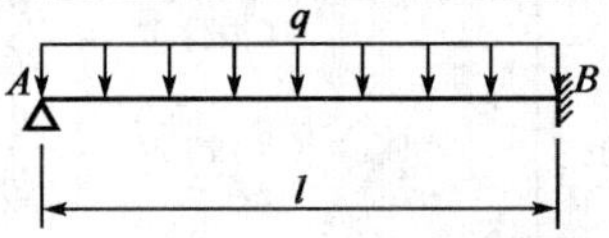 q A B l	反力	$R_A = \frac{3ql}{8}, R_B = \frac{5ql}{8}, M_B = -\frac{ql^2}{8}$
			剪力	$Q_x = \frac{ql}{8}(3 - 8\frac{x}{l})$
	弯矩	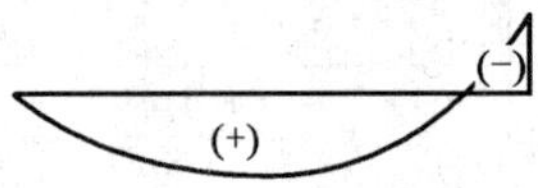 (+) (−)	弯矩	$M_x = \frac{qlx}{8}(3 - 4\frac{x}{l})$ 在 $x = \frac{3l}{8}$ 处，$M_{max} = \frac{9ql^2}{128}$
	剪力	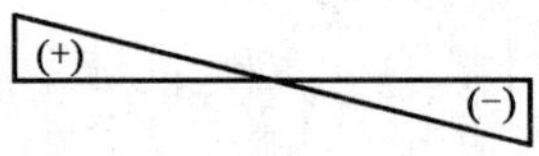 (+) (−)	挠度	$f_x = \frac{ql^3x}{48EI}(1 - 3\frac{x^2}{l^2} + 2\frac{x^3}{l^3})$ 在 $x = 0.442l$ 处，$f_{max} = 0.005\,42\frac{ql^4}{EI}$
5	荷载	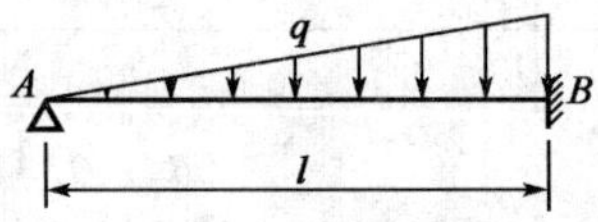 q A B l	反力	$R_A = \frac{ql}{10}, R_B = \frac{2ql}{5}, M_B = -\frac{ql^2}{15}$
			剪力	$Q_x = \frac{ql}{10}(1 - 5\frac{x^2}{l^2})$
	弯矩	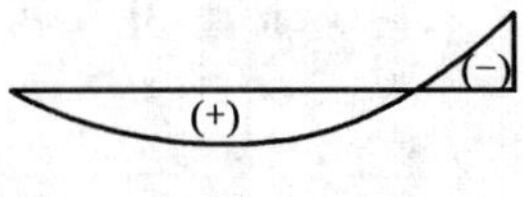 (+) (−)	弯矩	$M_x = \frac{qlx}{30}(3 - 5\frac{x^2}{l^2})$ 在 $x = 0.447l$ 处，$M_{max} = 0.029\,89l^2$
	剪力	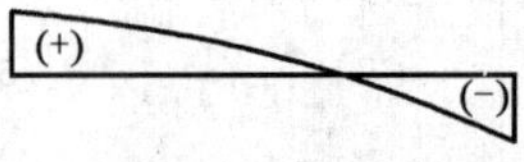 (+) (−)	挠度	$f_x = \frac{ql^3x}{120EI}(1 - 2\frac{x^2}{l^2} + \frac{x^4}{l^4})$ 在 $x = 0.447l$ 处，$f_{max} = 0.023\,9\frac{ql^4}{EI}$

续上表

序号	荷载内力	图　示	项目	计 算 公 式
6	荷载	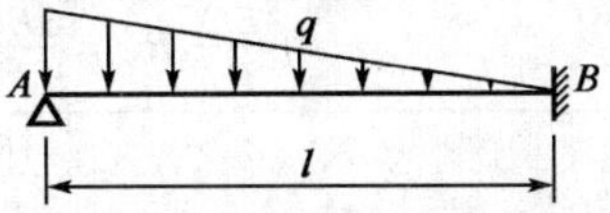	反力	$R_A=\frac{11ql}{40},R_B=\frac{9ql}{40},M_B=-\frac{7ql^2}{120}$
			剪力	$Q_x=\frac{ql}{2}(\frac{11}{20}-2\frac{x}{l}+\frac{x^2}{l^2})$
	弯矩	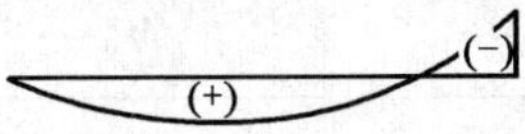	弯矩	$M_x=\frac{qlx}{6}(\frac{33}{20}-3\frac{x}{l}+\frac{x^2}{l^2})$ 在 $x=0.329l$ 处，$M_{max}=0.042\,3ql^2$
	剪力	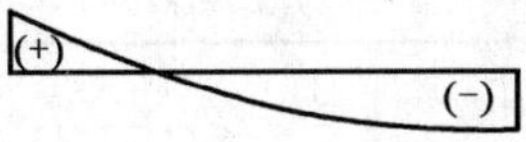	挠度	$f_x=\frac{ql^2x}{240EI}(3-11\frac{x^2}{l^2}+10\frac{x^3}{l^3}-2\frac{x^4}{l^4})$ 在 $x=0.402l$ 处，$f_{max}=0.003\,05\frac{ql^4}{EI}$
7	荷载	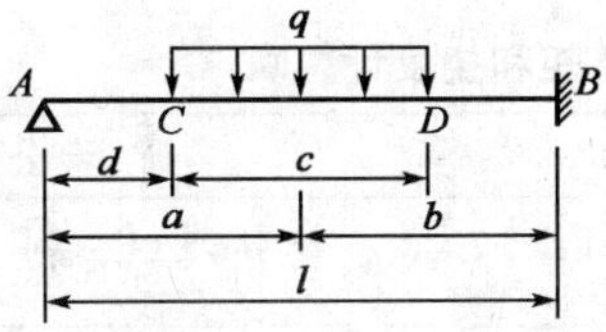	反力	$R_A=\frac{qc}{8l^3}(12b^2l-4b^3+ac^2),R_B=qc-R_A$ $M_B=R_Al-qcb$
			剪力	AC 段：$Q_x=R_A$ CD 段：$Q_x=R_A-q(x-d)$ DB 段：$Q_x=R_A-qc$
	弯矩	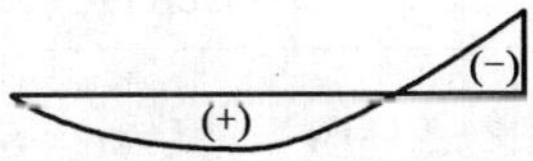	弯矩	AC 段：$M_x=R_Ax$ CD 段：$M_x=R_Ax-\frac{q}{2}(x-d)^2$ DB 段：$M_x=R_Ax-qc(x-a)$ 在 $x=d+\frac{R_A}{q}$ 处，$M_{max}=R_A(d+\frac{R_A}{2q})$
	剪力	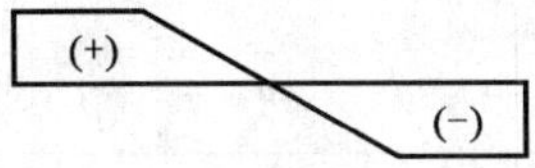	挠度	AC 段：$f_x=\frac{1}{24EI}[4R_A(3l^2x-x^3)-qc(12b^2+c^2)x]$ CD 段：$f_x=\frac{1}{24EI}[4R_A(3l^2x-x^3)-$ $qc(12b^2+c^2)x+q(x-d)^4]$ DB 段：$f_x=\frac{1}{24EI}[4R_A(3l^2x-x^3)+4qc(x-a)^3-$ $12cqb^2x-qac^3]$
8	荷载	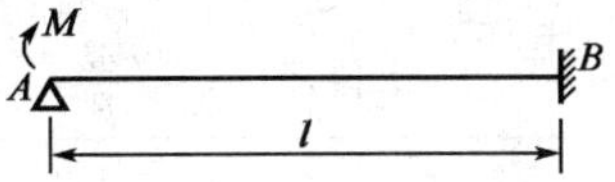	反力	$R_A=-\frac{3M}{2l},R_B=\frac{3M}{2l},M_B=-\frac{M}{2}$
			剪力	$Q_x=-\frac{3M}{2l}$
	弯矩		弯矩	$M_x=\frac{M}{2}(2-3\frac{x}{l})$
	剪力	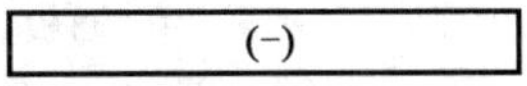	挠度	$f_x=\frac{Mlx}{4EI}(1-2\frac{x}{l}+\frac{x^2}{l^2})$ 在 $x=\frac{l}{3}$ 处，$f_{max}=\frac{Ml^2}{27EI}$

续上表

序号	荷载内力	图　示	项目	计 算 公 式
9	荷载	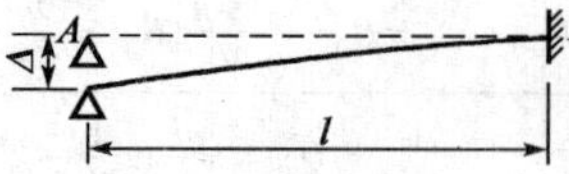 A, B, Δ, l	反力	$R_A = -\frac{3EI\Delta}{l^3}, R_B = \frac{3EI\Delta}{l^3}, M_B = -\frac{3EI\Delta}{l^2}$
			剪力	$Q_x = -\frac{3EI\Delta}{l^3}$
	弯矩	 (−)	弯矩	$M_x = -\frac{3EI\Delta}{l^3}x$
	剪力	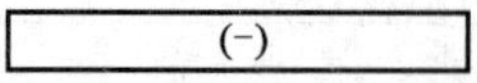 (−)	挠度	$f_x = \frac{\Delta}{2}(2 - 3\frac{x}{l} + \frac{x^3}{l^3})$ $f_{max} = f_A = \Delta$

1.3.4 两端固定梁的反力、剪力、弯矩和挠度

两端固定梁的反力、剪力、弯矩和挠度计算表　　表 1.3-4

序号	荷载内力	图　示	项目	计 算 公 式
1	荷载	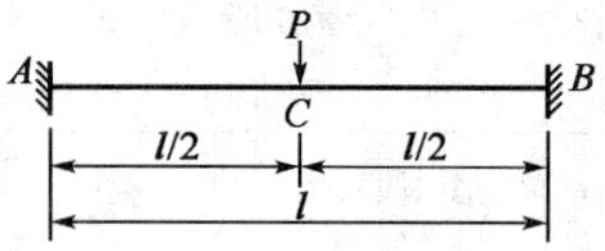 P, A, B, C, $l/2$, $l/2$, l	反力	$R_A = R_B = \frac{P}{2}, M_A = M_B = -\frac{Pl}{8}$
			剪力	AC 段：$Q_x = \frac{P}{2}$ CB 段：$Q_x = -\frac{P}{2}$
	弯矩	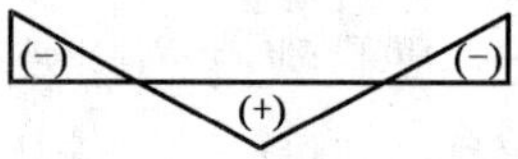 (−) (+) (−)	弯矩	$M_x = -\frac{Pl}{8}(1 - 4\frac{x}{l}), M_C = \frac{Pl}{8}$
	剪力	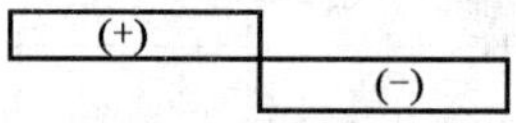 (+) (−)	挠度	$f_x = \frac{Plx^2}{48EI}(3 - 4\frac{x}{l}), f_c = \frac{Pl^3}{192EI}$
2	荷载	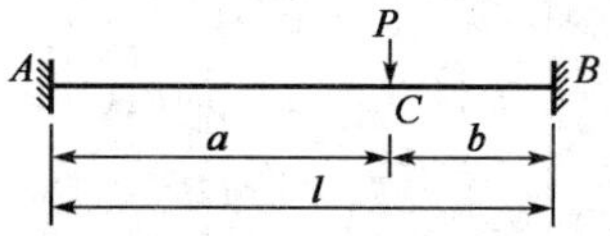 P, A, B, C, a, b, l	反力	$R_A = \frac{Pb^2}{l^2}(1 + 2\frac{a}{l})$ $R_B = \frac{Pa^2}{l^2}(1 + 2\frac{b}{l})$ $M_A = -\frac{Pab^2}{l^2}, M_B = -\frac{Pa^2b}{l^2}$
			剪力	AC 段：$Q_x = R_A$ CB 段：$Q_x = R_A - P$
	弯矩	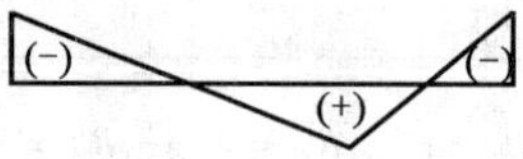 (−) (+) (−)	弯矩	$M_C = \frac{2Pa^2b^2}{l^3}$ AC 段：$M_x = -\frac{Pab^2}{l^2} + R_Ax$ CB 段：$M_x = -\frac{Pab^2}{l^2} + R_Ax - P(x - a)$
	剪力	 (+) (−)	挠度	AC 段：$f_x = \frac{Pb^2x^2}{6EIl}\left[3\frac{a}{l} - (1 + \frac{2a}{l})\frac{x}{l}\right]$ CB 段：$f_x = -\frac{Pa^2(l-x)^2}{6EIl}\left[\frac{a}{l} - (1 + \frac{2b}{l})\frac{x}{l}\right]$ 当 $a > b$，$x = \frac{2al}{3a + b}$ 时， $f_{max} = \frac{2Pa^3b^2}{3EI(3a + b)^2}$ $f_c = \frac{Pa^3b^3}{3EIl^3}$

续上表

序号	荷载内力	图　示	项目	计 算 公 式
3	荷载		反力	$R_A = R_B = P, M_A = M_B = -Pa(1 - \frac{a}{l})$
			剪力	AC 段：$Q_x = P$ CD 段：$Q_x = 0$
	弯矩		弯矩	AC 段：$M_x = Pl\left[\frac{x}{l} - \frac{a}{l}\left(1 - \frac{a}{l}\right)\right]$ CD 段：$M_x = \frac{Pa^2}{l}$
	剪力		挠度	AC 段：$f_x = \frac{Plx^2}{6EI}(3\frac{a}{l} - 3\frac{a^2}{l^2} - \frac{x}{l})$ CD 段：$f_x = \frac{Pla^2}{6EI}(3\frac{x}{l} - 3\frac{x^2}{l^2} - \frac{a}{l})$ $f_{max} = \frac{Pa^2l}{24EI}(3 - \frac{4a}{l})$
4	荷载		反力	$R_A = R_B = \frac{ql}{2}, M_A = M_B = -\frac{ql^2}{12}$
			剪力	$Q_x = \frac{ql}{2}(1 - \frac{2x}{l})$
	弯矩		弯矩	$M_{max} = \frac{qlx}{2} - \frac{ql^2}{12} - \frac{qx^2}{2}, M_c - \frac{ql^2}{24}$
	剪力		挠度	$f_x = \frac{ql^2x^2}{24EI}(1 - \frac{x}{l})^2$ $f_{max} = \frac{ql^4}{384EI}$
5	荷载		反力	$R_A = \frac{3ql}{20}, R_B = \frac{7ql}{20}, M_A = -\frac{ql^2}{30}, M_B = -\frac{ql^2}{20}$
			剪力	$Q_x = \frac{ql}{20}(3 - 10\frac{x^2}{l^2})$
	弯矩		弯矩	$M_x = \frac{ql^2}{60}(-2 + 9\frac{x}{l} - 10\frac{x^3}{l^3})$ 在 $x = 0.548l$ 处，$M_{max} = 0.0214ql^2$
	剪力		挠度	$f_x = \frac{ql^2x^2}{120EI}(2 - 3\frac{x}{l} + \frac{x^3}{l^3})$ 在 $x = 0.525l$ 处，$f_{max} = 0.00131\frac{ql^4}{EI}$
6	荷载		反力	$R_A = \frac{qc(12b^2l - 8b^3 + c^2l - 2bc^2)}{4l^3}$ $R_B = qc - R_A$ $M_A = -\frac{qc}{12l^2}(12ab^2 - 3bc^2 + c^2l)$ $M_B = -\frac{qc}{12l^2}(12a^2b + 3bc^2 - 2c^2l)$
			剪力	AC 段：$Q_x = R_A$ CD 段：$Q_x = R_A - q(x - d)$ DB 段：$Q_x = R_A - qc$

续上表

序号	荷载内力	图示	项目	计算公式
6	弯矩	 (−) (+) (−)	弯矩	AC 段：$M_x = M_A + R_A x$ CD 段：$M_x = M_A + R_A x - \frac{q(x-d)^2}{2}$ DB 段：$M_x = M_A + R_A x - qc(x-a)$ 在 $x = d + \frac{R_A}{q}$ 处，$M_{max} = M_A + R_A(d + \frac{R_A}{2q})$
	剪力	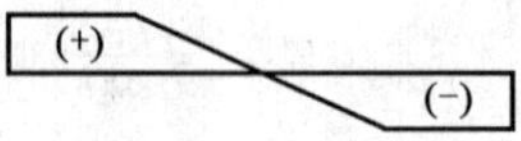 (+) (−)	挠度	AC 段：$f_x = \frac{1}{6EI}(-R_A x^3 - 3M_A x^2)$ CD 段：$f_x = \frac{1}{6EI}\left[-R_A x^3 - 3M_A x^2 + \frac{q(x-d)^4}{4}\right]$ DB 段：$f_x = \frac{1}{6EI}\left[-R_A x^3 - 3M_A x^2 + qc(x-a)^3 + \frac{qc^3(x-a)}{4}\right]$
7	荷载	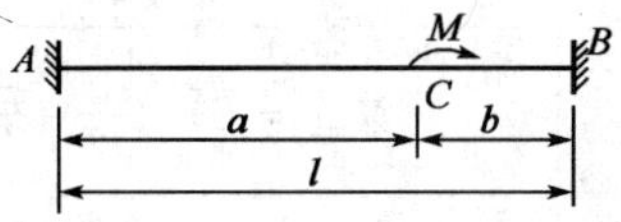 A M C B a b l	反力	$R_A = -R_B = -\frac{6Mab}{l^3}, M_A = \frac{Mb}{l}(2 - \frac{3b}{l})$ $M_B = -\frac{Ma}{l}(2 - \frac{3a}{l})$ $C_{左}$：$M_x = -M(1 - 4\frac{a}{l} + 9\frac{a^2}{l^2} - 6\frac{a^3}{l^3})$ $C_{右}$：$M_x = \frac{Ma}{l}(4 - 9\frac{a}{l} + 6\frac{a^2}{l^2})$
			剪力	$Q_x = R_A$
	弯矩	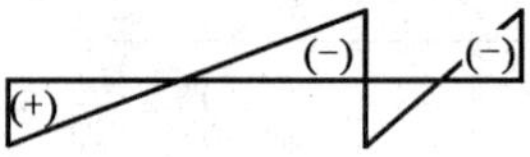 (+) (−) (−)	弯矩	AC 段：$M_x = M_A + R_A x$ CB 段：$M_x = M_A + R_A x + M$
	剪力	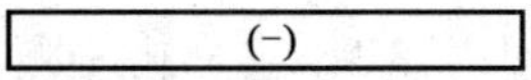 (−)	挠度	AC 段：$f_x = \frac{1}{6EI}(-3M_A x^2 - R_A x^3)$ CB 段：$f_x = \frac{1}{6EI}[(M_A + M)(6lx - 3x^2 - 3l^2) - R_A(2l^3 - 3l^2 x + x^3)]$
8	荷载	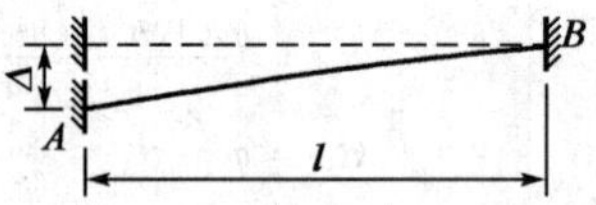 Δ A B l	反力	$R_A = -R_B = -\frac{12EI\Delta}{l^3}, M_A = -M_B = \frac{6EI\Delta}{l^2}$
			剪力	$Q_x = -\frac{12EI\Delta}{l^3}$
	弯矩	 (+) (−)	弯矩	$M_x = \frac{6EI\Delta}{l^2}(1 - \frac{2x}{l})$
	剪力	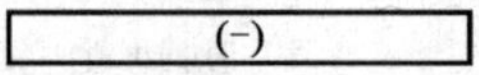 (−)	挠度	$f_x = \Delta(1 - 3\frac{x^2}{l^2} + 2\frac{x^3}{l^3})$

1.3.5 一端固定另一端简支的单悬臂梁的反力、剪力、弯矩和挠度

一端固定另一端简支的单悬臂梁的反力、剪力、弯矩和挠度计算表 表 1.3-5

序号	荷载内力	图示	项目	计算公式
1	荷载	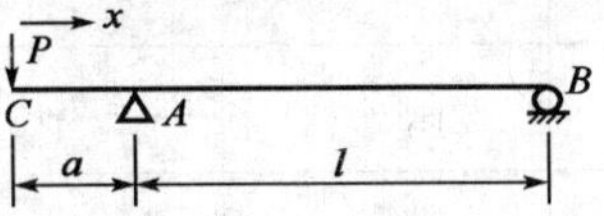	反力	$R_A = P(1+\frac{a}{l}), R_B = -P\frac{a}{l}$
			剪力	CA 段：$Q_x = -P$ AB 段：$Q_x = R_A - P$
	弯矩	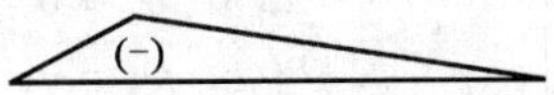	弯矩	CA 段：$M_x = -Px$ AB 段：$M_x = R_A(x-a) - Px$
	剪力	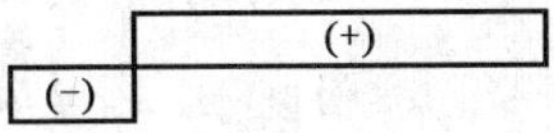	挠度	$f_c = \frac{Pa^2 l}{3EI}(1+\frac{a}{l})$ 在 $x = a + 0.423l$ 处， $f_{min} = -0.0642\frac{Pal^2}{EI}$
2	荷载	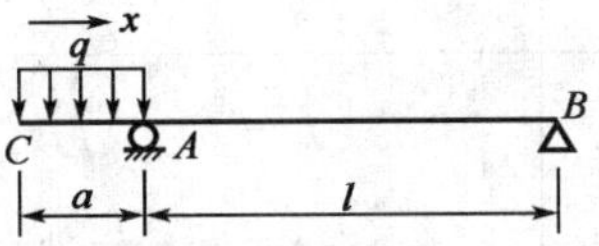	反力	$R_A = \frac{qa}{2}(2+\frac{a}{l}), R_B = -\frac{qa^2}{2l}$
			剪力	CA 段：$Q_x = -qx$ AB 段：$Q_x = R_A - qa$
	弯矩	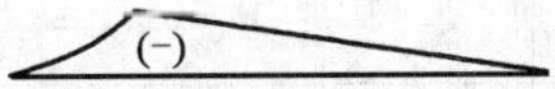	弯矩	CA 段：$M_x = -\frac{1}{2}qx^2$ AB 段：$M_x = \frac{1}{2}qa^2(\frac{x}{l} - \frac{a}{l} - 1)$
	剪力	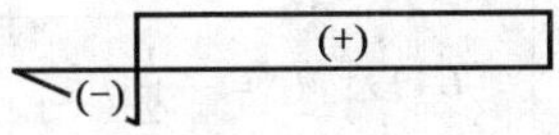	挠度	$f_c = \frac{qa^3 l}{24EI}(4+\frac{3a}{l})$ 在 $x = a + 0.423l$ 处， $f_{min} = -0.0321\frac{qa^2 l^2}{EI}$
3	荷载	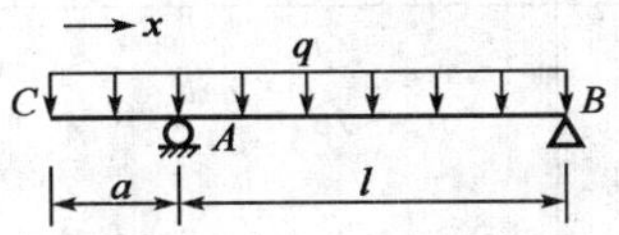	反力	$R_A = \frac{ql}{2}(1+\frac{a}{l})^2, R_B = -\frac{ql}{2}(1-\frac{a^2}{l^2})$
			剪力	CA 段：$Q_x = -qx$ AB 段：$Q_x = R_A - qx$
	弯矩	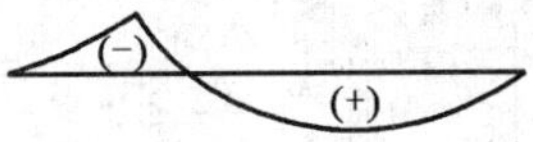	弯矩	CA 段：$M_x = -qx$ AB 段：$M_x = R_A(x-a) - \frac{1}{2}qx^2$ 在 $x = \frac{l}{2}(1+\frac{a}{l})^2$ 处，$M_{max} = \frac{ql^2}{8}(1-\frac{a^2}{l^2})^2$
	剪力	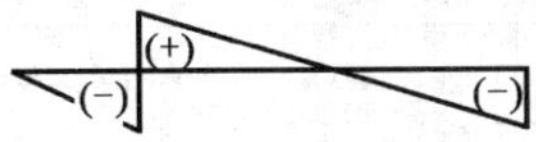	挠度	$f_c = \frac{qal^3}{24EI}(4\frac{a^2}{l^2} + 3\frac{a^3}{l^3} - 1)$
4	荷载	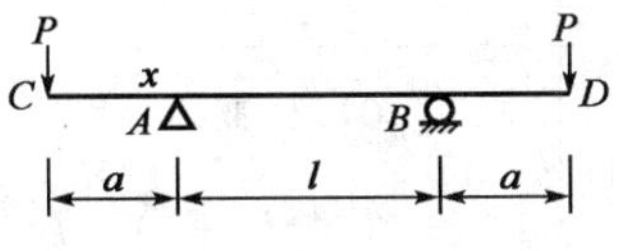	反力	$R_A = R_B = P$
			剪力	CA 段：$Q_x = -P$ AB 段：$Q_x = 0$
	弯矩	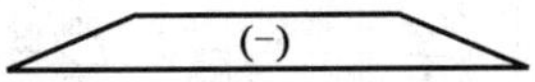	弯矩	CA 段：$M_x = -Px$ AB 段：$M_x = -Pa$

续上表

序号	荷载内力	图示	项目	计算公式
4	剪力	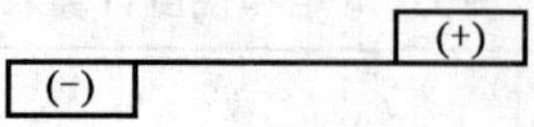 (-) (+)	挠度	$f_c=f_d=\frac{Pa^2l}{3EI}(a+\frac{3l}{2})$ 在 $x=a+\frac{l}{2}$ 处, $f_{min}=-\frac{Pal^2}{8EI}$
5	荷载	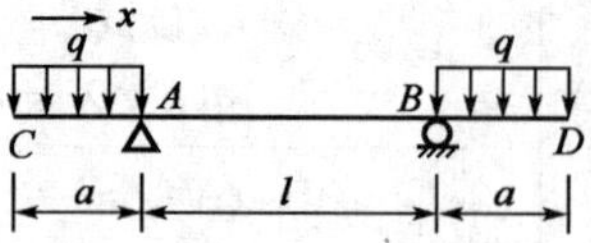 q x q A B C D a l a	反力	$R_A=R_B=qa$
			剪力	CA 段: $Q_x=-qx$ AB 段: $Q_x=0$ BD 段: $Q_x=q(2a+l-x)$
	弯矩	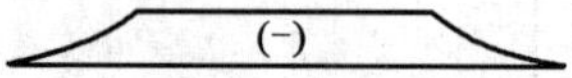 (-)	弯矩	CA 段: $M_x=-\frac{1}{2}qx^2$ AB 段: $M_x=-\frac{1}{2}qa^2$ BD 段: $M_x=-\frac{1}{2}q(2a+l-x)^2$
	剪力	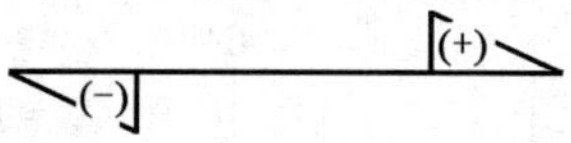 (-) (+)	挠度	$f_c=f_d=\frac{qa^3l}{8EI}(2+\frac{a}{l})$ 在 $x=a+\frac{l}{2}$ 处, $f_{min}=-\frac{qa^2l^2}{16EI}$
6	荷载	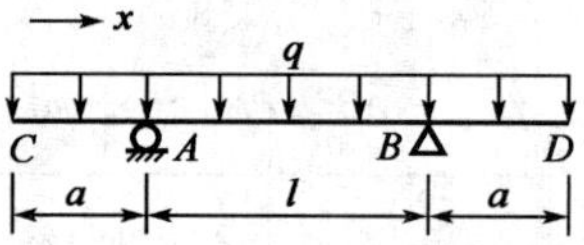 x q C A B D a l a	反力	$R_A=R_B=q(a+\frac{l}{2})$
			剪力	CA 段: $Q_x=-qx$ AB 段: $Q_x=-qx+R_A$
	弯矩	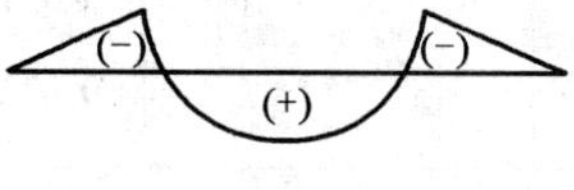 (-) (+) (-)	弯矩	CA 段: $M_x=-\frac{1}{2}qx^2$ AB 段: $M_x=\frac{qlx}{2}\left[(1-\frac{a}{x})(1+\frac{2a}{l})-\frac{x}{l}\right]$
	剪力	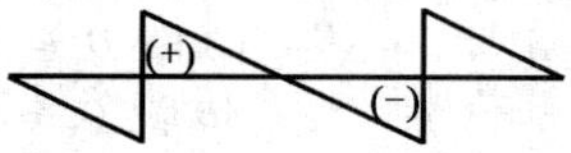 (+) (-)	挠度	$f_C=f_D=\frac{qal^3}{24EI}(6\frac{a^2}{l^2}+3\frac{a^3}{l^3}-1)$ 在 $x=a+\frac{l}{2}$ 处, $f_{min}=\frac{ql^4}{384EI}(5-24\frac{a^2}{l^2})$
7	荷载	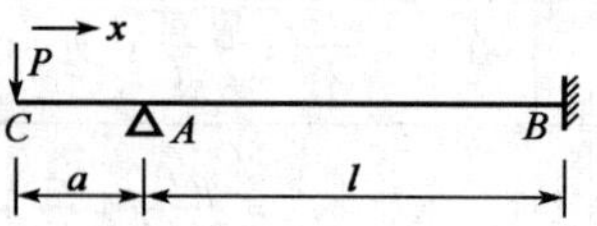 P x C A B a l	反力	$R_A=\frac{P}{2}(2+3\frac{a}{l})$, $R_B=-\frac{3Pa}{2l}$ $M_A=-Pa$, $M_B=\frac{Pa}{2}$
			剪力	CA 段: $Q_x=-P$ AB 段: $Q_x=\frac{3a}{2l}P$
	弯矩	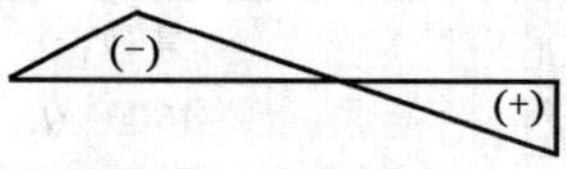 (-) (+)	弯矩	CA 段: $M_x=-Px$ AB 段: $M_x=-\frac{Pa}{2l}(2l+3a-3x)$
	剪力	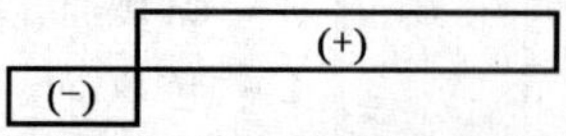 (-) (+)	挠度	$f_C=\frac{Pa^2l}{12EI}(3+4\frac{a}{l})$

续上表

序号	荷载内力	图　示	项目	计 算 公 式
8	荷载	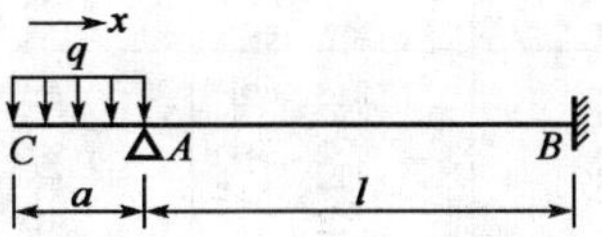	反力	$R_A=\frac{qa}{4}(4+3\frac{a}{l}),R_B=-\frac{3qa^2}{4l}$ $M_A=-\frac{qa^2}{2},M_B=\frac{qa^2}{4}$
			剪力	CA 段：$Q_x=-qx$ AB 段：$Q_x=\frac{3qa^2}{4l}$
	弯矩	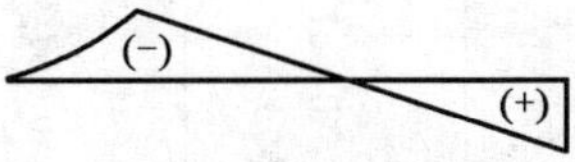	弯矩	CA 段：$M_x=-\frac{1}{2}qx^2$ AB 段：$M_x=R_A(x-a)-qa(x-\frac{a}{2})$
	剪力	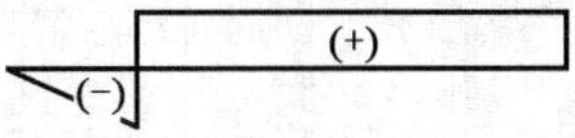	挠度	$f_C=\frac{qa^3l}{8EI}(1+\frac{a}{l})$
9	荷载	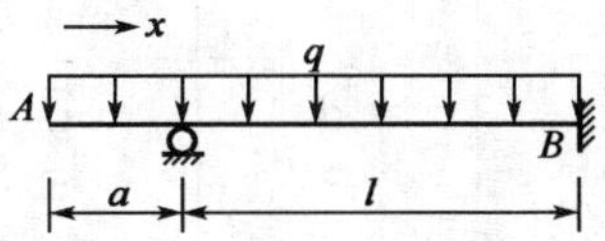	反力	$R_A=\frac{ql}{8}(3+8\frac{a}{l}+6\frac{a^2}{l^2})$ $R_B=\frac{ql}{8}(5-6\frac{a^2}{l^2})$ $M_A=-\frac{qa^2}{2},M_B=-\frac{ql^2}{8}(1-2\frac{a^2}{l^2})$
			剪力	CA 段：$Q_x=-qx$ AB 段：$Q_x=R_A-qx$
	弯矩	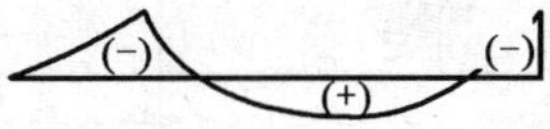	弯矩	CA 段：$M_x=-\frac{1}{2}qx^2$ AB 段：$M_x=R_A(x-a)-\frac{qx^2}{2}$
	剪力	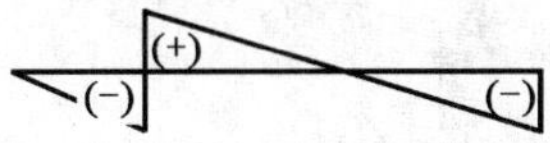	挠度	$f_C=\frac{qal^3}{48EI}(6\frac{a^2}{l^2}+6\frac{a^3}{l^3}-1)$
10	荷载	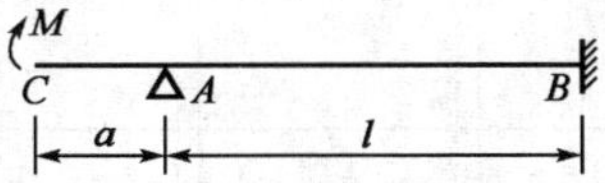	反力	$R_A=-\frac{3M}{2l},R_B=\frac{3M}{2l}$ $M_A=M,M_B=-\frac{M}{2}$
			剪力	CA 段：$Q_x=0$ AB 段：$Q_x=-\frac{3M}{2l}$
	弯矩		弯矩	CA 段：$M_x=M$ AB 段：$M_x=M\left[1-\frac{3(x-a)}{2l}\right]$
	剪力	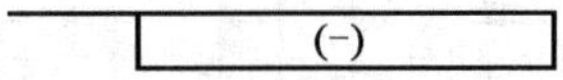	挠度	$f_C=-\frac{Mal}{4EI}(1+2\frac{a}{l})$

1.3.6 等截面连续梁的内力与变形

(1)两跨等跨连续梁的内力和挠度系数

(2)三跨等跨连续梁的内力和挠度系数

(3)四跨等跨连续梁的内力和挠度系数

(4)五跨等跨连续梁的内力和挠度系数

两跨等跨连续梁的内力和挠度系数表 表1.3-6

序号	荷载图示	跨内最大弯矩		支座弯矩	剪力			跨度中点挠度	
		M_1	M_2	M_B	Q_A	$Q_{B左}$ $Q_{B右}$	Q_C	f_1	f_2
1	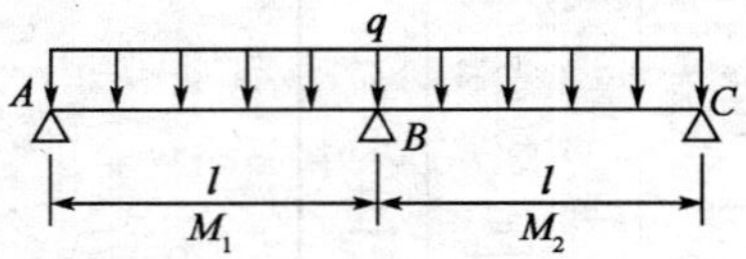	0.070	0.070	-0.125	-0.375	-0.625 0.625	-0.375	0.521	0.521
2	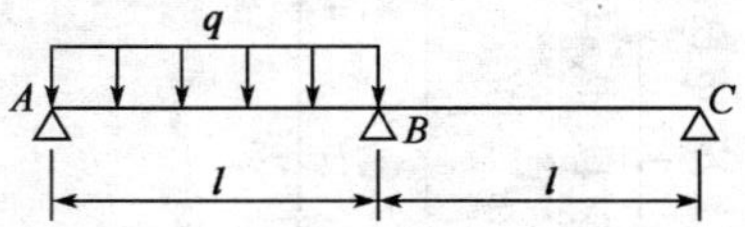	0.096	—	-0.063	0.437	-0.563 0.063	0.063	0.912	-0.391
3	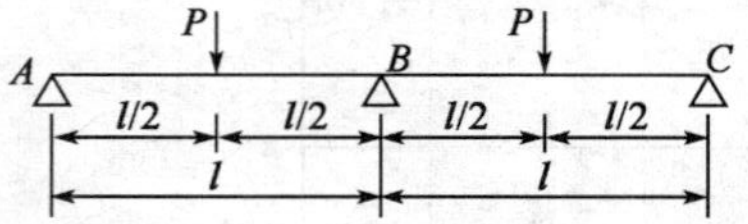	0.156	0.156	-0.188	0.312	-0.688 0.688	-0.312	0.911	0.911
4	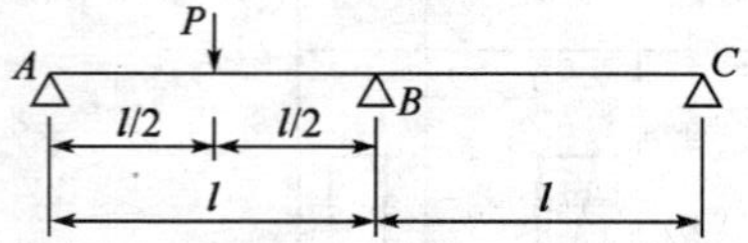	0.203	—	-0.094	0.406	-0.594 0.094	0.094	1.497	-0.586
5	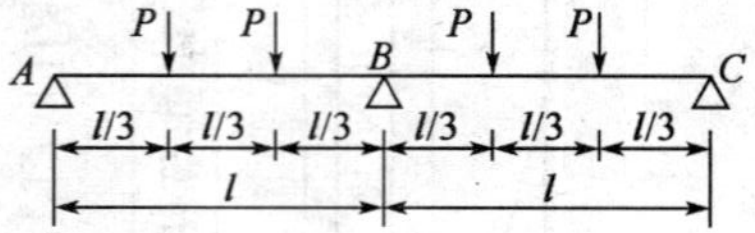	0.222	0.222	-0.333	0.667	-1.333 1.333	-0.667	1.466	1.466
6	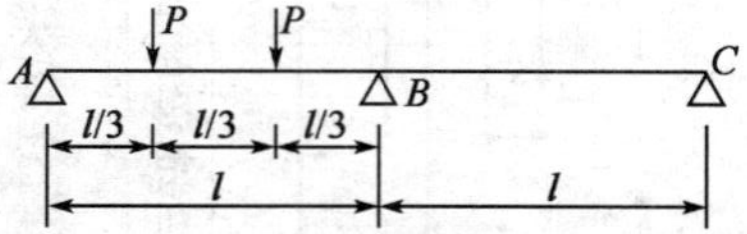	0.278	—	-0.167	0.833	-1.167 0.167	0.167	2.508	-1.042

注：1. 在均布荷载作用下：M = 表中系数 × ql^2，Q = 表中系数 × ql，f = 表中系数 × $\frac{ql^4}{100EI}$。

2. 在集中荷载作用下：M = 表中系数 × Pl，Q = 表中系数 × P，f = 表中系数 × $\frac{Pl^3}{100EI}$。

3. 对于 M，使截面下缘受拉为正；对于 Q，对邻近截面所产生的力矩沿顺时针方向为正。

三跨等跨连续梁的内力和挠度系数表

表 1.3-7

序号	荷载图示	跨内最大弯矩		支座弯矩		剪力				跨度中点挠度		
		M_1	M_2	M_B	M_C	Q_A	$Q_{B左}$ $Q_{B右}$	$Q_{C左}$ $Q_{C右}$	Q_D	f_1	f_2	f_3
1	q；A B C D；l l l；M_1 M_2 M_3	0.080	0.025	-0.100	-0.100	0.400	-0.600 0.500	-0.500 0.600	-0.400	0.677	0.052	0.677
2	q q；A B C D；l l l	0.101	—	-0.050	-0.050	0.450	-0.550 0	0 0.550	-0.450	0.990	-0.625	0.990
3	q；A B C D；l l l	—	0.075	-0.050	-0.050	-0.050	-0.050 0.500	-0.500 0.050	0.050	-0.313	0.677	-0.313
4	q；A B C D；l l l	0.073	0.054	-0.117	-0.033	0.383	-0.617 0.583	-0.417 0.033	0.033	0.573	0.365	-0.208
5	q；A B C D；l l l	0.094	—	-0.067	0.017	0.433	-0.567 0.083	0.083 -0.017	-0.017	0.885	-0.313	0.104

续上表

序号	荷载图示	跨内最大弯矩		支座弯矩		剪力				跨度中点挠度		
		M_1	M_2	M_B	M_C	Q_A	$Q_{B左}$ $Q_{B右}$	$Q_{C左}$ $Q_{C右}$	Q_D	f_1	f_2	f_3
6	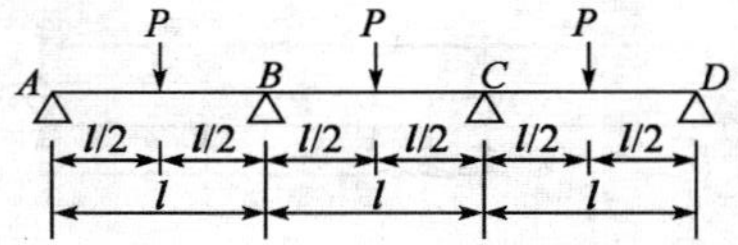	0.175	0.100	-0.150	-0.150	0.350	-0.650 0.500	-0.500 0.650	-0.350	1.146	0.208	1.146
7	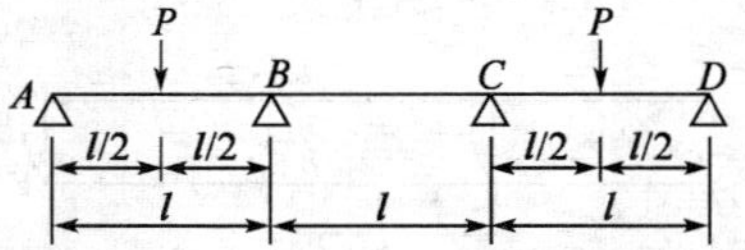	0.213	—	-0.075	-0.075	0.425	-0.575 0	0 0.575	-0.425	1.615	-0.937	1.615
8	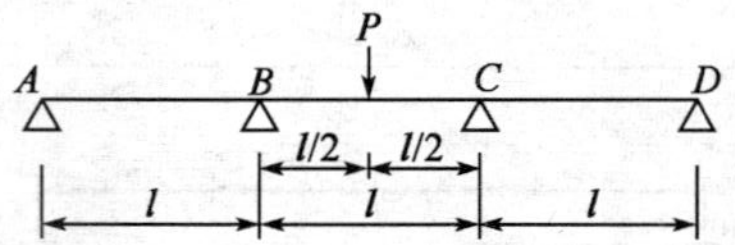	—	0.175	-0.075	-0.075	-0.075	-0.075 0.500	-0.500 0.075	0.075	-0.469	1.146	-0.469
9	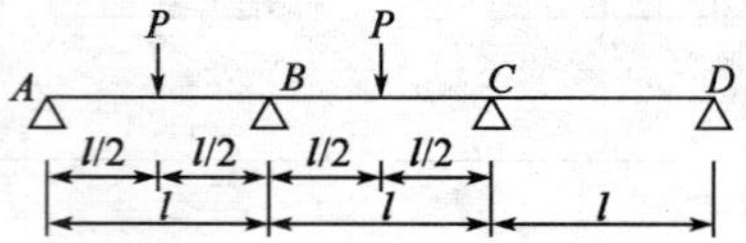	0.162	0.137	0.175	-0.050	0.325	-0.675 0.625	-0.375 0.050	0.050	0.990	0.677	-0.312
10	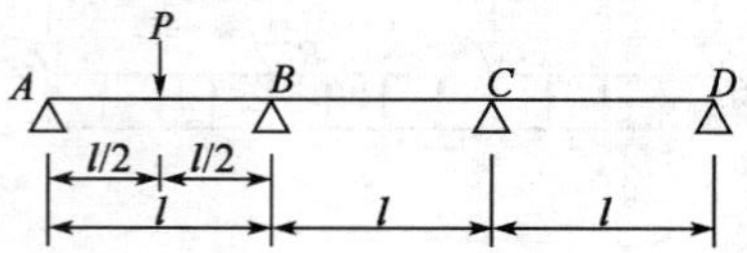	0.200	—	-0.100	0.025	0.400	-0.600 0.125	0.125 -0.025	-0.025	1.458	-0.469	0.156
11	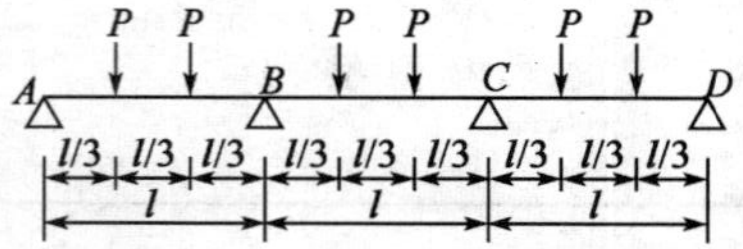	0.244	0.067	-0.267	-0.267	0.733	-1.267 1.000	-1.000 1.267	-0.733	1.883	0.216	1.883

续上表

序号	荷载图示	跨内最大弯矩		支座弯矩		剪力				跨度中点挠度		
		M_1	M_2	M_B	M_C	Q_A	$Q_{B左}$ $Q_{B右}$	$Q_{C左}$ $Q_{C右}$	Q_D	f_1	f_2	f_3
12	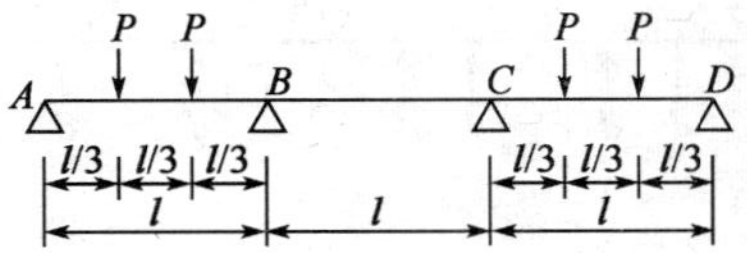	0.289	—	-0.133	-0.133	0.866	-1.134 0	0 1.134	-0.866	2.716	-1.677	2.716
13	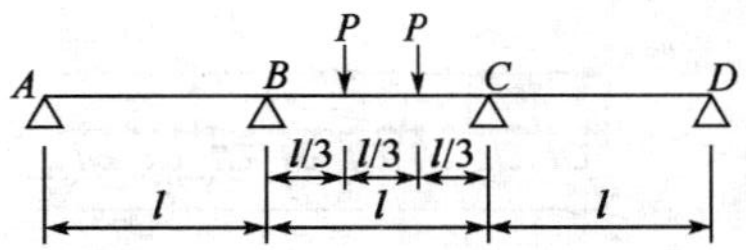	—	0.200	-0.133	-0.133	0.133	-0.133 1.000	-1.000 0.133	0.133	-0.833	1.883	-0.833
14	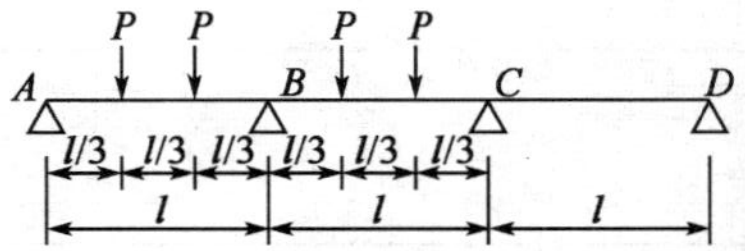	0.290	0.170	-0.311	-0.089	0.689	-1.311 1.222	-0.778 0.089	0.089	1.605	1.049	-0.556
15	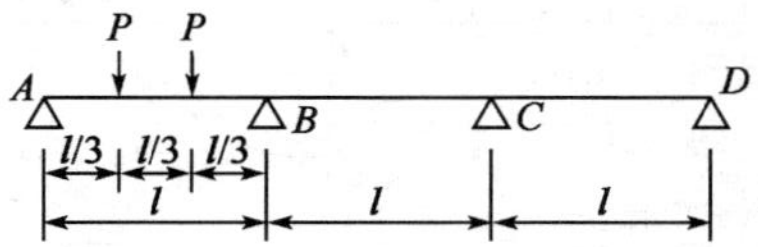	0.272	—	-0.178	0.044	0.822	-1.178 0.222	0.222 -0.044	-0.044	2.438	-0.833	0.278

注：1. 在均布荷载作用下：M = 表中系数 × ql^2，Q = 表中系数 × ql，f = 表中系数 × $\frac{ql^4}{100EI}$。

2. 在集中荷载作用下：M = 表中系数 × Pl，Q = 表中系数 × P，f = 表中系数 × $\frac{Pl^3}{100EI}$。

3. 对于 M，使截面下缘受拉为正；对于 Q，对邻近截面所产生的力矩沿顺时针方向为正。

四跨等跨连续梁的内力和挠度系数表

表 1.3-8

荷载图示	弯矩				剪力			跨度中点挠度	
	$M_{1中}$	$M_{2中}$	$M_{B支}$	$M_{C支}$	Q_A	$Q_{B左}$ $Q_{B右}$	$Q_{C左}$ $Q_{C右}$	f_1	f_2
q; A B C D E; l l l l	0.077	0.036	-0.107	-0.071	0.393	-0.606 0.536	-0.464 0.464	0.632	0.186
P P P P; A B C D E; l/2 l/2 l/2 l/2 l/2 l/2 l/2 l/2; l l l l	0.169	0.116	-0.161	-0.107	0.339	-0.661 0.554	-0.446 0.446	1.079	0.409
P P P P P P P P; A B C D E; l/3 l/3 l/3 l/3 l/3 l/3 l/3 l/3 l/3 l/3 l/3 l/3; l l l l	0.238	0.111	-0.281	-0.191	0.714	-1.286 1.095	-0.905 0.905	1.764	0.573

注:同三跨等跨连续梁。

表 1.3-9

五跨等跨连续梁内力和挠度系数表

荷载图示	弯矩					剪力			跨度中点挠度		
	$M_{1中}$	$M_{2中}$	$M_{3中}$	$M_{B支}$	$M_{C支}$	Q_A	$Q_{B左}$ $Q_{B右}$	$Q_{C左}$ $Q_{C右}$	f_1	f_2	f_3
q（均布荷载）；A B C D E F；l l l l l	0.078	0.033	0.046	-0.105	-0.079	0.394	-0.474 0.526	-0.474 0.500	0.664	0.151	0.315
P P P P P；A B C D E F；l/2 l/2 l/2 l/2 l/2 l/2 l/2 l/2 l/2 l/2；l l l l l	0.171	0.112	0.132	-0.158	-0.118	0.342	-0.658 0.540	-0.460 0.500	1.097	0.356	0.603
P P P P P P P P P P；A B C D E F；l/3 l/3 l/3 l/3 l/3 l/3 l/3 l/3 l/3 l/3 l/3 l/3 l/3 l/3 l/3；l l l l l	0.240	0.100	0.122	-0.28	0.211	0.719	-1.281 1.071	-0.930 1.000	1.795	0.479	0.918

注：同三跨等跨连续梁。

(5)两跨不等跨连续梁的内力系数

两跨不等跨连续梁的内力系数表 表 1.3-10

荷载和内力 / n	A–B–C 全跨均布荷载 q(l_1, nl_1)							AB 跨均布荷载 q(l_1, nl_1)		BC 跨均布荷载 q(l_1, nl_1)	
	M_B (M_{max})	M_{BA}	M_{BC}	Q_A	$Q_{B左}$ (Q_{max})	$Q_{B右}$ (Q_{max})	Q_C	M_{AB} (M_{max})	Q_A (Q_{max})	M_{BC} (M_{max})	Q_C (Q_{max})
1	-0.125 0	0.070 3	0.070 3	0.375 0	-0.625 0	0.625 0	-0.375 0	0.095 7	0.437 5	0.095 7	-0.437 5
1.1	-0.138 8	0.065 3	0.089 8	0.361 3	-0.638 7	0.676 1	-0.423 9	0.097 0	0.440 5	0.114 2	-0.478 0
1.2	-0.155 0	0.059 5	0.110 8	0.345 0	-0.655 0	0.729 2	-0.470 8	0.098 2	0.443 2	0.134 3	-0.518 2
1.3	-0.173 8	0.053 2	0.133 3	0.326 3	-0.673 7	0.783 6	-0.516 4	0.099 3	0.445 7	0.155 8	-0.558 2
1.4	-0.195 0	0.046 5	0.157 2	0.305 0	-0.695 0	0.839 3	-0.560 7	0.100 3	0.447 9	0.178 8	-0.597 9
1.5	-0.218 8	0.039 6	0.182 5	0.281 3	-0.718 7	0.895 8	-0.604 2	0.101 3	0.450 0	0.203 2	-0.637 5
1.6	-0.245 0	0.032 5	0.209 2	0.255 0	-0.745 0	0.953 1	-0.646 9	0.102 1	0.451 9	0.229 1	-0.676 9
1.7	-0.273 3	0.025 6	0.237 4	0.226 3	-0.773 7	1.011 0	-0.689 0	0.102 9	0.453 7	0.256 4	-0.716 2
1.8	-0.305 0	0.019 0	0.266 9	0.195 0	-0.805 0	1.069 4	-0.730 6	0.103 7	0.455 4	0.285	-0.755 4
1.9	-0.338 8	0.013 0	0.297 8	0.161 3	-0.838 7	1.128 3	-0.771 7	0.104 4	0.456 9	0.315 5	-0.794 4
2	-0.375 0	0.007 8	0.330 1	0.125 0	-0.875 0	1.187 5	-0.812 5	0.105 0	0.458 3	0.347 2	-0.833 3
2.25	-0.476 6	0.000 3	0.417 0	0.023 4	-0.976 6	1.336 8	-0.913 2	0.106 5	0.461 5	0.432 7	-0.930 3
2.5	-0.593 8	负值	0.512 6	-0.093 8	-1.093 8	1.487 5	-1.012 5	0.107 8	0.464 3	0.527 2	-1.026 8

注:1. M = 表中系数 × ql_1^2,Q = 表中系数 × ql_1。

2. M_{max}、Q_{max} 表示荷载在最不利布置时的最大内力。

3. 对于 M,使截面下缘受拉为正;对于 Q,对邻近截面所产生的力矩沿顺时针方向为正。

(6)三跨不等跨连续梁的内力系数

三跨不等跨连续梁的内力系数表

表 1.3-11

荷载和内力											
n	M_A	M_{AB}	M_{BC}	Q_A	$Q_{B左}$	$Q_{B右}$	M_B (M_{max})	$Q_{B左}$ (Q_{max})	$Q_{B右}$ (Q_{max})	M_{AB} (M_{max})	Q_A (Q_{max})	M_{BC} (M_{max})
0.4	−0.083 1	0.086 9	−0.063 1	0.416 9	−0.583 1	0.200 0	−0.096 2	−0.596 2	0.460 8	0.089 0	0.421 9	0.015 0
0.5	−0.080 4	0.088 0	−0.049 1	0.419 6	−0.580 4	0.250 0	−0.094 7	−0.594 7	0.450 2	0.091 8	0.428 6	0.022 3
0.6	−0.080 0	0.088 2	−0.035 0	0.420 0	−0.580 0	0.300 0	−0.095 2	−0.595 2	0.460 3	0.094 3	0.434 2	0.030 8
0.7	−0.081 9	0.087 4	−0.020 6	0.418 1	−0.581 9	0.350 0	−0.097 9	−0.597 9	0.482 5	0.096 4	0.439 0	0.040 3
0.8	−0.085 9	0.085 7	−0.005 9	0.414 1	−0.585 9	0.400 0	−0.102 1	−0.602 1	0.511 6	0.098 2	0.443 2	0.050 9
0.9	−0.091 8	0.083 3	0.009 5	0.408 2	−0.591 8	0.450 0	−0.108 3	−0.608 3	0.545 6	0.099 8	0.446 8	0.062 5
1.0	−0.100 0	0.080 0	0.025 0	0.400 0	−0.600 0	0.500 0	−0.116 7	−0.616 7	0.583 3	0.101 3	0.450 0	0.075 0
1.1	−0.110 0	0.076 1	0.041 3	0.390 0	−0.610 0	0.550 0	−0.126 7	−0.626 7	0.623 3	0.102 5	0.425 8	0.088 5
1.2	−0.121 8	0.071 5	0.058 2	0.378 2	−0.621 8	0.600 0	−0.138 5	−0.638 5	0.665 1	0.103 7	0.455 4	0.102 9
1.3	−0.135 5	0.066 4	0.075 8	0.364 5	−0.635 5	0.650 0	−0.152 2	−0.652 2	0.708 2	0.104 7	0.457 6	0.118 2
1.4	−0.151 0	0.060 9	0.094 0	0.349 0	−0.651 0	0.700 0	−0.167 6	−0.667 6	0.752 5	0.105 7	0.459 7	0.134 4
1.5	−0.168 3	0.055 0	0.113 0	0.331 7	−0.668 3	0.750 0	−0.184 8	−0.684 8	0.797 6	0.106 5	0.461 5	0.151 4
1.6	−0.187 4	0.048 9	0.132 7	0.312 7	−0.687 3	0.800 0	−0.203 7	−0.703 7	0.843 4	0.107 3	0.463 2	0.169 4
1.7	−0.208 2	0.042 6	0.153 1	0.291 8	−0.708 2	0.850 0	−0.224 4	−0.724 4	0.889 7	0.108 0	0.464 8	0.188 3
1.8	−0.230 8	0.036 2	0.174 2	0.269 2	−0.730 8	0.900 0	−0.246 8	−0.746 8	0.936 6	0.108 7	0.466 2	0.208 0
1.9	−0.255 2	0.030 0	0.196 1	0.244 8	−0.755 2	0.950 0	−0.271 0	−0.771 0	0.984 6	0.109 3	0.467 5	0.228 6
2.0	−0.281 3	0.023 9	0.218 8	0.218 8	−0.781 2	1.000	−0.296 9	−0.796 9	1.031 2	0.109 9	0.468 8	0.250 0
2.25	−0.354 0	0.010 6	0.278 8	0.146 2	−0.853 8	1.125 0	−0.369 1	−0.869 1	1.151 1	0.111 1	0.471 4	0.307 4
2.5	−0.437 5	0.001 9	0.343 7	−0.062 5	−0.937 5	1.250 0	−0.452 1	−0.952 1	1.272 2	0.112 2	0.473 7	0.370 1

注：1. M = 表中系数 $\times ql_1^2$，Q = 表中系数 $\times ql_1$。

2. M_{max}、Q_{max} 表示荷载最不利布置时最大内力。

3. 对于 M，使截面下缘受拉为正；对于 Q，对邻近截面所产生的力矩沿顺时针方向为正。

1.3.7 刚架的内力

刚架的内力计算表 表 1.3-12

荷载图示	弯矩图	水平力	竖向力	弯矩
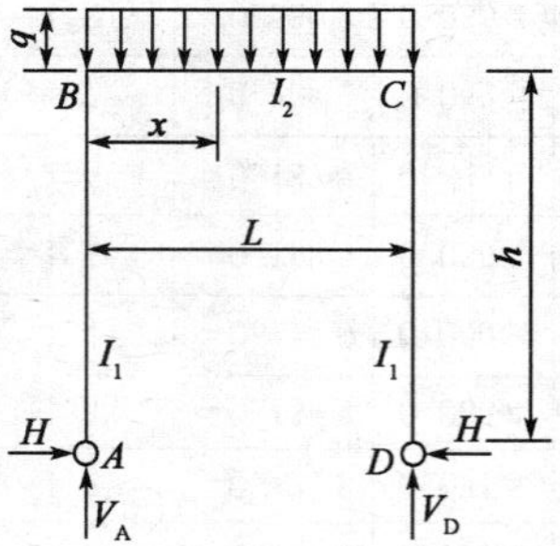	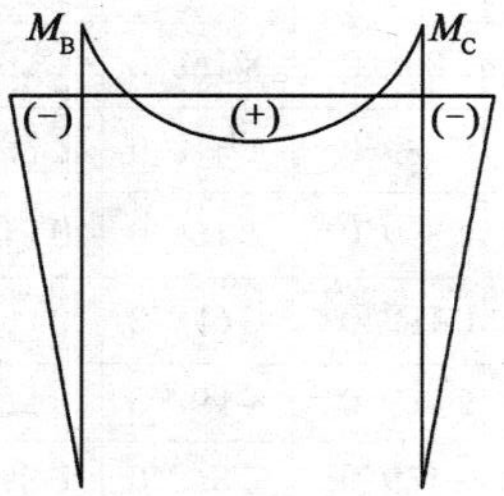	$H=\dfrac{qL^2}{4h(2k+3)}$	$V_A=V_D=\dfrac{qL}{2}$	$M_A=M_D=0,M_B=M_C=\dfrac{qL^2}{4(2k+3)}$ $M_x=\dfrac{qL}{2}x-\dfrac{q}{2}x^2+M_B$ $M_{max}=\dfrac{2k+1}{2k+3}\times\dfrac{qL^2}{8}\left(x=\dfrac{L}{2}\right)$
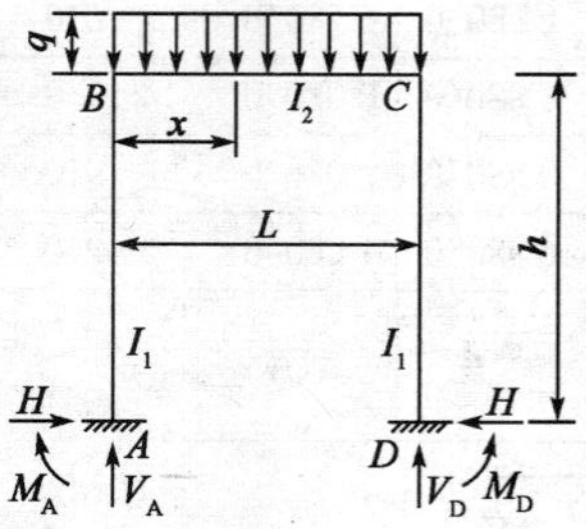	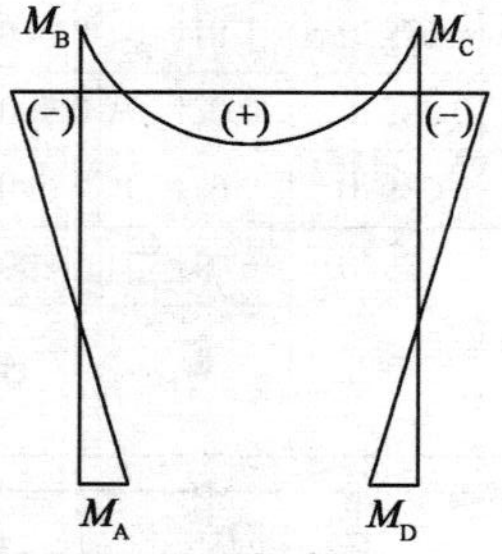	$H=\dfrac{qL^2}{4h(k+2)}$	$V_A=V_D=\dfrac{qL}{2}$	$M_A=M_D=\dfrac{qL^2}{12(2+k)}$ $M_B=M_C=-\dfrac{qL^2}{6(2+k)}$ $M_x=\dfrac{qx}{2}(L-x)-\dfrac{qL^2}{6(2+k)}$ $M_{max}=\dfrac{qL^2}{24}\times\dfrac{2+3k}{2+k}\left(x=\dfrac{L}{2}\right)$

续上表

荷载图示	弯矩图	水平力	竖向力	弯矩
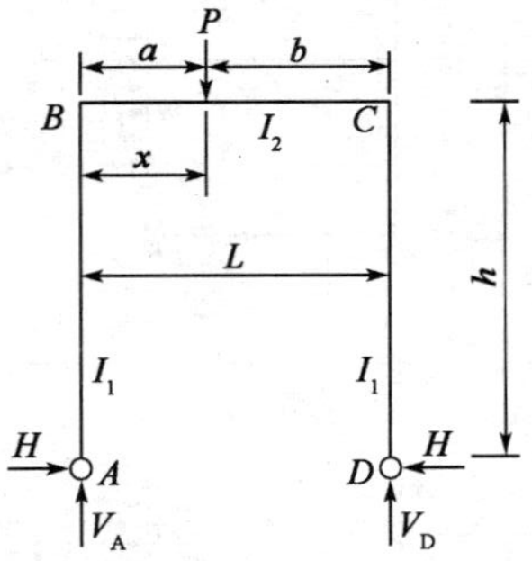	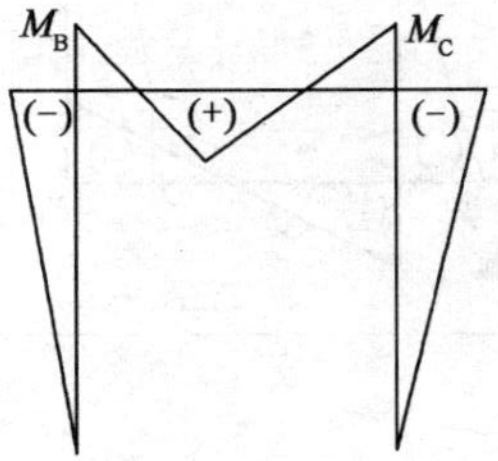	$H=\frac{3Pab}{2hL(2k+3)}$	$V_A=\frac{Pb}{L}$ $V_D=\frac{Pa}{L}$	$M_A=M_D=0, M_B=M_C=-\frac{3Pab}{2L(2k+3)}$ $M_x=\frac{Pb}{L}x+M_B, M_x=\frac{Pa}{L}x+M_C$ $M_{max}=\frac{4k+3}{2k+3}\times\frac{Pab}{2L}(x=a)$
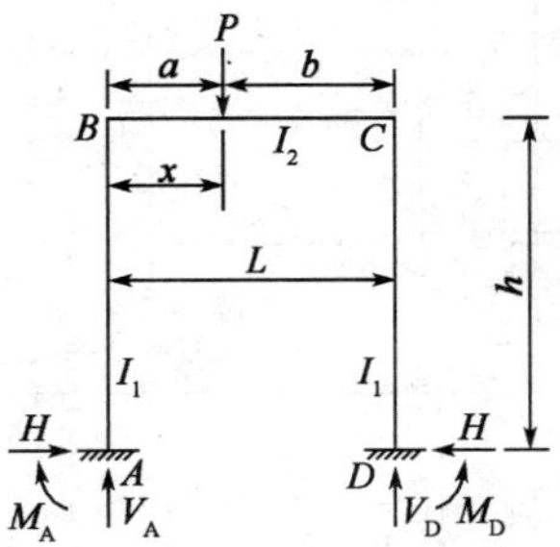	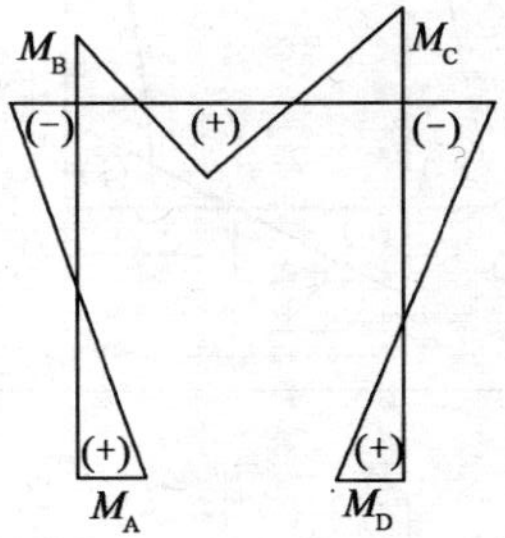	$H=\frac{3Pab}{2hL(2+k)}$	$V_A=\frac{Pb}{L}\times\frac{1+\delta-2\delta^2+6k}{1+6k}$ $V_B=\frac{Pa}{L}\times\frac{3\delta-2\delta^2+6k}{1+6k}$	$M_A=\frac{Pab}{2L}\times\frac{5k-1+2\delta(2+k)}{(2+k)(1+6k)}$ $M_D=\frac{Pab}{2L}\times\frac{7k+3-2\delta(2+k)}{(2+k)(1+6k)}$ $M_B=M_A-H_Ah, M_C=M_D-H_Ah$ $M_{max}=M_A-H_Ah+V_Aa\ (x=a)$
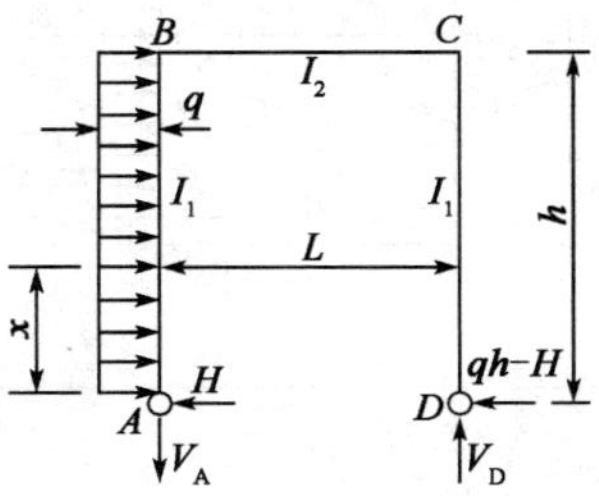	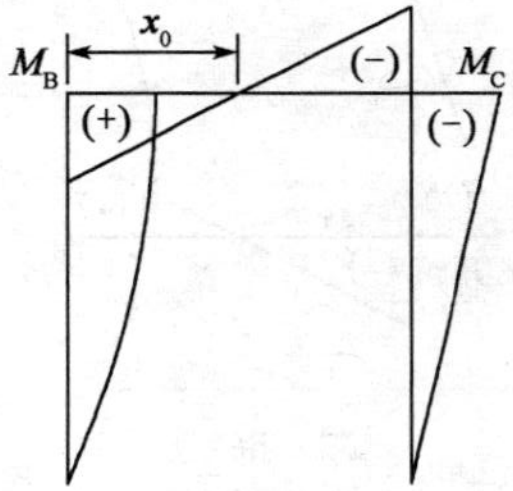	$H=\frac{11k+18}{2k+3}\cdot\frac{qh}{8}$	$V_A=-V_D=-\frac{qh^2}{2L}$	$M_B=\frac{3qh^2(k+2)}{8(2k+3)}, M_C=-\frac{ql^2}{8}\times\frac{5k+6}{2k+3}$ $M_x=Hx-\frac{qx^2}{2}$ 在 $x=\frac{h}{8}\times\frac{11k+18}{2k+2}$ 处， $M_{max}=\frac{qh^2}{128}\left(\frac{11k+18}{2k+3}\right)^2$ $x_0=\frac{3}{4}\times\frac{k+2}{2k+3}L$

续上表

荷载图示	弯矩图	水平力	竖向力	弯矩
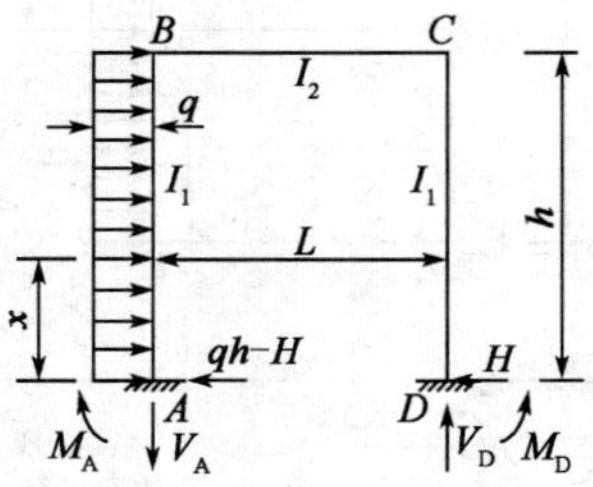	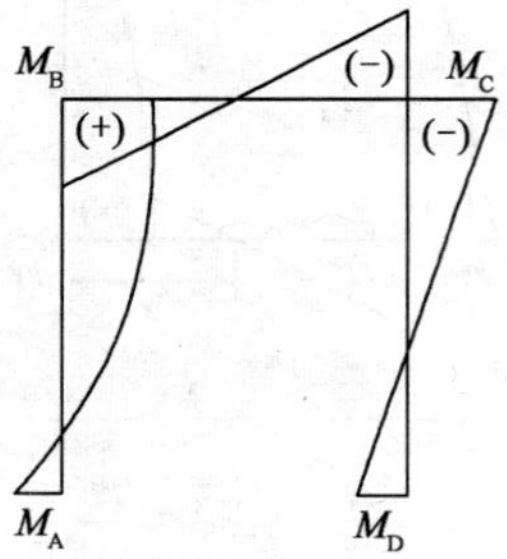	$H=\frac{qL}{8}\cdot\frac{3+2k}{k+2}$	$V_A=-V_D=-\frac{qh^2k}{L(1+6k)}$	$M_A=-\frac{qh^2}{24}\left(12-\frac{9+5k}{2+k}-\frac{12k}{1+6k}\right)$ $M_D=\frac{ql^2}{24}\left(\frac{9+5k}{2+k}-\frac{12k}{1+6k}\right)$ $M_B=M_A-Hh+\frac{qh^2}{2}$ $M_C=M_D-Hh$ $M_x=M_A+(qh-H)x-\frac{qx^2}{2}$
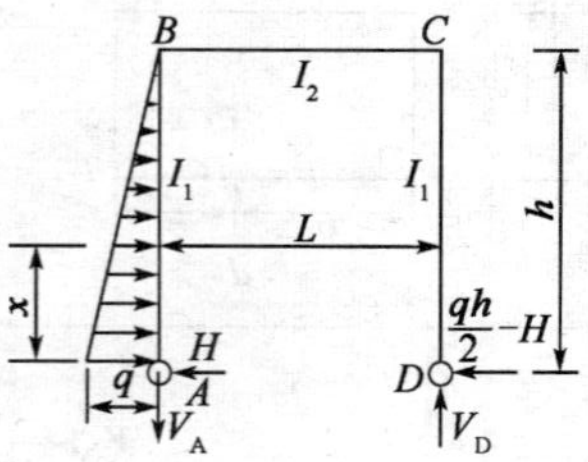	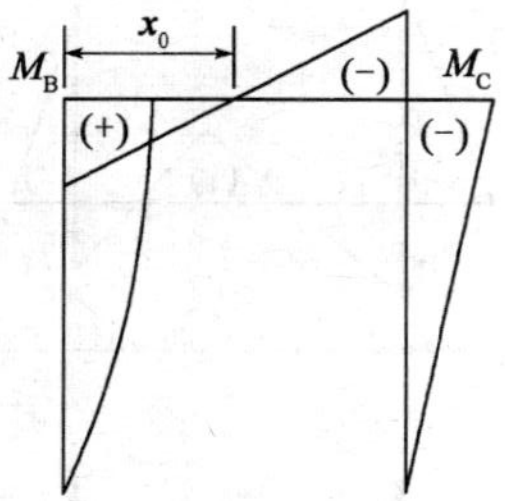	$H=\frac{31k+50}{2k+3}\cdot\frac{qh}{40}$	$V_A=-V_D=-\frac{qh^2}{6L}$	$M_B=\frac{qh^2}{120}\cdot\frac{13k+30}{2k+3}$ $M_C=-\frac{qh^2}{40}\cdot\frac{9k+10}{2k+3}$ $M_x=Hx-\frac{q}{6h}x^2(3h-x)$ $x_0=\frac{L}{20}\cdot\frac{3k+30}{2k+3}$
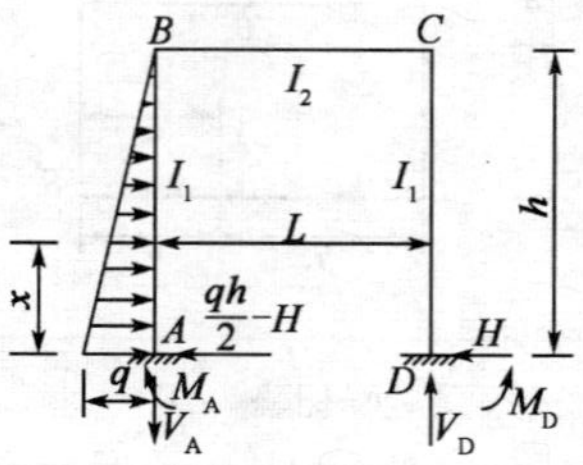	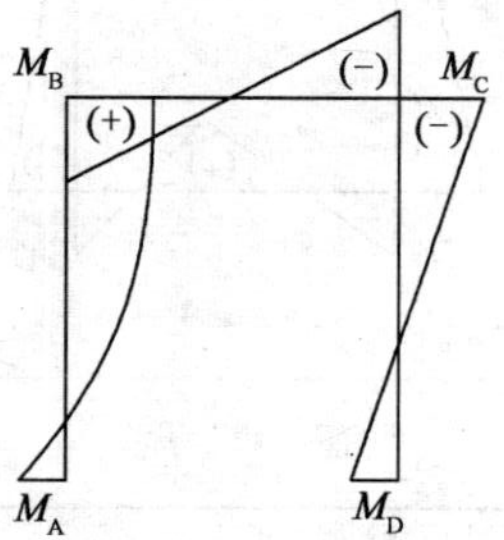	$H=\frac{3k+4}{2+k}\cdot\frac{qh}{40}$	$V_A=-V_D=-\frac{qkh^2}{4L(1+6k)}$	$M_A=-\frac{qh^2}{120}\left(20-\frac{12+7k}{2+k}-\frac{15k}{1+6k}\right)$ $M_D=\frac{qh^2}{120}\left(\frac{12+7k}{2+k}-\frac{15k}{1+6k}\right)$ $M_B=M_A-Hh+\frac{qh^2}{6}$ $M_C=M_D-Hh$ $M_x=M_A+\left(\frac{qh}{2}-H\right)x-\frac{qx^2}{6h}(3h-x)$

续上表

荷载图示	弯矩图	水平力	竖向力	弯矩
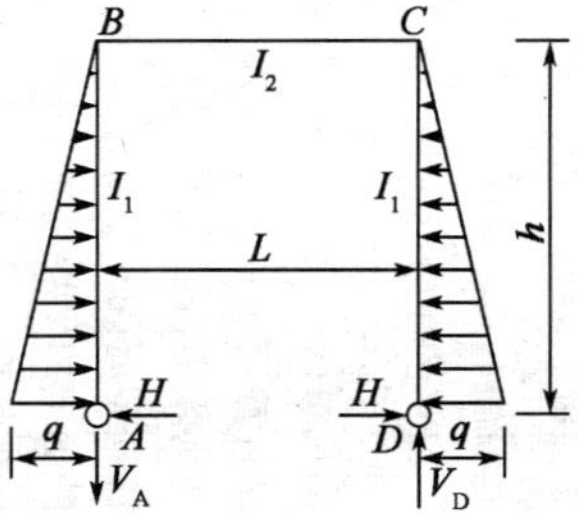	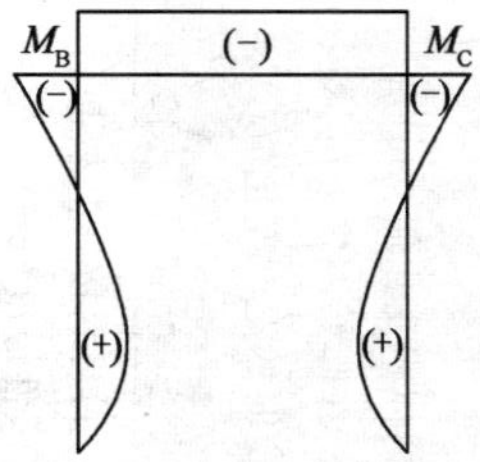	$H=\frac{qh}{20}\cdot\frac{11k+20}{2k+3}$	$V_A=V_D=0$	$M_B=M_C=-\frac{qh^2}{60}\cdot\frac{7k}{2k+3}$ $M_x=Hx-\frac{qx^2}{6h}(3h-x)$
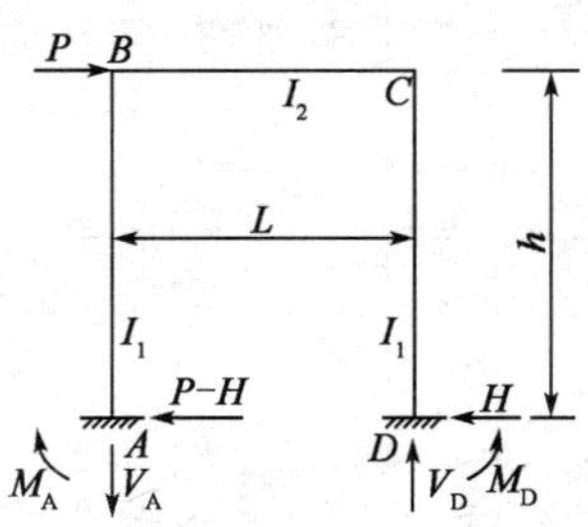	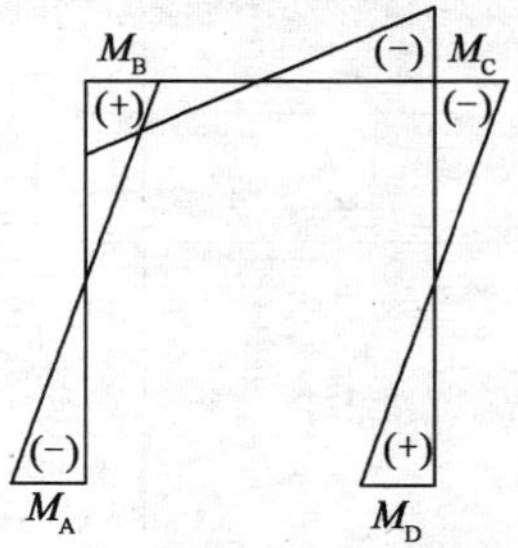	$H=\frac{P}{2}$	$-V_A=V_D=\frac{3Phk}{L(1+6k)}$	$M_A=-\frac{Ph}{2}\cdot\frac{1+3k}{1+6k}$ $M_D=\frac{Ph}{2}\cdot\frac{1+3k}{1+6k}$ $M_B=\frac{Ph}{2}\cdot\frac{3k}{1+6k}$ $M_C=-\frac{Ph}{2}\cdot\frac{3k}{1+6k}$
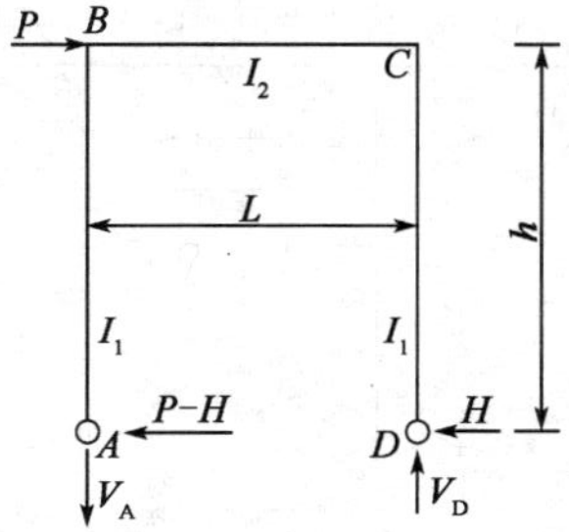	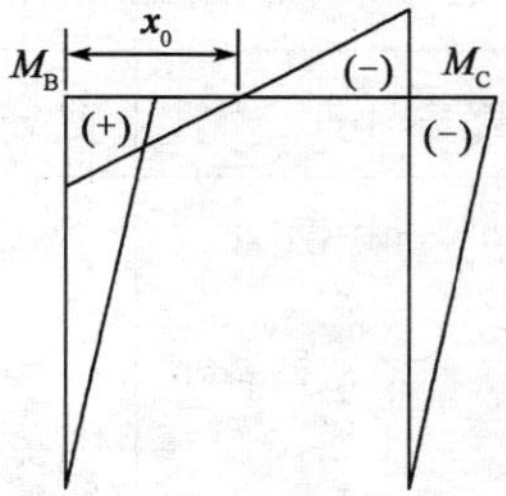	$H=\frac{P}{2}$	$-V_A=V_D=\frac{Ph}{L}$	$M_D=\frac{Ph}{2}=-M_C$

注:表中 $k=\frac{I_2}{I_1}\times\frac{h}{L}$, $\delta=\frac{a}{L}$。

1.4 桥梁施工常用材料特性数据资料

1.4.1 常用材料基本性质、名称和代号表

常用材料基本性质、名称和代号表 表 1.4-1

<table>
<tr><th colspan="2">名　称</th><th>代号</th><th>公　式</th><th>单位</th><th>说　明</th></tr>
<tr><td colspan="2">密度</td><td>ρ</td><td>$\rho = \frac{m}{V}$</td><td>g/cm^3</td><td rowspan="2">m——材料的质量(g)；
V——材料的总体积(包括空隙)(cm^3)；
v_0——材料的空隙体积(cm^3)</td></tr>
<tr><td colspan="2">空隙率</td><td>p</td><td>$p = \frac{v_0}{V} \times 100$</td><td>%</td></tr>
<tr><td colspan="2">吸水率</td><td>$w_{吸}$</td><td>$w_{吸} = \frac{m_1 - m_0}{m_0} \times 100$</td><td>%</td><td>$m_0$——材料在标准条件下吸水至恒重的质量(g)；
m_1——材料干燥至恒重的质量(g)</td></tr>
<tr><td colspan="2">含水率</td><td>w</td><td>$w = \frac{m_1 - m_0}{m_0} \times 100$</td><td>%</td><td>$m_0$——材料干燥至恒重的质量(g)；
m_1——材料在自然条件下(包含水分)的质量(g)</td></tr>
<tr><td colspan="2">饱水性系数</td><td>$K_{饱}$</td><td>$K_{饱} = \frac{w_{吸}}{w_{饱}} \times 100$</td><td>%</td><td>$w_{吸}$—— 材料吸水率(%)；
$w_{饱}$—— 材料饱水率(%)</td></tr>
<tr><td rowspan="2">强度</td><td>抗压、抗拉、抗剪</td><td>R</td><td>$R = \frac{F}{A}$</td><td>MPa</td><td rowspan="2">F——材料破坏时的荷载(N)；
A——试件受力面积(mm^2)；
L——试件两支点间距离(mm)；
b——试件宽度(mm)；
h——试件高度(mm)</td></tr>
<tr><td>抗弯</td><td>$R_{弯}$</td><td>$R_{弯} = \frac{3FL}{2bh^3}$</td><td>MPa</td></tr>
<tr><td colspan="2">弹性模量</td><td>E</td><td>$E = \frac{\sigma}{\varepsilon}$</td><td>MPa</td><td>$\sigma$——材料的拉(压)应力(MPa)；
ε——材料在 σ 应力下相应的应变(无量纲)</td></tr>
<tr><td colspan="2">软化系数</td><td>$K_{软}$</td><td>$K_{软} = \frac{R_{饱}}{R} \times 100$</td><td>%</td><td>$R_{饱}$——材料在水饱和状态下的抗压强度(MPa)；
R——材料在干燥状态下的抗压强度(MPa)</td></tr>
<tr><td colspan="2">体胀系数</td><td>a_v</td><td>$a_v = \frac{\Delta V}{\Delta T V_0}$</td><td>$K^{-1}$</td><td>$\Delta V$——材料体积变化值($cm^3$)；
V_0——材料在起始温度下的体积(cm^3)；
ΔT——测定时的温度变化值(℃)</td></tr>
<tr><td colspan="2">热导率</td><td>λ</td><td>$\lambda = \frac{Qa}{A(T_1 - T_2)t}$</td><td>$\frac{W}{m \cdot K}$</td><td rowspan="2">$Q$——通过试件的热量(J)；
a——试件厚度(cm)；
A——试件面积(cm^2)；
$T_1 - T_2$——温度差(℃)；
t——时间(s)；
m——材料的质量(kg)</td></tr>
<tr><td colspan="2">比热容</td><td>c</td><td>$c = \frac{Q}{m(T_1 - T_2)}$</td><td>$\frac{J}{kg \cdot K}$</td></tr>
<tr><td colspan="2">渗透系数</td><td>K</td><td>$K = \frac{Q}{A} \cdot \frac{L}{H} = \frac{V}{J}$</td><td>cm/s</td><td>$Q$——渗流量($cm^3/s$)；
A——试件截面面积(cm^2)；
H——压力水头(cm)；
L——渗透距离(cm)；
V——断面上的平均流速(cm/s)；
J——渗透坡降</td></tr>
</table>

1.4.2 常用材料的密度

常用材料的密度表　表 1.4-2

名　　称	密度(kg/m^3)	说　　明
1. 土、砂、砂砾、石		
黏土	1 350 1 600 1 800 2 000	干、松,$e=1.0$ 干,$\varphi=40°$,压实 湿,$\varphi=35°$,压实 很湿,$\varphi=20°$,压实
腐殖土	1 500 ~ 1 600	干,$\varphi=40°$;湿,$\varphi=35°$; 很湿,$\varphi=25°$
砂土	1 220 1 600 1 800 2 000	干、松 干, $\varphi=35°$,压实 湿,$\varphi=35°$,压实 很湿,$\varphi=25°$,压实
黄土	1 250	
黏土夹卵石	1 700 ~ 1 800	干,松
砂夹卵石	1 500 ~ 1 800 1 600 ~ 1 920 1 890 ~ 1 920	干,松 干,压实 湿
砂子	1 400 1 700	干,细砂 干,粗砂
卵石	1 600 ~ 1 800	干
碎石	1 400 ~ 1 500	堆置
碎(砾)石	2 100	
石屑	1 600	
花岗岩片石	1 500	堆置
石灰岩片石	1 520	堆置
页岩片石	1 480	堆置
白云岩片石	1 600	堆置
石粉	1 600	
矿渣	1 000 ~ 1 200	
炉渣	850	
花岗岩、大理石	2 800	
石灰石	2 640	
玄武岩	2 940	
长石	2 550	
2. 砖块		
普通砖	1 800 1 900	240mm × 115mm × 53mm − 684 块/m^3 机制砖

续上表

名　称	密度(kg/m^3)	说　明
红砖	1 600～1 800	684 块/m^3
耐火砖	1 900～2 200	240mm×115mm×53mm-609 块/m^3
耐酸瓷砖	2 300～2 500	590 块/m^3
灰砂砖	1 800	砂:石灰=92:8
煤渣砖	1 700～1 850	
矿渣砖	1 850	
焦渣砖	1 200～1 400	
烟灰砖	1 400～1 500	
黏土砖	1 200～1 500	
粉煤灰砖	1 450～1 500	684 块/m^3
焦渣空心砖	1 000	85 块/m^3
煤渣空心砖	860	73 块/m^3
煤渣子空心砖	1 120	150 块/m^3
水泥空心砖	980 1 030	85 块/m^3 121 块/m^3
黏土空心砖	1 100～1 450	承重空心砖
	3. 石灰水泥灰浆与混凝土	
生石灰块	1 100	堆置,$\varphi=30°$
生石灰粉	1 200	堆置,$\varphi=35°$
熟石灰膏	1 350	
石膏粉	900	
石棉	1 000 400	压实 松
石灰砂浆	1 700	
混合砂浆	1 700	
水泥砂浆	2 000	
灰土	1 750	石灰:土=3:7
稻草石灰泥	1 600	
纸筋石灰泥	1 600	
石灰三合土	1 750	石灰、砂、卵石
水泥	1 250 1 450 1 600	轻质,松散,$\varphi=20°$ 散装,$\varphi=35°$ 袋装,压实
矿渣水泥	1 450	
普通硅酸盐水泥	1 200～1 300	
矿渣水泥	1 450	
普通硅酸盐水泥	1 200～1 300	松散
火山灰质水泥	850～1 150	
素混凝土	2 300 2 400	不振动 振动

续上表

名　　称	密度（kg/m^3）	说　　明
陶粒混凝土	400 ~ 1 800	
碎砖混凝土	1 850	
加气混凝土	550 ~ 750	
泡沫混凝土	400 ~ 600	
矿渣混凝土	2 000	
钢筋混凝土	2 500 ~ 2 600	
碎砖钢筋混凝土	2 000	
粉煤灰陶粒混凝土	1 950	
	4. 金属矿产	
铸铁	7 250	
锻铁	7 750	
钢材	7 850	
铸材	7 800	
低碳钢	7 850	含碳 0.1%
中碳钢	7 820	含碳 0.4%
高碳钢	7 810	含碳 1%
高速钢	8 300	含钨 9%
不锈钢	7 750	含铬 13%
青铜	8 740	
黄铜	8 110	
紫铜	8 900	
铝	2 700	
铝板	2 730	
锌	7 050	
锌板	7 200	
铅	11 400	
铅板	11 370	
铅丝	11 277	
银	10 500	
锡	7 350	
水银	13 600	
锑	6 670	
	5. 沥青、煤灰、油料	
石油沥青	1 000 ~ 1 100	
煤沥青	1 200 ~ 1 300	
乳化沥青	980 ~ 1 050	
煤焦油	1 000	
泥炭	320 ~ 420	桶装
煤灰	800	堆放
原石油	880	压实
煤油	800	
煤油	720	
润滑油	740	桶装
汽油	670	
汽油	640	
动、植物油	930	桶装
豆油	800	

续上表

名　称	密度(kg/m³)	说　明
6. 木材、竹材		
	<400	随含水率而不同
杉木		
冷杉、云杉	400 ~ 500	随含水率而不同
红松、华山松、樟子松		
铁杉		
杨木、枫杨		
马尾松(云南松)、油松	500 ~ 600	随含水率而不同
水曲柳	686	
大叶榆	548	
桦木	615	含水率15%时的气干密度
山杨	486	
楠木	610	
竹材	900	
7. 砌体		
浆砌细方石	2 640	花岗石,方整石块
	2 560	石灰石
	2 200	砂岩
浆砌毛方石	2 480	花岗岩
	2 400	石灰石
	2 080	砂岩
干砌毛方石	2 080	花岗岩
	2 080	石灰石
	1 760	砂岩
浆砌普通砖	1 800	
浆砌机制砖	1 900	
浆砌矿渣砖	2 100	
黏土空心砖砌墙	1 500	承重墙
干砌块石	2 100	
浆砌片石	2 300	
三合土墙体	1 700	灰:砂:土 = 1:1:9 ~ 1:1:4
土坯砖砌体	1 600	
沥青混凝土	2 300	
沥青碎石	2 200	
沥青细砂	2 300	
泥结碎(砾)石	2 100	包括水结碎石,级配碎(砾)石
混凝土或片石混凝土	2 400	

1.4.3 常用材料线膨胀系数

常用材料线性膨胀系数表　表 1.4-3

$$\bar{\alpha}_1 = \Delta L/\Delta T L_0$$

式中：$\bar{\alpha}_1$——平均线胀系数；　ΔL——试件长度变化(cm)；

ΔT——温度变化范围(℃)；　L_0——起始温度下长度(cm)

（固体的体胀系数约为固体线胀系数的 3 倍）

材料名称	线胀系数(K^{-1})	材料名称	线胀系数(K^{-1})
钢筋	1.2×10^{-5}	钢筋混凝土	1.0×10^{-5}
钢结构	1.2×10^{-5}	砂岩	5.4×10^{-5}
混凝土	1.0×10^{-5}	花岗岩	3.9×10^{-5}
石砌体	0.8×10^{-5}	玄武岩	3.9×10^{-5}
砖砌体	0.7×10^{-5}	石灰石	3.6×10^{-5}
混凝土预制块砌体	0.9×10^{-5}	石英岩	5.3×10^{-5}
片岩	4.4×10^{-5}	钢	1.1×10^{-5}
矿渣	0.6×10^{-5}	铁	1.2×10^{-5}
白云岩	5.1×10^{-5}	钴	1.27×10^{-5}
木(顺纤维方向)	0.6×10^{-5}	镍	1.28×10^{-5}
木(垂直纤维方向)	5.0×10^{-5}	铋	1.34×10^{-5}
硬橡胶	6.0×10^{-5}	金	1.42×10^{-5}
石膏	2.5×10^{-5}	铜	1.7×10^{-5}
石墨	0.8×10^{-5}	青铜	1.75×10^{-5}
水泥	1.4×10^{-5}	黄铜	1.9×10^{-5}
水晶(结晶的)	1.0×10^{-5}	银	1.97×10^{-5}
硅	2.5×10^{-5}	铝	2.38×10^{-5}
金刚石	1.3×10^{-5}	镁	2.59×10^{-5}
瓷	3.0×10^{-5}	锡	2.67×10^{-5}
钨	3.5×10^{-5}	镉	2.86×10^{-5}
钼	5.2×10^{-5}	锌	2.86×10^{-5}
铱	6.5×10^{-5}	铅	2.92×10^{-5}
铬	8.4×10^{-5}	钠	7.2×10^{-5}
铂	9.0×10^{-5}	钾	8.3×10^{-5}

1.4.4 常用材料弹性模量和泊松比

常用材料弹性模量和泊松比表　表 1.4-4

材料名称	纵向弹性模量 E(MPa)	剪切模量 G(MPa)	泊松比 μ
铅	1.7×10^{4}	7×10^{3}	0.42
铸铁	$(7.5\sim16.0)\times10^{4}$	45×10^{3}	0.23 ~ 0.27
铁(软的)	19.0×10^{4}	—	—
铸钢	17.5×10^{4}	—	—

续上表

材料名称	纵向弹性模量 E(MPa)	剪切模量 G(MPa)	泊松比 μ
碳钢	$(20.0 \sim 21.0) \times 10^4$	81×10^3	0.24 ~ 0.28
合金钢	$(21.0 \sim 22.0) \times 10^4$	81×10^3	0.25 ~ 0.30
焊接钢	$(16.0 \sim 20.0) \times 10^4$	77×10^3	0.28
石灰石	4.2×10^4	—	—
砂岩	1.8×10^4	—	—
花岗岩	4.9×10^4	—	—
大理石	5.6×10^4	—	—
玻璃	5.6×10^4	22×10^3	0.25
橡胶	0.0008×10^4	—	0.47
电木	$(0.2 \sim 0.6) \times 10^4$	$(0.7 \sim 2.1) \times 10^3$	0.35 ~ 0.18
皮带	$(0.02 \sim 0.06) \times 10^4$	—	—
麻绳	$(0.06 \sim 0.15) \times 10^4$	—	—
砖砌体	$(0.27 \sim 0.3) \times 10^4$	—	—
石灰石砌体	0.6×10	—	—
花岗岩砌体	$(0.9 \sim 1.0) \times 10^4$	—	—
顺纹木材	$(1.0 \sim 1.2) \times 10^4$	$(0.45 \sim 0.65) \times 10^{3*}$	—
横纹木材	$(0.05 \sim 0.1) \times 10^4$	$(0.45 \sim 0.65) \times 10^{3*}$	—
胶合板	$(0.15 \sim 1.2) \times 10^4$	$(0.3 \sim 4.0) \times 10^3$	—
层压板(纤维性)	$(0.6 \sim 1.0) \times 10^4$	—	—
混凝土(强度等级 C15)	2.2×10^4	8.8×10^3	0.2
混凝土(强度等级 C20)	2.55×10^4	10.2×10^3	0.2
混凝土(强度等级 C25)	2.8×10^4	11.2×10^3	0.2
混凝土(强度等级 C30)	3.0×10^4	12.0×10^3	0.2
混凝土(强度等级 C35)	3.15×10^4	12.6×10^3	0.2
混凝土(强度等级 C40)	3.25×10^4	13.0×10^3	0.2
混凝土(强度等级 C45)	3.35×10^4	13.4×10^3	0.2
混凝土(强度等级 C50)	3.45×10^4	13.8×10^3	0.2
混凝土(强度等级 C55)	3.55×10^4	14.2×10^3	0.2
混凝土(强度等级 C60)	3.6×10^4	14.4×10^3	0.2
混凝土(强度等级 C65)	3.65×10^4	14.6×10^3	0.2
混凝土(强度等级 C70)	3.7×10^4	14.8×10^3	0.2
混凝土(强度等级 C75)	3.75×10^4	15.0×10^3	0.2
混凝土(强度等级 C80)	3.8×10^4	15.2×10^3	0.2

注:1. 对于各向同性的材料,在 E 和 G 之间存在下列关系式:$G = \frac{E}{2(1+\mu)}$。

2. * 指当扭转时。

3. 当采用引气剂及较高砂率的泵送混凝土且无实测数据时,表中 C50 ~ C80 的 E 值应乘以折减系数 0.95。

1.4.5 材料的摩擦系数

滑动摩擦系数表 表 1.4-5

序号	摩擦材料	起动			运动中		
		表面			表面		
		干燥的	水湿的	润油的	干燥的	水湿的	润油的
1	硬木顺纹	0.62	—	0.11	0.48	—	0.08
2	硬木垂纹	0.54	0.71	—	0.34	0.25	—
3	硬木端部	0.43	—	—	0.19	—	—
4	硬木与钢	0.60	0.65	0.11	0.40	0.24	0.10
5	硬木与花岗岩	—	0.50	—	0.30	0.10	0.06
6	硬木与贝壳石灰石	0.63	—	—	0.38	—	—
7	硬木与卵石	0.60～0.46	—	—	—	—	—
8	压力小时钢与钢	0.15	—	0.11	0.11 *	—	0.10～0.08
9	压力大时(在100MPa以上)钢与钢	0.25～0.15	—	0.12～0.11	0.09～0.07 *	—	—
10	钢与生铁或青铜	0.19	—	—	0.18～0.17	—	0.08～0.07
11	钢与砂岩	—	—	—	0.45～0.40	—	—
12	钢与贝壳石灰石	0.49～0.42	—	—	0.29～0.24	—	—
13	钢与卵石	0.49～0.42	—	—	—	—	—
14	钢与软木	—	—	—	0.65～0.50	—	—
15	钢与冰	0.027	—	—	0.014	—	—
16	麻绳与木料 粗面木料	0.80～0.50	—	—	0.50	—	—
	麻绳与木料 光面木料	0.33			—		
17	木料与土壤	0.50	—	—	—	—	—
18	木料与土料	0.40	—	—	—	—	—

注:表内“水湿的”是指用水润湿而言;表内附 * 符号的,是当速度在25m/s以内时的滑动摩擦系数。

滚动摩擦系数表 表 1.4-6

序号	摩擦材料		系数
1	机械中钢与钢之间		0.005
2	生铁制轮或钢制轮与钢轨之间		0.05
3	钢板间的滚子(搭梁的活动支座)按表面情况		0.02～0.07
4	小轮间与钢轨之间	有滚珠轴承	0.009
		无滚珠轴承	0.021
5	带铁轮箍的大车与普通道路之间	坏路(无路面)	0.15
		干实土路	0.04
		坏路面	0.04
		沥青路面	0.01

注:起动时的摩擦力应增加2.5～5倍。

支座摩擦系数表 表 1.4-7

序号	支座种类		支座摩擦系数
1	滚动支座或摆动支座		0.05
2	板式橡胶支座	支座与混凝土面接触	0.30
		支座与钢板接触	0.20
		聚四氟乙烯板与不锈钢板接触	0.06(加硅脂,温度低于 -25℃时为 0.078) 0.12(不加硅脂,温度低于 -25℃时为 0.156)

1.4.6 风力等级的划分

风力等级划分表 表 1.4-8

等级	名称	象征		相当风速(m/s)	风力(Pa)
		陆地	海面		
0	无风	静、烟直上	静	0~0.2	0~0.04
1	软风	烟能表示风向,但风向标不能转动	普通渔船略感振动	0.3~1.5	0.09~2.25
2	轻风	人面感觉有风,树叶微响,风向标转动	渔船张帆时可顺风移动,每小时移动 2~3km	1.6~3.3	2.56~10.89
3	微风	树叶及细枝摇动不止,旌旗展开	渔船略有簸动,顺风每小时 5~6km	3.4~5.4	11.56~29.16
4	和风	地面灰尘和纸片吹起,小树枝动摇	渔船满帆时倾侧于一方	5.5~7.9	30.25~62.41
5	清风	有叶的小树摇动,内河水小浪	渔船收去一部分张帆	8.0~10.7	64~114.49
6	强风	大树枝摇动,电线呼呼有声,举伞困难	渔船加倍收帆,捕鱼有危险	10.8~13.8	114.64~190.44
7	疾风	全树摇动,迎风步行感不便	渔船停泊港中或下锚于海面	13.9~17.1	113.21~292.41
8	大风	树枝折毁,人向前感觉阻力甚大	近港渔船,停留不出	17.2~20.7	295.8~428.5
9	烈风	烟囱顶部及压瓦被吹掉,小房有损坏	汽船航行困难	20.8~24.4	432.6~595.4
10	狂风	树木拔起,建筑物吹毁,陆上少见	汽船航行危险	24.5~28.4	630.3~806.6
11	暴风	陆上很少,若有则造成重大损毁	汽船遇之极危险	28.5~32.6	802.3~1 062.8
12	飓风	陆上极少,摧毁力极大	海浪滔天	>32.6	>1 062.8

注:1. 表内 5 级清风,亦称轻动风。

2. 相当风速均系指离地面 10m 为准,随着高度的增加,风速受地面摩擦的影响就减小。因此,风速离地越高,则速度越大,其变化如表 1.4-9 所示风速与高度的关系。

3. 当风力达到 6 级时(风压大于 126Pa),起重机、打桩机、船只应停止工作,以防事故。

风速与高度的关系表　表 1.4-9

高度(m)	0.5	1	2	16	32	100
风速(m/s)	2.4	2.8	3.3	4.7	5.5	8.2

1.4.7 降雨等级的划分

降雨等级划分表　表 1.4-10

降雨等级	现象描述	降雨量范围(mm)	
		1d 内总量	0.5d 内总量
小雨	雨能使地面潮湿,但不泥泞	1~10	0.2~5.0
中雨	雨降到屋顶上有淅淅声,凹地积水	10~25	5.1~15
大雨	降雨如倾盆,落地四溅,平地积水	25~50	15.1~30
暴雨	降雨比大雨还大,能造成山洪暴发	50~100	30.1~70
大暴雨	降雨比大雨还大,或时间长,造成洪涝灾害	100~200	70.1~140
特大暴雨	降雨比大暴雨还大,能造成洪涝灾害	>200	>140

注:表内 1d 为一天,0.5d 为半天。

1.5　桥梁主要技术指标

1.5.1 公路桥涵设计技术标准

公路桥涵结构的设计安全等级表　表 1.5-1

设计安全等级	桥涵结构	设计安全等级	桥涵结构
一级	特大桥、重要大桥	三级	小桥、涵洞
二级	大桥、中桥、重要小桥		

注:1. 本表所列特大、大、中桥等系按表 1.5-2 中的单孔跨径确定,对多跨不等跨桥梁,以其中最大跨径为准;本表冠以“重要”的大桥和小桥,系指高速公路和一级公路上、国防公路上及城市附近交通繁忙公路上的桥梁。

2. 对于有特殊要求的公路桥涵结构,其设计安全等级可根据具体情况研究确定。

3. 同一桥涵结构构件的安全等级宜与整体结构相同,有特殊要求时可作部分调整,但调整的极差不得超过一级。

公路桥梁的分类表　表 1.5-2

桥涵分类	多孔跨径总长 L(m)	单孔跨径 L_k(m)
特大桥	$L>1\,000$	$L_k>150$
大桥	$100\leqslant L\leqslant 1\,000$	$40\leqslant L_k\leqslant 150$
中桥	$30<L<100$	$20\leqslant L_k<40$
小桥	$8\leqslant L\leqslant 30$	$5\leqslant L_k<20$
涵洞	—	$L_k<5$

注:1. 单孔跨径系指标准跨径。

2. 梁式桥、板式桥的多孔跨径总长为多孔标准跨径的总长;拱式桥为两岸桥台内起拱线间的距离,其他形式桥梁为桥面系行车道长度。

3. 管涵及箱涵不论管径或跨径大小、孔数多少,均称为涵洞。

4. 标准跨径:梁式桥、板式桥以两桥墩中线之间桥中心线长度或桥墩中线与桥台台背前缘线之间桥中心线长度为准,拱式桥和涵洞以净跨径为准。

5. 桥梁全长:有桥台的桥梁为两岸桥台侧墙或八字墙尾墙间的距离,无桥台的桥梁为桥面系长度。

桥涵设计洪水频率表 表1.5-3

公路等级	设计洪水频率				
	特大桥	大桥	中桥	小桥	涵洞及小型排水构造物
高速公路	1/300	1/100	1/100	1/100	1/100
一级公路	1/300	1/100	1/100	1/100	1/100
二级公路	1/100	1/100	1/100	1/50	1/50
三级公路	1/100	1/50	1/50	1/25	1/25
四级公路	1/100	1/50	1/50	1/25	不作规定

车道宽度表 表1.5-4

设计速度(km/h)	120	100	80	60	40	30	20
车道宽度(m)	3.75	3.75	3.75	3.50	3.50	3.25	3.00(单车道为3.50)

注:高速公路上的八车道桥梁,当设置左侧路肩时,内侧车道宽度可采用3.50m。

中间带宽度表 表1.5-5

设计速度(km/h)		120	100	80	60
中央分隔带宽度(m)	一般值	3.00	2.00	2.00	2.00
	最小值	2.00	2.00	1.00	1.00
左侧路缘带宽度(m)	一般值	0.75	0.75	0.50	0.50
	最小值	0.75	0.50	0.50	0.50
中间带宽度(m)	一般值	4.50	3.50	3.00	3.00
	最小值	3.50	3.00	2.00	2.00

注:"一般值"为正常情况下的采用值,"最小值"为条件受限制时可采用的值。

右侧路肩宽度表 表1.5-6

公路等级		高速公路、一级公路				二、三、四级公路				
设计速度(km/h)		120	100	80	60	80	60	40	30	20
右侧路肩宽度(m)	一般值	3.00或3.50	3.00	2.50	2.50	1.50	0.75	—	—	—
	最小值	3.00	2.50	1.50	1.50	0.75	0.25	—	—	

注:"一般值"为正常情况下的采用值,"最小值"为条件受限制时可采用的值。

分离式断面高速公路、一级公路左侧路肩宽度表 表1.5-7

设计速度(km/h)	120	100	80	60
左侧路肩宽度(m)	1.25	1.00	0.75	0.75

非通航河流桥下最小净空表 表1.5-8

桥梁的部位		高出计算水位(m)	高出最高流冰面(m)
梁底	洪水期无大漂流物	0.50	0.75
	洪水期有大漂流物	1.50	—
	有泥石流	1.00	—
支承垫顶面		0.25	0.50
拱脚		0.25	0.25

注:1.无铰拱的拱脚允许被设计洪水淹没,但不宜超过拱圈高度的2/3,且拱顶底面至计算水位的净高不得小于1.0m。

2.在不通航和无流阀的水库区域内,梁底面或拱顶底面离开水面的高度不应小于计算浪高的0.75倍加上0.25m。

1.5.2 公路桥涵设计荷载主要技术指标

公路桥涵设计荷载主要技术标准表 表 1.5-9

按照《公路桥涵设计通用规范》(JTG D60—2004)的规定,公路桥涵设计时,汽车荷载的计算图式、荷载等级及其标准值、加载方法和纵横向折减系数应符合下列要求。

1. 汽车荷载分为公路-I 级和公路-II 级。

2. 汽车荷载由车道荷载和车辆荷载组成。车道荷载由均布荷载和集中荷载组成。桥梁结构的整体计算采用车道荷载,桥梁结构的局部加载、涵洞、桥台和挡土墙土压力等的计算采用车辆荷载。车辆荷载与车道荷载的作用不得叠加。

3. 各级公路桥涵设计的汽车荷载等级应符合下表规定。

各种公路桥涵的汽车荷载等级

公路等级	高速公路	一级公路	二级公路	三级公路	四级公路
汽车荷载等级	公路-I 级	公路-I 级	公路-II 级	公路-II 级	公路-II 级

二级公路为干线公路且重型车辆多时,其桥涵的设计可采用公路-I 级汽车荷载。四级公路上重型车辆较少时,其桥涵设计所采用的公路-II 级车道荷载的效应可乘以 0.8 的折减系数,车辆荷载的效应可乘以 0.7 的折减系数。

4. 车道荷载的计算图式见下图。

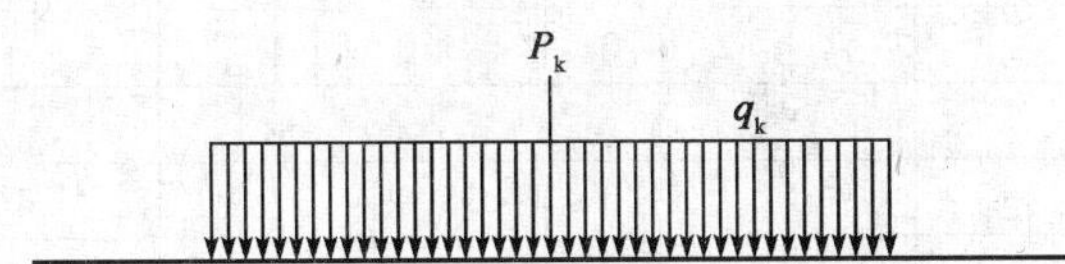

(1)公路-I 级车道荷载的均布荷载标准值为 $q_k=10.5\text{kN/m}$,集中荷载标准值按以下规定选取:桥梁计算跨径小于或等于 5m 时,$P_k=180\text{kN}$;桥梁计算跨径大于或等于 50m 时,$P_k=360\text{kN}$;桥梁计算跨径在 5~50m 时,P_k 值按直线内插求得。计算剪力效应时,上述集中荷载标准值 P_k 应乘以 1.2 的系数。

(2)公路-II 级车道荷载的均布荷载标准值 q_k 和集中荷载标准值 P_k 按公路-I 级车道荷载的 0.75 倍采用。

(3)车道荷载的均布荷载标准应满布于使结构产生最不利效应的同号影响线上,集中荷载标准值只作用于相应影响线中一个最大影响线峰值处。

5. 车辆荷载的立面、平面尺寸如下图所示。

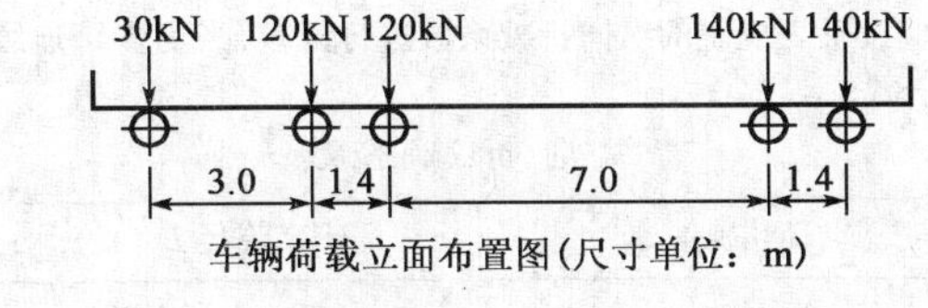

车辆荷载立面布置图(尺寸单位:m)

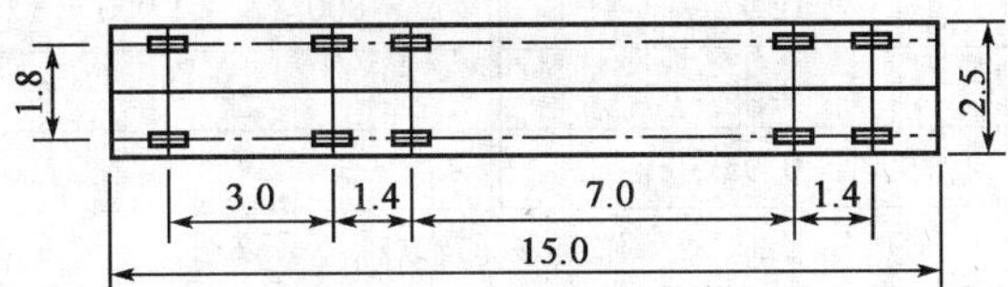

车辆荷载平面尺寸图(尺寸单位:m)

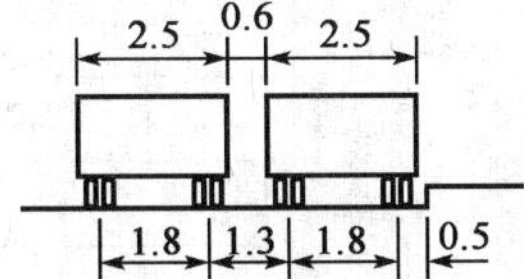

车辆荷载横向布置图(尺寸单位:m)

车辆荷载主要技术指标规定见下表。公路-I 级和公路-II 级汽车荷载采用相同的车辆荷载标准值。

续上表

车辆荷载的主要技术指标

项目	单位	技术指标	项目	单位	技术指标
车辆重力标准值	kN	550	轮距	m	1.8
前轴重力标准值	kN	30	前轮着地宽度及长度	m	0.3×0.2
中轴重力标准值	kN	2×120	中、后、轮着地宽度及长度	m	0.6×0.2
后轴重力标准值	kN	2×140	车辆外形尺寸(长×宽)	m	15×2.5
轴距	m	3+1.4+7+1.4			

6. 车道荷载横向分布系数应按设计车道数布置车辆荷载进行计算,设计车道数见下表。

桥涵设计车道数

桥面宽度 W(m)		桥涵设计车道数
车辆单向行驶时	车辆双向行驶时	
$W<7.0$	—	1
$7.0\leqslant W<10.5$	$6.0\leqslant W<14.0$	2
$10.5\leqslant W<14.0$	—	3
$14.0\leqslant W<17.5$	$14.0\leqslant W<21.0$	4
$17.5\leqslant W<21.0$	—	5
$21.0\leqslant W<24.5$	$21.0\leqslant W<28.0$	6
$24.5\leqslant W<28.0$	—	7
$28.0\leqslant W<31.5$	$28.0\leqslant W<35.0$	8

7. 桥涵设计车道数应符合上表的规定。多车道桥梁上的汽车荷载应考虑多车道折减。当桥涵设计车道数大于或等于2时,由汽车荷载产生的效应应按下表规定的多车道折减系数进行折减,但折减后的效应不得小于两设计车道的荷载效应。

横 向 折 减 系 数

横向布置设计车道数(条)	2	3	4	5	6	7	8
横向折减系数	1.00	0.78	0.67	0.60	0.55	0.52	0.50

8. 大跨径桥梁上的汽车荷载应考虑纵向折减。

当桥梁计算跨径大于150m时,应按下表规定的纵向折减系数进行折减,当为多跨连续结构时,整个结构应按最大的计算跨径考虑汽车荷载效应的纵向折减。

纵 向 折 减 系 数

计算跨径 L_0(m)	纵向折减系数	计算跨径 L_0(m)	纵向折减系数
$150<L_0<400$	0.97	$800\leqslant L_0<1\,000$	0.94
$400\leqslant L_0<600$	0.96	$L_0\geqslant1\,000$	0.93
$600\leqslant L_0<800$	0.95		

作用分类及名称

作 用 分 类	作 用 名 称
永久作用	结构重力(包括结构附加重力)
	预加力
	土的重力
	土侧压力
	混凝土收缩及徐变作用
	水的浮力
	基础变位作用

续上表

作 用 分 类	作 用 名 称
可变作用	汽车荷载
	汽车冲击力
	汽车离心力
	汽车引起的土侧压力
	人群荷载
	汽车制动力
	风荷载
	流水压力
	冰压力
	温度(均匀温度和梯度温度)作用
	支座摩阻力
偶然作用	地震作用
	船舶或漂流物的撞击作用
	汽车撞击作用
人群荷载标准值	
计算跨径 L_0(m)	人群荷载标准值(kN/m^2)
$L_0 \leqslant 50$	3.0
$150 \leqslant L_0$	2.5
$50 < L_0 < 150$	线性内插

注:1. 对跨径不等的连续结构,以最大计算跨径为准。

2. 城镇郊区行人密集地区的公路桥梁,人群荷载标准值取上述规定值的1.15倍。

3. 专用人行桥梁,人群荷载标准值为$3.5kN/m^2$。

4. 人群荷载在横向应布置在人行道的净宽度内,在纵向施加于使结构产生最不利荷载效应的区段内。

5. 人行道板(局部构件)可以一块板为单元,按标准值$4.0kN/m^2$的均布荷载计算。

6. 计算人行道栏杆时,作用在栏杆立柱顶上的水平推力标准值取0.75kN/m,作用在栏杆扶手上的竖向力标准值取1.0kN/m

1.6　桥梁常见体系与主要施工方法

1.6.1 桥梁结构体系

桥 梁 结 构 体 系　表1.6-1

结 构 体 系	力 学 特 点
梁桥	主要承重构件是梁(板)。在竖向荷载作用下,梁主要承受弯矩,但也承受剪力。墩台承受竖向压力
拱桥	主要承重构件是拱圈。在竖向荷载作用下,拱圈主要承受压力,但也承受弯矩和剪力。墩台承受竖向压力、弯矩和水平推力
刚架桥	上部结构和墩台(支柱)彼此连成一个整体。在竖向荷载作用下,柱脚产生竖向反力、水平反力和弯矩(柱脚与基础固接时)。这种桥的受力情况介于梁和拱之间
吊桥(悬索桥)	以缆索作为承重构件。在竖向荷载作用下,缆索只承受拉力,墩台承受竖向压力和水平推力
组合体系桥	它是由几个不同受力体系的结构所组成,互相联系,共同受力,如连续刚构桥、梁拱组合体系桥、斜拉桥等

桥梁桩基础的组成 表 1.6-2

名　称	说　明
承台	连接基桩桩顶,并将上部荷载传递给基桩
承台梁	用于承台与承台之间相互连接的梁,提高桩基的整体稳定性
基桩	桩基的主体部分,埋入地基土中承担承台传来的荷载
低承台桩	若桩身全部埋入土中,承台底面与土体接触,则称为低承台桩基
高承台桩	当桩身露出地面而承台底面位于地面以上,则称为高承台桩基
单桩基础	承台底下只用一根桩(通常为大直径桩)来承受和传递上部结构荷载
群桩基础	承台下有两根或两根以上基桩,这样的桩基础称为群桩基础

各类灌注桩的适用条件 表 1.6-3

桩　型	适 用 条 件
泥浆护壁钻孔灌注桩	适用于地下水位以下的黏土、粉土、砂土、填土、碎石土及风化岩层,以及地质情况复杂、夹层多、风化不均、软硬变化较大的岩层
冲击成孔灌注桩	适用于同上所述的地质情况且能穿透旧基础、大孤石等障碍物,但在岩溶发育地区应慎重使用
沉管灌注桩	适用于黏土、粉土、淤泥质土、砂土、填土,在厚度较大、灵敏度较高的淤泥和流淌状态的黏土等软弱土层中采用时,应制订质量保证措施
干作业成孔灌注桩	适用于地下水位以上的黏土、粉土、填土、中等密实以上的砂土风化岩层
人工挖孔灌注桩	当在地下水位较高,特别是有承压水的砂土层、滞水层、厚度较大的高压时,或施工缩性淤泥层和流塑淤泥质土层中,必须有可靠的技术措施和安全措施

1.6.2 桥梁施工的主要方法

(1)桥梁基础工程施工方法

桥梁基础工程施工方法 表 1.6-4

<table>
<tr><th>基 础 类 型</th><th colspan="3">施 工 方 法</th></tr>
<tr><td rowspan="4">扩大基础</td><td colspan="3">机械开挖基坑浇筑法</td></tr>
<tr><td colspan="3">人工开挖基坑浇筑法</td></tr>
<tr><td colspan="3">土、石围堰开挖基坑浇筑法</td></tr>
<tr><td colspan="3">板桩围堰开挖基坑浇筑法</td></tr>
<tr><td rowspan="15">桩基础</td><td rowspan="6">沉入桩</td><td colspan="2">锤击法</td></tr>
<tr><td colspan="2">振动法</td></tr>
<tr><td colspan="2">静力压桩法</td></tr>
<tr><td rowspan="2">辅助沉桩法</td><td>射水辅助沉桩</td></tr>
<tr><td>预钻孔辅助沉桩</td></tr>
<tr><td colspan="2">沉管灌注法</td></tr>
<tr><td rowspan="8">灌注桩</td><td colspan="2">人工挖孔</td></tr>
<tr><td rowspan="7">机械成孔</td><td>螺旋钻机成孔法</td></tr>
<tr><td>潜水钻机成孔法</td></tr>
<tr><td>冲击钻机成孔法</td></tr>
<tr><td>正循环回转法</td></tr>
<tr><td>反循环回转法</td></tr>
<tr><td>冲抓钻机成孔法</td></tr>
<tr><td>旋转锥钻孔法</td></tr>
<tr><td colspan="3">大直径钻孔埋置空心桩</td></tr>
</table>

续上表

基础类型	施工方法
沉井基础	排水开挖下沉法
	不排水开挖下沉法
	空气幕下沉法
	泥浆润滑套下沉法
管柱基础	振动打桩机
	冲击式钻机
	振动沉桩机振动下沉,振动与管内除土下沉,振动配合吸泥机吸泥下沉,振动配合高压射水下沉,振动配合射水、射风、吸泥下沉。管柱下沉到设计高程后,钻岩与清孔等工序按钻孔桩有关规定进行
地下连续墙	抓斗式挖槽机、铲斗式挖槽机
	长螺旋钻机、回转式钻机
	冲击式钻机

承台施工方法　表1.6-5

名称	所处位置	施工方法
承台	位于旱地、浅水河中	机械开挖基坑浇筑法
		人工开挖基坑浇筑法
		土、石围堰开挖基坑浇筑法
		板桩围堰开挖基坑浇筑法
	位于深水中	钢板桩围堰
		钢管桩围堰
		双壁钢围堰
		套箱围堰

(2)墩(台)身施工方法

墩(台)身施工方法　表1.6-6

名称	结构高度	施工方法
墩(台)身	中、低高度墩(台)身	立模现浇
		石砌
		预制装配
	高墩、索塔	滑升模板
		爬升模板
		翻升模板

(3)桥梁上部结构施工

桥梁上部结构施工 表1.6-7

名　　称	施　工　方　法	
上部结构	预制安装法	自行式吊车吊装
		跨墩龙门安装
		架桥机安装
		扒杆吊装
		浮吊架设
		浮运整孔架设
		缆索吊装
		提升
		逐孔拼装
		悬臂拼装
	现浇法	固定支架法
		逐孔现浇法
		悬臂浇筑法
		顶推
	转体法	
	劲性骨架法	

(4)桥梁施工方法选择

各种类型桥梁可选择的主要施工方法 表1.6-8

施工方法＼桥型	简支梁桥	悬臂梁桥T形刚构	连续梁桥	刚架桥	拱桥	组合桥	斜拉桥	吊桥
吊桥现场浇筑法	√	√	√	√	√	√	√	
预制安装法	√	√		√	√	√	√	√
悬臂施工法		√	√	√	√		√	√
转体施工法		√		√	√		√	
顶推施工法			√		√		√	
逐孔施工法		√	√	√	√			
横移施工法	√	√	√			√	√	
提升浮运法	√	√	√			√		

桥梁施工方法选定综合考虑因素 表1.6-9

条　　件	综合考虑因素
使用条件	桥梁的类型、使用跨径、墩高、梁下空间的限制、平面场地的限制、桥墩的形状
施工条件	工期要求、起重能力和机械设备要求、架设时是否封闭交通、架设时所需的临时设施、材料供应情况、架设施工的经济核算等
自然环境条件	山区或平原、地质条件及软弱层状况、对河道的影响、运输线路的限制等
社会环境影响	对施工现场环境的影响,包括:公害、景观、污染、架设孔下的障碍、道路交通的阻碍、公共道路的使用及建筑界限

1.7 桥梁施工常用机械设备、设备数据资料

1.7.1 基础工程施工机械设备

(1)钻(挖)孔桩机械设备

常用钻孔钻机的分类、特点及使用范围 表1.7-1

分类			特点	使用范围
螺旋式转孔机	按螺旋长短分	长螺旋式转机	长螺旋式钻孔机从地面到成孔底部可以连续切土、提土,成孔深度有限;短螺旋式钻孔机只在钻杆底部设置部分螺旋正转切土,反转排土,切土、排土是断续的,用加长钻杆,可增加孔的深度。短螺旋钻的转速要低于长螺旋式钻机	长螺旋式适用于小孔径、深度小的孔,但施工速度快;短螺旋式适用于大孔径、深度较大的孔;两者均为干作业。 电动机驱动式主要用于步履式桩架;液压传动主要用于履带式桩架。 单根螺旋式用于施工钻孔灌注桩或作混凝土预制桩钻打结合法,钻压结合法施工设备;多轴螺旋式用于地基加固和排列桩施工
		短螺旋式转机		
	按底盘方式分	履带式		
		汽车式		
		步履式		
	按驱动钻具动力分	电动机驱动		
		内燃机直接驱动		
		液压马达驱动		
	按钻孔方式分	单根螺旋式		
		多轴螺旋式		
潜水式钻孔机	KQ系列		设备简单,体积小,成孔速度快,移动方便;成孔垂度好,无需撤装钻杆,能连续工作,节省时间;无振动和噪声;由于钻头和钻压问题,局限性较大;一旦塌孔,处理起来麻烦	适用于强度25MPa以内的覆盖或风化砍岩中钻孔,适用于50m以内的钻孔;对于1~3m桩施工较为方便。TRC型不在100MPa硬岩中工作
	RRC型、RRC-U型			
	TRC型、TRC-U型			
	GZQ型			
转盘式钻孔机	KPG-3000型		钻渣通过正或反循环系统排到泥浆池,对地层的适应性强,可对钻杆施加压力,噪声低、无振动,循环泥浆对环境有污染;通过卵石层时应用冲击或冲抓配合,地下水流速>3m/min时,须采用钢管护壁	可用于直径10cm以下孔径,多用于一般孔径的钻孔桩,可适用各种地质结构,但对于直径大于2/3钻杆内径的松散卵石层不适用
	KP-3500型			
	KTY-3000型			
	SJP-300型			
	GZY-3000型			
全套管钻孔机	按结构形式分	整机式	整机式以履带式或步履式底盘为行走系统,同时将动力系统、钻机作业系统集于一体;分体式以压拔管机构为一个独立体系,施工时必须配备机架才能进行钻孔作业。 套管对孔壁有保护作用,避免钻孔桩的常见事故发生;清孔彻底、承载力较其他方法施工要高些;使用落锥式抓斗取料时,不用泥浆,少占地、少污染;扩孔率小,成孔准确,节约水泥;在卵石层施工,只需抓斗,且较旋转转机施工速度更快,并可搞清楚持力层地质状况。 套管施工中设备体积大,价格昂贵,场地要求严;在软土地基,特别是含地下水的砂层中挖掘,影响成孔垂直度;在地下水以下有厚细砂层(5m以上),会使土层发生排水固结,导致套管摇不动、拔不出;用落锤式抓斗挖掘时将使桩尖土层松软;拔钢管套时又会导致钢筋笼上浮,严重时导致灌注失败;要配置专用吊车和土方机械运土,台班费比其他施工方法高	适合除岩石以外的任何土层,适合城市施工,适用于卵石层施工,桩长可用至50m;可用于做斜桩,用搭接桩法可以做桩列式连续挡土墙
		分体式		
	按成孔直径分	直径在1.2m以下的小型机		
		直径在1.2~1.5m的中型机		
		直径在1.5m以上的大型机		

续上表

分类			特点	使用范围
冲击式钻机			造价低、结构简单、施工消耗低，但施工速度慢、功效低、成孔质量差、清孔困难、容易埋钻及塌孔	适用于各种土层，尤其是卵石、漂石、坚实岩石
回转斗钻机	按结构形式分	履带底盘携带回转斗旋转机构和提升机构	排渣独特、施工消耗低，施工工艺简单，在覆盖层中施工成孔速度快，无噪声干扰，对于硬性土可不用稳定液护壁，一般覆盖层采用稳定液护壁。 对孔壁的扰动较大，容易坍塌，对泥浆的制备要求高；施工桩直径、桩长受限制，施工速度慢	适用于除岩层以外的各种地质条件，适用于对泥浆排放较严的地区，成桩深度一般不超过40m
		简易机构电机减速机通过伞齿轮驱动钻杆，回转斗切土，整个钻机用三支腿桩架		
	按驱动方式分	电动机驱动		
		液压马达驱动		
	按机架与动力分	履带式		
		步履式		
		导杆式		
		短立柱式		
		液压式		

钻孔桩钻进方法、适用范围与施工精度表 表1.7-2

项目	螺旋钻钻进施工法	回转钻进施工法	全套管回转钻进施工法	冲击钻进施工法
钻进方法	通过螺旋钻下端的特殊钻头钻进基岩，或者通过配置在相互反转的外侧套管下端的特殊钻头钻进基岩，通过螺旋钻杆排渣	通过钻链给滚刀钻头加压，由转盘或动力头回转钻头钻进基岩。钻渣采用泵吸方式或者气举方式排出	利用配置在回转套管下端的特殊钻头钻进基岩，套管内挖岩通过冲抓斗、螺旋钻、钻斗钻挖。一般多使用冲抓斗通过强大的回转力除去地下障碍物	利用重锤或者潜孔锤钻进基岩，钻渣采用泵吸方式或者气举正循环方式排出
特点	•钻进不需要水泥浆 •施工简单 •垂直精度高 •噪声低，振动小	•可任意选择钻井直径 •适于水上施工 •不需要长护筒 •噪声低，振动小	•通过强力回转可钻进各种硬岩 •减摩阻性好 •可钻进深井 •井壁坍塌少	•钻渣处理效率好 •可防止泥浆漏失 •结构简单，故障少 •可自动运转
地基条件	适用钻进岩块、卵石、漂石、软岩~硬岩，但是，钻进硬岩时需辅以冲击	可根据岩质选定有互换性的钻头形式，从软岩到硬岩均能钻进	适于钻进岩块、卵石、漂石、软岩、硬岩。硬岩要辅以冲击	适于钻进岩块、卵石、软岩、硬岩
钻进直径 钻进深度	钻井直径ϕ650~ϕ1 500mm，钻进深度50m	钻井直径ϕ800~ϕ3 000mm，钻进深度70m	钻井直径ϕ1 000~ϕ2 000mm，钻进深度50m	钻井直径ϕ650~ϕ1 200mm，钻进深度40m

续上表

项 目	螺旋钻钻进施工法	回转钻进施工法	全套管回转钻进施工法	冲击钻进施工法
施工条件 施工精度	斜桩的最大施工角度陆地15°,海上20°。垂直精度,螺旋钻1/200,螺旋钻+环形削式1/300	可在水上施工,垂直精度1/200	斜桩的施工角度陆地12°,垂直精度1/400～1/300	可在水上施工,垂直精度1/200
施工注意事项	用特殊形状专用钻头能够破碎、钻进岩块和卵石	在岩块、卵石块径比钻杆直径大的地层钻进能力下降	钻进节理少的基岩,需要研究排渣方法	在有大块坚硬漂石的地层,压入套管困难

钻进施工法的种类和选定条件 表1.7-3

选定条件	螺旋钻钻进施工法		回旋钻钻进施工法	冲击钻进施工法		全套管回旋钻进施工法
主要用途	• 钢板桩、钢管板桩等的预先钻井工程 • 挡土工程 • 桥基桩工程 • 建筑基桩工程 • 地下障碍物钻孔清除工程		• 桥基桩工程 • 海上构造物基础工程 • 建筑基桩工程 • 地铁基桩工程 • 抗滑桩、挡土桩工程 • 钢管板桩等的预先钻井工程	• 桥基桩工程 • 海上构造物基桩工程 • 打井工程等 • 建筑基桩工程 • 截水、挡土等排柱式连续墙工程等		• 桥基桩工程 • 建筑基桩工程 • 抗滑桩工程 • 截水、挡土等排柱式连续墙工程 • 钢管板桩等的预先钻井工程 • 地下障碍物钻井清除工程
钻进方式	螺旋钻	螺旋钻+环形切割	回旋式	重锤式	潜孔锤式	环形切割

各种施工机械的使用范围表 表1.7-4

机 种	冲 抓 斗	反 循 环	回 旋 斗	长 螺 旋
桩径(mm)	600～1 200	600～6 000	600～2 000	300～2 000
桩长/桩径(m/mm)	60/1 000	86/1 000	40/1 000	50/1 000
容许支承力(kN)	2 000～2 500	2 000～2 500	1 500～1 800	1 500～1 800
斜桩施工	12°以下	不可	不可	任意
孔壁保护方式	护管	净水	无	—
孔壁坍塌	无	有危险	无	无
石块处理	比较容易	需特别处理	需特别处理	需特别处理
软岩处理	数十厘米可以	由特制刀头可以	不可	由特制刀头可以
泥浆处理	需要时间,可以	能处理	时间长、效果差	不需
混凝土质量	—	—	—	干施工无问题
泥水处理	少量	多量	用泥浆有问题	干施工无问题
对地基的影响	非常小	非常小	有时产生问题	有时产生问题

各类钻机在钻孔灌注桩中施工指标对比表 表 1.7-5

设备类型	桩型范围	适用性	施工效率	环保性	经济成本
潜水钻机	小桩径,短桩深	不限	较快	泥浆污染	低
反循环钻机	大桩径,深度无限制	不限	较慢	泥浆污染	一般
冲击式钻机	桩径 2m 以下,桩深 60m 以下	不限	较慢	泥浆、噪声污染	低
长螺旋式钻机	小桩径,短桩深	地下水位以上,软岩强度以下	较快	环保	较高
旋挖钻机	桩径 2.5m 以下,桩深 70m 以下	不适用于极软和极硬岩层	快	环保	较高

常规系列 SANY 旋挖钻机基本参数表 表 1.7-6

型号	施工方法	最大输出扭矩(kN·m)	底盘种类	加压方式
SR150C	旋挖钻工法	150	液压伸缩履带式	油缸加压
SR200C	旋挖钻工法	200	液压伸缩履带式	油缸加压
SR220C	旋挖钻工法	250	液压伸缩履带式	油缸加压
SR250	旋挖钻工法	285	液压伸缩履带式	油缸加压
SR280C	旋挖钻工法	285	液压伸缩履带式	油缸加压
SR330	旋挖钻工法	300	液压伸缩履带式	油缸加压
SR360	旋挖钻工法	350	液压伸缩履带式	油缸加压
SR400	旋挖钻工法	390	液压伸缩履带式	油缸加压

入岩系列 SANY 旋挖钻机基本参数表 表 1.7-7

型号	施工方法	最大输出扭矩(kN·m)	底盘种类	加压方式
SR220R	旋挖钻入岩工法	250	液压伸缩履带式	卷扬加压
SR250R	旋挖钻入岩工法	260	液压伸缩履带式	卷扬加压
SR280R	旋挖钻入岩工法	285	液压伸缩履带式	卷扬加压

CFA 系列 SANY 旋挖钻机基本参数表 表 1.7-8

型号	施工方法	最大输出扭矩(kN·m)	底盘种类	加压方式
SR150M	长螺旋钻进工法	250	液压伸缩履带式	油缸加压
SR200M	长螺旋钻进工法	150	液压伸缩履带式	油缸加压
SR250M	长螺旋钻进工法	150	液压伸缩履带式	无加压

注:CFA 钻机也称为长螺旋式钻机,适用 CFA 工法(Continuous Flight Auger 长螺旋钻进管内泵压混凝土灌注成桩施工),也适用于普通的长螺旋钻进。CFA 钻机采用干式回转钻进,无需泥浆循环,避免废浆污染,适用于环境质量要求高的桩基础施工。CFA 钻机的钻具采用长螺旋钻杆,螺旋钻杆是将螺旋叶片焊接在混凝土管上,通过带有刀齿的螺旋钻头实现钻杆的钻进动作,钻头切削下的钻屑通过螺旋叶片被输送到地面上。在螺旋钻杆的上端配备了混凝土输送弯管,使混凝土可以通过螺旋钻杆的内腔泵入成形的孔内。

SL 系列长螺旋钻机基本参数表　　表 1.7-9

型　　号	SL100 型	SL800 型	SL600 型	SL400 型
孔径(mm)	100	800	600	400
孔深(m)	25	25	28	30
动力头额定功率(kW)	55×2			
钻具额定转速(r/min)	21			
钻具额定转矩(kN·m)	48			

旋挖钻机机型选择　　表 1.7-10

项目＼机型	SR250	SR220C	SR200C	SR150C	SR130U
施工孔径(mm)	1 200～2 500	1 200～2 300	800～1 800	800～1 500	600～1 500
标准钻杆	ZG22M512.5	ZG22M512.5	ZG16M413A	ZG15M412	ZG15M411
钻孔深度(m)	70	70	58	45	38
输出扭矩(kN·m)	285	250	200	150	150

XR150 旋挖钻机参数表　　表 1.7-11

型　　号		XR150	
发动机	型号	CUMMINS 6CTAA8.3 － C185	
	额定功率	kW	138
动力头	最大输出扭矩	kN·m	150
	转速	r/min	6～22
最大钻孔直径		mm	ϕ1 500
最大钻孔深度		m	56(5 节),44(4 节)
加压油缸	最大压力	kN	114
	最大提升力	kN	148
	最大行程	m	3.5
主卷扬	最大提升力	kN	155
	最大卷扬速度	m/min	≥65
副卷扬	最大提升力	kN	60
	最大卷扬速度	m/min	≥70
钻桅倾度	侧身/前倾/后倾	°	±3/5/15

续上表

型　　号			XR150
底盘	最大行走速度	km/h	2.0
	最大爬坡度	%	40
	最小离地间隙	mm	352
	履带宽度	mm	800
	履带间距	mm	2 250 ~ 3 300
液压系统	工作压力	MPa	30
整机工作质量		t	43.5
外形尺寸	工作状态	mm	7 310 × 4 100 × 18 150
	运输状态	mm	13 700 × 3 050 × 3 500
			12 800 × 3 050 × 3 200

XR280、XR280D 旋挖钻机参数表 表 1.7-12

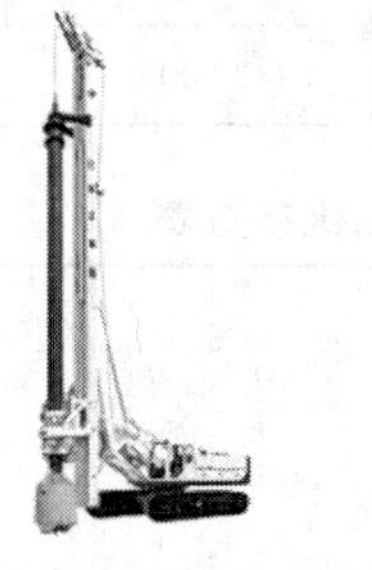

型　　号			XR280	XR280D
发动机	型号		CUMMINS QSM11 – C400	CUMMINS QSMII – C400
	额定功率	kW/(r/min)	298/2 100	298/2 100
动力头	最大输出扭矩	kN · m	280	280
	转速	r/min	7 ~ 22	7 ~ 22
最大钻孔直径	带套管	mm	2 000	2 000
	不带套管	mm	2 500	2 500
最大钻孔深度		m	88(6 节),74(标配 5 节)	选配 87(摩阻 6 节),标配 73(摩阻 5 节),选配 58(机锁 4 节)
加压油缸	最大压力	kN	210	210
	最大提升力	kN	220	220
	最大行程	m	6.0	6
主卷扬	最大提升力	kN	260	260
	最大卷扬速度	m/min	≥60	60
副卷扬	最大提升力	kN	100	100
	最大卷扬速度	m/min	≥65	65
钻桅倾度	侧身/前倾/后倾	°	±4/5/15	±4/5/15

续上表

型　　号			XR280	XR280D
底盘	最大行走速度	km/h	1.5	1.5
	最大爬坡度	%	40	35
	最小离地点间隙	mm	425	445
	履带宽度	mm	800	800
	履带间距	mm	3 500 ~4 800	3 500 ~4 800
液压系统	工作压力	MPa	32	32
整机工作质量		t	82	82
外形尺寸	工作状态	mm	10 670 ×4 800 ×23 146	10 770 ×4 800 ×23 146
	运输状态	mm	17 380 ×3 500 ×3 494	17 380 ×3 500 ×3 494

XR360 旋挖钻机参数表　表 1.7-13

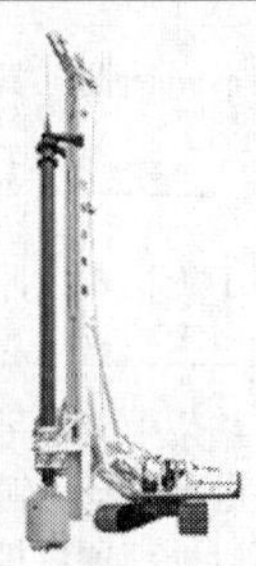

型　　号		XR360	
发动机	型号	CUMMINS QSM11 - C400	
	额定功率	kW/(r/min)	298
动力头	最大输出扭矩	kN · m	360
	转速	r/min	6 ~25
最大钻孔直径	带套管	mm	2 000
	不带套管	mm	2 500
	不带小钻桅	mm	3 000
最大钻孔深度		m	96(6 节),81(5 节), 65(4 节)
加压油缸	最大压力	kN	240
	最大提升力	kN	220
	最大行程	m	6.0
主卷扬	最大提升力	kN	320
	最大卷扬速度	m/min	72
副卷扬	最大提升力	kN	100
	最大卷扬速度	m/min	≥65
钻桅倾度	侧身/前倾/后倾	°	±4/5/15

续上表

型　　号	XR360		
底盘	最大行走速度	km/h	1.5
	最大爬坡度	%	40
	最小离地点间隙	mm	425
	履带宽度	mm	800
	履带间距	mm	3 500 ~ 4 800
液压系统	工作压力	MPa	33
	整机工作质量	t	90
外形尺寸	工作状态	mm	11 000 × 4 800 × 24 586
	运输状态	mm	18 810 × 3 500 × 3 500

履带式旋挖机的特点及其适用性　　表 1.7-14

序　　号	挖掘机特点	该特点适用性
1	适用于不同地质	配以不同钻掘工具配件，可适用于砂土、卵砾石及卵石、软岩及硬岩等不同地质
2	适合各种基桩工程	适用于旋挖式或冲击式泥浆工法及全套管或半套管工法等
3	机动性大、移位迅速，独立作业性高	施工移位中无需吊运，能适应恶劣地形的施工；动力来源由主机供应，无需额外电源及动力源，一切吊装作业可由本机卷扬设备处理。在几分钟时间内可以处理置留桩底沉淀
4	贴墙性佳	1.2m 以内桩径几乎可贴墙作业，在受场地限制的工地使用方便
5	环保性佳	低噪声，低振动，泥浆用量少，因为该机仅用泥浆护壁，而不用泥浆排渣。钻渣流动性小，便于翻斗车外运

SF558、SF808 电液桩机技术参数　　表 1.7-15

技术参数＼型号		SF558 电液桩机	SF808 电液桩机
主卷扬	第一层拉力(kN)	93.7	116
	绳速(m/min)	15.6	17.6
变幅卷扬	第一层拉力(kN)	87	114
	绳速(m/min)	10 ~ 13.5	10.73
副卷扬	第一层拉力(kN)	50	50
	绳速(m/min)	10.7 ~ 12.9	10.7 ~ 12.9
底盘	行驶速度(km/m)	0.3 ~ 0.6	0.3 ~ 0.4
	回旋速度(r/min)	1	1
	液压系统压力(MPa)	行走 28MPa，油缸 18MPa	行走 28MPa，油缸 18MPa
	行走方式	液压履带式	液压履带式
	回转角度(°)	360	360

续上表

技术参数 \ 型号		SF558 电液桩机	SF808 电液桩机
桅杆	桩架爬坡能力(°)	上下基坑时拆去桅杆:22,带桅杆:2	
	桅杆支撑方式	三支点支撑	
	桅杆最大高度(m)	36	39
	桅杆组合长度(m)	21、24、27、30、33	21、24、27、30、33、36
	桅杆直径(mm)	ϕ720×8	ϕ880×10
	桅杆许用拔桩力(kN)	600	700
	桅杆两大/小导轨中心距(mm)	600/330	
	桅杆倾斜范围(°)	前倾5,后倾5	
履带	履带接地长度、宽度及履带宽度	履带接地长度4 600mm,履带接地宽度,展开4 300mm/收缩3 300mm,履带宽度760mm	履带接地长度5 400mm,履带接地宽度,展开4 900mm/收缩3 400mm,履带宽度850mm
前支腿	前支腿油缸推拉力(kN)	推力424/拉力163	推力817/拉力386
后支腿	后支腿油缸推拉力(kN)	推力424/拉力163	推力424/拉力163
斜撑	斜撑油缸推拉力(kN)	推力523/拉力262	推力523/拉力262
整机	接地比压(不带工作装置)(MPa)	支腿:0.46 履带:0.065	支腿:0.49 履带:0.104
	组合配重质量(kg)	9 500、3 500、3 500	9 500、3 500、3 500、4 000
	整机外形尺寸(m)	10.29×4.4×36	10.29×4.9×39
	整机总质量(包括配重)(kg)	86 000	101 000

SF558、SF808 电液桩机主要特点　表1.7-16

序号	项目	主要特点
1	性价比	功能多,可挂装8种工作装置,特别是可挂装10t以上的柴油锤、振动锤、SMW多轴钻机等,属重型打桩设备;性能高、价格适中
2	可靠性	电液驱动,传动可靠,维修成本低,故障点少、故障率低;有利于城市施工和环保
3	安全性	主卷扬设拉力过载报警,预防机体倾斜和桅杆损坏;动力头防冲顶装置和扭矩显示;上车设回转锁定;主卷扬设压绳器及游轮,有效防止乱绳;副卷扬内藏式,省空间
4	桅杆结构	5种组合高度,双面两种宽度尺寸导轨桅杆,使用时只需正反方向安装即可;结构最优化设计、实用、质量轻,且前后左右可垂直调整,利于整机稳定工作;桅杆两头受力相等,成为纯压杆,不受弯,受力状态最理想
5	稳定性	整机重力级别高,重心低;桅杆三点支撑面积大,稳定性好
6	底盘	伸缩式结构,无需拆卸,可整体运输
7	使用性	液压行走,转弯灵活,移动就位迅速、无桩位死角;强劲的前后液压支腿,摆动距离远,提拔力大;组合式配重,按不同工作装置随意组合,满足最佳稳定性要求;斜撑油缸同步调整桅杆垂直度,结构简单安全方便

续上表

序 号	项 目	主 要 特 点
8	操纵性	人性化设计电控台,集中控制方便顺畅;前置驾驶室利于观察钻孔部位
9	控制	采用进口变幅器对主卷扬、变幅卷扬及回转机构进行恒扭矩无级调速
10	检测系统	专用荷兰 MALL-EFFECT 装置,可监测 CFG 桩施工全过程,预防成桩疏松、断桩、减少混凝土超灌

注:1. 可配挂装的工作装置有:ϕ450mm、ϕ650mm、ϕ850mm、ϕ1 000mm 孔径 SMW 工法多轴钻装置、SMW305 五轴钻、可配 ϕ400 ~ ϕ1 000mm 孔径 CFG 长螺旋钻工作装置、柴油锤、振动锤、液压锤、冲抓斗钻机、50t 起重机。

2. SMW(Soil Mixing Wall)工法简述为柱式土质水泥墙工法,即利用多轴式长螺旋钻在土质中钻孔,达到预定深度后,边提钻边从钻头端部注入适合不同工程连续墙的水泥浆,与原土质进行搅拌,在原位置上建成一段土质水泥墙,然后再进行第二段墙施工,使相邻的土质水泥墙彼此有重合段,连续施工即可做成地下连续墙;同时根据不同需用,插入工字钢,作深开挖基础维护或止水之用。三轴式连续墙钻孔机一次作业可同时完成 3 根桩的施工,效率较单轴式长螺旋钻孔机提高了 60% 以上,由于 3 根钻杆的搅拌叶片之间相互交叉,不仅使施工更经济,而且又能确保连续墙的防水性。

SQ200 潜孔钻机参数表 表 1.7-17

项 目			数 值
动力头最大输出扭矩(N · m)			7 000 (5163 lbf · ft)
推拉装置最大推拉力(kN)			79 (17 760 lbs)
动力头转速(r/min)			0 ~ 93
动力头推拉速度(m/min)			30(98ft/min)
滑移油缸行程(mm)			1 200
桅杆前后倾角(°)			60/93
上车回转速度(r/min)			4.5
上车回转角度(°)			360
空压机最大压力(MPa)			2.5(25 bar)
空压机最大排量(m^3/min)			28.3(999 ft^3/min)
动力头最大行程(mm)			8 000
钻孔直径(mm)			152 ~ 204
钻杆直径(mm)			114
发动机功率(kW)			125 + 293(168hp + 393hp)
除尘方式			干式
外形尺寸(mm)			11 062 × 3 524 × 3 498
底盘	SY23RC2	主机质量(kN)	210(47 250 lbf)
		发动机型号	CC - 6BG1TRP
		额定功率[kW/(r/min)]	(125 ± 2.9)/2 100,(168 ± 3.9)hp/2 100(r/min)
		履带板长度(mm)	4 450
		履带宽度(mm)	600
		履带高度(mm)	940
		履带展开宽度(外边距)(mm)	4 000
	SY230R	主机质量(kN)	210(47 250 lbf)
		发动机型号	6BTA5.9-C
		额定功率[kW/(r/min)]	128/2 100,172hp/2 100(r/min)
		履带板长度(mm)	4 450
		履带宽度(mm)	600
		履带高度(mm)	940
		履带展开宽度(外边距)(mm)	4 000

续上表

项目			数值
发动机	日本五十铃	型号	CC－6BG1TRP
		形式	4 冲程水冷顶置气门式/直喷
		进气形式	增压中冷
		使用燃油	轻油(JI S 2 号相当)
		排放标准	EU stage 2/EPA Tier 2
		气缸数-内径× 行程	6-105mm×125mm 6－4.1m×4.9 in
		排量(L/in^3)	6.494 / 396
		压缩比	18
		额定功率[kW/(r/min)]	(125±2.9)/2 100,(168±3.9)hp/2 100(r/min)
		最大扭矩[N·(r/min)]	(637.9±60)/1 800,(471±44 lbf·ft)/1 800(r/min)
		全负荷最低燃油消耗量	(220±17)g/(kW·h)(0.365±0.028) lbs/(hp·h)
	小松康明斯	型号	6BTA5.9－C
		进气形式	增压中冷
		形式	4 冲程水冷顶置气门式/直喷
		使用燃油	轻油(JI S 2 号相当)
		排放标准	EU stage 1/EPA Tier 1
		气缸数-内径× 行程	6-102mm×120mm 6－4.0m×4.7in
		排量(L/in^3)	5.9 / 360
		压缩比	17
		额定功率[kW/(r/min)]	128 /2 100,172hp/2 100(r/min)
		最大扭矩[N·m/(r/min)]	606/1 400,447 lbf·ft/1 400 (r/min)
		全负荷最低燃油消耗量	201g/(kW·h) 0.333 lbs/(hp·h)
	康明斯	型号	QSM11
		形式	4 冲程水冷顶置气门式/直喷
		进气形式	增压中冷
		使用燃油	轻油(JI S 2 号相当)
		排放标准	EU stage 2/EPA Tier 2
		气缸数-内径× 行程	6-125mm×147mm
		排量	10.8
		压缩比	16.3∶1
		额定功率[kW/(r/min)]	298/2 100
		最大扭矩[N·m/(r/min)]	1 898/1 400
		全负荷最低燃油消耗量	207g/(kW·h)

SJ180 水平旋喷钻机 表 1.7-18

项目	数值	项目	数值
型号	SJD－12T	最大作业高度(m)	4 750～5 640
动力头行程(m)	12	最大作业宽度(m)	5 100～7 200
扭矩(N·m)	6 000～12 000/100～50(r/min)	装机功率(kW)	85hp/2 200(r/min)＋90kW
给进力(kN)	60	运输尺寸(mm)	9 800×2 500×3 200
提拔力(kN)	60	质量(kg)	13 400

SD7535 水平定向钻机 表 1.7-19

项目		数值
最大给进/回拖力(kN)		500
最大输出扭矩(N·m)		20 000
动力头转速(r/min)		0～60
输出转速(r/min)		0～120
动力头水平运动速度(r/min)		0～9.6
推拉速度(m/min)		0～19.2
动力头行程(mm)		5 400
入射角(°)		8～22
行走速度(km/h)		2.4 km/h
随机起重机		2t/2.1m
钻杆	外径(mm)	89
	加厚外径(mm)	92

钻斗(头)的结构特点与适应地层 表 1.7-20

钻斗类型		结构特点	适应地层
旋挖钻斗	单开门土斗	单层底板,进土口大	黏性土
	双开门土斗	单层底板,钻进平稳	松散土或胶结较好的卵石
	半合式土斗	筒体两半,卸土方便	地层完整的胶黏性土
	侧开口双开门土斗	单层底板,进土口大,钻进平稳	黏性土或夹有卵石的松散土
	单开门砂斗	双层底板,进土口大	大直径卵石、冻土或强风化基岩
	双开门砂斗	双层底板,两个进土口	中小直径卵石、冻土或强风化基岩
短螺旋钻头	单头直螺单螺	进土口大,带土多,导向性好	黏性土
	双头直螺单螺	带土多,导向性好	冻土或胶结性好的卵石
	双头直螺双螺	钻进平稳,导向性好	含水性少的黏土或胶结性好的卵石
	单头锥螺单螺	进土口大,卸土便捷	坚硬冻土、页岩、大直径卵石
	双头锥螺单螺	导向性好,卸土较好	坚硬冻土、大直径卵石或风化基岩
	双头锥螺双螺	导向性好	坚硬冻土、大直径卵石或风化基岩
筒式钻头		无底板,钻岩性好	大漂石或坚硬基岩
扩底钻头	上开式扩底钻头	扩底角大,回转扭矩小	土层或基岩,稳定地层
	下开式扩底钻头	扩底角小,回转扭矩大	土岩或基岩,较复杂地层

斗齿刃前角与钻斗钻进量的关系　表 1.7-21

斗齿刃前角(°)	钻杆扭矩(kN·m)	进尺(m/10min)			
		少冰冻土	泥岩	黏土	砂土
30	180	0.4	0.55	0.45	0.55
	120	0.4	0.5	0.4	0.5
	100	0.3	0.4	0.3	0.4
45	180	0.7	0.65	0.6	0.7
	120	0.6	0.6	0.5	0.65
	100	0.5	0.5	0.4	0.65
60	180	0.5	0.5	0.5	0.6
	120	0.5	0.4	0.5	0.5
	100	0.4	0.3	0.4	0.5

(2)地下连续墙挖槽机械

蚌式抓斗标准规格　表 1.7-22

墙厚(mm)	450	500	600	800	1 000	1 200
闭斗高度(mm)	4 250	4 250	4 250	4 540	4 540	4 540
闭斗宽度(mm)	2 200	2 200	2 200	2 420	2 420	2 420
抓斗厚度(mm)	450	470	570	760	960	1 200
开斗高度(mm)	3 740	3 740	3 740	3 816	3 816	3 816
开斗宽度(mm)	2 500	2 500	2 500	2 700	2 700	2 700
质量(kg)	3 800	3 900	4 300	4 450	4 750	5 750
钢索道数(个)	4	5	5	6	6	6
闭斗力(kN)	160	180	190	210	225	266
斗齿数	2 +2	2 +3	2 +3	3 +4	3 +4	3 +4
钢索最大直径(mm)	22	22	22	22	25	26

注:闭斗力指左右半瓣切土力之和。

ICOS 法蚌式抓斗挖槽机及配具规格、质量　表 1.7-23

名　称	性能、规格	质量(kg)
ICOS 机架	8H-N3.7kW	6 800
卷扬机	双筒 30kW	4 100
泥浆搅拌机	喷射式 7.5kW1.0m^3	800
蚌式抓斗	墙厚 60cm	3 600
容器	4m^3	1 000
泥浆池	5 m^3	1 200
废浆池	15 m^3	1 800
接头管	ϕ600mm	200kg/m
油压千斤顶	电支 2 台 50t	200
拔管用箍	ϕ600mm	1 500
砂泵	d4in	200
导管	d6in	40kg/m
履带吊机	U106	26 700

ELSE 铲斗式挖槽机规格 表 1.7-24

<table>
<tr><td colspan="2">铲斗宽(mm)</td><td colspan="2">500,600,800,1 000</td></tr>
<tr><td colspan="2">挖槽深度(m)</td><td colspan="2">40</td></tr>
<tr><td colspan="2">单位挖槽长度(m)</td><td colspan="2">3.8</td></tr>
<tr><td colspan="2">活动立柱长度(m)</td><td colspan="2">48</td></tr>
<tr><td rowspan="4">双筒卷扬机</td><td>卷扬能力(kN)</td><td colspan="2">87</td></tr>
<tr><td>卷扬速度(m/min)</td><td colspan="2">Max53.3,Min24.7</td></tr>
<tr><td>液压马达</td><td colspan="2">SX-508A×2 台</td></tr>
<tr><td>钢索直径(mm)</td><td colspan="2">20,6×29 丝</td></tr>
<tr><td rowspan="8">液压装置</td><td>主泵形式</td><td colspan="2">BZ-740-110R-R_2,140</td></tr>
<tr><td>主泵排量(L/min)</td><td colspan="2">190~140</td></tr>
<tr><td>主泵压力(MPa)</td><td colspan="2">14~6</td></tr>
<tr><td>电动机功率(kW)</td><td colspan="2">55</td></tr>
<tr><td>伺服泵形式</td><td colspan="2">VIIA-30-30</td></tr>
<tr><td>伺服泵排量(L/min)</td><td>伺服用 29.8</td><td>卷扬机用 29.8</td></tr>
<tr><td>伺服泵压力(MPa)</td><td>伺服用 1.5</td><td>卷扬机用 5.0</td></tr>
<tr><td>伺服泵电动机(kW)</td><td colspan="2">5.5</td></tr>
<tr><td colspan="2">总质量(t)</td><td colspan="2">56</td></tr>
</table>

蚌式抓斗法挖槽机械组合使用机械一览表 表 1.7-25

<table>
<tr><th>用　　途</th><th colspan="2">机 械 名 称</th><th>型号及规格</th><th>数　　量</th><th>备　　注</th></tr>
<tr><td rowspan="14">挖槽及泥浆管理</td><td colspan="2">蚌式抓斗</td><td>0.3m^3</td><td>1 台</td><td rowspan="8">清理槽底用</td></tr>
<tr><td colspan="2">履带吊机</td><td>22t</td><td>1 台</td></tr>
<tr><td colspan="2">自卸汽车</td><td>特殊容器(m^3)</td><td>1 台</td></tr>
<tr><td colspan="2">空气压缩机</td><td>50I-I</td><td>1 台</td></tr>
<tr><td colspan="2">自卸汽车运土</td><td>10t</td><td>数台</td></tr>
<tr><td colspan="2">泥浆搅拌机</td><td>MCE-600A</td><td>1 台</td></tr>
<tr><td colspan="2">空气升液用设备</td><td>ϕ150mm</td><td>1 套</td></tr>
<tr><td colspan="2">真空车</td><td>3m^3</td><td>3~4 台</td></tr>
<tr><td rowspan="3">泵</td><td rowspan="3">潜水泥浆泵</td><td>供水用 ϕ150mm</td><td>1 台</td><td rowspan="3">—</td></tr>
<tr><td>循环用 ϕ25mm</td><td>2 台</td></tr>
<tr><td>供浆用 ϕ25mm</td><td>2 台</td></tr>
<tr><td rowspan="3">储槽</td><td colspan="2">水用</td><td>数台</td><td rowspan="3">—</td></tr>
<tr><td colspan="2">泥浆用</td><td>数台</td></tr>
<tr><td colspan="2">废泥浆用</td><td>数台</td></tr>
<tr><td rowspan="4">钢筋笼加工及安放</td><td colspan="2">履带吊机</td><td>320H</td><td>1 台</td><td rowspan="4">根据现场情况定</td></tr>
<tr><td colspan="2">钢筋加工机械</td><td>切断、弯曲机</td><td>2 台</td></tr>
<tr><td colspan="2">电焊机</td><td>25kV·A×200A</td><td>3~4 台</td></tr>
<tr><td colspan="2">拖车</td><td>运输钢筋笼</td><td>1 台</td></tr>
</table>

续上表

用途	机械名称	型号及规格	数量	备注
混凝土浇筑	汽车起重机	22t	1台	—
	导管	ϕ200mm	3套	
钻导孔	三点支撑打桩机	D207	1台	—
	螺旋钻	50H或40H	1台	
	空压机	9m^3	1台	
其他	沉渣厚度测定器	测绳	1套	—
	槽壁测定器	超声波测定器	1套	
	混凝土浮渣测定	测绳	1套	

BW多头挖槽机规格表 表1.7-26

型号	BWN-4055				BWN-5580						BWN-80120				
墙厚＝钻头直径(mm)	400	450	500	550	550	600	650	700	750	800	800	900	1 000	1 100	1 200
一次挖槽长度(mm)	2 500	2 550	2 600	2 650	2 470	2 520	2 570	2 620	2 670	2 720	3 600	3 700	3 800	3 900	4 000
有效长度(mm)	2 100				1 920						2 800				
高度(mm)	4 300 ~ 4 320				4 525 ~ 4 555						5 505 ~ 5 555				
挖掘深度(m)	50				50						50				
钻头个数	7				5						5				
钻头转速(r/min)	50(50Hz)				35(50Hz)						25(50Hz)				
吸泥口直径(mm)	150				150						200				
电钻电动机(kW)	15×2台				15×2台						18.5×2台				
台电钻质量(kg)	7 500				10 000						18 000				

注：各种机型的最外侧钻头的轴线之间的尺寸值分别为2.1m、1.92m、2.8m。把这些尺寸再加上钻头的直径就是该种转机的一次或成槽长度。

多头钻BW法挖槽机械组合使用机械一览表 表1.7-27

用途	机械名称	型号及规格	数量	备注
挖槽及泥浆管理	BW多头钻	0.7kW	1台	—
	振动筛	—	1台	粗颗粒筛分
	泥浆泵	—	1台	反复循环用
	旋流器	—	3台	—
	自卸汽车运渣	10t	数台	—
	皮带输送机	14m×7m	2台	—
	泥浆搅拌机	MCE600A	1台	排土渣
	真空车	3m^3	2台	—
	空气升液设备	d5m	1套	清理槽底用
	泵	泥浆泵NAS—850	1台	22kW吸泥泵
		旋流器	3台	
		水用	数台	
	储槽	泥浆用	数台	—

注：钢筋加工、混凝土浇筑及钻导孔等设备与蚌式抓斗法相同。

SYD853 型多轴连续墙钻机主要性能参数表 表 1.7-28

项　目	主要性能参数	项　目	主要性能参数
钻孔直径(mm)	850	钻孔最大深度(m)	32
钻头数量	3	钻杆转速(r/min)	16/32
钻杆中心距(mm)	600×600	钻杆直径(mm)	273
主机动力(kW)	150(2×75kW)	单根钻杆平均转矩(kN·m)	30.6

SH350D 连续墙抓斗主要性能参数表 表 1.7-29

项　目		数　值
挖掘厚度(mm)		600~1 200
挖掘长度(mm)		2 800
挖掘深度(m)		60
抓斗容量(m^3)		0.7~1.4
抓斗质量(t)		11.7~15.3
满载质量(比重 1.8)(t)		13~18
工作性能	油缸推力(kN·m)	1 236(30MPa)
	抓斗开启时间(s)	5.7
	抓斗闭合时间(s)	6.8
	满载起升速度(m/min)	35
	空斗下放速度(m/min)	35
	最大回转速度(r/min)	3
	最大工作半径(m)	5
液压系统	主泵+辅助泵(40MPa)	2+1 泵
	系统压力(MPa)	32
卷扬系统	主卷扬单绳拉力(kN)	178
	主卷扬绳速(m/min)	70/35
	变幅卷扬单绳拉力(kN)	80
选用底盘参数	主机型号	SY420R
	主机质量(kN)	398
	发动机型号	QSL9-C325
	发动机功率(kW)	242
	履带长度(mm)	5 911
	履带高度(mm)	1 072
	履带板宽度(mm)	800
整机尺寸	整机外形尺寸(长×宽×高)(mm)	11 680×3 190×3 463
	整机总质量(t)	70

连续墙抓斗系列主要性能参数表 表 1.7-30

连续墙抓斗(型号)	挖掘厚度(mm)	挖掘长度(mm)	挖掘深度(m)	整机总质量(t)	抓斗质量(t)
SH350	300/400/500/600/800/1 000/1 200	2 800	60	60	11.7~15.3
SH400	300/400/500/600/800/1 000/1 200	2 800	60	70	14.5~16.5
SH400C	300/400/500/600/800/1 000/1 200/1 500	2 800	70	75	12~26
SH500	800/1 000/1 200/1 500	2 800	80	110	20~30

(3)泥浆制备设备及泥浆泵

高速回转式搅拌机组成及规格表　　表1.7-31

型　号	结构形式	搅拌罐容量(m^3)	搅拌罐直径×高度(mm)	旋转速度(r/min)	电动机功率(kW)	尺寸(高×宽×长)(mm)	质量(kg)
HM-250	单罐式	0.2	700×705	600	5.5	1 100×920×1 250	190
HM-500	双罐并列式	0.4×2	700×1 100	500	11	1 720×990×1 720	570
HM-8	双罐并列式	0.25×2	820×720	280	3.7	1 250×1 000×2 000	400
GSM-15	双罐并列式	0.5×2	1 400×900	280	5.5×2	2 400×1 700×1 600	900
MH-2	双罐并列式	0.39×2	800×910	1 000	3.7	1 470×950×2 000	150
MCE-200A	单罐式	0.2	762×710	800~1 000	2.2	100×800×1 250	180
MCE-600B	单罐式	0.6	1 000×1 095	600	5.5	1 600×990×1 720	400
MCE-2000	单罐式	2.0	1 550×1 425	550~650	15	2 100×1 550×1 940	1 200
MS-600	双罐并列式	0.48×2	950×900	420	7.5×2	1 500×1 200×2 200	550
MS-1000	双罐并列式	0.88×2	1 150×1 000	300	18.5×2	1 850×1 350×2 600	850
MS-1500	双罐并列式	1.2×2	1 200×1 360	300	18.5×2	2 100×1 350×2 600	850

注:高速搅拌机的溶解时间:溶解93%时,需4min;溶解100%时,需7min。

喷射式搅拌机的组成及主要技术参数表　　表1.7-32

型号	搅拌形式	搅拌罐容量(m^3)	泵口径(mm)	泵功率(kW)	泵压力(kPa)	搅拌能力(m^3/h)	备注
F-BEM	循环式	1.5	—	7.5	400~300	10~20	储浆槽3.45m^3
F-BEM	组合式(回转兼循环)	3.0	—	—	30~60	—	—
HM-1	循环式(真空吸入)	6.0	100	5.5	—	8~12	膨润土浓度6%~10%
HM-2	循环式(真空吸入)	3.0	100	5.5	—	8~15	膨润土浓度6%~10%

机械搅拌和人工搅拌时膨润土泥浆性质的变化　　表1.7-33

搅拌方式	经过时间	外观黏度(Pa·s)	过滤水量		泥皮厚度(mm)
			1min	30min	
高速回转搅拌	6h	41×10^{-3}	2.0	10.0	1.5
	1d	59×10^{-3}	1.5	9.5	1.5
	2d	62×10^{-3}	1.5	9.5	1.5
	3d	66×10^{-3}	1.5	8.5	1.6
	4d	66×10^{-3}	1.5	8.5	1.6
人工搅拌	5h	43×10^{-3}	1.5	10.7	1.3
	1d	43×10^{-3}	1.8	10.2	1.5
	2d	46×10^{-3}	2.5	10.5	1.0

高频振动泥浆筛的组成及主要技术参数表　　表 1.7-34

频率(1/min)	振幅(mm)	离心力(N)	泥浆入筛速度(m/s)	净化泥浆			电动机	轴承型号
				筛布(号)	泥浆量(L/s)	砂径(mm)		
3 500	2~3	20 500	1	18	100	1.2	2.25kW,2 850r/min	1310
				10	80	0.5		

注:1. 使用高频振动泥浆筛的振动筛法是用筛孔大小来决定分裂土渣定额粒径,应除去0.77mm以上的砂或粒土料。
2. 使用高频振动筛可除去0.5mm以上的大颗粒。

振动筛分离泥浆中各种土渣的能力　　表 1.7-35

土质名称	土渣的分离能力(%)	土质名称	土渣的分离能力(%)
砾石	100	粉土	70~80
砂	30~45	粉质黏土	80~90
砂质黏土	50~70	黏土	85~95

旋流除砂器规格表　　表 1.7-36

型号	MD-6	MD-9
圆筒内径(mm)	150	230
供液连接管径(mm)	75	100
溢流连接管径(mm)	75	100
处理量(m^3/min)	0.07~0.62	0.19~1.44
入口口径(mm)	36×48,24×48,12×48,12×24	50×80,36×80,23×80,10×80
溢流管口径(mm)	50、30、20	76、58、30
底流管口径(mm)	44、32、20	66、48、30

钻孔用泥浆泵主要性能参数表　　表 1.7-37

名称	型号	泵流量(m^3/h)	扬程(mm)	动力(kW)
离心式污水泵	$2\frac{1}{2}$PW	43~108	48.5~39	22
	4PW	108~180	27.5~24.5	30
	6PW	250~450	30~23	55
	8PWL	400~700	27.5~21	75
离心式泥浆泵	3PN	54~151	26~15	22
	4PN	100~200	41~37	55
	6PN	230~320	27~25	75
	8PN	450~600	65~62	215
离心式衬胶泥浆泵	4PNJA	95~160	43~40	55
	6PNJA	250~400	38~33	75
离心式压渣泵	4PH	140~220	62~58	75
	4PH	100~200	41~37	40
	6PH	350~550	62~54	155
	8PH	450~600	65~62	185

续上表

名　　称	型　　号	泵流量(m^3/h)	扬程(mm)	动力(kW)
离心式砂泵	4PS	90～160	37～37.5	55
	5PS	180～320	36～31	75
	6PS	320～500	29～26	155
往复式泥浆泵	2DN－15/40	15	400	30
	2DN－25/80	25	800	70
	3DN－9/50	9	500	22
	BWT－450/120	27	120	17.6
离心式清水泵	4BA－6	90	91	55
	4BA－8	90	43	22

注:1. 离心式清水泵不耐磨,泵壳极易损坏,应严格控制泥浆中含砂率使其不大于4%,钻70m左右深孔可用4BA-6型离心式清水泵,钻孔深70m左右时,可用4BA-8型离心式清水泵,效果较好。

2. 离心式杂质泵(砂泵及灰渣泵)耐磨性能良好。

(4)沉桩设备

常用沉桩机选用参考表　　表1.7-38

机械类别		冲击式打桩机			振动锤	油压式压桩机
		柴油锤	蒸汽锤	落锤		
钢板桩	形式	除小型板桩外所有板桩	除小型板桩外所有板桩	所有形式板桩	所有形式板桩	除小型板桩外所有板桩
	长度	任意长度	任意长度	适宜短桩	桩很长,不合适	任意长度
地层条件	软弱粉土	不适	不适	合适	合适	可以
	粉土、黏土	合适	合适	合适	合适	合适
	砂层	合适	合适	不适	可以	可以
	硬土层	可以	可以	不可以	不可以	不适
施工条件	辅助设施	规模大	规模大	简单	简单	规模大
	发音	高	较高	高	小	几乎没有
	振动	大	大	少	大	无
	贯入能量	大	一般	少	一般	一般
	施工速度	快	快	慢	一般	一般
费用		高	高	便宜	一般	高
工程规模		大工程	大工程	简易工程	大工程	大工程
其他	优点	燃料费用低,运行简单	打击时可调整	故障少,改变落距即可调整锤击力	打拔都可以	打拔都可以
	缺点	软土启动难	烟雾较多	容易偏心锤击	瞬时电流大,需大容量变压器	只适用于直线段

常用沉桩机具适用范围参考表 表 1.7-39

顺序	沉桩机具种类			适用范围	优 缺 点
1	坠锤			1. 适宜于打木桩及断面较小的混凝土桩。 2. 一般黏性土、砂类土及含有少量砾石的土均可使用	设备简单,使用方便,能调整落距,冲击力可大可小,但速度慢效率较低。除轻型落锤(0.5~0.75t)用人力外,一般均用卷扬机施打
2	单动汽锤			适宜于打各种桩	汽锤冲程短,对桩头不易损坏,起落锤速度快,效率较高
3	双动汽锤			1. 适宜于打各种桩。 2. 可用于打斜桩。 3. 使用压缩空气时可用于水下打桩。 4. 可作拔桩机	冲击次数多,冲击力大,工作效率高可不用桩架打桩,但设备笨重,移动不方便
4	柴油机桩锤		导杆式	1. 适宜于打各种桩及钢板桩;轻型宜用于打木桩、钢板桩;重型宜用于打铪桩,钢管桩。 2. 不宜在过软或过硬土中打桩	附有桩架、动力设备,机架轻,移动方便,燃料消耗少,沉桩效率高
			筒式		
5	振动沉拔桩锤	按动力分	电动振动沉拔桩锤	1. 适宜于沉拔钢板桩、钢管桩、铪桩及沉管灌注桩。 2. 不宜于打斜桩及有接头的木桩。 3. 宜用于松散砂土、亚黏土、黄土和软土。 4. 对密实黏性土、风化岩、砾石效果差	沉桩速度快,施工操作简易安全,能辅助拔桩
			液压振动沉拔桩锤		
		按振动器的振动频率分	低频(300~700r/min)		
			中频(700~1 500r/min)		
			高频(1500~2 500r/min)		
			超高频(6 000r/min)		
		按偏心块结构分	固定式		
			可调式		
6	液压打桩锤		单作用	1. 适用于沉重型的混凝土桩、钢桩。 2. 适用于黏性土、砂土含少量砾石土等	锤质量大、冲击次数多、工作效率高,其冲程可根据不同土质用人工调整,在一定条件下,可保证锤对桩的锤击力控制,噪声小,且不会污染空气
			双作用		
7	射水沉桩设备			1. 适于砂土、砂砾或其他坚硬的地基。 2. 大断面的混凝土桩及空心管桩配合射水可加快下沉。 3. 不宜用于大卵石及坚硬的黏土层或厚度超过 50cm 的泥炭层。 4. 不宜用于承受水平推力及上拔的锚固桩或离建筑物较近的桩	配合锤击沉桩,可加快进度,效率高,桩不易打坏。不宜用于沉斜桩。设备较多只能配合锤击或振动沉桩,不能单用射水沉桩

打桩船技术规格表 表1.7-40

船名	沪工桩7号			沪工桩9号			YKC－70号(日本)			3航3号			大桥局150t打(压)桩船		
船体尺寸	长(m)	宽(m)	深(m)	长(m)	宽(m)	深(m)	长(m)	宽(m)	深(m)	长(m)	宽(m)	深(m)	长(m)	宽(m)	深(m)
	45.0	19.2	3.75	45.85	42.0	3.2	43.8	20.0	3.6	45.85	42.0	2.2	46.0	14.0	3.2
吃水	船首(m)	船尾(m)	平均(m)	船首(m)	船尾(m)	平均(m)	船首(m)	船尾(m)	平均(m)	船首(m)	船尾(m)	平均(m)	船首(m)	船尾(m)	平均(m)
	1.82	2.25	2.04	1.9	1.9	1.9	—	—	2.0	1.9	1.9	1.9	1.9	1.9	1.9
桩架状态	架高(m)(水面计)	内龙口宽(m)已装前	仰俯角(°)	架高(m)(水面计)	内龙口宽(m)	仰俯角(°)	架高(m)(水面计)	内龙口宽(m)	仰俯角(°)	架高(m)(水面计)	内龙口宽(m)	仰俯角(°)	架高(m)(水面计)	内龙口宽(m)	仰俯角(°)
	53.8	0.9	±18.0	54.0	0.6	±35.0	53.55	0.7	±30.0	43.0	0.9	±18.5	43.9	0.9	≤±18.4
桩质量	允许25t			允许40t			允许40t			允许25t(35m)			允许≤25t 长度≤34m		
绞车	12台能力5～20t			15台能力3～12t			12台能力 7×10t+ 5×6t			13台能力5～20t			11台能力:2×25t+ 2×20t+ 1×15t+ 6×10t		
动力	柴油机2×365kW			柴油机1×291kW			柴油机1×251kW			柴油机1×291kW			1×291kW 1×14.9kW		
排水量	—			—			1 483t			9 06t			906t		

注:1. 沪工桩9号及YKC-70号打桩船可打:ϕ1 600mm×42m+水深,40t质量的钢管柱;ϕ450～ϕ550mm×42m+水深,40t质量钢筋混凝土桩。

2. YKC-70号打桩船可当起重船使用。

3. 调整桩架的倾角由液压传动,起吊桩时桩架的前后角度最大为10°。

4. 3航3号打桩船,龙门吊挺伸距8m。

(5)管柱基础设备

制造管柱主要机具设备参数表 表1.7-41

机具设备	规格	单位	数量		
			钢筋混凝土管柱	预应力钢筋混凝土管柱	钢管柱
蒸汽锅炉	换算立式,附管道	台	1	2	—
搅拌机	400L,附吊斗	台	1	1	—
振捣器	N-21A插入式	台	4～8	—	—
振捣器	0.5kW附着式	台	—	12	—
电焊机	250～400A	台	2	2	4
自动电焊机	400～1 200A	台	—	—	1
喷焊机	100kV·A	台	1	1	—

续上表

机具设备	规格	单位	数量		
			钢筋混凝土管柱	预应力钢筋混凝土管柱	钢管柱
钢筋切断机	0.7kW380/22V	台	1	1	—
龙门卷板机	40kW	台	1	—	—
机械卷板机	三辊轴	台	1	1	1
千斤顶	15t	台	—	—	4
千斤顶	500t,附电动油泵	台	—	12	—
手压油泵	—	台	—	2	—
铆钉枪	附鼓风机、风顶	台	—	—	2
风钻	—	台	—	—	4
砂轮机	ϕ400mm,0.7kW	台	1	1	1
烧割机	—	台	1	1	2
喷砂机	—	台	1	1	1
空气压缩机	4.5～20m^3/min	台	1	1	1
履带起重机	10～15t	台	1	1	2
门式起重机	35～60t	台	2	2	—
运输平车	10～35t	台	2	4	2
剪板机	—	台	1	1	1
钻床	立式或悬臂式	台	1	1	1
披铲	—	把	2	2	2

下沉管柱主要机具及设备参考表 表1.7-42

顺序	名称	规格	单位	深水		浅水		说明
				直径1.55m	直径3.6m	直径3.6m	直径5.8m	
1	浮吊	30t	艘	1	1	—	—	起吊管柱,插射水管,装吸泥机
		75t	艘	—	1	—	1	起吊管柱
2	水上天车	130t每台走行天车附起重小车两台	套	—	1	—	—	起吊管柱
3	龙门吊机	45t装5t电动绞车两台	台	—	—	1	—	起吊管柱
4	吊机	25～35t	台	—	—	1	1	—
5	振动打桩机	90型	台	1	—	—	—	—
		160型或420型	台	—	—	2	2	并联使用
		中-250型	台	—	4	—	—	每2台并联使用

续上表

顺序	名 称	规 格	单位	深水		浅水		说 明
				直径 1.55m	直径 3.6m	直径 3.6m	直径 5.8m	
6	空气吸泥机	ϕ150mm 配吸泥管	套	2	—	—	—	管长根据水深、覆盖层厚度考虑
		ϕ250mm	套	—	2	2	1	管长根据水深、覆盖层厚度考虑
7	空气压缩机	9～23m^3/min 配蓄风筒、风包、风表等	台	1	4	3	2	吸泥供气
8	高压水泵	ϕ150mm6～10 级 配水包、水表等	台	2	4	2	2	2 台串联，吸泥、补水用
9	低压水泵	ϕ150～250mm	台	1	2	—	—	抽水用
10	射水（风）管路设备	ϕ75mm 包括分配阀 ϕ15～25mm 射水嘴、风嘴	套	2	2	2	1	管长根据水深、覆盖层厚度考虑，管数根据内外射水及射风考虑
11	发电机	320kV·A	台	2	2	2	2	水泵振动打桩机等用
12	电焊机	交流	台	1	4	1	3	—
13	氧气切割器	—	具	1	2	1	1	—
14	桩帽	符合振动打桩机底座	个	1	2	1	1	—
15	长桩设备	分甲、乙、丙式	套	—	6	—	—	—
16	夹桩箍	—	套	2	—	—	—	—
17	吊具	—	付	2	2	1	1	—
18	卷扬机	5～7.5t 双滚筒摩阻式	台	4	12	4	4	抓泥、吸泥
19	手摇绞车	5t	台	—	—	6	6	移动门架、拉地龙
20	抓泥斗	0.4m^3 双瓣式附抓泥架	台	—	—	9	—	—
21	水下切割器	—	具	1	1	—	—	—
22	潜水设备	—	套	1	1	—	—	—
23	水泵船	400t 铁驳	艘	1	1	1	1	—

清孔主要机具参数表 表 1.7-43

序 号	名 称	规 格	单 位	数 量	用 途
1	空气吸泥机	ϕ250mm	套	1	清渣、吸泥
2	空气压缩机	供风量 20m^3/min	台	1	清孔、供风（风压 0.7MPa）
3	高压水泵	ϕ150mm，9～10 级	台	4	清孔并联供水（水压 1.5MPa）
4	低压水泵	ϕ250mm	台	2	管柱内注水
5	清孔器	7 根 ϕ75mm 射水管及 7 根 ϕ38mm 射风管组成的沉淀吊斗	套	1	清孔洗壁

1.7.2 混凝土设备

(1)混凝土搅拌设备

锥形反转出料搅拌机型号及基本参数表　　表 1.7-44

基本参数	型号					
	JZ150	JZ200	JZ250	JZ350	JZ500	JZ750
出料容量(L)	150	200	250	350	500	750
进料容量(L)	240	320	400	560	800	1 200
搅拌额定功率(kW)	3	4	4	5.5	10	15
每小时工作循环次数不少于	30	30	30	30	30	30
集料最大粒径(mm)	60	60	60	60	80	80

JZC350 锥形反转出料搅拌机型号及参数表　　表 1.7-45

公称容量(出料容量)(L)	350	搅拌轴转速(r/min)	26
进料容量(L)	560	搅拌筒转速(r/min)	14.5
生产率(m^3/h)	12 ~ 14	出料高度(mm)	1 000 ~ 1 250
搅拌时间(s)	35 ~ 45	外形尺寸(mm)	3 600 × 2 190 × 3 040
集料最大粒径(mm)	60	主机质量(kg)	2 000

锥形倾翻出料搅拌机型号及基本参数表　　表 1.7-46

基本参数	型号									
	JF50	JF100	JF150	JF250	JF350	JF500	JF750	JF1000	JF1500	JF3000
出料容量(L)	50	100	150	250	350	500	750	1 000	1 500	3 000
进料容量(L)	80	160	240	400	560	800	1 200	1 600	2 400	4 800
搅拌额定功率(kW)	1.5	2.2	3	4	5.5	7.5	11	15	20	40
每小时工作循环次数不少于	30	30	30	30	30	30	30	25	25	20
集料最大粒径(mm)	40	60	60	60	80	80	80	120	150	250

立轴强制式拌和机型号及基本参数表　　表 1.7-47

基本参数	型号									
	JW50 JN50	JW100 JN100	JW150 JN150	JW200 JN200	JW250 JN250	JW350 JN350	JW500 JN500	JW750 JN750	JW1000 JN1000	JW1500 JN1500
出料容量(L)	50	100	150	200	250	350	500	750	1 000	1 500
进料容量(L)	80	160	240	320	400	560	800	1 200	1 600	2 400
搅拌额定功率(kW)	4	7.5	10	13	15	17	30	40	55	80
每小时工作循环次数不少于	50	50	50	50	50	50	50	45	45	45
集料最大粒径(mm)	40	40	40	40	40	40	60	60	60	80

卧轴强制式拌和机型号及基本参数表 表1.7-48

基本参数	型号										
	JD50	JD100	JD150	JD200	JD250	JD350 JS350	JD500 JS500	JD750 JS750	JD1000 JS1000	JD1500 JS1500	JD3000 JS3000
出料容量(L)	50	100	150	200	250	350	500	750	1 000	1 500	3 000
进料容量(L)	80	160	240	320	400	560	800	1 200	1 600	2 400	4 800
搅拌额定功率(kW)	2.2	4	5.5	7.5	10	15	17	22	33	44	95
每小时工作循环次数不少于	50	50	50	50	50	50	50	45	45	45	40
集料最大粒径(mm)	40	40	40	40	40	40	60	60	60	80	120

混凝土搅拌站(楼)各种物料的动态计量精度表(GB/T 10171—2005) 表1.7-49

物料种类	周期式	连续式
	在等于或大于称量30%量程内,单独配料称量或累积配料称量	最大称量值的30%以上的量程
集料	(约定)真值的±2%(最大集料粒径大于80mm时,为±3%)	(约定)真值的±2%
水	(约定)真值的±1%或满量程的±0.3%(取二者的大值)	(约定)真值的±1%
水泥		
掺和料		
外加剂		

注:按称量材料种数分有单独配料称量装置和累计配料称量装置,按计量单位分有质量式称量装置和容积式称量装置。

HZS120/2HZS240混凝土搅拌站参数表 表1.7-50

项目	数值
理论生产率(m^3/h)	120/240
搅拌机型号	JS2000
搅拌电机功率(kW)	2×37/4×37
循环周期(s)	60
搅拌机公称容量(L)	2 000
集料最大颗粒(mm)	ϕ80
粉料仓容量(t)	4×200/8×200
配料站配料能力(L)	3 200
集料仓容量(m^3)	4×25/8×25
集料种类	4
集料皮带输送机生产率(t/h)	700
螺旋输送机最大生产率(t/h)	110
卸料高度(m)	3.8
装机容量(kW)	210/2×210
集料称量范围及精度(kg)	0~3 000, ±2%
水泥称量范围及精度(kg)	0~1 200, ±1%
粉煤灰称量范围及精度(kg)	0~500, ±1%
水称量范围及精度(kg)	0~600, ±1%
外加剂称量范围及精度(kg)	0~50, ±1%

(2)混凝土运输设备

混凝土搅拌运输车的分类、特点表 表 1.7-51

<table>
<tr><th>分类形式</th><th colspan="2">分类名称</th><th>特点</th></tr>
<tr><td rowspan="2">按底盘形式分</td><td colspan="2">自行式</td><td>容量小、制造方便、运行灵活</td></tr>
<tr><td colspan="2">拖式</td><td>容量大、重心低、需牵引车辆</td></tr>
<tr><td rowspan="3">按驱动形式分</td><td rowspan="2">集中驱动</td><td>飞轮取力</td><td rowspan="2">优点:结构紧凑、造价低廉;
缺点:由于道路条件的变化,将直接影响搅拌筒转速,从而影响混凝土拌和物质量。
适用于中小容量的搅拌运输车</td></tr>
<tr><td>前端取力</td></tr>
<tr><td colspan="2">单独驱动</td><td>该种驱动为搅拌筒旋转单独设置一台发动机。
优点:可选用各种汽车底盘,不必改装;搅拌筒转速平稳,能保证混凝土质量;更能发挥底盘的牵引力。
缺点:增加了发动机,增加了成本,而且维修工作量加大,装机质量增大。适用于大容量的自行式搅拌运输车和拖式搅拌运输车</td></tr>
<tr><td rowspan="3">按传动形式分</td><td rowspan="2">机械传动</td><td>末级链传动</td><td>弥补汽车行驶中道路不平、底盘变形等对搅拌筒的影响;但这种形式链传动易磨损、噪声大、不安全</td></tr>
<tr><td>直接传动</td><td>弥补车辆行驶时底盘变形的影响,避免了链传动的缺点,提高了传动效率,减少了机械零件和日常润滑维护工作</td></tr>
<tr><td colspan="2">液压—机械传动</td><td>结构紧凑,装机质量小,操作方便,效率高,噪声小,工作平稳,并能无级调速</td></tr>
<tr><td rowspan="4">按功能分</td><td colspan="2">带皮带输送机</td><td>车尾装有可折叠的皮带输送机,工作半径可达 12m,可直接将混凝土输送到浇筑点,对混凝土需求量少的现场,使用更经济</td></tr>
<tr><td colspan="2">带臂架和混凝土泵</td><td>车尾装有一台混凝土泵,在驾驶室与搅拌筒之间装有臂架,把搅拌运送车与臂架式泵车合二为一,其优点同带皮带输送机的搅拌运送车</td></tr>
<tr><td colspan="2">带自行上料装置</td><td>车尾装有四连杆提升机构料斗,可自行装入组合混凝土的各种材料,机动灵活,适用性强</td></tr>
<tr><td colspan="2">带拌筒倾翻机构</td><td>适用于运送低坍落度混凝土拌和物。把容量大的运送车的搅拌筒作成油压顶升式的,使搅拌筒可倾翻 20°左右,可大大加快低坍落度混凝土的卸料速度</td></tr>
<tr><td rowspan="3">按搅拌筒布置分</td><td colspan="2">后端卸料</td><td>筒口在车尾,混凝土拌和物从车尾进料和卸料,是最常用形式</td></tr>
<tr><td colspan="2">前端卸料</td><td>筒口在车前,在汽车前端进料和卸料。操作人员视野好,能快速准确就位,可提高生产率,节省劳动力,但搅拌筒必须超越驾驶室上方,现场复杂,只用于大容量</td></tr>
<tr><td colspan="2">侧向卸料</td><td>搅拌筒随整个上车可以回转,各个方向均可以装卸料,使用灵活,但现场复杂,装车质量增加,较少使用</td></tr>
</table>

SY5250GJB3A 混凝土搅拌运输车参数表　表 1.7-52

项　目		数　值
整车参数	底盘型号	SYM1250T3
	整备质量(kg)	14 000
	满载总质量(kg)	25 000
	整车外形尺寸(长×宽×高)(mm)	8 600×2 490×3 880
	轴距(mm)	3 225+1 350
	最小转弯直径(m)	16
	变速器	9JS150 单杆操作
	转向器	循环球整体式动力转向器
	轮胎规格(m)	11~20
	主减速器速比	5.833
	取力器(N·m)	650
	制动方式　行车制动	双回路、鼓式、气压驱动
	辅助制动	发动机排气制动
	驻车制动	储能弹簧制动器作用于中后桥
	最小离地间隙(mm)	≥252
	最高车速(km·h)	50
	离合器	ϕ430mm 膜片弹簧,气压助力液压操作
	驱动形式	6×4
	轮辋规格(mm)	8.00V~20
	滑行距离(v_0=50km/h)(m)	≥750
	制动距离(v_0=30km/h)(m)	≤10(满载);≤9(空载)
	额定乘员	2 人
发动机参数	发动机型号	P11C-UH
	发动机形式	直列六缸、水冷、增压中冷(空-空)、直喷式
	缸径×行径(mm)	ϕ122×150
	排量(L)	10.520
	最大扭矩	1 460N·m/1 100(r/min)
	额定功率	235kW/2 100(r/min)
	排气污染物排放限值	欧Ⅲ标准
搅拌筒性能参数	搅拌筒几何容积(m^3)	13.79
	搅动容积(m^3)	8
	填充率(%)	58.01
	搅拌筒直径(mm)	ϕ2 342
	搅拌筒倾角(°)	13.5
	进料速度(m^3/min)	≥3
	出料速度(m^3/min)	≥2
	出料残余率(%)	<0.7
	坍落度范围(m)	50~210

续上表

<table>
<tr><th colspan="2">项　　目</th><th>数　　值</th></tr>
<tr><td rowspan="4">驱动系统</td><td>减速机速比</td><td>99.9</td></tr>
<tr><td>泵排量/额定压力</td><td>71(mL/rev)/34.5MPa</td></tr>
<tr><td>电动机排量/额定压力</td><td>80(mL/rev)/34.5MPa</td></tr>
<tr><td>液压回路</td><td>分体式闭式回路</td></tr>
<tr><td rowspan="2">供水系统</td><td>水箱容积(L)</td><td>450</td></tr>
<tr><td>供水方式</td><td>气压式,工作压力0.2MPa</td></tr>
</table>

混凝土从拌和机卸出到浇筑完毕的延续时间表(GB 50164—1992)　　表1.7-53

<table>
<tr><th rowspan="3">气温(℃)</th><th colspan="4">延续时间(s)</th></tr>
<tr><th colspan="2">采用搅拌车</th><th colspan="2">采用其他运输设备</th></tr>
<tr><th>≤C30</th><th>>C30</th><th>≤C30</th><th>>30</th></tr>
<tr><td>≤25</td><td>120</td><td>90</td><td>90</td><td>75</td></tr>
<tr><td>>25</td><td>90</td><td>60</td><td>60</td><td>45</td></tr>
</table>

(3)混凝土输送设备

混凝土输送泵的分类、特点及工作原理　　表1.7-54

<table>
<tr><th colspan="4">分 类 及 名 称</th><th>特　　点</th></tr>
<tr><td rowspan="8">活塞式混凝土泵</td><td rowspan="3">按传动分</td><td colspan="2">机械传动混凝土泵</td><td>—</td></tr>
<tr><td rowspan="2">液压传动混凝土泵</td><td>水压式</td><td>液压传动形式取掉了机械传动形式中的曲柄链杆机构,传动简单,工作平稳、易于实现过载保护、输出特性能做到无级调节、易于控制</td></tr>
<tr><td>油压式</td><td>水压式用水直接推动活塞,不必像油压式为防止渗油到混凝土中而设置中间水箱。水压式冲程次数可减少,减小了缸体和阀的磨损,但油压式比水压式压力高,输送距离和高度大,在恒功率使用情况下,容量也大,使用较广</td></tr>
<tr><td rowspan="2">按混凝土输送缸的数量分</td><td colspan="2">单缸式</td><td>结构简单,但只有一半时间为工作行程,生产效率低</td></tr>
<tr><td colspan="2">双缸式</td><td>两个缸可交替工作,使输送混凝土拌和物平稳连续,生产效率高</td></tr>
<tr><td rowspan="3">按行走分</td><td colspan="2">固定式</td><td>不灵活,但工作效率高,用于大体积混凝土</td></tr>
<tr><td colspan="2">拖式</td><td>较灵活,使用较广</td></tr>
<tr><td colspan="2">车载式</td><td>灵活,可进行多移位的混凝土浇筑</td></tr>
<tr><td colspan="4">挤压式混凝土泵</td><td rowspan="2">结构简单、维修方便,但泵送混凝土的压力较小,输送距离和高度以及输送量都不能太大,并且对混凝土坍落度的集料最大粒径要求较严,使用上较受限制</td></tr>
<tr><td colspan="4">水压隔膜式混凝土泵</td></tr>
</table>

混凝土输送泵主要技术参数表 表 1.7-55

型号			HB8	HB15	HBT60	BSA1406	BH30	HB30B	HB60
性能	排量(m^3/h)		8	10 ~ 15	—	60	30	15 ~ 30	30 ~ 60
	最大输送距离(m)	水平	200	250	—	900	350	420	390
		垂直	30	35	—	150	60	70	65
	输送管直径(mm)		150	150	—	125	150	150	150
	混凝土坍落度(cm)		5 ~ 23	5 ~ 23	—	5 ~ 23	5 ~ 23	5 ~ 23	5 ~ 23
	集料最大粒径(mm)		卵石 50 碎石 40	卵石 50 碎石 40	—	40	卵石 50 碎石 40	卵石 50 碎石 40	卵石 50 碎石 40
规格	输送管清洗方式		气洗	气洗	—	水洗	气洗	气洗	气洗
	混凝土缸数		1	2	—	—	2	2	2
	混凝土缸直径×行程(mm)		150 × 600	150 × 1 000	—	200 × 1 400	220 × 825	220 × 826	220 × 1 000
	料斗容量×离地高度(L × mm)		A 型 400 × 1 460 B 型 400 × 1 690	400 × 1 500	—	600 × 1 230	I 型 300 × 1 300 II 型 300 × 1 160	I 型 300 × 1 300 II 型 300 × 1 160	I 型 300 × 1 290 II 型 300 × 1 185
	主电动机功率(kW)		—	—	—	75	45	45	55
	主油泵型号		—	—	—	—	YB-B114C	CBY2040	CBY 3100/3063
	额定压力(MPa)		—	—	—	3.2	10.5	16	20
	排量(L/min)		—	—	—	—	169.6	119	243
	总质量(kg)		A 型 2 960 B 型 3 260	4 800	—	3 200	I 型 4 500 II 型 4 500	4 500	I 型 5 900 II 型 5 810 III 型 5 500
	外形尺寸(长×宽×高)(mm)		A 型 3 134 × 1 590 × 1 620 B 型 3 134 × 1 590 × 1 850	4 458 × 2 000 × 1 718	—	5 300 × 1 900 × 1 850/2 230	I 型 4 580 × 1 830 × 1 300 II 型 3 620 × 1 360 × 1 160		I 型 4 980 × 1 840 × 1 420 II 型 4 075 × 1 360 × 1 318 III 型 4 075 × 1 360 × 1 240
备注			A 型不带行走轮 B 型带行走轮	—	—	I 型轮胎式 II 型轨道式	—	I 型轮胎式 II 型轨道式 III 型固定式	—

输送泵各种配管与水平管换算表 表 1.7-56

项　目	管型规格		换算成水平管长度(m)
向上垂直管 k(每 1m)	管径 100mm(4in)		3
	管径 125mm(5in)		4
	管径 150mm(6in)		5
软管 f	每 5 ~ 8m 长的一根		20
弯管 b(每 1 个)	曲率半径 $R=0.5$m	90°	12
		45°	6
		30°	4
		15°	2
	曲率半径 $R=1$m	90°	9
		45°	4.5
		30°	3
		15°	1.5
变径管 t(锥形管)(每 1 根)	管径 175→150mm		4
	管径 150→125mm		8
	管径 125→100mm		16

注：1. 本表的条件是输送混凝土水泥用量在 300kg/m 以上，坍落度 21cm，当坍落度小时，换算率应适当增加。
2. 向下垂直管，其水平换算长度等于其自身长度。
3. 斜向配管时，根据其水平及垂直投影长度，分别按水平、垂直配管计算。

混凝土输送泵车主要技术参数表 表 1.7-57

项　目			IPF-185B	IPF85B (BC852)	DC-S115B	IPF-75B	B-HB20	HBQ60	PTF75B
			360°全回转三段液压折叠式	—	360°全回转全液压垂直三级伸缩	360°全回转全液压三级伸缩	—	—	—
最大输送量(m^3/h)			10 ~ 85	10 ~ 85	70	10 ~ 75	20	15 ~ 70	10 ~ 75
最大输送距离(m)(水平×垂直)	输送管	ϕ100mm	520 × 110	310 × 80	270 × 70	250 × 55	270 × 50	(340 ~ 350) × (65 ~ 90)(因管径而异)	(250 ~ 600) × (50 ~ 95)
		ϕ125mm		520 × 110	420 × 100	410 × 80			
		ϕ150mm		750 × 125	530 × 110	60 × 95			
粗集料的最大尺寸(cm)	输送管	ϕ100mm	—	30	25	25(砾 30)	—	25(砾 30)	25
		ϕ125mm	40	40	40	30(砾 40)	—	30(砾 40)	30
		ϕ150mm	—	50	40	40(砾 50)	40(砾 50)	40(砾 50)	40
混凝土坍落度适用范围(cm)			5 ~ 23	5 ~ 23	5 ~ 23	5 ~ 23	5 ~ 23	5 ~ 23	5 ~ 23
清洗方式			—	水洗	—	—	气洗/水洗	气洗/水洗	气洗/水洗
常用泵送压力(MPa)			4.7	—	—	3.9	—	—	—
布料杆工作半径(m)	输送管	ϕ100mm	17.4	17.4	17.7	17.4	17.96	17.7	17.4
		ϕ125mm			15.8	16.5			
布料杆离地高度(m)	输送管	ϕ100mm	20.7	20.7	21.2	20.7	21.2	21	20.7
		ϕ125mm			19.3	19.8			
外形尺寸(长×宽×高)(mm)			1 000 × 2 485 × 3 280	9 030 × 2 490 × 3 270 9 000 × 2 495 × 3 280	8 840 × 4 900 × 3 400	9 470 × 2 450 × 3 230	9 490 × 2 470 × 3 445	8 940 × 2 500 × 3 340	8 900 × 2 490 × 3 490
质量(t)			—	14.7 15.33	15.35	15.46	15	15.5	15.43/15.29

SY5600THB－66m 混凝土输送泵车参数表 表 1.7-58

项目		数值
整车参数	总宽(mm)	2 500
	全长(mm)	15 800
	总高(mm)	3 995
	前桥重(kg)	26 500
	后桥重(kg)	37 300
	自重(kg)	63 800
臂架支腿参数	臂架垂直高度(m)	65.6
	臂架垂直深度(m)	45.3
	最小展开高度(m)	19
	第一节臂节长度/转角	12 300mm/90°
	第二节臂长度/转角	10 100mm/180°
	第三节臂长度/转角	9 500mm/180°
	第四节臂长度/转角	14 500mm/260°
	第五节臂长度/转角	15 200mm/220°
	转台旋转角度(°)	±270
	前支腿展开宽度(mm)	12 300
	后支腿展开宽度(mm)	13 800
泵送系统参数	理论泵送压力高压/低压(MPa)	11.8/6.3
	混凝土理论排量高压/低压(m^3/h)	110/200
	理论泵送次数高压/低压(次/min)	16/28
	输送缸内径(mm)	260
	输送缸行程(mm)	2 200
	液压系统	开式
	系统油压(MPa)	32
	水箱容积(L)	600
	输送管径(mm)	125
	末端软管长度(m)	3
	末端软管管径(mm)	125
底盘参数	底盘型号	奔驰 Actros4150
	发动机型号	OM502LA
	发动机功率	370kW/1 500(r/min)
	排放标准	欧洲 III 级
	燃料箱容积(L)	400
	排量(L)	15.9
	最大速度(km/h)	80
	制动距离(m)	≤10(30)

SY5121THB90 车载式混凝土输送泵参数表 表 1.7-59

项目		数值
整车参数	全长(mm)	8 940
	总宽(mm)	2 470
	总高(mm)	3 040
	上料高度(mm)	1 500
	轴距(mm)	4 700
	总重(kg)	12 000
混凝土理论输送压力	低压(MPa)	7.5
	高压(MPa)	11.5
混凝土理论输送量	低压(m^2/h)	90
	高压(m^2/h)	53
理论泵送次数	高压(次/min)	13
	低压(次/min)	22
输送缸	内径(mm)	230
	行程(mm)	1 600
	料斗容积(m^3)	0.6
	系统油压(MPa)	32
	液压油箱容积(L)	600
	发动机额定功率(kW)	161
	底盘品牌	东风
	底盘型号	EQ1126kJI
	发动机型号	ISBE185 30
	发动机功率(kW)	136
	排放标准	国 III
	燃料箱容积(L)	290
	排量(L)	5.9
	最大速度(km/h)	85

HBT120A－1410D 三级配混凝土泵技术参数 表 1.7-60

项目	数值	项目	数值
技术参数	BT120A-1410D	输送缸直径×行程(mm)	ϕ280×1 400
整机质量(kg)	13 400	主油泵排量(cm^3)	190×2
外形尺寸(长×宽×高)(mm)	7 845×2 425×2 747	柴油机功率(kW)	161×2
理论混凝土输送量(m^3/h)	120	输送管径(mm)	260
理论混凝土输送压力(MPa)	10.5	料斗容积(m^3)	0.9
混凝土集料最大粒径(mm)	80	理论最大输送距离(m)(ϕ260mm 管或 ϕ205mm 管)	水平 100＋垂直 80～水平 250＋垂直 100
主油缸直径×行程(mm)	ϕ160×1 400	—	—

HG32C 混凝土布料杆参数表　表 1.7-61

项　目	数　值	项　目	数　值
最大布料半径(m)	32	输送管清洗方式	水洗/干洗
臂架回转角度(°)	365	总质量(kg)	27 000
工作环境温度(℃)	-10 ~ +45	臂架形式	四节卷折全液压
塔身高度(m)	30	输送管径(mm)	125
安装形式	楼面	末端软管长度(m)	3
爬升速度(m/min)	0.5 ~ 0.8	第一节臂长度(mm)	8 700
爬升形式	油缸顶升式	第一节臂转角(°)	92
电机型号	Y200L 4, B35, IP44	第二节臂长度(mm)	7 860
功率(kW)	30	第二节臂转角(°)	180
转速(r/min)	1 450	第三节臂长度(mm)	7 980
系统压力(MPa)	30	第三节臂转角(°)	180
流量(L/min)	47	第四节臂长度(mm)	8 080
油箱容积(L)	300	第四节臂转角(°)	240
控制方式	近控/有线/遥控	—	—

(4)混凝土振捣设备

电动软轴行星插入式振捣器的主要技术参数表　表 1.7-62

<table>
<tr><th colspan="2" rowspan="2">项　目</th><th colspan="9">型　号</th></tr>
<tr><th>ZN25</th><th>ZN30</th><th>ZN35</th><th>ZN42</th><th>ZN50</th><th>ZN60</th><th>ZN70</th><th>ZX35</th><th>ZX50</th></tr>
<tr><td rowspan="5">振动棒</td><td>直径(mm)</td><td>25</td><td>30</td><td>35</td><td>42</td><td>50</td><td>60</td><td>70</td><td>36</td><td>51</td></tr>
<tr><td>空载振动频率(Hz)≥</td><td>230</td><td>215</td><td>200</td><td colspan="4">183</td><td>13 500 (min⁻¹)</td><td>12 000 (min⁻¹)</td></tr>
<tr><td>空载最大振幅(mm)≥</td><td>0.5</td><td>0.6</td><td>0.8</td><td>0.9</td><td>1.0</td><td>1.1</td><td>1.2</td><td>0.8</td><td>1.15</td></tr>
<tr><td>生产率(m^3/h)</td><td>2.5</td><td>3.5</td><td>5.0</td><td>7.5</td><td>10.0</td><td>15.0</td><td>20.0</td><td>—</td><td>—</td></tr>
<tr><td>质量(kg)≤</td><td>1.5</td><td>2.5</td><td>3.0</td><td>4.2</td><td>5.0</td><td>6.5</td><td>8.0</td><td>3.0</td><td>6.0</td></tr>
<tr><td rowspan="3">软轴、软管</td><td>软轴直径(mm)</td><td colspan="2">8</td><td colspan="3">10</td><td colspan="2">13</td><td>10</td><td>13</td></tr>
<tr><td>软管直径(mm)</td><td colspan="2">24</td><td colspan="3">30</td><td colspan="2">36</td><td>30</td><td>36</td></tr>
<tr><td>长度(m)</td><td colspan="9">4 ~ 6</td></tr>
<tr><td rowspan="3">电动机</td><td rowspan="2">功率(kW)</td><td colspan="2" rowspan="2">0.37</td><td colspan="3">1.1</td><td colspan="2" rowspan="2">1.5</td><td rowspan="2">1.1</td><td rowspan="2">1.1</td></tr>
<tr><td colspan="3">0.75</td></tr>
<tr><td>电压(V)</td><td colspan="9">380</td></tr>
</table>

电动偏心插入式振捣器的主要技术参数表 表1.7-63

型号		ZP18	ZP25	ZP35	ZP50
振动棒	直径(mm)	18	18	34	48
	长度(mm)	250	250	240	215
	空载频率(min^{-1})	17 000	14 000	13 000	12 000
	负载频率(min^{-1})	—	11 000	10 000	9 000
	振幅(mm)	0.4	0.75	0.9	1.1
软轴软管	软轴直径(mm)	—	8	10	10
	软管直径(mm)	—	30	30	30
	长度(cm)	—	650	650	650
电动机	功率(kW)	0.2	0.5	0.5	0.5
	电压(V)	220	220	220	220
	转速(r/min)	11 000	15 000	15 000	15 000
总质量(kg)		2	6.5	7.8	8.5

HZ6型插入式振动器的主要技术参数表 表1.7-64

项目		型号				
		HZ6X-30（行星式）	HZ6X-35（行星式）	HZ6X-50（行星式）	HZ6X-60（行星式）	HZ6P-70A（行星式）
振捣棒	直径(mm)	33	35	50	62	71
	长度(mm)	413	468	500	470	400
	振动力(kN)	2.2	2.5	5.7	9.2	—
	频率(次/min)	19 000	15 800	14 000	14 000	6 200
	振幅(mm)	0.5	0.5	1.1	1.4	2~2.5
软轴	直径(mm)	10	10	13	13	13
	长度(mm)	4 000	4 000	4 000	4 000	4 000
软管	直径(mm)	—	外径30	外径40,内径20	40	36
电动机	功率(kW)	1.1	1.1	1.1	1.1	2.2
	转速(r/min)	2 850	2 850	2 850	2 840	2 850
	质量(kg)	26.4	25	33	35.2	45

电动直联插入式振动器主要技术参数表 表1.7-65

型 号		Z2D80	Z2D100	Z2D130
振动棒	直径(mm)	80	100	130
	工作部分长度(mm)	480	525	520
	振动频率(min^{-1})	11 500	8 500	8 500
	最大振动力(N)	6 468	12 740	19 600
	空载振幅(mm)	0.8	1.6	2
	轴承(个×型号)	2×46 306	2×46 307	2×46 308
电动机	额定功率(kW)	0.8	1.5	2.5
	电压/电流(V/A)	42/15.7	42/31	42/46.4
	接法/相数	Δ/3	Δ/3	Δ/3
	电源频率(Hz)	195±5	150	150
	转速(r/min)	11 500	8 500	8 500
	轴承(个×型号)	1×60 201	1×60 201	1×60 202
	绝缘等级	E	E	E
总机	外形尺寸(mm)	1 200×140×130	1 200×160×200	1 258×140×130
	质量(kg)	15	22	30
配用三芯电缆截面长度不超过50m(mm^2)		3芯6	3芯6	3芯10

混凝土振动台的主要技术参数表 表1.7-66

主 要 性 能		型 号		
		HZ9-1×2	HZ9-1.5×6A	HZ9-2.4×6.2
台面尺寸(mm)		1 000×2 000	1 500×6 000	2 400×6 200
最大载质量(kg)		1 000	3 000	5 000
振捣频率(Hz)		2 850~2 950	2 940	第一种1 470,第二种2 753
振幅(mm)		0.3~0.7	0.1~0.7	0.3~0.7
偏心动力矩(kg·cm)		13~33	50~140	160~240
激振力(kg)		1 460~3 070	1 800~3 500	15 000~23 000
配套电机	型号	JO2-42-2	JO2-72-2	JO2-83-4
	功率(kW)	7.5	30	55
	转速(r/min)	2 900	2 940	1 470
	电压(V)	380	380	380
	相数	3	3	3
外形尺寸(长×宽×高)(mm)		2 800×1 000×515	6 867×1 520×755	2 400×6 200×870
振捣部分质量(kg)		450	2 900	4 135
质量(t)		0.9	4.0	6.5

附着式(平板)振捣器的规格及主要技术参数表 表 1.7-67

型号 新	型号 旧	形式	振动力 (kN)	振动频率 (次/min)	振幅 (mm)	偏心力矩 (10N·cm)	配套电动机 型号	配套电动机 功率 (kW)	配套电动机 电压 (V)	配套电动机 电流 (A)	振动底板尺寸(mm)	地脚螺栓直径(mm)	地脚螺栓安装尺寸 (mm)	外形尺寸(不包括平板) (mm) (长×宽×高)	质量 (kg)
HZ2-4	B-05	附着式	3.7	2 800	—	4.2	—	0.5	380	—	500×400×50	12	160×170	365×210×218	23
HZ2-5	B-11	附着式	4.3	2 800	—	4.9	JO2-12-2	1.1	380	—	600×400×50	12	180×170	425×210×220	27
HZ2-5A	B-11	附着式	4.8	2 860	2	5.2	—	1.5	380	—	700×500×50	12	170×170	410×210×240	28
HZ2-7	B-11	附着式	5.7	2 800	1.5	6.5	JO2-12-3	1.5	380	3.18	700×500×50	16	180×200	420×280×260	38
HZ2-10	—	附着式	9.0	2 800	2	10	—	1.0	380	2.5	—	—	250×280	410×325×246	57
HZ2-11	HZ2-15	附着式	10.0	2 850	2	10.9	—	1.5	380	—	—	—	230×280	390×325×246	57
—	PZ-05	附着式	5.0	2 850	—	—	—	0.5	—	—	600×400	—	—	330×200×210	34
HZ2-20	B-22	附着式	18.0	2 850	—	20	—	2.2	380	—	1 000×700×50	12	180×160	450×270×290	65
—	FZ-120	附着式	2.0	1 200	—	—	—	0.12	—	—	—	—	—	200×160×145	8
—	B-11A	附着式	4.3	2 800	—	—	JO2	1.1	380		600×400×50	M12×200	170×176	395×212×228	27
—	W-21	附着式	—	2 850	—	—	—	0.75	380	—	—	—	—	—	36
PZ-50		平板式	4.7	2 800	2.8	—	—	0.5	—	—	600×400	—	—	600×400×280	36
N-7		平板式	3.4	2 850	—	—	—	0.4	—	—	900×400	—	—	950×950×270	44

注:1. 附着式振捣器可安装在木质或铁质的底板上,作为可移动平板式振捣器。

2. PZ-50 平板振动器作用深度 250mm 以上。

常用振捣器的注意事项 表1.7-68

项目名称		使用方法及注意事项
准备阶段	启动前	1. 电动机接线是否正确,外接是否完好,工作中亦应随时检查。 2. 电线外皮有无破损或漏电现象。 3. 振动棒连接是否完好,传动部分两端以及电机壳上的螺栓是否拧紧,软轴接头是否接好
	正式运转	1. 电动机的运转方向为顺时针方向(从风罩端看),并于机壳上的红色箭头所示方向一致。 2. 当软轴传动与电机结合紧固后,电动机启动时如发现软轴不转动或转动速度不稳定,防逆装置中发出"嗒嗒"响的声音,则说明电动机旋转方向反了,应立即切断电源,将三相进线中的任意两线交换位置。 3. 电动机运转正确时振动棒应发出"呜呜"的叫声,振动稳定而有力,如果振动棒有"哗哗"声而不振动,可将棒头摇晃一下或将振动棒的尖头对地面轻轻磕1~2下,待振动棒发出"呜呜"的叫声,振动正常以后方能插入混凝土中振捣
工作阶段	振动混凝土过程	1. 振捣时振动棒自然地向下沉入混凝土中,不要用力硬插或斜推。 2. 以两手相距400~500mm,握住橡胶软管,保持传动软轴有较大的弧度,使其弯曲半径不小于50mm,不可使软轴折成弯死,急剧的弯折会使软轴受到损坏。 3. 不能将振动棒放在模板或钢筋上,使模板与钢筋受到强烈振动而产生走动、位移或变形,致使混凝土产生裂缝或蜂窝,更不准碰撞结构的主钢筋或硬物。 4. 插入深度不能过深,一般为350~400mm。不能将软轴插入混凝土中,以防砂浆侵蚀软管以及水漏进软管中而损坏机件。 5. 在每一插点上,应将振动棒上下抽动6~10cm,使该层振动半径内的混凝土振动均匀。振动上层时,可插入已振层5cm左右,每次振完后要慢慢地拔出来
	振动时间	1. 每一插点的振动时间要适当,一般被振动的混凝土无显著沉落、不再出现气泡,表面已变平坦,并有水泥浆出现时,就表示混凝土已得到充分振捣。混凝土坍落度越小,振动时间越长。在中等坍落度情况下,对于塑性混凝土每插一点约振20~30s即可。 2. 振动时间过长,易引起振动棒发热,因此不可在空气中长时间运转。若发现振动器或振动棒温度过高,应停歇、降温后再用。一般是每操作30min,应歇几分钟再用。 3. 在移动插点距离较远时,不可手握振动器拖拉软轴及振动棒行走,应该把软轴搭在肩上,一手握振动器,另一手拿振动棒行走
维护阶段	振动棒	1. 振动棒每次使用100~150h后,应拆洗棒内所有零件。拆卸时,先将端头顶盖连接头(均为左螺纹)拧下,再拆卸软管,软轴接头(有螺纹),然后将振动子连同轴承、油封座等一并从套管一端顶出(行星振动棒的轨道是静配合,一般不宜取出);逐件进行清洗。 2. 重新组装时,除轴承外所有零件必须清除油污。油封以下部分应保证无油,否则影响棒头振动(行星式振动器的轨道和振动子表面都不能有油脂)。 3. 重新安装的振动棒,两端螺纹连接处必须旋紧,以防止灰浆渗入棒内,而造成振动棒不动,或在振动中使棒头顶盖落入混凝土中。 4. 故障排除。在工作中棒头不动或振动无力,一般是因为棒内有渗水或漏油现象,这时,可将振动棒拆开,清洗干净,并用棉纱擦拭;若是油封漏油,则更换油封;如管内存油太多则须刮去;软管在使用中不仅会有磨损,还会有塑形伸长现象,这会导致软轴连接脱节,使振动棒不振,此时应将软管伸长部分割掉,重新安装
	软轴软管	1. 钢丝软轴,每使用100h后,应从软管中取出进行清理,然后用涂有二硫化铝或黏度小的机油抹布进行涂抹,再装入软管内,不可用木杆挑黄油乱抹,以免因油脂黏结而导致振动棒不振。 2. 未使用的软轴、软管备件,应直线平放,不可弯折乱放。 3. 如发现钢丝软轴有弯折、断丝、断股时应换新轴。也可将损坏处锯去,除去原接头重新用锡焊上

续上表

项目名称		使用方法及注意事项
维护阶段	清理及维修	1. 清理各个部分的表面。软轴与振动棒连接处及各连接件,不应有水泥浆黏结,影响拆卸和使用,清理后应放于干燥处保管。 2. 定期维修每年最少应进行一次,维修时,要拆开电机清理内部,更换轴承润滑油脂。在电动机运行300~600h后,要清洗轴承,并更换润滑脂。所用润滑脂为高熔点纳基脂

(5)其他设备

水泥混凝土路面抹光机性能参数表 表1.7-69

名称 \ 型号		HM-66	69-1
抹刀数(个)		3	4
抹刀回转直径(mm)		980	—
抹刀回转速度(r/min)		50~100	140
抹刀调整角度(°)		0~15	10
生产率		320~450(m^2/台班)	100~300(m^2/h)
发动机	种类	汽油机	电动机
	型号	HDO-301	$JO_2$11-4
	功率(kW)	2.2	0.55
	转速(r/min)	3 000	1 400
质量(kg)		80	46

水泥混凝土路面切缝机性能参数表 表1.7-70

名称		QFJ-2	HQL-12	HQL-18
切缝宽度(mm)		5或8	—	—
切缝深度(mm)		70	—	—
切缝速度(mm/min)		250~1 000	—	—
刀片直径(mm)		400	350	400
刀片宽度(mm)		4.2或7.2	3.2~4	
刀片圆周速度(m/s) 或切割速度(m/min)		40m/s	1~1.6(m/min)	
轮胎规格尺寸(mm)		350×100	—	
切割电动机	型号	JO_3-140M-4L	Y132S-2	Y132-2
	功率(kW)	11	5.5	7.5
	转速(r/min)	1 460	2 900	
行走电动机	型号	Z_2-22	—	—
	功率(kW)	0.8	—	—
	转速(r/min)	1 500	—	—
外形尺寸(长×宽×高)(mm)		1 600×840×1 020	1 360×670×1 100	
质量(kg)		600	180	190

水车主要技术性能参数表　表1.7-71

洒水车型号			LS10-5	BP-60	BP-100K	CA141	LS10-5
底盘型号			EQ140	EQ140J	EQ140K	CA141	CA15S
外形尺寸(长×宽×高)(mm)			6 924×2 410×2 415	7 000×2 410×2 325	10 600×2 480×2 300	7 505×2 476×2 395	6 717×2 400×2 410
自重/总重(kg)			4 560/9 755	500/10 800	/18 500	5 100/9 980	4 330/9 280
最小转弯半径(m)			—	—	8.6	—	—
最大爬坡度(%)			—	—	19	—	—
水泵	型号		3ZX-8 自吸离心泵	BS30 双级离心泵	BS30 双级离心泵	BS30 双级离心泵	3ZX-8 自吸离心泵
	流量(L/min)		1 000	—	—	—	—
	转速(r/min)		2 450	—	—	—	—
	轴功率(kW)		12	—	—	—	—
使用性能	最大吸水高度(m)		7.5	8.5	8.5	7	7.5
	最大喷水高度(m)		35	25	40	25	30
	冲刷压力(MPa)		0.3	—	—	—	—
	前喷最大宽度	前喷(m)	—	11	14	—	—
		双喷(m)	8~12	21	24	18	8~12
	后洒最大宽度(m)		8~12	14	18	14	8~12
	水罐容量(L)		5 200	5 800	10 850	4 880	4 800
生产厂			交通运输部第一公路工程局机械厂	北京市政工程机械公司	北京市政工程机械公司	北京市政工程机械公司	交通运输部第一公路工程局机械厂

HK系列水泥混凝土路面刻纹机主要参数表　表1.7-72

型　号	A、C型	B型
刻纹深度(mm)	3~8	
刻纹宽度(mm)	3.5~5	
切缝深度(mm)	C型:120	—
切排宽度(mm)	390	
行走速度(m/min)	0.9~1.5	1.8~2.4
总功率(kW)	8.5	12
整机质量(kg)	200	250
外形尺寸(mm)(长×宽×高)	1 480×752×850	

1.7.3 钢筋加工机械

(1)钢筋冷拉与冷拔机械

钢筋冷拉机与冷拔机的分类、组成及工作要点　　表 1.7-73

<table>
<tr><th>名　称</th><th>特点及适用</th><th>工作要点</th></tr>
<tr><td>冷拉机</td><td>阻力轮式冷拉机适用于 ϕ6～8mm 的圆盘条冷拉,钢筋拉伸率为 6%～8%,可与调直机配套使用。
丝杠冷拉机设置简单,与油压千斤顶配合可以用作测力器。由于丝杠不能过长,冷拉行程受到限制。
液压冷拉机结构紧凑、工作平稳、噪声小,自动化程度很高,而且能正确测定拉伸率和冷拉控制应力。行程短,使用范围受限制。
卷扬机式冷拉机结构简单、制造维护容易,行程不受限制,便于实现单控或双控的不同要求。适用于各种长度和直径的钢筋,应用广泛</td><td rowspan="3">1. 钢筋需冷拉的吨位值应与冷拉设备能力相符,不允许超载冷拉,特别是用粗钢筋,旧设备时更须注意。
2. 冷拉工艺的各项设备和机具在每班使用前、后都必须进行检查,如卷扬机、地锚、钢丝绳的各连接点,滑轮组、拉杆以及信号装置须结合牢固,灵活可靠,并在润滑部位适当加注润滑脂或机油,不应有任何失灵或不安全的因素存在。
3. 冷拉直线两端必须有防护设施,除设置拉力槽外,还要防止钢筋被拉断或滑离夹具而飞出伤人。
4. 禁止站在冷拉线两端或跨越以及触动正在进行冷拉的钢筋。
5. 工作中必须统一指挥,操作人员要思想集中,相互配合;作业完毕,要先切断电源,再对机具进行清洁维护。
6. 钢筋冷拉前应对测力器和各项冷拉数据进行校验和复核,冷拉值(单调时仅为伸长值)计算后应经技术人员审核,以确保冷拉钢筋的质量,并随时做好记录。
7. 钢筋冷拉时,如遇焊接接头被拉断,可重新焊接后再拉,但一般不得超过两次。
8. 在 0℃以下进行Ⅱ、Ⅲ、Ⅳ级钢筋冷拉时,其温度不得低于 -30℃。
9. 在 0℃以下用双控而温度不低于 -20℃时,其冷拉控制力应比常温时提高 30.0～50.0MPa</td></tr>
<tr><td>冷拉测力器</td><td>千斤顶测力器计算依据为冷拉力 = 压力表读数 × 活塞底面积。
弹簧测力器装置将弹簧压缩量换算成冷拉力,并用测力表盘来放大测力的数值。当楔形撞铁触动限位仪后,可自动控制卷扬机停车。
杠杆测力装置拉到位后,卷扬机可自动断电停车</td></tr>
<tr><td>冷拉夹具</td><td>楔块式夹具采用优质碳素工具钢制作,加工后进行热处理,淬火后硬度 HRC = 50～55。夹力紧、方便,适合Ⅰ～Ⅳ级钢筋冷拉,使用广。
月牙形夹具用 45 号钢制作,经热处理后的硬度 HRC = 40～45。夹点在夹片的中下部位。使用方便,适合Ⅰ～Ⅲ级粗、细钢筋。
偏心块夹具用 45 号钢制作,经热处理后的硬度 HRC = 35～40。轻巧灵活,适用于Ⅰ级钢筋。
槽式夹具适用于两端有螺杆或镦粗头的冷拉钢筋。属一种连接器圆锥形齿板夹具用优质钢制作,并经锻造和热处理,淬火后的硬度为 HRC = 50～55,有一定的韧性、硬度高、耐磨</td></tr>
<tr><td>冷拔机</td><td>蜗轮传动立式单筒拔丝机,开动电动机即可拔丝。卷筒转速约为 30r/min,拔丝速度为 75m/min。
圆锥齿轮传动立式拔丝机,圆锥齿轮的开合可用手动和脚踏离合器控制。冷拔速度 0.2～0.3m/s,卧式双卷筒拔丝机卷筒转速为 20r/min</td><td>1. 在作业前,应使电动机及电器设备可靠接地,动力线应从地下通过或离开地面 5m 以上。
2. 拔丝机应两人配合操作,启动前应对机械作详细检查,特别是要检查脚踏开关与离合器是否灵活可靠,以防止失灵(脱不开)或踏空而造成人身伤亡事故。
3. 机器在运转时,不得进行修理,不可将手伸到卷筒中去做清理工作。应戴好防护镜,以防止铁屑进入眼内,并做到袖口扎紧,长衣束身</td></tr>
</table>

续上表

名　称	特点及适用	工作要点
拔丝模	为避免断丝,冷拔速度控制在0.2～0.3m/s。冷拔最后一道的模孔径最好选用成品钢筋,直径小于0.1mm	1.拔丝温度有时高达100～200℃,因此应带好长袖皮手套,防止烫伤。但戴着手套也必须在停机后才可接近机器,以防卷入。 2.拔丝模装有冷却装置时(如通过流水等),应事先通过检验。停机后应把水阀关好。冬季要放掉冷却水。 3.冷拔模架中要加足润滑剂(石灰、肥皂、水混合调和后晒干的粉末),工作中随用随加。钢筋通过拔丝模以前,应抹少量润滑脂润滑

注:1.冷拉单控指只控制冷拉率,双控指控制冷拉率的同时还要控制冷拉应力。

2.冷拔横孔直径选用一般比要通过的钢筋小0.5～1.0mm。

3.冷拔后,钢丝深度可提高40%～90%。

4.冷拔速度一般为0.2～0.3m/s,拔丝筒直径一般为0.5m左右。

5.冷拔后的钢筋长度计算公式:

$$l=(d_0^2/d^2)l_0$$

式中:d_0、d——冷拔前、后的钢筋直径(mm);

l_0、l——冷拔前、后的钢筋长度(m)。

6.冷拔总压缩率β计算公式:

$$\beta=[(d_0^2-d^2)/d_0^2]\times100\%$$

β越大,钢筋抗拉强度越高,塑形越差。冷拔时必须控制总压缩率。

钢筋冷拉的主要设备及用途表　　表1.7-74

序　号	设备名称	规　　格	用　　途
1	卷扬机或小平车	拉力小于10kN的双筒式无极绳卷扬机	用于6～12mm盘条开盘
2	卷扬机	电动,30～50kN,转速6～8r/min	用于钢筋冷拉
3	冷拉滑轮组	4～8门,300～500kN	与卷扬机配套增加拉力
4	回程滑轮组	3～4门	—
5	钢丝绳	6×37,冷拉用15.5～19.5mm回程用11～13mm	用于与夹具连接
6	液压千斤顶	500～100kN行程20cm带压力表	用于冷拉
7	弹簧测力计	用火车振动弹簧改制,带弹簧压缩指针表或测力表盘	用于测量张拉力
8	电子称	称量50～100kg,装有传感器和示力仪	用于称量
9	回程荷重架	长度大于冷拉滑轮组回程	—
10	传力架	4根杠杆与两端钢横梁焊成	—
11	延伸标尺	附装限位器	测伸长量
12	台座	压柱式,可利用工程构件或设计成装配式,每段5～6mm	—
13	地锚	用20号工字钢或钢混凝土制成	用于锚固

续上表

序号	设备名称		规格	用途
14	夹具	楔形夹具	—	主要用于冷拉细钢筋
		钳式夹具	—	
		偏心夹具	—	
		孔形钢板夹具	—	主要用于冷拉盘条
		压销式夹具	—	用于冷拉粗钢筋
		销片式夹具	—	

注:盘条冷拉场地长度一般为50m,12mm以上钢筋冷拉场地为30m,最好是下料长度的倍数。

液压钢筋冷拉机主要技术性能表 表1.7-75

项目	单位	性能参数	项目		单位	性能参数
冷拉钢筋直径	mm	12~18	高压油泵	型号	—	ZBD40
冷拉钢筋长度	mm	9 000		压力	MPa	210
最大拉力	kN	320		流量	mL/r	40
液压缸直径	mm	220		电动机型号	—	Y型6级
液压缸行程	mm	600		电动机功率	kW	7.5
液压缸截面积	cm^2	380		电动机转速	r/min	960
冷拉速度	m/s	0.04~0.05	低压油泵	型号	—	CB-B50
回程速度	m/s	0.05		压力	MPa	2.5
工作压力	MPa	32		流量	L/min	50
台班产量	根/台班	700~720		电动机型号	—	Y型4级
油箱容量	L	400		电动机功率	kW	2.2
总质量	kg	1 250		电动机转速	r/min	1 430

钢筋冷拔需用主要设备参数表 表1.7-76

序号	名称	规格	用途
1	拔丝机	卷筒直径450~750mm,转速30~120r/min,电机功率14~10kW	拔钢丝
2	轧头机	轧辊直径100~120mm,表面硬度HRC为59~62,转速35~45r/min,电动机功率1.5~2.2kW	轧钢筋端头
3	对焊机	UN1-25型(LP-25)	按长盘条钢筋
4	拔丝模	钨钢制、工作区圆锥角度为14°~16°,模孔直径为8mm以下各种规格	拔细钢盘用
5	除锈装置	2~6个槽轮,钢筋在槽轮上的抱角大于或等于135°	消除钢筋表面铁锈
6	旋转架	钢筋或刚管制,直径约为500mm	放置盘条钢筋
7	夹具与链条	—	将钢丝固定在卷筒上

注:钢筋拔丝机为钢筋冷拔所需用的主导机械,按其性能及作用可分为单次式、直线式和滑轮式。

常用拔丝机主要技术性能及适用性 表1.7-77

型　号	1/750 单次式	4/650 直线式	4/550 滑轮式	D5C 滑轮式
卷筒个数及直径（个/mm）	1/750	4/650	4/550	D5C
进料钢材直径（mm）	9	7.1	6.5	5.2
成品钢丝直径（mm）	4	3～5	3	3.4
成品卷筒转速（r/min）	30	40～80	60～120	35～82
成品卷筒线速度（m/min）	75	80～160	104～207	64.5～144
卷筒转动用电动机功率（kW）	40	40	40	14
外形尺寸（长×宽×高）（mm）	9 550×3 000×3 700	15 440×4 150×3 700	14 490×3 290×3 700	40 000×1 700×2 720
质量（kg）	6 030	20 125	12 085	—
适用性	适用于含碳量≤0.85%的碳素钢丝的拉拔	适用于碳素钢丝、弹簧钢丝、高碳钢丝、低碳钢丝的拉拔	适用于高碳钢丝、中碳钢丝、低碳钢丝的拉拔	适用于低碳钢丝的拉拔

(2)钢筋调直机

常用钢筋调直机的组成、主要技术性能及使用、维护要点 表1.7-78

性能参数		型　号		
		GT4/8	GT4/14	数控钢筋调直机
调直钢筋直径（mm）		4～8	4～14	4～8
自动切断长度（m）		0.3～0.6	0.3～0.7	<10
调直速度（m/min）		40	30～54	30
调直筒转数（r/min）		2 800	1 800	—
调直用电动机	型号	JO2-42-4	JO2-41-2	JO2-31-4
	功率（kW）	5.5	4	2.2
	转数（r/min）	1 440	1 440	1 430
曳引轮直径（mm）	90	110	—	—
曳引轮转数（r/min）	142	—	—	—
剪切刀数目（对）	—	3	—	—
切断用电机	型号	—	JO2-52-8	JO2-31-4
	功率（kW）	—	5.5	2.2
	转数（r/min）	—	710	1 430
最大切断数量（根/h）		—	—	4 000
根数控制范围（根）		—	—	9 999
光电脉冲频率		—	—	500
计数器接收频率		—	—	<1 000
三相制动电磁铁型号		—	—	MZS1A-80H
切断长度误差（mm）		<3	3	<2

续上表

性能参数		型号		
		GT4/8	GT4/14	数控钢筋调直机
外形尺寸	长(mm)	7 250	8 860	—
	宽(mm)	550	1 010	—
	高(mm)	1 220(1 150)	1 365	—
总质量(kg)		—	1 000(700)	1 420
使用要点		1. 调直模的内径,应比所调直钢筋的内径大 2 ~ 4mm,调直模的大口应面向钢筋进入的方向。 2. 在调直过程中,不应任意调整传送压辊的水平装置,如调整不当,阻力增大,会造成机内断筋,损坏设备。 3. 盘条放在放盘架上要平稳。放盘架与调直机之间应架设环形导向装置,避免断筋、乱筋时出现意外。 4. 已调直的钢筋,应按类别、直径、长短、根数分别堆放,备作辅筋		
维护要点		1. 工作前必须检查主要部件的连接螺栓是否紧固,转动部位要加好润滑脂,机械上不能放置其他物件和工具。每班要做好维护工作。使用 700h 后要做一次一级维护。 2. 工作前要空转试车,待运转正常后,再开始工作。 3. 对调直筒要定期检查,消除两侧平面内聚积的氧化皮、铁锈等。 4. 运转中如发现传动部分有不正常的情况和声音,应立即停机检修,不应勉强使用。 5. 工作中应该经常注意轴承的温度,如温度达到 60℃以上时,要及时停车查明原因。 6. 工作时必须根据钢筋直径选用适当的压滚。 7. 进行调直工作时,不许无关人员站在机器附近,特别是料盘上钢筋快调完时,严防钢筋端头击中人		

(3)钢筋切断机

机械式钢筋切断机的组成、分类、主要技术参数及注意事项表 表 1.7-79

型号		GQ-40(卧式)	GQ-32(卧式)	GQ40L(立式)
切断钢筋直径(mm)		6 ~ 40	32	40
切断最大角钢(mm)		28	L50 × 50 × 6	38
切断最大扁钢(mm)		—	80 × 10	—
切断最大方钢(mm)		—	40	—
每分钟切断次数(次)		—	—	—
电动机	型号	Y132S-4	JO2-32-2	Y100L2-4-B2
	功率(kW)	5.5	3	3
	转速(r/min)	1 440	2 860	1 420
外形尺寸	长(mm)	1 620	1 650	685
	宽(mm)	580	520	575
	高(mm)	760	750	984
总质量(kg)		670	538	650

续上表

型　号	GQ-40(卧式)	GQ-32(卧式)	GQ40L(立式)
注意事项(包括液压式)	1. 作业前的准备 (1)将钢筋切断机的切断刀片安装正确、牢固,各部位润滑油加足,待试车正常后方可进行切断作业。 (2)固定刀片与活动刀片间,应有0.5~1mm的水平间隙,间隙过大切断的钢筋端容易产生马蹄形。对好刀片后,方可启动电动机。 (3)两个刀片的重叠量按所需切断钢筋的直径确定。一般切断直径小于20mm的钢筋时,刀片的垂直间隙为1~2mm;切断直径大于或等于20mm时,间隙为5mm左右。 (4)间隙调整通过增减固定刀片后面的垫块来实现。 2. 作业过程中 (1)切断钢筋时,操作人员要用两手将钢筋握紧,并在活动刀片退回时,再送入钢筋,以防钢筋末端摆动或钢筋蹦出伤人,钢筋要放平与刀口垂直。 (2)切断长度为30cm以下的短料时,要用钳子夹料,不得用手直接送料,以防事故。 (3)禁止切断超过规定直径和机械性能规定范围(指中碳钢以上强度)的钢材或烧红的钢筋。 (4)切断机运输过程中,注意以下要点:①操作人员不得擅自离开工作岗位;②严禁直接用手去清扫正在工作的刀片上的积屑、油污;③当有运转不正常的响声或两个刀片密合不好等情况时,应停车予以清扫、检查和修理		

GQ40(GJ50-40)**型每次切断根数**　　表1.7-80

钢筋直径(mm)	6	8	10	12	14~16	18~20	22~40
每次切断根数	15	10	7	5	3	2	1

常用液压钢筋切断机的组成、主要技术性能及要点　　表1.7-81

形　式		电　动	手　动	手　持	
型号		DYJ-32	SYJ-16	GQ-12	GQ-20
切断钢筋直径(mm)		8~32	16	6~12	6~20
工作总压力(kN)		320	80	100	150
活塞直径(mm)		95	36	—	—
最大行程(mm)		28	30	—	—
液压泵柱塞直径(mm)		12	8	—	—
单位工作压力(MPa)		45.5	79	34	34
液压泵输油率(L/min)		4.5	438	—	—
压杆长度(mm)		—	220	—	—
压杆作用力(N)		—	35	—	—
储油率(kg)		—	—	—	—
电动机	型号	Y型	—	单相串激	单相串激
	功率(kW)	3	—	0.567	0.75
	转速(r/min)	1 440	—	—	—

续上表

形式		电动	手动	手持	
外形尺寸	长(mm)	8 899	680	367	420
	宽(mm)	396	—	110	218
	高(mm)	398	—	185	130
总质量(kg)		145	6.5	7.5	14
电动液压机使用要点		1. 首先检查油位及电动机旋转方向是否正确,确认正确后松开放油阀,空运转 2min,使缸体内的气体排掉,方可进行工作。 2. 切断机每切断一次,必须用手扳动钢筋给主刀片(活动刀片)以回程压力,才能继续工作。 3. 更换活塞油箱的液压油时,应将污油全部倒出,将油箱清洗干净,然后注入新液压油。所用的液压油要按规定选用,温度在 -5 ~ 45℃时用 HJ - 10 机械油,在 -35 ~ 45℃时,用合成锭子油			

(4)钢筋弯曲机

GW 型钢筋弯曲机的组成及主要技术参数表 表 1.7-82

型号		GW32	GW40C	GW40B	GW40(GC40)	GW40A
弯曲钢筋直径(mm)		6 ~ 32	40	40	6 ~ 40	40
工作盘直径(mm)		220	390	390	400	350
工作盘转速(r/min)		4.6	10	9 ~ 18	3.5、5.3、8、9、14	3.7、7.2、14
配套电机	型号	Y112M-5	$Y100L_1$-4	YDEJ80L-4/2	$Y100L_2$-4	$Y100L_2$-4
	功率(kW)	2.2	2.2	1.6/2.2	3	3
	转速(r/min)	1 000	1 420	1 300/2 600	1 440	1 440
整机质量(kg)		200	400	440	450	435
外形尺寸(长×宽×高)(mm)		650 × 730 × 760	980 × 500 × 600	980 × 500 × 600	897 × 860 × 758	850 × 750 × 700

(5)钢筋镦头机

电动钢筋镦头机主要技术参数表 表 1.7-83

项目	单位	性能参数	项目		单位	性能参数
型号	—	GLD5	生产率		头/min	16 ~ 18
可镦钢筋直径	mm	4 ~ 5				
工作转数	r/min	60	电动机型号		—	J02-41-6
加压凸轮高度	mm	45	功率		kW	3
顶镦凸轮高度	mm	12	转数		r/min	960
加压竖杆行程	mm	0 ~ 9(可调)	外形尺寸	长	mm	1 110
顶镦推杆行程	mm	0 ~ 12(可调)		宽	mm	1 000
夹紧力	kN	30		高	mm	900
顶镦力	kN	20	质量		kg	500

液压钢筋镦头机主要技术参数表　　表 1.7-84

项　目	单　位	技术参数		
型号	—	YLD45	LD10	LD13
可镦钢筋直径	mm	12	5	7
最大镦头力	kN	450	90	130
最大切断力	kN	—	176	226
最大夹紧力	kN	320	—	—
预夹紧力	kN	—	25	
镦头活塞行程	mm	25	8	8
夹紧活塞行程	mm	32	12	—
切断动刀片行程	mm	—	20	—
最大切断力	kN	—	170	—
生产率	头/min	4～5	4～6	4～6
额定油压	MPa	40	40	40
外形尺寸(直径×长)	mm	150×347	98×279(镦) 98×326(切)	115×280
质量	kg	36	11	16

(6)点焊机与对焊机

常用点焊机主要技术参数表　　表 1.7-85

形　式	短臂式		长臂式	
型号	DN-25	DN1-75	DN3-75	DN3-100
传动方式	杠杆弹簧式	电动凸轮式	气压传动式	气压传动式
额定容量(kV·A)	25	75	75	100
额定电压(V)	220/380	220/380	380	380
额定暂载率(%)	20	20	20	20
初级额定电流(A)	114/66	341/197	198	263
焊件厚度(mm)	3+3～4+4	2.5+2.5	2.0+2.0	2.5+2.5
点焊数(点/h)	600	3 000	3 600	3 600
次级电压(V)	1.76～3.52	3.52～7.04	3.33～6.66	3.65～7.3
次级电压调节级数	8	8	8	8
电级臂伸长距离(mm)	250	350	800	800
工作行程(mm)	20	20	20	20
电极间最大压力(N)	1 550	3 500	4 000	5 500

续上表

形式		短臂式		长臂式	
电极间距离(mm)		125	160	—	—
下电极垂直调节(mm)		—	—	150	150
压缩空气工作压力(MPa)		—	—	0.55	0.55
压缩空气消耗量(m^3/h)		—	—	15	15
冷却水消耗量(L/h)		120	300	400	700
总质量(kg)		240	455	800	850
外形尺寸(mm)	长	1 015	1 030	1 610	1 610
	宽	510	640	700	700
	高	1 090	1 300	1 500	1 500

常用对焊机主要技术参数表 表1.7-86

型号			UN1-25	UN1-75	UN1-100
传动方式			杠杆加压式	杠杆加压式	杠杆加压式
额定容量(kV·A)			25	75	100
初级电压(V)			220/380	220/380	380
暂载率(%)			20	20	20
次级电压调节范围(V)			1.75~3.52	3.52~7.04	4.5~7.6
次级电压调节级数			8	8	8
钳口夹紧力(kN)			—	—	35~40
最大顶锻力	弹簧加压(mm)		1.50	30.00	40.00
	杠杆加压(mm)		10.00		
钳口最大距离(mm)			50	80	80
最大送料行程	弹簧加压(mm)		15	30	40~50
	杠杆加压(mm)		20		
焊件最大截面	低碳钢	弹簧加压(mm^2)	120	600	1 000
		杠杆加压(mm^2)	300		
	铜(mm^2)		150	—	—
	黄铜(mm^2)		200		
	铝(mm^2)		200		
焊接生产率(次/h)			110	75	20~30
冷却水消耗量(dm^3/h)			120	200	200

续上表

型　　号		UN1-25	UN1-75	UN1-100
总质量(kg)		275	445	465
外形尺寸	长(mm)	1 335	1 520	1 580
	宽(mm)	480	550	550
	高(mm)	1 300	1 080	1 150

UN 系列对焊机技术参数表　　表 1.7-87

型　号	UN-10	UN-25	UN-75	UN-100	UN-125	UN-150
额定容量(kV·A)	10	25	75	100	125	150
初级电压(V)	220/380	380	380	380	380	380
额定级数	8	8	8	8	8	8
最大焊接直径(mm)	12	18	22	28	32	38
暂载率(%)	15	20	20	20	20	20
最大拉力($\times 10^7$Pa)	50	50	50	50	50	50
质量(kg)	120	280	440	460	500	550

1.7.4 预应力设备

(1)张拉用千斤顶

预应力拉杆式千斤顶主要技术参数表　　表 1.7-88

型　号	额定油压(MPa)	张拉力(kN)	张拉行程(mm)	外形尺寸(mm)	质量(kg)	配套油泵车型号
YG-70	40	72	100	509×270×339	85	ZB3-630
YL-2.5	32	25	60	ϕ70×312	4	
YL20A	25	200	150	ϕ155×635	78.5	
YL60	40	600	250	ϕ195×845	93	
YL60A	40	600	200	ϕ198×485	90	
YL80	40	800	250	ϕ218×930	174.6	
YL120	37.5	1 200	250	ϕ295×667	170	
YL400	40	4 000	250	ϕ510×1 165	1 200	
YL500	45	5 000	320	ϕ436×1 810	1 500	

注:适用于张拉粗钢筋预应力。

穿心式千斤顶参数表

表 1.7-89

千斤顶型号	YCW100B	YCW150B	YCW200B	YCW250B	YCW400B	YCW500B	YCW650B	YCW250Q 前卡式
公称张拉力(kN)	1 015	1 510	1 976	2 478	3 946	4 924	6 500	250
公称油压(MPa)	50	50	52	54	52	50	50	50
穿心孔径(mm)	ϕ82	ϕ103	ϕ120	ϕ140	ϕ175	ϕ196	ϕ215	ϕ18
张拉行程(mm)	200	200	200	200	200	200	200	200
主机质量(kg)	79	106	135	160	193	375	617	18.2
主机外形尺寸(长×外径)(mm)	370×ϕ240	360×ϕ280	380×ϕ310	370×ϕ350	390×ϕ380	445×ϕ490	575×ϕ465	580×ϕ108
回程油压(MPa)	<25	<25	<25	<25	<25	<25	<25	<25
钢绞线预留长度(mm)	900	900	950	950	950	950	950	250

YC 型系列穿心千斤顶主要技术参数表 表 1.7-90

项目	单位	YC10 型	YC18 型	YC20 型	YC25 型	YC40 型	YC60 型	YC60A 型	YC75 型	YC120A 型	YC200 型	YC300 型	YCD120 型	YCD200 型
额定油压	MPa	50	52	40	62	62	40	40	46	50	50	50	50	50
张拉活塞面积	m^2	2.099×10^{-3}	3.456×10^{-3}		4.418×10^{-3}	6.597×10^{-3}	1.625×10^{-2}	1.625×10^{-2}	1.636×10^{-2}	2.5×10^{-2}	4.188×10^{-2}	6.275×10^{-2}		
公称张拉力	kN	100	180	204	250	400	600	600	750	1 200	2 000	3 000	1 200	2 000
回程活塞面积	m^2	1.154×10^{-3}	1.59×10^{-3}		1.828×10^{-3}	4.536×10^{-3}	1.24×10^{-3}	1.24×10^{-3}	1.007×10^{-2}	1.6×10^{-2}	2.374×10^{-2}	3.134×10^{-2}		
张拉行程	mm	100	100 150 250	200	150	200	150	200 250 500	500 1 000	300	400	300 400 500	180	180
穿心孔径	mm	19	25	31	30	30	55	55	60	64 ~ 70	104	122	128	160
质量	kg	11	25 28 33	19	21	30	83 116	116 128 288	263 350	194	550	771 823 915	190	270
外形尺寸	mm	$\phi95\times290$	$\phi105\times528$ $\phi105\times628$ $\phi105\times828$	$\phi116\times618$	$\phi120\times340$	$\phi130\times397$	$\phi195\times435$ $\phi195\times760$	$\phi195\times858$ $\phi195\times908$ $\phi210\times1\,555$	$\phi215\times853$ $\phi215\times1\,353$	$\phi250\times910$	$\phi320\times1\,520$	$\phi390\times1\,570$ $\phi390\times1\,570$ $\phi390\times1\,670$	$\phi315\times571$	$\phi378\times571$

注:1. YC 系列穿心千斤顶配置不同的附件可组成几种不同的张拉形式。

2. YCD 表示单作用千斤顶。

锥锚式液压千斤顶主要技术参数表

表 1.7-91

项　目		单　位	YZ-85	YZ85-250	YZ150-300	YZ85-300	60t 双作用	YZ85-400	TD-60	YZ85-500	85t 三作用	YZ85-600
额定油压		MPa	50	46	46	46	50	46	28	46	51.5	46
张拉活塞面积		m^2	—	1.887×10^{-2}	—	1.887×10^{-2}	—	1.887×10^{-2}	—	1.887×10^{-2}	—	1.887×10^{-2}
顶压活塞面积		m^2	—	8.659×10^{-3}	—	8.659×10^{-3}	—	8.659×10^{-3}	—	8.659×10^{-3}	—	8.659×10^{-3}
张拉力		kN	800	850	1 500	850	600	850	600	850	850	850
张拉行程		mm	250	250	300	300	300	400	215	500	250	600
理论顶压力		kN	—	390	—	390	280	390	333	390	398	390
顶压行程		mm	—	65	—	65	35	65	60	65	65	65
主缸回程面积		m^2	—	5.595×10^{-3}	—	5.595×10^{-3}	—	5.595×10^{-3}	—	5.595×10^{-3}	—	5.595×10^{-3}
主缸回程退楔力		kN	—	260	—	260	人工	260	161	260	162	260
质量		kg	117.8	125	198	132	99	146	—	160	—	175
外形尺寸	直径	mm	ϕ350	ϕ326	ϕ363	ϕ326	—	ϕ326	—	ϕ326	—	ϕ326
	长	mm	796	840	1 005	890	—	990	—	1 100	—	1 190

注：1. YZ-85 型千斤顶是预应力钢筋混凝土结构的专用设备，可直接张拉及顶锚配有 24 丝以下的钢质锥形锚具的 ϕ^s5 高强钢丝束。如果改变该千斤顶的卡丝盘或分丝头，也可张拉其他规格的预应力高强钢丝或高强钢筋束等。

2. 常作用千斤顶指仅有拉伸功能，双作用千斤顶为具有张拉、顶锚功能；三作用千斤顶为具有张拉、顶锚及退楔功能。

台座式液压千斤顶主要技术参数表　　表1.7-92

性　能	型号						
	YT100	YT200	YT320	YT500	YD200	YTC300	YDG400
额定油压(MPa)	40	48.2	46	42	66.5	50	50
公称顶压力(kN)	1 000	2 000	3 200	5 000	2 000	3 000	4 000
顶压行程(mm)	250	800	300/700	500	400	500	400
外形尺寸(mm)	565×246×324	ϕ300×1 293	871×545×610	1 147×670×733	ϕ270×767	440×440×1 025	440×620×879
自重(kg)	150	597	410/1 000	1 500	240	670	690

注:台座式预应力千斤顶(YT型),即普通油压千斤顶,在制作先张法预应力混凝土构件时与台座、横梁等配合,可张拉粗钢筋、成组钢丝或钢绞线;在制作后张法构件时,普通油压千斤顶与张拉架配合,可张拉粗钢筋。

千斤顶常见故障的原因及处理方法　　表1.7-93

序　号	故障种类	故障原因	故障处理方法
1	漏油	油封损坏,油嘴连接部位不密封	更换密封圈,修理连接油嘴或更换垫片
2	千斤顶油塞运行不稳	油缸中存有空气	空载往复运行几次,以排除缸内空气
3	活塞不回程或回程困难	操作阀用错,张拉缸未回油,回程缸漏油,回程油量不充足	正确使用操作阀,排除故障使张拉缸回油,查找并排除漏油原因,加足油量
4	千斤顶张拉活塞不动或运动困难	错误使用操作阀,回程缸没有回油,张拉缸漏油,油量不足,活塞密封圈胀得太紧	正确使用操作阀,使回程缸回油,查找并排除漏油原因,加足油量,更换密封圈
5	千斤顶缸体或活塞创伤	密封圈上混有铁屑和沙粒,缸体变形	检查密封圈,清除杂物,修复缸体或活塞;检查缸体材料、尺寸、硬度,修复或更新
6	千斤顶连接油管爆裂	油管使用过久,拆卸安装次数过多;压力太高,焊接不良	尽量少拆装,避免弯折,不易修复时更换油管;检查油压表是否失灵,压力是否超过规定,焊接是否牢固

张拉千斤顶的检验方法　　表1.7-94

序　号	校验方法	备　注
1	长柱压力试验机校验	1. 压力机精度不小于±2%。 2. 为使结果准确,应采用被动校验法,即在校验时用千斤顶顶试验机。 3. 在被动校验时,为修正压力试验机本身的摩阻力,必须事先用具有足够吨位的标准测力计对试验机进行被动标定,以确定试验机的度盘读数值。 4. 校验穿心千斤顶时,千斤顶与试验机的受力中心线重合。 5. 校验拉杆式千斤顶时,先把千斤顶的活塞杆推示,取下封尾板,在缸体内放入一根厚壁无缝钢管,将千斤顶两脚向下立于试验机的中心线部位。 6. 标定点应均匀地分布在0~最大吨位整个测量范围内,且不小于5点。 7. 当采用最小二乘法回归分析千斤顶的标定经验公式时需10~20点。 8. 各标定点重复标定3次,取平均值,且只测读进程,不测读回程

续上表

序号	校验方法	备注
2	标准测力计校验	1. 标准测力计包括:水银压力计、测力环、弹簧拉力计等。 2. 校验拉杆式千斤顶的附加装置与压力机校验相同。 3. 根据吨位和油表读数绘制成曲线,由曲线求得吨位对应的油表读数值。 4. 也可采用双千斤顶卧放对顶并在其连接处装标准测力计进行标定
3	电测传感器校验	传感器是在金属弹性元件表面贴上电阻应变片所组成的测力装置。当金属元件受外力作用变形后,电阻片也相应变形而改变其电阻值。改变的电阻值通过电阻应变仪测定出来,即可从预先标定的数据中查出外力的大小。将此数据再标定到千斤顶油压表上,即可用以进行作用力的控制

张拉设备校验记录表 表 1.7-95

		名称	型号规格	精度等级	制造厂	出厂编号
张拉设备	油压千斤顶					
	高压油泵					
	油压表					
检定吨位(kN)		油压表校验读数				
		(一)	(二)	(三)	平均	
试验机	型号规格					
	精度等级					
	制造厂					
	出厂编号					
备注						

送检单位: 检定日期:

检定地点: 有效期至:

检定时室温: 检定单位(盖章)

(2)张拉千斤顶用油泵

电动油泵车主要技术参数表 表 1.7-96

型号	额定压力(MPa)	额定流量(L/min)	质量(kg)	外形尺寸(mm)
ZB0.8/500	50	0.8	35	402×230×500
ZB0.6/630	63	0.6	35	402×230×500
ZB4-500	50	2×2	120	745×495×1 052
ZB4-500S	50	2×2	120	745×495×1 052
ZB1-630	63	1	—	501×306×575
ZB10-500	50	10	300	1 000×660×970
ZB10/320-4/800	32	10	270	1 100×600×970
HNW-1	32	2×2	200	630×586×865
ZB2×2/50	50	2×2	120	680×490×800

高压油泵常见故障的原因及处理方法 表1.7-97

序　号	故障种类	故障原因	故障处理方法
1	不出油或出油不足	油箱油面太低,吸、出油阀垫片失效,吸、出油阀密封不严,吸油管或滤清器不畅,油黏稠或太脏	添加油液,拆换垫片,清洗或更换吸、出油阀,清除堵塞物,清洗滤清器,换油
2	压力表指针不稳	进油孔油压脉冲太大	由一路中孔进油改为两路侧面进油,减小脉冲
3	压力上不去	吸、出油阀密封不严或磨损严重,吸油管有大量空气,压力表座堵塞,吸油阀垫片失效,有漏洞	清洗或更换吸、出油阀,找出进气部位并采取相应办法处理,拆下清洗或更换,拆换垫片,找出漏油部位并封堵
4	过度发热	油泵内部漏油过多,油过分黏稠,冷却跟不上,工作压力太高	检查并维修油阀密封及油路管线,换油,增加油箱容器或增设降温设置,避免超负荷工作
5	压力波动	吸、出油阀密封不严或严重磨损,丝堵松动或垫片失效,输油管路中有空气,衬套移位	清洗或更换吸、出油阀,上紧丝堵,更换垫片,放气,可将油泵连接螺母拧松,大缸进油,使油液喷出一些,再拧紧螺母;调整衬套的位置
6	噪声	油中夹有空气,吸、出油路有部分堵塞,油过分黏稠,轴承磨损,齿轮过度磨损	查找并封堵空气入口,除去脏物,清理油路,换油,换轴承,换齿轮
7	漏油	油封垫失效,丝堵松动,柱塞衬套损坏	更换油封垫片,上紧丝堵,更换柱塞衬套

(3)预应力波纹管用卷管机及预应力筋穿索机

我国卷管机及穿索机的分类、工作方式及特点、养护及维修 表1.7-98

名　称	分　类		工作方式及特点	维护及维修
卷管机	心轴式		用螺旋导向,环绕在心轴上的波纹带随主轴转动,经接缝工具压底,压紧而使波纹管成形。 在其压波纹装置中改变滚轮的形状,可以卷制单波、双波及多波形式的波纹管。也可卷制扁形管	卷管机:本设备常在野外工作,条件恶劣,应特别加强清洁维护工作。压波纹管装置中的滚轮、齿轮成管中心部分的齿轮,应适时去除污垢,防止锈蚀。对于运动件,如齿轮轴承等应及时加注润滑油、润滑脂;保持减速箱、冷却润滑油箱和钢带润滑油槽中的冷却润滑液不冻结,在冬季加防冻剂;对于易损件,如滚花轮、滚轮,一旦磨损,应及时更换;定期对油路和电路进行检查,出现故障及时排除;各紧固件如有松动,应及时紧固;对于外购件,如主机、切割电机、电动油泵、减速箱,维护和维修见有关产品说明书
	环圈式		波纹带经环圈内圈与接缝工具成形,接缝不经压底而只是压紧	
穿索机	按驱动方式	液压式	该类机由液压泵供给压力油,液压马达驱动穿索装置。技术先进,易于实现速度和推力的调节	穿索机:穿索机为露天作业,每班应检查、清除上滚轮、链板上的油垢或污物,防止其工作时污染钢绞线;检查液压系统有无渗漏现象;按说明书在机器的各润滑点加注润滑脂。上滚轮的加脂量应适当,以防油脂过多时漏出
		机械式	该机由电动机直接与减速器连接,来驱动工作装置的形式。造价低,传动效率高	

续上表

名　称	分　类		工作方式及特点	维护及维修
穿索机	按动力传动及工作装置	分体式	分体式的动力传动与工作装置是各自独立的机构。该机工作装置部分质量和体积都很小，因此轻便、灵活、移动方便，适应各种施工现场，如液压穿索机即为此类机型	
		整体式	该机型动力驱动和工作装置都配置在同一个机架上，适用于地形、地貌比较好或较少移动和改变工作位置的地方施工	
	按对钢绞线传动方式	双滚轮直接挤压推进式	将钢绞线置于上、下滚轮弧槽之间，下滚轮为主动轮，上滚轮只对钢绞线施加一定的压紧力。这类机器限制了速度的变化和推力的增加	
		双滚轮、链条传送式	由下滚轮托住，链条上固定有弧形槽板，钢绞线放置在弧形槽板上，由带弧槽的上滚轮压紧。当链条驱动时，依靠链条实现钢绞线的水平运动。这类机器可获得较大的推力和较宽的调速范围	

1.7.5 水泥压浆设备

压浆机的分类及工作特点　　表 1.7-99

分类途径	分类名称	特　点
按气泵工作压力分	大型	工作压力为 0.6～1.5MPa
	中型	工作压力为 1.5～2MPa
	小型	工作压力为 2～6MPa
按泵的形式分	柱塞泵	压力、排量均较大，但结构复杂、体积大，使用较少
	螺杆泵	结构紧凑、体积小、质量轻，使用较多
按水泥搅拌筒与储浆筒的布局分	水平式	搅拌筒与出浆筒布局在同一水平面
	立式	搅拌筒与出浆筒上下垂直布局
按搅拌器叶片的形式分	涡轮式	搅拌器的运转速度为 10～600r/min，搅拌叶片为 3～6 个
	推进式	搅拌器的运转速度为 100～300r/min，搅拌叶片为 3 个
	桨叶式	搅拌器的运转速度不大于 100r/min，多用于高黏度低速搅拌介质
	锚框式	搅拌器的运转速度为 10～80r/min
	螺带式	搅拌器的运转速度为 10～50r/min

ZNB6-32 型立式双缸压浆机的主要技术参数表　　表 1.17-100

项　目	数　值	项　目	数　值
压力(MPa)	3.2	进浆管内径(mm)	51
电动机功率(kW)	11	排浆管内径(mm)	32

续上表

项　目	数　值	项　目	数　值
流量(m^3/h)	6	外形尺寸(长×宽×高)(mm)	2 820×850×1 381
电动机转速(r/min)	1 400		

注:该机为往复式柱塞泵。

SNS 系列高压注浆泵技术参数表　表 1.7-101

项　目	型号、单位		SNS200/10	2SNS	2SNS
动力机	Y		Y180L-4	Y160M-4	Y180M-4
功率	kW		22	11	18.5
转速	r/min		102、145、170、242	91、193	65、192
理论排量	L/min		86、122、143、204	63、135	54、161
N/S 压力	MPa	水泥浆	10、9、8、6	8、4	10、5
		砂浆	5	4、2	4、2
N/S 介质比	kg	水灰	0.5∶1		
		水灰砂	0.5∶1∶1.5		
整机质量	kg		1 000	612	730
整机外形	mm	长×宽×高	2 260×765×955	1 800×945×705	

注:该类泵压注砂浆时 YJ-340 搅拌桶配套使用。YJ-340 搅拌桶主要参数为搅拌轴转数:15r/min;出浆口直径:64mm;电机功率:4kW;外形尺寸:1 035mm×1 035mm×2 100mm。

HVP503 灌浆泵主要技术参数及用途表　表 1.7-102

项　目		数　值	用　途
输送量(L/min)		45	1. 桥梁预应力工程中作孔道灌浆。 2. 用于水泥浆、灰浆的远距离水平输送和垂直输送
最大工作压力(MPa)		2.2	
输送距离(m)(水质量/水泥质量=0.43时)	水平	400	
	垂直	90	
电机功率(kW)		3	
减速机输出转速(r/min)		224	
整机质量(kg)		160	
外形尺寸(长×宽×高)(mm)		1 254×240×439	

1.7.6 起重设备

(1)塔式起重机与施工升降机

塔式起重机的分类及其型号　表 1.7-103

类	组	形　式	型　号	含　义	主 要 参 数
起重机械	塔式起重机	轨道式	QT	轨道式塔式起重机	最大起重力矩(kN·m)
		轮胎式	QTL	轮胎式塔式起重机	
		履带式	QTU	履带式塔式起重机	
		爬升式	QTP	爬升式塔式起重机	
		附着式	QTF	附着式塔式起重机	

塔式起重机的主要性能指标参数表　　表 1.7-104

塔机类型	起重力矩(10kN·m)	最大起质量(t)	最大工作幅度(m)	最大起升高度(m)	标准节尺寸(m)	备注
M900	—	50	70	85.3(行走式)	4×4×5.78(片式)	水平式
	—	32	70	86.7(行走式)	4×4×5.78(片式)	
M600	—	32	50	68.03(行走式)	2.5×2.5×5.78(片式)	
C7056	—	16	70	79.73(行走式)	2.5×2.5×5.78(片式)	
C7059	—	12	70	80.13(行走式)	2.5×2.5×5.78(片式)	
C7050	—	20	70	80(行走式)	2.5×2.5×5.78(片式)	
C7050B	—	20	70	235(内爬式)	2×2×3(片式)	
C7030	—	16	70	205(附着式)	2×2×3(片式)	
C7027	—	16	70	83.18(行走式)	2.5×2.5×5.78(片式)	
				56.3(行走式)	2×2×3(片式)	
C7022	—	16	70	200(附着式)	2×2×3(片式)	
H3/36B	—	12	60	205(附着式)	2×2×3(片式)	
C5530	—	12	55	230(内爬式)	1.6×1.6×3(片式)	
C6024	—	12	60	204(附着式)	2×2×3(片式)	
				126(附着式)	1.6×1.6×3(片式)	
C6018	—	10	60	58.7(行走式)	2×2×3(片式)	
				46.5(行走式)	1.6×1.6×3(片式)	
C6015	—	10	60	58.7(行走式)	2×2×3(片式)	
				46.5(行走式)	1.6×1.6×3(片式)	
F0/23B	—	10	50	203(附着式)	2×2×3(片式)	
F0/23C	—	10	50	203(内爬式)	1.6×1.6×3(片式)	
C5513	—	6	55	45(行走式)	1.6×1.6×3(片式)	
C5015	—	8	50	140(附着式)	1.6×1.6×3(片式)	
C5012	—	6	50	150(内爬式)	1.4×1.4×3	
C4510	—	4	45	120(附着式)	1.4×1.4×2.5	
C4010	—	4	40	82(附着式)	1.4×1.4×2.5	
D400	—	20	60	52.5(行走式)	2.5×2.5×5.78(片式)	动臂式
D300	—	16	50	58.2(行走式)	2.5×2.5×5.78(片式)	
QTZ63	63	6	50	40(独立式)	—	—
				140(附着式)	—	
QTZ40	40	4	42	32(独立式)	—	—
				100(附着式)	—	
QTZ25	—	2.5	30	25(独立式)	—	—
				61(附着式)	—	
QTZ31.5	—	3	42	30(独立式)	—	—
				90(附着式)	—	
QTZ80	—	8	55	48.5(独立式)	—	—
				135(附着式)	—	

升降机型号及载质量参数表　表 1.7-105

序　号	型　号	额定载质量(kg)(双/单笼)
1	SC100/100、SC100 施工升降机	1 000/1 000
2	SC200/200W、SC200W 施工升降机	2 000/2 000
3	SCD200/200、SCD200 施工升降机	2 000/2 000
4	SCD100/100DWG 变频高速施工升降机	1 000/1 000
5	SDG200/200DWG 变频高速施工升降机	2 000/2 000

(2)架桥机与龙门起重机

国内各系列架桥机参数表　表 1.7-106

型　号	HZQ 系列	NF 系列	HD 系列	DJ 系列	JSB 系列
跨度(m)	30~50	30~50	32~50	30~50	20~35
起重量(t)	80~160	60~160	150~250	80~160	40~120
大车移动速度(m/min)	2.7	2.5	—	—	—
起吊小车移动速度(m/min)	4.5	4.2	—	—	—
起吊小车提升速度(m/min)	0.8	0.9	0.6	1.0	1.0
斜桥最大角度(°)	45	—	15	45	0~50
适应弯桥最小曲率半径(m)	R350~R300	—	150~250	350	350
运梁车重载速度(m/min)	0~8	4~8	0.6~6	1.6	5
运梁车空载速度(m/min)	8~24	—	12	—	—

国产各系列起重机性能参数表　表 1.7-107

型　号	QLB 系列	QLM 系列	MQ 系列	LX 系列
起重能力(t)	20~150	20~120	30~100	2~10
跨度(m)	6~36	21~36	21~22	3~16
提升高度(m)	18	8~21	18~20	6~18
提升速度(m/min)	1	0.8~2.0	—	0.8
纵移速度(m/min)	0~20	6~8	6~10	0~20
横移速度(m/min)	5	6~15	5~6	—
适应坡度(%)	3	2.8	—	—

卷扬机参数与技术性能(GB/T 1955—2008)　表 1.7-108

卷扬机主参数系列

主参数名称	数　值
额定载荷(kN)	5,7.5,10,12.5,16,20,25,32,40,50,63,80,100,125,160,200,250,320,400,500

注:高速和快速卷扬机的额定载荷应不大于 200 kN,溜放卷扬机的额定载荷应不大于 100 kN

工 作 级 别

载荷状态	名义载荷谱系数 K_m	载荷状态说明	总工作时间(h)							
			400	800	1 600	3 200	6 300	12 500	25 000	50 000
轻	0.125	很少承受额定载荷,通常承受较轻载荷	—	M1	M2	M3	M4	M5	M6	M7
中	0.250	较少承受额定载荷,通常承受中等载荷	M1	M2	M3	M4	M5	M6	M7	M8

续上表

载荷状态	名义载荷谱系数 K_m	载荷状态说明	总工作时间(h)							
			400	800	1 600	3 200	6 300	12 500	25 000	50 000
重	0.500	经常承受额定载荷,通常承受较重载荷	M2	M3	M4	M5	M6	M7	M8	—
特重	1.000	通常承受额定载荷	M3	M4	M5	M6	M7	M8	—	—

卷扬机钢丝绳安全系数 K_u

工作级别		M1	M2	M3	M4	M5	M6	M7	M8
安全系数 K_u		3.15	3.35	3.55	4.0	4.5	5.6	7.1	9.0
卷筒节径与钢丝绳直径的比值 h_1		11.2	12.5	14.0	16.0	18.0	20.0	22.4	25.0
滑轮节径与钢丝绳直径的比值 h_2	滑轮	12.5	14.0	16.0	18.0	20.0	22.4	25.0	28.0
	平衡滑轮	11.2	12.5		14.0		16.0		18.0

卷扬机钢丝绳出绳偏角 α 和 θ 限值

排绳方式	槽面卷筒	光面卷筒	
		自然排绳	排绳器排绳
出绳偏角	$\alpha \leqslant 4°$	$\theta \leqslant 2°$	$\theta \leqslant 4°$

α 为 钢丝绳出绳方向与绳槽侧边的最大夹角;θ 为钢丝绳出绳方向与垂直于卷筒轴的平面的最大夹角

卷扬机钢丝绳最小破断拉力系数 K^L(GB/T 1955—2008) 表 1.7-109

钢丝绳		钢丝绳最小破断拉力系数 K^L	
组别	类别	纤维芯钢丝绳	钢芯钢丝绳
1	1×7	—	0.540
	1×19	—	0.530
	1×37	—	0.490
2	6×7	0.332	0.359
3	6×19(a)	0.330	0.356
	6×19(b)	0.307	0.332
4	6×37(a)	0.330	0.356
	6×37(b)	0.295	0.319
5	6×61	0.283	0.306
6	8×19	0.293	0.346
7	8×37		
8	18×7	0.310	0.328
9	18×19		
10	34×7	0.308	0.318
11	35×7	—	0.360
12	6×12	0.209	—
13	6×24	0.280	—
14	6×15	0.180	—
15	4×19	0.360	—
16	4×37		

注:在13组中,股为等捻距结构钢丝绳的最小破断拉力系数,应比表中所列数值大4%。

常用电动卷扬机的主要规格表　　表 1.7-110

型号		单筒慢速卷扬机										单筒快速卷扬机							双筒卷扬机		
		JM-0.5	JM-1	JM-1.5	JM-2	JM-3	JM-5	JM-8	JM-10	JM-16	JM-30	JK-0.5	JK-1	JK-1.5	JK-2	JK-3	JK-5	JK-20	2JK-3	2JK-5	2JK-5
额定牵引力(kN)		5	10	15	20	30	50	80	100	160	300	5	10	15	20	30	50	200	30	50	50
平均绳速(m/min)		18	18.5	18.5	15	10	10	10	10	10	9	24	26.4	26.6	28.8	30	28	20	30	22.5	30
钢丝绳直径(mm)		7.7	9.3	11	12.5	15.5	15.5	24	28	37	47.5	7.7	9.3	11	15.5	17	20	37	17	21.5	32
卷筒	直径(mm)	170	190	200	280	300	400	500	550	750	860	170	190	200	260	320	400	710	270	400	400
	长(mm)	350	370	450	450	500	630	1 000	1 000	1 200	1 500	350	370	450	480	500	840	1 000	500	840	660
	容绳量(m)	90	110	130	150	200	200	350	450	500	400	90	110	130	180	200	300	400	200	300	350
外形尺寸	长(m)	875	1 022	1 145	1 100	1 400	1 825	1 930	2 300	3 300	3 600	875	1 022	1 145	1 331	1 470	2 050	3 500	1 900	2 100	2 940
	宽(m)	773	920	1 015	1 300	1 510	1 582	1 835	1 900	2 000	2 780	773	920	1 015	1 353	1 400	1 640	2 400	1 400	1 600	2 100
	高(m)	413	543	650	700	925	1 015	1 150	1 200	1 800	1 900	413	543	650	845	950	960	1 600	950	1 000	1 390
自重(kg)		270	420	450	750	1 000	1 200	2 900	4 200	6 500	3 000	270	420	450	1 000	1 200	2 700	7 500	2 000	3 900	5 400

通用手摇绞车技术规格表 表 1.7-111

起重能力(kN)	卷筒尺寸(mm)		齿轮速比	容量绳(m)	外形尺寸(m)			质量(kg)
	直径	长度			长	宽	高	
5	150	400	1:14	100	1 160	504	807	170
5	160	400	1:18.5	—	1 380	700	850	350
10	180	400	1:18	150	1 524	742	900	234
10	200	400	1:15	150	1 710	640	935	270
10	250	690	1:49.2;1:7.38;1:14.41	—	2 218	1 050	1 015	700
10	320	765	1:68	300	2 000	1 430	1 800	1 800
10	320	720	1:80	150	2 750	1 560	1 350	2 000
30	200	530	1:26	200	1 300	960	1 250	850
30	200	570	1:27.8	150	—	—	—	735
50	280	670	1:55.5	200	1 500	1 290	1 400	1 050
50	240	680	1:34.3	150	2 530	1 100	1 310	900
50	210	674	1:43.6;1:8.18;1:15.7	—	2 038	733	1 143	600

(3)千斤顶

LQ 型螺旋千斤顶规格表 表 1.7-112

型 号	起重能力(kN)	最低高度(mm)	起重高度(mm)	手柄长度(mm)	操作人数(人)	操作力(N)	质量(kg)
LQ5	50	250	130	600	1	260	7.5
LQ10	100	280	150	600	1	270	11
LQ15	150	320	180	700	1	320	15
LQ30	300	395	200	1 000	2	600	27
LQ30D	300	326	180	1 000	2	600	20
LQ50	500	700	400	1 385	3	1 260	109
HLQ50	500	765	350	1 900	3	1 920	184

注:LQ 型螺旋千斤顶是垂直升降顶升重物,HLQ 型为横移式千斤顶(横移及垂直顶升),下部装上水平螺杆后,能使重物作小距离横移,取去底座亦如同 LQ 型螺旋千斤顶,单独作垂直升降顶升重物使用。

螺旋千斤顶性能要求(JB/T 2592—2008) 表 1.7-113

静载试验载荷					
额定起重量 G_n(t)		$G_n \leqslant 16$	$16 < G_n \leqslant 32$	$32 < G_n < 100$	$G_n \geqslant 100$
试验载荷	普通型螺旋千斤顶	150% G_n	130% G_n	125% G_n	110% G_n
	剪式螺旋千斤顶	120% G_n			

续上表

摆动工作的手柄操作力					
额定起重量 G_n(t)		$G_n \leqslant 10$	$10 < G_n \leqslant 32$		$G_n > 32$
手柄操作力(N)		≤300	≤450		≤800
全行程连续工作次数					
额定起重量 G_n(t)		$G_n \leqslant 5$	$5 < G_n \leqslant 16$	$16 < G_n < 32$	$G_n \geqslant 32$
连续工作次数	普通型螺旋千斤顶	40	25	15	10
	剪式螺旋千斤顶	50			
测试手柄					
额定起重量 G_n(t)		$G_n \leqslant 10$	$10 < G_n \leqslant 32$		$G_n \geqslant 32$
测试手柄长度(mm)		800	1 200		1 500

油压千斤顶规格表 表 1.7-114

型 号	起重量(t)	体高 H(mm)	起重高度 h(mm)	工作压力(MPa)	手柄长度(mm)	手柄操作力(N)	长×宽(或直径)(mm)	质量(kg)
YQ-3	3	200	130	44.30/14	620	230	130×80	3.8
YQ-5AD	5	235	160	52	620	320	140×90	5.5
YQ-5A	5	235	160	52	620	320	130×90	5.5
55-5A	5	235	160	52	620	350	130×115	5.8
YQ-5	5	210	123	49.2	620	300	130×95	5
YQ-8	8	240	160	51.8	621	365	140×110	7
YQ-10	10	245	160	63.7	850	300	160×130	10
YQ-12.5	12.5	245	160	6.37	—	300	160×130	9.1
YQ-15	15	250	160	67.4	850	310	170×140	13.8
YQ-16	16	250	160	67.4	850	280	170×140	13.8
YQ-20	20	285	180	70.7	1 000	310	172×129	20
YQ-30	30	290	180	72.4	1 000	340	200×160	29
YQ-32	32	290	180	72.4	1 000	310	200×160	29
YQ-50	50	305	180	78.6	1 000	340	230×188	43
50-180H	50	330	180	66.3	1 000	420	428×255	74
YQ-100	100	360	200	65	1 000	420×2	Φ220	123
YQ-200	200	400	200	70.6	1 000	420×2	Φ314	227
YQ-320	320	450	200	70.7	1 000	420×2	Φ394	435
YQ-500B	500	—	220~260	—	—	—	460×725	800

注:起重量为5~16t的千斤顶,其调整高度 h_1 均为100mm;起重量为3t的千斤顶,其调整高度为80mm。

普通液压千斤顶技术规格表 表 1.7-115

起重能力 (kN)	工作压力 (MPa)	升起高度 (mm)	落下高度 (mm)	外形尺寸 (mm)	质量 (kg)
30	31.5	190	210	127×144×210	10.3
50	36	215	240	142×154×240	11
80	34	245	300	167×180×300	16.8
100	35.5	240	315	177×200×315	29
150	32	208	257	300×220×260	36
250	32	342	348	—	109
350	32	342	348	400×300×350	109
500	32	342	348	440×340×350	153
1 000	38.6	200	424	—	172
2 000	38.6	250	507	—	280

油压普通型千斤顶的推荐参数(JB/T 2104—2002) 表 1.7-116

<table>
<tr><th rowspan="2">型　号</th><th rowspan="2">额定起重量 G_n
(t)</th><th>最低高度 $H \leq$</th><th>起重高度 $H_1 \geq$</th><th>调整高度 $H_2 \geq$</th></tr>
<tr><th colspan="3">mm</th></tr>
<tr><td>QYL2</td><td>2</td><td>158</td><td>90</td><td rowspan="8">60</td></tr>
<tr><td>QYL3</td><td>3</td><td>195</td><td>125</td></tr>
<tr><td rowspan="2">QYL5</td><td rowspan="2">5</td><td>232</td><td>160</td></tr>
<tr><td>200</td><td>125</td></tr>
<tr><td>QYL8</td><td>8</td><td>236</td><td rowspan="4">160</td></tr>
<tr><td>QYL10</td><td>10</td><td>240</td></tr>
<tr><td>QYL12</td><td>12</td><td>245</td></tr>
<tr><td>QYL16</td><td>16</td><td>250</td></tr>
<tr><td>QYL20</td><td>20</td><td>280</td><td rowspan="4">180</td><td rowspan="4">—</td></tr>
<tr><td>QYL32</td><td>32</td><td>285</td></tr>
<tr><td>QYL50</td><td>50</td><td>300</td></tr>
<tr><td>QYL70</td><td>70</td><td>320</td></tr>
<tr><td>QW100</td><td>100</td><td>360</td><td rowspan="3">200</td><td rowspan="3">—</td></tr>
<tr><td>QW200</td><td>200</td><td>400</td></tr>
<tr><td>QW320</td><td>320</td><td>450</td></tr>
</table>

油压千斤顶性能要求（JB/T 2104—2002）　　表1.7-117

项　　目		静载试验载荷			动载试验载荷	
额定起重量 G_n(t)		$G_n \leqslant 16$	$16 < G_n \leqslant 32$	$G_n > 32$	$G_n < 20$	$G_n \geqslant 20$
不带安全限载装置		150% G_n	130% G_n	125% G_n	120% G_n	110% G_n
带安全限载装置		125% G_n		120% G_n	100% G_n	
活塞杆压下力						
额定起重量 G_n(t)		$G_n \leqslant 16$		$16 < G_n < 100$		$G_n \geqslant 100$
单级活塞杆压下力(N)		≤220		≤445		≤785
多级活塞杆压下力(N)		≤350		≤700		≤1 000
连续工作试验次数						
额定起重量 G_n(t)		$G_n \leqslant 12$	$12 < G_n \leqslant 20$	$20 < G_n \leqslant 32$	$32 < G_n < 100$	$G_n \geqslant 100$
连续工作次数	单级活塞杆	150	100	50	30	25
	多级活塞杆	105	70	35	22	18

齿条千斤顶的规格及性能指标参数表　　表1.7-118

规　　格	额定起重量(t)	升起高度(mm)	落下高度(mm)	质量(kg)
3	3	350	700	36
5	5	400	800	44
8	8	375	850	57
10	10	375	850	73
15	15	400	900	84
20	20	400	900	90

齿条千斤顶主要规格表　　表1.7-119

项　　目		Y63-01 型	Y63-02 型	项　　目	Y63-01 型	Y63-02 型
起重能力	静负荷(kN)	150	150	钩面最低高度(mm)	55	55
	动负荷(kN)	100	100	机型尺寸(mm)	166×260	166×260
最大起重高度(mm)		280	330	外形尺寸(mm)	370×166×525	414×166×550
每次起重高度(mm)		12.7	15	总质量(kg)	26	25

注：齿条千斤顶使用时，须注意下列各点：顶重时须将千斤顶垂直放置，并不容许超负荷；使用前应先检查制动齿轮及制动装置，确保能起制动作用；齿条及齿轮无裂纹、断齿，配件必须完整无缺方可使用；经常保持清洁，防止混入泥沙杂物，并定期清洗涂油。

手拉葫芦基本参数(JB/T 7334—2007) 表 1.7-120

额定起重量(t)	工作级别	标准起升高度(m)	两钩间最小距离 H_{min}(不大于)(mm)		标准手拉链条长度(m)	自重(不大于)(kg)	
			Z 级	Q 级		Z 级	Q 级
0.5	Q 级	2.5	330	350	2.5	11	14
1			360	400		14	17
1.6			430	460		19	23
2			500	530		25	30
2.5			530	600		33	37
3.2		3	580	700	3	38	45
5			700	850		50	70
8			850	1 000		70	90
10			950	1 200		95	130
16			1 200	—		150	—
20	Z 级		1 350	—		250	—
32			1 600	—		400	—
40			2 000	—		550	—

注:1. Z 级-重载,频繁使用;Q 级-轻载,不经常使用。

2. 起升高度 H 是指下吊钩下极限工作位置与上极限工作位置之间的距离;两钩间最小距离 H_{min} 是指下吊钩上升至上极限工作位置时,上、下吊钩钩腔内缘的距离。

3. 手拉链条长度是指手链轮外圆上顶点到手拉链条下垂点的距离。

(4)履带起重机与汽车起重机

SCC500E 履带起重机主要性能参数表 表 1.7-121

性能指标		单位	参数
主臂工况	最大额定起质量	t	55
	主臂长度	m	13 ~ 52
	主臂变幅角	°	30 ~ 80
固定副臂工况	最长主臂 + 最长副臂	m	43 + 15.25
	主、副臂夹角	°	10、30
工作速度	主副卷扬绳速	m/min	0 ~ 63/0 ~ 102
	变幅卷扬绳速	m/min	0 ~ 73
	回转速度	r/min	0 ~ 3.2/0 ~ 1.6
	行走速度	km/h	0 ~ 1.39
发动机	输出功率/额定转速	kW/(r/min)	127/2 000
运输参数	最大单件运输质量	t	30
	运输尺寸(长 × 宽 × 高)	mm	7 110 × 3 300 × 3 260
其他	平均接地比压	MPa	0.061

SCC1000HD-2 强力型履带起重机主要技术参数表 表 1.7-122

性能指标		单位	参数
主臂工况	最大起重量	t	100
	主臂长度	m	13 ~ 52
	主臂变幅角	°	20 ~ 82
	主臂用于蛤壳式抓斗长度	m	16 ~ 31
	主臂用于拉铲长度	m	16 ~ 31
	强夯最大起升高度	m	25

续上表

性能指标		单位	参数
固定副臂工况	最长主臂+最长固定副臂	m	49+25
	主、副臂夹角	°	15/30
速度参数	主(副)卷扬绳速(最外工作层)	m/min	0~105
	主变幅卷扬绳速(最外工作层)	m/min	0~80
	回转速度	r/min	0~3.6
	行走速度	km/h	0~1.6/0.8
	爬坡能力	%	30
发动机	输出功率/额定转速	kW/(r/min)	597/2 100
运输参数	最大单件运输质量	t	44
	最大单件运输宽度	m	3.2
钢丝绳	主副提升绳径	mm	38
	单绳最大起升质量	t	25
	双绳最大起升质量	t	30
可选配置	第三卷扬	t	单绳力16
	第四卷扬	t	7
	拉铲卷扬	t	7/3
	履带板宽度	mm	800/1 000
其他	整机质量(基本臂)	t	120
	平均接地比压	MPa	0.134/0.107
	燃油箱容量	L	900
	液压油箱容量	L	1 100

SCC3200履带起重机主要性能参数表 表1.7-123

性能指标		单位	参数
主臂工况	最大起重量	t	320
	主臂长度	m	18~84
	主臂变幅角	°	30~85
变幅副臂工况	最大起重力矩	10kN·m	128×14
	最长主臂+最长变幅副臂	m	66.7+66
	副臂变幅角	°	12~79
速度参数	主(副)卷扬绳速(最外工作层)	m/min	0~144
	主变幅卷扬绳速(最外工作层)	m/min	(0~35)×2
	副变幅卷扬绳速(最外工作层)	r/min	0~48
	回转速度	r/min	0~1.4
	行走速度	km/h	0~1.26/0~0.47
	爬坡能力	—	大于15%

续上表

性能指标		单位	参数
发动机	输出功率	kW	298
	额定转速	r/min	2 100
运输参数	最大单件运输质量	t	58
	运输尺寸(长×宽×高)	mm	12 350×3 400×3 350
其他	接地比压	MPa	0.17

SCC6300履带起重机主要性能参数表 表1.7-124

性能指标	单位	参数
最大额定起重量	t	630(6m工作半径)
最大额定起重量(带超起)	t	630(10m工作半径)
最大额定起重力矩	10kN·m	595×7=4 165
最大额定起重力矩(带超起)	10kN·m	571.5×14=8 000
主臂长度	m	24~84
主臂长度(带超起)	m	36~108
混合主臂长度	m	66~102
混合主臂长度(带超起)	m	90~138
变幅副臂长度	m	24~84
变幅副臂长度(带超起)	m	24~96
固定短副臂长度	m	12
重型固定短副臂长度	m	12
主臂变幅角度	°	30~85
副臂变幅角度	°	15~75
主卷单绳最大绳速(最外工作层)	m/min	110
副卷单绳最大绳速(最外工作层)	m/min	105
主变幅单绳最大绳速(最外工作层)	m/min	48×2
副变幅单绳最大绳速(最外工作层)	m/min	105
超起变幅单绳最大绳速(最外工作层)	m/min	120
回转速度(空载)	r/min	0.6、1.2(二挡)
行走速度	km/h	0~1.11(高速)\0~0.55(低速)
爬坡能力(带基本臂、司机室朝后)	%	15
发动机额定输出功率	kW/(r/min)	400/2 000
整机质量(基本臂、180t主机配重、80t中央压重、带630t钩)	t	510
履带接地比压(基本臂、180t主机配重、80t中央压重、带630t钩)	MPa	0.15
主机后配重	t	180
超起配重	t	300
中央压重	t	80
最大单件运输尺寸(长×宽×高)	mm	12 270×3 380×3 400
最大单件运输质量	t	70

SCC9000 履带起重机主要性能参数表 表 1.7-125

性能指标		单位	参数
主臂工况	最大起重量	t	700
	最大起重力矩	t·m	634×8
	主臂长度	m	30~90
	主臂变幅角	°	30~85
主臂带超起工况	最大起重量	t	900
	最大起重力矩	10kN·m	794×17
	主臂长度	m	42~120
	超起桅杆长度	m	42
	主臂工作角度	°	30~85
变幅副臂工况	最大起重量	t	338
	主臂长度	m	42~60
	副臂长度	m	30~96
	最长主臂+最长副臂	m	48+96,54+84,60+48
	主臂工作角度	°	65~87
	副臂工作角度	°	20~77
变幅副臂带超起工况	最大起重量	t	450
	主臂长度	m	42~96
	副臂长度	m	30~96
	最长主臂+最长副臂	m	96+96
	超起桅杆长度	m	42
	主臂工作角度	°	65~87
	副臂工作角度	°	20~77
重型固定短副臂工况	最大起重量	t	600
	主臂长度	m	42~60
	副臂长度	m	18
	主臂工作角度	°	30~85
轻型固定短副臂工况	最大起重量	t	450
	主臂长度	m	42~96
	副臂长度	m	18
	主臂工作角度	°	30~85
速度数据	主卷扬绳速	m/min	0~120
	副卷扬绳速	m/min	0~110
	主变幅卷扬绳速	m/min	(0~60)×2
	副变幅卷扬绳速	m/min	0~120
	超起变幅卷扬绳速	m/min	0~110
	回转速度	r/min	0~1.0/0~0.45
	行走速度	km/h	0~1.1/0~0.4(无级变速)

续上表

性能指标		单位	参数
发动机	额定输出功率	kW	597
	额定转速	r/min	2 100
	燃油箱容积	L	1 200
运输参数	整机质量(基本臂)	t	760
	后配重+中央压重+超起配重	t	250+80+450
	最大单件运输质量	t	60
	运输尺寸(长×宽×高)	mm	13 930×3 400×3 130
	接地比压(基本臂)	MPa	0.165

QY50C 汽车起重机参数表 表 1.7-126

项目		参数
整机全长(mm)		13 750
整机全宽(mm)		2 750
整机全高(mm)		3 650
第一、第二轴距(mm)		1 450
第二、第三轴距(mm)		3 850
第三、第四轴距(mm)		1 350
质量参数	整机总质量(kg)	42 000
	一、二轴(kg)	15 600
	三、四轴(kg)	26 400
动力参数	发动机型号	上柴 SC9DK320Q3
	发动机额定功率[kw/(r/min)]	235/2 200
	发动机最大扭矩[N·m/(r/min)]	1 250/(1 500~1 600)
行驶参数	最高行驶速度(km/h)	78
	最小转弯直径(m)	24
	最小离地间隙(m)	232
	接近角(°)	18
	离去角(°)	12
	爬坡度(%)	35
	百公里油耗(L/100km)	45
主要性能参数	最大额定起重量(t)	55
	最小额定幅度(m)	3
	基本臂最大起重力矩(kN·m)	1 786
	全伸臂最大起重力矩(kN·m)	956
	最长主臂+副臂最大起重力矩(kN·m)	392
	纵向支腿跨距(m)	6
	横向支腿跨距(m)	7.2
	基本臂长(m)	11.5
	全伸臂长(m)	42.5

续上表

项目		参数
主要性能参数	最长主臂+副臂长度(m)	58.5
	基本臂起升高度(m)	12
	最长主臂起升高度(m)	43
	最长主臂+副臂起升高度	58.8
	副臂安装角(°)	0、15、30
工作速度参数	起重臂变幅时间(起幅/落幅)(s)	80/60
	起重臂伸缩时间(伸/缩)(s)	120/100
	最大回转速度(r/min)	2.4
	主卷扬单绳最大速度(m/min)	135
	副卷扬单绳最大速度(m/min)	135
	水平支腿同时伸/缩时间(s)	45/40
	垂直支腿同时伸/缩时间(s)	45/30

全地面汽车 QAY220 起重机参数表　表 1.7-127

项目	数值
最大额定起重量(t)	220
最大起重力矩(kN·m)	6 900
主臂长度(m)	13.5
最长主臂+副臂(m)	105
最大回转速度(r/min)	1.8

汽车 QY 系列起重机参数表　表 1.7-128

型号	整机全长(mm)	整机全宽(mm)	整机全高(mm)	最大额定起重量(t)	最大起重力矩(kN·m)	最小工作幅度(m)
QY20C	12 350	≤2 500	3 280	20	833	—
QY25C	12 600	2 500	3 450	25	—	—
QY50C	13 750	2 750	3 650	55	—	—
QY100	15 970	3 000	3 810	1 003	—	3

汽车 QY130 起重机参数表　表 1.7-129

型号	最大额定起重量(t)	基本臂最大起重力矩(kN·m)	主臂长度(m)	主卷扬单绳最大起升速度(m/min)	最大回转速度(r/min)
QY130	130	5 160	60	135	2

汽车 STC 系列起重机参数表　表 1.7-130

型号	整机全长(mm)	整机全宽(mm)	整机全高(mm)	最大额定起重量(t)	整机质量(t)
STC75	14 100	2 750	3 700	75	—
STC250H	12 700	—	—	25	33
STC500E	13 755	2 750	3 480	55	—

汽车越野轮胎 SRC550 起重机参数表 表 1.7-131

型　　号	整机全长(mm)	整机全宽(mm)	整机全高(mm)	最大额定起重量(t)
SRC550	13 725	3 300	3 760	55

1.7.7 其他

(1)常用风动机具

常用风动机具耗气量参数表 表 1.7-132

机具名称	耗风量(m^3/min)	需要风压(MPa)	机具名称	耗风量(m^3/min)	需要风压(MPa)
冲击器 C100	6	0.5～0.6	风钻 ZJ8	0.5	0.5
冲击器 C150	12	0.5～0.6	风钻 ZS32	2	0.5
铆钉机 MQ3P	0.3	0.5	风钻 05－22	1.7	0.5
铆钉机 MQ4A	0.4	0.5	风钻 05－32	2.2	0.5
铆钉机 MZ2	0.3	0.5	风钻 05－32－1	2	0.5
铆钉机 MQ5	0.4	0.5	风钻 ZG50	2.2	0.5
铆钉机 MQ6	0.5	0.5	风砂轮 S40	0.4	0.5
铆钉机 M16	0.8	0.5	风砂轮 06－60	0.7	0.5
铆钉机 M19	0.8	0.5	风砂轮 S100	1	0.5
铆钉机 M22	0.9	0.5～0.6	风砂轮 06－150	1.7	0.5
除锈锤 CXZ	0.3	—	风螺刀 L4	0.2	0.5
风动刻槽机 K－6	0.8	0.5	风板机 B6	0.35	0.5
除锈机 XH－6	1.4	0.6	风板机 B10	0.6	0.5
除锈器 10－3	1	0.5	风板机 B14	0.9	0.5
风钻 ZW5	0.3	0.5	风板机 B20	1.25	0.5
风钻 Z6	0.3	0.5	风板机 B30	1.8	0.5
风钻 ZQ6	0.3	0.5	风板机 B39	2	0.5
风钻 Z8	0.3	0.5	风锯 15～300	2	0.5
铆钉机 M28	0.9	0.5～0.6	气动电动机 TMB－1	1.4	0.6
铆钉机 M40	1	0.5	气动电动机 TM1A－1	4	0.6
冲击把柄 09－22	1.4	0.5～0.6	气动电动机 TM1－3	3	0.6
风镐 GJ(037)	1	0.5	气动电动机 TM1A－5	6	0.6
风镐 GJ－7	1	0.4	气动电动机 TM1－8	8	0.6
风镐 03－11	0.9～1	0.4	气动磨钎机 M－1	1.4	0.6
风镐 04－5	0.6	0.5	气腿式凿岩机 YT30	2.9	0.5
风镐 04－6	0.6	0.5	气腿式凿岩机 YT25	2.6	0.5
风镐 04－7	0.6	0.5	气腿式凿岩机 YT23	2.4～2.8	0.5～0.6
搅固机 10－11	0.65	0.5	气腿式凿岩 YTP－26	3.3	0.5～0.7
气动电动机 TM2	2.6	0.5	气腿式凿岩机 YT18	2.5	0.5
气动电动机 TMB2	2.3	0.5	手持式凿岩机 Y－3	0.7	0.5
气动电动机 TM3	4	0.5	凿岩机 Y－30	2.4	0.5
气动电动机 TM10	9.2	0.5			

风动机具同时开动系数表　　表 1.7-133

机具数量	1	2～3	4～6	7～10	11～12	20 以上
同时开动系数	1	0.9	0.8	0.7	0.6	0.5

常用空气压缩机主要性能指标表　　表 1.7-134

型号	形式	结构形式	冷却方式	排风量 (m^3/min)	排气压力 (MPa)	转速 (r/min)
W－3/7	W	活塞	风冷	3	700	—
W－3/7DY	W	活塞	风冷	3	700	—
WG－3/7	W	活塞	风冷	3	700	—
W－6/7	W	活塞	风冷	6	700	—
W－6/7DY	W	活塞	风冷	6	700	—
2W－6/7	W	活塞	风冷	6	700	—
2W－6/7	W	活塞	风冷	6	700	—
2WY－6/8	W	活塞	风冷	6	800	—
2W9/7	W	活塞	风冷	9	700	—
DW－9/7	W	活塞	风冷	9	700	—
2Z3/8	Z	活塞	水冷	3	800	—
2Z　3/8　I	Z	活塞	水冷	3	800	—
2Z－6－8－I	Z	活塞	水冷	6	800	—
3LB－7/3.5	L	活塞	水冷	7	520	—
V－3/8	V	活塞	风冷	3	980	—
BV－3/8	V	活塞	风冷	3	970	—
YV－3/8	V	活塞	风冷	3	980	—
LGII－20－10/3.5	L	螺杆	风冷	10	2 960	—
LG20－10/7－I	L	螺杆	风冷	10	3 770	—
LGY－10/7	L	螺杆	风冷	10	3 700	—
DVY－12/7	V	电动	风冷	12	0.7	1 470
3L－10/7	L	电动	水冷	10	0.7	480
3L－10/8	L	电动	水冷	10	0.8	480
LG8－0.7/8	螺杆	电动	风冷	0.7	0.75	2 940
LGII12－3/7－D	螺杆	螺杆	风冷	3	0.75	2 940
LGII16－6/7－D	螺杆	电动	水冷	6	0.7	3 540
LG20－10/7－1	螺杆	电动	风冷	10	0.7	3 770
LG16－20/5－15－D	螺杆	电动	风冷	20	1.5	2 338
HBY－7/7	滑片	电动	风冷	7	0.7	1 500
HPY18－10/7－K	滑片	电动	风冷	10	0.7	1 470
W－3/7	—	电动	风冷	3	0.7	1 400
WG－3/7	W	电动	风冷	3	0.7	1 470
2W－6/7	W	电动	风冷	6	0.7	1 225

续上表

型号	形式	结构形式	冷却方式	排风量 (m^3/min)	排气压力 (MPa)	转速 (r/min)
2W-6/7	W	电动	风冷	6	0.7	980
DW-9/7	W	电动	风冷	9	0.7	922
2W-9/7	W	电动	风冷	9	0.7	1 450
2Z-3/8	Z	电动	水冷	3	0.8	730
2Z-6/8-1	Z	电动	水冷	6	0.8	730
V-3/8-1	V	电动	水冷	3	0.8	980
V-6/7	V	电动	风冷	6	0.8	1 480

工地压缩空气管道常用钢管规格表 表1.7-135

公称直径 D_g		公称压力 P_g 为0.25~1.6MPa					
		水、煤气钢管			无缝钢管		
mm	in	外径 (mm)	壁厚 (mm)	质量 (kg/m)	外径 (mm)	壁厚 (mm)	质量 (kg/m)
10	3/8	17	2.25	0.82	14	3	0.81
15	1/2	21.25	2.75	1.25	18	3	1.04
20	3/4	26.75	2.75	1.63	25	3	1.63
25	1	33.5	3.25	2.42	32	3.5	2.46
32	1¼	42.25	3.25	3.13	38	3.5	2.98
40	1½	48	3.5	3.84	45	3.5	3.58
50	2	60	3.5	4.88	57	3.5	4.62
65	2½	75.5	3.75	6.64	73	4	6.81
80	3	88.5	4	8.34	89	4	8.33
100	4	114	4	10.85	108	4	10.26
125	5	140	4.5	15.04	133	4	12.75
150	6	165	4.5	17.81	159	4.5	17.15
175	—	—	—	—	194	6	27.82
200	—	—	—	—	219	6	31.52

普通全胶管规格表 表1.7-136

公称内径(mm)	3	5	6	8	10	13	16	19	22	25	32	38	51	64	76
胶管厚度(mm)	1.5	1.5	1.5	2	2	2.5	2.5	3.5	3.5	3.5	3.5	4.5	4.5	5.5	5.5

注:此胶管适用于输送水、空气和稀酸、稀碱。输送水、空气的全胶管最大内径到38mm。

(2)爆破成孔机具

常用风镐规格及性能参数表 表1.7-137

项目	GJ-7	G-7	G-7A	G-11	G-11A	江淮301
钻孔直径(mm)	40	44	34	34	38	34
锤体行程(mm)	135	80	153	155	155	153
冲击频率(次/min)	1 300	1 325	1 100	1 000	1 500	1 100
使用气压(MPa)	0.4	0.5	0.5	0.4	0.5	0.5
耗用量(m^3/min)	1	1	0.8	1	1	0.8
质量(kg)	6.7	7.5	7.5	10.6	10.5	7.5

注:配套设备为6~10m^3/min移动式柴油机或电动空气压缩机,内压0.5N/mm^2;湿法钻孔水压0.2~0.3N/mm^2。

常用钎杆材料的规格质量表 表1.7-138

序号	钻杆断面形状	内切圆直径(mm)	水孔直径(mm)	质量(kg/m)
1	中空六角钢	22	6.5	2.99
		25	7	3.59
		32	9	6.93
2	中空圆钢	22	6	2.83
		25	6.5	3.4
		32	6.5	6.56
3	实心六角钢	22	—	3.29
		25	—	3.91
4	实心圆钢	22	—	2.98
		25	—	3.55

注:1.人工锤击打眼:采用22~25mm的实心钢。

2.机械钻眼:手风钻凿岩机,一般用22~25mm的中空六角钢。

手持式风动凿岩机钻眼的钎组 表1.7-139

钻杆编号	钢钎长度(m)(岩石硬度坚硬系数:f=6~15)	备注
1(开门钎杆)	0.6	1.钻钎每钻眼进深50cm左右,要换用一根长钻杆,所换的钻头直径要比先前一根小1~2mm,但钻眼的孔底应保持35mm的直径。 2.如炮眼深度改变,可相应地增减最长钻杆的编号
2	1.2	
3	1.8	
4	2.4	
5	3	

常用风动(内燃)凿岩机规格、性能参数表 表1.7-140

项目	01-17 手持式	Y-30 手持式	YT-23 气腿式	YT-25 气腿式	YTP-26 伸缩式	YN30 内燃
最大钻孔深度(m)	4	4	5	4	8	6
钎子直径(mm)	22	25	25	22	25	22
钻杆直径(mm)	34~38	38~42	34~38	34~38	38~45	—

续上表

项　目	01－17 手持式	Y－30 手持式	YT－23 气腿式	YT－25 气腿式	YTP－26 伸缩式	YN30 内燃
自动推进长度(mm)	600	1 100	1 362	1 355	1 280	—
中硬岩石凿进速度(m/min)	90	140	—	210	—	180
钎杆扭矩(N·cm)	360	900	1 500	1 000	2 200	—
活塞冲击次数(次/min)	1 700	1 700	2 100	1 800	3 300	2 700～3 000
使用风压(MPa)	0.5	0.5	0.5	0.5	0.5	—
耗气量(m^3/min)	1.8～2.0	2.4	3.6	2.6	3.5	—
风管直径(mm)	—	19	25	19	25	—
冲击力(N·m)	—	45	60	56	60	35
钻机长度(mm)	585	635	637	660	645	805
钻机质量(kg)	21	30	23	23	26	28
适用范围(岩石坚固系数f值)	f＝4～10，水平或下斜眼	f＝6～15，水平或下斜眼	f＝6～15，任意角度和方向	f＝6～12，任意角度和方向	f＝6～20，水平或斜眼	f＝6～12，水平或斜眼

(3)真空脱水设备

混凝土真空脱水机组性能参数表 表1.7-141

项　目		HZJ－40 水环式	HZJ－60	改型泵Ⅰ号	改型泵Ⅱ号
真空泵	空载极限(kPa)	96.26	99.33	95.99～98.66	99.99
	真空度(%)	95	98	94.7～97.3	98.7
	抽气速度(L/s)	28	—	70	60
	抽吸能力(m^2)	2×20	60	20	2×20
电动机	功率(kW)	4	4	5.5	5.5
	转速(r/min)	2 880	2 850	670	600
配套吸垫规格(m)		3×5	3×5	—	—
主机外形尺寸(长×宽×高)(cm)		135×66×80	140×65×84	150×76×85	170×75×105
质量(kg)		200	180	320	340

1.8 桥梁施工(加固)安全技术

高桥、大跨、深水、结构复杂的大型桥梁施工，应对施工安全做专项调查研究，并制订相应的安全技术措施。单项工程(包括辅助结构、临时工程)开工前，应制订安全操作细则，向施工人员进行安全技术交底。

1.8.1 基础工程施工安全技术

基础工程施工安全技术　表1.8-1

施工方法	安全技术
明挖基础	1.开挖基坑时,如对邻近建(构)筑物或临时设施有影响时,应采取保护措施。 2.挖掘机等机械在坑顶进行挖基出土作业时,机身距坑边的安全距离应视基坑深度、坡度、土质情况而定。一般应不小于1.0m,堆放材料及机具时应不小于0.8m。 3.采用桅杆吊斗或皮带运输机出土时,应检查吊斗绳索、挂钩、机具等是否完好牢固。吊斗升降时,坑内作业人员应躲离至吊斗升降移动范围以外,吊斗不使用时,应及时摘下,不得悬挂。 4.在水中挖基,应备有便于出入基坑的爬梯等安全设施。 5.开挖中,当坑沿顶面出现裂缝、坑壁松塌或遇有涌水、涌沙影响基坑边坡稳定时,应立即加固防护。 6.基坑需机械抽排水开挖时,须配备足够的抽排水设备,抽水机及管路等要安放牢靠。 7.小型桥涵施工,如不能保证车辆通行时,应事先修好便道或便桥(涵),并在修建桥涵的公路两端设置"禁止通行"的标志。 8.寒冷地区采用冻结法开挖基坑时,应根据地质、水文、气温等情况,分层冻结,逐层开挖。 9.基坑开挖需要爆破,应按《爆破安全规程》(GB 6722—2003)办理
筑岛、围堰	1.吸泥船吹砂筑岛时,作业区内严禁船舶进入,承载吸泥管道的浮筒上不得行人。挖土、吊运、浇筑混凝土等作业,严禁碰撞支撑,并不得在支撑上放置重物。 2.挖基工程所设置的各种围堰和基坑支撑,其结构必须坚固牢靠。基础施工中,挖土、吊运、浇筑混凝土等作业,严禁碰撞支撑,并不得在支撑上放置重物。施工中发现围堰、支撑有松动、变形等情况时,应及时加固,危及作业人员安全时,应立即撤出。 3.基坑较深时,四周应悬挂人员上下扶梯。 4.基坑支撑拆除时,应在施工负责人的指导下进行。拆除支撑应与基坑回填相互配合进行。有引起坑壁坍塌危险时,必须采取安全措施。 5.在围堰内作业,遇有洪水或流冰,应立即撤出作业人员
钢板桩及钢筋混凝土板桩围堰	1.插打钢板桩(包括钢筋混凝土板桩,以下同)围堰前,应对打桩机具进行全面检查。 2.钢板桩起吊前,钢板桩凹槽部位应清扫干净,锁口应先进行修整或试插;组拼的钢板桩组件,应采用坚固的夹具夹牢,不得将吊具拴在钢板桩夹具上。钢板桩吊环的焊接应由专人检查,必要时应进行试吊。 3.打桩机和卷扬机应设专人操作。钢板桩起吊,应听从信号指挥。作业时,应在钢板桩上拴好溜绳,防止起吊后急剧摆动。吊起的钢板桩未就位前桩位附近不得站人。 4.钢板桩插进锁口后,因锁口阻力不能插放到位而需桩锤压插时,应采用卷扬机钢丝绳控制桩锤下落行程,防止桩锤随钢板桩突然下滑。 5.插打钢板桩,如因吊机高度不足,可向下移动吊点位置,但吊点不得低于桩顶下1/3桩长的位置。 6.钢板桩在锤击下沉时,初始阶段应轻打。桩帽(垫)变形时应及时更换
沉井基础	1.沉井的初沉阶段不宜在汛期内施工。如必须在汛期、凌汛期施工时,应采取稳妥可靠的安全防护措施。 2.在围堰筑岛上就地浇筑的沉井,围堰要牢固,防止冲刷产生塌陷。 3.拆除沉井垫板,应按施工方案的规定进行。抽拔垫板时,应派人在沉井外观察和指挥。 4.沉井下沉,采用人工挖掘时,劳动组织要合理,井内人员不宜过多。在刃脚处挖掘,应对称均匀掘进,并保持沉井均衡下沉。下井操作人员,安全防护用品必须佩戴齐全。井内要有充足的照明。沉井各室均应备有悬挂钢梯及安全绳,以应急需。涌水、涌沙量大时,不宜采用人工开挖下沉。 5.井内、井上搭设的抽水机台座(架)必须安装牢靠。电路应使用防水胶线,防止漏电。 6.沉井顶面应设安全防护围栏。井顶上的机具应设防护挡板,小型工具宜装箱存放。在沉井刃脚和井内横隔墙附近,不得有人停留、休息。 7.用吊斗出土时,斗梁与吊钩应封绑牢固,并应经常检查斗梁、斗门等磨损情况,损伤部位应更换或加固。吊斗升降时,井顶指挥人员应通知井下人员暂时避开

续上表

施 工 方 法	安 全 技 术
沉井基础	8. 采用抓斗进行不排水下沉时，如钢丝绳缠绕在一起而需要转动抓斗进行排除时，作业人员应站在有护栏的部位。 9. 不排水下沉中，应均匀出土，不得超挖超吸。必须进行沉井底的潜水检查时，要防止沉井突然下沉和大量涌沙而导致沉井歪斜或造成机械和人员损伤。 10. 沉井下沉需要配重时，配重物件应堆码整齐，捆绑牢固；采用偏配重、偏出土和施加水平力纠正井倾时，荷载应逐级增加，并不断观察机井下沉情况。 11. 采用空气幕下沉沉井时，空压机、储气罐等应符合安全规定的要求，并由专人操作。储气罐放置地点应通风，严禁日光曝晒和高温烘烤。 12. 在深水处，采用浮式沉井施工时，其沉井下水、浮运及悬浮状态下接高、下沉等，应遵守下列规定： (1)浮式沉井在下水前，应进行水密性检查，合格后方可下水。 (2)浮式沉井在下水前，应制订下水方案。当采用起吊下水时，应对起重设备合理配置使其受力均匀；当河岸有适合坡度，而采用滑移、牵引等措施下水时，必须保证沉井安全，严防倾覆及损伤。 13. 浮式沉井定位落床前，应考虑潮水涨落的影响。沉井落床后，应采取措施，使其尽快下沉，并使沉井达到保持稳定的深度。 14. 船上(支架平台上)制造完成的浮式沉井，下水时宜在水面波浪较小时进行，当有船只驶过时，应暂缓入水
钻孔灌注桩基础	1. 钻孔机械就位后，应对钻机及配套设备进行全面检查。钻机安设必须平稳、牢固；钻架应加设斜撑或缆风绳。 2. 冲击钻孔，选用的钻锥、卷扬机和钢丝绳等，应配置适当。钢丝绳与钻锥用绳卡固接时，绳卡数量应与钢丝绳直径相匹配，冲击过程中，钢丝绳的松弛度应掌握适宜。 3. 正、反循环钻机及潜水钻机使用的电缆线要定期检查，接头必须绑扎牢固，确保不透水、不漏电；对经常处于水、泥浆浸泡处应架空搭设。挪移钻机时，不得挤压电缆线及风水管路。 4. 潜水钻机钻孔时，一般在完成一根钻孔桩时要检查一次电机的封闭状况。钻进速度应根据地质变化加以控制，以保证安全运转。 5. 采用冲抓或冲击钻孔，当钻头提到接近护筒底缘时，应减速、平稳提升，不得碰撞护筒和钩挂护筒底缘。 6. 钻孔使用的泥浆，宜设置泥浆循环净化系统，并注意防止或减少环境污染。 7. 钻机停钻，必须将钻头提出孔外，置于钻架上，不得滞留孔内。 8. 对于已埋设护筒未开钻或已成桩护筒尚未拔除的，应加设护筒顶盖或铺设安全网遮罩
沉入桩基础	1. 钢筋混凝土桩、预应力混凝土桩采用锤击沉桩或振动沉桩时，施工场地应保持平整清洁。打桩机的移动轨道，铺设要平顺、轨距要准确、钢轨要钉牢，轨道端部应设止轮器。 2. 打桩架移动时，应在现场施工负责人指挥下进行。桩架移动应平稳，桩锤必须放在最低位置，柴油打桩机后部的配重铁必须齐全。采用滚杠滑移打桩架作业时，作业人员不得在打桩架内操作。 3. 水上打桩平台，必须搭设牢固，打桩机底座与平台应连接牢靠。 4. 浮式沉桩设备沉桩时，桩架与船体必须连接紧固。船体定位后，应以锚缆封固，并应防止施工中浮船晃动。 5. 起吊沉桩或桩锤时，严禁作业人员在吊钩下或在桩架龙门口处停留或作业。 6. 打桩架及起重工具，应经常检查维修，桩锤检查维修，必须将桩锤放落在地面或平台上，严禁在悬挂状态下维修桩锤。 7. 采用高压水泵等助沉措施，其高压水泵的压力表、安全阀、水泵、输水管道及水压等应符合安全要求。高压射水辅助沉桩，应根据地质情况采用相应的压力，并要防止因急剧下沉造成桩架倾倒。射水沉桩，应在桩身入土达到稳定时再射水。 8. 振动打桩机开动后，作业人员应暂离基桩。振打中如发现桩回跳、打桩机有异声及其他不正常情况时，应立即停振，并经检查处理后再继续作业。所有开、停振必须听从指挥。 9. 振动打桩机在停止作业后，应立即切断动力源

1.8.2 墩台工程施工安全技术

墩台工程施工安全技术　表1.8-2

施工方法	安全技术
就地浇筑墩台施工	1.施工前必须搭好脚手架及作业平台,并在平台外侧设栏杆。墩高在10m以上时,应加设安全网。 2.吊斗升降应设专人指挥。落斗前,下部的作业人员必须躲开,不得身倚栏杆推动吊斗。严禁吊斗碰撞模板及脚手架
砌筑墩台施工	1.人工、手推车推(抬)运石块或预制块件时,脚手跳板应铺满,其宽度、坡度及强度等应满足安全要求。脚手架和作业平台上堆放的物品不得超过设计荷载。砌筑材料应随运随砌。 2.吊机、桅杆吊运砌筑材料时,应听从指挥信号。砌筑材料吊运到砌筑面时,作业人员应避让,待停稳后方可上前砌筑。 3.人工抬运大块石料时,应捆绑牢靠。动作协调一致,缓慢平放
滑模施工	1.高桥墩(台)、塔墩、索塔等高层结构,采用滑升模板施工时,除应遵守"高处作业"的安全规定外,并需根据工程特点,编制单项施工方案及其安全技术措施,并向参加滑模施工人员进行安全技术交底。 2.滑模及提升结构应按设计制作与施工程序,作业前应对滑模、提升结构进行检查。 3.当塔墩等高层建筑采用爬模施工方法时,应进行特殊设计,在工厂制作。爬升架体系、操作平台、脚手架等,要保证具有足够的刚度和安全度。架体提升时,要另设保险装置。模板爬升,作业人员不得站在爬升的模板或爬架上。 4.液压系统组装完毕后,必须进行全面检查。施工过程中,液压设备应由专人操作,并应经常维护,发现问题及时处理。 5.模板提升到2m高以后,应安装好内外吊架、脚手架,铺好脚手板,挂设安全网。 6.混凝土浇筑,不得用大灌漏斗直接灌入,不得冲去模板。振捣时,不得振动支撑杆、钢筋及模板。提开模板时不得进行振捣。 7.模板每次提升前,应进行检查,排除故障,观察偏斜数值。提升时,千斤顶应同步作业。 8.施工中发现支撑杆有弯曲变形时,应及时加固。 9.操作平台的水平度、倾斜度应经常检查,发现问题应及时采取措施。 10.主要机具、电器、运输设备等,应定机定人,严格执行交接班制度。接班时,必须对机具检查一次,并做好记录。 11.平台上应规定人群荷载和堆放材料的限量标准。材料要均匀摆放,不得多人聚集一处。 12.墩上养生人员必须系好安全带。输水管路及其他设备应拴绑牢固。 13.运送人员、材料的罐笼或外用电梯。应有安全卡、限位开关等安全装置。 14.夜间施工应有足够的照明,在人员上下及运输过道处,均应设置固定的照明设施。 15.拆除滑模设备时,应做好安全防护措施。拆除时可视吊装设备能力,分组拆除或吊至地面上解体,以减少高处作业量和杆件变形。拆除现场应划定警戒区,警戒线到建筑物边缘的安全距离不得小于10m

1.8.3 上部工程施工安全技术

上部工程施工安全技术　表1.8-3

施工方法	安全技术
预制构件安装	1.装配式构件(梁、板)的安装,应制订安装方案,并建立统一的指挥系统。施工难度、危险性较大的作业项目应组织培训。 2.吊装偏心构件时,应使用可调整偏心的吊具进行吊装,安装的构件应平起稳落。 3.单导梁、墩顶龙门架安装构件时,应符合下列规定: (1)导梁组装时,各节点应连接牢固可靠,在桥跨中推进时,悬臂部分不得超过已拼好导梁全长的1/3。 (2)墩顶(临时墩顶)导梁通过的导轮支座必须牢固可靠。导梁接近导轮时,应采取渐进的方法进入导轮。导梁推进到位后,用千斤顶顶升,将导梁置于稳定的木垛上

续上表

施工方法	安全技术
预制构件安装	(3)导梁上的轨道应平行等距铺设,使用不同规格的钢轨时,其接头处应妥善处理,不得有错台。 (4)墩顶龙门架使用托架托运时,托架两端应保持平衡稳定,行进速度应缓慢。龙门架落位后应立即与墩顶预埋件连接,并系好缆风绳。 (5)构件在预制场地起重装车后,牵引至导梁时,行进速度不得大于5m/min,到达安装位置后,平车行走轮应用木楔楔紧。 (6)构件起吊横移就位后,应加设支撑、垫木,以保持构件稳定。 (7)龙门架顶横移轨道的两端应设置制动枕木。 4. 预制场采用千斤顶顶升构件装车及双导梁、桁梁安装构件时,应符合下列规定: (1)千斤顶在使用前,要做承载试验,起重吨位不得小于顶升构件的1.2倍。千斤顶一次顶升高度应为活塞行程的1/3。 (2)千斤顶升降应随时加设或抽出保险垫木,构件底面与保险垫木间的距离宜控制在5cm内。 (3)构件进入落梁架(或其他装载工具)横移到位时,应保持构件在落梁时的平衡稳定。 (4)顶升T梁、箱梁等大吨位构件时,必须在梁两端加设支撑;构件两端不得同时顶起或下落,一端顶升时,另一端应支稳、撑牢。 (5)预制场和墩顶装载构件的滑移设备要有足够的强度和稳定性,牵引(顶推)构件滑移时,施力要均匀。 (6)双导梁向前推进中,应保持两导梁同速进行;各岗位作业人员要精心工作。听从指挥,发现问题及时处理。 (7)双导梁进入墩顶导轮支座前后,应采取与单导梁相同的措施。 5. 架桥机安装构件时,应符合下列规定: (1)架桥机组拼(或定型产品)、悬臂牵引中的平衡稳定及机具配备等,均应按设计要求进行。 (2)架桥机就位后,为保持前后支点的稳定,应用方木支垫。前后支点处,还应用缆风绳封固于墩顶两侧。 (3)构件在架桥机上纵、横向移动时,应平缓进行,卷扬机操作人员应按指挥信号协同动作。 (4)全幅宽架桥机吊装的边梁就位前,墩顶作业人员应暂时避开。 (5)横移不能一次到位的构件,操作人员应将滑道板、落梁架等准备好,待构件落入后,再进入作业点进行构件顶推(或牵引)横移等工作。 (6)跨墩龙门架安装构件时,应根据龙门架的高度、跨度,采取相应的安全措施,确保构件起吊和横移时的稳定。构件吊至墩顶,应慢速、平稳地缓落。 (7)安装大型盆式橡胶支座,墩上两侧应搭设操作平台,墩顶作业人员应待支座吊至墩顶稳定后再扶正就位。 (8)龙门架、架桥机等设备拆除前应切断电源。拆除龙门架时应将龙门架底部垫实,并在龙门架顶部拉好缆风绳和安装临时连接梁。拆下的杆件、螺栓、材料等应捆好向下吊放。 (9)安装涵洞预制盖板时,应用撬棍等工具拨移就位。单面配筋的盖板上应标明起吊标志,吊装涵管应绑扎牢固。 (10)人工抬运安装涵洞盖板时,作业区道路应平整
就地浇筑上部结构施工	1. 钢筋混凝土或预应力混凝土就地浇筑时,作业前应对机具设备及防护设施等进行检查。对施工工艺及技术复杂的工程制订的安全技术措施及安全操作细则等,应进行技术交底。 2. 就地浇筑的桥涵上部结构,施工中应随时检查支架和模板,发现异常状况应及时采取措施
悬臂浇筑法施工	1. 悬臂浇筑采用桁架挂篮施工时,应遵守下列规定: (1)施工前,制订安全技术措施;挂篮组拼后,要进行全面检查,并做静载试验。 (2)在墩上进行零号块施工并以斜拉托架做施工平台时,在平台边缘处,应设安全防护设施,墩身两侧斜拉托架平台之间搭设的人行道板必须连接牢固。 (3)使用的机具设备(如千斤顶、滑车、手拉葫芦、钢丝绳等),应进行检查,不符合安全规定的严禁使用。 (4)检查墩身预埋件和斜拉钢带的位置及坚固程度,是否符合设计要求

续上表

施工方法	安全技术
悬臂浇筑法施工	2. 双层作业时，操作人员必须严守各自岗位职责，并应防止铁件工具掉落等。 3. 挂篮拼装及悬臂组装中，应根据作业点的具体情况设置安全防护设施。 4. 挂篮使用时，后锚固筋、张拉平台的保险绳等应经常检查。底模高程调整时，应设专人统一指挥，且作业人员应站在铺设稳固的脚手板上。 5. 挂篮行走时，要缓慢进行，速度应控制在0.1m/min以内。挂篮后部各设一组溜绳，以保安全。滑道要铺设平整、顺直，不得偏移。 6. 如需在挂篮上另行增加设施（如防雨棚、立井架、防寒棚等）时，不得损坏挂篮结构及改变其受力形式。 7. 使用水箱做平衡重施工时，其位置、加水量等，应符合设计要求。给排水设施和方法，应稳妥可靠。施工中，对上述情况要经常进行检查。 8. 在底模荡移前，必须详细检查挂篮位置、后端压重、后锚及吊杆安装情况，确认安全后，方可荡移。 9. 箱梁混凝土接触面的凿毛作业人员要有安全防护设施。 10. 滑动斜拉式挂篮施工，应遵守下列规定： （1）滑动斜拉式挂篮的所有活动铰、销、斜拉钢带等，其材质要经检验，并打上标记。 （2）主梁及其吊梁系统安装后，应进行全面检查，必要时应做加载试验。自行设计、加工的挂篮，首次使用前，应按最大施工荷载进行加载试验。 （3）挂篮安装时或主梁行走到位后，应先安装好锚固和水平限位装置，再安装斜拉带和悬挂底模平台。 （4）在斜拉带安装和使用过程中，要注意检查，保持内外斜拉带受力均衡。 （5）底模和侧模沿滑梁行走前，需将斜拉带和后吊带拆除；用手拉葫芦起降和悬吊底模平台时，必须在挂手拉葫芦的位置加设保险绳。 （6）挂篮行走前应检查后锚固及各部受力情况，发现隐患应及时处理。行走时亦应密切注意有无异状，并慢速稳步到位。 （7）浇筑混凝土前，应对挂篮锚固、水平限位、吊带和限位装置进行全面检查
悬臂拼装法施工	1. 龙门架或起重吊机进行悬臂拼装时，应遵守下列规定： （1）吊机的定位、锚固应按设计进行，并进行静载试验。 （2）拼装使用的机具设备均应经过检查，如有隐患及不符合安全规定时不得使用。 （3）构件起吊前，应对构件进行全面检查，如吊环部位有无损伤、结合面有无突出外露物、构件上有无浮置物件等。 （4）构件应垂直起吊，并保持平衡稳定。在接近安装部位时，不得碰撞已安完的构件和其他作业设施。 （5）运送构件的车辆（船只），构件起升后应迅速撤出。 2. 遇有下列情况时，现场指挥人员，必须在构件妥善处理后，暂时停止吊装作业： （1）天气突然变化，影响作业安全。 （2）卷扬机、电机过热，或其他机械设备出现故障等。 3. 拆除硫磺砂浆临时支座，除按“高处作业”的安全要求施工外，还应符合下列规定： （1）融化硫磺砂浆垫块采用电热法时，电热丝不得与其他金属物接触。 （2）作业时人员应站在上风处操作，并应佩戴安全防护用品。 （3）人工凿除时，人员站位要拉开距离
缆索吊装法施工	1. 吊装前应对施工人员进行安全教育。安装时应有统一的指挥信号。登高操作人员应携带工具袋。安全带不得挂在主索、扣索、缆风绳等上面。 2. 牵引卷扬机启动要缓慢，行进速度要平稳；构件在吊运时，起重卷扬机要协调配合，并控制好构件在空中的位置。起重卷扬机不得突然起升和下降，避免构件产生过大弹跳。构件吊运至安装部位时，作业人员要等构件稳定后再进行操作。 3. 构件不能垂直就位而需旁侧主索吊具协助斜拉时，指挥信号要明确，各组卷扬机要协调动作。 4. 缆索吊装大型构件时，应事先检查塔架、地锚、扣架、滑车、钢丝绳等机具设备。正式吊装前应经吊载试运行后方可正式作业。 5. 缆索跨越公路、铁路时，应搭设架空防护支架。在靠近街道和村屯的地方，应设立警示标志。 6. 在主航道上空吊装重大构件时，宜采取临时封航措施

续上表

施工方法	安全技术
顶推及滑移模架法施工	1. 顶推法施工时,桥台后面的预制场地应平整、无杂物,工具、材料等应随时堆放整齐,并保持运输通道畅通。在墩台上,要为检查、更换滑道及其他作业留有工作面。 2. 顶推施工所用的机具设备、材料(如拉锚器、工具锚、连接件、油压千斤顶、高压油泵、油管、压力表及滑动装置等)使用前,应全面检查,必要时应做试验。 3. 使用的油压千斤顶,应附有球形支承垫、保险圈及升程限孔。多台千斤顶共同作用时应选用同一类型。 4. 采用多点顶推或单点顶推,其动力应有统一的控制手段,使其达到同步、纠偏、灵活和安全可靠。 5. 顶推施工中应备有现场电话及对讲机等通信设备,以便于统一指挥。 6. 在各顶推点,应派专人进行测量,随时将墩顶的位移数据,报告给指挥人员。 7. 落梁完毕,拆除千斤顶及其他设备时,应先用绳索拴好,用吊机吊出。吊运时,应避免撞击梁体。 8. 梁体进行荷载试验时,应按设计布置。重物应轻放,并防止碰伤人员。 9. 箱梁混凝土采用滑移模架法浇筑,应遵守下列规定: (1)模架支撑于钢箱梁上,其前后端桁架梁必须用优质高强螺栓连接好、拧紧。 (2)钢箱梁及桁架梁下弦底面应装设不锈钢带,在滑橇上顶推滑行之前,应检查有无障碍物及不安全因素。 (3)浇筑混凝土之前应进行全面的安全检查,确认合格后方可施工。 (4)牵引后横梁和装卸滑橇时,要有起重工协同配合作业。牵引时应注意牵引力作用点,使后横梁在运行时与桥轴线保持垂直。 (5)滑移模架行走时必须听从信号指挥。对重要部位应设专人负责值班观察,并注意人员及设备的安全。 10. 涵管采用顶入法施工时,施工前应做好施工点的调查。对顶入涵管的原有通车公路、铁路路段,应与当地公路、铁路部门联系,并签订施工协议。施工前应采取必要的加固措施,以保证顶入作业中通车线路的安全。当火车、汽车通过时,应暂停挖土或顶入,必要时作业人员应暂时离开作业面。 11. 顶入工作坑的边坡,应视土质情况而定。靠铁路、公路一侧的边坡,其上端距铁路或公路路面边缘的距离,不得小于设计的规定。工作坑的后背墙(后背梁)应采取安全防护措施。 12. 为避免边缘塌陷,在工作坑坡顶的一定范围内,不得堆放弃土、料具。 13. 顶入法施工的现场应备有一定数量的木料或者草袋,以备因雨水或其他原因引起路基变形时抢修加固路基,确保线路行车安全。 14. 顶入施工应连续进行。施工中要防止地下渗水造成路基坍塌。顶入作业时遇有发生塌方、设备扭曲变形时应停止作业。 15. 机械挖土不得碰撞已挖好的洞内土壁。人工清理开挖面时机械应及时退出。 16. 施顶时非作业人员应撤离工作坑,严禁作业人员跨越或接近顶铁。 17. 顶入机械发生故障时应停机检修,严禁带故障作业。 18. 顶入施工的接缝应采取封闭措施,以防土石方掉落伤人。 19. 施工中地下水位较高时,应有防止塌方、流沙等安全防护措施。顶入法施工,不宜在雨季进行
预应力张拉法施工	1. 预应力钢束(钢丝束、钢绞线)张拉施工前,应遵守下列规定: (1)张拉作业区,无关人员不得进入。 (2)检查张拉设备、工具(如千斤顶、油泵、压力表、油管、顶楔器及液控顶压等)是否符合施工及安全的要求,压力表应按规定周期进行检定。 (3)锚环及锚塞使用前应经检验,合格后方可使用。 (4)高压油泵与千斤顶之间的连接点,各接口必须完好无损。油泵操作人员要戴防护眼镜。 (5)油泵开动时,进、回油速度与压力表指针升降应平稳、均匀一致。安全阀要经常保持灵敏可靠。 (6)张拉前,操作人员要确定联络信号。张拉两端相距较远时,宜设对讲机等通信设备

续上表

施工方法	安全技术
预应力张拉法施工	2. 在已拼装或悬浇的箱梁上进行张拉作业，其张拉作业平台、拉伸机支架要搭设牢固，平台四周应加设护栏。高处作业时，应设上下扶梯及安全网。施工的吊篮，应安挂牢固，必要时可另备安全保险设施。张拉时千斤顶的对面及后面严禁站人，作业人员应站在千斤顶的两侧。 3. 张拉操作中若出现异常现象（如油表振动剧烈、发生漏电、电机声音异常、发生断丝、滑丝等），应立即停机进行检查。 4. 张拉钢束完毕，退销时应采取安全防护措施。人工拆卸销子时，不得强击。 5. 张拉完毕后，对张拉施锚两端，应妥善保护，不得压重物。管道尚未灌浆前，梁端应设围护和挡板。严禁撞击锚具、钢束及钢筋。 6. 先张法张拉施工时，除按以上规定施工外，还应做到： （1）张拉前，对台座、横梁等进行检查。 （2）先张法张拉中和未浇混凝土之前，周围不得站人和进行其他作业。浇筑混凝土时，振捣器不得撞击钢丝（钢束）。用卷扬机滑轮组张拉小型构件时，张拉完成后应切断电源和卡固钢丝绳。 7. 精轧螺纹钢筋张拉前，除对张拉台座检查外，还应对锚具、连接器进行检查、试验。 8. 预应力钢筋冷拉时，在千斤顶的端部及非张拉端部，均不得站人。 9. 钢筋张拉或冷拉时，螺丝端杆、套筒螺丝必须有足够的长度；夹具应有足够的夹紧能力，防止锚夹不牢而滑出。 10. 管道压浆时，应严格按规定压力进行。施压前应调整好安全阀。关闭阀门时，作业人员应站在侧面
拱桥施工	1. 拱架应具有足够的强度、刚度和稳定性。拱架须经验算，必要时应经试验或预压，并应满足防洪、流冰、排水、通航等安全要求。采用土牛拱架时，亦应采用相应的安全措施，保证拱圈砌筑的安全。 2. 拱架安装及拆除的方法及程序，应符合有关安全规定的要求。 3. 拱石加工时，应注意锤头或飞石伤人，作业人员应保持一定的安全距离。 4. 拱石或预制混凝土块，应按砌筑程序编号，依次运到工地，随用随运，不得过多地堆积在拱架或脚手架上，抬运块件不得碰撞拱架。 5. 砌筑拱圈，应按施工要求搭设脚手架及作业平台。拱上建筑施工必须严格按设计加载程序分段，对称进行。 6. 拱圈砌筑，应随时用仪器观测拱架变形状况，必要时应进行调整，以控制拱圈变形过大。卸架装置应有专人负责检查。 7. 拱架拆除工作必须按设计程序进行。拱架脱离拱圈时，应经检查确认安全后方可继续进行拱架拆除工作。拱架拆除时，应听从统一指挥。严禁在拱架上下同时进行作业，并严禁使用机械强拽拱架，使之倾倒的做法。 8. 无支架拱桥施工时，应遵守下列规定： （1）大中跨径拱桥施工，应验算拱圈的横向稳定性。分段吊装的单肋合龙后应用缆风绳稳固。第二肋安装后应用横夹木临时横向连接。 （2）双曲拱、箱形拱、纵横向悬砌拱桥施工时，在墩、台顶设置的扣架底部固定应牢靠，架顶应设缆风绳；缆风绳设置必须对称，缆风地锚环应埋设坚固。 （3）在河流中设置缆风绳时，必须采取可靠的防护措施
钢桥施工	1. 钢梁杆件组装，应在平整的作业台上进行，其基础应有足够的承载力。 2. 悬臂拼装法安装大跨径钢桥时，可按上述“悬臂拼装法施工”中的有关规定办理。 3. 钢梁上的各种电动机械和电缆线、照明线路等，必须保持绝缘良好，应有专人值班进行管理。 4. 拼装杆件时，应安好梯子、溜绳、脚手架。斜杆应安拴保险吊具。杆件起吊时，先提升 0.3m 左右，确认安全后再继续起吊。 5. 装拆脚手架、上紧螺栓、铆合等作业，应上下交替进行，避免双层作业。杆件拼装对孔时，应用冲钉探孔，严禁用手指伸入检查。 6. 杆件对孔作业中，吊车司机、信号员、架梁人员应操作准确，动作协调。 7. 架梁用的扳手、小工具、冲钉及螺栓等物，应使用工具袋装好，严禁抛掷。多余的料具要及时清理，并堆放在安全地点。 8. 钢梁表面涂漆作业，应有防毒保护措施

1.8.4 混凝土工程安全技术

混凝土工程安全技术 表1.8-4

项　目	安全技术
搅拌站	1.搅拌站应按设计要求,安装在具有足够承载力、坚固、稳定的基座上。操作处应设作业平台及防护栏杆。 2.搅拌站的电气设备和线路,应绝缘良好。机械设备外露的转动部分,应设防护装置。 3.搅拌站的机械设备安装完毕后,要检查离合器、制动器、升降器是否灵活可靠;轨道滑轮是否良好;钢丝绳有无断裂或损坏等,并经试转,全部机械达到正常后,方可作业
发电机组	1.工期较长的工程,发电机组应设置在安全可靠的机房内,其基础应平整坚实,必要时应设置在混凝土基座上。机房内配备消防设备。 2.发电机应设接地保护,接地电阻不得大于4Ω。发电机连接配电盘,通向所有配电设备的导线,必须绝缘良好,接线牢固。 3.施工单位的发电机电源应与外电线路电源联锁,严禁并列运行。 4.发电机附近不得放置易燃、易爆物品
传输带运输机	1.移动式传输带运输机运转作业前,应将行走轮用三角木对称楔紧。固定式传输带运输机,应安装在牢固的基础上。 2.空载启动后,应检查各部位的运转和传输带的松弛度。如无异常,在达到额定转速后,方可均匀装料。 3.严禁运转中进行修理和调整。作业人员不得从输送带、运输机下面穿过或跨越输送带。 4.输送大块物料时,输送带两侧应加设挡板或栅栏等防护装置。运料中,应及时清除输送带上的黏连物,停机后要切断电源
泵送混凝土	1.混凝土泵(泵车)应设置在作业棚内,安装应稳定、牢固。泵车安设未稳前,不得移动布料杆。作业前,应检查输送泵、电气设备是否正常、灵敏、可靠。 2.泵送前,应检查管路、管节、管卡及密封圈的完好程度,不得使用有破损、裂缝、变形和密封不合格的管件,并应符合下列要求: (1)管路布设要平顺。在高处、转角处应架设牢固,防止串动、移位。 (2)管路应设专人经常检查,遇有变形、破裂时,应及时更换,防止崩裂。 3.混凝土泵在运转时发现故障,应立即停机检查,不得带病作业。 4.混凝土输送泵车操作人员,应熟悉和遵守泵车的操作规程和安全技术规定。 5.拆卸管路接头前,应把管内剩余压力排除干净,防止管内存有压力而引事故。 6.在五级以上大风时,泵车不得使用布料杆作业。 7.作业结束采用空气清洗管道时,操作人员不得靠近管道端部
轨道平车运输	1.轨道路基要有足够的宽度、平整度、强度。铺设轨道要平直、圆顺,轨距应在允许误差值之内。轨道半径不得小于25m,纵坡不宜大于2%。轨道与其他道路交叉时,应按规定铺设交叉道口。 2.轨道平车运输大型构件时。平车的转向托盘(转盘)、支撑制动器等应进行检查。 3.大型预制构件运输应设专人指挥,并经常检查构件在平车上的稳定状况及轨道平车在运转中有无变形。 4.构件运输时,速度要缓慢,下坡时要以溜绳控制速度,并用人工拖拉止轮木块跟随前进。当纵坡坡度较大时,必须有相应的安全措施,方可运输
平板拖车运输	1.大型预制构件平板拖车运输,时速宜控制在5km/h以内。简支梁的运输,除在横向加斜撑防倾覆外,平板车上的搁置点必须设有转盘。 2.运输超高、超宽、超长构件时,必须向有关部门申报,经批准后,在指定路线上行驶。牵引车上应悬挂安全标志,超高的部件应有专人照看,并配备适当工具,保证在有障碍物情况下安全通过。 3.平板拖车运输构件时,除一名驾驶员主驾外,还应指派一名助手,协助瞭望,及时反映安全情况和处理安全事宜,平板拖车上不得坐人

续上表

项 目	安 全 技 术
平板拖车运输	4. 重车下坡应缓慢行驶，并应避免紧急制动。驶至转弯或险要地段时，应降低车速，同时注意两侧行人和障碍物。 5. 在雨、雪、雾天通过陡坡时，必须提前采取有效措施。 6. 装卸车应选择平坦、坚实的路面为装卸地点，装卸车时，机车、平板车均应拉上驻车制动器
水上运输	1. 驳船装载的预制构件应用撑木、垫木将构件安放平稳。拖轮牵引驳船行进时，速度要缓慢，不得急转弯。 2. 拖轮牵引浮运钢套箱、钢沉井时，应在了解航道的水深、流速等情况后，制订拖轮牵引方案。多只拖轮牵引浮运大型物件时，应配备通信器材，并建立统一的指挥机构。 3. 钢套箱、钢沉井在浮运中，应根据浮运物件的高度确定顶面露出水面的高度，一般情况下应不小于1m。 4. 如需临时封闭航道时，应经港航监督部门的批准。 5. 拖运中应派出监护船只检查牵引绳索和浮运物件的稳定情况，发现问题应立即采取措施

1.8.5 主要工序作业安全技术

主要工序作业安全技术　　表1.8-5

施 工 工 序	安 全 技 术
支架制作安装	1. 支架所用的桩木、万能杆件应详细检查。不得使用腐朽、劈裂、大节疤的圆木及锈蚀、扭曲严重的万能杆件和钢管等。 2. 地基承载能力应符合设计标准，否则应采取加固措施，使其达到设计要求。 3. 根据施工季节，支架工程应采取防冲刷或防冻涨等安全措施。 4. 支立排架要按设计要求施工，应有足够的承载能力和稳定性。并要与支保桩连接牢固，防止不均匀沉落、失稳和变形。 5. 支立排架时，应设专人统一指挥。支立排架以整排竖立为宜。排架竖立后，用临时支撑撑牢后再竖立第二排。两排架间的水平和剪刀撑用螺栓拧紧，形成整体。 6. 用吊机竖立排架时，应用溜绳控制排架起吊时的摆动。 7. 支立排架时，不得与便桥或脚手架相连，防止支架失稳
脚手架制作安装	1. 木、竹脚手架的捆扎材料，应使用8～10号镀锌钢丝和直径不小于10mm的三股白麻绳或水葱竹篾。水竹脚手架采用质地新鲜、坚韧带青的新水竹劈制成，厚度为0.6～0.8mm，宽度5mm左右为宜。断腰、大节疤和受潮霉的竹篾不得使用。 2. 钢管脚手架连接材料应使用扣件，接头应错开，螺栓要紧固。立杆底端需使用立杆底座，钢丝和白麻绳不得连接钢脚手架。 3. 脚手板要铺满、绑牢，无探头板，并要牢固地固定在脚手架的支撑上。脚手架的任何部分均不得与模板相连。 4. 脚手架要设置栏杆。敷设的安全设施应经常检查，确保操作人员和小型机械安全通行。 5. 脚手架上的材料和工具要堆放整齐，积雪和杂物应及时清除。有坡度的脚手板，要加设防滑木条。 6. 悬空脚手架应用栏杆或撑木固定稳妥、牢靠，防止摆动摇晃。 7. 搭设在水中的脚手架，应经常检查受水冲刷情况，发现松动、变形或沉陷时，应及时加固。在脚手架上作业人员应佩戴救生设备。 8. 搭设钢管井架相临的两立杆的接头应错开，横杆和剪刀撑要同时安装。滑轨必须保持垂直，两轨间距误差不得超过10mm。 9. 吊篮应严格按照设计要求施工。悬挂吊篮的钢丝绳围绕挑梁不得少于3圈，卡子不得少于3个，一个吊篮的保险绳索不得少于2根，钢丝绳不得与构造物或其他物件相摩擦。 10. 脚手架高度在10～15m时应设置一组（4～6根）缆风绳。每增高10m应再加设一组。缆风绳与地面夹角为45°～60°。缆风绳的地锚应设围栏，防止碰撞破坏。 11. 拆除脚手架时，周围应设置护栏或警戒标志，并应从上而下地拆除，不得上下双层作业。拆除的脚手杆、板应用人工传递或吊机吊送，严禁随意抛掷

续上表

施工工序		安全技术
钢筋加工		1. 钢筋施工场地应满足作业需要，机械设备的安装要牢固、稳定。作业前应对机械设备进行检查。 2. 钢筋调直及冷拉场地应设置防护挡板，作业时非作业人员不得进入现场。 3. 钢筋切断机作业前，应先进行试运转，检查刀口是否松动，运转正常后，方能进行切断作业。切长料时应有专人把扶，切短料时要用钳子或套管夹牢，不得因钢筋直径小而集束切割。 4. 采用人工锤击切断钢筋时，钢筋直径不宜超过 20mm，使锤人员和把扶钢筋、剪切工具人员身位要错开，并防止断下的短头钢筋弹出伤人
焊接	电焊	1. 电焊机应安设在干燥、通风良好的地点，周围严禁存放易燃、易爆物品。 2. 电焊机应设置单独的开关箱，作业时应穿戴防护用品，施焊完毕，拉闸上锁。遇雨雪天，应停止露天作业。 3. 在潮湿地点工作，电焊机应放在木板上，操作人员应站在绝缘胶板或木板上操作。 4. 严禁在带压力的容器和管道上施焊。焊接带电设备时，必须先切断电源。 5. 储存过易燃、易爆、有毒物品的容器或管道，焊接前必须清洗干净，将所有孔口打开，保持空气流通。 6. 在密封的金属容器内施焊时，必须开设进、出风口。容器内照明电压不得超过 36V。焊工身体应用绝缘材料与容器壳体隔离开。施焊过程中每隔 0.5 ~ 1h 外出休息 10 ~ 15min，并应有安全人员在现场监护。 7. 把线、地线不得与钢丝绳、各种管道、金属构件等接触，不得用这些物件代替接地线。 8. 更换场地，移动电焊机时，必须切断电源，检查现场，清除焊渣。 9. 在高空焊接时，必须系好安全带。焊接场地周围应备有消防设备。 10. 焊接模板中的钢筋、钢板时，施焊部位下面应垫石棉板或铁板
	气焊	1. 气焊作业应遵守上述电焊中的有关规定。 2. 乙炔发生器应采用定型产品，必须备有灵敏可靠的防止回火的安全装置。 3. 乙炔发生器与氧气瓶不得同放一处，距易燃易爆品不得少于 10m。严禁用明火检验是否漏气。氧气、电石应随用随领，下班后送回专用库房。 4. 氧气瓶、乙炔发生器受热不得超过 35℃，防止火花和锋利物件碰撞胶管。气焊枪点火时应按“先开乙炔，先关乙炔”的顺序作业。 5. 氧气瓶、氧气表及焊割工具的表面，严禁沾污油脂。 6. 乙炔发生器应每天换水。严禁在浮筒上放置物件，不得用手在浮筒上加压和摇动。添加电石时严禁明火照明。 7. 乙炔发生器不得放在电线的正下方，焊接场地距离明火不得少于 10m。 8. 氧气瓶应设有防振胶圈，并旋紧安全帽，避免碰撞、剧烈振动和强烈阳光曝晒。 9. 乙炔气管用后需清除管内积水，胶管回火的安全装置结冻时，应用热水溶化，不得用明火烘烤。 10. 点火时焊枪不得对人，正在燃烧的焊枪不得随意乱放。 11. 电石应放在干燥的地方，移动或搬运应将桶上的小盖打开，轻移、轻放。开桶时头部要闪开，不得用金属工具敲击桶盖。 12. 施焊时，场地应通风良好。施焊完毕，应将氧气阀门关好，拧紧安全罩。乙炔浮筒提出时，头部应避开浮筒上升方向，提出后应挂放，不得扣放在地上
高处作业		1. 高处作业的含义和级别划分应符合现行的国家标准《高处作业分级》(GB/T 3608—2008)的规定。 2. 悬空高处作业必须设有可靠的安全防护措施。悬空高处作业包括：在开放型结构上施工，如高处搭设脚手架等；在无防护的边缘上作业，在受限制的高处或不稳定的高处作业，在没有立足点或没有牢靠立足点的地方作业等。 3. 从事高处作业人员要定期或随时体检，发现有不宜登高的病症，不得从事高处作业。严禁酒后登高作业。 4. 高处作业人员不得穿拖鞋或硬底鞋。所需的材料要事先准备齐全，工具应放在工具袋内

续上表

施工工序	安全技术
高处作业	5. 高处作业所用的梯子不得缺档和垫高，同一架梯子不得二人同时上下，在通道处(平台)使用梯子应设置围栏。 6. 高处作业与地面联系，应有专人负责，或配有通信设备。 7. 运送人员和物件的各种升降电梯、吊笼，应有可靠的安全装置，严禁人员乘坐运送物件的吊篮
水上作业	1. 在通航江河上施工的安全管理工作应符合现行的《内河交通安全管理条例》的规定，开工前应报告当地港航监督部门。 2. 施工所使用的船只应经船检部门检查合格后方可使用，施工期间按规定应设置临时码头、航行标志及救护、消防等设施。 3. 船只在航行前，应检查各部位的机械与设施是否良好，不得带病作业。 4. 应掌握和及时了解当地的气象和水文情况，遇有大风天气应检查和加固船只的锚缆等设施。遇有雨、雾天，视线不清时，船只应显示规定的信号，必要时应停止航行或作业。 5. 定位船及作业船锚碇后，应在涉及航域范围内设置警示标志。抛锚时，锚链滚滑附近不得站人。 6. 船只靠岸后(在两船间倒运货物时)应搭设跳板、扶手或安全网，经踏试稳定牢固，方可上下人或装卸货物。 7. 装船时严禁超载、偏载，必要时应加配重，调整平衡。卸船时应分层均匀卸运。 8. 打桩船、起重船施工前应了解作业区域的水深、流速、河床地质等有关情况，为船舶行驶、抛锚、定位做好安全准备工作。 9. 抛锚、就位应保持船体稳定。如用两艘船体连接时，必须连接牢固，稳定可靠。 10. 使用轮胎或履带吊车在船上打桩、起重作业时，船体应按施工要求进行加固，并在吊车轮胎(履带)下加铺垫板。 11. 牵引或在旁侧拖带作业船时，严禁超载，牵引(拖带)用的钢丝绳必须连接牢固。 12. 交通船应按规定的载人数量渡运，严禁超员强渡。船上应配有救生设备和消防设施。船行中途遇有阵风、雨时，乘船人员不得走动或站立水上作业施工人员必须穿救生衣
潜水作业	1. 潜水作业前施工负责人应将下潜任务、下潜环境、工作部位、水深、流速、流向等，向潜水员做明确交代，下潜深度应符合现行的国家标准《产业潜水最大安全深度》(GB/T 12552—1990)的规定。 2. 在作业条件比较困难的情况下，应在搭设的平台上另备一套潜水装具，并指派一名预备潜水员，以便在必要时下水协助和救援。 3. 夜间潜水作业，除平台上的照明外，还应另装照明度较大的灯具，照在潜水点的水面上。 4. 在寒冷环境作业时，应遵守下列规定： (1)潜水员应穿保温内衣，双手应擦防冻油、戴手套。 (2)潜水前，供气软管应用压缩空气吹通几分钟，接头部位应用棉垫包裹严密；出水时要用热水管加温排气阀，以防排气阀冻结。 (3)在冰层上入水要凿开能确保潜水员安全上下的洞口，水面有浮冰时供气软管、信号绳与冰块摩擦接触处，应有防割断措施。 (4)潜水员行走的冰面和潜水用梯均应有防滑措施。 5. 潜水作业范围的水面上，严禁其他作业。 6. 潜水员在进行冲泥和吸沙作业时，要在头盔的排气阀上包裹纱布，防止沙粒、污泥等进入排气阀内。 7. 潜水员在水下行进时，要尽量避免在倒塌的物体或杂乱的索具空档内穿越。 8. 在检查船舶推进器或解除推进器的缠绕物时，严禁开动推进器，并派专人监护。 9. 信绳员和掌握供气软管人员，应负责做好潜水员下潜和上升的安全工作。 10. 在沉井、钻孔桩内作业，应遵守下列规定： (1)作业时，沉井内的水位应不低于沉井外的水位。 (2)沉井内壁不得有钢筋头、扒钉头、铁线、铁钉等外露，潜水员不得进入刃脚下工作。 (3)潜水员在沉井内吸泥时，不得用手脚触动正在工作的吸泥管头部，吸泥机的开闭由地面电话员提前通知潜水员

续上表

施工工序	安全技术
潜水作业	(4)在钻孔桩内作业，桩内泥浆面必须高于护筒外的水位；潜水员在护筒底缘以下部位作业时，必须有安全防护措施。 11. 水下起吊作业应遵守下列规定： (1)进行水下起吊作业时，应根据被吊物的特点和当地的水情制订方案。 (2)潜水员应熟悉被吊物的特点、体积、质量、吊点和沉没原因。 (3)在起吊时，潜水员应将沉落物件拴牢，经检查确认拴挂牢固，待潜水员上升出水后再起吊。 (4)打捞沉船、钢结构、圆筒等物件时，潜水员严禁在上述打捞物件内穿行，不得进入已有断裂或破损面的船体内。 (5)潜水员不得在水中悬吊的物体上工作或从悬吊物件下穿越。 12. 水下焊接和切割，应遵守下列规定： (1)潜水员应熟练掌握焊接及切割技术和作业要领。 (2)电焊钳、切割把、电缆等必须绝缘良好，头盔外面和领盘上应涂抹或包裹绝缘物质，作业时应戴橡皮手套，观察窗下应加装防护镜。 (3)电路应安装保护装置。 13. 水下爆破作业，应遵守下列规定： (1)潜水员应熟悉爆破器材的性能和引爆的安全操作技术。 (2)根据爆破波及范围，划定危险区，引爆前应派人警戒。 (3)雷管在使用前应做测试，在同一起爆点，不得使用不同型号的雷管。 (4)炸药包装好后，应由潜水员带下水，不得用绳索下放；炸药包布设完毕，潜水员出水，并躲避到安全地点后，方可引爆。 (5)引爆线路的开关应设专人严格管理，未经负责人许可严禁通电。 (6)发生“盲炮”时.应在切断电源 15min 后，再下潜取出

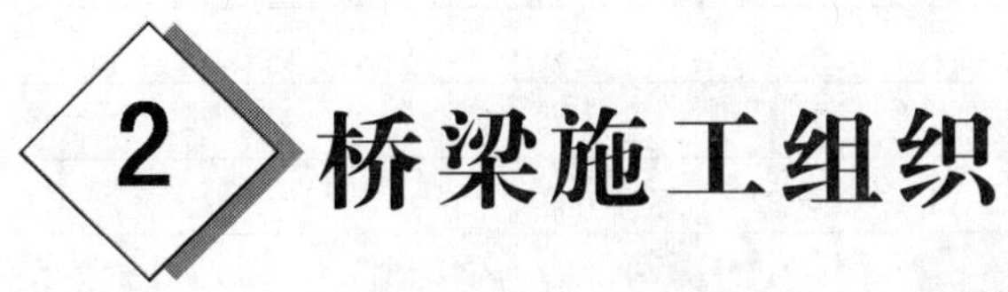

2 桥梁施工组织设计

2.1 桥梁施工组织设计基本内容

施工组织设计和方案分类表　表 2.1-1

名　称	作　用	编制时间	特　点
技术标书(标前施工组织设计)	指导工程投标与签订工程承包合同的技术管理文件	针对工程项目在投标前编制	突出规划性,以中标和经济效益为最大目标
总体施工组织设计	为施工准备到工程验收的全面技术管理文件	针对工程项目在签订工程承包合同后,开工前编制	突出全局性和控制性,以施工效率和效益为最大目标。总体施工组织设计是技术标书的进一步优化和细化,在技术标书的基础上,进一步落实项目实施的组织机构人员、材料、设备等内容
分项工程施工组织设计	针对工程项目具体分项工程,编制指导施工准备和实施过程的技术管理文件	分项工程开工前	突出分项工程的实施性,可以指导具体分部分项工程的施工
安全专项方案	针对危险性较大分项工程,编制的专项安全技术、管理文件	危险性较大的分项工程开工前	突出对分项工程的不安全因素、不利环境进行识别,并采用组织、技术、管理等措施进行预防、处置以及演练
专项施工方案	针对技术复杂施工措施,需要进行单独设计、策划一整套的施工方法、工艺流程、技术措施、质量要求以及必要图纸等所编制的施工文件	在总体施工组织设计中明确,在实施前进行设计	技术复杂,如挂篮、栈桥、索道系统等往往需要进行大量的计算和图纸设计
质量计划	规划质量目标,并对质量目标进行分解,并制订一系列达到质量目标的措施和手段	在总体施工组织设计审批后,工程开工前	制订质量目标,策划实现质量目标

投标文件或总体施工组织设计内容 1(交通系统)　表 2.1-2

投标文件或总体施工组织设计如招标文件(业主)有要求,应严格满足招标文件的格式要求。

公路工程项目一般应满足公路工程标准施工招标文件(2009 年)要求编写,施工组织设计(文字宜精炼、内容具有针对性,总体控制在 30 000 字以内)按以下要点编制

1	总体施工组织布置及规划
2	主要工程项目的施工方案、方法与技术措施(尤其对重点、关键和难点工程的施工方案、方法及其措施)
3	工期的保证体系及保证措施

续上表

4	工程质量管理体系及保证措施
5	安全生产管理体系及保证措施
6	环境保护、水土保持保证体系及保证措施
7	文明施工、文物保护保证体系及保证措施
8	项目风险预测与防范,事故应急预案
9	其他应说明的事项

施工组织设计除采用文字表述外可附下列图表

附表一	施工总体计划表
附表二	分项工程进度率计划(斜率图)
附表三	工程管理曲线
附表四	分项工程生产率和施工周期表
附表五	施工总平面图
附表六	劳动力计划表
附表七	临时用地计划表
附表八	外供电力需求计划表
附表九	合同用款估算表

投标文件或总体施工组织设计内容 **2**(建设系统) 表 2.1-3

投标文件或总体施工组织设计如招标文件(业主)有要求,应严格满足招标文件的格式要求。如招标文件没有要求,也可以按以下内容进行编制

1	编制依据
2	工程概况
3	工程特点、难点分析
4	施工目标和要求(质量、工期、安全、文明施工等目标)
5	组织机构(明确组织、管理模式,主要部门、人员)
6	施工总体计划(包括人员、材料、设备、质检及工期计划)
7	施工总体部署(包括总平面布置、基地规划等内容)
8	施工方案(包括施工顺序、施工方法和机具选择、关键过程、特殊工程施工方案的确认及施工工艺等)
9	专项质量、安全、交通、防洪、特大桥监控等方案(根据需要制订)
10	冬、雨、夜及农忙季节施工措施
11	安全、文明施工措施(职业健康安全管理体系,组织、技术、经济、管理措施)
12	质量保证措施(质量管理体系、组织、技术、经济、管理措施、质量检验计划)
13	工期保证措施(组织、技术、经济、管理措施)
14	环境保护措施(环境管理体系及措施)
15	工程档案管理
16	资金管理、成本节约措施
17	四新技术的运用
18	服务承诺

专项施工方案(如挂篮、索道吊装系统等技术措施方案)编制内容　表 2.1-4

专项施工方案的内容:一般包含设计部分和实施方案两大部分	
设计部分	1. 工程概况 2. 编制依据 3. 主要设计参数和荷载情况 4. 设计加工图纸 5. 施工工艺和顺序 6. 施工注意事项 7. 设计计算书
实施部分	1. 编制依据 2. 工程概况 3. 施工目标和要求 4. 施工管理人员、施工队伍配置 5. 施工计划(包括人员、材料、设备、质检及工期计划) 6. 施工平面布置 7. 施工顺序、工艺流程和操作步骤 8. 试验方案 9. 制作、安装检验验收方案 10. 观测、测量控制方案 11. 安全保证、预防、应急措施 12. 其他

质量检验计划编制内容　表 2.1-5

序号	质量检验计划的内容
1	工程概况
2	目的
3	依据
4	执行的质量检验表格
5	基本条件
6	单位工程的划分和称呼
7	分部工程、分项工程的划分和称呼
8	过程产品质量检验(工艺流程工艺流程及内容、质量检验明细表)
9	过程产品验收
10	中间交工验收
11	最终产品验收
12	竣工档案资料编制

2.2 桥梁施工组织设计文件编制

标书与总体施工组织设计的编制表 表2.2-1

技术标书或总体施工组织设计如何编制,各个施工单位有不同的管理方式,但一般大同小异,可结合公司具体情况,参照下列方式编制	
编制依据	1. 招标文件和工程量清单 2. 施工现场勘察情况 3. 法律、法规、技术规范 4. 企业供给资源 5. 相关调查资料
管理流程	①招标文件的获得→②标前准备→③技术标书编制→④总体评审→⑤关键方案评审→⑥提供关键措施消耗指标→⑦符合性评审→⑧会签及审批
编制部门	1. 组织单位或人员:公司分管领导 2. 编制单位:工程管理部、工程技术部 3. 参加单位:生产经营部等 4. 审批单位或人员:总工程师

专项施工方案编制表 表2.2-2

关键过程施工方案可参照下列方式编制	
编制依据	1. 总体施工组织设计 2. 关键过程特征信息 3. 相关的作业指导书
编制要求	根据总体施工组织设计、关键过程特征信息、相关的作业指导书编制。严格执行国家行业强制性标准、条文;不得使用国家明令淘汰、禁止使用的危及施工安全的工艺、设备和材料
相关单位	1. 关键过程施工方案设计部分 (1)组织单位或人员:公司分管领导 (2)编制单位:工程技术部 (3)审批单位或人员:总工程师 2. 关键过程施工方案实施部分 (1)组织单位或人员:工程技术部 (2)编制单位:项目部 (3)审批单位或人员:技术部或项目总工程师 3. 关键过程的装置或施工设施 (1)安装单位:专业安装单位或项目部 (2)安装验收单位:编制单位、安装单位、项目部
管理流程	①总体施工组织设计的获得→②熟悉产品特性信息、相关的作业指导书→③关键过程施工方案设计部分编制→④评审→⑤会签及审批→⑥技术交底→⑦实施方案编制→⑧审批→⑨实施和过程监视→⑩总结、评价与改进

3 桥梁施工测量

3.1　施工测量的内容和要求

施工测量的内容和要求　　表 3.1-1

项　目		工作内容和要求
检查、复核测量桩志		查对复核建设单位所交付的桥涵中线位置、三角网基点、GPS 基点及水准基点等桩志和有关测量资料，如有桩志不足、不妥、位置移动或精度与要求不符，均需进行补测、加固，并将校测结果通知建设单位
测量工作基本内容	施工测量	1. 补充施工需要的桥涵中线桩； 2. 测定墩、台中线和基础桩的位置； 3. 测定桥涵锥坡、翼墙及导流构造的位置； 4. 补充施工需要的水准点和平面控制点； 5. 在施工过程中，测定并检查施工部分的位置和高程； 6. 其他施工测量与放样定位，对于上部结构合龙时的温度及结构体系转换时的温度，均需进行现场温度测量
	施工监测	1. 桥梁墩台施工监测，主要墩、台（塔，锚）的沉降变形、倾斜度等； 2. 梁体施工监测； 3. 索塔倾斜、塔顶水平位移、塔基垂直位移； 4. 锚碇水平、垂直位移； 5. 两岸边坡水平、垂直位移
	竣工测量	1. 测定桥梁中线、纵横坡度，桥宽（车行道、人行道），桥面中线，丈量跨径； 2. 丈量墩、台（塔、锚）各部尺寸，桥跨的挠度变形，以及墩、台（塔，锚）的沉降变形、倾斜度； 3. 检查桥面高程，测定墩帽和支承垫石的高程； 4. 桥面起止点、中点高程复核； 5. 桥梁轴线与桥头接线的吻合情况复核； 6. 桥梁轴线、边线平面与设计的吻合情况； 7. 桥面行车道路面平整度复核
桩志布设		1. 为防止差错，施工单位自行测定的重要标志，必须至少由两组相互检查核对，并做测量和检查核对记录； 2. 桥涵施工的主要控制桩志（或其护桩），均应稳固可靠，保留至工程结束； 3. 大桥、特大桥的主要控制标志（或其护桩），编号绘于标志总图上，均应测定其坐标、相互间的距离、角度、高程等，以免弄错和便于寻找

续上表

项　目	工作内容和要求
量距要求	桥涵中线位置、桩间距离的检查校核及墩台位置放样，当有良好的丈量条件时，均应直接丈量或用检验过的电磁波测距仪测量。丈量距离时，应对尺长、温度、拉力、垂度和倾斜度进行改正计算（表3.4-6）
三角网基线的设置	三角网的基线不应少于2条，依据当地条件，可设于河流的一岸或两岸，基线一端应与桥轴线连接，并尽量近于垂直。当桥轴线长超过500m时，应尽可能两岸均设基线。基线一般采用直线形，其长度一般不小于桥轴长度的0.7倍，受限制地段不小于0.5倍。设计单位的基线桩应予以利用；各等级三角控制网应布设为近似等边三角网，三角形内角一般不小于30°，受限制时不应小于25°。测设精度应符合表3-4.1的规定要求

3.2 施工测量常用仪器

桥梁施工测量常用仪器适用场合表　　表3.2-1

序　号	仪器名称	型　号	用　途
1	自动安平光学水准仪、自动安平数字水准仪、气泡式水准仪	DS_{05}、DS_1、DS_3、DS_{10}、DS_{Z3}	水准测量
2	双面区格式木质标尺、条码式因瓦标尺	—	水准测量
3	钢尺、钢卷尺、皮尺	—	短距离的距离测量
4	经纬仪	DJ_1、DJ_2、DJ_5、DJ_6	高程导线测量和跨河水准测量以及角度测量
5	光电测距仪	I级、II级、III级	高程导线测量、跨河水准测量、距离测量
6	全站仪	按距离：短距离、中距离、长距离	高程导线测量、跨河水准测量、距离测量、角度测量、坐标测量、点位放样
		按测角精度：0.5″、1″、2″、3″、5″、10″	
7	GPS接收机	大地型双频接收机、单频接收机	平面控制测量、五等高程控制、坐标测量、点位放样、跨河水准测量

3.3 桥位施工测量精度要求以及测量等级选用

对于大桥、特大桥、跨海大桥以及其他构造物，当对测量精度要求较高时，应根据其桥梁结构和精度要求确定平面控制测量的精度，宜以其精度作为首级控制网精度，并据以扩展局部测量施工控制网。桥位平面控制网应与路线控制点直接联测，但应保持其本身的精度。主控制网宜全线贯通，统一平差。

3.3.1 桥位测量精度要求

桥轴线相对中误差控制表(JTG/T F50—2011) 表 3.3-1

测量等级	桥轴线相对中误差	测量等级	桥轴线相对中误差
二等	1/150 000	四等	1/60 000
三等	1/100 000	一级	1/40 000

注:对特殊的桥梁结构,应根据结构特点确定桥轴线控制测量的等级与精度。

3.3.2 平面控制测量等级选用及精度要求

平面控制测量等级选用表(JTG/T F50—2011) 表 3.3-2

多跨桥梁总长 L(m)	单跨桥梁 L_K(m)	其他构造物	测量等级
$L \geqslant 3\,000$	$L_K \geqslant 500$	—	二等
$2\,000 \leqslant L < 3\,000$	$300 \leqslant L_K < 500$	—	三等
$1\,000 \leqslant L < 2\,000$	$150 \leqslant L_K < 300$	高架桥	四等
$L < 1\,000$	$L_K < 150$	—	一级

平面控制测量精度要求表(JTG/T F50—2011) 表 3.3-3

测量等级	最弱相邻点边长相对中误差	测量等级	最弱相邻点边长相对中误差
二等	1/100 000	四等	1/35 000
三等	1/70 000	一级	1/20 000

注:各级平面控制测量,其最弱点点位中误差不得大于 ±50mm,最弱相邻点相对点位中误差不得大于 ±30mm,最弱相邻点边长相对中误差不得大于表 3.3-3 的规定。

角度、长度和坐标数据小数取位要求表 表 3.3-4

测量等级	角度(″)	长度(m)	坐标(m)
二等	0.01	0.0 001	0.0 001
三、四等	0.1	0.001	0.001
一级	1	0.001	0.001

3.4 桥梁施工平面控制网

桥梁平面控制网的布设应符合因地制宜、技术先进、经济合理、确保质量的原则。平面控制网宜采用三角测量或全球定位系统(GPS)测量方法进行。

3.4.1 三角测量平面控制网

(1)水平角测量的主要技术要求

三角测量的主要技术要求表　　表3.4-1

测量等级	平均边长(km)	测角中误差(″)	起始边边长相对中误差	三角形闭合差(″)	测回数		
					DJ_1	DJ_2	DJ_6
二等	3.0	≤±1.0	≤1/250 000	≤3.5	≥12	—	—
三等	2.0	≤±1.8	≤1/150 000	≤7.0	≥6	≥9	—
四等	1.0	≤±2.5	≤1/100 000	≤9.0	≥4	≥6	—
一级	0.5	≤±5.0	≤1/40 000	≤15.0	—	≥3	≥4

水平角观测的主要技术要求表　　表3.4-2

测量等级	经纬仪型号	光学测微器两次重合读数之差(″)	半测回归零差(″)	同一测回中2C较差(″)	同一方向各测回间较差(″)	测回数
二等	DJ_1	≤1	≤6	≤9	≤6	≥12
三等	DJ_1	≤1	≤6	≤9	≤6	≥6
	DJ_2	≤3	≤8	≤13	≤9	≥10
四等	DJ_1	≤1	≤6	≤9	≤6	≥4
	DJ_2	≤3	≤8	≤13	≤9	≥6
一级	DJ_2	—	≤12	≤18	≤12	≥2
	DJ_6	—	≤24	—	≤24	≥4

注：当观测方向的垂直角超过±3°时，该方向的2C较差可按同一观测时间段内相邻测回进行比较。

(2)距离测量的主要技术要求

三角网的基线边的边长宜采用光电测距仪施测。一级小三角的边长测量，受设备条件限制时，才可采用普通钢尺进行丈量。

光电测距仪选用表　　表3.4-3

测距仪精度等级	每公里测距中误差 m_D(mm)	适用的平面控制测量等级
R235级	$m_D \leq \pm 5$	二、三、四等，一级
Ⅱ级	$\pm 5 < m_D \leq \pm 10$	三、四等，一级
Ⅲ级	$\pm 10 < m_D \leq \pm 20$	一级

光电测距的主要技术要求表　　表3.4-4

测量等级	观测次数		每边测回数		一测回读数间较差(mm)	单程各测回较差(mm)	往返较差
	往	返	往	返			
二等	≥1	≥1	≥4	≥4	≤5	≤7	$\leq\sqrt{2}(a+b\cdot D)$
三等	≥1	≥1	≥3	≥3	≤5	≤7	
四等	≥1	≥1	≥2	≥2	≤7	≤10	
一级	≥1	—	≥2	—	≤7	≤10	

注：1.测回是指照准目标一次，读数4次的过程。

2.表中 a 为固定误差，b 为比例误差系数，D 为水平距离(km)。

普通钢尺丈量距离的主要技术要求表　表3.4-5

定线偏差(mm)	每尺段往返高差之差(mm)	最小读数(mm)	三组读数之差(mm)	同段尺长差(mm)	外业手薄计算取值(mm)		
					尺长	各项改正	高差
≤5	≤10	1	≤3	≤4	1	1	1

注:每尺段指2根同向丈量或单尺往返丈量。

距离丈量改正及长度计算公式　表3.4-6

项　目	改正数	计算公式	说　明
尺长改正	ΔL	$\Delta L=\frac{L'-l}{L},L'=L-L_0$	式中:L——钢尺总长(刻度数); L_0——钢尺检定时标准长度; l——实测尺段长度
温度改正	Δt	$\Delta t=lk(t-t_0)$	式中:l——实测尺段长度; t_0——钢尺标准长度时的温度; t——测量时实际平均温度; k——经检定的钢尺线膨胀系数,如不确定时,可用0.000 011 7/1℃
拉力改正	ΔP	$\Delta P=\frac{l(P-P_0)}{AE}$	式中:l——实测尺段长度; P——测量时的实际拉力; P_0——检定时的标准拉力; A——钢尺的断面积; E——钢尺材料的弹性模量
垂度改正	Δf	$\Delta f=\frac{d}{24}(\frac{md}{P})^2$	式中:d——量距时钢尺两端支点间的距离; m——钢尺每单位长度的质量; P——测量时的实际拉力
倾斜度改正	Δh	$\Delta h=(\frac{h^2}{2L}+\frac{h^4}{8L^3})$	式中:L——倾斜尺段长度; h——两端高差
每一尺段的实际长	d_n	$d_n=l-\Delta l+\Delta p-\Delta f-\Delta h$	式中代号同上
距离全长	d	$d=\sum d_n=\sum(l-\Delta l+\Delta p-\Delta f-\Delta h)$	式中代号同上

量距精度的计算公式　表3.4-7

项　目	代号	计算公式	说　明
每个观测值的中误差	m_d	$m_d=\pm\sqrt{\frac{\sum V^2}{n-1}}$	式中:$\sum V^2$——各次丈量值与算术平均值之差的平方和
算术平均值的中误差	m_D	$m_D=\frac{m}{\sqrt{n}}=\pm\sqrt{\frac{\sum V^2}{n(n-1)}}$	式中:n——丈量次数
全距离的中误差	m	$m=\pm\sqrt{m_{D1}^2+m_{D2}^2+m_{D3}^2+\cdots+m_{Dn}^2}$	式中:$m_{D1}^2+m_{D2}^2+m_{D3}^2+\cdots+m_{Dn}^2$——各尺段的中误差由上式计算所得
量距的精度	E	$E=\frac{m}{D}$	式中:D——距离丈量n次的算术平均值

(3)三角网中误差

三角网测量中误差计算公式　表 3.4-8

项　目	计算公式	说　明
三角网平差一般按角度以条件测距平差为主		
三角网测角中误差	$m_\beta=\sqrt{\frac{ww}{3n}}$	式中：m_β——测角中误差(″)； w——三角形的闭合差(″)； n——三角形的个数
往返测距单位权误差	$\mu=\sqrt{\frac{pdd}{2n}}$	式中：μ——往返测距单位权中误差(mm)； d——各边往返距离的较差(mm)，应不超过按仪器标称精度的极限值(2倍)； n——测距的边数； p——各边距离测量的先验权，其值为 $1/\delta_D^2$，δ_D 为测距的先验中误差，可按测距仪的标称精度计算
任一边的实际测距中误差	$m_{D_i}=\sqrt{\frac{1}{p_i}}\mu$	式中：m_{D_i}——第 i 边的实际测距中误差(mm)； p_i——第 i 边距离测量的先验权； μ——往返测距单位权中误差(mm)
当网中的边长相差不大时平均测距中误差	$m_D=\sqrt{\frac{(dd)}{2n}}$	式中：m_D——平均测距中误差(mm)

3.4.2 GPS 平面控制网

根据大型桥梁和跨海大桥工程构造物的特点、特殊要求及施工方法，相比之下采用 GPS 测量技术建立工程测量平面控制网更为适合，但无论采用哪种测量方法，只要等级相同，精度要求就应相同。次一等网点由高一等网点作起算数据。平面控制测量等级选用及精度要求按表 3.4～表 3.6 执行。GPS 观测的主要技术要求和精度要求见表 3.4-9、表 3.4-10。

GPS 观测的主要技术要求表　表 3.4-9

项目 \ 测量等级		二等	三等	四等	一级
卫星高度角(°)		≥15	≥15	≥15	≥15
时段长度	静态(min)	≥240	≥90	≥60	≥45
	快速静态(min)	—	≥30	≥20	≥15
平均重复设站数(次/点)		≥4	≥2	≥1.6	≥1.4
同时观测有效卫星数(个)		≥4	≥4	≥4	≥4
数据采样率(s)		≤30	≤30	≤30	≤30
GDOP		≤6	≤6	≤6	≤6

注：1. 计算有效观测卫星总数时，应将各时段的有效观测卫星数扣除其间的重复卫星数。
2. 观测时段长度应为开始记录数据到结束记录的时间段。
3. 观测时段≥1.6，指采用观测模式时，每站至少观测一时段，其中二次设站数应不少于 GPS 网总点数的 60%。
4. 采用基于卫星定位连续运行基准站观测模式时，可连续观测，但观测时间应不低于表中规定的各时段观测时间的和。

GPS 测量精度的主要技术要求表 表 3.4-10

项 目	公 式	公式说明
重复基线测量的差值	$d_s \leq 2\sqrt{2}\sigma$	式中：d_s——重复基线测量的差值(mm)； σ——标准差(mm)
各级 GPS 网同步环闭合差	$W_X \leq \frac{\sqrt{n}}{5}\sigma$　$W_Y \leq \frac{\sqrt{n}}{5}\sigma$ $W_Z \leq \frac{\sqrt{n}}{5}\sigma$　$W \leq \frac{2\sqrt{n}}{5}\sigma$	式中：n——环或附合路线的边数； σ——标准差(mm)
各级 GPS 网异步环闭合环或附合路线坐标闭合差	$V_X \leq \sqrt{\frac{4n}{3}}\sigma$　$V_Y \leq \sqrt{\frac{4n}{3}}\sigma$ $V_Z \leq \sqrt{\frac{4n}{3}}\sigma$　$V \leq 2\sqrt{n}\sigma$	式中：n——环或附合路线的边数； σ——标准差(mm)
无约束平差中，基线分量的改正数绝对值	$V_{\Delta X} \leq \sqrt{3}\sigma$　$V_{\Delta Y} \leq \sqrt{3}\sigma$ $V_{\Delta Z} \leq \sqrt{3}\sigma$	式中：σ——标准差(mm)
约束平差中，基线分量的改正数与经过粗差剔除后的无约束平差结果的同一基线相应改正数较差的绝对值	$dV_{\Delta X} \leq \sqrt{\frac{4}{3}}\sigma$　$dV_{\Delta Y} \leq \sqrt{\frac{4}{3}}\sigma$ $dV_{\Delta Z} \leq \sqrt{\frac{4}{3}}\sigma$	式中：σ——标准差(mm)

3.4.3 桥梁施工平面控制网网形布设

在满足桥轴线长度测定和墩台中心定位精度的前提下，力求图形简单并具有足够的强度，以减少外业观测工作和内业计算工作。根据桥梁的大小、精度要求和地形条件，桥梁施工平面控制网的网形布设主要有表 3.4-11 所述的几种形式。

桥梁施工平面控制网网形表 表 3.4-11

序 号	平面施工控制网网形图	备 注
1	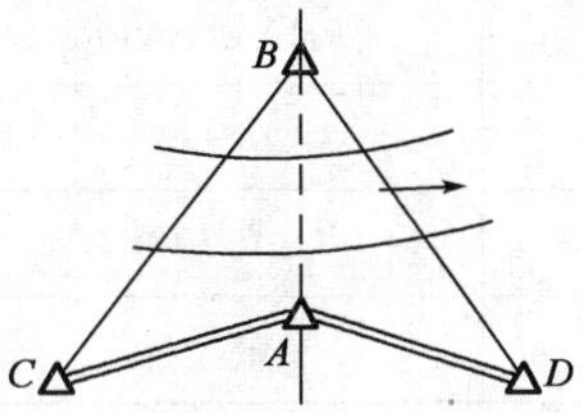 B, A, C, D	双三角形
2	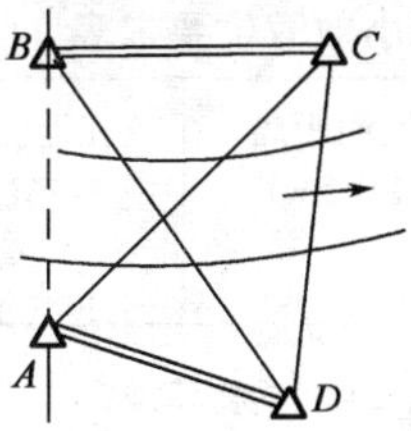 B, C, A, D	大地四边形
3	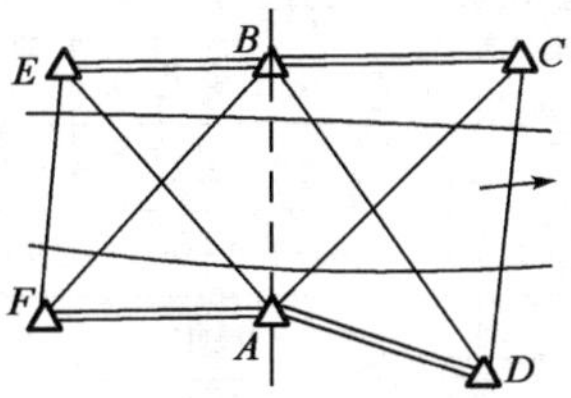 E, B, C, F, A, D	双大地四边形

续上表

序　　号	平面施工控制网网形图	备　　注
4	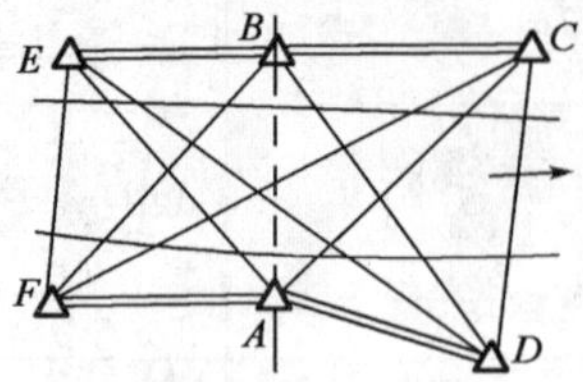	加强型大地四边形
5	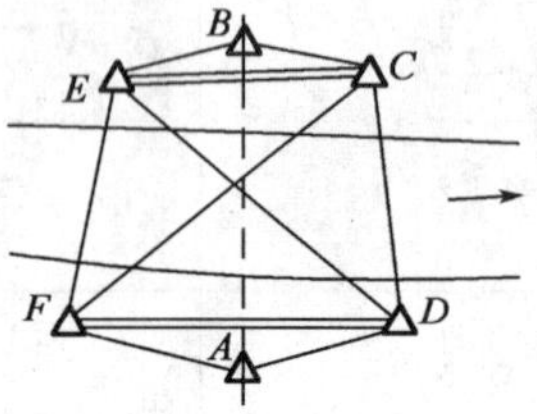	大地四边形加三角形

3.5 桥梁施工高程控制网

高程控制测量精度等级的划分，依次为二、三、四、五等。各等级高程控制宜采用水准测量，四等及以下等级可采用电磁波测距三角高程，五等也可采用 GPS 拟合高程测量。

3.5.1 桥梁施工高程控制网主要技术要求

高程控制测量等级选用表（JTG/T F50—2011）　　表 3.5-1

多跨桥梁总长 L(m)	单跨桥梁 L_K(m)	其他构造物	测量等级
$L\geqslant 3\,000$	$L_K\geqslant 500$	—	二等
$1\,000\leqslant L<3\,000$	$150\leqslant L_K<300$	—	三等
$L<1\,000$	$L_K<150$	高架桥	四等

高程测量数据小数取位要求表　　表 3.5-2

测量等级	各测站高差（mm）	往返测距离总和（km）	往返测距离中数（km）	往返测高差总和（mm）	往返测高差中数（mm）	高程（mm）
各等级	0.1	0.1	0.1	0.1	1	1

高程控制测量的技术要求　　表 3.5-3

测 量 等 级	每千米高差中数中误差(mm)		附合或环线水准路线长度（km）
	偶然中误差 M_Δ	全中误差 M_W	
二等	±1	±2	100
三等	±3	±6	10
四等	±5	±10	4

注：控制网节点间的长度不应大于表中长度的 0.7 倍。

3.5.2 水准高程

水准测量主要技术要求　表 3.5-4

等　级	每千米高差中误差（mm）	路线长度（km）	水准仪型号	水准尺	观测次数		往返较差、附合或环线闭合差	
					与已知点联	附合或环线	平地（mm）	山地（mm）
二等	2	—	DS1	铟瓦	往返各一次	往返各一次	$4\sqrt{L}$	—
三等	6	≤50	DS1	铟瓦	往返各一次	往一次	$12\sqrt{L}$	$4\sqrt{n}$
			DS3	双面		往返各一次		
四等	10	≤16	DS3	双面	往返各一次	往一次	$20\sqrt{L}$	$6\sqrt{n}$
五等	15	—	DS3	双面	往返各一次	往一次	$30\sqrt{L}$	—

注：1. 结点之间或与高级点之间，其路线的长度不应大于表中规定的 0.7 倍。

2. L 为往返测段、附合或环线的水准路线长度（km）；n 为测站数。

3. 数字水准仪测量的技术要求和同等级光学水准仪相同。

水准观测的主要技术要求表　表 3.5 5

等　级	水准仪型号	视线长度（m）	前后视的距离较差（m）	前后视的距离较差累积（m）	视线离地面最低高度（m）	基、辅分划或黑、红面读数较差（mm）	基、辅分划或黑、红面所测量高差较差（mm）
二等	DS_{05}	≤50	≤1	≤3	≥0.3	≤0.4	≤0.6
三等	DS_1	≤100	≤3	≤6	≥0.3	≤1.0	≤1.5
	DS_3	≤75				≤2.0	≤3.0
四等	DS_3	≤100	≤5	≤10	≥0.2	≤3.0	≤5.0
五等	DS_3	≤100	近似相等	—	—	—	—

注：1. 二等水准视线长度小于 20m 时，其视线高度不应低于 0.3m。

2. 三、四等水准采用变动仪器高观测单面水准尺时，所测两次高差较差，应与黑面、红面所测高差的要求相同。

3. 数字水准仪观测，不受基、辅分划或黑、红面读数较差指标的限制，但测站两次观测的高差较差，应满足表中相应等级基、辅分划或黑、红面所测高差较差的限值。

水准测量精度计算公式　表 3.5-6

项　目	代　号	计 算 公 式	说　明
高差偶然中误差（mm）	M_Δ	$M_\Delta = \pm\sqrt{(\frac{1}{4n})(\frac{\Delta\Delta}{L})}$	式中：Δ——水准路线测段往返高差不符（mm）； L——水准测段长度（km）； n——往返测的水准路线测段数
高差全中误差（mm）	M_W	$M_W = \pm\sqrt{(\frac{1}{N})(\frac{WW}{L})}$	式中：W——水准路线经过各项修正后的环线闭合差（mm）； L——水准环线周长（km）； N——附合路线或闭合路线环的个数 当二、三等水准测量与国家水准点附合时，应进行正常水准面不平行修正

3.5.3 光电测距三角高程测量

电磁波测距三角高程测量的主要技术要求表 表 3.5-7

等　级	每千米高差中误差（mm）	边长(km)	观测方式	对向观测高差较差（mm）	附合或环形闭合差（mm）
四等	10	≤1	对向观测	$40\sqrt{D}$	$20\sqrt{\sum D}$
五等	15	≤1	对向观测	$60\sqrt{D}$	$30\sqrt{D}$

注:1. D 为测距边的长度(km)。
2. 起讫点的精度等级,四等应起讫于不低于三等水准的高程点上,五等应起讫于不低于四等的高程点上。
3. 路线长度不应超过相应等级水准路线的长度限值。

电磁波测距三角高程观测的主要技术要求表 表 3.5-8

等　级	垂直角观测				边长测量	
	仪器精度等级	测回数	指标差较差(″)	测回较差(″)	仪器精度等级	观测次数
四等	2″级仪器	3	≤7″	≤7″	10mm 级仪器	往返各一次
五等	2″级仪器	2	≤10″	≤10″	10mm 级仪器	往返各一次

注:当采用2″级光学仪器进行垂直角观测时,应根据仪器的垂直角检测精度,适当增加测回数。

3.5.4 GPS 拟合高程

GPS 拟合高程测量,仅适用于对精度要求不高、工程建设初期大河或海中无法用常规方法测量的构造物高程测量。GPS 拟合高程宜与 GPS 平面控制一起进行。用拟合法求得的 GPS 测量点的高程,在其精度情况得到充分论证后可以代替三等以下精度的水准测量或三角高程测量。

GPS 高程测量的主要技术要求表 表 3.5-9

项　　目	主 要 要 求
GPS 高程拟合观测要求	1. GPS 网应与四等或四等以上的水准点联测。联测的 GPS 点应分布于测区的两端或中部。 2. 联测点数,宜大于计算模型中未知参数个数的 1.5 倍,点间距宜小于 10km。 3. 地形高差变化较大面积的测区,宜采取分区拟合的方法。 4. 地形趋势变化明显的大面积测区,应适当增加联测的点数。 5. GPS 测量的技术要求,应按相关国家规范有关规定执行;其天线高应在观测前后各量取一次,取其平均值作为最终高度
GPS 高程拟合计算	1. 充分利用当地重力大地水准面模型或资料。 2. 应对联测的已知高程点进行可靠性检验,并剔除不合格点。 3. 对于地形平坦的小测区,可采用平面拟合模型;对于地形起伏较大面积测区,应采用曲面拟合模型。 4. 对拟合高程模型应进行优化。 5. GPS 高程计算,不宜超出拟合高程模型所覆盖的范围
GPS 高程成果检验	检测点数不少于全部高程点的 10% 且不少于 3 个点;高差检验,可采用相应等级的水准测量方法或电磁波测距三角高程测量的方法进行,其高差不应大于 $\pm 30\sqrt{D}$(D 为检查路线的长度,单位为 km)

3.5.5 跨河水准测量

当水准路线通过宽度为各等级水准测得标准视线长度2倍以下的江河、山谷时,可用一般观测方法进行,但在测站上应变化一次仪器高度,观测两次。两次高度之高差不超过7mm,采用两次结果的中数,当视线长度超过200m时,应根据视线长度和仪器设备等情况,选用表3.5-10所述的方法。

跨河水准主要方法及技术要求表　　表3.5-10

序号	方法	等级	最大视线长度(m)	单测回数	半测回观测组数	测回高差互差(不大于,mm)	备　注
1	直接读尺法	三	300	2	—	±8	倾斜螺旋法 测量方法按GB/T 12898—2009中8.5节执行
		四	300	2	—	±16	
2	光学测微法	三	500	4	—	$\pm 30\times S$	测距三角高程法 测量方法按GB/T 12897—2006中8.6节执行
		四	1 000	4	—	$\pm 30\times S$	
3	经纬仪倾角法或测距三角高程	三	2 000	8	3	$\pm 24\sqrt{S}$	测量方法按GB/T 12897—2006中8.8节和8.9节执行
		四	2 000	8	3	$\pm 40\sqrt{S}$	

注:表中S为最大视线长度,单位为km。视线长度超过3 500m时,采用的方法和要求应依据测区条件进行专题设计。

3.6 桥梁施工放样

3.6.1 桥梁施工测量的允许偏差

桥梁基础施工测量的允许偏差表　　表3.6-1

类　别	测量内容	测量方向或位置	测量允许偏差(mm)
灌注桩	基础桩桩位	—	40
	排架桩桩位	顺桥纵轴线方向	20
		垂直桥纵轴方向	40
沉桩	群桩桩位	中间桩	$d/5$,且≤100
		外缘桩	$d/10$
	排架桩桩位	顺桥纵轴线方向	16
		垂直桥纵轴线方向	20
沉井	顶面中心、底面中心	一般	$h/125$
		浮式	$h/125+100$
垫层	—	轴线位置	20
	—	顶面高程	−8~0

注:1. d为桩径(mm)。

2. h为沉井高度(mm)。

桥梁下部构造施工测量的允许偏差表 表 3.6-2

<table>
<tr><th>类　别</th><th colspan="2">测 量 内 容</th><th>测量允许偏差</th></tr>
<tr><td rowspan="2">承台</td><td colspan="2">轴线位置</td><td>6</td></tr>
<tr><td colspan="2">顶面高程</td><td>±8</td></tr>
<tr><td rowspan="2">墩台身</td><td colspan="2">轴线位置</td><td>4</td></tr>
<tr><td colspan="2">顶面高程</td><td>±4</td></tr>
<tr><td rowspan="4">墩、台帽或盖梁</td><td colspan="2">轴线位置</td><td>4</td></tr>
<tr><td colspan="2">支座位置</td><td>2</td></tr>
<tr><td rowspan="2">支座处顶面高程</td><td>简支梁</td><td>±4</td></tr>
<tr><td>连续梁</td><td>±2</td></tr>
</table>

桥梁上部构造施工测量的允许偏差表 表 3.6-3

<table>
<tr><th>类　别</th><th colspan="2">测 量 内 容</th><th>测量允许偏差(mm)</th></tr>
<tr><td rowspan="3">梁、板安装</td><td rowspan="2">支座中心位置</td><td>梁</td><td>2</td></tr>
<tr><td>板</td><td>4</td></tr>
<tr><td colspan="2">梁板顶面纵向高程</td><td>±2</td></tr>
<tr><td rowspan="5">悬臂施工梁</td><td rowspan="2">轴线位置</td><td>跨距小于或等于 100m 时</td><td>4</td></tr>
<tr><td>跨距大于 100m 时</td><td>L/25 000</td></tr>
<tr><td rowspan="3">顶面高程</td><td>跨距小于或等于 100m 时</td><td>±8</td></tr>
<tr><td>跨距大于 100m 时</td><td>±L/12 500</td></tr>
<tr><td>相邻节段高差</td><td>4</td></tr>
<tr><td rowspan="4">主拱面安装</td><td rowspan="2">轴线横向位置</td><td>跨距小于或等于 60m 时</td><td>4</td></tr>
<tr><td>跨距大于 60m 时</td><td>L/15 000</td></tr>
<tr><td rowspan="2">拱圈高程</td><td>跨距小于或等于 60m 时</td><td>±8</td></tr>
<tr><td>跨距大于 60m 时</td><td>±L/7 500</td></tr>
<tr><td rowspan="3">腹拱安装</td><td colspan="2">轴线横向位置</td><td>4</td></tr>
<tr><td colspan="2">起拱线高程</td><td>±8</td></tr>
<tr><td colspan="2">相邻块件高差</td><td>2</td></tr>
<tr><td rowspan="3">钢筋混凝土索塔</td><td colspan="2">塔柱底水平位置</td><td>4</td></tr>
<tr><td colspan="2">倾斜度</td><td>H/7 500,且≤12</td></tr>
<tr><td colspan="2">系梁高程</td><td>±4</td></tr>
<tr><td rowspan="3">钢梁安装</td><td colspan="2">钢梁中线位置</td><td>4</td></tr>
<tr><td colspan="2">墩台处梁底高程</td><td>±4</td></tr>
<tr><td colspan="2">固定支座顺桥向位置</td><td>8</td></tr>
</table>

注:1. L 为跨径(mm)。

2. H 为索塔高度(mm)。

3.6.2 桥墩台定位测量

桥梁施工放样前,应熟悉施工设计图纸,并根据桥梁设计和施工的特点,确定放样方法。高程位置放样宜采用水准测量方法。

在桥梁施工测量中,最主要的工作是:测设出墩、台的中心位置及其纵横轴线。其测设数据由控制点坐标和墩、台中心的设计位置计算,若是曲线桥还需桥梁偏角、偏距及墩距等原始资料。测设方法则视河宽、水深及墩位的情况,可采用直接测设或角度交会的方法。墩、台中心位置定出以后,还要测设出墩、台的纵横轴线,以固定墩台方向,同时它也是墩台施工中的细部放样的依据。

桥梁墩台定位方法表　　表3.6-4

项　目	图　示	定位步骤	适用条件
直接量距法	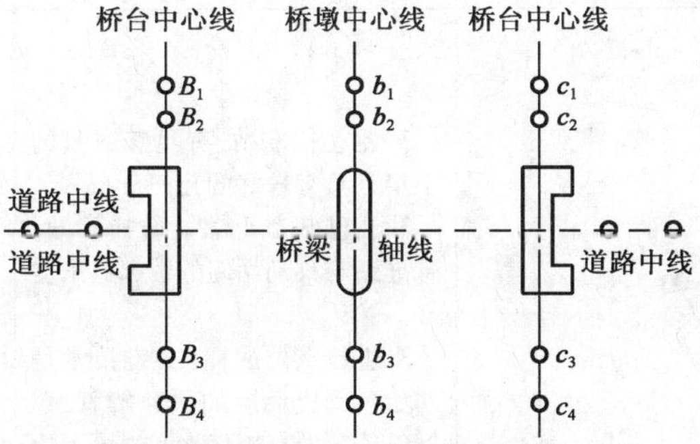 桥台中心线　桥墩中心线　桥台中心线 B_1 B_2 b_1 b_2 c_1 c_2 道路中线　桥梁　轴线　道路中线 B_3 B_4 b_3 b_4 c_3 c_4	1. 先根据桥位桩号在线路工程中线上测设出轿台和桥墩的中心桩位 A、B、C 点,并在河道两岸测设桥位控制桩 k_1、k_2、k_3、k_4 点。 2. 然后分别在 A、B、C 点上安置经纬仪,在与桥的中轴线垂直的方向上测设桥台和桥墩控制桩位 a_1、a_2、a_3…c_1、c_2、c_3、c_4 点,每侧要有两个控制桩。 3. 测设时量距要用经过检定的钢尺,并加尺长、温度和高差改正(或可用光电测距仪测距),测距精度应高于1∶5 000,以保证桥的上部结构安装能正确就位	适用于无水或浅水河道,直接量距一般只用于中小桥,其中"直接丈量"法只用于小桥
方向交会法	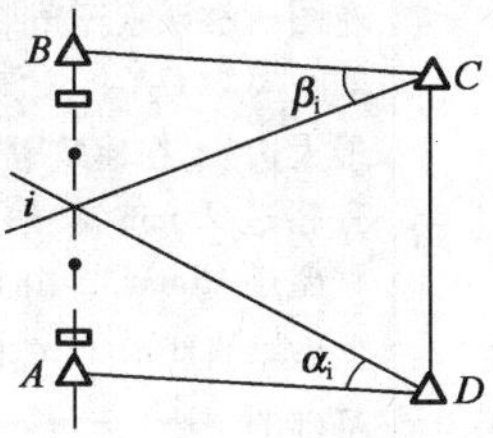 B β_i C i α_i A D 前方交会示意图 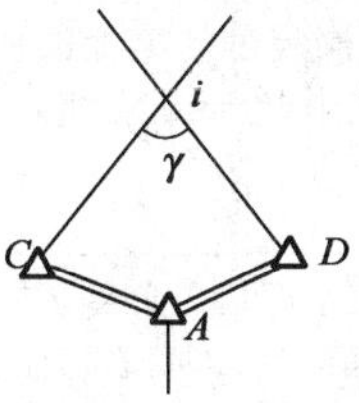 i γ C D A　B C i γ A 异侧交会示意图 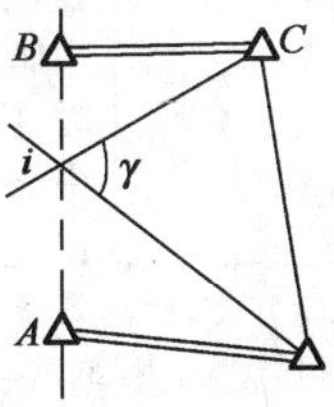　同侧交会示意图	1. 根据控制点坐标和墩台坐标,反算交会放样元素 α_i、β_i。 2. 在相应控制点上安置仪器并后视另一已知控制点,分别测设水平角 α_i、β_i。 3. 得到两条视线的交点,从而确定墩台中心的位置。 4. 采用三条视线进行交会的,会形成示误三角形,三角形的大小必须满足相关部位的放样精度要求	桥墩位于水中,无法直接丈量距离,也不便于架设反光镜时,可采用方向交会法测设墩位

续上表

项　目	图　示	定位步骤	适用条件
极坐标法	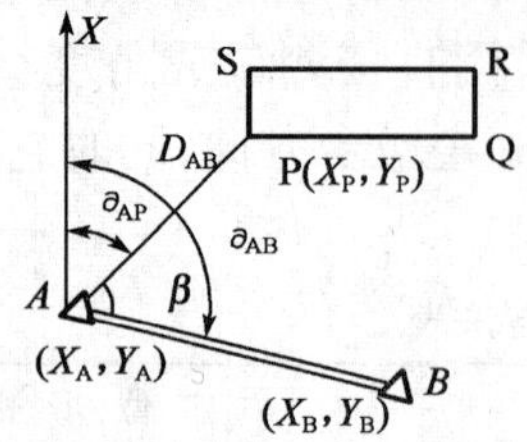 X；S；R；D_{AB}；P(X_P,Y_P)；Q；∂_{AP}；∂_{AB}；A；β；(X_A,Y_A)；B；(X_B,Y_B)	1. 计算出放样点 P 与测站点 A 之间的距离 D_{AP} 和方位角 α_{AP}。 2. 计算出测站点 A 与后视点 B 之间的方位角 α_{AB}。 3. 计算算出 $\beta=\alpha_{AB}-\alpha_{AP}$。 4. 在测站点 A 上安置好全站仪，瞄准后视点 B，旋转角度 β，然后再测出距离 D，就得出 P 的位置。 5. 为确保测设点位的准确，测后应将仪器迁至另一控制点上，再按上述程序重新测设一次，以进行校核。只有当两次测设的位置满足限差要求才能停止	观测条件能使用全站仪并在被测设的点位上可以安置反光镜的条件下
GPS-RTK 法	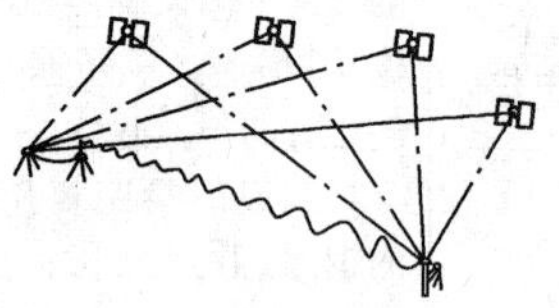	1. 建立基准站，有足够数量的卫星且具有较好的几何分布。 2. 在已知点上建立转换参数，基准站与移动站间的数据通讯良好。 3. 进行点位放样（关键技术是初始整周模糊度的快速解算，数据链传输的高可靠性和强抗干扰性）	适用于桥梁工程结构部位精度要求不高的部位或者工程初期精度要求不高的部位的放样，跨海大桥可采用 GPS-RTK 法与高精度全站仪相结合的方法
误差三角形的改正	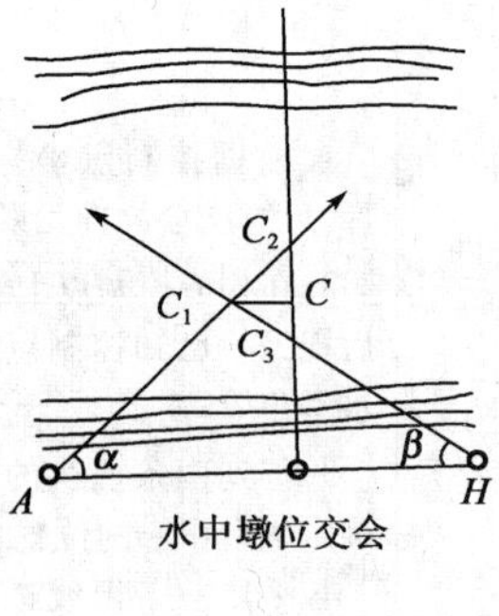 C_2；C_1；C；C_3；A；α；β；H；水中墩位交会	交会误差三角形必须改正，如左图所示误差三角形在桥轴线上的距离为 C_2C_3，是误差三角形的最大边长，在建筑墩台基础时，不宜超过 25mm，在建筑墩身时不宜超过 15mm，再由 C_1 向桥轴线上做垂直线 C_1C，C 作为墩、台或基础的中心，交角 α、β 应事先计算并核对。 如有检验过的电池波测距仪时，可将其置于 D 点测定墩、台中心位置	采用三边或者以上交会定位时

注：1. 随着工程的进展，需要经常进行交会定位。为了工作方便，提高效率，通常都是在交会方向的延长线上设置标志，以后交会时可不再测设角度，而直接瞄准该标志即可。当桥墩筑出水面以后，即可在墩上架设反光镜，利用光电测距仪，以直接测距法定出墩中心的位置。

2. 无论采用一岸或两岸交会，对于大、中桥的水中墩、台和基础位置的测定，应用型号为 J2 或 J1 的三台经纬仪从三个方向（其中一个方向为桥轴中线或顺桥向基础轴线）交会得出更好。

3.6.3 斜桥、坡桥、曲线桥测量

(1)斜桥(涵)的测量

斜桥(涵)的测量定位 表3.6-5

斜桥(涵)的测设施工,须特别注意斜交方向的正确掌握,分清左斜还是右斜,不能搞错,包括预制构件的制作也不能搞反,以免返工浪费。因此,对于斜桥(涵)应注意路线前景方向与斜交角的关系。勘测时,一般测出路线前进方向与水流方向的右侧交角,称为斜交角 θ。视 θ 的大小分为:

项目	右斜桥(涵)	左斜桥(涵)
示意图	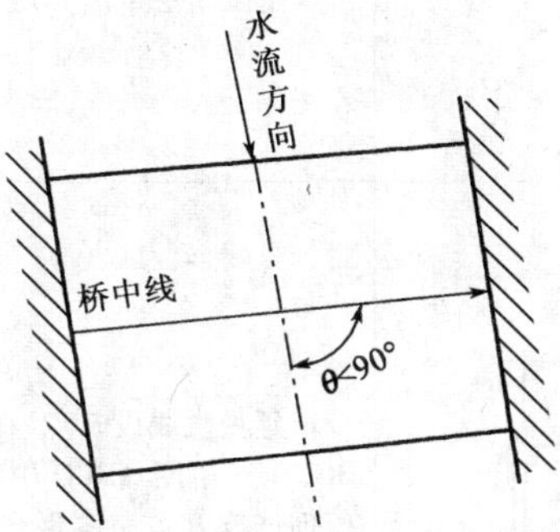 水流方向 桥中线 $\theta<90°$	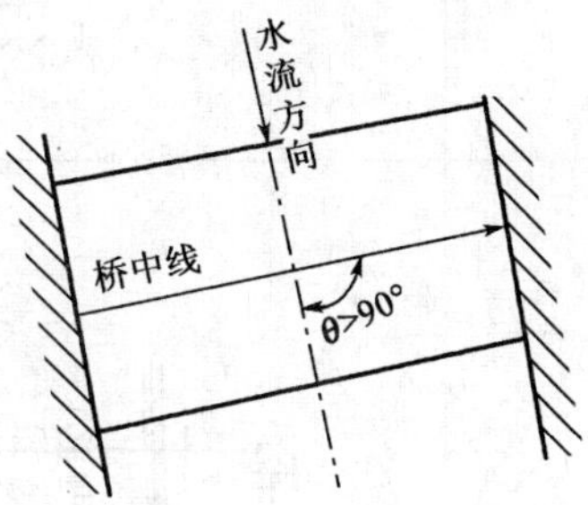 水流方向 桥中线 $\theta>90°$
说明	斜交角 $\theta<90°$ 时称为右斜,即路线前进方向线与水流方向小于90°的交角在路中线的右边	斜交角 $\theta>90°$ 时称为左斜,即路线前进方向线与水流方向小于90°的交角在路中线的左边

坡桥测量的注意要点 表3.6-6

项目	施工测量注意要点
核对高程	纵坡上的各点高程需核对正确,特别对斜坡上的斜桥或坡度上的曲线桥,桥面和墩、台帽的高程更需注意核对是否正确
基础放样	1. 对水平距离的丈量必须精确,防止误差影响; 2. 如属拱桥,应注意设计墩、台的结合形式:即两台的拱脚是水平布置还是按路线纵坡布置,然后再做高程测量,并按设计跨度测量跨间水平距离
跨间距离	施工过程应复测跨间墩、台间距,特别是坡桥斜交时的跨距检查复核更不可忽视

(2)曲线桥的测量

曲线桥测量方法 表3.6-7

项目	图示	说明
部分直线,部分曲线(曲线在岸上或河滩上)	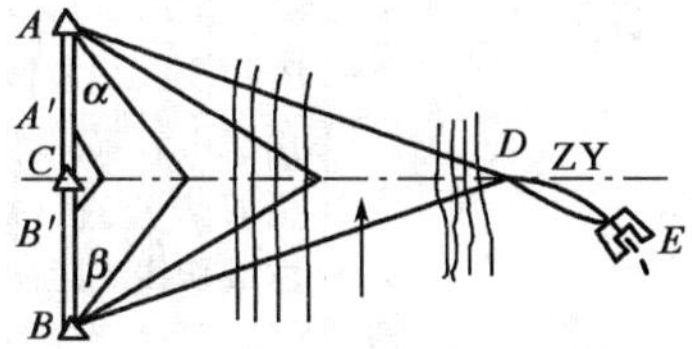 A, A′, C, B′, B, α, β, D, ZY, E	施测时由基线 A、B、D 三角点上交会河中两墩,对岸曲线上的桥台可自曲线起点 ZY(亦即三角点 D)用精密导线直接丈量法测定,本岸桥台用直接丈量法或由辅助点 A'、B' 交会法进行

续上表

项　目	图　示	说　明
部分直线部分曲线（曲线起点或终点在河中）	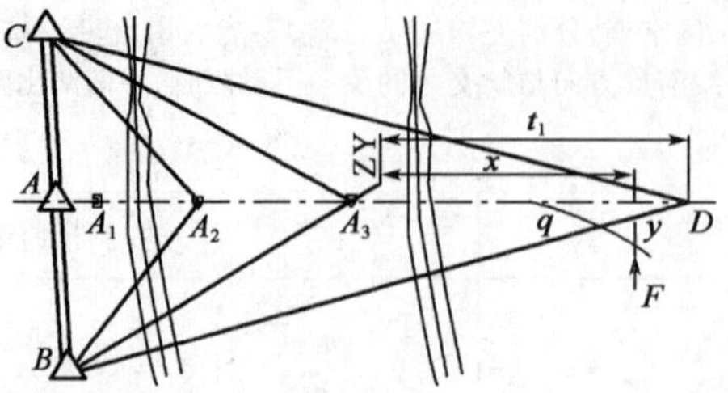	1. 在直线延长线上设 D 点，由三角网 BACD 中测算 AD 长度，AD 减去 A 至 ZY 距离得 t_1，再计算 F 台在切线上的投影 x 及支距 y，由 D 点在直线上丈量 t_1-X 得点 H，量支距 φ 得 F 台。 2. 同样由支距法定出 E 墩，或置经纬仪于 F 点用偏角法定出 E 墩
墩台大部分在曲线上	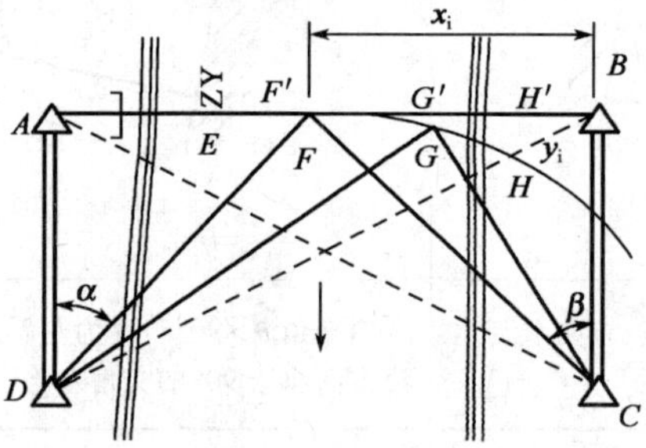	1. 延长直线设 B 点，在 A、B 点设基线 AD、BC，在三角网 ABCD 中测算 AB 长度，同上原理计算 B 点至各墩台在直线上的支距 x_i 机 y_i。 2. 当 y_i 大于桥墩围堰范围时，则须应用其与三角点的坐标关系，以前方交会法测定
桥梁全部在曲线上	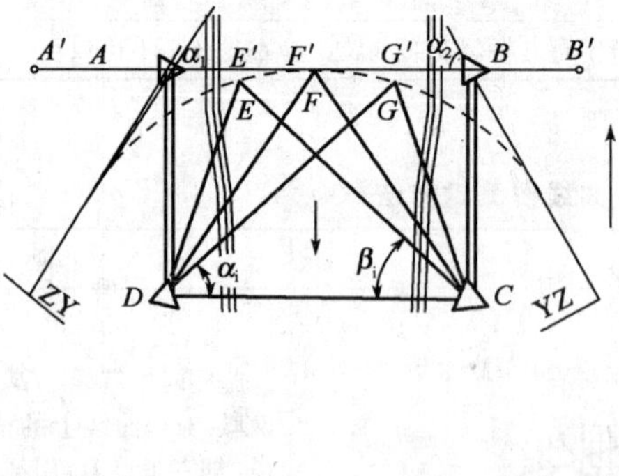	1. 先进行室内准备，按比例绘制放样定位平面图，拟定 AB 辅助切线。 2. AB 最好切与某一桥墩中心，减少计算 A、B（或 $A'B'$）须能通视各墩，以便交会。 3. 算出 ZY 至点距离。ZY 至 B 点距离，偏角 α_1、α_2、AB 长、AB 至各墩之垂足 $E'F'G'$ 等之间的距离 EE'、FF'、GG' 等，各墩的切线支距。 4. 现场实测：由起点和终点引出 A、B 两点，设置基线 AD、BC，从三角网 ABCD 中测算 AB 长、α_1、α_2 角值，并与图上算得相符时（有误时应检查改正后重测）方能计算由 C、D 三角点至 E'、F'、G'…点之交会角计算 α_i、β_i 以交会出各墩垂足，在用垂足用支距法引出墩中心；如支距过长，可算出墩中心坐标，由 C、D 点直接交会；桥台位于岸上，用偏角法或切线支距法均可施测

(3)曲线桥测量常用计算公式

曲线桥设计布置表 表 3.6-8

路线为曲线,桥梁为直线形	路线为曲线,桥梁为曲线、曲板或曲拱
利用墩、台中心构成折线交点而形成弯桥,如图所示: 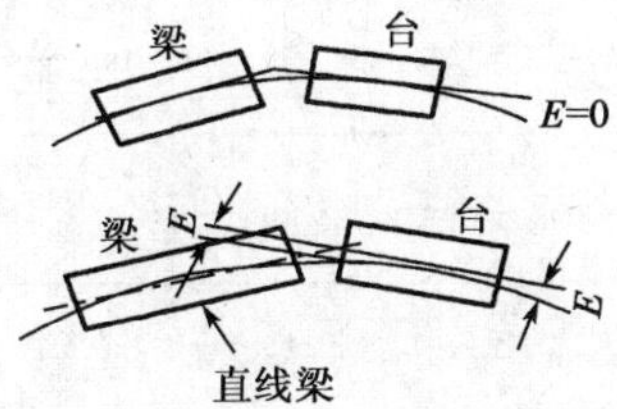 在设计文件已给定墩、台定位有关数据时,只需重新复核无误即可放样定位;否则应按路线测设资料、曲线有关要素,由计算公式求出各墩、台中心为顶点的直线,再按此定位	梁、板或曲拱比较复杂,根据设计要求及提供资料数据进行预制(砌筑)、并据以放样测量、弯梁的布置。如图所示 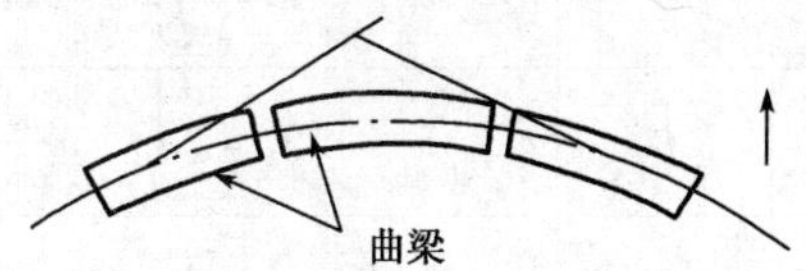

圆曲线各要素代号表 表 3.6-9

名　称	现用代号	英文代号	原国家科委或国际代号	名　称	现用代号	英文代号	原国家科委或国际代号
转向角定点(或二切线交点)	JD	I. P	—	外距或外矢距	E	E	E
				切线横距	x	x	x
转向角或交角	α		α	切线纵距或切线支距	y	y	y
曲线起点	ZY	B、C	—	两切线长与曲线全长之差	—	$2T-L$	D
曲线终点	YZ	E、C	—				
曲线中点	QZ	M、C	—	正矢或中央纵距	M	M	M
圆曲线半径	R	R	R	曲度	—	D_C	D_C
曲线长	—	L 或 C、L	L				
分段曲线长	l	l	l				
切线长	T	T	T				
曲线起点至终点弦长	C	C	C				
分段曲线间弦长	—	C'	C'				
切线与弦线所成立的偏角	Δ	d	Δ				
分段曲线长所对应的中心角	—	—	α'				

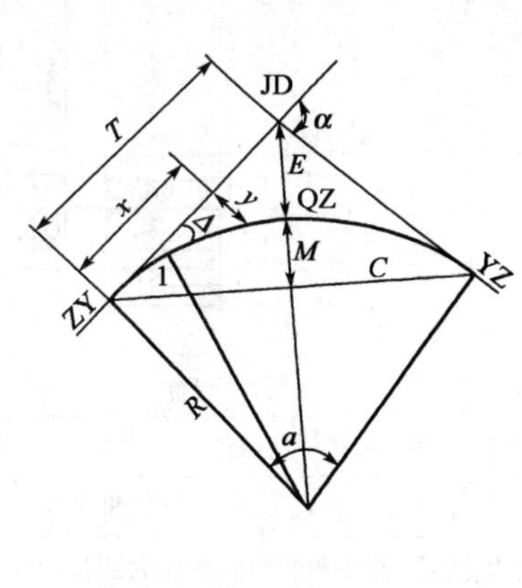

圆曲线常用计算公式表 表 3.6-10

序号	求	计算公式
1	T	$T=R\cdot\tan\frac{\alpha}{2}=E\cdot\cot\frac{\alpha}{4}=\frac{C}{2}\cdot\sec\frac{\alpha}{2}=M\cdot\tan\frac{\alpha}{2}/\left(1-\cos\frac{\alpha}{2}\right)=\sqrt{E(2R+E)}$
2	L	$L=\frac{\pi}{180°}\cdot\alpha\cdot R=0.0174533\cdot\alpha\cdot R$
3	E	$E=R\left(\sec\frac{\alpha}{2}-1\right)=\frac{C}{2}\cdot\tan\frac{\alpha}{4}\cdot\sec\frac{\alpha}{2}=M\cdot\sec\frac{\alpha}{2}=T\cdot\tan\frac{\alpha}{4}$
4	M	$M=R\left(1-\cos\frac{\alpha}{2}\right)=T\cdot\cot\frac{\alpha}{2}\left(1-\cos\frac{\alpha}{2}\right)=E\cdot\cos\frac{\alpha}{2}=\frac{C}{2}\cdot\tan\frac{\alpha}{4}=\sqrt{E^2-\left(T-\frac{c}{2}\right)^2}$
5	C	$C=2R\cdot\sin\frac{\alpha}{4}=2T\cdot\cot\frac{\alpha}{2}=2E\cdot\cot\frac{\alpha}{4}\cdot\cos\frac{\alpha}{2}=2M\cdot\cot\frac{\alpha}{4}$
6	α	$\tan\frac{\alpha}{2}=\frac{T}{R},\sin\frac{\alpha}{2}=\frac{C}{2R},\cos\frac{\alpha}{2}=\frac{R-M}{R}=\frac{R}{R+E}=\frac{C}{2T}=\frac{M}{E},\tan\frac{\alpha}{4}=\frac{E}{T}=\frac{2M}{C}$
7	Δ	$\Delta=\frac{1}{2}\cdot\frac{180}{\pi}\cdot\frac{l}{R}=28.64789\frac{l}{R}(°)=1718.9734\frac{l}{R}(')$
8	α'	$\alpha'=\frac{180}{\pi}\cdot\frac{l}{R}=57.29578\frac{l}{R}(°)=3437.7468\frac{l}{R}(')$
9	X	$x=R\cdot\sin\alpha'$
10	y	$y=R\cdot(1-\sin\alpha')$
11	C'	$C'=2R\cdot\sin\frac{\alpha'}{2}$

圆曲线加缓和曲线综合要素代号表 表 3.6-11

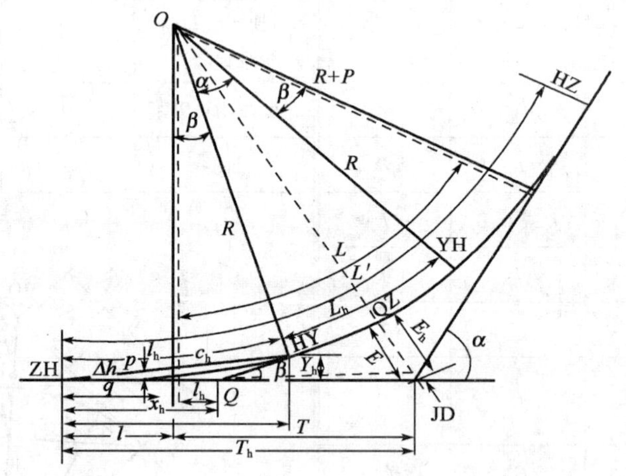

名　　称	现用代号	英文代号	原国家科委或国际代号
圆曲线内部所增加的部分切线值	t_h	—	t_h
缓和曲线终点的切线与 T_h 交点至缓和曲线起点的距离	T_d	—	T_d
切线尾加数（因设置缓和曲线而增加的部分切线长）	t	—	t
外矩（包括设置缓和曲线所增外距长）	E_h	E_s	E_h

续上表

名　　称	现用代号	英文代号	原国家科委或国际代号
设置缓和曲线所增外距长	e	—	e
曲线全长(包括主曲线及其缓和曲线的长度)	L_h	L_s	L_h
主曲线长(设置缓和曲线后的圆曲线长度)	L'	—	L'
缓和曲线长	—	—	l_h
缓和曲线角(即缓和曲线所对中心角)	β	S_c	β
缓和曲线总偏角(等于$\beta/3$)	∇_h	i_c 或 S_c	Δh
自缓和曲线起点 ZH、HZ 至缓和曲线上任意一点的偏角	δ_h	—	δ_h
第一缓和曲线起点	ZH	TS	—
圆曲线起点(第一缓和曲线终点)	HY	SC	—
圆曲线终点(第二缓和曲线终点)	YH	CS	—
第二缓和曲线起点	HZ	ST	—
切线长(包括设置缓和曲线所增加切线长)	T_h	TS	T_h
缓和曲线任一点至另一点的偏角	δ'_h	—	δ'_h
缓和曲线的弦长(即缓和曲线起点至终点的弦长)	C_h	C	C_h
缓和曲线终点的横矩	x_h	x_C	x_h
缓和曲线终点的纵矩	y_h	y_C	y_h
内移值(即曲线自切线向内移动的距离)	ρ	ρ	ρ
切垂距(即圆心向切线引垂线与切线的交点至缓和曲线起点的点的距离	q	q	q
缓和曲线起点切线与终点切线的交点	Q	—	Q
切线差(包括设置缓和曲线所增部分在内的切线长与曲线之差)	D_h	—	D_h
切曲差尾加数(设置缓和曲线后所增的部分切曲差)	d	—	d

圆曲线加缓和曲线常用计算公式表　　表 3.6-12

序　号	求	计 算 公 式	序　号	求	计 算 公 式
1	T_h	$T_h = T + 1$	8	y_h	$y_h = \frac{l_h^2}{6R}$
2	E_h	$E_h = E + e$	9	q	$q = x_h - R \cdot \sin\beta$
3	L_h	$L_h = L' + 2l_h$	10	l_h	$l_h = x_h \cdot \sec\Delta_h$
4	L'_h	$L'_h = \frac{\pi}{180}R(\alpha - 2\beta) = 0.017\,453\,33R(\alpha - 2\beta)$	11	Δ_h	$\Delta_h = \frac{\beta}{3}$
			12	T_d	$T_d = x_h - y_h\cot\beta$
5	D_h	$D_h = D + d$	13	p	$p = y_h - R(1 - \cos\beta)$
6	β	$\beta = \frac{90}{\pi} - \frac{l_h}{R} = 0.286\,478\,9\,\frac{l_h}{R}$	14	t	$t = p\tan\frac{\partial}{2} + q$
			15	e	$e = p\sec\frac{\partial}{2}$
7	x_h	$x_h = l_h - \frac{l_h^3}{40R^2}$	16	d	$d = 2t - l_h$

用偏角法设置缓和曲线计算公式表　表 3.6-13

求	计算公式	说明
δ'_h	$\delta'_h=\frac{30}{\pi R l_h}(l-l_j)(l+2l_j)$	式中：l——自缓和曲线起点 ZH 至前视点 B 或后视点 H 的距离； l_j——自缓和曲线起点 ZH 至放置仪器点的距离其余代号见表 3.6-9

注：当采用切线法测设缓和曲线时，可按表 3.6-12 序号 7、8 的公式计算出缓和曲线上任意一点的横距 x_h 及纵距 y_h。

曲线桥桥墩中心距 l_p 计算公式表　表 3.6-14

序号	求	计算公式	说明
1	L	$L=l+2F$	式中：L——梁在直线上的预制长度； F——预制梁端至桥墩中心的距离； b——两跨简支梁端，最小的空隙之半； W——桥面宽度（包括弯道加宽）(m)； α——相邻两梁中线的交角（°）
2	F	$F=b+\frac{\pi W\alpha}{360}=b+0.008\,726\,5\cdot W\alpha$	
圆曲线上的等跨梁简图	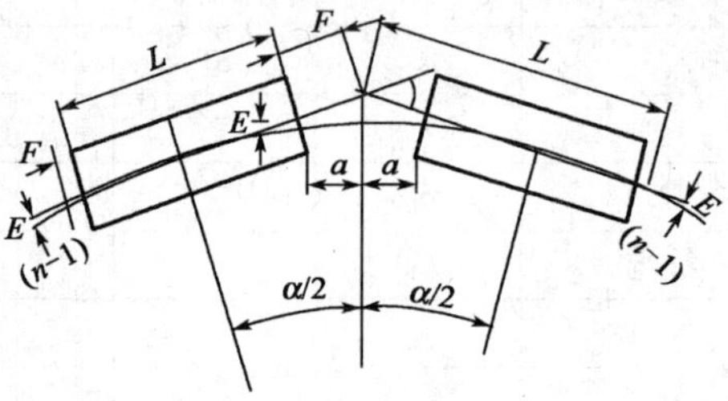	L　F　L　E　F　E　a　a　E　(n−1)　(n−1)　α/2　α/2 $\alpha=2\arctan\frac{l_p}{R}$	

注：对于缓和曲线上的梁，交角 α 的计算与桥墩在缓和曲线上的位置、圆曲线半径、缓和曲线总长、弯道加宽值等有关，可按设计提供的数据量放样。

3.6.4 锥坡的测量放样

桥（涵）台锥形坡护坡一般在平面上呈 1/4 椭圆形，立体呈椎体，其边坡根据路堤土高低取两种或一种坡度，按规定小于 6m 高时采用一种边坡，大于 6m 设置两种边坡，下部较缓，上部较陡。

锥坡的放样方法有多种，均先求出坡脚椭圆形的轨迹线，测设到地面上，然后再按规定的边坡放样出样线，据以施工。

（1）锥坡支距放样法

锥坡的支距放样法　表 3.6-15

项目	图式及说明
适用范围	用于桥（涵）台椭圆形锥坡不高、干地底脚，地势平坦，桥位中线与水流正交场合
锥坡支距简图	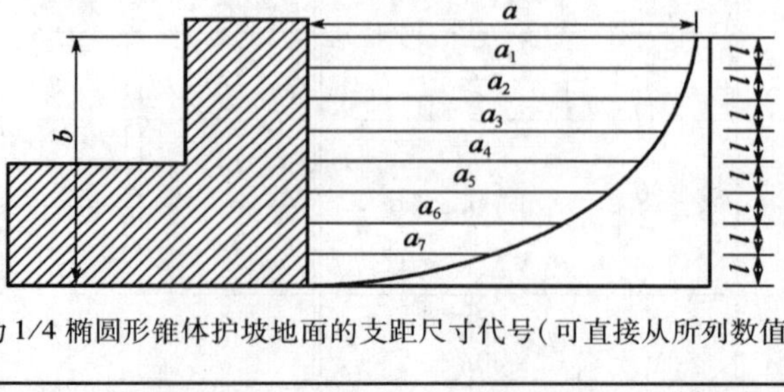 a　a_1　a_2　a_3　a_4　a_5　a_6　a_7　b　l　l　l　l　l　l　l　l 图示为 1/4 椭圆形锥体护坡地面的支距尺寸代号（可直接从所列数值查表）

续上表

项　　目	图式及说明
方法简述	1. 将 b 分为 8 等分时：$l=b/8$ ； 2. 将 b 分为 10 等分时：$l=b/10$； 3. $H\leqslant 6$m 时：$b=H$； 4. $H=6\sim12$m 时；$b=1.25H\sim1.5H$ （此法如果用于斜交桥、涵锥坡，其 a 轴线仍应平行于 a 轴所示方向）

项　　目	锥坡高度(m) / 支距(m)	$H\leqslant 6$		$H=6\sim12$	
		十点法	八点法	十点法	八点法
锥坡放样支距表	a	$1.50H$	$1.50H$	$1.75H-1.50$	$1.75H-1.50$
	a_1	$1.49H$	$1.49H$	$1.74H-1.50$	$1.70H-1.50$
	a_2	$1.47H$	$1.45H$	$1.72H-1.50$	$1.69H-1.40$
	a_3	$1.43H$	$1.39H$	$1.67H-1.40$	$1.62H-1.40$
	a_4	$1.37H$	$1.30H$	$1.60H-1.40$	$1.52H-1.30$
	a_5	$1.30H$	$1.17H$	$1.52H-1.30$	$1.37H-1.20$
	a_6	$1.20H$	$0.99H$	$1.40H-1.20$	$1.16H-1.00$
	a_7	$1.07H$	$0.73H$	$1.25H-1.10$	$0.85H\ 0.73$
	a_8	$0.90H$	—	$1.05H-0.90$	—
	a_9	$0.65H$	—	$0.75H-0.65$	—

（2）纵横等分图解法

纵横等分图解法　　表 3.6-16

项　　目	图示及说明
适用范围	可先按比例在纸上作图，然后根据现场情况选择放样方便的基线为依据，此法也适用于正交桥涵
纵横等分简图	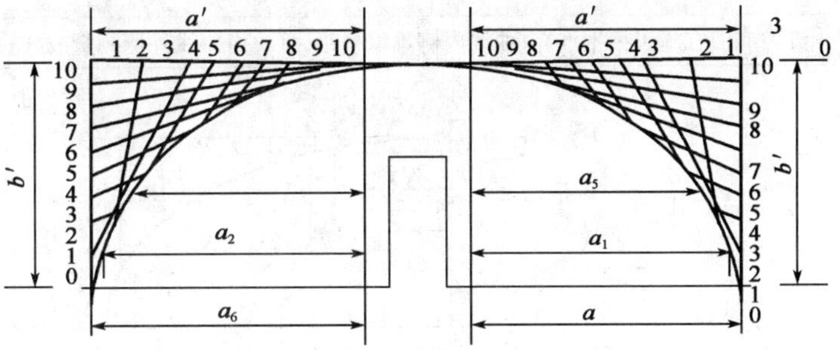
方法简述	按 a 和 b 的长度引一平行四边形； 将 a'和 b'均分为 10 等分，并将各点顺序编号； 由 b'之 0 点连 a'之 1 点，由之 1 点连之 2 点……以此类推，最后由之 9 点连之 10 点，即形成锥坡之底线。 如按选定的基线，量出与基线垂直的几个坐标点，便于用垂直尺，即更为简便

(3)椭圆曲线内侧量距法

椭圆曲线内侧量距法　　表 3.6-17

<table>
<tr><th>项　目</th><th colspan="12">图示及说明</th></tr>
<tr><td>适用范围</td><td colspan="12">锥坡不高,干地、底脚地势平坦无障碍,桥涵中线与主流的流向正交</td></tr>
<tr><td>内侧量距简图</td><td colspan="12">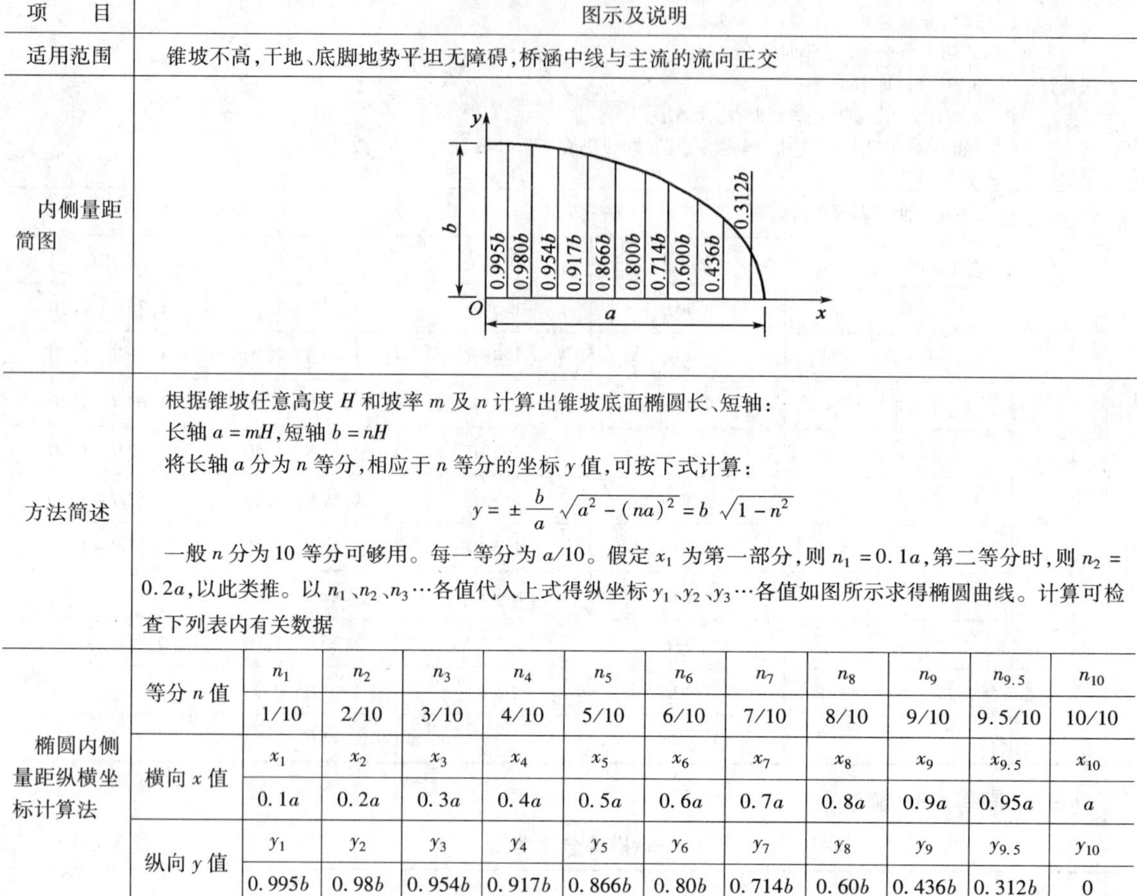</td></tr>
<tr><td>方法简述</td><td colspan="12">根据锥坡任意高度 H 和坡率 m 及 n 计算出锥坡底面椭圆长、短轴:
长轴 $a=mH$,短轴 $b=nH$
将长轴 a 分为 n 等分,相应于 n 等分的坐标 y 值,可按下式计算:
$$y=\pm\frac{b}{a}\sqrt{a^2-(na)^2}=b\sqrt{1-n^2}$$
一般 n 分为 10 等分可够用。每一等分为 $a/10$。假定 x_1 为第一部分,则 $n_1=0.1a$,第二等分时,则 $n_2=0.2a$,以此类推。以 n_1、n_2、n_3…各值代入上式得纵坐标 y_1、y_2、y_3…各值如图所示求得椭圆曲线。计算可检查下列表内有关数据</td></tr>
<tr><td rowspan="6">椭圆内侧量距纵横坐标计算法</td><td rowspan="2">等分 n 值</td><td>n_1</td><td>n_2</td><td>n_3</td><td>n_4</td><td>n_5</td><td>n_6</td><td>n_7</td><td>n_8</td><td>n_9</td><td>$n_{9.5}$</td><td>n_{10}</td></tr>
<tr><td>1/10</td><td>2/10</td><td>3/10</td><td>4/10</td><td>5/10</td><td>6/10</td><td>7/10</td><td>8/10</td><td>9/10</td><td>9.5/10</td><td>10/10</td></tr>
<tr><td rowspan="2">横向 x 值</td><td>x_1</td><td>x_2</td><td>x_3</td><td>x_4</td><td>x_5</td><td>x_6</td><td>x_7</td><td>x_8</td><td>x_9</td><td>$x_{9.5}$</td><td>x_{10}</td></tr>
<tr><td>$0.1a$</td><td>$0.2a$</td><td>$0.3a$</td><td>$0.4a$</td><td>$0.5a$</td><td>$0.6a$</td><td>$0.7a$</td><td>$0.8a$</td><td>$0.9a$</td><td>$0.95a$</td><td>a</td></tr>
<tr><td rowspan="2">纵向 y 值</td><td>y_1</td><td>y_2</td><td>y_3</td><td>y_4</td><td>y_5</td><td>y_6</td><td>y_7</td><td>y_8</td><td>y_9</td><td>$y_{9.5}$</td><td>y_{10}</td></tr>
<tr><td>$0.995b$</td><td>$0.98b$</td><td>$0.954b$</td><td>$0.917b$</td><td>$0.866b$</td><td>$0.80b$</td><td>$0.714b$</td><td>$0.60b$</td><td>$0.436b$</td><td>$0.312b$</td><td>0</td></tr>
</table>

(4)椭圆曲线外侧量距法

椭圆曲线外侧量距法　　表 3.6-18

<table>
<tr><th>项　目</th><th>图示及说明</th></tr>
<tr><td>适用范围</td><td>锥坡底面有施工掘土堆弃,曲线内侧难以量距,可改由曲线外侧测量放样,定出椭圆曲线长各点</td></tr>
<tr><td>外侧量距简图</td><td></td></tr>
<tr><td>方法简述</td><td>如上图所示,在椭圆曲线外侧,即 O_x 轴对面的平行线 ED 上按直角坐标测定曲线上各点。方法使用卷尺沿 ED 找出 $0.1a$、$0.2a$、$0.3a$…各点,用直角尺按平行于椭圆短半轴 b 的方向量出各相应 y 值 $0.005b$、$0.020b$、$0.046b$…定 P_1、P_2、P…各点连成曲线,依次曲线周长各点 P_1、P_2、P_3 等与锥坡顶上固定点拉下的坡度放样线砌筑石料,即连成椎体护坡。
为了校核 ED 线长度和方向是否正确,可用卷尺连 ED 和 FD 构成直角三角形△EFD,定出 D 点</td></tr>
</table>

续上表

项　目	图示及说明										
椭纵圆横 外坐侧标量 计距算	等分 n 值	1/10	2/10	3/10	4/10	5/10	6/10	7/10	8/10	9/10	9.5/10	10/10
	横坐标	x_1	x_2	x_3	x_4	x_5	x_6	x_7	x_8	x_9	$x_{9.5}$	a
	x 值	$0.1a$	$0.2a$	$0.3a$	$0.4a$	$0.5a$	$0.6a$	$0.7a$	$0.8a$	$0.9a$	$0.95a$	a
	纵坐标	y_1	y_2	y_3	y_4	y_5	y_6	y_7	y_8	y_9	$y_{9.5}$	b
	y 值	$0.005b$	$0.020b$	$0.046b$	$0.083b$	$0.134b$	$0.200b$	$0.286b$	$0.400b$	$0.564b$	$0.683b$	b

（5）对角线上测设曲线坐标系

对角线上测设曲线坐标法　　表 3.6-19

项　目	图示及说明											
适用范围	当 EF 两点无障碍可直接通视，即可连接 EF 作为对角线，在其上量出曲线坐标，定出椭圆曲线											
对角线上曲线坐标简图												
方法简述	如上图所示，EF 线分为 10 等分，在此直线上由 E 点量出 nc 距离，并在平行于 OE 轴方向量 y_n 得 P_n，用同样方法定出各点连成曲线。此法由于 E、F 两点固定，故方向准确，易于放样，便于量距											
对角线上量曲线坐标表	距 E 点距离	$0.1c$	$0.2c$	$0.3c$	$0.4c$	$0.5c$	$0.6c$	$0.7c$	$0.8c$	$0.9c$	$0.95c$	F
	纵向 Y_n	$0.095b$	$0.180b$	$0.254b$	$0.317b$	$0.366b$	$0.400b$	$0.414b$	$0.400b$	$0.336b$	$0.262b$	0

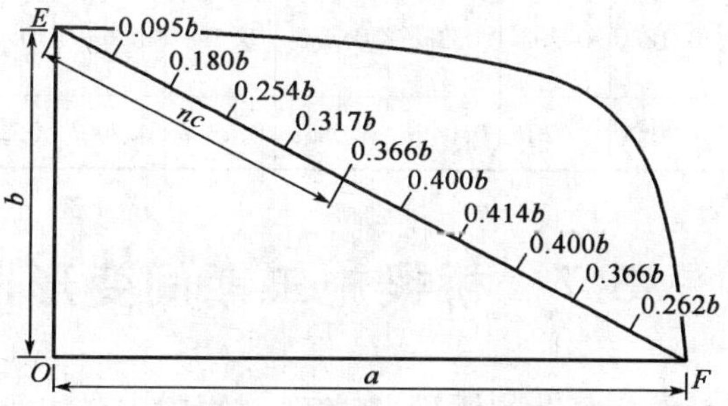

3.6.5 斜桥锥坡放样法

斜桥锥坡放样法　　表 3.6-20

项　目	图示及说明											
适用范围	地势平坦、干地、高度不大的锥坡，椭圆曲线仍可采用坐标值量距法定点放样，但不能直接使用前述直角坐标值。用于桥（涵）中心河流斜交时，须视斜交角（即斜角度）α 的不同而乘以角度系数值 c											
斜角角度系数	$c = DF = a\sec\alpha$											
	不同斜角相应的斜度系数 c											
	桥涵斜角 α（°）	8	10	12	14	16	18	20	22	25	28	30
	系数 $c = \sec\alpha$	1.01	1.015	1.022	1.03	1.04	1.05	1.06	1.079	1.11	1.13	1.15

续上表

项　　目	图示及说明
斜桥锥坡平面简图	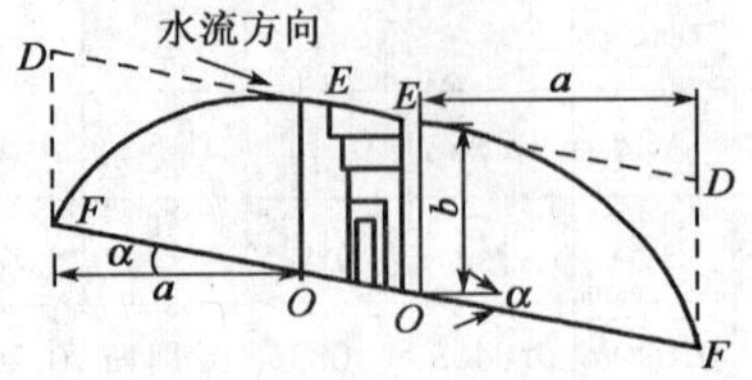
定曲线坐标	根据已知桥涵的斜角，由本表查出相应斜角系数 c，与长轴相乘得 ED 线上距 E 点长度为 x，其纵坐标 y 值如下：

斜桥涵椭圆曲线坐标值

等分点	1/10	2/10	3/10	4/10	5/10	6/10	7/10	8/10	9/10	9.5/10	10/10
距 E 点长度	$0.1ac$	$0.2ac$	$0.3ac$	$0.4ac$	$0.5ac$	$0.6ac$	$0.7ac$	$0.8ac$	$0.9ac$	$0.95ac$	ac
纵向 y 值	$0.005b$	$0.020b$	$0.046b$	$0.083b$	$0.134b$	$0.200b$	$0.286b$	$0.400b$	$0.564b$	$0.688b$	b

3.7　桥梁施工期间变形监测

大桥、特大桥以及结构复杂的桥梁，在施工过程中应对主要墩、台(或塔、锚)的沉降变形、倾斜度等进行监测。

桥梁施工变形监测项目　　表 3.7-1

类　　型	施工期主要监测内容
梁式桥	桥墩垂直位移； 悬臂法浇筑的梁体水平、垂直位移； 悬臂法安装的梁体水平、垂直位移； 支架法浇筑的梁体水平、垂直位移
拱桥	桥墩垂直位移； 装配式拱圈水平、垂直位移
悬索桥 斜拉桥	索塔倾斜、塔顶水平位移、塔基垂直位移； 主缆线性形变(拉伸变形)； 索夹滑动位移； 梁体水平、垂直位移； 散索鞍相对转动； 锚碇水平、垂直位移
桥梁两岸边坡	桥梁两岸水平、垂直位移

3.8 桥梁竣工测量

桥梁竣工测量项目 表 3.8-1

项　　目	竣工测量内容
平面复核	测定桥梁中线,丈量跨径; 桥梁轴线与桥头接线的吻合情况复核; 桥梁轴线、边线平面与设计的吻合情况
高程复核	桥面起止点、中点高程复核; 桥面行车道路面平整度复核; 检查桥面高程
尺寸复核	丈量墩、台(或塔、锚)各部尺寸
资料整理	整理桥梁竣工资料,补遗测量

4.1 适用条件

明挖基础适用条件及施工方法 表4.1-1

编号	明挖基础适用条件	辅助施工措施	施工要点	备注
1	地下水较少、渗水量不大的陆地桥梁基础	强制排水	采取适当的放坡比例和边坡支护方式、开挖方式，对持力岩层附近宜采取机械（如水钻、液压炮机、岩石切割机）开挖	开挖过程中确保边坡的稳定，嵌固岩层、持力岩层的完整等。对距离轮廓面的0.5m以内的岩石，可采用机械开挖
2	地下水丰富，渗透系数较大，浅基础	井点降水、管井降水	将地下水水位降至基础底面以下50cm	注意防止砂被淘空，引起地面下陷
3	水下4m以内，覆盖层较薄（<1m）或渗透性较差	土围堰、土袋围堰、竹、铅丝笼围堰，排堵结合	覆盖层宜先予清除，在基础四周形成连续的堵水围堰，并结合强制抽水排水	注意围堰和边坡的稳定
4	地下水丰富，覆盖层较薄（<6m），基岩渗透性较低	深入基岩的围幕灌浆、地下连续墙、钢板桩、混凝土沉井，排堵结合	在基础四周形成连续的止水墙堵水，并结合强制抽水排水	施工时注意止水墙的稳定，并保证止水效果。采取爆破施工时，注意控制爆破对堵水系统的影响

4.2 地基土常用数据

土的物理力学特征［《公路桥涵地基与基础设计规范》（JTG D63—2007）］ 表4.2-1

土类		孔隙比 e	天然含水率 w（%）	塑限含水率 w_p（%）	重度 γ（kN/m^3）	计算的黏聚力 c（kPa）	计算的内摩擦角 φ（°）
砂类土	砾砂、粗砂	0.4～0.5	15～18	—	20.5	0	42
		0.5～0.6	19～22	—	19.5	0	40
		0.6～0.7	23～25	—	19.0	0	38
	中砂	0.4～0.5	15～18	—	20.5	0	40
		0.5～0.6	19～22	—	19.5	0	38
		0.6～0.7	23～25	—	19.0	0	36
	细砂	0.4～0.5	15～18	—	20.5	0	38
		0.5～0.6	19～22	—	19.5	0	36
		0.6～0.7	23～25	—	19.0	0	32

续上表

土类			孔隙比 e	天然含水率 w (%)	塑限含水率 w_p (%)	重度 γ (kN/m^3)	计算的黏聚力 c (kPa)	计算的内摩擦角 φ (°)
砂类土	粉砂		0.5~0.6	15~18	—	20.5	5	36
			0.6~0.7	19~22	—	19.5	3	34
			0.7~0.8	23~25	—	19.0	2	28
黏质土	亚黏土	亚砂土	0.4~0.5	15~18	—	21.0	6	30
			0.5~0.6	19~22	<9.4	20.5	5	28
			0.6~0.7	23~25	—	19.5	2	27
			0.4~0.5	15~18	—	21.0	7	25
			0.5~0.6	19~22	9.5~12.4	20.5	5	24
			0.6~0.7	23~25	—	19.5	3	23
		黏土	0.4~0.5	15~18	12.5~15.4	21.0	25	24
			0.5~0.6	19~22	—	20.5	15	23
			0.6~0.7	23~25	—	19.5	10	22
			0.7~0.8	26~29	—	19.0	5	21
			0.5~0.6	19~22	15.5~18.4	20.5	35	22
			0.6~0.7	23~25	—	19.5	15	21
			0.7~0.8	26~29	—	19.0	10	20
			0.8~0.9	30~34	—	18.5	8	19
			0.9~1.0	35~40	—	18.0	5	18
			0.6~0.7	23~25	18.5~22.4	19.5	40	20
			0.7~0.8	26~29	—	19.0	25	19
			0.8~0.9	30~34	—	18.5	20	18
			0.9~1.0	35~40	—	18.0	10	17
			0.7~0.8	26~29	22.5~26.4	19.0	60	18
			0.8~0.9	30~34	—	18.5	30	17
			0.9~1.0	35~40	—	17.5	25	16
			0.8~0.9	30~34	26.5~30.4	18.5	65	16
			0.9~1.0	35~40	—	17.5	35	15

注:1. 土的平均密度采用:砂土 $2.66\times10^3kg/m^3$;亚砂土 $2.70\times10^3kg/m^3$;亚黏土 $2.74\times10^3kg/m^3$。

2. 土的重度按水占孔隙的90%计算。

3. 根据《公路桥涵地基与基础设计规范》(JTG D63—2007)将土分为碎石土、砂土、粉土、黏性土、特殊性岩土,《公路土工试验规程》(JTG E40—2007)将土划分为巨粒土、粗粒土、细粒土和特殊类土。本表砂类土可对应于砂土、粗粒土,黏质土对应于粉土、黏性土、细粒土,可进行对比参考。

土石方按开挖难易分级表 表4.2-2

土石等级	土石类别	土石名称	围岩BQ指标及开挖方法
一类土(Ⅵ级围岩)	软土	软塑状黏性土及潮湿、饱和粉细砂层、软土	可人工开挖,用脚蹬锹,一下到底
二类土(Ⅴ级围岩)	碎石土	1. 较软岩,岩体破碎; 2. 较岩,岩体较破碎-破碎; 3. 极破碎各类岩体,碎、裂状,松散结构; 4. 第四系半干硬至硬塑的黏性土; 5. 稍湿至潮湿的碎石土、卵石土、圆砾、角砾土及黄土(Q3、Q4); 6. 松软黄土、黏性土	BQ≤250,人工配合机械开挖,部分使用镐刨松才能用锹挖

续上表

土石等级	土石类别	土石名称	围岩BQ指标及开挖方法
三类土(Ⅳ级围岩)	较软岩、硬土	1. 坚硬岩,岩体破碎,碎裂结构; 2. 较坚硬岩,岩体较破碎－破碎,镶嵌碎裂结构; 3. 较软岩或软硬岩互层,且以软岩为主,岩体较完整-较破碎,中薄层状结构; 4. 压密或成岩作用的黏性土及砂性土; 5. 黄土(Q1、Q2); 6. 一般钙质、铁质胶结的碎石土、卵石土、大块石土	350～251,人工配合机械开挖,必须全部刨松才能用锹挖
四类土(Ⅲ级围岩)	较软硬岩	1. 坚硬岩,岩体较破碎,巨块(石)碎(石)状镶嵌结构; 2. 较坚硬岩或较软硬岩层,岩体完整,块状体或中厚层结构	450～351,水钻、液压炮机、岩石切割机开挖,部分用爆破法开挖
五类土(Ⅱ级围岩)	较坚硬岩	1. 坚硬岩,岩体较完整,块状或厚层状结构; 2. 较坚硬岩,岩体完整,块状整体结构	550～451,用爆破法开挖
六类土(Ⅰ级围岩)	坚硬岩	坚硬岩,岩体完整,巨整体状或巨厚层状结构	BQ＞550,用爆破法开挖

注:1. 根据《公路隧道设计规范》(JTG D70—2004),围岩分为六级,相对应的土石类别刚好对调,即六类土等于Ⅰ级围岩,一类土等于Ⅵ级围岩。但新规范Ⅲ～Ⅴ级与原Ⅳ～Ⅱ类的划分相差较大,对Ⅲ级以下(含三级)的岩体应慎重确定级别,以确保工程安全。

2. 根据《公路桥涵地基与基础设计规范》(JTG D63—2007),岩石饱和单轴抗压强度标准值f_{rk}(MPa)≤5为极软岩,$5<f_{rk}\leq15$为软岩,$15<f_{rk}\leq30$为较软岩、$30<f_{rk}\leq60$时为较硬岩,$60<f_{rk}$为硬岩。

土的可松性系数表 表4.2-3

土石等级	土石类别	体积增加百分比		可松性系数	
		最初	最后	K_s	K'_s
一类土	软土	8～17	1～3	1.08～1.17	1.01～1.03
二类土	碎石土	14～24	2～5	1.14～1.24	1.02～1.05
三类土	较软岩、硬土	24～30	4～7	1.24～1.30	1.04～1.07
四类土	较软硬岩	26～45	6～20	1.26～1.45	1.06～1.20
五类土	较坚硬岩	30～50	10～30	1.30～1.50	1.10～1.30
六类土	坚硬岩	45～50	28～30	1.45～1.50	1.28～1.30

注:1. 土的可松性是指土经过挖掘后,组织破坏,体积增加的性能。

$$最初体积增加百分比=(V_2-V_1)/V_1\times100\%$$

$$最后体积增加百分比=(V_3-V_1)/V_1\times100\%$$

$$最初可松性系数\ K_s=V_2/V_1$$

$$最后可松性系数\ K'_s=V_3/V_1$$

式中:V_1——开挖前土的自然体积;

V_2——开挖后土的松散体积;

V_3——开挖后土的松散体积。

2. 土方工程中,K_s是计算装运车辆及挖土设备(机械)的重要参数;K'_s是计算填方所需挖土工程量的重要参数。

土壤压缩率参考值表　　表 4.2-4

土的类别		土的压缩率	每平方米松散土压实后的体积(m^3)
一、二类土	种植土	20%	0.80
	一般土壤	10%	0.90
	砂土	5%	0.95
三类土	天然湿度黄土	12% ~17%	0.85
	一般土壤	5%	0.95
	干燥坚实土壤	5% ~7%	0.94

注:土的压缩率是指松散土经压实后的压缩量占原松散土体积的百分比,每平方米松散土压实后的体积也可用原松散体积的百分比表示。

土量换算系数 *f* 参考数值　　表 4.2-5

土质	土的现状	土的可松性换算系数			土质	土的现状	土的可松性换算系数		
		自然状态	开挖之后	开挖后再填筑压实			自然状态	开挖之后	开挖后再填筑压实
砂	(A)	1.00	1.11	0.95	密实的砾石	(A)	1.00	1.42	1.29
	(B)	0.90	1.00	0.86		(B)	0.70	1.00	0.91
	(C)	1.05	1.17	1.00		(C)	0.77	1.00	1.00
普通土	(A)	1.00	1.25	0.90	石灰岩、砂岩和其他软岩经破碎之后	(A)	1.00	1.65	1.22
	(B)	0.80	1.00	0.72		(B)	0.61	1.00	0.74
	(C)	1.11	1.39	1.00		(C)	0.82	1.35	1.00
黏土	(A)	1.00	1.43	0.90	花岗岩、玄武岩和其他硬岩经破碎之后	(A)	1.00	1.70	1.31
	(B)	0.70	1.00	0.63		(B)	0.59	1.00	0.77
	(C)	1.11	1.59	1.00		(C)	0.76	1.30	1.00
砂夹砾石	(A)	1.00	1.18	1.08	大块改小的石块	(A)	1.00	1.75	1.40
	(B)	0.85	1.00	0.91		(B)	0.57	1.00	0.80
	(C)	0.93	1.09	1.00		(C)	0.71	1.24	1.00
砾石	(A)	1.00	1.13	1.03	爆破后的大块岩石	(A)	1.00	1.08	1.03
	(B)	0.88	1.00	0.91		(B)	0.56	1.00	0.72
	(C)	0.97	1.10	1.00		(C)	0.77	1.38	1.00

4.3 无水基坑开挖

基坑开挖一般规定和施工要求表　　表 4.3-1

项　　目	一般规定和施工要求
基本施工方法	1. 明挖地基施工前,应对基坑边坡的稳定性进行验算,并应制订专项施工技术方案和安全技术方案。基坑的开挖施工如需爆破,爆破作业的安全管理应符合现行国家标准《爆破安全规程》(GB 6722)的规定。 2. 基坑开挖时,应对其边坡的稳定性进行监测。对特大型深基坑,除应按照边开挖、边支护的原则进行施工外,尚应建立边坡稳定信息化、动态化的监控系统,指导施工。挖基的废方应进行妥善处治,不得阻塞河道,影响泄洪,污染环境。

续上表

<table>
<tr><th>项　　目</th><th>一般规定和施工要求</th></tr>
<tr><td>基本施工方法</td><td>3. 基坑开挖前应根据水文、地质、开挖方式及施工环境条件等因素，确定是否对坑壁采取支护措施。当基坑深度较小且坑壁土层稳定时，可直接放坡开挖；坑壁土层不易稳定且有地下水影响，或放坡开挖场地受到限制，或放坡开挖工程量大时，应按设计要求对坑壁进行支护，设计未要求时，应结合实际情况选择适宜的坑壁支护方案</td></tr>
<tr><td>基坑顶面的防水</td><td>基坑顶面应设置防止地面水流入基坑的拦水（土埂、围堰）和排水（沟道）设施</td></tr>
<tr><td>坑顶荷载</td><td>1. 在开挖完成后，禁止在深基坑附近有大吨位的动荷载，基坑顶面有动荷载时，其边缘与动荷载之间应留有不小于1m宽的护道。
2. 为减轻基坑坡壁顶面静荷载，沿基坑顶面四周至少在1m范围内不得堆置土方、物料。
3. 若水文和地质条件较差应采取加固措施</td></tr>
<tr><td>基坑尺寸的确定（不加支护坑壁时）</td><td>基坑尺寸应满足施工要求。当基坑为渗水的土质基底时，坑底尺寸应根据排水要求（包括排水沟、集水井、排水管网等）和基坑大小而定，一般基底应比基础的平面尺寸增宽0.5～1.0m。当不设模板时，可按基础底的尺寸开挖基坑，但仍应结合工作面作必要考虑</td></tr>
<tr><td>基坑坑壁放坡开挖的边坡度</td><td>应按地质条件、基坑深度、施工方法等情况确定。根据《公路桥涵施工技术规范》（JTG/T F50—2011）规定：当为无水基坑、且土层构造均匀时，基坑坑壁坡度可按以下确定：
<table>
<tr><th rowspan="2">坑壁土类</th><th colspan="3">坑壁坡度</th></tr>
<tr><th>坡顶无荷载</th><th>坡顶有静载</th><th>坡顶有动荷载</th></tr>
<tr><td>砂类土</td><td>1:1</td><td>1:1.25</td><td>1:1.5</td></tr>
<tr><td>卵石、砾类土</td><td>1:0.75</td><td>1:1</td><td>1:1.25</td></tr>
<tr><td>粉质土、黏质土</td><td>1:0.33</td><td>1:0.5</td><td>1:0.75</td></tr>
<tr><td>极软岩</td><td>1:0.25</td><td>1:0.33</td><td>1:0.67</td></tr>
<tr><td>软质岩</td><td>1:0</td><td>1:0.1</td><td>1:0.25</td></tr>
<tr><td>硬质岩</td><td>1:0</td><td>1:0</td><td>1:0</td></tr>
</table>
注：1. 坑壁有不同土层时，基坑坑壁坡度可分层选用，并酌设平台。
2. 坑壁土类按照现行《公路土工试验规程》（JTG E40—2007）划分为巨粒土、粗粒土、细粒土和特殊类土。巨粒组土粒质量大于15%的土，属巨粒土；细粒组土粒的质量多于或等于总质量50%的土，为细粒土；巨粒组土粒质量小于或等于总质量的15%，且巨粒组土粒与粗粒组土粒质量之和多于或等于总土质量50%的土，称为粗粒土。特殊类土指黄土、膨胀土、红黏土、盐渍土、冻土等。本表砂类土、砾类土对应粗粒土，粉质土对应细粒土。
3. 根据《公路桥涵地基与基础设计规范》（JTG D63—2007），岩石饱和单轴抗压强度标准值 f_{rk}（MPa）≤5 为极软岩，5 < f_{rk} ≤15 为软岩，15 < f_{rk} ≤30 为较软岩、30 < f_{rk} ≤60 时为较硬岩，60 < f_{rk} 为硬岩。
4. 当基坑深度大于5m时，基坑坑壁坡度可适当放缓或加设平台。
5. 当有成熟经验时可不受本表限制</td></tr>
<tr><td>土的湿度及地下水对基坑开挖</td><td>1. 如土的湿度有可能使坑壁不稳定而引起坍塌时，基坑坑壁坡度应缓于该湿度下的天然坡度。
2. 当基坑有地下水时，地下水位以上可以放坡开挖；地下水以下部分，岩土质易坍塌或水位在基坑底以上较深时，应加固开挖</td></tr>
<tr><td>无支护加固的垂直坑壁允许深度</td><td>不同土类垂直坑壁无支护的允许开挖深度如下列，一般大于此深度时则须进行支撑或放坡开挖
<table>
<tr><th>土类</th><th>允许深度（m）</th></tr>
<tr><td>密实、中密的砂类土和砾类土（充填物为砂类土）</td><td>1.00</td></tr>
<tr><td>硬塑、软塑的低液限粉土、低液限黏土</td><td>1.25</td></tr>
<tr><td>硬塑、软塑的高液限黏土、高液限黏质土夹砂土</td><td>1.50</td></tr>
<tr><td>坚硬的高液限黏土</td><td>2.00</td></tr>
</table></td></tr>
</table>

续上表

项　目	一般规定和施工要求
喷射及锚杆喷射混凝土加固基坑坑壁的施工要求	1. 喷射或锚杆喷射加固基坑坑壁，应按设计要求，逐层加固。 2. 基坑开挖深度小于10m的较完整风化基岩，可直接喷射素混凝土。喷射前应定距离埋设钢筋，以露出岩面的长度作为喷射厚度的标志。 3. 当用锚杆挂网喷射混凝土支护、开挖基坑时，各层锚杆要求进入稳定层的长度和间距、钢筋的直径或钢绞线的束数，应符合设计要求。 4. 坑壁上有明显出水点处，应设置导管排水。 5. 喷射完成后，检查混凝土的平均厚度、强度，其值均不得小于设计要求，锚杆的平均抗拔力不小于设计值，最小拔力不小于设计值的90%。混凝土喷射表面应平顺，钢筋和锚杆不外露

基坑底部工作宽度表　　表4.3-2

项　目	简　图	说　明
地下水位低于基坑底面高程的工作面	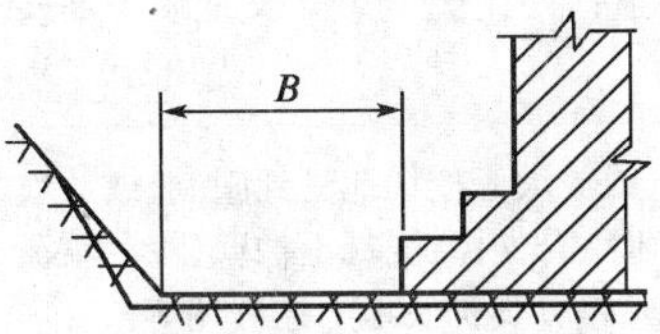 B 砌筑砖石时：B=25~40cm 混凝土及钢筋混凝土时：B=30~50cm	基坑大小应满足基础施工的要求，有渗水土质的基坑坑底尺寸，应根据排水设计（包括排水沟、集水坑、排水管网等）和基础模板设计所需基坑大小而定，一般基底应比设计平面尺寸各边增宽50~100cm
采用集水坑明排水时	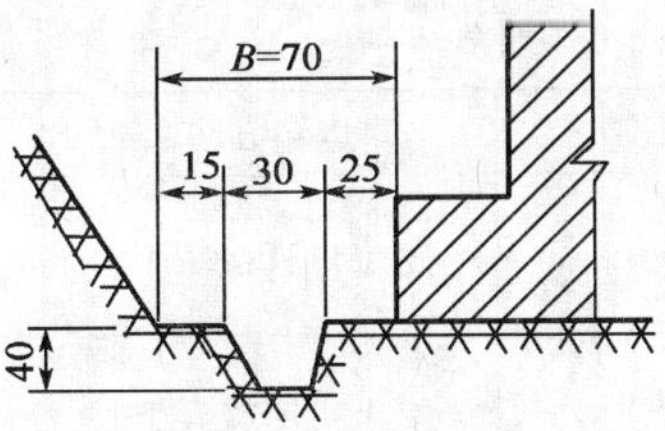 B=70 15 30 25 40	一般土质 B=70cm
采用集水坑明排水时	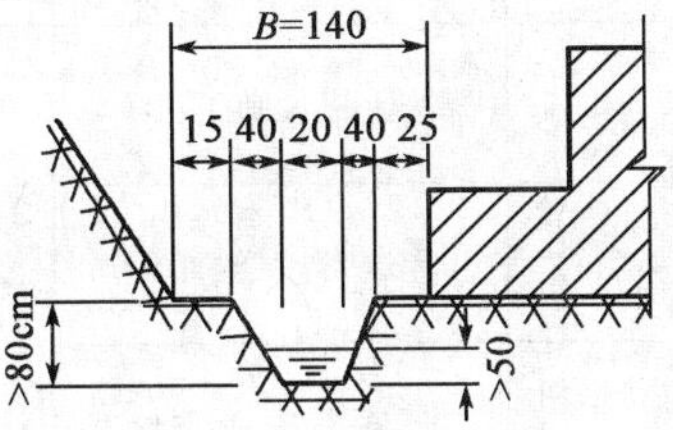 B=140 15 40 20 40 25 >80cm　>50	软土时 B=140cm
无支撑挖土时	100 B H	日本土木、建筑、给排水工程《通用标准规格书》对基坑（槽底部坑土净宽B，即工作面宽度）的规定：（见下表）
板桩内挖土时	B H	

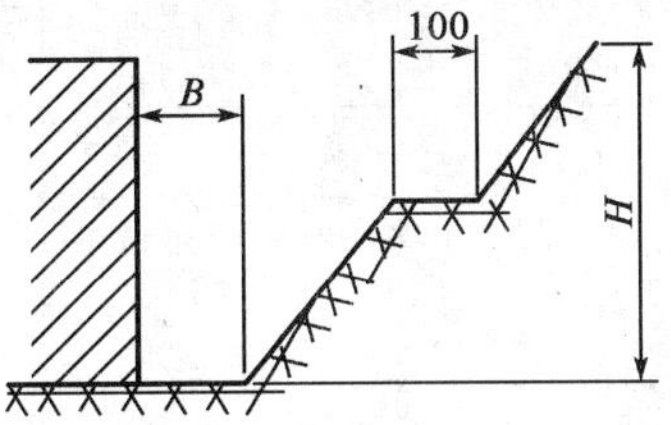

土质	挖土深度 H(m)	B(m) 无支撑挖土	B(m) 板桩内挖土	说明
软土、普通土、硬质土	H≤2 2<H≤5 H>5	0.5 1.0 1.0	— 1.5 1.5	边坡每3m设置一道1m宽台阶
软岩、硬岩	H≤2 2<H≤5 H>5	0.5 1.0 1.0	— — —	边坡每3m设置一道1m宽台阶

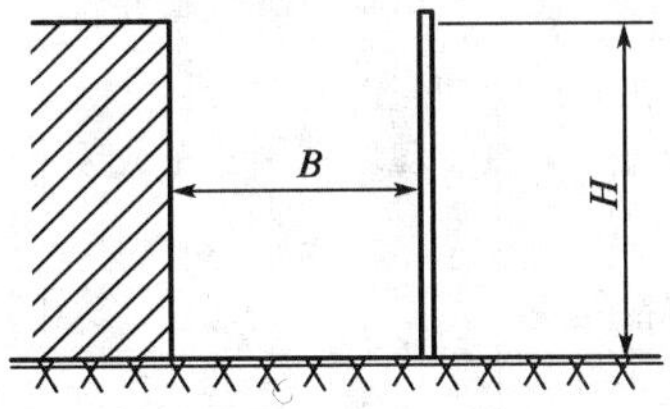

坑壁坡度与防护措施表　　表 4.3-3

项　目	注 意 要 点
基本要求	基坑坑壁坡度,应按地质条件,基坑深度,施工经验和现场具体情况等确定
基坑深度在 5m 以内	当基坑深度在 5m 以内、施工期较短、基坑底在地下位以上、土的湿度(接近最佳含水量)、土层构造均匀时,基坑坑壁坡度可参考表 4.3-1
基坑深度在 5m 以上	基坑深度大于 5m 时,应将坑壁坡度或加设平台(台阶)
湿土坡度	土的湿度可能引起坑壁坍塌时,坑壁坡度应缓于该湿度下土的天然坡度
地下水对基坑影响	没有地面水,但地下水在基坑底以上时,地下水位以上部分可以放开挖;地下水位以下部分,若土质易坍塌或水位在基坑底以上较深时,应加固坑壁开挖
坑周防水与坑顶防护措施	需防止基坑周围地面水流入坑内,应采取措施、如坑口筑小的土埂引水排除;基坑顶有动载时,坑顶与动载间至应留有 1m 宽的护道;如工程地质和水文地质不良或动载过大,宜增宽护道或采取加固措施
坑壁防护	基坑壁坡不易稳定并有地下水影响,或放坡开挖场地受到限制,或放坡开挖工程量大、不符合和技术经济要求时,采用挡板支撑、钢木结合支撑、混凝土护壁(喷射混凝土护壁、现浇混凝土护壁)、钢板桩围堰、钢筋混凝土板桩围堰、锚杆支护及地下连续墙等

无水基坑开挖方法　　表 4.3-4

一般小桥浅基础,工程量不大的无水基坑,可用人力施工法;大、中桥基础工程,基坑深、平面尺寸大,挖方量也相应增加,可用挖掘机械进行机械或半机械施工,以降低劳动强度和提高工作效率

地质及支撑状况	挖掘方法	提升方法	运输方法	说明
土质、无支撑	挖土机(正铲)	挖土机(正铲)	挖土机直接装车	挖土机置放在坑底
土质、无支撑	挖土机(反铲)	挖土机(反铲)	挖土机回旋弃土	挖土机在坑缘上
土质、无支撑	挖土机(索铲)	挖土机(索铲)	挖土机回旋弃土	挖土机在坑缘上
土质或石质无支撑或有撑	人力或风动工具	传送带($H<4.5$m)	传送带接送	传送带可分设在坑下或坑上
土质或石质无支撑或有撑	人力或风动工具	吊车、各种动臂吊机或摇头桅杆,配活底吊斗	回旋弃土或直接装车	吊升机具设在坑缘或坑下,必要时可在坑上设脚平台接运
土质,无撑或有撑	吊车抓泥斗:软土(无齿双开)硬土(有齿双开)漂石或大砾石(四开)	抓泥(土)斗	动臂回旋弃土或装车	—
土质或石质,有撑或无撑	人力或风动工具	人力吊杆带活底木斗	吊杆回旋自动弃土或装车	—
土质或石质,无撑或有撑	人力或风动工具	爬坡车:有轨(石质)无轨(土质)	爬坡车接斗车或手推车	—
土质,无撑或有撑	人力挖掘	铁锹向上翻弃($H<2.0$m)	弃土或装车	—

挖基注意要点与水中挖基 表 4.3-5

项目	注意要点	
一般基坑开挖	1. 根据施工期限、设备条件、工地环境及地质情况，基坑可以使用机械或人工开挖，但不论采取何种方法施工，基底均应避免超挖，已经超挖或松动部分，应将松动部分予以清除。 2. 任何土质基坑，挖至规定高程后不得长时间暴露、扰动或浸泡，而削弱其承载能力。一般土质基坑，挖至接近基底高程时，应保留 10～20cm 一层（俗称最后一锹土）在基础施工前以人工突击挖除，并迅速检验，随即进行基础施工。 3. 弃土堆置应按指定地点堆放，不得妨碍基坑挖掘或其他作业，基坑上口附近不应堆土，以免影响边坡稳定	
水中挖基	排水挖基有困难或有水中挖基的设备时，可采用水中挖基法	
	方法	挖基特点
	水力吸泥机	适用于砂类土及砾卵石类土，不受水深限制，其出土效率可随水压、水量的增加而提高
	空气吸泥机	适用于水深 5m 以上的砂类土或夹有少量碎卵石的基坑，浅水基坑不宜采用；在黏土层使用时，应与射水配合进行，以破坏黏土结构；吸泥时应同时向基坑内注水，使基坑内水位约 1m，以防止流砂或涌泥
	挖掘机水中挖基	适用于各种土质，但开挖时须特别注意不能破坏基坑边坡的稳定，可采用反铲挖掘和吊机配掘，一般工效甚高

基坑开挖的支撑加固常用支撑方式表 表 4.3-6

支撑方式	简图	适用条件
断续的水平支撑（一挖到底再行支撑）	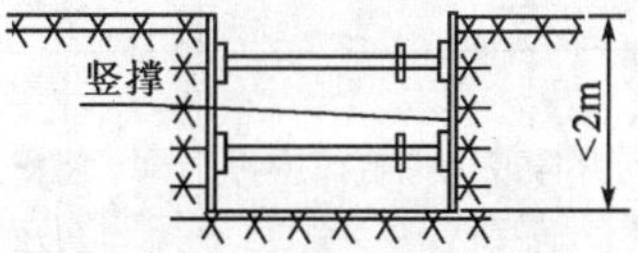 竖撑 <2m	能保持直立的干土或天然湿度的黏土类土，地下水很少，坑深 <2m
带间隔的水平支撑（井撑）	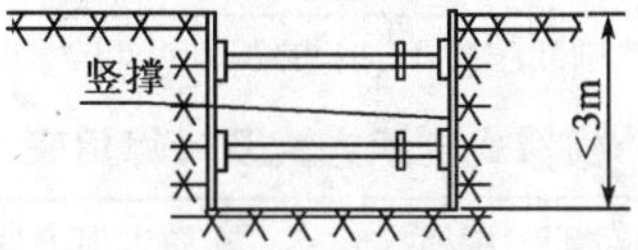 竖撑 <3m	能保持直立的干土或天然湿度的黏土类土，地下水很少，坑深 <3m并随着坑深的开挖相应设置支撑
连续的水平支撑（密撑）	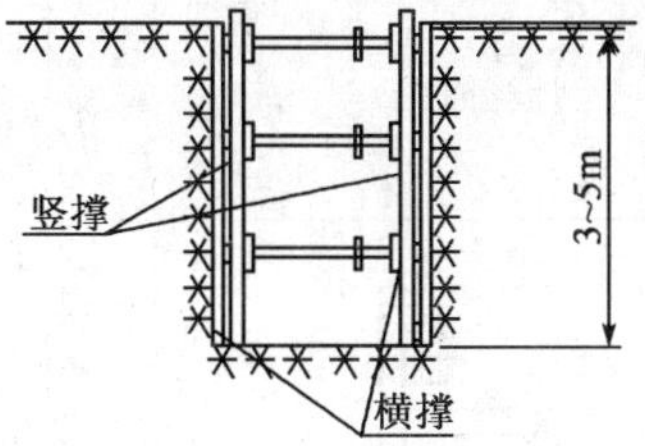 竖撑 3～5m 横撑	在可能塌落的干土或天然湿度的黏土类土中，地下水较少，坑深一般在 3～5m
深基坑（沟）二层支撑（挖至一定深度后再向下挖掘时进行第二层撑固）	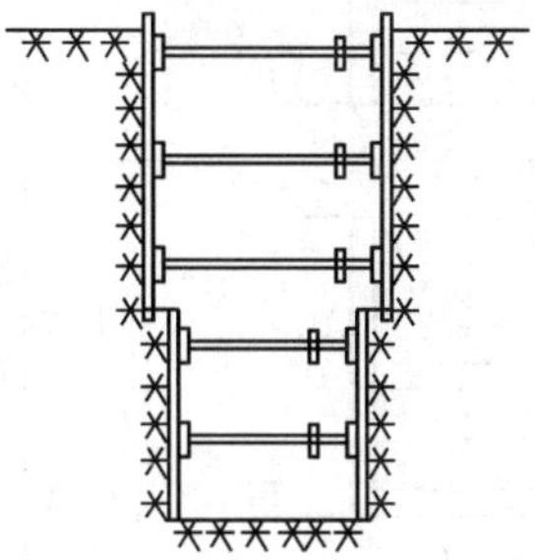	挖土深度较大时，基坑（沟槽）下部又有含水层，下部坑宽应考虑工作面，为此，开挖前要留有富余尺寸（可按土质好坏和地下水影响确定）

续上表

支撑方式	简图	适用条件
基坑上部放坡达一定高度后直立坑壁支撑加固		挖土较深时，现场亦较开阔，上部可放坡后再直立往下支撑加固

支撑方式的选择表 表 4.3-7

土的类别	地下水情况	基坑深度(m)			
		≤1.5	1.5~3.0	3.0~6.0	>6.0
		支撑方式			
砂砾土	正常湿度	一般不设支撑，在特殊情况下可设井字式撑或疏撑	疏撑	疏撑	一般设竖向密撑（即满堂撑板或板桩式支撑）
	少量地下水		密撑	密撑	
	正常湿度		密撑	板桩	
黏土	正常湿度		井撑	疏撑	
亚黏土	高湿度或少量地下水		疏撑	疏撑	
亚砂土	正常湿度		井撑	疏撑	
	高湿度或少量地下水		疏撑	密撑	
	大量地下水		密撑	板撑	
细砂	正常湿度	井撑或无撑疏撑密撑	井撑	疏撑	
	少量地下水		密撑	板撑	
	—		板撑	板撑	
淤泥	—	—	板撑	板撑	

注：疏撑系指间隔撑板，即断续撑固；井撑则间距较大，形成横撑式的井字形板撑。

横撑式支承方式及计算用表 表 4.3-8

1. 三角形荷载下二层横撑式支点布置及其弯矩、支承压力							
序号	支承方式	计算简图	板桩墙弯矩及支承压力				
			系数	系数 β			
				A	*E*	*D*	*B*
1	下面固定		0.166 7	0	—	—	0.500
2	两端自由支点		0.064 15	0.167	—	—	0.333

续上表

序号	支承方式	计算简图	板桩墙弯矩及支承压力				
			系数	系数β			
				A	E	D	B
3	两端自由支点并有一部分悬壁	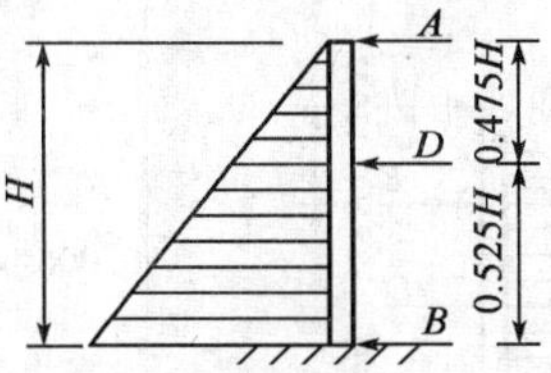 H；A；D；B；0.475H；0.525H	0.017 86	—	—	0.318	0.182
4	下面固定上面有支点	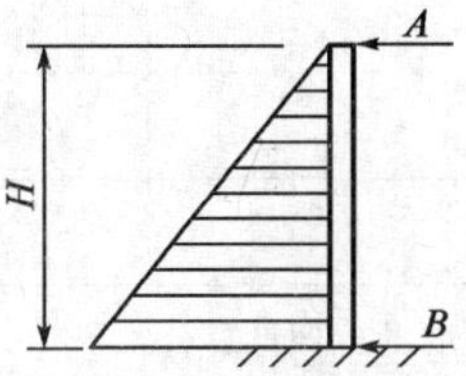 H；A；B	0.666 7	0.100	—	—	0.400
5	下面固定有支点和悬壁部分	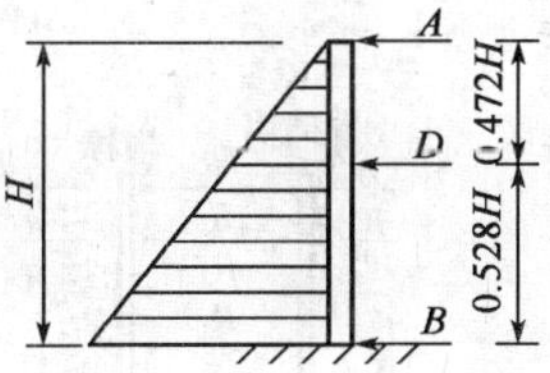 H；A；D；B；0.472H；0.528H	0.017 53	—	—	0.283	0.217
6	三个自由支点	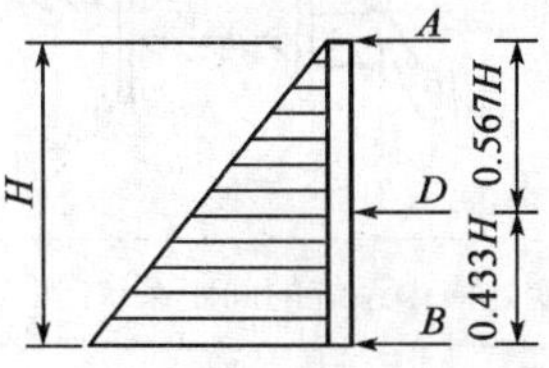 H；A；D；B；0.567H；0.433H	0.147 0	0.028	—	0.321	0.151
7	三个自由支点有悬壁部分	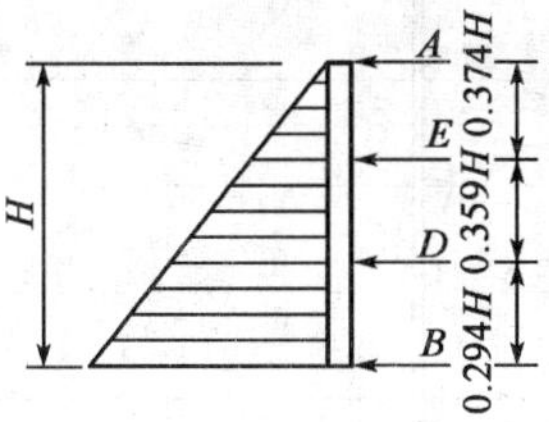 H；A；E；D；B；0.374H；0.359H；0.294H	0.006 96	—	0.144	0.247	0.109
8	下面固定，有两个支点	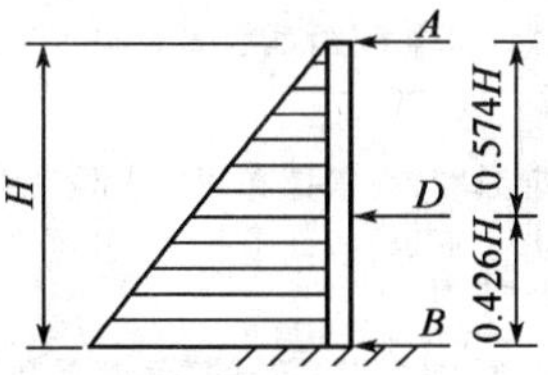 H；A；D；B；0.574H；0.426H	0.012 12	0.034	—	0.285	0.183

续上表

序号	支承方式	计算简图	板桩墙弯矩及支承压力				
			系数	系数β			
				A	E	D	B
9	下面固定，有两个支点和悬壁部分		0.006 16	—	0.141	0.227	0.132
最大弯矩			$M=sr\tan^2\left(45°-\frac{\varphi}{2}\right)H^3$				
支撑上的压力			$A=\beta r\tan^2\left(45°-\frac{\varphi}{2}\right)H^3$				

2. 横撑式板桩墙的近似计算公式

序号	项目	近似计算公式	计算简图	说明
1	设第一跨为简支梁，三角形分布荷载的最大弯矩	$M_{max}=\frac{1}{7.8}w_0h$		式中：w_0——第一跨上荷载的总数；h——跨度；w_i——第 h_i 跨上荷载的总数
2	第一跨以下各跨近似地考虑连续梁影响的最大弯矩	$M_{max}=\frac{1}{7.8}w_ih_i$		

3. 不同深度处横撑系统的间距系统

跨度	按板桩内弯矩相等	跨度	按板桩内弯矩相等
h_1	0.691h	h_6	0.408h
h_2	0.570h	h_7	0.388h
h_3	0.505h	h_8	0.372h
h_4	0.468h	h_9	0.358h
h_5	0.432h	h_{10}	0.346h

4. 有关近似计算和间距系数的说明

在多层横撑板桩墙的计算中，为充分利用板桩的抗弯强度，在横撑布置时，常有意识地用调节跨度法使板桩各跨内的弯矩相等。由于荷载成三角形分布，因此各横撑处的压力便不等，越向下越大；各跨度则越向下越小。且荷载的强度受到安装等人为因素的影响，故仅作近似的计算。

设计时可按选用的板桩截面强度由序号 10 反算得 h，再向下以各跨的“间距系数”求算，比较简便

常用支撑设备规格尺寸表　　表4.3-9

项目名称	类别	常用规格尺寸
撑板（回林）	木撑板（木回林）	三六板（7.5cm×15.0cm）；三八板（7.5cm×20cm）；四六板（10cm×15cm）；四八板（10cm×20cm）
	钢撑板（钢回林）	由角钢和钢板制成：8cm×20cm×300cm；8cm×20cm×400cm；10cm×20cm×300cm
撑柱（撑头）	铁撑柱（铁撑头）	由底脚、螺杆、活动绞板和钢套管组成，有单头绞板与双头绞板两种形式（见表4.3-10），可按横撑宽度选用
撑柱（撑头）	木撑头	在木材资源丰富或基坑宽度较大，以及框架式支撑中多采用圆木支撑
板桩	木板桩	分为有企口与无企口两种形式，尺寸一般为三八板桩（7.5cm×20cm）；四八板桩（10cm×20cm），桩下端呈斜劈式以利入土（现已很少采用）
	钢板桩	采用较多的是槽形钢板桩；当要求刚度较高或密封性好（防坑壁土沙随地下水渗流时），则以采用各型带有锁口的钢板桩（如德国拉森 Larssen 型、美国拉克万纳 Lackwanra 型等钢板桩或国产的类似产品）为好

铁撑柱形式及使用尺寸参考表　　表4.3-10

项目	铁撑柱示意图
单头铁撑柱	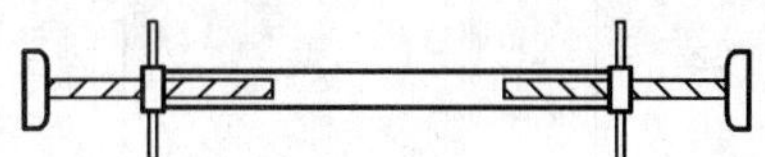
双头铁撑柱	

坑宽（cm）	需用铁撑柱总长度（cm）	其中套管长度（cm）	选用方式	坑宽（cm）	需用铁撑柱总长度（cm）	其中套管长度（cm）	选用方式
100	70	35	单头	240	210	150	双头
120	90	65	单头	280	240	180	双头
150	120	65	双头	300	270	240	特制
180	150	90	双头	340	300	260	特制
210	180	125	双头	370	330	300	特制

常用槽形钢板桩规格

	型号	尺寸（mm）			单位质量（kg/m）
		h	b	t	
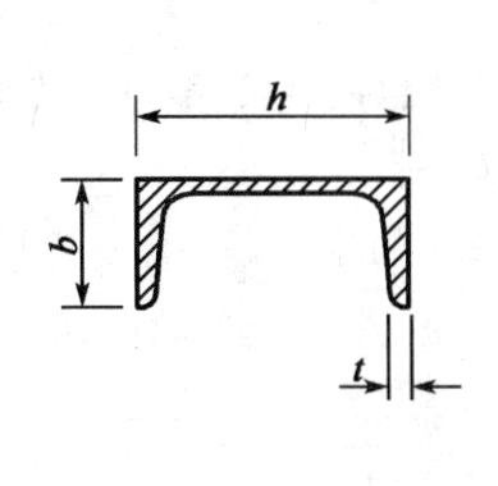	20	200	75	9	17.83
	22	220	80	9.7	20.78
	25	250	85	10.5	24.55
	28	280	90	10.8	27.56
	32	320	95	11.2	31.29

其他类型的支撑加固 表4.3-11

项目	适用范围	支撑简图	说明
锚固支撑	开挖较大基坑,使用大型挖掘机械施工而不能设置横撑时	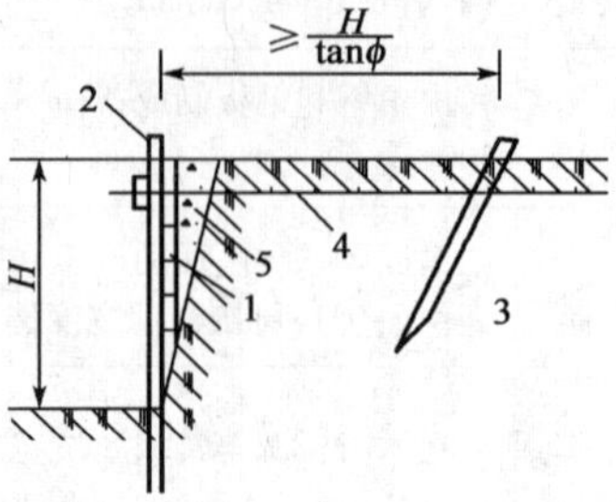 $\geqslant\frac{H}{\tan\phi}$ H 1 2 3 4 5	1-挡板; 2-桩柱; 3-锚桩; 4-拉杆; 5-回填土
斜柱支撑	开挖较大基坑或使用机械挖土而采用锚固支撑有困难时(如近旁建筑影响等)	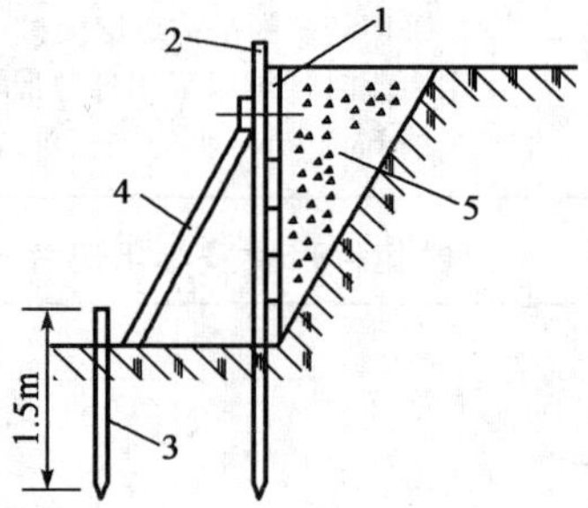 1 2 3 4 5 1.5m	1-挡板; 2-桩柱; 3-撑桩; 4-斜撑; 5-回填土
短桩间隔支撑	开挖宽度较大的基坑,当部分放坡不足或局部坡脚防坍	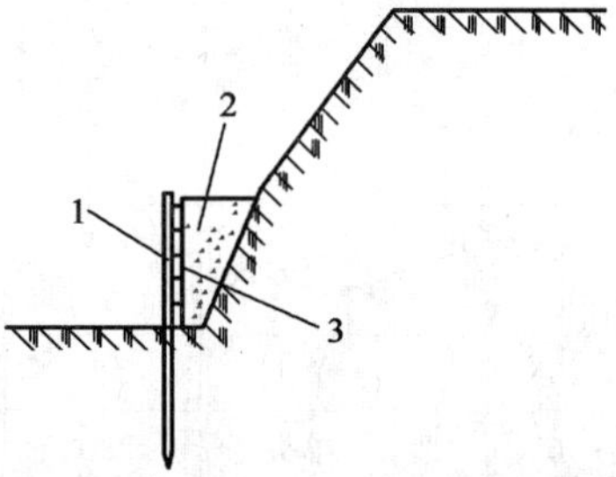 1 2 3	1-短桩; 2-回填土; 3-挡土板
临时土袋护壁	基坑坡脚临时防坍或放坡不足而作局部护壁	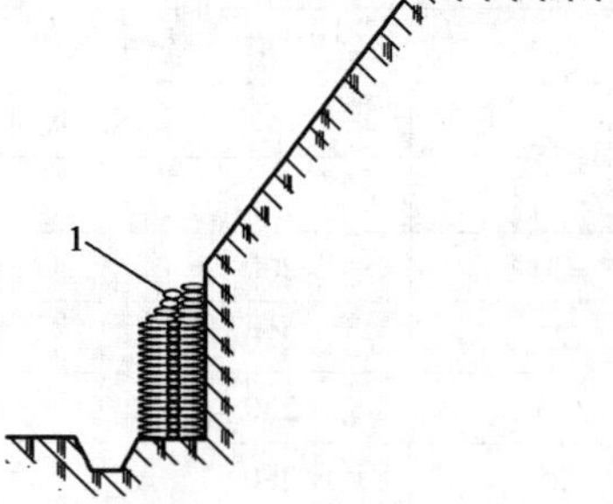 1	1-草包或麻袋、编织袋装土堆置坡脚

续上表

项目	适用范围	支撑简图	说明
横向顶撑	基坑宽度不大于3m，短边横挡板支撑在长边横挡板上（或切角互相支承）只在长边上竖回林及横撑	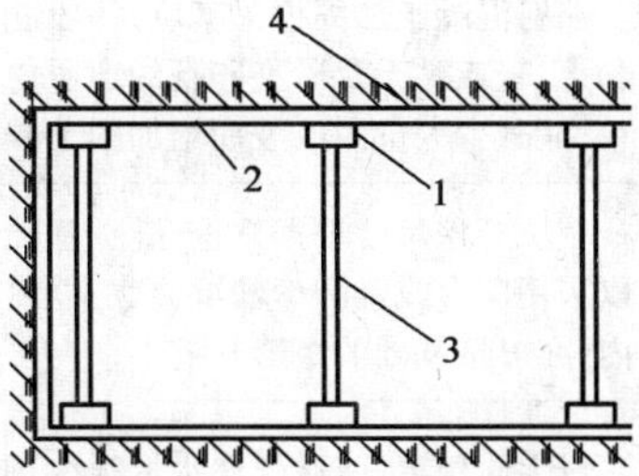	1-竖回林（方木）； 2-横挡木； 3-横撑； 4-坑口挖土边缘
人字形支撑	基坑宽度较大，且需保留坑面、坑内有大的工作空间	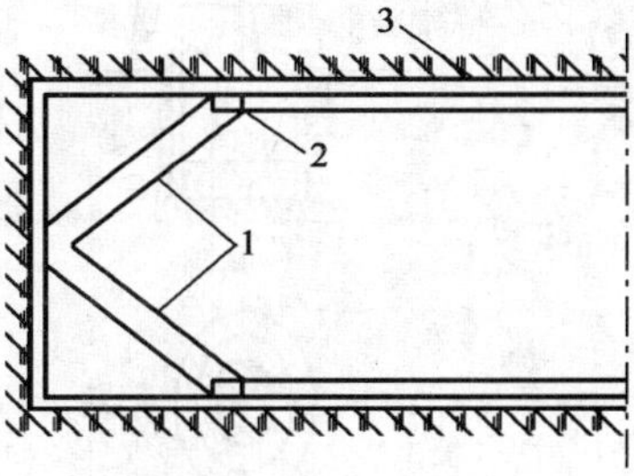	1-人字支撑； 2-立木； 3-挡板
八字形支撑	基坑宽度大，需要空间工作面更大时	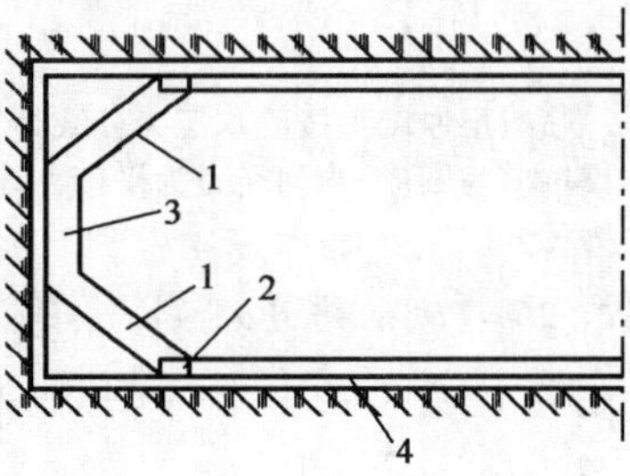	1-八角形斜撑； 2-立木； 3-坑短边横撑； 4-挡板
十字撑及对角撑	基坑较大，长、短边均设置方木（立木）及横撑（开挡较小时，机械挖掘常感不便，需防碰亦不安全）	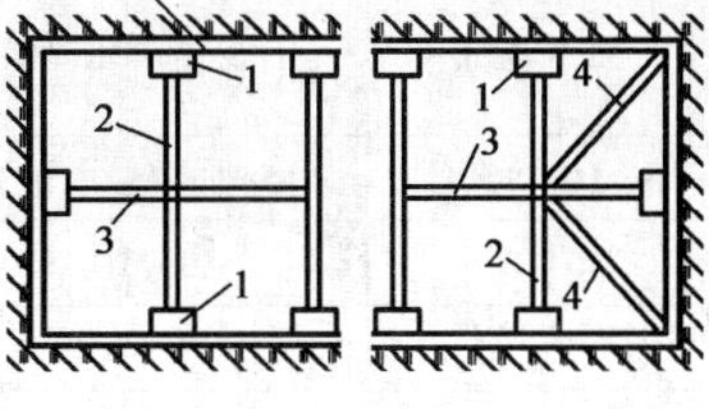	1-竖向回林（方木立木）； 2-横撑； 3-纵撑； 4-对角撑； 5-挡撑
工字钢横撑	基坑宽度很大，一般铁撑柱或方、圆木无法使用，可改用一定型号的工字钢作横撑以加强撑固	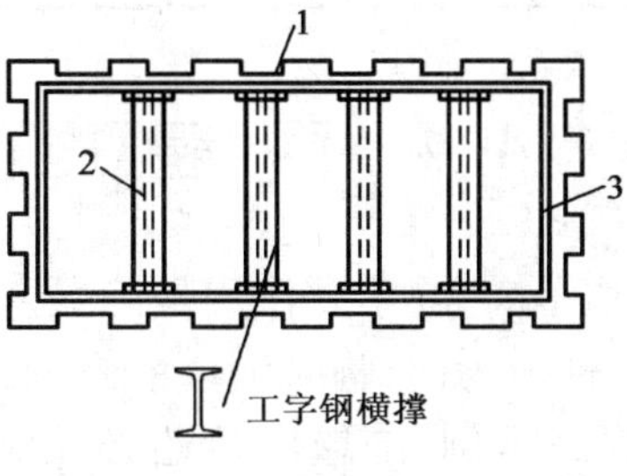	1-槽形（或其他类型）钢板桩； 2-工字钢； 3-横回林

喷射混凝土加固坑壁 表 4.3-12

<table>
<tr><th colspan="2">项　目</th><th colspan="3">图示及说明</th></tr>
<tr><td rowspan="3">适用条件与基坑开挖尺寸</td><td>适用条件</td><td colspan="3">喷射混凝土加固桥梁基坑，一般适用于渗水量不大；直径在 10m 以内的基坑。亚黏土、轻亚黏土及砂夹卵石的地质均可采用。其优点是施工进度较快，机械设备简单，能减少大量因放坡而增加的土方工程量</td></tr>
<tr><td>基坑开挖尺寸</td><td colspan="3">基坑开挖尺寸根据开挖深度、基础形状及地质条件决定。不论基础形状如何，均以采用圆形或椭圆形基坑为宜，以使坑壁受力均匀。如地质稳定，挖土深度在 5m 以内，亦可按基础的矩形开挖</td></tr>
<tr><td>椭圆及圆形基坑喷射护壁</td><td colspan="3">对土质稳定性较好，渗水量很少的基坑，其开挖界限为第一层基础的尺寸（下左图），尚有较多渗水，则应适当加大（考虑四周集水沟）尺寸（下右图） 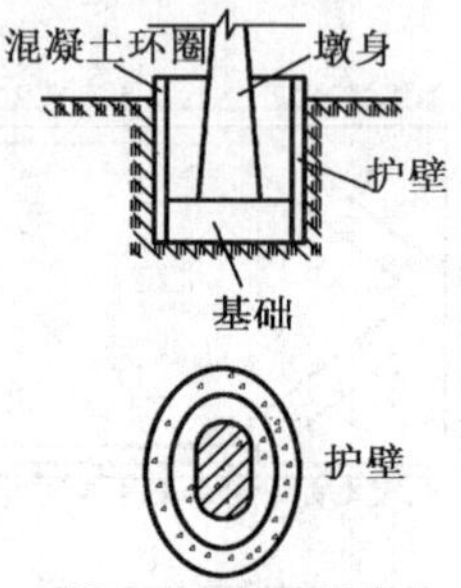
混凝土环圈　墩身　护壁　基础
护壁
椭圆形基坑喷射护壁 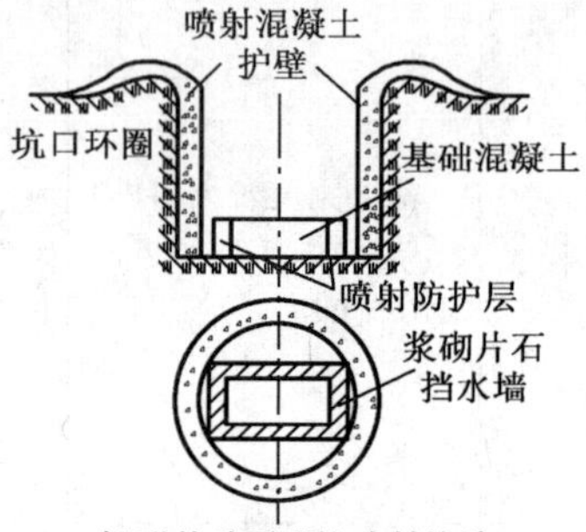
喷射混凝土护壁　坑口环圈　基础混凝土　喷射防护层
浆砌片石挡水墙
矩形基础圆形坑喷射护壁</td></tr>
<tr><td rowspan="2">护壁喷射混凝土厚度计算</td><td>喷层厚度 d(m)</td><td colspan="2">喷射层厚度可按静水压力公式计算，设坑壁为圆形，均匀受力为平衡方程式为：
$2N=PD$ 因 $N=d[\sigma]$ 故 $d=\dfrac{PD}{2[\sigma]}$</td><td>式中：d——喷层厚度(m)；
D——基坑直径(m)；
$[\sigma]$——喷射混凝土容许压力(Pa)；
P——土侧压力(kPa)；
N——喷层环向轴力(kN/m)</td></tr>
<tr><td>土的侧压力(kPa)</td><td colspan="2">$P=\sum\gamma\cdot h\cdot\tan^2\left(45°-\dfrac{\varphi}{2}\right)$</td><td>式中：$\gamma$——土的单位重度($kN/m^3$)；
h——土的厚度(m)；
φ——土的休止角</td></tr>
<tr><td rowspan="6">喷层厚度参考(cm)</td><td>渗水情况
地质条件</td><td>无水基坑</td><td>有少量渗水基坑</td><td>有大量渗水基坑</td></tr>
<tr><td>粉砂、流沙、淤泥</td><td>10～15</td><td>15（加少量木桩）</td><td rowspan="4">15～20（加较多的木桩及塞草袋竹片）</td></tr>
<tr><td>亚黏土</td><td>5～8</td><td>8～10</td></tr>
<tr><td>轻亚黏土</td><td>3～5</td><td>5～8</td></tr>
<tr><td>卵碎石土</td><td>3～5</td><td>5～8</td></tr>
<tr><td>沙夹卵石</td><td>3～5</td><td>5～8</td><td>8～10</td></tr>
</table>

4.4 围堰施工

施工围堰属于临时性围堰范畴，其主要作用是确保主体工程及附属设施在修建过程中不受水流侵袭，保证正常施工条件。为此，临时围堰的修筑，是根据主体工程所在位置、现场情况和实际需要进行布置，表列仅属示例，围堰修筑还必须对施工期间各种影响（雨水、潮汐、风浪、季节等）和航行、灌溉等有关因素一并加以考虑。

一般规定和围堰实例 表4.4-1

项目		一般要求和围堰布置
一般规定和要求	堰高	围堰高度应高出施工期间可能出现的最高水位（包括浪高）50～70cm
	围堰外形	应考虑河流断面被压缩后，流速增大引起水流对围堰、河床的集中冲刷及影响通航、导流等因素
	堰内面积	应满足基础施工的需要（包括坑内集水沟、排水井、工作余裕空间等所必需的工作面）
	围堰断面	应满足堰身强度和稳定（防止滑动、倾覆）的要求
	围堰质量	围堰修筑要求防水严密，尽量减少渗漏，以减少排水工作量，为此，须注意堰身修筑质量（见下表有关方法和要求）
	季节影响	除工程本身需要外，一般情况下宜充分利用枯水期施工，如在洪水、高潮时期，应作好周密防护
围堰使用布置实例	驳岸、挡墙施工围堰	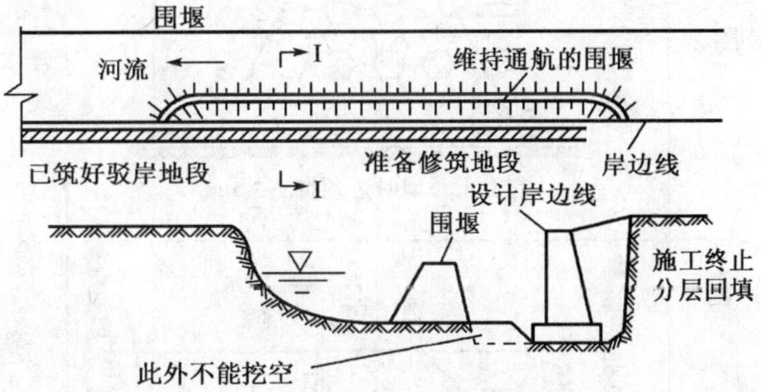 沿河流修筑挡土墙，驳岸时，为防止水侵，施工地段修建临时围堰
	墩台施工围堰	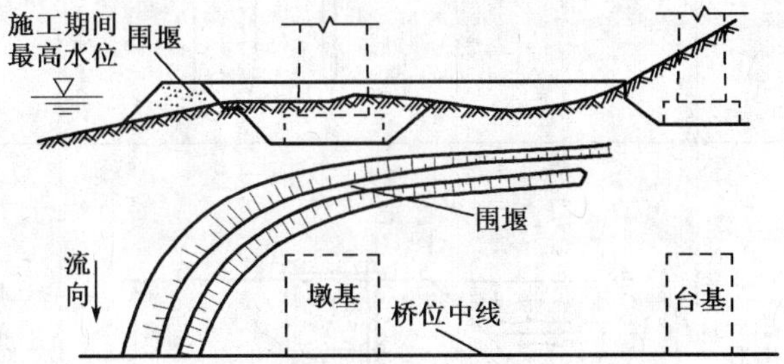 为保持主航道通航，墩、台基在围堰内施工
	河宽限制上下游围堰	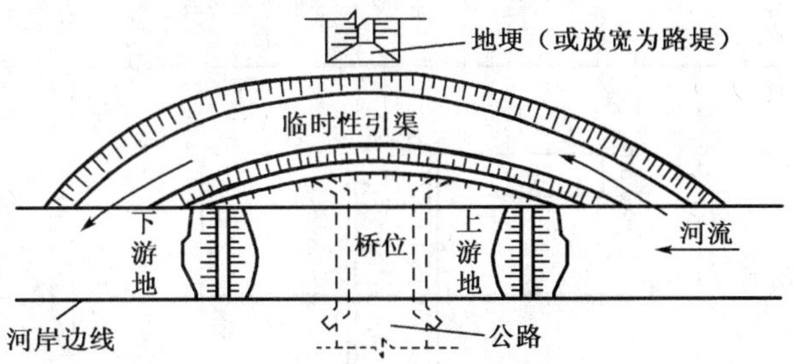 中、小桥梁受地形限制，为维持水流与正常通航，临时引渠

注：围堰坡脚距离基坑边缘的宽度，根据土质和坑深酌定，但一般不应小于1m。

围堰种类和使用条件表 表4.4-2

项　目	堰 型 简 图	适 用 条 件	说　明
土围堰	1~2m；>0.5m；1:2~1:3；1:1~1:1.5；2~3m；≥1m	水深1.5m以内、流速0.5m/s以内，河床土质渗水性较小且满足泄洪要求时，可筑土围堰（坡面有受冲刷危险时，外坡可以草皮、草袋、柴排等防护）	筑堰宜用黏质土或砂夹黏土，填土出水面后应进行夯实；堰底河床上的树根、石块、杂物应予清除；筑堰时由上游开始向下游合拢
土袋围堰	1~2m；0.5m；1:0.5~1:1；1:0.2~1:0.5；2~4m；有黏土心墙时，顶宽2~2.5m	水深3.0m以内、流速1.5m/s以内，河床土质渗水性较小时，可筑土袋围堰	堆码在水中的土袋，其上下层和内外层应相互错缝，搭接长度为1/2~1/3，尽量堆码密实整齐；必要时可由潜水工配合进行，并整理坡脚
单行板桩围堰	1~2m；0.5m；1:1.5；3~4m；1m；2~2.5m	水深3~4m，土质河床，打入单行木板桩并于背河一边支设支撑，加以撑固	可节省部分筑堰用土量，增加拔木板桩工作量，由于支撑关系，坑内工作面尺寸加大
双行板桩围堰	0.3~0.5m；>0.5m；4~6m；2m；1.5~2m	水深达4m以上，河床土质松软，采用双行板桩并在临河一面戗土加强稳定	板桩与板桩之间应尽量严密，沉入时注意防止歪斜，随时校正位置，行与行之间用金属拉结牢固
木桩土围堰	>0.5m；3~5m；2.5~3.5m；1.5~2m	水深3~5m，流速在1.5m以上，可用木桩两排，桩内以竹笆一层挡土构成围堰	先打入两排木桩，桩与桩在一排中的间距为1.0~1.5m，排与排之间为1.5~2.0m，并以金属螺栓（拉条）或8号铁丝拉紧，插入竹笆填土

续上表

项　　目	堰型简图	适用条件	说　　明
竹、铅丝笼围堰	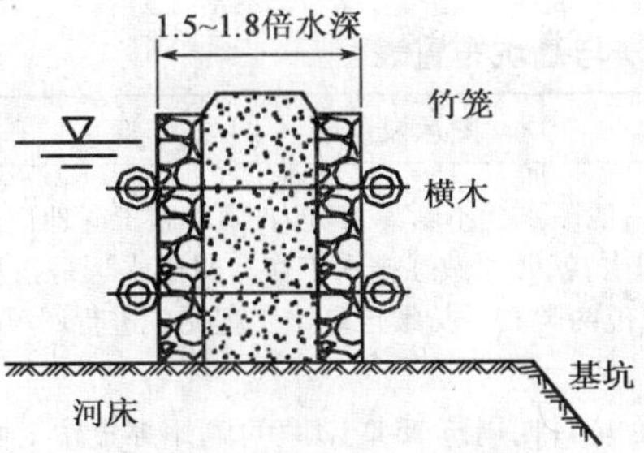	水深1.5～4m，流速在1.5～2m，或风浪较大时用竹笼黏土填心围堰（竹笼有时用铁丝笼替代，注意加强纵向筋以利竖直）	用竹片编成圆竹笼，直径为80～120cm，内装卵石或石块，笼长视堰高而定，竹笼与竹笼之间，以铁成十字形连接，填黏土墙心
钢板桩围堰	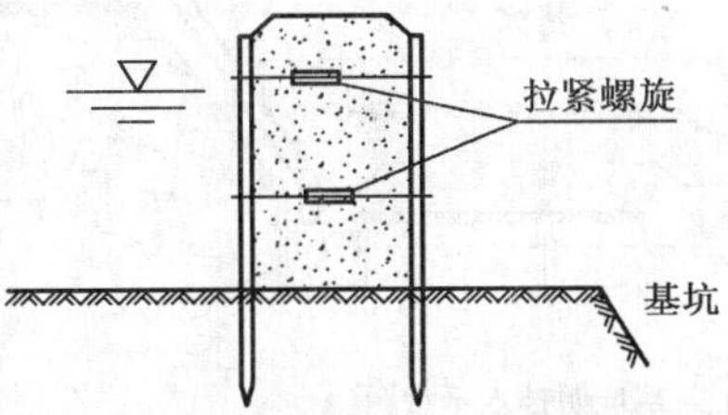	适用于水流较深，流速较大的河床，钢板桩可以拔出另行使用，也可成为结构工程的组成部分加以利用	钢板桩施打要求板桩竖直，接口严密，减少和避免渗水，降低排水工作量
钢板桩的接口与斜偏　钢板桩的接口	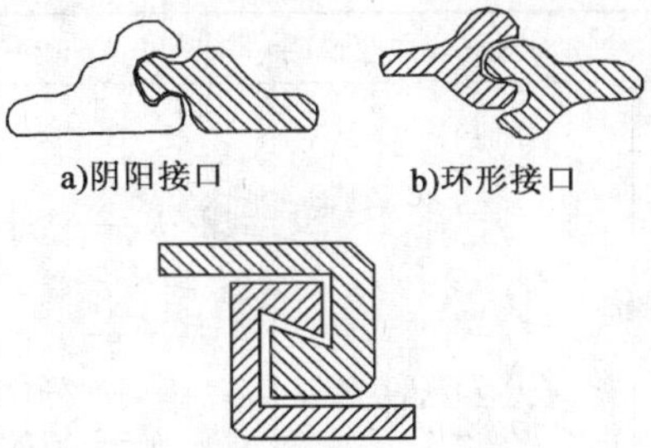 a)阴阳接口　b)环形接口 c)套形接口	采用定型规格的钢板桩时应特别注意接口类型一致，否则需事先加以焊接转换接口形式	钢板桩与钢板桩的接口需连锁紧密，图示为三种接口形式，施工时间可按钢板桩的不同规格、类型进行接口
钢板桩的接口与斜偏　沉设时的斜偏	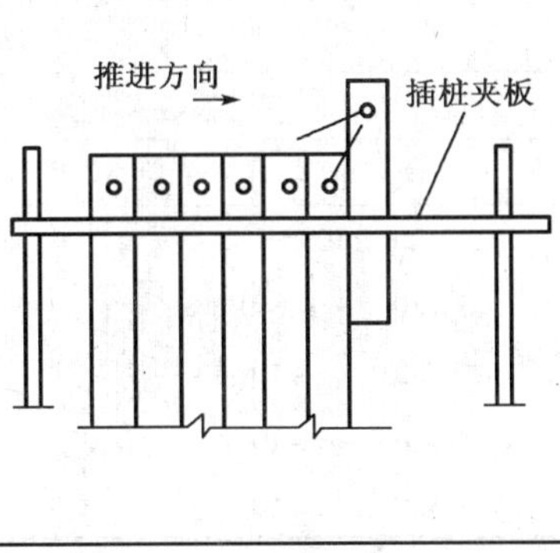	钢板桩的沉设从上游开始向下游合拢，同时沉设要求具备插桩夹板以利导向	吊升钢板桩时，在首先对正接口后向下插桩，借锤自重缓慢插下；必要时可低锤慢击，注意随时检查纠偏，一般可用撬棍滑车纠正

4.5　基坑明排水

明排水法与基坑布置表　　表 4.5-1

项　目	图示及说明
明排水法	基坑开挖底面低于地下水位时，地下水会不断渗入坑内，雨季施工时地面水亦将流入基坑（应注意防止）。为此，要保持基坑不积水，就必须做好排水工作。明排水法是指从基坑内直接排除（分为用泵汲抽除和人工降低地下水位两类），并持续至基础工程完成进行回填土后才停止
基坑排水布置	为防止地面水流入基坑，一般在坑口四周筑截水土堰（可利用弃土作土埂），并将抽出水引开。在坑内基础范围外设排水沟和集水井，每隔 20 ~ 40m 设一个，井的直径或边宽一般为 60 ~ 80cm，深度可为 80 ~ 100cm（潜水泵抽汲时，必须保证在水中抽汲，故不宜太浅） 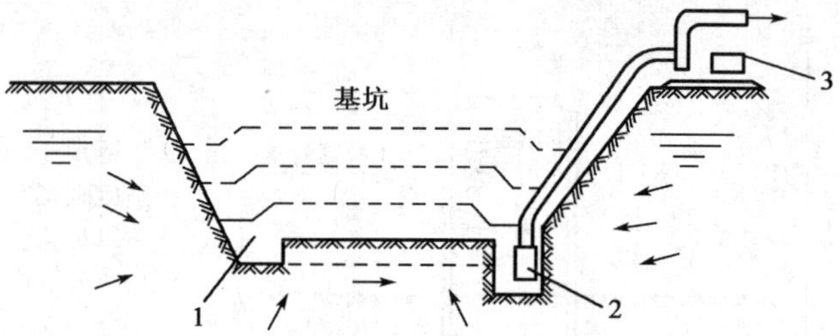 基坑 基坑明排水示意图 1-排水沟；2-集水井；3-水泵

基坑渗水量的计算　　表 4.5-2

<table>
<tr><td colspan="2">项　目</td><td colspan="3">图表公式及说明</td></tr>
<tr><td rowspan="7">渗透系数的确定法</td><td>抽水试验计算法</td><td> 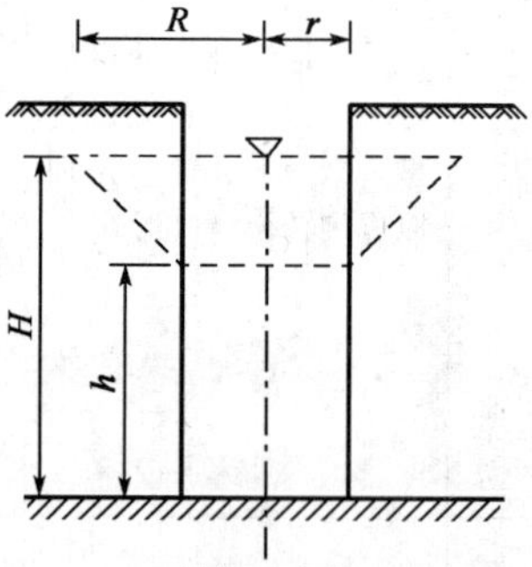钻探示意图</td><td>$K=\dfrac{0.732Q}{H^2-h^2}\lg\dfrac{R}{r}$</td><td>式中：$K$——渗透系数（m/d）；
Q——渗水量（m^3/d）；
H——含水层厚度（m）（由钻探资料查出）；
h——抽水降落至有效高度后的含水层厚度（m）；
R——影响半径（m）；
r——钻探孔半径（m）</td></tr>
<tr><td rowspan="6">渗透系数近似数值查表法</td><td rowspan="2">土的类别</td><td colspan="2">渗透系数 K（经验近似值）</td></tr>
<tr><td>cm/s</td><td>m/d</td></tr>
<tr><td>黏土</td><td>6×10^{-6}</td><td><0.005</td></tr>
<tr><td>亚黏土</td><td>$6\times10^{-6}\sim1\times10^{-4}$</td><td>0.005 ~ 0.1</td></tr>
<tr><td>轻亚黏土</td><td>$1\times10^{4}\sim1\times10^{-4}$</td><td>0.1 ~ 0.5</td></tr>
<tr><td>黄土</td><td>$3\times10^{4}\sim6\times10^{-4}$</td><td>0.25 ~ 0.5</td></tr>
<tr><td></td><td></td><td>粉砂</td><td>$6\times10^{4}\sim6\times10^{-3}$</td><td>0.5 ~ 1.0</td></tr>
</table>

续上表

<table>
<tr><th colspan="2">项　　目</th><th colspan="7">图表公式及说明</th></tr>
<tr><td rowspan="8">渗透系数的确定法</td><td rowspan="7">渗透系数近似数值查表法</td><td rowspan="2">土的类别</td><td colspan="6">渗透系数 K(经验近似值)</td></tr>
<tr><td colspan="3">cm/s</td><td colspan="3">m/d</td></tr>
<tr><td>细砂</td><td colspan="3">$1\times10^{3}\sim1\times10^{-3}$</td><td colspan="3">1.0 ~ 5.0</td></tr>
<tr><td>中砂</td><td colspan="3">$6\times10^{-3}\sim2\times10^{-2}$</td><td colspan="3">5.0 ~ 20.0</td></tr>
<tr><td>粗砂</td><td colspan="3">$2\times10^{-2}\sim6\times10^{2}$</td><td colspan="3">20.0 ~ 50.0</td></tr>
<tr><td>圆砾</td><td colspan="3">$6\times10^{2}\sim1\times10^{-1}$</td><td colspan="3">50.0 ~ 100.0</td></tr>
<tr><td>卵石</td><td colspan="3">$1\times10^{-1}\sim6\times10^{1}$</td><td colspan="3">100.0 ~ 500.0</td></tr>
<tr><td>按颗粒成分计算法</td><td>本法适用于砂类土颗粒成分由试验室取样确定,按下式计算:
$K=C\cdot11.56d_{h}^{2}$
$K=3.76d_{m}^{2}$</td><td colspan="6">式中:d_h——颗粒有效径占总试样的10%的颗粒直径(mm);
d_m——土颗粒的平均直径(mm);
C——经验系数,其值为:
纯砂:1 200
非均值砂及密实砂:400
均质密实中砂:800</td></tr>
<tr><td rowspan="9">渗水量概略计算法</td><td>基坑在干涸的河床时</td><td>基坑总渗水量 Q(m^3/d)的计算(概略)公式:
$Q=\frac{1.36KH^2}{\lg(R+r_0)-\lg r_0}$</td><td colspan="6">式中:$K$——渗透系数(m/d);
H——稳定水位至设计基底的深度(m);当基底以下为深厚透水层时,H值可酌加3~4m,以策安全;
R——影响半径(m),见下页所列;
r_0——引用基坑半径(m):
对于规则形基坑:　$r_0=\eta\frac{L+B}{4}$
对于不规则形基坑:　$r_0=\sqrt{F/\pi}$
其中 L 与 B 分别为基坑的长与宽;F 为基坑面积;η 值见下表列</td></tr>
<tr><td rowspan="6">各种岩层成分的渗透系数及影响半径</td><td>岩层成分</td><td colspan="5">渗透系数 K(m/d)</td><td>影响半径 R(m)</td></tr>
<tr><td>裂隙多的岩层</td><td colspan="5">>60</td><td>500</td></tr>
<tr><td>碎石、卵石类地层,纯净无细颗粒混杂。均匀的粗砂和中砂</td><td colspan="5">>60</td><td>200 ~ 600</td></tr>
<tr><td>稍有裂隙岩层</td><td colspan="5">20 ~ 60</td><td>150 ~ 250</td></tr>
<tr><td>碎石、卵石类地层,混有大量细颗粒的物质</td><td colspan="5">20 ~ 60</td><td>100 ~ 200</td></tr>
<tr><td>不均匀的粗粒、中粒和细粒砂</td><td colspan="5">5 ~ 20</td><td>80 ~ 150</td></tr>
<tr><td rowspan="2">η 值</td><td>B/L</td><td>0.1</td><td>0.2</td><td>0.3</td><td>0.4</td><td>0.6</td><td>1.0</td></tr>
<tr><td>η</td><td>1.0</td><td>1.0</td><td>1.12</td><td>1.16</td><td>1.18</td><td>1.18</td></tr>
<tr><td colspan="2">基坑临近河沿时</td><td>$Q=\frac{1.36KH^2}{\lg\frac{2D}{r}}$</td><td colspan="6">式中:$D$——基坑距河线的距离,其余同上式</td></tr>
</table>

续上表

项 目		图表公式及说明	
含水层为均质土，且基坑具有不漏水的板桩围堰时		$Q=K\cdot H\cdot U\cdot \eta(\mathrm{m/d})$ 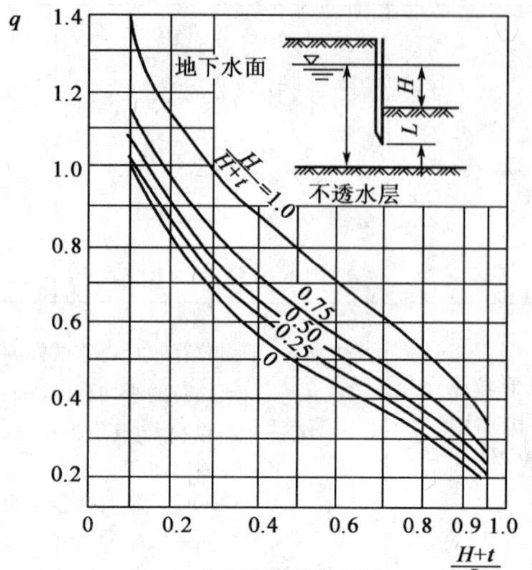 单位渗流量曲线图	式中：K——渗透系数(m/h)； U——围堰周长(m)； Q——单位渗流量，即每延米基坑周长在单位水头（等于1）作用下，当渗透系数为1时的渗流量，其值可由左图查得
含水层为非均质土时		采用各分层土的渗透系数的加权平均值，即： $K=\frac{\sum K_i h_i}{\sum h_i}$	式中：K_i——各土层的渗透系数； h_i——各土层的厚度
缺乏水文地质资料时(估算)		$Q=F_1q_1+F_2q_2$	式中：F_1——基坑底面积(m^2)； q_1——基坑底面渗水量(m^3/m^2)； F_2——基坑底面积(m^2)； q_2——基坑底面渗水量(m^3/m^2)
渗水量概略计算法	基坑底面渗水量 q_1	基坑地质	从每 $1m^2$ 面积上渗出水量(m^3/h)
		有裂隙的碎石岩层	0.15～0.25
		细粒砂	0.16
		中粒砂，砾砂层	0.24～0.80
		粗粒砂，紧密砾石土	0.16～0.32
		砂砾石，有较大泉眼	4.0～8.0
		砾石、卵石，漂石粗砂泉眼较多	>8.0
	基坑侧面渗水量 q_2	坑壁或围堰的类别	按每 $1m^2$ 面积渗水量概估
		放坡大开挖基坑、或土围堰	按上列同类土质渗水量20%～30%计
		木板桩或石笼填土围堰	按上列同类土质渗水量10%～20%计
		挡土板或单层草袋围堰	按上列同类土质渗水量10%～20%计
		钢板桩、沉箱及混凝土护坑臂	按上列同类土质渗水量0%～5%计
		竹、铅丝笼围堰	按上列同类土质渗水量15%～30%计

注：在工程规模不大，中等水头情况下，按表列数据预计渗水量，并考虑一定的安全系数，选择水泵。

4.6 水泵设备的选用

水泵选用的计算公式　　表 4.6-1

<table>
<tr><th>项　目</th><th colspan="3">图表公式及说明</th></tr>
<tr><td>水泵的所需功率</td><td>水泵功率 N 计算公式</td><td>$N=\frac{KQH}{102\eta_1\eta_2}$(kW)</td><td>式中:$H$——包括扬水、吸水和由各种阻力所造成的水头损失在内的总高度(m);
K——安全系数,一般取 $K=2$;
η_1——水泵效率,0.4~0.6;
η_2——动力机械效率,0.75~0.85。
为防止机械故障等因素,工地宜有备用泵以确保正常施工</td></tr>
<tr><td rowspan="2">排水量估算</td><td>设备总排水量 V</td><td colspan="2">一般可按渗水量 Q 的 1.5 倍估算,如水泵安置于静水位以下时,则按 $2Q$ 估算,大于 Q 的部分为备用量,其设备总排水量为:$V=1.5Q\sim2.0Q$</td></tr>
<tr><td>每台水泵排水量 q</td><td colspan="2">当 $V=1.5Q$ 时,$q\leqslant0.5Q$;
$V=2.0Q$ 时,$q\leqslant1.0Q$;
渗水量 Q 变化较大时,宜用多台小排水量的水泵,以利施工过程随时调节</td></tr>
<tr><td rowspan="2">排水量估算</td><td rowspan="2">常用离心单级水泵的流量 Q</td><td>$Q=Fv=\frac{\pi}{4}\cdot D^2\cdot v=2.2D^2$(m³/s)</td><td>式中:$F$——水泵进口面积(m²);
D——水泵进口直径(m);
v——水泵进口流速(m/s),一般采用2.8</td></tr>
<tr><td>若水泵进口直径以 in(英寸)表示时,则:$Q=5D^2$(t/h)</td><td>—</td></tr>
<tr><td rowspan="4">水泵类型的选用</td><td>序号</td><td>渗水量 Q</td><td>水泵选择</td></tr>
<tr><td>1</td><td>$Q<20\text{m}^3/\text{h}$</td><td>膜式水泵、手压水泵、离心式水泵或潜水泵</td></tr>
<tr><td>2</td><td>$Q=20\sim60\text{m}^3/\text{h}$</td><td>膜式水泵、离心式水泵或潜水泵</td></tr>
<tr><td>3</td><td>$Q>60\text{m}^3/\text{h}$</td><td>离心式水泵</td></tr>
<tr><td rowspan="2">水泵使用特点</td><td>离心水泵</td><td colspan="2">离心泵的使用,需先向泵体与吸水管内灌满水,排除空气,然后开泵抽水。为防止所灌的水漏掉,在底阀内装有单向阀门。使用时要注意防止漏气与脏物堵塞等情况</td></tr>
<tr><td>潜水泵</td><td colspan="2">潜水泵是由立式水泵与电动机组合成的,工作时完全浸在水中,使用时为防止电机烧坏,不得脱水运转或陷入泥中,也不得排灌含泥量较高的水质或泥浆水,以免泵叶被杂物堵塞</td></tr>
</table>

常用离心泵性能表 表 4.6-2

<table>
<tr><th>项目</th><th colspan="6">图表及说明</th></tr>
<tr><td>离心泵工作简图</td><td colspan="2">出水管
泵壳
泵轴
叶轮
吸水管
滤网与底阀
实际出水扬程
实际总扬程
实际吸水扬程</td><td colspan="4">吸水扬程，表示水泵能吸水的高度，是确定水泵安装高度的重要数据，在水泵口径不大、吸水管不长时，实际吸水高度可按性能表列的吸水扬程减去 1.2m（有底阀）估算 ~0.6m（无底阀）估算。
离心泵的扬程在满足总扬程的前提下，主要是考虑吸水扬程是否能满足降水深度要求，如果不够，则可另选水泵或将水泵降低至坑壁台阶或坑底以上</td></tr>
<tr><td rowspan="8">主要性能</td><td colspan="2">型号</td><td rowspan="2">流量（m³/h）</td><td rowspan="2">总扬程（m）</td><td rowspan="2">吸水扬程（m）</td><td rowspan="2">电动机功率（kW）</td></tr>
<tr><td>B</td><td>BA</td></tr>
<tr><td>1.5B17</td><td>1.5BA-6</td><td>6 ~ 14</td><td>20.3 ~ 14</td><td>6.6 ~ 6</td><td>1.7</td></tr>
<tr><td>2B19</td><td>2BA-9</td><td>11 ~ 25</td><td>21 ~ 16</td><td>8 ~ 6</td><td>2.8</td></tr>
<tr><td>2B31</td><td>2BA-6</td><td>10 ~ 30</td><td>34.5 ~ 24</td><td>8.7 ~ 5.7</td><td>4.5</td></tr>
<tr><td>3B19</td><td>3BA-13</td><td>32.4 ~ 52.2</td><td>21.5 ~ 15.6</td><td>6.5 ~ 5</td><td>4.5</td></tr>
<tr><td>3B33</td><td>3BA-9</td><td>30 ~ 55</td><td>35.5 ~ 28.8</td><td>7 ~ 3</td><td>7.0</td></tr>
<tr><td>4B20</td><td>4BA-18</td><td>65 ~ 110</td><td>22.6 ~ 17.1</td><td>5</td><td>10.0</td></tr>
<tr><td></td><td colspan="6">注：2B19 表示进水口直径为 50.8mm[2in（英寸）]，总扬程为 19m（最佳工作时）的单级离心泵</td></tr>
<tr><td>离心泵的选择</td><td colspan="6">主要根据流量与扬程而定，对于基坑排水来说，离心泵的流量应满足基坑总排水量的要求，一般选用吸水口径 25 ~ 100mm（2 ~ 4in）的离心泵</td></tr>
<tr><td>BA 型水泵选择曲线图</td><td colspan="6"> 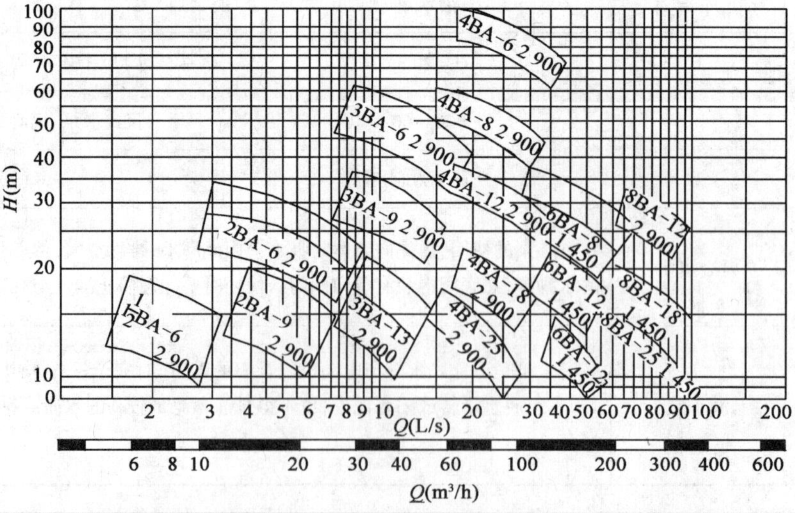H(m)
100 90 80 70 60 50 40 30 20 10 0
4BA-6 2 900
4BA-8 2 900
3BA-6 2 900
4BA-12 2 900
3BA-9 2 900
6BA-8 1 450
8BA-12 2 900
2BA-6 2 900
4BA-18 2 900
6BA-12 1 450
8BA-18 1 450
1½BA-6 2 900
2BA-9 2 900
3BA-13 2 900
4BA-25 2 900
6BA-12 1 450
8BA-25 1 450
2 3 4 5 6 7 8 9 10 20 30 40 50 60 70 80 90 100 200
Q(L/s)
6 8 10 20 30 40 60 100 200 300 400 600
Q(m³/h)</td></tr>
</table>

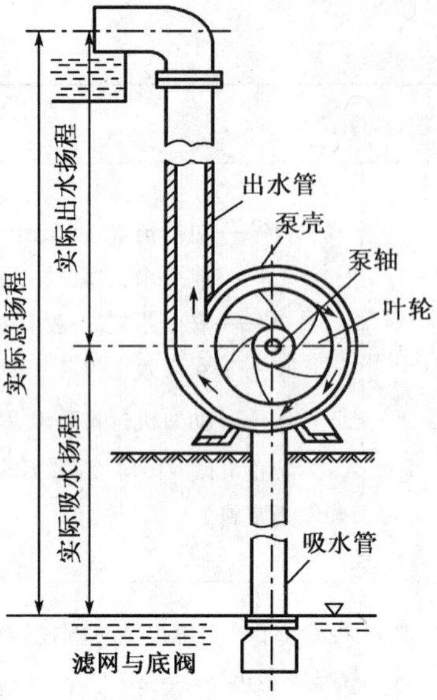

续上表

<table>
<tr><th>项　目</th><th colspan="2">图表及说明</th></tr>
<tr><td>潜水泵简图</td><td>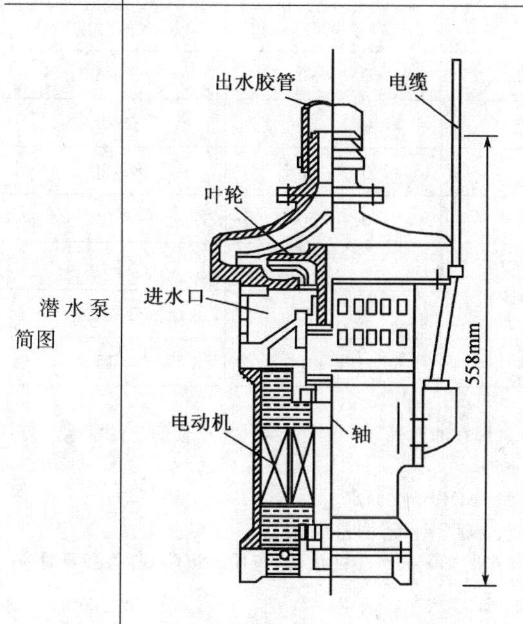
</td><td>常用的潜水泵口径有:40、50、100、125mm,其相应的流量为15、25、65、100m³/h,扬程相应为25、15、7、3.5m。
潜水泵具有体积小、质量轻、移动方便安装简单和开泵不用引水等优点,因此在基坑排水中采用较广。
这种水泵必须严防无水运转,烧坏电机,故多使水泵进水口放置于集水井内,并注意随时关闭停车</td></tr>
<tr><td>备注</td><td colspan="2">基坑明排水法设备简单,采用普遍。宜于粗粒土层或渗水量小的黏土。细砂、粉砂土明排水时易于夹砂带泥,随水流失或发生流砂现象,为此,多以改用人工降低地下水位法降水</td></tr>
</table>

井点降水方法与适用范围表 表4.6-3

<table>
<tr><th colspan="2">项　目</th><th colspan="5">有关数据和说明</th></tr>
<tr><td rowspan="2">井点降水与明排水法特征</td><td>表面(明)排水的缺点</td><td colspan="5">1. 在粉、细砂土的地下水位较高,挖深较大时难以防止流砂现象的发生;
2. 基坑大量地下水涌进,由于动水压力作用,常导致坑壁滑塌,或引起附近建筑物下沉;
3. 为稳定坑壁,需采取大量支撑材料围护,或放大边坡,增加挖方及施工用地面积和土方回填,场地狭窄布置困难;
4. 泥水混杂,排水时夹砂带泥随水排出降低坑地基强度等</td></tr>
<tr><td>井点降水的优点</td><td colspan="5">1. 可以完全制服流砂现象;
2. 从根本上降低地下水位,形成稳定的降落曲线,稳定了土壁(可不必放坡或坡度改陡),土壤疏干,抗剪强度增加;
3. 由于边坡放陡,因而减少挖方和回填土量,并降低支撑要求;
4. 因浮力减小,而增大压密有效压力,有利于增大地基强度</td></tr>
<tr><td colspan="2" rowspan="5">土质、挖深与降水方法关系</td><td>挖深(m)</td><td>亚黏土、亚砂土、粉砂土</td><td>粉砂及中砂</td><td>粉砂及砾石</td><td>大砾石、粗卵石(含有砂粒)</td></tr>
<tr><td><5</td><td>一级井点(真空法、电渗法)</td><td>一级普通井点</td><td colspan="2">1. 井点;2. 表面(明)排水;3. 离心泵井内抽潜水</td></tr>
<tr><td>5~12</td><td colspan="2" rowspan="2">多级井点、喷射井点(真空电渗)</td><td colspan="2">多级井点</td></tr>
<tr><td>12~20</td><td colspan="2">喷射井点</td></tr>
<tr><td>>20</td><td colspan="2">—</td><td colspan="2">用深井泵抽除地下水</td></tr>
</table>

续上表

<table>
<tr><th>项　　目</th><th colspan="4">相关数据和说明</th></tr>
<tr><td rowspan="8">各种井点法适用范围</td><td>序号</td><td>井点种类</td><td>土层渗透系数(m/d)</td><td>降低水位深度(m)</td></tr>
<tr><td>1</td><td>一级轻型井点</td><td>0.1～80</td><td>3～6</td></tr>
<tr><td>2</td><td>二级轻型井点</td><td>0.1～80</td><td>6～9</td></tr>
<tr><td>3</td><td>喷射井点</td><td>0.1～50</td><td>8～20</td></tr>
<tr><td>4</td><td>射流泵井点</td><td>0.1～50</td><td>≤10</td></tr>
<tr><td>5</td><td>电渗井点</td><td><0.1</td><td>5～6</td></tr>
<tr><td>6</td><td>管井井点</td><td>20～200</td><td>3～5</td></tr>
<tr><td>7</td><td>深井泵</td><td>10～80</td><td>>15</td></tr>
<tr><td>注意要点</td><td colspan="4">1. 降低地下水位时,应尽可能将井点选择在滤水性较好的土层中,井点管的下端滤水长度应考虑渗水土层的厚度,但不得小于1m。
2. 在基坑近旁设置水位观测孔,其数量视工程情况而定。
3. 加强对整个井点系统的维护和检查,保证不间断地进行抽水。
4. 对降水区域附近的构筑物可能受降水的影响而产生的沉降,应做好沉降观测,必要时应采取防护措施</td></tr>
</table>

轻型井点系统布置方法表 表4.6-4

<table>
<tr><th colspan="2">项　　目</th><th colspan="2">图表及说明</th></tr>
<tr><td rowspan="2">轻型井点系统布置与降水曲线</td><td>井点系统降水概貌</td><td> 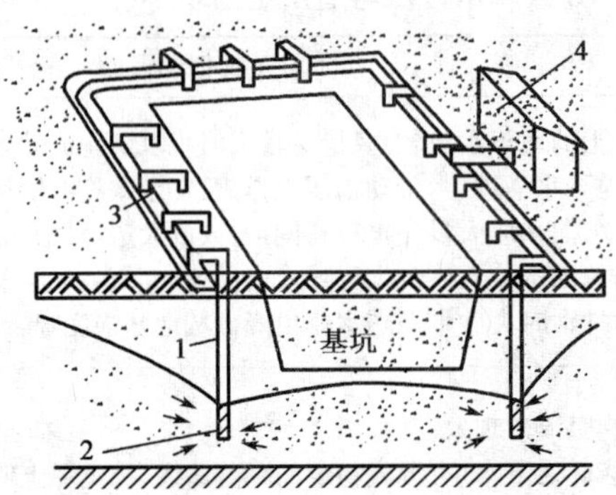</td><td>轻型井点布置如左图所示,系由带有滤管的井点管和集水管等所组成的管路系统与泵浦系统(包括离心泵和真空泵等)共同作用完成人工降低地下水位的重要方法之一,并获得广泛采用
图中:1-井点管;2-滤管;3-集水总管;4-水泵房</td></tr>
<tr><td>井点降水漏斗曲线</td><td> 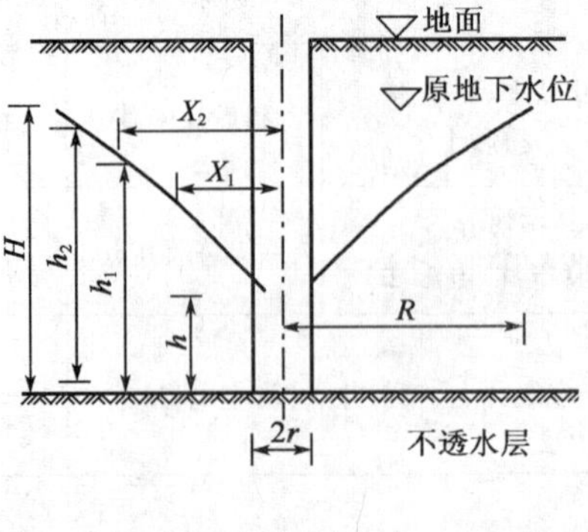</td><td>井点降水的基本原理是从井中连续抽水,使井周围的地下水位下降而形成降水漏斗,当多井同时抽汲,便形成若干漏斗曲线(降落曲线)的互相重叠,从而形成大面积原有地下水位的成片降低,施工降水要求连续抽汲,遂使降落曲线保持稳定</td></tr>
</table>

续上表

项目		序号	类型	布置简图	适用条件	设计特征
井点系统降水施工平面布置	线状井点各种平面布置	1	单排线状井点加密	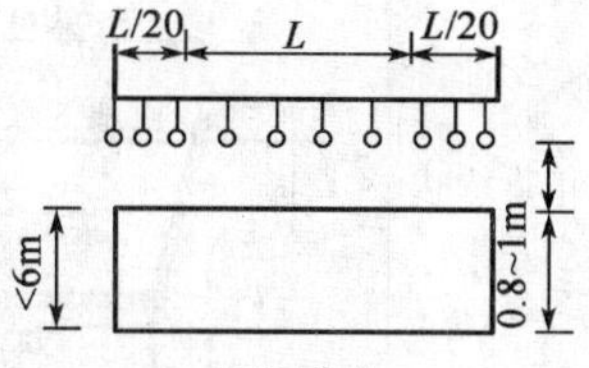 L/20 L L/20 <6m 0.8~1m 基坑平面	坑宽<6m，降水深度不超过6m	线状井点两端井点间距加密，如左图所示的 L/20 部分
		2	单排线状端部延伸	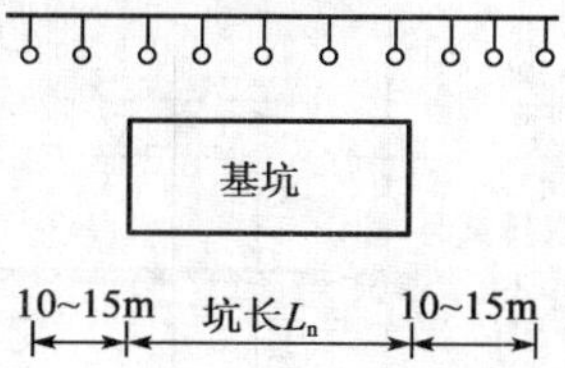 基坑 10~15m 坑长L_n 10~15m	基坑两端封闭困难，有条件采用端部延伸	有利于提高基坑两端降水效果
		3	单排线状末端弯转	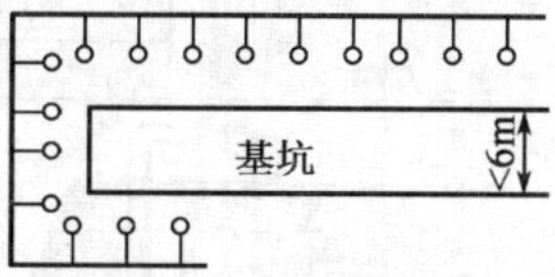 基坑 <6m	基坑端部井点转弯设置，加强降水	转弯的一端尽可能应布置在来水上游最不为有利
		4	双排线状井点	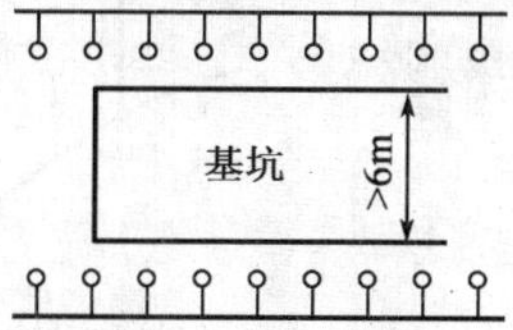 基坑 >6m	坑宽>6m或淤泥质亚黏土，有时坑宽不足6m，亦宜采用双排	根据基坑宽度、降深要求和土条件决定，确保疏于挖掘
	环圈井点平面布置	1	半环圈井点	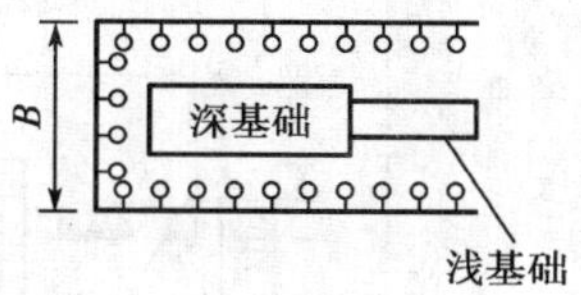 B 深基础 浅基础	环圈受到场地或浅基础等影响不能封闭时可用半环，并酌予延长	根据施工状况及施工要求，采取半环形，延长部分取 B/2（见左图），并对浅基础有利
		2	环圈井点系统	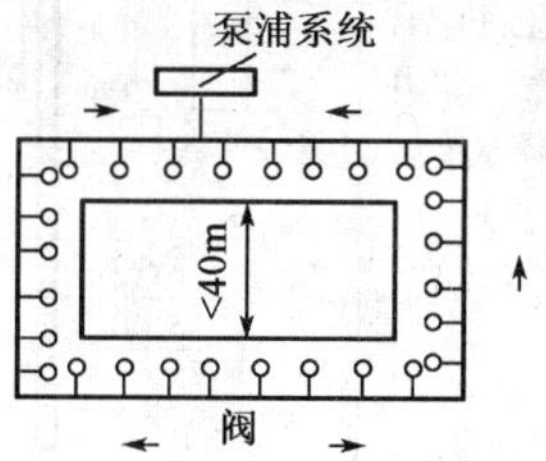 泵浦系统 <40m 阀	基坑宽度<40m的环圈井点降水	在泵浦系统对面装置一阀，使集水总管分向流入泵浦设备，避免紊流；环圈总长 1/5 距离四角井点间距加密
		3	大型环圈井点	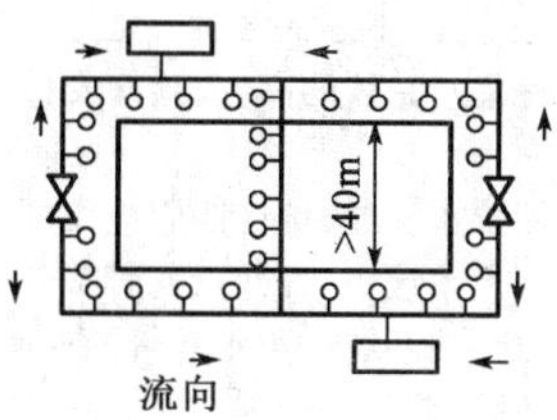 >40m 流向	基坑宽度>40m设置大型环圈井点降水	环圈点长>100~120m 时宜设两套泵浦，装闸阀；坑宽>40m，应考虑地质条件和降深要求设中间井点

续上表

项　　目		图表及说明			
		序号	类型	布置简图	说　　明
井点系统降水施工高程布置	单排、双排及二级井点高程布置	1	单排线状井点	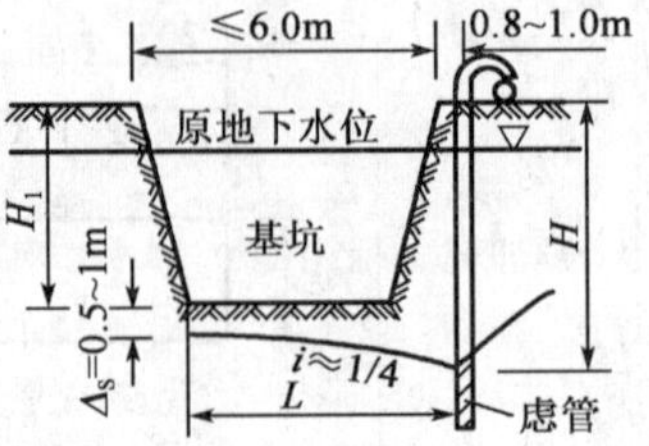	单排井点降落曲线一般可按 $i=1/3\sim1/5$ 布置，i 值初期陡峻，后期平缓，最佳情况可达1/10，视水文地质和抽水时间等因素而异。图示 H 可为6～7m（井管长度），滤管长多为1.0～1.2m
		2	双排或环圈井点	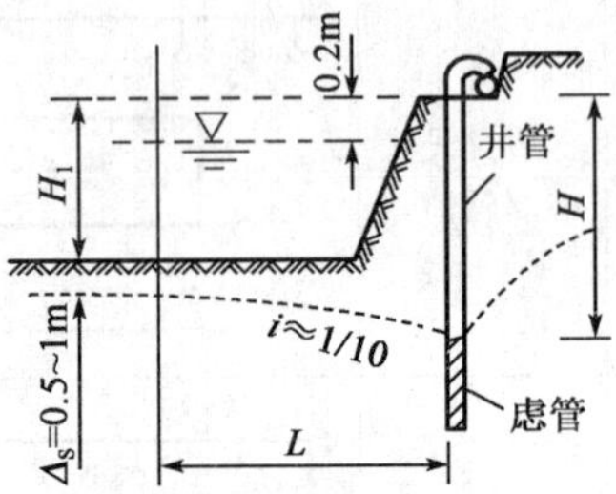	基坑宽度＞6.0m，且降深要求＞6m即需考虑双排井点布置；对矩形或方、圆形（可取六角、八角形）基坑则多取环圈井点，此类布置均可按坡降 $i\sim1/10$ 估计，进行校核
		3	二级井点	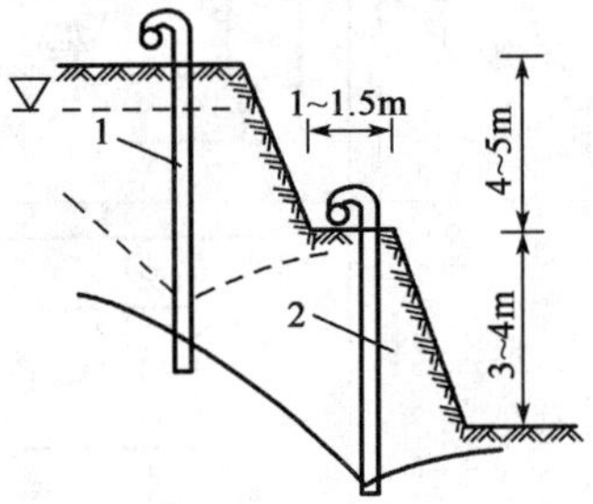 1-一级井点；2-二级井点	当采用一级轻型井点降水深度不能满足设计要求时，可考虑其他降水技术措施（如降低集水总管高度或以"土井"配合等），扩大一级井点降水深度，倘仍不能确保配合，则必须布置二级井点或改用喷射井点
	配合井点加深降水	1	土井配合加深一级井点降水	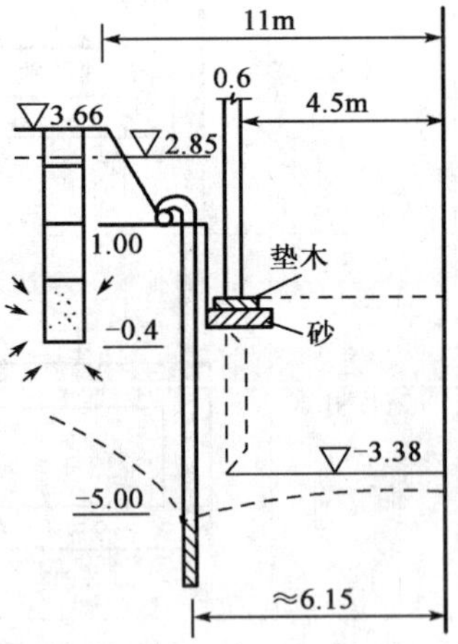	左图为沉井基坑降水实例，各部尺寸如图注（尺寸单位：m）要求降水深度在7m以上，超过一级井点降深，采用土井法（用 ϕ80cm钢筋混凝土管沉管法）先行抽水，挖掘基坑上部至预定高程，安置一级井点。 在粉砂土层，土井抽水实践有效半径R达10m，坑周设土井3只，收效良好，土壤疏干
注意要点高程布置		1. 井点系统集水总管的高程，最好安排在接近地下水的高程，或略高于天然地下水位以上20cm左右。 2. 防止地面雨水径流，坑口四周应作围堰，并防抽出水流入基坑。 3. 在同一井点系统中，各井点滤管顶部应保持在同一高程，最大高差不应＞10cm。 4. 安装井点泵浦系统和集水总管的地面（包括平台），必须夯实整平，以防沉降下陷进而引起井点系统故障、漏气等缺陷			

续上表

项目	图表及说明	
	简图及公式	说明
井点管理深的计算	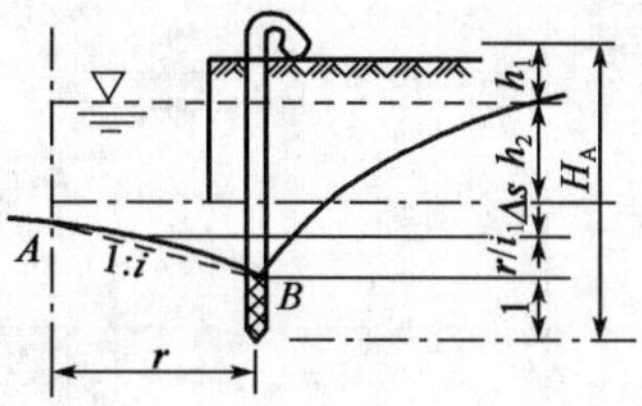 $H_A = h_1 + h_2 + \Delta s + \frac{r}{i} + l$	式中：H_A——井点水泵轴至井点滤管底的深度(m)； h_1——井点水泵轴至未降水前的地下水位的高度(m)； h_2——原地下水位至基坑底面的高度(m)； r——基坑底中心的水平距离(m)； Δs——降水后地下水位距基坑底面的安全深度，一般取 $\Delta s = 0.5 \sim 1.0$(m)； l——滤管长度(m)(根据使用的滤管长面定，一般为1.2m)
备注	1. 当计算的 H_A 值 >7m 时，一般应考虑采用二级井点或改用喷射井点； 2. 为充分发挥轻型井点降水作用，当 H_A 值 >7m 时，亦可考虑配合井点加深降水的技术措施(如高程布置序号 4 的办法)，从而使 H_A 值满足一级井点降水要求	

井点系统降水计算表 表 4.6-5

轻型井点计算的主要内容有：计算涌水量，确定井点管数量与间距，选择抽水设备等。井点计算因受水文地质和井点设备(包括性能与安装质量)等许多难以确定的因素影响，故所求算仅为近似浸数值，较多情况下常参照实践积累资料而不全通过计算。但对多级井点或 K 值很大以及核对初步(按实践经验)井点布置，计算工作即显得重要

1. 涌水量计算

项目		计算简图	计算公式	说明
无压完整井	单井涌水量		$Q = 1.366K\frac{(2H-S)S}{\lg R - \lg r}$	式中：Q——单井涌水量(m^3/d)； K——渗透系数(m^3/d)； H——含水层厚度(m)； R——抽水影响半径(m)； S——水位降低值(m)； r——井点的半径(m)
	环圈井点涌水量	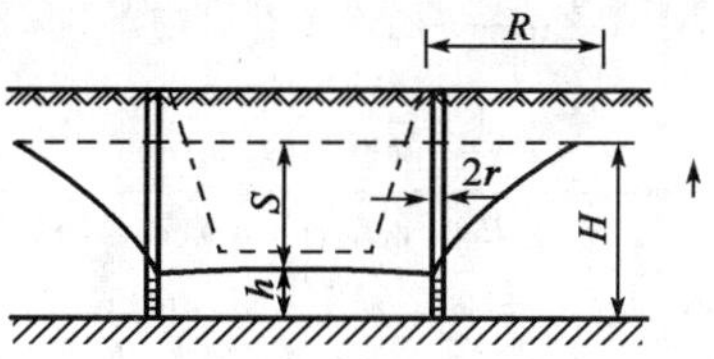 不透水层	$Q = 1.366K\frac{(2H-S)S}{\lg R - \lg x_0}$	式中：x_0——基坑的假想半径(m)，对矩形基坑，当其长宽比不大于5时，可作为一个假想半径为 x_0 的圆形井，由下式得： $x_0 = \sqrt{\frac{F}{\pi}}$ F——基坑的平面面积(m^2)； π——圆周率
	影响半径		$R = 1.95S\sqrt{HK}^*$ 或 $R \approx 2S\sqrt{HK}^*$	除抽水试验外，R 值亦可用本式进行计算。K 值在无试验资料时可参照表 4.5-2 取值

续上表

项目		计算简图	计算公式	说明
无压不完整井	井点系统涌水量	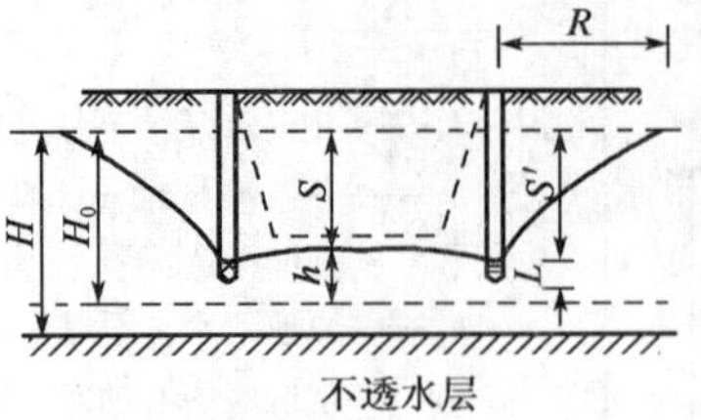	$Q=1.366K\dfrac{(2H_0-S)S}{\lg R-\lg x_0}$	式中：H_0——有效带深度，系经验数值，如本表所列；其余代号如图所示

项目					
H_0 值	$S'/(S'+L)$	0.2	0.3	0.5	0.8
	H_0	$1.3(S'+L)$	$1.5(S'+L)$	$1.7(S'+L)$	$1.85(S'+L)$

项目		计算简图	计算公式	说明
承压完整井	环圈井点涌水量	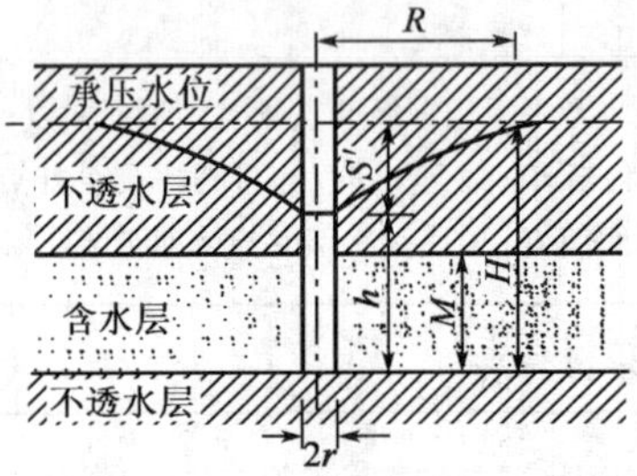	$Q=2.37K\dfrac{MS}{\lg R-\lg x_0}$	式中：M——承压含水层厚度（m）；K、x_0、S——同前
承压不完整井	井点系统涌水量	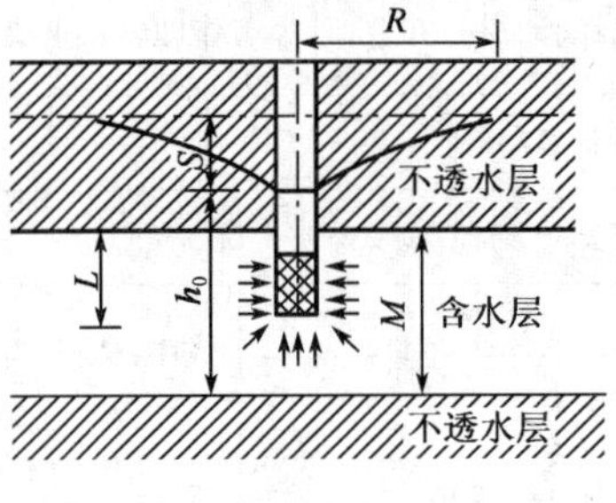	$Q=2.37K\dfrac{MS}{\lg R-\lg x_0}\sqrt{\dfrac{M}{1+0.5r}}\cdot\sqrt{\dfrac{2M-1}{M}}$	式中物理量意义同前
备注		＊式中 K 以 m/d 计，如以 m/s 计，则改用 $R=575\sqrt{HK}$		

2. 确定井点管根数与间距计算

项目		计算公式	说　明
单根井点最大出水量	式一	$q=65\pi dl\sqrt{K}$（m^3/d）	式中：d——滤管直径（m）； l——滤管长度（m）； K——渗透系数（m/d）
	式二	$q=\pi dl\dfrac{\sqrt{K}}{15}$（$m^3$/s）	如 K 值以 m/s 计，可按本式计算；滤管长 l 一般为 1～1.7m（目前多采用 $l=1.2$m）； 控制管内流速≤1m/s，防止滤管四周土粒扰动
需用井点最少根数		$n=1.1\dfrac{Q}{q}$（根）	式中：Q——井点系统总涌水量； q——单根井点最大出水量； 1.1——备用系数（防止滤管漏气或堵塞失效）
井点管间距		$D=\dfrac{L}{n}$（m）	式中：L——集水总管长度（m）； n——井点根数
校核方案降水要求		$h=\sqrt{H^2-\dfrac{Q}{1\,366K}\left(\lg R-\dfrac{1}{n}\lg X_1X_2\cdots X_n\right)}$	式中：h——滤管外壁处或坑底任意点的动水位高度，对完整井算至井底；对不完整井算有效带深度

井点系统沉设安装表 表4.6-6

<table>
<tr><th colspan="2">项　目</th><th colspan="5">主要方法和要求</th></tr>
<tr><td colspan="2">集水总管的布设</td><td colspan="5">1. 铺设集水总管的地面,要求平整坚实,以免由于不均匀沉降引起总管高低不平,形成漏气,影响降水效果。
2. 控制好总管铺设高程,并向泵浦一端设置1∶1 000～1∶500左右的纵坡,以免除由于空气在总管内形成气泡而增加水头损失,但总管亦可铺成水平。
3. 注意总管上的短接管,必须垂直向上,以便于安装弯连接管接通井点,避免接装困难。
4. 总管与总管的连接,不论采用法兰或橡胶套圈加夹箍形式均要求连接严密,处理不慎将导致大量漏气</td></tr>
<tr><td colspan="2">泵浦设备的安装</td><td colspan="5">1. 泵浦(包括真空泵和离心泵)基座必须平稳,一般应用垫木使之平整。
2. 泵浦安置的高程,需与总管高程要求相适应。合理的布置是总管连接泵浦的三通管,愈平愈好,以充分利用抽汲功能。
3. 电源装置应安全可靠,符合电气规程要求,具有接地线。备用水泵亦应有专用开关,以便随时启动,不需临时接换线路</td></tr>
<tr><td rowspan="7">井点滤管的沉设</td><td>冲孔沉设</td><td colspan="5">1. 由于滤管本身局部构造的不同,具有球阀装置的可用以直接冲孔沉设;当滤管无球阀装置时,则利用冲射工具—冲管冲孔,拔出冲管后,随即插入井点,并紧接填充砂填层。
2. 无论采用何种沉设方法,都应注意垂直冲孔,竖直插入井点(除特殊要求外) 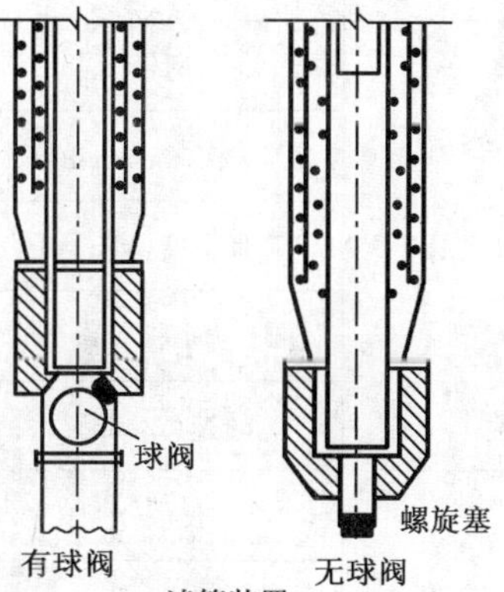
球阀　螺旋塞
有球阀　无球阀
滤管装置</td></tr>
<tr><td rowspan="5">冲水压力</td><td colspan="5">1. 冲孔时所用水压力根据土质不同可经试验确定,通常情况下,一般约如下列范围采用:</td></tr>
<tr><td rowspan="3">沉设井点所用水压力</td><td colspan="2">土名</td><td colspan="2">采用压力(MPa)</td></tr>
<tr><td colspan="2">褐黄色表层土(黏土或亚黏土)</td><td colspan="2">0.3～0.5</td></tr>
<tr><td colspan="2">淤泥质亚黏(黏土)层夹薄粉砂</td><td colspan="2">0.2～0.3</td></tr>
<tr><td colspan="5">粉砂、亚砂土层 | 0.2～0.4</td></tr>
<tr><td colspan="5">2. 冲孔大小,一般以不小于25cm直径为合格,过小则填砂不足,影响降水效果</td></tr>
<tr><td>黄砂填层</td><td colspan="5">1. 填砂宜用中粗砂,并填至滤管上端至1～1.5m高度,再以黏土封闭至地面,以防漏气。
2. 粉砂土壤和含有大量黏性土粒,应有较厚的填砂层,其直径至少应有25cm左右的填砂断面。
3. 对于黏土含量少而细砂含量占主要的渗透系数在5m/d以上,则砂填层可较小,一般不应小于20cm的直径;只有在渗透系数$K>10$m/d时,则可不填砂</td></tr>
<tr><td colspan="2" rowspan="4">试运转检验和使用维护</td><td colspan="5">1. 井点系统安装要求严密,防止漏气。一般应保证真空计的读数不低于600,以使降水深度符合要求,真空度与降水深度关系。</td></tr>
<tr><td>真空度(kPa)</td><td>53.3</td><td>59.9</td><td>66.7</td><td>73.3</td><td>79.9</td></tr>
<tr><td>降水深度(m)</td><td>5.45</td><td>6.10</td><td>6.80</td><td>7.50</td><td>8.15</td></tr>
<tr><td colspan="5">2. 如封闭全部井点弯连管上的“开关”,泵浦系统仍停留在低真空,则与泵浦有关,应检验各连接部分消除或调配件,使真空度符合要求。
3. 再逐井检查有无漏气,确保管路系统无漏气情况进行试抽。
4. 运转正常后,投入正常使用。降水全过程不应间断抽汲而应不断地连续抽汲,从而确保滤网管不被堵塞,并保持稳定的降落曲线,降低地面沉降影响。此外,尤应加强运转中的经常维护</td></tr>
</table>

国内外轻型井点设备性能表 表 4.6-7

项目名称 \ 类型		中国	日本		原苏联	
		上海型	NP ~ 100	NP ~ 150	nhy ~ 5	nhy ~ 3
离心泵	型号	—	NU ~ 131B	FP ~ 6	—	—
	生产率(m^3/h)	20	96	150	120	30
	扬程(m)	25	18	18	40	40
	抽汲真空高度(m)	7	—	—	8	8
	功率(kW)	2.8	—	11	20	5.5
	转速(r/min)	2 900	—	1 450	1 450	1 450
真空泵	型号	—	—	—	—	—
	生产率(m^3/min)	4.4	3.2	3.2	0.24 ~ 0.64	—
	真空度(kPa)	99.6	93.3	93.3	58.7 ~ 86.7	—
	功率(kW)	5.5	7.5	7.5	20	—
	转速(r/min)	1 450	1 450	1 450	同轴	—
泵组尺寸	长(m)	2.6	1.95	21.5	1.78	1.35
	宽(m)	1.3	0.68	0.68	0.78	0.63
	高(m)	1.6	1.17	1.17	1.18	1.13
	质量(kg)	1 500	540	700	670	350
抽汲总管	总管直径(mm)	127	150	150	150 ~ 200	159
	每节长(m)	3.2	3	3	5.25	5.25
	井点中距(m)	0.8	—	—	0.75	0.75
	一套节数(根)	25	33	33	18	18
井点管(根)		100	100	100	100	60
井点管与总管的接合		硬接合弯连管	软接合,橡胶管		硬接合,弯连管	软接合,橡胶管
接头数(根)		100	100	100	100	60
备注		一套井点在上海土中抽水量为 200 ~ 400m/d, md ~ 3 为自引式涡旋泵,上海型轻型井点系统按上海城建机械厂定型产品规格				

喷射井点技术参数表 表4.6-8

喷射井点主要技术参数						工作原理
项目 \ 型号		喷-6 (Эп-6)	喷-4 (Эп-4)	喷-2.5 (Эп-2.5)	喷-2 (Эп-2)	喷射井点是从高压水泵的高压水(工作水)压入外管内,在喷射扬水器内形成负压(真空)而将地下水混合提升,工作水则由循环水池供给。 工作水由高压泵经供水总管输入至外管内;提升的混合水则由集水总管输送入循环水池,部分排出
滤管外径	(mm)	152.4	91.6	63.5	50.8	
	(in)	6	4	2.5	2	
滤管长度(m)		6	6~4	1	1	
喷嘴直径(mm)		18	12	7	5	
喉管直径(mm)		34	23	14	10	
工作量	当全扬程为60m(L/s)	8	3.6	1.2	—	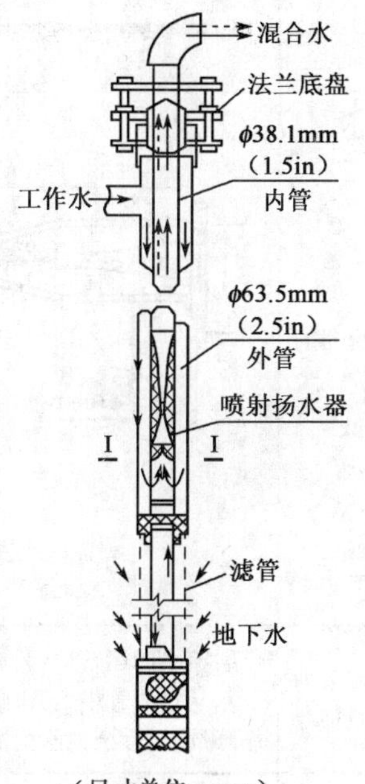
	当全扬程为80m(L/s)	9.3	4.1	1.4	—	
	当全扬程为100(L/s)	10	4.6	1.8	—	
抽汲水	工作水提升高度 60m(L/s) 13~19.5m	88~6.4	4~2.9	1.3~1	—	
	工作水提升高度 80m(L/s) 17.5~26m	10.5~7.5	4.5~3.3	1.5~1.1	—	
	工作水提升高度 100m(L/s) 22~32.5m	11~8	5.1~3.6	1.8~1.3	—	
适应的渗系数 K(m/d)		20~50	8~10	0.1~5	—	(尺寸单位:mm)

注:Эп 为原苏联喷射井点的代表型号,如 Эп-4 即为 91.6mm(4in)外径的喷水井点,喷-2.5 及喷-2 型为上海市用于市政工程而研制,可适应粉细砂弱渗透土层降水施工

喷射扬水器特性

混合室 d_1 (mm)	喷嘴 d_2 (mm)	$B=\frac{d_1}{d_2}$	工作水压 (MPa)	扬水高度 (L/s)	工作水量 (L/s)	抽汲水量 (L/s)
16	8	2	6.26	13.97	1.69	1.68
16	10	1.6	6.29	18.86	1.60	1.69
20	10	2	6.29	14.05	2.57	2.85

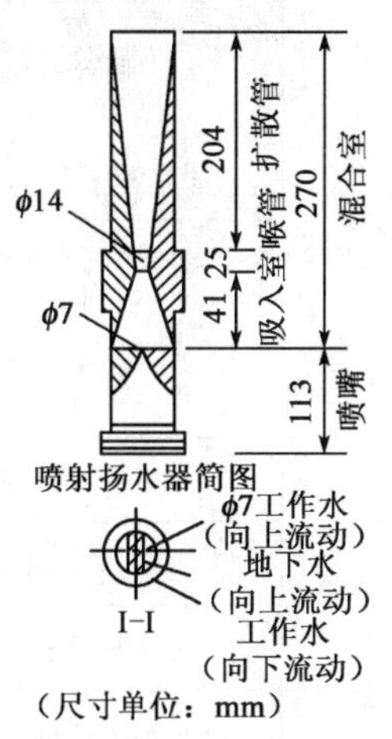

(尺寸单位:mm)

喷射井点用高压水泵可采取统一产品的多级高压、离心泵。根据所需流量、扬程、吸程从产品样本选用,类型较多,如 DA、DA_1、TSW 等

射流泵井点技术参数表 表 4.6-9

项　目	图表及说明
射流泵井点装置	使用一台离心泵的水流通过射流器的喷嘴，形成 0.080～0.087MPa 的真空度，以代替真空泵的作用。其管路部分与前述轻型井点降水完全一致。用射流泵代替真空泵可使结构简单，制造方便、体积小、质量轻、转移便捷，在中、小型工程施工中常被采用
射流器的构造	射流器系射流泵的主要元件，类似喷射井点的喷射扬水器，由喷嘴、喉管、扩散管三部分组成，如左图所示为常用喷嘴直径为 26mm，喉管直径为 48mm 的射流器构造示意图
射流泵的工作原理	射流泵的运转原理：启动离心泵，将循环水箱的水通过射流器形成真空度，使地下水从滤管中上升，吸地下水从过滤管中上升，吸入射流器的喉管与工作水相混合。混合水经扩散管喷入循环水箱，供离心泵使用，循环周转，多余的水由溢水管排出
射流泵技术性能	见下表
备注	仅为理论数据，实际由于管道曲折摩阻水头损失、漏气损耗等因素影响将不能达到这一最大降水深度

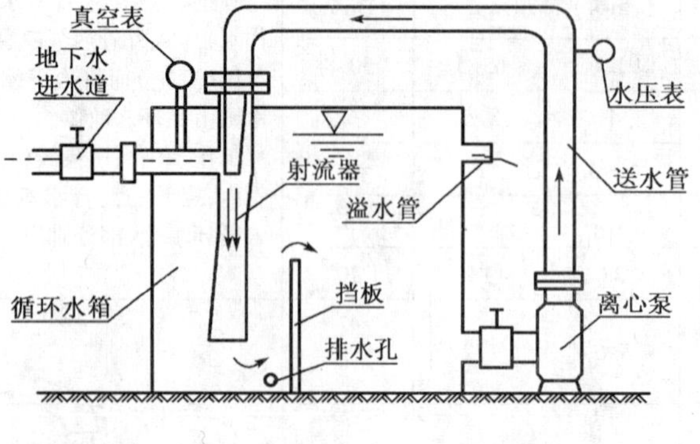

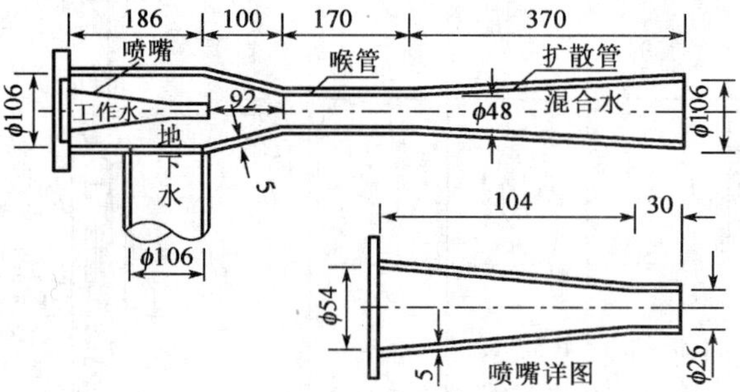

射流泵技术性能：

名称	性能	名称	性能
喷射直径(mm)	φ26	工作水量(m^3/h)	45
喉管直径(mm)	φ48	生产率(m^3/h)	3(最大降水深度时)
喷管至喉管始点距离(mm)	92	最大真空度(kPa)	98.7
喷嘴直径与喉管直径之比	1∶1.85	最大降水深度(m)	10.03
喉管长度(mm)	170	正常降水深度(m)	6～8(随井点管多少而异)
喷嘴锥角	13°24′	水泵电机功率(kW)	7
扩散角	8°	井点管数量(根)	—
工作水压力(MPa)	0.05～0.25	集水管长度(m)	—

管井井点、电渗井点及其他井点技术参数表 表4.6-10

项 目		主要设备及施工概要
管井井点法降水施工		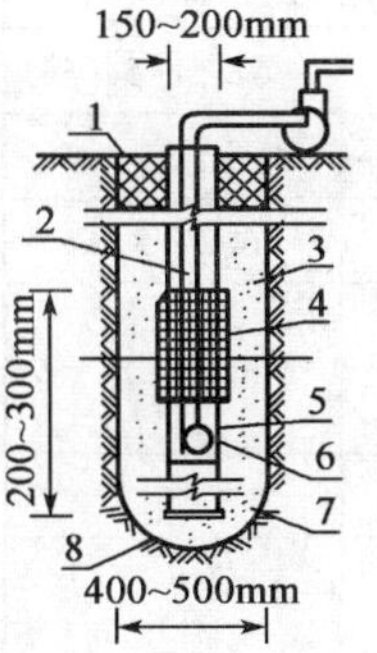 150~200mm；200~300mm；400~500mm；1；2；3；4；5；6；7；8 1-黏土封孔；2-抽水泵管；3-滤料；4-滤网；5-滤管；6-潜水泵；7-井底；8-孔壁 管井井管的埋设深度，根据渗水量而定，在桥台基坑外围每一定间距设置，埋设最大深度可自5~7m，或更深些，视地下水位采用。井管距离基坑边要求：当用冲击钻时，有泥浆护壁者为1~1.5m，如用套管法时，不宜小于3m。 抽汲降水系每一管井单独用一台水泵，不断抽水降低地下水位
电渗井点装置及其工作原理	布置示意图	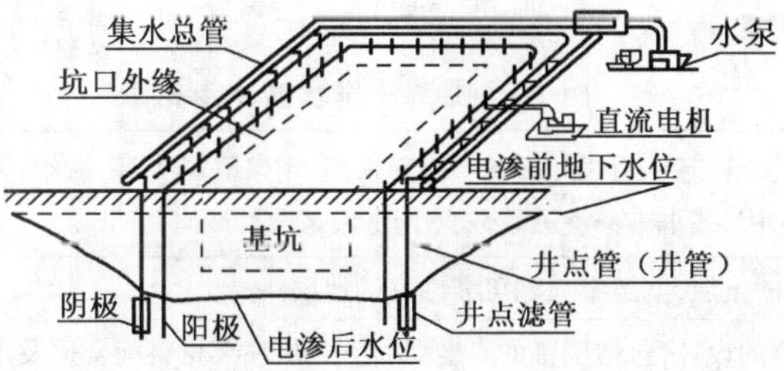 集水总管；水泵；坑口外缘；直流电机；电渗前地下水位；基坑；井点管（井管）；阴极；阳极；井点滤管；电渗后水位
	适用范围	饱和黏质土、淤泥或淤泥质土，其渗透系数 $K<0.1\text{m/d}$（一般为 $0.1\sim0.002\text{m/d}$）的情况下，可用渗井点有效地降低地下水位
	主要设置和工作原理	电渗井点是利用轻型井点一排井点管为阴电极，另一排钢管（$\phi30\sim\phi75$mm）或钢筋（$\phi20$mm左右）作为阳电极（可用射水法埋入），阴、阳电极的数量相等，但二者交错排列（见上列图示），阳极顶部出土约20~40cm，底部深于井点滤管下0.5m。各阳极用$\phi10$mm左右电线连接，阴极除有集水总管连接作用外，仍宜用电线连接（因总管连接处有磁漆麻丝等电阻加大）。然后再用电线将阴、阳极分别连接到直流发电机（可用直流电焊机代替）的相应电极上。 电压一般为30~60V，超过100V应有防护措施，不允许200V以上的电压，以防触电事故的产生。电极间每单位面积（m^2）上的电流强度，在黏土中以0.5~20A为宜，亚砂土（黏质砂土）中的应较低，以防止电极四周的土发热或脱水开裂。基坑越深，电流应越强。 由于阴、阳两极分别通以正负直流电以后，则土粒向阳极移动（电泳），水分子向阴极移动（电渗），加速土中水分流入井点滤管中去，由井点泵浦系统抽汲，降低地下水位
深井泵井点及其设置	适用范围	适用于土层渗透系数较大（$K=10\sim80\text{m/d}$）且降深要求在15m以上时，可采用深井泵井点，其布置设计与管井井点基本相同。主要设备为深井潜水泵及井管滤网等组成
	设置方法	设置深井点时，先用钻孔机或水冲法冲钻井孔，直径宜大于井管20cm，井孔深应考滤抽水期间沉淀物的高度，并再加深3~5m，钻井孔力求垂直，如用泥浆护壁时，则钻达孔深后，即行清孔，安设钢井管，管径应大于深井泵泵身部分的外径6~10cm。钢井管外与井壁之间填充砾石滤层，钢井管下端装置滤管（与轻型井点同），滤管与井底间填以碎石或卵石。 水泵安装应注意泵基的稳定可靠。潜水泵电缆需有可靠绝缘，以保证安全

续上表

项目		主要设备及施工概要					
深井泵和深井潜水电泵性能	深井泵	型号	流量(m^3/d)	扬程(m)	吸程(m)	电机功率(kW)	泵身外径
		JE-45-19	32.4~52.2	21.5~15.6	62.5~5.0	2.5~2.96	—
		JN-90-20	65~110	22.6~17.1	5	10	210
		JN-285-18	220~360	20~14	6.2~5.0	22	310
		4JD-10×10	10	30	—	5.5	92
		6JD-36×4	36	38	—	7.5	144
		8JD-80×10	80	40	—	18.5	190
		150JD56×4	56	32	—	11	144
	潜水泵	250NQ50×25×7.5	50	25	—	17	227 80
		250JQK-80-20	27.1~95.5	27.6~14.9	6	10	215*
		8JD50-17	32.5~62.5	18.9~14	—	4	180

注：*为气垫密封潜水泵。

围幕法排水技术参数表 表4.6-11

定义	围幕法是指在基坑边线外设置一圈隔水幕，用以隔断水源，减少渗流水量，防止流砂、突涌、管涌、潜蚀等地下水的作用，截水帷幕渗透系数宜小于10×10^{-6}mm/s		
适合地层	卵石层、砂土层，空隙率大和可灌性好的地层		
准备	做好围幕的设计，包括围幕的厚度、钻孔布置、注浆材料配合比及用量、压力、设备选择等内容		
注浆材料	水泥浆、速凝剂，配合比根据地质情况进行设计。 某项目　水泥：水玻璃：水=1：0.08：1		
常见方法	深层搅拌桩隔水墙	压力注浆（低压注浆、高压旋喷、高压定向喷射注浆）	冻结围幕法
施工	钻机成孔，桩（隔水墙）材料可用钢筋笼、水泥、黏土等	采用钻孔机成孔，植入注浆管注浆。低压注浆压力0.25~0.5MPa，高压注浆压力约20MPa	采用电冻结，形成不透水围幕
防水土工膜	采用防水土工膜在围堰外侧铺底防渗时，应将河床面杂物清除干净并整平。土工膜应从围堰外侧的水位以上铺起，并超过堰脚不小于3m；土工布之间的接头应搭接严密。铺底土工膜上应满压不小于300mm厚的砂土袋		

4.7 基底检验与处理

基底检验内容 表4.7-1

主要内容
1.检查基底平面位置、尺寸大小、基底标高； 2.检查基底地质情况和承载力是否与设计资料相符； 3.检查基底处理和排水情况是否符合规范要求； 4.检查施工记录及有关试验资料等

基底地质及其处理 表4.7-2

基底地质	处理要点
一般规定	1.地基处理应根据地基土的种类、强度和密度,按照设计要求,结合现场情况,采取相应的处理方法。 2.地基处理的范围至少应宽出基础之外0.5m。 3.符合设计要求的细粒土、特殊土基底,修整妥善后,应尽快修建基础,不得使基底浸水和长期暴露。 4.当地基需加固或现场开挖后地质情况与设计不符时,应按设计要求及有关规范执行
细粒土及特殊土地基的处理	对细粒土或特殊土类的饱和软弱黏土层、粉砂土层及湿陷性黄土、膨胀土和黏土及季节性冻土,强度低,稳定性差,处理时应视该类土的处治深度、含水率等情况,按基底的要求采取固结处理,以满足设计要求
粗粒土和巨粒土地基的处理	1.对于强度和稳定性满足设计要求的粗粒土及巨粒土基底,应将其承重面平整夯实,其范围应满足基础的要求。 2.基底有水不能彻底排干时,应堵塞或将水引至排水沟,然后在其上修筑基础
岩层	1.对风化的岩层,应在挖至设计高程并满足地基承载力要后尽快进行封闭,防止其继续风化。 2.在未风化的平整岩层上,基础施工前,应先将淤泥、苔藓及松动的石块清除干净,并凿出新鲜岩面。 3.对坚硬的倾斜岩层,宜将岩层面凿平,倾斜度较大、无法凿平时,则宜凿成多级台阶。台阶的宽度不宜小于0.3m
冻土层	1.基础不应置于季节冻融土层上,并不得直接与冻土接触。 2.基础的基底修筑于多年冻土层(即永冻土)上时,基底之上应设置隔温层或保温层材料,且铺筑宽度应在基础外缘加宽1m。 3.按保持冻结的原则设计的明挖基础,其多年平均地温等于或高于-3℃时,应于冬季施工;多年平均地温低于-3℃时,可在其他季节施工,但应避开高温季节,并应按下列规定处理: (1)严禁地表水流入基坑; (2)及时排除季节冻层内的地下水和冻土本身的融化水; (3)必须搭设遮阳棚和防雨棚; (4)施工前做好充分准备,组织快速施工。施工完成的基础应立即回填封闭,不宜间歇;必须间歇时,应采用保温材料加以覆盖,防止热量侵入。 4.施工期间如有明水,应在距坑顶10m之外修排水沟。并应将水引向远离基坑的位置排出,当有融化水时亦应及时排除
溶洞	1.影响基底稳定的溶洞,不得堵塞溶洞水路。 2.干溶洞可用砂砾石、碎石、干砌或浆砌片石及灰土等回填密实。 3.基底干溶洞较大,回填处理有困难时,可设置桩基进行处理,桩基的设置应履行设计变更手续,并应由设计单位进行设计
泉眼	1.基底泉眼的处理不论采取何种方式,均不应使基底土层饱水。 2.可将有螺口的钢管紧密打入泉眼,盖上螺帽并拧紧,阻止泉水流出;或向泉眼内压注速凝的水泥砂浆,再打入木塞堵眼。 3.堵眼有困难时,可采用管子塞入泉眼,将水引流至集水坑排出。或在基底下设盲沟引流至集水坑排出,待基础施工完成后,向盲沟压注水泥浆堵塞。采用引流排水时,应防止砂土流失,引起基底沉陷

换土垫层法地基处理技术参数表 表 4.7-3

<table>
<tr><th colspan="2">项　目</th><th colspan="2">处理方法与计算公式</th></tr>
<tr><td rowspan="3">换土垫层方法及其他作用</td><td>换土法</td><td colspan="2">是将基础底面下一定深度范围内的软弱土层挖去，换填低压缩性的散体材料分层夯实，作为地基的持力层，可用于软土地基的浅层处理</td></tr>
<tr><td>垫层材料</td><td colspan="2">可用中砂、粗砂、砾石、碎石、卵石、矿渣、灰土、黏性土及其他强度高、性能稳定的材料，其中以粗砂、中砂、砂砾垫层应用最广。
砂、砾及碎(卵)石中的黏土含量不应大于 3% ~5%，粉土含量不大于 25%，因为这些含量过多不利于排水，也不利于夯实；此外，砾料粒径小于 10cm 为宜；填筑时应分层夯实</td></tr>
<tr><td>垫层作用(以砂砾垫层为典型)</td><td colspan="2">1. 提高地基承载力——由于砂砾垫层比原软土强度高，压缩性低，因此能使地基承载力提高。
2. 减少垫层下天然土层的压力——通过砂砾垫层的应力扩散作用，减小了垫层下天然软土层所受附加压力，因而也减小基础的部分沉降量。
3. 加速软土的排水固结——砂砾垫层透水性大，软弱土层受压后，砂垫层能作为良好的排水面，使孔隙水压力迅速扩散，从而加速软土固结过程。
4. 防止冻胀——因垫层颗粒较粗，含结合水少，属于不冻胀材料，且孔隙大，切断毛细水，故可防止冬季结冰地下水迁移积聚而造成基础冻胀</td></tr>
<tr><td rowspan="5">换土垫层尺寸的计算</td><td rowspan="4">砂砾垫底面尺寸的确定</td><td colspan="2">基础底面的压力通过砂砾垫层的扩散作用分布到较大的面积上，其扩散角 ϕ 可假定为 35° ~45°，矩形基础的砾垫层底面尺寸可按下列公式计算：</td></tr>
<tr><td>计算公式</td><td>说　明</td></tr>
<tr><td>$A = a + 2h_s\tan\varphi$
$B = b + 2h_s\tan\varphi$</td><td>式中：a、b——基础的长边和宽边尺寸(m)；
A、B——砂砾垫层的长度和宽度(m)；
h_s——砂砾垫层的厚度，一般为 1 ~3m</td></tr>
<tr><td>砂砾垫层应力分布图 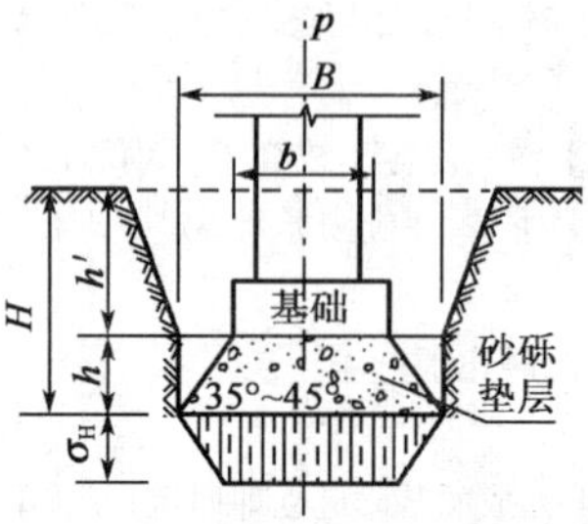</td><td>图中：σ_H——外荷载在基础底产生的压应力通过砂砾垫层向下扩散至软土地基上的最大承压应力(kPa)；
h——基础底面的埋置深度(m)；
H——原地面至砂砾垫层底面的距离(m)</td></tr>
<tr><td>砂砾垫层厚度 h_s 的确定</td><td colspan="2">软土地基上的砂垫层厚度，一般是根据垫层底部软土层的容许承载力决定，应使垫层传给软土层的压力不超过软土层顶部的容许承载力。其厚度一般不大于 3m*，由下式求出：
$$\sigma_H = \sigma'_H + rh + r_s h_s \leqslant [\sigma]$$
式中：$[\sigma]$——砂砾垫层底面处软土地基的容许承载力(kPa)；
σ_H——砂砾垫层底面的计算压应力(kPa)，对矩形基础，可按下式计算：
$$\sigma_H = \frac{a \cdot b \cdot \sigma}{a \cdot b + \left(a + b + \frac{4}{3}h_s\tan\varphi\right)} + rh + r_s h_s$$
式中：σ——由荷载引起的基础底面的平均压应力；
r——原地面至砂砾垫层顶面之间的土层(回填土)的重度(kN/m^3)；
r_s——砂砾垫层密度，在地下水位以下应扣除水的浮力；
其他代号意义同前</td></tr>
<tr><td colspan="2">备注</td><td colspan="2">如需要垫层厚度超过 3m 时，可按具体情况与其他加固法(如砂桩法等)结合使用。垫层厚度亦不宜过小(如小于 50cm)，作用不显著</td></tr>
</table>

砂桩法地基处理技术参数表 表4.7-4

<table>
<tr><th colspan="2">项 目</th><th colspan="2">处理方法和成桩工艺</th></tr>
<tr><td rowspan="5">砂桩材料和尺寸</td><td>砂桩用途</td><td colspan="2">砂桩在松散砂土中,可用于提高松散砂土的地基承载力和防止砂土振动液化。在软弱黏性土中,可用于增大软弱黏性土地基的整体稳定性,防止发生破坏;提高软弱黏性土地基承载力</td></tr>
<tr><td>砂桩材料</td><td colspan="2">砂桩使用中粗合砂,砂的含泥量不大于5%;
在对砂桩成型有足够约束力的软弱黏性土中,可以使用砂和角砾的混合料</td></tr>
<tr><td>砂桩直径</td><td colspan="2">砂桩直径根据采用的成桩方法及所用施工机械能力确定,在条件许可情况下,软弱黏性土中宜用较大的桩径。目前,我国采用的桩径一般在30~50cm;最大达70cm;国外实际采用的桩径一般在60~80cm,最大则达150~200cm。
砂桩的平面远见布置分为正三角形和正方形两种形式布点</td></tr>
<tr><td>砂桩长度</td><td colspan="2">当软弱土层厚度不大时,桩长可按软弱土质的厚度确定;
当软弱土质厚度较大时,按稳定性控制的工程,其砂桩长度应不小于最危险的滑动线深度;按沉降控制的工程,其砂桩长度要满足砂桩地基沉降量不超过建筑物或构筑物容许沉降量的要求,通过沉降计算确定;
当砂桩用于处理易振动液化的松散砂土时,砂桩的长度要达到可能发生液化的土层底部</td></tr>
<tr><td>垫层铺设</td><td colspan="2">砂桩施工后,需在砂桩地基表面上铺设30~50cm厚的砂垫层或碎石和砂的混合料垫层。垫层分层摊铺,并以平板振动器振实;
在不能保证施工机械正常行驶和操作的软弱土层上施工砂桩时,可在该土层上铺设施工用临时性的砂或碎石垫层</td></tr>
<tr><td rowspan="2">砂桩桩距计算</td><td>正三角形时</td><td>$L=0.95d\sqrt{\frac{1+e_0}{e_0-e_1}}$</td><td rowspan="2">式中:$L$——砂桩桩距(cm);
d——砂桩直径(cm);
e_0——天然十孔隙比;
e_1——要求土的孔隙比,按下式确定:
$e_1=e_{max}-I_D(e_{max}-e_{min})$
e_{max}——最松散状态下土的孔隙比;
e_{min}——最密实状态下土的孔隙比;
I_D——砂土相对密实度,一般取0.7~0.8</td></tr>
<tr><td>正方形时</td><td>$L=0.89d\sqrt{\frac{1+e_0}{e_0-e_1}}$</td></tr>
<tr><td rowspan="3">一般要求</td><td>施工高程</td><td colspan="2">砂桩施工高程一般应高出基础底面高程1~2m,如果砂桩施工后的地基表层1~2m进行适当处理,则砂桩施工可从基础底面高程开始</td></tr>
<tr><td>施工顺序</td><td colspan="2">根据土质条件,可按下列顺序进行砂桩施工:
在砂质土中,先施工外围的桩,后施工隔行的桩,如最后几行桩下沉桩管有困难时,可适当增大桩距;
在砂桩成型困难的软弱黏性土中可隔行施工,各行中的桩亦可间隔施工</td></tr>
<tr><td>用砂的含水量</td><td colspan="2">砂的含水量对砂桩施工质量有较大影响,因此,施工方应根据成桩方法规定砂的含水量:
采用单管冲击或振动法一次打拔管成桩或复打成桩时,应采用饱和砂;
采用双管冲击或单管振动法或单管振动法重复压拔管成桩时,应采用含水量为7%~9%的砂。在饱和土中施工时,亦可采用天然湿度的砂或干砂</td></tr>
<tr><td>振动成桩法</td><td>一次拔管和逐步拔管法</td><td> (1) (2) (3) (4) (5)
一次拔管法
逐步拔管法</td><td>主要机具:振动打桩机、移动式打桩机架,下端装有活瓣桩靴的桩管和装砂料斗等。
成桩工序:
桩靴闭合,桩管垂直就位;
将桩管沉入规定深度的土层中;
将料斗插入桩管斗口,向管内灌砂;
边振动边拔出桩管至地面;
振动拔管50cm,停拔继振20s,如此重复进行直至桩管拔出地面</td></tr>
</table>

续上表

项目		处理方法和成桩工艺	
振动成桩法	重复压拔管法	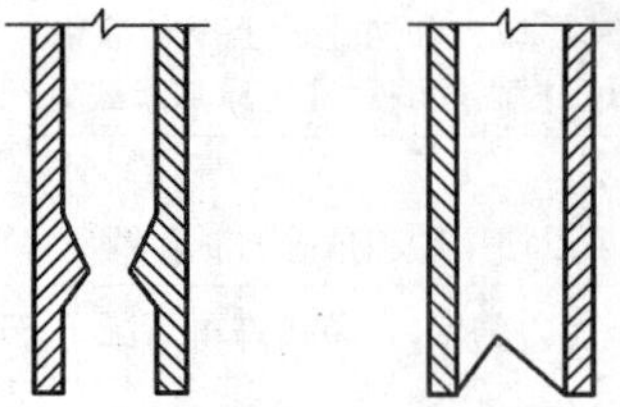 下端有特殊构造的桩管	主要机具：振动打桩机、移动式打桩架、下端特殊构造的桩管（见左图）、装砂料斗和辅助设备（空压机和送气管、喷嘴射水装置和送水管）
振动成桩法	重复压拔管法	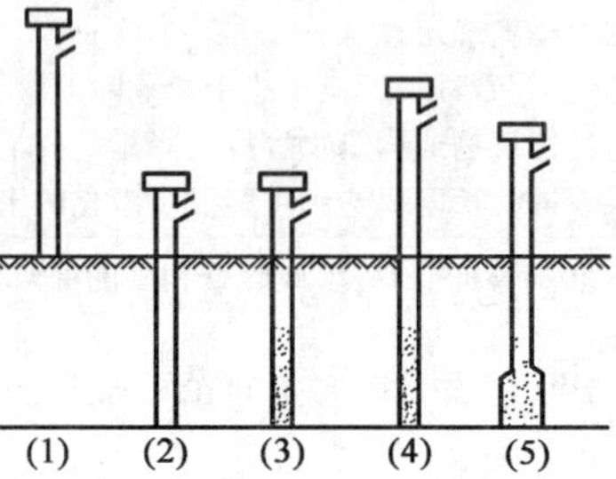 (1) (2) (3) (4) (5) 重复压拔管成桩	成桩工序： （1）桩管垂直就位； （2）将桩管沉入到土层中规定的深度，如桩管下沉速度很慢，可利用桩管下端喷嘴射水加速下沉； （3）按规定灌砂量用料向桩管内灌砂； （4）按规定的拔起高度拔起柱管，拔起桩管时向桩管内送入压缩空气，使砂容易排出管外，桩管拔起后核定砂的排出情况； （5）按规定的压下高度下压桩管，使落进桩孔内的砂压实，重复进行（3）～（5）工序，直至桩管拔出地面。桩管拔起到规定高度后，可用测锤量测砂面在桩管内的位置，以确定砂的排出率（见左图）
	灌砂质量检测	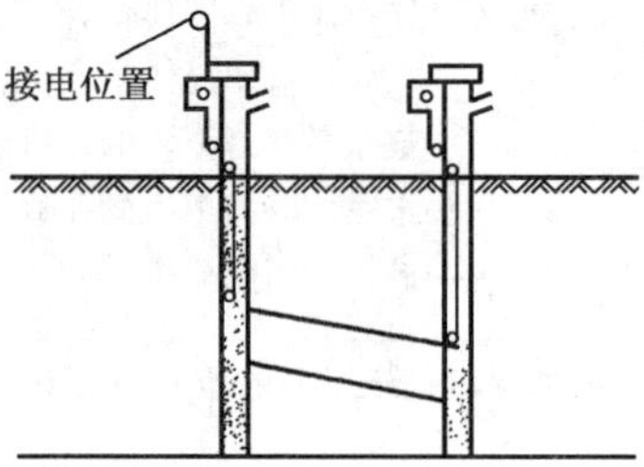 接电位置	
冲击成桩法	单管法	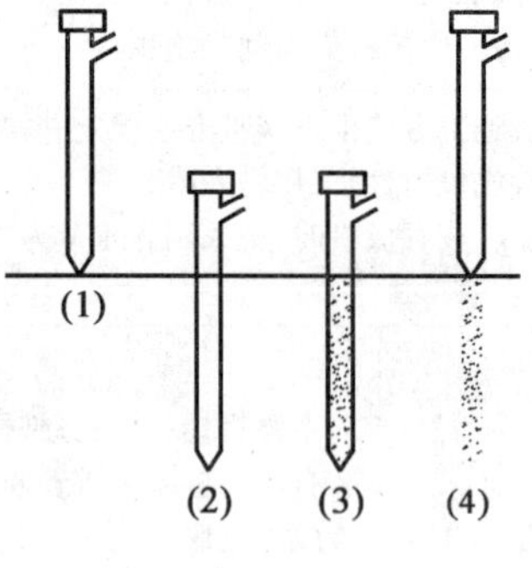 (1) (2) (3) (4)	主要机具：蒸汽打桩机或柴油打桩机、下端带有活瓣钢制桩靴（或预制钢筋混凝土锥形桩尖）的桩管和装砂料斗等。 成桩工序： （1）桩靴闭合，桩管垂直就位； （2）将桩管打入土中至规定深度； （3）用料斗灌砂，量大时可分两次进行，第一次灌入2/3，待桩管拔起一半时再灌入其余的1/3； （4）按规定速度从中拔出桩管
冲出成桩法	灌砂要求	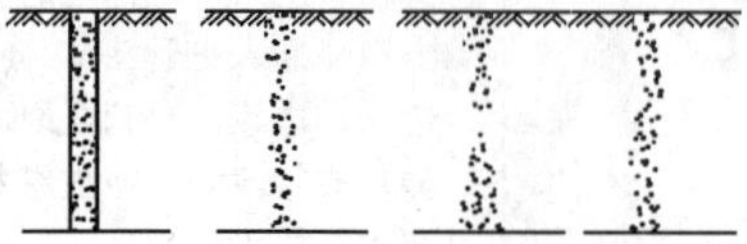 连续性　失去连续性	注意砂桩桩身的连续性，保持一定的拔出桩管的速度。根据试验，在一般土质条件下，拔管速度可为1.5～3.0m/min； 砂桩直径应符合设计要求，必要时，需在原位再下沉桩管灌砂（复打），或在近旁加桩（加打一根砂桩）

续上表

项	目	处理方法和成桩工艺	
冲击成桩法	双管（套管）法和质量控制	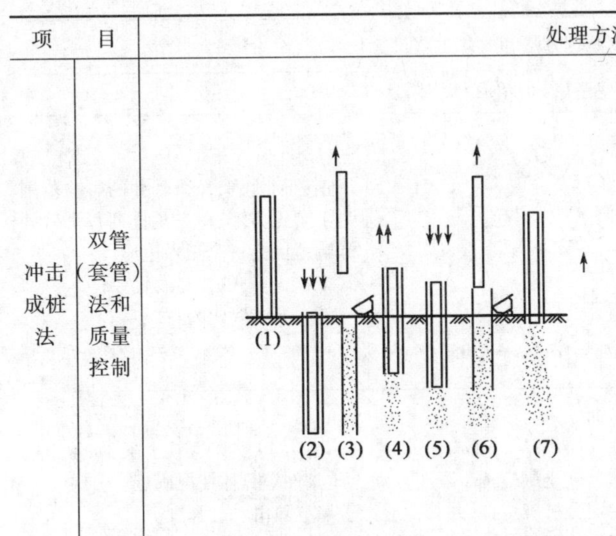	主要机具：蒸汽打桩或柴油打桩机、履带式起重机、底端开口的外管（套管）和底端闭口的内管（芯管）和装砂料斗等。 成桩工序： (1)桩管垂直就位；(2)锤击内管和外管，沉入至规定深度；(3)拔起内管，向外管内灌砂；(4)放下内管至外管内的砂面上，拔起外管至与内管底面齐平；(5)锤击内管和外管将砂压实；(6)拔起内管，向外管内灌砂；(7)重复进行(4)~(6)工序，直至桩管拔出地面。 注意：进行工序(5)时，按贯入度控制质量，可保证桩身连续性密实性及其周围土层挤密后的均匀性

砂井法地基处理技术参数表　　表 4.7-5

项	目	处理方法和成井工艺	
砂井选用	适用范围	砂井加载预压，使孔隙水能就近流入砂井作为排水通道而排出地面，缩短排水固结时间，增强处理效果。 砂井法适用于软土地基，特别是用于软基中存在连续薄砂层时更有效；但对于渗透性好的以及含有大量腐殖物的土效果不显著，不宜采用	
砂井选用	砂井加载预压法特征	砂垫层（高≥0.5m） 堆载 砂井 砂井布置剖面图 dc dw 孔隙水渗流途径	在选择砂井法排水加固地基时，需注意原地基的固结状态。如在先期固结压力（原已压密稳定的最大压力）已超过设计堆载的压力值时，加载就不可能产生超静水压力，砂井即无排水效果；如先期固结压力值达到加载值的一部分时，则堆载在该部分作用下砂井亦无排水效果对于灵敏度高的软土采用砂井法时，要注意其融变性，特别是采用封底钢管冲击法（或振动法）施工时，土体结构受机械扰动而破坏，打井后短期内反会使强度降低
砂井布置	井径	砂井直径一般为 30~40cm。护管砂井直径可小到 15cm，袋装砂井直径可小到 7~12cm	
砂井布置	井距	砂井间距系反指相邻砂井中心之间的距离，是影响固结速率的因素之一。砂井间距选择与附加荷载、土层渗透性、软土灵敏度、施工期限等有密切的关系。堆荷大、地基土固结系数小或施工期限短时采用较小井距。砂井间距一般为砂井直径的 6~10 倍，常用 2~4m	

续上表

<table>
<tr><th colspan="2">项　目</th><th colspan="3">处理方法和成井工艺</th></tr>
<tr><td rowspan="4">砂井布置</td><td rowspan="3">砂井平面布置</td><td>正方形排列</td><td>正三角形(梅花形)排列</td><td>说　明</td></tr>
<tr><td>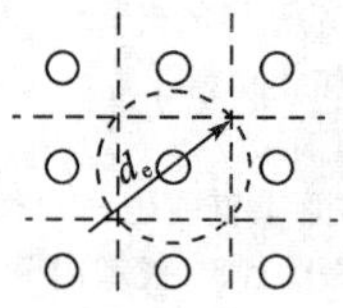</td><td>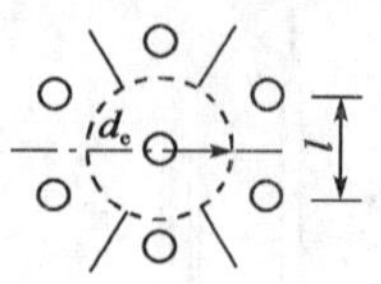</td><td rowspan="2">正三形排列，每个砂井的影响范围为一个正方形；正三角排列每个砂井影响范围为一个正六边形。
式中：d_e——砂井有效直径；
l——砂井间距</td></tr>
<tr><td>$d_e=\sqrt{\frac{4}{\pi}}l=1.13l$</td><td>$d_e=\sqrt{\frac{2\sqrt{3}}{\pi}}l=1.05l$</td></tr>
<tr><td>砂井长度</td><td colspan="3">根据软土层的厚度、荷载大小和工程要求而定。
砂井不一定都要穿过整个软土层，但当软土层不厚、底部有透水层，砂井应尽可能穿透软土层；如软土层软厚或土中夹有砂层时，是否必要将砂井穿透软土层应按工程要求和土质条件等具体情况确定。
按稳定性控制的工程，砂井深度应通过稳定分析确定，砂井长度应大于最危险滑动的深度。
按沉降性控制的工程，砂井长度可以压载后的沉降量满足上部建筑容许的沉降量来确定。
砂井长度，一般为 10～20cm</td></tr>
<tr><td></td><td>砂垫层铺设</td><td colspan="3">砂井顶部铺设砂垫层，作为良好的排水通道，并与各砂井通连，从而将水排至场地以外。
砂垫层的宽度应大于堆荷或建筑物的底宽，并伸出砂井区外边线 2 倍砂井的直径；施工过程应保持垫层不受扰动，铺设平整，垫层用砂要求与砂井用砂相同，垫层铺设砂厚度一般为 50cm 左右，水下施工时一般为 1m 左右</td></tr>
<tr><td rowspan="3">砂井施工</td><td>成孔方法</td><td colspan="3">砂井的成孔方法，可概分为：使用套管管端封闭和管端敞口法和不使用套管旋转、射水；冲击、射水法两种类型；在日本采用最多的是套管法，欧洲各国则多用射水法。我国两种类型均有采用外，还有使用爆破法成井的</td></tr>
<tr><td>套管射水排土成井法</td><td colspan="2">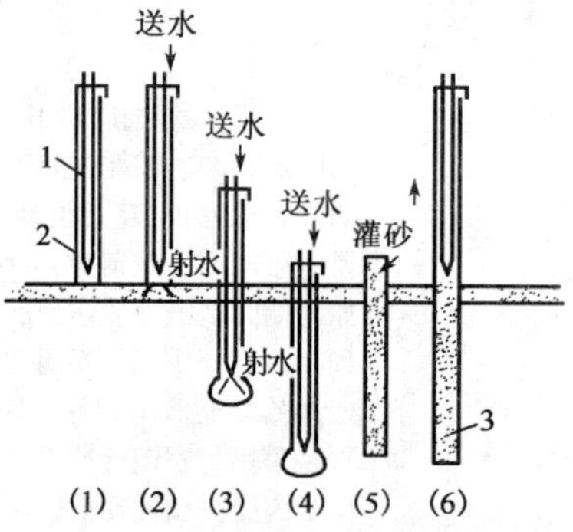
</td><td>主要施工设备：包括高压水泵（一般软黏土地区，可选用流量为 25～35t/h、压力为 1 000kPa 的水砂）、射水管（由管体、中心管、环刀、射水嘴等组成）、卷扬和冲击机具以及可移动的承重车架等。
成井工序：
(1)套管就位；(2)由套管内的射水管进行射水；(3)射水时套管缓慢下沉；(4)套管下沉到规定位置后上下移动射水管，使套管内的土充分排出；(5)向套管内灌砂；(6)拔出套形成砂井</td></tr>
<tr><td>套管施打法成井旋工</td><td colspan="2">KM2-12000A 型振动技术参数
<table><tr><th>名称</th><th>技术参数</th></tr><tr><td>偏心力矩</td><td>120KN・cm</td></tr><tr><td>振动数</td><td>510r/min</td></tr><tr><td>起振力</td><td>340kN</td></tr><tr><td>空转时振幅</td><td>22.1mm</td></tr></table></td><td>主要施工设备：包括打、拔钢管机具（如桩架、桩锤、卷扬机具或由履带式起重机加装吊臂上的穿心锤导向架一吊龙门；或采用振动打桩机组）、套管（根据砂井直径及砂井长度再加 0.5～1.0m 确定）以及使用的活瓣式或钢筋混凝土固定式桩尖等。成井工序：(1)套管就位，下端有活瓣管靴（见下图所示）时，管靴封闭；(2)用冲击或振动法将套管沉入土中规定深度；(3)用料斗装砂投入套管；(4)、(5)关闭投砂口。使用压缩空气时，边送入压缩空气边拔起套管；不使用压缩空气时，则边振动边拔管（管靴张开如下图所示）；</td></tr>
</table>

续上表

<table>
<tr><th colspan="2">项　目</th><th colspan="3">处理方法和成井工艺</th></tr>
<tr><td rowspan="6">砂井施工</td><td rowspan="6">套管施打法成井旋工</td><td>名称</td><td>技术参数</td><td rowspan="6">使用固定式钢筋混凝土桩靴时，套管拔出后桩靴留在土中（见下图）；(6)套管整个拔出后，砂井形成 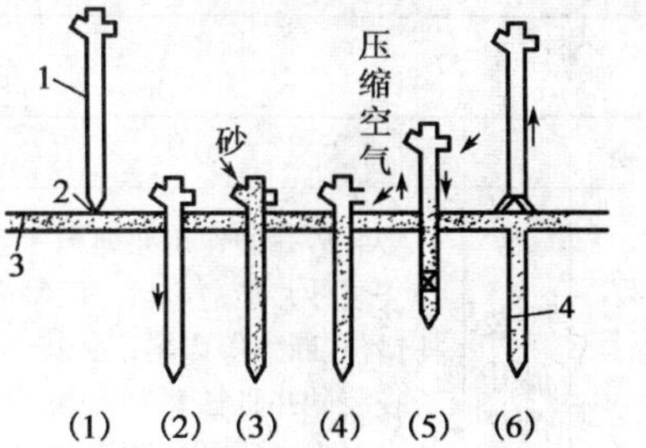
1　2　3　4　压缩空气　砂
(1)　(2)　(3)　(4)　(5)　(6)</td></tr>
<tr><td>空转时加速度</td><td>$63.02m/s^2$</td></tr>
<tr><td>电动机输出功率</td><td>90kW</td></tr>
<tr><td>减振器全负载</td><td>300kN</td></tr>
<tr><td>减振器弹簧常数</td><td>8 100N/cm</td></tr>
<tr><td>振动机质量</td><td>5 600kg</td></tr>
<tr><td rowspan="2">砂井施工用桩靴</td><td>活瓣桩靴</td><td colspan="2"> 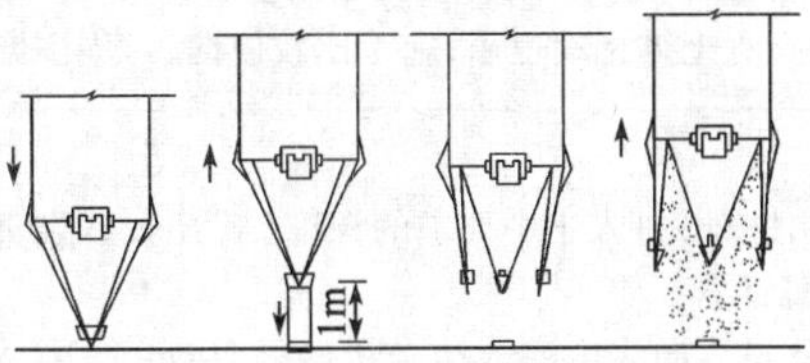1m</td><td>钢管沉入时活瓣桩靴封闭，随着钢管下沉、灌砂后，由规定深度向上拔管约 1m 左右，活瓣开，直至整个钢管拔出形成砂井</td></tr>
<tr><td>固定式混凝土桩靴</td><td colspan="2"> 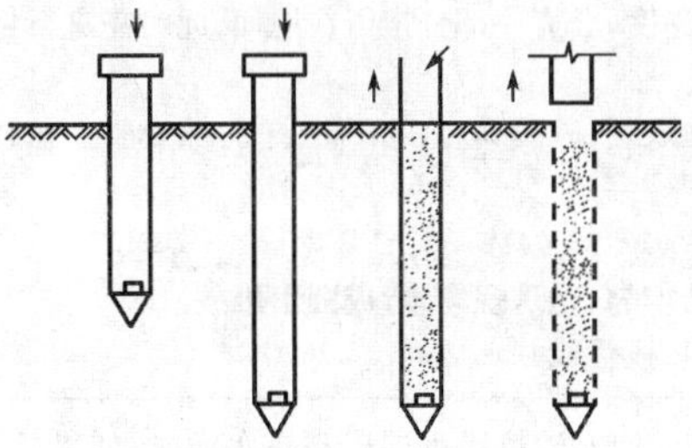</td><td>使用固定式混凝土桩靴时，先将桩靴装在钢管底端打入土中，至规定深度，管内灌砂，边振动、边拔管，整个管身拔出后，形成砂井，桩靴留在土中</td></tr>
<tr><td>砂井灌砂密实度</td><td>砂井质量控制</td><td colspan="3">为了避免砂井内部产生脱节、缩颈等现象，可用灌砂的密实度来控制灌砂量，其密实度用干密度 r_d（t/m^3）表示，要求：
$$r_d=\frac{1}{1+0.01\omega}\left(\frac{W}{V}\right)\geq 1.5$$
式中：ω——砂井中所填砂的含水量（%）；
W——一个砂井中所填砂的质量（t）；
V——井孔体积（m^3）。
灌砂时可适当灌水，以利密实，拔管速度不宜过快。砂井和砂垫层的用砂，不应有草根等杂物，其含泥量不能超过 5%</td></tr>
<tr><td>堆载预压</td><td>预压荷载大小及加荷速率</td><td colspan="3">预压荷载的大小根据设计要求确定，一般情况预压荷载宜接近设计荷载，必要时可超过设计荷载 10% ~20%，对沉降要求不严格的构筑物，有时仅设置砂井而不加预压，因设置了砂井，从而达到加速地基固结的目的。
施加预压荷载，任何情况下作用于地基的荷载不得超过地基的极限荷载，以免地基失稳破坏，在需要施加较大荷载时，应分级加荷，并控制加荷速率，使之与地基的强度长相适应。实践表明，可通过下列几方面进行控制：
在排水砂垫层上埋设地基垂直沉降观测点，要求堆载中心地表沉降不超过 10mm/d；
在离预压土体边缘约 1m 处打一排短木桩（边桩），长 1.5 ~2.0m，入土约 1m，观测边桩的水平位移应不超过 5 ~10mm/d；在接近极限荷载时，边桩位移量将迅速增大。
在地基中不同深度处设孔隙压力计，孔隙水压力不宜超过预压荷载所产生应力的 50% ~60%。
如果超过上述三项数值，地基有可能破坏，应立即停止加荷，一般情况下，加载在 60kPa 以前，加载速率可受限制</td></tr>
</table>

续上表

项	目	处理方法和成井工艺
卸荷标准	依据条件	地面总沉降量达到预压荷载下计算最终沉量的80%以上； 理论计算的地基总固结度达80%以上； 地面沉降速度已降到0.5~1.0mm/d

袋装砂井法地基处理技术参数表 表4.7-6

项	目	处理方法和成井工艺
袋装砂井及其施工	袋装砂井的优点	袋装砂井的作用原理和一般砂井完全相同，但袋装砂井比普通砂井具有显著的优点； 袋装砂井能适应软土固结产生的地基变位，在受力时能与地基变形相协调，故砂井的连续性不会受到砂柱错位、断颈等影响； 袋装砂井直径大为缩小，目前我国采用直径多为7cm，加固同样面积的土，袋装砂井的用砂量要比普通砂井少得多，能节省费用近半； 袋装砂井施工机具轻便简单、效率高，一般每台班(8h)可打设100根左右； 袋装砂井打设时，排泥量较普通砂井要少，对土体扰动也小，施工比较便捷，对周围影响亦小
	施工顺序	现场灌砂成井： 1.将钢套管(下端用可开闭的底盖或预制桩靴)打入土中要求的深度(管径较砂袋直径大，一般袋装砂井直径为7cm，导管采用ϕ89mm×4.5mm无缝钢管)。 2.将准备好的比砂井长2m的砂袋扎好下口后向袋内灌入洁净粗砂约20cm上下(高度)作为压重，放入套管并沉到要求深度。 3.如果将砂袋放入套管内不能达到要求深度，会有一部分拖留在地面，此时需进行排泥处理，继续下沉达到规定深度。 4.将袋口固定于装砂漏斗，通过振动装砂入袋，砂装满后，卸下砂袋，拧紧套管上盖，然后一边把压缩空气送进套管，一边提升套管直至地面。 预制砂袋直接投放孔内成井： 1.预先在砂袋里装满砂料，并将上口扎结牢靠，运送现场，弯成圆形堆放。 2.套管成孔后，随即将预制砂袋投放孔内，拔管成井
	袋装砂井质量控制	每根砂井的长度均须露出地面50~100cm，伸入砂垫排水层以利排水通畅，如果长度所留很少或多余过多(可能砂袋被拔套管时部分带出)皆应重新施工，以保证成井质量； 采用袋装必须选用透水性和耐水性好以及韧性较强的麻布、再生布或聚丙烯编织布制作；灌入砂袋的砂，应捣固密实；砂井位置的允许偏差为1.5%

塑料板排水法地基处基技术参数表 表4.7-7

项	目	处理方法和技术性能	
塑料排水加固地基	塑料排水板作用、特点	应用塑料排水板插入土中，作为垂直排水通道。其滤水性能好，能确保排水效果，可以代替用的排水砂井法、袋装砂井法用于地基处理，其加固效果相同。 排水板具有一定的强度和延伸率，适应地基变形的能力强，材料截面尺寸不大、插放时对地基扰动小，在软弱地层中也能进行插板施工，并能保持排水板条坚立；施工设备简易，材料质量轻，运输方便，插板质量易于控制和检查；与砂井相比，除具有上述特点处，施工速度快，劳动强度低，加固地基的费用也可降低(按SPB-I型塑料排水板及其插放施工费，以长度计可比袋装砂井降低12%以上)	
项目		处理方法和技术性能	
塑料排水板技术性能	国产塑料排水板规格	SPB-I系列型截面示意图	无纺布滤膜 塑料芯板 3~5mm 3.5~4.5mm

续上表

<table>
<tr><td colspan="2">项　目</td><td colspan="5">处理方法和技术性能</td></tr>
<tr><td rowspan="9">塑料排水板技术性能</td><td rowspan="9">国产塑料排水板规格</td><td colspan="2" rowspan="2">分项名称</td><td colspan="3">型　号</td><td rowspan="2">备注</td></tr>
<tr><td>SPB-I</td><td>SPB-IB</td><td>SPB-IC</td></tr>
<tr><td colspan="2">材料</td><td colspan="3">塑料芯板外有无纺布滤网</td><td>—</td></tr>
<tr><td rowspan="2">截面尺寸</td><td>宽度(mm)</td><td>100 ±2</td><td>100 ±2</td><td>100 ±2</td><td rowspan="2">—</td></tr>
<tr><td>厚度(mm)</td><td>3.5 ~4</td><td>4</td><td>4.5</td></tr>
<tr><td colspan="2">纵向透水量(m^3/s)</td><td>15×10^{-6}</td><td>25×10^{-6}</td><td>40×10^{-6}</td><td>侧压350kN/m^2</td></tr>
<tr><td colspan="2">复合体抗强度(kN/cm)</td><td>>1</td><td>>1.3</td><td>>1.5</td><td>延伸率10%时</td></tr>
<tr><td colspan="2">复合体延伸率(%)</td><td colspan="3"><10</td><td>拉力为10kN/cm</td></tr>
<tr><td colspan="2">每卷长度(m)</td><td colspan="3">200</td><td>—</td></tr>
<tr><td></td><td></td><td colspan="6">注:芯板以高压聚乙烯为原料,滤套以土工聚合物为原料组装而成。国外塑料排水板类型不一,品种多达六十余种</td></tr>
<tr><td rowspan="3">塑料排水板施工方法</td><td rowspan="3">插板机作业程序</td><td colspan="2">准备</td><td>插设</td><td>上拔</td><td colspan="2">切断移动</td></tr>
<tr><td colspan="2">塑料板卷筒
压入管杆
钢靴</td><td></td><td></td><td colspan="2">塑料板</td></tr>
<tr><td colspan="2">在压入管中装入塑料排水板,并在塑料板端部装设专用钢靴</td><td>用插板机将压入管(连同塑料板)插入地基至规定深度</td><td>上拔压入管。此时由于土对钢靴的阻力,可使塑料板留在土中</td><td colspan="2">切断塑料板,移动插动板机至下一个井位继续下一个循环作业</td></tr>
<tr><td colspan="2">项　目</td><td colspan="6">处理方法和技术性能</td></tr>
<tr><td>塑料板排水的设计</td><td>可换成相当砂井的直径</td><td colspan="6">可采用砂井地基的固结理论进行设计。此时,将塑料板换算成相当直径为D_p,塑料板宽为b,厚为δ,则关系式如下:
$$D_p = X\frac{2(b+\delta)}{\pi}$$
式中:X——换算系数,考虑到塑料板并非圆形。渗透系数亦与砂井不同而采取的;对宽为$b=100$mm,厚为$\delta=3.5\sim4.5$mm标准型塑料板,取$X=0.75$,按上式得:$D_p=50$mm。
可把这种塑料板井换算成直径50mm的计算。理想的塑料板井,不考虑排水井用的水头损失,$X=1$,此时相当于$D_p=66$mm,实际排水效果相当于直径70mm的排水砂井</td></tr>
<tr><td colspan="2">塑料板处理效果</td><td colspan="6">根据天津新港的试验表明:以SPB-I作垂直排水通道井深10m,井距1.3m,加载68kPa预压,经100d,其地表沉降75.3cm,相应固结度为78%,荷载试验强度近1倍,在井深范围内,无侧限抗压强度平均提高1倍,十字板强度平均提高70%,容许承能力提高近2倍,加固效果较好,且省去灌砂工序,节约砂料</td></tr>
</table>

地基处理各方法的选择　　表4.7-8

土的种类	各种方法适用的地质条件	方法的名称	方法要点	效果	应用条件
岩石类、碎石土	裂隙性的、吸水率0.05~10(L/min)	水泥灌浆法	在钻孔内压注水泥浆	不透水性	帷幕作用,加强地基
	蜂窝状的、吸水率0.01~100(L/min)	黏土灌注法	在钻孔内压注含有石灰的黏土浆	不透水性	帷幕作用,加强地基
砂石土	渗透系数2~80(m/d)	硅化法(双液)	通过注射管注射两种溶液,硅酸钠、氯化钙	强度1~5MPa,不透水性	加强地基下面的土,便于基坑挖土,帷幕作用
	渗透系数1~150(m/d)	降低地下水位	通过滤水管,用水泵进行抽水	基坑边坡的稳定	便于基坑开挖
	加固深度为10m内	振动法	用深层振动棒法使松砂(天然或填筑)密实	密实度	深层密实
		砂桩挤密法	打入(振动)成孔灌砂	利用砂桩挤密	提高地基承载力
黄土	渗系数0.2~2.0(m/d)	硅化法	在钻孔内灌注硅酸钠溶液	强度0.6~0.8MPa	加固地基
		热加固法	在钻孔内输送热空气	强度1MPa	加固地基
		土桩法	在土中构成土穴,用土或灰土填入,分层夯实	把空隙率降低到计算标准,消除湿陷性	使地基密实
		重锤夯实法	重锤吊起一定高度自由下落	在一定深度内消除湿陷性	使地基密实
		碱液加固法	向土层中灌注碱液	消除湿陷性,提高强度	使地基固化
黏质土	饱和状态	电动疏干法(降低地下水位)	在土中通过直流电	基坑边坡的稳定性	便于基坑开挖
	饱和状态	电动硅化法	在土中通过直电流,并灌注两种溶液:硅酸钠、氯化钙	抗水性,增加地基承载力	加固地基
	饱和状态	排水预压法(袋装砂井、排水板等)	在土中打入砂井,并堆载预压	增加地基承载力,减少施工后的沉降量	使地基密实,加速固结
	饱和状态	深层搅拌法	通过特制的深层搅拌机械,将软土和水泥(石灰)加固土形成复合地基	提高地基强度,增大变形模量	加固地基
	非饱和状态	砂桩法	打入钢管在土中成孔(或爆破法),用振动灌砂形成砂柱	增加地基承载力,减少地基变形	使地基密实

续上表

土的种类	各种方法适用的地质条件	方法的名称	方法要点	效果	应用条件
杂填土	非饱和状态	机械压实法	用机械方法进行压实	增加地基承载力	使地基密实
	饱和状态	换土垫层法	换去一定深度杂填土	增加地基承载力	加固地基
	饱和状态	砂桩法	用砂桩密杂填土	增加地基承载力	使地基密实
		灰土挤密桩	用灰土桩挤密杂载力	增加地基承载力	使地基密实
淤泥及淤泥质土	积水地区（江、湖、海）	砂垫层法	在水下缓慢地抛填砂土层	增加地基承载力	使地基密实
	饱和状态	换土垫层法	换却去一定深度的软土	增加地基承载力	加固地基
		降低地下水位,同时进行压实	把淤泥中的水排走,减小孔隙比	增加地基承载力	使地基密实
		砂井预压法	在土中打入砂井,并堆载预压	增加地基承载力,减少施工后的沉降量	使地基密实,加速固结
备注	围幕作用,系指在挖土外围造成一个不透水的具有足够强度的幕壁,以便在幕壁内进行挖土及施工				

5 桩基础

5.1 沉入桩基础

5.1.1 沉入桩的一般规定

沉入桩的一般规定 表5.1-1

项　　目	沉入桩基础的一般规定
施工中一般要求	按《公路桥涵施工技术规范》(JTG/T F50—2011)规定如下: 1.沉桩前应具备工程地质钻孔资料、打桩资料。 2.桩基础轴线的定位点应设置在不受沉桩影响处,偏差应在设计允许范围内。 3.沉桩顺序,一般由一端向另一端连续进行,当桩平面尺寸较大或桩距较小时,宜由中间向两端或四周进行,如桩埋量有深浅,首先沉深的,后沉浅的。在斜坡地带,应先沉坡顶的,后沉坡脚的。 4.贯入度应通过试桩或做沉桩试验后与监理、设计单位研究确定。 5.施工过程中如发现地质情况与勘测报告有出入时,应根据具体情况进行补充钻探。 6.有关承台的施工可按表5.2-11的规定执行
试桩与基桩承载力	1.试桩试验的一般规定详见《公路桥涵施工技术规范》(JTG/T F50—2011)(简称"桥施规")附录E。沉桩工程开工前,如需做试桩工艺和检验桩的承载力时,试验项目包括: (1)工艺试验和冲击试验(见"桥施规"附录E)。 (2)单桩承载力试验。若采用静载试验,可分静压、静拔、静推试验。 2.除一般的中、小桥沉桩工程,其地质不复杂并有可靠的依据和实践经验可不进行试桩外,其他沉桩工程均应在施工前进行试桩,以确定沉桩工艺和检验桩的承载力。 3.特大桥和地质复杂的大、中桥,应采用静压试验方法确定单桩容许承载力。一般的大、中桥的试桩,可采静载试验法,在条件适宜时,亦可采用可靠的动力检测或静力触探法。锤击深入的中、小桥试桩,在缺乏上述试验条件时,可结合具体情况,选用适当的动力公式计算单桩容许承载力。确定的单桩容许承载如不能满足设计要求时,应报有关部门研究处理
试桩的单桩容许承载力的确定	1.单桩抗压容许承载力: (1)采用静压试验得到的极限荷载除以设计规定的安全系数后,作为单桩容许承载力。若结构上要求限制桩顶沉降值的基桩,可在静压试验曲线中,按设计要求的允许沉降值(应适当考虑长期荷载效应)取其对应的荷载作为单桩抗压容许承载力。静压试验方法见"桥施规"附录E。 (2)采用可靠的动测法,检测单桩的抗压容许承载力。 (3)根据锤击沉桩的贯入度,选用适当的动力公式计算单桩抗压容许承载力。 2.单桩抗拔容许承载力:静拔试验方法见"桥施规"附录E。 3.单桩抗推容许承载力:静推试验方法见"桥施规"附录E。 4.施工中如对基桩桩身质量或承载力发生疑问时,可选用可靠的无破损检验方法或按"桥施规"附录E方法进行检验

沉桩方法与适用土类表 表 5.1-2

沉桩方法	适用土类(参考)
锤击沉桩法	一般适用于松散、中密砂土、黏性土。桩锤有坠锤、单动汽锤、双动汽锤、柴油汽锤、液压锤等。可根据土质情况选用性能适用的桩锤
振动沉桩法	一般适用于砂土、硬塑及软塑的黏性土和中密及较松的碎石土
射水沉桩法	在密实砂土、碎石土的土层中,用锤击法或振动法沉桩有困难时,可用射水法配合进行
静力压桩法	在标准贯入度 $V<20$ 的软黏性土中,可用特制的液压或机械千斤顶或卷扬机等设备沉入各种类型桩
钻孔埋置桩	按照本章所述方法钻孔,然后将预制的钢筋混凝土圆形有底空心桩埋入,并在桩周围注水泥砂浆固结而成,或用于黏性土、砂土、碎石土中埋置的大直径圆形空心桩

5.1.2 桩体制作

(1)钢筋混凝土桩和预应力混凝土桩

钢筋混凝土桩和预应力混凝土桩制作要求 表 5.1-3

<table>
<tr><th>项 目</th><th colspan="3">有关规定和制作要求</th></tr>
<tr><td>模板及钢筋制作</td><td colspan="3">桩模板的制作和装卸除应符合技术规范有关要求和规定外,对制作钢筋混凝土和预应力混凝土桩的钢筋尚应符合下列要求:
1. 钢筋混凝土桩的主筋,宜采用整根钢筋,如需接长时,宜采用对接焊接或机械连接。
2. 箍筋或螺旋筋必须箍紧纵筋,与纵筋交接处用点焊焊接或用铁丝扎结牢固。
3. 预应力混凝土桩的预应力筋采用冷拉钢筋,如需焊接时,应在冷拉前采用对接焊接。
4. 使用法兰盘连接的混凝土桩,法兰盘应对准位置连接在钢筋或预应力筋上。先张法预应力混凝土桩采用法兰盘连接时,应先将法兰盘连接在预应力筋上,然后进行张拉</td></tr>
<tr><td rowspan="7">桩的钢筋骨架允许偏差</td><td colspan="3">桩的钢筋骨架(包括预应力钢筋骨架)的允许偏差应符合下列规定:</td></tr>
<tr><td colspan="2">项 目</td><td>允许偏差(mm)</td></tr>
<tr><td colspan="2">纵向钢筋间距</td><td>±5</td></tr>
<tr><td colspan="2">箍筋间距或螺旋筋螺距</td><td>±10</td></tr>
<tr><td colspan="2">纵向钢筋保护层</td><td>±5</td></tr>
<tr><td colspan="2">桩顶钢筋网片位置</td><td>±5</td></tr>
<tr><td colspan="2">桩尖纵向钢筋位置</td><td>±5</td></tr>
<tr><td>预制桩制作要求</td><td colspan="3">预制桩的混凝土材料、拌制、运输和浇注,除满足有关规定要求外,还应符合下列要求:
1. 预制混凝土桩的粗集料宜采用碎石。
2. 每根或每节桩的混凝土必须连续浇筑,不得中断,不得留施工缝。
3. 桩的混凝土强度应达到设计要求的吊移、使用强度等级后,方可进行吊移和使用。
4. 桩的混凝土浇注完毕后,应在桩上标明编号、灌制日期和吊点位置,并填写制桩记录</td></tr>
<tr><td rowspan="7">预制钢筋混凝土桩和预应力混凝土桩制作允许误差</td><td colspan="3">预制钢筋混凝土桩和预应力混凝土桩的制作偏差应符合下列规定:</td></tr>
<tr><td colspan="2">项 目</td><td>允许偏差</td></tr>
<tr><td colspan="2">混凝土强度(MPa)</td><td>在合格标准内</td></tr>
<tr><td colspan="2">长度(mm)</td><td>±50</td></tr>
<tr><td rowspan="3">横截面</td><td>桩的边长(mm)</td><td>±5</td></tr>
<tr><td>空心桩空心(管心)直径(mm)</td><td>±5</td></tr>
<tr><td>空心中心与桩中心偏差(mm)</td><td>±5</td></tr>
</table>

续上表

<table>
<tr><th>项　目</th><th colspan="3">有关规定和制作要求</th></tr>
<tr><td rowspan="5">预制钢筋混凝土桩和预应力混凝土桩制作允许误差</td><td colspan="2">项　目</td><td>允许偏差</td></tr>
<tr><td colspan="2">桩尖对桩纵轴线(mm)</td><td>10</td></tr>
<tr><td colspan="2">桩轴线的弯曲矢高(mm)</td><td>桩长的0.1%，且不大于20</td></tr>
<tr><td colspan="2">桩顶面与桩纵轴线的倾斜偏差(mm)</td><td>1%桩径或边长，且不大于3</td></tr>
<tr><td colspan="2">接桩的接头平面与桩轴平面垂直度(%)</td><td>0.5</td></tr>
<tr><td>预制钢筋混凝土桩和预应力混凝土桩制作外观质量及出场要求</td><td colspan="3">钢筋混凝土桩和预应力混凝土桩的制作质量，除应符合上述允许偏差要求外，还应符合下述规定：
1. 钢筋混凝土桩的收缩裂缝宽度不得超过0.2mm，深度不得超过20mm；裂缝长度不得大于1/2桩宽；预应力混凝土桩不得有裂缝。
2. 桩表面出现蜂窝麻面时，其深度不得大于5mm，每面的蜂窝麻面面积不得超过该面总面积的0.5%。
3. 有棱角的桩，棱角破损深度应在5mm以内，且每10m长的边棱角上只能有1处破损，在1根桩上边棱破损的总长度不得大于500mm。
4. 预制桩出场前应进行检验，出场时应具备出场合格检验记录</td></tr>
<tr><td rowspan="6">法兰盘制成后的预制桩允许误差</td><td colspan="3">采用法兰盘接头的预制桩，其法兰盘制成后的允许误差应符合下列规定：</td></tr>
<tr><td>序号</td><td>项　目</td><td>允许偏差(mm)</td></tr>
<tr><td>1</td><td>法兰盘顶面任意两点高差</td><td>≤2</td></tr>
<tr><td>2</td><td>螺栓孔中心对法兰盘中心径向偏差</td><td>±0.5</td></tr>
<tr><td>3</td><td>法兰盘顺圆周相邻两孔间距偏差</td><td>±0.5</td></tr>
<tr><td>4</td><td>法兰盘顺圆周任意不相邻两孔间距偏差</td><td>≤1</td></tr>
</table>

(2)钢管桩

钢管桩制作一般规定　表5.1-4

<table>
<tr><th>项　目</th><th colspan="2">一般规定和制作允许偏差</th></tr>
<tr><td>一般规定</td><td colspan="2">1. 制作钢管桩的材料应符合设计要求，并有出厂合格证明和质量检查报告。
2. 钢管桩的分节长度应满足桩架的有效高度、制作场地条件、运输与装卸能力等要求。
3. 钢管桩可采用成品钢管或自制钢管。焊接钢管的制作工艺应符合有关规定</td></tr>
<tr><td rowspan="7">管节外形允许偏差</td><td colspan="2">焊接管的管节制作偏差应符合下列要求
1. 管节外形尺寸的允许偏差：</td></tr>
<tr><td>偏差部位</td><td>允许偏差(mm)</td></tr>
<tr><td>周长</td><td>±0.5%周长，且不大于10</td></tr>
<tr><td>管端椭圆度</td><td>0.5%D，且不大于5</td></tr>
<tr><td>管端平滑度</td><td>2</td></tr>
<tr><td>管端平面倾斜</td><td>小于0.5%D，且不大于4</td></tr>
<tr><td colspan="2">注：D为管外径</td></tr>
<tr><td rowspan="4">相邻管径允许偏差</td><td colspan="2">2. 管节对口拼装时，相邻管节的焊缝必须错开1/8周长以上。相邻管节的管径偏差应符合下列要求：</td></tr>
<tr><td>管径(mm)</td><td>相邻管节的管径偏差(mm)</td></tr>
<tr><td>≤700</td><td>≤2</td></tr>
<tr><td>>700</td><td>≤3</td></tr>
</table>

续上表

<table>
<tr><th colspan="2">项　　目</th><th colspan="2">一般规定和制作允许偏差</th></tr>
<tr><td colspan="2" rowspan="5">相邻管节对口拼接板边的允许偏差</td><td colspan="2">3. 管节对口拼接时，相邻管节对口的板边高差应符合下列要求：</td></tr>
<tr><td>板厚δ(mm)</td><td>相邻管节对口板边高差Δ(mm)</td></tr>
<tr><td>$\delta \leq 10$</td><td><1.0</td></tr>
<tr><td>$10 < \delta \leq 20$</td><td><2.0</td></tr>
<tr><td>$\delta > 20$</td><td>$< \delta/10$，且不大于3</td></tr>
<tr><td rowspan="11">钢管桩的焊接及其允许偏差</td><td>钢管桩焊接要求</td><td colspan="2">钢管桩焊接应符合设计要求，还应注意下列事项：
1. 焊接前，应将焊缝上下30mm范围内的铁锈、油污、水汽和杂物清除干净。
2. 焊丝、焊条、焊剂应在焊前烘干。
3. 焊接定位点和施焊应对称进行。露天焊接时，应考虑由于阳光照射所造成的桩身弯曲。
4. 钢管桩应采用多层焊，焊完每层焊缝后，应及时清除焊渣，并做外观检查，每层焊缝的接头应错开。
5. 管节拼接所用辅助工具（如夹具等）不应妨碍管节焊接时的自由伸缩。
6. 当气温低于－10℃时不宜焊接</td></tr>
<tr><td rowspan="6">焊缝允许偏差</td><td colspan="2">焊缝外观允许偏差应符合下列要求</td></tr>
<tr><td>缺陷名称</td><td>允许偏差</td></tr>
<tr><td>咬边(mm)</td><td>深度不超过0.5，累计总长度不超过焊缝长度的10%</td></tr>
<tr><td>超高(mm)</td><td>3</td></tr>
<tr><td>表面裂缝、未熔合、未焊透</td><td>不允许</td></tr>
<tr><td>弧坑、表面气孔、夹渣</td><td>不允许</td></tr>
<tr><td rowspan="4">钢管桩外形允许偏差</td><td colspan="2">钢管桩外形尺寸的允许偏差应符合设计要求</td></tr>
<tr><td>项目</td><td>允许偏差</td></tr>
<tr><td>桩长偏差(mm)</td><td>+300,0</td></tr>
<tr><td>桩纵轴线的弯曲矢高(mm)</td><td>桩长的0.1%且不大于30</td></tr>
<tr><td colspan="2">钢管桩的吊运、存放和运输要求事项</td><td colspan="2">1. 吊运时吊点的位置应符合设计规定。
2. 钢管桩应按不同规格分别堆放，堆放的形式和层数应安全可靠，并应避免产生纵向变形和局部压曲变形；长期存放时，应采取防腐蚀等保护措施。
3. 钢管桩在运输时，宜放置在半圆形专用支架上，必要时应采用缆索紧固；采用船舶装运多根不同规格的桩时，应考虑沉桩顺序的要求。
4. 钢管桩在吊运、存放和运输过程中，应采取适当措施，防止对其产生碰撞或摩擦而导致防腐涂料破损、管身变形和其他损伤</td></tr>
</table>

5.1.3 沉桩施工

(1)沉桩的一般要求

沉桩的一般要求　　表5.1-5

项　　目	沉桩施工的注意要点
桩长标记与打桩顺序	1. 沉桩前，应在每根桩的一侧用油漆划上长度标记，以便于沉桩时显示桩的入土深度。 2. 沉桩顺序，一般由一端向另一端连续进行。当桩基平面尺寸较大或桩距较小时，宜由中间向两端或四周进行，如桩埋置有深浅，宜先沉深的，后沉浅的；在斜坡地带，应先沉坡顶的，后沉坡脚的。沉斜桩时，其沉桩顺序还应考虑避免桩头相互干扰

续上表

项　　目	沉桩施工的注意要点
防止偏位注意随时检查	1. 在沉桩开始时，应严格控制桩位及竖桩的竖起度或斜桩的倾斜度，在沉桩过程中不得采用顶、拉桩头或桩身办法来纠偏，以防桩身开裂并增加桩身附加力矩。 2. 用锤击法、振动法或压入法下沉空心桩时，桩下端有射水孔时应予堵塞，以防水和泥沙灌入桩心。 3. 桩深入前，桩锤压住桩顶后，必须检查锤的中心线与桩的中心线是否一致，桩位、桩帽有无移动，桩的垂直度或倾斜度是否符合规定，桩架及其桩垫是否符合要求，在桩的深入过程中，应始终注意锤、桩帽和桩身是否在同一轴线上
沉入群桩时注意地基土和建筑影响	1. 在软塑黏性土地区沉入群桩时，在每一基桩下沉完毕后，应测量其桩顶高程，待全部基桩均正常完毕后，再测量各桩的高程。以检查桩顶是否有隆起现象。 2. 在松散的砂土地区深入群桩时，如在相当于桩长距离的范围内有建筑，应注意防止其因地面正常而损坏，此时宜采取振动不大的沉桩方法
锤击沉桩的停锤控制标准	1. 设计桩尖高程处为硬塑黏性土、碎石土、中密以上的砂土或风华岩等土，根据贯入度变化并对照地质资料，确认桩尖已沉入该土层，贯入度达到控制贯入度时，即可停锤。 2. 当贯入度已达到控制贯入度，而桩尖高程未达到设计高程时，应继续锤入10cm左右（或锤击30～50击），如无异常变化时，即可停锤；若桩尖高程比设计高程高得多时，应报有关部门研究确定。 3. 设计桩尖高程处为一般黏质土或其他较松软土层时，应以高程控制，贯入度作为校核；当桩尖已达设高程，而贯入度仍较大时，应继续锤击，使其贯入度接近控制贯入度。 4. 在同一桩基中，各桩的最终贯入度应大致接近，而深入深度不宜相差过大，避免基础产生不均匀沉降；如因土质变化太大，致使各桩贯入度或深入深度相差过大时，应报有关部门研究，另行确定停锤标准。对特殊设计的桩（如拱桥桥台桩等），桩尖设计高程有高低时，按设计要求处理

（2）桩的连接

桩 的 连 接　　表5.1-6

项　　目		简　　图	说　　明
钢筋混凝土或预应力混凝土方桩或管桩	法兰盘连接和钢板焊连接	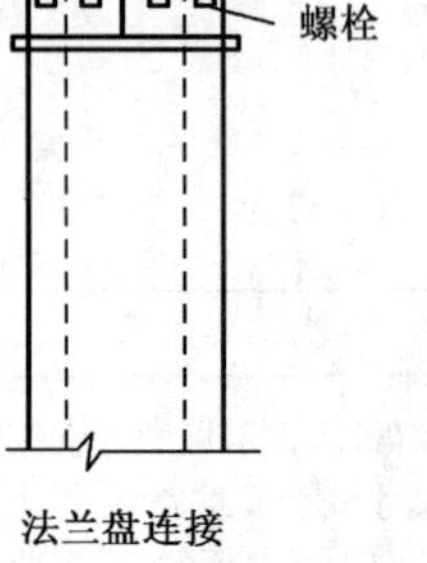 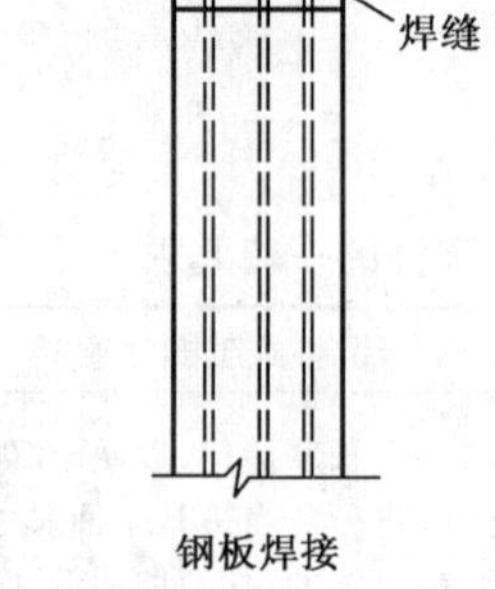 法兰盘　螺栓 法兰盘连接 钢筋　钢板　焊缝 钢板焊接	钢筋混凝土或预应力混凝土桩接桩的连接方法，一般采用： 1. 法兰盘连接法（左图）——适用于管桩或实心方桩。接桩时，将上下两节桩法兰螺孔、纵轴线对好，对准，穿入螺栓，对称旋紧。法兰结合处，可加垫沥青纸等材料，如法兰有不密贴处，应用薄钢片塞紧，符合要求后将螺帽点焊固定（若用高强螺栓，可不必点焊），并涂以防锈漆即完成。 2. 钢板焊接法——适用于方桩或钢管桩。接桩时将上节桩对准已沉入的下节桩，使接头钢板或角钢密切接触。符合要求后，对上下钢板或角钢先行点焊固定，再通缝焊接

续上表

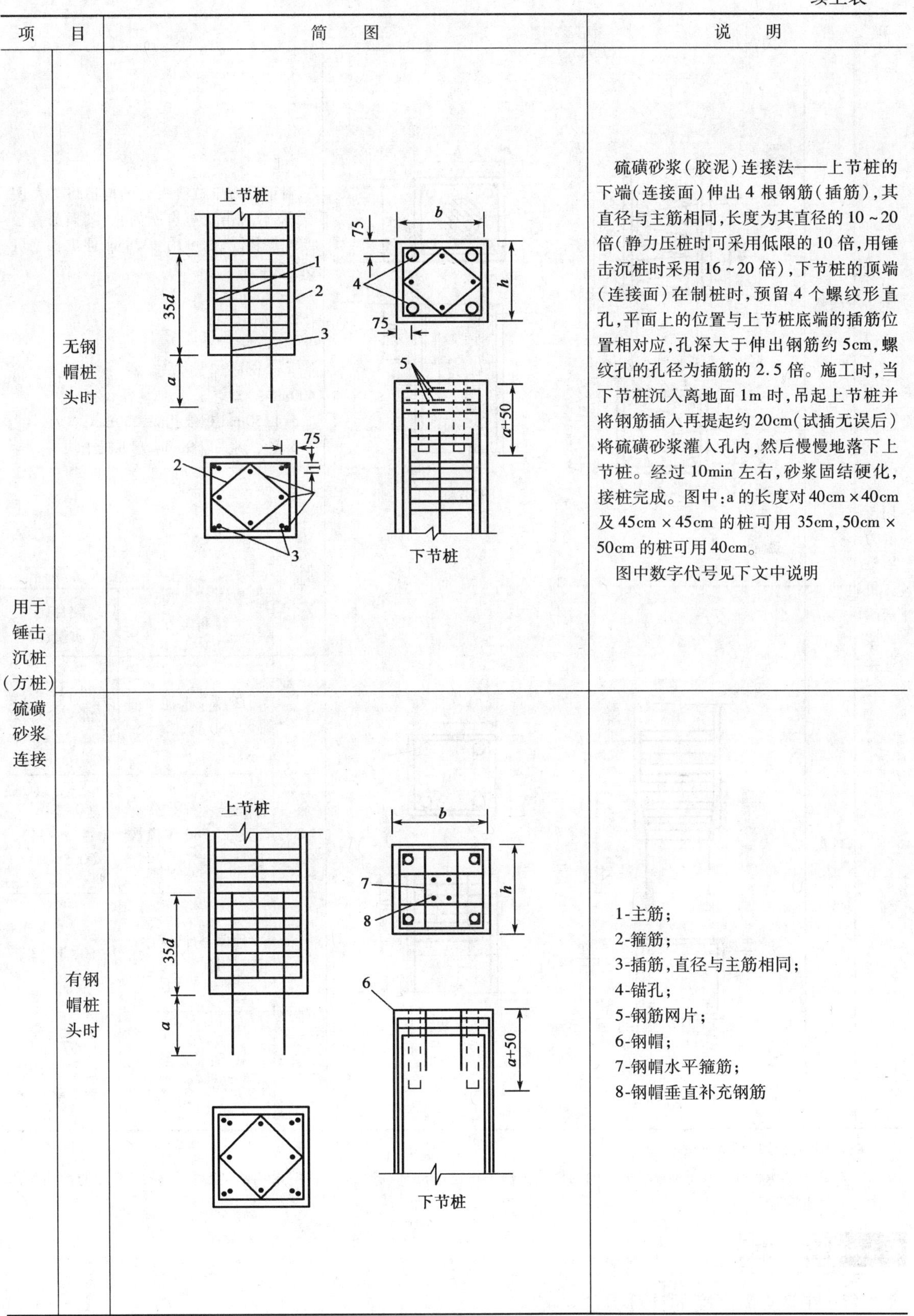

项目		简图	说明
用于锤击沉桩（方桩）硫磺砂浆连接	无钢帽桩头时		硫磺砂浆（胶泥）连接法——上节桩的下端（连接面）伸出4根钢筋（插筋），其直径与主筋相同，长度为其直径的10～20倍（静力压桩时可采用低限的10倍，用锤击沉桩时采用16～20倍），下节桩的顶端（连接面）在制桩时，预留4个螺纹形直孔，平面上的位置与上节桩底端的插筋位置相对应，孔深大于伸出钢筋约5cm，螺纹孔的孔径为插筋的2.5倍。施工时，当下节桩沉入离地面1m时，吊起上节桩并将钢筋插入再提起约20cm（试插无误后）将硫磺砂浆灌入孔内，然后慢慢地落下上节桩。经过10min左右，砂浆固结硬化，接桩完成。图中：a的长度对40cm×40cm及45cm×45cm的桩可用35cm，50cm×50cm的桩可用40cm。 图中数字代号见下文中说明
	有钢帽桩头时		1-主筋； 2-箍筋； 3-插筋，直径与主筋相同； 4-锚孔； 5-钢筋网片； 6-钢帽； 7-钢帽水平箍筋； 8-钢帽垂直补充钢筋

续上表

<table>
<tr><th colspan="2">项　目</th><th>简　图</th><th colspan="3">说　明</th></tr>
<tr><td rowspan="6">用于静力压桩（方桩）硫磺砂浆连接</td><td>插筋法</td><td> 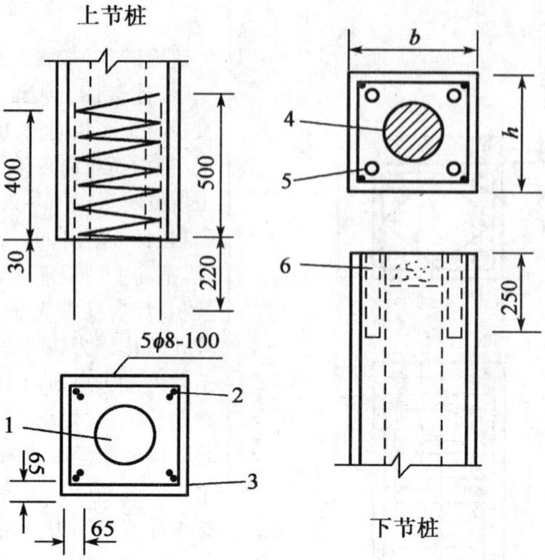上节桩
400　30　500　220
b　h　4　5
6　250
5φ8-100
1　2　3　65　65
下节桩</td><td colspan="3">对于静力压桩接头处的构造可如左图所示，较锤击沉桩有所简化，其插筋直径与主筋相同，也可用 φ22mm，伸出长度可为 220mm。
1-φ250mm 空心；
2-主筋；
3-箍筋；
4-φ8mm 螺旋筋距离 100mm，总高 400mm；
5-4φ50mm 螺纹孔深，250mm；
6-空心封头厚 90mm 素混凝土块</td></tr>
<tr><td rowspan="5">弯盘法</td><td rowspan="5"> 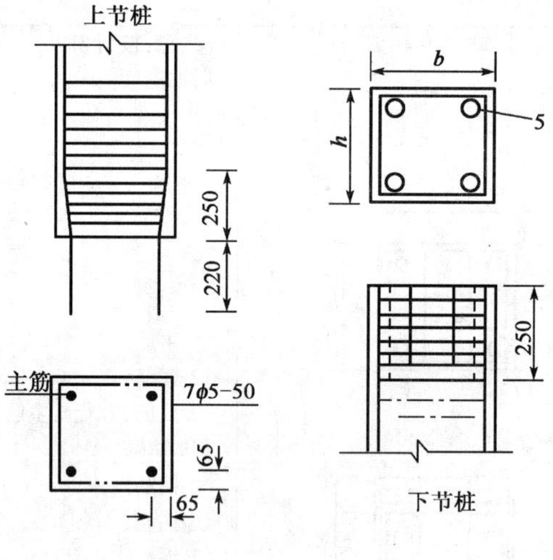上节桩
250　220
b　h　5
250
主筋　7φ5-50
65　65
下节桩</td><td>序号</td><td>材料配方</td><td>配合比（质量比）</td></tr>
<tr><td>1</td><td>硫磺：水泥：细砂：780 聚硫橡胶</td><td>44：11：（44～43）：（1～2）</td></tr>
<tr><td>2</td><td>硫磺：石墨粉：石英砂：780 聚硫橡胶</td><td>60：5：（34.5～34）：（0.5～1）</td></tr>
<tr><td>3</td><td>硫磺：石英粉：聚氯乙烯</td><td>60：37：3</td></tr>
<tr><td>4</td><td>硫磺：水泥：砂：石蜡</td><td>37：（12～24）：（37～55）：1</td></tr>
</table>

注：1. 图中尺寸单位为 mm。

2. 在一个墩台桩基中，同一水平面内的桩接头数不得超过桩基总数的 1/4，但采用法兰盘按等强度设计的接头可不受此限制。

5.1.4 锤击沉桩

（1）桩架所需高度的计算方法

桩架所需高度计算方法 表 5.1-7

项目		计算简图	说明
桩架高度	陆上打（沉）桩时	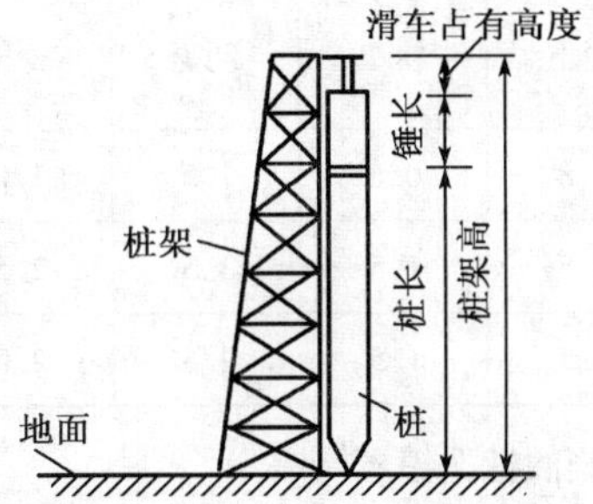 滑车占有高度 锤长 桩架 桩长 桩架高 桩 地面	桩架所需高度： 桩架高 = 桩长 + 锤长 + 滑车所占高度 +0.5(余裕高) 均以 m 计，如送桩要在吊桩时固定在桩头上，还应再加送桩占有的高度
	水上浮式打（沉）桩时	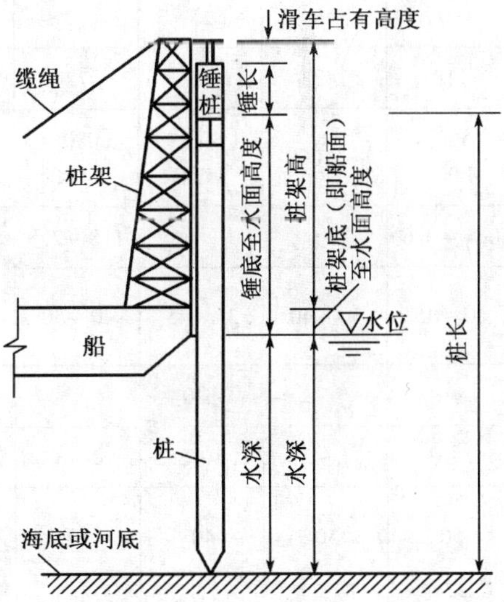 滑车占有高度 缆绳 锤桩 锤长 桩架 锤底至水面高度 桩架高 桩架底（即船面）至水面高度 水位 船 桩长 桩 水深 水深 海底或河底	水上浮式打桩架所需高度： 桩架高度 = 桩长 + 镶长 + 滑车占有高度 - 水深 - 桩架底至水面高度 桩长应包括桩身、桩尖和桩头预留钢筋三部分长度；水深一般应根据最低潮位或最低水位计算，否则，当水位不够时就要等待水位回落。 注意：按计算高度，需另加 0.5m 余裕高；如送回要在吊桩时固定于桩头上，还应再加送桩占有的高度

(2)桩锤类别及其适用情况

各种桩锤的适用情况表 表 5.1-8

序号	桩锤类别	适用情况
1	坠锤	轻型坠锤以沉木桩为主，重型及特重型龙门锤适用于钢筋混凝土桩
2	单动汽锤	除木桩外适用于各类桩
3	双动汽锤	适用于相对较轻型的桩；使用压缩空气时可在水下沉桩；可用于沉拔钢板桩
4	柴油桩锤	导杆式适用于木桩、钢板桩；筒式锤宜用于钢筋混凝土管桩、钢管桩。不适宜在过硬或过软的土中沉桩
5	振动锤	适宜于沉拔木桩、钢板桩或钢筋混凝土管桩；宜用于砂土、塑性黏土及松散亚黏土。在卵石夹砂及紧密黏土中效果较差

(3)锤击沉桩选锤参考

锤重与桩重比值表 表 5.1-9

锤类	单动汽锤		双动气锤		柴油汽锤		坠锤	
桩类别 \ 土状态	硬土	软土	硬土	软土	硬土	软土	硬土	软土
钢筋混凝土桩	1.4	0.4	1.8	0.6	1.5	1.0	1.5	0.35
木桩	3.0	2.0	2.5	1.5	3.5	2.5	4.0	2.0
钢桩	2.0	0.7	2.5	1.5	2.5	2.0	2.0	1.0

单动汽锤、柴油锤选锤参考表 表 5.1-10

锤形			单动汽锤(t)			柴油锤(t)				
			3~4	7	10	18	25	32	4	7
锤形资料	冲击部分重力(kN)		30~40	55	90	18	25	32	46	72
	锤总重力(kN)		35~45	67	110	42	65	72	96	180
锤冲击力(kN)			~2 300	~3 000	3 500~4 000	~2 000	1 800~2 000	3 000~5 000	4 000~5 000	6 000~10 000
常用冲程(m)			0.6~0.8	0.5~0.7	0.4~0.6	1.8~2.3				
常用的桩规格	预制方桩、管桩的边长或直径(cm)		35~45	40~45	40~45	30~40	35~45	40~50	45~55	55~60
	钢管桩直径(cm)		—	—	—	ϕ40			ϕ60	ϕ90
黏质土	一般进入深度(m)		1~2	1.5~2.5	2~3	1~2	1.5~2.5	2~3	2.5~3.5	3~5
	桩尖可达到静力触探 p_s 平均值(MPa)		30	40	50	30	40	50	>50	>60
砂土	一般进入深度(m)		0.5~1	1~1.5	1.5~2	0.5~1	0.5~1	1~2	1.5~2.5	2~3
	桩尖可达到标准贯入击数 N 值		15~25	20~30	30~40	15~25	20~30	30~40	40~45	50
岩石(软质)	桩尖可达到深度(m)	强风化	—	0.5	0.5~1	—	0.5	0.5~1	1~2	2~3
		中等风化	—	—	表层	—	—	表层	0.51	1~2
锤的常用控制贯入度(cm/10 击)			3~5			2~3			3~5	4~8
设计单桩极限承载力(kN)			800~1 400	1 500~3 000	2 500~4 000	400~12 000	800~1 600	2 000~3 600	3 000~5 000	5 000~10 000

注:1. 适用于预制桩长度 20~40m,钢管桩长度 40~60m,且桩尖进入硬土层一定深度,不适用于桩尖处于软土层的情况。

2. 标准贯入击数 N 值,为未经修正的数值。

3. 本表仅供选锤参考不能作为设计确定贯入度和承载力的依据。

4. 锤击沉入达不到要求深度时,可用射水配合沉桩。

双动汽锤击数规格表* 表 5.1-11

技术性能 \ 锤型	双动汽锤 9-B-3	双动汽锤 10-B-3	双动汽锤 11-B-3	技术性能 \ 锤型	双动汽锤 9-B-3	双动汽锤 10-B-3	双动汽锤 11-B-3
冲击动能（J/每 min 冲击数）	11 800/145	22 800/130	26 000/95	额定冲程（cm）	43.2	48.3	48.3
	11 000/140	17 800/105	24 800/90	锅炉功率（J/s）	33 097	36 775	44 130
	10 200/135	16 300/100	23 700/85	压缩空气需要量（m^3）	17.0	21.2	25.5
冲击部分重力（kN）	7 260	13 620	22 700	进气管直径（mm）	51	64	64
锤总重力（kN）	31 800	49 200	63 500	排气管直径（mm）	89	102	102

注：*（美）麦克泰莱（Mck-terry）部分产品规格摘要。

（4）锤击沉桩动力公式

格尔谢万洛夫（H. M. pepceBaHOB）公式 表 5.1-12

<table>
<tr><th>项　目</th><th colspan="3">计 算 公 式</th></tr>
<tr><td>桩的容许承载力</td><td colspan="3">$[P]=\frac{1}{m}\left[-\frac{nA}{2}+\sqrt{\left(\frac{nA}{2}\right)^2+\frac{nAE}{e}\times\frac{Q+K^2}{Q+q}q}\right]$</td></tr>
<tr><td>控料贯入度</td><td colspan="3">$e=\frac{nAE}{m[P](m)[P]+nA}\times\frac{Q+K^2q}{Q+q}$</td></tr>
<tr><td rowspan="12">代号说明及有关数值</td><td colspan="3">[P]——桩的容许承载力（kN）；
m——安全系数，临时建筑用 1.5，永久建筑用 2；
A——桩身截面积（空心桩不扣除空心部分的面积）（cm^2）；
e——最终贯入度（cm/击）；
n——系数，按下列值选取；
E——一次锤击能量</td></tr>
<tr><td colspan="2">情　况</td><td>n（kN/cm^2）</td></tr>
<tr><td rowspan="2">钢筋混凝土或预应力混凝土桩</td><td>有硬木桩垫</td><td>0.15</td></tr>
<tr><td>有硬木桩垫加麻袋垫层</td><td>0.10</td></tr>
<tr><td>钢桩</td><td>无桩垫</td><td>0.50</td></tr>
<tr><td colspan="3">一次锤击能量 E，按下列采用</td></tr>
<tr><td>序号</td><td>锤型</td><td>E 值</td></tr>
<tr><td>1</td><td>坠锤或单动汽锤</td><td>QH</td></tr>
<tr><td>2</td><td>筒式柴油锤</td><td>$0.9QH$</td></tr>
<tr><td>3</td><td>导杆式柴油锤</td><td>$0.4QH$</td></tr>
<tr><td>4</td><td>柴油锤，但不供应燃料，仅作控制性单次锤击</td><td>$Q(H-h)$</td></tr>
<tr><td colspan="3">Q——锤的冲击部分重力（kN）；
h——柴油锤芯由于气垫作用的第一回跳高度（cm），用尺量得；
H——锤芯落高（cm）；
q——桩、桩帽及锤的非冲击部分重力（kN）；
K——恢复系数，有木质锤垫时，格式公式适用系件为 $e \geqslant 2$mm/击</td></tr>
</table>

希利（Hiloy）公式　　表 5.1-13

项　目	计 算 公 式
桩的容许承载力	$[P]=\frac{f_1}{m}\cdot\frac{f_2E}{e+\frac{c}{2}}$

代号说明及有关数值

m——安全系数，一般用3；

E——一次冲击能（kN·m），可由沉桩锤产品说明书中的曲线或表格中查用，亦可按下列值选取：

序号	锤型	E 值
1	坠锤、单动汽锤	$E=QH$
2	双动汽锤	$E=(ap+Q)QH$
3	筒式柴油锤	$E=2QH$

Q——锤的冲击部分重力（kN）；

H——锤冲击部分落高（m）；

a——汽缸换算面积（m^2）；

p——汽缸压力（kPa）；

e——最终贯入度[最终锤击平均每次下沉量（m/击）]；

c——c_1、c_2 和桩帽三者弹性压缩量之和 $c=c_1+c_2+c_3$（m），c_1、c_2 均用现场实测值测量方法见右图；c_3 也可尽量用实测，当无资料时，可参照下列 c_3 值采用；

f_1——锤的机械效率（筒式柴油锤0.7；双动汽锤0.9；坠锤0.5）；

f_2——锤击效率，$f_2=\frac{Q+k^2q}{Q+q}$；

q——桩、桩帽及锤的非冲击部分重力（kN）；

k——恢复系数，按下列取值

序号	情　况	k 值
1	完全弹性的（如直接打钢桩）	1.0
2	桩头上有钢垫层	0.55
3	桩头上有钢垫层及硬木垫层	0.4
4	钢筋混凝土或预应力混凝土桩上有木垫层	0.25
5	完全非弹性的（如极软的垫层）	0

c_3 桩帽弹性压缩值

桩帽情况		沉桩时桩帽应力（kPa）			
		易打 3 500	一般 7 000	难打 10 500	极难打 14 000
钢筋混凝土或预应力混凝土桩	有8～10cm厚的木质锤垫	0.13	0.25	0.38	0.50
	有8～10cm厚的木质锤垫	0.18	0.38	0.56	0.76
	有1.3～2.5cm厚的桩垫衬	0.06	0.13	0.19	0.25
钢桩	有钢皮包着的木质垫层	0.10	0.20	0.30	0.40
	直接打桩头	0	0	0	0

注：沉桩时，同时使用锤垫和桩垫时，应采用表列相应两值之和。

日本建筑基准法公式 表 5.1-14

项　　目	计 算 公 式
桩的容许承载力	$[P]=\dfrac{E}{5e+0.1}$
说明	E——冲击能量(kN·m); e——最终贯入度(m/击)

用动力公式计算斜桩承载力的折减

桩的倾斜率	1:10	1:6	1:5	1:4
折减系数	0.98	0.97	0.95	0.94

除振动锤以外的其他锤击沉桩,用动力公式计算斜桩承压力时,可将动力公式中的锤击能量 E 改为 E':

$$E'=E-QH(1-\cos\theta)$$

式中:θ——斜拉轴线与垂直线之间的夹角

(5)锤击沉桩施工要点

锤击沉桩施工要点表 表 5.1-15

项　　目	施工注意要点
桩锤选择	锤击沉桩应采用重锤低击。锤型选择应银据地层情况。桩的类型、桩的重力、桩的设计承载力及设备等按照参照表 5.1-8 ~ 表 5.1-12 选用
锤击沉入钢筋混凝土管桩或钢管桩	1. 管桩顶应设置吊钟式或锅盖式桩帽,后者适用于小口径的钢管桩;在锤击过程中,如发现桩顶有局部变形或损坏,要及时修复;在环境温度低于 -10℃时,应避免进行钢管桩锤击沉桩作业。 2. 不用混凝土填心的钢筋混凝土管桩或钢管桩沉至设计高程后,桩顶应封口处理。 3. 锤击沉入桩尖封闭的钢筋混凝土管桩时,如桩内积水甚多,应排除
控制桩锤落距掌握正常作业	1. 沉拉开始时,必须控制桩锤冲击能:坠锤或单动汽锤的落距不宜大于 0.5m;柴油锤先不供燃料仅作控制性单次锤击;双动汽锤宜小开汽门以减少每分钟锤击数。当桩入土达一定深度,位置正常后,再按要求的落距或锤击频率进行。钢筋混凝土桩、预应力混凝土桩采用坠锤时,最大落距不得大于 2m;采用单动汽锤时,不宜大于 1m;采用柴油桩锤时,应使锤芯冲程正常。 2. 钢筋混凝土桩、预应力混凝土桩,在预计或有迹象进入软土层时,应改用较低落距锤击避免桩身产生超过允许的拉压力。 3. 采用蒸汽和压缩空气性锤沉桩时,所供给的气压和气量应能达到制造厂规定的技术要求,锅炉或储气罐要安装准确的压力计,在桩锤的进气口也要有易于看到的压力计,以便于检查其降压差,并有利于安全作业
施工过程注意事项	1. 桩帽与桩周围应有 5 ~ 10mm 的间隙,以便锤击时桩在桩帽内可做微小的自由转动避免桩有产生超许可的扭转应力。 2. 打桩机的导向杆件应固定,以便施打时稳定桩身;但桩在导向杆件上不应钳制过死,更不允许施打时,导向杆件发生位移或转动,使桩身产生超过许可的拉力或扭矩。 3. 导向杆件的设置应使桩锤上、下活动自由。 4. 在有条件的情况下,导向杆件宜有足够的长度,以便不再使用送桩

续上表

项　目	施工注意要点
施工过程注意事项	5. 钢筋混凝土或预应力混凝土桩顶面，应附有适合桩帽大小的桩垫；其厚度视桩垫材料、尺寸及桩尖所受抗力大小决定；桩垫因受高压力而炭化或破碎时，应及时更换；如桩顶的面积比桩锤底面积大则应采用适当的桩帽，将锤击力均匀分布到桩的整个顶面上
基桩复打	1. 对发生"假极限"、'吸入'现象的桩和射水下沉的桩及上浮现象的桩，都应复打。 2. 复打前的"休息"时间按土质不同而异。可由试验确定，一般不少于下列天数： (1)桩穿过砂类土，桩尖位于大块碎石土、紧密的砂类土或坚硬的黏性土上，不少于1d； (2)在粗、中砂和不饱和粉细砂里，不少于3d； (3)在黏性土和粉细砂里，不少于6d
关于"假极限"及"吸入"的说明	1. 在饱和的细、中粗砂中连续锤击沉柱时，易使流动的砂紧密挤实于桩的周围，妨碍砂中水分沿桩上升，在桩尖下形成水压很大的"水垫"，产生桩的极大贯入阻力。这种阻力是暂时的，经一定时间后即行降低。这种休息之前的贯入阻力增大现象称为桩的"假极限"。 2. 在黏土、亚黏土中连续捶击沉桩时，由于土的渗透系数小，桩周围水不能渗透扩散而沿着桩身向上挤出，形成桩周围的润滑层，使桩周摩阻力大为减小，但沉柱完毕休息一定时间后，桩周围水层消失，桩周摩阻力恢复增大，这种休息之前的贯入阻力减小现象称为桩的"吸入"

(6)沉桩施工常遇问题及其防治措施

沉桩施工常遇问题及其防治措施表　　表5.1-16

问　题	产 生 原 因	一般防止与处理措施
桩顶破损	1. 桩顶部分混凝土质量差，强度低。 2. 锤击偏心，即桩顶面与桩轴线不垂直，捶与桩面不垂直。 3. 未安置桩帽或帽内无缓冲垫，或缓冲垫不良未及时更换。 4. 遇坚硬土层，或中途停歇后土质恢复阻力增大，用重锤猛击所致	1. 提高预制质量，加强预制，装运管理. 确保桩的质量要求。 2. 施工中及时纠正桩位，使锤击力顺桩轴方向沉入。 3. 采用合适桩帽，并及时更换缓冲垫。 4. 正确选用合适桩锤，且施工时每桩要一气呵成
桩身破裂	1. 桩质量不符合设计要求。 2. 装卸中吊装时的吊点或支点不符合要求，悬臂过长或中跨过多所致。 3. 打桩时，桩的自由长度过大，产生较大纵向挠曲和振动。 4. 锤击或振动过甚	1. 加强预制、装、运、卸管理。 2. 木桩可用8号镀锌铁丝捆扎加强。 3. 混凝土桩当破裂位于水上部位时，用钢夹箍加螺栓拉紧焊接补强加固；水中部位时用套筒模板浇筑混凝土加固补强。 4. 适当减小桩锤落距或降低锤击频率
桩身扭转或位移	桩尖制造不对称，或桩身有弯曲	用棍逐渐撬正，慢锤低击纠偏；偏差不大，可不处理
柱身倾斜或位移	1. 桩头不平，桩尖倾斜过大。 2. 桩接头破坏。 3. 一侧通石块等障碍物，土层有陡的倾斜角。 4. 桩帽桩身不在一直线上	1. 偏差过大，应拔出移位再打。 2. 入土深小于1m，偏差不大时。可利用木架顶正，再慢锤打入。 3. 障碍物不深时，可挖除回填后再继续沉桩

续上表

问　题	产生原因	一般防止与处理措施
桩涌起	在较软土或有流砂现象	选择涌起量较大的桩作轻载试验,如合格可不再复打,如不合格,进行复打或重打
成急剧下沉,有时随着发生倾斜或位移	1. 遇软土层、土洞。 2. 接头破裂或桩尖劈裂。 3. 桩身弯曲或有严重的横向裂缝。 4. 落锤过高,接桩不垂直	1. 应查明情况.再决定处理措施。 2. 如不能查明时,可将桩拔起检查改正重打,或在靠近原桩位作补桩处理
桩贯入度突然减小	1. 桩由软土层进入硬土层。 2. 桩尖遇到石块等障碍物	1. 查清原因,不能硬打。 2. 采用能量较大桩锤。 3. 配合射水沉桩
桩不沉入或达不到设计高程	1. 遇旧埋设物、坚硬土夹层或砂夹层。 2. 打桩间歇时间过长,摩阻力增大。 3. 定错桩位	1. 遇障碍或硬土层,用钻孔机钻透后再复打。 2. 根据地质资料正确确定桩长,如确实已达要求时,可将桩头截除
桩身跳动,桩锤回弹	1. 桩头遇障碍物如树根或坚硬土层。 2. 桩身过曲,接桩过长。 3. 落锤过高	1. 检查原因,穿过或避开障碍物。 2. 如入土不深,应将桩拔起避开或换桩重打

注:1. 沉进中如遇上述问题,均应立即暂停,查明原因,采取相应措施后,方可继续施打。
2. 应填写沉桩记录,写明问题情况及处理措施,沉桩完成后,再填写沉桩记录汇总表。

5.1.5 振动沉桩

(1)振动沉桩选锤参考

振动沉桩选锤参考表　　表 5.1-17

<table>
<tr><td colspan="8">振动锤的振动力 P,应能克服桩在下沉中土的摩阻力 R:$P>R$</td></tr>
<tr><td>项目</td><td colspan="2">计算公式</td><td colspan="6">说　明</td></tr>
<tr><td>土的摩阻力</td><td colspan="2">$R=fuL$(kPa)</td><td colspan="6">式中:f——土单位面积的动摩阻力(kPa),见表列;
u——桩的周边长度(m);
L——桩的入土深度(m)</td></tr>
<tr><td>振动锤的振动力</td><td colspan="2">$P=0.04n^2M$(kN)</td><td colspan="6">式中:n——偏心锤转速(r/s);
M——振动锤的偏心力矩(kN·m),但 M 应满足:$M=AQ$
其中:A——振幅,在软土地基中,$A>0.7$cm;
在其他地基中,$A\geq1.1$cm;
Q——桩和锤的总重力(kN)</td></tr>
<tr><td rowspan="4">f 值表</td><td rowspan="2">砂质土</td><td>标准贯入击数</td><td>0~4</td><td>4~10</td><td>10~30</td><td>30~50</td><td>>50</td></tr>
<tr><td>f(kPa)</td><td>10</td><td>10</td><td>20</td><td>20</td><td>40</td></tr>
<tr><td rowspan="2">黏质土</td><td>标准贯入击数</td><td>0~2</td><td>2~4</td><td>4~8</td><td>8~15</td><td>15~30</td><td>>30</td></tr>
<tr><td>f(kPa)</td><td>10</td><td>10</td><td>20</td><td>25</td><td>40</td><td>50</td></tr>
</table>

(2)振动沉桩的承载力公式

振动沉桩的承载力公式 表5.1-18

振动沿桩时,影响承载力的因素较多。目前尚缺乏完善而又便于实用的动能公式,下列公式可供参考

1. 振动沉桩塔塔系润斯基的建议公式

<table>
<tr><th>项目</th><th colspan="3">公式及数据</th><th></th></tr>
<tr><td rowspan="6">按电动机消耗的能量,求算基桩的极限承载力 R</td><td colspan="3">$$R = \frac{\alpha(N_b - N_d)}{1+\beta} + Q \quad (1)$$
用175kN型振动沉桩机下沉35cm×35cm、40cm×40cm钢筋混凝土方桩的 α、β:</td><td rowspan="6">N_b——沉桩将达规定高程前,下沉速度为0~5cm/min时,所需的有效功率;
N_d——振动沉桩机无负荷时的功率(kW);
Q——振动体系的重力。包括桩重、振动沉桩机重、机座以及其他附加荷重(kN);
α——土质系数。因振动沉桩机及桩的结构不同而异;
β——桩基入土速度系数</td></tr>
<tr><td>土质</td><td>α</td><td>β</td></tr>
<tr><td>饱和的砂</td><td>5.70</td><td>0.15</td></tr>
<tr><td>坚硬黏土层</td><td>2.00</td><td>0.17</td></tr>
<tr><td>硬质亚黏土层</td><td>2.50</td><td>0.15</td></tr>
<tr><td>亚黏土层</td><td>4.60</td><td>0.15</td></tr>
<tr><td>按消耗的机械能求算基桩的极限承载力 R</td><td colspan="3">$$R = \frac{\alpha_1 \eta \varphi^4 [(\mu A)^2 - \alpha^2]}{1+\beta_1 t} + Q \quad (2)$$
$$t = \frac{A_n}{A_\lambda} = \frac{m/Q}{A_\lambda}$$</td><td>η——电动机有效系数;
α——土质机身构造下沉物体开关及截面大小的系数;
t——振动沉桩机振幅增大系数;
$t = \frac{\text{振动体系开始正常时的振幅(cm)}}{\text{振动沉桩机空转时的振幅(cm)}}$;
$m = \frac{Q}{g} = \frac{\text{振动体系重力(kN)}}{\text{重力加速度(cm/s}^2\text{)}}$;
β_1——正常速度系数;
α_1——振动沉桩机最后一阵的实际振幅(cm)</td></tr>
</table>

注:系数 α、β 值是根据试验资料确定。其试验是,需经施打两根以上的试桩,公式(1)中的其他数值,列出 α、β 为未知数的联列方程式求得,公式(2)的系数 α_1、β_1 的求法与公式(1)相同

2. 用冲击试验或静压试验检查振动下沉桩的承载力

可用于试桩或从基桩中选择少数桩作检查性的锤击、冲击或静压试验。根据试验结果计算容许承载力,代入振动沉桩的计算公式,求算其系数,以推算其他基桩的承载力

(3)振动桩锤构造及其技术性能

振动桩锤及其主体构造 表5.1-19

项　目	简图及说明
振动桩锤的使用特点	振动桩锤或简称振动锤,原称振动沉拔桩锤,是可供沉桩和拔桩两用的振动锤。配合起重设备可用于工字钢、钢板桩的拔桩作业上,增加配重可以提高沉桩效率。若将几台振动锤同步使用,则可沉入较大直径的管柱桩。由于振动锤具有速度快、噪声小、使用范围广等优点而获得比较广泛的使用
振动桩锤的分类	振动用锤按动力可分为电动式和液压式。按振动频率可分为低频(300~700r/min)、中频(700~1 500r/min)高频(2 300~2 500r/min)、超高频(约6000 r/min);按振动偏心块的结构可分为固定式偏心块和可调试偏心块。国产多为电动式中频振动锤

续上表

项目	简图及说明
电动振动桩锤的主体构造简图	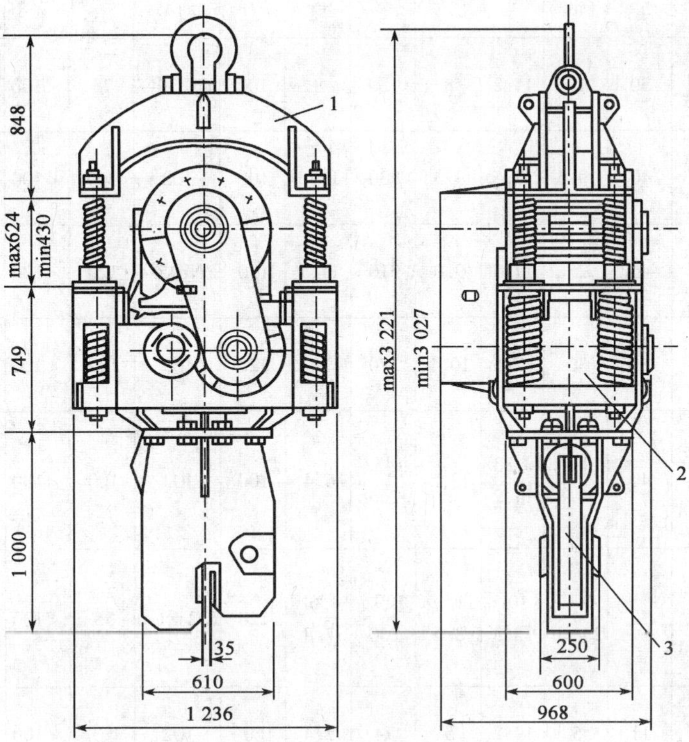 1-减振器；2-振动器；3-夹桩器

振动桩主要技术性能(一) 表5.1-20

桩锤型号	桩锤形式	激振电机功率	偏心静力矩	振动频率	空载振幅	激振力	空载加速度	容许拔桩力	激振电机型号	电源要求距离(m)		振动锤质量	外形尺寸(长×宽×高)	生产厂家
DZ22	偏心振子式	22	13.2	14	6.8	100	3.5	80	YNZ22-6	50	<100	2 200	1 125×800×1 900	上海工程机械厂、瑞安建工机械工程厂、桂林建工机械厂、瑞安振中机械厂、四川丹陵机械厂、湖南桩基制造厂
DZ30	偏心振子式	30	13.2	21	6.8	230	11.9	120	YNZ30-4	75	<100	2 363	1 125×810×2 635	
DZ45	偏心振子式	45	21	18	7.6	280	10.2	150	YNZ45-6	100	<100	3 334	1 180×1 173×2 925	
DZ90	偏心振子式	90	120	8.5	22	350	6.4	240	YNZ90-6	200	<100	7 200	1 750×1 200×3 000	
DZ90A	可调偏心振子式	90	80/40	11.2/18.3	16.3/6.4	400/550	8.18/8.66	260	YNZ90-6	200	<100	900/6 200	1 640×1 450×3 800	
DZ90B	可调偏心振子式	90	50 40 30	18.3	8.9 7.1 5.4	680 540 410	12.1 9.7 7.3	260	YNZ90-6	200	<100	6 670	1 535×1 434×3 800	

续上表

桩锤型号	桩锤形式	激振电机功率	偏心静力矩	振动频率	空载振幅	激振力	空载加速度	容许拔桩力	激振电机型号	电源要求距离(m)		振动锤质量	外形尺寸(长×宽×高)	生产厂家
DZ30Y	偏心振子式	30	17	15.8	8	180	8	100	YNZ30-4	75	<100	3 100	1 336×1 050×1 700	上海工程机械厂、瑞安建工机械工程厂、桂林建工机械厂、瑞安振中机械厂、四川丹陵机械厂、湖南桩基制造厂
DA40Y	偏心振子式	40	19.6	17.5	9.3	230	11.5	100	JO2	100	<100	3 200	1 336×1 050×1 770	
DZ45Y	偏心振子式	45	25	17.5	9.0	310	11.1	120	YNZ45-4	120	<100	3 750	1 420×1 040×2 050	
DZ55Y	偏心振子式	55	30	17.5	10.1	370	12.4	120	JO2	120	<100	3 900	1 420×1 040×2 050	
DZF40Y	可调偏心振子式	40	0~31.8	10.83/14.2	13.5	145/256	6.4	100	JO2	100	<100	3 400	1 090×1 460×3 100	
DZF30Y	可调偏心振子式	30	0~23.98	10/13.3	11.3/8.5	129/230	4.5/7.8	120	JO2-81-6	75	<100	4 500	1 270×1 150×1 812	
DZ11	偏心振子式	11	5	19.2	5	74	7.4	60	JO2	50	<100	1 630	720×1 300×1 530	
DZ22	偏心振子式	22	14/10	15.8/20	8.2/5.9	140/160	8.2/9.4	120	JO2	75	<100	2 550	1 015×1 302×1 760	
DZ30	偏心振子式	30	18/13.5	15/19.2	8.7/6.5	160/120	7.8/10.6	120	JO2	100	<100	2 920	1 050×1 357×1 841	
DZ40	偏心振子式	40	25/18	15/19.2	10.4/7.5	230/260	9.4/10.8	120	JO2	125	<100	3 380	1 091×1 450×1 975	
DZ60	偏心振子式	60	35/27	15/19.2	10.6/3.2	320/400	9.7/12.1	150	JO2	200	<100	4 840	1 240×1 580×2 140	
DZC26	振动冲击式	26	—	11.77	—	冲击力530	—	—	—	—	—	2 940	—	
DZC44	振动冲击式	44	—	11.77	—	冲击力970	—	—	—	—	—	4 380	—	
DZC60	振动冲击式	60	—	11.77	—	冲击力1 190	—	—	—	—	—	4 380	—	
DZC74	振动冲击式	74	—	11.77	—	冲击力1 190	—	—	—	—	—	4 680	—	

振动桩主要技术性能[*]**(二)** 表 5.1-21

形式	普通型											
型号	DZ8 (KM$_2$ – 300E)	DZ15 (KM$_2$ – 700E)	DZ22 (KM$_2$ – 1 000E)	DZ30 (KM$_2$ – 1 200E)	DZ40 (KM$_2$ – 2 000E)	DZ45 (VM$_2$ – 2 500E)	DZ60 (VM$_2$ – 4 000E)	DZ90 (VM$_2$ – 5 000EIII)	DZ120 (KM$_6$ – 6 000E)	DZ120 (VM$_2$ – 7 000E)	DZ150 (VM$_4$ – 1 000AII)	DZ90 (KM$_2$ – 12 000AII)
电动机功率(kW)	7.5	15	22	30	40	45	60	90	120	120	150	90
偏心力矩(N·m)	29.2	69	100	90, 132	210	190, 230, 250	300, 360	300, 400, 500	600	600, 710	600, 800, 1 000	1 200
激振力(kN)	55	110	135	157, 231	284	281, 340, 370	335, 402	335, 447, 559	669	644, 763	669, 894, 1 119	452
偏心轴转速(r/min)	1 300	1 200	1 100	1 250	1 100	1 150	1 000	1 000	1 000	980	1 000	580
空载振幅(mm)	4.5	6.2	6.3	4.6, 6.8	7.6	5.9, 7.1, 7.7	7.8, 9.4	5.4, 7.2, 9.0	7.1	8.6, 10.1	80, 10.6, 13.3	21.8
容许拔桩力(kN)	37	80	—	160	180	200	250	300	400	350	500	300
桩锤质量(kg)	550	1 090	1 577	1 660	2 480	3 456	4 492	5 764	8 820	6 900	9 340	6 500
导向中心距(mm)	330	330	330	330	330	330	330	330	—	—	—	—
外形尺寸(mm) 长	834	1 015	1 031	1 125	1 179	1 313	1 370	1 523	2 350	1 720	1 370	1 160
外形尺寸(mm) 宽	541	659	723	809	1 073	1 178	1 277	1 413	1 150	1 130	1 320	1 190
外形尺寸(mm) 高	1 258	1 611	1 940	1 994	2 187	2 124	2 343	2 686	3 211	2 803	6 600	5 669

形式	普通型		加压型		中频型		低频型	变矩型		低噪声型		
型号	DZ120 (KM$_2$ – 1 700AII)	DZ150 (VM$_2$ – 2 500AII)	DZ45A	DZ60A	DZA5B	DZ60B	DZ60C	DZF40Y	DZJ75	VX40	VX60	VX80
电动机功率(kW)	120	150	45	60	45	60	60	45	75	30	45	75
偏心力矩(N·m)	1 700	1 500, 2 000, 2 500	245	360	363	490	588	318	654.6	100, 130	150, 210	220, 360
振动频率(r/min)	—	—	—	—	—	—	—	—	—	900 ~ 1 500	900 ~ 1 500	900 ~ 1 500

续上表

形式		普通型		加压型		中频型		低频型	变矩型		低噪声型		
型号		DZ120（KM_2－1 700AII）	DZ150（VM_2－2 500AII）	DZ45A	DZ60A	DZA5B	DZ60B	DZ60C	DZF40Y	DZJ75	VX40	VX60	VX80
激振力（kN）		596	645，860，1 075	363	402	260	353	295	145，256	593	91，252	135，377	199，553
偏心轴转速（r/min）		560	620	1 150	1 000	800	800	670	650，850	900	—	—	—
空载振幅（mm）		26.2	17.6，23.5，29.4	8.9	9.8	13.7	13	15.2	13.5	11	3.1，4.0	3.5，4.8	3.4，5.5
容许拔桩力（kN）		400	500	157	200	157	196	196	100	234.5	—	—	—
桩锤质量（kg）		8 500	10 250	3 880	4 963	3 926	5 256	5 450	3 400	7 770	4 000	5 250	7 400
导向中心距（mm）		—	—	330	330	330	330	330	330	330	—	—	—
空载加速度（g）		—	—	—	—	—	—	—	—	—	2.8～7.9	3.1～8.6	3.0～8.5
外形尺寸（mm）	长	1 468	1 722	1 313	1 370	1 383	1 452	1 576	1 320	1 740	1 360	1 452	1 556
	宽	1 296	1 425	1 178	1 277	1 216	1 305	1 231	1 147	1 394	1 002	1 096	1 247
	高	5 535	5 417	2 369	2 507	2 360	2 558	2 546	1 987	2 297	2 189	2 288	2 550

注：* 兰州通用建筑机械厂引进日本建调神户株式会社技术生产各型振动桩锤系列，表中括号内型号为对应的日本神户株式会社产品型号。

（4）振动沉桩施工要点

振动沉桩施工要点表 表 5.1-22

项　目	施工注意要点
振动锤选择	选择振动沉桩机（锤）时，可参考表 5.1-17；选锤时，应验算振动上拔力对桩身结构的影响
施工过程注意事项	振动沉桩机、机座、桩帽必须连接牢靠；沉桩和桩中心线应尽量保持在同一直线上。 开始沉桩时宜用自重下沉或射水下沉，待桩身入土达一定深度确认稳定后，再采用振动下沉。 每根桩的沉桩作业，需一次完成，不可中途停锤过久，以免土的摩阻力恢复，继续下沉困难
停振控制标准	振动沉桩的停振标准，应以设计或通过试桩验证的桩尖高程控制为主，以最终贯入度（mm/min）。如果桩尖已达高程而与最终贯入度或计算承载力相差较大时，则应查明原因，报有关单位研究后另行确定
出现异常情况的处理	振动沉桩过程中，出现桩的偏移、倾斜或回弹（严重时），以及其他不正常情况（参见表 5.1-16 所列）时，均应暂停锤振，并查明原因，采取措施方可继续沉桩

5.1.6 射水沉桩

(1)射水沉桩方法选择

射水沉桩方法选择 表5.1-23

主要情况	射水施工方法选择
在砂夹卵石层或坚硬土层沉桩	一般以射水为主,锤击或振动为辅,并应适当控制射水时间和水量
在亚黏土和黏土中射水沉桩	为避免降低承载力,一般以锤击为主,射水为辅,并适当控制射水时间和水量
下沉空心桩(管桩)	一般采用内射水法施工。当桩下沉较深,或土层较坚实时,可用锤击或振动,配合射水。下沉至要求深度仍有困难时,如在砂质土层中。可再加外射水,以减小桩周的摩阻力、加块沉桩进度
下沉实心桩	采用外射水法施工,将射水管对称的装置于桩的两侧,并能沿着桩身上下自由移动,以便在任何高度上冲土。当在水流中沉桩或下沉斜往时,应将水管固定于桩身上
射水管上标记尺寸,以便检查	采用桩外射水时,为检查射水管嘴位置与桩长的关系和射水管的入土深度,应在射水管上自上而下标记尺寸
以射水配合沉桩时落距宜低	钢筋混凝土被或预应力混凝土桩以射水配合沉桩时,宜用较低落距锤击,避免射水后,桩尖支承力不足,桩身产生超过允许的拉应力
接近设计桩尖高程应停止射水	射水沉桩桩尖接近设计高程时,应停止射水,进行锤击或振动下沉,使桩的下端沉入未射水的土中。停止射水时的桩尖高程,应根据试桩和施工时具体地质情况等决定,一般不宜小于设计的桩尖高程以上2m,如因射水使邻近下沉的桩发生松动时,应再行“复打”
管桩下沉,管内混凝土填芯施工	管桩下沉到位后,如设计需要以混凝土填芯时,应用吸泥机等法在清除管内泥渣后,用水下混凝土填芯。当受到管外水压影响时,管桩内的水头必须保持高出管外水面1.5m以上

(2)射水沉桩设备的布置和安装

射水沉桩设备的布置和安装 表5.1-24

项 目	基本要求和参考图式
水泵	为了减少射水压力的损失,应尽可能将水泵设置于沉桩地点附近,在河流中,可将水泵设在船上
水源	尽量利用清水,以免堵塞射水管(射水嘴)出水。水源地点较远时,可挖渠或用水泵管路输水至沉拉附近设储水池备用
输水管路	输水管路应尽可能减少弯曲,力求顺直。管路纵向坡度应不小于0.2%,以利排除管内积水,管路接头附近要支垫坚实,接头不渗漏,接头间距大于15~20m时,应于管路中段设置支垫。每台水泵出水口应设止回阀、闸阀及压力计。高压水干管内并应设保险用的放水阀,以免在射水嘴被土堵塞时,导致水泵设备损坏

续上表

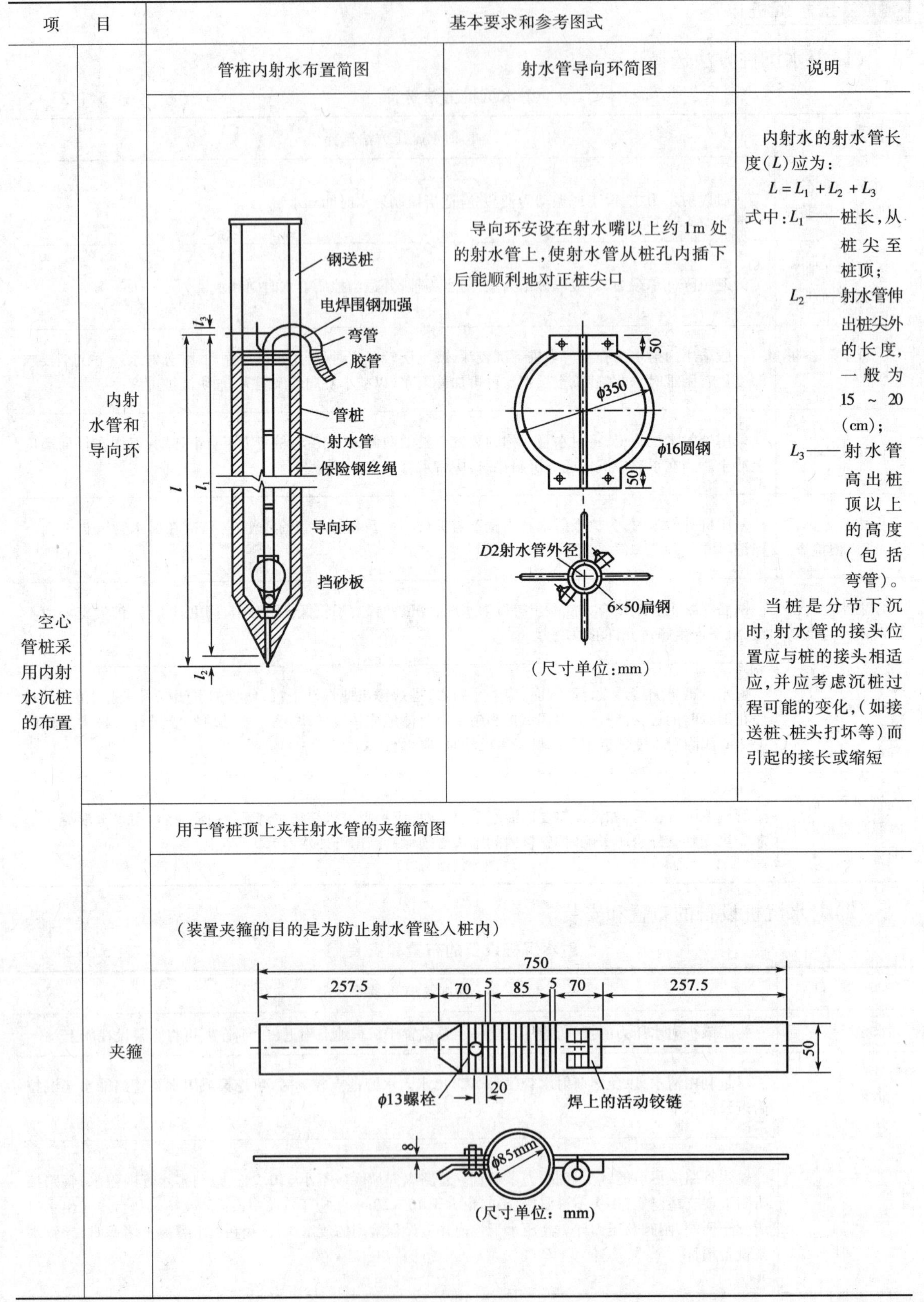

项　目		基本要求和参考图式		
空心管桩采用内射水沉桩的布置	内射水管和导向环	管桩内射水布置简图	射水管导向环简图 导向环安设在射水嘴以上约1m处的射水管上，使射水管从桩孔内插下后能顺利地对正桩尖口 （尺寸单位：mm）	说明 内射水的射水管长度(L)应为： $L = L_1 + L_2 + L_3$ 式中：L_1——桩长，从桩尖至桩顶； L_2——射水管伸出桩尖外的长度，一般为15～20(cm)； L_3——射水管高出桩顶以上的高度（包括弯管）。 当桩是分节下沉时，射水管的接头位置应与桩的接头相适应，并应考虑沉桩过程可能的变化，（如接送桩、桩头打坏等）而引起的接长或缩短
	夹箍	用于管桩顶上夹柱射水管的夹箍简图 （装置夹箍的目的是为防止射水管坠入桩内） （尺寸单位：mm）		

续上表

项　目	基本要求和参考图式				
	外射水布置简图			说明	
实心桩采用外射水沉桩的布置	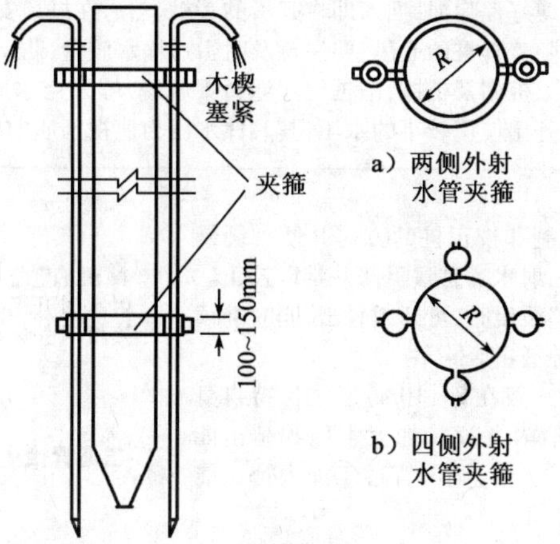 木楔塞紧；夹箍；100~150mm；a）两侧外射水管夹箍；b）四侧外射水管夹箍			下沉实心桩，只能用外射水；外射水至少应用两根射水管，并对称装在桩的周围，且使其能够沿桩身上下自由移动，以利桩身任何高度冲土（如在流水中或下沉斜桩，需将射水管固定于桩身）。用以控制外射水管位置的夹箍，如右图所示，夹箍直径 R 应比外射水管接头外径大 10～15mm	
射水管射水嘴孔径的选择	射水管直径（mm）	37	50	63	75
	中央射水孔直径（mm）	9～15	12～20	15～25	20～37
	侧向射水孔直径（mm）	6～10	6～10	6～10	8～10
	备注	在一般情况下侧向孔采用 8mm 直径较合适			
射水管和软管的常用规格	名称	直径（mm）		长度	
	射水嘴（夹端）	10～37		为射水管直径的 5 倍	
	射水嘴	37～75（通常用 50）		较桩长 2～3m	
	连接高压管与射水管的软管	较射水管的直径大 10～12		视导管位置远近而定	
	高压管路	50～200（通常用 100）		—	
	进水管	较高压管路直径大 20～50（通常用 150）		—	

(3)射水管参数的选用

选用射水参数参考表　　表 5.1-25

土　质	桩入土深（m）	水泵性能		射水管直径（mm）（无缝钢管）	水泵出水处压力（MPa）
		流量（m^3/h）	扬程（m）		
松砂及中密砂层	8～16	100～140	100～150	75	0.4～0.8
	12～24	120～180	120～190	75	0.6～1.0
密实砂层夹砾石砂层	8～16	120～180	120～190	75～100	0.6～1.0
	16～24	160～190	160～240	75～100	0.8～1.2

注：本参考表适用于桩宽（或桩径）为 40～60cm 的预应力混凝土和钢筋混凝土桩。

（4）射水沉桩施工要点

射水沉桩施工要点表　　表5.1-26

项　目		施工注意要点
混凝土管桩内射水结合锤击下沉施工	施工顺序	1.按照计算长度配好射水管，将所有接头连接牢固，装上弯管，并与输水胶管接通，进行通水试验。 2.射水管装上导向环，缚好保险绳，插入即将起吊的管桩，然后在桩顶安上钢送桩。 3.在吊插管桩的同时，随着管桩的起吊，要注意及时引送输水胶管，防止拉断。 4.管桩插正立稳后，压上桩帽及桩锤，吊桩钢丝绳暂不解脱，即开启水阀，开始射水冲刷桩尖下的土壤，使桩依靠自重下沉。开始使用较小的水压，其具体水压力值视土质的软硬而定
	射水沉设空心桩注意事项	1.下沉初期，应注意控制和校正桩的方向并使桩缓慢下沉，以免由于下沉过快，射水嘴易致阻塞并难以校正。 2.桩身以射水自沉渐趋缓慢时，可开锤轻击，同时继续射水，下沉转快时，可暂停锤击。 3.桩身入土一定深度（一般在8～10m）已能保持自身稳定时，可解脱吊桩钢丝绳，并逐步加大水压和锤击能量。但桩的自由长度仍较大时，则不宜过于加大锤击能量。 4.就地接桩，需要同时接长射水管时，为防止停水导致泥沙涌入桩内堵塞或卡住射水嘴，可在停水前先将射水管吊起约50cm，继续不停地射水，待桩顶涌出较清水时，停止射水，拆除弯管，进行接管、接桩。接好桩后，开启水阀，并将射水嘴伸出桩尖至原来部位。如在射水管上安设三通阀（见右图所示），则在接桩时可不中断射水，亦可不提起射水嘴。射水时，水阀不宜突然大开以免射水量、水压突然降低。以免涌入泥沙堵塞射水嘴。射水沉桩周围，必须先挖好排水沟，以利排水 接长之射水管 闸阀A正式射水时开通接桩时关闭 接桩时拆除正式输水管，接长射水管水流必由临时输水管输送 A　B 三通管接头 闸阀B正式射水时关闭接桩时开通 在接桩时水由临时输水管送水冲射 射水管 射水嘴 不停水接长射水管
钢管庄内射水结合锤击下沉施工	施工顺序	1.吊插钢管桩前，将射水管、供气管全部接妥放入桩内。 2.将桩吊起后卡入沉桩船的龙门梃，由设在龙门梃中部的液压抢桩机抢柱，然后接通射水管与风管。 3.沉桩船定位并锚稳插桩，压上桩帽。待桩沉入水中3～5m时开始冲水供气，桩顶有汲水溢出缓慢下沉，直至桩身自重下沉停止后，再压锤
	射水沉设钢管桩注意事项	1.桩顶溢出的泥水颜色变淡时，开始锤击。边锤击边射水将冲动的桩芯泥沙，用压缩空气将泥水送出桩顶。 2.射水冲散桩芯泥沙时，应随时注意地面有无大量气泡或翻冒的泥水。如有此情况，则表明桩内射水已从桩端逸出，破坏桩周土壤，减少桩的摩阻力，应立即停止射水，锤击下沉。 3.施工过程中应严格控制桩内射水的水量及水压，始终保持桩内土芯高度2.5～6m，以便锤击达到设计桩位高程

注：参照《铁路工程施工技术手册·桥涵（上册）》编写。

（5）射水沉桩施工常遇问题及其处理

射水沉桩施工常遇问题及其处理　　表5.1-27

问　题	产生情况	处理措施
桩下沉发生困难	1.由正常下沉突变为不易下沉，锤击时桩身颤动，桩锤有回弹现象 2.下沉逐渐缓慢，除桩身颤动，桩锤回弹外无其他现象	1.桩尖遇到障碍或坚硬土层可适当延续锤击，切忌硬打。如仍无效时可拔桩检查桩尖有无硬伤判断，必要时改移桩位。 2.一般是桩周土层摩阻力大，不宜硬打，应增大射水量及水压，并可增加外射水，或改用重锤

续上表

<table>
<tr><th colspan="2">问 题</th><th>产 生 情 况</th><th>处 理 措 施</th></tr>
<tr><td colspan="2">桩突然急剧下沉</td><td>1. 桩位正直无变化，急剧下沉前亦无因锤击过猛而导致射水过多以及无桩身颤动等情况。
2. 若桩是经过多次猛击后，突然下沉或桩有偏斜现象，有可能桩已断裂弯折</td><td>1. 可能桩在穿过密实土层后，进入软弱土层，亦可能是射水时间过长，桩尖下已冲空较大，一般可继续下沉。但若接近设计入土深度有此情况，应考虑改变设计将桩加深或增加桩数。
2. 应立即停止下沉，分析情况，采取措施，考虑拔出换桩重打，或另加桩</td></tr>
<tr><td colspan="2">桩周停止翻水</td><td>水从桩顶空心内翻出或从邻桩处涌出，桩下沉缓慢或难于下沉，表明桩身周围已被土挤塞密实</td><td>原因是射水水压、水量不足，或是曾用锤击使桩尖强行穿过密实土层。可加大射水压力、水量和延续射水时间并配合轻慢锤击，或另加外射水，引水沿桩周上翻。如对桩下沉无大阻碍时，可不作处理</td></tr>
<tr><td colspan="2">内射水管被顶起</td><td>内射水管被顶起，且桩顶大量向外涌水</td><td>主要是因为射水嘴已被顶入桩内所产生的现象，应立即停锤，继续射水，并摇动射水管，使劲下插，如桩入土不深时可将被上拔少许，使射水管落出桩尖。倘仍无效可将射水管拔起改作射水，或单用锤、或振动下沉</td></tr>
<tr><td colspan="2">桩不下沉，桩内涌出大量清水</td><td>可能是射水管在桩内断裂或漏水</td><td>吊出射水管进行检查修理</td></tr>
<tr><td colspan="2">涌水由浑变清</td><td>可能射水时间过长或桩已沉入卵石或砾石层使涌水由浑变清</td><td>应适当加强配合锤击沉桩</td></tr>
<tr><td rowspan="4">停止涌水</td><td>桩突然下沉</td><td>桩突然下沉，使桩尖撞击硬层或孤石上，堵塞(或压扁)射水嘴，射水管无流水声、胶管胀紧、颤动。水压计指针上升、摆动</td><td>可将射水管向上提升少许，如仍不通则需拔出检修</td></tr>
<tr><td>桩身变折</td><td>由于桩身弯折，使水管亦弯折压扁，水流不通</td><td>吊出射水管检修</td></tr>
<tr><td>水嘴堵塞</td><td>停水后，射水嘴涌入泥沙堵塞。可能是停水过急或接桩时停水时间过长所致</td><td>有控制地加大水压、水量试冲，如不见效，则需吊出射水管清理</td></tr>
<tr><td>射水流失</td><td>射水管内流水正常，压力计指针正常稳定，但不向上涌水。水由渗水层流失</td><td>由于桩周的土未被扰动，且逐渐沉积，增加摩阻力，下沉困难，可加用外射水助冲或增大射水水量</td></tr>
<tr><td colspan="2">射水管拔不出</td><td>停水后桩内下端被淤塞，挤住射水管。如加力硬拔易致水管拔断</td><td>可在桩内另行插入射水管射水冲击淤积后拔出射水管</td></tr>
<tr><td colspan="2">涌水后地面下沉</td><td>由于砂土大量随水流失，影响地面上的沉桩设备下沉</td><td>事前对土层下沉影响应作预计，并用卡垫木垫在桩架下，包括脚手平台布置，施工中随时检查，及时垫楔平整</td></tr>
<tr><td colspan="2">沉桩偏斜或移位</td><td>外射水沉柱，因两边对称的射水管射水量和水压不均衡而造成沉桩的倾斜，或因土质软硬不均导致桩身位移(偏向软上一面)</td><td>1. 检查对称射水管水量、水压、保持均衡，如已有偏移或倾斜，可在其相反方向增大射水的水量、水压校正。
2. 由于土质软硬影响，插桩时，预先偏向较坚一侧，桩预留偏移的具体尺寸，应视土质和实际经验确定，并在施工过程中不断验证修正</td></tr>
</table>

5.1.7 静力压桩

(1)静力压桩准备与压桩阻力求算

静力压桩准备与压桩阻力求算 表 5.1-28

<table>
<tr><th>项　目</th><th colspan="2">准备工作及参考资料</th></tr>
<tr><td>方法特点和适用土质</td><td colspan="2">静力压桩是采用静压力将桩压入土中的一种沉桩工艺。压桩时是以压桩机的自重克服沉桩过程中的阻力。当静压力超过桩周土的摩阻力时,桩就沿着压梁的轴线方向下沉。桩的沉入速度因土质情况而异,但在同一地区,同一截面沉入同样深度的静力压桩与锤击沉入桩的极限承载力大致相同。而静力沉桩具有无振动、无噪声的特点,并由于桩身只承受垂直静压力,无冲击压力和锤击拉应力,减少了桩身、桩头的破损率,提高了施工质量。
静力压桩适用于高压缩性的黏土或砂性较轻的亚黏土层中,在人口密集的居民点、城市地区尤为适宜</td></tr>
<tr><td>主要准备要求</td><td colspan="2">根据钻探资料,了解压桩地区土壤情况,以便据以了解压桩阻力。
根据压桩阻力选用适当的压桩设备(压桩机性能见表 5.1-29)一般应比压桩阻力大 40% 左右。
做好各项压桩施工的准备工作,包括压桩机的辅助设备,如:绞车、滑车组、动力、测量仪器等的检查、校定。防止压桩中途间断,避免发生间歇后压桩阻力增大而产生困难(参见压桩阻力间歇后与极限承载力的比较)</td></tr>
<tr><td rowspan="8">压桩阻力的确定</td><td colspan="2">压桩阻力可由下列方法求得:
1. 根据本地区压桩实践经验估计。
2. 按照下列公式计算:</td></tr>
<tr><td>压桩阻力 P(kN)公式</td><td>代号说明</td></tr>
<tr><td>$P = U\sum f_i h_i + q_1 A_1$</td><td>式中:$U$——桩周长;
h_i——各土层厚度(m);
f_i——各层桩身侧面单位面积上的摩阻力(kPa,简称桩侧阻力系数);
q_1——桩底单位面积上的阻力(kPa,简称桩底阻力系数);
A_1——桩截面积(m^2)</td></tr>
<tr><td colspan="2">其中 f_i 和 q_1 的确定,可按下述各法</td></tr>
<tr><td>方法</td><td>说　明</td></tr>
<tr><td>静力触探法</td><td>用静力触探仪的活动探头和探管以静压力压入各土层中,分别测出探头的阻力和探管的摩阻力,根据尺寸大小计算出各土层的桩底的阻力系数和桩侧的摩阻力系数</td></tr>
<tr><td>现场压入试拉法</td><td>试桩断面一般用 20cm × 20cm,桩底带活动桩尖,将其压入设计高程,分别测出各土层桩底阻力系数和桩侧摩阻力系数</td></tr>
<tr><td>参考其他地区压桩经验数据法</td><td>参考其他地区压桩经验数据,当本地区土质指标与其表列值接近时,可参考采用</td></tr>
</table>

续上表

项　目	准备工作及参考资料										
	土层层厚（泥面下深度）（m）	土壤名称	土质指标							压桩阻力（kPa）	
			容量（kN/m^3）	含水率 w（%）	孔隙比 ε_0	稠度 B	内聚力 c（kPa）	内摩擦角 φ（°）	标准锤击贯内击数（次）	桩侧	桩底
海地区各土层的压桩阻力系数值表	5.8（1.2 ~ 7.0）	粉砂	—	24 ~ 27	—	—	—	—	—	14.3	2 770 ~ 4 340
	2.0（7.0 ~ 9.0）	亚砂土	18.5	25.8	0.82	0.91	—	—	—	14.3	3 000
	3.0（9.0 ~ 12.0）	淤泥质亚黏土	17.5 ~ 18.0	39.2 ~ 43.0	1.15 ~ 1.22	>1	5 ~ 8	15° ~ 18.7°	0 ~ 3	3.2	870
	11.0（12.0 ~ 23.0）	淤泥质黏土	17.2	48.3 ~ 49.1	1.38	>1	11 ~ 14	8.5° ~ 9.5°	0 ~ 3	2.74	1 170
	4.7（18.6 ~ 23.3）	淤泥质亚黏土	17.7 18.0	38.0 ~ 40.0	1.10 ~ 1.17	>1	15	8.9° ~ 9.5°	<5	3.2	1 170
	4.7（23.3 ~ 28.0）	亚黏土（夹砂层）	18.0	33.3 ~ 33.6	1.03	0.90 ~ 0.98	4 ~ 6	22.7° ~ 23.3°	6 ~ 17	20 ~ 28 *	1 500 ~ 3 150 *
	3.5（28.0 ~ 31.5）	暗灰绿亚黏土	19.3 ~ 19.9	23.3 ~ 24.0	0.64 ~ 0.70	0.45 ~ 0.47	19 ~ 29	15.8° ~ 19.6°	10 ~ 20	44.6	2 400

注：* 指有夹砂层时的压桩阻力

静压试验压桩阻力与其极限承载力关系

压桩阻力在间歇后与其极限承载力的比较

序号	桩的尺寸（cm）	桩压力（kN）	间歇时间（d）	极限承载力（kN）	压桩力/极限承载力
1	45 × 60 × 3 700	600	20	2 920	0.205
2	40 × 40 × 2 600	475	20	1 450	0.328
3	40 × 40 × 2 000	563	89	1 600	0.352

由表给出，压桩阻力远较其极限承载力小，压桩力仅相当于极限承载力的 20% ~ 35%。压入桩与锤击桩的极限承载力不相上下

除土质指标外，影响压桩阻力的情况

以上求算压桩阻力，是以土质指标为依据。还有下列情况影响压桩阻力：

1. 桩体材料，如钢桩或钢筋混凝土桩对压桩阻力系数的影响不大。

2. 桩的截面形状对压桩阻力系数也影响不大；但当压入钢筋混凝土企口板桩时，有必要另加槽口阻力 300 ~ 400kN。

3. 当空心开口平底桩尖压入较硬土层时，压桩阻力约比锥形桩尖桩的压桩阻力大 30% 左右。

4. 压桩过程中，中途停歇 2 ~ 3h，其压桩阻力的起动值，约比原来要增加 40% 左右。因此，施工中应尽量避免中途停歇

(2)静力压桩机及其技术性能

静力压桩机及其技术性能表 表 5.1-29

<table>
<tr><th>项　目</th><th colspan="7">简图说明与主要性能</th></tr>
<tr><td>液压式静力压桩机主要结构</td><td colspan="3">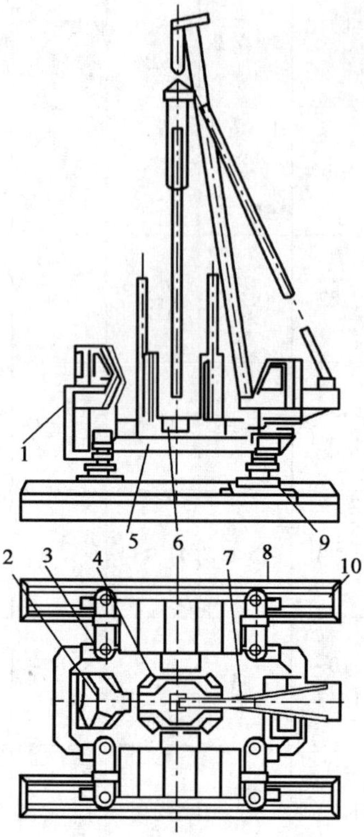</td><td colspan="4">静力压桩机有机械式(绳索式)和液压式之分,国内生产和使用的多数为液压式。
左图所示为 YZY 型静力压桩机主体结构示意,系由液压系统操纵
1-操纵室;
2-电气控制台;
3-液压系统;
4-导向架;
5-配重;
6-夹持机构;
7-吊桩吊机;
8-支腿平台;
9-横向行走及回转机构;
10-纵向行走机构</td></tr>
<tr><td rowspan="18">静力压桩机主要技术性能</td><td colspan="2">型号
性能指标</td><td>YZY80
(WJY80)</td><td>YZY120
(WJY120)</td><td>YZY160
(WJY160)</td><td>WYC150</td><td>DYG320</td></tr>
<tr><td colspan="2">最大夹持力(kN)</td><td>2 600</td><td>3 530</td><td>5 000</td><td>5 000</td><td>6 000</td></tr>
<tr><td colspan="2">夹持速度(m/min)</td><td>0.7</td><td>0.7</td><td>0.55</td><td>0.36</td><td>—</td></tr>
<tr><td colspan="2">最大夹入力(kN)</td><td>800</td><td>1 200</td><td>1 600</td><td>1 500</td><td>3 200</td></tr>
<tr><td colspan="2">压桩速度(m/min)</td><td>1.7</td><td>2</td><td>1.81</td><td>2.4,1.2</td><td>—</td></tr>
<tr><td colspan="2">最大顶升力(kN)</td><td>1 440</td><td>2 430</td><td>1 840</td><td>3 000</td><td>—</td></tr>
<tr><td colspan="2">顶升速度(m/min)</td><td>1</td><td>1</td><td>1.01</td><td>0.6</td><td>—</td></tr>
<tr><td colspan="2">最大桩段长度(m)</td><td>12</td><td>12</td><td>10</td><td>15</td><td>20</td></tr>
<tr><td colspan="2">最大桩段截面(mm)</td><td>400×400</td><td>400×400</td><td>450×450</td><td>400×400</td><td>45~63 号工字钢</td></tr>
<tr><td colspan="2">最小桩段截面(mm)</td><td>300×300</td><td>350×350</td><td>350×350</td><td>350×350</td><td>—</td></tr>
<tr><td colspan="2">液压系统额定压力(MPa)</td><td>13</td><td>17</td><td>17</td><td>16</td><td>32</td></tr>
<tr><td colspan="2">液压系统额定流量(L/min)</td><td>146</td><td>154</td><td>176.5</td><td>118</td><td>400</td></tr>
<tr><td colspan="2">主电动机功率(kW)</td><td>30</td><td>30</td><td>40</td><td>40</td><td>55</td></tr>
<tr><td colspan="2">副电动机功率(kW)</td><td>13</td><td>13</td><td>30</td><td>30</td><td>17</td></tr>
<tr><td rowspan="3">外形尺寸(mm)</td><td>长</td><td>9 000</td><td>9 000</td><td>11 450</td><td>10 200</td><td>11 900</td></tr>
<tr><td>宽</td><td>6 760</td><td>6 760</td><td>7 800</td><td>8 000</td><td>11 090</td></tr>
<tr><td>高</td><td>6 450</td><td>6 450</td><td>15 480</td><td>6 530</td><td>15 000</td></tr>
<tr><td colspan="2">总质量(t)</td><td>110</td><td>120</td><td>188.5</td><td>180</td><td>150</td></tr>
<tr><td colspan="3">生产厂</td><td colspan="3">武汉建筑工程机械厂</td><td>武汉安装加工厂</td><td>北京建筑机械厂</td></tr>
</table>

(3)静力压桩施工要点

静力压桩施工要点表 表5.1-30

项　目	施工注意要点
静力压桩机的安装	1. 静力压桩机的安装地点,必须按施工要求进行先期处理,使场地整平并具有坚实的承载力。 2. 安装时,应特别注意两个行走机构之间的安装间距,防止底盘平台不能正确对位而导致返工。 3. 电源在导通前,应检查电源电压,使其保持在额定电压范围内。 4. 各液压管路连接时,不得将管路强行弯曲。安装过程中,应防止液压油过多流损。 5. 在安装配重前,必须对各紧固件进行检查,防止因紧固件未拧紧而造成构件变形。 6. 安装完毕后,应对整机进行试运转。特别是吊桩用的起重机,应进行满载试吊
静力压桩机的使用、操作	1. 压桩施工中,插正桩位,如遇地下障碍使桩在压入过程中倾斜时,不能用桩机行走的方式强行纠偏,应将桩拔起,待地下阻碍物清除后,重新插桩。 2. 当桩在压入过程中,夹持机构与桩侧打滑时,不能任意提高液压油压力强行操作,而应找出打滑原因,采取有效措施后方能继续进行。 3. 由于桩的贯入阻力过大,使桩不能压至设计高程时,不能任意增加配重,否则将会引起液压元件和构件的损坏。 4. 桩顶不能最后压到设计高程时,必须将桩凿去,严禁用桩机行走的方式,将桩强行推断。 5. 压桩过程中,如遇周围土体隆起,影响桩机行走时,应将桩机前方隆起的土铲去,不应强行通过,以免损坏桩机构件。 6. 桩机在顶升过程中,应尽可能避免任一船形轨道压在已入土的单一桩顶上,否则将使船形轨道变形。 7. 桩机的电气系统,必须有效的接地。施工中,电缆应有专人看护,每天下班时,应将电源总开关切断
静力压桩施工过程	1. 压桩过程中,当桩尖碰到夹砂层时,压桩阻力可能突然增大,甚至超过压桩能力,使压机上抬。此时可以将最大的压桩力作用在桩顶,采用停车"并一并"的方法,使桩有可能缓慢穿过砂层。倘有少量桩确实不能沉达设计高程。如相差不多,可截除桩头,继续基础承台的施工。 2. 接近设计高程时,应注意严格掌握停压时间,停压过早使得补压阻力加大;停压过迟则沉桩超过要求深度。 3. 压桩时,特别是压桩初期要注意桩的下沉,有无走位或偏斜,是否符合桩位中心位置,以便及时进行校正,无法纠正时,应拔出后再行下沉,如遇有障碍应予清除重行插桩施压。 4. 多节桩施工时,接桩面应距地面1m,以便于操作。 5. 尽量避免压拉中途停歇或停歇时间较长,导致压桩启动阻力增大。 6. 压桩中,桩身倾斜或下沉速度突然加快时,多为桩接头失效或桩身破裂。一般可在原桩位附近补压新桩。 7. 当压桩阻力超过压桩能力,或者由于配重不及时调整,而使桩机发生较大倾斜时,应立即采取停压借施,以免造成断桩或压桩架倾倒事故。 8. 必须做好每根桩的压桩记录

5.1.8 水上沉桩

(1)水上沉桩施工的一般要求

水上沉桩施工的一般要求 表5.1-31

项　目	水上沉桩施工的一般要求
浅水中沉桩	在浅水中沉桩,一般可设置施工便桥、便道、土岛和工作平台进行
深水中沉桩	在深水中沉桩,可采用固定平台。浮式平台、浮式沉桩机(打桩船)等方法进行,并应设置固定的导向设施,防止桩基发生偏移或倾斜。如桩的自由长度较大,为防止锤击时损坏桩体,应当增设支点,减小其自由长度

续上表

项　　目	水上沉桩施工的一般要求
用浮式沉桩机沉桩时的有关规定	1. 浮式沉桩机的稳定性应经过详细计算，并需有防止浮船晃动的设施。桩架与船身结合必须牢固。 2. 锚的重力、数量和位置，钢丝绳的规格以及避风措施，均应作规定；在沉桩过程中，应对锚碇设备的受力状态经常进行检查和调整。 3. 严禁在已沉好的桩上系绳；如桩顶被水淹没，应在水面上设置明显标志，防止船只碰撞或绳索缠绊。 4. 当波浪超过二级（波浪峰高 0.25～0.5m）或流速超过 1.5m/s，或风力超过五级时（风速大于 8～10.7m/s），均不宜沉桩；在其他船只通过施工区，影响沉桩船稳定时，宜暂停沉桩。吊桩上下船或船上倒运储存桩均应对称进行

(2)专用沉桩船的基本特点

专用沉桩船的基本特点表 表 5.1-32

项　　目	简图与特点
操纵系统先进	以进口打（沉）桩船 YKC-70 号（日本）为例，系高度自动化，本身无推进器，往返工地需拖航，沉桩和起重作业均由工长在桩架上以步话机向操纵室值班员发令指挥，由值班员依令按电钮操纵液压泵及甲板液压绞车等各种机械。船首、尾及船左、右侧均有平衡水箱，于施工时保持船体平衡
桩架可吊桩、俯仰沉桩、活动龙门伸距达 12m 的沉桩船	沉桩船的桩架可以前俯或后仰 30°以上用以沉设斜桩。 当沉桩船的桩架，前倾小于 10°时，可用来吊桩；并由于桩架结构坚固，且可用作起重机，能起吊最大起重力可达 800kN。 沉桩船的桩架为适应桩长的需要，可从上部或中部接高 5～7m。最高的桩架达 52m，可一次下沉超过 40m 的长桩。 有的沉桩船在桩架上端与龙门梃上部装置棱形（铰接）“鸟嘴”，当桩位在岸边或浅水处沉桩船吃水过深不能接近时，可将整个桩架向前倾斜，龙门梃下端即从桩架支向前面垂直吊于桩位之上进行沉桩。龙门梃伸出船首的最大伸距可达 12m（参见简图所示） 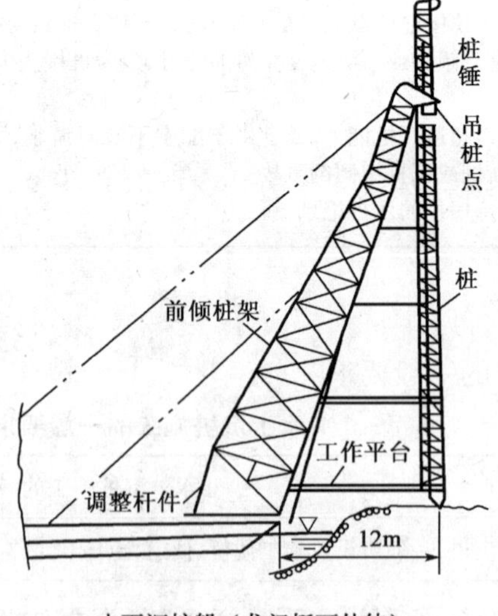 水下沉桩船（龙门梃可外伸）

(3)打(沉)桩船技术规格

打(沉)桩船技术规格表 表5.1-33

船　名	沪工桩7号			沪工桩9号			(日)YKC-70号		
船体尺寸	长(m)	宽(m)	深(m)	长(m)	宽(m)	深(m)	长(m)	宽(m)	深(m)
	45	19.2	3.75	45.85	42	3.2	43.8	20	3.6
吃水	船首(m)	船尾(m)	平均(m)	船首(m)	船尾(m)	平均(m)	船首(m)	船尾(m)	平均(m)
	1.82	2.25	2.04	1.9	1.9	1.9			2.0
桩架状态	架高(m)(水面计)	内龙口宽(m)改装前	仰伏角(°)	架高(m)(水面计)	内龙口宽(m)	仰伏角(°)	架高(m)(水面计)	内龙口宽(m)	仰伏角(°)
	53.8	0.9	18	54	0.6	35	53.55	0.7	30
桩重	允许25t			允许40t			允许40t		
绞车	12台能力50~200kN			15台能力30~120kN			12台7×100kN 6×60kN		
动力	柴油机2×365kW			柴油机1×291kW			柴油机1×251kW		
排水量	—			—			1 483t		
船名	3航3号			大桥局150t打(压)船			—		
船体尺寸	长(m)	宽(m)	深(m)	长(m)	宽(m)	深(m)			
	45.85	42	2.2	46	14	3.2			
吃水	船首(m)	船尾(m)	平均(m)	船首(m)	船尾(m)	平均(m)			
	1.9	1.9	1.9	1.9	1.9	1.9			
桩架状态	架高(m)(水面计)	内龙口宽(m)改装前	仰伏角(°)	架高(m)(水面计)	内龙口宽(m)	仰伏角(°)			
	43	0.9	±18.5	43.9	0.9	≤18.4			
桩重	允许≤25t			允许≤25t,长度≤34m					
绞车	13台能力50~200kN			11台2×250kN,2×200kN 1×150kN,6×100kN					
动力	柴油机1×291kW			1×291kW,1×14.9kW					
排水量	906t			906t					

注:1. 沪工桩9号及YKC-70号打桩船可打:ϕ1 600mm × 42m + 水深,40t重的钢管桩。(ϕ450 ~ ϕ550mm) × 42m + 水深,40t重钢筋混凝土桩。
2. YKC-70号打桩船可当80t起重船使用。
3. 调整桩架的倾角由液压传动,起吊桩时拉架的前后角度最大为10°。
4. 3航3号打桩船,吊龙门梃伸距为8m。
5. 除铁道部大桥局的150t打桩船外,其余打桩船均属交通运输部航务工程局所有。

(4)使用打(沉)桩部注意要点

使用打(沉)桩部注意要点表 表5.1-34

项　目	使用打(沉)桩部注意要点
船位的移动与锚碇安排	1. 为保持航道的通航要求,在使用打桩船时对锚船及抛锚位置应周密考虑,并率先作出锚碇布置、船的移动顺序等内容的施工方案(或组织设计)。应尽可能减少移动船只的次数和保证航道的畅通。 2. 锚碇必须牢靠,抛锚要抛到正确位置并防止走锚

续上表

项　目	使用打(沉)桩部注意要点
沉桩过程中的停锤	1. 在一个桥墩打多方向斜桩时,船体与水流近似正交,而流速又大于1.0m/s时,船体的迎流面的高差可达30~40cm,应严格调节压舱水,以保持船体平衡,如仍无效应立即停锤。 2. 在潮落的2/5~4/5的历时水位阶段亦应停锤。 3. 水面波浪超过2级(波浪峰高0.25~0.5m)时应停锤
统一指挥安全防护	1. 在与驳船或其他船只共同作业时,应与对方船长共同研究规定动作,并由1人统一指挥,协作进行。 2. 在深水桩打完后,应有巡逻船日夜巡逻防护,以策安全
使用打桩船上柴油桩锤注意事项	1. 吊桩时,应用钢丝绳按规定吊点绑扎牢固。当桩被竖直后应使桩架后仰3°~5°,利用桩身自重,使桩很快贴紧背板,以代替人力拉桩就位。 2. 开锤前应再次检查插桩位置及有关作业,就绪后开锤,当锤进入连续工作状态后,要立即把起落架(吊升装置)提升到高出上气缸顶端2m处(不能使起落架下降,以免损坏吊钩、活塞和气缸等),但锤击过程中,应适当保持一定距离,以防当急需上吊锤体时因距离太远不及起吊,造成锤体脱离龙门梃槽口而坠入水中。 3. 根据锤芯跳动的高度,用燃油调节横杆控制调整供油量,以保证工作正常进行。 4. 注意龙门梃轨道(槽口)和柴油锤导向座松动量,应不超过7mm,以防柴油锤出轨发生事故。为防止过度磨耗,龙门梃轨道应经常涂抹润滑油脂
船上打桩架用于起重时注意事项	1. 应按规定限额负荷起吊重物,严格禁止超负荷起吊。 2. 起吊重物时应垂直提升,禁止斜吊。 3. 对埋在土内或水下物件,开始只能缓慢起吊,待吊起或出水面后方可逐渐加快起吊速度。 4. 起吊重物情况不明,吊钩不正,吃水不够,以及大风浪影响安全时,均不能强行"硬吊",以策安全

5.1.9 沉桩质量标准与记录表式

(1)沉桩允许偏差

沉桩施工质量标准(JTG/T F50—2011)　　表5.1-35

检查项目			允许偏差
桩位(mm)	群桩	中间桩	$d/2$ 且≤250
		外缘桩	$d/4$
	单排桩	顺桥方向	40
		垂直桥轴方向	50
倾斜度		直桩	1%
		斜桩	$\pm 0.15\tan\theta$

注:1. d 为桩的直径或短边长度。

2. θ 为斜桩轴线与垂线间的夹角。

3. 深水中采用打桩船沉桩时,其允许偏差应符合设计文件或现行行业标准《港口工程桩基规范》(JTJ 254)的规定。

(2)沉桩记录表式参考

坠锤、单动汽锤沉桩记录(参考)表式 表5.1-36

路线名称	冲击部分重力(kN)	桩位平面示意图
桥名	拉帽及送桩重力(kN)	
桩的规格尺寸	桩尖设计高程(m)	
桩锤类型	设计贯入度(cm/击)	

墩台编号	桩的编号		沉桩日期	桩入土每米锤击次数/落锤高或射水时间					射水压力(MPa)	最后阶段		复打阶段			斜桩斜度		最后桩尖高程(m)	桩位偏高(mm)	备注
	图上编号	制桩编号		1	2	3	4	…		落锤高度(m)	平均贯入度(cm/击)	复打日期	落锤高度(m)	平均贯入度(cm/击)	设计(%)	实际(%)			

施工负责: 质量检查:

柴油桩锤、双动汽锤沉桩记录(参考)表式 表5.1-37

路线名称	冲击部分重力(kN)	桩位平面示意图
桥名	拉帽及送桩重力(kN)	
桩的规格尺寸	桩尖设计高程(m)	
桩锤类型	设计贯入度(cm/min)	

墩台编号	桩的编号		沉桩日期	桩入土每米锤击时间(min)或射水时间					射水压力(MPa)	最后阶段		复打阶段			斜桩斜度		最后桩尖高程(m)	桩位偏高(mm)	备注
	图上编号	制桩编号		1	2	3	4	…		落锤高度(m)	平均贯入度(cm/min)	复打日期	落锤高度(m)	平均贯入度(cm/min)	设计(%)	实际(%)			

施工负责: 质量检查:

注:振动沉桩记录可参考本表填写。

静力压桩记录(参考)表式

表 5.1-38

路线名称		压桩机重力(kN)		桩位平面示意图
桥名		平衡加载(kN)		
桩的规格尺寸		桩重力(全长)(m)		
压桩机类型		桩尖设计高程(m)		

墩台编号	桩的编号		桩节组成(由下至上)	压桩						桩入土总长度(m)	桩尖设计高程(m)	桩位偏差(mm)	备注
	图上编号	制桩编号		日期	开始时间		结束时间		压力(MPa)				
					(h)	(min)	(h)	(min)					

施工负责: 质量检查:

沉桩记录汇总表(参考)表式

表 5.1-39

线 桥 号墩(台)

桩位平面示意图

第 号桩 桩长 + + = (m)。

桩断面积 (cm^2)。系 桩。直(斜)桩。

沉桩开始 年 月 日 时 分。完毕时间 年 月 日 时 分。

沉桩时地面(河床)高程 (m)。停锤时桩尖高程 (m)。桩入土 (m)。

停锤时贯入度 (mm)。落锤高 (cm)。

复打 年 月 日 时。5 锤贯入度 (mm)。落锤高 (cm)。

沉桩共用 时 分。总计锤击次数

水压 (MPa)

射水嘴直径 (mm)。总射水时间 时 分

桩尖类型 桩锤类型

桩顶实际偏位 拉轴线对垂直线倾斜

初打时锤垫、桩帽和桩垫情况

复打时锤垫、桩帽和桩垫情况

其他说明

记录: 复核: 施工负责: 质量检查:

注:振动沉桩可适当修改参考填列。

5.2 灌注桩基础

5.2.1 钻孔桩

(1)各种成孔设备适用范围

各种成孔适用设备(方法)适用范围参考表 表 5.2-1

序号	成孔设备(方法)	适用范围			
		土层	孔径(cm)	孔深(m)	泥浆作用
1	机动推钻	黏质土,砂土,砾石粒径小于10cm,含量少于30%的碎石土	60~160	30~40	护壁
2	正循环回转钻机	黏质土,砂土,砾,卵石粒径小于2cm、含量少于20%的碎石土,软岩	80~200	30~100	浮悬钻渣并护壁
3	反循环回转钻机	黏质土,砂土,卵石粒径小于钻杆内径2/3,含量少于20%的碎石土,软岩	80~250	泵吸<40 气举100	护壁
4	正循环潜水钻机	淤泥,黏质土,砂土,卵石粒径小于10cm,含量小于20%的碎石土	60~150	50	浮悬钻渣并护壁
5	反循环潜水钻机	同序号3	60~150	泵吸<40 气举100	护壁
6	全护筒冲抓和冲击钻机	各类土层	80~200	30~40	不需泥浆
7	冲抓锥	淤泥,黏质土,砂土,砾石,卵石	60~150	20~40	护壁
8	冲击实心锥	各类土层	80~200	50	浮悬钻渣并护壁
9	冲击管锥	黏质土,砂土,砾石,松散卵石	60~150	50	浮悬钻渣并护壁
10	冲击、振动沉管	软土、黏质土、砂土、砾石、松散卵石	25~50	20	不需泥浆

注:1. 单轴极限强度小于30MPa的岩石称软石;大于30MPa的称硬岩;小于5MPa的称极软岩。
2. 正反循环回转钻机(包括潜水钻机)附装坚硬牙轮钻头,可钻抗压强度达100MPa的硬岩。
3. 表中所列各种钻机设备(方法)适用的成孔直径和孔深,系指国内一般情况下的适用范围,随着钻孔设备不断改进,设备功率增强,辅助措施提高,成孔直径和孔深的范围将逐渐增大。

(2)钻孔机及其技术性能

钻孔机的基本特点 表 5.2-2

项 目	钻机类型和特点
钻机的优点	钻孔机是钻孔灌注桩、钻孔沉入预制桩和地下连续墙(或挡土围幕)的成孔设备。具有造价低、无噪声、无冲击、无振动、无污染等优点,近年来国内外都发展较快。桥梁施工亦趋广泛被采用

续上表

项　目	钻机类型和特点
各类钻孔机选择的使用特点	根据地质条件的不同，采用的钻机和钻头也不同。 常用的有长螺旋钻机、短螺旋钻孔机、潜水钻孔机、转盘式钻孔机等。 长螺旋钻孔机（右图）适用于钻孔灌注桩作业，对于穿透砂层比锤击法沉桩性能好，比振动沉桩损坏设备轻，并可有效避免沉桩对地基挤压而危及临近建筑物的不良影响。 短螺旋钻孔机是一种干法成孔钻机，除具有长螺旋钻机的某些特点外，还具有不用接钻杆，效率高等特点。 转盘钻孔机是湿法成孔钻机，一般应有泥浆循环。适用于黏土、卵石、砾石、岩石等地质条件下使用，性能可靠。 潜水钻孔机是湿法成孔钻机。适用于黏土、砂层、淤泥、风化岩及软土地区钻孔，具有耗能少、效率高、实用性强等特点 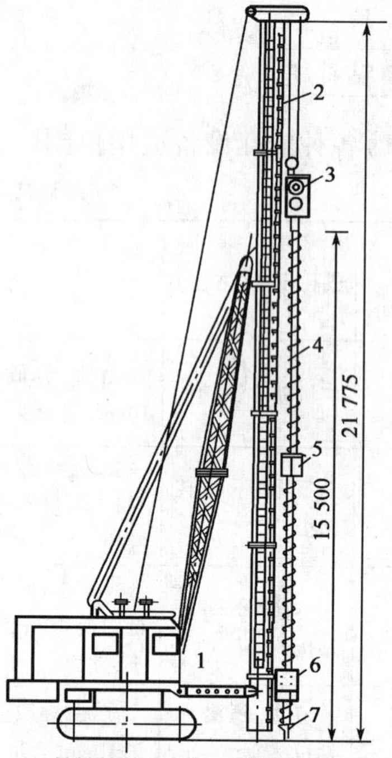 长螺旋钻孔机外形结构示意图 1-履带式起重机；2-柴油打桩架导杆；3-螺旋钻孔机动力头；4-螺旋钻杆；5-上导向支架；6-下导向支架；7-钻头

各型钻孔机主要技术性能　　表5.2-3

钻机型号	钻机形式	钻孔方式	钻孔直径（mm）	钻孔深度（m）	扭矩（kN·m）	转速（r/min）	加压进给方式	钻进速度（m·min）	护壁方式	驱动动力功率（kW）	总质量（t）	生产厂
ZKL-400	长螺旋	钻削	400	12～18	3.7，4.85	63，81，116	自重	1	干钻	30	—	郑州勘察机械厂、河北新河钻机厂、武汉桥梁机械厂、黑龙江双城钻机厂、北京施工机械厂、北京城建机械厂
ZKL-600	长螺旋	钻削	600	12～18	12.07	39，54，71	自重	1	干钻	55	—	
ZKL-800	长螺旋	钻削	800	12～18	14.55	21，27，39	自重	1	干钻	55	—	
GKL-400	长螺旋	钻削	400	12	1.47	88	自重	1	干钻	15	—	
ZUY1500	伸缩钻杆短螺旋、钻斗	钻削	1 500	42	11.3	0～195	油缸加压	1	干钻	95	8	
QJ250	转盘式	钻削正反循环	2 500	8～100	70	10，25，40	自重	>0.04	泥浆	95	13	
XF-3	转盘式	钻削正反循环	1 500	50	40	12	自重	—	泥浆	40	7	
ZJ150-1	转盘式	钻削正反循环	1 500	70～100	3.58，5，7.3，20	120，86，59，22	自重	—	泥浆	55	10	

续上表

钻机型号	钻机形式	钻孔方式	钻孔直径(mm)	钻孔深度(m)	扭矩(kN·m)	转速(r/min)	加压进给方式	钻进速度(m·min)	护壁方式	驱动动力功率(kW)	总质量(t)	生产厂
红星400	转盘式	钻削正反循环	650	400	13.2,5,7.3,20	22,59,86,126	自重	—	泥浆	40	9.7	郑州勘察机械厂、河北新河钻机厂、武汉桥梁机械厂、黑龙江双城钻机厂、北京施工机械厂、北京城建机械厂
ZKD150	动力头式	正反循环钻削	1 500	100	16.32,9.33	89,47	自重	—	泥浆	45	9.0	
ZKH120	伸缩钻杆动力头	—	1 200	32	20	10~160	加压	—	干钻泥浆	—	—	
BQZ400	长螺旋(步履底盘)	—	300~400	10	1.5	140	自重	1.5~2	干钻	32	10	
CZQ-800	潜水钻机	潜水钻削	800	50	1.2	200	配重	1	泥浆	22	4.6	
GZQ-1250	潜水钻机	潜水钻削	1 250	50	4.75	45	配重	0 16	泥浆	22	7.5	
GZQ-1500	潜水钻机	潜水钻削	1 500	50	5.75	39	配重	0.02	泥浆	22	7.5	
BDM-08	转盘式	正反循环钻削	1 200	40~60	4.2~8.7	15~41	配重	—	泥浆	22	6	
BDM-1	转盘式	正反循环钻削	1 250	40~60	3.32~12.12	9~52	配重	—	泥浆	22	9.2	
BDM-2	转盘式	正反循环钻削	1 500	40~60	7~28	5~34	配重	—	泥浆	28	13	
BDM-4	转盘式	正反循环钻削	3 000	40~100	15~80	6~35	配重	—	泥浆	75	32	

(3)钻孔准备工作要求

钻孔准备工作要求 表5.2-4

项 目	钻孔准备工作内容与要求
钻孔场地准备	1. 场地为旱地时,应清除杂物,换除软土,整平夯实。 2. 场地为陡坡时,可用枕木、型钢等搭设工作平台。 3. 场地为浅水时,宜采用筑岛施工,筑岛面积应根据钻孔方法、设备大小等要求,确定高度应高于最高施工水位0.5~1.0m。 4. 场地为深水或淤泥层较厚时,可搭设工作平台,平台需牢固稳定,能承受工作时所有静、动荷载,并考虑施工机械能安全进出。 如水流平稳,水位升降缓慢,全部工序可在船舶或浮箱上进行,但需锚检稳固,桩位准确。 如流速较大,但河床可以整理平顺时,可采用钢板或钢丝网水泥薄壁浮运沉井,就位后灌水下沉至河床,然后在其顶部搭设工作平台,在其底部安设护筒;浮运沉井的要求可参照第5章有关浮式沉井要求处理;在某些情况下,可在钢板桩围堰内搭设钻孔平台
钻孔护筒形式及埋设要求	1. 为固定桩位,保护孔口不坍塌,隔离地面水和保持孔内水位高出施工水位以维护孔壁及钻孔导向等目的,在钻孔前须按以下要求制作、埋设或下沉"护筒"。 2. 护筒种类和制作要求

续上表

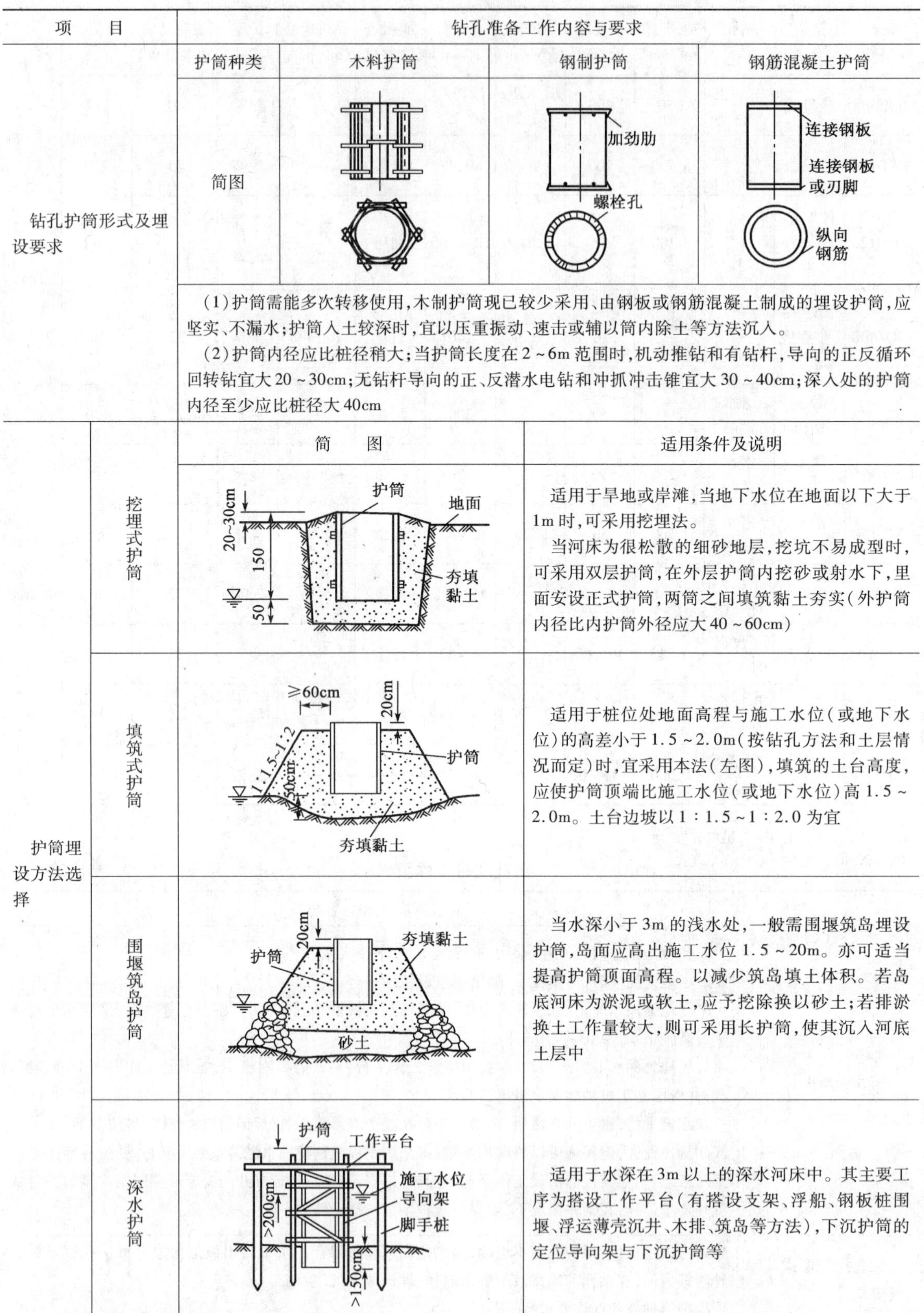

项目		钻孔准备工作内容与要求			
钻孔护筒形式及埋设要求		护筒种类	木料护筒	钢制护筒	钢筋混凝土护筒
		简图		加劲肋 螺栓孔	连接钢板 连接钢板或刃脚 纵向钢筋
		(1)护筒需能多次转移使用,木制护筒现已较少采用、由钢板或钢筋混凝土制成的埋设护筒,应坚实、不漏水;护筒入土较深时,宜以压重振动、速击或辅以筒内除土等方法沉入。 (2)护筒内径应比桩径稍大;当护筒长度在2~6m范围时,机动推钻和有钻杆,导向的正反循环回转钻宜大20~30cm;无钻杆导向的正、反潜水电钻和冲抓冲击锥宜大30~40cm;深入处的护筒内径至少应比桩径大40cm			
护筒埋设方法选择		简图		适用条件及说明	
	挖埋式护筒	护筒 地面 20~30cm 150 50 夯填黏土		适用于旱地或岸滩,当地下水位在地面以下大于1m时,可采用挖埋法。 当河床为很松散的细砂地层,挖坑不易成型时,可采用双层护筒,在外层护筒内挖砂或射水下,里面安设正式护筒,两筒之间填筑黏土夯实(外护筒内径比内护筒外径应大40~60cm)	
	填筑式护筒	≥60cm 20cm 1:1.5~1:2 50cm 护筒 夯填黏土		适用于桩位处地面高程与施工水位(或地下水位)的高差小于1.5~2.0m(按钻孔方法和土层情况而定)时,宜采用本法(左图),填筑的土台高度,应使护筒顶端比施工水位(或地下水位)高1.5~2.0m。土台边坡以1∶1.5~1∶2.0为宜	
	围堰筑岛护筒	20cm 夯填黏土 护筒 砂土		当水深小于3m的浅水处,一般需围堰筑岛埋设护筒,岛面应高出施工水位1.5~20m。亦可适当提高护筒顶面高程。以减少筑岛填土体积。若岛底河床为淤泥或软土,应予挖除换以砂土;若排淤换土工作量较大,则可采用长护筒,使其沉入河底土层中	
	深水护筒	护筒 工作平台 施工水位 导向架 脚手桩 >200cm >150cm		适用于水深在3m以上的深水河床中。其主要工序为搭设工作平台(有搭设支架、浮船、钢板桩围堰、浮运薄壳沉井、木排、筑岛等方法),下沉护筒的定位导向架与下沉护筒等	

续上表

<table>
<tr><th>项　　目</th><th colspan="2">钻孔准备工作内容与要求</th></tr>
<tr><td rowspan="7">护筒顶端高度</td><td>钻孔情况</td><td>护筒顶端高度要求</td></tr>
<tr><td>反循环回转法（包括反循环回转潜水电钻）钻孔</td><td>护筒顶端应高出地下水位2.0m以上</td></tr>
<tr><td>正循环回转法（包括正循环回转潜水电钻）钻孔</td><td>护筒顶端泥浆溢出口底边，在良好地质，不易坍孔时，宜高出地下水位1.0~1.5m以上；地质不良时，应高出地下水位1.5~2.0m以上</td></tr>
<tr><td>采用上述外、其他方法钻孔</td><td>护筒顶端宜高出地下水位1.5~2.0m</td></tr>
<tr><td>当护筒处于旱地时</td><td>除满足上列要求（高于地下水位1.5~2.0m）外，还应高出地面0.3m</td></tr>
<tr><td>孔内有承压水时</td><td>护筒顶端应高于稳定后的承压水位2.0m以上，其承压水不稳定或稳定后承压水高出地下水位很多，应先作试桩，鉴定在高承压水地区采用钻孔灌注桩基的可行性</td></tr>
<tr><td>处于潮水影响地区时</td><td>护筒顶端应高于最高水位1.5~2.0m以上，并需采用稳定护筒内水头的措施</td></tr>
<tr><td rowspan="5">护筒底端埋置深度</td><td>钻孔地区情况</td><td>护筒底端埋置深度要求</td></tr>
<tr><td>旱地或浅水处</td><td>对于黏性土不小于1.0~1.5m；对于砂土应将护筒周围0.5m~10m范围内挖除，夯填黏性土至护筒底0.5m以下</td></tr>
<tr><td>冰冻地区</td><td>应埋入冻层以下0.5m</td></tr>
<tr><td>深水及河床软土、淤泥层较厚处</td><td>尽可能深入到不透水层黏性土内1~1.5m；河床下无黏性土层时，应沉到大砾石，卵石层内0.5~1.5m，河床为软土、淤泥、砂土时，护筒底埋置深度应经仔细研究决定，但不得小于3.0m</td></tr>
<tr><td>有冲刷影响的河床</td><td>应埋入局部冲刷线以下不小于1.0~1.5m</td></tr>
<tr><td>护筒埋置的其他要求</td><td colspan="2">干处或浅水筑岛，护筒可按一般方法实测定位；在深水沉入护筒应采用导向架等设备定位，并要保持竖直，导向架应有足够的强度和稳定性。
护筒接头处，要求内部无突出物，能耐拉、压、不漏水，灌注桩完成后，钢护筒或钢筋混凝土护筒除设计另有规定外，一般应予拆除。
护筒平面位置的偏差，一般应不大于5cm，护筒斜度的偏差应大于1%。
斜孔护筒，应采取相应措施，保证成孔斜度准确和施工安全</td></tr>
</table>

（4）灌注桩泥浆性能指标

泥浆性能指标选择 表5.2-5

钻孔方法	地层情况	泥浆性能指标							
		相对密度	黏度（Pa·S）	含砂率（%）	胶体率（%）	失水率（mL/30min）	泥皮厚（mm/30min）	静切力（Pa）	酸碱度（pH）
正循环	一般地层	1.05~1.20	16~22	4~8	≥96	≤25	≤2	1.0~2.5	8~10
	易塌地层	1.20~1.45	19~28	4~8	≥96	≤15	≤2	3~5	8~10
反循环	一般地层	1.02~1.06	16~20	≤4	≥95	≤20	≤3	1~2.5	8~10
	易塌地层	1.06~1.20	18~28	≤4	≥95	≤20	≤3	1~2.5	8~10
	卵石土	1.10~1.15	20~35	≤4	≥95	≤20	≤3	1~2.5	8~10

续上表

钻孔方法	地层情况	泥浆性能指标							
		相对密度	黏度（Pa·S）	含砂率（%）	胶体率（%）	失水率（mL/30min）	泥皮厚（mm/30min）	静切力（Pa）	酸碱度（pH）
推钻冲抓	一般地层	1.10~1.20	18~24	≤4	≥95	≤20	≤3	1~2.5	8~11
冲击	易塌地层	1.20~1.40	22~30	≤4	≥95	≤20	≤3	3~5	8~11

注:1. 地下水位高或其流速大时,指标取高限,反之取低限。

2. 地质状态较好时,孔径或孔深较小的取低限,反之取高限。

3. 在不易坍塌的黏质土层中,使用推钻、冲抓、反循环回转钻进时,可用清水提高水头(≥2m)维护孔壁。

4. 若当地缺乏优良黏质土,远运膨润土亦很困难,调制不出合格泥浆时,可掺用添加剂改善泥浆性能。

5. 泥浆的各种性能指标测定方法见《公路桥涵施工技术规范》(JTG/T F50—2011)附录D

对直径大于2.5m的大直径或超长钻孔灌注桩对泥浆的要求较高,泥浆的选择应根据钻孔的工程地质情况、孔位、钻机性能、泥浆材料条件等确定。在地质复杂,覆盖层较厚,护筒下沉不到岩层的情况下,使用丙烯酰胺即PHP泥浆,此泥浆的特点是不分散、低固相、高黏度

(5)泥浆原料性能要求及外加剂量计算法

泥浆原料性能要求及外加剂量计算法 表5.2-6

<table>
<tr><th>项　　目</th><th colspan="4">泥浆原料性能要求及用量计算法</th></tr>
<tr><td>泥浆原料黏土的性能要求</td><td colspan="4">泥浆原料宜尽可能使用膨润土,使用黏土时应符合下列要求:
1. 自然风干后,用手不易掰开捏碎。
2. 干土破碎时,断面有坚硬的尖锐棱角。
3. 用刀切开时,切面光滑、颜色较深。
4. 水浸湿后有黏滑感,加水和成泥膏后,容易搓成1mm的细长泥条,用手指揉捻,感觉砂粒不多。浸水后能大量膨胀。
5. 胶体率不低于95%。
6. 含砂率不大于4%。
7. 制浆能力不低于2.5L/kg。
一般可选用塑性指数大于25,小于0.005mm的黏粒含量大于50%的黏土制浆。略差的黏土、可掺入30%的塑性指数大于25的黏土。若用亚黏土时,其塑性指数不宜小于15,大于0.1mm的颗粒不宜超过6%。所选黏土中不应含有石膏、石灰或钙盐类化合物。
若采用较差的黏土或亚黏土调剂的泥浆,其性能指标不符合要求时,可在泥浆中掺入碳酸钠(Na_2CO_3,通称碱粉或纯碱)、氢氧化钠(NaOH)或膨润土粉末,以提高泥浆性能指标,掺入量与原泥浆情况有关,最好是由试验确定。一般碳酸钠的掺入量约为孔中泥浆的0.1%~0.4%</td></tr>
<tr><td>泥浆原料膨润土的性能和用量</td><td colspan="4">膨润土有钠和钙质两种,钠质膨润土较钙质为优,大量用于炼钢、铸造中,钻孔泥浆中用量也很大。膨润土泥浆具有比重低、黏度好、含砂量少、失水量少、泥浆薄、稳定性强、固壁能力高、钻具回转阻力小、钻进率高、造浆能力大等优点。
膨润土作为泥浆原料的一般用量为水的8%,即8kg膨润土可掺100L的水。对于黏土地层,可降低到3%~5%。较差的膨润土用量为水的12%左右</td></tr>
<tr><td rowspan="2">泥浆外加剂及其掺量</td><td>序号</td><td>外加剂名称</td><td>作用</td><td>掺入量</td></tr>
<tr><td>1</td><td>CMC(Carboxy Mefhyl-Celluose),全名羟基纤维素</td><td>具有使地基土表面形成薄膜而使之强化和降低失水量的作用</td><td>普遍在0.1%以下</td></tr>
</table>

续上表

<table>
<tr><th>项　　目</th><th colspan="4">泥浆原料性能要求及用量计算法</th></tr>
<tr><td rowspan="5">泥浆外加剂及其掺量</td><td>序号</td><td>外加剂名称</td><td>作用</td><td>掺入量</td></tr>
<tr><td>2</td><td>FCI，又称铬铁木质素磺酸钠盐</td><td>系分散剂，可改善因混杂有土、粉砂、混凝土及盐分等而变质的稳定液的性能，可使钻渣颗粒聚集而加速沉淀，使稳定液重复使用仍具有高质量性能</td><td>0.1%～0.3%</td></tr>
<tr><td>3</td><td>硝基腐殖酸钠盐（简称煤碱剂）</td><td>系由褐煤中提炼出来的腐殖酸，用硝酸和氢氧化钠处理后的产物。其作用与 FCI 相似。具有很强的吸附能力，在黏土颗粒表面形成结构性溶剂水化膜，阻止自由水渗透，使失水量降低，而黏度增加。若掺入量少，可使黏度不上升，具有部分稀释作用</td><td>掺用量同上，序号 2、3 可任选一种</td></tr>
<tr><td>4</td><td>碳酸钠（Na_2CO_3）又称碱粉或纯碱</td><td>可使酸碱度 pH 值增大，使黏土颗粒分散，使黏粒表面负电荷增加，为黏土吸收外界的正离子颗粒提供条件，可增加水化膜厚度，提供泥浆的胶体率和稳定性，降低失水量</td><td>约为孔中泥浆的 0.1%～0.4%</td></tr>
<tr><td colspan="4">上列各种掺入剂用量，最好先作试配，试验其配合液各项性能指标是否符合要求。各种掺入剂宜先制成小剂量溶剂，按循环周期均匀加入，并及时测定泥浆指标，防止掺入剂过量。每循环周期相对密度差不宜超过 0.01</td></tr>
<tr><td rowspan="3">调制泥浆的黏土用量计算</td><td colspan="4">在黏质土中钻孔时，事先只要调剂不多的泥浆，以后可在钻进过程中利用地层黏土造浆补浆。
在砂土、砂砾或卵石中钻孔，事先需备足黏土，其数量可按下列公式和原则计算：</td></tr>
<tr><td colspan="2">每立方米泥浆所需黏土质量 $q(t)$
$$q = Vp_1 = \frac{p_2 - p_3}{p_1 - p_3}p_1$$</td><td colspan="2">V——每立方米泥浆所需黏土体积（m^3）；
p_1——黏土的密度（t/m^3）；
p_2——要求的泥浆密度（t/m^3），$p_2 = Vp_1 + (1 - V)p_3$；
p_3——水的密度，$p_3 = 1(t/m^3)$</td></tr>
<tr><td colspan="4">若造成的泥浆的黏度 η 为 20～22（Pa·s），则各种黏土的造浆能力为：黄土胶泥 1～$3m^3/t$，白土、陶土、高岭土 3.5～8 m^3/t，次膨润土 $9m^3/t$，膨润土为 $15m^3/t$。基于上述，则膨润土的造浆能力将较黄土胶泥高 3～4 倍、即准备原料数量只需要普通黏土的 1/4～1/5</td></tr>
</table>

(6)灌注桩施工故障处理

灌注桩施工故障处理　　表 5.2-7

类别	原 因 分 析	预防及处理措施
坍孔	1. 护筒埋置过浅，周围封填不密漏水。 2. 操作不当。如提升钻头、冲击（抓）锥或掏渣筒倾倒，或放钢筋骨架时碰撞孔壁。 3. 泥浆稠度小，起不到护壁作用。 4. 泥浆水位高度不够，对孔壁压力小。 5. 向孔内加水时流速过大，直接冲刷孔壁。 6. 在松软砂层中钻进，进尺太快	1. 坍孔部位不深时，可改用深埋护筒，将护筒周围回填土，夯实，重新钻孔。 2. 轻度坍孔，可加大泥浆相对密度和提高水位。 3. 严重坍孔，用黏土泥膏投入，待孔壁稳定后采用低速钻进。 4. 汛期或潮汐地区水位变化过大时，应采取升高护筒，增加水头或用虹吸管等措施保证水头相对稳定。 5. 提升钻头，下放钢筋管架应保持垂直，尽量不要碰撞孔壁。 6. 在松软砂层钻进时，应控制进尺速度，并用较好泥浆护壁

续上表

类别	原 因 分 析	预防及处理措施
钻孔偏斜	1. 桩架不稳、钻杆导架不垂直，钻机磨耗，部件松动； 2. 土层软硬不匀，致使钻头受力不均； 3. 钻孔中遇有较大孤石、探头石； 4. 扩孔较大处，钻头摆动偏向一方； 5. 钻杆弯曲，接头不正	1. 检查、纠正桩架。使之垂直安置稳固，并对导架进行水平与垂直校正和对钻孔设备加以检修； 2. 偏斜过大时，填入土石（砂或砾石）重新钻进，控制钻速； 3 如有探头石，宜用钻机钻透，用冲孔机时，用低速，将石打碎，倾斜基岩时，可用混凝土填平，待其凝固后再钻
卡钻	1. 孔内出现梅花孔、探头石、缩孔等未及时处理； 2. 钻头被坍孔落下的石块或误落入孔内的大工具卡柱； 3. 入孔较深的钢护筒倾斜或下端被钻头撞击严重变形； 4. 钻头尺寸不统一，焊补的钻头过大； 5. 下钻头太猛，或钢绳过长，使钻头倾斜卡在孔壁上； 6. 冲击钻孔，尤易产生卡钻情况	1. 对于向下能活动的上卡，可用上下提升法，即上、下提动钻头，并配以将钢丝绳左右拔移、旋转； 2. 卡钻后不宜强提，只宜轻提，经提不动时，可用小冲击钻锥冲或用冲、吸的方法将钻锥周围的钻渣松动后再提出； 3 施工中注意保持护筒垂直，防止倾斜；钻头尺寸应统一，下钻应控制钻进速度，不要过猛过快
掉钻	1. 卡钻时强提强拉、操作不当，使钢丝绳或钻杆疲劳断裂； 2. 钻杆接头不良或滑丝； 3. 马达接线错误，使不应反转的钻机反转，钻杆松脱	1. 卡钻时应设有保护绳方能适度强提，严防钻头空打； 2. 经常检查钻具、钻杆、钢丝绳和联结装置； 3. 掉钻落物时，宜迅速用打捞叉、钩、绳套等工具打捞，若落体已被泥沙埋柱，则应用冲、吸的方法，先清除泥砂，使打捞工具接触落体后再打捞
扩孔及缩孔	1. 扩孔是因孔壁坍塌或钻锥摆动过大所致； 2. 缩孔原因是钻锥磨损过甚，焊补不及时或因地层中有软塑土，遇水膨胀后使孔径缩小	1. 注意采取防止坍孔和防止钻锥摆动过大的措施； 2. 注意及时焊补钻锥，并在软塑地层采用失水率小的优质泥浆护壁； 3. 已发生缩孔时，宜在该处用钻锥上下反复扫孔以扩大孔径
安全要求	在任何情况下，严禁施工人员进入没有护筒或其他防护设施的钻孔中处理故障。当必须下入护筒或其他防护设施的钻孔时，应在检查孔内无有害气体，并备齐防毒、防溺、防坍埋等安全设施后，方可行动	

（7）钻孔灌注桩清孔法

钻孔灌注桩清孔法 表 5.2-8

方　　法	简图及说明	
	空气吸泥机清孔	离心吸泥泵清孔
抽浆清孔法	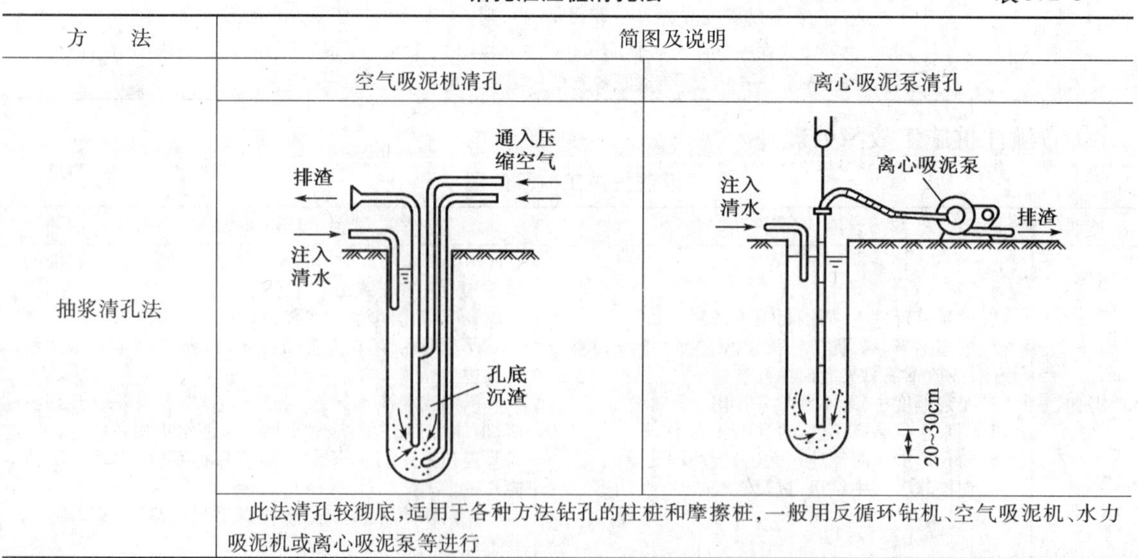	
	此法清孔较彻底，适用于各种方法钻孔的柱桩和摩擦桩，一般用反循环钻机、空气吸泥机、水力吸泥机或离心吸泥泵等进行	

续上表

方　法	简图及说明
换浆清孔法	适用于正循环钻孔法的摩擦桩，于钻孔完成后，提升钻锥距孔底10~20cm，继续循环，以相对密度较低(1.1~1.2)的泥浆压入，把钻孔内的悬浮钻渣和相对密度较大的泥浆换出
掏渣清孔法	用抽渣筒、大锅锥或冲抓钻清掏孔底粗钻渣，仅适用于机动推钻、冲抓、冲击钻孔的各类土层摩擦桩的初步清孔，掏渣前可先投入水泥1~2袋，再以钻锥冲出数次，使孔内泥浆、钻渣和水泥形成混合物，然后用掏渣工具掏渣。当要求清孔质量较高时，可使用高压水管插入孔底射水，使泥浆相对密度逐渐降低
喷射清孔法	只宜配合其他清孔法使用，是在灌注混凝土前对孔底进行高压射水或射风数分钟，使剩余少量沉淀物漂浮后，立即灌注水下混凝土
清孔时的注意要点	1. 不论采用何种清孔方法，在清孔排渣时，必须注意保持孔内水头，防止坍孔； 2. 柱桩应以抽浆法清孔，清孔后，将取样盒(即开口铁盒)吊至孔底，待灌注水下混凝土前取出检查沉淀在盒内的渣土，渣土厚度应符合表5.2-12的要求； 3. 用换浆法或掏渣法清孔后，孔口、孔中部和孔底提出的泥浆的平均值应符合质量标准要求；灌注水下混凝土前，孔底沉淀厚度应不大于设计规定； 4. 不得用加深孔底深度的方法代替清孔

(8)水下混凝土的灌注

灌注水下混凝土要求　　表5.2-9

项　　目	有关规定和灌注要求
钢筋骨架的制作、运输及吊装就位的技术要求	1. 钢筋骨架的制作应符合设计要求和“桥规”有关规定(参见本手册第7章有关内容)。 2. 长桩骨架宜分段制作，分段长度应根据吊装条件确定，并确保不变形，接头应错开。 3. 应在骨架外侧设置控制保护层厚度的垫块，其间距竖向为2m，横向圆周不得少于4处。骨架顶端应设置吊环。 4. 骨架入孔一般用吊机，无吊机时，可采用钻机钻架、灌注塔架、起吊应按骨架长度的编号入孔。 5. 钢筋骨架的制作和吊放的允许偏差为：主筋间距±10mm；箍筋间距±20mm；骨架外径±10mm；骨架倾斜度±0.5%；骨架保护层厚度±20mm；骨架中心平面位置20mm；骨架顶端高程±20mm。骨架底面高程±50mm。 6. 变截面桩钢筋骨架吊放按设计要求施工
灌注设备需有相应的配备	1. 灌注水下混凝土的搅拌机能力，应能满足桩孔在规定时间内灌注完毕。灌注时间不得长于首批混凝土初凝时间。若估计灌注时间长于首批混凝土初凝时间，则应掺入缓凝剂。 2. 水下灌注混凝土的泵送机具宜采用混凝土泵、距离稍远的宜采用混凝土搅拌运输车。采用普通汽车运输时，运输容器应严密坚实，不漏浆、不吸水，便于装卸，混凝土不应离析
导管可能承受的最大压力	水下混凝土一般用钢导管灌注，导管内径为200~350mm，视桩径大小而定。导管使用前应进行水密承压试验和接头抗拉试验，严禁用压气试压，进行水密试验的水压不应小于孔内水深的1.3倍的压力，也不应小于导管壁和焊缝可能承受灌注混凝土时最大内压力P的1.3倍，可按下式计算： $$P=\gamma_c h_c-\gamma_w H_w$$ 式中：P——导管可能受到的最大内压力(kPa)； γ_c——混凝土拌和物的重度(取24kN/m^3)； h_c——导管内混凝土柱最大高度(m)，以导管全长或预计的最大高度计； γ_w——井孔内水或泥浆的重度(kN/m^3)； H_w——孔内水或泥浆的深度(m)

续上表

<table>
<tr><th>项　目</th><th colspan="9">有关规定和灌注要求</th></tr>
<tr><td>首批灌注混凝土量计算</td><td colspan="9">首批灌注混凝土所需数量应能满足导管首次埋深(≥1.0m)和填充导管底部的需要,其混凝土数量可参考下式计算:
$$V \geqslant \frac{\pi D^2}{4}H_c + \frac{\pi D^2}{4}h_1$$
式中:V——首批混凝土所需数量(m^3);
h_1——井孔混凝土面高度达到 H_c 时,导管内混凝土柱需要的高度(m),$h_1 \geqslant \gamma_w H_w / \gamma_c$(见右图);
H_c——灌注首批混凝土时所需井孔内混凝土面至孔底的高度(m),$H_c = h_2 + h_3$;
H_w——井孔内混凝土面以上水或泥浆深度(m);
D——井孔直径(m);
h_2——导管初次埋置深度,$h_2 \geqslant 1.0$m;
h_3——导管底端至钻孔底间隙,约0.4m;
γ_w、γ_c——同前式</td></tr>
<tr><td rowspan="8">导管有关参考数据</td><td colspan="7">导管直径与壁厚参考表</td><td colspan="2">导管作用半径与超压力关系</td></tr>
<tr><td rowspan="3">桩径
(m)</td><td rowspan="3">通过混凝土数量
(m^3/h)</td><td rowspan="3">导管直径
(cm)</td><td rowspan="3">导管长度
(m)</td><td colspan="2">导管壁厚(mm)</td><td rowspan="3"></td><td rowspan="3">导管作用半径
(m)</td><td rowspan="3">最小超压力
(kPa)</td></tr>
<tr><td colspan="2">导管直径(cm)</td></tr>
<tr><td>20~25</td><td>30~35</td></tr>
<tr><td>0.6~0.9</td><td>10</td><td>20</td><td><30</td><td>3</td><td>4</td><td></td><td>4.0</td><td>250</td></tr>
<tr><td>1.0~1.5</td><td>17</td><td>25</td><td>30~50</td><td>4</td><td>5</td><td></td><td>3.5</td><td>150</td></tr>
<tr><td>>1.5</td><td>25</td><td>30</td><td>50~100</td><td>5</td><td>6</td><td></td><td>3.0</td><td>100</td></tr>
<tr><td>>1.5</td><td>35</td><td>35</td><td>—</td><td>—</td><td>—</td><td></td><td><2.5</td><td>75</td></tr>
<tr><td>导管灌注水下混凝土施工注意要点</td><td colspan="9">1. 混凝土拌和物运至灌注地点时,应检查其均匀性和坍落度等。如不符合要求,应进行第二次拌和,二次拌和后仍不符合要求时,不得使用。
2. 首批混凝土拌和物下落后,混凝土应连续灌注。
3. 在灌注过程中,特别是潮汐地区和有承压力地下水地区,应注意保持孔内水头。
4. 在灌注过程中,导管的埋置深度宜控制在2~6m。
5. 在灌注过程中,应经常测探井孔内混凝土面的位置,及时地调整导管埋深。
6. 为防止钢筋骨架上浮,当灌注的混凝土顶面距钢筋骨架底部1m左右时,应降低混凝土的灌注速度。当混凝土拌和物上升到骨架底口4m以上时,提升导管。使其底口高于骨架底部2m以上,即可恢复正常灌注速度。
7. 灌注的桩顶高程应比设计高出一定高度,一般不小于0.5m,以保证混凝土强度,多余部分接桩前必须凿除,残余桩头应无松散层。
8. 在灌注将近结束时,应该对混凝土的灌入数量,以确定所测混凝土的灌注高度是否正确。
9. 变截面桩灌注混凝土的技术要求:
对变截面桩,应从最小截面的桩孔底部开始灌注,其技术要求与等截面桩相同。灌注至扩大截面处时,导管应提升至扩大截面下约2m,应稍加大混凝土灌注速度和混凝土的坍落度;当混凝土面高于扩大截面处3m后,应将导管提升至扩大截面处上1m,继续灌注至桩顶。
10. 使用全护筒灌注水下混凝土时,当混凝土面进入护筒后,护筒底部始终应在混凝土面以下,随导管的提升,逐步上拔护筒,护筒内的混凝土灌注高度,不仅要考虑导管及护筒将提升的高度,还要考虑因上拔护筒引起的混凝土面的降低,以保证导管的埋置深度和护筒底面低于混凝土面。要边灌注、边排水,保持护筒内水位稳定,不至过高,造成反穿孔</td></tr>
</table>

续上表

项　　目	有关规定和灌注要求
导管灌注水下混凝土施工注意要点	11. 在灌注过程中，应将孔内溢出的水或泥浆引流至适当地点处理，不得随意排放，污染环境。 12. 灌注中发生故障时，应查明原因，合理确定处理方案，进行处理

5.2.2 挖孔灌注桩

(1)一般要求

挖孔灌注桩一般要求 表 5.2-10

项　　目	挖孔灌注桩一般要求
一般要求	1. 适用范围 挖孔灌注桩适用于无地下水或少量地下水，且较密实的土层或风化岩层。若孔内产生的空气污染物超过现行《环境空气质量标准》(GB 3095—1996)规定的三级标准浓度限值时，必须采取通风措施，方可采用人工挖孔施工。 2. 挖孔桩直径不应小于 1 200mm，挖孔的深度不宜大于 15m，孔深大于 10m 时必须强制采取机械通风措施。 3. 挖孔直径应按照设计规定。挖孔过程中，应经常检查桩孔尺寸、平面位置和竖轴线倾斜情况，如有偏差应随时纠正
技术要求	1. 挖孔施工应根据地质和水文地质情况，因地制宜选择孔壁支护方案报批，并应经过计算，确保施工安全并满足设计要求。 2. 孔口处应设置高出地面至少 300mm 的护圈。 3. 人工挖孔桩施工时相邻两桩孔间净距离不得小于 3 倍桩径，当桩孔间距小于 3 倍间距时必须间隔交错跳挖。 4. 桩孔必须挖一节、浇筑一节护壁，地质较好护壁高度一般为 1m，严禁只挖不及时浇筑护壁的冒险作业。对软弱地层、涌水、涌沙地层，护壁段高可减少为 0.3 ~ 0.5m 一段。 5. 挖孔弃土要及时转运，距井口四周 5m 范围内不得堆积余土杂物；禁止任何车辆在桩孔边 5m 内行驶。 6. 挖孔达到设计深度后，应进行孔底处理。必须做到孔底表面无松渣、泥、沉淀土。如地质复杂，应针探了解孔底以下地质情况是否能满足设计要求，否则应与监理、设计单位研究处理
混凝土的灌注	挖孔内无积水时，可不采用水下灌注混凝土施工，当不采用水下灌注混凝土时可按有关章节所述要求施工

(2)承台及其质量检验

承台及其质量标准(JTG/T F50—2011) 表 5.2-11

项　　目	承台及其质量检验
承台施工	1. 无水或浅水施工承台的挖基工作可按修筑临时围堰的有关要求办理，承台模板、钢筋、混凝土的施工可参照本手册有关要求办理。 2. 用套箱法围堰施工水中桩基承台时，宜先填塞拉和预留孔之间的缝隙，然后在套箱内灌注水下混凝土封底，待混凝土达到设计规定强度后抽干水，施工承台。抽水时应限制抽水速度，以确保安全。 3. 边桩外侧与承台边缘的净距不得小于设计规定的最小值
检验标准	承台施工的允许偏差值见下表：

项目	规定值或允许偏差(mm)	项目		规定值或允许偏差(mm)
混凝土强度(MPa)	在合格标准内	尺寸	$B \leqslant 30$m	±30
			$B > 30$m	$\pm B/1\ 000$
轴线偏位	15	顶面高程		±20

注：1. B 为承台边长。

2. 深水基础中以围堰作为承台模板时，承台的轴线偏位应符合设计规定。

(3)钻、挖孔质量标准

钻、挖孔成孔质量(JTG/T F50—2011) 表 5.2-12

<table>
<tr><th>项 目</th><th colspan="3">质量检验和质量标准</th></tr>
<tr><td>质量检验</td><td colspan="3">1. 钻、挖孔在终孔和清孔后，应进行孔位、孔深检验。
2. 孔径、孔形和倾斜度宜采用专用仪器测定，当缺乏专用仪器时，可采用外径为钻孔桩钢筋笼直径加100cm(不得大于钻头直径)，长度为4～6倍外径的钢筋检孔器吊入钻孔内检测</td></tr>
<tr><td rowspan="9">成孔质量标准</td><td colspan="3">钻、挖礼成孔的质量标准见下表：</td></tr>
<tr><td>序号</td><td>项目</td><td>允许偏差</td></tr>
<tr><td>1</td><td>孔的中心位置(mm)</td><td>群桩:100;单排桩:50</td></tr>
<tr><td>2</td><td>孔径(mm)</td><td>不小于设计桩径</td></tr>
<tr><td>3</td><td>倾斜度(%)</td><td>钻孔:<1;挖孔:<0.5</td></tr>
<tr><td>4</td><td>孔深(m)</td><td>摩擦桩:不小于设计规定
支承桩:比设计深度超深不小于0.05</td></tr>
<tr><td>5</td><td>沉淀厚度(mm)</td><td>摩擦桩:符合设计要求，当设计无要求时，对于直径≤1.5m的桩，≤200;对桩径>1.5m或桩长>40m或土质较差的桩，≤300
支承桩:不大于设计规定;设计未规定时≤50</td></tr>
<tr><td>6</td><td>清孔后泥浆指标</td><td>相对密度:1.03～1.10;黏度:17～20Pa·s;含砂率:<2%;胶体率:>98%</td></tr>
<tr><td colspan="3">注:1. 清孔后的泥浆指标，是从桩孔的顶、中、底部分别取样检验的平均值。本项指标的测定，限指大直径桩或有特定要求的钻孔桩。
2. 对冲击成孔的桩，清孔后泥浆的相对密度可适当提高，但不宜超过1.15</td></tr>
</table>

5.2.3 特殊地区的钻孔灌注桩施工注意事项

特殊地区的钻孔灌注桩施工注意事项 表 5.2-13

项 目	详 细 内 容
一般要求	岩溶地区、采空区等特殊地区的钻孔灌注桩： 1. 施工前应有岩溶发育状况与采空区状况的详细勘探资料。当对地质情况有疑问时，宜适当补充地质钻孔，探明情况。 2. 钻孔时，除正常的施工记录外，需专门对孔内的泥浆面高程进行观测，并做好安全管理工作。 3. 施工前，必须准备足够的坍孔回填料，包括黏土、水泥、级配块石等。并且要有可行的应急预案
成孔工艺	1. 宜采用冲孔工艺或钻冲结合工艺。 2. 护筒埋深尽量进入不透水层。 3. 泥浆密度要比一般地区所用泥浆密度大，可加大至1.15，确保护壁有效。 4. 钻孔时要加强观察，避免出现埋钻或埋锤现象。 5. 对漏浆及坍孔要及时进行补浆和回填，避免出现大面积坍孔现象，并要确保平台、钻机、施工人员的安全
清孔	1. 适当加大清孔时的泥浆密度，可按1.03～1.10控制，减少清孔时间。 2. 宜采用反循环或气举反循环工艺进行清孔。 3. 必须对孔壁安全进行观测，清孔前做好应急预案
灌注混凝土	对岩溶严重的部位，应在钢筋骨架外侧加设钢丝网保护层，防止因混凝土压力增大而出现坍孔。其他要求与普通钻孔灌注桩相同

5.2.4 大直径、超长桩施工注意事项

大直径、超长桩施工注意事项　　表 5.2-14

项　　目	详 细 内 容
护筒	1. 护筒设置基本要求详见表 5.2-4。 2. 护筒内径应大于 $(D/2+H\times i-d')\times 2$，式中，$D$ 为设计桩径(m)；H 为钢护筒长度(m)；i 为护筒设置倾斜率(%)；d' 为护筒平面位置允许误差(m)。 3. 当钢护筒长度大于 10m 时，钢护筒的径厚比应不大于 20。 4. 钢护筒在制作、运输、安装过程中，在每节钢护筒内壁径向上下口应布置一组或多组单向水平临时加劲撑架，撑架本身应具有足够的抗变形刚度。 5. 钢护筒加工质量标准：(1)在任何 20°圆弧内，钢护筒的局部允许偏差为板厚的 10%，最大偏差不得超过板厚的 12%。(2)钢护筒直径允许偏差，任何位置的外直径和最小直径之差不大于 0.3% 公称直径，最大直径与最小直径之差小于 20mm；钢护筒体端面的倾斜度最大允许偏差为 $\Delta f=3$mm。(3)钢护筒纵轴线弯曲矢高不大于护筒长的 0.1%，并不得大于 30mm。 6. 当采用振动锤沉放钢护筒时，振动锤按激振力 $P>$ 土的摩阻力 R 进行选择，激振力可按下式计算： $P>R-G=K_K\times L_K\times U\times T-G$ 式中：K_K——土层液化系数； L_K——护筒在不同土层中的入土深度(m)； U——护筒周边长度(m)； T——不同土层的单位摩阻力(kN/m^2)； G——护筒和振动锤自重(kN)
钻孔施工	1. 宜选用大扭矩的正反循环回旋钻机。根据不同的地质情况选择适合的钻头。 2. 钻机就位应牢固平稳，严格保证钻塔(架)天车、转盘中心、桩孔中心三者在同一铅垂线上，钻机在钻进过程中不应产生位移或沉陷。 3. 开钻前应制定详细可行的施工作业指导书，并对各项准备工作进行检查。 4. 钻孔作业时，应根据不同土层、不同的钻孔深度采用不同的钻压、转速、配重、进尺速度与泥浆指标。 5. 钻孔成孔倾斜率小于 0.5%，其他质量标准见普通钻孔灌注桩
钢筋骨架的制作、运输及吊装就位	除按普通钻孔灌注桩要求施工外，还应注意： 1. 钢筋骨架在胎架上制作，并用卡盘法定位。螺旋箍筋的绑扎宜采用螺旋卷制机，并设加劲骨架或加劲撑架予以加强。 2. 钢筋骨架主筋的现场连接采用机械连接。 3. 钢筋骨架吊装时，宜采用专门的起重设备，并制作专门的吊装盘或十字吊装梁
水下混凝土灌注	除按普通钻孔灌注桩要求施工外，还应注意： 1. 导管接头采用卡口式螺纹连接法或法兰盘螺栓连接法，如果用法兰盘螺栓连接法，则应使用法兰盘端面带刻槽的 O 型密封圈。 2. 在导管下端离孔内混浆面 1～2m 的位置，导管的两侧设置出气孔，出气孔高于孔内水面 1～2m。 3. 混凝土灌注前，采用比重 1.08～1.10 的 PHP 泥浆循环置换孔内泥浆。 4. 首批混凝土灌注时，采用大、小料斗同时储料，料斗的出口应能方便快捷地开启和关闭。两者相加的储料体积需大于或等于首次灌注混凝土的体积

6 沉井基础

6.1 沉井基础类型

沉井类型及有关说明 表 6.1-1

项目		简图	说明
沉井基础示意			沉井是用钢筋混凝土制成的井筒（下有刃脚，以利下沉和封底）结构物。施工时，先按基础的外形尺寸，在基础的设计位置上，制成井筒，然后在井内挖土，使井筒在自重（有时需加配重）作用下，克服土的摩阻力缓缓下沉；当第一节（底节）井筒顶面下沉到接近地面时，再接第二节井筒，继续挖土，逐步接筑，直至下沉到设计高程为止，最后，灌筑混凝土封底，并用混凝土或砂砾石填充井孔；在顶部浇筑钢筋混凝土顶板，即成为一个深埋的实体基础
沉井平面形式	柱形		沉井四周受土压力、水压力的作用，从受力条件看，圆形沉井抵抗水平压力性能较好，且形状对称，下沉过程不易倾斜，缺点是往往与基础形状不相适应
	矩形		矩形使用较方便，立模简单。缺点是在侧向压力作用下井壁要承受较大弯矩。为减少转角处的应力集中，四角应做成圆角
	圆端形		适用于圆端形的墩身，但立模较麻烦，当平面尺寸较大时，可在井孔中设置隔墙，以提高沉井的刚度，且成为双孔，比单孔下沉容易纠偏

续上表

项目		简图	说明
沉井立面形式	柱形		柱形沉井与四周土体互相贴紧，如井内挖土均匀，井筒下沉一般不易倾斜。但当沉井外壁土的摩擦力较大或土的坚软程度差异明显，均会导致井筒被卡或偏斜的可能，校正纠偏在一定程度上难度加大
	外侧阶梯型	Δ h	沉井井壁受土压力和水压力作用，随深度增大而增大。为此，下部的井壁要厚一些，上部则可相对减薄一些，制成阶梯形。当地基土比较密实，为减少井筒下沉的困难，可将阶梯设置于井壁外侧。如左图所示，阶梯宽一般为 $\Delta = 10 \sim 15\text{cm}$，刃脚处阶梯高 $h = 1.2 \sim 2.2\text{m}$，如此，除底节外，其他各节井壁与土的摩擦力要小很多
	内测阶梯型		为避免井周上体破坏范围过大，亦可把阶梯设在内侧，外壁直立，但内侧阶梯易于影响取土机具升降，般较少采用

6.2 沉井施工一般规定

沉井施工一般规定表　　表 6.2-1

项目	基本要求
掌握地质资料	沉井施工前，应对沉井入土地层及基底岩面地质资料切实掌握，并据以进行分析研究，制订确切可行的下沉方案
注意附近构、建筑物影响	沉井下沉前需对附近构筑、建筑物和施工设备采取有效的防护措施，并在下沉过程中，经常进行沉降观测。出现不正常变化或危险情况，应立即进行加固支撑等，确保安全，避免事故
针对施工季节、航行等制定措施	沉井施工前，应对洪汛、凌汛、河床冲刷、通航及漂流物等作好调查研究，需要在施工中度汛、渡凌的沉井，应制定必要的措施，确保安全
沉井制作场地与方法的选择	沉井位于浅水或可能被水淹没的岸滩上时，宜就地筑岛制作沉井；在制作至下沉过程中无被水淹没可能的岸滩上时，可就地整平夯实制作沉井；在地下水位较低的岸滩，若土质较好时，可开挖基坑制作沉井。 位于深水中的沉井，可采用浮式沉井。根据河岸地形、设备条件，进行技术经济比较，确定沉井结构、制定场地及下水方案

6.3 沉井制作与下水

沉井制作方法与适用条件表 表 6.3-1

方法		图示	说明
就地制作的沉井	干旱滩岸沉井浇筑法	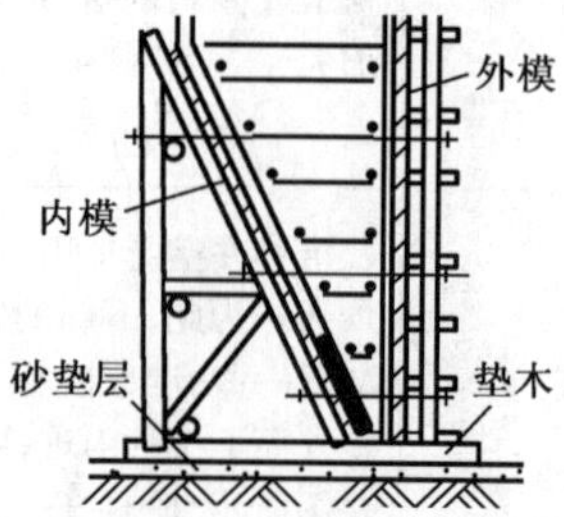 外模 内模 砂垫层 垫木	墩、台基础位于干旱滩地，沉井就地制作。施工时就地下沉。如土质松软，则在平整场地并夯实后，在其上铺垫0.3～0.5m的砂垫层，其上铺置垫木之间用砂填平，不得在垫木下垫塞木块石块来调整顶面高度，以防压重后沉降不均
	水中筑岛沉井浇筑法	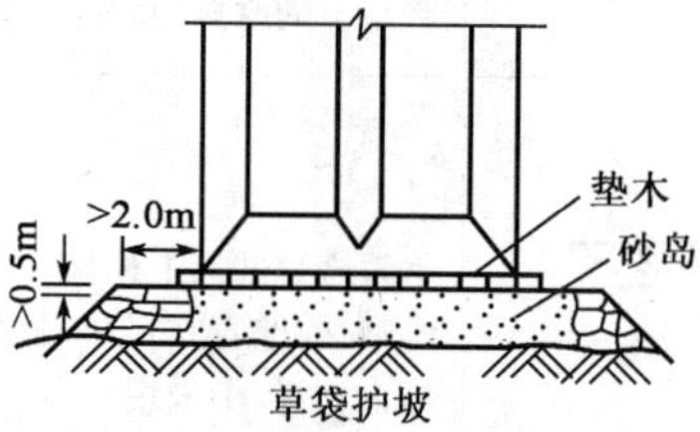 >2.0m >0.5m 垫木 砂岛 草袋护坡	当水深在3～4m以内，流速（考虑筑岛后影响）较小时，可用筑岛法。筑岛材料应用透水性好，易于压实的砂土或碎石上等，不得用黏土、淤泥泥炭和黄土类土填筑，四周应留有护道，宽度一般大于2m（在有围堰的情况下，最小不得小于1.5m），岛面高程应高出施工期最高水0.5～0.7m，有流冰时，应再适当加高
浮式沉井	浮运沉井法	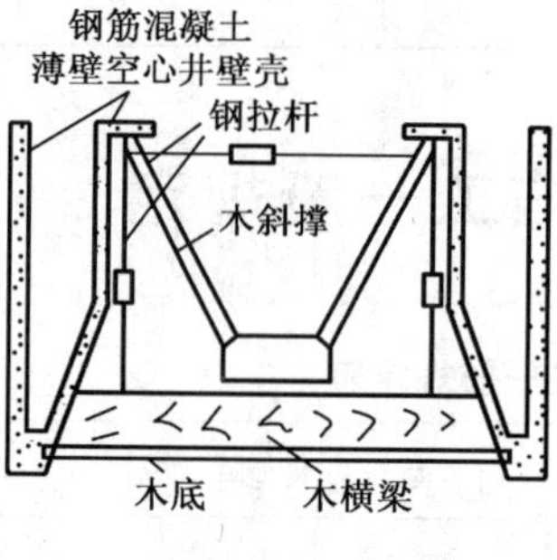 钢筋混凝土薄壁空心井壁壳 钢拉杆 木斜撑 木底 木横梁	当水流较深（一般在3.5～4m以上），围堰筑岛施工困难较多时，可用浮式沉井法。沉井在岸边浇筑后，利用滑道或其他方法下水，浮运到墩位。浮式沉井有采用钢丝网水泥薄壁沉井、钢筋混凝土薄壁沉井。钢壳沉井、装配式钢筋混凝土薄壁沉井以及带有临时井底沉井和带气筒沉井等多种

筑 岛 沉 井 制 作 表 6.3-2

项　目	沉井制作要求及其注意要点
筑岛高度及尺寸、临水边坡要求	筑岛制作沉井的岛面、平台面和开挖基坑施工的坑底高程，如表6.3-1所列，应比施工最高水位高出0.5～0.7m，有流冰时，应再适当加高。 筑岛尺寸应满足沉井制作及抽除垫木等施工要求（参见表6.3-1）护道的宽度，筑岛材料要求亦于该表述及。对于无围堰筑岛的临水面坡度，一般可采用1∶1.75～1∶3
岛体稳定及岛面承载力要求	施工期内，水流受压缩后，应保证岛体的稳定，坡面、坡脚不被冲刷，必要时应采取防护措施。岛面的地基承载力，应满足设计要求
斜坡上筑岛要求	在斜坡上筑岛时，应有防滑措施；在淤泥等软土上筑岛时，应将软土挖除换填或采取其他加固措施
冬季筑岛	应将冰冻层清除，填料也不应含有冰块

续上表

<table>
<tr><th rowspan="2">项目</th><th colspan="3">沉井制作要求及其注意要点</th></tr>
<tr><th>分项名称</th><th>铺设要求</th><th>计算公式</th></tr>
<tr><td rowspan="13">在支垫上立模制作沉井时，垫木铺设要求与数量计算</td><td>垫木材料</td><td>质量良好的普通枕本及短方木</td><td rowspan="13">垫木根数 n 的计算：
$$n = \frac{n}{Lb[\sigma]}$$
式中：Q——第一节沉井重力(kN)；
L、b——垫木的长、宽（折算为等长）(cm)；
$[\sigma]$——基底土容许承压应力≤0.1MPa</td></tr>
<tr><td>垫木铺设方向</td><td>刃脚的直线段垂直铺设，圆弧段径向铺设</td></tr>
<tr><td>整木下承压应力</td><td>应小于岛面容许承压应力</td></tr>
<tr><td>筑岛底面承压应力</td><td>应小于河床地面容许承压应力</td></tr>
<tr><td>刃脚下和隔墙下垫木应力</td><td>应基本上相等，以免不均匀沉降而使井壁与隔墙连接处混凝土裂缝</td></tr>
<tr><td>铺垫顺序</td><td>应先从各定位垫木开始向两边铺设</td></tr>
<tr><td>支撑排架下垫木</td><td>应对正排架中心线铺设</td></tr>
<tr><td>铺垫顶平面最大高差</td><td>应不大于3cm</td></tr>
<tr><td>相邻两垫木最大高差</td><td>应不大于0.5m</td></tr>
<tr><td>调整垫木高度</td><td>不应在其下垫塞木块、木片、石块等，以免受力不均</td></tr>
<tr><td>垫木间空隙</td><td>应用砂填平</td></tr>
<tr><td>垫木埋入岛面深度</td><td>应为垫木高度的一半</td></tr>
<tr><td colspan="2"></td></tr>
<tr><td>立模时对模板要求</td><td colspan="3">浇筑沉井的模板、支撑应具有足够的强度和较好的刚性，内隔墙与井壁连接处垫木应连成整体，底模应支承在垫木上，以防不均匀沉降(陷)；外模与混凝土贴接一侧，应平直、刨光</td></tr>
<tr><td>刃脚部分采用土模制作</td><td colspan="3">刃脚部分的外模，应能承受井壁混凝土的重力在刃脚斜面上产生的水平分力。土模顶面的承载力应满足设计要求，土模顶面一般宜填筑至沉井隔墙底面。
土模表面及刃脚底面的地面上，均应铺筑一层20～30mm的水泥砂浆，砂浆层表面应涂隔离剂。
应有良好的防水、排水设施</td></tr>
<tr><td>沉井分节制作高度</td><td colspan="3">沉井分节制作高度，应保证其稳定，又有适当重力便于顺利下沉。底节沉井的最小高度，应能抵抗拆除垫木或挖除土模（当刃脚采用土模时）时的竖向挠曲强度，除土条件许可时，尽可能高一些，一般每节高度不宜小于3m，并切实作好接缝处理</td></tr>
<tr><td>底节沉井支垫的抽除</td><td colspan="3">沉井混凝土强度满足沉井抽垫受力的要求时，方可拆除垫木；抽除垫木时，应分区、依次、对称、同步地向沉井外抽出，(亦可同步、对称、间隔、依次抽除)；随抽随用砂土回填捣实；抽垫时，应注意防止沉井偏斜；定位支点处垫木，应按设计要求的顺序尽快地抽出</td></tr>
<tr><td>拆除土模</td><td colspan="3">底节混凝土达到设计要求强度后方可拆除土模。
自中心向四周分区、分层、同步、对称挖土，防止沉井发生倾斜。
拆除土模时，不得先挖沉井外围的土，刃脚斜面及隔墙底面黏附于土模的残留物应清除干净，防止影响封底混凝土质量</td></tr>
</table>

浮式沉井制作及浮运 表6.3-3

项目	浮式沉井制作及浮运注意要点
浮式沉井制作场地	根据沉入水中方法，慎重选择沉井制作场地，一般宜选择在桥位下游水边处； 在桩支架或浮船支架平台上制作沉井时，浮船、支架平台的承载力应满足设计要求；并应注意防止波浪、漂流物和船只引起的振动冲撞
确定沉井下水方案	浮式沉井的底节可采用滑道、起重机具、涨水自浮、除土及沉船等方法下水，沉井制作前必须选择下水方案，妥善布置
浮运沉井前准备工作	浮式沉井下水、浮运前应进行： 1. 各类浮式沉井均需灌水下沉，下水前应作水密性检查；底节还应根据其工作压力，进行水压试验，合格后方可下水。 2. 应对所经水域和沉井位置处河床进行探查，所经水域应无妨碍浮运的水下障碍物，沉井位置处河床应基本平整。必要时应进行河床冲刷防护模型计算或试验，并对河床进行防护。 3. 周密准备有关拖运、定位、导向、锚碇、潜水和沉井的排水灌水设施；并对吊起沉井下水的起重设备进行检查。 4. 掌握水文、气象和航运情况，并与有关部门联系、配合、协作，并在作业区上、下游各200～300m处树立明显标志，必要时宜在浮运沉井过程中中断航运。 5. 浮运沉井应验算浮运时沉井的入水深度，当沉井的实际重力与设计重力不符时，应重新验算沉入水中的深度是否安全可靠
悬浮状态下沉井初步定位	浮式沉井底节入水后，悬浮接高时的初步定应，与下水方法，底节沉井高度、大小、形状和水深、流速、河床面土质等因素有直接影响，同时还应考虑悬浮状态下沉井接高和下沉过程中墩位处河床面受冲淤的影响，进行综合分析，据以确定适当的初步定位位置
悬浮状态下沉并接高时注意事项	1. 沉井底节下水后接高前，应向沉井内灌水或从气筒内排气，使沉井入水深度增加到沉井接高混凝土灌注完后要求的高度，然后在灌注接高混凝土增加重力的过程中，同时向井外排水或向气筒内补气，以维持沉井入水深度不变。 2. 在灌水或排气过程中，应检查并调整固定沉井位置的锚碇系统。 3. 在灌水、排气或排水、补气及灌注接高混凝土过程中。均应均匀、对称地进行，防止沉井偏斜。 4. 带临时性井底的浮式沉井和空腔井壁沉井，应严格控制各灌水隔舱间的水头差不得超过设计规定。 5. 带气筒的浮式沉井，气筒应加防护
沉井浮运、定位、落床时注意事项	1. 浮式沉井必须对浮运、就位和灌水落床时的稳定性进行验算。 2. 沉井浮运和落床，均需在沉井混凝土达到设计强度后方可进行，并尽可能选择在低水位或水流平稳时，以期顺利进行。 3. 沉井浮运宜在白昼无风或小风时，以拖轮拖运或绞车牵引进行。对水深和流速大的河流，为增加沉井稳定，可在沉井两侧设置导向船，沉井下沉前初步锚锭于墩位的上游处，在沉井浮运、下沉的任何时间内，露出水面的高度均不应小于1m，并应考虑预留防浪高度或设置防浪措施。 4. 落床前应对所有缆绳、锚链、锚碇和导向设备进行检查调整，使落床工作顺利进行，并注意水位涨落对锚碇的影响。 布置锚碇体系时，尽可能要使锚绳受力均匀、锚绳规格和长度相差不大，边锚预拉力要适当，避免导向船和沉井产生过大摆动或折断锚绳。 5. 准确定位后，应向井孔内或在井壁腔格内迅速、对称、均衡地灌水，使沉井落至河床；水下拆除底板时，要防止沉井偏斜；薄壁空腔沉井落床后，可对称、均衡地排水，灌注混凝土和加压下沉。 6. 沉井着床后，应随时观测由于沉井下沉的阻力和压缩水流断面引起流速增大而造成的河床局部冲刷，必要时可在沉井位置处以卵、碎石垫填整平，改变河床粒径，减小冲刷深度，增加沉井着床后的稳定。 7. 水中特大沉井的施工，必要时应在沉井施工前进行河床冲刷防护数学模型或水工模型模拟分析计算，以确保沉井顺利着床及下沉。 8. 沉井着床后，应采取措施使其尽快下沉，除加强对沉井四周冲刷情况观测外，还应随时观测沉井的平面位置和偏斜的检查，发现问题应立即采取措施调整纠偏

陆上制作浮式沉井下水　　表 6.3-4

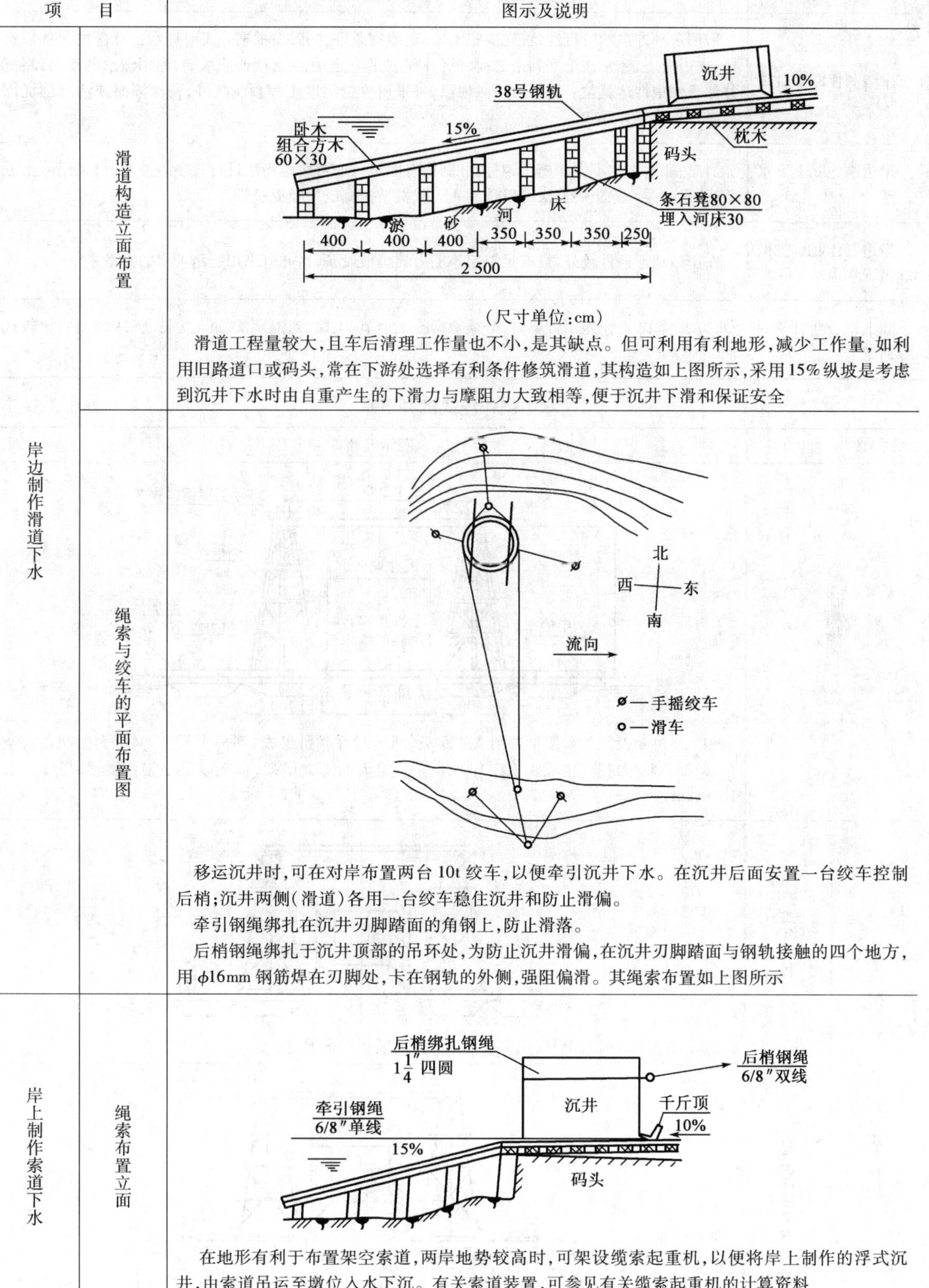

项	目	图示及说明
岸边制作滑道下水	滑道构造立面布置	滑道工程量较大，且车后清理工作量也不小，是其缺点。但可利用有利地形，减少工作量，如利用旧路道口或码头，常在下游处选择有利条件修筑滑道，其构造如上图所示，采用15%纵坡是考虑到沉井下水时由自重产生的下滑力与摩阻力大致相等，便于沉井下滑和保证安全
	绳索与绞车的平面布置图	移运沉井时，可在对岸布置两台10t绞车，以便牵引沉井下水。在沉井后面安置一台绞车控制后梢；沉井两侧（滑道）各用一台绞车稳住沉井和防止滑偏。 牵引钢绳绑扎在沉井刃脚踏面的角钢上，防止滑落。 后梢钢绳绑扎于沉井顶部的吊环处，为防止沉井滑偏，在沉井刃脚踏面与钢轨接触的四个地方，用 ϕ16mm 钢筋焊在刃脚处，卡在钢轨的外侧，强阻偏滑。其绳索布置如上图所示
岸上制作索道下水	绳索布置立面	在地形有利于布置架空索道，两岸地势较高时，可架设缆索起重机，以便将岸上制作的浮式沉井，由索道吊运至墩位入水下沉。有关索道装置，可参见有关缆索起重机的计算资料

续上表

项　目	图示及说明
岸边制作涨水自浮	采用这种方案的可行性，首先决定于地形、地物条件，同时要根据施工时期水位涨落情况加以选择，在内河上，经常在汛期到来之前将沉井预制完毕，抢在洪水期或涨水期，利用涨水的浮力，将沉井浮于水中待运就位。在沿海浅滩地段，可采用少量围水工程预制沉井，待涨潮时或清理围堤以提高水位使沉井浮起
岸边制作除土下水自浮	当岸、滩边有水不便于施工，对沉井制作有困难时亦可用筑岛法进行预制。使用时，采用除土方法，下水起浮。除土的方法可以选用人工或机械挖掘或用吸泥机等
岸边制作起重机械起吊下水	在岸边地形条件较好，且有足够起重能力的机械设备时，亦可采用起吊下水的方案
陆上岸、滩制作沉井下水方法较多，选择施工方案时，必须根据施工季节、工期、施工设备、施工方法等，因地制宜比较选择而定	

水中制作浮式沉井下水　　表 6.3-5

项　目		图示及说明
浮船塔架设置		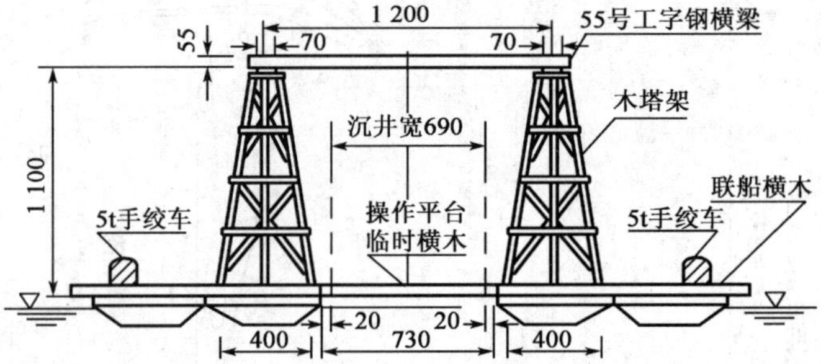 1 200 55号工字钢横梁 55 70　70 木塔架 沉井宽690 1 100 联船横木 5t手绞车 操作平台 临时横木 5t手绞车 20　20 400　730　400 根据沉井重及船的载重量选用 2、4、5 只，两边对称联拼组成“浮吊大船”。两组大船间留有空位，以横木临时拼联，构成水上工作平台。每组大船上立塔架，顶端以工字钢作横梁，塔距一般 10 ~ 12m
浮船塔架制作沉井及其下水与接高	浮式沉井制作	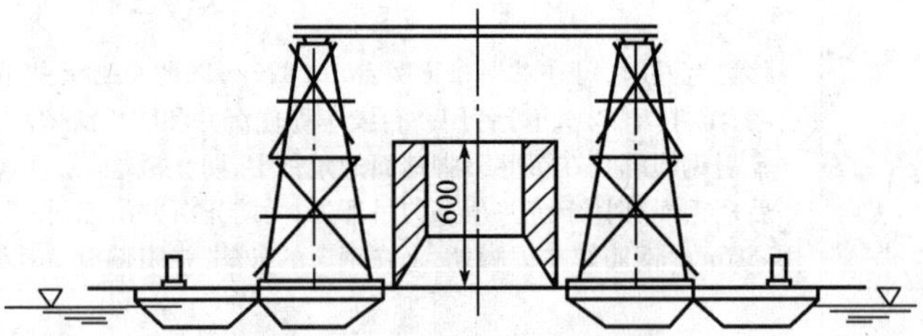 600 如上图所示，两组浮船间距主要根据沉井的顺利下水需要而定
	起吊抽除垫木	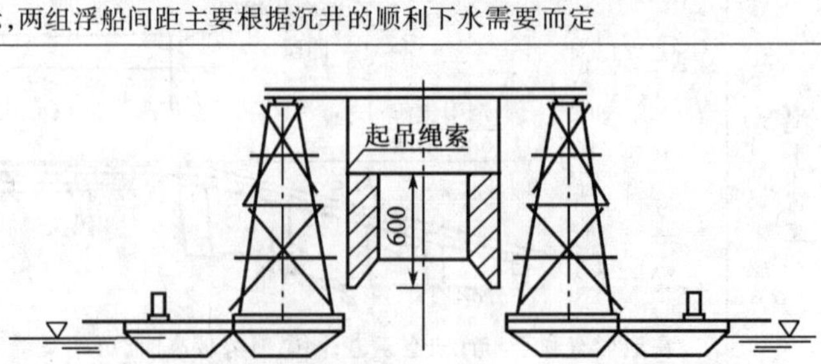 起吊绳索 600 当浮船塔工作平台布置后，即可制作浮式沉井

续上表

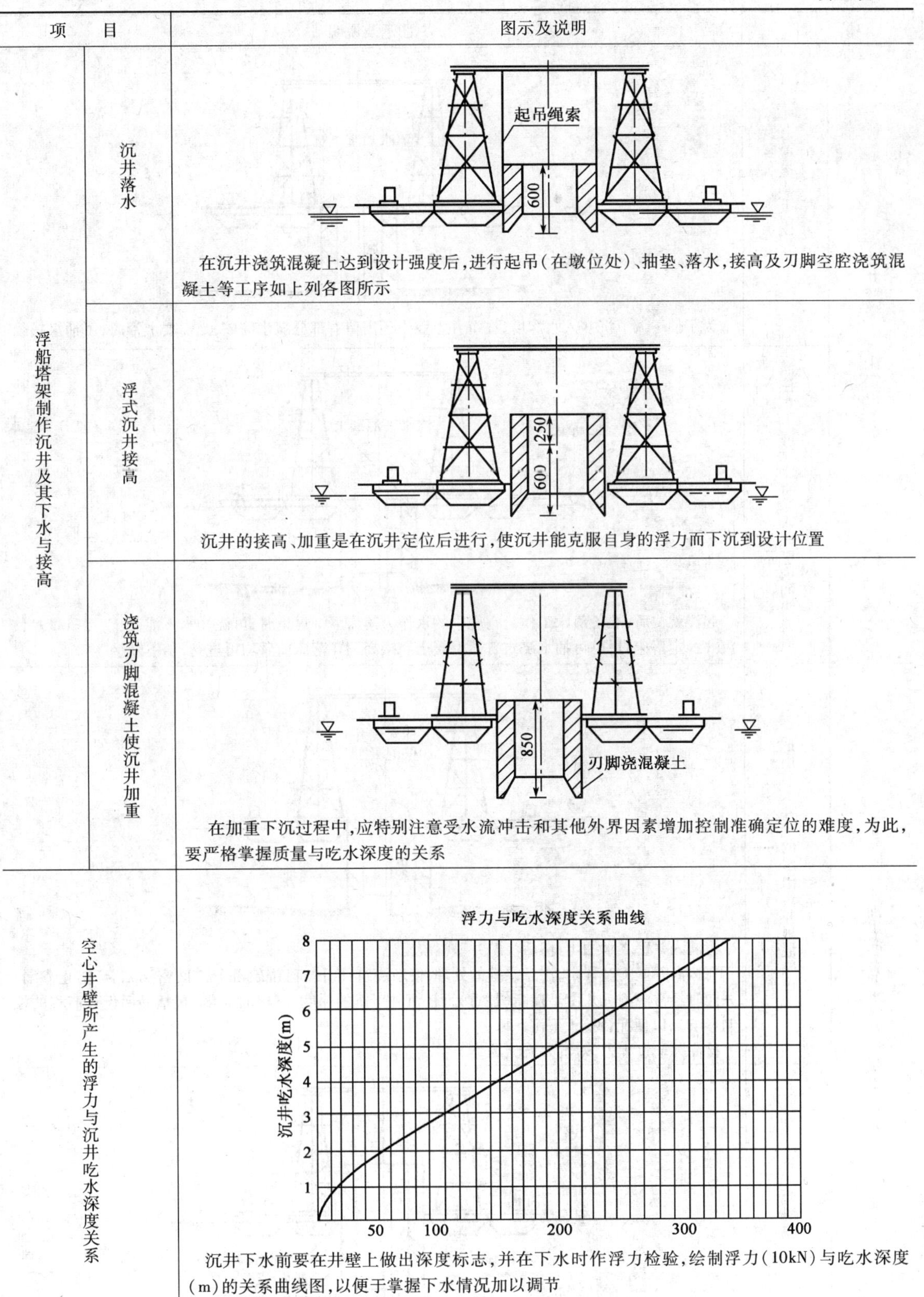

项	目	图示及说明
浮船塔架制作沉井及其下水与接高	沉井落水	在沉井浇筑混凝土上达到设计强度后，进行起吊（在墩位处）、抽垫、落水，接高及刃脚空腔浇筑混凝土等工序如上列各图所示
	浮式沉井接高	沉井的接高、加重是在沉井定位后进行，使沉井能克服自身的浮力而下沉到设计位置
	浇筑刃脚混凝土使沉井加重	在加重下沉过程中，应特别注意受水流冲击和其他外界因素增加控制准确定位的难度，为此，要严格掌握质量与吃水深度的关系
空心井壁所产生的浮力与沉井吃水深度关系		浮力与吃水深度关系曲线 沉井下水前要在井壁上做出深度标志，并在下水时作浮力检验，绘制浮力（10kN）与吃水深度（m）的关系曲线图，以便于掌握下水情况加以调节

续上表

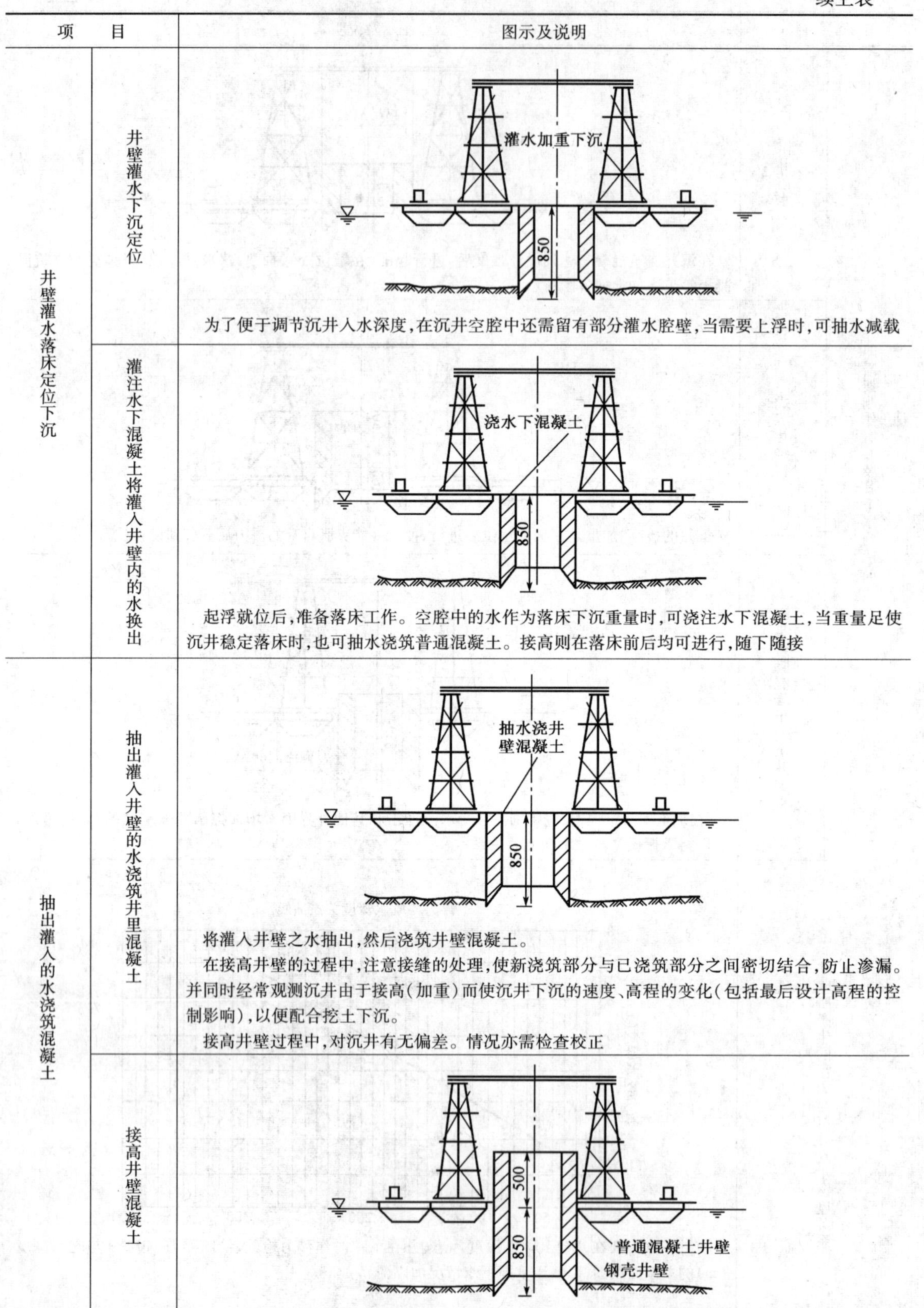

项目		图示及说明
井壁灌水落床定位下沉	井壁灌水下沉定位	为了便于调节沉井入水深度，在沉井空腔中还需留有部分灌水腔壁，当需要上浮时，可抽水减载
	灌注水下混凝土将灌入井壁内的水换出	起浮就位后，准备落床工作。空腔中的水作为落床下沉重量时，可浇注水下混凝土，当重量足使沉井稳定落床时，也可抽水浇筑普通混凝土。接高则在落床前后均可进行，随下随接
抽出灌入的水浇筑混凝土	抽出灌入井壁的水浇筑井里混凝土	将灌入井壁之水抽出，然后浇筑井壁混凝土。 在接高井壁的过程中，注意接缝的处理，使新浇筑部分与已浇筑部分之间密切结合，防止渗漏。并同时经常观测沉井由于接高（加重）而使沉井下沉的速度、高程的变化（包括最后设计高程的控制影响），以便配合挖土下沉。 接高井壁过程中，对沉井有无偏差。情况亦需检查校正
	接高井壁混凝土	

续上表

项目	图示及说明
水下抓土下沉	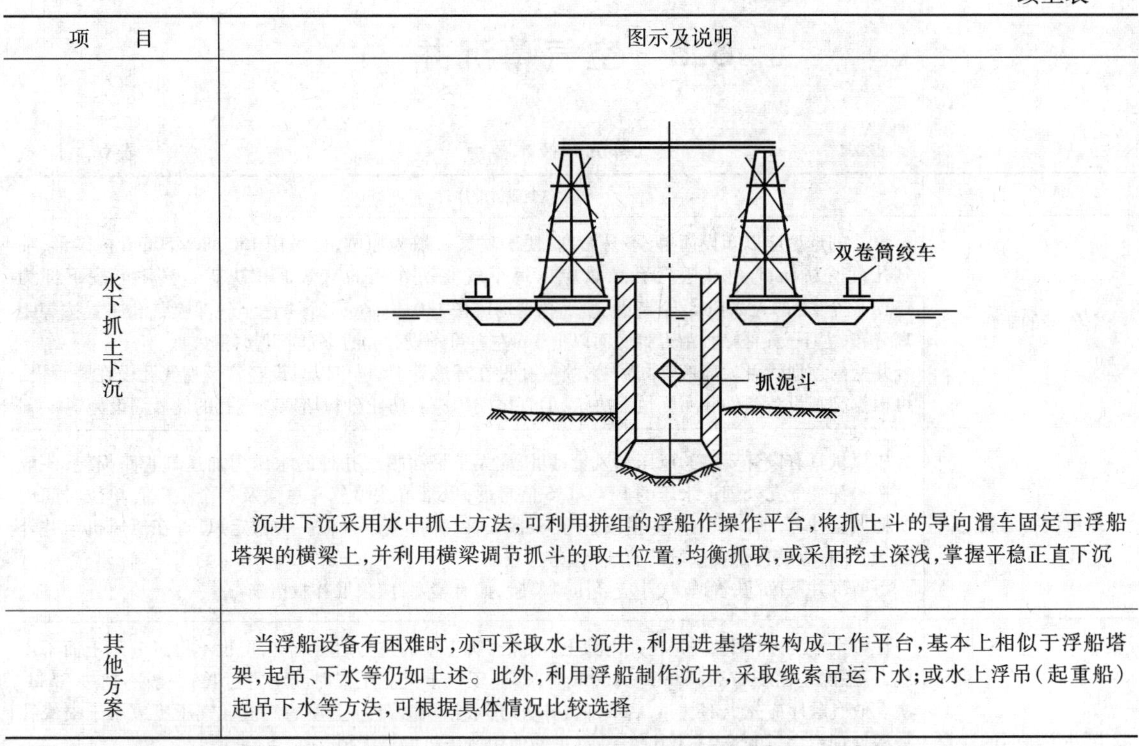 沉井下沉采用水中抓土方法,可利用拼组的浮船作操作平台,将抓土斗的导向滑车固定于浮船塔架的横梁上,并利用横梁调节抓斗的取土位置,均衡抓取,或采用挖土深浅,掌握平稳正直下沉
其他方案	当浮船设备有困难时,亦可采取水上沉井,利用进基塔架构成工作平台,基本上相似于浮船塔架,起吊、下水等仍如上述。此外,利用浮船制作沉井,采取缆索吊运下水;或水上浮吊(起重船)起吊下水等方法,可根据具体情况比较选择

注:图中尺寸单位为mm。

6.4 泥浆润滑套沉井

泥浆润滑套沉井技术要点　　表6.4-1

项目	泥浆润滑套沉井注意要点
构造要求	采用泥浆套施工的沉井,其构造要求为:沉井刃脚踏面宽度不宜大于10cm,最好采用钢板包护无踏面的尖刃脚,以利于减小下沉时的正面阻力,并可防止漏浆。沉井外壁应做成单台阶形。为防止泥浆穿过沉井侧壁而渗漏到井内,并保持沉井下沉的稳定性,对直径不大于8m的圆形沉井,台阶位置多设在距刃脚底面2~3m处;对面积较大的沉井,台阶可设在底节与第二节接缝处。台阶的宽度就是泥浆套的宽度,一般宜为10~20cm
泥浆润滑套的构造	泥浆润滑套的构造,主要是射口挡板、地表围圈及压浆管。射口挡板为防止泥浆管射出的泥浆直冲土壁和土壁局部坍落堵塞出浆口,系用角钢弯制成一射口挡板,固定在井壁台阶上。地表围圈是埋设在沉井周围保护泥浆的围壁,确保下沉时润滑套的正确宽度,防止表土坍落、储存泥浆等。泥浆在围圈内可流动,用以调整各压浆管出浆量不均衡状况。地表围圈的宽度即沉井台阶的宽度,高度一般在1.5~2.0m,顶面高出地表约0.5m,上加顶盖,防止土石落入或流水冲蚀,可用木板或钢板做成。地表围圈外围用不透水的土回填夯实。压浆管的布置,厚壁沉井多采用内管法,把压浆管埋在井壁内。管径为ϕ38~ϕ50mm,间距3~4m,射口方向与井壁成45°角;薄壁沉井用外管法,布置在井壁内侧或外侧
沉井下沉时的注意事项	沉井挖土下沉时,应避免刃脚下土层掏空过多,吸泥取土时井内水位应不低于井外水位,以免翻砂冒水和泥浆流失。下沉中沉井偏倾不能过大,以免挤坏地表围圈。施工中要及时补浆,使泥浆面保持在地表围圈顶面下0.3~0.1m,即必须高出地表面。沉井下沉至设计高程后,应设法破坏泥浆套,或沿井壁内侧布置排浆管,排除泥浆,以恢复土对井壁的固结作用

6.5 空气幕沉井

空气幕沉井技术要点 表6.5-1

项目	空气幕沉井注意要点
空气幕的制作	气斗的选型应以布设简单、不易堵塞、便于喷气扩散为原则,可采用150mm×50mm棱锥形,喷气孔直径为1mm,气斗喷气孔数量应以每个气斗所作用的有效面积决定。气斗可按下部为1.3m^2/个、上部为2.6m^2/个考虑,喷气孔平均可按1.0~1.6m^2/个考虑。气斗喷气孔布置按等距离分布,上下交错排列,距刃脚底面以上3m左右可不设,防止压气时引起翻砂。 井壁内预埋管可为环形管与竖管,喷气孔设在环形管上,也可以只设竖管。喷气孔设在竖管上,可根据施工设备条件和实际情况决定,但管尾端均应有防止砂粒堵塞喷气孔的储砂筒设施
风压设备的规定	压风机具有设计要求的风压和风量,风压应大于最深喷气孔处的水压力加送气管路损耗,一般可按最深喷气孔处理论水压的1.4~1.6倍考虑;风量可按喷气孔总数及每个喷气孔单位时间内所耗风量计算;地面风管应尽量减少弯头、接头,以降低气压损耗。为稳定风压,在压风机与井外送气管间,应设置必要数量的储气风包。 每节沉井下沉前,管道、气斗应经压风检验,如有堵塞,应采取补救措施
沉井下沉时的注意事项	在整个下沉过程中,应先在井内除土,消除刃脚下土的抗力后再压气,但也不得过分除土而不压气,一般除土面低于刃脚0.5~1.0m时,即应压气下沉。压气时间不宜过长,一般不超过5min/次。放气顺序应先上部气斗,后下部气斗,以形成沿沉井外壁上喷的气流。气压不应小于喷气孔最深处理论水压的1.4~1.6倍,应尽可能使用风压机的最大值。 停气时应先停下部气斗,依次向上,最后停上部气斗,并应缓慢减压,不得将高压空气突然停止,防止造成瞬间负压,使喷气孔内吸入泥沙而被堵塞。 空气幕下沉沉井适应于砂类土、粉质土及黏质土地层,对于卵石土、砾类土、硬黏土及风化岩等地层不宜使用

6.6 沉井下沉与防偏纠偏

沉井入土下沉施工要点 表6.6-1

项目	沉井入土下沉注意要点
沉井下沉方法	区分为不排水下沉和排水下沉两种,一般宜用不排水下沉法,当限于设备条件,在稳定的土层中,亦可采用排水除土下沉。但均应注意安全措施,特别是排水除土下沉,更应有安全措施防止发生人身安全事故
作好下沉测量记录	沉井入土下沉过程中,必须正确掌握土层情况,并作好下沉测量记录,随时分析和检验土的阻力与沉井重量的关系,选用最有利的下沉方法
除土要求	在沉井正常下沉时,应自中间向刃脚处均匀对称除土,不使内隔墙底部受到底土顶托,对于排水除土下沉的底节沉井,设计支承位置处的土应在分层除土中最后同时挖除;由几个井室组成的沉井,应控制各井室的除土高差基本接近,一般不宜大于30~50cm。
随时注意检查及时校正行偏	下沉时应随时注意正位,保持竖直下沉,至少每下沉1m检查一次;沉井入土深度尚未超过其平面最小尺寸的1.5~2倍时,最易出现倾斜,应及时注意校正,此时纠偏较容易,但偏斜时的竖直校正,一般均将引起平面位置的移动;因此,沉井下沉初期尤应特别注意严格保持竖直下沉
合理安排、利用弃土	合理安排沉井外弃土的堆放地点(或直接装运),尽量避免对沉井引起偏压;在水中下沉时,应注意河床因冲淤引起的土面高差,必要时可用沉井外弃土调整

续上表

项　目	沉井入土下沉注意要点
防止井内翻砂	采用吸泥吹砂等方法在不稳定土质或砂土中下沉时,必须备有向井内补水的设施,保持井内外的水位相平或井内略高于井外,以防止翻砂;吸泥器应均匀吸水,防止局部吸泥过深,造成沉井下沉偏斜
注意下沉高程,及时控制下沉要求	沉井下沉至设计高程以上2m左右时,需适当放慢下沉速度,并注意控制井内除土量和除土位置,使沉井竖直平稳下沉,正确就位
下沉受阻,清除障碍	沉井下沉遇障碍物时应立即停止下沉,进行详细检查,针对产生原因,采取措施排除障碍后方可继续下沉

沉井偏差原因及预防措施 表6.6-2

序　号	产生原因	预防措施
1	筑岛被水流冲击损坏或沉井一侧的土被水冲空	先期加强对筑岛的防护,在受水流冲击的一侧可抛卵石或片石等防护
2	沉井刃脚下土层软硬不均	随时掌握地层情况,多挖土层较硬地段,土层较软地段应少挖,多留台阶或适当回填和支垫
3	未按规定操作程序对称抽除垫木或未及时填砂夯实	严格按施工规程要求;对称抽除垫木并及进填砂夯实
4	除土不均匀,井内底面高差过大	严格控制井内除土底面高差
5	刃脚下掏空过多,沉井突然下沉	严格控制刃脚下除土量
6	刃脚一侧或一角被障碍物搁住,未及时发现和处理	及时注意,发现和处理障碍物,对未被障碍物搁住的地段,应适当回填或支垫,防止倾倒
7	排水下沉井内除土时大量翻砂	刃脚处应适当留有土台,不宜挖通,以免在刃脚下形成翻砂涌水通道,引起沉井偏斜
8	土层或岩面倾斜过大,沉井沿斜面滑动	应将表面松软岩层或风化岩层凿去,并尽量整平,使沉井刃脚的2/3以上嵌搁在岩层上,嵌入深度最小处不宜小于0.25m,其余未到岩层的刃脚部分,可由工人或潜水员用袋装混凝土等填塞缺口,刃脚以内井底的倾斜面应作成台阶或榫槽,清渣封底
9	在软塑至流动状态的淤泥土中,沉井易于偏斜	可采用轻型沉井,踏面宽度宜适当加宽,以免沉井下沉过快而失去控制
10	井外弃土或河床高低相差过大,偏土压对沉井产生水平推移	弃土应尽量远弃,或弃于水流冲刷作用较大的一侧,对河床较低的一侧可抛土(石)回填

沉井常用防偏纠偏 表6.6-3

序　号	产生原因	预防措施
1	偏除土纠偏法	纠正偏斜时,在刃脚较高的一侧除土,在刃脚较低的一侧加撑支垫(轨枕或朽木),随着沉井下沉,即可纠正。 纠正位移时,先有意偏除土使沉井偏位方向倾斜下沉,当沉井底面中心与设计中心位置相合或接近时,再进行偏斜纠正
2	井顶施加水平力,刃脚底一侧加设支垫纠偏法	在井顶偏低侧支撑与井壁成30°夹角圆木,并在偏高侧向井顶施以水平拉力,从而使沉井在逐渐下沉中纠偏

续上表

序　号	产 生 原 因	预 防 措 施
3	井顶施加水平力,井外射水,井内偏除土纠偏法	在沉偏高一侧施以水平拉力,并在井内靠偏高一侧以吸泥机偏除土,同时在其外部冲射高压水,从而校正偏差
4	增偏土压纠偏法	在沉井偏斜的一侧抛石填土,使该侧土压力较另一侧为大,可纠正沉井偏斜
5	沉井位置扭转纠正法	可采用在沉井两组对角偏除土或偏填土,从而借助刃脚下不相等的土压所形成的扭矩,使沉井在下沉过程中逐渐纠正其位置

6.7　基底处理和沉井封底

基底检验与处理要求　　表 6.7-1

项　　目	各 项 要 求
基底检验方式	沉井沉达设计高程后,应检验基底的地质情况,是否与设计相符,排水下沉时,可直接检验,处理;不排水下沉时、应由潜水员进行水下检查处理、必要时取样鉴定
基面平整	基底面应尽量整平,高差要保证水下封底混凝土在刃脚和内隔墙下满足设计要求的最小厚度以提高水下混凝土的灌注质量
清除浮泥	防止封底混凝土和基底间掺入有害夹层;基底为岩层时,岩面残留物(风化岩碎块、卵石、砂)应清除干净,清除后的有效面积(即沉井底面积扣除在刃脚下一定宽度不可能完全清除干净的面积)不得小于设计要求;基岩底为倾斜时,应按表 6.6-2 序号 8 的要求处理
基底铺设垫层	基底为砂质或黏质土时,应铺以碎石或砾石垫层,以铺至刃脚尖以上 20cm 为好。对于排水下沉的沉井,还需沿刃口周边下面以碎石或砾石填平夯实
清除井壁隔墙、刃脚污泥	井壁隔墙及刃脚与封底混凝土接触面处的污泥应予清除
清基合格应及时封底	基底检验合格后,应及时进行封底。对于排水下沉的沉井,在清基时,如渗水量上升速度小于或等于6mm/min,可按普通混凝土浇筑方法进行封底;若渗水量大于上述规定时,宜采用水下混凝土(导管法灌注)进行封底

导管法灌注水下混凝土封底　　表 6.7-2

<table>
<tr><th>项　　目</th><th colspan="6">灌注要求及参考数据</th></tr>
<tr><td>混凝土坍落度</td><td colspan="6">用于沉井封底灌注水下混凝土材料可参照表 5.2-9 有关要求。混凝土的坍落度宜为 15 ~ 20cm</td></tr>
<tr><td rowspan="3">导管作用半径与超压力关系</td><td colspan="6">灌注封底水下混凝土时,需要的导管间隔及根数应根据导管作用半径和封底面积确定,导管作用半径随导管下口超压力大小而异,其关系如下:</td></tr>
<tr><td>超压力(kPa)</td><td>75</td><td colspan="2">100</td><td>150</td><td>250</td></tr>
<tr><td>导管作用半径(m)</td><td>≤2.5</td><td colspan="2">3.0</td><td>3.5</td><td>4.0</td></tr>
<tr><td rowspan="6">1 根导管的灌注范围</td><td rowspan="2">导管的作用半径(m)</td><td colspan="2">当宽: 长 =1 : 1 时</td><td colspan="2">当宽: 长 =1 : 2 时</td><td colspan="2">当宽: 长 =1 : 3 时</td></tr>
<tr><td>宽 × 长(m)</td><td>面积(m^2)</td><td>宽 × 长(m)</td><td>面积(m^2)</td><td>宽 × 长(m)</td><td>面积(m^2)</td></tr>
<tr><td>3.0</td><td>4.2 ×4.2</td><td>17.6</td><td>2.7 ×5.4</td><td>14.6</td><td>19 ×5.7</td><td>10.8</td></tr>
<tr><td>3.5</td><td>5.0 ×5.0</td><td>25.0</td><td>3.1 ×6.2</td><td>19.2</td><td>2.2 ×6.6</td><td>14.5</td></tr>
<tr><td>4.0</td><td>5.6 ×5.6</td><td>31.4</td><td>3.5 ×7.0</td><td>24.5</td><td>2.5 ×7.5</td><td>18.8</td></tr>
<tr><td>4.5</td><td>6.3 ×6.3</td><td>39.7</td><td>4.0 ×8.0</td><td>32.0</td><td>2.8 ×8.4</td><td>23.5</td></tr>
</table>

续上表

<table>
<tr><th>项　　目</th><th>灌注要求及参考数据</th></tr>
<tr><td>数根导管灌注时顺序</td><td>按先低处后高处和先周围后中部为原则，使混凝土保持大致相同的高程。每根导管开始灌注时，宜用坍落度较小的混凝土，首批混凝土需用数量应通过计算确定，以保持灌注的连续性</td></tr>
<tr><td>开始灌注时需注意事项</td><td>1. 应控制混凝土下降速度，在开始下降时，一般可采用系吊的隔水塞下送一段距离。
2. 导管下口与井底的间距，在放隔水塞时宜稍大于塞厚，放出塞后应立即减小到 10～20cm</td></tr>
<tr><td>灌注混凝土过程中导管的最小埋深</td><td>在灌注混凝土过程中、导管应随混凝土面升高而徐徐竖向提升，导管埋深应与导管内混凝土下落深度相适应，一般不宜小于下列最小埋深：
1. 导管不同灌注深度的最小埋深
<table>
<tr><td>灌注深度(m)</td><td>≤10</td><td>10～15</td><td>15～20</td><td>>20</td></tr>
<tr><td>导管最小埋深(m)</td><td>0.6～0.8</td><td>1.1</td><td>1.3</td><td>1.5</td></tr>
</table>
2. 多根导管灌注时，导管不同间距的最小埋深
<table>
<tr><td>导管间距(m)</td><td>≤5</td><td>6</td><td>7</td><td>8</td></tr>
<tr><td>导管最小埋深(m)</td><td>0.6～0.9</td><td>0.9～1.2</td><td>1.2～1.4</td><td>1.3～1.6</td></tr>
</table></td></tr>
<tr><td>灌注堆高与扩散情况</td><td>在灌注过程中，需注意混凝土的堆高和扩散情况。正确调整坍落度和导管埋深，使每盘混凝土灌注后形成适宜的堆高和不小于 1:5 的流动坡度（亦即适当增大混凝土坍落度及导管埋深）</td></tr>
<tr><td>混凝土面最终灌注高度</td><td>要求比设计提高不小于 15cm，待灌注完成、混凝土强度满足要求后，再抽水凿除表面松弱层</td></tr>
<tr><td>泵送（经漏斗、导管）混凝土灌注</td><td>采用混凝土泵通过漏斗导管灌注水下混凝土时，需注意下列要求。
1. 导管直径应与混凝土泵的输送能力相适应，如下表列。
<table>
<tr><td colspan="7">导管直径与混凝土泵送能力的关系</td></tr>
<tr><td>混凝土泵输送能力(m^3/h)</td><td>8</td><td>10</td><td>15</td><td>20</td><td>30</td><td>40</td></tr>
<tr><td>导管直径(mm)</td><td>180</td><td>200</td><td>240</td><td>260</td><td>300</td><td>350</td></tr>
</table>
2. 正常灌注应尽量快速进行，拆除导管等的间隔时间不宜超过 3d。
3. 灌注将近结束时，应加大混凝土的坍落度和导管的埋深，使混凝土均匀地扩展，从而形成较为平坦的混凝土表面</td></tr>
</table>

6.8 井孔填实与顶板灌注

井孔填实与顶板灌注　　　表 6.8-1

项　　目	有 关 规 定
根据设计规定确定填充与否	沉井井孔的填实与否应按设计规定进行处理；当基础设计考虑其全部断面均承受荷载时，应将井孔按设计填实。 如荷载仅传于沉井井壁，而不传达到竖井部位时，则竖井可用低强度等级混凝土、砂砾填充，或使之保持空腔状态。此时，应在沉井顶面沿井壁顶做一钢筋混凝土顶盖（板）
抽水时间与灌注顶板要求	沉井采用不排水封底时，应在封底混凝土强度满足抽水后受力要求后方可抽水，并校验抽水后的浮力稳定性。 当沉井顶部需要浇筑钢筋混凝土顶板时必须在抽水回填后再行灌注

6.9 沉井质量要求及允许偏差

沉井质量要求及允许偏差　　表 6.9-1

<table>
<tr><th>项　目</th><th colspan="3">有 关 规 定</th></tr>
<tr><td>沉井下沉完毕就位的质量要求</td><td colspan="3">1. 沉井刃脚底面高程应符合设计要求。
2. 底面和顶面中心与设计中心的允许偏差,纵横方向为沉井高度的 1/50(包括因倾斜而产生的位移);对浮式沉井,允许偏差值增加 25cm。
3. 沉井的最大倾斜度为 1/50 沉井高度。
4. 矩形、圆端形沉井的平面扭转角偏差,就地制作的沉井不得大于 1°;浮式沉井不得大于 2°</td></tr>
<tr><td rowspan="14">沉井制作允许偏差</td><td colspan="2">项目</td><td>规定值或允许偏差</td></tr>
<tr><td colspan="2">沉井混凝土强度(MPa)</td><td>在合格标准内</td></tr>
<tr><td rowspan="3">沉井平面尺寸(mm)</td><td>长度、宽度</td><td>±5% 边长,大于 24m 时 ±120</td></tr>
<tr><td>曲线部分的半径</td><td>±5% 半径,大于 12m 时 ±60</td></tr>
<tr><td>两对角线的差异</td><td>对角线长度的 1%,且不大于 180</td></tr>
<tr><td rowspan="2">沉井井壁厚度(mm)</td><td>混凝土</td><td>+40　-30</td></tr>
<tr><td>钢壳和钢筋混凝土</td><td>±15</td></tr>
<tr><td colspan="2">沉井刃脚高程(mm)</td><td>符合设计要求</td></tr>
<tr><td rowspan="2">中心偏位(纵、横向)(mm)</td><td>就地制作下沉</td><td>井高的 1/100</td></tr>
<tr><td>水中下沉</td><td>井高的 1/100 +250</td></tr>
<tr><td colspan="2">最大倾斜度(纵、横向)</td><td>井高的 1/100</td></tr>
<tr><td rowspan="2">平面扭转角(°)</td><td>就地制作下沉</td><td>1</td></tr>
<tr><td>水中下沉</td><td>2</td></tr>
</table>

注:1. 对于钢沉井及结构构造、拼装等方面有特殊要求的沉井,其平面尺寸允许偏差值应按照设计要求确定。

2. 井壁的表面要平滑、不外凸,且不得向外倾斜。

7 地下连续墙基础

地下连续墙是指用专用的挖槽(孔)设备,沿着深基础或地下构筑物周边,采用泥浆护壁,开挖出具有一定宽度(或直径)与深度的沟槽(或孔),在槽(或孔)内设置钢筋笼,采用导管法浇筑混凝土,筑成一个单元墙(或桩柱段),依次施工,以某种接头方式连接成一道连续的地下钢筋混凝土墙,作为基坑开挖时的防渗、挡土、邻近建筑物基础的支护以及直接成为承受垂直荷载的基础结构物的一部分。

7.1 地下连续墙分类、特点及一般规定

地下连续墙分类、特点及一般规定 表7.1-1

项目		地下连续墙的分类和优缺点
地下连续墙的分类	按成墙方式分	1. 桩排式;2. 壁板式;3. 组合式
	按墙的用途分	1. 用作临时挡土墙;2. 作为主体结构的一部分,兼作临时挡土墙;3. 用作多边形基础兼作墙体的地下连续墙
	按挖槽方式分	1. 抓斗式;2. 冲击式;3. 回转式
	按墙体材料分	1. 钢筋混凝土墙;2. 塑性混凝土墙;3. 固化灰浆墙;4. 自硬泥浆墙;5. 预制墙;6. 泥浆槽墙(回填砾石、黏土和水泥三合土);7. 后张预应力地下连续墙;8. 钢制地下连续墙
地下连续墙主要特点		1. 刚度大。地下连续前可构筑40~120cm厚的钢筋混凝土墙,因此刚度大于传统的挡土墙,可承受较大的土压力。 2. 防渗截水性能好。在地下基坑开挖进程中,由于地下连续墙体接头的改进和优化可使地下连续墙的防渗性能得到可靠保证。 3. 振动小噪声低。施工时振动小、噪声低,对周边地基无扰动。实践证明,只要正确选用泥浆护壁和挖槽方法,开挖过程采用适当的支护措施,周边地区不会发生地基沉降、坍塌等破坏。 4. 工期短。可缩短工期,经济效益好,可昼夜施工。 5. 适用多种基础。可用于作刚性基础代替桩基础、沉井或沉箱基础。地下连续墙可组合成具有高承载力的多边形、圆形或梧桐形基础。 6. 适用多种地质条件。地下连续墙对地基土的适用范围广泛,从软弱的冲击层到中硬的地层、密实的砂砺层、软质岩层、硬质岩石等所有的地基均可施工。 7. 结构变形和地基土变形较小。 8. 要求技术熟练。在地质条件和地下条件复杂变化情况下,即使进行了勘察也难于预测,因此选择合适的挖槽方法,必须具备较高的技术水平和施工经验。 9. 需要选用适于地质条件的挖槽方法及护壁泥浆,确保槽壁稳定。有时也会产生漏浆或地下水渗入致使槽壁坍塌的情况。 10. 施工周围或沿线废弃泥浆、弃土的处理费用(运输及化学处理)的增加和污染环境的影响。 11. 墙面不够光滑,只作围护挡墙,造价稍高

续上表

项目	地下连续墙的分类和优缺点
地适用范围	地下连续墙适用于作为地下挡土墙、挡水围堰、承受竖向和侧向荷载的桥梁基础、平面尺寸大或形状复杂的地下构造物及适用于除岩溶和地下承压水很高处的其他各类土层中施工。 地下连续墙可采用直线单元节段式施工;亦可采用桩排式施工方式
地下连续墙施工前应具备的技术资料	地下连续墙工程施工前,必须具备工程地质资料、区域内障碍物资料和有关试验资料,必要时应补充地质勘察并制订了专项施工方案。特别是地下土层变化,各种地下管线等情况障碍物的穿越及其复杂性和影响必须在施工前掌握,以便采取相应措施,妥善处理,保证正常施工进展
施工安全要求	在堤防等水利、防洪设施及其他既有构筑物周边进行地下连续墙工程的施工时,应就施工可能会导致对其不利的影响进行评估,必要时应采取有效措施进行保护

7.2 施工平台与导墙

施工平台与导墙的作用及要求 表 7.2-1

项目		作用、要求
施工平台		用于地下连续墙施工的平台应坚固、平整,适合于重型设备和运输车辆行走,宽度应满足施工需要,其高程需综合考虑:(1)高出地下水位 1.5m 以上;(2)与施工施工期水位相适应;(3)能顺畅排出废水、废浆、废渣;(4)挖填方量最少
导墙	施工导向	用泥浆护壁挖槽构成的地下连续墙应筑导墙。导墙应能满足地下墙的施工导向、蓄积泥浆并维持其表面高度,支撑挖槽机械设备和其他荷载,维护槽顶表土层的稳定于阻止地面水流入沟槽导墙与地下墙中心线一致,内外两导墙轴线平行,内壁净向距应按地下墙体厚度另加 4~6cm。它指示挖槽位置而起导向作用,直接影响地下墙平面位置和墙体厚度,导墙的垂直精度是决定地下墙保持垂直的必要条件,导墙顶部应平整,以利于导向钢轨的架设和定位
	挡土	导墙可以防止槽壁顶部坍塌,由于表层较深层土质差,而且经常受到邻近地面超载的影响,为了保持地面土体稳定,需在导墙之间每隔 1~1.5m 设置支撑
	重物支撑台	施工过程中,导墙经常承受钢筋笼、浇筑混凝土导管和钻机等静、动荷载作用
	维持泥浆液面	为了保持槽面地层的稳定,需要在一个泥浆面极少变化的液面,特别是在地下水位很高的地层,为达到稳定液面应高出地下水位 1m 的要求,导墙就要高出地面
	导墙材料选用	导墙宜采用钢筋混凝土材料。混凝土强度等级不宜低于 C20。墙体厚度应满足施工要求
	导墙埋入土内的深度	导墙底端埋入土内深度宜大于 1m。基底土层应夯实,遇有特殊情况需作妥善处理、导墙顶端应高出地面。遇地下水位较高时,导墙顶面应高于地下水位 1.5m 以上,墙后应填土与墙顶齐平,导墙顶面应保持水平,内墙面应保持竖直
	导墙施工要求	1. 导墙构筑质量直接关系到地下连续墙的工程质量,为此,必须注意导墙内侧净空尺寸、垂直与水平精度和平面位置等的施工要求。 2. 导墙要求分段施工时,段落划分应与地下连续墙划分的阶(节)段错开。 3. 采用预制导墙块时,必须按照设计施工,保证连接处质量,防止渗漏。 4. 为保证导墙成为一整体,防止因强度不足或施工不善而发生事故,导墙的水平钢筋必须连接牢固。 5. 混凝土导墙在浇筑及养护时,重型机械、车辆不得在附近作业行驶。 6. 施工过程中,应对导墙的沉降、位移进行观测。 7. 为使地下连续墙的厚度满足设计要求,便于挖槽机作业,导墙内侧净空应较地下墙的厚度稍有放宽,其尺寸随挖槽方法略有差异,一般在 4~6cm,最大在 5~10cm 范围内。 8. 导墙平面轴线应与地下连续墙的平面轴线平行,允许偏差为 10mm。导墙内墙面应竖直,顶面应水平。两导墙内墙面间的距离允许偏差为 5mm,导墙顶面高程允许偏差为 ±10mm

导墙的断面形式及适用条件 表 7.2-2

序号	导墙横断面形式(尺寸单位:mm)	适用条件
1	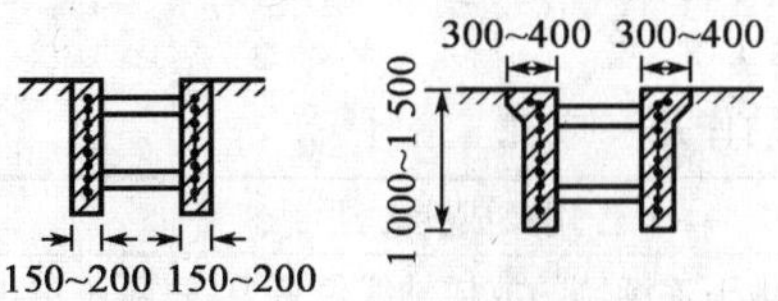 150~200 150~200；300~400 300~400；1 000~1 500	适用于表层土基良好(如密实黏土),作用在导墙上的荷载不大的情况。图中为最简单的断面形状
2	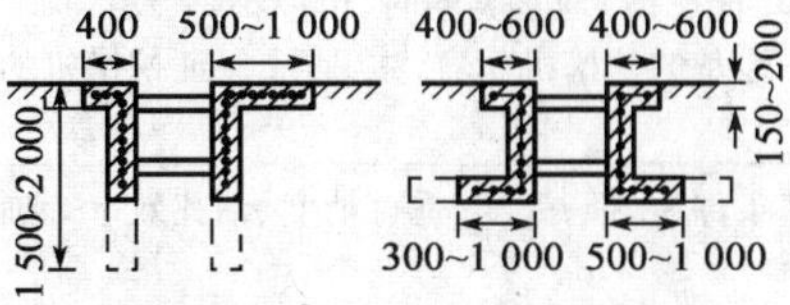 400 500~1 000；1 500~2 000；400~600 400~600；150~200；300~1 000 500~1 000	适用于表层地基土强度不够,特别是易于坍塌的砂土或回填地基的情况。需将导墙做成L形或上下两端均向外伸出的[形,如左图所示
3	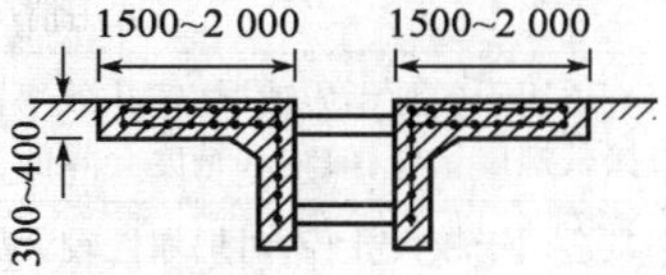 1500~2 000 1500~2 000；300~400	适用于作用在导墙上的荷载大的情况,可根据荷载的大小增减其伸出部分的尺寸
4	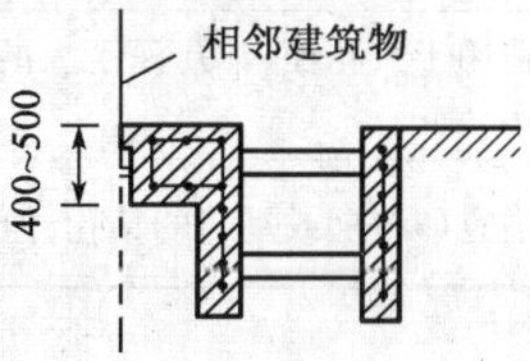 相邻建筑物；400~500	适用于需要保护相邻结构物的情况,要考虑地下室的深度
5	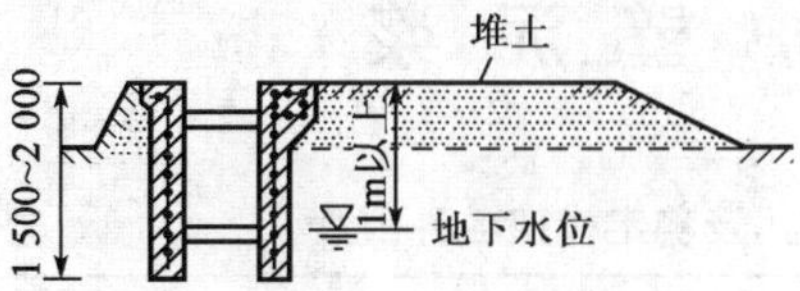 堆土；1 500~2 000；1m以上；地下水位	适用于地下水位高而又难以用井点降水的情况,将导墙上端高出地面以确保泥浆液面高于地下水位 0.6 ~ 1m 以上,并于墙背堆土于导墙顶齐平
6	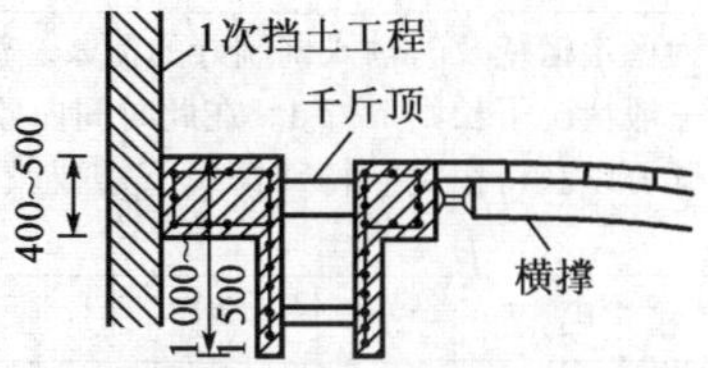 1次挡土工程；千斤顶；400~500；1 000~1 500；横撑	适用于作业面在地下的情况,导墙外侧的伸出部分作为先施工的临时挡土结构的水平导向
7	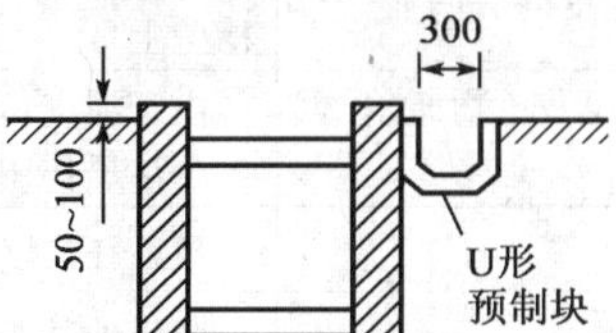 300；50~100；U形预制块	为防止泥浆溢流,在导墙外侧埋设U形预制块,导墙顶端高出地面 5 ~ 10cm,以防止地面水流入导沟
8	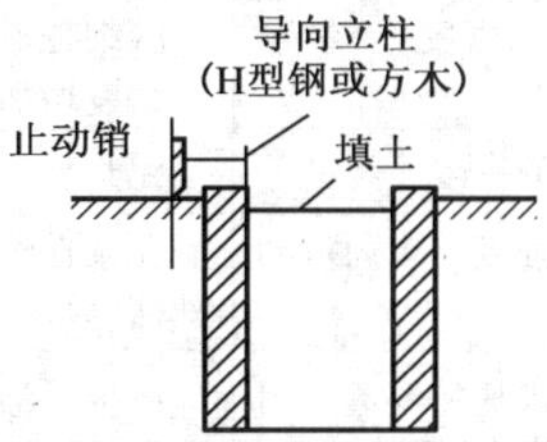 导向立柱(H型钢或方木)；止动销；填土	适用于挖斗式挖槽机用的导墙,为防止抓斗晃动,设置了H型钢桩或方木作抓斗的导向桩,采用抓斗施工期间,可在导墙内填土代替横撑

7.3 导孔的作用与特点

导孔的作用和成孔 表 7.3-1

<table>
<tr><td>项　　目</td><td colspan="2">作用及成孔方法</td></tr>
<tr><td>导孔作用</td><td colspan="2">1. 钢索(蚌式)抓斗挖槽时,在地下连续墙的放样轴线位置上,每隔一定距离钻出垂直的钻孔,其所钻孔径于墙厚相同,称为导孔,当(挖槽)地基软弱时,可以不钻导孔。
2. 导孔的作用主要是针对坚硬地基的挖槽机而言,先钻孔,保证挖槽机的垂直精度,以使单元槽段的两端头垂直,便于接头施工</td></tr>
<tr><td rowspan="6">导孔设置及成孔方法</td><td colspan="2">1. 导孔钻机的选择应根据地基条件、孔径、深度、垂直精度、钻孔效率等确定。
2. 成孔方法:</td></tr>
<tr><td>钻孔机类型</td><td>适用情况</td></tr>
<tr><td>螺旋钻</td><td>适用于各种土质情况,钻孔效率高,当钻孔深超过 20m 时需接长螺旋钻杆,效率和精度会降低</td></tr>
<tr><td>回旋挖斗</td><td>适用于较大孔径,对坍塌性较大的地层,可防止孔壁坍塌,钻深可达 30m 范围</td></tr>
<tr><td>反循环钻机</td><td>适用于大孔径、钻孔深度大的场合,但对大粒径的砾石层不适用</td></tr>
<tr><td>冲击钻机</td><td>适宜卵石层或基岩的钻孔,但除 ICOS 法很少适用</td></tr>
</table>

7.4 护 壁 泥 浆

护壁泥浆的使用及稳定槽壁各种因素 表 7.4-1

<table>
<tr><td colspan="2">项　　目</td><td colspan="3">泥浆使用及稳定槽壁的各种因素</td></tr>
<tr><td colspan="2">护壁泥浆的使用</td><td colspan="3">在沟槽开挖到一定深度时,为稳定槽壁及时输入调制好的泥浆。泥浆放置时间是挖槽结束到灌筑混凝土前的这段时间,一般情况下长则 2～3d。在此时间内控制泥浆的性质,泥浆液面的高度以及地下水的变动,槽壁可以获得稳定。特殊情况下需要较长时间置放,应采取增加泥浆浓度、密度等措施</td></tr>
<tr><td rowspan="5">稳定槽壁的各种因素</td><td rowspan="5">渗滤泥皮</td><td>性质和机能</td><td>稳定因素</td><td>稳定机理</td></tr>
<tr><td rowspan="2">泥皮的机能</td><td>不透水泥皮(物理)</td><td>泥浆和地下水隔开,使泥浆压力作用在槽壁上</td></tr>
<tr><td>半透水泥皮(物理化学的)</td><td>由于泥皮特性和泥浆浓度的电动势产生电渗透作用,成为抵抗渗透压力</td></tr>
<tr><td rowspan="2">薄泥皮的机能</td><td>灰泥效应</td><td>覆盖在槽壁上,防止土颗粒坍落</td></tr>
<tr><td>约束效应</td><td>减小地基的位移,增加槽壁强度</td></tr>
<tr><td rowspan="5">稳定槽壁的各种因素</td><td rowspan="5">泥浆</td><td rowspan="2">泥浆密度</td><td>泥浆自身的密度</td><td>泥浆静水压力为主要原因</td></tr>
<tr><td>沟槽内泥浆密度(土细颗粒混入)</td><td>因细颗粒的混入,可实测到 10%～20% 的密度增加</td></tr>
<tr><td rowspan="2">被动抵抗力</td><td>泥浆自身的密度</td><td>泥浆静水压力为主要原因</td></tr>
<tr><td>泥浆抗剪强度产生的被动抵抗力</td><td>泥浆在刚性的粗糙槽壁之间为稳定塑性体,发挥其被动抵抗力</td></tr>
<tr><td>浓密度</td><td>相当于电渗透的渗透作用</td><td>产生反渗透压力</td></tr>
</table>

续上表

项　目		泥浆使用及稳定槽壁的各种因素		
稳定槽壁的各种因素	地基	地下水位	来自地基的作用力为主要因素	地下水的相对水位对槽壁的稳定有很大影响
		地基的强度和密度	与来自地基的作用力的大小有关	决定主动土压力
		拱作用	减轻来自地基的作用力	减小主动土压力
		泥浆渗入后地基抗剪强度	增加泥浆饱和地基的抗剪强度	利用膨胀过程中产生的负压作用

泥浆原料和外加剂的性能要求　表 7.4-2

项　目		泥浆原料和外加剂的性能要求
作为泥浆原料黏质土的性能要求		一般可选用塑性指数大于25，粒径小于0.074mm的黏粒含量大于50%的黏质土制浆。当缺少上述性能的黏质土时，可用性能略差的黏质土，并掺入30%的塑性指数大于25的黏质土。 当采用性能较差的黏质土调制的泥浆其性能指标不符合要求时，可在泥浆中掺入Na_2CO_3（俗称碱粉或纯碱）、氢氧化钠（NaOH）或膨润土粉末，以提高泥浆性能指标。掺入量与原泥浆性能有关，宜经过试验决定。一般碳酸钠的掺入量约为孔中泥浆土量的0.1%～0.4%
泥浆原料膨润土的性能和用量		膨润土分为钠质膨润土和钙质膨润土两种。前者质量较好，大量用于炼钢、铸造中，钻孔泥浆中用量也很大。膨润土泥浆具有相对密度低、黏度低、含沙量少、失水量少、泥皮薄、稳定性强、固壁能力高、钻具回转阻力小、钻进率高、造浆能力大等优点。一般用量为水的8%，即8kg的膨润土可掺100L的水。对于黏质土地层、用量可降低到3%～5%。较差的膨润土用量为水的12%左右
泥浆外加剂及其掺量	CMC	CMC（Carboxy Methyl Celluose）全名羧甲基纤维素，可增加泥浆黏性，使土层表面形成薄膜而防护孔壁剥落并有降低失水量的作用。掺入量为膨润土的0.05%～0.01%
	FCI	FCI，又称铬铁木质素磺酸钠盐，为分散剂，可改善应混杂有土，砂粒，碎、卵石及盐分等而变质的泥浆性能，可使上述钻渣等颗粒聚集而加速沉淀，改善护壁泥浆的性能指标，使其继续循环适用。掺量为膨润土的0.1%～0.3%
	硝基腐殖碳酸钠	硝基腐殖碳酸钠（简称煤减剂），其作用与FCI相似。它具有很强的吸附能力，在黏质土表面形成结构性溶剂水化膜，防止自由水渗透，能使失水量降低，使黏度增加，若掺入量少，可使黏度不上升，具有部分稀释作用，掺用量与FCI同。2、3两种分散剂可任选一种
泥浆外加剂及其掺量	碳酸钠	碳酸钠（Na_2CO_3）又称碱粉或纯碱。它的作用可使pH值增大到10。泥浆中pH值过小时，黏土颗粒难于分解，黏度降低，失水量增加，流动性降低；小于7时，还会使钻具受到腐蚀；若pH过大，则泥浆将渗透到孔壁的黏土中，使孔壁表面软化，黏土颗粒之间凝聚力减弱，造成裂解而使孔壁坍塌。pH值以8～10为宜，这时可增加水化膜厚度，提高泥浆的胶体率和稳定性，降低失水量。掺入量为膨润土的0.3%～0.5%
	PHP	PHP，即聚丙烯胺絮凝剂。它的作用为，在泥浆循环中能清除劣质钻屑，保存造浆的膨润土粒；它具有低固相、低相对密度、低失水、低碳化、泥浆触变性能等特点。掺入量为孔内泥浆的0.003%
	重晶石细粉	重晶石细粉（$BaSO_4$），可将泥浆的相对密度增加到2.0～2.22，提高泥浆护壁作用。为提高掺入重晶粉后泥浆的稳定性，降低其失水性，可同时掺入0.1%～0.3%的氢氧化钠（NaOH）和0.2%～0.3%的橡胶粉。掺入上述两种外加剂后，最适用于膨胀的黏质塑性土层和泥质页岩土层。重晶石粉掺量根据原泥浆相对密度和土质情况检验决定
	纤维质物质	纸浆、干锯木、石棉等纤维质物质，其掺量为水量的1%～2%，其作用是防止渗水并提高泥浆循环效果
	说明	以上各种外加剂掺入量，宜先做试配，试验其掺入外加剂后的泥浆性能指标是否有所改善，并符合要求。 各种外加剂宜先制成小剂量溶剂，按循环周期均匀加入，并及时测定泥浆性能指标，防止渗入外加剂过量。每循环周期相对密度差不宜超过0.01

泥浆各种性能指标的测定方法　　表 7.4-3

<table>
<tr><th>名　称</th><th>代　号</th><th colspan="2">性能指标的测定方法</th></tr>
<tr><td>相对密度</td><td>ρ_x</td><td colspan="2">可用泥浆相对密度计测定。将要量测的泥浆装满泥浆杯,加盖并洗净从小孔溢出的泥浆,然后置于支架上,移动游码,使杠杆呈水平状态(即气泡处于中央),读出游码左侧所示刻度,即为泥浆的相对密度。
若工地无以上仪器时,可用一口杯,先称其质量设为:m_1,再装清水称其质量为 m_2,再倒去清水,装满泥浆并擦去杯周溢出的泥浆,称其质量为 m_3,则 $\rho_x = \frac{m_3 - m_1}{m_2 - m_1}$</td></tr>
<tr><td>黏度</td><td>η(s)</td><td colspan="2">工地用标准漏斗黏度计测定,黏度计如下图所示。用两杯开口量杯分别量取 200mL 和 500mL 泥浆,通过滤网滤去大砂粒后,将泥浆 700mL 均注入漏斗,然后使泥浆从漏斗流出,流满 500mL 量杯所需时间(s),即为所测泥浆的黏度。
校正方法:漏斗中注入 700mL 清水,流出 500mL 所需的时间应是 15s,如偏差超过 ±1s,则量测泥浆黏度时应校正</td></tr>
<tr><td>黏度计示意图</td><td>单位
(mm)</td><td colspan="2">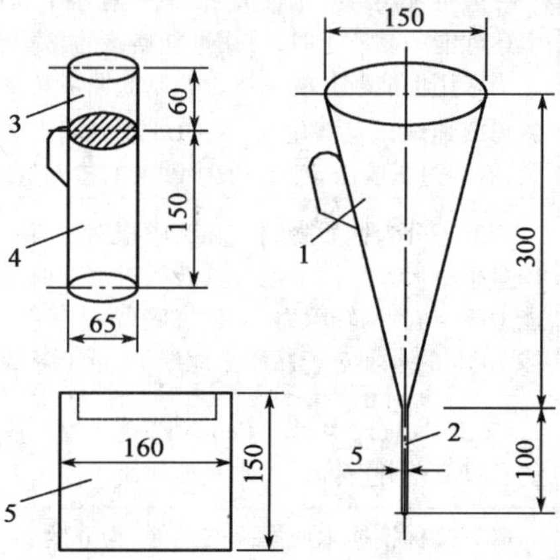

1-漏斗;2-管子;3-量杯 200mL 部分;4-量杯 500mL 部分;5-筛网及杯</td></tr>
<tr><td>含砂率(%)</td><td></td><td colspan="2">工地用含砂率计(如下图所示)测定。量测时,把调制好的泥浆 50mL 倒进含砂率计,然后再倒 450mL 清水,将仪器口塞紧,摇动 1min,使泥浆与水混合均匀,再将仪器竖直静放 3min,仪器下端沉淀物的体积(由仪器上刻度读出)乘以 2 就是含砂率(%)。(有一种大型的含砂率计,容积 1000mL,从刻度读出的数不乘以 2 即为含砂率)</td></tr>
<tr><td>胶体率(%)</td><td></td><td>亦称稳定率,它是泥浆中土粒保持悬浮状态的性能。测定方法:可将 100mL 的泥浆放入干净量杯中,用玻璃板盖上,静置 24h 后,量杯上部的泥浆可能澄清为透明的水,量杯底部可能有沉淀物。以 100 -(水 + 沉淀物)体积即等于胶体率</td><td rowspan="2">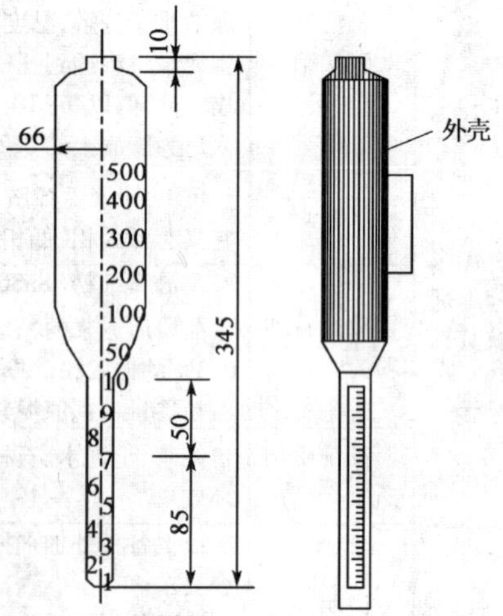

含砂率计(尺寸单位:mm)</td></tr>
<tr><td>失水量(mL/30min)和泥皮厚(mm)</td><td></td><td>失水量(mL/30min)和泥皮厚(mm):用一张 120mm × 120mm 的滤纸,置于水平玻璃板上,中央画一直径 30mm 的圆圈,将 2mL 的泥浆滴于圆圈中心,30min 后,量算湿润圆圈的平均半径减去泥浆坍平成为泥饼的平均半径(mm)即失水量,算出的结果(mm)值代表失水量,单位:mL/min。在滤纸上量出泥饼厚度(mm)即为泥皮厚。泥皮越平坦、越薄,则泥浆质量越高,一般不宜厚于 2 ~ 3mm</td></tr>
</table>

泥浆变质原因和质量控制方式 表7.4-4

<table>
<tr><td rowspan="2">泥浆变质原因</td><td colspan="2">对质量控制方式的影响</td></tr>
<tr><td>石油钻井系统方式</td><td>化学方式</td></tr>
<tr><td rowspan="2">1. 泥皮、渗透消耗膨润土；
2. 雨水、地下水稀释泥浆；
3. 粉、黏土细颗粒混入泥浆；
4. 混凝土中 Ca^{2+} 混入泥浆；
5. 地下水中阳离子混入泥浆；
6. 土中阳离子混入泥浆</td><td>密度增减，黏度增减，含砂率增加，失水量增减，稳定性恶化</td><td>膨润土浓度减少</td></tr>
<tr><td>密度增加，黏度增加，失水量增加，稳定性恶化，pH 值上升</td><td>泥浆悬浮分散性恶化</td></tr>
</table>

石油钻井系统的泥浆质量控制方式 表7.4-5

项　目	内容和要求
泥浆质量控制的基本方法	泥浆必须具有稳定、良好的泥皮形成性、合适的密度和黏度，确保施工安全
泥浆质量控制应做试验的内容分	泥浆质量控制应做试验的内容：(1)密度；(2)黏度；(3)泥皮形成性(失水量、泥皮厚度、强度)；(4)泥浆含砂率；(5)泥浆的重力稳定性；(6)泥浆的含盐量；(7)pH 值。其中(1)～(4)为必需试验内容，(5)～(7)可视需要选用

泥浆质量的控制标准* 表7.4-6

1. 新鲜泥浆的密度

膨润土浓度(%)	泥浆密度	膨润土浓度(%)	泥浆密度
6	1.035	11	1.060
7	1.040	12	1.065
8	1.045	13	1.070
9	1.050	14	1.075
10	1.055	—	—

2. 泥浆黏度的控制标准

<table>
<tr><td colspan="2" rowspan="2">工程地质状态</td><td rowspan="2">泥浆使用方法</td><td rowspan="2">土　质</td><td rowspan="2">泥浆的合适黏度(s)</td><td colspan="2">对　策</td></tr>
<tr><td>黏度过小时</td><td>黏度过大时</td></tr>
<tr><td rowspan="12">一般的工程条件</td><td rowspan="6">地下水少</td><td rowspan="3">循环方式</td><td>含砂粉土</td><td>23～37</td><td rowspan="6">掺加膨润土 1%～2% 或掺CMC0.05%～0.1%</td><td rowspan="6">掺加分散剂 0.05%～0.1%，有黏土混入时加水</td></tr>
<tr><td>砂</td><td>28～35</td></tr>
<tr><td>砾石</td><td>37～45</td></tr>
<tr><td rowspan="3">静止方式</td><td>含砂粉土</td><td>24～28</td></tr>
<tr><td>砂</td><td>32～40</td></tr>
<tr><td>砾石</td><td>45～55</td></tr>
<tr><td rowspan="6">地下水丰富</td><td rowspan="3">循环方式</td><td>含砂粉土</td><td>28～35</td><td rowspan="6">同时掺加 1% 膨润土和 CMC0.1%～0.2% 之后，立即做黏度试验</td><td rowspan="6">掺加分散剂 0.1%～0.2%，不应加水</td></tr>
<tr><td>砂</td><td>38～40</td></tr>
<tr><td>砾石</td><td>55～65</td></tr>
<tr><td rowspan="3">静止方式</td><td>含砂粉土</td><td>28～35</td></tr>
<tr><td>砂</td><td>37～45</td></tr>
<tr><td>砾石</td><td>70～80</td></tr>
</table>

表列泥浆黏度的控制标准，其施工条件是 2～8h 挖完沟槽，3h 浇灌完混凝土，挖槽深度在 30m 内，如需延长放置时间，表中黏度应增加 20%～50%

续上表

3. 泥浆的判断标准(泥皮及 pH 值)(循环方式)				
试验项目	适合使用的状态		需调整状态	对　策
	良好	较好		
过滤水量	10mL 以下	10mL~20mL	20mL 以上	掺膨润土或 CMC
泥皮厚度	1.0mm 以下	1.5~2.5mm	2.5mm 以上	—
pH 值	8.5~10.5	7.5~8.3 10.5~11.6	7.5 以下 11.6 以上	掺分散剂
pH 值的上限是混凝土污染泥浆时的极限。除上述判断控制标准外,还有其他的泥浆制定标准,此处从略				

注:＊日本泥浆挖槽研究会的标准。

置换泥浆再生和废弃的标准 表 7.4-7

试 验 项 目	再生后可继续使用状态	需要进行再生处理状态	舍弃时的状态
密度	1.08 以下	1.10 以上	1.15 以上
含砂率	0.6% 以下	5% 以上	10% 以上
漏斗黏度	—	—	不能测定
过滤水量	100mL 以下	13mL 以上	不能测定
泥皮厚度	2mm 以下	2.5mm 以上	不能测定
pH 值	8.5~10.5	7.8~8.5 和 10.7 以上	11.0 以上
备注	对于被置换泥浆的再生和废弃可参照石油钻井系统准备。表中不使用漏斗黏度试验的原因是,在泥浆中混入土颗粒或水泥时,其黏度不能发现其差别。此外,由于地基和施工条件的不同,表列标准也会有变化		

泥浆质量化学处理控制方式 表 7.4-8

项　　目	内容与说明			
化学处理控制方式	影响泥浆质量性质的主要因素是:泥浆中膨润土的浓度(指细颗粒浓度)、钙离子(水泥)、钠离子(海水)等盐类浓度。从数值上掌握膨润土泥浆基本性质的方法是化学控制方法			
膨润土质量的判定试验	判定试验	判定膨润土性质	判定试验	判定膨润土性质
	产浆率	湿胀性、黏度(杂质含量)	失水量	泥皮形成的特性
	物理稳定性	杂质含量(湿胀性、黏度)	化学稳定性	对 Ca^{2+}、Na^{+} 等阳离子的抵抗性
膨润土的产浆率	将 1 000kg 干燥的膨润土粉末和水混合后用升(L)表示出黏度为 15×10^{-3}Pa·s 时的膨润土悬浮液的容量。此值越大,表明质量越好,一般在 6 000~4 000L/t			
物理稳定性的检验	好的膨润土	浓度 8% 的溶液经过 10h 后不产生沉淀		
	普通膨润土	浓度 12% 的溶液经过 10h 后不产生沉淀		
	差的膨润土	浓度 12% 以上的溶液也会产生沉淀		
过滤试验(失水量试验)	用浓度 8% 的膨润土溶液,失水量试验判定质量标准为:失水量小于 10ML;泥皮厚度 1.5mm 以下,属于优质膨润土			
化学稳定性	主要分析钙离子及钠离子的抵抗性			

不同浓度的膨润土泥浆物理指标 表 7.4-9

1. 某产地膨润土(浓度 8%)泥浆指标

配合比	膨润土(%)	8							
	CMC(%)	—		0.05		0.07		0.10	
溶胀时间		配置后	1d	配置后	1d	配置后	1d	配置后	1d
密度(1.05)		—	1.042		1.045		1.045		1.045
漏斗黏度(s)500mL/500mL		23	34.8	29.2	32.2	33.4	38.1	43.8	50.9
表观黏度(10^{-3}Pa·s)		6.5	7.5	15.3	17.5	19.0	23.8	26.8	32.5
塑性黏度(10^{-3}Pa·s)		6.0	7.0	12.0	14.0	15.0	18.5	19.5	23.5
屈服值(N/m^2)		0.5	0.5	2.2	3.4	3.9	5.1	7.6	7.6
10min 凝胶强度(N/m^2)		0.3	0.3	2.0	0.7	3.2	1.7	6.9	4.9
过滤试验 过滤水量	7.5min(mL)	—	9.0	—	5.4	—	4.6	—	4.5
	30min(mL)	—	19.2	—	12.8	—	11.8	—	10.8
过滤试验	泥皮厚度(mm)	—	1.5	—	1.4	—	1.2		1.1
pH 值		—	8.9	—	—	—	8.8	—	8.8
泥浆温度(℃)		19.0	14.5	18.0	16.5	18.5	16.5	18.5	16.5

2. 某产地膨润土(浓度 10%)泥浆指标

配合比	膨润土(%)	10									
	CMC(%)	—		0.03		0.05		0.07		0.10	
溶胀时间		配置后	1d	配置后	1d	配置后	1d	配置后	1d	配置后	1d
密度		—	1.05	—	1.052	—	1.058	—	1.06	—	1.062
漏斗黏度(s)		26.2	28.7	30.6	36.0	37.3	49.0	50.8	58.8	74.3	118.09
表观黏度(10^{-3}Pa·s)		10.8	13.8	18.8	21.0	23.8	29.3	30.8	37.0	39.5	52.0
塑性黏度(10^{-3}Pa·s)		10.0	12.5	16.0	17.0	19.0	23.5	23.0	27.5	27.5	35.0
屈服值(N/m^2)		0.7	1.2	1.5	1.0	3.2	1.7	5.9	3.4	9.8	8.8
过滤试验 过滤水量	7.5min(mL)	—	6.95	—	5.3	—	4.5	—	4.1	—	3.9
	30min(mL)	—	15.9	—	13.0	—	11.4	—	10.8	—	9.9
过滤试验	泥皮厚度(mm)	—	2.0	—	1.8	—	1.3		1.2	—	1.8
pH 值		—	8.81	—	8.8	—	8.7	—	8.7	——	8.8
泥浆温度(℃)		16.7	15.5	19.0	15.5	19	15.5	19.0	15.5	16.0	17.0

3. 某产地膨润土(浓度 12%)泥浆指标

配合比	膨润土(%)	12							
	CMC(%)	—		0.01		0.03		—	
溶胀时间		配置后	1d	配置后	1d	配置后	1d	配置后	1d
密度		—	1.065	—	1.062	—	1.068	—	1.07
漏斗黏度(s)		31.8	38.8	35.8	43.8	42.6	56.2	41.3	60.1
表观黏度(Pa·s)		19.0×10^{-3}	25.0×10^{-3}	23.5×10^{-3}	29.8×10^{-3}	29.8×10^{-3}	38.5×10^{-3}	31.3×10^{-3}	44.3×10^{-3}

续上表

<table>
<tr><td colspan="11">3. 某产地膨润土(浓度 12%)泥浆指标</td></tr>
<tr><td colspan="3">塑性黏度(Pa·s)</td><td>16.5×10⁻³</td><td>21.5×10⁻³</td><td>20.0×10⁻³</td><td>24.0×10⁻³</td><td>23.5×10⁻³</td><td>30.0×10⁻³</td><td>26.0×10⁻³</td><td>36.5×10⁻³</td></tr>
<tr><td colspan="3">屈服值(N/m²)</td><td>2.5</td><td>3.4</td><td>3.4</td><td>5.6</td><td>6.1</td><td>8.3</td><td>4.7</td><td>7.6</td></tr>
<tr><td colspan="3">10min 凝胶强度(N/m²)</td><td>0.5</td><td>1.0</td><td>1.0</td><td>1.0</td><td>2.0</td><td>1.5</td><td>0.7</td><td>1.4</td></tr>
<tr><td rowspan="3">过滤试验</td><td rowspan="2">过滤水量</td><td>7.5min(mL)</td><td>—</td><td rowspan="2">6.0</td><td>—</td><td rowspan="2">5.2</td><td rowspan="2">—</td><td>4.6</td><td>—</td><td>5.8</td></tr>
<tr><td>30min(mL)</td><td>—</td><td>—</td><td>11.5</td><td>—</td><td>12.7</td></tr>
<tr><td colspan="2">泥皮厚度(mm)</td><td>—</td><td>2.0</td><td>—</td><td>1.5</td><td>—</td><td>1.6</td><td>—</td><td>3.0</td></tr>
<tr><td colspan="3">pH 值</td><td>—</td><td>8.8</td><td>—</td><td>8.8</td><td>—</td><td>8.8</td><td>—</td><td>8.5</td></tr>
<tr><td colspan="3">泥浆温度(℃)</td><td>15.7</td><td>17.0</td><td>18.0</td><td>16.6</td><td>15.5</td><td>16.5</td><td>15.7</td><td>18.0</td></tr>
<tr><td colspan="3">备注</td><td colspan="8">因产地的不同,膨润土泥浆的各种物理指标也各异。上列实例可供施工时参考,并在实践中试配调整</td></tr>
</table>

不同黏度的 CMC 种类、性质和用途 表 7.4-10

种　　类	黏　度 (1% 泥浆 Pa·s)	pH　　值	用　　途
TE-H	$(700 \sim 1\,000) \times 10^{-3}$	6.8 ~ 7.2	在砂砾层挖槽
TE-D	$(100 \sim 500) \times 10^{-3}$	7.0 ~ 9.0	软弱地层(砂、砂砾、黏土)
CMC1120	$(20 \sim 50) \times 10^{-3}$	6.5 ~ 8.0	一般用途(低黏度)
CMC1160	$(300 \sim 500) \times 10^{-3}$	6.5 ~ 8.0	一般用途(高黏度)
CMC1240	$(30 \sim 40) \times 10^{-3}$	6.5 ~ 8.0	耐盐性
CMC1260	$(80 \sim 150) \times 10^{-3}$	6.5 ~ 8.0	耐盐性
备注	CMC 溶解于水后成为黏度很大的透明液体,对提高泥皮的形成性十分明显,掺量一般为 0.03% ~ 0.1%		

加重剂和防漏剂用途、效果 表 7.4-11

1. 加重剂

一般情况下,泥浆相对密度为 1.03 ~ 1.07 时就能够充分保证槽壁稳定。但是,在一些特殊情况下,如地下水位很高、地基非常软弱或土压力非常大时,槽壁稳定受到威胁。作为一种应对措施应在泥浆中掺入加重剂,增加泥浆的密度。加重剂的种类主要是重晶石,取材十分容易,掺入泥浆中不易沉淀,密度一般控制在 1.25g/cm³ 以下

2. 防漏剂

防漏剂的目的是堵塞地基图中的孔隙,防止泥浆漏失。下表是挖地下连续墙的沟槽时使用的主要防漏剂

(1)防漏剂的种类和效果

序号	防漏剂种类	防漏效果	序号	防漏剂种类	防漏效果
1	棉花籽残渣(粒状)	很好	6	纤维蛇纹石黏土	一般
2	蛭石细粉末	一般	7	锯木	很好
3	碎核桃皮	较好	8	稻草	很好
4	珍珠岩	一般	9	水泥	较好
5	制浆纤维	一般			

续上表

2. 防漏剂			
(2)防漏剂掺加浓度的实例			
漏失规模	防漏剂的混合和掺加浓度	中等漏失	碎核桃皮＋棉花籽粉末1%
小的漏失	棉花籽残渣粉末0.5%～1.0%	大的漏失	多种混合，最大掺加浓度到5%

7.5　桩排式地下连续墙施工

桩排式地下连续墙施工法　表7.5-1

项　目	桩排式地下连续墙施工法			
桩排式地下连续墙的构成	桩排式地下连续墙是将灌注桩或预制混凝土桩并排连续组合起来建造地下墙的一种施工方法。根据成墙墙体区分，有灌注桩式和预制桩式两种			
灌注桩式连续墙施工	有三种施工方法： 1. 机械钻(挖)孔之后，向孔内插入钢筋，用导管灌注混凝土。 2. 用土中螺旋钻挖孔至设计深度之后，在提升钻杆的同时，从钻杆的底端注入水泥砂浆，而后插入钢筋或H型钢。 3. 把特殊钻头安装在空心钻杆的底端，一面从底端注入砂浆，一面旋转钻杆向深处钻进，提升钻杆时，也同样重复该动作，而后插入钢筋			
挖槽机械及挖孔方式示意简图	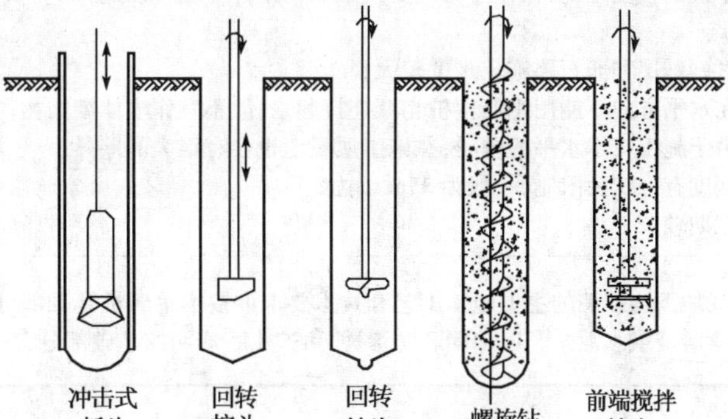 冲击式抓斗　回转挖斗　回转钻头　螺旋钻　前端搅拌钻头			
桩排式地下墙各桩的排列方式	排列方式	排列示意图	排列方式	排列示意图
	一字形相接		间隔排列	
	交错相接	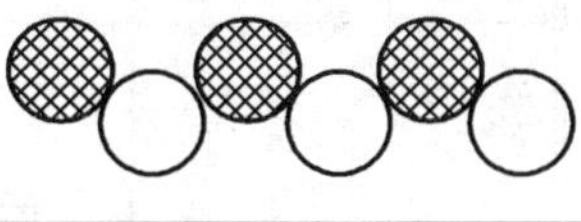	混合排列	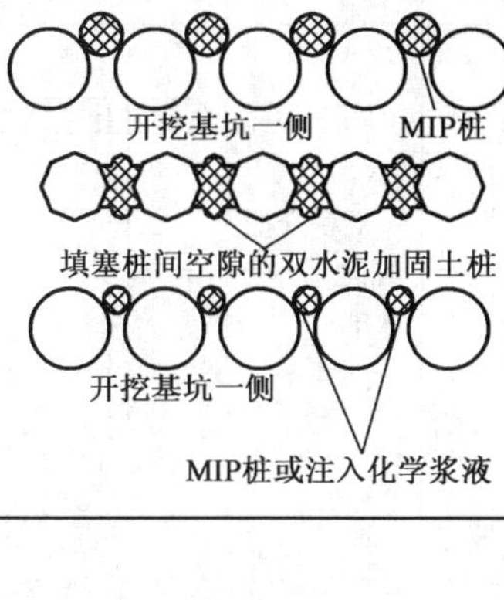 开挖基坑一侧　MIP桩 填塞桩间空隙的双水泥加固土桩 开挖基坑一侧 MIP桩或注入化学浆液
	一字形搭接	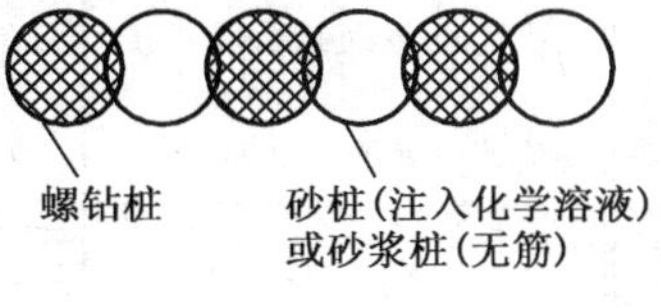 螺钻桩　砂桩(注入化学溶液)或砂浆桩(无筋)		

续上表

项　　目	桩排式地下连续墙施工法
桩排式地下连续墙施工特点	桩排式地下墙是由桩连续排列施工，很难使墙体具有连续性，同时也随着孔深的增加和垂直施工精度影响，截水防渗不容忽视，为此，采用桩排式施工的同时，根据施工目的和地质条件，采取一些辅助加固措施，如灌注化学浆或水泥浆等，以使墙体达到挡土或截水防渗的目的
桩排式地下连续墙按桩的材料分类	按桩的用材分类，可分为下列五种： 1. 钢筋砂浆桩； 2. 钢骨砂浆桩； 3. 钢筋混凝土桩； 4. 钢骨混凝土桩； 5. 钢管桩
桩排式地下连续墙的主要作用	桩排式地下墙可防止噪声和振动等建设公害。目前主要用于作为临时性结构物，如在开挖软土地基时，可用作挡土墙、截水防渗墙和保护邻近构筑物基础的外围防护墙等
桩排式地下连续墙的优缺点	1. 优点 （1）与其他施工法相比，噪声小、振动小，对相邻构筑物基础不产生不良影响； （2）对地层的损坏较小，可获得较大的摩阻承载力； （3）用作挡土墙时，与钢板桩相比，背面的地基沉降较小，易于保护构筑物； （4）在强度方面也比其他方法高，可用于软土地基中的大开挖施工； （5）可根据要求自由调节桩的长度和直径； （6）通过加压灌注，可使浆液或混凝土渗透到地层中，提高对地基截水防渗的效果； （7）单桩的重复施工，在作业时间受到限制的条件下也可以进行 2. 缺点 （1）对砂砾层和卵石层施工难度较大； （2）在水平方向不能用钢筋使桩相互连接起来，故不宜作主体结构物； （3）由于施工技术水平的差异，在施工质量上也会有很大的差异； （4）深度有一定的限制，一般为25m以内； （5）工期较长
备注	桩排式地下连续墙的主要施工工艺和技术要求可按本手册桩基础部分有关规定执行。桩排间的土层可压注化学溶液或水泥浆予以加固和防渗透，可按本手册明挖基础部分有关规定执行

7.6　槽壁式地下连续墙施工

地下连续墙施工流程表　　表7.6-1

序号	施工工艺	示意简图	序号	施工工艺	示意简图
1	准备开挖的地下墙深槽		2	安装接头管	

续上表

序号	施工工艺	示 意 简 图	序号	施工工艺	示 意 简 图
3	用专用机械进行深槽开挖	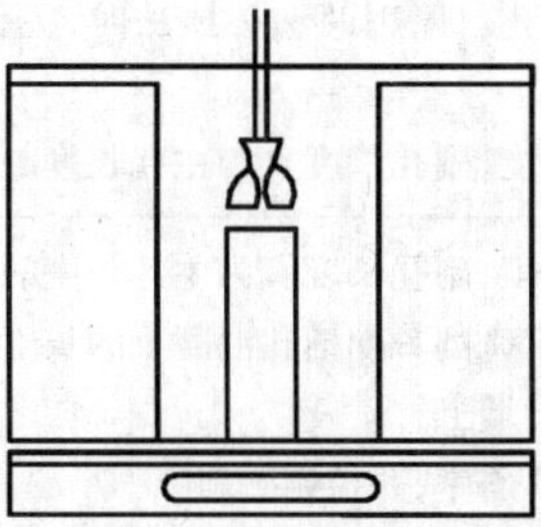	4	吊放钢筋笼下入槽内	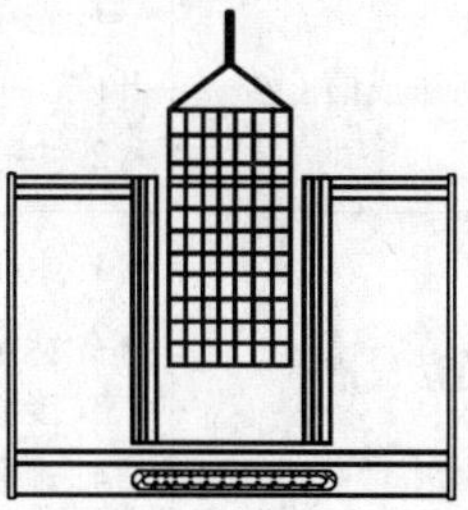
5	下灌注导管并灌注混凝土	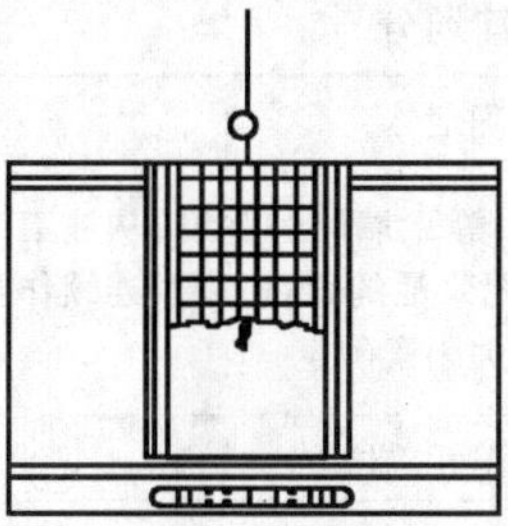	6	单元墙段完成	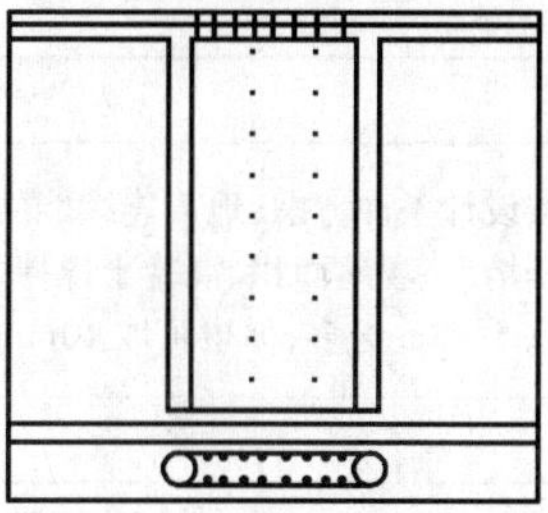
7	拔出接头管	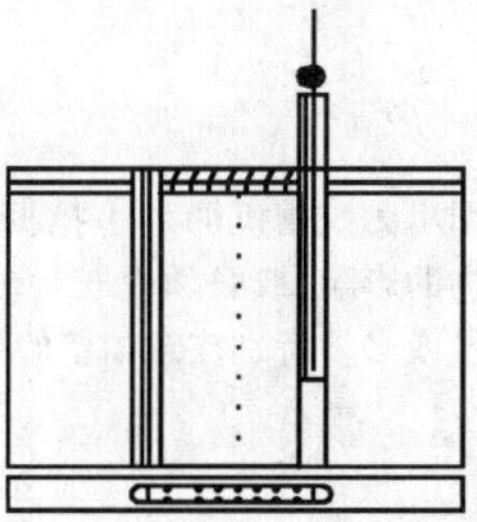	说明:单元墙段与单元槽段密切相关		

地下连续墙成槽方法及基本要求表 表7.6-2

项　目	基 本 要 求
沟槽开挖要求	1. 按已划分的单元节段决定各段开挖先后次序,挖槽施工开始后应连续进行,直到节段完成。 2. 槽孔分段建造,施工的相邻槽孔之间应留有足够的安全距离。 3. 成槽机械开挖一定深度后,及时输入调制好的泥浆,并保持槽内泥浆面不低于导墙顶面300mm。配制优质泥浆,起到良好的护壁作用是成槽的关键,重复使用的泥浆若性质变化,应进行再生处理或舍弃。 4. 挖掘的槽壁及接头处应保持竖直,竖直度允许偏差应符合第11.4节的规定。接头处相邻两槽段的挖槽中心线在任一深度的偏差值不得大于墙厚的1/3。槽底高度不得高于墙底设计高度。 5. 挖槽时应加强观测,如槽壁发生坍塌时,应查明原因,采取相应措施,妥善处理。对于槽壁严重大面积坍塌,应提出挖槽机械后,填入较好的黏质土,必要时可掺拌10% ~20%的水泥,回填至坍塌处以上1 ~2m,待沉积密实后再进行挖掘。对局部坍塌,可加大泥浆相对密度和黏度,已坍入的土块宜清理后再继续挖掘。 6. 挖掘时如遇到槽沟偏斜等故障,应查明原因,采取措施,予以排除。 7. 槽段开挖达到槽底设计高程后,应对成槽质量进行检查,符合《公路桥涵施工技术规范》(JTG/T F50—2011)的规定后,方可进行下一工序清底、换浆。 8. 挖槽施工应做好施工记录,妥善处理废弃泥浆及钻渣,防止环境污染
钻劈法成槽	1. 开孔钻头直径应大于终孔钻头直径,钻头直径应满足设计墙厚要求。 2. 选择合理的副孔长度。 3. 一般情况下,主孔终孔后方可劈打副孔

续上表

项　　目	基 本 要 求
钻抓法成槽	1. 先用钻机钻进主孔，后用抓斗抓取副孔。采用两钻一抓法时，主孔的中心距不大于抓斗的开度。 2. 主孔长度等于抓斗开度和一次铣削长度，副孔长度宜为主孔长度的1/2～1/3
铣削法成槽	1. 主孔长度等于抓斗开度和一次铣削长度，副孔长度宜为主孔长度的1/2～1/3。 2. 根据槽孔深度和成槽孔斜率要求，确定铣削一期槽孔混凝土的长度。 3. 接缝的位置应准确，并将其作标记在导墙上。 4. 建造槽孔时，经常测量接缝处端孔的孔斜率，并控制孔斜

单元槽段长度及其划分　　表7.6-3

单元槽段长度的确定	
按设计条件考虑：地下连续墙的适用目的、构造、形状（拐角、端头等）、墙厚和深度；从施工条件考虑，开挖槽壁的土质地基情况、场地面积、混凝土搅拌站供应能力、钢筋笼尺寸和质量、泥浆池的容量，以及连续作业时间限制等，一般情况下以取5～8m居多，但也可取10m或更大一些的，具体情况可视各有关因素确定	
按结构物形状划分的单元槽段	
划分单元槽段简图	说　明
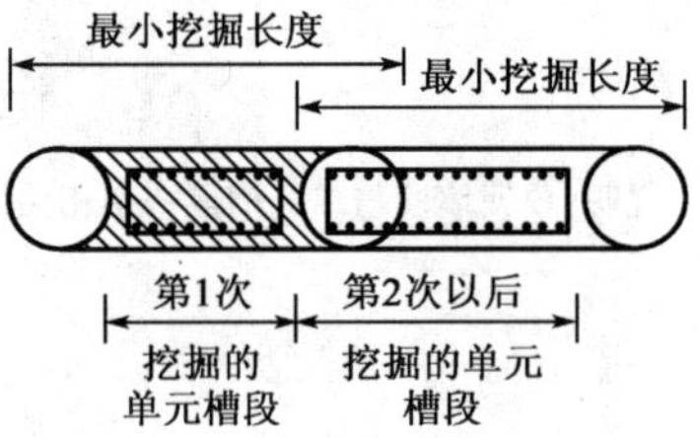	图示为挖槽机的最小挖掘长度，适用于减少对邻近建筑物的影响，或必须在较短的作业时间内完成一个单元槽段或必须特别注意槽壁的稳定性等情况
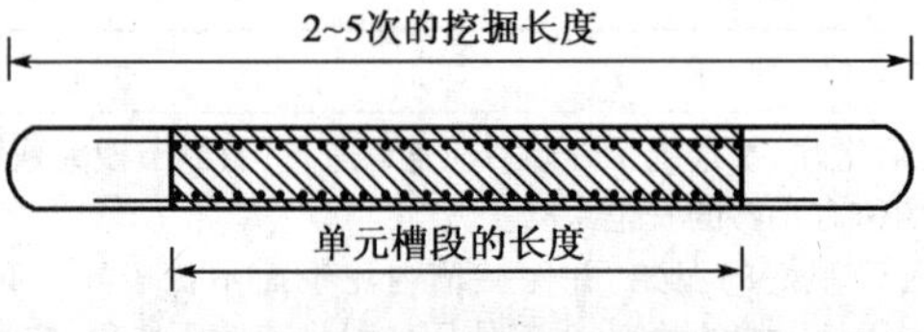	图示为较长的单元槽段，一个单元槽段的挖掘长度分几次完成。但在该段范围内不得产生弯曲现象，为此通常是先挖该单元槽段的两端，或者进行跳跃式挖掘
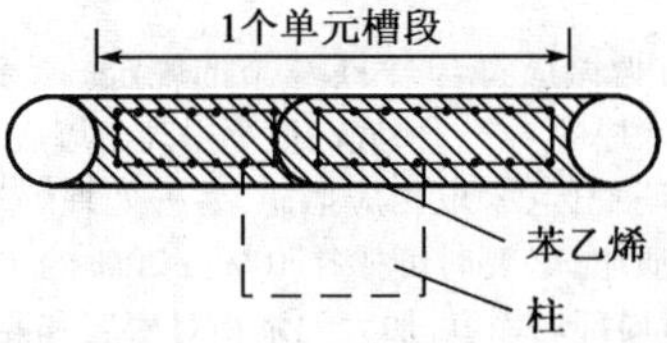	图示为在开挖地下墙内侧的基坑后，使墙体和柱子连接起来，将墙段接头设在柱子的位置上，但也有将接头和柱子错开
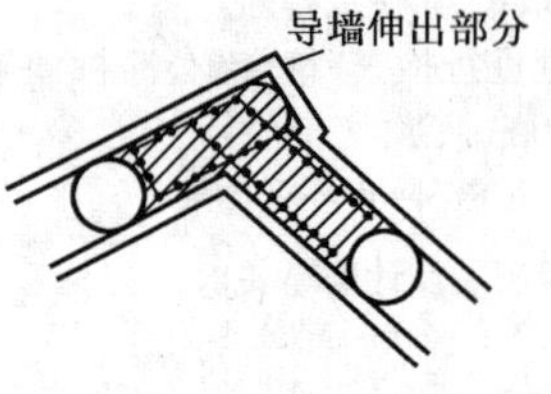	图示为钝角形拐角，最好适用一个整体形的钢筋笼

续上表

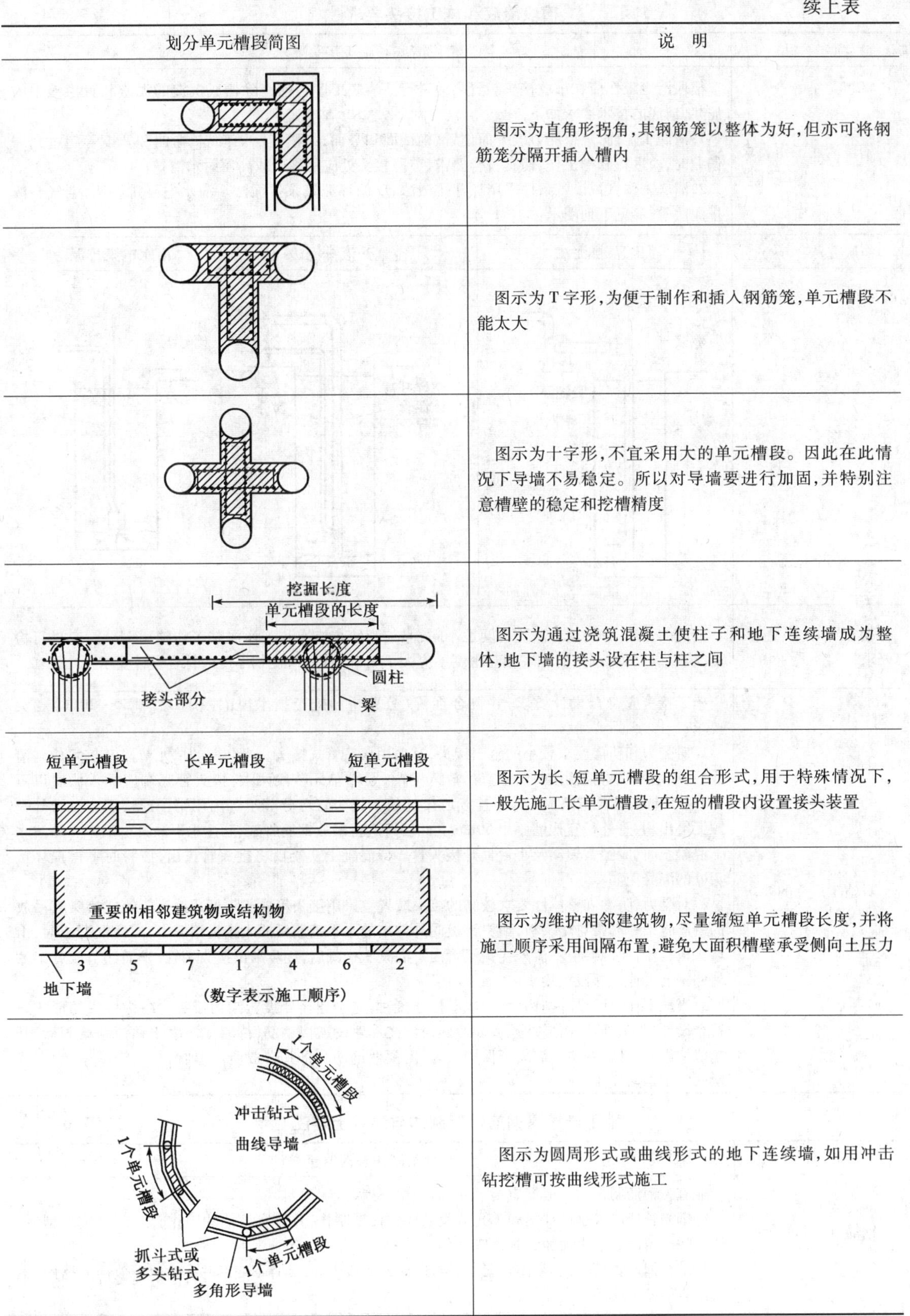

划分单元槽段简图	说　明
	图示为直角形拐角,其钢筋笼以整体为好,但亦可将钢筋笼分隔开插入槽内
	图示为T字形,为便于制作和插入钢筋笼,单元槽段不能太大
	图示为十字形,不宜采用大的单元槽段。因此在此情况下导墙不易稳定。所以对导墙要进行加固,并特别注意槽壁的稳定和挖槽精度
	图示为通过浇筑混凝土使柱子和地下连续墙成为整体,地下墙的接头设在柱与柱之间
	图示为长、短单元槽段的组合形式,用于特殊情况下,一般先施工长单元槽段,在短的槽段内设置接头装置
	图示为维护相邻建筑物,尽量缩短单元槽段长度,并将施工顺序采用间隔布置,避免大面积槽壁承受侧向土压力
	图示为圆周形式或曲线形式的地下连续墙,如用冲击钻挖槽可按曲线形式施工

槽段清底和施工接头要求　表 7.6-4

项　目	槽段清底和施工接头要求		
槽段清底工作要求	槽段清底工作应在吊放接头装置之前进行。清底工序包括清除槽底沉淀的泥渣和置换槽中的泥浆，清底的技术要求如下。 1. 清底工作前，应检测节段平面位置、横截面和竖面，如槽壁竖面倾斜、弯曲和宽度等超过允许偏差时，应进行修槽工作，使其符合要求，节段接头处应用刷子或高压射水清扫； 2. 清底工作宜视设备条件采用抓斗排渣法、反循环泥浆泵排泥法。潜水电泵排泥法、空气升液排泥法等，参见下列图示：		
清底方法	泥浆泵排泥法	空气升液排泥法	潜水电泵排泥法
示意图	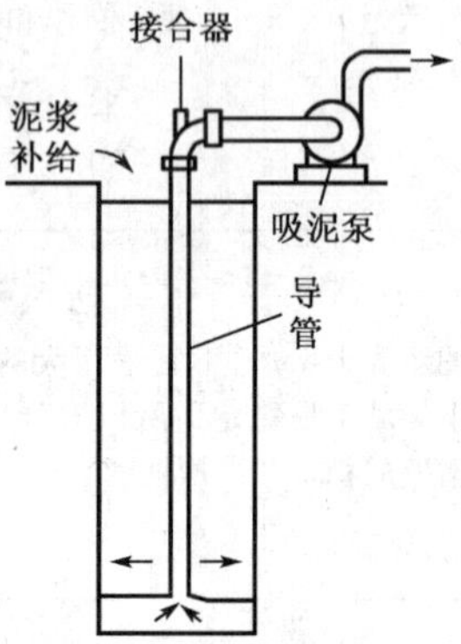 接合器 泥浆补给 吸泥泵 导管	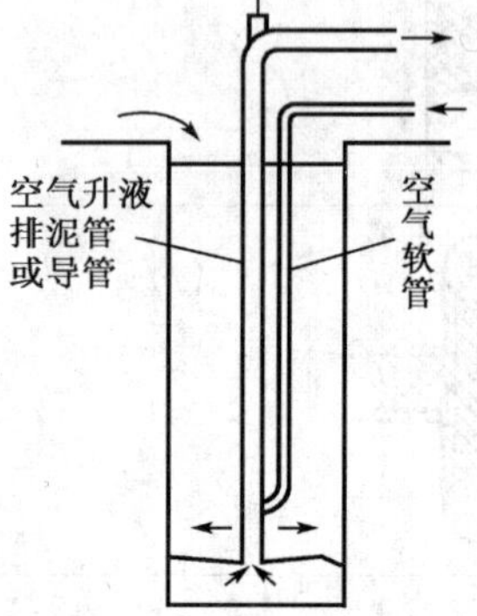 空气升液排泥管或导管 空气软管	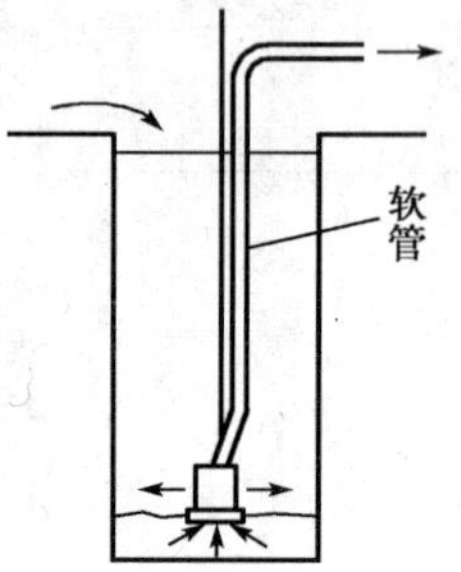 软管
槽段与置换泥浆要求	清底的方法不同，清底所需时间也不同，但一般是在挖槽和置换泥浆工作结束 1h 后，应进行检验，槽底以上 20cm 处的泥浆相对密度不应大于 1.15，槽底沉淀物厚度应符合设计要求		
对施工接头的要求	施工接头应符合设计要求，并符合现行《公路桥涵施工技术规范》(JTG/T F50—2011)相关要求： 1. 对受力和防渗要求较小的施工接头，宜采用接头管式接头。当初期的单元节段开挖完成并清底后，应用吊机将钢制接头管竖直吊放入槽内，紧靠单元节段两端，接头管底端应插入槽底以下 100 ~ 150mm，管长应略大于地下连续墙设计值。接头管可分节于管内用销子连接固定。管外平顺无突出物，管外径宜比墙厚小 50mm。此后可进行吊放钢筋骨架、灌注水下混凝土工序。灌注水下混凝土时，应经常转动及小量提升接头管。待混凝土初凝后将接头管拔出，拔管时不得损坏接头处的混凝土。 2. 对受力、防渗和整体性要求较高的接头装置宜采用接头箱式或隔板式接头。箱式接头其吊放的钢筋骨架一端带有堵头板，堵头钢板向外伸出的水平钢筋可插入接头箱管中，灌注混凝土时，由堵头板挡住，使混凝土不流入接头箱管内。混凝土初凝后，逐步吊出接头箱管，先灌注节段骨架的外伸钢筋可伸入邻段混凝土内。 3. 当地下连续墙设计与梁、承台或墩柱连接时，应于连接处设置结构接头。结构接头的形式应符合设计规定。施工时应在连接处按照设计文件埋设连接钢筋，待墙体混凝土灌注并凝固后，开挖墙体内侧土体，并凿去混凝土保护层，露出预埋钢筋。将其弯成所需形状，与后浇的梁、承台或墩柱的主钢筋连接		

地下连续墙钢筋骨架制作与混凝土灌注　表 7.6-5

项　目	钢筋骨架制作及混凝土灌注
钢筋制作和骨架吊放要求	除有关钢筋制作的一般规定要求外，需注意下列各点： 1. 钢筋骨架应根据设计图和单元节段的划分长度制作，并宜在工地的工作台上试拼装成型，骨架中间应留出上下贯通的导管位置。 2. 吊放钢筋骨架时，必须使骨架中心对准单元节段中心，竖直不变形并准确地下放插入槽内，不得使骨架发生摆动

续上表

项　　目	钢筋骨架制作及混凝土灌注
钢筋制作和骨架吊放要求	3. 全部钢筋骨架入槽后，应固定在导墙上，并应使骨架顶端高度符合设计要求。 4. 当钢筋骨架不能顺利插入槽内时，应重新吊起，查明原因，解决后，重新放入，不得强行压入槽内
灌注水下混凝土要求	1. 混凝土拌和物应采用导管法灌注。单元节段长度小于4m时，可采用1根导管灌注；单元节段长度超过4m时，宜采用2或3根导管同时灌注。采用多根导管灌注时，导管间净距不宜大于3m，导管距节段端部不宜大于1.5m。各导管灌注的混凝土拌和物表面高差不宜大于0.3m。导管内径不宜小于200mm。 2. 灌注水下混凝土的其他技术要求，应符合第5章的有关规定

其他材料作墙体技术要求　　表7.6-6

墙体材料	技术要求
固化灰浆	1. 配制固化灰浆的泥浆黏度宜为25~45s（500/700ml漏斗黏度），密度应根据固化灰浆的配合比控制。 2. 采用原位搅拌法施工时，固化灰浆的密度宜为1.3~1.5g/cm³。固化材料加入槽孔前，应将槽孔内的泥浆搅拌均匀，水泥宜与砂搅拌成水泥砂浆加入。 3. 原位搅拌可根据密度要求采用气拌、机械搅拌等方法。 4. 采用气拌时，空压机的风压应不小于最大浆柱压力的1.5倍。每根风管均应下到槽孔底部，风管底部应安装水平出风花管。加料应在2h内结束，中途不得停风，加料结束后应继续气拌至少30min。 5. 槽孔内混合浆液固化后，应用厚度不小于300mm的湿土覆盖墙顶
塑性混凝土	水泥用量不宜少于80kg/m³，膨润土用量不宜少于40kg/m³，水泥与膨润土的合计用量不宜少于160 kg/m³，胶凝材料的总量不宜少于240 kg/m³，砂率不宜小于45%。在满足流动性要求的前提下，应尽量减少用水量
自凝灰浆	1. 自凝灰浆单位体积水泥用量不应小于100 kg/m³，不宜大于300 kg/m³，膨润土的用量一般为40~60 kg/m³。 2. 拌制自凝灰浆时可加入缓凝剂，其品种和加量应通过试验确定。 3. 自凝灰浆的拌制应采用"两步法"：第一步先将膨润土和水制成泥浆，膨化4h后待用；第二步在泥浆中加入水泥、缓凝剂、掺和料等制成自凝灰浆原浆，供挖槽使用，随制随用，不得存放。膨润土浆及自凝灰浆原浆宜用高速搅拌机拌制。 4. 应采用泥浆非循环法建造自凝灰浆地下连续墙，槽孔施工设备宜选用抓斗、发铲等挖槽机械。 5. 自凝灰浆地下连续墙成槽施工可采用连续成槽法和间断成槽法，无论采用何种方法，成槽施工应在该部位槽内灰浆初凝前完成。 6. 各槽段施工结束，静置24h后，应抽去泌水，补入新制灰浆至设计墙顶高程0.5m以上。 7. 槽孔内浆体凝固后，应用厚度不小于30cm的湿土覆盖墙顶

7.7　地下连续墙施工中相关问题的处治

地下连续墙施工中相关问题的处治　　表7.7-1

问题及现象	处治方法与措施
导墙严重变形或导墙底部坍塌，影响成槽施工	1. 改善导墙地基条件或槽内固壁泥浆性能。 2. 在变形破坏部位补贴一段导墙或重新修筑导墙。 3. 回填槽孔，处理塌坑或采取其他安全技术措施
地层严重漏浆	及时向槽孔内补浆并填入堵漏材料，必要时可回填槽孔

续上表

问题及现象	处治方法与措施
混凝土浇筑过程中钢筋骨架上浮	及时调整导管在混凝土内的埋入深度;对骨架进行锚固或压重
采用接头管(板)法施工时,接头管(板)在混凝土浇筑过程中发生偏斜	1. 浇筑开始时接头管(板)发生倾斜,及时提出全部接头管板,检查后重新吊放。 2. 吊放无法实施或仍产生倾斜,影响接头质量时,可改为钻凿法套接
墙段连接采用接头管(板)法施工时,接头管(板)被混凝土凝固而不能正常起拔	1. 混凝土尚未终凝时,可采用强力起拔与振动相结合的方法,边振边提。 2. 在开挖相邻槽孔时,清除管(板)侧壁土体或混凝土后,再强力起拔。 3. 对已被"凝固"的接头管(板),可在其两侧采用高压喷射灌浆或水泥灌浆包裹处理,同时清理干净管(板)下部和内部泥浆,灌注水泥浆或混凝土
墙体连接未达到设计要求	1. 在接缝迎水面采用高压喷射灌浆或水泥灌浆处理。 2. 在接头处骑缝钻凿一个桩孔,钻孔直径根据接头孔的孔斜和设计墙厚选择,成孔后再浇筑混凝土
地下连续墙墙体发生断墙或混凝土严重混浆	1. 凿除已浇筑的混凝土,重新进行浇筑。 2. 在需要处理的墙段迎水侧补贴一段新墙。 3. 在需要处理的墙段迎水面进行水泥灌浆或高压喷射灌浆处理。 4. 用地质钻机在墙体内钻孔,对夹泥层用高压水冲洗,洗净后采用水泥灌浆或高压喷射灌浆处理

7.8 地下连续墙施工质量检验与要求

地下连续墙施工质量标准 表 7.8-1

项目	规定值或允许偏差
混凝土强度(MPa)	在合格标准内
轴线位置(mm)	30
倾斜度	墙身高度的0.5%
沉淀厚度(mm)	符合设计要求
外形尺寸(mm)	+30,-0
顶面高程(mm)	±10
槽底高程(mm)	不高于设计值

注:对作为永久基础的地下连续墙,其墙体混凝土宜进行超声波无损检测。

8 组合基础

组合基础的常见类型　　表 8.0-1

定义	对于深水基础或地质条件非常复杂的基础，为了确保基础工程安全可靠，同时又能维持航道交通，一般采用由两种以上形式组合的组合式基础。其功能要满足即是施工围堰、挡水结构物，又是施工作业平台，能承担所有施工机具与用料等，同时还应成为整体基础结构物的一部分，在桥梁营运节段亦有所作为
常见类型	适用范围
混凝土沉井 + 钻孔桩基础（或扩大基础）	适用于枯水期无水的河滩上，覆盖层 3 ~ 7m，渗透性系数较大
单壁钢围堰 + 钻孔桩基础（或扩大基础）	适用于水深 3 ~ 5m，也可用于混凝土沉井或双壁钢围堰的接高
钢板桩围堰 + 钻孔桩基础（或扩大基础）	钢板桩围堰适用于水深 4m 以上，河床覆盖层较厚的砂类土、碎石土和半干性黏土，要求砂卵石粒径较小，适合钢板桩打入
锁口钢管桩围堰 + 钻孔桩基础（或扩大基础）	适用于水深 4 ~ 15m，覆盖层为一定厚度的适合钢管桩打入的砂土，粒径较小的砂卵石土等
双壁钢围堰钻孔桩基础（或扩大基础）	适用于深水基础，低桩承台
钢吊箱钻孔桩基础	适用于深水基础、高桩承台

混凝土沉井 + 钻孔桩基础（或扩大基础）　　表 8.0-2

项　目	内　容
施工工艺流程	与作为结构的沉井基础施工基本相同，一般在原地设置模板支架，分节浇筑沉井并下沉就位，主要步骤如下： 1. 基础放线。 2. 沉井垫层浇筑。 3. 安装底节沉井模板支架。 4. 浇筑底节沉井。 5. 沉井四周均匀破垫，让沉井开始下沉。 6. 采用沉井内挖土下沉。 （1）采用排水下沉，在沉井内设挖掘机，要求渗水量小，一般需要在沉井四周采取围幕灌浆封水，降低渗水量，再排水下沉。 （2）采用不排水下沉，直接用水力吸泥机将砂卵石抽出沉井外。 7. 浇筑其余各节沉井，并下沉，在下沉过程中，注意纠偏。 8. 浇筑封底混凝土，当采用排水下沉时，沉井置于基岩面，在沉井内侧沿壁开挖槽形止水封底混凝土带，采用不排水下沉时，需要全断面浇筑一定厚度的封底混凝土，封底混凝土应能确保抽水后能抵抗水的浮力。 9. 施工桩基础或扩大基础
施工实例	重庆菜园坝长江大桥 P16 号墩位于长江河滩上，覆盖层 6m，采用混凝土沉井 + 桩（承台）基础，施工时在沉井外围进行了帷幕灌浆施工，沉井下沉时，采用了强制排水，沉井内形成干施工环境，下沉沉井。沉井封底完成后，形成干施工环境开挖桩基、施工承台

双壁钢围堰钻孔桩基础(或扩大基础) 表8.0-3

项 目	内 容
主要工序	双壁钢围堰作为一种常见的深水基础、低桩承台施工技术,应用较多,主要包括首节钢围堰制作、运输、现场定位、接高、下沉、就位、钢护筒插打、桩基施工、封底混凝土浇筑、承台施工等工序
主要设备	水下钻爆船、挖泥船、打桩船、浮吊(汽车吊、桅杆吊机、龙门吊机)、定位船、导向船
施工准备	开始进行定位船、导向船等各水上船只的改造,浇筑钢筋锚碇,在预定位置抛锚,固定定位船,同时进行钢围堰环单元的加工。有时需要采取水下爆破等技术对钢围堰位置河床进行整平
临时定位桩	定位船设置好后,为加快进度,立即在墩位钢围堰的下游侧外围,打钢围堰的临时定位桩,形成半圆形
钢围堰制作	1. 准备加工和拼装场地 钢围堰在工厂加工,第一节和底板在码头进行单元的拼装,形成整体,采用气囊法下水,再由导向船夹持、浮运到施工墩位。其余钢围堰单元运至桥墩位处,直接对钢围堰拼接、下沉。 2. 钢围堰单元为圆弧形的大型结构,为保证钢围堰单元尺寸的准确及控制焊接质量和变形,必须借助胎架施工。胎架的设置应满足如下要求: a. 胎架应具有刚度大、尺寸精度高、稳定性好的特点,以防止钢围堰单元构件在焊接过程中的变形。 b. 设置胎架的场地条件应满足在组焊钢围堰单元的全过程中保证其单元不变形的要求,并征得监理工程师的同意。 c. 胎架数量应根据生产能力及施工工期确定。不同胎架应力求尺寸精确一致,以保证不同胎架组焊出来产品的尺寸一致性。 d. 在组焊钢围堰单元过程中,对胎架应定期检查,发现问题即时采取措施,以确保产品质量。 3. 钢围堰单元借胎架制作一件后,应精确测量产品全部外廓尺寸,经检查无误可再制一件,两件经试装合格后,方可批量生产。 4. 钢围堰单元制作完毕应严格保证钢围堰箱各部焊缝的焊接质量,对于钢板对接焊缝及角焊缝等关键受力焊缝应做100%的超声波探伤检验,其他形式的焊缝亦进行抽检。 5. 焊接的要求: a. 依据图纸就本工程之焊接接头类型,提出焊接工艺评定试验,并按规定程序报批确认。 b. 焊工应经过考试,熟悉焊接工艺要求,取得资格证书后方可从事焊接工作,焊工停焊时间超过6个月,应重新考核。 c. 焊剂、焊条必须按产品说明书烘干使用,焊剂中的脏物,焊丝上的油锈等必须清除干净,CO_2气体纯度应大于99.5%。 d. 施焊前将连接接触面和焊缝边缘每边30~50mm范围内的铁锈、毛刺、污垢、冰雪等应清除干净,露出钢材金属光泽。 e. 钢围堰单元壁板平面尺寸大,焊道多,应注意焊接收缩量过大对钢围堰整体拼装的影响,为此掌握各部位焊缝施焊后的收缩值,同时应采取必要措施控制焊接变形,如采用合理施焊顺序、降低焊接热功率、减少整体施焊等办法,以控制产品尺寸偏差尽量小
焊缝检验	1. 所有焊缝必须进行外观检查,不得有裂纹、未溶合、焊瘤、夹渣、未填满弧坑及漏焊等缺陷,其质量要求应符合规定限值。 2. 钢围堰单元组焊后对关键受力焊缝应按规定做探伤检验,对其他形式的焊缝亦应进行抽检
水密性试验	钢围堰刃脚节段和各单元制造完成后发送至墩位前,监理工程师在现场情况下进行水密性试验。水密性试验开始前,应将试验部分焊缝的焊渣清除并扫除干净,灌水后观察钢围堰单元内、外壁焊接部分是否致密,若有漏水处应按监理工程师的指示进行补焊,再做试验,直至合格
运输	钢围堰第一节在导向船的夹持下,浮运到墩位前定位船处,在前定位船的帮助下,将钢围堰滑到已形成的半圆形临时定位桩内,将钢围堰与定位船、边锚、水下八字锚连接、定位,围堰底缠绕兜缆,箱顶绕系缆,辅助调节位置和垂直度。导向船与前后定位船、边锚连接定位
下沉	根据第一节和第二节的荷载情况、吃水深度,以及设计对钢围堰内外水位差的要求,并考虑便于第二节钢围堰各单元拼装,钢围堰第一节就位后,在缆绳、锚碇、船只的稳定作用下,采取注水下沉法,先下沉适当位置

续上表

项目	内容
接高	钢围堰第一节下沉后，其余节段单元船运到墩位旁，利用导向船上的起吊系统，起吊单元块至围堰相应位置，进行焊接接高。第二节接高并符合要求后，再注水下沉。反复接高、下沉其余各段直至最后一节下沉完毕
调整与定位	在下沉过程中，通过箱底兜缆、定位船系缆、导向船对钢围堰进行位置调与纠偏，下沉到位后，进行第一次准确定位。然后插打钢围堰上游临时定位桩，上、下游定位桩合圆后，通过临时定位桩对钢围堰进行第二次精确定位，钢围堰与临时定位桩形成稳定体系
隔舱混凝土浇筑	钢围堰与临时定位桩形成强大的稳定体系后，钢围堰还是处于浮力与重力相当的状态，此时为避免水位涨落较大，形成对桩的上拔力，应立即浇筑隔舱水下填壁混凝土，以对定位桩进行部分压重。隔舱混凝土为C20常规混凝土，由岸上12号下游拌和站提供，采用混凝土运输船运至墩位处的混凝土泵送船，通过输送泵、料斗、导管按水下混凝土的浇筑方式浇筑。混凝土浇筑应分舱、对称、等速进行，在浇筑隔舱混凝土过程中，隔舱内水位不能高于舱外2m
桩基础施工	在临时定位桩、钢围堰上安装钻桩平台，插打钢护筒，并布置钻机，施工桩基础。钻孔设备可采用气举反循环法进行钻孔作业，用高性能PHP低固相优质泥浆护壁成孔。钢筋笼安装可以利采吊装设备分多节下放，采用螺纹套筒接长。利用导管进行水下混凝土浇筑，有些超长桩还要求进行孔底压浆
浇筑封底混凝土	封底混凝土浇筑要求在初凝前一次性浇筑完成，一般是控制混凝土拌和能力的关键。 在施工前，应根据混凝土的方量、初凝时间，规划拌和站的拌和能力，浇筑点布置，配备足够的浇筑设备。浇筑时，多点同时浇筑，一次浇筑完成
承台施工	桩基完成后，拆除钻孔支架，然后进行抽水、割除钢护筒、凿除桩头、清基、安装承台钢筋、浇筑承台混凝土等工序

钢吊箱钻孔桩基础 表8.0-4

项目	内容
主要工序	钢吊箱作为一种常见的深水基础、高桩承台施工技术，应用较多，主要包括钢管桩平台施工、钢护筒插打、钻孔桩施工、钢吊箱施工、钢吊箱封底、抽水、割除护筒、清底、承台施工等工序
主要设备	打桩船、浮吊、汽车吊、桅杆吊机、龙门吊机、履带式吊机、汽车吊、震动桩锤、钻机等
钢管桩平台	采用打桩船插打钢管桩，钢管桩通过型钢焊接连接成整体，安装贝雷梁，铺设钢板，形成钢管桩平台
起吊设备安装	平台上根据施工安排可能安装桅杆吊机、龙门吊机等吊装设备，用于插打钢护筒、钢筋笼安装等工作，施工时根据需要设置，有的采用浮吊配合桅杆吊，有的只有龙门吊，就可以满足全部桩基的施工。 安装桅杆吊机应专门对吊机支承桩进行设计，包括平面布置、桩大小和深度，桩顶高度。吊机支承桩按设计插打完成后，安装桅杆吊机。 安装龙门吊机时，应对龙门吊机轨道下面的支承桩和分配梁进行特别设计，要求满足承载能力要求。支承桩和上面的平台梁、钢板设置好后，铺设龙门吊机轨道
插打钢护筒	利用桅杆吊机、龙门吊机、浮吊大型等吊装设备，吊装振动桩锤，夹持钢护筒，并通过定位导向系统，打入河床至设计深度。钢护筒可采用分段插打，焊接接长。钢护筒应有足够的强度和刚度
钻孔桩施工	钻孔设备一般采用气举反循环法进行钻孔作业，用高性能PHP低固相优质泥浆护壁成孔。钻机重量和在平台上的位置、行走轨道应在先期平台设计中考虑，保证平台相应位置的承载能力满足要求。钻孔前应配置好泥浆，设置泥砂分离系统和泥浆循环系统。桩基施工与钢围堰施工基本相同
钢吊箱拼装	与钢围堰施工基本相同，应钢吊箱需要设置底板及底板分配梁，底板应留出钢护筒孔位。钢吊底节加工好后，利用钢护筒作为支撑下沉，反复接高、下沉到位，与钢管桩临时焊接。下沉时应注意向隔仓中注水，也可在吊箱壁设水阀，下沉到位后关闭水阀

续上表

项　　目	内　　容
封底混凝土	钢吊箱就位并在钢护筒上支撑(吊挂)牢固,对吊箱底板缝隙进行填补,然后浇筑封底混凝土,浇筑方法同前
承台施工	封底混凝土浇筑完成后,进行抽水,然后将钢护筒的吊挂点转换到封底混凝土顶面,割除钢护筒,清底,再进行承台施工

锁口管柱桩基础 表 8.0-5

<table>
<tr><th>项　　目</th><th>内　　容</th></tr>
<tr><td>主要工序</td><td>锁口钢管桩基础也是一种较新的深水桥梁基础形式。是墩位处打入大型锁口钢管桩,形成一个环状围堰,再以砂浆将锁口处封闭,然后在围堰内挖除土壤到一定深度,处理平整后再灌注水下混凝土进行封底。在围堰内抽水后即可灌注承台及墩身混凝土直到水面以上。然后在围堰内回灌水,以水下切割机将承台以上的锁口钢管桩切除,就形成了锁口钢管桩桥梁基础</td></tr>
<tr><td>结构特点</td><td>在施工时管桩可分散多点流水作业,竣工时沉井整体性好、刚度大,基础承载力大,施工方便,安全可靠。当全部井筒桩的承载力仍不能满足设计要求时,还可以在锁口管柱井筒内插加补充桩,以加大基础的承载力和刚度</td></tr>
<tr><td>主要形式</td><td>锁口管桩在平面上所形成的封闭形状,可随基础需要设计成多种形状:
1. 锁口管桩井筒基础按基础构造可分为井筒型和井筒与桩基混合型两种。
2. 按施工方法分有不设围堰高承台井筒基础、另设围堰的低承台井筒基础及兼作围堰的低承台井筒基础等三种。
3. 按基础的刚度分有半刚体式和刚体式两种。
4. 锁口管桩井筒基础与地基持力层间的支承形式也分为:伸出部分桩支承式,即筒柱混合型和全部管桩支承式,即井筒型</td></tr>
<tr><td>设备</td><td>打桩船、挖泥船、浮吊等设备</td></tr>
<tr><td>施工步骤和施工方法</td><td>1. 设置导向框环:如插打钢板桩一样,在插打锁口管桩前,需设置导向框环,以保证插打锁口管桩的位置准确和方向垂直。
2. 在导向框环内插打锁口管桩:随插随用振动打桩机初打,使已插锁口管桩固定;待全部锁口管桩合拢后,改用蒸汽打桩机或柴油打桩机将锁口管桩打到设计深度。
3. 在锁口管桩及其锁口内压注水泥砂浆:为了增加基础的刚度,需在切割线以下的管桩及其锁口内用特制的水泥砂浆灌满。为此,锁口之间应留有大于5cm的净空。另外,为了防水,应在切割线以上的锁口内压注止水砂浆,这两种砂浆的质量配合比如下表所列。
水泥砂浆及止水砂浆的按质量配合比(kg/m³)
<table>
<tr><th>名　称</th><th>强度(MPa)</th><th>砂/黏土</th><th>水 泥</th><th>粉煤灰</th><th>特殊掺和剂</th><th>水</th></tr>
<tr><td>水泥砂浆</td><td>28.0</td><td>803/0</td><td>574</td><td>229</td><td>6.9</td><td>401</td></tr>
<tr><td>止水砂浆(黏土水泥砂浆)</td><td>0.25</td><td>0/514</td><td>48</td><td>194</td><td>6.9</td><td>682</td></tr>
</table>
4. 抽水并逐层安装围堰内地面以上的支撑:为了提高围堰的水平抗力,围堰内部需加设水平支撑;地面以上的支撑,需在井筒内挖土之前就加设好。
5. 在井筒内挖土并加设其余支撑:原地面以下的支撑,需在上面的支撑加设之前即先吊入,待挖土之后,在水下逐层加设。
6. 灌注封底混凝土。
7. 抽水,并在锁口管桩内侧焊上传力联结和联结牛腿。
8. 灌筑承台、墩身。
9. 逐层拆除防水围堰的支撑。
10. 水下切割仅用作防水围堰的锁口管桩:先在围堰内灌水,当内外水位等高后才开始切割。常用水下切割方法:用水下氧气切割法、切割管桩钢壳;用铝热剂切割锁口;用机械切割法切割管桩钢壳,而用铝热剂切割法切割锁口;用爆破切割法炸断管桩及锁口,即在钢桩切断高程平面内,设置特殊炸药,引爆后一次爆破切断所有切割线以上的锁口管桩。
11. 灌筑墩帽,完成桥墩基础施工</td></tr>
</table>

9 模板、支(拱)架与施工设备、设施

9.1 模　板

模板、支架和拱架的一般要求　表9.1-1

项　目	要求内容
总体要求	1. 模板和支架应具有足够的强度、刚度和稳定性,应能承受施工过程中所产生的各种荷载。 2. 模板、支架的构造应简单、合理,结构受力应明确,安装、拆除应方便。 3. 模板应能与混凝土结构或构件的特征、施工条件和浇筑方法相适应,应保证结构物各部位形状尺寸和相互位置的准确。 4. 模板的板面应平整,接缝处应严密且不漏浆;模板与混凝土的接触面应涂刷隔离剂,但不得采用废机油等油料,且不得污染钢筋及混凝土的施工缝。 5. 支架应稳定、坚固,应能抵抗在施工过程中可能发生的振动和偶然撞击
设计要求	模板和支架均应进行施工图设计,经批准后方可用于施工。施工图设计应包括下列内容: 1. 工程概况和工程结构简图。 2. 结构设计的依据和设计计算书。 3. 总装图和细部构造图。 4. 制作、安装的质量及精度要求。 5. 安装、拆除时的安全技术措施及注意事项。 6. 材料的性能质量要求及材料数量表。 7. 设计说明书和使用说明书
模板、支架和拱架宜用材料	模板宜采用钢材、胶合板或其他适宜的材料制作;支架宜采用钢材或常备式定型钢构件等材料制作。钢材的性能和质量应符合现行国家标准《碳素结构钢》(GB/T 700)的规定;胶合板的性能和质量应符合现行国家标准《混凝土模板用胶合板》(GB/T 17656)或现行行业标准《混凝土模板用竹材胶合板》(LY/T 1574)的规定;其他材料应符合其相应国家或行业标准的规定,常备式定型钢构件应符合该产品相应的技术规定

模板、支架和拱架的设计要求　表9.1-2

项　目	设计要求		
计算荷载组合	模板构件名称	荷载组合	
		计算强度用	验算刚度用
	梁、板和拱的底模以及支承板、拱及支架等	1+2+3+4+7+8	1+2+7+8
	缘石、人行道、栏杆、柱、梁、板、拱等的侧模架	4+5	5
	基础、墩台等厚大建筑物的侧模板	5+6	5
荷载组合代号说明	1-模板、支架和拱架自重;2-新浇筑混凝土、钢筋混凝土或其他圬工结构物的重力;3-施工人员和施工料等荷载;4-振捣混凝土时产生的荷载;5-新浇筑混凝土对侧面模板的压力(参见表9.1-3);6-混凝土入模时产生的水平方向冲击荷载;7-设于水中的支架所承受的水流压力、波浪力、流冰压力、船只及其他漂浮物的撞击力;8-其他可能产生的荷载,如雪荷载、冬季保温设施荷载等		

续上表

项　目	设 计 要 求
强度和稳定性的计算	钢、木模板、支架及拱架的设计，可按《公路桥涵钢结构及木结构设计规范》(JTJ 025—86)的有关规定执行。 设于水中的支架，尚应考虑水流压力、流水压力和船只漂流物等冲击力荷载。 支架验算倾覆的稳定系数不得小于1.3，拱架抗倾覆稳定系数应不小于1.5。
组合箱形拱拱架、支架荷载	拱架荷载见表17.2-1。
模板、支架及拱架刚度的验算变形限值(不大于右列)	1.结构表面外露的模板，挠度为模板构件跨度的1/400。 2.结构表面隐蔽的模板，挠度为模板构件跨度的1/250。 3.支架受载后挠曲的杆件(盖梁、纵梁)，其弹性挠度为相应结构自由跨度的1/400，拱架刚度要求见表17.2-1。 4.钢模板的面板变形为1.5mm。 5.钢模板的钢棱、柱箍变形为$L/500$和$B/500$(其中L为计算跨径，B为柱宽)
混凝土与模板的黏结力	参见表9.1-4及表9.1-5所示

普通模板荷载计算　　表9.1-3

<table>
<tr><td colspan="2">项　目</td><td colspan="6">常 用 参 考 数 据</td></tr>
<tr><td colspan="2" rowspan="2">模板、支架和拱架的体密度</td><td>松树木材</td><td>橡木、落叶松</td><td>阔叶树木材</td><td>杉木、枞木</td><td>组合钢模及连接件</td><td>组合钢模连接件及钢楞</td></tr>
<tr><td>6kN/m³</td><td>7.5kN/m³</td><td>8kN/m³</td><td>5kN/m³</td><td>0.5kN/m³</td><td>0.75kN/m³</td></tr>
<tr><td colspan="2" rowspan="3">混凝土、钢筋混凝土等的体密度</td><td colspan="3" rowspan="2">新浇筑混凝土、钢筋混凝土或片石混凝土</td><td colspan="3">钢筋混凝土(以体积计算的含筋量)</td></tr>
<tr><td colspan="2">≤2%时</td><td>≥2%时</td></tr>
<tr><td colspan="3">可采用24kN/m³</td><td colspan="2">25kN/m³</td><td>26kN/m³</td></tr>
<tr><td colspan="2">施工人员、施工料、具行走运输、堆放荷载</td><td colspan="6">1.计算模板及直接支承模板的小棱时，均布荷载可取2.5kPa，另以集中荷载2.5kN进行验算。
2.计算直接支承小棱的梁或拱架时，均布荷载可取1.5kPa。
3.计算支架立柱及支承拱架的其他结构构件时，均布荷载可取1.0kPa</td></tr>
<tr><td colspan="2" rowspan="3">振捣混凝土时产生的荷载</td><td colspan="6">(作用范围在有效压头高度之内)</td></tr>
<tr><td colspan="3">对水平面模板</td><td colspan="3">对垂直面模板</td></tr>
<tr><td colspan="3">2.0kPa</td><td colspan="3">4.0kPa</td></tr>
<tr><td>新浇混凝土对模板侧面的压力</td><td>采用内部振捣器时</td><td colspan="6">当混凝土的浇筑速度在6m/h以下时，新浇筑的普通混凝土作用于模板的最大侧压力可按下式计算：
$$P_{max}=0.22\gamma t_0 K_1 K_2 v^{1/2}$$
$$P_{max}=\gamma h$$
式(图)中：P_{max}——新浇筑混凝土对模板的最大侧压力(kPa)；
h——有效压头高度(m)；
v——混凝土的浇筑速度(m/h)；
t_0——新浇混凝土的初凝时间(h)，可按实测确定；
γ——混凝土的体密度(kN/m³)；
K_1——外加剂影响修正系数，不掺外加剂时取1.0，掺缓凝作用的外加剂时取1.2；
K_2——混凝土坍落度影响修正系数，当坍落度小于30mm时，取0.85；50~90mm时，取1.0；110~150mm时，取1.15；
H——混凝土灌注层(在水泥初凝时间以内)的高度(m)。
h　H　P_{min}
混凝土侧压力计算简图</td></tr>
</table>

续上表

项　目	常 用 参 考 数 据		
	倾倒混凝土时产生的水平荷载		
倾倒混凝土时对垂直面模板的水平荷载	序　号	向模板中供料方向	水平荷载(kPa)
	1	用溜槽、串筒或导管输出	2.0
	2	用容量 $0.2m^3$ 及小于 $0.2m^3$ 的运输器具倾倒	2.0
	3	用容量 $0.2\sim0.8m^3$ 的运输器具倾倒	4.0
	4	用容量大于 $0.8m^3$ 的运输器具倾倒	6.0
其他可能产生的荷载	如雪荷载、冬季保温设施荷载等,按设计情况考虑		

混凝土与模板的法向黏结力(kPa)　　表 9.1-4

混凝土强度(MPa)	钢模板				木模板			
	机油		隔离剂		机油		隔离剂	
	平均值	最大值	平均值	最大值	平均值	最大值	平均值	最大值
50	10.6	21.9	6.6	10.7	11.9	22.1	7.4	15.6
35	10.0	18.2	4.1	9.6	10.2	18.8	5.7	11.7
20	7.8	15.1	3.2	8.1	8.7	16.7	4.5	10.2
12.5	3.6	6.7	2.4	6.0	2.7	4.7	2.9	6.3

混凝土与模板的切向黏结力(kPa)　　表 9.1-5

混凝土强度(MPa)	钢模板				木模板			
	机油		隔离剂		机油		隔离剂	
	平均值	最大值	平均值	最大值	平均值	最大值	平均值	最大值
50	15.1	27.5	5.9	18.0	17.6	29.7	8.2	24.2
35	9.5	23.9	3.4	4.9	10.0	22.6	3.8	7.3
20	7.5	15.6	2.9	4.6	8.2	19.6	3.3	6.4
12.5	1.2	2.6	2.7	4.1	2.2	5.4	1.9	3.4

常用钢制定型模板规格尺寸　　表 9.1-6

序　号	宽(mm)×长(mm)×厚(mm)	质　量(kg/块)	序　号	宽(mm)×长(mm)×厚(mm)	质　量(kg/块)	序　号	宽(mm)×长(mm)×厚(mm)	质　量(kg/块)
1	300×1 500×55	14.9	5	200×900×55	6.03	9	150×600×55	3.40
2	300×900×55	9.21	6	200×600×55	4.17	10	100×1 500×55	6.36
3	300×600×55	6.36	7	150×1 500×55	8.01	11	100×900×55	3.90
4	200×1 500×55	9.76	8	150×900×55	4.93	12	100×600×55	2.67

常用钢模板长度宽度组合表(mm)　　表 9.1-7

组 合 宽 度		100	150	200	250	300	350
规格		100	150	200	100+150		150+200
组合长度		1 000	1 050	1 100	1 150	1 200	1 250
规格	长	900	900	900	900	900	900
	宽	100	150	200	150+100	300	150+200

续上表

组合宽度		400	450	500	550	600	
规格		100+300	150+300	200+300	150+2×200	2×300	
组合长度		1 300	1 350	1 400	1 450	1 500	
规格	长	900	900	900	900	1 500	
	宽	2×200	150+300	200+300	150+2×200	—	

墩台标准钢模板尺寸参考　　表 9.1-8

宽(mm)	长(mm)	肋高(mm)	说　明
300	1 800、1 500	55	1. 以角钢作边框,用 2.5~4mm 厚钢板焊接而成。 2. 安装时宜用各种形式的销钉如销扣与销钉、套环与销钉、回形销等连接
200	1 200	55	
150	900、750	55	
100	600	55	

桥梁、墩台模板构造实例　　表 9.1-9

<table>
<tr><th colspan="2">项目名称</th><th>模板构造、安装简图</th><th>说　明</th></tr>
<tr><td rowspan="2">梁模板</td><td>T 形梁模板</td><td>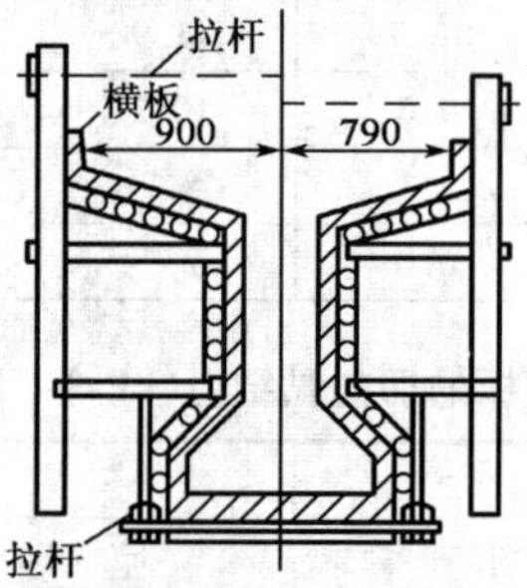
</td><td>为便于安装,可将梁模制成两侧拼板与底板三部分。面板用 5cm 厚木板,为便于脱模,表面加钉镀锌铁皮;面板直接装钉在用槽钢与角钢制成的框架上。两侧拼板上、下用拉杆链接。亦可由钢模拼装</td></tr>
<tr><td>空心板梁内模</td><td>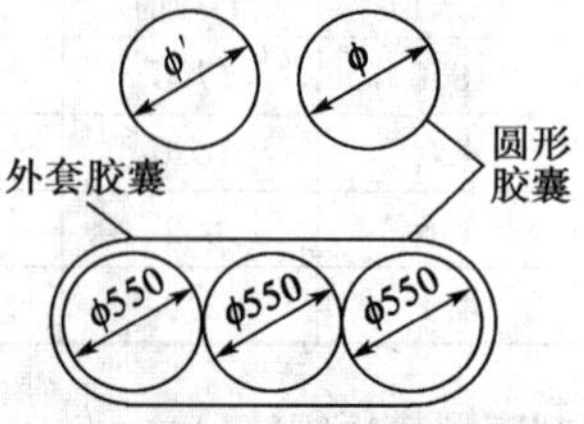
</td><td>目前多采用充气胶囊作为空心板梁的内模。胶囊可单独使用,亦可与外套胶囊组合使用;使用时充气成型,所需气压根据混凝土侧压力与胶囊内径大小而定</td></tr>
<tr><td colspan="2">方柱间隔浇筑法模板</td><td>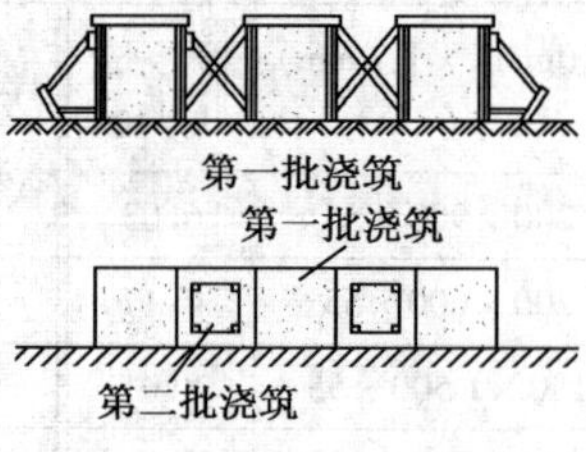
</td><td>每隔一桩空开一桩浇筑第一批桩,待混凝土强度达到设计强度的 30% 后,拆除模板。第二批桩利用已浇筑的桩作侧模(铺涂隔离层),再浇筑混凝土</td></tr>
<tr><td colspan="2">桥台模板</td><td>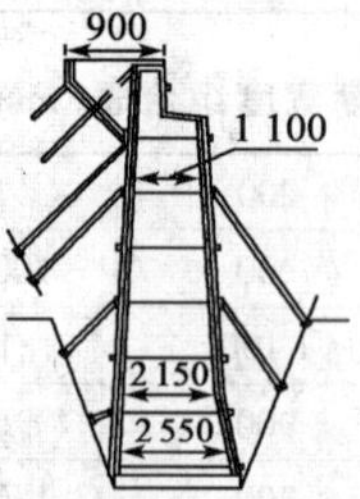
</td><td>就地(现场)浇筑桥台,按设计要求,以放样定位后的轴线为准,清理基坑浇筑基础,在基础上支设模板,可为整体式,亦可随浇筑混凝土高度分段接高,以便于施工</td></tr>
</table>

续上表

<table>
<tr><th colspan="2">项目名称</th><th>模板构造、安装简图</th><th>说　明</th></tr>
<tr><td colspan="2">桥墩墩帽整体式模板</td><td>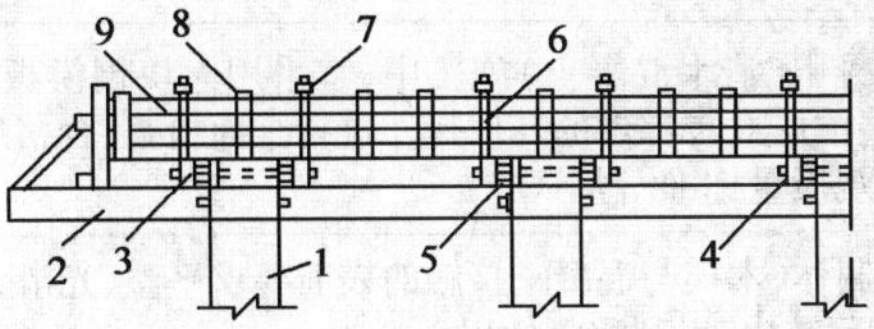</td><td>1-钢筋混凝土桩；
2-木梁；
3-螺栓；
4-横梁；
5-衬木；
6-角撑；
7-拉杆；
8-肋木；
9-模板</td></tr>
<tr><td colspan="2">桥墩柱整体式模板</td><td>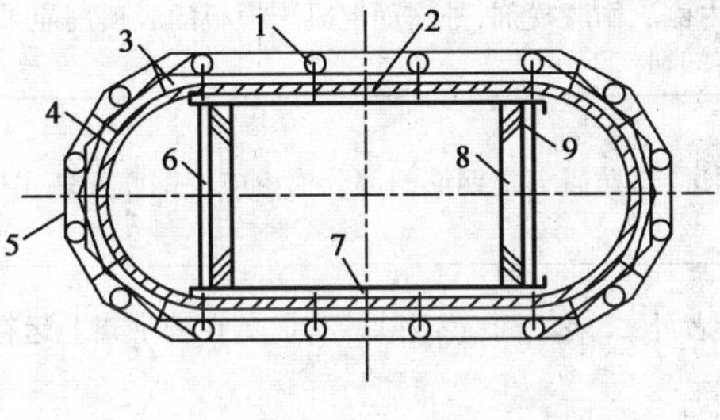</td><td>1-竖带立木；
2-横带木；
3-弧形肋木；
4-模板；
5-钢箍；
6-钢拉杆；
7-临时加固内撑；
8-临时加固横撑木；
9-螺栓</td></tr>
<tr><td rowspan="2">挡土墙模板及支撑</td><td>具有悬臂底板挡墙的支模方法</td><td>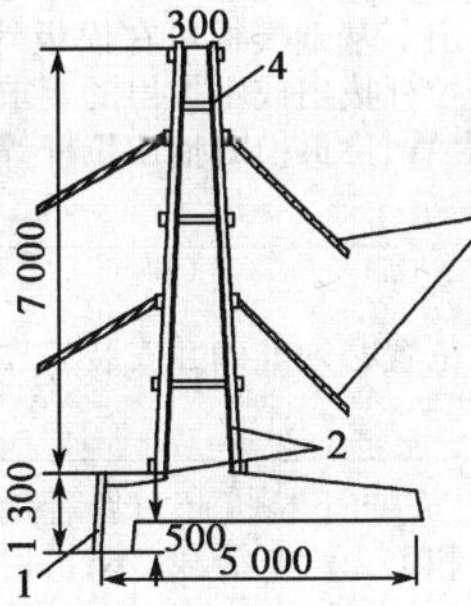</td><td>1-底板侧模板；
2-挡墙侧模板；
3-模板内撑；
4-钢拉杆</td></tr>
<tr><td>倾背式矮挡墙的支模方法</td><td>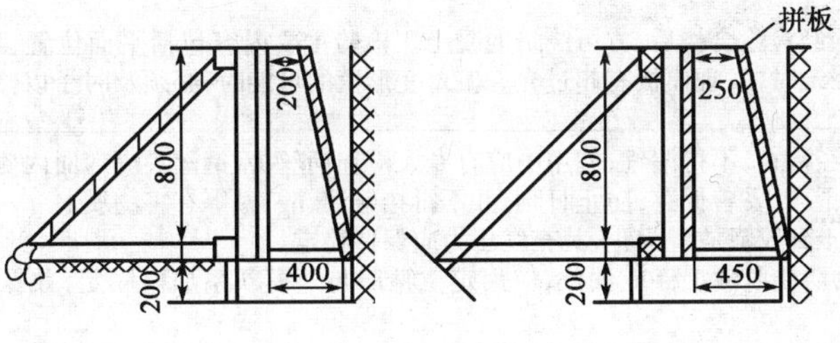</td><td>—</td></tr>
<tr><td>挡土墙模板及支撑</td><td>具有折线形不等厚断面挡墙的支模方法</td><td>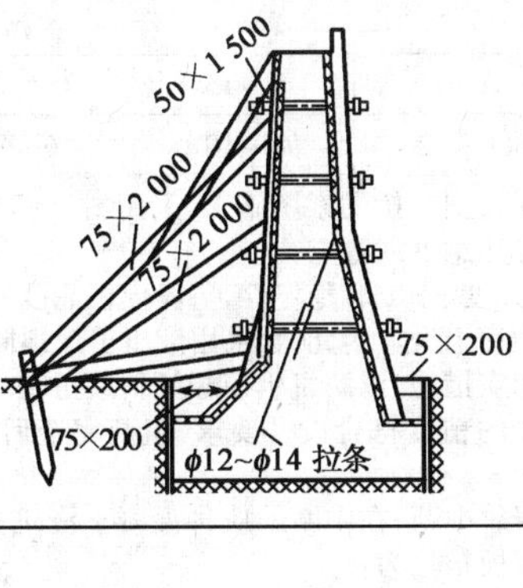</td><td>—</td></tr>
</table>

注：本表各图尺寸单位均为 mm。

模板制作、安装注意要点 表 9.1-10

<table>
<tr><th>项　目</th><th>注 意 要 点</th></tr>
<tr><td>钢模板的采用</td><td>钢模板宜采用标准化、系列化和通用化的组合模板。组合钢模板的设计与施工应符合国家标准《组合钢模板技术规范》(GB 50214—2001)的规定。经加工制成的钢模板及其配件须在检验合格后方准使用</td></tr>
<tr><td>大块钢模板</td><td>在外观要求较高的大面积混凝土(清水混凝土)施工中,宜采用大块钢模板,以减少模板接缝,增强外观质量。大块钢模板加工中,组装前应对零部件的几何尺寸进行全面检查,合格后方可进行组装,对零部件的各种连接形式的焊缝应符合外观质量标准</td></tr>
<tr><td>木模板的制作</td><td>木模板可在工厂或施工现场制作,木模与混凝土接触的表面要求平整、光滑,多次使用的木模板应在内侧(接触混凝土表面的一侧)加钉薄铁皮,以利重复使用。
木模接缝可为平缝、搭接缝或企口缝。当采用平缝时,应注意防止漏浆,常于接缝处加钉绒布或薄铁皮嵌条;木模的转角处,为便于拼装可做成斜角</td></tr>
<tr><td>脱模剂的使用</td><td>浇筑混凝土之前,应于模板内侧涂刷脱模剂,外露面混凝土模板的脱模剂应采用同一品种,不得使用易粘在混凝土上或使混凝土变色的油料</td></tr>
<tr><td>模板与钢筋安装的配合进行</td><td>模板安装要与钢筋安放协调进行,妨碍绑扎钢筋的部分模板应待钢筋安装完毕后安装补全</td></tr>
<tr><td>模板要与脚手架互不联系</td><td>模板与脚手架除为整体设计者外,二者之间应不相联系,以免在脚手架上运存材料和工人操作时引起模板变形</td></tr>
<tr><td>侧模板的安装要求</td><td>侧模板的安装,应考虑防止模板移位和突出。基础模板可在模板外侧设置支撑固定,墩、台、梁的侧模可设拉杆固定。浇筑在混凝土中的拉杆,应按拉杆拔出或不拔出的要求采用相应的措施(如须拔出时,可在混凝土浇筑后不久转动拉杆或在拉杆外加设套管,待拆模时抽出拉杆等)。对小型结构物,可使用金属线代替拉杆(不予抽出)</td></tr>
<tr><td>预埋件或预留孔须准确固定</td><td>固定于模板上的预埋件和预留孔洞尺寸、位置必须准确并安装牢靠,防止浇筑混凝土过程中的走动移位</td></tr>
<tr><td>纵向预拱度的设置</td><td>当结构自重和汽车荷载(不计冲击力)产生的向下挠度超过跨径的 1/1 600 时,钢筋混凝土梁、板的底模板应设置预拱度,预拱度值应等于结构自重和 1/2 汽车荷载(不计冲击力)所产生的挠度。纵向预拱度可做成抛物线或圆曲线</td></tr>
<tr><td>模板检查合格后浇筑混凝土</td><td>模板安装完毕后,须经检验合格后,方可浇筑混凝土。检验主要内容包括平面位置、顶部高程、节点联系及纵向稳定性检查,浇筑时,发现模板有超过允许偏差变形值的可能时,必须及时予以修正</td></tr>
<tr><td>采用空气胶囊作空心构建内模时的有关要求</td><td>1. 胶囊在适用前应经检查,不得漏气;使用中应有专人检查钢丝头,钢丝头应弯向内侧;每次使用后,应将其表面的水泥浆清洗干净,妥善保存,防止日晒,并不得接触油、酸、碱等有害物质。
2. 从开始浇筑混凝土到胶囊放气为止,其充气压力应保持稳定。
3. 浇筑混凝土时,为防止胶囊上浮或偏位,应用定位箍筋与外模联系加以固定,并保持对称平衡地进行浇筑。
4. 胶囊的放气时间应经试验确定,以混凝土强度达到能保持构件不变形为宜,ϕ250 ~ 300mm 胶囊放气时间可按下表。
<table>
<tr><td>气温(℃)</td><td>0 ~ 5</td><td>5 ~ 15</td><td>15 ~ 20</td><td>20 ~ 30</td><td>>30</td></tr>
<tr><td>混凝土浇筑完后(h)</td><td>11 ~ 12</td><td>8 ~ 10</td><td>6 ~ 8</td><td>4 ~ 6</td><td>3 ~ 4</td></tr>
</table></td></tr>
<tr><td>采用滑升模板要求</td><td>滑升模板适用于较高的墩台和吊桥、斜拉桥的索塔施工,采用滑升模板时,除应遵守现行《滑动模板工程技术规范》(GB 50113—2005)外,应注意下列各点:
1. 滑动模板在结构上要有足够的强度、刚度和稳定性,每段模板高度一般为 1.0 ~ 1.2m,滑升模板的支承杆及提升设备,应能保证模板竖直均衡上升。为此,宜采用液压千斤顶同步提升,其提升速度以 10 ~ 30cm/h 为宜。如用其他提升设备,须采取相应措施,以防发生模板倾斜或扭转。
2. 滑升模板组装时,应使各位尺寸的精度符合设计要求,组装完毕后需经全面检查试验合格,方能进行浇筑。
3. 滑升模板施工应连续进行,如因故中断,在中断前应将混凝土浇筑齐平。中断期间模板每隔适当时间应略微提升一次,直至混凝土不与模板粘住为止</td></tr>
</table>

续上表

项　目	注意要点
提升模板	提升模板、模架其结构应满足使用要求。大块模板宜采用整体钢模或胶合板板面,加劲肋在满足刚度需要的基础上应进行加强,以满足使用要求。除此之外还应符合下列要求: 1. 应有2~3组相同规格的钢模板结构、配件组合成一套提升模板,每套提升模板应设脚手平台、接料平台、挂吊脚手及安全网。 2. 宜采用塔吊、缆索吊或其他提升设备。 3. 宜采用大块模板施工,模板两侧和下部应设置板翼。 4. 模板组装完毕经检验合格后方可浇筑混凝土。 5. 每次浇筑混凝土面距模板顶面不应少于50mm。 6. 浇筑混凝土时,应用插入式振捣器捣固,并应避免接触模板、对拉螺栓、钢筋或空心支撑
翻转模板和爬升模	施工时除应满足强度、刚度及稳定性要求外,还应符合下列要求: 1. 混凝土浇筑并在其强度达到规定的数值后方可拆模并进行模板翻转或爬架爬升。 2. 每一节模板安装前均应清除表面灰浆污垢,整修变形部位并涂刷脱模剂。 3. 模板沿墩身周边方向应始终保持顺向搭接。 4. 爬模施工过程中,应经常检查中线、水平,发现问题及时纠正。 5. 爬模的接料平台、脚手平台、拆模吊栏的荷载,应均衡,不得超载,严禁混凝土吊斗碰撞爬模系统

短线预制模板　　表9.1-11

项　目	注意要点
概述	1. 短线法就是指在考虑结构恒载、施工活载以及其他荷载如:混凝土收缩、徐变、预应力筋松弛、风载等影响基础上,准确计算出各施工阶段挠度和累计值,并以施工完成阶段挠度累计值作为现浇梁施工中预拱度,将整跨箱梁划分成若干节段,进行空间坐标系转换,在预制场同一位置用可调整模板逐块浇筑,在堆存一定时间后采用架桥机逐对对称悬拼。拼装时在梁段间匹配面涂抹黏结剂,并用预应力筋张拉锚固后压浆,逐步形成"T"形平衡悬臂,由合龙段把相邻悬臂连接起来,最终形成多跨连续梁桥。 2. 模板系统包括底模、侧模、固定端模和内模。模板应采用钢质材料。模板系统应配置液压千斤顶与顶伸螺杆装置。整个钢模板系统委托专业公司进行设计、专业厂家制造。 3. 短线法的特点是侧模固定不动但可升降,内模可折叠收放并可前后移动,底模线形可调,并且可连同节段在轨道上前后运动甚至旋转,已预制好的前一节段为后一节段前移后的端模,在后一节段制作完毕后即将前一节段吊离台座,后一节段又作为新制节段的端模,如此循环往复。按同样的底模长度计算,短线法的底模利用率比长线法高出许多,这就意味着投资效率高。占地减少,最合适在城市中工地紧凑的条件下施工。由于内模和底模可在轨道上移动且移动距离短,可方便快捷地安装和拆除模板,同时可考虑在内模的活动部位、底模和侧模的支点部位采用液压器件,降低劳动强度,提高工作效率。 4. 短线法底模较短,底模、侧模和作为匹配端模的前一节段的位置正确与否对节段的预制线形影响很大,较小的误差就可能导致较大的成桥线形误差,因而对节段的预制精度要求十分严格,一般比长线法要高一个数量级
端模	固定端模宜由10mm钢板做面板,加劲后与固定在地面的支撑锚固支架连接。固定端模上设有剪力键,由于预制梁段所处位置不同,剪力键数量也会出现差异。因此对需要更换的部分剪力键设计为螺栓固定,便于拆卸。其余部分则采用永久方式进行固定 
底模	底模面板宜采用10mm厚钢板,纵横向设加劲肋,面板下面为底模支撑平台。底模设有与侧模及固定端模连接的固定装置。每个台座共有两套底模及其支撑平台(分别用于匹配梁段和待浇节段),它们之间相互换位,移出时采用底模台车,移进时采用龙门吊。底模安装时,通过底模台车上的油压千斤顶使其中轴线与测量基线重合,并保持水平,满足要求后利用顶伸螺杆支撑在台座基础预埋钢板上,再将底模与固定端模用连接螺栓锁定

续上表

项　　目	注 意 要 点
侧模	侧模采用8mm厚的优质钢板，配纵、横向肋，通过钢结构支架进行支撑，支架上设螺旋调节系统，可进行水平和竖向调整。侧模分为翼板模及腹板模，工厂加工，在现场拼成整体。侧模既可以侧向移动，也可以绕底部铰位置转动，这样既可确保与混凝土匹配梁段的紧密结合，又有利于待浇节段几何尺寸的控制，并便于模板的拆除。侧模通过支架支撑上的螺旋调节装置进行移动及调位，调位完成后，其底口与底模通过螺栓连接固定，顶口和底部通过对拉杆对拉。侧模支架栓接在台座基础的预埋件上  
内模	内模宜采用6mm钢板制成，设加劲肋。为了适应各节段内腔尺寸的变化及方便装拆操作，内模设计成小块的组合模板，组合模板分为标准块和异型块，根据各节段预制需要进行组合。内模主要由顶板底模、腹板内侧模及角模组成，各模板之间采用螺栓连接，由可调撑杆支撑。整个内模系统固定在滑梁上，可由液压系统完成竖直方向伸缩及横向开启、闭合，并通过专用台车移动，利用卷扬机牵引

9.2 支架(拱架)

支架的一般要求　　表9.2-1

<table>
<tr><th>项　　目</th><th colspan="2">要 求 内 容</th></tr>
<tr><td>木支架</td><td colspan="2">所用的材料规格及质量应符合要求。桁架在制作时，各杆件应当采用材质较强、无损伤及湿度不大的木材。夹木制作时，木板长短应搭配好，纵向接头要求错开，其间距及每个断面接头应满足使用要求。面板夹木按间隔用螺栓固定，其余用铁钉与拱肋固定。
木支架的强度和刚度应满足变形要求。杆件在竖直与水平面内，应采用交叉杆件连接牢固，以保证稳定。木支架制作安装时，基础应牢固，立柱应正直，节点连接应采取可靠措施以保证支架的稳定，高支架横向稳定应有保证措施</td></tr>
<tr><td rowspan="4">钢支架</td><td colspan="2">可采用型钢、钢管、常备式钢构件等作为支架的材料设备，以常备式钢构件组成的钢排架，其纵、横向距离应根据实际情况进行合理组合，以保证结构的整体性；并应设置足够的斜撑、扣件和缆风绳，以保证排架的稳定</td></tr>
<tr><td>碗扣式钢管支架</td><td>碗扣式钢管脚手架，一般采用直径48mm×3.5mm钢管，立柱纵横向间距不大于90cm，竖向步距不大于1.2m，其剪刀撑、扫地杆、顶托杆等杆件的设置应满足《建筑施工碗口式钢管脚手架安全技术规范》(JGJ 166—2008)要求</td></tr>
<tr><td>脚手架钢管</td><td>与碗扣式钢管脚手架类似，但钢管之间采用扣件连接，其搭设应满足《建筑施工扣件式钢管脚手架安全技术规范》(JGJ 130—2001)要求</td></tr>
<tr><td>型钢或大直径钢管</td><td>钢管立柱大多采用热轧无缝钢管，其直径为$\phi273\sim\phi1\ 200$mm不等。钢管立柱由柱头、柱身和柱脚三个基本部分组成，一般采取分节段制作，采用法兰盘连接或焊接接长。
型钢立柱一般采用双肢槽钢或工钢，柱身的构造形式分为实腹柱和格构柱两种。实腹柱通常是由型钢或钢板组合而成。格构柱通常采用两个槽钢或工字钢作为柱的单肢，用缀条连接单肢的叫缀条柱；用缀板连接单肢的叫缀板柱。
在立柱接长过程中，应逐层及时安装立柱纵横平联，平联大多采用焊接形式，但应保证焊接质量</td></tr>
</table>

续上表

项　目		要 求 内 容
钢支架	万能杆件支架	万能杆件结构适于拼装跨越式支架,可以拼装成各种高度和跨度的桁式支架,桁架高度可为2m、4m、6m或6m以上,当高度为2m时,腹杆拼成三角形;高度为4m时,腹杆拼成菱形;高度超过6m时,拼成多斜杆的形式。 万能杆件梁与万能杆件立柱组合时,可以通过新制板件连接,连接时应注意新制板件的失稳,必要时作局部加强。 万能杆件梁与其他类型立柱组合时,应设置相应的分配梁系统,确保万能杆件通过节点,将力传到分配梁,再传到立柱上。 万能杆件梁的非弹性变形较大,使用前,应采取试压或反拉措施,消除部分非弹性变形。 由于万能杆件种类较多,早期分M型和N型,一般采用16Mn(Q345)材料,后期也有采用Q235钢,主杆件截面各有不同,容许受力也不一样,应注意区别
	贝雷梁支架	贝雷梁适合于作为跨越式支架的横梁,一般需要和钢管立柱、万能杆件立柱等进行组合,形成支架。 贝雷梁单节高1.5m,长3m,重约300kg。 贝雷梁片与片之间应严格按贝雷梁使用要求拼齐横向连接。 贝雷梁弦杆上应设置分配梁,进行横向分配,以满足承受上部荷载的要求
满堂式支架		满布支架可采用门形、碗扣、轮扣和钢管扣件等定型钢管支架产品。满布支架的地基必须进行妥善处理,避免产生过大或不均匀沉降,并加强排水
跨越式支架		跨越式支架用于跨越道路、桥梁、河流及其他障碍物,一般由支架基础、立柱、横梁以及辅助支架组成,由于基础受力集中,横梁、立柱受力较大,对基础、立柱和横梁受力要求较高

跨越车行道路时跨越支架形式布置　表9.2-2

组合形式	图　示	适用范围	备注
脚手架钢管+型钢梁	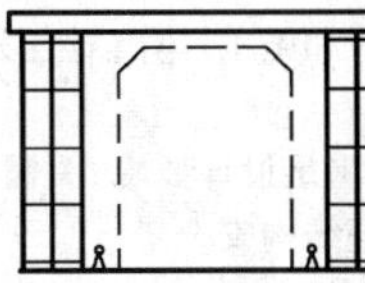	适于跨越单车道低速道路或施工现场的临时道路; $H_z=5\sim24\text{m}$,$H_k\geqslant5\text{m}$,L_0宜$\leqslant5\text{m}$; 横梁上方荷载$\leqslant20\text{kN/m}^2$	立柱为加密的脚手架钢管,顶部设顶托,放置型钢横梁 H_z——支架总高度; H_k——支架结构高度; L_0——支架跨度
型钢(或大钢管)立柱+型钢梁	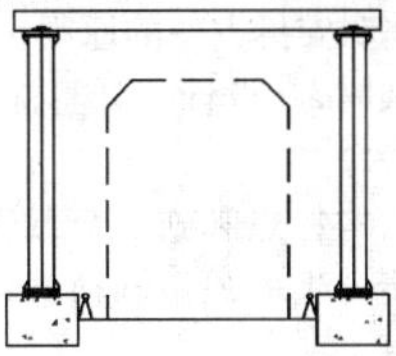	适用于跨越单车道、低速次要道路的承重式跨越式支架; $H_z>5\text{m}$,$H_k>5\text{m}$,L_0宜$\leqslant5\text{m}$; 横梁上方荷载$>20\text{kN/m}^2$	立柱为型钢或大钢管,立柱顶部和底部设法兰盘,基础一般设计为混凝土基础,设预埋件与立柱底部栓接或焊接。横梁为型钢横梁,通过分配梁与立柱栓接或焊接
型钢(或大钢管)立柱+贝雷梁	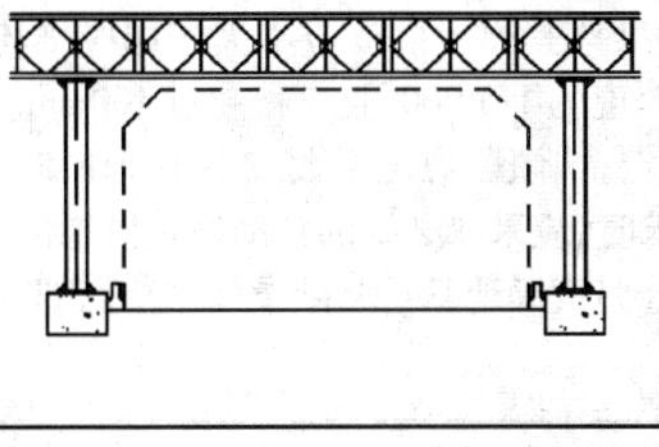	适于跨越城市次要道路、主干道、快速干道; $H_z>6.5\text{m}$,$H_k>6.5\text{m}$,L_0宜$\leqslant20\text{m}$; 总荷载大于20kN/m^2	承重跨越支架,立柱结构同上。 横梁为贝雷梁,横梁设通过分配梁与立柱连接。 贝雷梁上方设型钢分配梁,支承横梁上方的模板支架体系

续上表

组合形式	图示	适用范围	备注
型钢(或大钢管)立柱+万能杆件梁		适于跨越城市次要道路、主干道、快速干道； $H_z>7m$，$H_k>7m$，L_0 宜≤20m； 总荷载大于20kN/m²	承重跨越支架，立柱结构同上，横梁为万能杆件结构，万能杆件端节点通过分配梁与立柱顶连接。万能杆件上方一般设两层型钢分配，支承横梁上方的模板支架体系
万能杆件立柱+万能杆件梁		适于跨越城市次要道路、主干道、快速干道、高速公路。 $H_z>7m$，$H_k>7m$，L_0 宜≤20m； 总荷载大于20kN/m²	承重跨越支架，跨度一般大于5m，总荷载大于20kN/m²。 一般设混凝土基础，立柱与基础预埋件连接牢固。 横梁为万能杆件时，立柱采用新制板件与横梁连接，横梁采用贝雷梁时，在立柱顶设型钢分配梁，与横梁螺接连接
其他	1. 支架结构形式可以根据实际情况进行基础、立柱和横梁的多种组合。由于贝雷梁和万能杆件横梁自身高度较高，占用较大的净空，当跨越式支架对梁的高度有较大限制时，横梁应作特别设计，可采用钢桁、钢箱等结构，也可不采用门形支架设计。 2. 跨越河流及其他障碍物，根据需要的跨度参照上表选择支架形式，支架的跨度根据受力计算确定，万能杆件或贝雷梁采用双层布置时，跨度可大大提高。 3. 船只或汽车通行孔的两边支架应加设护桩，夜间应采用灯光标明行驶方向。施工中易受漂流物冲撞的河中支架应设坚固的防撞设施		

拱　　架　　表9.2-3

项目名称	构造、安装简图	说明
一般规定	1. 施工前应根据拱桥的结构特点和受力特性，进行施工设计和施工计算；对各关键工序，应制订专项施工技术方案和安全技术方案。 2. 大跨度拱桥的施工应进行过程控制，使拱的轴线、内力等满足设计要求；关键工序的施工应避开可能发生的灾害性天气，并应在施工中采取必要的预防措施保证结构安全	
设计要求	拱架应进行专门设计，并应符合下列规定： 1. 拱架的设计应遵循安全可靠、结构简单、受力明确、制作和安拆方便的原则。所采用材料的性能和质量应符合的国家或行业标准的规定；常备式构件用作拱架时，其设计与计算应依据该构件的技术要求进行。 2. 设计荷载除应符合9.1-2的规定外，尚应根据拱桥的结构特点和施工荷载特性分析取用，拱圈的自重荷载宜乘以1.2倍系数。在计算荷载作用下，应按可能产生的最不利荷载组合验算拱架的强度、刚度和稳定性。 3. 对拱架各截面应力强度进行验算时，应根据拱架的结构形式和所承受的荷载大小，按分阶段浇筑或砌筑施工的工况，分别验算其拱顶、拱脚和1/4跨各截面，以及各连接节点的应力。 4. 应严格控制拱架的刚度，拱架受载后，对落地式拱架其弹性挠度应不大于相应结构跨度1/2 000，且不得超过50mm；对拱式拱架，应不大于相应结构跨度的1/1 000，且不得超过100mm。 5. 稳定性的验算应包括拱架的整体稳定和局部稳定，抗倾覆稳定系数应不小于1.5。对拱架在拼装过程中的稳定性亦应进行验算，当不能满足拼装要求时，应采取必要的辅助稳定措施。 6. 拱架的地基与基础设计应符合现行行业标准《公路桥涵地基与基础设计规范》(JTG D63)的规定，并应对地基承载力进行验算	

续上表

项目名称	构造、安装简图	说　明
具有中间支架的拱架(可用于较大跨径)	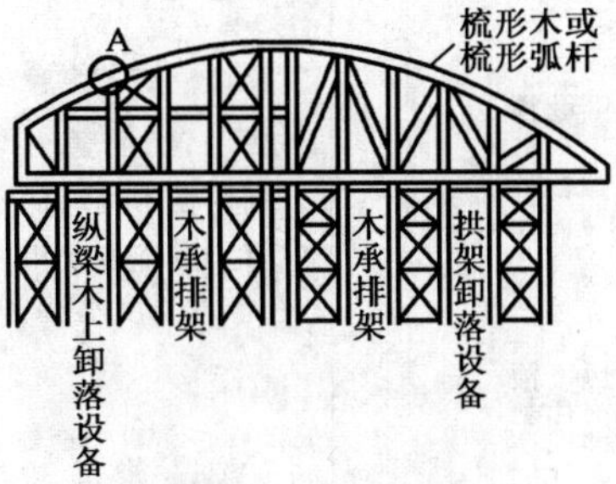 A 梳形木或梳形弧杆 纵梁木上卸落设备 木承排架 木承排架 拱架卸落设备 立柱式拱架(半边)　撑架式拱架(半边)	按设计图纸放样制作拱架(或制成杆件、弧件)。 按测定排架位置,清理基础,树立排架,并纵横支撑,排架顶抄平,安装纵梁帽木; 装置纵梁木卸落设备。 防止排架不均匀沉降,或承载力不足现象,必要时应以砌石或打桩基础,保证桩基稳固
无中间排架的拱架(利用斜撑不设中间支架)	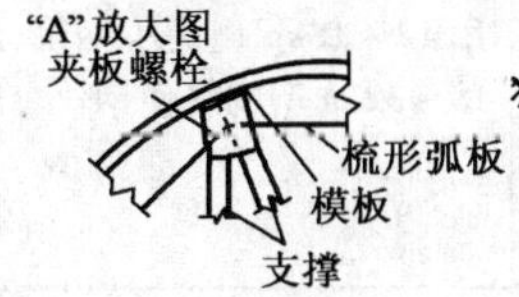  "A"放大图 夹板螺栓 梳形弧板 模板 支撑 斜撑 槛木 卸落拱架设备 桥台(墩)支承牛腿	如上所述,当有支架时,在支架上采取整榀吊装或就地拼装好拱架,最后校正高程(包括上拱度)装钉拱模板。 对于拱架的节点A的构造系采用夹板螺栓连接,如左上图示。 不用支架,采取加设斜撑以扩大拱跨,能节省大量排架工料,并对保持拱架下净空净宽有利
排架卸落设备(砂筒降落法)	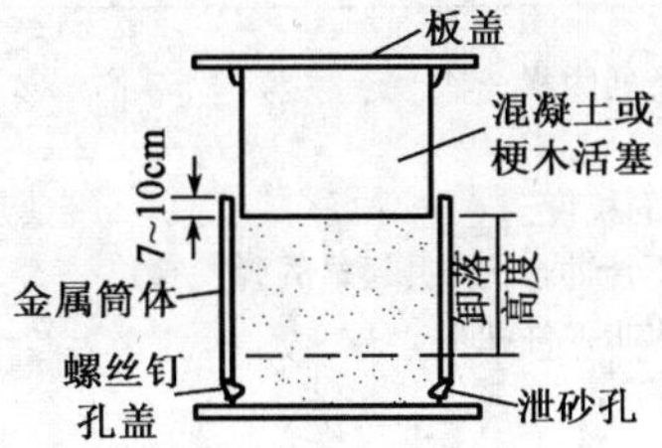 板盖 混凝土或梗木活塞 7~10cm 卸落高度 金属筒体 螺丝钉孔盖 泄砂孔	安装拱架时,将砂筒置于槛木下端的墩台支承牛腿上,当要求降落拱架以便拆卸时,首先打开砂筒上的螺钉孔盖,泄砂孔放砂,活塞在拱架重压下降落
小型木拱架(可用于≤4m的拱跨)	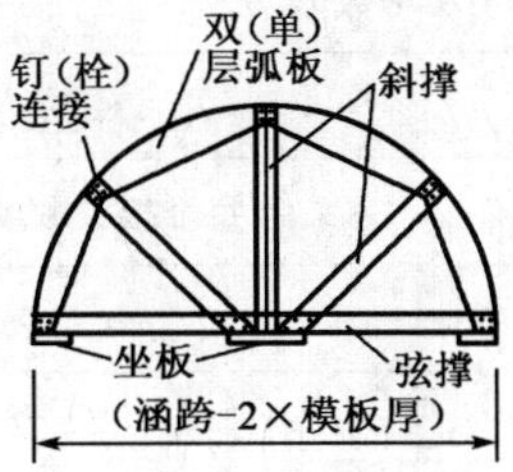 钉(栓)连接 双(单)层弧板 斜撑 坐板 弦撑 (涵跨-2×模板厚)	通常系由5cm厚的模板锯成梳形弧板,双层以铁钉或螺栓组成,广泛用于砖、石、混凝土拱涵、砖拱沟、及门窗等拱圈砌筑
木拱架加设支撑(可提高拱架承载力)	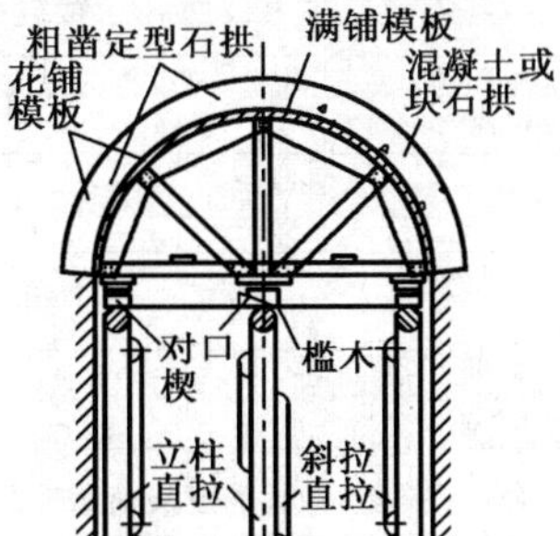 粗凿定型石拱 满铺模板 花铺模板 混凝土或块石拱 对口楔 槛木 立柱直拉 斜拉直拉	当拱圈自重较大,拱架负荷较重时,须在拱架下设置支撑,在浇筑混凝土或浆砌块石拱圈时,拱架上满铺模板。如为粗凿定型石砌拱圈,可不满铺模板,仅在骑缝位置钉上7cm宽板条即可。拱跨小于2m时,用二排木桩支撑,大于2m用三排支撑

续上表

项目名称	构造、安装简图	说明
无支撑木拱架（利用槛木代撑）	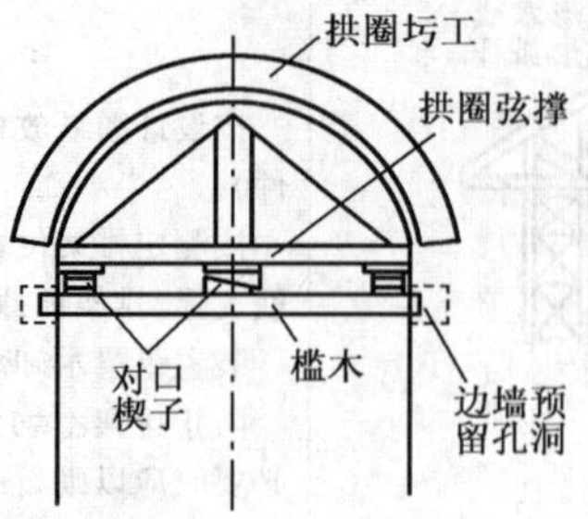 拱圈圬工 拱圈弦撑 对口楔子 槛木 边墙预留孔洞	利用槛木两端伸入支承于边墙预留孔洞内，可省去槛木以下的木桩、拉撑等，但如跨径较大，槛木强度不够，中间应加设顶柱
钢轨拱架（废旧钢轨利用）	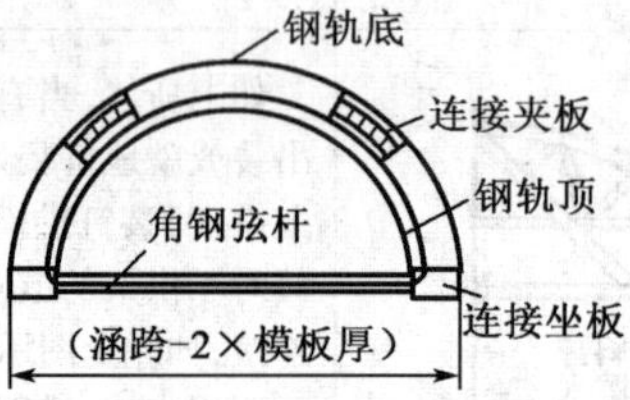 钢轨底 连接夹板 钢轨顶 角钢弦杆 连接坐板 （涵跨-2×模板厚）	适用于拱涵拱圈施工，当涵跨在3m以内，可用12～18kg型的小钢轨，跨径在3～6m可用18～32kg型的轻便钢轨弯制而成

支架预留施工沉落值、施工预拱度 表9.2-4

注意事项

支架应预留施工预拱度，在确定施工拱度值时，应考虑下列因素：
1. 支架承受施工荷载引起的弹性变形。
2. 超静定结构由于混凝土收缩、徐变及温度变化而引起的挠度。
3. 由结构重力引起梁的弹性挠度，以及1/2汽车荷载（不计冲击力）引起梁的弹性挠度。
4. 受载后由于杆件接头的挤压和卸落设备压缩而产生的非弹性变形。
5. 支架基础在受载后的沉陷

预留施工沉落值参考数据

项目		沉落值（mm）
接头承压非弹性变形	木与木	每个接头顺纹约2，横纹为3
	木与钢	每个接头约为2
卸落设备的压缩变形	砂筒	2～4
	木楔与木马	每个接缝约1～3
支架基础沉陷	底梁置于砂土上	5～10
	底梁置于黏土上	10～20
	底梁置于砌石或混凝土上	约3
	打入砂土中的桩	约5
	打入黏土中的桩	约5～10（桩承受极限荷载时用10，低于极限荷载时用5）

注：应根据结构形式、承受的荷载大小及需要的卸落量，在支架和适当部位设置相应的木楔、木马、砂筒或千斤顶等落模设备，以方便支架的拆卸

拱架、支架制作、安装要点　表 9.2-5

项　目	注 意 要 点
根据设计制作安装	拱架和支架应根据设计进行制作和安装。当采用常备式构建拼装拱架时,应进行强度和稳定性验算
稳定预留拱度应考虑的因素	为保证结构竣工后尺寸准确,拱架及支架应预留施工拱度。确定施工拱度值时,应考虑下列因素: 1. 拱架和支架承受施工荷载引起的弹性变形。 2. 超静定结构由混凝土收缩、徐变及温度变化而引起的挠度。 3. 长受推力的墩台,由于墩台的水平位移所引起的拱圈挠度。 4. 由结构重力引起梁或拱圈的弹性挠度,以及 1/2 的汽车荷载(不计冲击力)引起梁或拱圈的弹性挠度。 5. 受载后由于杆件接头的挤压和卸落设备压缩而产生的非弹性变形。 6. 支架基础在受灾后的非弹性沉陷
木拱架及木支架的制作	应尽量减少长杆件接头,两相邻立柱的连接接头亦须分设在不同的水平面上。 主要压力杆的纵向连接,应使用对接法,并用木夹板或铁夹板夹紧;次要构建的连接可用搭接法。 木拱架、木支架的连接,应力求简单
安装拱架前的检查	安装拱架前,对拱架立柱和拱架支承面应详细检查,准确调整拱架支承面和顶部高程,并复测跨度,确认无误后方可进行安装。 各片拱架在同一节点处的高程应尽量一致,以便于拼装平联杆件。在风力较大的地区,应设置风绳
拱架和支架的稳定、坚固要求与防护措施	拱架和支架应能抵抗在施工过程中可能发生的偶然冲撞和振动,安装时应注意: 1. 支架立柱必须安装在有足够承载力的地基上,立柱底端应设置垫木,用以分布和传递压力,并保证浇筑混凝土后不发生超容许的沉降量。 2. 构造物的模板支架不应与施工用的脚手架和便桥相连接,以免施工振动时影响浇筑混凝土质量。 3. 船只或汽车通行孔的两边支架应加设护桩,夜间应用灯光标明行驶方向,施工中易受漂流物冲撞的河中支架应设坚固设备
设置落模设备	安装拱架时应考虑到拱架和支架的便于拆卸,因此,应根据结构形式、承受的荷载大小及需要的卸落量,在拱架和支架适当部位设置相应的木楔、木马、砂筒或千斤顶等落模设备
安装完毕后的检查	拱架和支架安装完毕后,应对其平面为位置、顶部高程、节点联系及纵、横向稳定性进行全面检查,符合要求后,方可进行下一工序

9.3　模板、支架(拱架)制作质量与拆除

模板、拱架及支架制作质量标准　表 9.3-1

类　别	项　目	允许偏差(mm)	
木模板制作	模板的长度和宽度	±5	
	不刨光模板相邻两板表面高低差	3	
	刨光模板相邻两板表面高低差	1	
	平板模板表面最大的局部不平	刨光模板	3
		不刨光模板	5

续上表

类　别	项　目		允许偏差(mm)
木模板制作	拼合板中木板间的缝隙宽度		2
	支架尺寸		±5
	榫槽嵌接紧密度		2
钢模板制作	外形尺寸	长和宽	0,-1
		肋高	±5
	面板端偏斜		0.5
	连接配件(螺栓、卡子等)孔眼位置	孔中心与板面的间距	±0.3
		板端孔中心与板端的间距	0,-0.5
		沿板长、宽方向的孔	±0.6
	板面局部不平		1
	板面和板侧挠度		±1

注:1. 本表引自《公路桥涵施工技术规范》(JTG/T F50—2011)。
2. 板面局部不平用2m靠尺、塞尺检测。

模板、支架安装施工质量标准　　表9.3-2

项　目		允许偏差(mm)
模板高程	基础	±15
	柱、梁	±10
	墩台	±10
模板尺寸	上部构造的所有构件	+5,0
	基础	±30
	墩台	±20
轴线偏位	基础	15
	柱	8
	梁	10
	墩台	10
装配式构件支承面的高程		+2,-5
模板相邻两板表面高低差		2
模板表面平整		5
预埋件中心线位置		3
预留孔洞中心线位置		10

续上表

项　　目		允许偏差(mm)
预留孔洞截面内部尺寸		+10,0
支架	纵轴的平面位置	跨度的1/1 000或30

注:本表引自《公路桥涵施工技术规范》(JTG/T F50－2011)。

钢框胶合板模板制作允许偏差 表9.3-3

项　　目		允许偏差(mm)
外形尺寸	长度	－1.0
	宽度	－1.0
	厚(高)度	±0.50
	对角线	1.50
连接孔眼	沿板长度的孔中心距	±0.60
	沿板宽度的孔中心距	±0.50
	孔中心与板面的间距	±0.30
	累计误差	±1.00
	孔眼直径	±0.3
板面平整度		1/1 000
边板平直度		1/1 000
板面与边框成直角		－0.30
板面与边框局部间隙		1.00
边框高于板面		0～0.5
埋头螺栓与板面距		±0.30

注:平整度、平直度用2m靠尺、塞尺检测。

液压滑动模板构件制作的允许偏差 表9.3-4

项　　目			允许偏差(mm)
围圈	长度		－5
	弯曲长度	≤3m	2
		>3m	4
提升架	连接孔位置		0.5
	高度		3
	宽度		3
	围圈支托位置		2
	连接孔位置		0.5
支承杆	弯曲		<2/1 000L
	直径		－0.5
	丝扣接头中心		0.25

注:1. 钢模板部分应符合表9.3-1的要求。
2. L为支承杆加工长度。
3. 表面平整度用2m靠尺、塞尺检测。

模板拆除注意要点　　表 9.3-5

项　目	拆模时注意要点
非承重侧模板的拆除	应在混凝土强度能保证其表面及棱角不因拆除模板而受损坏时方可拆除。一般当混凝土抗压强度达到2.5MPa时可拆除侧模板，混凝土强度达到2.5MPa所需时间参见表9.3-7
承重模板拱架及支架的拆卸	钢筋混凝土结构的承重模板、拱架和支架，应在混凝土强度能承受其自重力及其他可能的叠加荷载时，方可拆除；板、梁达到设计强度的80%，拱圈混凝土达到设计强度的85%时，方可拆除。如设计上对拆除承重模板、拱架、支架另有规定，应按照设计规定执行。 混凝土强度达到50%、100%设计强度所需时间可参考表9.3-6的数值；但对重要构件，其强度必须通过试验确定
砖、石拱桥的拱架卸落时间	1. 浆砌砖、石拱桥，须待砂浆强度达到设计强度，如设计无要求则须达到砂浆强度的85%。 2. 跨径小于10m的小拱桥，宜在供上建筑全部完成后卸落；中等跨径实腹式拱，宜在护拱砌完后卸落；大跨径空腹式拱，宜在拱上小拱横墙砌好(未砌小拱圈)时卸落。 3. 当需要进行裸拱卸架时，应对裸拱进行截面强度及稳定性验算，并采取必要的稳定措施
拱架和支架卸落程序	应按设计所规定的要求进行。若无设计规定时，应详细拟定卸落程序，分几个循环卸完，卸落量开始宜小，以后逐渐增大。在纵向应对称均衡卸落，在横向应同时一起卸落。在拟定卸落时应注意一下几点： 1. 在卸落前应在卸架设备(如简单木楔活组合木楔等)上画好每次卸落量的标记。 2. 满布式拱架卸落时，一般可从拱顶向拱脚依次循环卸落；拱式拱架可在两支座处同时卸落。 3. 简支梁、连续梁宜从跨中向两支座依次循环卸落；悬臂梁应先卸挂梁及悬臂的支架，再卸无铰跨内的支架。 4. 多孔拱桥卸架时，若桥墩容许承受单孔施工荷载，可单孔卸落，否则应多孔同时卸落，或连续孔分阶段卸落。 5. 卸落拱架时，应设专人用仪器观测拱圈挠度和墩台变化情况，并详细记录
墩台模板的拆除	桥墩、台模板宜在上部结构施工前拆除。拆除模板、卸落拱架和支架时，不允许用猛力敲打和强扭等粗暴的方法进行
其他注意事项	模板、拱架和支架拆除后，应将表面灰浆、污垢清除干净，并应维修整理，分类妥善存放，防止变形开裂

承重模板拆除时间　　表 9.3-6

序　号	达到设计强度(%)	水泥		拆模期限(d)及硬化时昼夜平均温度(℃)						
		品种	强度等级	+5	+10	+15	+20	+25	+30	+35
1	50	硅酸盐水泥、普通水泥	52.5	6.5	5	4.2	3	3	2.5	2
		矿渣水泥	42.5	17	13	9.5	6	4	3	2.5
		矿渣水泥	32.5	18	15	12	8	6.5	5	3.8
2	100	硅酸盐水泥、普通水泥	52.5	41	36	32	28	19	15	13
		矿渣水泥	42.5	56	47	39	28	26	19	17
		矿渣水泥	32.5	62	51	41	28	25	22	18

注：1. 本表按C20级以上一般混凝土考虑。

2. 火山灰水泥、粉煤灰水泥可参照表中矿渣水泥考虑。

3. 普通水泥强度等级小于或等于42.5的，拆模期限应酌情予以延长。

4. 采用干硬性、低流动性或掺有外加剂的混凝土时，拆模期限可通过试验确定。

非承重模板拆除时间 表9.3-7

序号	达到设计强度(%)	水泥		混凝土强度达2.5MPa所需时间(h)及硬化时昼夜平均温度(℃)						
		品种	强度等级	+5	+10	+15	+20	+25	+30	+35
1	20	矿渣水泥	32.5	23	16	13	10	9	8	7
	40	矿渣水泥	42.5	22	10	9	7	6	5	5
2		普通水泥	52.5	15	11	9	8	6	5	4
		硅酸盐水泥	52.5	14	9	7	6	4	4	4

注:1. 本表拆模期限按混凝土强度达到2.5MPa的时间考虑。

2. 当采用火山灰水泥、粉煤灰水泥时,可参照矿渣水泥考虑。

3. 混凝土强度小于或等于C15时,拆模时间应酌情予以延长。

9.4 移动模架

移动模架特点、组成与使用场合 表9.4-1

定义	移动模架又称造桥机,是将整个支架系统按照梁桥的浇筑顺序依次推进的一种施工工艺,是梁桥就地浇筑施工的一种先进技术
特点	1. 支架数量要少的多,而且周转次数多,利用效率高。 2. 移动模架法的施工速度也比在支架上现浇快。 3. 机械化、自动化程度较高。 4. 基本不受桥梁下方的地形影响。 5. 对桥梁下方的绿化、建筑、交通影响小
组成	移动模架系统主要由主梁、鼻梁、横梁、托架、推进工作车、内外模板及辅助支撑、机电系统等部分组成,其中托架可采取自动前移或吊机辅助前移
形式	1. 上行式移动模架(移动悬吊模架),主承重结构在桥梁上方。 2. 下行式移动模架(支承式活动模架),主承重结构在桥梁下方
适用场合	1. 各种不同箱梁底宽、竖曲线及墩位布置,无需基础处理。 2. 在多跨长桥,桥梁跨径可达30~50m,使用一套设备可多次移动周转使用。 3. 桥墩较高,采用落地支架施工不经济的桥梁。 4. 桥下地形、地貌不适于设置支架基础或桥跨跨越道路等构筑物的桥梁

移动模架施工流程 表9.4-2

项目	内容
施工步骤	移动模架施工一般是从岸跨开始,每次施工接缝设在下一跨的$l/5$附近连续施工。箱梁施工前,先将承重梁定位,用螺旋千斤顶调整外模、安设设在轨道上的内模板,最后进行箱梁底板、腹板和顶板混凝土的浇筑。当一孔施工结束需移动模架时,将连接杆件从一个承重梁上松开并撤除纵向缆索之后将承重梁逐根纵移。对于附有连接杆和模板的承重梁在移动时不稳定,为了达到平衡,可在承重梁的另一侧设外托架和混凝土平衡梁

续上表

项　目	内　容
工艺流程	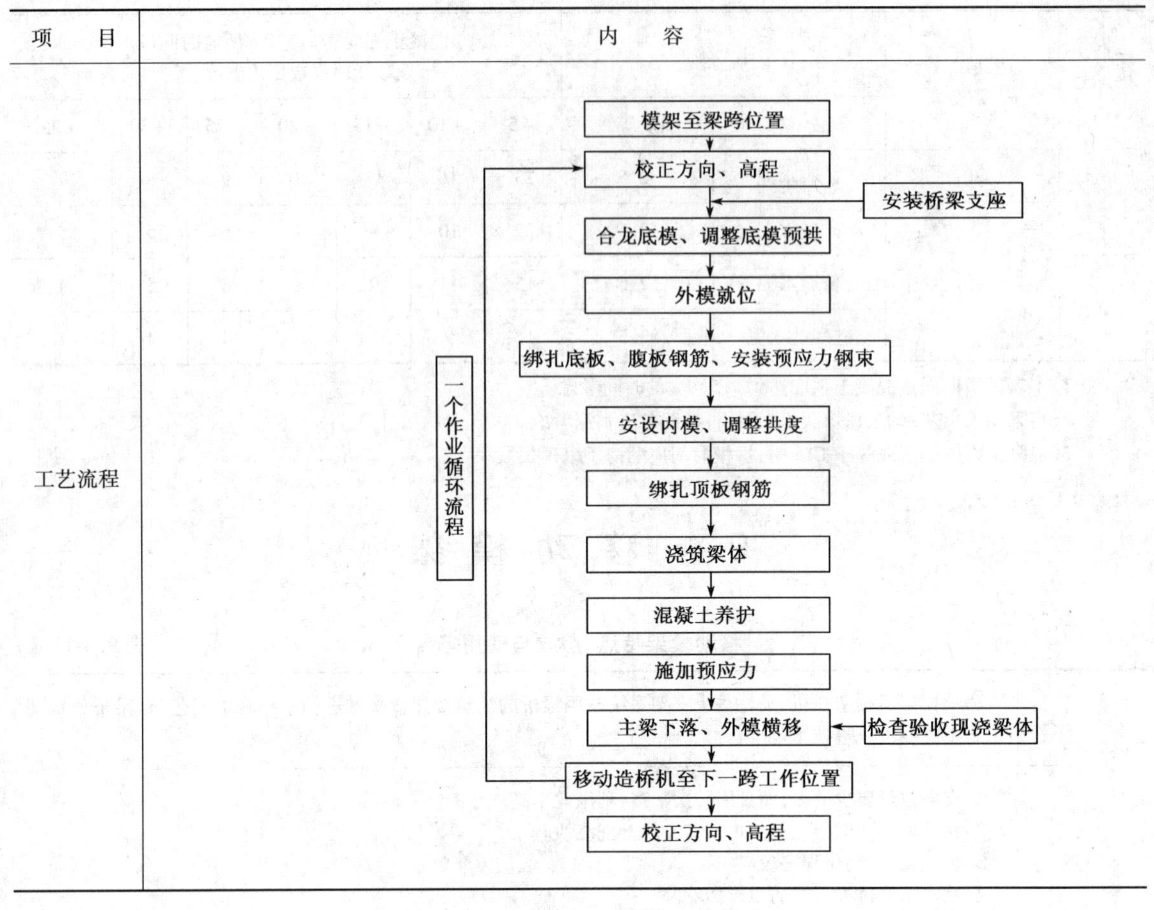

50m 下行式移动模架技术参数表　　表 9.4-3

系统最小曲率半径	1 000m
施工状态下梁体最大挠度	≤跨径的 1/500
纵向顶推能力	40t×2 台
系统纵移速度	20m/h
系统适应桥梁最大纵坡	≤4%
系统横移速度	0.5m/min
系统适应桥梁最大横坡	≤4%
系统落模顶升能力	450t×450mm×14 台
适合施工桥宽	≤17m
单孔施工跨径	≤50+8m(悬臂)
最大承重施工荷载	1/500t
施工时适合的桥墩高度	6.5～50m
外模分合	主梁带动外模升降和侧移
外模调节	通过横梁上的调节螺杆调节高程和平曲线分段调整
系统行走时抗倾覆稳定系数	≥1.25
移动系统自重	约为 763t

移动模架主体结构设计(以某移动模架为例) 表9.4-4

项目	内容
主承力结构	现浇箱梁最长施工跨径为58m,因此两侧主梁拼装为63m长。移动模架系统两侧各设一根主梁,它是主要承力结构,主梁截面为箱形钢结构,梁高3.42m,主梁内设置斜撑及隔板等,以提高主梁局部承载能力及抗扭刚度。同时在主梁内、系统顶升支点及横梁连接处作局部加强构造。在主梁两侧腹板下方设有系统纵向滑移所必需的轨道,两端设置与鼻梁连接的铰支座。主梁采取分段加工运输,在现场以高强螺栓连接成整体
鼻梁	有前后梁,设置在主梁前后两端,在系统纵向滑移时,起导向及纵向平衡作用。为减少结构自身荷载,前鼻梁采用了三角形钢桁架结构,每根长41m,主要在系统过跨及转运托架时起作用;后鼻梁也为三角形钢桁架结构,每根长18m,在过跨时起平衡作用,移动模架尾部设C形梁挂在已浇筑混凝土箱梁上时,可不设后鼻梁。鼻梁分段运输、拼装,其与主梁或鼻梁之间均以铰接形式连接。鼻梁与主梁的连接铰为圆心作平面转动,以适应桥梁的平面曲线变化。前端鼻梁可绕鼻梁间连接铰作上下转动且前端下弦杆头部上弯,以适应桥梁坡度的变化和托架安装时的高程偏差
横梁	横梁设置在两根主梁之间,根据墩顶间距调节的需要,纵向分布间距分别设置为5.5m、5.85m和5.65m的间距。横梁构造为型钢梁桁架形式,在单跨中轴线位置一分为二,两端分别与主梁采用高强螺栓连接。横梁中间分合接头的连接板一边设置锥形导向销、一边开孔,依靠销孔间的导向作用,能在接合过程中保证连接孔位对齐。每根横梁上设置4个调节螺栓杆,其与底模相连接,便于底模高程及预拱度的调整
托架	系统在浇筑混凝土及移动施工时产生的荷载由托架支撑,托架附着在桥墩上,将托架所受垂直荷载通过墩身传递至桥墩承台、桩基受力。托架由一根水平钢梁及两根钢斜撑构成三角形架。水平钢梁顶部设有供推进工作车横移的轨道,托架下支点直接锚入墩身预留孔内(墩身施工时,在两侧预留0.5m×0.5m×0.8m空洞),主要承受竖向作用力;一对托架在上下支点分别采用12根和2根精扎螺纹钢筋连接,主要起连接和承受水平作用力,上部12根ϕ32mm精扎螺纹钢筋每根预紧张拉力为500kN,利用千斤顶循环张拉,确保每根精扎螺纹钢筋均匀受力。托架为一固定钢桁架结构,其具有高强度和大刚度的特点,一对托架重约28t
台车	工作台车实现系统的纵横移动功能。主要由支撑轮组、顶升机构、牵引机构及车架组成。顶升机构由顶升千斤顶及相应支座构成。牵引机构由设在工作台车车架两边的两个前卡式千斤顶及底座组成。牛腿上共设置4台横向推进油缸和2台纵向推进油缸
底模	底模板为大块的组拼式定型钢模板,侧模和内模采用分节段拼装的大块定型钢模板。内模与移动小车组成整体,便于移动安装。桥处于弧形段时,模板通过异型块段来进行曲线调节,内外模板对应设置横带,便于良好受力
外模	由底板、腹板、肋板及翼缘板组成。底板分块直接固定在横梁上,并与主梁一起通过液压缸顶推脱模和立模。外模采用两端悬臂式结构,分块处采用铰接。每对底板中间拼缝由普通螺栓连接。腹板、肋板及翼缘板分节与横梁相对应,并通过在横梁上设置的模板支架及可调支撑杆来安装
内模	内模系统移动支撑系统的内模系统包括内模板、拆模小车、内模底梁及道轨。模板的运输及安装通过拆模小车来完成。拆模小车配有液压系统,通过液压系统来完成内模的安装及拆除
后横梁	后横梁全长12m的箱形梁,横跨施工桥面,后横梁作用是浇筑每联的第一孔以后的各孔时,通过两个自锁液压油缸和吊杆把支撑系统的后部悬吊在连续箱梁的悬臂端,使浇出的箱形梁线形连续,同时,减小主梁受力跨度,避免施工段间的横接缝错台。后横梁在模架移动时,其与系统解除约束,分离开来,下放千斤顶,落在移动小车上,移至下一节段进行施工

移动模架施工 表9.4-5

<table>
<tr><th>项　　目</th><th>内　　容</th></tr>
<tr><td>移动模架安装</td><td>先将起始跨位置平整、压实,作为安装场地,移动模架各构件安装装顺序:牛腿的组装、主梁的组装及有关施工设备、机具的就位→主梁吊装就位→牛腿的安装→横梁安装→铺设底板、安装模板支架→安装外腹板及翼缘板、底板→内模安装。
根据最大杆件质量选择合适的起重机械进行安装,安装中应将高强螺栓施工、精轧螺纹钢筋施工作为重点控制,确保移动模架整体结构安全。
移动模架在试压和调试、验收合格后,方可投入使用</td></tr>
<tr><td>移动模架施工程序</td><td>1. 在已浇梁段前方桥墩上安装一对托架及推进工作车。
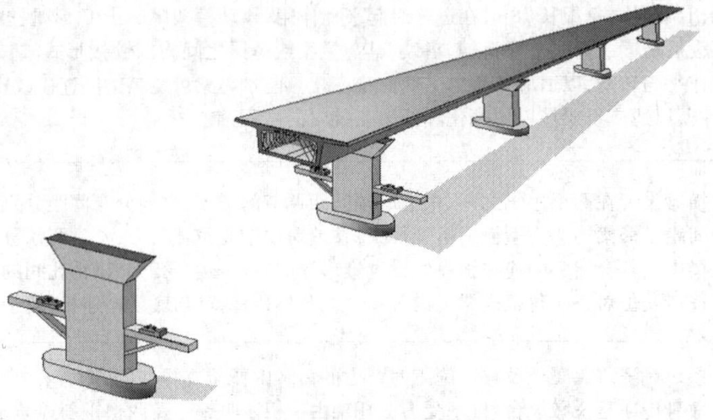
支架与推进工作车安装
2. 在混凝土浇筑、养护、张拉完成后,主梁由前后托架上的顶升千斤顶下放,落在推进工作车上。
3. 解除横梁中间连接,必要时拆除已成梁段内侧翼板模支撑,使翼板模折转。
4. 利用推进工作车,使系统分离并外移。
5. 拆除后端的托架顶升机构并移至前方托架推进工作车上,主梁纵向前移。
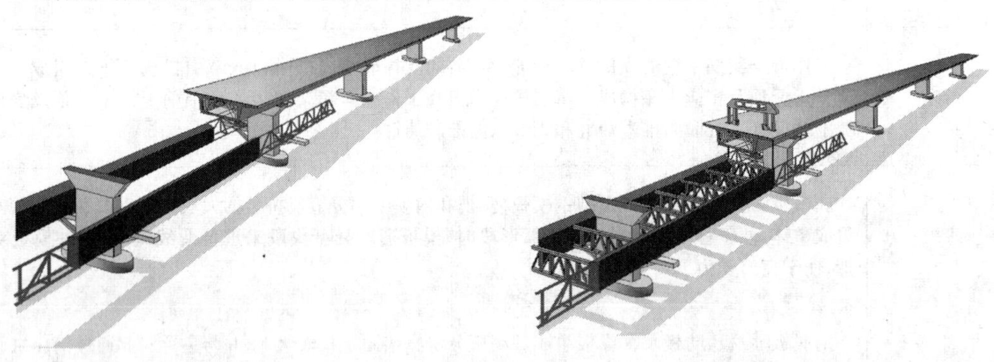
主梁纵移　　　　横梁与吊架安装
6. 主梁纵向滑移到位后,推进工作车向内侧移动,然后安装横梁,将主梁连接成整体。
7. 顶升千斤顶工作,顶升主梁至浇筑位置。
8. 用可调螺旋支撑调整模板,设置预拱度。
9. 安装内模,绑扎钢筋,浇筑混凝土</td></tr>
<tr><td>移动模架拆除</td><td>当最后一跨预应力施工完成后,移动模架系统可根据情况先倒退到墩高相对矮的地方进行拆除。拆除的顺序与安装相反,即先安后拆,后安先拆。箱梁外侧的主梁整体吊装至便桥或船上进行拆卸;两幅桥之间的主梁可通过在中央分隔带上设扁担梁,并用吊杆悬挂在空中拆卸或放置在船上进行拆卸</td></tr>
</table>

9.5 架 桥 机

架桥机构成与施工流程 表 9.5-1

项　目	内　容
基本概念、适用范围	本处所指架桥机主要指架设简支(或先简支后连续)的T梁、小箱梁的架梁设备,架设跨度一般在50m以内,质量一般小于200t。不同于用于整跨现浇的移动模架,也不同于整跨架设或节段预制拼装的巨型架桥机(承重量一般在500t以上)
主要形式	自拼架桥机(万能杆件或贝雷桁架拼装) 专门厂家生产(型钢、钢箱焊接)
	单导梁式和双导梁式两种
	三支点两跨连续导梁架桥机 两支点后配重架桥机
	轨道式架桥机(需要铺设行走轨道) 步履式架桥机(不需要铺设轨道,步履纵移)
	根据特种设备的安全管理要求,自拼架桥机基本上不再使用,双导梁、两支点后配重、步履式、自动纵横移等先进技术已经非常成熟
主要组成	主导梁、引导梁、辅助顶杆、前支点、中支点、后支点、横梁、纵行台车、吊重行车、横移轨道、运梁车、液压系统、电气控制等系统组成
施工流程	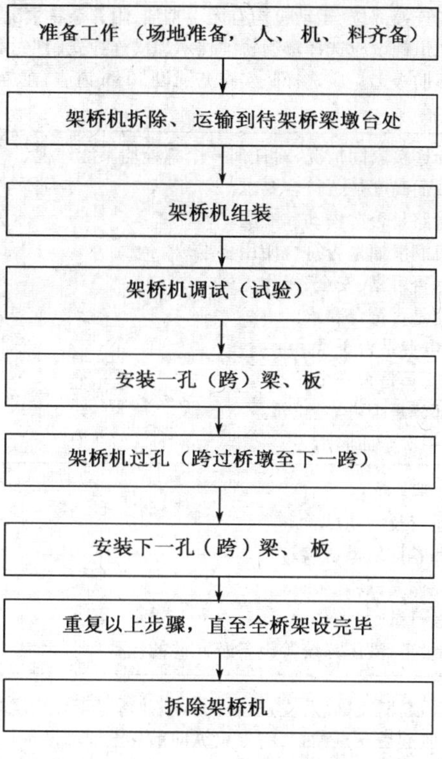 准备工作(场地准备,人、机、料齐备) ↓ 架桥机拆除、运输到待架桥梁墩台处 ↓ 架桥机组装 ↓ 架桥机调试(试验) ↓ 安装一孔(跨)梁、板 ↓ 架桥机过孔(跨过桥墩至下一跨) ↓ 安装下一孔(跨)梁、板 ↓ 重复以上步骤,直至全桥架设完毕 ↓ 拆除架桥机

架桥机施工及其技术要求　表 9.5-2

<table>
<tr><th colspan="2">项　目</th><th>内　容</th></tr>
<tr><td rowspan="4">安装</td><td>交底准备</td><td>首先对作业人员进行技术交底，熟读设备使用说明书及其他有关出厂技术文件，了解设备组成、结构特点、准备组装场地、机具和人力，明确具体组装任务</td></tr>
<tr><td>进场检查</td><td>架桥机经装拆、运输到桥台处后，应首先注意检查以下事项：
1. 检查清点各构件、连接件、机电设备总成部分、电气元件及电缆数量是否符合，结构和机电元件是否完好无损。
2. 清理各部件特别是运动机构附着杂物，达到整洁。
3. 检查电缆是否安全、可靠，须无断路和绝缘损坏现象</td></tr>
<tr><td>组装注意事项</td><td>1. 在桥头路基或桥面上依次按总装图要求组装摆放中支点横移轨道，在桥台上摆放前支点横移轨道，用硬木支垫水平，并保证各轨基础底面差不大于 ±20mm，纵向间距差不大于 ±20mm。
2. 在横移轨道上依次吊装摆放前支点、中支点横移台车，然后将前支点、中支点吊至台车上固定，用临时缆绳固定好前支点，中支点用木塞好，保证两支点纵向直线度。
3. 在前支点、中支点间搭设枕木垛，从前至后组拼引导梁、主导梁单元梁销接引导梁横联和前、后横联，使纵导梁连接成整体。组装时应严格控制水平旁弯小于 $L/2\,000$（L 为两支点间距离），达到精度时方可连接销轴、拧紧螺栓。
4. 分别将前支点、中支点悬挂自行装置、后支点组装在引导梁、主导梁上成整体。
5. 按图示位置，将横导梁台车吊置在纵导梁上面的纵移轨上，然后将横导梁落在其上并连接固定好。
6. 吊装吊梁行车于横导梁上。安装、布置液压管路、电气控制线路</td></tr>
<tr><td>技术要求</td><td>1. 组装架桥机应选择在桥头路基上进行，直线有效长度不小于 80m，组装场地平整、夯实，不得有局部路基松软。
2. 横移轨道下方应用硬木支垫好，轨道铺设应克服桥台或路基横坡，要铺设水平。
3. 组装时对所有栓接螺栓上紧上牢，保证受力均匀。
4. 组装前应检查各连接部位有无损伤变形情况，各部螺栓和销子有无脱落、丢失、损坏等情况，应注润滑油部位是否已注润滑油或脂等，然后进行组装。
5. 组装时对各连接部位、运动机构有无不整洁，附有杂物情况，应进行认真检查清理干净后进行组装。
6. 对运梁车轨道铺设应选择重型轨铺枕木加横连方式，首先对轨线应对准梁体中心线，以便于桥上运梁荷载分布在梁体肋板上。应选择坚实路基铺设 20cm 道渣，在道渣上根据轨材、枕材及荷载选择轨木铺垫距离，达到安全可靠</td></tr>
<tr><td rowspan="2">检查与试验</td><td>组装检查</td><td>1. 检查各部栓连接紧固情况，对任何一个螺栓均不能忽视。
2. 液压系统油面高度是否符合要求。
3. 液压系统管路是否有松动和泄漏。
4. 运动减速机润滑油是否符合使用要求。
5. 电气系统是否可靠、安全、操作无误。
6. 吊梁钢丝绳是否符合要求。
7. 限位开关、电铃是否正常。
8. 随车机具、工具是否齐全。
9. 电机制动部分是否可靠、正常。
10. 全车进行一次全面润滑</td></tr>
<tr><td>试验</td><td>1. 导梁纵移试验。
2. 整机横移运行及制动试验。
3. 行车运行和卷扬吊重试验。
4. 各油缸支腿伸缩试验。
5. 运梁台车运行试验。
6. 机械、电气设备、液压系统等设备及元件的检验</td></tr>
<tr><td>过孔</td><td>过孔</td><td>1. 收起前辅助顶杆，支前、后支点，将两行车并行置于导梁尾端前方，将中支点前移。
2. 落回导梁，收起后支点油缸，将导梁纵向前移至前辅助顶杆到位于前方桥墩（台）并支好</td></tr>
</table>

续上表

项目		内容
过孔	过孔	3.顶起后支点,将中支点前移至前方桥台架梁位,收起前支点,驱动前支点纵行动力至前方桥墩(台)并支好。将两行车并行置于原前支点位前方,锁前支点与导梁体。 4.收前辅助顶杆、后支点,解除前支点与导梁固定件。 5.将导梁从原位前行,并锁固前、后支点同导梁锁定机构
过孔	技术要求	1.如桥有纵坡的情况下,应通过各柱支点调整高度,使机臂调平后进行作业。路基与桥台结合处是路基压实薄弱环节,中支点横移轨道铺设时须确认路基压实程度,应采用垫木密排方式,增强荷载传递面,保证作业的安全性。 2.架桥机前冲过孔是关键作业,操作人员应熟练掌握控制按钮,严格控制作业范围。 3.注意检查各运动元件可靠性,特别是联合作业时,应可靠同步,否则,立即停止作业。 4.滑线电缆应随动自如,不得有挂、挤现象,确保作业安全。 5.定位锁定和撤除应及时准确作业。 6.支承架桥机行走的梁体应具有足够承载能力
运输		1.起重机拆解运输时,应特别注意避免扭弯、撞击,防止各构件损坏和变形等事故。 2.吊运时必须绑扎牢固,切捆扎处设置衬垫物,捆扎位置以竖杆节点位置为宜。 3.存放时应放置平稳,并用枕木垫平垫实。 4.提梁一般采用龙门吊,运梁车可采用轮胎式或轨道式运梁车
吊梁	吊梁方式	当运梁台车将梁片前端到达前吊梁行车下方时,捆梁、吊梁使梁前端脱离前运梁台车状态下进行,运行速度为3m/min,待梁片后端送到后吊梁行车下方时再捆梁,吊起梁片后端,梁片全悬吊状态下进行对位
吊梁	吊具	可采用钢丝绳捆绑吊,也可采用底托梁与钢棒(吊带)形成吊具,在预留吊装位置孔内安装吊带及底托梁,托(兜)住梁体起吊
吊梁	注意事项	1.捆梁作业应在梁片底面转角与吊梁钢丝绳接触处,安放护梁铁瓦,以免混凝土被挤碎,吊梁绳割伤。 2.捆梁钢丝绳应采用6×37型、6×61型交互捻制钢丝绳,按荷载与绳径选定单绕、双绕或三绕形式,其长度按断面大小计算确定,破断安全系数应大于10。 3.捆梁应符合纵向限制规定,按梁体长度进行选择设计允许的悬出范围。 4.机臂上应设有专人,其任务是:防止吊梁行车卷筒钢丝绳掉槽,绕乱绳。 5.卷扬用钢丝绳应采用6W(19)型,6×37型或6×61型交互捻制的钢丝绳,其安全系数不得小于6。 6.吊梁时应保持左右两侧卷扬升降速度一致,受力正常,前后行车吊梁高度差不应太大,保持梁体水平为佳
落梁	落梁	架梁作业顺序应严格按要求进行,不得擅自改变作业要求。在架设外边梁时,应在梁体对孔位后下落至距桥墩(台)最高点20cm以上时停止落梁;驱动整机横移动力,使梁体对位于支座垫石上,支护好梁体,撤除吊梁钢丝绳
落梁	就位	梁片到达就位支座上方后,应精细调整梁片和支座平面、立面上的位置,使之符合有关规定要求后落梁就位
落梁	注意事项	1.落梁顺序应由外边梁→外次边梁→中梁进行架设,运梁应根据架梁顺序进行。 2.当设横移轨道时(架桥机不能自动横移),轨道应水平,间距离应符合设计尺寸,误差不得大于15mm。 3.横移挡块应在满足架设情况下设置,不得由太多余量。 4.当T梁架设第一片时,应注意梁体稳定可靠,对防护支撑要求较高,防护措施应安全可靠万无一失
拆除架桥机		1.同时收前支点、后支点降导梁于低位并支好。 2.解除动力电源,撤除机上动力、控制电缆。 3.先用吊车拆下前、后吊梁行车及横梁和横梁纵移台车。 4.用吊机解除前辅助顶杆,注意吊点位置,防止不平衡情况出现。 5.用风缆将前支点拉紧,拆除主导梁、引导梁横联。 6.采用从后向前拆除方式,当拆除至中支点后,采取单元梁架设搭设枕木垛方法逐节拆除。 7.导梁和引导梁。 8.拆除前、后支点及走行机构。 9.将所有构件归类码放整齐,便于运输装车。 10.清点栓接、销接件及机电元件,不要造成损坏丢失

9.6 挂　　篮

挂 篮 特 点、形 式　　表9.6-1

项目		内容
定义		挂篮是悬臂浇筑施工方法的主要机具。挂篮是一个能沿着轨道行走的活动脚手架，挂篮悬挂在已经张拉锚固的箱梁梁段上，悬臂浇筑时箱梁梁段的模板安装、钢筋绑扎、管道安装、混凝土浇筑、预应力张拉、压浆等工作均在挂篮上进行。当一个梁段的施工程序完成后，挂篮解除后锚，移向下一梁段施工。所以挂篮既是施工设备，又是预应力筋未张拉前梁段的承重结构
特点		1. 挂篮系统根据桥梁不同，结构相差较大、种类多，现在还没有专门的挂篮设备管理规定，多为施工单位自行研制，应在挂篮的设计、加工、验收、荷载试验、安全方案评审、操作指南、交底、现场实施等环节加强控制。 2. 挂篮在施工过程中向已浇梁段传递了较大的施工荷载，挂篮的自重、对已浇梁段的作用力、挂篮的刚度等情况对设计和监控单位有重大影响，应加以充分考虑
挂篮组成	后支点挂篮（悬臂式）	由承重系统、底模平台、悬吊系统、行走系统、平衡重、锚固系统、工作平台等组成。不设平衡重时，挂篮在行走或浇筑过程中，后锚固系统受力会较大，但会减轻整个挂篮体系重量
	前支点挂篮（斜拉桥）	由承重系统、底模平台、悬吊系统、行走系统、反顶系统、剪力键系统、工作平台等组成
形式与分类		1. 按用途分：斜拉索挂篮、连续梁（刚构）挂篮、拱桥挂篮。 2. 按外形分主要有：菱形、三角形、弓弦式、桁架式等。 3. 按受力分（主要针对斜拉桥）：前支点挂篮、后支点（悬臂式）挂篮、组合式挂篮。 4. 按材料分：万能杆件挂篮、贝雷梁挂篮、型钢焊接挂篮、钢箱焊接挂篮等
三角形挂篮示意图		挂篮立面图　(I-I)/2　(II-II)/2
菱形挂篮示意图		

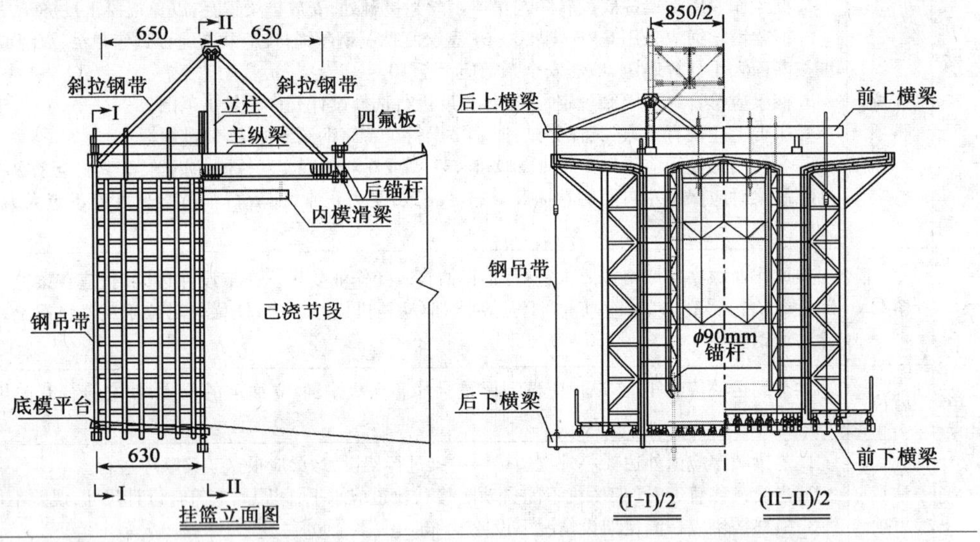

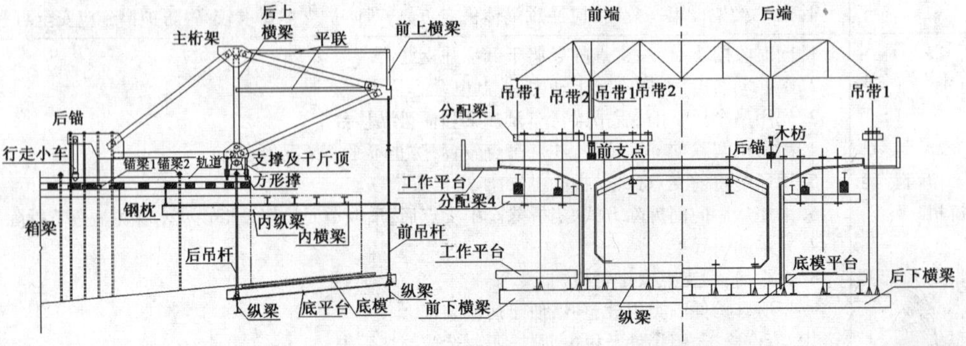

挂 篮 构 造 表 9.6-2

项 目		内 容
挂篮承重结构		主要受力构件,可以采用万能杆件或贝雷梁拼装的钢桁架,也可采用钢板梁或大号型钢作为承重结构
悬吊系统		将底模板、张拉工作平台的自重及其上面的荷重传递到承重结构上,悬吊系统可采用钻有销孔的扁钢或两端有螺纹的圆钢组成。行走时的悬挂系统不宜采用精轧螺纹钢。
锚固系统装置及平衡重		防止挂篮在行走状态及浇筑混凝土梁段时倾覆失稳。在挂篮行走状态时解除锚固系统,依靠平衡重作用防止行走时挂篮失稳。不设平衡重时,需设锚固在混凝土梁上的行走轨道,行走时需要先将行走反挂系统反挂于行走梁上。 锚固系统可以利用结构精轧螺纹钢接长,或预留锚杆孔锚固在梁板上,或直接预埋锚杆在梁体混凝土内,锚杆连接在挂篮的反压锚梁上,锚固挂篮。 采用精轧螺纹钢筋锚固时,安全系数宜在 2.5 以上,在行走状态不宜使用。 在进行检算时,稳定系数不应小于 1.5
行走系统	行走牵引	1. 卷扬机(现较少使用)。 2. 千斤顶(一端固在拖子上,另一端进入轨道前方的千斤顶,利于钢绞线牵引
	行走轨道	1. 锚固在混凝土梁上的型钢轨道,可以供挂篮后锚反挂轮挂扣行走,以可以让挂篮拖子在轨道上面滑移,如下图。 2. 放置在混凝土表面的型钢(槽钢),设四氟板 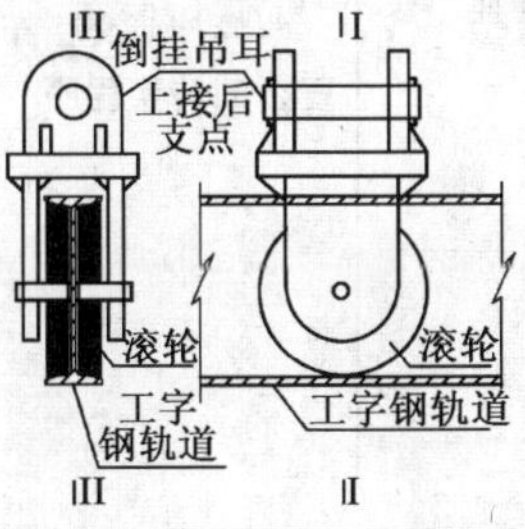
	拖子行走方式	1. 拖子下方设滚轴,拖子与轨道间形成滚动摩擦。 2. 拖子上设不锈钢板(打润滑油),形成滑动摩擦
底模平台		供立模板、绑扎钢筋、浇筑混凝土、养生等工序用;连续刚构桥底模平台包括前、后下横梁和纵梁,以及纵梁上的模板分配梁
工作平台	普通挂篮	挂篮承重结构的前端,用于张拉预应力束、压浆等操作用的脚手架
	前支点挂篮	斜拉桥前支点、反顶轮、剪力键位置设吊架,用于张拉前支点斜拉索,调节反顶轮和剪力键

0 号、1 号块施工时挂篮布置 表 9.6-3

项 目	内 容
0 号、1 号块与挂篮结合考虑	挂篮在 0 号块时,1 号块时,往往不能形成标准状态的挂篮,0 号块多采用托架施工,也可将托架与挂篮相结合进行处理。 如下图: 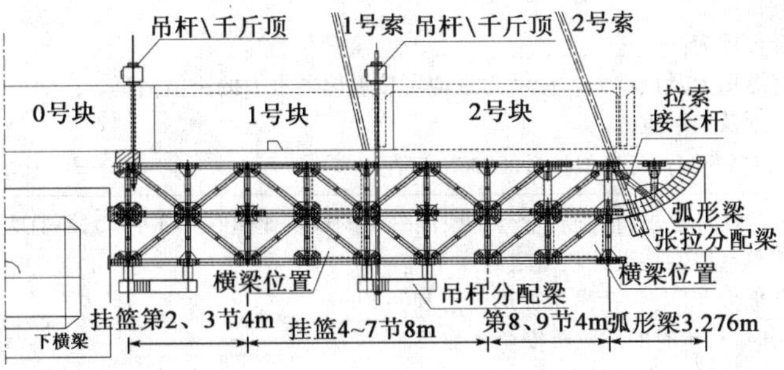

续上表

项　目	内　容
0号块采用托架施工，挂篮在0号块上安装1号块挂篮	0号块上往往不够将对称两幅挂篮全部拼装完成，需要将两幅挂篮进行组合，在施工2号块时，再分别形成标准挂篮，施工转换程序较为复杂 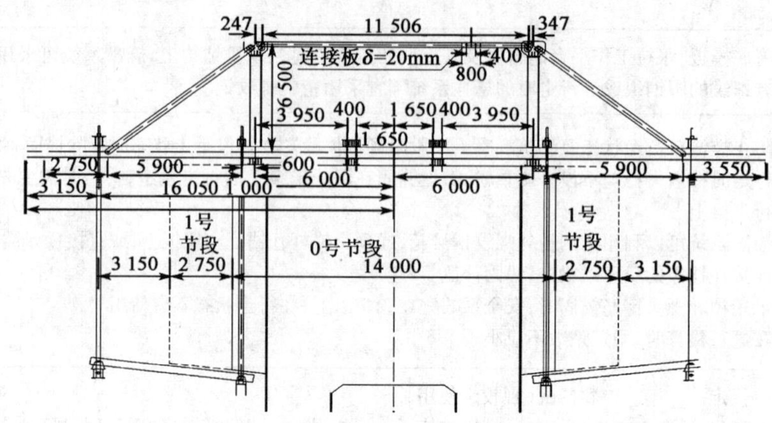
	两幅挂篮交错布置，两幅挂篮位置和局部设计有所不同，但已基本形成了标准挂篮，在2号施工时，不需要复杂的转换程序 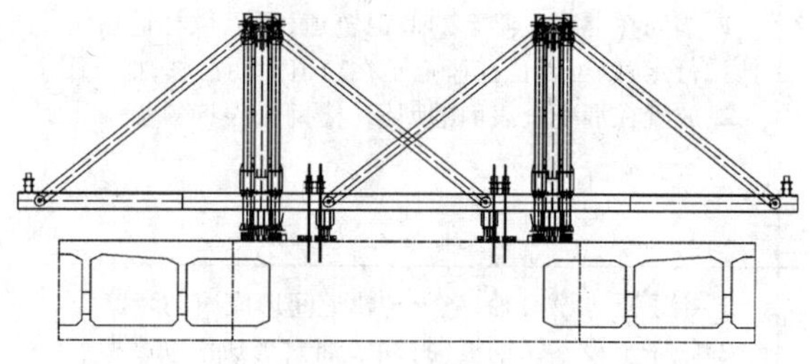

挂 篮 设 计 计 算　　表9.6-4

项　目	内　容
设计原则	结构简单、自重轻、受力明确、变形较小、行走安全、装拆方便、挂篮下空间充足（可提供较大施工作业面利于钢筋模板施工操作）等方面因素。在一般情况下，尽量选择本单位现有设备，达到保证施工质量，加速施工进度，投资较省的目的。 挂篮支承平台除要有足够的强度外，还应有足够的平面尺寸，以满足梁段的现场作业需要
设计荷载	1. 模板重力：包括侧模、内模、底模和端模等各部件重力，平均重力可按800～1 000N/m^2估算，待模板设计后再进行详细验算。 2. 箱梁梁段重力按最重梁段控制挂篮设计。 3. 挂篮自重。 4. 平衡重重力。 5. 振捣器重力及振动力。振动力近似可按振捣器重力的4倍估算。 6. 千斤顶及油泵重力。 7. 施工人员重力，可近似按2 000N/m^2估算
设计要求	1. 挂篮的设计要求：挂篮质量与梁段混凝土的质量比值在0.3～0.5，不宜大于0.5。 2. 挂篮总重控制在设计限重之内。 3. 允许最大变形（包括吊带变形的总和）：20mm。 4. 施工时、行走时的抗倾覆安全系数：2。 5. 自锚固系统的安全系数：2。

续上表

项目	内容
设计要求	6. 斜拉水平限位系统安全系数:2。 7. 上水平限位安全系数:2。 8. 挂篮行走及灌筑梁段混凝土时的稳定系数,均不应小于1.5
试验	1. 挂篮加工试拼及加载试验:挂篮所使用的材料必须是可靠的,有疑问时应进行材料力学性质试验。 2. 挂篮的关键部件应进行荷载试验,如吊杆、吊带、销子等。 3. 挂篮试拼后,必须进行荷载试验。 (1)挂篮主体超载试验,超载系数1.05~1.1。 (2)后吊杆超载试验,超载系数1.3。 (3)吊带上部调节螺杆超载试验,超载系数1.3。 (4)销轴的抗剪试验,超载系数1.3。 4. 挂篮试验过程中,应对变形进行详细分析,研究挂篮刚度。采用万能杆件组拼的挂篮,由于非弹性的影响,应在实施过程中对刚度进行修正
施工配合	挂篮重力应和设计时作施工阶段验算中估算的挂篮重力相似,施工前应将实际采用的挂篮重力和有关数据及时反馈给设计部门和监控部门,以便进行施工阶段验算。必要时,还应对施工阶段所需钢束作适当调整

挂篮施工及其技术要求 表9.6-5

项目		内容
工艺流程	后支点挂篮	挂篮组拼及试压→调整安装底模、侧模立模高程、轴线→绑扎底板腹板钢筋→安装竖向预应力筋(安装底板预应力管道)→安装腹板内模板→绑扎顶板钢筋、安装顶板横向预应力筋及纵向预应力管道→支堵头模板→混凝土浇筑→养生、拆堵头模板、凿毛→清孔穿束→张拉→压浆→落模板→移挂篮进入下一段施工
	前支点挂篮	挂篮组拼及试压→调整安装底模、侧模立模高程、轴线→调整立模高程和斜拉索初张力→绑扎底板腹板钢筋→安装竖向预应力筋(安装底板预应力管道)→安装腹板内模板→绑扎顶板钢筋、安装顶板横向预应力筋及纵向预应力管道→支堵头模板→混凝土浇筑一半,调整索力和高程→混凝土浇筑完成(初凝前)调整索力与高程(微调)→养生、拆堵头模板、凿毛→清孔穿束→张拉→压浆→体系转换,索力高程调整→落模板→移挂篮进入下一段施工
挂篮组拼及试压	挂篮组拼	墩顶现浇梁段施工完成后,依据挂篮设计资料,确定挂篮组拼控制线,在墩顶拼装挂篮。有条件时,应在地面上先进行试拼装,以便在墩顶熟练有序地开展拼装挂篮工作,拼装时应对称进行。依据实际起重能力选择合理的起重方案。然后按照先主桁次底篮再模板,最后其他附属结构的顺序进行挂篮的组拼
	安全防护	挂篮的操作平台下应设置安全网,防止物件坠落,以确保施工安全。挂篮应呈全封闭,四周设围护,上下应有专用扶梯,方便施工人员上下挂篮
	荷载试验	为了检验挂篮的整体性能和安全,消除结构的非弹性变形,获取挂篮弹性变形曲线的参数为箱梁施工提供数据,应对挂篮进行试压,试压通常采用试验台座加压法、水箱加压法、砂装法、等效荷载反拉法等
挂篮施工	调整立模高程、轴线	依据设计资料,复核悬浇梁段轴线控制网和高程基准点,确定并调整立模的轴线及高程。经驻地监理工程师检查、批准后才能绑扎钢筋。 立模时应预留预拱度:预拱度包含挂篮的弹性变形及通过计算软件分析而得的施工及后期预拱度值
	底板、腹板钢筋	依据设计资料,先在加工场将钢筋制作成形,然后用塔吊、吊车或浮吊将钢筋运到已完成的箱梁顶面,先绑扎底、腹板钢筋,再绑扎顶板钢筋
	安装竖向预应力筋,安装底板预应力管道	预应力管道及定位钢筋等一般在钢筋绑扎过程中已安装完成,在预应力管道布设过程中,应用胶带纸将锚头与波纹管连接及波纹管接头处密封,封住压浆管管口,将压浆管和钢筋绑扎连接牢固,并在纵向波纹管内插入PVC管,以免浇混凝土时振动脱落而进浆。预应力管道布设时,要注意按施工设计方案布置出气孔、出浆孔。钢筋与管道相碰时,只能移动不得切断钢筋

续上表

项目		内容
挂篮施工	安装腹板内模模板	通常挂篮设计时要考虑，挂篮行走时能使内模与挂篮其余部分可分两次行走到位的构造。底板及腹板钢筋、预应力安装经驻地监理工程师检查、批准后，才可安装腹板内模板
	绑扎顶板钢筋、安装顶板横向预应力筋及纵向预应力管道	按要求绑扎钢筋后，安装预应力管道及需要张拉钢丝索的锚垫板。另外，还要预埋护栏筋、翼板和底板泄水孔以及挂篮预埋孔。护栏预埋钢筋和翼板钢筋同时绑扎，挂篮预埋孔位置要准确，以免影响挂篮的使用。为便于以后箱室内底板预应力张拉，在顶板上适当位置预留适当尺寸的人孔，以利于人员上下和设备的运输。以上工作完成后，支堵头模板。顶板底层横向钢筋最好采用通长筋。 若挂篮下限位器、下锚带、斜拉杆等部位影响下一步操作必须切断钢筋时，应待该工序完工后，将割断的钢筋联好再补孔
	混凝土浇筑	实验室工作人员将原材料检验报告单、混凝土配合比等报监理工程师签认。待模板、钢筋及预应力系统和各种预埋件施工完毕，经监理工程师检查认可后，即可进行混凝土浇筑。桥墩两侧梁段悬臂施工应对称、平衡，实际不平衡偏差不得超过设计要求值。浇筑混凝土梁段时，必须在挂篮尾部将挂篮与压重梁进行锚固
	养生、拆堵模板、凿毛	在混凝土浇筑完毕后，及时在顶板表面拉毛并进行混凝土养护。用土工布、麻布等覆盖，并经常洒水，养护时间3～7d，气温较低时表面覆盖棉被，保证混凝土强度。当混凝土强度达到2.5MPa后方可拆除堵头模板，进行凿毛，经凿毛处理的混凝土面，应用水冲洗干净
	清孔穿束	箱梁混凝土浇筑后，应对预应力管道进行冲洗后用空压机吹干，然后人工穿入合格的钢绞线，当管道较长时采用卷扬机穿束，安装锚具
	张拉	1.待混凝土强度和龄期达到设计要求时（当设计无要求时按设计强度的75%控制，3d以上），即可开始张拉。张拉要严格按照设计规定顺序进行。如设计无要求时，应注意上下、左右对称张拉，张拉时注意梁体和锚具的变化。 2.施加预应力所用的机具设备及仪表应由专人使用和管理，并定期维护和校验。千斤顶与压力表应配套校验，以确定张拉力与压力表之间的关系曲线，校验需经主管部门授权的法定计量机构定期进行。当千斤顶使用超过6个月或200次或在使用过程中出现不正常现象或检修以后，应重新检验。 3.预应力筋采用应力控制方法张拉时，应以伸长值进行校验，实际伸长值与理论伸长值的差值应控制在6%以内，否则应暂停张拉，待查明原因并采取措施予以调整后，方可继续张拉。 4.必要时，应对孔道摩阻损失进行测定，并向有关单位反映，张拉时予以调整。 5.预应力筋的锚固应在张拉控制应力处于稳定状态下进行。锚固阶段张拉端预应力的内缩量，应不大于设计规定或规范容许值。 6.认真填写施工记录
	压浆	预应力筋张拉后，孔道应尽早压浆，压浆设备宜采用真空辅助压浆
	体系转换	前支点挂篮在已浇筑块件预应力张拉力，需要进行体系转换，将斜拉索锚固到已浇块件的混凝土上，并进行索力张拉和高程调整
	模板	预应力张拉完成后即可拆除腹板模板对拉杆，卸落吊锚杆。安装行走小车，拆除后锚杆，使挂篮由锚固状态转换为行走状态
	移挂篮	挂篮完成体系转换后即可进行挂篮的前移。 挂篮行走时，首先控制好轨道的中线和间距，防止挂篮走偏。主桁轨道必须要求放水平，轨道与箱梁必须固定牢靠。为保证挂篮就位时不扭曲、偏移，在主桁上设置垂直于主桁纵向轴线的标记线，用仪器观测来控制。如相差过大要及时调整。 挂篮行走时，注意反压、反锚系统的可靠性，同时应设反向拉绳，对挂篮和反锚系统进行反拉。 挂篮行走到位后安装后锚杆，拆除行走小车，完成挂篮的体系转换

几座桥梁施工挂篮使用对比分析 表 9.6-6

挂篮形式	斜拉桥挂篮		连续刚构悬臂挂篮		
	悬臂三角挂篮	前支点挂篮	三角形挂篮	菱形挂篮	弓形挂篮
应用工程名称	重庆云阳长江大桥	重庆大佛寺长江大桥	重庆石板坡长江大桥复线桥	重庆太平庄大桥	昆明白沙河大桥
完工时间	2005.12	2002.12	2006.8	2004.12	2006.5
最大跨度	318m	450m	330m	140m	110m
最大节段长度	6m	8.1m	5.5m	4.5m	5.015m
最大节段质量	298t	507t	368.84t	160t	154.6t
挂篮自重(含模板)	97t	240t	129.5t	60t	56t
挂篮重:节段重	0.33	0.47	0.35	0.37	0.36
主承重结构材料	型钢、钢带	万能杆件	型钢	型钢	型钢+万能杆件
效果	挠度及各项指标均满足施工及规范要求,无安全和质量问题				

9.7 缆索吊装系统

缆索吊装系统特点与适用场合 表 9.7-1

项目		内容
特点	适应性强	缆索吊装系统既可以垂直起吊,又可以纵向水平运输,覆盖面广,适应性强。可以从预制场、起吊场地或直接从运输车、船上将构件移运到安装位置,完成安装
	经济性好	采用标准件结构拼装,吊重、跨度、覆盖宽度可以灵活调整,构件可以多次重复利用,经济性好
	技术与管理要求高	系统庞大,操作点多面广,管理难度大,安全隐患多,施工风险大,必须由专业技术人员设计、管理,由专业施工队伍施工、操作
适用场合	混凝土梁式桥梁施工	在山区混凝土梁式桥梁支架现浇、悬臂浇筑施工中,可采用缆索吊装系统进行混凝土等材料运输。主跨165m的贵州落拉河不对称预应力混凝土连续刚构桥悬臂浇筑施工采用该系统进行施工,非常方便
	拱桥吊装施工	缆索吊装系统是钢筋混凝土拱桥、钢拱桥、钢管混凝土拱桥施工的主要措施之一
		采用本系统既可以安装拱肋,又可以安装横梁、吊杆、桥面板等构件
		采用本系统施工不在拱肋上施加外力(如拱上吊机自重),不增加扣索力
		扣索合龙后松索,除完成体系转换外,相当于在已成型的拱肋对应位置施加一个与扣索力大小相等、方向相反的集中力,对拱肋的内力及变形均有影响,因此,施工计算时,应予以考虑,并可以成为调整、控制拱肋高程、应力的一种方法
		受吊重影响,拱肋必须分段吊装,致使空中安装、焊接工作量较大,部分降低了焊接质量及安装精度的标准,应予以特别注意
	悬索桥加劲梁安装	在缆吊安装等不便的情况下,采用缆索吊装系统进行加劲梁安装已成为山区悬索桥施工的主要方法。主跨600m的重庆鹅公岩大桥加劲梁就是采用缆索吊装系统进行安装

系 统 组 成 表 9.7-2

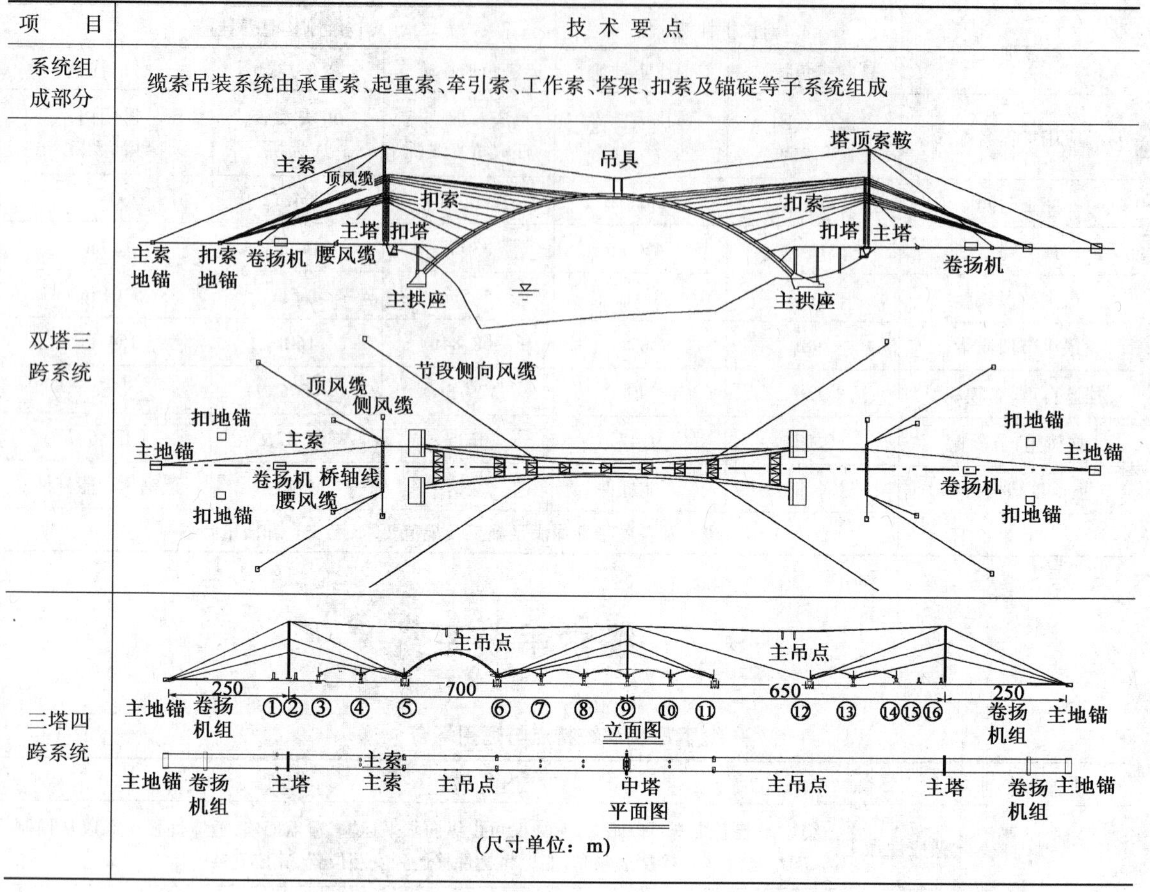

项　　目	技 术 要 点
系统组成部分	缆索吊装系统由承重索、起重索、牵引索、工作索、塔架、扣索及锚碇等子系统组成
双塔三跨系统	（见图）
三塔四跨系统	（见图）

承 重 索 子 系 统 表 9.7-3

项　　目	技 术 要 点
主索系统组成	主索系统主要由主缆钢丝绳、锚固体系装置及支撑装置组成
主索（承重索）	常用纤维芯钢丝绳、满充式钢丝绳或密封钢丝绳组成。其直径、型号和根数应根据主索的跨度（通常指索塔的距离）、起吊质量、设计垂度，计算出主索所需承受的拉力进行选定，对于吊重吨位较大一般宜采用密封钢丝绳作为主索，密封钢丝绳具有承载能力大、表面光洁等优点，有利于减少跑车轮的磨损和提高系统的可靠度
主索的布置	主索的布置除了应满足起重要求外还应根据垂度净空、安装对象分布跨度即使及地形地貌等要求，选择适当的索跨数进行布置，一般的索跨布置形式有：无塔单索跨、单塔双索跨、双塔三索跨、三塔四索跨等几种。其中无塔单索跨适用于跨深谷的桥梁吊装，索鞍为横向限位索鞍，其本身靠主索支承，后面还应锚在主地锚之上，无法横移，不常用；单塔双索跨适用于桥垮一侧较陡峭，而另一侧相对平缓的地形，也不常见；双塔三索跨为最常见的主索布置形式；三塔四索跨适用于总跨径大的多跨连拱大拱桥吊装
主索受力计算内容	主索垂度的取定、主索最大张力与强度验算、空索安装垂度及张力计算、索长确定以及各支撑点反力计算 主索计算图式（双塔三跨）： h　H_1　α_4　α_3　β　f_{max}　α_2　α_1　H'_1 $L'2$　$(L-a)/2$　a　$(L-a)/2$　$L'1$ $Q/2$　$Q/2$ L

续上表

项　　目	技 术 要 点
主索合理垂度	一般为 $L/18 \sim L/12$
主索计算图式	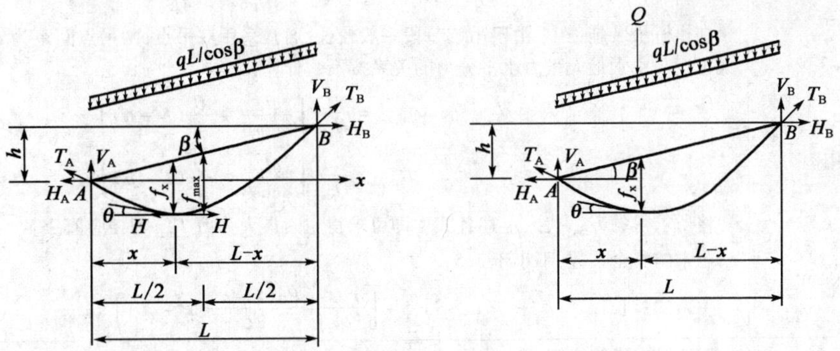
自重内力	主索索鞍水平支反力： $H_q = H_A = H_B = \frac{qL^2}{8f_q} \cdot \frac{1}{\cos\beta}$ 上式(图)中：q——主索每延米质量； L——主索主跨计算跨境； f_{max}——给定的主索最大垂度($L/18 \sim L/12$)； β——主索倾角。 主索索鞍竖直支反力： $V_A = \frac{qL}{2\cos\beta} - \frac{Hh}{L} = \frac{qL}{2\cos\beta} - H\tan\beta$ $V_B = \frac{qL}{2\cos\beta} + \frac{Hh}{L} = \frac{qL}{2\cos\beta} + H\tan\beta$ 式中：H——主索索鞍水平支反力； h——两塔顶索鞍之高差。其余符号含义同上。 主索张力： $T_{max} = T_B = H\sqrt{1 + \frac{16f_{max}^2}{L^2} + \frac{h^2}{L^2} + \frac{8f_{max}h}{L^2}}$ 式中符号含义同上。 主索弧长： $S = L + \frac{h^2}{2L} + \frac{L^3q^2}{24H^2\cos^2\beta} = L\left[1 + \frac{1}{2}\left(\frac{h}{L}\right)^2 + \frac{8}{3}\left(\frac{f_{max}}{L}\right)^2\right]$
自重 q 及集中荷载 Q 共同作用内力	若两支撑点即塔顶的高程相同，则 $\beta = 0$，下力各式中 $\cos\beta = 1$；$\tan\beta = 0$，实际施工当中一般尽可能的使 $\beta = 0$； 主索索鞍水平支反力： $H = H_A = H_B$ 主索索鞍竖直支反力： $V_A = \frac{qL}{2\cos\beta} + \frac{Q(L-x)}{L} - H\tan\beta$ $V_B = \frac{qL}{2\cos\beta} + \frac{Q_x}{L} + H\tan\beta$ 式中：Q——吊点集中荷载(含吊具)； x——集中荷载位置。 主索张力：　$T = \sqrt{H^2 + V^2}$ 主索垂度： $f_x = \frac{qx(L-x)}{2H_x\cos\beta} + \frac{Qx(L-x)}{H_xL}$

续上表

<table>
<tr><th>项　目</th><th colspan="4">技 术 要 点</th></tr>
<tr><td>自重 q 及集中荷载 Q 共同作用内力</td><td colspan="4">当 $x=L/2$（集中荷载位于跨中）时，f_x 有最大值，即 f_{max}
$$f_{max}=\frac{qL^2}{8H\cos\beta}+\frac{QL}{4H}$$
在拱桥吊装施工中，由于吊装节段一般较长，通常采用双吊点，两吊点间距为 a，吊重为 Q 时，则主索最大垂度与主索最大张力水平分力的关系按下式计算：
$$f_{max}=\frac{1}{H_{max}}\left[\frac{qL^2}{8\cos\beta}+\frac{Q}{4}(L-a)\right]$$
$$H_{max}=\frac{1}{f_{max}}\left[\frac{qL^2}{8\cos\beta}+\frac{Q}{4}(L-a)\right]$$
将所求得的 H_{max} 代入上述各式中即可求得主索最大张力 T_{max} 等相应值。
主索的安全系数：不小于 3.5；
主索的弧长：　$S=L+\left[\frac{q^2L^2}{24}+\frac{Pa(L-a)}{2L}(P+qL)\right]\times\frac{1}{H^2}$</td></tr>
<tr><td>空索安装垂度及索力计算</td><td colspan="4">以双塔三索跨为例：
主索换算弹性模量 E_η 计算：
$$E_\eta=\frac{L}{\sum L}E$$
式中：L——主索主跨跨径；
$\sum L$——主跨与尾索跨径总和；
E——钢丝绳弹性模量。
空索索力按下列方程计算：
$$H_0^3+H_0^2\left\{\frac{E_\eta F}{24H_{max}^2}[3Q(Q+G)+G^2]-H_{max}\right\}-\frac{G^2E_\eta F}{24}=0$$
式中：Q——吊重（含吊具）；
G——主索自重，即 $G=qL$；
F——主索横断面总面积；
H_{max}——吊重状态主索最大水平分力。
由 $H_q=H_A=H_B=\frac{qL^2}{8f_q}\cdot\frac{1}{\cos\beta}$ 得：
$$f_0=\frac{qL^2}{8H_0}\cdot\frac{1}{\cos\beta}$$
采用牛顿法或其他方法求解，其实根 H_0 则为安装主索索力</td></tr>
<tr><td>主索长度计算</td><td colspan="4">中跨长度：
$$S=L+\frac{h^2}{2L}+\frac{L^3q^2}{24H^2\cos^2\beta}=L\left[1+\frac{1}{2}\left(\frac{h}{L}\right)^2+\frac{8}{3}\left(\frac{f_{max}}{L}\right)^2\right]$$
边跨尾索的长度 S_1、S_2 一般按三角形近似计算即可，而尾索的锚固长度 S'_1、S'_2 则应根据锚固体系形式而定，通常各预留 50m 长度则可以满足任意形式锚固方式。
$$S_{总}=S+S_1+S_2+S'_1+S'_2 \text{ 或 } S_{总}=S+S_1+S_2+100\text{m}$$</td></tr>
<tr><td rowspan="7">系统基本参数</td><td colspan="4">1. 确定系统基本参数：</td></tr>
<tr><td>项　目</td><td>主　索</td><td>起 重 索</td><td>牵 引 索</td></tr>
<tr><td>类型</td><td>如：6×37+1
或密封钢丝绳</td><td>如：6×37+1</td><td>如：6×37+1</td></tr>
<tr><td>钢丝绳根数</td><td>N</td><td>N'</td><td>N''</td></tr>
<tr><td>直径(mm)</td><td>ϕ56</td><td>ϕ19.5</td><td>ϕ22</td></tr>
<tr><td>单位重量(kg/m)</td><td>q</td><td>q'</td><td>q''</td></tr>
<tr><td>面积(每根)(mm²)</td><td>A</td><td>A_1</td><td>A_2</td></tr>
</table>

续上表

项　目	技术要点			
系统基本参数	项　目	主　索	起重索	牵引索
	公称抗拉强度(MPa)	R	R_1	R_2
	n 根破断拉力(kN)	$=nk\cdot R\cdot A$ (k 为折减系数)	$=n'k\cdot R\cdot A_1$ (k 为折减系数)	$=n''k\cdot R\cdot A_2$ (k 为折减系数)
	弹性模量(MPa)	E	E_1	E_2
	缆索主跨跨径(m)	L	左侧尾索跨径(m)	L_1
	右侧尾索跨径(m)	L_2	左侧尾索仰角(度)	ω
	右侧尾索仰角(°)	θ	吊点间距(m)	a
	吊点起重绳线数	n	设计吊重(kN)	Q
	吊具(点)质量(kN)	P_1	跑车质量(kN)	P_2
	索鞍的高差(主索的倾角)		$h(\beta)$	
	2. 采用电子表格法进行计算。即利用(Microsoft Excel 或 WPS 等)电子表格的函数、单元格赋值、逻辑运算及文字编辑等功能编写程式计算书			

起重索子系统　　表 9.7-4

项　目	技术要点
系统组成	主要由起重滑轮组(跑车、下挂组成)、起重索、起重卷扬机和导向滑车等部件组成。起重滑轮组位于于跑车轮之下,分上下两组,上滑轮组为定滑轮组,与跑车联系在一起,下滑轮组为动滑轮组,与构件吊点千斤绳联系在一起。起重索套绕于起重滑车组后经过导向滑车进入起重卷扬机,作为传送动力的纽带。起重索套绕方式常用两端绳头引出式,即起重索套绕滑车组后绳两端绳头从定滑轮引出,经转向滑轮后一端绳头穿入起重卷扬机,另一端绳头固定在塔架后锚定(或穿入另一台起重卷扬机),定滑轮数比动滑轮数多1,此法优点是构件吊运过程起重卷扬机无须进行同步收放操作,在任意处都保持相对主索的吊高不变,牵引和起重两种操作可分开进行。缆索吊装系统通常都为双跑车双吊重,双跑车起重系统各自独立。下图为国内正在应用的几种有代表性的跑车。

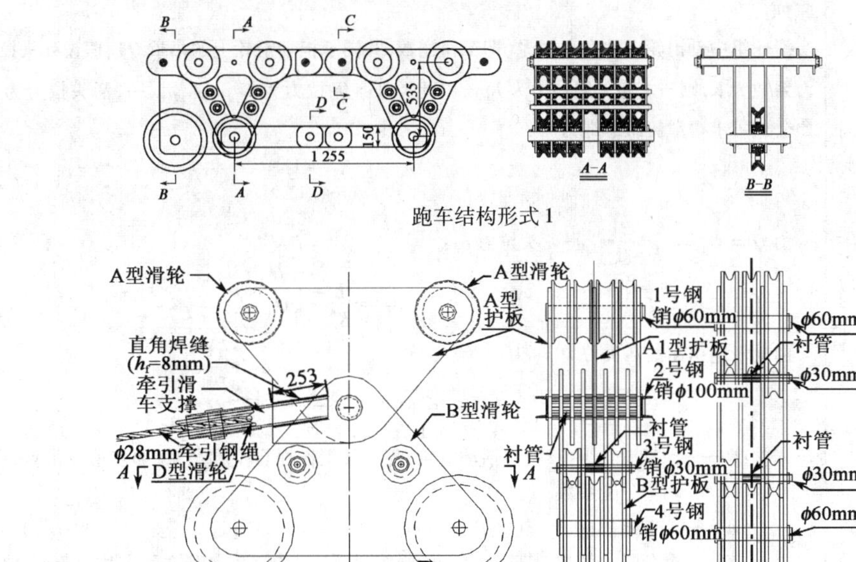

跑车结构形式1

跑车结构形式2

续上表

<table>
<tr><th>项　目</th><th>技 术 要 点</th></tr>
<tr><td>系统组成</td><td>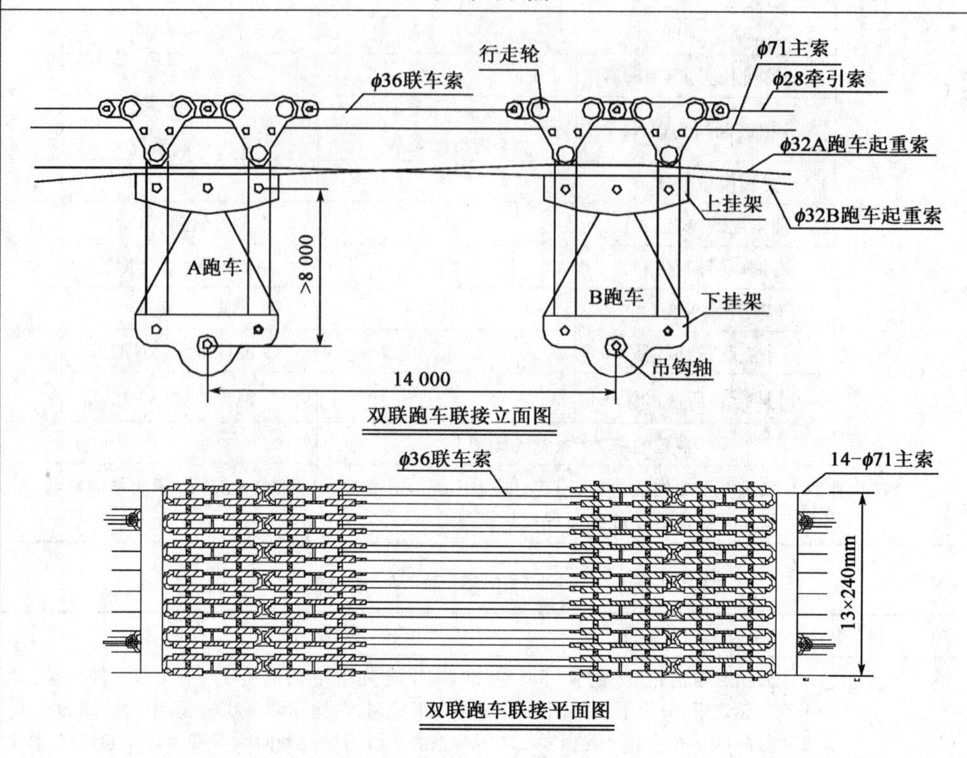

跑车结构形式3(尺寸单位:mm)</td></tr>
<tr><td>起重索最大拉力与接触应力计算</td><td>由于滑轮中存在阻力,起重时各根绳会产生受力不均现象,其中绳两端中相对于滑轮组为进轮的绳头(称为“死头”)受力最小,相对于滑轮组为出轮的绳头(称为“活头”)受力最大。起重上升时绳两端中与卷扬机相连的一端绳头为活头,固定端为死头,起重索的最大拉力即快绳拉力就是活头拉力,计算依据此原理:
滑轮组中动滑轮上共有 n 根绳(即工作绳数,共同承担动滑轮上的吊重 Q),假设死头拉力为 p_1,滑轮阻力系数为 K,则与之相邻绳拉力为 Kp_1,以此类推各绳拉力为 K^2p_1,K^3p_1,…,活头拉力为 $K^{n-1}p_1$,根据等比公式可求得滑轮组总绳力为:
$$S_n = \frac{K^n - 1}{K - 1}p_1$$
由 $Q = S_n = \frac{K^n - 1}{K - 1}p_1$ 得死头拉力 p_1:
$$p_1 = \frac{K - 1}{K^n - 1}Q$$
由动滑轮引出的活头拉力 p_n 为:
$$p_n = K^{n-1}p_1 = \frac{K - 1}{K^n - 1}K^{n-1}Q$$
式中:Q——计算滑轮组荷载:包括动滑轮、配重及工作绳自重和吊重,如双吊点吊重,应考虑重物的不均匀分配系数;
n——工作绳数;
K——滑车阻力系数,其意义是钢丝绳绕过承重滑轮后(定滑轮和动滑轮,不含导向滑轮)的出轮绳端与入轮绳端的拉力的比值,其值为 $K = \left(1 + \mu\frac{r}{R}\right)/\left(1 - \mu\frac{r}{R}\right)$,$\mu$ 为跑车轴滑动摩阻系数,R、r 为跑车轮、轴半径,显然 $K \geq 1$。</td></tr>
</table>

续上表

项　目	技 术 要 点
起重索最大拉力与接触应力计算	计入导向滑轮摩阻力，导向滑轮的阻力系数近似取 K(导向滑轮的阻力系数与导向角有关，导向角为180°时阻力系数为 K，导向角为0度时阻力系数为1)，则起重快绳的最大度拉力为： $$T_{起}=P_nK^t=\frac{K-1}{K^n-1}K^{n-1}K^tQ$$ 式中：t——导向滑轮个数，如快绳由定滑轮引出，t 为实际导向滑轮数加1。 起重索接触应力： $$\delta_{起}=T_{起}/A+E_kd/D_{min}$$ 式中：A——起重绳截面积； E_k——钢丝绳弹性模量； D_{min}——起重滑轮组和导向滑轮的最小滑轮直径； d——起重绳的钢丝直径。 起重索安全系数：不小于6
动滑车总自重计算	起重索自然垂度下张力可通过索的水平张力公式计算得出，设为 h_0，为已知。下降和起重是逆过程，下降时进卷扬机的一端的绳端由活头变死头，即死头拉力为 p_0。设空载平衡状态下动滑车总重为 Q_0，则： $$Q_0=\frac{K^n-1}{K-1}p_0$$ 式中：Q_0——动滑车总自重(含自重、吊具、配重等)； p_0——起重索死头拉力，$p_0=K\times h_0$(起重绳由定滑轮引出)； h_0——起重索自然垂度下水平张力，可按表9.7-3 自重内力计算，其余符号同前。 动滑车总重必须大于计算值 Q_0，才能保证空载状态动滑车自然下降或避免起重滑车被起重索带起升高
承(支)索器的设置	为减少动滑车总自重，应减少起重索的张力。承索器的设置有利于减小起重索或牵引索在索跨内的支承点(或转向点)之间的距离，从而减少起重索或牵引索张力，则可以大大减少吊点的配重和后牵引索的拉力，承索器之间间距越小，则减少的效果越明显，但承索器太多，会增加吊装设施的成本而不经济，因此应通过计算后综合考虑。承索器一般按一定间距设置一个，有两种设置方法：一种是相邻两承索器之间、承索器与天线跑车之间及承索器与塔顶转线滑车之间用钢丝绳连接。该承索器随天线跑车的移动而移动，故称为被动式承索器。另一种是相邻两承索器之间、承索器与塔顶转线滑车之间用钢丝绳连接，钢丝绳进入一台卷扬机成闭合回路(或分别进入一台卷扬机)，承索器不同时随天线跑车的移动而移动，需由另外的牵引装置来主动保证按设计要求达到指定位置，故称为主动承索器。连接承索器的钢丝绳可为单线式或为闭合回路式，被动承索器不需其他动力，主动承索器需其他动力。承索器通常支承在主索天线上，起重绳、牵引索则挂在承索器内。为满足行走方便的需要，承索器与索的支承采用滑轮的形式，同时在承索器上设置连接钢丝绳的装置(连接销)
起重卷扬机的选用	选用起重卷扬机时应考虑起重能力(牵引力)大于起重绳快绳的最大拉力，并留一定的储备，一般控制起重绳快绳的最大拉力在起重卷扬机时应考虑起重能力的0.7~0.8。钢丝绳牵引速度和卷筒容绳量(即所能绕钢丝绳的长度)等要符合施工要求。当起吊高度大，卷扬机容绳量不满足要求时，可采用附带容绳器的卷扬机(双筒卷扬机)，卷扬机与卷绳器配套使用

牵 引 索 子 系 统　　表9.7-5

项　目	技 术 要 点
系统组成	牵引系统主要由跑车轮、牵引绳及牵引卷扬机等组成。跑车轮是根据主索数量及规格特制的一组滚轮，可来回在主索上跑动，同时通过与起重滑轮组连接，将起吊物重力均匀传递至主索

续上表

项　　目	技 术 要 点
牵引方式	1. 牵引索一端与跑车相连，另一端进卷扬机，即单线牵引。单线牵引所需卷扬机动力比较高，牵引速度较慢，可做成单机封闭回路循环式牵引。 2. 牵引绳穿绕于跑车轮上设置一个或多个滑轮上（此滑轮与跑车轮一起跑动），与塔顶滑轮连成滑车组或转向进入牵引卷扬机以双线牵引跑车轮，可用两台卷扬机同时牵引。双线牵引所用卷扬机动力相对小，如果在塔顶直接转向进两台卷扬机，则两台同时动作时速度比单台牵引时快一倍，这是常用的形式，以加快调运的速度。如果绕过滑轮组，则牵引索穿过滑轮越多，牵引时速度越慢
跑车设置	跑车轮、牵引绳与起重滑轮组构成通常所称的跑车。主索上一般都设有两个跑车，间距依吊重物两吊点距离而定，其间用一根短钢丝绳相连。跑车前后设置牵引索，运行时前（后）牵引索牵引，后（前）牵引索放松，双线牵引式两岸均独立设牵引卷扬机，单线封闭回路式只需一岸设牵引卷扬机
牵引系统的计算	跑车在主索上运行时必须克服跑车轮与主索相对运行阻力、起重索与起重滑轮组相对运行阻力、后牵引索的自然张力（自然垂度下的张力）。 1. 跑车运行阻力 跑车运行阻力与跑车所在位置的主索切线角及主索与跑车运动阻力系数有关，跑车位于任意位置 x 时其所处主索位置的斜率公式： $$\tan\theta = \frac{2x-l}{2H_x}\left[\frac{q}{\cos\beta} + \frac{Q}{l}\right] + \tan\beta$$ 式中：θ——跑车所在作用点处主索切线倾角； H_x——吊重为于 x 处时，主索的水平张力，由主索张力方程求得； Q——荷载总重力，与主索张力计算公式中的 Q 意义相同，但应注意与起重索计算公式中的 Q 的区别；其他符号同前。 主索与跑车运动阻力系数： $$\mu = \mu_1\frac{r}{R} + \frac{\mu_0}{R}$$ 式中：μ_1——跑车轴滑动摩阻系数，无量纲，钢与钢常用0.10～0.20； μ_0——跑车滚动摩阻系数，以长度为单位，常用单位是mm，钢与钢常用0.05～0.06mm； R——跑车轮直径； r——跑车轮轴直径。 跑车运行阻力： $$W_1 = Q(\sin\theta + \mu\cos\theta)$$ 2. 起重索运行阻力 构件起吊运行过程中，起重索与起重滑轮组产生相对运动，从而保持吊高相对不变，前进端起重绳由动滑轮进（相当于死头），后端起重绳由动滑轮处（相当于活头），后端拉力比前端拉力大，阻碍跑车前进。由前面起重计算公式知，后端拉力即为 T 起，前端拉力为后端的 $1/Km$（起重绳共穿过 m 个滑轮），即拉力差为： $$W_2 = T_{起}(1-1/Km) = T_{起}(1-\eta m)$$ 式中：$T_{起}$——起重快绳最大拉力，由前面式（式中 $t=1$）计算所得； η——起重绳所穿过滑车的效率，即 $\eta = 1/K$，K 为滑车阻力系数； m——起重索穿过跑车上的定滑车和动滑车的数量。双吊点时上式乘2。 3. 后牵引索自然张力 牵引索前进方向的后方牵引索自然垂度下产生拉力，其大小近似于自然垂度下的水平拉力，即 $$W_3 = q_1 l_1 2/(8f_1)$$ 式中：q_1——牵引索单位长度重力； l_1——后牵引索的跨度； f_1——后牵引索的跨中垂度。双线牵引时上式乘2。 4. 总牵引阻力 $$W = W_1 + W_2 + W_3\cdots$$ 5. 牵引索最大拉力 牵引索除克服上述阻力外，还需克服前牵引索本身重力及所穿过滑车的摩阻力，计入前牵引索自重及滑轮摩阻力的最大牵引力由下式求出

续上表

项 目	技 术 要 点
牵引系统的计算	单线牵引： $$T_{引} = (W + l_2 q_1)Kt$$ 双线牵引： $$T_{引} = \left(W\frac{K-1}{K^2-1}K + l_2 q_1\right)Kt$$ 式中：l_2——跑车至前牵引索的塔架导向轮之间距离； q_1——牵引索单位长度重力； K——牵引索穿过滑车的阻力系数； t——牵引索穿过的导向滑车的数量。 6. 牵引索接触应力： $$\delta_{引} = T_{引}/A + E_k d/D_{min}$$ 式中：A——牵引绳截面积； E_k——钢丝绳弹性模量； D_{min}——牵引索所穿过的滑轮的最小滑轮直径； d——牵引绳的钢丝直径。 牵引索安全系数：不小于4

工 作 索 子 系 统 表9.7-6

1	工作索系统是一个功能独立的子系统，本身就是一个小型的缆索吊装系统，也由主索系统、起重系统、牵引系统、塔架系统、锚定系统组成
2	工作索主索通常为单根，跑车单轮行走；采用单机起重，单个动滑轮双线滑车；牵引系统为单机封闭回路式；塔架共用主塔架，两端分别锚定于塔后；起重卷扬机及牵引卷扬机均采用快速型，加上起重及牵引索穿过滑轮较少，故其起吊及行走速度较快
3	工作索主要用于吊运重量较轻的构件（一般8t以下）、轻型设备及工具等，是主缆索架设的吊装工具，也可用于处理主吊装系统故障时载人检修，是缆索吊装系统不可缺少的辅助设备。工作索一般在主索的两侧各设一套
4	工作索系统的有关计算与主缆索系统的计算类似

塔 架 子 系 统 表9.7-7

项 目	技 术 要 点
系统组成	塔架系统由索鞍、塔顶、塔身、塔脚、基础和风缆等组成
索鞍	索鞍包括吊装主索、工作主索、牵引索、起重索、扣索、缆风索（压塔索）等索鞍。 索鞍是主钢索在塔架的支承，可分为固定式和活动式。固定式索鞍与塔顶固结在一起，钢索只能沿索鞍轮纵向活动，不能横向移动。活动式索鞍下有行走轮，可沿塔顶轨道横向移动。为保证钢索在索鞍上纵向自由活动，索鞍上设置索鞍轮，沿纵向方向有单轮、双轮和多轮形式，对于用万能杆件拼装成的塔架，根据它的纵向宽度及构造特点，索鞍常采用双轮式 主索 索鞍构造图
双轮索鞍外力计算	索鞍直接承担来自主索的作用力，然后才传递给塔架的顶部。忽略索鞍轮的摩阻力不计，主索在塔前索鞍轮处主索拉力与塔后索鞍轮处主索拉力相等。当吊点位于 x 处时，由前面主索张力方程可求得主索水平张力 H_x。 对于前索鞍轮： $$V_1 = \frac{qL}{2\cos\beta} + \frac{Q(L-x)}{L} - H_x\tan\beta$$

续上表

项　目	技术要点
双轮索鞍外力计算	$T_1=\sqrt{H_x^2+V_1^2}$ $H_1=H_x-T_1$ 对于后索鞍轮： $T_2=T_1$ $V_2=T_2\times\sin\alpha_2=T_1\times\sin\alpha_2$ $H_2=T_2-T_2\times\cos\alpha_2=T_1-T_1\times\cos\alpha_2$ 式中：V_1——前索鞍轮竖直反力，或前索鞍轮主跨侧与主索相切处主索竖直分力； H_1——前索鞍轮纵向水平反力； T_1——前索鞍轮主跨侧与主索相切处主索拉力； T_2——后索鞍轮尾跨侧与主索相切处主索拉力； V_2——后索鞍轮竖直反力，或后索鞍轮尾跨侧与主索相切处主索竖直分力； H_2——后索鞍轮纵向水平反力； α_2——主索尾索与水平线的夹角。 主索拉力对索鞍产生的纵向水平合力： $H=H_1+H_2=H_x-T_1\times\cos\alpha_2$ 式中：H——主索拉力对索鞍产生的纵向水平合力
塔顶	塔顶位于塔架的顶部，由型钢组合而成，固定塔顶上索鞍，其起到相当于分配梁和活动索鞍的横向走轨作用，将索鞍反力通过连续刚构梁（型钢）分配至塔架立柱。 作用于塔顶上的外力主要有：索鞍反力，缆风拉力，起重索、牵引索和扣索（扣索过塔顶时）的作用力等（缆风拉力及扣索拉力计算在后面叙述）。以上各力可分解成竖直力和水平力，竖直力用于塔架受压计算，水平力（包括下面的所述的塔身风力）用于塔架稳定验算。单独验算塔顶时可采用多跨连续梁模型，验算塔架受力时将塔顶与塔架当作整体来计算
塔架	1. 塔架的构造形式有多种，常根据实际施工需要而设计。大型缆索吊装系统的塔架系统常用万能杆件或钢管式杆件组拼成塔身。 2. 通常把缆索吊塔和拱肋扣塔分别独立设置，使缆索吊装系统和斜拉扣挂扣索系统独立工作，从而确保拱桥合龙前期主拱肋已成节段的稳定性（含高程、轴线的线形稳定）以及调整拱肋高程和轴线的方便易行，因此有吊塔和扣塔之分。有时独立设置功能相同受力情形相近的两组塔架，增加的工程量和设备投入较大，若能利用扣塔作为吊塔的下半体，使之合二为一，作共体设计与验算，即吊扣塔共体，也是一个行之有效的施工方案。吊塔置于扣塔之上，吊塔与扣塔铰接，是吊扣塔共体的一种方式，还有一种是刚接或设计塔架时直接考虑共体塔架的需要而作总体设计。 3. 塔架除承受由塔顶传来的外力外，还受一个不确定的外力——风力。由于塔架为空间杆系结构，其实际迎风面很难界定，一般按其外轮廓面积乘以折减系数 0.4 计算。风荷载假定水平地垂直作用于塔架迎风侧的轮廓面积的形心上，则风力为： $F_w=k_0k_1k_3k_2^2k_5^2V_{10}^2A_w\gamma/(2g)$ 式中：F_w——风荷载标准值（kN）； A_w——迎风面积（m^2），实心物按实际尺寸计算，塔架按迎风面的轮廓面积乘以折减系数 0.4； V_{10}——施工所在地区的设计基本风速（m/s），按桥规 JTG D60—2004 附录 A 查得； γ——空气重力密度（kN/m^3），$\gamma=0.012\,017e-0.000\,1Z$，其中 Z 为形心距地面或水面高度（m）； k_0——设计风速重现期换算系数，一般取 0.75～0.90，位于台风多发地区时，根据实际情况提高； k_3——地形、地理条件系数，按桥规 JTG D60—2004 表 4.3.7-1 取用； k_5——阵风风速系数，对 A、B 类地表 $k_5=1.38$，对 C、D 类地表 $k_5=1.70$。A、B、C、D 地表类别对应的地表状况见桥规 JTG D60—2004 表 4.3.7-2； k_2——考虑地面粗糙度类别和梯度风的风速高度变化修正系数，按桥规 JTG D60—2004 表 4.3.7-3 取用； k_1——风载阻力系数，塔架可按桥规 JTG D60—2004 表 4.3.7-6 取用； g——重力加速度，$g=9.81m/s^2$

续上表

<table>
<tr><th>项　目</th><th>技 术 要 点</th></tr>
<tr><td>塔架计算</td><td>将系统(包括塔架、主索、起重索、牵引索、跑车及起重滑车组等)受到的纵横向风力荷载与吊重荷载进行组合,分别对组合后的各工况进行计算。吊塔的计算分为三个大的方面:第一个方面不考虑风力荷载,只考虑吊重,(每个计算都考虑了吊重的1.3倍的安全系数)。第二个方面是根据国家有关起吊安装大型构件安全规定,按最大允许运行风力5级风计算,即考虑在第一个方面的基础上再加上5级风力荷载的影响。即保证在5级风时可以进行正常施工。第三个方面为系统空载时主塔受最大纵横方向风力时的受力情况,即不吊重时保证塔架及系统在可能最大风力时的安全性。吊、扣塔共体塔架的计算相对较复杂,工况分析需考虑因素更多,还需计算大悬臂扣挂状态时在风力作用下的自振和颤振;
塔架设计计算时不但要验算塔架整体稳定性,还要验算空间各杆件的强度。通常采用通用软件进行分析</td></tr>
<tr><td>塔脚</td><td>塔脚结构有铰接和固接两种形式。塔脚铰接适用于吊塔和扣塔,一般不适用于吊扣共体塔</td></tr>
<tr><td>基础</td><td>塔架基础一般采用钢筋混凝土结构,基础尺寸以地基承载力确定。如塔架位于不良地质或水上,也有采用桩基形式</td></tr>
<tr><td>风缆
(缆风绳)</td><td>1. 风缆是稳定结构物的装置,部置于结构物的反向的两侧,其受力特点是:结构物静止稳定状态,结构物水平外力(含风缆力)互相平衡;当结构物一侧的水平外力增加或减少,结构物将沿数值较大的外力的方向发生位移,则引起与位移方向反向的一侧缆风张紧,另一侧松弛,从而产生张力差来平衡水平外力差,限制结构的继续位移
2. 塔架的风缆布置于塔的前后侧塔顶和左右侧塔顶位置。前后侧风缆用来调节作用于塔顶上的不平衡水平外力,使塔顶位移控制在允许范围之内;左右侧风缆为确保塔架稳定和减少塔顶左右方向变形而设置,与塔架共同承受横向水平外力。前后风缆可根据计算而定,左右侧风缆由于与塔架共同受力,分配关系不明确,且横向力一般不大,可根据经验设置。
3. 风缆安装时使之有一定初张力(例如钢丝绳风缆一般是用10t链葫芦张紧,初张力一般取估计值为5t),安装好的塔架(裸架)没受别的外力之前,塔架保持竖直状态,前后风缆水平张力互相平衡。设主索架设后,吊装过程中,考虑可能最大风力等综合因素后计算得出塔顶纵向最大水平合力为 Q_H,则塔顶发生向前纵向水平位移 δ,前后风缆产生张力差 ΔH,使得 $\Delta H = Q_H$,塔架重新处于新的平衡状态。则各值存在关系式:
$$N_1 = n\frac{\delta\cos^2\beta_1}{L_1}E_kF$$
$$N_2 = n\frac{\delta\cos^2\beta_2}{L_2}E_kF$$
$$Q_H = \Delta H = N_1\times\cos\beta_1 + N_2\times\cos\beta_2$$
由以上三式得:
$$\delta = \frac{Q_H}{\left[\left(\frac{\cos^3\beta_1}{L_1}+\frac{\cos^3\beta_2}{L_2}\right)nE_kF\right]}$$
式中:N_1——塔顶水平位移 δ 时,前缆风钢丝绳拉力增(减)量;
N_2——塔顶水平位移 δ 时,后缆风钢丝绳拉力减(增)量;
n——前风缆根数,后风缆根数;
L_1——前风缆锚碇至塔架水平距离;
L_2——后风缆锚碇至塔架水平距离;
β_1——前风缆与地面的竖直夹角;
β_2——后风缆与地面的竖直夹角;
F——缆风绳截面积;
E_k——钢丝绳弹性模量;
Q_H——作用于塔顶的纵向水平外力;
ΔH——前后风缆水平张力差总和;
δ——塔顶受纵向水平外力时的水平位移。
抗风钢丝绳安全系数:不小于3.5</td></tr>
</table>

扣 索 子 系 统 表 9.7-8

扣 挂 方 式	技 术 要 点
塔扣	扣索直接利用主索的塔架作为扣索的支承，此法在单跨主索中采用较多
墩扣	桥墩本身具有足够的强度时，可利用桥墩墩顶作为扣索的支承，一般做法是扣索滑车组锚固在墩顶，滑车组钢绳的一端（活头）进入设于岸上的卷扬机，如墩顶的高程不足时，可在墩顶敷设一定高度的排架以减小扣索受力
天扣	敷设一组承重主索，用以专门悬挂和稳定拱肋以取代主索吊点，如果拱箱（肋）单肋合龙的稳定系数大于4，又敷设有两组主索，则可利用另一组主索的吊点作天扣，如此办法，这样两组主索就可以交替做主索和天扣
通扣	对于多孔拱肋的吊装大都采用通扣。首先可在墩顶敷设矮扣架（或码1～1.5m高的道木垛），用一根ϕ30mm以上的钢绳做扣索，扣索的一端固定在拱肋的扣点上，另一端连续通过各桥墩上的扣架顶，一直贯通两岸的地锚前，再用滑车组收紧扣索
组合扣	在一座桥上同时采用上述不同的扣挂方法
扣索安全系数	不小于5

锚 碇 子 系 统 表 9.7-9

项 目	技 术 要 点
系统组成	锚碇系统由主索地锚、扣索地锚以及缆风地锚组成，分别承受主索、扣索以及缆风索的拉力。从结构上地锚的形式又可分为重力式地锚、桩柱式地锚以及组合结构地锚
重力式地锚	1. 重力式地锚是缆索系统设计中经常采用的一种地锚结构形式，主要适用于土质地层，主要依靠自重产生足够的地锚抗倾覆性，同时依靠与基底的摩擦力和地锚前墙土体的土抗力来抵抗绳索对地锚产生的水平拉力，重力式地锚由于主要依靠自身质量来抵抗索道的拉力，因此一般体积比较庞大。 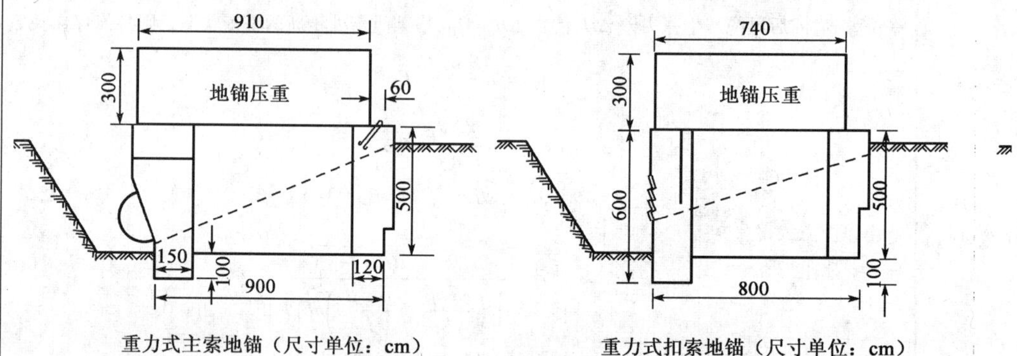 重力式主索地锚（尺寸单位：cm） 重力式扣索地锚（尺寸单位：cm） 2. 主索地锚和扣索地锚均可根据地质情况选择采用重力式地锚结构。两者结构基本相同，受力模式和计算模式也区别不大，区别在于主索地锚通过捆绑在地锚后部的半圆形钢筋混凝土梁或与预埋在地锚中的型钢通过滑轮相连将主索拉力施加给地锚，而扣索地锚则通过将扣索锚在地锚后部的张拉梁将扣索力传递给地锚。 3. 重力式地锚的计算主要是验算地锚的抗倾覆和抗滑移能力。以主索重力式地锚为例，计算图示如下： W——地锚压重； H_W——地锚压重重心距转点O竖直距离； L_W——地锚压重重心距转点O水平距离； G——地锚主体重量； H_G——地锚主体重心距转点O竖直距离； L_G——地锚主体重心距转点O水平距离； T_X——索力水平方向分力 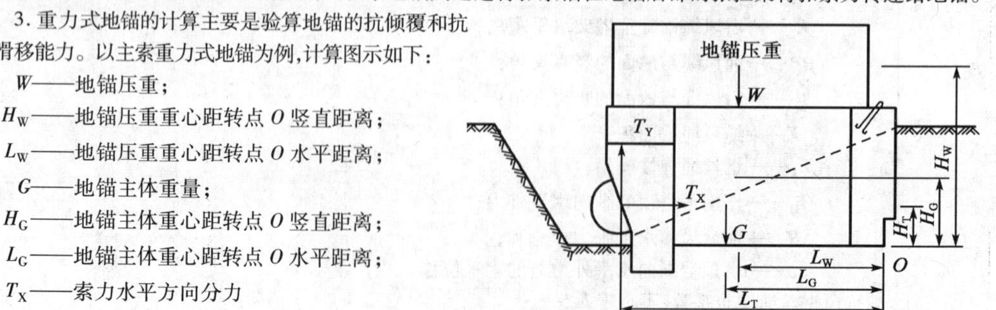

续上表

<table>
<tr><th>项　目</th><th>技术要点</th></tr>
<tr><td>重力式地锚</td><td>T_Y——索力竖直方向分力；
H_T——索力作用点距转点 O 竖直距离；
L_T——索力作用点距转点 O 水平距离。
抗滑移计算中的摩擦系数 μ 可参考规范或根据试验取值</td></tr>
<tr><td>桩柱式地锚</td><td>桩柱式地锚主要应用于岩石完整性较好的地层，依靠地锚下的基桩和土体的土抗力来平衡拉力作用
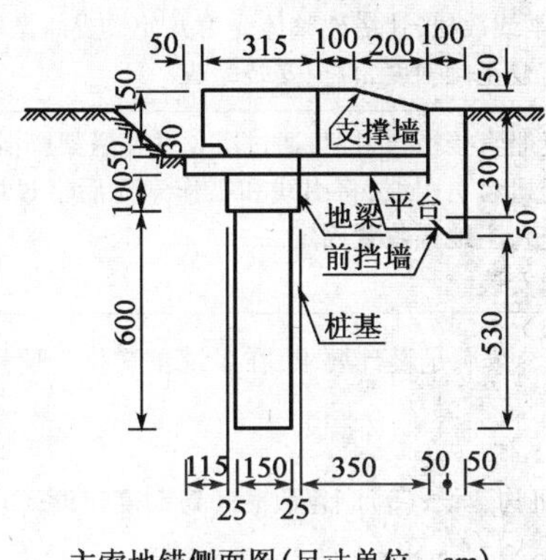

主索地锚侧面图（尺寸单位：cm）
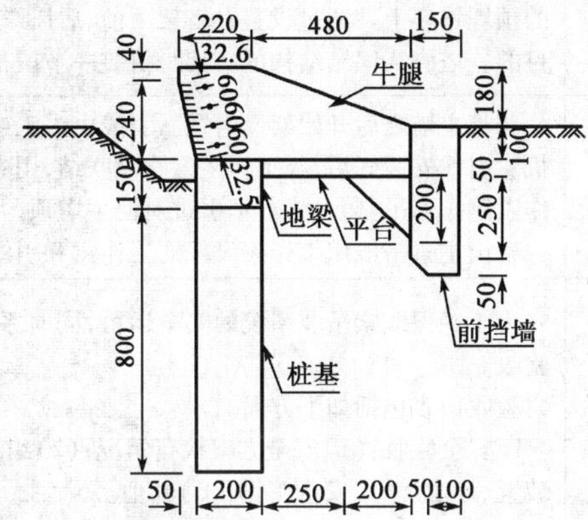

扣索地锚侧面图（尺寸单位：cm）
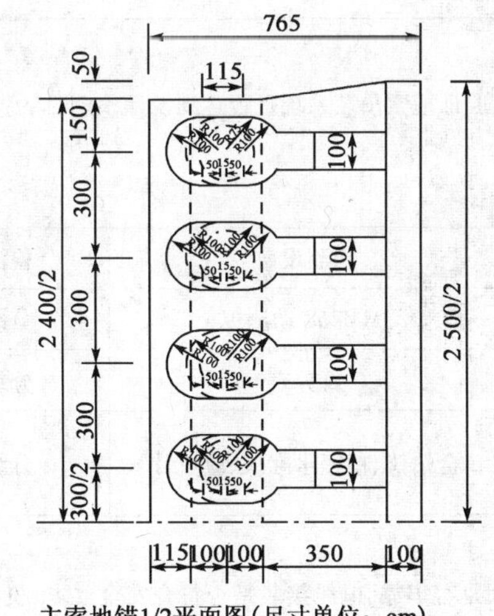
主索地锚1/2平面图（尺寸单位：cm）
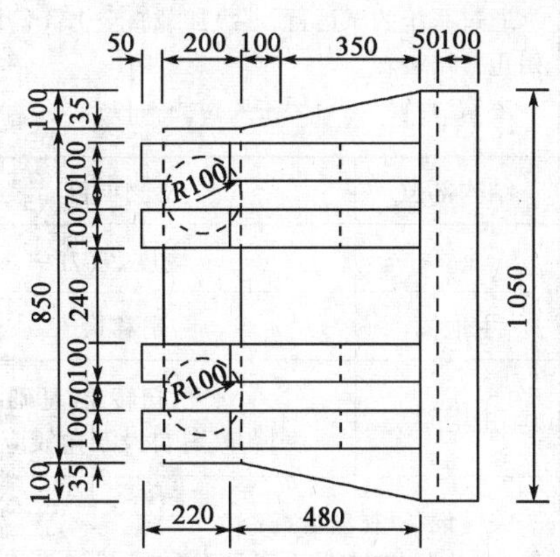
扣索地锚平面图（尺寸单位：cm）</td></tr>
<tr><td>技术要求</td><td>1. 无论是采用重力式地锚还是桩柱式地锚，对于主索地锚其抗倾覆及抗滑移安全系数均应大于2.0，而对于扣索地锚，其抗倾覆安全系数应大于2.0，而抗滑移安全系数应大于1.8。
2. 地锚施工时应确保地锚落于较稳定的土体上，在基坑开挖时应尽可能减少对前墙土体的扰动，避免破坏其原有土体结构，在必要时，地锚完成后，还可在前墙土体前进行压载。
3. 地锚施工时须确保索道预留槽的顺直，避免地锚和主索或扣索间发生摩擦。
4. 重力式地锚通常仅在半圆形横梁（主索地锚）或张拉梁预埋钢板下布置部分钢筋，其余部分均为混凝土结构或片石混凝土，为节省材料，通常地锚中间部分还可采用浆砌片石，但地锚的基础部分应为整体的素混凝土或片石混凝土。
5. 桩柱式地锚体积较小，桩基间通过桩顶的承台连成整体，在桩基、承台、牛腿、支撑墙以及前墙内均应配置一定的钢筋，尤其是牛腿尺寸以及牛腿内钢筋应按混凝土牛腿裂缝控制要求进行验算。
6. 在有些地质情况下，如岩体比较破碎的情况下采用桩柱式地锚，可在地锚中增加预应力锚杆，以增大地锚的安全系数</td></tr>
</table>

缆索吊装系统安装与试吊 表 9.7-10

<table>
<tr><th>项 目</th><th>技 术 要 点</th></tr>
<tr><td>缆索吊装系统安装</td><td>缆索吊装系统安装前首先在选定的位置进行锚碇、塔架基础的圬工结构施工，然后进行塔架安装，最后进行工作索及主索安装，同时也进行跑车、起重及牵引系统安装、缆风索安装。
塔架的安装可采用塔吊设备、卷扬机或其他设备辅以人工进行。
塔架拼装完成后，塔脚为铰接结构的塔架要进行塔架垂直度的调整，为调整塔架垂直度，除了使用塔架腰风缆调节之外，还需设置塔架前后主风缆，塔架前风缆牵引至对面的拱座预埋锚环，主塔架后风缆均牵引至地锚的预埋锚环上。通过设置在塔架顶前、后风缆收紧或放松，让塔架整体受力并使铰支座微转动，达到调垂直度目的。塔脚为固结结构的塔架每拼装一节段都需校正倾斜度，直至安装完成</td></tr>
<tr><td>工作索及主索安装</td><td>调整主塔之后开始架设引线。引线由人工或渡船直接拖拉过河，通过塔顶并在塔架脚滑轮转向后进入卷扬机。引线安装好后，与工作主索临时联结，用卷扬机牵引引线，将引线和工作索先后牵过塔顶，然后安装好工作索跑车和吊具，再将其牵引过对河主塔顶，并进入主地锚收紧固定。
架设主索一般用事先架设好的工作索和引线来安装</td></tr>
<tr><td>缆索吊装系统验收</td><td>为了确保缆索吊装系统的安全运行，同时系统参数满足设计要求，在系统正式投入使用前，需对系统进行验收。
验收内容包括如下方面。
1. 安全验收：(1)安全方案执行情况；(2)组织机构建设；(3)应急预案；(4)制度建设；(5)现场(电气、设备、装置、标志牌等)安全工作；(6)其他。
2. 技术验收：(1)吊装方案和试吊方案的执行情况；(2)系统结构尺寸；(3)施工与设计图的符合性；(4)组织机构建设；(5)指挥系统的动作；(6)其他</td></tr>
<tr><td>吊装系统试吊</td><td>试吊目的及检验项目：
通过系统的试运行、逐级加载直至1.3倍设计荷载，验证缆索吊装系统是否达到设计预期目的，是否可以开始正常吊装。
主索、地锚、主塔架主要检测项目：
<table>
<tr><th>结构部位</th><th>检测项目</th><th>检测设备</th><th>检测方式</th></tr>
<tr><td>主索</td><td>垂度、索力</td><td>JMM268 动测仪</td><td>分级荷载</td></tr>
<tr><td>主地锚</td><td>滑移量</td><td>百分表</td><td>分级荷载</td></tr>
<tr><td>主塔架</td><td>垂直度，扭转角，基础沉降量，杆件及三角铰应力</td><td>全站仪、精密水准仪、应变计</td><td>分级荷载</td></tr>
</table>
关键设备、材料检查：
(1)卷扬机：安装布置是否合理、排绳是否顺畅、锚固是否牢靠、电线接驳是否符合安全要求、机械电器运行是否良好，刹车系统是否安全可靠。
(2)主索：主索养护、锚固、连接是否可靠；索鞍、跑车、下挂转动是否顺畅，与拖拉索连接是否平顺、紧固；牵引、起重钢丝绳有无磨损、断丝、松散情况，穿索是否正确，转向滑轮型号是否匹配，锚固是否牢固，转向滑车转动是否顺畅。
(3)塔架：杆件安装是否正确，螺栓是否紧固，线形是否顺直，垂直度是否达到规范要求，有无局部变形，风缆索安装位置、型号、数量是否正确。塔架缆风索锚固是否牢固，钢丝绳有无磨损、断丝、松散情况。
(4)各类临时地锚是否坚固，锚环是否牢固，混凝土、浆砌片石质量是否达到设计要求。
(5)指挥台指挥系统(通信)、准备工作检查。
(6)对试吊的物件及工具进行检查</td></tr>
<tr><td>缆索吊装系统试吊加载方法和步骤</td><td>1. 试吊加载方式
通常为三级加载，即空载运行→50% G→100% G→130% G。目的是：以0%和50% G加载检验系统是否能正常运转，100% G加载验证系统是否能够达到设计能力，130% G加载的目的是进一步检验系统的超载能力</td></tr>
</table>

续上表

项　目	技 术 要 点
缆索吊装系统试吊加载方法和步骤	2. 试吊步骤 (1)吊具运行到索塔前起吊位置,实测当前空索垂度和索力。 (2)第(1、2、…n)级加载,吊具静止,实测当前位置垂度和索力。 (3)吊具运行至跨中,实测当前位置垂度和索力,检测塔架和地锚的变形、偏移量。 (4)吊具运行至对岸拱脚位置,实测当前位置垂度和索力。 (5)卸载后实测当前位置垂度和索力,重复(2)~(4)步骤。 将所有观测原始数据均如实记录,并将每个加载级别下各步骤中的相应设计数值填写到记录表中,以供分析。 3. 系统评判与调整 通过对现场试吊实测数据与理论计算进行比较分析,根据对比结果查找偏差超限的原因并对系统相应部分进行调整或加固,系统在每次调整后必须进行试吊检验。只有在整个系统各项检测指标达到或不超过允许偏差并且在试吊过程中机械运行正常、信息畅通、人员协调良好,指挥系统具备整体调控能力后。方可判定系统具备了进行正式吊装施工的能力

9.8 斜拉扣挂系统

斜拉扣挂系统组成、适应对象与技术要点 表9.8-1

定义		1. 在拱桥施工过程,采用扣索与拱肋连接,通过张拉扣索对拱肋高程和内力进行调整,并与缆风绳一起,确保拱肋形成稳定的空间结构,线形和应力符合设计预期。扣索、扣塔、地锚、连接装置等一起称为斜拉扣挂系统。 2. 在拱桥施工中,斜拉扣挂系统通常与索道吊装结合使用,少数拱桥采用悬臂浇筑时,可以只设扣挂系统
系统组成		斜拉扣挂系统为拱桥施工的辅助系统。由塔架、地锚、拱上锚固构造和扣索(斜拉索)组成,扣索通过设置在岸边的临时塔架,一端锚固于地锚,一端系于待形成的拱圈结构上,通过设置合理的扣索力保证拱圈在悬臂安装、现场浇筑等施工过程中结构内力、变形符合设计及安全要求 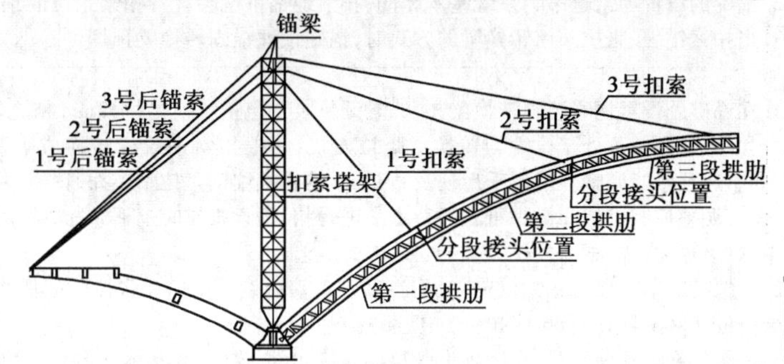
适用对象及技术要点	无支架缆索吊装施工拱桥	在分段预制吊装混凝土拱圈、钢管拱圈等过程中,结构体系及受力不断变化,需要采用斜拉扣挂系统作为临时"支撑"
	钢管混凝土拱桥	钢管混凝土拱桥管内混凝土浇筑过程就是一个在钢管拱圈上不断加载的过程。在该过程中,钢管结构受力不断变化,为保证结构受力及变形符合设计和安全要求,需要设置斜拉扣挂系统,通过该系统的监测与调整,实现管内混凝土连续浇筑

续上表

适用对象及技术要点	劲性骨架施工拱桥	在劲性骨架上现浇形成混凝土拱圈的过程就是一个在劲性骨架及劲性骨架与已成混凝土结构形成的组合结构上不断加载的过程。在该过程中,结构受力不断变化,为保证劲性骨架及劲性骨架与已成混凝土结构形成的组合结构受力及变形符合设计和安全要求,需要设置斜拉扣挂系统,通过该系统的监测与调整,实现混凝土浇筑工序最优化以及工过程结构安全
	悬臂浇筑施工拱桥	在悬臂浇筑施工混凝土拱圈过程中,结构受力不断变化,且越来越不利,需要通过设置斜拉扣挂系统实现施工过程结构内力平衡
	悬臂安装施工钢拱桥	在悬臂安装施工钢拱桥过程中,结构受力不断变化,且越来越不利,需要通过设置斜拉扣挂系统实现施工过程结构内力平衡

主要构造 表9.8-2

扣索塔架	扣索塔架可以和索道吊装系统塔架合并设置,也可单独设置。 扣索塔架可采用万能杆件组拼或型钢(钢管、钢板)焊接。 塔底支承可采用固接或铰接。 扣索塔顶设分配梁,如扣索采用通长索绕过塔顶,则应在塔顶分配梁上设弧形鞍座,如在扣索在塔顶断开(采用钢丝绳作扣索则不断开,应设索鞍),则应在塔顶设纵向张拉梁,连接前后扣索,并进行张拉调节
扣、锚索(前扣索、后扣索)	1. 钢丝绳(配卷扬机):钢丝绳张拉力较小,钢丝绳连接、转向较复杂,卷扬机调整高程的精度差。 2. 钢绞线配(配千斤顶):钢绞线张拉力较大,高程调节、控制方便。 扣索于扣点反力梁及塔顶转换梁上通过P形挤压锚头锚固,锚索一端锚固与塔顶转换梁,采用P形挤压锚头,另一端直接锚固于拱肋梁端。 3. 用作扣索的钢绞线一般均采用 $\phi^j15.24$mm 低松弛钢绞线,其标准强度为 R_{yb} = 1/60MPa,截面积为140mm^2,单根极限负荷为260.4kN,由于每根钢绞线的张拉力通常控制在100kN以内,因此每束扣索的安全系数均大于2。 4. 每个拱肋节段扣索需用钢绞线的根数确定,基本按照节段扣索力除以100kN,然后结果四舍五入,最后再单数进一变双数的原则进行,如单数扣索力为2/60kN,则最后确定的钢绞线根数应为26根,以保证每束扣索的安全系数均大于2。取双数是因为单个节段扣索通常分开布置在拱肋两侧,因此应保证两侧受力平衡
锚碇	1. 扣索系统锚碇可以和索道吊装系统锚碇合并设置,也可单独设置。 2. 锚碇的设置与索道吊装系统基本相同,扣索地锚可能会设置扣索张拉的预留孔、预留槽。 3. 当扣索锚固、张拉采用转换梁的方式时,锚碇预埋锚固转换梁预埋件
扣、锚索调整装置	1. 在锚碇处设置调索装置转换梁扣、锚索调整装置包括转换梁、ϕ32mm精轧螺纹钢、锚梁及YC60千斤顶组成。扣、锚索在塔顶处张拉端均转换了张拉方式,两根扣索钢绞线转换成了两根ϕ32mm精轧螺纹钢,利用YC60千斤顶张拉调整。采用千斤顶及ϕ32mm精轧螺纹钢张拉斜拉扣、锚索,具有张拉能力大、行程控制精度高,索力调整控制灵活和锚固可靠的特点。进行扣、锚索张拉时上下游扣、锚索应对称进行,分级张拉,以控制塔架顶端位移为主,索力校核为辅的安装方式。 2. 在锚碇前墙上设置扣索(锚索)预留孔,在前墙后设张拉槽和张拉分配梁将锚索穿过预留孔,在张拉槽内安装分配梁和千斤顶,直接张拉锚(扣)索。 3. 钢绞线在塔顶断开时,在塔顶设张拉梁连接扣索、锚索,直接张拉扣索。同时在锚碇位置设张拉、调节装置,同步张拉锚索,扣索、锚索的张拉力可以根据角度差进行调整,以抵消水平力
拱肋上锚固构造	1. 拱肋上锚固构造,即扣索与拱肋连接结构,此为扣挂系统中的关键结构之一。通常采用扁担梁设计(如广西三岸邕江大桥、六景郁江特大桥、武汉江汉五桥以及杭州钱塘江大桥等)。扣索钢绞线通过一端锚固在扁担梁上的锚垫板上,将扣索力转换为对拱肋的拉力,由于锚点位置均比较靠近腹管和主弦管相交的结点位置,设计上还常常尽可能地将扣索的穿行路线通过此结点,此时对拱肋节段相应位置产生的作用主要为压应力,因此对于结构安全来说是比较有利的。采用扁担梁设计的拱肋上锚固由锚垫板、承力横梁和支撑腿组成,某桥拱肋上锚固结构见下图

续上表

<table>
<tr><td>拱肋上锚固构造</td><td>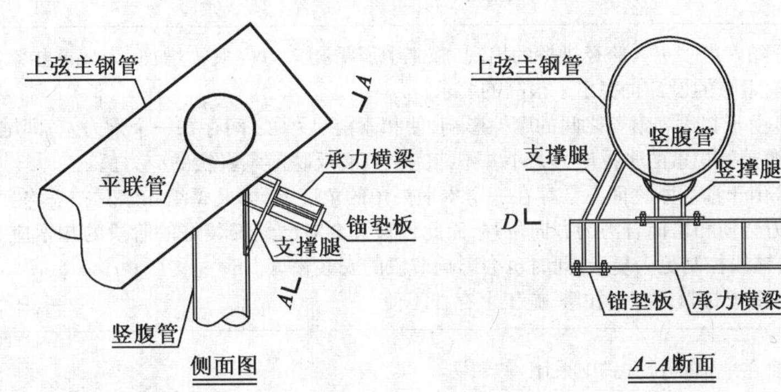

2. 扁担梁一般设在上下弦拱肋钢管之间上弦钢管下部,同时靠近拱肋节段上接头的第一个腹管和弦管的结点附近。
3. 拱肋上锚点在拱肋节段预制场即完成与拱肋弦管的焊接,并且已按安装就位后的位置调整好扁担梁的倾斜角度</td></tr>
</table>

扣索张拉方式　表9.8-3

项　　目	技 术 要 点
塔上张拉	塔上张拉是指在扣塔上适当的位置设置张拉横梁,扣索在拱肋上锚点锚固后,尾部直接进入扣塔相应的张拉横梁,然后用张拉设备直接在扣塔上进行张拉,同时,为保证塔架竖直,后锚也进行张拉。 塔上张拉优点在于: (1)扣索无需经过扣塔转向,因此无需设置扣索索鞍。 (2)由于前、后索独立,因此扣索布索容易,同时不受地形和前后索倾角的影响,仅需将扣塔上相应的张拉扁担梁按需要的角度进行安装固定即可。 (3)前索尾端直接在扣塔上进行张拉,因此有利于索力控制,不存在索鞍摩擦造成的索力损失。 (4)根据前索对扣塔产生的水平力的大小,可以相应地随时灵活地调整尾索张拉力的大小,使扣塔索受水平合力始终控制在最小的状态,因此扣塔产生的位移最小,对已安装节段扣索力以及节段安装精度的影响也最小,有利于施工控制。 (5)采用塔顶张拉方式,扣挂系统各组成部分,尤其是扣塔和扣索的受力状态更为明确,便于更准确地进行结构的受力分析,因此,更适合于大跨径拱桥施工。 塔上张拉缺点在于: (1)扣索张拉位置往往位于扣塔塔顶或接近塔顶的位置,因此需要在相应位置搭建比较好的张拉平台,而且须进行高空作业,存在一定的安全隐患。 (2)张拉位置位于高空,因此材料、设备、人员的运输须设置专门的电梯。 (3)须设计强大的张拉横梁
地锚张拉	地锚张拉即为扣索在拱肋上锚固后,经过扣塔上扣索索鞍的转向,进入扣索地锚,然后用张拉系统在扣索尾部的张拉端进行张拉。 地锚张拉优点在于: (1)扣索张拉位置位于地面上,无高空作业,较为安全。 (2)扣索张拉作业人员、设备及材料运输方便。 (3)扣索张拉端位于地面,对扣索张拉端张拉及锚固情况便于观测、能及时了解扣索状态。 (4)扣塔主要承受扣索向下的分力,因此结构一般设计比较简单,在扣塔前后水平力差别不是很大的情况下,甚至可以将扣塔和主塔合二为一,可以大量节省施工材料。 地锚张拉缺点在于: (1)扣塔上必须设置扣索索鞍,而扣索通过索鞍转向,对扣索在竖直面上会有一定的扭转影响,而且由于很多情况下,受施工现场地形的限制,单组扣索无法做到在水平面上为一条直线,因此在扣索索鞍处常常会出现水平面内的扭转、挤压、甚至是一定的弯折,从而降低扣索受力能力以及安全系数。

续上表

项目	技术要点
地锚张拉	(2)随着更多更大跨径拱桥的出现,施工中所需扣索力也大幅增加,为保证扣索在扣索鞍处能有效地滑动,对扣索索鞍的设计也提出了很高的要求。 (3)由于扣索和索鞍之间的摩擦影响,使扣索前、后索之间存在一个索力差,即尾索索力大于前索索力,因此扣索地锚处扣索的张拉应力大小并不能完全真实反映前索真实的应力值。 (4)由于前后索之间总会存在一个水平夹角的角度差,因此每组扣索对扣塔均会有一定的水平作用合力,此作用力会使扣塔向合力的方向位移,而此位移又会对已经安装好的阶段的扣索应力产生影响,使拱肋节段的高程、轴线控制更为复杂,同时也会影响节段的安装精度。 (5)由于扣索须穿过扣塔,施工上存在不便
单根张拉	主要在地锚张拉方式中采用
整束张拉	主要在塔架张拉方式中采用
扣索力的形成	扣索力可以通过预测分析一次到位,也可根据施工过程结构内力与变形情况实时进行张拉或放松,以实现从拱脚到拱顶连续施工

扣索张拉系统构造及其技术要求 表9.8-4

项目	技术要点
系统组成	扣索的张拉系统由张拉梁、锚具、张拉千斤顶以及油泵组成
张拉梁	张拉梁通常采用型钢和钢板焊接而成,即用槽钢背靠背距离约5cm间距,然后用厚10mm以上钢板焊接固定而成,张拉梁结构示意参见下图。根据需承受扣索力大小,也可将槽钢换成工字钢或H型钢。张拉梁按照需锚固在其上的扣索倾斜角度焊接或拴接固定在地锚张拉端或扣塔上的张拉位置。张拉梁安装时应注意尽可能地让梁面与地锚或扣塔相应的固定位置充分接触,使其良好受力 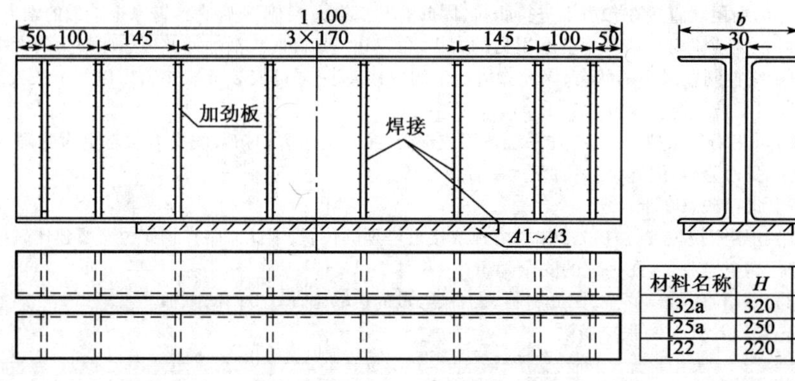 <table><tr><th>材料名称</th><th>H</th><th>b</th></tr><tr><td>[32a</td><td>320</td><td>206</td></tr><tr><td>[25a</td><td>250</td><td>186</td></tr><tr><td>[22</td><td>220</td><td>188</td></tr></table>
锚具	1. 单根张拉时,张拉端由于要多次张拉,工作锚也最好采用单孔工具锚代替,如采用工作锚要采取措施,以利于二次张拉时顺利将夹片退出。 2. 由于扣索钢绞线受力控制每根不超过10t,其应力仅为$0.08R_y^b \sim 0.42R_y^b$,属于低应力锚固范围,锚固可靠性很低。 3. 对于整束张拉情况,更复杂,因扣索较长,要达到设计拉力要经过千斤顶多次反复张拉,这样就要保证张拉过程中工作锚夹片可靠锚固,否则,将造成不可挽回的重大损失。而对于单根张拉,只需每次由人工在千斤顶回油前将该工作夹片敲紧即可。 4. 国内某大桥采用实施方式:张拉端设置于扣索锚碇之内,并在各扣索锚点处设置沿受力方向的反力架,张拉端的锚具锚固于扣锚前墙的后面。为了实现张拉端的张拉、顶压、锁紧防松、调索四大功能及功能转换,张拉采用群锚方式,锚固采用顶压方式,锁紧采用专用压板,其中反力架既承受张拉反力,也承受顶压反力,可拆卸且满足反复使用的要求;预埋钢垫、螺栓承受顶压反力。工作锚与工具锚均采用YM低应力夹片锚具,顶压

续上表

<table>
<tr><th>项 目</th><th>技 术 要 点</th></tr>
<tr><td>锚具</td><td>器采用 YY1250 顶压器,千斤顶采用 250t 穿心式千斤顶,调索则采用松开压板与锚具隔开一定距离(夹片能同时离开)来实现。
5. 不论单根张拉还是整束张拉,吊装完成一个节段拱肋必须采取措施防止工作锚夹片在扣索震动的情况下退锚。一般可采取压板或在每个夹片后再上一个单孔工作锚并打紧夹片的方法。
整束张拉千斤顶及锚具位置示意图见下图。 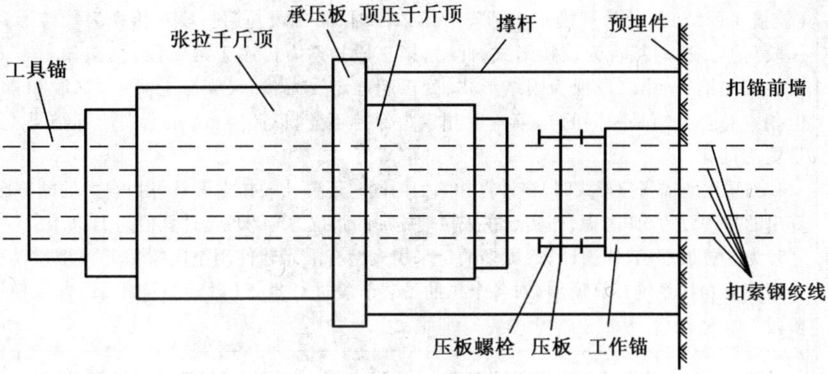
承压板 顶压千斤顶 撑杆 预埋件
张拉千斤顶
工具锚
扣锚前墙
扣索钢绞线
压板螺栓 压板 工作锚</td></tr>
<tr><td>油泵</td><td>1. 单根张拉采用普通 16t 或 25t 穿心千斤顶、支撑架、配套油泵即可。
2. 整束张拉同一吊装拱肋扣点千斤顶应尽量采用同一型号、同一厂家、新旧基本相同的千斤顶,且各千斤顶最好采用同一泵站供油,来保证了同肋各束扣索张拉、调索时基本同步</td></tr>
</table>

斜拉扣挂系统设计计算表 表 9.8-5

<table>
<tr><th>项 目</th><th>技 术 要 点</th></tr>
<tr><td>斜拉扣挂系统设计注意事项</td><td>1. 根据拱肋节段结构特点和扣索拉力确定扣索扣挂形式以及扣索材料,如节段较少,吊重不大,可选用钢丝绳为扣索材料,扣索直接捆绑在拱肋上,用卷扬机控制扣索力,而对于大跨径则采用钢绞线作为扣索材料,采用千斤顶张拉方式控制扣索力。扣索宜布置在拱平面内,即平行拱扣索在铅锤面内,提兰拱扣索在拱肋斜面内。扣索前端的竖向水平夹角宜大于 5°。
2. 张拉端如采用夹片锚,要防止低应力状态下锚具退锚。扣索安全系数应大于 2。用钢丝绳作扣索,扣索安全系数应大于 3。
3. 尽可能利用永久结构作为扣索后锚结构,如现有的桥墩、桥台、承台等,以达到节省施工材料和经济目的。
4. 采用地锚张拉形式时,须合理设计扣塔上的扣索索鞍及位置,做到尽可能减小扣索与索鞍间摩擦力和前后不平衡水平力,同时使扣索通过索鞍时弯转平顺,避免弯折现象发生。
5. 扣索前索应尽可能与拱肋结构的侧面平行,尾索也应尽可能与前索在平面投影上处于一条直线上,如地形限制将形成一定夹角,须注意在索鞍处应过渡平顺,另外扣索地锚应顺应扣索尾索方向布置。
6. 拱肋上锚点是受力较为集中的结构,安排其在拱肋节段上的位置时应尽可能靠近节段的前端接头,同时靠近距接头最近的一个腹管节点位置,最好理论扣索路径能通过节点位置。
7. 地锚锚固端张拉梁与地锚间应尽可能完全接触,有空隙要采取措施填满。同时张拉梁应根据扣索竖直倾角调整固定角度,保证扣索在锚固端不会出现弯折</td></tr>
<tr><td>扣索计算</td><td>1. 扣索的计算有“铰接法”、“零弯矩法”、“定长索法”等。其中“铰接法”是将分段的拱肋视作刚体,结构即转换为静定结构,利于手算;“零弯矩法”即是对“铰接法”的改进,二者实质相同,其共同的特点是忽视拱肋自身的抗弯能力,由此计算出的索力往往偏大。而“定长索法”与按一般有限元法计算的实质是相同的</td></tr>
</table>

续上表

项　目	技 术 要 点
扣索计算	2. 采用"铰接法"进行扣索力计算，即将每个拱肋节段的接头均视为铰接，然后从最后吊装一段开始以其与前一段接头处为支点，根据力矩平衡法则计算此段扣索力，然后计算此段通过接头作用于前一段的水平和竖向分力，然后加入此分力的影响，按照上述原则计算前一段的扣索力和作用于再前一段的水平和竖向分力，以此类推，直至计算至第一吊装节段为止。"铰接法"计算方便，但其假定与实际出入较大，结果偏于安全。 3. 为了既方便计算，又尽可能符合实际，同时保证有足够的安全系数，各节段扣索力计算常常采用(铰接+固结)简化计算模式。即安装第二段时，第二段与第一段对接视为铰接形式；安装第三段时，第三段与第二段对接视为铰接形式，此时，第三段扣索力传递于第二段，调整扣索索力使之平衡。而已经安装好的第一、第二段视为固结形式，处于超静定受力状态(实际上第一、二段扣索力已经进行重分配，但扣索总合力矩是相同的)，第一段扣索力保持不变，以此类推，此模式计算结果也偏于安全，但其计算量更为简化。 4. 当采用地锚张拉形式时，在计算扣索力的同时还要计入扣索索鞍对扣索力的摩擦影响，一般此损失按计算出的扣索力的6%考虑，即实际在张拉端施加的张拉力应为理论计算值的1.06倍。 5. 为了更加准确、快速计算，更多的是采用大型有限元软件用空间梁单元模拟拱肋而用空间杆单元模拟扣索建立扣挂系统计算模型，对各个拱肋吊装节段进行生死(激活与钝化)设置来模拟吊装过程中的各个阶段
扣索力调整	拱肋安装过程中扣索的调整较为复杂，由于通过前一节所述的计算模式计算得到的扣索力实际应为节段扣索力最大值，因此仅当节段为当前吊装阶段或次吊装节段(接头均为栓接未施焊，接头视为铰接)时扣索力与理论计算值较为接近，而其他节段接头间或为刚接或为铰接或为半刚接情况，由于接头的连接方式与计算假定的方式有较大的出入，因此数值差异也较大。但从吊装实践来看，扣索力的变化趋势和计算得出的趋势还是基本一致的，即吊装越接近跨中，靠近拱脚位置的节段扣索力总的趋势是减小。因此在实际拱肋安装中，主要对当前吊装节段和次吊装节段的扣索力按照计算理论值进行控制，而其他先安装节段如已焊接为大段，则根据大段的顶段高程的变化进行调整，且只需调整顶段的扣索力，可减少调索次数。当然，由于实际施工的条件复杂，即便是当前吊装节段的扣索力与理论计算值也会有一定的出入，现场还需结合节段的高程变化情况以理论计算值为目标控制值进行调整

9.9 常用吊运工具

麻绳技术性能及其使用 表9.9-1

项　目	规 格 性 能 及 其 使 用
特点和用途	麻绳具有质地柔软、携带轻便和易于绑扎等优点，但其强度较低，一般仅为同直径钢绳拉力的10%左右，且易受磨损，并在潮湿环境或遇酸、碱类物质时，最易使麻绳受损害。因此，麻绳在吊装作业中，主要用于：绑扎构件；起吊较轻构件，作为吊起构件时稳定位置的拉绳，吊质量不大的起重桅杆(亦称扒杆)的缆风拉绳，或在手动操作(通过滑轮)拉起不大的载荷
麻绳类别和特性	有机制和手工制两种，吊装工作中广泛采用机制麻绳，因其拧搓均匀紧密，能承受较大的拉力。机制绳是以抗拉耐磨、不易腐烂的龙舌兰麻或西沙尔(印尼产)麻，以及马尼拉麻等高级麻纤维，通过机械加工制成。机制麻绳亦称白麻绳，亦即白棕绳。 白棕绳分涂油与不涂油二种，前者抗潮防腐性能较好，但其强度较后者降低约10%～20%；不涂油者在干燥状态下，强度和弹性都好，而受潮后强度会下降约50%，这是因为白麻绳易于吸收水分之故
麻绳的构造	麻绳有3股、4股及9股捻成的，当有特殊用途时，亦有12股的制品，而常用者多为3股所制成

续上表

项　　目	规格性能及其使用							
	国产旗鱼牌白棕绳规格(k为安全系数)							
	麻绳直径 d		每卷(220m)质量(kg)	破断拉力(kN)	容许拉力(kN)			应用滑车最小直径 $D>10d$(mm)
	(mm)	(in)			$k=3$	$k=5$	$k=6$	
常用麻绳规格及应用滑轮最小直径	6	1/4	6.5	2.00	0.67	0.40	0.33	100
	8	5/16	10.5	3.25	1.03	0.65	0.54	100
	11	7/16	17.0	5.75	1.91	1.15	0.96	150
	13	1/2	23.5	8.00	2.66	1.60	1.33	150
	14	9/16	32.0	9.50	3.17	1.90	1.58	150
	16	5/8	41.0	11.50	3.83	2.30	1.92	200
	19	3/4	52.5	13.00	4.33	2.60	2.17	200
	20	13/16	60.0	16.00	5.33	3.20	2.67	200
	22	7/8	70.0	18.50	6.17	3.70	3.03	220
	25	1	90.0	24.00	8.00	4.50	4.00	250
	29	9/8	120.0	26.00	8.67	5.20	4.33	290
	33	21/16	165.0	29.00	9.67	5.80	4.83	330
	38	3/2	200.0	35.00	11.67	7.00	5.83	380
	41	13/8	250.0	37.50	12.50	7.50	6.25	410
	44	7/4	290.0	45.00	15.00	9.00	7.50	440
	51	2	330.0	60.00	20.00	12.00	10.00	510
	57	9/4	450.0	65.00	21.67	13.00	10.33	570
	63	5/2	500.0	70.00	23.33	14.00	11.66	600

项　　目	容许拉力 T 的计算公式	计算示例
麻绳受力计算	$T=\frac{P}{k}$(kN) 式中：P——麻绳破断拉力(kN)，可由产品规格或试验求得； k——安全系数	用直径 d 为 19mm 旗鱼牌白棕绳起吊重力为 1.2kN的物件，取 $k=10$； 查表(上列)得 $P=13$kN，其容许拉力为： $T=\frac{P}{k}=\frac{13}{10}=1.3(>1.2\text{kN})$

项　　目	麻绳使用情况		安全系数 k 值
麻绳的安全系数 k	一般吊装用	新　绳	≥3
		旧　绳	≥6
	作捆绑吊索或重要的起重吊装用		10
	吊索及缆风绳用	新　绳	≥6
		旧　绳	12

项　　目	规格性能及其使用
麻绳使用注意要点	1. 麻绳不得使用机动(动力)起重。当使用于手动机构时，滑轮或卷筒的直径(D)不应小于麻绳直径(d)的12倍。 2. 在手动起重而荷载小于麻绳容许拉力25%时，滑轮或卷筒的直径应不小于麻绳直径的7倍。 3. 旧麻绳的起重能力按其破旧程度，可为新麻绳的20%~40%，断丝的麻绳禁止使用，必要时应做超载试验以确保安全。 4. 麻绳应防止在尖锐的铁件或沿粗糙地面拖毛、耗损。 5. 麻绳应存放于干燥处所，储放地点须与腐蚀性物品隔开。酸类、碱类及易升烟等化学物品，最易使麻绳受损害；干燥油(如亚麻仁油等)也会损害麻绳

钢丝绳规格性能及其使用 表 9.9-2

项　目	规格性能及其使用
特点和用途	钢丝绳广泛应用于各种起重吊装作业和机械传动，水平、垂直运输以及用于缆风绳、千斤绳(吊索)及拉绳等，钢丝绳系由高强碳素钢丝制成，整个钢丝绳粗细一致，性能好、强度高、耐磨耗、弹性大、在高速下运转平稳、无噪声，且自重较轻、工作可靠是其主要优点。缺点是不易弯曲，因而穿绕滑轮和绕绳卷筒的直径要相应增大
钢丝绳规格及其采用	钢丝绳结构类型有多种，有单股亦有多股的，在起重吊装作用中，常用的有 6×19(即 6 股每股为 19 丝的钢丝绳)、6×37、6×61 三种。由于合股捻成绳时是圈绕一个麻芯制成，因而其表示方法亦用 6×19+1、6×37+1、6×61+1，不同类型的钢丝绳使用范围也有所不同，采用时一般参见下列

钢丝绳一般采用参考

序号	钢丝绳规格	使用场合
1	6×19+1	多用于缆风绳及拉绳，即用于不受弯曲或可能遭到磨损的地方
2	6×37+1	多用于滑车组中，即钢绳经常承受弯曲时采用，作为穿绕滑车起重绳等
3	6×61+1	多用于滑车组和制作吊索(千斤顶)以及绑扎吊起构件等。此外，在重型起重机械中亦主要采用这种钢丝绳

钢丝绳捻制方法及其使用

钢丝绳捻制区分及使用

序号	捻制区分	捻制方法说明
1	右交互捻	股捻的方向与股内钢丝捻向相反，股向右捻，丝向左捻
2	左交互捻	股向左捻，丝向右捻
3	右同向捻	股捻的方向与股内钢丝捻向相同。股和丝均同向右捻
4	左同向捻	股和丝均同向左右捻

在起吊安装过程中，为避免钢丝绳产生扭转纠缠，影响操作，故用于起重机、滑车组的钢丝绳多以选用交互捻成的钢丝绳为合适

钢丝绳受力计算

容许拉力 T 的计算公式	说明
$T = \frac{F_0}{k}$ (kN)	F_0——钢丝绳的破断拉力(kN)，可由产品规格或试验求得； k——钢丝绳的安全系数

按《一般用途钢丝绳》(GB 20118—2006)标准，圆钢丝绳的破断拉力可从表 9.9-3 查得，也可直接由公式求得。

钢丝绳最小破断拉力公式： $F_0 = K'D^2R_0/1\,000$

F_0——钢丝绳最小破断拉力(kN)；

D——钢丝绳公称直径(mm)；

R_0——钢丝绳公称抗拉强度(MPa)；

K'——某一类别钢丝绳最小破断拉力系数。

钢丝绳线比重公式： $M = KD^2$

M——钢丝绳单位长度参考重(kg/100m)；

K——涂油的某一类别钢丝绳单位长度的质量系数(kg/100m·mm^2)

钢丝绳规格	6×19(b)+FC	6×37(b)+FC	6×6+1
K	0.351	0.346	0.361
K'	0.307	0.295	0.283

续上表

项目	规格性能及其使用	
	例题	计算
钢丝绳受力计算示例	【例一】现有 6×19+1 钢丝绳,直径 $D=20$mm,其公称抗拉强度为 1 570MPa,用于机动起重设备,取安全系数 $k=5$,求该绳容许拉力 T	查表 9.9-3,在直径栏内 $D=20$mm,再沿公称抗拉强度 1 570MPa栏得钢丝绳的破断拉力总和为 193kN, $T=\frac{F_0}{k}=\frac{193}{5}=38.6\text{kN}$
	【例二】有一桅杆缆风绳拉力为 85kN,试求所需用钢丝绳直径 D	取缆风绳安全系数 $k=3.5$(查下表所列),已知 $T=85$kN,代入 $T=\frac{F_0}{k}$,$F_0=T\times k=85\times3.5=297.5$kN 一般缆风绳选用 6×19+1 钢丝绳,取抗拉强度 $\sigma=1\,570$MPa的钢丝绳。查表 9.9-3,选用 $d=26$mm 钢丝绳,其破断拉力: $F_0=326\text{kN}>297.5\text{kN}$(安全)

项目	钢丝绳使用情况及其安全系数 k			
	使用情况	k 值	使用情况	k 值
钢丝绳的安全系数 k	用于缆风绳	3.5	用作吊索(千斤绳),无弯曲时	6~7
	用于手动起重设备	4.5	用作绑扎吊索	8~10
	用于机动起重设备	5~6	用于载人的升降机	14

项目	绳径与卷筒或滑车直径选用范围				
	起重机械的工作性质和工作条件		最小的容许安全系数	钢丝绳直径 D 或钢丝直径 δ 对绕越卷筒或滑车的最小容许直径 d(mm)	
钢丝绳直径与卷筒或滑车直径的关系	缆风绳及拉绳		3	—	—
	手摇起重机械		4	$d\geqslant320\delta$	$d>16D$
	机动起重机械工作条件	轻量吊重	5	$d\geqslant400\delta$	$d>17D$
		中等吊重	6	$d\geqslant440\delta$	$d>20D$
		沉重吊重	7	$d\geqslant480\delta$	$d>24D$
	吊索(千斤绳)		8	—	—

项目	规格性能及其使用
钢丝绳的使用注意要点	1. 原卷钢丝绳解开时,应特别防止发生扭结;切断钢丝绳时,必须在切断前先在切割处二边以钢丝扎结牢靠。 2. 钢丝绳使用过程中,应特别注意:(1)不与电焊线接触;(2)避免与金属锐角或房屋角、碎石等经常摩擦破损;(3)钢丝绳不允许在已破损或不符合要求的滑轮上穿过;(4)应定期涂抹钢丝绳润滑油料。 3. 注意防止钢丝绳在绞车卷筒上卷绕不正或由于牵引方向不正,而使钢丝绳脱出滑轮卡环、压扁、断折。 4. 在起重吊装作业中,不应有冲击性的动作,钢丝绳运转须由慢而快,防止急骤性变化,以免钢丝绳断裂,造成事故。 5. 钢丝绳用后应抹净,储存时应置放于干燥房屋内,并顺序卷好。储存前须涂抹油膏,以防锈蚀

国家标准钢丝绳主要技术规格(GB 20118—2006) 表 9.9-3

钢丝绳公称直径(mm)	参考质量(kg/100m)	截面面积(mm^2)	钢丝绳公称抗拉强度(MPa)			
			1 570	1 670	1 770	1 870
6×19(b)+FC			钢丝绳最小破断拉力(kN)			
3	3.16	3.4	4.34	4.61	4.89	5.17
4	5.62	6.0	7.71	8.2	8.69	9.19
5	8.78	9.4	12	12.8	13.6	14.4

续上表

钢丝绳公称直径(mm)	参考质量(kg/100m)	截面面积(mm^2)	钢丝绳公称抗拉强度(MPa)			
			1 570	1 670	1 770	1 870
6×19(b)+FC			钢丝绳最小破断拉力(kN)			
6	12.6	13.6	17.4	18.5	19.6	20.7
7	17.2	18.4	23.6	25.1	26.6	28.1
8	22.5	24.1	30.8	32.8	34.8	36.7
9	28.4	30.5	39	41.6	44	46.5
10	35.1	37.7	48.2	51.3	54.4	57.4
11	42.5	45.6	58.3	62	65.8	69.5
12	50.5	54.2	69.4	73.8	78.2	82.7
13	59.3	63.6	81.5	86.6	91.8	97
14	68.8	74.1	94.5	100	107	113
16	89.9	96.3	123	131	139	147
18	114	121.9	156	166	176	186
20	140	150.3	193	205	217	230
22	170	182.2	233	248	263	278
24	202	216.8	278	295	313	331
26	237	254.2	326	346	367	388
28	275	295.1	378	402	426	450
30	316	338.7	434	461	489	517
32	359	385.8	494	525	557	588
34	406	435.0	557	593	628	654
36	455	487.6	625	664	704	744
38	507	543.7	696	740	785	829
40	562	601.9	771	820	869	919
42	619	664.3	850	904	959	1 010
44	680	727.3	933	993	1 050	1 110
46	743	796.6	1 020	1 080	1 150	1 210

注:最小钢丝破断拉力总和=钢丝绳最小破断拉力×1.226

6×37(b)+FC			钢丝绳最小破断拉力(kN)			
5	8.65	9.2	11.6	12.3	13.1	13.8
6	12.5	13.3	16.7	17.7	18.8	19.9
7	17	18.1	22.7	24.1	25.6	27
8	22.1	23.6	29.6	31.5	33.4	35.3
9	28	29.8	37.5	39.9	42.3	44.7
10	34.6	36.8	46.3	49.3	52.2	55.2

续上表

钢丝绳公称直径(mm)	参考重量(kg/100m)	截面面积(mm^2)	钢丝绳公称抗拉强度(MPa)			
			1 570	1 670	1 770	1 870
6×37(b)+FC			钢丝绳最小破断拉力(kN)			
11	41.9	44.6	56	59.6	63.2	66.7
12	49.8	53.1	66.7	70.9	75.2	79.4
13	58.5	62.2	78.3	83.3	88.2	93.2
14	67.8	72.0	90.8	96.6	102	108
16	88.6	94.6	119	126	134	141
18	112	119.3	150	160	169	179
20	138	147.5	185	197	209	221
22	167	178.5	224	238	253	267
24	199	212.4	267	284	301	318
26	234	249.1	313	333	353	373
28	271	288.6	363	386	409	432
30	311	331.7	417	443	470	496
32	354	377.5	474	504	535	565
34	400	426.2	535	570	604	638
36	448	477.7	600	638	677	715
38	500	532.1	669	711	754	797
40	554	589.2	741	788	835	883
42	610	649.9	817	869	921	973
44	670	712.7	897	954	1 010	1 070
46	732	776.2	980	1 040	1 100	1 170
48	797	846.8	1 070	1 140	1 200	1 270
50	865	917.3	1 160	1 230	1 300	1 380
52	936	995.0	1 250	1 330	1 410	1 490
54	1 010	1 072.6	1 350	1 440	1 520	1 610
56	1 090	1 157.3	1 450	1 540	1 640	1 730
58	1 160	1 241.9	1 560	1 660	1 760	1 860
60	1 250	1 326.6	1 670	1 770	1 880	1 990

注:最小钢丝破断拉力总和=钢丝绳最小破断拉力×1.249

注:新规范《一般用途钢丝绳》(GB/T 20118—2006)直接采用了钢丝绳的最小破断拉力,而没有直接给出钢丝的破断拉力总和,可采用钢丝绳的最小破断拉力乘以一个系数求得钢丝破断拉力总和。新规范与旧规范《钢丝绳》(GB/T 8918—1996)相比,安全系数取值略高。

旧规范给出了钢丝破断拉力总和,换算成钢丝绳破断拉力总和时,需乘以换算系数 C。

钢丝绳绳夹形式、规格及其使用 表 9.9-4

1. 骑马式绳夹规格(mm)

简图	型号	常用钢丝绳直径	A	B	C	d	H
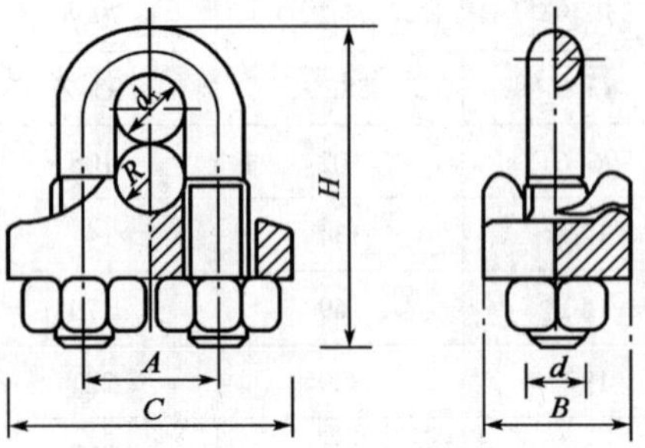	Y3－10	11	22	43	33	M10	55
	Y4－12	13	28	53	40	M12	69
	Y5－15	15,17.5	33	61	48	M14	83
	Y6－20	20	39	71	55.5	M16	96
	Y7－22	21.5,31	44	80	63	M18	108
	Y8－25	26	49	87	70.5	M20	122
	Y9－28	28.5,31	55	97	78.5	M22	137
	Y10－32	32.5,34.5	60	105	85.5	M24	149
	Y11－40	37,39.5	67	112	94	M24	164
	Y12－45	43.5,47.5	78	128	107	M27	188
	Y13－50	52	88	143	119	M30	210

注:1. 本体材料为 KT33－8 可锻铸铁;2. 螺杆、螺母为 A3 钢;3. d 为螺杆直径(米制标准螺纹)

2. 马鞍式(U 形)绳夹规格(mm)

简图	钢丝绳直径(mm)	a	b	c	d_1	l	f	k	L	n
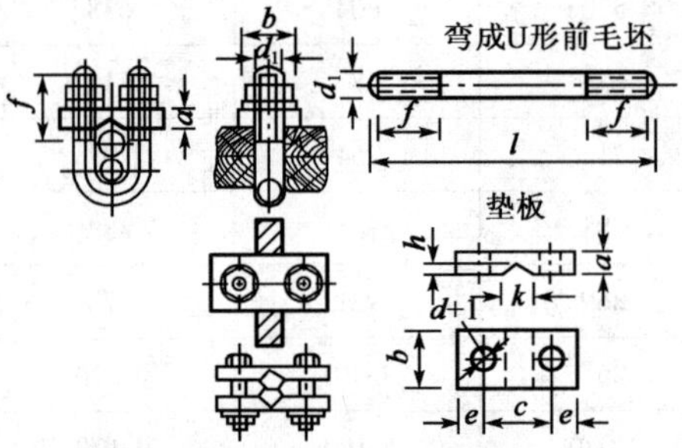	12.5	12	34	24	10	15	25	8	122	2
	15.5	14	40	31	13	17.5	30	10	157	2
	17.5	16	45	35	16	20	38	10	185	3
	19.5	16	52	37	16	21.5	38	10	198	3
	21.5	16	52	40	16	22	38	12	203	3
	24	20	60	44	20	24	42	12	229	4
	28	22	60	49	20	25.5	44	15	249	5
	34.5	24	70	58	22	26	46	20	291	6
	37	24	80	63	27	28.5	50	23	310	8

3. 抱合式绳夹规格(mm)

简图	钢丝绳直径(mm)	d	d_1	d_2	L	L_1	s	c	r
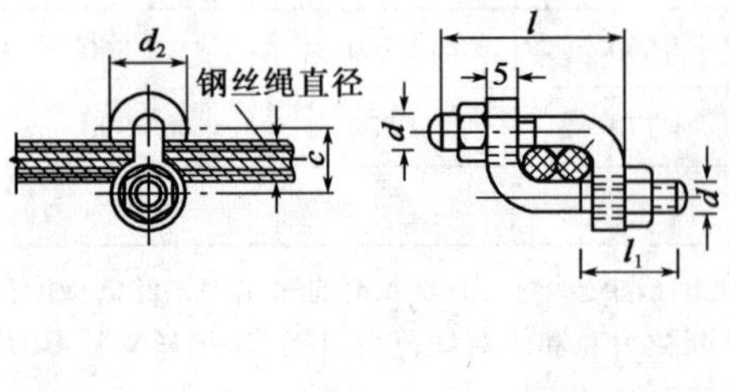	8.7～9.2	12	14	26	65	35	12	23	5
	11～12.5	12	14	26	75	35	12	27	6.5
	13～15.5	14	16	32	80	40	14	32	8
	17～18.5	20	22	45	110	55	20	42	10
	19.5～22	20	22	45	110	55	20	45	12
	23～26	22	24	50	130	55	22	51	14
	28～31	24	26	55	150	65	24	58	16
	31.5～33.5	28	30	75	170	80	28	65	18

续上表

4. 绳夹一般使用数量											
留有安全弯的绳夹安装法	不同直径钢丝绳应用绳夹数										
安全弯 ≥500	钢丝绳直径(mm)	8	13	15	17.5	19.5	21.5	24	28	34.5	37
	应用绳夹数(只)	3	3	3	3	4	4	5	5	7	8

钢丝绳合用程度和报废标准表 表 9.9-5

1. 钢丝绳表面现象的检查

类别	钢丝绳表面现象的检查	合用程度	可用处所
Ⅰ	新钢丝绳或已用过的钢丝绳,其各股位置未动,磨损轻微并无绳股凸起现象	100%	重要处所
Ⅱ	1. 各股钢丝已有变位,压偏及凸出现象,但未露出绳芯。 2. 钢丝绳个别部位有轻微锈痕。 3. 表面有断头钢丝,每 1m 长度内断头数目不多余钢丝总数的 3%	75%	重要处所
Ⅲ	1. 每 1m 钢丝绳长度内断头数目超过钢丝绳总数的 3%,但少于 10%。 2. 有明显锈痕	50%	次要处所
Ⅳ	1. 绳股有显著扭曲、凸起现象,绳股部分变位。 2. 钢丝绳全部均有锈痕,刮去锈痕后,钢丝上留有凹痕。 3. 每 1m 钢丝绳长度内断头数超过 10%,但少于钢丝总数的 25%	40%	不重要处所或辅助工作

2. 钢丝绳报废标准

(一个节距内最多断丝根数)

使用钢丝绳采用的安全系数 k	钢丝绳机构类型与钢丝总数					
	6×19=144 丝		6×37=222 丝		6×61=366 丝	
	交互捻	同向捻	交互捻	同向捻	交互捻	同向捻
<6	12	6	22	11	36	18
6~7	14	7	26	13	38	19
>7	16	8	30	15	40	20

3. 钢丝绳报废标准降低率

钢丝表面腐蚀或磨损程度(以每根钢丝绳的直径计)(%)	每一个节距内断丝数应按报废标准所列乘以下列百分数	钢丝绳表面腐蚀或磨损程度(以每根钢丝绳的直径计)(%)	每一个节距内断丝数按报废标准所列乘以下列百分数
10	85%	25	60%
15	75%	30	50%
20	70%	40	报 废

【例】有一根 6×19=144+1 交互捻钢丝绳,安全系数为 5.5(<6),钢丝绳表面磨损 20%,节距内断丝即应报废。

查本表 2,当新钢丝绳断丝 12 根(在一个节距内)应予报废;再查本表 3,当磨损 20% 时百分率为 70%,则 12×70% = 8.4,即断丝 8 根就应报废

常用吊索(千斤绳)类型和尺寸表 表9.9-6

类型	图示	项目								
封闭式万能吊索	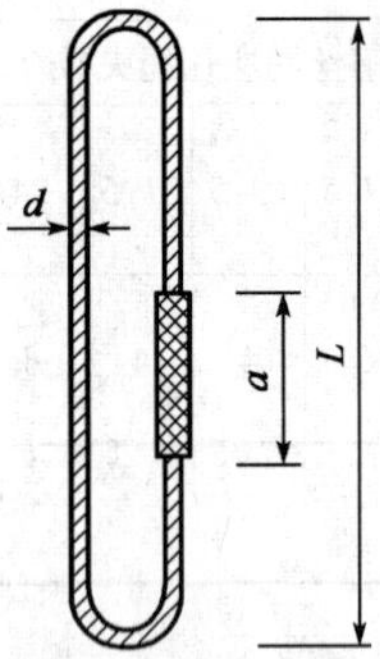	钢丝绳直径 d(mm)	19.5	19.5	22	22	25	25	30	30
		连接处长度 a(m)	0.40	0.40	0.45	0.45	0.50	0.50	0.75	0.75
		每侧长度 L(m)	8	10	8	12	8	12	10	15
		钢丝绳长度(m)	16.5	20.0	16.5	24.5	16.5	24.5	21.0	31.0
开口式吊索	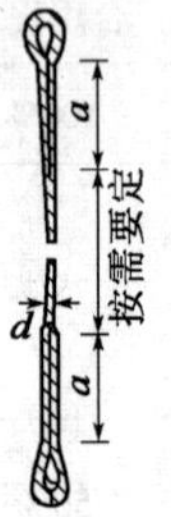	钢丝绳直径 d(mm)	12	16	19	22	25	30		
		钢丝绳编织长度 a(m)	300	350	400	450	500	600～800		
		绳长(按需要定)L(m)	$L+2.00$	$L+2.60$	$L+3.20$	$L+3.80$	$L+4.50$	$L+5.50$		

吊索受力计算和实例 表9.9-7

1.吊索分支拉力计算数据

分支与水平线间夹角β(°)	30°	35°	40°	45°	50°	55°	60°	70°	80°	90°
决定额定起重量的因素	0.500	0.574	0.643	0.707	0.766	0.819	0.866	0.940	0.985	1.000
计算绳索直径的因素	2.000	1.743	1.556	1.414	1.305	1.221	1.155	1.064	1.015	1.000

2.吊索计算公式与实例

图示	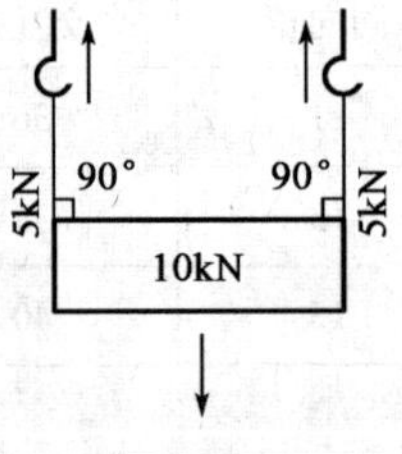 5kN 90° 90° 5kN 10kN	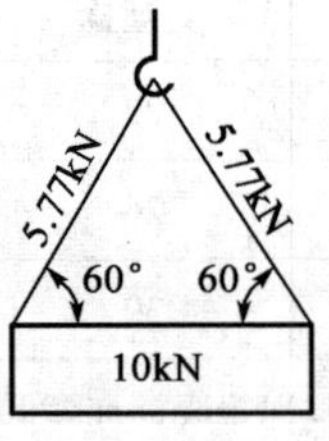 5.77kN 5.77kN 60° 60° 10kN	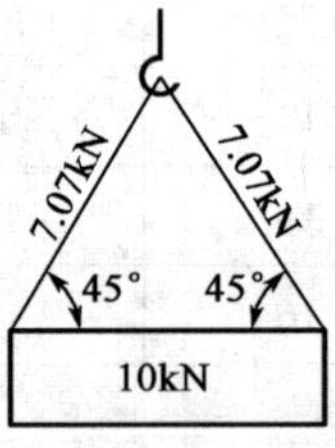 7.07kN 7.07kN 45° 45° 10kN	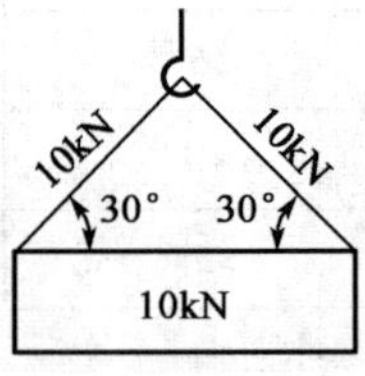 10kN 10kN 30° 30° 10kN
β	90°	60°	45°	30°
$\frac{1}{\sin\beta}$	$\frac{1}{\sin 90°}=\frac{1}{1}=1$	$\frac{1}{\sin 60°}=\frac{1}{0.866}=1$	$\frac{1}{\sin 45°}=\frac{1}{0.707}=1.41$	$\frac{1}{\sin 30°}=\frac{1}{0.5}=2$
Q/n	10/2=5	5	5	5
每根拉力 $S=\frac{Q}{n}\cdot\frac{1}{\sin\beta}$(kN)	5.00	5.77	7.07	10.00
吊索水平分力 $H=S\cdot\sin\beta$(kN)	0	2.89	5.00	8.66

吊索钢丝绳直径及其允许负荷　　表 9.9-8

吊索分支简图	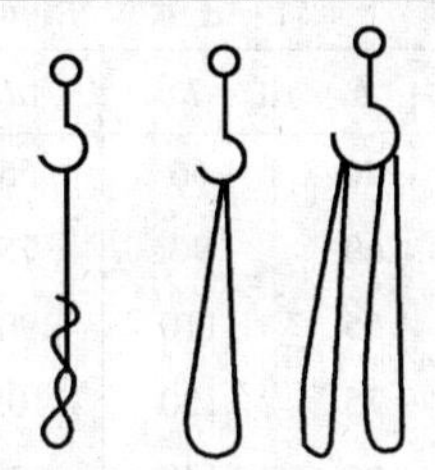			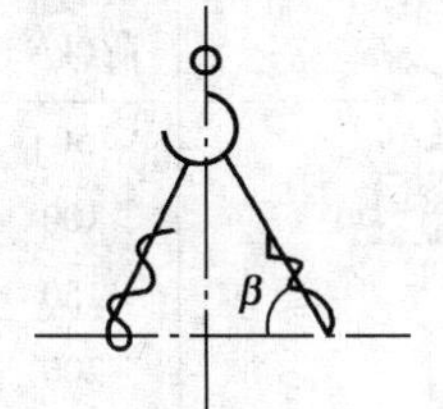			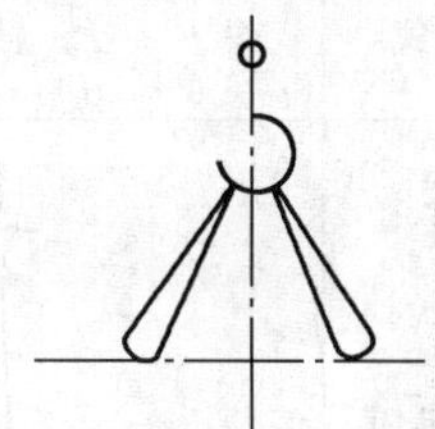		
钢丝绳直径(mm)	$\beta=90°$			$n=2$			$n=4$		
	吊索分支数 n			与水平面夹角 β			与水平面夹角 β		
	1	2	4	60°	45°	30°	60°	45°	30°
	6×19+1 钢丝绳允许负荷(kN)								
9.3	6	13	26	11	9	6	22	18	13
11.0	9	17	35	15	12	9	30	25	17
12.5	11	23	45	20	16	11	39	32	23
14.0	14	29	58	25	20	14	50	41	29
15.5	18	35	17	31	25	18	61	50	35
17.0	21	43	86	37	30	21	74	61	43
18.5	26	51	102	44	36	26	88	72	51
20.0	30	60	120	52	42	30	104	85	60
21.5	35	70	139	60	49	35	120	98	70
23.0	40	80	160	69	56	40	138	118	80
24.5	45	91	182	79	64	45	157	129	91
26.0	51	103	205	89	72	51	178	145	103
29.0	58	115	230	100	80	58	198	163	115
31.0	71	142	284	123	100	71	246	201	142
34.0	86	172	344	149	120	86	198	243	172

吊钩主要尺寸及允许负荷　　表 9.9-9

形　式	简　图	允许负荷(kN)	主要尺寸(mm)				
			D	a	b	h	m
单吊钩	II　标记　a　m　I　D　I　II　b　h　I—I　II—II	2.5	20	14	12	18	10
		5	30	22	18	26	16
		10	40	30	24	36	20
		20	55	40	34	52	30
		30	65	50	40	62	33
		50	85	65	54	82	42
		100	120	90	74	115	60
		150	150	115	90	142	76
		200	170	130	102	164	80
		250	190	145	115	184	95
		300	200	160	130	205	100
		500	270	205	165	260	135
		750	320	250	200	320	160

续上表

形式	简图	允许负荷(kN)	主要尺寸(mm)					
			a	b	h	d	d_0	l
双吊钩		50	70	40	66	55	48	120
		100	100	60	90	75	64	170
		150	115	65	110	90	80	200
		200	125	75	120	105	90	220
		250	145	85	140	120	100	260
		300	160	95	150	1358	110	290
		500	200	115	180	165	140	365
		750	240	140	225	195	170	440

常用卡环(卸扣)主要尺寸及允许负荷 表9.9-10

样式	简图	号码	允许负载(kN)	最大钢丝绳直径(mm)	D	H	H_1	L	B	d	d_1	h
					(mm)							
通用直形卡环		0.2	2.0	4.7	15	49	35	35	12	M8	6	3
		0.3	3.3	6.5	19	63	45	44	6	M10	8	3
		0.5	5.0	8.5	23	72	50	55	20	M12	12	3
		0.9	9.3	9.5	29	87	60	65	24	M16	12	4
		1.4	14.5	13	38	115	80	86	32	M20	16	4
		2.1	21.0	15	46	133	90	101	36	M24	20	5
		2.7	27.0	17.5	48	146	100	111	40	M27	22	5
		3.3	33.0	19.5	58	163	110	123	45	M30	24	8
		4.1	41.0	22	66	180	120	137	50	M33	27	8
		4.9	49.0	26	72	196	130	153	58	M36	30	10
		6.8	68.0	28	77	225	150	176	64	M42	36	10
		9	90.0	31	87	256	170	197	70	M48	42	13
		10.7	107	34	97	284	190	218	80	M52	45	13
		16	160	43.5	117	346	235	262	100	M64	52	16

样式	简图	起重力	试验荷载	W	S	d	D	c
				(mm)				
大吨位D形索具卡环		200	400	89	195	54	62	124
		250	500	99	218	60	69	138
		320	640	112	247	68	78	156
		400	800	125	275	76	87	174
		500	1 000	140	308	85	98	196
		630	1 250	157	346	96	110	220
		800	1 600	177	390	100	124	248
		1 000	1 850	190	418	120	138	276
		1 250	2 300	212	466	134	154	308
		1 600	2 960	240	530	152	175	350
		2 000	3 700	269	592	170	196	392
		2 500	4 375	292	644	190	218	436
		3 200	5 600	330	729	215	248	496

滑车组常用穿绕方法及简易计算 表 9.9-11

项　　目	钢绳穿绕方法示意图	说　　明
一般常用滑车组	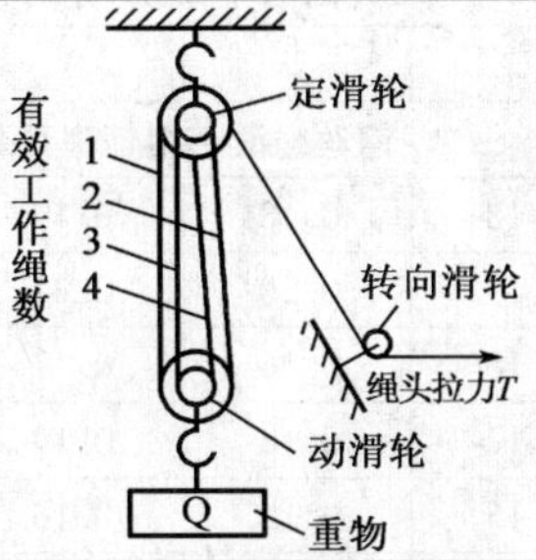 有效工作绳数 1 2 3 4；定滑轮；转向滑轮；绳头拉力T；动滑轮；Q；重物	滑车组是由定滑车(轮)和动滑车所组成,其作用是利用多轮多绳的分力作用,成倍地减小起重拉力,按滑轮和工作绳数,称为几轮几绳滑车组,通称为“走几”,左图为四轮四绳,即通称“走四”滑车组
双头组成的滑车组	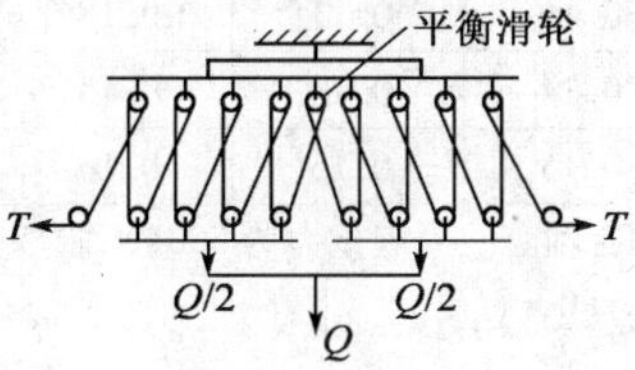 平衡滑轮；T；T；Q/2；Q/2；Q	吊质量过大的起重滑车组,常采用双头穿绕钢丝绳的方法,由两个牵引端分担绳头拉力,同时牵引并控制二绞车卷扬速度同步升降
项　　目	通向绞车上滑车组绳头拉力 T	说　　明
滑车组拉力计算	$T=QS=\dfrac{f-1}{f^n-1}f^m Q$	S——滑车组倍率系数,见下列; Q——起吊物重(kN); f——滑轮的阻力系数 滑轮轴套：有轴承 / 无轴承 / 轴承滑轮 f值：1.04 / 1.06 / 1.02 n——滑车组有效工作绳数; m——滑车组穿绕钢绳通过滑轮数(包括转向滑轮)
查表简易算例	实际计算时,可简化直接从下列滑车组倍率系数 S 乘以吊重力 Q,即得绳头拉力 T。 【例】有一走四滑车组(即四轮四绳)吊重35kN,并通过一个转向滑轮,滑车组为有轴套滑车,则 $T=QS=35\times0.029=10.15$kN	

滑车组倍率系数 S 值表

滑车组的绳数	有无轴套	转向滑车轮数(导向轮) 0	1	2	3	4	5
		钢丝绳滑车组倍率系数 S					
一绳一轮	有	1.04	1.08	1.12	1.17	1.22	1.27
	无	1.06	1.12	1.19	1.26	1.34	1.45
二绳二轮	有	0.54	0.56	0.58	0.61	0.63	0.66
	无	0.55	0.59	0.63	0.67	0.71	0.75
三绳三轮	有	0.37	0.39	0.41	0.42	0.44	0.45
	无	0.38	0.40	0.42	0.45	0.47	0.50
四绳四轮	有	0.28	0.29	0.30	0.31	0.32	0.33
	无	0.29	0.31	0.33	0.35	0.37	0.39
五绳五轮	有	0.22	0.23	0.24	0.25	0.26	0.27
	无	0.24	0.25	0.27	0.28	0.29	0.32
六绳六轮	有	0.19	0.20	0.20	0.21	0.22	0.23
	无	0.20	0.21	0.23	0.24	0.26	0.27

续上表

项目	钢绳穿绕方法示意图					说明		
滑车组倍率系数 S 值表	滑车组的绳数	有无轴套	转向滑车轮数(导向轮)					
			0	1	2	3	4	5
			钢丝绳滑车组倍率系数 S					
	七绳七轮	有	0.17	0.18	0.18	0.19	0.19	0.20
		无	0.18	0.19	0.20	0.21	0.23	0.24
	八绳八轮	有	0.15	0.16	0.16	0.17	0.18	0.18
		无	0.16	0.17	0.18	0.19	0.20	0.22
	九绳九轮	有	0.14	0.15	0.15	0.16	0.16	0.17
		无	0.15	0.16	0.17	0.18	0.19	0.20
	十绳十轮	有	0.13	0.14	0.14	0.15	0.15	0.16
		无	0.14	0.15	0.15	0.16	0.17	0.18
算例	【例】有一走八滑车组(双头牵引),轮轴有轴套。吊起重力为500kN,求双头各需拉力若干? $T_1 = T_2 = \frac{500}{2} \times 0.16 = 40\text{kN}$							

链滑车规格性能及其使用 表 9.9-12

	项目		WA_2	$WA_{2\frac{1}{2}}$	WA_5	WA_{10}	WA_{20}
WA型链滑车性能规格	起重能力(kN)		20	25	50	100	200
	起升高度(m)		2.5	2.5	3	3	3
	试验荷载(kN)		30	31.5	62.5	125	250
	两钩间最小高度(mm)		380	370	600	700	1 000
	满载时手链拉力(kN)		0.32	0.38	0.38	0.39	0.39
	起重链	行数	2	1	2	4	8
		圆钢直径(mm)	6	10	10	10	10
	主要尺寸	A	142	210	210	358	580
		B	120	160	160	160	186
		C	34	36	48	64	82
		D	142	210	210	210	210
	质　量(kg)		14	24	36	68	150
	起重高度每增1m应增加质量(kg)		2.5	3.1	5.3	9.7	19.4
	注:链滑车又称手拉葫芦或神仙葫芦						

链滑车的使用注意要点

1. 使用前须检查链滑车各部分有无损伤,吊挂绳索及支架横梁应绝对稳固。提升的起重量,不得超过允许起重能力。
2. 使用时应先将细链反拉,让粗链松弛,以便滑车有最大的提升余地。
3. 链滑车的使用,应以短距离的起重、移动或拉紧物体为限。
4. 一般情况起吊重物,如用于水平方向时,应在细链的入口处,垫物承托链系,以防发生障碍。
5. 起重时,须慢慢将其倒紧,待链滑车全部吃力后,经检查本身及其联系部分均无变化,方可继续工作,以保证安全。
6. 使用链滑车所需拉链的人数,按起重量大小可参考下列:

按链滑车起重量组织拉链人数

链滑车起重量(kN)	拉链人数(人)	链滑车起重量(kN)	拉链人数(人)
5~20	1	50~60	3
30~50	2	100~150	4

7. 链滑车的转动部位应予润滑,保持正常运转;并防止由于保管不善而引起锈蚀和链条裂坏等损伤,以及滑齿或制动失灵等的检查检修

链滑车规格性能及其使用 表 9.9-13

类型	型号	顶升能力(kN)	最低高度(mm)	起升高度(mm)	手柄长(mm)	操作人数(人)	操纵力(kN)	千斤顶质量(kg)
LQ型螺旋千斤顶	LQ5	50	250	130	600	1	0.13	7.5
	LQ10	100	280	150	600	1	0.32	37
	LQ15	150	320	180	700	1	0.43	35
	LQ30	300	395	200	1 000	2	0.60	27
	LQ30D	300	320	180	1 000	2	0.60	20
	LQ50	500	700	400	1 385	3	1.26	109
	HLQ50	500	765	350	1 900	3	0.92	184

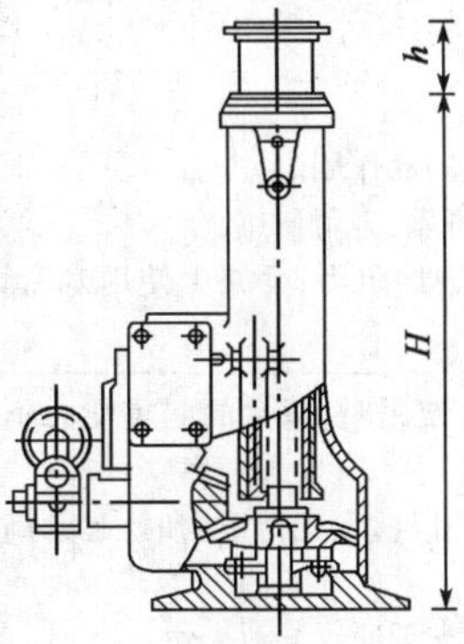

注:1. LQ5、LQ10、LQ15 型千斤顶为上海宝山千斤顶厂产品;其余为上海千斤顶厂产品。

2. HLQ50 为横移式螺旋千斤顶,如去底座亦可作垂直升降单独使用

类型	项目		Y63-01	TY63-02
齿条千斤顶	起重能力	静荷(kN)	150	150
		动荷(kN)	100	100
	最大起重高度(mm)		280	330
	每次顶升高度(mm)		12.7	15
	钩面最低高度(mm)		55	55
	机座尺寸(mm)		166×260	166×260
	外形尺寸(mm)		370×166×525	414×166×550
	总质量(kg)		26	25

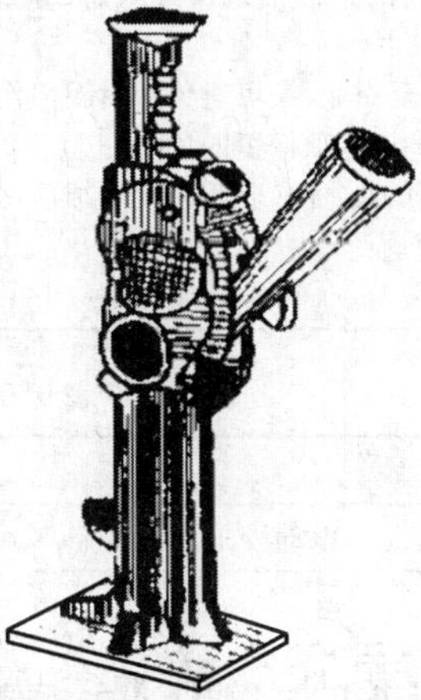

注:齿条千斤顶亦称齿杆千斤顶或起道(轨)机,有钢木壳三二种,木壳易于损坏,现已极少采用,表列系现行产品

类型	型号	起重能力(kN)	最低高度(mm)	起升高度(mm)	工作压力(MPa)	手柄长度(mm)	操作力(kN)	底座尺寸(mm)	千斤顶质量(kg)
液压千斤顶	YQ-3	30	200	130	44.3	620	0.23	130×80	3.8
	YQ-5	50	260	160	50.0	—	0.31	168×138	8
	YQ-8	80	240	160	57.8	620	0.36	140×110	7
	YQ-125	125	245	160	62.7	850	0.29	160×130	1~10
	YQ-16	160	250	160	67.4	850	0.27	17×140	13.8
	YQ-20	200	285	180	75.7	1 000	0.27	170×130	20
	YQ-30	300	290	180	72.4	1 000	0.34	204×160	30
	YQ-32	320	290	180	72.4	1 000	0.30	200×160	29
	YQ-50	500	300	180	78.6	1 000	0.30	230×190	43
	YQ-100	1 000	360	200	65.0	1 000	0.30	Φ222	123
	YQ-200	2 000	400	200	70.6	1 000	0.39	Φ314	227
	YQ-320	3 200	450	200	70.7	1 000	0.39	Φ394	435

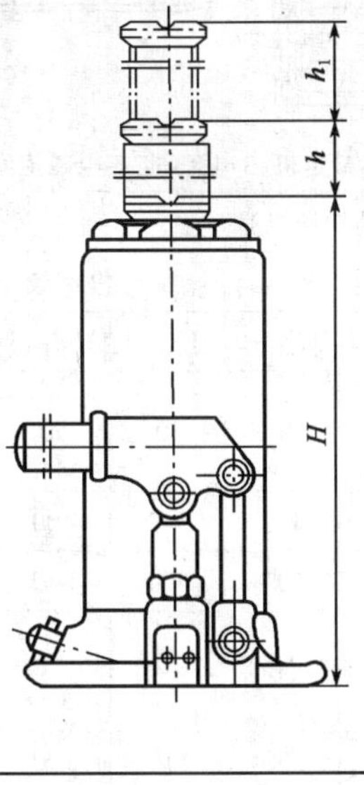

续上表

类型	简图、规格性能及使用
螺旋千斤顶的使用	1. 使用千斤顶时,底部必须放置平稳(垫平找正),不得倾斜,以防发生事故。 2. 应经常检查螺旋有无磨损,如磨损超过20%,不得使用。 3. 顶升重件时,应严格控制,不得超过所用千斤顶容许负荷,同时防止超高顶升规定高度,以策安全。 4. 传动部分须经常润滑,顶重时顶部垫枕木,防止滑动。 5. 放落重物下降千斤顶时,注意支垫重物,缓慢降落
齿条千斤顶的使用	1. 顶重时须将千斤顶垂直放置,并不得超高规定负荷,以确保安全。 2. 使用前应先检查制动齿轮式及制动装置的可靠程度,并确保顶重过程能起制动作用。 3. 要求齿条及齿轮无裂纹或断齿,手柄及其所有配件完整无缺,且连接正确可靠,方可使用。 4. 齿条及齿轮等部分须经常保持清洁,防止泥砂杂物阻滞齿条和齿轮部分,增加阻力,并减少使用寿命。为此,一定时期应即清洗涂油
液压千斤顶的使用	1. 选择千斤顶时,其顶重能力不得小于被顶物体质量。如以几台千斤顶联合使用时,每台的起重能力不得小于其计算荷载的1.2倍,防止因动作不齐形成个别千斤顶由于负荷过大而损坏。 2. 对于起落高度较大的作业,应尽量采用起升高度较大的千斤顶,起落过程中以枕木支持重物时,起升高度至少等于枕木厚度加枕木的弹性变形。 3. 操作时,千斤顶底座必须稳固可靠,并用厚钢板或枕木垫起千斤顶,以扩大支承面。 4. 液压千斤顶的贮液器(油箱)和液体,须经常保持清洁。防止混杂污油渣滓,形成活塞顶升阻碍,导致顶升缓慢,甚至发生故障。 5. 为防止长时间顶举或突然下降,必要时应在顶升部分做临时垫承,既能安全作业,又可避免密封圈损伤。 6. 顶升荷载应与千斤顶轴线方向一致,严防由于基底偏沉及荷载偏移而发生千斤顶偏歪的危险。 7. 每次起重活塞升起高度不得超过规定的起升高度,以防活塞全部顶出工作缸,损坏千斤顶或造成事故。当不清除技术规格时,其起升高度不得超过活塞总高的3/4,以策安全。 8. 手柄长度不得任意增长,不得强迫液压千斤顶超负荷作业

绞车常用锚碇装置形式尺寸表 表9.9-14

项目	简图、规格性能及使用
绞车的组成部分	手摇绞车 / 电动绞车

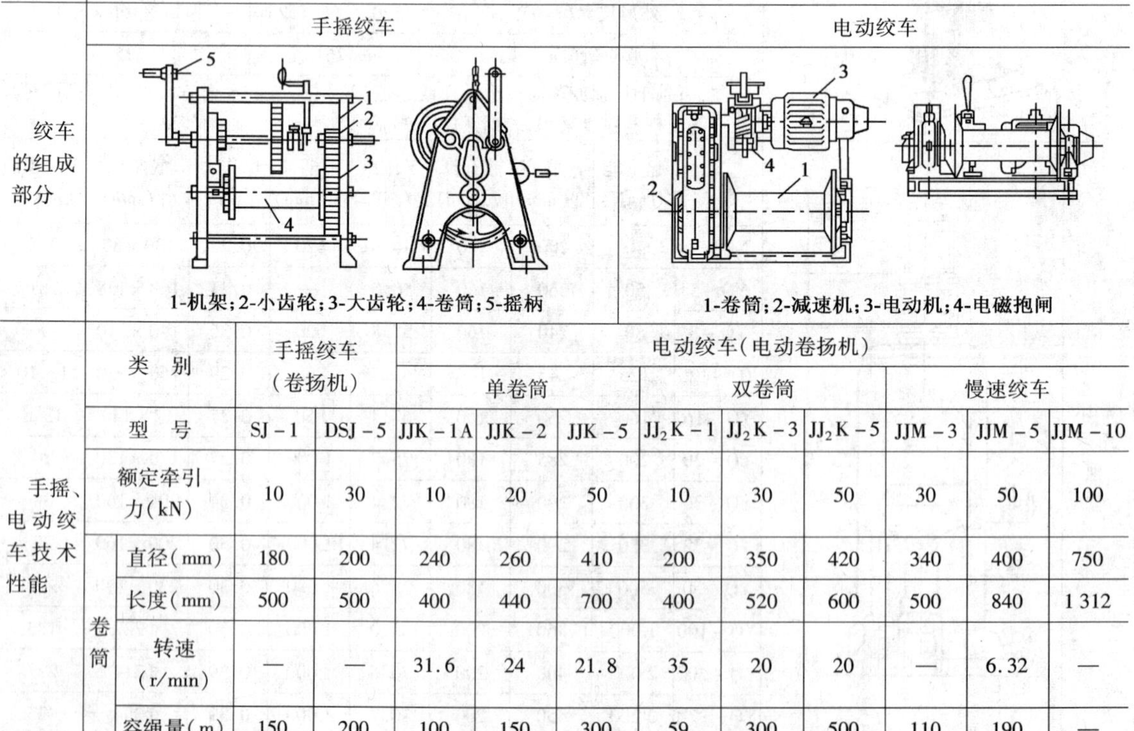

手摇绞车:1-机架;2-小齿轮;3-大齿轮;4-卷筒;5-摇柄

电动绞车:1-卷筒;2-减速机;3-电动机;4-电磁抱闸

项目		类别	手摇绞车(卷扬机)		电动绞车(电动卷扬机) 单卷筒			电动绞车(电动卷扬机) 双卷筒			电动绞车(电动卷扬机) 慢速绞车		
手摇、电动绞车技术性能		型号	SJ-1	DSJ-5	JJK-1A	JJK-2	JJK-5	JJ_2K-1	JJ_2K-3	JJ_2K-5	JJM-3	JJM-5	JJM-10
手摇、电动绞车技术性能		额定牵引力(kN)	10	30	10	20	50	10	30	50	30	50	100
手摇、电动绞车技术性能	卷筒	直径(mm)	180	200	240	260	410	200	350	420	340	400	750
手摇、电动绞车技术性能	卷筒	长度(mm)	500	500	400	440	700	400	520	600	500	840	1 312
手摇、电动绞车技术性能	卷筒	转速(r/min)	—	—	31.6	24	21.8	35	20	20	—	6.32	—
手摇、电动绞车技术性能	卷筒	容绳量(m)	150	200	100	150	300	59	300	500	110	190	—

续上表

项 目		简图、规格性能及使用										
手摇、电动绞车技术性能	钢丝绳直径(mm)	11	15.5	12.5	15	23.5	13	17	22	15.5	24	31
	钢丝绳速度(m/min)	—	—	30	25.3	36.6	26.5	27.5	32	7.95	8.7	8.5
	总速比	18.9	26.4	—	28.4	44	—	48	48	100	113	348
	电动机 功率(kW)	—	—	7	11	40	7	28	40	7.5	11	22
	电动机 转速(r/min)	—	—	1 450	685	960	1 440	960	960	702	715	723
	外形尺寸 长(mm)	1 490	1 813	1 060	1 660	1 884	1 800	2 460	2 700	1 570	1 820	3 840
	外形尺寸 宽(mm)	775	863	720	1 443	743	1 500	1 880	2 220	1 460	1 800	2 305
	外形尺寸 高(mm)	990	1 265	900	129	890	1 000	1 165	1 390	1 070	1 037	1 798
	自重(kg)	216	525	560	1 200	—	1 100	2 781	5 430	1 100	1 700	9 500

项 目	简图、规格性能及使用
绞车用途	绞车是多种起重、运输设备和吊装机械的主要组成部分,同时又是可单独升降或拖移重物且应用广泛的卷扬机械,故绞车亦称卷扬机。安装作业中,绞车经常用以起吊、移运预制构件及拼装
手摇绞车的使用注意要点	1. 手摇绞车卷筒上的钢丝绳,必须从卷筒下方引出,以保证制动作用。 2. 卷筒与牵引绳索的方向应尽可能使之垂直,从而在卷筒上不致发生斜向卷绕,形成互相错叠挤压。因此,常在绞车前方设置导向(或称转向)滑车,以改变绳索牵引方向,并使之与卷筒轴线成直角。 3. 绞车必须锚固稳定,不使滑动或倾覆。对于绞车的临时锚固,可采用平衡压重或利用桩锚等,参见有关图表。 4. 绞车固定位置的选择,应使操作人员能清晰地看到起吊或移运重物动态,以防发生事故。 5. 当吊起重物于悬空状态时,在未制动前,不得任意放松绞车的手柄。 6. 操作过程中,一经发现卷筒上的钢丝绳绕向不正,必须随时停车加以校正后,方可继续工作。 7. 手摇绞车,须在齿轮上加设防护罩,以策安全。 8. 绞车每次工作停止后,必须将手柄取下,放入工具箱中,以防发生意外事故
电动绞车的使用注意要点	1. 开车前,须先检查绞车的装置是否牢固,转动部分及齿轮传动处是否有防护装置。 2. 电动绞车应该接地,接地工作须由电工负责进行。 3. 必须注意检验绞车制动器的准确性及灵敏程度。 4. 电动绞车的操作者,应戴胶皮手套和穿绝缘胶鞋进行工作。 5. 应严密注意勿使钢丝绳触及焊接的导电线或其他带有电源的导线,并同时防止钢丝绳扭结。 6. 电动绞车一般采用(麻芯)的钢丝绳,钢丝绳与滑车或绞车卷筒的直径关系,应满足相要求。 7. 不允许使用被折断后连接起来的钢丝绳,以防事故。 8. 供应电动绞车的电源线,应采用外包绝缘材料的绝缘导线。 9. 电动绞车断电后,应拆去导线,因为导线有可能仍然带电。 10. 应控制起吊重物的质量,不得起负荷,但在作荷载试验时,允许以 3 ~ 5 倍安全荷载的质量,吊起 0.5 ~ 1.0m(最大不超过 1m),检验绞车和制动装置的可靠性

常用锚碇装置形式尺寸表 表 9.9-15

项 目	简图、规格性能及使用
锚碇用途	在架设安装工程汇总,锚碇是为固定滑车组、绞车、缆风绳等所必需。除在吊装现场附近可充分利用牢靠的建筑物或永久性构筑物(当有可靠保证不影响原建、构筑物时)作固定外,绝大多数情况下,须设置临时地锚或地垄木锚碇。因其直接关系到安全作业,故应予以足够的重视

续上表

项目			简图、规格性能及使用								
桩锚形式及标准尺寸	锚桩简图		（锚桩简图：单桩 1；双桩 2、1；三桩 3、2、1。标注 P、R_1、c_1、c_2、a_2、a_3、b_1、b_2、b_3、d_1、d_2、d_3）								
	桩锚标准尺寸	允许拉力 P(kN)	10	15	20	30	40	50	60	80	100
		木桩根数	1			2			3		
		木桩直径(cm) 第1根	18	20	22	22	25	26	28	30	33
		木桩直径(cm) 第2根	—	—	—	20	22	24	22	25	26
		木桩直径(cm) 第3根	—	—	—	—	—	—	20	22	24
		土最小允许压力(MPa)	0.15	0.20	0.28	0.15	0.20	0.28	0.15	0.20	0.28
		注：桩式锚碇打入桩土深度≥1.5m，按受力大小可单桩或2～3排桩									

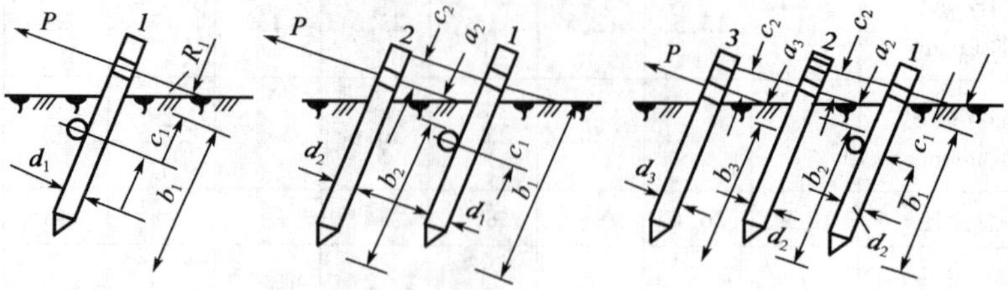

项目		简图、规格性能及使用							
地垄木锚碇形式及规格尺寸	常用地垄木简图	拉力在30kN以下：回填土逐层夯实；α=30°；H；钢丝绳或钢筋；地垄木1根				拉力在30kN以下：回填土逐层夯实；α=30°；H；钢丝绳或钢筋；地垄木3根			
		拉力在100kN以下：回填土逐层夯实；α=30°；H；压板；钢丝绳；地垄木3根；捆紧铅丝；钢垫板；压板；钢丝绳				拉力在400kN以下：回填土逐层夯实；α=30°；H；柱木；挡木；钢丝绳；压板；地垄木3根；柱木；钢垫板；约30°；β；钢丝绳；挡木			
	常用地垄木尺寸 锚碇承受拉力(kN)	28	50	75	100	150	200	300	400
	钢丝绳与地面夹角 α	30°	30°	30°	30°	30°	30°	30°	30°
	地垄木(ϕ=24cm) 根数×长度(cm)	1×250	3×250	3×320	3×300	3×270	3×150	4×400	4×400
	埋深 H(m)	1.70	1.70	1.80	2.20	2.50	2.75	2.75	3.50
	地垄木上系绳点数	1	1	1	1	2	2	2	2
	挡木(ϕ=24cm) 根数×长度(cm)	无	无	无	无	4×270	4×350	5×400	5×400
	柱木，根数×长度×直径(ϕ=cm)	—	—	—	—	2×120×ϕ20	2×120×ϕ20	4×150×ϕ22	4×150×ϕ22
	压板，密排 ϕ10cm 圆木，长(cm)×宽(cm)	—	—	80×320	80×320	140×270	140×350	150×400	150×400
	注：本表计算依据为：回填土密度=1 600kg/m^3，土坰内摩擦角45°，木材允许应力11MPa								

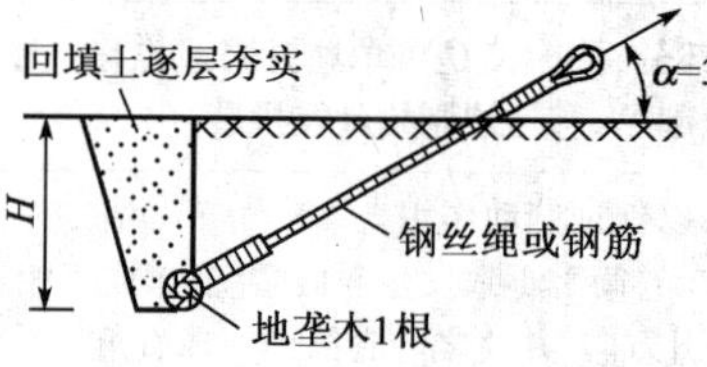

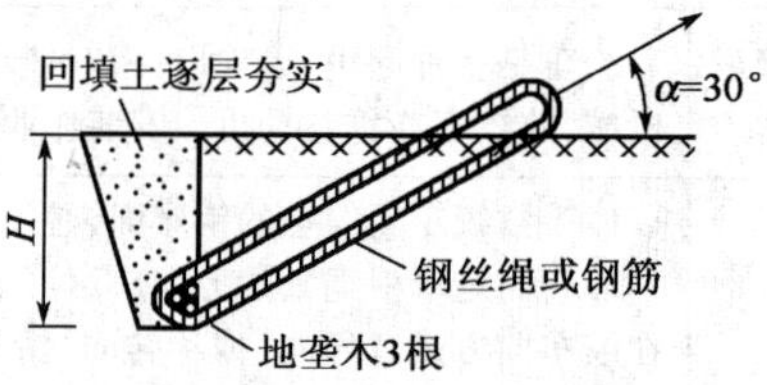

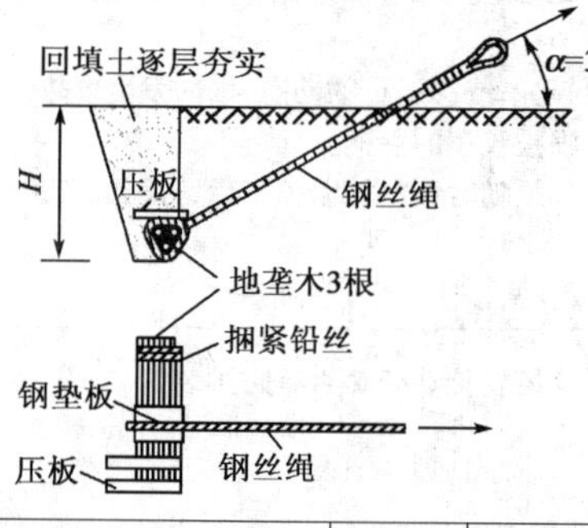

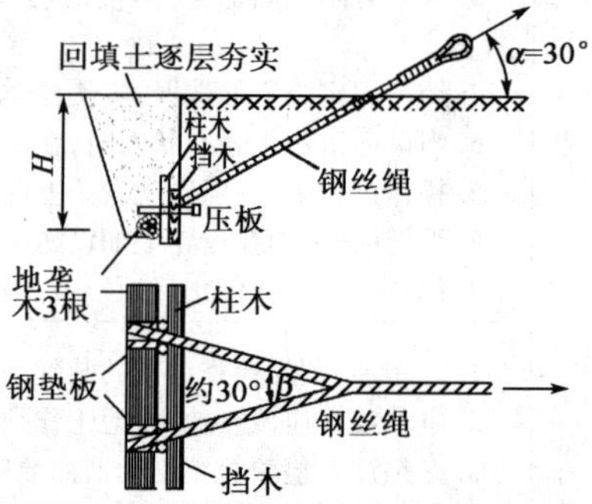

M 型万能杆件主要杆件、板件图　　表 9.9-16

万能杆件称号有很多种,北京杆件、甲型、M 型杆件(简称 M 系列),其弦杆 N1 为∟ 120×120×10。苏式杆件、乙型、西乙型、N 型(简称 N 系列),其弦杆 N1 为∟ 100×100×12。不同类型万能杆件结构和拼装形式基本相同,部分缀板、螺栓直径稍有差异,钢材有 Q235、Q345(16Mn)等不同材质。

近年来,部分新加工的万能杆件,如采用北京杆件系列时,没有∟ 120×120×10 的型钢,其 N1 直接采用∟ 125×125×10(2 437mm^2)加工,采用 Q235 号钢,截面比原∟ 120×120×10(2 330mm^2)略大 5%,从承载能力上可以直接按北京杆件系列取用,在设计含 N1 弦杆的支承节点时应考虑与标准北京杆件系列有一定的误差。《桥涵》下册列出了西乙型万能杆件的图和及力学性能,下图为 M 型万能杆件图

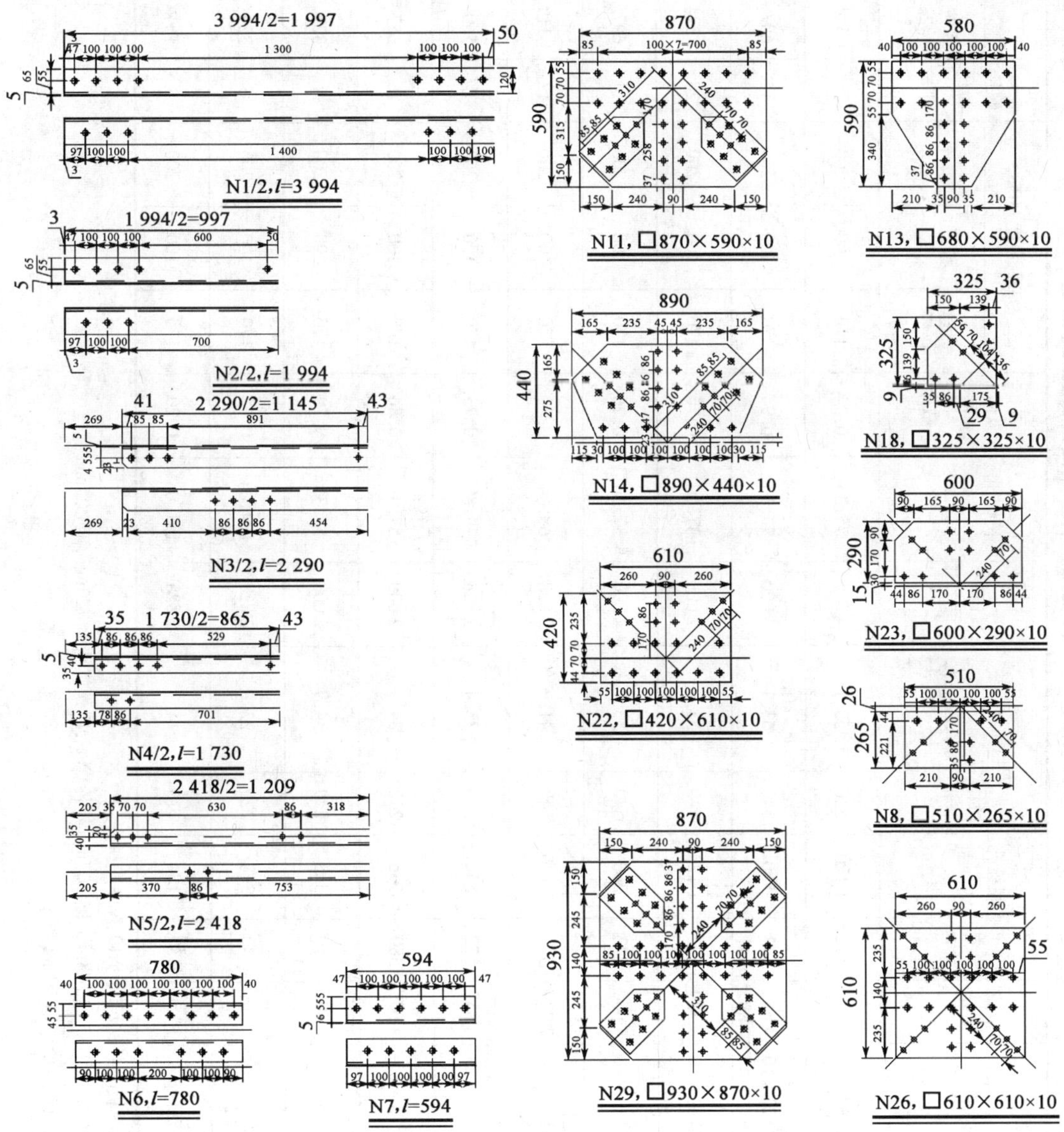

1. 图中螺栓孔分别为 ϕ28mm、ϕ23mm;2. 图中未标识尺寸可根据对称原则计算;3. 斜角线均为 45°;4. 图中尺寸单位为 mm;5. 图中"l = 3 994","l"指总长度

M型万能杆件截面面积及力学性能

表9.9-17

构件名称	规格	全截面积 A	螺栓面积	螺栓孔减少面积 A_H	挤压面积	回转半径 $r=\sqrt{\frac{I}{A}}$	自由长度 l_p	长细比 $\lambda=\frac{l_p}{r}$	纵向弯曲系数 φ	Q235强度 MPa			螺栓剪切面	容许外力 kN				连接控制
										拉压	螺栓抗剪	螺栓挤压		受拉 S_p	受压 S_c	螺栓抗剪	孔壁承压	
4N1	4L120×120×10	9 320	572	1 120	540	53.1	4 000	75.33	0.94	170	100	200	28	1 394	1 481	1 602	1 512	14个螺栓双剪
2N1	2L120×120×10	4 660	572	560	540	53.1	4 000	75.33	0.94	170	100	200	14	697	741	801	1 512	14个螺栓单剪
4N2	4L120×120×10	9 320	572	1 120	540	53.1	2 000	37.66	0.76	170	100	200	28	1 394	1 203	1 602	1 512	10个螺栓双剪
2N2	2L120×120×10	4 660	572	560	540	53.1	2 000	37.66	0.76	170	100	200	14	697	601	801	1 512	10个螺栓单剪
4N3	4L100×100×10	7 704	572	1 120	540	41.2	2 828	68.64	0.80	170	100	200	12	1 119	1 044	687	648	6个螺栓双剪
2N3	2L100×100×10	3 852	572	560	270	35.4	2 828	79.89	0.73	170	100	200	6	560	479	343	324	6个螺栓单剪
4N4	4L75×75×8	4 601	380	736	220	34.9	2 000	57.31	0.86	170	100	200	16	657	669	608	352	8个螺栓双剪
2N4	2L75×75×8	2 301	380	368	220	34.9	2 000	57.31	0.79	170	100	200	8	329	309	304	352	8个螺栓单剪
2N5	2L75×75×8	2 301	380	368	220	22.8	2 828	124.04	0.44	170	100	200	6	329	172	228	132	3个螺栓双剪
N5	L75×75×8	1 150	380	184	176	14.8	2 828	191.08	0.20	170	100	200	3	164	38	114	106	3个螺栓单剪

注：1. 螺栓、填板、加强板、N6、N19、N20应拼齐。

2. N1、N2、N3螺栓孔为 ϕ28mm，配 ϕ27mm 螺栓，N4、N5螺螺孔为 ϕ23mm，配 ϕ22mm 螺栓。

3. 尺寸、面积单位分别为 mm 和 mm^2。

表 9.9-18

西乙型万能杆件截面面积及力学性能

构件名称	规格	全截面积 A	螺栓面积	螺栓孔减少面积 A_H	挤压面积	回转半径 $r=\sqrt{\frac{I}{A}}$	自由长度 l_p	长细比 $\lambda=\frac{l_p}{r}$	纵向弯曲系数 φ	Q235 强度(MPa)			剪切面	容许外力(kN)				连接控制
										拉压	螺栓抗剪	螺栓挤压		受拉 S_p	受压 S_c	螺栓抗剪	孔壁承压	
4N1	4L100×100×12	9 120	572	1 344	810	45.6	4 000	87.72	0.54	200	120	200	20	1 555	985	1 373	1 620	10 个螺栓双剪
2N1	2L100×100×12	4 560	572	672	810	45.6	4 000	87.72	0.54	200	120	200	10	778	492	687	810	10 个螺栓单剪
4N2	4L100×100×12	9 120	572	1 344	810	45.6	2 000	43.86	0.86	200	120	200	20	1 555	1 563	1 373	1 620	10 个螺栓双剪
2N2	2L100×100×12	4 560	572	672	810	45.6	2 000	43.86	0.86	200	120	200	10	778	782	687	810	10 个螺栓单剪
4N3	4L100×100×12	9 120	572	1 344	648	45.6	2 828	62.02	0.75	200	120	200	12	1 555	1 370	824	778	6 个螺栓双剪
2N3	2L100×100×12	4 560	572	672	324	45.6	2 828	62.02	0.75	200	120	200	6	778	685	412	389	6 个螺栓单剪
4N4	4L75×75×8	4 601	380	736	220	34.9	2 000	57.31	0.78	200	120	200	24	773	720	1 094	528	12 个螺栓双剪
2N4	2L75×75×8	2 301	380	368	220	34.9	2 000	57.31	0.78	200	120	200	12	387	360	547	528	12 个螺栓单剪
2N5	2L75×75×8	2 301	380	368	220	22.8	2 828	124.04	0.32	200	120	200	6	387	145	274	132	3 个螺栓双剪
N5	L75×75×8	1 150	380	184	176	22.8	2 828	124.04	0.32	200	120	200	3	193	73	137	422	3 个螺栓单剪

注:1. 螺栓、填板、加强板、N6、N19、N20 应拼齐;

2. N1、N2、N3 螺栓孔为 ϕ28mm,配 ϕ27mm 螺栓,N4、N5 螺螺孔为 ϕ23mm,配 ϕ22mm 螺栓。

3. 尺寸、面积单位分别为 mm 和 mm^2。

贝　雷　梁　　　表 9.9-19

概　述	贝雷梁广泛用于梁式结构,包括临时桥梁、支架横梁、挂篮主桁等,其拼装快捷,承载能力大,主要杆件材料为 16Mn,弦杆为 2[10,腹系杆为 I8,单片高 1.5m,长 3m,为全焊接结构,部分图纸如下
单片桁架	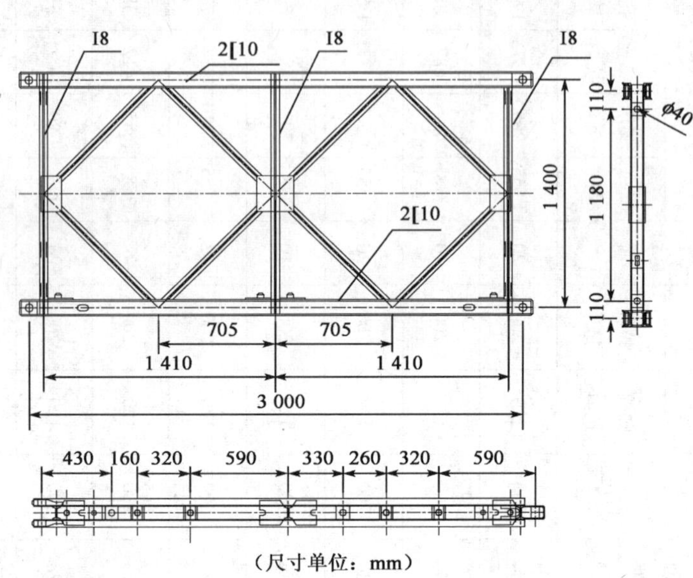 (尺寸单位：mm)
总装图	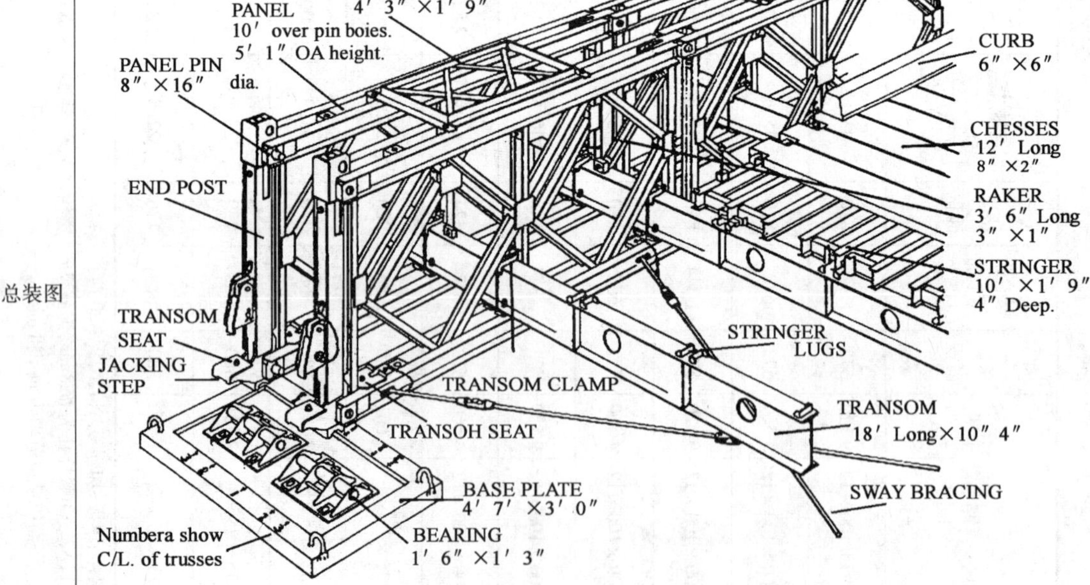 DIAGRAM OF DOUBLE TRUSS-SINGLE STOREY(DS)

续上表

桁架	

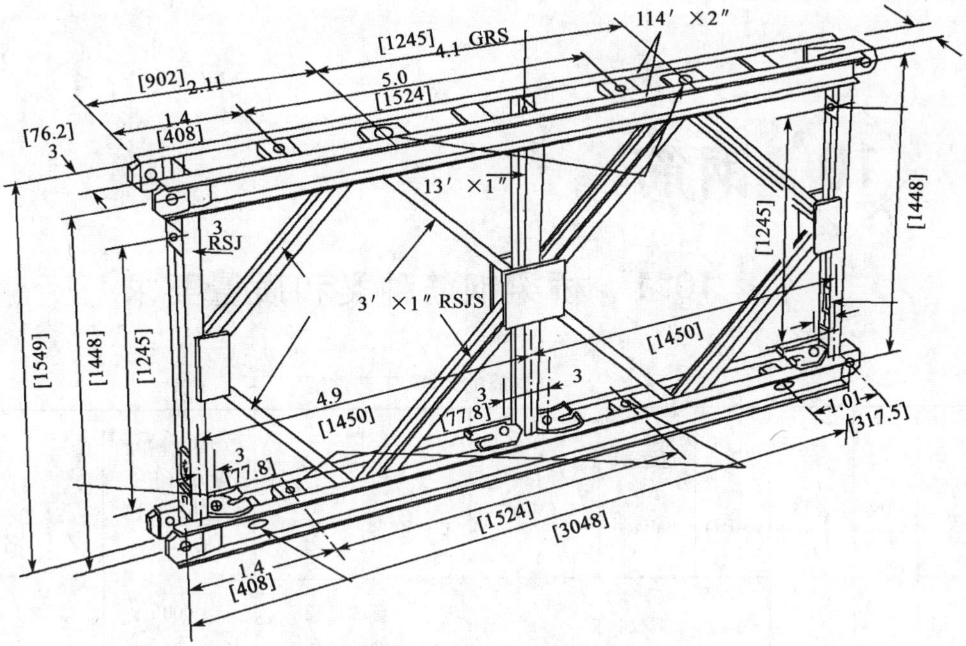

每节质量(kN)	装配程度＼构造	鼻架			单排单层		双排单层		三排单层		双排双层		三排双层		说明
		单排单层	双排单层	二排单层	不加强	加强	不加强	加强	不加强	加强	不加强	加强	不加强	加强	
	全部装齐	9.0	15.0	20.7	227	26.3	28.7	35.7	34.4	45.0	40.2	47.3	51.7	62.3	木桥面
	全部装齐				21.7	25.3	27.7	34.7	33.6	44.0	39.2	46.3	50.7	61.3	钢桥面

几何特性	结构构造＼几何特性		W(cm^3)	J(cm^4)
	单排单层	不加强	3 578.5	250 497.2
		加强	7 699.1	577 434.4
	双排单层	不加强	7 157.1	500 994.4
		加强	15 398.3	1 154 868.8
	三排单层	不加强	10 735.6	751 491.6
		加强	23 097.4	1 732 303.2
	双排双层	不加强	14 817.9	2 148 588.8
		加强	30 641.7	4 596 255.2
	三排双层	不加强	22 226.8	3 222 883.2
		加强	45 926.6	6 894 382
	注:表中数值为半边桥之值,全桥时应乘2			

桥梁内力	容许内力＼桥型	不加强桥梁					加强桥梁				
		单排单层	双排单层	三排单层	双排双层	三排双层	单排单层	双排单层	三排单层	双排双层	三排双层
	弯矩(kN·m)	788.2	1 576.4	2 246.4	3 265.4	4 653.2	1 687.5	3 375.0	4 809.4	6 750.0	9 618.8
	剪力(kN)	245.2	490.5	698.9	490.5	698.9	245.2	490.5	689.9	490.5	698.9

钢筋

10.1 桥梁钢筋种类和质量要求

钢筋的力学、工艺性能 表 10.1-1

品种	强度等级代号	公称直径(mm)	屈服点 σ_s (MPa)	抗拉强度 σ_b (MPa)	伸长率(%)		冷弯	反向弯曲 正弯 90° 反弯 20°	应力松弛初始应力相当于公称抗拉强度的 70%	备注
外形			不小于				d=弯芯直径 a=钢筋公称直径		1 000h 不大于(%)	
光圆钢筋	HPB235 (R235*)	6～22	235	370	A 25	A_{gt} 10	180° $d=a$	—	—	摘自《钢筋混凝土用钢 第 1 部分:热轧光圆钢筋》(GB 1499.1—2008)
光圆钢筋	HPB300	6～22	300	420	A 25	A_{gt} 10	180° $d=a$	—	—	
热轧带肋钢筋	HRB335	6～25 28～40 40～50	335	455	A 17	A_{gt} 7.5	180°, $d=3a$ $d=4a$ $d=5a$	$d=4a$ $d=5a$ $d=6a$	—	摘自《钢筋混凝土用钢 第 2 部分:热轧带肋钢筋》(GB 1499.2—2007)
热轧带肋钢筋	HRB400	6～25 28～40 40～50	400	540	σ_5 16	A_{gt} 7.5	180°, $d=4a$ $d=5a$ $d=6a$	$d=5a$ $d=6a$ $d=7a$	—	
热轧带肋钢筋	HRB500	6～25 28～40 40～50	500	630	σ_5 15	A_{gt} 7.5	180°, $d=6a$ $d=7a$ $d=8a$	$d=7a$ $d=8a$ $d=9a$	—	
冷轧带肋钢筋	CRB550	5～10	$\sigma_{0.2}$ 500	550	$A_{11.3}$ 8	—	180°, $d=3a$	—	—	摘自《冷轧带肋钢筋》(GB 13788—2008)
冷轧带肋钢筋	CRB650		$\sigma_{0.2}$ 585	650	—	A_{100} 4	—	—	8	
冷轧带肋钢筋	CRB800		$\sigma_{0.2}$ 720	800	—	A_{100} 4	—	—	8	
冷轧带肋钢筋	CRB970		$\sigma_{0.2}$ 875	970	—	A_{100} 4	—	—	8	

注:*《公路钢筋混凝土及预应力混凝土桥涵设计规范》JTG D60—2004 中,普通钢筋分为 R235、HRB335、HRB400、KL400,和本表略有不同,R235 对应于本表 HPB235。

一般规定要求

表 10.1-2

项　目	有关规定要求
钢筋性能	钢筋混凝土用的钢筋和预应力混凝土中的非预应力钢筋的力学性能必须符合表 10.1-1 的规定。 钢筋应有出厂质量保证书或试验报告单，并做机械性能试验。对桥涵所用的钢筋应抽取试样做力学性能试验
钢筋的验收、存放	钢筋必须按不同钢种、等级、牌号、规格及生产厂家分批验收、分别堆存，不得混杂，且应立牌标明以资识别。钢筋运输、存放，应避免锈蚀、污染，露天堆放时，应垫高并加遮盖
钢筋使用	钢筋外表有严重锈蚀、麻坑、裂纹夹砂和夹层等缺陷时，应予以剔除不得使用
钢筋代换	钢筋的类别和直径应按设计规定采用。以另一种强度牌号或直径的钢筋代替设计中所规定的钢筋时，应了解设计意图和代用材料性能，并需符合桥涵设计规范有关规定。 对于重要结构用的主钢筋，在代用时，应征得有关方面的同意
吊环钢筋的采用	预制构件的吊环钢筋，应采用未经冷拉的热轧光圆钢筋制作
进口钢筋的管理与使用	要加强对进口钢筋的管理，做到账物相符，并按国别、级别、规格、原捆分批堆放，不得混淆，存放期间应避免锈蚀和污染。 适用进口钢筋时，应严格遵守“先试验，后使用”的原则，严禁盲目使用

10.2 钢筋加工

钢筋加工时的注意要点

表 10.2-1

项　目	加工注意要点
钢筋调直和清除污锈	1. 钢筋的表面应洁净，使用前应将表面油渍、漆皮、鳞锈等清除干净。 2. 钢筋应平直，无局部弯折，成盘的钢筋和弯曲的钢筋均应调直。 3. 采用冷拉方法调直钢筋时，光圆钢筋的冷拉率不宜大于 2%；HRB335、HRB400 牌号钢筋的冷拉率不宜大于 1%
钢筋配料要求	钢筋加工配料时，要准确计算钢筋长度，如有弯钩或弯起钢筋，应加其长度，并扣除钢筋弯曲成型的延伸长度，拼配钢筋实际需要长度。同直径同钢号不同长度的各种钢筋编号（设计编号）应先按顺序填写配料表，再根据调直后的钢筋长度，统一配料，以便减少钢筋的断头废料和焊接量
受力主筋制作和末端弯钩形状	钢筋的弯起和末端弯钩应符合设计要求，如设计无规定时，应符合下列规定[《公路桥涵施工技术规范》（JTG/T F50—2011）]

续上表

项　目	加工注意要点						
	弯曲部位	弯曲角度	形状图	钢筋种类	公称直径 d(mm)	弯曲直径 D	平直段长度
受力主筋制作和末端弯钩形状	末端弯钩	180°	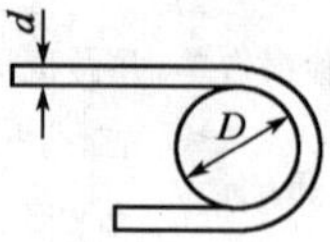	HPB235 HPB300	6～22	≥2.5d	≥3d
		135°	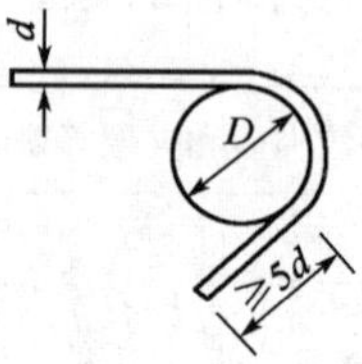	HRB335	6～25	≥3d	≥5d
					28～40	≥4d	
					50	≥5d	
				HRB400	6～25	≥4d	
					28～40	≥5d	
					50	≥6d	
				RRB400	8～25	≥3d	
					28～40	≥4d	
		90°	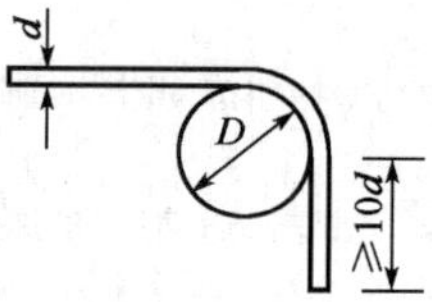	HRB335	6～25	≥3d	≥10d
					28～40	≥4d	
					50	≥5d	
				HRB400	6～25	≥4d	
					28～40	≥5d	
					50	≥6d	
				RRB400	8～25	≥3d	
					28～40	≥4d	
	中间弯折	90°以下	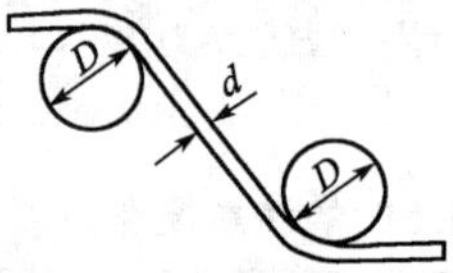	各种钢筋	—	≥20d	—
	注：环氧树脂涂层钢筋当进行弯曲加工时，对直径 d 不大于20mm 的钢筋，其弯曲直径不应小于4d；对直径 d 大于20mm 的钢筋，其弯曲直径不应小于6d，直线段长度不应小于5d						

项　目	钢筋末端弯钩角度和形状		有关规定
钢筋末端的弯钩形式	90°/180°	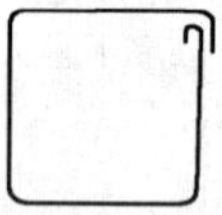 a)	箍筋的末端应做弯钩，弯钩的形状应符合设计规定。弯钩的弯曲直径应大于被箍受力主钢筋的直径，且HPB235级钢筋应不小于箍筋直径的2.5倍，HRB335级钢筋应不小于箍筋直径的4倍。弯钩平直部分的长度，一般结构应不小于箍筋直径的5倍；有抗震要求的结构，应不小于箍筋直径的10倍。设计对弯钩的形状未规定时，可按左图a)、b)加工；有抗震要求的结构，应按左图c)加工
	90°/90°	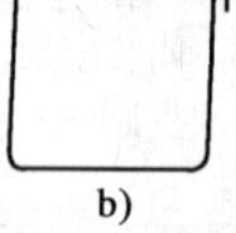 b)	
	135°/135°	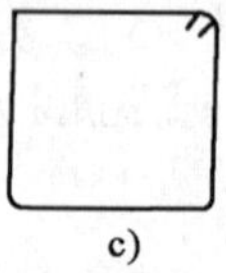 c)	

续上表

项 目	加工注意要点
弯曲钢筋应先做样板	弯曲钢筋时，应先反复修正并完全符合设计的尺寸和形状，作为样板（筋）使用，然后进行正式加工生产
机弯钢筋时不应任意逆转	弯筋机弯曲钢筋时，在钢筋弯到要求角度后，先停机再逆转取下弯好的钢筋，不得在及其向前运转过程中，立即逆向运转，以免损坏机器
钢筋加工后的存放	弯曲后的钢筋存放时，应注意下列要求： 1. 钢筋成型后，应详细检查尺寸和形状，并注意有无裂纹。 2. 同一类型钢筋应存放在一起，一种形式弯完后，应捆绑好，并挂上编号标签，写明钢筋规格尺寸，必要时还应注明使用的工程名称。 3. 成型的钢筋，如需二根扎结形式或焊接者，应捆在一起。 4.. 弯曲成型的钢筋在运输时，应谨慎装卸，避免变形，存放时要避免雨淋受潮生锈以及其他有害气体的腐蚀

弯起钢筋长度计算表 表 10.2-2

弯起钢筋形状	$S=2h_a$，$\alpha=30°$，h_a，$l=1.732h_a$		$S=1.414h_a$，$\alpha=45°$，h_a，$l=h_a$		$S=1.15h_a$，$\alpha=60°$，h_a，$l=0.58h_a$	
弯起高度 h_a(mm)	$\alpha=30°$		$\alpha=45°$		$\alpha=60°$	
	底长 l(cm)	斜长 s(cm)	底长 l(cm)	斜长 s(cm)	底长 l(cm)	斜长 s(cm)
100	17	20	10	14	6	12
150	25	30	15	21	9	17
200	36	40	20	28	12	23
230	40	46	23	32	13	26
250	43	50	25	35	15	29
280	48	56	28	39	16	32
300	52	60	30	42	17	35
330	57	66	33	47	19	38
350	61	70	35	49	20	40
380	66	76	38	54	22	44
400	69	80	40	56	23	46
430	74	86	43	61	25	49
450	78	90	45	63	26	52
480	83	96	48	68	28	55
500	87	100	50	71	29	58

续上表

弯起高度 h_a(mm)	α=30°		α=45°		α=60°	
	底长 l(cm)	斜长 s(cm)	底长 l(cm)	斜长 s(cm)	底长 l(cm)	斜长 s(cm)
530	92	106	53	75	31	61
550	95	110	55	78	32	63
580	100	116	58	82	34	67
600	104	120	60	85	35	69
630	109	126	63	89	37	72
650	112	130	65	92	38	75
680	118	136	68	96	39	78
700	121	140	70	99	41	81
730	126	146	73	103	42	84
750	130	150	75	106	44	86
780	135	156	78	110	45	90
800	139	160	80	113	46	92
850	147	170	85	120	49	98
900	156	180	90	127	52	104
950	164	190	95	134	55	109
1 000	173	200	100	141	58	115
1 050	182	210	105	148	61	121
1 100	190	220	110	1 550	64	127
1 150	199	230	115	162	67	132
1 200	208	240	120	169	70	138
1 250	216	250	125	176	73	141
1 300	225	260	130	180	75	147
1 380	238	276	138	194	80	159
1 450	250	290	145	205	84	167

梁板钢筋弯起钢筋增加长度表 表 10.2-3

钢筋直径(mm)	两端弯钩增加长度	板厚或梁高	弯起净空	α=30°	α=45°	α=60°
				每端增加长度(cm)		
	(cm)			$0.27h_a$	$0.41h_a$	$0.57h_a$
6	8	10	7	2	3	4
8	10	12	9	2	4	5
9	12	14	11	3	5	6

续上表

钢筋直径(mm)	两端弯钩增加长度	板厚或梁高	弯起净空	α=30°	α=45°	α=60°
				每端增加长度(cm)		
	(cm)			$0.27h_a$	$0.41h_a$	$0.57h_a$
10	12	16	13	3	5	8
12	15	25	20	5	8	12
14	18	35	30	8	12	17
16	20	45	40	11	17	23
18	22	55	50	13	21	29
19	24	60	55	15	23	32
20	25	65	60	16	25	35
22	28	75	70	19	29	40
25	32	90	85	23	35	49
28	35	100	95	25	39	55
32	40	120	115	31	48	66
36	45	140	135	36	56	78
40	50	160	155	42	64	89

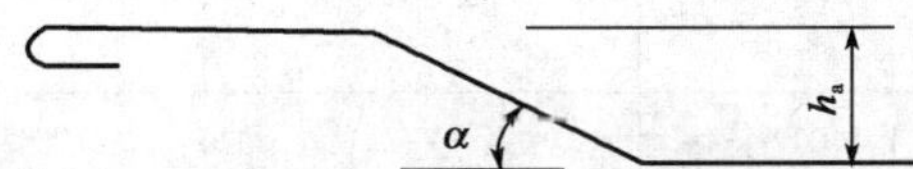

注:1. 混凝土保护层,板为25mm。2. 表面 h_a 栏系减去保护层弯起钢筋的净高度(cm)

机械传动式钢筋切断机主要技术性能表　　表10.2-4

形式		卧式						立式
型号	新	GQ40	GQ40	GQ40	GQ40	GQ40	GQ32	GQ40L
	旧	GJ5-40	GJ40-1	GJ40-2	GJ40-A	GJ40-B	GJ-32	—
切断钢筋直径(mm)		6~40	6~40	6~40	6~40	6~40	32	40
切断最大角钢(mm)		—	—	—	—	—	L50×50×6	—
切断最大扁钢(mm)		8×14	—	—	—	—	80×10	—
切断最大方钢(mm)		35	—	—	—	—	—	—
每分钟切断次数		32	28	32	28	28	40	38
电动机	型号	Y132M-4	Y132S-4	Y132S-4	Y132S-4	Y132S-4	JO2-32-2	Y100L2-4-B2
	功率(kW)	7.5	5.5	5.5	5.5	5.5	3	3
	转速(r/min)	1 440	1 440	1 440	1 440	1 440	2 860	1 420
外形尺寸	长(mm)	1 700	1 485	1 720	1 440	1 620	1 650	685
	宽(mm)	695	615	630	580	580	520	575
	高(mm)	828	750	790	760	760	750	984
总质量(kg)		970	670	700	670	670	438	650

液压传动式钢筋切断机主要技术性能表 表 10.2-5

形式	电动	手动	手动	
型号	DYJ-32	SYJ-16	GQ-12	GQ-20
切断钢筋直径(mm)	8 ~ 32	16	6 ~ 12	6 ~ 20
工作总压力(kN)	320	80	100	150
活塞直径(mm)	95	36	—	—
最大行程(mm)	28	30	—	—
液压泵柱塞直径(mm)	12	8	—	—
单位工作压力(MPa)	45.5	79	34	34
液压泵输油率(L/min)	4.5	—	—	—
压杆长度(mm)	—	438	—	—
压杆作用力(N)	—	220	—	—
储油量(kg)	—	35	—	—
电动机 型号	Y 型	—	单相串激	单相串激
电动机 功率(kW)	3	—	0.567	0.750
电动机 转速(r/min)	1 440	—	—	—
外形尺寸 长(mm)	889	680	367	420
外形尺寸 宽(mm)	396	—	110	218
外形尺寸 高(mm)	398	—	185	130
总质量(kg)	145	6.5	7.5	14

常用钢筋调直机主要技术性能表 表 10.2-6

性能参数	型号		
	GT4-8	GT4-14	数控钢筋调直切断机
调直钢筋直径(mm)	4 ~ 8	4 ~ 14	4 ~ 8
自动切断长度(m)	0.3 ~ 6.0	0.3 ~ 7.0	<10
调直速度(m/min)	40	30 ~ 54	30
调直筒转速(r/min)	2 800	1 80	—
调直用电动机型号	JO_2-42-4	JO_2-41-4	JO_2-31-4
功率(kW)	5.5	4	2.2
转速(r/min)	1 440	1 440	1 430
曳引轮直径(mm)	90	110	—
曳引轮转速(r/min)	142	—	—

续上表

性能参数		型号		
		GT4-8	GT4-14	数控钢筋调直切断机
剪切刀数目(对)		—	3	—
切断用电机型号		—	JO_2-52-8	JO_2-31-4
功率(kW)		—	5.5	2.2
转速(r/min)		—	710	1 430
最大切断数量(根/h)		—	—	4 000
根数控制范围(根)		—	—	9 999
光电脉冲频率		—	—	500
计数器接受频率		—	—	<1 000
三相制动电磁铁型号		—	—	MZS_1A-80H
切断长度误差(mm)		<3	3	<2
外形尺寸(mm)	长	7 250	8 860	—
	宽	550	1 010	—
	高	1 220(1 150)	1 365	—
总质量(kg)		1 000(700)	1 420	—

常用钢筋弯曲机、弯箍机主要技术性能表 表 10.2-7

类别		弯曲机			弯箍机	
型号		GW40(GC40)	GW32	GJB_7-40	$SGWK_B$B	GJG12/4
弯曲钢筋直径(mm)		6~40	32(最大)	6~40	4~8	4~12
工作盘直径(mm)		350	360	350	—	—
工作盘转速(r/min)		3.7,7.2,14	10/20	3.7,5.8,8.9,14	18	18
弯箍次数(次/h)		—	—	—	270~300	1 080
电动机	型号	$Y100L_2$-4	$YEJ100L_1$-4	$JO_3$100L-4	Y112M-6	YA100-4
	功率(kW)	3	2.2	3	2.2	2.2
	转速(r/min)	1 430	1 420	1 430	940	1 420
外形尺寸(mm)	长	898	875	870	1 560	1 280
	宽	774	615	760	650	810
	高	728	945	710	1 550	790
总质量(kg)		448	340	435	800	—

10.3 钢筋连接

钢筋连接的有关规定　　表 10.3-1

项目	钢筋接头有关规定和要求
钢筋的焊接与绑扎接头要求	（见下文）

1. 钢筋的连接宜采用焊接接头或机械连接接头。绑扎接头仅当钢筋构造复杂施工困难时方可采用，绑扎接头的钢筋直径不宜大于28mm，对轴心受压和偏心受压构件中的受压钢筋可不大于32mm；轴心受拉和小偏心受拉构件不应采用绑扎接头。

2. 受力钢筋的连接接头应设置在内力较小处，并应错开布置。对焊接接头和机械连接接头，在接头长度区段内，同一根钢筋不得有两个接头；对绑扎接头，两接头间的距离应不小于1.3倍搭接长度。

3. 钢筋的焊接接头宜采用闪光对焊，或采用电弧焊、电渣压力焊或气压焊，但电渣压力焊仅可用于竖向钢筋的连接，不得用作水平钢筋和斜筋的连接。钢筋焊接的接头形式、焊接方法和焊接材料应符合现行行业标准《钢筋焊接及验收规程》(JGJ 18)的规定。

4. 每批钢筋焊接前，应先选定焊接工艺和焊接参数，按实际条件进行试焊，并检验接头外观质量及规定的力学性能，试焊质量经检验合格后方可正式施焊。焊接时，对施焊场地应有适当的防风、雨、雪、严寒的设施。

5. 电弧焊宜采用双面焊缝，仅在双面焊无法施焊时，方可采用单面焊缝。采用搭接电弧焊时，两钢筋搭接端部应预先折向一侧，两接合钢筋的轴线应保持一致；采用帮条电弧焊时，帮条应采用与主筋相同的钢筋，其总截面面积不应小于被焊接钢筋的截面面积。电弧焊接头的焊缝长度，对双面焊缝不应小于$5d$，单面焊缝不应小于$10d$（d为钢筋直径）。电弧焊接与钢筋弯曲处的距离不应小于$10d$，且不宜位于构件的最大弯矩处。

6. 钢筋的机械连接宜采用镦粗直螺纹、滚轧直螺纹或套筒挤压连接接头。镦粗直螺纹和滚轧直螺纹连接接头适用于直径大于或等于25mm的HRB335、HRB400级热轧带肋钢筋；套筒挤压连接接头适用于直径16～40mm的HRB335、HRB400级热轧带肋钢筋。各类接头的性能均应符合现行行业标准《钢筋机械连接技术规程》(JGJ 107)的规定，并应符合下列规定：

(1) 钢筋机械连接接头的等级选用Ⅰ级或Ⅱ级，接头的性能指标应符合新桥规附录A2的规定。

(2) 钢筋机械连接接头的材料、制作、安装施工及质量检验和验收，应符合现行行业标准《镦粗直螺纹钢筋接头》(JG 171)、《滚轧直螺纹钢筋连接接头》(JG 163)或《钢筋机械连接技术规程》(JGJ 107)的规定。

(3) 钢筋机械连接件的最小混凝土保护层厚度，应符合设计受力主筋混凝土保护层厚度的规定，且不得小于20mm；连接件之间或连接件与钢筋之间的横向净距不宜小于25mm。

(4) 连接套筒、锁母、丝头在运输和储存过程中应采取防护措施，防止雨淋、沾污和损伤。配置在接头长度区段内的受力钢筋，其接头的截面面积占总截面面积的百分率应符合下表：

接头长度区段内受力钢筋接头面积的最大百分率

接头形式	接头面积最大百分率(%)	
	受拉区	受压区
主钢筋绑扎接头	25	50
主钢筋焊接接头	50	不限制

注：1. 焊接接头长度区段内是指$35d$（d为钢筋直径）长度范围内，但不得小于500mm，绑扎接头长度区段是指1.3倍搭接长度。
2. 在同一根钢筋上宜少设接头。
3. 装配式构件连接处的受力钢筋焊接接头可不受此限制。
4. 绑扎接头中钢筋的横向净距不应小于钢筋直径且不应小于25mm。

(5) 对受力钢筋机械连接接头的位置要求，应符合上表焊接接头的规定。

7. 绑扎接头的末端距钢筋弯折处的距离，不应小于钢筋直径的10倍，接头不宜位于构件的最大弯矩处。

8. 受拉钢筋绑扎接头的搭接长度，应符合下表的规定；受压钢筋绑扎接头的搭接长度，应取受拉钢筋绑扎接头搭接长度的0.7倍

续上表

项目	钢筋接头有关规定和要求

钢筋的焊接与绑扎接头要求

受拉钢筋绑扎接头的搭接长度

钢筋类型		混凝土强度等级		
		C20	C25	>C25
HPB235、HPB300		35d	30d	25d
月牙纹	HRB335	45d	40d	35d
	HRB400、RRB400	—	50d	45d

注：1. 当带肋钢筋直径 d 大于25mm时，其受拉钢筋的搭接长度应按表中值增加5d采用；当带肋钢筋直径 d 小于或等于25mm时，其受拉钢筋的搭接长度按表中值减少5d采用。

2. 当混凝土在凝固过程中受力钢筋易受扰动时，其搭接长度应增加5d。

3. 在任何情况下，纵向受拉钢筋的搭接长度不应小于300mm，受压钢筋的搭接长度不应小于200mm。

4. 环氧树脂涂层钢筋的绑扎接头搭接长度，受拉钢筋按表值的1.5倍采用。

5. 两根不同直径的钢筋的搭接长度，以较细的钢筋直径计算。

9. 受拉区内HPB235钢筋绑扎接头的末端应做弯钩；HRB335、HRB400、RRB400钢筋的绑扎接头末端可不做弯钩；直径不大于12mm的受压HPB235钢筋的末端可不做弯钩，但搭接长度应不小于钢筋直径的30倍。钢筋搭接处，应在其中心和两端用铁丝扎牢

钢筋的机械连接

1. 钢筋的机械连接，其接头性能指标应符合下列规定

接头性能检验指标

单向拉伸	强度	$f^0_{mst} \geqslant f^0_{st}$或$\geqslant 1.15 f_{tk}$	高应力反复拉压	强度	$f^0_{mst} \geqslant f^0_{st}$或$\geqslant 1.15 f_{tk}$
				残余变形	$u_{20} \leqslant 0.3$mm
	极限应变	$\varepsilon_u \geqslant 0.04$	大变形反复拉压	强度	$f^0_{mst} \geqslant f^0_{st}$或$\geqslant 1.15 f_{tk}$
	残余变形	$U \leqslant 0.01$mm		残余变形	$u_4 \leqslant 0.3$mm 且 $u_8 \leqslant 0.3$mm

接头性能检验指标主要符号

符 号	单 位	含 义
ε_u	—	受拉接头试件、极限应变试件在规定标距内测得的最大拉应力下的应变值
U	mm	接头单向拉伸的残余变形
u_4, u_8, u_{20}	mm	接头反复拉压4、8、20此后的残余变形
f^0_{mst}、f'^0_{mst}	MPa	机械连接接头的抗拉、抗压强度实测值
f^0_{st}	MPa	钢筋抗拉强度实测值
f_{tk}、f'_{tk}	MPa	钢筋抗拉、抗压强度标准值

2. 钢筋连接件处的混凝土保护层宜满足设计要求，且不得小于15mm，连接件之间的横向净距不宜小于25mm

续上表

<table>
<tr><th>项目</th><th>钢筋接头有关规定和要求</th></tr>
<tr><td>钢筋的机械连接</td><td>3. 对受力钢筋机械连接接头的位置要求，可依照焊接接头要求办理。
4. 带肋钢筋套筒挤压接头（以下简称挤压接头）适用直径为 16～40mm 的 HRB335、HRB400 牌号带肋钢筋的径向挤压连接。用于挤压连接的钢筋应符合现行国家标准的要求：
（1）不同直径的带肋钢筋可采用挤压接头连接，当套筒两端的外径及壁厚均相同时，被连接钢筋的直径相差不应大于 5mm。
（2）当混凝土结构中挤压接头部位的温度低于 －20℃时，宜进行专门的试验。
（3）对 HRB335、HRB400 牌号带肋钢筋挤压接头所用套筒材料，应选用适于压延加工的钢材，其实测力学性能、承载力及尺寸偏差应符合有关规定。
（4）套筒应有出厂合格证、套筒在运输和储存中，应按不同规格分别堆放，不得露天堆放，应防止锈蚀和沾污。
（5）挤压接头施工时有关挤压设备、人员、挤压操作、质量检验、施工安全应符合现行《带肋钢筋套筒挤压接头连接技术规程》（JGJ 108—1996）的规定。
5. 钢筋锥螺纹接头，适用于直径为 16～40mm 的 HRB335、HRB400 牌号钢筋的连接，用于连接的钢筋应符合现行国家标准的要求。锥螺纹连接套的材料宜用 45 号优质碳素结构钢材或其他经试验确认符合要求的钢材。钢筋锥螺纹接头的技术要求，应符合现行《钢筋锥螺纹接头技术规程》（JGJ 109—1996）的规定。
（1）钢筋锥螺纹接头的应用，应符合下列规定：
①接头端头距钢筋弯曲点不得小于钢筋直径的 10 倍。
②不同直径的钢筋连接时，一次连接钢筋直径规格不宜超过 2 级。
（2）锥螺纹接头施工规定时，有关材料、加工、操作、质量检验应符合现行《钢筋锥螺纹接头技术规程》（JGJ 109—1996）的规定</td></tr>
</table>

钢筋焊接方法、形式及适用范围表　　表 10.3-2

<table>
<tr><th colspan="3" rowspan="2">焊接方法</th><th rowspan="2">接头形式</th><th colspan="2">适用范围</th></tr>
<tr><th>钢筋级别</th><th>直径（mm）</th></tr>
<tr><td colspan="3">电阻点焊</td><td>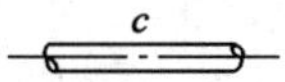</td><td>HPB235、HPB300、
HRB335</td><td>6～14
3～5</td></tr>
<tr><td colspan="3">闪光对焊</td><td></td><td>HPB235、HPB330、
HRB335、HRB400</td><td>10～40
10～25</td></tr>
<tr><td rowspan="5">电弧焊
电弧焊</td><td rowspan="2">帮条含</td><td>双面焊</td><td></td><td>HPB235、HPB300、
HRB335、HRB400</td><td>10～40</td></tr>
<tr><td>单面焊</td><td>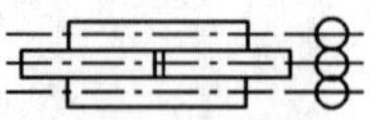</td><td>HPB235、HPB300、
HRB335、HRB400</td><td>10～40</td></tr>
<tr><td rowspan="2">搭接焊</td><td>双面焊</td><td>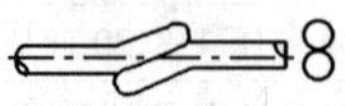</td><td>HPB235、HPB300、
HRB335</td><td>10～40</td></tr>
<tr><td>单面焊</td><td>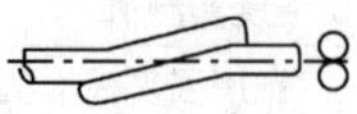</td><td>HPB235、HPB300、
HRB335</td><td>10～40</td></tr>
<tr><td colspan="2">熔槽帮条焊</td><td>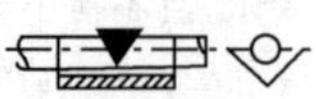</td><td>HPB235、HPB300、
HRB335、HRB400</td><td>25～40</td></tr>
</table>

续上表

焊接方法			接头形式	适用范围	
				钢筋级别	直径(mm)
电弧焊 电弧焊	坡口焊	平焊		HPB235、HPB300、HRB335、HRB400	18~40
		立焊		HPB235、HPB300、HRB335、HRB400	18~40
	钢筋与钢板搭接焊		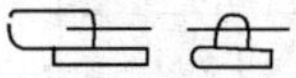	HPB235、HPB300、HRB335	8~40
	预埋件T形接头焊	贴角焊	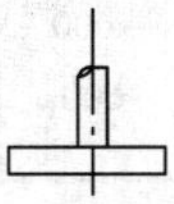	HPB235、HPB300、HRB335	6~16
		穿孔塞焊	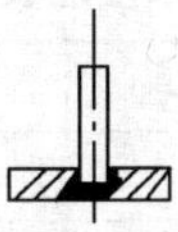	HPB235、HPB300、HRB335	≥18

注:电阻点焊时,适用范围的钢筋直径系指较小钢筋的直径。

常用点焊机主要技术性能表 表10.3-3

形式	短臂式		长臂式		多头式	
型号	DN-25	DN1-75	DN3-75	DN3-100	DN7-3×100	DN7-6×35
传动方式	杠杆弹簧式	电动凸轮式	气压传动式	气压传动式	气压传动式	气压传动式
额定容量(kVA)	25	75	75	100	3×100	6×35
额定电压(V)	220/380	200/380	380	380	380	380
额定暂载率(%)	20	20	20	20	20	20
初级额定电流(A)	114/66	341/197	198	263	—	—
焊件厚度(mm)	3+3~4+4	2.5+2.5	2.0+2.0	2.5+2.5	—	—
点焊数(点/h)	600	3 000	3 600	3 600	180m	120m
次级电压(V)	1.76~3.52	3.52~7.04	3.33~6.66	3.65~7.3	3.02~9.26	2.75~6.15
次级电压调节级数	8	8	8	8	16	8
电极臂伸长距离(mm)	250	350	800	800	—	—
工作行程(mm)	20	20	20	20		35
电极间最大压力(N)	1 550	3 550	4 000	5 500	1 500~10 000	2 500
电极间距离(mm)	125	160	—	—	—	—
下电极垂直调节(mm)	—	—	150	150	—	—

续上表

形式		短臂式		长臂式		多头式	
压缩空气网络压力(MPa)		—	—	0.55	0.55	0.56	0.55
压缩空气消耗能(m^3/h)		—	—	15	15	60	15
冷却水消耗能(L/h)		120	300	400	700	1 200	100
总质量(kg)		240	455	800	850	3 000	2 500
外形尺寸(mm)	长	1 015	1 030	1 610	1 610	3 360	3 000
	宽	510	640	700	700	1 420	2 520
	高	1 090	1 300	1 500	1 500	1 930	1 720
配用控制箱型号		—	—	KD_3-600 KD_3-600_1	$KD_3-1\,200$	—	—

常用对焊机主要技术性能表 表 10.3-4

型号			UN1-25	UN1-75	UN1-100
传动方式			杠杆加压式	杠杆加压式	杠杆加压式
额定容量(kVA)			25	75	100
初级电压(V)			220/380	200/380	380
暂载率(%)			20	20	20
次级电压调节范围(V)			1.75 ~ 3.52	3.52 ~ 7.04	4.5 ~ 7.6
次级电压调节级数			8	8	8
钳口夹紧力(kN)			—	—	2.75 ~ 40
最大顶锻力(kN)	弹簧加压		1.50	30	40
	杠杆加压		10.00	30	40
钳口最大距离(mm)			50	80	80
最大运送行程(mm)	弹簧加压		15	30	40 ~ 50
	杠杆加压		20	30	40 ~ 50
焊件最大截面(mm^2)	低碳钢	弹簧加压	120	600	1 000
		杠杆加压	300	600	1 000
	铜		150	—	—
	黄铜		200	—	—
	铝		200	—	—
焊接生产率(次/h)			110	75	20 ~ 30
冷却水消耗量(dm^3/h)			120	200	200
总质量(kg)			275	445	465
外形尺寸(mm)	长		1 335	1 520	1 580
	宽		480	550	550
	高		1 300	1 080	1 150

钢筋帮条及搭接接头电弧焊接电流选择 表 10.3-5

焊接位置	钢筋直径(mm)	焊条直径(mm)	焊接电流(A)
平焊	10～12	3.2	90～130
	14～22	4	130～180
	25～32	5	180～230
	36～40	5	190～240
立焊	10～12	3.2	80～110
	14～22	4	110～150
	25～32	4	120～170
	36～40	5	170～220

钢筋电弧焊焊条型号表 表 10.3-6

钢筋级别	焊接电流(A)			
	帮条焊、搭接焊	坡口焊、溶槽帮条焊 玉麦件穿孔塞焊	窄间隙焊	钢筋与钢板搭接焊预埋件T形角焊
HPB235、HPB300	E4303	E4303	E4316 E4315	E4303
HRB335	E4303	E5003	E5016 E5015	E4303
HRB400	E5003	E5503	E6016 E6015	—

10.4 钢筋安装和保护

钢筋骨架和钢筋网的组成及安装 表 10.4-1

项目	钢筋骨架与钢筋网拼接安装要求
钢筋骨架片和钢筋网片的预制	1. 对于预制钢筋骨架必须具有足够的刚度和稳定性。 2. 骨架的焊接拼装应在坚固的工作台上进行，操作时应符合下列要求： (1)拼装时应按设计图纸放大样，放样时应考虑焊接变形的预留拱度。 (2)钢筋拼装前，对有焊接接头的钢筋应检查每根接头是否符合焊接要求。 (3)拼装时，在需要焊接的位置用楔形卡卡住，防止电焊时局部变形。待所有焊接点卡好后，先在焊缝两端点焊定位，然后进行焊缝施焊。 (4)骨架焊接时，不同直径的钢筋的中心线应在同一平面上。为此，较小直径的钢筋在焊接时，下面宜垫以厚度适当的钢板。 (5)施焊顺序宜由中到边对称地向两端进行，先焊骨架下部，后焊骨架上部。相邻的焊缝采用分区对称跳焊，不得顺方向一次焊成
钢筋网片的点焊要求	钢筋网焊点应符合设计规定，当设计无规定时，应按下列要求焊接： (1)当焊接网的受力钢筋为 HPB235 或冷拉 HPB235 钢筋时，如焊接网只有一个方向为受力钢筋，网两端边缘的两根锚固横向钢筋与受力钢筋的全部相交点必须焊接；如焊接网的两个方向均为受力钢筋，则沿网四周边缘的两根钢筋的全部相交点均应焊接，其余的交叉点，可根据运输和安装条件决定，一般可焊接或绑扎半交叉点。 (2)当焊接网的受力钢筋为冷拔低碳钢丝，而另一方向的钢筋间距小于 100mm 时，除网两端边缘的两根钢筋的全部相交点必须焊接外，中间部分的焊点距离可增大至 250mm

续上表

<table>
<tr><th>项　目</th><th colspan="5">钢筋骨架与钢筋网拼接安装要求</th></tr>
<tr><td>现场绑扎钢筋网片的要求</td><td colspan="5">在现场绑扎钢筋网应按下列要求进行：
(1)钢筋接头的布置，应符合10.3-1表所述有关要求办理。
(2)钢筋的交叉点应用铁丝绑扎结实，必要时，亦可用点焊焊牢。
(3)除设计有特殊规定者外，柱和梁中的箍筋应与主筋垂直。
(4)墩、台身、柱中的竖向钢筋搭接时，转角处的钢筋弯钩应与模板成45°，中间钢筋的弯钩应与模板成90°。如采用插入式振捣器浇筑小型截面柱时，弯钩与模板的角度最小不得小于15°，在浇筑过程中不得松动。
箍筋弯钩的叠合处，在梁中应沿梁长方向置于上面并交错布置，在柱中应沿柱高方向交错布置，若是方柱则必须位于箍筋与柱角竖向钢筋交接点上。但有交叉式箍筋的大截面柱，其接头可位于箍筋与任何一根中间纵向钢筋的交接点上。圆柱或圆管涵螺旋形箍筋的起点和终点应分别绑扎在纵向钢筋上</td></tr>
<tr><td>浇筑前的检查</td><td colspan="5">1.应在钢筋与模板间设置垫块，垫块应与钢筋扎紧，并互相错开。非焊接钢筋骨架的多层钢筋之间，应用短钢筋支垫，保证位置准确。钢筋混凝土保护层厚度应符合设计要求。
2.在浇筑混凝土前，应对已安装好的钢筋及钢筋网预埋件(钢板、锚固钢筋等)进行检查，符合规定要求后，浇筑混凝土</td></tr>
<tr><td rowspan="3">T梁钢筋骨架的预留拱度</td><td colspan="5">跨径较大的T梁、箱梁以及预应力混凝土梁等的预留拱度应由设计规定。
梁的钢筋骨架放样时应设预留拱度，除考虑焊接变形外，还要考虑建成后由横载、徐变、部分活载引起的拱度不致过大。装配式T梁钢筋骨架的预留拱度可参照下列：</td></tr>
<tr><td>T梁跨径(m)</td><td><10</td><td>10</td><td>16</td><td>20</td></tr>
<tr><td>工作台上预拱(mm)</td><td>30</td><td>30～50</td><td>30～50</td><td>30～50</td></tr>
</table>

钢筋的混凝土保护层厚度　　表10.4-2

项　目		保护层厚度(mm)
钢筋混凝土梁	主钢筋侧面 主钢筋底面 箍筋、防裂缝筋	≥25 ≥30且≤50 ≥15
预应力混凝土梁先张法	预应力钢筋	≥25
预应力混凝土梁后张法	侧面、顶面 底面	≥35 ≥50
板	主钢筋 钢筋网上下层钢筋	≥20 ≥15
柱与墩台	受力钢筋侧面	≥25
钢筋混凝土肋式桥台	钢筋	≥30
涵管	钢筋	≥20

注：本表仅适用于一般情况，对处于腐蚀作用的环境，保护层应符合《公路桥涵施工技术规范》(JTG/T F50—2011)的有关要求。

绑扎钢筋用铁丝及所需长度 表 10.4-3

1. 绑扎钢筋用铁丝长度(cm)

钢筋直径(cm)	3~4	5	6	8	10	12	14	16	18	20	22	25	28	32
3~4	11	12	12	13	14	15	16	18	18	—	—	—	—	—
5	—	12	13	13	14	16	17	18	20	21	—	—	—	—
6	—	—	13	14	15	16	18	19	21	23	25	27	30	32
8	—	—	—	15	17	17	18	20	22	25	26	28	30	33
10	—	—	—	—	18	19	20	22	24	25	26	28	31	34
12	—	—	—	—	—	20	22	23	25	26	27	29	31	34
14	—	—	—	—	—	—	23	24	25	27	28	30	32	35
16	—	—	—	—	—	—	—	25	26	28	30	31	33	36
18	—	—	—	—	—	—	—	—	27	30	31	33	35	37
20	—	—	—	—	—	—	—	—	—	31	32	34	36	38
22	—	—	—	—	—	—	—	—	—	—	34	35	37	39

2. 绑扎用铁丝规格选择参考

绑扎钢筋直径(cm)	<12	12~25	25~32
常用铁丝规格号数	22	20	18

10.5 施工质量检验与要求

钢筋工程允许偏差表 表 10.5-1

项目	序号	主 要 内 容	允许偏差(mm)
钢筋加工的质量标准	1	受力钢筋顺长度方向加工后的全长	±10
	2	弯起钢筋各部分尺寸	±20
	3	箍筋、螺旋筋各部分尺寸	±5
焊接钢筋网和钢筋骨架尺寸	4	网的长度、宽度	±10
	5	网眼的尺寸	±10
	6	网眼的对角线差	±15
	7	箍筋、横向水平钢筋、螺旋筋间距	±10
	8	钢筋骨架宽、高或直径	±5
	9	钢筋骨架长	±10

续上表

项目	序号	主要内容		允许偏差(mm)
钢筋安装质量标准	10	受力钢筋两排以上排距		±5
	11	受力钢筋同排	梁、板、拱肋	±10
			基础、锚碇、墩台、柱	±20
	12	弯起钢筋位置		±20
	13	绑扎钢筋网尺寸	长、宽	±10
			网眼尺寸	±20
	14	保护层厚度	基础、锚碇、墩台	±10
			柱、梁、拱肋	±5
			板	±3

注:本表根据《公路桥涵施工技术规范》(JTG/T F50—2011)摘编,所有钢筋级别、直径、根数和间距均应符合设计要求,绑扎或焊接的骨架和钢筋网不得有变形、松脱和开焊。各部分的允许偏差如上表所列。

灌注桩钢筋骨架制作和安装质量标准见表10.5-2。

灌注桩钢筋骨架制作和安装质量标准 表10.5-2

项目	允许偏差	项目	允许偏差
主筋间距(mm)	±10	保护层厚度(mm)	±20
箍筋间距(mm)	±20	中心平面位置(mm)	20
外径(mm)	±10	顶端高程(mm)	±20
倾斜度(%)	0.5	底面高程(mm)	±50

11 预应力

11.1 桥梁预应力钢筋种类和质量要求

冷拉钢丝的力学性能表　　表 11.1-1

公称直径 D_m(mm)	抗拉强度 σ_b(MPa) 不小于	规定非比例延伸力 $\sigma_{p0.2}$ (不小于)	最大力总伸长率 ($L_0 \geqslant 200$mm) δ_{gt}(%不小于)	弯曲次数/(次/180°) 不小于	弯曲半径 R(mm)	断面收缩率 ϕ (不小于)	每 210mm 扭矩的扭转次数 n (不小于)	初始应力相当于 70% 公称抗拉强度时，1 000h 后应力松弛率 r(%) 不大于
3.00	1 470 1 570 1 670 1 770	1 100 1 180 1 250 1 330	1.5	4	7.5	—	—	8
4.00				4	10	35	8	
5.00				4	15		8	
6.00	1 470 1 570 1 670 1 770	1 100 1 180 1 250 1 330		5	15	30	7	
7.00				5	20		6	
8.00				5	20		5	

注:《预应力混凝土用钢丝》(GB/T 5223—2002),规定非比例伸长应力 $\sigma_{p0.2}$ 值对低松弛钢丝应不小于公称抗拉强度的 88%,对普通松弛钢比应不小于公称抗拉强度的 85%。

消除应力光圆及螺旋肋钢丝的力学性能表　　表 11.1-2

公称直径 D_m(mm)	抗拉强度 σ_b(MPa) 不小于	规定非比例伸长应力 σ_p(MPa) 不小于		最大力下总伸长率(L_o = 200mm)(%) 不小于	弯曲次数 (次/180°) 不小于	弯曲半径 R(mm)	应力松弛性能		
							初始应力相当于公称抗拉强度的百分数(%)	1 000h 后应力松弛率 r(%)不大于	
		WLR	WNR					WLR	WNR
							对所有规格		
4.00	1 470	1 290	1 250	3.5	3	10	60	1.0	4.5
	1 570	1 380	1 330						
4.80	1 670	1 470	1 410				70	2.0	8
	1 770	1 560	1 500		4	15			
5.00	1 860	1 640	1 580				80	4.5	12

续上表

<table>
<tr><th rowspan="3">公称直径
D_m(mm)</th><th rowspan="3">抗拉强度
σ_b(MPa)
不小于</th><th colspan="2" rowspan="2">规定非比例伸长应力
σ_p(MPa)
不小于</th><th rowspan="3">最大力下总伸长率(L_o = 200mm)(%)
不小于</th><th rowspan="3">弯曲次数
(次/180°)
不小于</th><th rowspan="3">弯曲半径
R(mm)</th><th colspan="3">应力松弛性能</th></tr>
<tr><th>初始应力相当于公称抗拉强度的百分数(%)</th><th colspan="2">1 000h 后应力松弛率 r(%)不大于
WLR | WNR</th></tr>
<tr><th>WLR</th><th>WNR</th><th colspan="3">对所有规格</th></tr>
<tr><td>6.00</td><td rowspan="3">1 470
1 570
1 670
1 770</td><td rowspan="3">1 290
1 380
1 470
1 560</td><td rowspan="3">1 250
1 330
1 410
1 500</td><td rowspan="7">35</td><td>4</td><td>15</td><td rowspan="7">60
70
80</td><td rowspan="7">1.0
2.0
4.5</td><td rowspan="7">4.5
8
12</td></tr>
<tr><td>6.25</td><td>4</td><td>20</td></tr>
<tr><td>7.00</td><td>4</td><td>20</td></tr>
<tr><td>8.00</td><td>1 470</td><td>1 290</td><td>1 250</td><td>4</td><td>20</td></tr>
<tr><td>9.00</td><td>1 570</td><td>1 380</td><td>1 330</td><td>4</td><td>25</td></tr>
<tr><td>10.00</td><td rowspan="2">1 470</td><td rowspan="2">1 290</td><td rowspan="2">1 250</td><td>4</td><td>25</td></tr>
<tr><td>12.00</td><td>4</td><td>25</td></tr>
</table>

注:1. 规定非比例伸长应力 σ_p 值对低松弛钢丝应不小于公称抗拉强度的 88%,对普通松弛钢比应不小于公称抗拉强度的 85%。

2. 每一交货批钢丝的实际强度不应高于其公称强度级 200MPa。

3. WLR 为低松弛钢丝,WNR 为普通松弛钢丝。

消除应力的刻痕钢丝的力学性能表 表 11.1-3

<table>
<tr><th rowspan="3">公称直径
(mm)</th><th rowspan="3">抗拉强度
σ_b(MPa)
不小于</th><th colspan="2" rowspan="2">规定非比例伸长应力
σ_p(MPa)
不小于</th><th rowspan="3">最大力下总伸长率(L_o = 200mm)(%)
不小于</th><th rowspan="3">弯曲次数
(次/180°)
不小于</th><th rowspan="3">弯曲半径
R(mm)</th><th colspan="3">应力松弛性能</th></tr>
<tr><th>初始应力相当于公称抗拉强度的百分数(%)</th><th colspan="2">1 000h 后应力松弛率 r(%)不大于
WLR | WNR</th></tr>
<tr><th>WLR</th><th>WNR</th><th colspan="3">对所有规格</th></tr>
<tr><td rowspan="5">≤5.0</td><td>1 470</td><td>1 290</td><td>1 250</td><td rowspan="9">3.5</td><td rowspan="9">3</td><td rowspan="5">15</td><td rowspan="9">60
70
80</td><td rowspan="9">1.5
2.5
4.5</td><td rowspan="9">4.5
8
12</td></tr>
<tr><td>1 570</td><td>1 380</td><td>1 330</td></tr>
<tr><td>1 670</td><td>1 470</td><td>1 410</td></tr>
<tr><td>1 770</td><td>1 560</td><td>1 500</td></tr>
<tr><td>1 860</td><td>1 640</td><td>1 580</td></tr>
<tr><td rowspan="4">>5.0</td><td>1 470</td><td>1 290</td><td>1 250</td><td rowspan="4">20</td></tr>
<tr><td>1 570</td><td>1 380</td><td>1 330</td></tr>
<tr><td>1 670</td><td>1 470</td><td>1 410</td></tr>
<tr><td>1 770</td><td>1 560</td><td>1 500</td></tr>
</table>

注:1. 规定非比例伸长应力 σ_p 值对低松弛钢丝应不小于公称抗拉强度的 88%,对普通松弛钢比应不小于公称抗拉强度的 85%。

2. 弹性模量取为(205 ± 10)GPa,但不作为交货条件。

1×2 结构钢绞线力学性能表 表 11.1-4

钢绞线结构	钢绞线公称直径 D_a(mm)	抗拉强度 R_m(MPa)不小于	束根钢绞线的最大力 F_m(kN)不小于	规定非比例延伸力 $F_{p0.2}$(不小于)	最大力总伸长率($L_0 \geqslant 400$mm) A_{gt}(%)不小于	应力松弛性能	
						初始负荷相当于公称最大力的百分数(%)	1 000h 后应力松弛率 r(%)不大于
1×2	5.00	1 570	15.4	13.9	对所有规格	对所有规格	对所有规格
		1 720	16.9	15.2			
		1 860	18.3	16.5			
		1 960	19.2	17.3		60	1.0
	5.80	1 570	20.7	18.6			
		1 720	22.7	20.4			
		1 860	24.6	22.1			
		1 960	25.9	23.3	3.5	70	2.5
	8.00	1 470	36.9	33.2			
		1 570	39.4	35.5		80	4.5
		1 720	43.2	38.9			
		1 860	46.7	42.0			
		1 960	49.2	44.3			
	10.00	1 470	57.8	52.0			
		1 570	61.7	55.5			
		1 720	67.6	60.8			
		1 860	73.1	65.8			
		1 960	77.0	69.3			
	12.00	1 470	83.1	74.8			
		1 570	88.7	79.8			
		1 720	97.2	87.5			
		1 860	105	94.5			

注:1. 规定非比例延伸力 $F_{p0.2}$ 不小于整根钢绞线公称最大力 F_m 的 90%。
2. 供方第一次交货批钢绞线的实际强度不能高于其抗拉强度级别 200MPa。
3. 钢绞线芯弹性模量为(195±10)GPa,但不作为交货条件。
4. 允许使用推算法确定 1 000h 松弛率。
5. 摘自《预应力混凝土用钢绞线》(GB/T 5224—2003)。

1×3 结构钢绞线力学性能表 表 11.1-5

钢绞线结构	钢绞线公称直径 D_a(mm)	抗拉强度 R_m(MPa 不小于)	束根钢绞线的最大力 F_m(kN) 不小于	规定非比例延伸力 $F_{p0.2}$(不小于)	最大力总伸长率($L_0 \geq 400$mm) A_{gt}(%,不小于)	应力松弛性能	
						初始负荷相当于公称最大力的百分数(%)	1 000h 后应力松弛率 r(%,不大于)
					对所有规格	对所有规格	对所有规格
1×3	6.20	1 570	31.1	28.0	3.5	60	1.0
		1 720	34.1	30.7			
		1 860	36.8	33.1			
		1 960	38.8	34.9			
	6.50	1 570	33.3	30.0			
		1 720	36.5	32.9			
		1 860	39.4	35.5			
		1 960	41.6	37.4			
	8.60	1 470	55.4	49.9		70	2.5
		1 570	59.2	53.3			
		1 720	64.8	58.3			
		1 860	70.1	63.1			
		1 960	73.9	66.5			
	8.74	1 570	60.6	54.5			
		1 670	64.5	58.1			
		1 860	71.8	64.6			
	10.80	1 470	86.6	77.9		80	4.5
		1 570	92.5	83.3			
		1 720	101	90.0			
		1 860	110	99.0			
		1 960	115	104			
	12.90	1 470	125	113			
		1 570	133	120			
		1 720	146	131			
		1 860	158	142			
		1 960	166	149			
1×3I	8.74	1 570	60.6	54.5			
		1 670	64.5	58.1			
		1 860	71.8	64.6			

注:1. 规定非比例延伸力 $F_{p0.2}$ 不小于整根钢绞线公称最大力 F_m 的 90%。

2. 供方第一次交货批钢绞线的实际强度不能高于其抗拉强度级别 200MPa。

3. 钢绞线芯弹性模量为(195±10)GPa,但不作为交货条件。

4. 允许使用推算法确定 1 000h 松弛率。

1×7 结构钢绞线力学性能表 表 11.1-6

钢绞线结构	钢绞线公称直径 D_a(mm)	抗拉强度 R_m(MPa) 不小于	束根钢绞线的最大力 F_m(kN) 不小于	规定非比例延伸力 $F_{p0.2}$ (不小于)	最大力总伸长率 ($L_0 \geq 400$mm) A_{gt}(%,不小于)	应力松弛性能	
						初始负荷相当于公称最大力的百分数(%)	1 000h 后应力松弛率 r(%,不大于)
		1 720	94.3	84.9	对所有规格	对所有规格	对所有规格
	9.50	1 860	102	91.8			
		1 960	107	96.3			
		1 720	128	115		60	1.0
	11.10	1 860	138	124			
		1 960	145	131			
		1 720	170	153			
	12.70	1 860	184	166	3.5	70	2.5
		1 960	193	174			
1×7		1 470	206	185			
		1 570	220	198			
		1 670	234	211			
	15.20	1 720	241	217			
		1 860	260	234			
		1 960	274	247		80	4.5
	15.70	1 770	266	239			
		1 860	279	251			
	17.80	1 720	327	294			
		1 860	353	318			
	12.70	1 860	208	187			
(1×7)C	15.20	1 820	300	270			
	18.00	1 720	384	346			

注:1. 规定非比例延伸力 $F_{p0.2}$ 不小于整根钢绞线公称最大力 F_m 的 90%。

2. 供方第一次交货批钢绞线的实际强度不能高于其抗拉强度级别 200MPa。

3. 钢绞线芯弹性模量为(195±10)GPa,但不作为交货条件。

4. 允许使用推算法确定 1 000h 松弛率。

钢棒的力学性能表　　表 11.1-7

表面形状类型	公称直径 D_n(mm)	抗拉强度 R_m 不小于(MPa)	规定非比例延伸强度 $R_{p0.2}$ 不小于(MPa)	弯曲性能	
				性能要求	弯曲半径(mm)
光圆	6	对所有规格钢棒	对所有规格钢棒	反复弯曲不小于 4 次/180°	15
	7	1 080	930		20
	8	1 230	1 080		20
	10	1 420	1 280		25
	11	1 570	1 420	弯曲 160°～180°后弯曲处无裂纹	弯芯直径为钢棒公称直径的 10 倍
	12				
	13				
	14				
	16				
螺旋槽	7.1			—	
	9				
	10.7				
	12.6				
螺旋肋	6			反复弯曲不小于 4 次/180°	15
	7				20
	8				20
	10				25
	12			弯曲 160°～180°后弯曲处无裂纹	弯芯直径为钢棒公称直径的 10 倍
	14				
带肋	6			—	
	8				
	10				
	12				
	14				
	16				

注:1. 钢棒应进行初始应力为 70% 公称抗拉强度时 1 000h 的松弛试验。

2. 除非生产厂家另有规定,弹性模量为(200 ± 10)GPa,但不作为交货条件。

3. 摘自《预应力混凝土用钢棒》(GB/T 5223.3—2005)。

预应力混凝土用钢丝表面质量要求表 表 11.1-8

类 别	表面质量要求
消除应力钢丝及刻痕钢丝	钢丝表面不得有裂纹、小刺、机械损伤、氧化铁皮及油污;回火成品表面允许有回火颜色。除非另有协议,表面允许有肉眼可见的麻坑及浮锈
预应力钢绞线	钢绞线表面不得带有降低钢绞线与混凝土黏结力的润滑剂、油渍等物质,允许有轻微的浮锈,但不得锈蚀成肉眼可见的麻坑
热处理钢筋	钢筋表面不得有肉眼可见的裂纹、结疤、折叠;允许有凸块,但不得有超过横肋高度的凸块;表面允许有不影响使用的缺陷,但不得沾有油污
冷拔低碳钢丝	钢丝表面不得有裂纹和机械损伤
精轧螺纹钢筋	钢筋表面不得有横向裂纹、结疤和机械损伤,钢筋表面允许有不影响力学性能和连接的缺陷

11.2 预应力材料进场验收

预应力筋进场验收表 表 11.2-1

类 别	验收要求
钢丝	1. 每检验批次质量不大于 60t。 2. 先从每批中抽查 5%(不少于 5 盘)进行形状、尺寸和表面检查,如检查不合格,则对该批钢丝逐盘检查。 3. 在检查合格的钢丝中抽取 5%(不少于 3 盘),在每盘钢丝的两端取样进行抗拉强度、弯曲和伸长率的试验,其力学性能应符合现行《公路桥涵施工技术规范》(JTG/T F50—2011)要求。 4. 试验结果如有一项不合格时,则不合格盘报废,并从同批未试验过的钢丝盘中取双倍数量的试样进行该不合格项的复验,如仍有一项不合格,则该批钢丝为不合格
钢绞线	1. 每检验批次质量不大于 60t。 2. 从每批钢绞线中任取 3 盘,并从每盘所选的钢绞线端部正常部位截取一根试样进行表面质量、直径偏差和力学性能试验。如每批少于 3 盘,则应逐盘取样进行上述试验。 3. 试验结果如有一项不合格时,则不合格盘报废,并再从该批未试验过的钢绞线中取双倍数量的试样进行该不合格项的复验,如仍有一项不合格,则该批钢绞线为不合格
热处理钢筋	1. 每检验批次质量不大于 60t。 2. 从每批钢筋中抽取 10% 的盘数(不小于 25 盘)进行表面质量和尺寸偏差的检查。如检查不合格,则应对该批钢筋进行逐盘检查。 3. 从每批钢筋中抽取 10% 的盘数(不小于 25 盘)进行力学性能试验。试验结果如有一项不合格时,该不合格盘应报废,并再从未试验过的钢筋中取双倍数量的试样进行复验,如仍有一项不合格,则该批钢筋为不合格

续上表

类　别	验收要求
冷拉钢筋	1. 每检验批次质量不大于20t。每批钢筋的级别和直径均应相同。每批钢筋外观经逐根检查合格后，再从任选的两根钢筋上各取一套试件，按照现行国家标准的规定进行拉力试验（屈服强度、抗拉强度、伸长率）和冷弯试验。如有一项试验结果不符合现行《公路桥涵施工技术规范》（JTG/T F50—2011）要求时，则另取双倍数量的试件重做全部各项试验，如仍有一根试件不合格，则该批钢筋为不合格。 2. 计算冷拉钢筋的屈服强度和抗拉强度时，采用冷拉前的公称截面面积。 3. 钢筋冷拉后，其表面不得有裂纹和局部缩颈。 4. 冷弯试验后，冷拉钢筋的外观不得有裂纹、鳞落或断裂现象
冷拔低碳钢丝	1. 逐盘进行抗拉强度、伸长率和弯曲试验。 2. 从每盘钢丝上任一端截去不少于500mm后再取两个试样，分别做拉力和180°反复弯曲试验，试验结果应符合现行《公路桥涵施工技术规范》（JTG/T F50—2011）要求。弯曲试验后，不得有裂纹、鳞落或断裂现象
精轧螺纹钢筋	1. 每检验批次质量不大于100t。 2. 对表面质量应逐根目视检查，外观检查合格后在每批中任选2根钢筋截取试件进行拉伸试验。试验结果如有一项不符合现行《公路桥涵施工技术规范》（JTG/T F50—2011）要求时，则另取双倍数量的试件重做全部各项试验，如仍有一根试件不合格，则该批钢筋为不合格。 3. 拉伸试验的试件，不允许进行任何形式的加工

11.3　预应力钢筋制作

预应力钢材下料基本要求　　表11.3-1

项　目	一般规定和要求
下料长度	1. 预应力钢材的下料长度，应通过计算确定。 2. 长度计算时应考虑构件或台座长度、锚夹具厚度、千斤顶长度、焊接接头或镦头预留量、冷拉伸长值、弹性回缩值、张拉伸长值和外露长度等因素。 3. 采用钢丝束镦头锚具时，宜采用等长下料法对钢丝进行下料
切断工艺	采用切断机或砂轮锯，严禁采用电弧切割

预应力筋下料长度的计算　　表11.3-2

1. 图注及公式代号说明	
图注编号说明	1-预应力筋（丝）；2-对焊接头；3-镦粗头；4-圆锥形夹具；5-台座承力支架；6-横梁；7-定位板；8-钢筋连接器；9-螺丝端杆连接器；10-螺丝端杆；11-顶头模板；12-钢模底板；13-混凝土孔道；14-垫板；15-螺帽；16-帮条锚具；17-双作用千斤顶；18-锥形锚具；19-千斤顶卡环

续上表

1. 图注及公式代号说明

公式代号说明	L-钢筋下料总长度；L_0-钢筋的计算长度；r-钢筋冷拉拉长率（由试验确定）；δ-钢筋冷拉后的弹性回缩率（试验确定）；m-钢筋分段数；n_1-对焊接头数；n_2-镦粗头数；l-长线台座（包括横梁、定位板在内）或构件孔道长；l_1-每个对焊接头的预留量（一般为钢筋直径）；l_2-每个镦头的压缩长度；l_3-镦粗头（包括锚板）或帮系锚具的长度；l_4-锥形夹具长（一般为5.5cm）；l_5-穿心式千斤顶长度（千斤顶脚至顶上夹具末端之间的距离；l_6-钢丝伸出钢模端板至锚固板之间的距离；l_7-螺丝端杆长度（一般为32cm）；l_8-锚具长度（锥形锚具为4cm）；a-模板厚度；b-构件端部垫板厚度；c-钢丝露出卡环端部长度；d-镦头锚板厚度（一般为5cm）；h-螺帽高度；Δ_t-电热预应力损失值；3～5cm-钢筋伸出夹具外的长度；Δ_1-电热伸长值；σ_k-张拉控制应力值；E_g-预应力钢筋的弹性模量

2. 下料长度计算公式

张拉方法	预应力筋类别名称	序号	预应力筋下料长度计算简图	计算公式
先张法	长线台座数整根粗钢筋下料长度	1	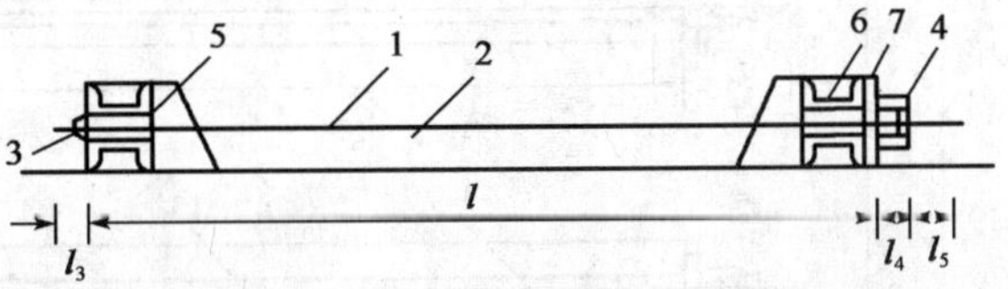	$L_0=l+l_3+l_4+l_5+(3\sim5\text{cm})$ $L-\dfrac{L_0}{1+r-\delta}+n_1l_1$
	长线台座分段粗钢筋下料长度	2	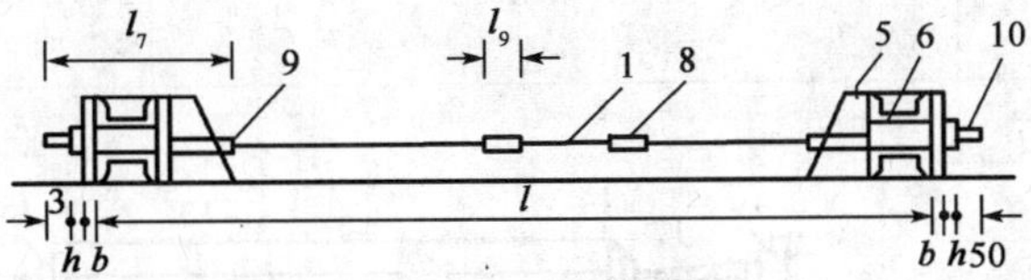	$L_0=l+2b+2h-2l_r-(m-l)l_0+(3\sim5\text{cm})$ $L=\dfrac{L_0}{1+r-\delta_1}+n_1l_1-2ml_2$
	模外张拉钢丝下料长度	3	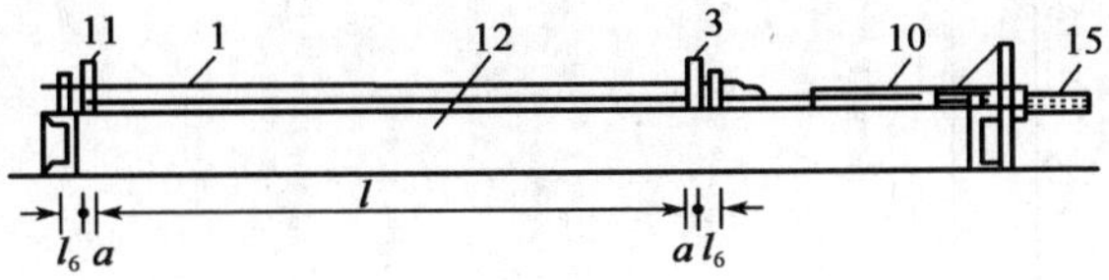	$L_0=l+2a+l_c$ $\Delta_1=\dfrac{\sigma_k}{E_g}(l+2a)$ $L=L_0-\Delta_1+n_2l_2$
后张法	预应力粗钢筋下料长度	4	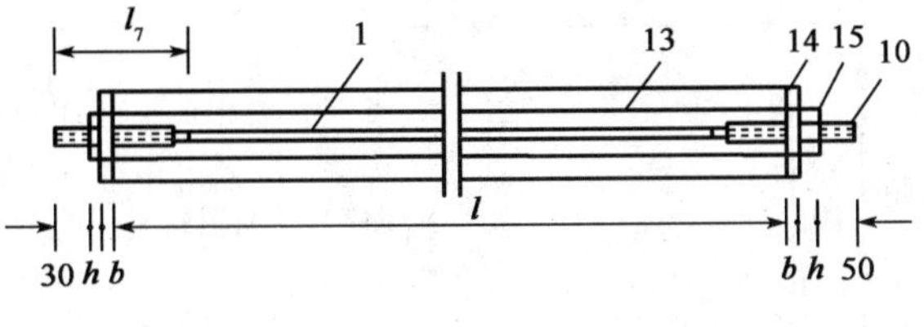	两端用螺丝端杆锚具时： $L_0=l+2b+2h-2l_r+(3\sim5\text{cm})$ $L=\dfrac{L_0}{1+r-\delta}+n_1l_1$

续上表

张拉方法	预应力筋类别名称	序号	预应力筋下料长度计算简图	计算公式
后张法	预应力粗钢筋下料长度	5	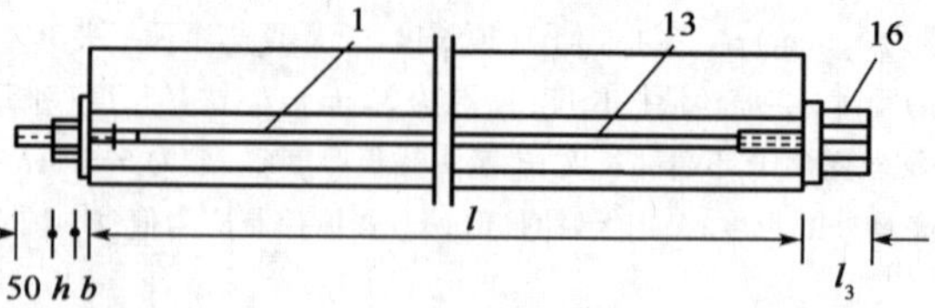	一端螺丝端杆锚具，另一端用帮条锚具（或镦粗头）时： $L_0=l+b+h+l_3-l_7+5\text{cm}$ $L=\frac{L_0}{1+r-\delta}+n_1l_1+n_2l_2$ 注：用帮条锚具时为一块垫板
	长线台座数整根粗钢筋下料长度	6	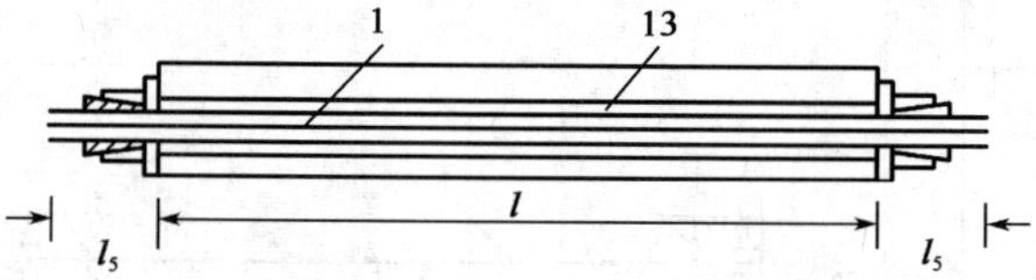	两端张拉时： $L=l+2l_0$ 一端张拉时： $L=l+l_5+l_3+3\text{cm}$
	长线台座分段粗钢筋下料长度	7	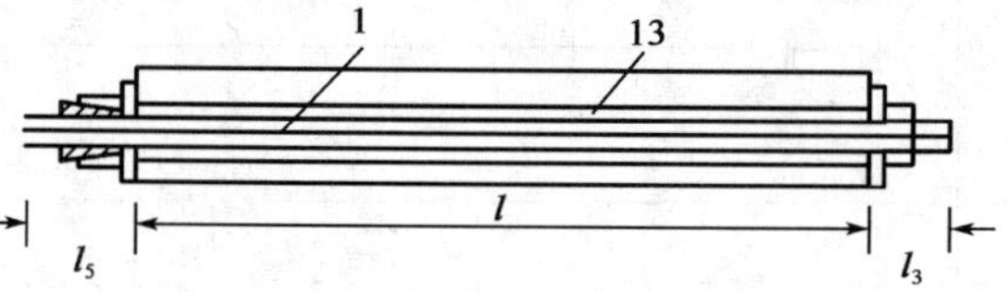	
	模外张拉钢丝下料长度	8	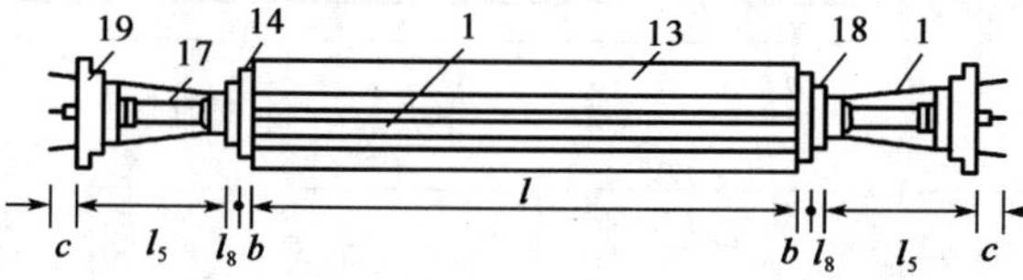	两端张拉时： $L=l+2l_5+2l_8+2b+2c$ 一端张拉时： $L=l+l_5+2l_8+2b+c+5\text{cm}$
电热法	后张预应力粗钢筋下料长度	9	（见序号5简图）	$L_0=l+l_3+b+h-l_r+3\text{cm}$ $L=\frac{L_0}{1+r-\delta}+n_1l_1+n_2l_2$
	先张预应力粗钢丝下料长度	10	（见序号3简图）	$L_0=l+2a+2l_6$ $\Delta_1=\frac{\sigma_k}{E_g}(1+2a)+\Sigma\Delta_t$ $L=L_0-\Delta_1+n_2l_2$

预应力筋制作 表 11.3-3

<table>
<tr><th>项　目</th><th>技术要求</th></tr>
<tr><td>冷拉钢筋接头</td><td>1. 冷拉钢筋的接头，应在钢筋冷拉前采用一次闪光顶锻法对焊，对焊后尚应进行热处理，以提高焊接质量。钢筋焊接后其轴线偏差不得大于钢筋直径的 1/10，且不得大于 2mm，轴线曲折的角度不得超过 4°。采用后张法张拉的钢筋，焊接后尚应敲除毛刺，但不得减损钢筋截面面积。质量检验方法应符合现行《公路桥涵施工技术规范》(JTG/T F50—2011)有关规定。
2. 预应力筋有对焊接头时，除非设计另有规定，宜将接头设置在受力较小处，在结构受拉区及在相当于预应力筋直径 30 倍长度的区段(不小于 500mm)范围内，对焊接头的预应力筋截面面积不得超过该区段预应力筋总截面面积的 25%。
3. 冷拉钢筋采用螺丝端杆锚具时，应在冷拉前焊接螺丝端杆，并应在冷拉时将螺母置于端杆端部</td></tr>
<tr><td>预应力筋镦粗头</td><td>预应力筋镦头锚固时，对于高强钢丝，宜采用液压冷镦，墩头前应确认钢丝的可镦性。钢丝镦头的强度不得低于钢丝强度标准的 98%。对于冷拔低碳钢丝，可采用冷冲镦粗；对于钢筋，宜采用电热镦粗，但 IV 级钢筋镦粗后应进行电热处理。冷拉钢筋端头的镦粗及热处理工作，应在钢筋冷拉之前进行，否则应对镦头逐个进行张拉检查，检查时的控制应力应不小于钢筋冷拉的控制应力</td></tr>
<tr><td>预应力筋的冷拉</td><td>1. 预应力筋的冷拉，可采用控制应力或控制冷拉率的方法。当不能分清炉批号的热轧钢筋，不应采取控制冷拉率的方法。
2. 当采用控制应力方法冷拉钢筋时，其冷拉控制应力下的最大冷拉率为应符合下表要求。当钢筋的冷拉率超过表中的规定时，应进行力学性能检验。
<table>
<tr><th>钢筋级别</th><th>钢筋直径(mm)</th><th>冷拉控制应力(MPa)</th><th>最大冷拉率(%)</th></tr>
<tr><td>IV 级</td><td>10 ~ 28</td><td>700</td><td>4.0</td></tr>
</table>
3. 当采用控制冷拉率方法冷拉钢筋时，冷拉率必须由试验确定。测定同炉批钢筋冷拉率时，其试样不少于 4 个，并取其平均值作为该批钢筋实际采用的冷拉率。测定冷拉率时钢筋的冷拉应力为 700MPa(钢筋级别及直径同上表)。当钢筋平均冷拉率低于 1% 时，仍应按 1% 进行冷拉。
4. 冷拉多根连接的钢筋，冷拉率可按总长计，但冷拉后每根钢筋的冷拉率应上表规定。
5. 钢筋的冷拉速度不宜过快，宜控制在 5MPa/s 左右。冷拉至规定的控制应力(或冷拉率)后，应停置 1 ~ 2min 再放松。冷拉后，有条件时宜进行时效处理。应按冷拉率大小分组堆放，以备编束时选料。冷拉钢筋时应做记录</td></tr>
<tr><td>预应力筋的冷拔</td><td>预应力筋采用冷拔低碳钢丝时，应采用 6 ~ 8mm 的 I 级热轧钢筋盘条拔制。拔丝模孔为盘条原直径的 0.85 ~ 0.9，拔制次数一般不超过 3 次，超过 3 次时应将拔丝退火处理。拉拔总压缩率应控制在 60% ~ 80%，平均拔丝速度应为 50 ~ 70m/min。冷拔达到要求直径后进行检验，以确定其组别和力学性能(包括伸长率)</td></tr>
</table>

11.4 常用冷拉和冷拔机械

卷扬机(绞车)式钢筋冷拉机主要技术性能表 表 11.4-1

项　目	粗钢筋冷拉	细钢筋冷拉
卷扬机型号规格	JJM-5(5t 慢速)	JJM-3(3t 慢速)
滑轮直径及门数	计算确定	计算确定
钢丝绳直径(mm)	24	15.5

续上表

项　目	粗钢筋冷拉	细钢筋冷拉
卷扬速度(m/min)	小于10	小于10
测力器形式	千斤顶式测力器	千斤顶式测力器
冷拉钢筋直径(mm)	12～36	6～12

液压式钢筋冷拉机主要技术性能表　　表11.4-2

液压式钢筋冷拉机

项　目	单位	性 能 参 数	项　目	单位	性 能 参 数
冷拉钢筋直径	mm	ϕ12～ϕ18	冷拉速度	m/s	0.04～0.05
冷拉钢筋长度	mm	9 000	回程速度	m/s	0.05
最大拉力	kN	320	工作压力	MPa	32
液压缸直径	mm	220	台班产量	根/台班	700～720
液压缸行程	mm	600	油箱容量		400
液压缸截面积	cm^2	380	总重	L	1 250

油　泵

项　目			单位	性 能 参 数	项　目		单位	性 能 参 数
高压油泵	型号		—	ZBD40	低压油泵	型号	—	GB-B250
高压油泵	压力		MPa	210	低压油泵	压力	MPa	2.5
高压油泵	流量		mL/r	40	低压油泵	流量	mL/r	50
高压油泵	电动机	型号	—	Y 型 6 级	低压油泵	电动机	型号	Y 型 4 级
高压油泵	电动机	功率	kW	7.5	低压油泵	电动机	功率	2.2
高压油泵	电动机	转速	r/min	960	低压油泵	电动机	转速	1 430

钢筋冷拔机主要技术性能表　　表11.4-3

项目 \ 型号		1/750 型	4/650 型	4/550 型	D_3C 型
卷筒个数及直径(个/mm)		1/750	4/650	4/550	A1-62-4
进料钢材直径(mm)		9	7.1	6.5	5.2
成品钢丝直径(mm)		4	3～5	3	3.1
钢材抗拉强度(MPa)		1 300	1 450	1 100	800
成品卷筒的转速(r/min)		30	40～80	60～120	35～82
成品卷筒的线转速(m/min)		75	80～160	104～207	64.5～144
卷筒电动机	型号	JR_3-250M-8	Z2-92	ZJTT-W_{81}-A/6	A_1-62-4
卷筒电动机	功率(kW)	40	40	40	14
卷筒电动机	转速(r/min)	750	1 000、2 000	440～1 320	1 450

续上表

项目 \ 型号		1/750 型	4/650 型	4/550 型	D_3C 型
通风机	型号	CQ_{13}-J	CQ_{13}-J	CQ_{11}-J	—
	风量(m^3/h)	2 800	2 800	1 500	—
	风压(MPa)	12	12	12	—
	电动机型号	JO_2-22-2D_2-T_2	JO_2H-22-2	JO_2H-12-2	—
	功率(kW)	2.2	2.2	1.1	—
	转速(r/min)	2 880	2 900	2 900	—
冷却水总耗量(m^3/min)		2	4.5	3	1.5
润滑油泵	型号	—	2CY-7.5/25-1	2CY-7.5/25-1	—
	流量(m^3/h)	—	7.5	7.5	—
	电动机型号	—	JO_2-31-4	JO_3-132S	—
	功率(kW)	—	2.2	7.5	—
	转速(r/min)	—	1 430	1 500	—
外形尺寸	长(mm)	9 550	15 440	14 490	4 000
	宽(mm)	3 000	4 150	3 290	1 700
	高(mm)	1 700	3 700	3 700	2 720
质量(kg)		6 030	20 125	12 085	—

注:钢筋冷拔机又称拔丝机,按构造形式分为立式、卧式两种。立式按其性能可分为:单次式(1/750 型)、直线式(4/650 型)、滑轮式(4/550 型、D_5C 型)等。卧式构造简单,多用于施工现场拔粗丝。

11.5 预应力钢筋常用拉伸机械

穿心式液压千斤顶主要技术性能表 表 11.5-1

形式	双作用式			单作用式		
项目 \ 型号	YC	$YC_{20}D$	YC_{60}	YL_{120}	YCD_{120}	YCD_{200}
额定压力(MPa)	50	40	40	50	50	50
公称张拉力(kN)	203	204	600	1 200	1 200	2 000
张拉行程(mm)	250	200	150	300	180	180
穿心孔径(mm)	27	31	55	75	128	160
公称顶压力(kN)	54	55	300	550	单根 26	单根 26
顶压行程(mm)	10	12	50	40	—	—

续上表

形式	双作用式			单作用式		
项目 \ 型号	YC	$YC_{20}D$	YC_{60}	YL_{120}	YCD_{120}	YCD_{200}
外形尺寸(mm)	$\phi110\times625$	$\phi116\times618$	$\phi195\times435$	$\phi250\times910$	$\phi315\times571$	$\phi378\times571$
总质量(kg)	17	19	62.5	195	190	270
钢绞线规格	—	—	—	—	5-120ϕ12	12-18ϕ12
	—	—	—	—	3-7ϕ15	8-12ϕ15
生产厂	上海遵义厂等	大连厂	大连厂	柳州厂	大连厂	大连厂

注:穿心式千斤顶用于张拉并顶锚带夹片锚固的钢筋束和钢绞线束。

拉杆式液压千斤顶主要技术性能表 表 11.5-2

项目 \ 型号	YL_{25}	$YL_{20}A$	YL_{60}	YL_{80}	YL_{400}	YL_{500}
公称张拉力(kN)	25	200	600	800	4 000	5 000
额定压力(MPa)	32	25	40	40	40	45
张拉行程(mm)	60	150	150	250	25	320
回程方式	大活塞	差动	差动	差动	小活塞	液压
外形尺寸(mm)	$\phi70\times312$	$\phi155\times635$	$\phi195\times653$	$\phi218\times930$	$\phi510\times1\,165$	$\phi436\times1\,810$
总质量(kg)	4	78.7	82.5	174.6	1 200	1 500
生产厂	上海遵义厂	四平厂	四平、大连厂	四平厂	四平厂	大连厂

注:拉杆式主要用于张拉带螺杆锚具或夹具的钢筋、钢丝束,亦可用于模外先张、后拉自锚等工艺中。

锤锚式液压千斤顶主要技术性能表 表 11.5-3

项目 \ 型号	60t 双作用	TD - 60	85t 三作用	YZ_{85}	$YZ_{85}A$
公称张拉力(kN)	50	28	51.5	46	46
额定压力(MPa)	600	600	850	850	850
张拉行程(mm)	300	215	250	250	600
理论顶压力(kN)	280	333	415	398	398
顶压行程(mm)	35	60	60	65	65
液压退楔力(kN)	人工	161	162	250	250
自质量(kg)	99	—	120	—	—
生产厂	南京桥梁厂	丰台桥梁厂	大桥局机械厂	柳州建机厂	柳州建机厂

注:锤锚式用于张拉带有钢质锤形锚具的钢丝束和钢绞线束。双作用系指张拉、顶锚;三租用包括张拉、顶锚、退楔。

台座式液压千斤顶主要技术性能表 表11.5-4

项目 \ 型号	YT_{100}	YT_{200}	YT_{320}	YT_{500}	YD_{200}	YTC_{300}	YDC_{400}
额定压力(MPa)	40	48.2	46	42	66.5	50	50
公称张拉力(kN)	1 000	2 000	3 200	5 000	2 000	3 000	4 000
顶压行程(mm)	250	800	300/700	5000	400	500	400
外形尺寸(mm)	565×246×324	φ300×1 293	871×545×610	1 147×670×733	φ270×767	440×440×1 025	440×620×879
总质量(kg)	150	597	410/1 000	1 500	240	670	690
生产厂	四平厂				柳州厂		

注:台座式千斤顶用于先张法台座生产工艺。

电动油泵主要技术性能表 表11.5-5

项目 \ 型号		$ZB_{0.8/500}$	$ZB_{0.6/630}$	$ZB_{4/500}$	$ZB_{10/320\sim4/800}$ 一级	二级
公称压力(MPa)		50	63	50	32	80
分布圆直径(mm)		46		60	70	
斜盘倾角(°)		7°30′		6°30′	8°30′	
柱塞	直径(mm)	7	6	10	14	12
	个数	3		2×3	3	3
	冲程(mm)	6.06		6.83	10.47	
油泵转速(r/min)		1 400		1 430	1 450	
理论流量(L/min)		0.95	0.72	2×2.3	11.99	5.07
公称流量(L/min)		0.8	0.6	2×2	10	4
容积效率(%)		85	83	85	90	80
总效率(%)		82.5	80.5	82.5	87.3	77.6
计算功率(kW)		0.78	0.75	单路1.88 双路3.76	6.27	6.63
电动机功率(kW)		0.75		3.0	7.5	

11.6 预应力筋编束与安装

预应力筋编束与安装表 表 11.6-1

<table>
<tr><th>项 目</th><th>有关规定和要求</th></tr>
<tr><td>编束要求</td><td>1. 预应力束由多根钢丝或钢绞线组成时，同束内应采用强度相等的预应力钢丝。当采取整束穿入孔道内时，应预先编束。编束时，应逐根梳理顺直、绑扎牢固，防止互相缠绕，并应每隔 1～1.5m 捆绑一次，使其绑扎牢固、顺直。
2. 钢绞线在编束前，宜进行预拉，预拉应力值可采用整根钢绞线破断负荷的 80%，持荷时间不应少于 5min。但对质量可靠的低松弛钢绞线可不进行预拉。
3. 绑扎铁丝扣应弯向钢丝束内侧，以免影响穿束</td></tr>
<tr><td>梳编穿束步骤</td><td>采用疏编穿束可有效避免单根穿束引起的绞线相互缠绕导致张拉时绞线受力严重不均。
1. 用大力钳剥散钢绞线的端头，再用木板将钢绞线的中心丝压住，然后，使用切割机切断钢绞线周边丝(长为 40cm 左右)，保留中心丝。
2. 将钢绞线通过梳束板梳束编号后，对号穿入牵引螺塞。
3. 用胶带对钢绞线的端头(包括切割部分)缠绕保护。
4. 用与泵站连通的镦头器将每中心丝镦头，镦头直径大于牵引螺塞孔的直径，以满足整束穿束时拖动绞线平动的要求。
5. 用单根钢丝穿过波纹管，将主牵引卷扬机上的牵引钢丝绳上的螺旋套；引入并穿过波纹管，再将牵引螺塞和螺旋套拧紧连接。
6. 用设在预应力束管道的后端部梁体上的辅助起重卷扬机吊起钢绞线束，以克服钢绞线束的自重，启动主牵引卷扬机克服牵引摩擦阻力，同步进行疏顺钢绞线，每隔 1m 绑扎一次扎丝，以使钢绞线顺直、等长，绑扎成束顺直，不扭转，以提高其刚度便于穿束，即可顺利快速地进行钢绞线整束穿束 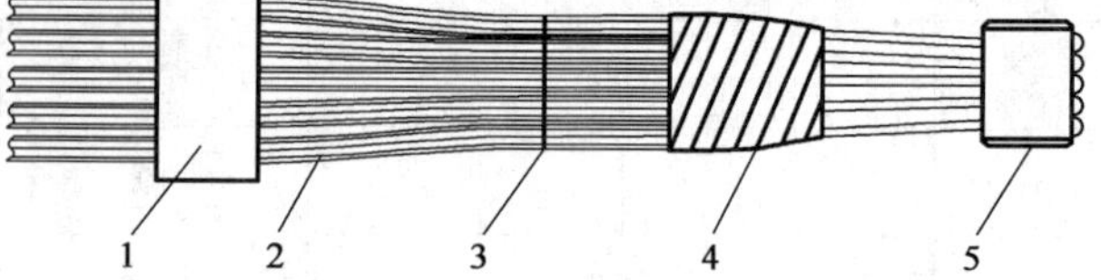

1 2 3 4 5

疏编穿束示意图
1-梳束板(或锚具)；2-钢绞线；3-扎丝；4-绑扎胶带；5-牵引螺塞</td></tr>
<tr><td>后张预应力筋安装</td><td>1. 预应力筋可在浇筑混凝土之前或之后穿入管道，穿束前应检查锚垫板和孔道，锚垫板应位置准确，孔道内应畅通，无水和其他杂物。
2. 预应力筋安装后的保护
(1) 对在混凝土浇筑及养生之前安装在管道中但在下表规定时限内没有压浆的预应力筋，应采取防止锈蚀或其他防腐蚀的措施，直至压浆。
未采取防腐蚀措施的力筋在安装后至压浆时的容许间隔时间见下表：
<table>
<tr><th>曝 露 条 件</th><th>安装后至压浆时的容许间隔时间</th></tr>
<tr><td>隔时间空气湿度大于 70% 或盐分过大时</td><td>7d</td></tr>
<tr><td>空气湿度 40%～70% 时</td><td>15d</td></tr>
<tr><td>空气湿度小于 40% 时</td><td>20d</td></tr>
</table>
</td></tr>
</table>

续上表

项 目	有关规定和要求
后张预应力筋安装	(2)在力筋安装在管道中后,管道端部开口应密封以防止湿气进入。采用蒸汽养生时,在养生完成之前不应安装力筋。 (3)在任何情况下,当在安装有预应力筋的构件附近进行电焊时,均应对全部预应力筋、管道和附属构件进行保护,防止溅上焊渣或造成其他损坏。 3. 对在混凝土浇筑之前穿束的管道,力筋安装完成后,应进行全面检查,以查出可能被损坏的管道。在混凝土浇筑之前,必须将管道上一切非有意留的孔、开口或损坏之处修复,并在浇筑混凝土过程中,应检查力筋能否在管道内自由移动
注意事项	1. 绑扎铁丝扣应弯向钢丝束内侧,以免影响穿束。 2. 制束时保持应力筋一端齐平,另一端中应有1根应力筋较其他的长出约20cm,并完成钩形,以便于穿束时与牵引钢索连接,如因短梁不用引索,则将不平齐的一端绑成夹头,以利于推入孔道。 3. 在直线配筋的板、梁中,如果设计规定需要避免预应力混凝土板、梁支点附近出现拉应力,梁两端的部分预应力筋,可用4层塑料布包裹方法,但必须位置准确。 4. 预应力钢材验收及加工后,应妥善保管,防止在堆放、运输和安装过程中损伤、变形或发生有害的锈蚀

预应力筋制作安装允许偏差 表11.6-2

先张预应力筋制作安装

检 查 项 目		规定值或允许偏差
镦头钢丝同束长度相对差(mm)	$L>20$m	$L/5\,000$ 及 5
	$6\leq L\leq 20$m	$L/3\,000$
	$L<6$m	2

粗钢筋先张法制作安装

项 目	规定值或允许偏差
冷拉钢筋接头在同一平面内的轴线偏位(mm)	2及1/10直径
中心偏位(mm)	4%短边及5

后张预应力筋制作安装

项 目		允 许 偏 差
管道坐标(mm)	梁长方向	±30
	梁高方向	±10
管道间距(mm)	同排	10
	上下层	10

11.7 预应力束孔道成形

孔道预留及制孔方式要求 表 11.7-1

项 目	有关规定和要求
孔道预留	在后张有黏结预应力混凝土结构或构件中，预应力筋的孔道宜由浇筑在混凝土中的刚性或半刚性管道构成，或采取钢管抽芯、胶管抽芯及金属伸缩套管抽芯等方法进行预留。设置于混凝土中的刚性或半刚性管道不应有漏浆现象，且应具有足够的强度和刚度，应能在浇筑混凝土重力的作用下保持原有的形状，并能按要求传递黏结应力
管道的性能要求	1. 刚性管道应是壁厚不小于 2mm 的平滑钢管，且应具有光滑的内壁并可被弯曲成适当的形状而不出现卷曲或被压扁；半刚性管道应是波纹状的金属管或高密度聚乙烯塑料管，且金属波纹管宜采用镀锌钢带制作，壁厚不宜小于 0.3mm。 2. 金属波纹管的性能和质量应符合现行标准《预应力混凝土用金属波纹管》(JG 225)的规定；塑料波纹管的制作材料、性能和质量应符合现行行业标准《预应力混凝土桥梁用塑料波纹管》(JT/T 529)的规定
管道检验	1. 进场时除应按合同检查出厂合格证和质量保证书，核对其类别、型号、规格及数量外，尚应对其外观、尺寸、集中荷载下的径向刚度、荷载作用后的抗渗漏及抗弯曲渗漏等进行检验。检验试验方法应分别符合现行行业标准《预应力混凝土用金属波纹管》(JG 225)和《预应力混凝土桥梁用塑料波纹管》(JT/T 529)的规定。 2. 管道应按批进行检验。金属波纹管每批应由同一钢带生产厂生产的同一批钢带所制造的产品组成，累计半年或 50 000m 生产量为一批，不足半年产量或 50 000m 也作为一批的，则取产量最多的规格；塑料波纹管每批应由同一配方、同一生产工艺、同设备稳定连续生产的产品组成，每批数量应不超过 10 000m。 3. 检验时应先进行外观质量的检验，合格后再进行其他指标的检验。当其他指标中有不合格项时，应取双倍数量的试件对该不合格项进行复验；复验仍不合格时，则该批产品为不合格
管道安装	1. 安装管道时，应去掉端头毛刺、卷边和折角。管道的尺寸与位置应正确，定位后的管道应平顺、圆滑，锚垫板应垂直于孔道中心线。管道和接头应有足够的密封性，以确保浇筑时不渗漏和抽真空时不漏气。 2. 管道应采用定位钢筋固定安装，使其能牢固地置于模板内的设计位置，并在混凝土浇筑期间不产生位移。固定各种成孔管道用的定位钢筋的间距：钢管管道不宜大于 1m，波纹管管道不宜大于 0.8m，胶管管道不宜大于 0.5m，曲线管道和扁平波纹管道应适当加密。管道与普通钢筋重叠时，应移动普通钢筋，不得改变管道的设计位置。 3. 金属管道接头处的连接管宜采用大一个直径级别的同类管道，其长度宜为被连接管道内径的 5 ~ 7倍。连接时应不使接头处产生角度变化及在混凝土浇筑期间发生管道的转动或移位，并应缠裹紧密防止水泥浆的渗入。塑料波纹管应采用专用焊接机进行焊接或采用具有密封性能的塑料连接器连接

续上表

<table>
<tr><th>项 目</th><th>有关规定和要求</th></tr>
<tr><td>管道安装</td><td>4. 所有管道均应设压浆孔，还应在最高点设排气孔及需要时在最低点设排水孔。压浆管、排气管和排水管应是最小内径为20mm的标准管或适宜的塑性管，与管道之间的连接应采用金属或塑料结构扣件，长度应足以从管道引出结构物以外。
5. 管道的内截面面积至少是预应力筋净截面积的2.0～2.5倍。如果由于某种原因，管道与预应力筋的面积比低于给定的极限，则需通过试验验证其是否可以进行正常的压浆作业。对于超长钢束的管道，亦应通过试验来确定其面积比。
6. 管道在模板内安装完毕后，应采取可靠措施，防止水或其他杂物进入管道。
7. 采用胶管抽芯法制孔时，胶管内应插入芯棒或充以压力水增加刚度；采用钢管抽芯法制孔时，钢管表面应光滑，焊接接头应平顺。
8. 后张法管道安装精度要求如下：
<table>
<tr><th colspan="2">项 目</th><th>允许偏差(mm)</th></tr>
<tr><td rowspan="2">管道坐标</td><td>梁长方向</td><td>30</td></tr>
<tr><td>梁高方向</td><td>10</td></tr>
<tr><td rowspan="2">管道间距</td><td>同排</td><td>10</td></tr>
<tr><td>上下层</td><td>10</td></tr>
</table></td></tr>
<tr><td>抽芯时间</td><td>抽芯时间应通过试验确定。一般以混凝土抗压强度达到0.4～0.8MPa时为宜。抽拔时不应损伤混凝土。
如果未经试验确定抽拔时间，可参考下式计算
<table>
<tr><th rowspan="2">抽拔时间参考公式</th><th colspan="2">抽拔时间参考</th></tr>
<tr><th>环境温度 T(℃)</th><th>抽拔时间 H(h)</th></tr>
<tr><td rowspan="4">$$H=\frac{100}{T}$$ 式中：H——由浇筑混凝土完毕至抽拔的时间(h)；
T——构件所处环境温度(℃)</td><td>>30</td><td>3～4</td></tr>
<tr><td>30～20</td><td>3～5</td></tr>
<tr><td>20～10</td><td>5～8</td></tr>
<tr><td><10</td><td>8～12</td></tr>
</table></td></tr>
<tr><td>抽拔过程主要要点</td><td>1. 抽拔制孔管的顺序应先下后上，先曲后直，分层浇筑的混凝土应根据各层凝固情况确定抽拔顺序。
2. 胶管可用机械抽拔，抽拔时须设置托架导向，应使抽拔方向与孔道轴线重合，做到平稳妥当，防止构件产生裂纹。
3. 抽拔胶管时，必须先行抽拔出芯棒，再抽拔出胶管。
4. 以钢管作制孔管时，如前所述自浇筑混凝土开始至抽拔前应间隔一定时间(视气温而定)作一次转动，以利抽拔</td></tr>
<tr><td>抽芯后的管道检查</td><td>抽芯后，应用通孔器或压气、压水等方法对孔道进行检查，如发现孔道阻塞或有残留物或与邻孔串通，应及时处理</td></tr>
</table>

11.8 锚具、夹具和连接器

锚具、夹具和连接器 表 11.8-1

项　目	有关规定和要求
基本要求	1. 锚固体系的组成部件（锚具、夹具、连接器、锚垫板）的材质、几何尺寸必须符合设计要求和现行国家标准《预应力筋锚具、夹具和连接器》（GB/T 14370—2000）的规定，锚具必须成套使用，锚垫板喇叭口的长度与放大角度必须符合要求。 2. 锚具安装时必须位置准确，锚垫板轴线应与连接孔道管轴线重合。固定牢靠，锚垫板与预应力筋在锚固区及其附近应相互垂直。 3. 利用螺母锚固的支撑式锚具，安装前逐个检查螺纹的配合情况。对于大直径螺纹的表面应涂润滑油脂，以确保张拉和锚固过程中顺利旋合和拧紧。一般是张拉至规定应力时在带负荷状态下拧紧螺母。 4. 夹片式、锥塞式等形式的锚具，在预应力筋张拉和锚固过程中或锚固完成以后，均不得大力敲击或振动。 5. 预应力筋用锚具、夹具和连接器在储存、运输及使用期间均应妥善保管，避免锈蚀、玷污、遭受机械损伤。锚具、夹具和连接器在安装前应擦拭干净，需要在锚固零件上涂抹介质以改善锚固性能时，应在锚具安装时涂抹
高强钢丝墩头	1. 高强钢丝墩头宜采用液压冷镦；冷拔低碳钢丝墩头可采用冷冲镦粗；钢筋宜采用电热镦粗；Ⅳ级钢筋镦粗后应进行电热处理。冷拉钢筋端头的镦粗及热处理工作，应在钢筋冷拉之前进行，否则应对镦头按钢筋冷拉的控制应力逐个进行张拉检查。 2. 钢丝镦头的强度不得低于钢丝强度标准值的98%
挤压锚	挤压锚具制作时压力表油压应符合说明书的规定，挤压后预应力筋外端应露出挤压套筒 1 ~ 5mm
钢绞线压花锚	钢绞线压花锚应表面清洁、无油污，梨形头和直线段长度符合设计要求

锚具、夹具和连接器质量验收要求 表 11.8-2

检 查 内 容	验收数（套/每批）		检 查 方法
	锚、夹具	连接器	
外观	<1 000	<500	每批抽 2%，且不少于 10 套样品检查；如一套有裂纹、锚孔锥面有锈蚀或尺寸超允许偏差；则另取双倍数量进行检查，仍有一套不合格，则应逐套检查，合格者进入后续检验
硬度			每批抽 3%，且不少于 5 套样品检查；对于多孔夹片式锚具，每套至少抽取 6 片夹片，每个零件测试 3 点，如不合格；则另取双倍数量进行检查，如仍有一套不合格，则应逐个检查
静载锚固性能			在外观和硬度均合格的同批产品中抽取样品，与相应规格和强度预应力筋组成 3 个预应力—锚具组装件进行试验；如一个试件不符合要求；则另取双倍数量进行试验，仍有一个试件不符合要求，该批锚具为不合格

注：表中每批的含义为同种材料和在同一生产工艺条件生产的产品。

11.9 预应力张拉施工

11.9.1 预应力张拉施工准备工作

预应力张拉施工准备工作　表 11.9-1

项　目	技 术 要 求
基本条件	1. 张拉施工方案、作业指导书已批准,在现场明显部位悬挂张拉施工标示(警示)牌。 2. 现场施工人员已经过培训,张拉操作工具有上岗证。 3. 已清除张拉作业范围内与张拉操作无关的材料和设备,已停止对张拉有干扰的其他作业。 4. 已对作业平台、安全防护栏杆、动力、照明电源线路及控制开关进行全面检查,并满足要求。 5. 结构或构件混凝土已达到张拉时设计规定的强度和弹性模量(或龄期),设计未规定时,强度不低于80%,弹性模量不低于28d 弹性模量的80%
管道检查	1. 穿束前对管道进行检查,发现孔道阻塞或有残留物或与邻孔串通,应及时处理。 2. 压浆孔的位置、通畅性是否符合要求,确保锚固段压浆顺利
锚固区检查	1. 锚具型号及配套是否符合要求,几何形状是否正确。锚固区锚垫板与预应力筋束不垂直是不得张拉。 2. 锚垫板下混凝土是否密实、无蜂窝及其他明显缺陷
预应力束穿束	1. 预应力筋安装前对孔道和筋束进行以下检查:①孔道与预应力筋束的编号是否匹配,防止筋束穿错孔号;②预应力筋是否进行梳、编束处理,其顺直性是否良好,防止安装筋束时出现困难或在张拉时出现意外。 2. 预应力筋安装完毕后应调整两端长度,使之满足张拉操作需要。对外露部分需采取适当措施进行临时防护,避免雨水、尘土、混凝土、水泥浆及其他有害物质污染、腐蚀钢束
张拉机具的检查、效验	张拉机具应与锚具配套使用,应在使用前进行检查和校验。千斤顶与压力表应配套校验,以确定张拉力与压力表读数之间的关系曲线。所用压力表的精度不宜低于1.5 级;校验时,千斤顶活塞的运行方向应与实际张拉工作状态一致,当采用试验机校验时,宜以千斤顶试验机的读数为准
张拉机具的保管维护与定期效验	张拉设备长期不使用时,应在使用前全面进行校验。使用中的校验期间应视千斤顶情况确定,一般使用6 个月或300 次以及在千斤顶使用过程中出现不正常现象时,应重新标定。弹簧测力计的校验期限不宜超过2 个月
张拉试验的锚固能力	锚、夹具的类型须符合设计规定和预应力钢材张拉的需要,用预应力钢材与锚夹具组合进行张拉试验时的锚固能力,不得低于预应力钢材标准抗拉强度的90%
锚、夹具应有的质量要求	1. 锚夹具须经技术鉴定和产品鉴定,出厂前应由供方按规定进行检验把那个提供质量证明书。 2. 锚夹具应经外观检查,不得有裂纹、伤痕、锈蚀,尺寸不得超过允许偏差,对锚具的强度、硬度、锚固能力等,应根据供货情况确定是否复验的项目、数量。当质量证明书不符合要求或对质量有疑点时,应按有关规定进行检验,符合要求时才能验收和使用
张拉设备安装	安装张拉设备时,对于直线预应力筋,应使张拉力作用线与预应力筋的轴线重合;曲线预应力筋应使张拉力作用线与预应力筋末端的切线重合,防止偏心受拉

11.9.2 张拉施工工艺及检测控制

张拉施工工艺及检测控制　　表 11.9-2

项　目	技 术 要 求
张拉施工工艺	1. 长束应采用两端张拉，即用张拉设备对预应力筋两端同步或先一端再另一端张拉的工艺。两端同步张拉时对梁体两端同步施加预应力，有利于力的传递，施工效率高，但占用设备多，实施难度较大；两端先后张拉时，虽然两端锚垫板处有效预应力可达到相等，但效率低。 2. 短束可采用一端张拉，即将张拉设备放置在预应力筋一端进行的张拉。在孔道壁光滑（如金属波纹管孔道）、孔道长度不长、管道曲率半径较大，及锚具回缩应力损失较大的情况下，一端张拉比较有利，而且它张拉次数少，施工简便，成本低，能满足结构的特殊要求，但需准确地计算孔道反摩阻和预应力筋回缩。当同一截面中有多束一端张拉的预应力筋时，张拉端宜分别设置在构件的两端。 3. 预应力筋的张拉序应遵循同步、对称张拉的原则，同时应考虑到尽量减少张拉设备的移动次数，并符合设计要求。对于箱形截面梁，若设计无规定，应从结构中性轴开始，左右对称进行张拉。 4. 尽量采取多顶同步分级张拉，以使梁在施加预应力的过程中受力均匀、对称且同步，不在锚垫板等部位产生过大的应力而使梁体出现不利变形。 5. 张拉施工时，各张拉机具应在保压持荷均达到稳定后同步放张
张拉施工跟踪控制频率和精度	1. 张拉跟踪控制频率与预应力检测频率：一般桥梁不宜少于 10%；连续梁桥、连续刚构桥等重要桥梁应加大控制频率到 20%。 2. 张拉控制精度：梁体同一断面中有效预应力偏差应控制在 ±2%
张拉应力控制	张拉施工时应按照设计要求控制张拉应力。当施工中，需要对预应力筋实施超张拉或计入锚圈口预应力损失时，可比设计规定提高 5%，但在任何情况下均不得超过设计规定的最大张拉控制应力。一般情况下，钢丝、钢绞线的张拉控制应力值为：$\sigma_{con} \leq 0.75f_{pk}$，精轧螺纹钢筋的张拉控制应力值为：$\sigma_{con} \leq 0.90f_{pk}$，式中，$f_{pk}$ 为预应力钢筋抗拉强度标准值。 钢丝、钢绞线无屈服台阶的预应力筋的张拉时，对于端部设有锚圈（有锚口摩阻损失的锚具）的锚具，张拉控制应力小于张拉应力；对于端部不设锚圈（无锚口摩阻损失的锚具）的锚具，张拉控制应力等于张拉应力。端部设有锚圈的锚具，张拉时，张拉应力最大值一般不应超过 $0.8f_{pk}$，端部不设锚圈的锚具，张拉应力一般不应超过 $0.75f_{pk}$。也就是说梁体外的张拉应力一般不应超过 $0.8f_{pk}$，梁体内的张拉控制应力一般不应超过 $0.75f_{pk}$
张拉控制系统	1. 人工控制，即在张拉时，梁体两端操作人员通过步话机联系，相互报告张力值、伸长值，其精度控制难度大。另外，张拉过程中，需增加停顿次数，其数据记录、报表处理工作量大，时间长。 2. 数显式张拉控制系统。利用数显式张拉控制系统对张拉进行控制，可更准确地进行两端同步张拉，如下图。其中，位于两端的数显式张拉控制仪可同时显示本机和对方的数据，并根据对方当前的张拉力值，及时做出调整，可以更准确地进行两端同步张拉，而且仪器自动记录了所有张拉数据，可根据需要打印出来 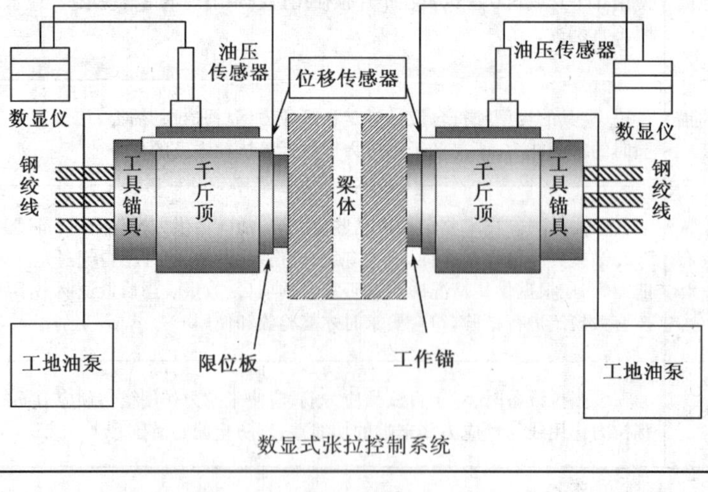 数显式张拉控制系统

11.9.3 张拉伸长量控制

张拉伸长量控制　表 11.9-3

项　目	技 术 要 求
张拉时伸长值的校核	预应力筋采用应力控制方法张拉时,应以伸长值进行校核,实际伸长值与理论伸长值的差值应符合设计要求,设计无规定时,实际伸长值与理论伸长值的差值应控制在±6%以内,否则应暂停张拉,待查明原因并采取措施予以调整后,方可继续张拉
预应力筋的理论伸长值ΔL(mm)	$$\Delta L=\frac{P_{\mathrm{P}}L}{A_{\mathrm{P}}E_{\mathrm{P}}}$$ 式中:P_{P}——预应力筋的平均张拉力(N),直线筋取张拉端的拉力; L——预应力筋的长度(mm); A_{P}——预应力筋的截面面积(mm^2); E_{P}——预应力筋的弹性模量(N/mm^2)
预应力筋张拉实际伸长值计算	1. 预应力筋张拉时,应先调整到初应力σ_0,该初应力宜为张拉控制应力σ_{con}的10%~25%,伸长值应从初应力时开始量测。力筋的实际伸长值除量测的伸长值外,必须加上初应力以下的推算伸长值。 2. 预应力筋张拉的实际伸长值ΔL(mm),可按下式计算: $$\Delta L=\Delta L_1+\Delta L_2$$ 式中:ΔL_1——从初应力至最大张拉应力间的实测伸长值(mm); ΔL_2——初应力以下的推算伸长值(mm),可采用相邻级的伸长值。 3. 必要时,应对锚圈口及孔道摩阻损失进行测定,张拉时予以调整

11.9.4 预应力张拉程序及放张

(1)先张法预应力筋张拉按下列程序进行

先张法预应力筋张拉程序　表 11.9-4

预应力筋种类		张 拉 程 序
钢丝、钢绞线	夹片式等具有自锚性能的锚具	普通松弛力筋;0→初应力→$1.03\sigma_{\mathrm{con}}$(锚固) 低松弛力筋;0→初应力→$\sigma_{\mathrm{con}}$(持荷5min锚固)
	其他锚具	0→初应力→$1.05\sigma_{\mathrm{con}}$(持荷5min)→0→$\sigma_{\mathrm{con}}$(锚固)
螺纹钢筋		0→初应力→$1.05\sigma_{\mathrm{con}}$(持荷5min)→$0.9\sigma_{\mathrm{con}}$→$\sigma_{\mathrm{con}}$(锚固)

注:1. 表中σ_{con}为张拉时的控制应力值,包括预应力损失值。

2. 超张拉数值超过表11.9-2规定的最大超张拉应力限值时,应按该条规定的限制张拉应力进行张拉。

3. 张拉螺纹钢筋时,应在超张拉并持荷5min后放张至$0.9\sigma_{\mathrm{con}}$时再安装模板、普通钢筋及预埋件等。

（2）后张法预应力筋张拉按下列程序进行：

后张法预应力筋张拉程序 表 11.9-5

锚具和预应力筋类别		张拉程序
夹片式等具有自锚性能的锚具	钢绞线束	普通松弛力筋；0→初应力→1.03σ_{con}（锚固）
	钢丝束	低松弛力筋；0→初应力→σ_{con}（持荷 5min 锚固）
其他锚具	钢绞线束	0→初应力→1.05σ_{con}（持荷 5min）→σ_{con}（锚固）
	钢丝束	0→初应力→1.05σ_{con}（持荷 5min）→σ_{con}（锚固）
螺母锚固锚具	螺纹钢筋	0→初应力→σ_{con}（持荷 5min）→0→σ_{con}（锚固）

注：1. 表中 σ_{con} 为张拉时的控制应力，包括预应力损失值。

2. 两端同时张拉时，两端千斤顶升降压、画线、测伸长等工作应基本一致。

3. 超张拉数值超过表 11.9-2 规定的最大超张拉应力限值时，应按该表规定的限值进行张拉。

（3）预应力放张与锚固

预应力放张与锚固 表 11.9-6

项目	技术要求
基本规定	1. 预应力筋锚固后需要放松时，必须使用专门的放松设备，在确保安全的情况下缓慢地放松。 2. 对于支撑式锚具可用张拉设备松开锚具，将预应力缓慢地卸除。 3. 对于夹片式、锥塞式锚具，应采用专用放松装置将锚具松开，任何时候都不得在预应力筋存在拉力的状态下直接将锚具切去。 4. 对于要继续锚固的预应力筋，绝不允许有夹痕的部分进入受力段
先张法放张	先张法预应力筋放张顺序应符合设计要求，当设计无要求时，可按下列规定放张：承受轴心预压力的构件应同时放张；承受偏心预压力的构件应先同时放张预压力较小区域的预应力筋，再同时放张预压力较大区域的预应力筋；当不能按上述规定放张时，应分阶段、对称、相互交错放张。 放张方法：砂箱放张法、千斤顶先拉后松法、滑楔放张法
后张法放张	后张法预应力筋张拉锚固后，如遇特殊情况需要放张，宜在工作锚上安装拆锚器，采用小型千斤顶逐根放张
预应力筋的锚固技术要求	1. 预应力筋锚固后，夹片顶面平齐，其错位不大于 2mm，且露出锚具处的高度不应大于 4mm。 2. 预应力筋张拉锚固且经确认合格后，方可切割预应力筋多余部分。切割工作应使用砂轮锯或切断机，严禁使用电弧或氧炔焰切割，切割后预应力筋的外露长度不应小于 30mm，且不小于 1.5 倍预应力筋直径。 3. 对暴露于结构外部的锚具应及时采取永久性防护措施，防止水分、氯离子和其他有腐蚀性的介质侵入。同时，还应采取适当的防火和避免意外撞击的措施。 4. 预应力封锚混凝土应密实并与周围混凝土黏结牢固，锚固区预应力筋端头的混凝土保护层厚度不应小于 50mm 或符合设计要求。在易受腐蚀的环境中，保护层应适当加厚。对突出式锚固端，锚具表面距混凝土边缘不应小于 50mm。封锚混凝土内配置 1～2 片钢筋网，并应与预留锚固筋绑扎牢固。 5. 封锚混凝土应密实，无裂纹。 6. 无黏结和体外束的预应力筋端头、锚具夹片等应达到密封要求

(4)预应力张拉施工质量检测

预应力张拉施工质量检测 表 11.9-7

<table>
<tr><th>项　目</th><th>技术要求</th></tr>
<tr><td>检测频率</td><td>1. 检测以抽检为主，一般预应力筋不宜少于 10%。
2. 体外筋、环形筋、无黏结筋、竖向筋、负弯矩段预应力筋不得少于 15%。
3. 连续梁、连续刚构桥等边、中跨合龙段预应力筋不得少于 20%</td></tr>
<tr><td>检测内容</td><td>1. 摩阻测试（包括锚圈口、锚垫板和管道摩阻）。
2. 对称张拉、两端张拉的张拉同步性。
3. 有效预应力检测：检测整束预应力筋、单根钢绞线的有效预应力</td></tr>
<tr><td>检测时间</td><td>预应力筋张拉锚固后应在 24h 内进行有效预应力检测。索力检测应在张拉锚固后 1h 内进行</td></tr>
<tr><td>预应力张拉过程控制指标</td><td>1. 预应力张拉前应进行摩阻测试
(1)张拉施工前，应对不同孔道进行两孔以上的摩阻测试。
(2)摩阻测试确定的管道摩擦系数 μ 和孔道每米局部偏差对摩擦的影响系数 k 在征得设计单位的意见后用于修正张拉控制应力。
2. 任何情况下，张拉应力不得超过设计规定的最大张拉控制应力；实际伸长值与理论伸长值之差不得超过 ±6%</td></tr>
<tr><td>有效预应力检测控制指标</td><td>1. 有效预应力值控制指标
对 $f_{pk}=1\,860$MPa，公称直径为 15.2mm 的单根钢绞线，张拉锚固后锚下有效预应力大小满足表下表的要求
<table>
<tr><th>设计张拉控制应力（MPa）</th><th>有效预应力（kN）</th><th>允许偏差</th></tr>
<tr><td>$0.7f_{pk}$</td><td>168</td><td>±5%</td></tr>
<tr><td>$0.75f_{pk}$</td><td>178</td><td>±5%</td></tr>
</table>
2. 有效预应力不均匀度控制指标
<table>
<tr><th>项　目</th><th>允许值</th></tr>
<tr><td>有效预应力同束不均匀度</td><td>±5%</td></tr>
<tr><td>各束有效预应力同断面不均匀度</td><td>±2%</td></tr>
</table>
</td></tr>
</table>

11.10 锚具变形、预应力筋回缩和接缝压缩、断丝及滑移允许值

锚具变形、预应力筋回缩和接缝压缩容许值(mm) 表 11.10-1

锚具、接缝类型		变 形 形 式	容许值 ΔL
钢制锥形锚具		力筋回缩、锚具变形	6
夹片式锚具	有顶压时	力筋回缩、锚具变形	4
	无顶压时		6
镦头锚具		缝隙压密	1
粗钢筋锚具(用于精轧螺纹钢筋)		力筋回缩、锚具变形	1
每块后加垫板的缝隙		缝隙压密	1
水泥砂浆接缝		缝隙压密	1
环氧树脂砂浆接缝		缝隙压密	1

先张法预应力筋断丝限制 表 11.10-2

类 别	检 查 项 目	控 制 数
钢丝、钢绞线	同一构件内断丝数不得超过钢丝总数的	1%
钢筋	断筋	不容许

后张预应力筋断丝、滑移限制 表 11.10-3

类 别	检查项目	控 制 数
钢丝束 钢绞线束	每束钢丝断丝或滑丝	1 根
	每束钢绞线断丝或滑丝	1 丝
	每个断面断丝之和不超过该断面钢丝总数的百分比	1%
螺纹钢筋	断筋或滑移	不容许

注:1. 钢绞线断丝系指单根钢绞线内钢丝的断丝。

2. 超过表列控制数时,原则上应更换,当不能更换时,在许可的条件下,可采取补救措施,如提高其他束预应力值,但须满足设计上各阶段极限状态的要求。

11.11 预应力孔道压浆与封锚

后张预应力孔道压浆与封锚 表 11.11-1

项 目	技 术 要 求
压浆基本要求	1. 预应力筋张拉后,孔道应尽早压浆。应在 24h 内完成,否则应采取措施,确保力筋不出现锈蚀。 2. 浆体强度应符号设计规定,设计无具体规定时,应不低于 30MPa。对截面较大的孔道,浆体中可掺入适量的细砂。浆体中一般应掺入适量的减水剂、缓凝剂、引气剂和钢筋阻锈剂等外加剂,也可掺入粉煤灰、微膨胀剂,但不得加入铝粉或含有氯化物等有害成分的外加剂。 3. 采用真空辅助压浆工艺。 4. 逐孔填写压浆施工记录

续上表

<table>
<tr><th>项　目</th><th colspan="3">技 术 要 求</th></tr>
<tr><td>压浆的材料要求</td><td colspan="3">后张预应力孔道宜采用专用压浆料或专用压浆剂配制的浆液进行压浆。所用原材料应符合下列规定：
1. 水泥应采用性能稳定、强度等级不低于 42.5 的低碱硅酸盐或低碱普通硅酸盐水泥，水泥的性能要求应符合高性能混凝土对水泥的技术要求。
2. 外加剂应与水泥具有良好的相容性，且不得含有氯盐、亚硝酸盐或其他对预应力筋有腐蚀作用的成份。减水剂应采用高效减水剂，且应满足现行国家标准《混凝土外加剂》(GB 8076)中高效减水剂一等品的要求，其减水率应不小于 20%。
3. 矿物掺和料的品种宜为 I 级粉煤灰、磨细矿渣粉或硅灰，并应符合高性能混凝土对掺和料的技术要求。
4. 水不应含有对预应力筋或水泥有害的成分，每升水中不得含有 350mg 以上氯化物离子或任何一种其他有机物，宜采用符合国家卫生标准的清洁饮用水。
5. 膨胀剂宜采用钙矾石系或复合型膨胀剂，不得采用以铝粉为膨胀源的膨胀剂或总碱量 0.75% 以上的高碱膨胀剂。
6. 压浆材料中的氯离子含量不应超过胶凝材料总量的 0.06%，比表面积应大于 350m²/kg，三氧化硫含量不应超过 6.0%</td></tr>
<tr><td rowspan="15">水泥浆的浆液性能指标</td><td colspan="2">水胶比(%)</td><td>0.26～0.28</td></tr>
<tr><td rowspan="2">凝结时间(h)</td><td>初凝</td><td>≥5</td></tr>
<tr><td>终凝</td><td>≤24</td></tr>
<tr><td rowspan="3">流动度(25℃)(s)</td><td>初始流动度</td><td>10～17</td></tr>
<tr><td>30min 流动度</td><td>10～20</td></tr>
<tr><td>60min 流动度</td><td>10～25</td></tr>
<tr><td rowspan="2">泌水率(%)</td><td>24h 自由泌水率</td><td>0</td></tr>
<tr><td>3h 钢丝间泌水率</td><td>0</td></tr>
<tr><td rowspan="2">压力泌水率(%)</td><td>0.22MPa
(孔道垂直高度≤1.8m 时)</td><td rowspan="2">≤2.0</td></tr>
<tr><td>0.36MPa
(孔道垂直高度 >1.8m 时)</td></tr>
<tr><td rowspan="2">自由膨胀率(%)</td><td>3h</td><td>0～2</td></tr>
<tr><td>24h</td><td>0～3</td></tr>
<tr><td colspan="2">充盈度</td><td>合格</td></tr>
<tr><td colspan="3">泌水率、膨胀率及水泥浆稠度试验方法见现行《公路桥涵施工技术规范》(JTG/T F50—2011)相关规定</td></tr>
<tr><td>压浆工艺要求</td><td colspan="3">1. 压浆前，应对孔道进行清洁处理。对抽芯成型的混凝土空心孔道应冲洗干净并使孔壁完全湿润；金属管道、塑料管道必要时亦应冲洗以清除有害材料；对孔道内可能发生的油污等，可采用已知对预应力筋和管道无腐蚀作用的中性洗涤剂或皂液，用水稀释后进行冲洗。冲洗后，应使用不含油的压缩空气将孔道内的所有积水吹出。
2. 浆体自拌制至压入孔道的延续时间，视浆体的性质和气温情况而定，不宜超过 40min。浆体在使用前和压注过程中应连续搅拌，浆体在孔道中的流束不宜过快。对于因延迟使用所致的流动度降低的水泥浆，不得通过加水来增加其流动度。
3. 压浆时，对曲线孔道和竖向孔道应从最低点的压浆孔压入，由最高点的排气孔排气和泌水，压浆顺序宜先压注下层孔道。
4. 压浆应缓慢、均匀地进行，不得中断，并应将所有最高点的排气孔依次一一放开和关闭，使孔道内排气畅通。较集中和邻近的孔道，宜尽量先连续压浆完成，不能连续压浆时，后压浆的孔道应在压浆前用压力水冲洗通畅。
5. 对掺加外加剂泌水率较小的水泥浆，通过试验证明能达到孔道内饱满时，可采用一次压浆的方法；不掺外加剂的水泥浆，可采用二次压浆法，两次压浆的间隔时间宜为 30～45min</td></tr>
</table>

续上表

项　　目	技 术 要 求
压浆工艺要求	6. 压浆应使用活塞式压浆泵，不得使用压缩空气。压浆的最大压力宜为 0.5～0.7MPa；对超长孔道，最大压力不宜超过 1.0MPa。梁体竖向预应力筋孔道的压浆最大压力可控制在 0.3～0.4MPa。压浆应达到孔道另一端饱满和出浆，并应达到排气孔排出与规定稠度相同的水泥浆为止。为保证管道中充满灰浆，关闭出浆口后，应保持不小于 0.5MPa 的一个稳压期，该稳压期宜为 3～5min。 7. 压浆过程中及压浆后 48h 内，结构混凝土的温度不得低于 5℃，否则应采取保温措施，并应按冬期施工要求处理，浆体中可适当掺入引气剂，但不得掺用防冻剂。当气温高于 35℃时，压浆宜在夜间进行。 8. 压浆后应从检查孔抽查压浆的密实情况，如有不实，应及时处理和纠正。压浆时，每一工作班应留取不少于 3 组的 40mm×40mm×160mm 试件，标准养护 28d，进行抗压强度和抗折强度试验，作为评定水泥浆质量的依据。 9. 压浆完成后，应及时对力筋、锚具进行处理，其中包括对锚具和力筋做防锈、防腐处理。需要封锚的，应对梁端混凝土凿毛并将其周围冲洗干净，设置钢筋网浇筑封锚混凝土。 封锚混凝土的强度应符合设计要求。设计无要求时，一般不宜低于构件混凝土强度等级值的 80%。 10. 对后张预制构件，在管道压浆前不得安装就位，在压浆强度达到设计要求后方可移运和吊装
封锚	1. 压浆完成后，及时对锚具和力筋做防锈、防腐处理。接着对梁端混凝土凿毛并将其周围冲洗干净，设置钢筋网浇筑封锚混凝土。 2. 封锚混凝土的强度应符合设计要求。设计无要求时，应不低于构件混凝土强度等级值的 80%

11.12 体外预应力施工

无黏结预应力施工　　表 11.12-1

项　　目	技 术 要 求						
材料	1. 无黏结预应力钢绞线规格和性能						
	钢　绞　线			防腐润滑油质量(g/m)不小于	护套厚度(mm)不小于	μ	k
	直径(mm)	截面积(mm^2)	公称强度(MPa)				
	9.50	54.8	1 720	32	0.8	0.04～0.10	0.003～0.004
			1 860				
			1 960				
	12.70	98.7	1 720	43	1.0	0.04～0.10	0.003～0.004
			1 860				
			1 920				
	15.20	140.0	1 570	50	1.0	0.04～0.10	0.003～0.004
			1 670				
			1 720				
			1 860				
			1 920				
	15.70	150.0	1 770	53	1.0	0.04～0.10	0.003～0.004
			1 860				
	注：经供需双方协商也可生产供应其他强度和直径的无黏结预应力钢绞线						

续上表

项　目	技 术 要 求
材料	2. 钢绞线应符合现行标准《无黏结预应力钢绞线》(JG 161—2004)并应满足： (1)制作无黏结预应力筋的钢绞线，其质量应符合《预应力混凝土用钢绞线》(GB/T 5224—2003)的规定。 (2)护套表面应光滑、无裂缝、无凹陷、无可见钢绞线轮廓、无气孔、无机械损伤。 (3)防腐润滑油应符合现行行业标准《无黏结的预应力筋专用防腐润滑脂》(JG 3007—1993)。 (4)护套应采用高密度聚乙烯管，其质量应符合《高密度聚乙烯树脂》(GB 11116—1989)的规定并应能满足相关的温度内压等要求。 (5)按规定进行进场检验。 3. 无黏结预应力筋锚具系统应按设计要求选用，其质量检验和合格验收应符合国家现行标准《预应力筋用锚具、夹具和连接器》(GB/T 14370—2000)、《混凝土结构工程施工质量验收规范》(GB 50204—2002)及《预应力筋用锚具、夹具和连接器应用技术规程》(JGJ 85—2002)的规定，且必须采用I类锚具。 4. 无黏结预应力筋与锚具组装件应通过疲劳性能试验。即试验应力上限取力筋抗拉强度标准值的65%、疲劳应力幅度取 80N/mm、循环次数为 200 万次以上。当用于地震区时，锚具组装件应通过预应力钢材抗拉强度标准上限的 80%、下限 40 的%、循环 50 次的周期荷载试验。 5. 无黏结预应力筋应按规格、品种成盘或顺直地分开堆放在通风干燥、防潮防晒防雨的地方
施工	1. 下料和组装。下料长度应经计算确定；下料应采用砂轮锯、冷水冷却法成束切割；宜采用先粗后精，略长于计算长度的二次下料法。组装应按规定进行，安装时要防止防腐油脂沾污非预应力筋。 2. 在包装、运输、保管环节中应采取措施，严防无黏结预应力筋的任何损伤。 3. 无黏结预应力筋的铺放：(1)在铺放前，应检查其规格、数量、无破损，并逐根确认其端部组装配件可靠无误后，方可按放；(2)在铺放前，应通过计算确定力筋的位置，并用定位筋控制；(3)当与其他构件位置有矛盾时，不应将无黏结预应力筋垂直位置抬高或降低；(4)无黏结预应力筋的位置宜保持顺直，位置允许偏差应符合本章相关规定；(5)当集束配置多根无黏结预应力筋时，应保持平行走向，防止相互扭绞。 4. 混凝土施工时，(1)混凝土中氯离子总含量不得超过水泥用量的 0.06%；(2)混凝土浇筑前应对无黏结预应力筋、锚具等预埋件等构件的数量、安装情况、各控制点的位置、端头外露长度、保护套是否完好等进行检查，并按隐蔽工程进行验收。(3)混凝土及混凝土浇筑符合现行《公路桥涵施工技术规范》(JTG/T F50—2011)规定；(4)混凝土浇筑时，严禁碰撞力筋及其附属配件；(5)张拉、固定端的混凝土必须振捣密实。 5. 预应力筋张拉 (1)应符合现行《公路桥涵施工技术规范》(JTG/T F50—2011)相应规定。 (2)对力筋施加预应力之前，应对构件进行检验，外观和尺寸应符合质量标准要求。张拉时，构件的混凝土性能应符合设计要求，设计未规定时，不应低于设计强度等级值的 80%。 (3)张拉前应对张拉设备等进行检验，确认符合要求后方可张拉。 (4)实际伸长值，在初应力为张拉控制应力 10% 左右时开始量测，分级记录。其实际伸长值 ΔL (mm)，可按式(7.10.4)计算： $$\Delta L = \Delta L_1 + \Delta L_2 - \Delta L_3$$ 式中：ΔL_1——从初应力至最大张拉应力间的实测伸长值(mm)； ΔL_2——初应力以下的推算伸长值(mm)，可采用相邻级的伸长值； ΔL_3——混凝土构件在张拉过程中的弹性压缩值。 (5)无黏结预应力筋张拉应按规定顺序张拉，其实际伸长值按上述公式计算。 (6)当力筋长度超过 30m 时，宜采用两端张拉，力筋长度超过 60m 时，宜采取分段张拉与锚固。 (7)无黏结预应力筋张拉过程中应避免预应力的滑脱或断裂。当发生时，滑脱或断裂的数量应不超过结构同一截面无黏结预应力筋总量的 1%，且每一束只允许 1 根。 (8)无黏结预应力筋张拉锚固后还应满足实际预应力与设计应力值相对允许误差 ±5% 以内。否则应暂停张拉，待查明原因并采取措施予以调整后，方可继续张拉。 (9)无黏结预应力筋张拉完毕后应及时按有关的要求，对锚固区进行保护处理

体外预应力施工 表 11.12-2

项　　目	技 术 要 求
系统组成	体外预应力索一般由钢绞线和外护套、防腐材料、转向装置及锚固体系组成,可分为直线、双折线、多折线布置。其中钢绞线可分为普通钢绞线、镀锌钢绞线、环氧钢绞线和无黏结钢绞线;外护套主要起防腐作用,可分为高密度管聚乙烯管(HDEP)和钢管等,体外预应力索的钢绞线与外护套管之间通常采用灌浆材料。体外索的转向装置是使体外预应力结构满足受力要求的必要构件
材料及构件	1. 按照设计与现行《公路桥涵施工技术规范》(JTG/T F50—2011)要求采用,通常选用高强度低松弛预应力钢绞线。 2. 体外预应力筋锚具应符合现行《公路桥涵施工技术规范》(JTG/T F50—2011)要求 3. 体外预应力筋的其他材料(保护套、防腐浆体等)尚应符合现行国家、行业的有关标准。防腐油脂质量符合《无黏结的预应力筋专用防腐润滑脂》(JG 3007—1993);水泥基浆体质量应符合国家现行标准《混凝土结构工程施工质量验收规范》(GB 50204—2002)。 4. 防腐蚀材料的耐久性与体外束所处的环境类别和使用年限一致;防腐蚀材料在加工、运输、安装、张拉工程中具有稳定性、柔性不产生裂缝、在所要求的温度范围内不流淌,不对钢绞线产生腐蚀作用。 5. 体外束的外套管可选用高密度聚乙烯管或镀锌钢管。外套管和连接接头应完全密闭防水,在使用期应有可靠的耐久性;外套管应与预应力筋和防腐蚀材料具有良好的兼容性,且应能抵抗运输、安装和使用过程中所受的各种作用力而不被损坏。 6. 转向块的偏角制造误差应小于 1.2°,安装误差应小于 ±5%。否则应采用可调节转向块
施工技术要求	1. 体外预应力施工应遵守现行《公路桥涵施工技术规范》(JTG/T F50—2011)相关规定。 2. 保护套管的安装应连接平滑和完全密封防水,束的安装误差应符合设计要求。在安装过程中应防止保护套管受到机械损伤。 3. 体外预应力束锚固区和转向块的施工与主体结构同时考虑,预埋的锚固件及管道的位置和方向严格按设计要求控制。 4. 体外预应力束应垂直于承压板,曲线段的起点至张拉锚固点的直线长度不宜小于 600mm。 5. 穿束中要严格采取保护措施,严禁在混凝土面上拖曳钢绞线等不良行为的发生,损坏其保护层减弱防腐能力。 6. 体外预应力束的张拉顺序应严格按设计要求进行。布置在梁两侧的体外预应力束,张拉时应保证受力均匀、对称,以免梁体发生侧向弯曲或失稳。 7. 体外预应力束、锚具施工时,应按设计要求进行严格的管理和施工,应严格、及时按照设计、规范要求做好体外预应力束、锚具、转向块及承压板等的防腐、防辐射、防火、防老化施工。 8. 体外预应力张拉完成后,应对其锚具设置全密封防护罩,并应在防护罩内灌注油脂或其他可清洗的防腐蚀材料。 9. 体外束施工除遵守上述规定外,还应符合本章中无黏结预应力混凝土施工工艺及质量控制的有关规定

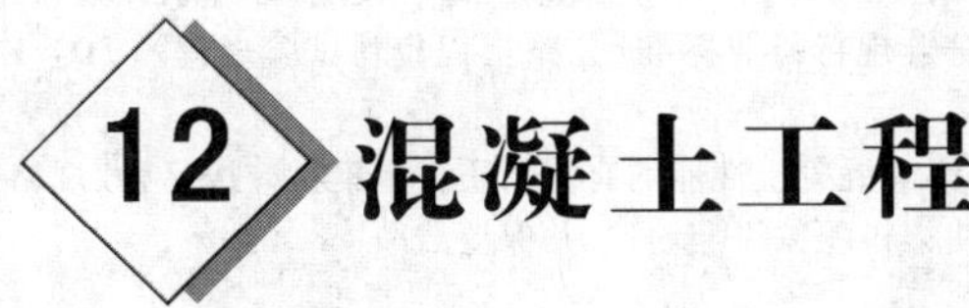

12 混凝土工程

12.1 混凝土原材料

混凝土主要原材料技术要求 表 12.1-1

组成	技术要求
水泥	1. 公路桥涵工程采用的水泥应符合现行国家标准《通用硅酸盐水泥》(GB 175)的规定,水泥的品种和强度等级应通过混凝土配合比试验选定,且其特性应不会对混凝土的强度、耐久性和工作性能产生不利影响。当混凝土中采用碱活性集料时,宜选用含碱量不大于0.6%的低碱水泥。 2. 水泥进场时,应附有生产厂的品质试验检验报告等合格证明文件,并应按批次对同一生产厂、同一品种、同一强度等级及同一出厂日期的水泥进行强度、细度、安定性和凝结时间等性能的检验,散装水泥应以每500t为一批,袋装水泥应以每200t为一批,不足500t或200t时,按一批计。当对水泥质量有怀疑或受潮或存放时间超过三个月时,应重新取样复验,并应按其复验结果使用。水泥的检验试验方法应符合现行行业标准《公路工程水泥及水泥混凝土试验规程》(JTG E30)的规定。 3. 公路桥涵混凝土工程宜采用散装水泥,散装水泥在工地应采用专用水泥罐储存;采用袋装水泥时,在运输和储存过程中应防止受潮,且不长时间露天堆放,临时露天堆放时应设支垫并覆盖。不同品种、强度等级和出厂日期的水泥应分别按批存放
细集料	1. 细集料宜采用级配良好、质地坚硬、颗粒洁净且粒径小于5mm(4.75mm)的河砂;当河砂不宜得到时,可采用符合规定的其他天然砂或人工砂;细集料不宜采用海砂,不得不采用时,应经冲洗处理。细集料的技术指标应符合表12.1-3的规定。 2. 细集料宜按同产地、同规格、连续进场数量不超过400m^3 或600t为一验收批;小批量进场的宜以不超过200m^3 或300t为一验收批进行检验;当质量稳定且进料量较大时,可以1 000t为一验收批。检验内容应包括外观、筛分、细度模数、有机物含量、含泥量、泥块含量及人工砂的石粉含量等;必要时尚应对坚固性、有害物质含量、氯离子含量及碱活性等指标进行检验。检验试验方法应符合现行行业标准《公路工程集料试验规程》(JTG E42)的规定。 3. 砂的分类应符合表12.1-2的规定。 4. 细集料的颗粒级配应处于表12.1-2中的任一级配区以内
粗集料	1. 粗集料宜采用质地坚硬、洁净、级配合理、粒形良好、吸水率小的碎石和卵石,其技术指标应符合表12.1-4的规定。 2. 当混凝土结构物处于不同环境条件下时,粗集料坚固性试验的结果除应符合表12.1-4的规定外,尚应符合表12.1-5的规定。 3. 粗集料宜根据混凝土最大粒径采用连续两级配或连续多级配,不宜采用单粒级或间断级配配制,必须使用时,应通过试验验证。粗集料的级配范围应符合表12.1-6的规定。 4. 粗集料最大粒径宜按混凝土结构情况及施工方法选取,但最大粒径不得超过结构最小边尺寸的1/4和钢筋最小净距的3/4;在两层或多层密布钢筋结构中,最大粒径不得超过钢筋最小净距的1/2,同时不得超过75.0mm。混凝土实心板的粗集料最大粒径不宜超过板厚的1/3且不得超过37.5mm。泵送混凝土时的粗集料最大粒径,除应符合上述规定外,对碎石不宜超过输送管内径的1/3;对卵石不宜超过输送管内径的1/2.5。 5. 施工前应对所用的粗集料进行碱活性检验,在条件许可时宜避免采用有碱活性反应的粗集料,必须采用时应采取必要的抑制措施

续上表

组成	技术要求
粗集料	6. 粗集料的进场检验组批应符合表12.1-1的规定，检验内容应包括外观、颗粒级配、针片状颗粒含量，含泥量、泥块含量、压碎值指标等，检验试验方法应符合现行行业标准《公路工程集料试验规程》（JTG E42—2005）的规定。 7. 粗集料的生产、运输与储存过程中，不得混入影响混凝土性能的有害物质。粗集料应按品种、规格分别堆放，不得混杂。在装卸及存储时，应采取措施，使集料颗粒级配均匀，并保持洁净
水	1. 符合国家标准的饮用水可直接作为混凝土的拌制和养护用水；当采用其他水源或对水质有疑问时，应对水质进行检验。水的品质指标应符合表12.1-7的规定。 2. 混凝土用水不应有漂浮明显的油脂和泡沫，不应有明显的颜色和异味。 3. 未经处理的海水严禁用于钢筋混凝土和预应力混凝土的拌制、养护
掺和料	掺和料主要为粉煤灰、磨细矿渣粉、硅灰等。使用时应保证其产品品质稳定，来料均匀。并满足下列要求： 1. 粉煤灰、磨细矿渣粉、硅灰的质量指标及适用范围见《用于水泥和混凝土中的粉煤灰》（GB/T 1596—2005）。 2. 掺和料在运输与存储中，应有明显标志，严禁与水泥等其他材料混淆。 3. 施工需要掺用掺和料（粉煤灰、磨细矿渣粉、硅灰等），使用前应通过试配检验，确定其掺量。掺用掺和料的混凝土应符合设计、有关的施工要求，并符合国家现行有关标准的规定。 4. 严禁使用已结硬、结团的或失效的掺和料用于混凝土工程中。 5. 应采取有效措施防止由于在混凝土中掺入掺和料而产生的不利影响（如：掺入硅粉后应加强降温和保湿养生，避免混凝土的温缩、干缩和自缩裂缝产生）
外加剂	1. 混凝土外加剂是在拌制混凝土过程中掺入，用以改善混凝土性质的物质。掺量不大于水泥质量的5%（特殊情况除外）。混凝土外加剂按其主要功能分类见表12.1-8。 2. 混凝土外加剂使用注意事项： （1）外加剂应的品种应根据设计和施工要求选择，应采用减水率高、坍落度损失小、能明显改善混凝土性能的质量稳定产品。工程使用的外加剂与水泥、矿物掺和料之间应有良好的相容性。 （2）试配掺外加剂的混凝土时，应采用工程使用的原材料，按设计与施工要求进行检测，检测条件应与施工条件相同，当材料或混凝土性能变化时应重新进行试配。 （3）所采用的外加剂，应对人员、环境无毒作用，其质量应符合现行《混凝土外加剂》（GB 8076—2008）的规定，其中主要外加剂的性能应符合表12.1-9的要求。 （4）每批外加剂使用前应复验，其效果应与试配时一致，否则应立即停止使用。有关混凝土外加剂现场复试检测项目及标准按照《混凝土泵送剂》（JC 473—2001）、《砂浆混凝土防水剂》（JC 474—1999）、《混凝土防冻剂》（JC 475—2004）、《混凝土膨胀剂》（JC 476—2001）、《喷射混凝土用速凝剂》（JC 477—2005）。 3. 钢筋混凝土结构的混凝土中掺入外加剂除符合上述要求外，还应满足： （1）不得掺用含氯盐外加剂。 （2）掺引气剂或引气减水剂混凝土的含气量宜为3.5%～5.5%。 （3）宜用卧式、行星式、或逆流式搅拌机搅拌，搅拌时间宜控制在3～5min。 （4）凝结时间应适应混凝土的运输和浇筑需要。 （5）外加剂应存放在专用仓库或固定的场所妥善保管，不同品种外加剂应有标记，分别储存。粉状外加剂在运输和储存过程中应注意防水防潮。严禁使用已结硬、结团的外加剂用于混凝土工程中。 4. 膨胀剂使用注意事项： （1）公路工程宜用硫铝酸钙类膨胀剂，但此类膨胀剂不得掺于硫铝酸盐水泥、铁铝酸盐水泥和高铝水泥中。 （2）膨胀剂性能应符合《混凝土外加剂应用技术规范》（GB 50119—2003）的规定。 （3）膨胀剂仅适用于有边界、有约束条件下的混凝土结构和填充性混凝土结构。 （4）掺膨胀剂的混凝土，应加强保湿养护，养护时间不得少于14d

砂的分类、分区及级配范围表 表 12.1-2

砂的分类	砂组	粗砂		中砂		细砂	
	细度模数	3.7～3.1		3.0～2.3		2.2～1.6	
方孔筛筛孔边长尺寸(mm)	级配区			方孔筛筛孔边长尺寸(mm)	级配区		
	I	II	III		I	II	III
	累计筛余(%)				累计筛余(%)		
4.75	10～0	10～0	10～0	0.60	85～71	70～41	40～16
2.36	35～5	25～0	15～0	0.30	95～80	92～70	85～55
1.18	65～35	50～10	25～0	0.15	100～90	100～90	100～90
备注	1. 细度模数主要反映全部颗粒的粗细程度，不完全反应颗粒的级配情况，混凝土配制时应同时考虑砂的细度模数和级配情况。 2. 表中除 4.75mm、0.6mm 筛孔外，其余各筛孔累计筛余允许超出分界线，但其超出量不得大于5%。 3. 人工砂中 0.15mm 筛孔的累计筛余：I 区可以放宽到 100～85，II 区可以放宽到 100～80，III 区可以放宽到 100～75。 4. I 区砂宜提高砂率配低流动性混凝土；配不同等级的混凝土宜优先选 2 区砂；III 区砂宜适当降低砂率以保证混凝土的强度。 5. 对于高性能、高强、泵送混凝土，宜选用细度模数为 2.9～2.6 的中砂。2.36mm 筛孔的累计筛余量不得大于 15%，300μm 筛孔的累计筛余量宜在 85%～92% 的范围内							

细集料技术指标 表 12.1-3

项目			技术要求		
			I类	II类	III类
有害物质含量	云母(按质量计,%)		≤1.0	≤2.0	≤2.0
	轻物质(按质量计,%)		≤1.0	≤1.0	≤1.0
	有机物(比色法)		合格	合格	合格
	硫化物及硫酸盐(按 SO_3 质量计,%)		≤1.0	≤1.0	≤1.0
	氯化物(以氯离子质量计,%)		<0.01	<0.02	<0.06
天然砂含泥量(按质量计,%)			≤2.0	≤3.0	≤5.0
泥块含量(按质量计,%)			≤0.5	≤1.0	≤2.0
人工砂的石粉含量(按质量计,%)	亚甲蓝试验	MB 值 <1.4 或合格	≤5.0	≤7.0	≤10.0
		MB 值≥1.4 或不合格	≤2.0	≤3.0	≤5.0
坚固性	天然砂(硫酸钠溶液法经 5 次循环后的质量损失,%)		≤8	≤8	≤10
	人工砂单级最大压碎指标(%)		<20	<25	<30
表观密度(kg/m³)			>2 500		
松散堆积密度(kg/m³)			>1 350		
空隙率(%)			<47		

续上表

项目	技术要求		
	I类	II类	III类
碱集料反应	经碱集料反应试验后,由砂配制的试件无裂缝、酥裂、胶体外溢现象,在规定试验龄期的膨胀率应小于0.10%		
备注	1. 砂按技术要求分为I类、II类、III类。I类宜用于强度等级大于C60的混凝土;II类宜用于强度等级C30~C60及有抗冻、抗渗或其他要求的混凝土;III类宜用于强度等级小于C30的混凝土和砌筑砂浆。 2. 天然砂包括河砂、湖砂、山砂、淡化海砂,人工砂包括机制砂和混合砂。 3. 石粉含量系指粒径小于0.075mm的颗粒含量。 4. 砂中不应混有草根、树叶、树枝、塑料、煤块、炉渣等杂物。 5. 当对砂的坚固性有怀疑时,应做坚固性试验。 6. 当碱集料反应不符合表中要求时,应采取抑制碱集料反应的技术措施。		

粗集料技术指标 表12.1-4

项目		技术要求		
		I类	II类	III类
碎石压碎指标(%)		<10	<20	<30
卵石压碎指标(%)		<12	<16	<16
坚固性(硫酸钠溶液法经5次循环后质量损失值,%)		<5	<8	<12
吸水率(%)		<1.0	<2.0	<2.5
针片状颗粒含量(按质量计,%)		<5	<15	<25
有害物质	含泥量(按质量计,%)	<0.5	<1.0	<1.5
	泥块含量(按质量计,%)	<0	<0.5	<0.7
	有机物含量(比色法)	合格	合格	合格
	硫化物及硫酸盐(按SO_3质量计,%)	<0.5	<1.0	<1.0
岩石抗压强度(水饱和状态,MPa)		火成岩>80;变质岩>60;水成岩>30		
表观密度(kg/m^3)		>2 500		
松散堆积密度(kg/m^3)		>1 350		
空隙率(%)		<47		
碱集料反应		经碱集料反应试验后,试件无裂缝、酥裂、胶体外溢等现象,在规定试验龄期的膨胀率应小于0.10%		
备注	1. I类宜用于强度等级大于C60的混凝土;II类宜用于强度等级为C30~C60及有抗冻、抗渗或其他要求的混凝土;III类宜于用强度等级小于C30的混凝土。 2. 粗集料中不应混有草根、树叶、树枝、塑料、煤块、炉渣等杂物。 3. 岩石的抗压强度除应满足表中要求外,其抗压强度与混凝土强度等级之比应不小于1.5。岩石强度首先应由生产单位提供,工程中可采用压碎值指标进行质量控制。 4. 当粗集料中含有颗粒状硫酸盐或硫化物杂质时,应进行专门检验,确认能满足混凝土耐久性要求后,方可采用。 5. 采用卵石破碎成砾石时,应具有两个及以上的破碎面,且其破碎面应不小于70%			

集料的坚固性试验 表 12.1-5

混凝土所处环境条件	在硫酸钠溶液中循环 5 次后的质量损失(%)
寒冷地区,经常处于干湿交替状态	<5
严寒地区,经常处于干湿交替状态	<3
混凝土处于干燥条件,但粗集料风化或软弱颗粒过多时	<12
混凝土处于干燥条件,但有抗疲劳、耐磨、抗冲击要求高或强度等级大于 C40	<5
备注	有抗冻、抗渗要求的混凝土用硫酸钠法进行粗集料坚固性试验不合格时,可再进行直接冻融试验

粗集料级配范围 表 12.1-6

级配情况	公称粒级(mm)	累计筛余(按质量百分率计)											
		方孔筛筛孔边长尺寸(mm)											
		2.36	4.75	9.50	16.0	19.0	26.5	31.5	37.5	53	63.0	75.0	90
连续级配	5~10	95~100	80~100	0~15	0	—	—	—	—	—	—	—	—
	5~16	95~100	85~100	30~60	0~10	0	—	—	—	—	—	—	—
	5~20	95~100	90~100	40~80	—	0~10	0	—	—	—	—	—	—
	5~25	95~100	90~100	—	30~70	—	0~5	0	—	—	—	—	—
	5~31.5	95~100	90~100	70~90	—	15~45	—	0~5	0	—	—	—	—
	5~40	—	95~100	70~90	—	30~65	—	—	0~5	0	—	—	—
单粒级	10~20	—	95~100	85~100	—	0~15	0	—	—	—	—	—	—
	16~31.5	—	95~100	—	85~100	—	—	0~10	0	—	—	—	—
	20~40	—	—	95~100	—	80~100	—	—	0~10	0	—	—	—
	31.5~63	—	—	—	95~100	—	—	75~100	45~75	—	0~10	0	—
	40~80	—	—	—	—	95~100	—	—	70~100	—	30~60	0~10	0

混凝土用水的品质指标 表 12.1-7

项 目	预应力混凝土	钢筋混凝土	素 混 凝 土
pH 值	≥5.0	≥4.5	≥4.5
不溶物(mg/L)	≤2 000	≤2 000	≤5 000
可溶物(mg/L)	≤2 000	≤5 000	≤10 000
氯化物(以 CL^- 计,mg/L)	≤500	≤1 000	≤3 500
硫酸盐(以 SO_4^{2-} 计,mg/L)	≤600	≤2 000	≤2 700
碱含量(mg/L)	≤1 500	≤1 500	≤1 500
备注	1. 对钢筋混凝土,氯离子含量不得超过 500mg/L;对预应力混凝土,氯离子含量不得超过 350mg/L。 2. 碱含量按 $Na_2O + 0.658K_2O$ 计算值来表示。采用非碱活性集料时,可不检验碱含量		

混凝土外加剂按其主要功能分类 表 12.1-8

序　　号	主 要 功 能	举　　例
1	改善混凝土拌和物流变性能	各种减水剂、引气剂、泵送剂、保水剂、灌浆剂等
2	调节混凝土凝结时间和硬化性能	缓凝剂、早强剂、速凝剂量等
3	改善混凝土耐久性	引气剂、阻锈剂、防水剂等
4	改善混凝土其他性能	加气剂、膨胀剂、防冻剂、着色剂、碱－集料反应抑制剂量等

外加剂的性能指标 表 12.1-9

<table>
<tr><th colspan="2">性 能 要 求</th><th>高效
减水剂</th><th>早强
减水剂</th><th>引气
减水剂</th><th>缓凝高
效减水剂</th><th>早强剂</th><th colspan="2">泵送剂</th></tr>
<tr><td colspan="2">减水率(%)≥</td><td>15</td><td>8</td><td>12</td><td>15</td><td>—</td><td colspan="2">坍落度增加>100mm</td></tr>
<tr><td colspan="2">泌水率(%)≤</td><td>90</td><td>95</td><td>70</td><td>100</td><td>100</td><td colspan="2">泌水率≤90</td></tr>
<tr><td colspan="2">含气量(%)</td><td>≤4.0</td><td>≤3.0</td><td>>3.0</td><td><4.5</td><td>—</td><td colspan="2">≤4.5</td></tr>
<tr><td rowspan="2">凝结时间
(mim)</td><td>初凝</td><td rowspan="2">－90～＋120</td><td rowspan="2">－90～
＋90</td><td rowspan="2">－90～
＋120</td><td>>＋90</td><td rowspan="2">－90～
＋90</td><td rowspan="2">坍落
保留值</td><td>30min
≥150mm</td></tr>
<tr><td>终凝</td><td>—</td><td>60min
≥120mm</td></tr>
<tr><td rowspan="4">抗压强度比
(%)≥</td><td>1d</td><td>140</td><td>140</td><td>—</td><td>—</td><td>135</td><td colspan="2">—</td></tr>
<tr><td>3d</td><td>130</td><td>130</td><td>115</td><td>125</td><td>130</td><td colspan="2">90</td></tr>
<tr><td>7d</td><td>125</td><td>115</td><td>110</td><td>125</td><td>110</td><td colspan="2">90</td></tr>
<tr><td>28d</td><td>120</td><td>105</td><td>100</td><td>120</td><td>100</td><td colspan="2">90</td></tr>
<tr><td colspan="2">收缩率比(%)
28d≤</td><td>120</td><td>120</td><td>120</td><td>120</td><td>120</td><td colspan="2">125</td></tr>
<tr><td colspan="2">抗冻标号</td><td>50</td><td>50</td><td>200</td><td>50</td><td>50</td><td colspan="2">50</td></tr>
<tr><td colspan="2">对钢筋锈蚀作用</td><td colspan="7">对钢筋无锈蚀作用</td></tr>
<tr><td colspan="2">备注</td><td colspan="7">1. 表中的减水率、泌水率、凝结时间、抗压强度比、收缩率比等数据为掺外加减混凝土与基准混凝土差值或比值。
2. 凝结时间“－”表示提前，“＋”表示延缓。
3. 泵送剂基准混凝土坍落度为(80±10)mm。泵送剂性能指标值仅为参考值。
4. 参照《公路工程混凝土结构防腐蚀技术规范》(JTG/T B07-01—2006)的要求：高效减水剂硫酸钠含量应≤15%，建议在重要结构施工中采用</td></tr>
</table>

12.2 混凝土的配合比设计

混凝土配合比设计原则、目标 表 12.2-1

设计总原则	强度、耐久性、和易性与混凝土的造价满足设计、规范及工程技术经济要求
设计目的	得到满足工程施工要求的和易性及其他要求性能的新拌混凝土，硬化后混凝土的强度符合设计要求并具有要求的耐久性，而且成本是最低的
设计总目标	在可以供应的材料中选择合适的材料和这些材料的适当的比例，确定最经济的成份并使混凝土能够满足施工和设计的最低要求
设计规程	混凝土的配合比，一般用质量比表示，应按照现行《普通混凝土配合比设计规程》(JGJ 55)进行计算并通过试配确定。对于有特殊要求的混凝土的配合比设计(包括抗渗混凝土、抗冻混凝土、高强混凝土、高性能混凝土、泵送混凝土、大体积混凝土)，在符合国家现行有关标准的专门规定条件下，亦可参照上述规程，经过试配确定。在施工过程中，应及时积累资料，为合理调整混凝土配合比提供依据

普通混凝土配合比设计方法 表 12.2-2

项目		技术要求
混凝土配合比表示方法		1. 水泥混凝土配合比以每 $1m^3$ 混凝土中各种材料的用量表示(例如水泥: 水: 细集料: 粗集料 = 330kg: 150kg: 706kg: 1 264kg)。 2. 相对用量以水泥的质量为1，并按“水泥: 细集料: 粗集料；水灰比”的顺序排列表示(例如 1: 2. 14: 3. 82；$W/C=0.45$)。 3. 混凝土配合比设计的三参数：水灰比、砂率、用水量
混凝土配合比设计的步骤	计算初步配合比	1. 确定混凝土的配制强度 $f_{cu,o}$ $$f_{cu,o}=f_{cu,k}+1.645\sigma$$ 2. 按强度计算水灰比(W/C)，耐久性校核水灰比 $$\frac{w}{c}=\frac{\alpha_a f_{ce}}{f_{cu,o}+\alpha_a\alpha_b f_{ce}}$$ 3. 选定单位用水量(m_{wo})：根据粗集料的品种、粒径及施工要求的混凝土拌和物稠度值、经验选定。 4. 按水灰比计算单位水泥用量(m_{wo})按耐久性要求校核单位用灰量。 5. 选定砂率：根据粗集料品种、最大粒径和混凝土拌和物的水灰比确定砂率。 6. 计算粗、细集料单位用量。 7. 初步配合比的校正 (1)工程施工应进行耐久性设计，结构混凝土的基本要求应符合表 12.2-3 的规定。 (2)在桥梁施工中为控制水化热经常限制最大水泥用量。不同强度等级的混凝土的最大胶凝材料总量(水泥和掺和料)要求如下：大体积混凝土不宜超过 $350kg/m^3$。C40 以下不宜大于 $400kg/m^3$；C40 ~ C50 不宜大于 $450kg/m^3$；C60 不宜大于 $500kg/m^3$(非泵送混凝土)和 $530kg/m^3$(泵送混凝土)。对于暴露于空气中的一般混凝土，粉煤灰掺量不宜大于20%，且每方混凝土的硅酸盐水泥用量不宜小于 $240kg/m^3$。 (3)混凝土的碱含量除应符合表 12.2-3 的规定外，还应按下述要求控制： ①对特殊大桥、大桥和重要桥梁不宜大于 $1.8kg/m^3$。 ②由外加剂、掺和料带入而增加的碱含量也应计入上述数量内

续上表

项 目		技 术 要 求
混凝土配合比设计的步骤	计算初步配合比	③当混凝土处于与水接触或潮湿环境时由外加剂带入的碱含量(以当量氧化钠计)不宜超过1.0kg/m^3;处在潮湿环境中的混凝土,因条件限制不得不使用有潜在碱活性集料时,水泥中的碱含量应于以限制,并宜掺用大掺量的矿物掺和料。 ④当处于受严重侵蚀的环境(海水环境、受侵蚀性物质影响的环境或使用除冰盐和滨海环境),宜使用非碱活性集料,且不宜单独采用硅酸盐水泥或普通硅酸盐水泥作为胶凝材料,应掺用大掺量或较大掺量的掺和料,并加入少量的硅粉
	提出基准配合比	1.试拌 试配混凝土所用各种原材料,要与实际工程使用的材料相同,粗、细集料的称量均以干燥状态为基准。如不是用干燥集料配制,称料时应在用水量中扣除集料中超过的含水值,集料称量也应相应增加。 2.校核工作性,调整配合比 按计算出的初步配合比进行试拌,以校核混凝土拌和物的工作性。如试拌得出的拌和物的坍落度(或维勃稠度)不能满足要求,或黏聚性和保水性能不好时,则应在保证水灰比不变的条件下,相应调整用水量或砂率,直到符合要求为止。然后提出供混凝土强度校核用的"基准配合比",即 $m_{ca}:m_{wa}:m_{sa}:m_{Ga}$。 3.混凝土搅拌方法,应尽量与生产时使用方法相同。新拌混凝土应满足工程规定的工作性,新拌混凝土的工作性常用坍落度(或维勃稠度)表示,混凝土的坍落度宜根据施工工艺要求确定,尽量选用低坍落度的混凝土施工。坍落度可参照表12.2-4选用
	检验强度	1.为校核混凝土的强度,至少拟定三个不同的配合比,其中一个为按上述得出的基准配合比,另外两个配合比的水灰比值,应较基准配合比分别增加及减少0.05(或0.10),其用水量应该与基准配合比相同,但砂率值可增加及减少1%。 2.检验拌和物的坍落度(或维勃稠度),测定混凝土的表观密度。 3.在标准养护28d条件下进行抗压强度测试
	确定试验室配合比	根据"强度"检验结果和"湿表观密度"测定结果,进一步修正配合比,即可得到"试验室配合比设计值"。 根据实验室配合比: 1.确定用水量(m_{wb}) 取基准配合比中的用水量(m_{wa}),并根据制作强度检验试件时测得坍落度(或维勃稠度)值加以适当调整。 2.确定水泥用量(m_{cb}) 取用水量乘以由"强度-灰水比"关系定出的,为达到配制强度($f_{cu,o}$)所必需的灰水比值。 3.确定粗、细集料用量(m_{sb}和m_{Gb})取基准配合比中的砂、石用量,并按定出的水灰比作适当调整。 4.根据实测拌和物湿表观密度修正配合比 根据"强度"检验结果和"湿表观密度"测定结果,进一步修正配合比,即可得到"实验室配合比设计值"
	确定施工配合比	实验室最后确定的配合比,是按绝干状态集料计算的。而施工现场砂、石材料为露天堆放,都含有一定的含水率。因此,施工现场应根据现场砂、石的实际含水率的变化,将实验室配合比换算为施工配合比。 设施工现场实测砂、石含水率分别为$a\%$、$b\%$。则施工配合比的各种材料单位用量: $C=C$ $S=S\times(1+a\%)$

续上表

<table>
<tr><th colspan="2">项　目</th><th>技 术 要 求</th></tr>
<tr><td rowspan="2">混凝土配合比设计的步骤</td><td>确定施工配合比</td><td>$G = G \times (1 + b\%)$
$W = W' - S' \times a\% - G' \times b\%$
施工配合比:1: X: Y: Z</td></tr>
<tr><td>填写试配报告单</td><td>通过设计和试配确定配合比后,应填写试配报告单,提交施工监理或有关方面批准。混凝土配合比使用过程中,应根据混凝土质量的动态信息,及时进行调整、报批</td></tr>
</table>

结构混凝土耐久性的基本要求表　表12.2-3

<table>
<tr><th>环境类别</th><th>环 境 条 件</th><th>最大水灰比</th><th>最小水泥用量(kg/m^3)</th><th>最低混凝土强度等级</th><th>最大氯离子含量(%)</th><th>最大碱含量(kg/m^3)</th></tr>
<tr><td>I</td><td>温暖或寒冷地区的大气环境、与无侵蚀的水或土接触的环境</td><td>0.55</td><td>275</td><td>C25</td><td>0.30</td><td>3.0</td></tr>
<tr><td>II</td><td>严寒地区的大气环境、使用除冰盐环境、滨海环境</td><td>0.50</td><td>300</td><td>C30</td><td>0.15</td><td>3.0</td></tr>
<tr><td>III</td><td>海水环境</td><td>0.45</td><td>300</td><td>C35</td><td>0.10</td><td>3.0</td></tr>
<tr><td>IV</td><td>受侵蚀性物质影响的环境</td><td>0.40</td><td>325</td><td>C35</td><td>0.10</td><td>3.0</td></tr>
<tr><td>备注</td><td colspan="6">1. 水胶比、氯离子含量系指其与胶凝材料用量的百分比。
2. 最小水泥用量,包括掺和料。当掺用外加剂且能有效地改善混凝土的和易性时,水泥用量可减少25kg/m³。
3. 严寒地区系指最冷月份平均气温低于或等于-10℃,且日平均温度低于或等于5℃的天数在145d以上的地区。
4. 预应力混凝土结构中的最大氯离子含量为0.06%,最小水泥用量为350kg/m³。
5. 封底、垫层及其他临时工程的混凝土,可不受本表的限制</td></tr>
</table>

混凝土浇筑入模时的坍落度　表12.2-4

<table>
<tr><th>结 构 类 别</th><th>坍落度(mm)(振动器振动)</th></tr>
<tr><td>小型预制块及便于浇筑振动的结构</td><td>0~20</td></tr>
<tr><td>桥涵基础、墩台等无筋或少筋的结构</td><td>10~30</td></tr>
<tr><td>普通配筋率的钢筋混凝土结构</td><td>30~50</td></tr>
<tr><td>配筋较密、断面较小的钢筋混凝土结构</td><td>50~70</td></tr>
<tr><td>配筋极密、断面高而窄的钢筋混凝土结构</td><td>70~90</td></tr>
<tr><td>备注</td><td>1. 本表建议的坍落度是未考虑掺用外加剂而产生的作用。
2. 水下混凝土、泵送混凝土的坍落度,另见有关规范规定。
3. 用人工捣实时,坍落度宜增加20~30mm。
4. 浇筑较高结构物混凝土时,坍落度宜随混凝土浇筑高度上升而分段变动。
5. 干硬性混凝土的工作性用维勃稠度仪测定</td></tr>
</table>

12.3 混凝土施工

混 凝 土 施 工 表 12.3-1

项 目	技 术 要 求
混凝土的拌制	1. 拌制混凝土配料时，宜采用自动计量装置，各种衡器精度符合要求，计量应准确。计量器具应定期检定，经大修、中修或迁移至新的地点后，也应进行计量检定。配料数量的允许偏差（以质量计）见表 12.3-2。 2. 外加剂宜以稀释溶液加入，其稀释用水和原液中的水量，应从拌和加水量中扣除。加入搅拌筒的外加剂溶液应充分溶解，并搅拌均匀。掺和料应采用与水泥相同的输送、计量方式加入。 3. 混凝土应采用机械拌制，拌制时，自全部材料装入搅拌筒开始搅拌至开始出料的最短搅拌时间（见表 12.3-3），应按照搅拌机产品说明书和要求度经试验确定。 4. 混凝土拌和物应搅拌均匀，颜色一致，不得有离析和泌水现象，对在施工现场集中拌制的混凝土，应检测其拌和物的均匀性。检测时，应在搅拌机的卸料过程中，从卸料流的 1/4 ~ 3/4 之间部位取试样进行试验，试验结果应符合下列规定： （1）混凝土中砂浆密度两次测值的相对误差应不大于 0.8%。 （2）单位体积混凝土中粗集料含量两次测值的相对误差应不大于 5%。 5. 混凝土搅拌完毕后，应按下列要求检测混凝土拌和物的各项性能： （1）混凝土拌和物的坍落度及其损失，宜在搅拌地点和浇筑地点分别取样检测，每一工作班或每一单元结构物不应少于两次，评定时应以浇筑地点的测值为准。当混凝土拌和物从搅拌机出料起至浇筑入模的时间不超过 15min 时，其坍落度可仅在搅拌地点取样检测。 （2）必要时，尚宜对工作性能、泌水率及气量等混凝土拌和物的其他指标进行检测
混凝土的运输	1. 混凝土运输允许延续时间不宜超过表 12.3-4 的规定。 2. 运输能力应与混凝土的凝结速度和浇筑速度相适应，应使浇筑工作不间断且混凝土运到浇筑地点时仍能保持其均匀性和规定的坍落度。混凝土的运输宜采用搅拌运输车，或在条件允许时采用泵送方式输送；采用吊斗或其他方式运输时，运距不宜超过 100m 且不得使混凝土产生离析。 3. 采用搅拌运输车运输混凝土时，途中应以 2 ~ 4r/min 的慢速进行搅动，卸料前应以常速再次搅拌。混凝土运至浇筑地点后发生离析、沁水或坍落度不符合要求时，应进行第二次搅拌，二次搅拌时不宜任意加水，确有必要时，可同时加水、相应的胶凝材料和外加剂并保持其原水胶比不变；二次搅拌仍不符合要求时，则不使用。 4. 混凝土采用泵送方式时应符合下列规定： （1）混凝土的供应宜使输送混凝土的泵能连续工作，泵送的间歇时间不宜超过 15min。在泵送过程中，受料斗内应具有足够的混凝土，应防止吸入空气产生阻塞。 （2）输送管应顺直，转弯处应圆缓，接头应严密不漏气。 （3）向低处泵送混凝土时，应采取必要措施，防止混凝土离析或堵塞输送管
混凝土浇筑的一般规定	1. 浇筑混凝土前应进行以下准备工作： （1）应根据待浇筑结构物的情况、环境条件及浇筑量等制订合理的浇筑工艺方案，工艺方案应对施工缝设置、浇筑顺序、浇筑工具、防裂措施、保护层的控制等作出明确规定。 （2）应对支架、模板、钢筋和预埋件等进行检查，模板内的杂物、积水及钢筋上的污物应清理干净。模板如有缝隙或孔洞时，应堵塞严密且不漏浆。 （3）应对混凝土的均匀性和坍落度等性能进行检测

续上表

项　目	技 术 要 求
混凝土浇筑的一般规定	2. 自高处向模板内倾卸混凝土时，应防止混凝土离析。直接倾卸时，其自由倾落高度不宜超过2m；超过2m时，应通过串筒、溜管（槽）或振动溜管（槽）等设施下落；倾落高度超过10m时，应设置减速装置。 3. 混凝土应按一定的厚度、顺序和方向分层浇筑，且应在下层混凝土初凝或能重塑前浇筑完成上层混凝土；上下层同时浇筑时，上层与下层的前后浇筑距离应保持1.5m以上；在倾斜面上浇筑混凝土时，应从低处开始逐层扩展升高，度保持水平分层。混凝土分层浇筑的厚度不宜超过表12.3-5的规定。 4. 采用振动器振捣混凝土时，应符合下列规定： （1）插入式振动器的移位间距应不超过振动器作用半径的1.5倍，与侧模应保持50～100mm的距离，且插入下层混凝土中的深度宜为50～100mm。 （2）表面振动器的移位间距应使振动器平板能覆盖已振实部分不小于100mm。 （3）附着式振动器的布置距离，应根据结构物形状和振动器的性能通过试验确定。 （4）每一振点的振捣延续时间为20～30s，以混凝土停止下沉、不出现气泡、表面呈现浮浆为度。 5. 混凝土的浇筑宜连续进行，因故中断间歇时，其间歇时间应小于前层混凝土的初凝时间或能重塑时间。混凝土的运输、浇筑及间歇的全部时间不宜超出表12.3-6的规定；当超出时应按浇筑中断处理，并应留置施工缝，同时应记录。 6. 施工缝的位置应在混凝土浇筑之前确定，且宜留置在结构受剪力和弯矩较小并便于施工的部位，施工缝宜设置成水平面或垂直面。对施工缝的处理应符合下列规定： （1）处理层混凝土表面的松弱层应予以凿除。对处理层混凝土的强度，当采用水冲洗凿毛时，应达到2.5MPa；人工凿毛时，应达到2.5MPa；采用风动机凿毛时，应达到10MPa。 （2）经凿毛处理后的混凝土面，应采用洁净水冲洗干净。 （3）重要部位及有在抗震要求的混凝土结构或钢筋稀疏的钢筋混凝土结构，宜在施工缝处补插锚固钢筋；有抗渗要求的混凝土，基施工缝宜做成凹形、凸形或设置止水带；施工缝为斜面时宜浇筑或凿成台阶状。 7. 在环境相对湿度较小、风速较大的条件下浇筑混土时，应采取适当措施防止混凝土表面过快失水。浇筑混凝土期间，应随时检查支架、模板、钢筋、预应力管道和预埋件等的稳固情况，并应及时填写混凝土施工记录。新浇筑混凝土的强度达到2.5MPa之前，不得使其承受行人、运输工具、模板、支架及脚手架等荷载

配料数量允许质量偏差表　　表12.3-2

材料类别	允许偏差（%）	
	现场拌制	预制场或集中搅拌站拌制
水泥、干燥状态的掺和料	±2	±1
粗、细集料	±3	±2
水、外加剂	±2	±1
备注	1. 集料的含水率应经常进行检测，雨天施工应增加测定次数。 2. 每一工作班正式称量前，应对计量设备进行重点校核	

混凝土最短搅拌时间　　表12.3-3

搅拌机类别	搅拌机容量（l）	混凝土坍落度（mm）		
		<30	30～70	>70
		混凝土最短搅拌时间（min）		
自落式	≤400	2.0	1.5	1.0
	≤800	2.5	2.0	1.5
	≤1 200	—	2.5	1.5

续上表

搅拌机类别	搅拌机容量(l)	混凝土坍落度(mm)		
		<30	30~70	>70
		混凝土最短搅拌时间(min)		
强制式	≤400	1.5	1.0	1.0
	≤1 500	2.5	1.5	1.5
备注	1. 搅拌时间为全部材料装入搅拌筒开始搅拌至开始出料的间隔时间。 2. 搅拌细砂混凝土或掺有外加剂的混凝土时,搅拌时间应适当延长1~2min。 3. 搅拌机装料数量(装入粗集料、细集料、水泥等松体积的总数)不应大于搅拌机标定容量的110%。 4. 当采用其他的搅拌工艺时,搅拌时间应按工艺要求执行。 5. 当采用其他形式的搅拌设备时,搅拌的最短时间应按设备说明书的规定或经试验确定			

混凝土运输允许延续时间 表12.3-4

气　温　(℃)	无搅拌设施运输(min)	有搅拌设施运输(min)
20~30	30	60
10~19	45	75
5~9	60	90
备注	1. 本表适用于初凝时间大于上述表列运输时间加浇筑时间的普通混凝土。 2. 掺用外加剂或采用快硬水泥拌制混凝土时,应通过试验查明所配制混凝土的凝结时间后,确定运输时间限制。 3. 表列时间系指从加水搅拌至入模时间	

混凝土分层浇筑厚度 表12.3-5

振捣方式		浇筑层厚度(mm)
采用插入式振动器		300
采用附着式振动器		300
采用表面振动器	无筋或配筋稀疏时	250
	配筋较密时	150

混凝土的运输、浇筑及间歇的全部允许时间(min) 表12.3-6

混凝土强度等级	气温不高于25℃	气温高于25℃
≤C30	210	180
>C30	180	150
备注	1. 当混凝土中掺有促凝或缓凝剂时,其允许时间应根据试验结果确定。 2. 混凝土全部时间是指从加水到振捣等全部工艺结束的所用时间	

12.4 混凝土冬期施工

混凝土冬期施工 表12.4-1

项 目	技 术 要 求
冬期施工注意事项	1. 根据当地多年气温资料，室外昼夜日平均气温连续5d低于5℃时，钢筋、预应力、混凝土及砌体等工程应采取冬期施工的措施。严寒期不宜进行施工。 2. 冬期施工的工程，应预先做好冬期施工组织计划及技术准备工作。对各项设施和材料，应提前采取防雪、防冻、防火及防煤气中毒等防护措施；对钢筋的冷拉和预应力筋的张拉，应制订专门的施工工艺及安全技术方案；对处于结冰水域的结构物，应采取必要的防护措施，防止其在施工期间和完工后遭受冻胀、流冰撞击等危害。 3. 冬期施工期间，除永冻地区外，地基在基础施工和养护时，均不得受冻
混凝土冬期施工	1. 混凝土配制和搅拌的技术要求 (1)配制混凝土时，宜选用硅酸盐水泥或普通硅酸盐水泥，水泥的强度等级不宜低于42.5，水胶比不宜大于0.5。采用蒸汽养护时，宜选用矿渣硅酸盐水泥。用加热法养护掺和外加剂的混凝土，严禁使用高铝水泥。使用其他品种的水泥时，应注意其掺和材料对混凝土强度、抗冻、抗渗等性能的影响。 (2)搅拌设备宜设在气温不低于10℃的厂房或暖棚内。拌制混凝土前及停止拌制后，应采用热水冲洗搅拌机的拌盘或鼓筒。集料宜堆放在棚房内或采用保温材料进行履盖，防止出现冻块。 (3)拌制混凝土的各种材料的温度，应满足混凝土拌和物搅拌和后所需要的温度。当材料原有温度不能满足需要时，应首先考虑对拌和用水加热，仍不能满足要求时，再考虑对集料加热。水泥只能保温，不得加热。各种材料需要加热的温度应根据冬期施工热工计算公式计算确定，但不得超过表12.4-2的规定。 (4)冬期搅拌混凝土时，应严格控制混凝土的配合比和坍落度。集料应用保温材料进行覆盖，不得带有冰雪和冻结团块。投料前，应先用热水或蒸汽冲洗搅拌机。加料顺序为集料、水，稍加搅拌，再加水泥搅拌，时间应比常温时延长50%。混凝土拌和物的出机温度不宜低于10℃，入模温度不应低于5℃
	2. 混凝土运输和浇筑的技术要求 (1)混凝土的运输时间应尽可能缩短，运输混凝土的容器应有保温措施。 (2)混凝土在浇筑前应清除模板、钢筋上的冰雪和污垢。浇筑完成后开始养护时的温度，用蓄热法养护时不得低于10℃；用蒸汽法养护时不得低于5℃，细薄结构不得低于8℃。 (3)冬期施工在浇筑下一级混凝土时，应在新混凝土浇筑前对接合面加热，其温度应保持5℃以上。浇筑完成后，应采取措施使混凝土结合面继续保持正温，直至新浇混凝土达到规定的抗冻强度。 (4)浇筑预应力混凝土构件的湿接缝时，宜采用热混凝土或热水泥浆，并应适当降低水胶比。浇筑完成后应加热或连续保温养护，直至接缝混凝土或水泥砂浆抗压强度达到设计强度的75%。 (5)喷射混凝土作业区的环境温度和进入喷射机的材料温度应不低于5℃。已喷射混凝土的强度达到5MPa前不得受冻。 (6)预应力混凝土的孔道压浆应在正温下进行，压浆过程中及压浆后48h内，结构混凝土的温度不得低于5℃，具体要求按预应力的规定执行。 (7)较大体积的混凝土墩台及基础施工，当设计规定在混凝土中埋放石块时，若气温低于0℃，不得埋放
	3. 混凝土养护的技术要求 (1)冬期施工期间，用硅酸盐水泥或普通硅酸盐水泥配制的混凝土，在其抗压强度达到设计强度的40%以前；用矿渣硅酸盐水泥配制的混凝土，在其抗压强度达到设计强度的50%以前，均不得受冻。 (2)混凝土的养护方法，应根据技术、经济比较和热工计算确定。当室外最低温度不低于-15℃时，地面以下的工程或结构表面系数不大于15m^{-1}的结构，宜采用蓄热法养护；蓄热法不能适应强度增长速度要求时，可根据具体情况，选用蒸汽加热、暖棚加热或电加热等方法

续上表

<table>
<tr><th>项　目</th><th>技术要求</th></tr>
<tr><td>混凝土冬期施工</td><td>(3)用蓄热法养护混凝土时,应符合下列现定:
①蓄热法应根据环境,在经过计算能确保结构物不受冻害的情况下采用。
②应采取加速混凝土硬化和降低混凝土冻结温度的措施。
③混凝土应采用较小的水胶比,並应注意施工操作时,拌和均匀、灌筑密实。
④对容易冷却的结构部位,应特别加强保温。
⑤不应往混凝土和覆盖物上洒水。
(4)用蒸汽法养护混凝土时,除应按混凝土施工有关规定执行外,混凝土的升降温速度不得超过表12.4-3的规定。对大体积混凝土养护时的升、降温速度宜按温控设计要求确定。
(5)用电热法养护混凝土时,一般采用电极法和电热器加热养生法。
①电极法养生。电极的布置,应保证混凝土温度均匀,加热时间为混凝土强度达到设计强度的50%,并应符合下列规定:
a. 加热时混凝土的外露面应加以覆盖。
b. 须用交流电,对于钢筋混凝土结构,一般将电压降至50 – 110V的范围。
注:对于无筋结构和钢筋用量不大于50kg/m^{3}的配筋结构,可采用电压为120 ~ 220V的电流加热;当电压为380V时,必须将一个电极接通零线,使混凝土内部的工作电压不超过220V,当电压超过380V时,不得直接用于电热法。
c. 升降温速度同蒸气养生法。
d. 混凝土的最高温度不得超过表12.4-4的规定。
e. 在加热过程中,应观察混凝土表面的湿度,出现干燥时应停电,并用温水润湿表面。
f. 掺用减水剂时,应预先用试件检查电热对混凝土强度的影响,证明无不利影响时,方可掺用。
②混凝土电热器加热法养生,是利用工厂生产的电热器片通电加热养生。混凝土的覆盖同蒸气养生,电热片的用量和布置应根据环境温度、覆盖情况及养生时间长短通过试验确定。混凝土使用电热器加热养护应注意如下事项:
a. 在养生混凝土上设置洒水装置。
b. 升、降温速度及养护要求同蒸气养生。
c. 应设置控制温度的自动装置,及用电保险装置,若控温装置为手工操作,应设专人值班测温,随时调节养护温度。
(6)用暖棚法加热养护混凝土时,应符合下列规定:
①暖棚应坚固、不透风,内墙宜采用非易燃性材料。
②在暖棚中用明火加热时,需特别加强防火、防煤气中毒措施。
③加强温度观测,暖棚内气温不得低于5℃。
④暖棚内宜保持一定的湿度,湿度不足时,应向混凝土面及模板洒水。
(7)模板的拆除应符合下列规定:
①应根据与结构同条件养护的试件试验,证明混凝土已达到要求的抗冻强度及拆模强度后方可拆模。
②加热养护的结构模板和保温层,在混凝土冷却到+5℃以后,方可拆模。当混凝土与外界气温相差大于20℃时,拆除模板后混凝土表面应加以覆盖,使其缓慢冷却。
(8)掺用防冻剂的混凝土养护应符合下列规定:
①在负温度条件下严禁浇水,外露表面应采用塑料薄膜及保温材料双层覆盖养护。
②养护温度不得低于防冻剂规定的温度,当达不到规定温度时,应采取加热保温措施。
③当拆模后混凝土的表面温度与环境温度差大于15℃时,混凝土表面应采取覆盖保温养护。
(9)灌注桩冬期施工应符合下列规定:
①应采取有效措施,保证设备能正常运行,桩混凝土不受冻,能顺利浇筑。
②灌注桩混凝土的配制和搅拌按照混凝土、钢筋混凝土及预应力混凝土冬季施工要求,泥浆护壁成孔时,泥浆的温度不得低于5℃,灌注时拌和物的温度应不低于5℃。
③混凝土的运输要求按照混凝土运输和浇筑的技术要求。
④混凝土不得掺防冻剂抗冻剂。
⑤一般情况下不需要养护,当桩头露出地面或水面,或虽未露出水面、地面但在冰冻范围内时,应对桩头混凝土进行覆盖养护</td></tr>
</table>

拌和水和集料最高温度(℃) 表12.4-2

项 目	拌 和 水	集 料
强度等级小于42.5的普通硅酸盐水泥、矿渣硅酸盐水泥	80	60
强度等级等于及大于42.5的普通硅酸盐水泥、矿渣硅酸盐水泥	60	40
备注	当集料不加热时,水可加热到100℃,但水泥不应与80℃以上的水直接接触。加料顺序为先加集料和已加热的水,然后再加水泥	

加热养护混凝土的升、降温速度(℃/h) 表12.4-3

表面系数(m^{-1})	升 温 速 度	降 温 速 度
≥6	15	10
<6	10	5
备注	1. 大体积混凝土应根据情况确定。 2. 表面系数是指结构冷却面积(m^2)与结构体积(m^3)的比值,当采用普通硅酸盐水泥时,养护温度不宜超过80℃,当采用矿渣硅酸盐水泥时,养生温度可提高到85℃	

电热法养生混凝土的温度(℃) 表12.4-4

水泥强度等级	结构表面系数(m^{-1})		
	<10	10~15	>15
≥32.5	40		35

12.5 混凝土养护

混凝土养护的注意事项 表12.5-1

1. 对于在施工现场集中养护的混凝土,应根据施工对象、环境、水泥品种、外加剂以及对混凝土性能的要求,提出具体的养护方案,并应严格执行规定的养护制度。

2. 一般混凝土浇筑完成后,应在收浆后尽快予以覆盖和洒水养护。对干硬性混凝土、高强度和高性能混凝土、炎热天气浇筑的混凝土以及桥面等大面积裸露的混凝土,应加强初始保湿养护,有条件的可在浇筑完成后立即加设棚罩,待收浆后再予以覆盖和洒水养生。覆盖时不得损伤或污染混凝土的表面。混凝土面有模板覆盖时,应在养护期间始终使模板保持湿润。

3. 混凝土的养护不得采用海水或含有害物质的水。混凝土的洒水保湿养护时间应不少于7d,对重要工程或有特殊要求的混凝土,应根据环境湿度、温度、水泥品种,以及掺用的外加剂和掺和料等情况,酌情延长养护时间,并应使混凝土表面始终保持湿润状态。当气温低于5℃时,应采取保温养护的措施,不得向混凝土表面洒水。当采用喷洒养护剂对混凝土进行养护时,所使用的养护剂应不会对混凝土产生不利影响,且应通过试验验证其养护效果。

4. 新浇筑的混凝土与流动的地表水或地下水接触时,应采取防水措施,保证混凝土在7d以内且强度达到50%以前,不受水的冲刷侵袭。当环境水具有侵蚀作用时,应保证混凝土在10d以内,且强度达到设计强度的70%以前,不受水的侵袭。当与氯盐、海水等具有严重侵蚀作用的环境水接触的混凝土,养护龄期一般不宜少于4周。在有冻融循环作用的环境时,宜在结冰期到来4周前完工,且在混凝土强度未达到设计强度等级的80%前不得受冻,否则应采取技术措施,防止发生冻害

续上表

5. 为预防非受力裂缝的出现，混凝土养护期间应注意采取保温措施，防止表面温度因环境因素影响（如曝晒、气温骤降等）而发生剧烈变化。特别是对大体积混凝土的养护，应根据气候条件采取控温措施，并按需要测定浇筑后的混凝土表面和内部温度，将温差控制在设计要求的范围内，当设计无要求时，温差不宜超过25℃。

6. 混凝土强度达到1.2MPa前，不得在其上踩踏；强度达到2.5MPa前，不得使其承受行人、运输工具、模板、支架及脚手架等荷载。

7. 用蒸汽养护混凝土时，按照冬、雨期及高温期施工的相关规定执行

12.6 混凝土耐久性问题的改善方法

混凝土耐久性问题的改善方法　　表12.6-1

<table>
<tr><th>项　目</th><th colspan="2">技术要求</th></tr>
<tr><td>选择性能适宜的外加剂</td><td colspan="2">提高混凝土的密实性，减少混凝土的渗透性可以提高混凝土的抗侵蚀能力。混凝土的渗透性控制着水及侵蚀性液体或气体渗入的速率，同时，也能抑制水泥浆体中的毛细传递作用，因此，渗透性与混凝土的耐久性有着最为密切的关系，大幅度提高混凝土的抗渗性是改善其耐久性的关键。使用高效减水剂和引气剂，可以较大地提高混凝土的抗渗透性，恰当地使用一些养护剂、阻锈剂等，也可以改善和提高混凝土的耐久性</td></tr>
<tr><td>合理的结构设计和构造设计</td><td colspan="2">1. 保证有足够的混凝土保护层厚度。混凝土的高碱性可使钢筋表面形成致密的钝化膜，对钢筋有良好的保护作用。混凝土保护层可以阻止外界侵蚀介质、氧气和水分的渗入，保护作用的效果与混凝土的密实度和保护层的厚度密切相关。适当加大混凝土保护层的厚度是提高混凝土耐久性、延长混凝土结构使用寿命的重要措施。为此，各国规范都有针对不同使用环境的最小混凝土保护层厚度的规定。
2. 合理地设计结构及构造。对易于发生耐久性问题的结构或构件部位，在设计中应通过合理的结构设计和合理的构造措施予以克服。例如，使建筑物利于排水，以保证混凝土的干燥；合理进行结构布置以及地基处理，减少建筑物不均匀沉降造成的裂缝等</td></tr>
<tr><td rowspan="5">合理选择混凝土材料和配合比</td><td>混凝土材料</td><td>配合比</td></tr>
<tr><td>水泥品种</td><td>在一般环境条件下，宜选择低水化热和低含碱量的水泥，不宜选择早强水泥</td></tr>
<tr><td>混凝土的集料</td><td>除要求质地坚硬和有足够的强度外，还必须具有稳定的物理和化学性质。重要工程应进行碱集料实验</td></tr>
<tr><td>水胶比和水泥用量</td><td>控制水胶比是为了减少混凝土拌和物凝结后多余的水溢出所产生的毛细孔道和孔隙、减小混凝土的渗透性、防止冻融破坏。控制水泥用量也是为了保证混凝土的密实性，从耐久性的角度，应优化混凝土配合比，确定最佳水泥用量和水胶比</td></tr>
<tr><td>掺和料</td><td>配置高耐久性混凝土，掺加部分粉煤灰或细磨矿渣或硅灰是配置高耐久性混凝土必不可少的组分。这可以减少水泥用量，改善混凝土中细微颗粒的级配，提高浆体和界面的致密性；改善混凝土拌和物的施工性能；降低混凝土内部由于水泥水化热而产生的温升；调整混凝土内部实际强度的发展。这些对提高混凝土的密实度和抗渗性有极好的作用</td></tr>
</table>

12.7　大体积混凝土、抗冻混凝土和抗渗混凝土

大体积混凝土　表 12.7-1

项　目	内　容
原材料和配合比	大体积混凝土在选用原材料和进行配合比设计时，应按照降低水化热温升的原则进行，并应符合下列规定： 1. 宜选用低水化热和凝结时间长的水泥品种。粗集料宜采用连续级配，细集料宜采用中砂。宜掺用可降低混凝土早期水化热的外加剂和掺和料，外加剂宜采用缓凝剂、减水剂；掺和料宜采用粉煤灰、矿渣粉等。 2. 进行配合比设计时，在保证混凝土强度、和易性及坍落度要求的前提下，应采取改善粗集料级配、提高掺和料和粗集料的含量、降低水胶比等措施，减少单方混凝土的水泥用量。 3. 大体积混凝土进行配合比设计及质量评定时，可按 60d 龄期的抗压强度控制
浇筑、养护和温度控制	大体积混凝土的施工应提前制订专项施工技术方案，并应对混凝土采取温度控制措施。大体积混凝土的浇筑、养护和温度控制应符合下列规定： 1. 施工前应根据原材料、配合比、环境条件、施工方案和施工工艺等因素，进行温控设计和温控监测设计，并应在浇筑后按该设计要求对混凝土内部和表面的温度实施监测和控制。对大体积混凝土进行温度控制时，应使其内部最高温度不大于 75℃、内表温差不大于 25℃。 2. 大体积混凝土可分层、分块浇筑，分层、分块的尺寸宜根据温控设计的要求及浇筑能力合理确定；当结构尺寸相对较小或能满足温控要求时，可全断面一次浇筑。 3. 分层浇筑时，在上层混凝土浇筑之前应对下层混凝土的顶面作凿毛处理，且新浇混凝土与下层已浇筑混凝土的温差宜小于 20℃，并应采取措施将各层间的浇筑间歇期控制在 7d 以内。 4. 分块浇筑时，块与块之间的竖向接缝面应平行于结构物的短边，并应在浇筑完成拆模后按施工缝的要求进行凿毛处理。分块施工所形成的后浇段，应在对大体积混凝土实施温度控制且其温度场趋于稳定后方可浇筑；后浇段宜采用微膨胀混凝土，并应一次浇筑完成。 5. 大体积混凝土的浇筑宜在气温较低时进行，但混凝土的入模温度应不低于 5℃；热期施工时，宜采取措施降低混凝土的入模温度，且其入模温度不宜高于 28℃。 6. 大体积混凝土的温度控制宜按照"内降外保"的原则，对混凝土内部采取设置冷却水管通循环水冷却，对混凝土外部采取覆盖蓄热或蓄水保温等措施进行。在混凝土内部通水降温时，进出口水的温差宜小于或等于 10℃，且水温与内部混凝土的温差宜不大于 20℃，降温速率宜不大于 2℃/d；利用冷却水管中排出的降温用水在混凝土顶面蓄水保温养护时，养护水温度与混凝土表面温度的差值应不大于 15℃。 7. 大体积混凝土采用硅酸盐水泥或普通硅酸盐水泥时，其浇筑后的养护时间不宜少于 14d，采用其他品种水泥时不宜少于 21d。在寒冷天气或遇气温骤降天气时浇筑的混凝土，除应对其外部加强覆盖保温外，尚宜适当延长养护时间

抗冻混凝土　表 12.7-2

项　目	内　容
原材料、配合比及外加剂	有抗冻性要求的混凝土，应符合下列规定： 1. 宜选用硅酸盐水泥或普通硅酸盐水泥，不宜使用火山灰质硅酸盐水泥。粗集料宜选用连续级配，其最大料径不宜大于 37.5mm，含泥量应不大于 1%；细集料的含泥量应不大于 2%。集料的坚固性 5 次循环试验质量损失应不大于 3%，并不得含有泥块。 2. 抗冻混凝土的配合比设计除应符合普通混凝土的规定外，最大水胶比尚应小于 0.50，同时应进行抗冻融性能试验。混凝土抗冻性试验方法应符合现行行业标准《公路工程水泥及水泥混凝土试验规程》(JTG E30)的规定。 3. 位于水位变动区有抗冻要求的混凝土，其抗冻等级指标不应低于表 12.7-3 的规定。 4. 有抗冻性要求的混凝土宜掺入适量引气剂，同时宜掺入减水剂，其拌和物的适宜含气量应在表 12.7-4 范围内选择

水位变动区混凝土抗冻等级选定标准　　表 12.7-3

结构物所在地区	海水环境	淡水环境
严重受冻地区(最冷月的月平均气温低于 -8℃)	F350	F250
受冻地区(最冷月的月平均气温在 -4 ~ -8℃之间)	F300	F200
微冻地区(最冷月的月平均气温在 0 ~ -4℃之间)	F250	F150

注:1. 试验过程中试件所接触的介质应与结构物实际接触的介质相近。
2. 墩、台身等结构物的混凝土应选用比同一地区高一级的抗冻等级。

有抗冻性要求的混凝土拌和物含气量控制范围　　表 12.7-4

集料最大粒径(mm)	含气量范围(%)	集料最大粒径(mm)	含气量范围(%)
9.5	5.0 ~ 8.0	31.5	3.5 ~ 6.5
19.0	4.0 ~ 7.0	37.5	3.0 ~ 6.0

注:当要求的含气量为某一定值时,其检测结果与要求值的允许偏差范围应为 ±1.0%;当含气量要求值为某一范围时,检测结果应满足规定范围的要求。

抗 渗 混 凝 土　　表 12.7-5

项　目	内　容
原材料、外加剂及试验方法	有抗渗性要求的混凝土应符合下列规定: 1. 混凝土的抗掺等级应符合设计规定。 2. 粗集料宜选用连续级配,其最大粒径不宜大于 37.5mm。 3. 胶凝材料总量不宜小于 320kg/m^3;砂率宜为 35% ~45%;最大水胶比应符合表 12.7-6 的规定。 4. 掺引气剂的抗渗混凝土,应做含气量试验,其含气量宜控制在 3% ~5% 之间。 5. 混凝土抗渗性试验方法应符合现行行业标准《公路工程水泥及水泥混凝土试验规程》(JTG E30)的规定。试配时要求的抗渗水压值应比设计值提高 0.2MPa

抗渗混凝土最大水胶比　　表 12.7-6

抗渗等级	最大水胶比	
	C20 ~ C30 混凝土	C30 以上混凝土
W6	0.60	0.55
W8 ~ W12	0.55	0.50
W12 以上	0.50	0.45

12.8　高强度混凝土

高 强 度 混 凝 土　　表 12.8-1

项　目	内　容
原材料、外加剂及掺和料	1. 本节适用于按常规工艺生产的 C60 及以上强度等级混凝土的施工。 2. 高强度混凝土原材料的选用应符合下列规定: (1)水泥宜选用强度等级不低于 52.5 级的硅酸盐水泥和普通硅酸盐水泥,不得使用立窑水泥。 (2)细集料除应符合本手册 12.1-1 的规定外,尚宜选用质地坚硬、级配良好的中砂,细度模数应不小于 2.6,含泥量应不大于 1.5%;配制 C70 及以上等级混凝土时,含泥量应不大于 1.0%,且不应有泥块存在,必要时应冲洗后使用。 (3)粗集料宜选用质地坚硬、级配良好、无风化颗粒的碎石。其质量指标除应满足本手册表 12.1-1 的规定外,粗集料的最大粒径尚不宜大于25mm,含泥量应不大于0.5%,针片状颗粒含量不大于5%;配制 C80 及以上等级混凝土时,最大粒径不宜大于 20mm

续上表

项 目	内 容
原材料、外加剂及掺和料	(4)外加剂的性能应符合本手册表12.1-1的规定。所采用的减水剂应为高效减水剂或缓凝高效减水剂，其掺量应根据试验确定。 (5)掺和料可选用粉煤灰、磨细矿渣和硅灰等，其技术条件应符合手册表12.1-1规定，掺量应根据试验确定。 (6)拌和与养护用水应符合本手册表12.1-1的规定
配合比设计	高强度混凝土的配合比应有利于减少温度收缩、干燥收缩和自身收缩引起的体积变形，避免早期开裂，配合比设计除应符合表12.2-1的规定外，尚应符合下列规定： 1.配制高强度混凝土所用砂率及所采用的外加剂和矿物掺和料的品种、掺量等，均应通过试验确定。 2.高强度混凝土的水泥用量不宜大于500kg/m^3，胶凝材料总量不宜大于600kg/m^3。 3.当采用3个不同的配合比进行混凝土强度试验时，其中一个应为基准配合比，另外两个配合比的水胶比宜较基准配合比分别增加和减少0.02～0.03。 4.高强度混凝土的设计配合比确定后，尚应采用配合比进行不少于6次的重复试验进行验证，其平均值应不低于配制强度
施工技术要求	高强度混凝土的施工技术要求除应符合本章普通混凝土的规定外，尚应符合下列规定： 1.混凝土应采用强制式搅拌机拌制，不得采用自落式搅拌机搅拌。配料数量的允许偏差应符合本手册表12.3-2中预制场或集中搅拌站拌制的规定。 2.应准确控制用水量，粗、细集料的含水率应及时测定，并应按测定值调整用水量和集料用量，不得在拌和物出机后再加水。 3.搅拌混凝土时高效减水剂宜采用后掺法，且宜制成溶液后再加入，并应在混凝土用水量中扣除溶液用水量。加入减水剂后，混凝土拌和料在搅拌机中继续搅拌的时间不宜少于30s。 4.高强度混凝土的入模温度应根据环境状况和结构所受的内、外约束程度加以限制。保湿养护的时间应不少于7d

12.9 高性能混凝土

高性能混凝土 表12.9-1

项 目	内 容
原材料选用和配合比设计的一般要求	1.本节适用于高性能混凝土的原材料选用和配合比设计。 2.高性能混凝土的原材料和配合比除应符合本规范的规定外，尚应符合现行行业标准《公路工程混凝土结构防腐蚀技术规范》(JTG/T B07-01)的规定。 3.配制高性能混凝土时，应选用优质水泥和级配良好的优质集料，同时应掺加与水泥相匹配的高效减水剂及优质掺和料
原材料选用	1.水泥宜选用品质稳定、标准稠度低、强度等级不低于42.5的硅酸盐水泥或普通硅酸盐水泥，不宜采用矿渣硅酸盐水泥、火山灰硅酸盐水泥及粉煤灰硅酸盐水泥。水泥的技术要求除应符合现行国家标准《通用硅酸盐水泥》(GB 175)的规定外，尚应符合表12.9-2的规定。 2.细集料宜选用级配良好、质地均匀坚固、吸水率低、空隙小、细度模数2.6～3.2的洁净天然中粗河砂，或符合要求的人工砂，不得使用山砂和海砂。细集料的技术要求除应符合本手册表12.1-1的规定外，其有害物质含量的限值尚应符合表12.9-3的规定。 3.粗集料宜选用质地均匀坚硬、粒形良好、级配合理、线胀系数小的洁净碎石或卵石，不宜采用砂岩加工成的碎石。粗集料的技术要求除应符合本手册表12.1-1的规定外，其压碎指标尚应不大于10%；坚固性试验结果失重率对钢筋混凝土结构应小于8%，对预应力混凝土结构应小于5%。粗集料应采用两级配或多级配，其松散堆积密度应大于1 500kg/m^3；紧密空隙率宜小于40%；吸水率应小于2%，当用于干湿循环、冻融循环下的混凝土时应小于1%。粗集料的最大料径不宜超过25mm(大体积混凝土除外)，且不得超过保护层厚度的2/3。粗集料中有害物质含量的限值应符合表12.9-4的规定

续上表

项　　目	内　　容
外加剂及掺和料选用	1. 外加剂应选用高效减水剂或复合减水剂，并应选择减水率高、坍落度损失小、适量引气、与水泥之间具有良好的相容性、能明显改善或提高混凝土耐久性能且质量稳定的产品；引气剂或引气型外加剂应有良好的气泡稳定性。用于提高混凝土抗冻性的引气剂、减水剂和复合外加剂中均不得掺有木质硫酸盐组分，并不得采用含有氯盐的防冻剂。外加剂的性能要求应符合表12.9-5的规定。 2. 矿物掺和料应选用品质稳定、来料均匀的粉煤灰、磨细矿渣粉和硅灰等。所用掺和料的技术要求除应符合本章表12.1-1的规定外，尚应分别符合表12.9-6～表12.9-8的规定
配合比设计	高性能混凝土的配合比应根据原材料品质、设计强度等级、耐久性以及施工工艺对工作性能的要求，通过计算、试配和调整等步骤确定。进行配合比设计时应符合下列规定： 1. 对不同强度等级混凝土的胶凝材料总量应进行控制，C40以下不宜于400kg/m^3；C40～C50不宜大于450kg/m^3；C60以上的非泵送混凝土不宜大于500kg/m^3，泵送混凝土不宜大于530kg/m^3。配有钢筋的混凝土结构，在不同环境条件下其最大水胶比和单方混凝土中胶凝材料的最小用量应符合设计要求，设计未要求时应符合表12.9-9的规定。 2. 混凝土中宜适量掺加优质的粉煤灰、磨细矿渣粉或硅灰等矿物掺和料，用以提高其耐久性，改善其施工性能和抗裂性能，其掺量宜根据混凝土的性能要求能过试验确定，且不宜小于胶凝材料总量的20%。当混凝土中粉煤灰掺量大于30%时，混凝土的水胶比不得大于0.45；在预应力混凝土及处于冻融环境的混凝土中，粉煤灰的掺量不宜大于30%，且粉煤灰的含碳量不宜大于2%。对暴露于空气中的一般构件混凝土，粉煤灰的掺量不宜大于20%，且单方混凝土胶凝材料中的硅酸盐水泥用量不宜小于240kg。 3. 对耐久性有较高要求的混凝土结构，试配时应进行混凝土和胶凝材料抗裂性能的对比试验，并从中优选抗裂性能良好的混凝土原材料和配合比。 4. 混凝土中宜适量掺加符合本手册表12.9-1规定的外加剂，且宜选用质量可靠、稳定的多功能复合外加剂。 5. 冻融环境下的混凝土采用引气混凝土。冻融环境作用等级D级及以上的混凝土必须掺用引气剂，并应满足表12.9-9对相应强度等级中最大水胶比和胶凝材料最小用量的要求；对处于其他环境作用等级的混凝土，亦可通过掺加引气剂（含气量不小于4%）提高其耐久性。混凝土抗冻性的耐久性指数（DF）应符合现行行业标准《公路工程混凝土结构防腐蚀技术规范》（JTG/T B07-01）的规定。引气混凝土的适宜含气量和气泡间距系数应符合表12.9-10的规定。 6. 对混凝土中总碱含量的控制，应符合桥规JTG/T F50—2011规定。混凝土中的氯离子总含量，对钢筋混凝土不应超过胶凝材料总重的0.10%；对预应力混凝土不应超过0.06%。 7. 混凝土的坍落度宜根据施工工艺的要求确定，条件允许时宜选用低坍落度的混凝土施工

水泥技术要求 表12.9-2

项　　目	技术要求	检验标准
比表面积（m^2/kg）	≤350（硅酸盐水泥、抗硫酸盐硅酸盐水泥）	《水泥比表面积测定方法（勃氏法）》（GB/T 8074）
80μm方孔筛筛余（%）	≤10.0（普通硅酸盐水泥）	《水泥细度检验方法（筛析法）》（GB/T 1345）
游离氧化钙含量（%）	≤1.5	《水泥化学分析方法》（GB/T 176）
碱含量（%）	≤0.60	
熟料中的C_3A含量（%）	≤8；海水环境下≤10	按《水泥化学分析方法》（GB/T 176）检验后计算求得
氯离子含量（%）	≤0.30	《水泥原料中氯离子的化学分析方法》（JC/T 420）

细集料有害物质含量限值 表 12.9-3

项　　目	混凝土强度等级		
	有害物质含量限值		
	<C30	C30~C45	≥C50
含泥量(%)	≤3.0	≤2.5	≤2.0
泥块含量(%)	≤0.5		
云母含量(%)	≤0.5		
轻物质含量(%)	≤0.5		
氯离子含量(%)	<0.02		
有机物含量	合格		
硫化物及硫酸盐含量(按 SO_3 质量计,%)	≤0.5		

注:对可能处于干湿循环、冻融循环下的混凝土,细集料的含泥量应小于1.0%。

粗集料有害物质含量限值 表 12.9-4

项　　目	混凝土强度等级		
	有害物质含量限值		
	<C30	C30~C45	≥C50
含泥量(%)	≤0.1	≤1.0	≤0.5
泥块含量(%)	≤0.25		
针片状颗粒含量(%)	≤7		
硫化物及硫酸盐含量(按 SO_3 质量计,%)	≤0.5		
氯离子含量(%)	<0.02		
有机物含量(比色法)	合格		

外加剂性能指标 表 12.9-5

项　　目		指　　标	检 验 标 准
水泥净浆流动度(mm)		≥240	《混凝土外加剂匀质性试验方法》(GB/T 8077)
硫酸钠含量(%)		≤5.0	
氯离子含量(%)		≤0.02	
碱含量($Na_2O+0.658K_2O$,%)		≤10.0	
减水率(%)		≥20	《混凝土外加剂》(GB 8076)
含气量(%)	用于配制非抗冻混凝土时	≥3.0	
	用于配制抗冻混凝土时	≥4.5	
坍落度保留值(mm)	30min	≥180	《混凝土泵送剂》(JC 473)
	60min	≥150	
常压泌水率比(%)		≤20	《混凝土外加剂》(GB 8076)

续上表

项目		指标	检验标准
压力泌率比(%)		≤90	《混凝土泵送剂》(JC 473)
抗压强度比(%)	3d	≥130	《混凝土外加剂》(GB 8076)
	7d	≥125	
	28d	≥120	
对钢筋锈蚀作用	无锈蚀		
收缩率比(%)	≤135		
相对耐久性指标(200次,%)	≥80		

注:表中坍落度保留值、压力泌水率比仅适用于泵送混凝土用外加剂。

粉煤灰技术要求 表12.9-6

项目	技术要求		检验标准
	C50以下混凝土	C50及以上混凝土	
细度(%)	≤20	≤12	《用于水泥和混凝土中的粉煤灰》(GB/T 1596)
需水量比(%)	≤105	≤100	
含水率(%)	≤1.0(干排灰)		
烧失量(%)	≤5.0	≤3.0	《水泥化学分析方法》(GB/T 176)
SO_3含量(%)	≤3		
CaO含量(%)	≤10(硫酸盐侵蚀环境)		
游离CaO含量(%)	F类粉煤灰≤1.0 C类粉煤灰≤4.0		
氯离子含量(%)	≤0.02		《水泥原料中氯离子的化学分析方法》(JC/T 420)
安定性(雷氏夹沸煮后增加距离,mm)	C类粉煤灰≤5.0		《水泥标准稠度用水量、凝结时间、安定性检验方法》(GB/T 1346)

磨细矿渣粉技术要求 表12.9-7

项目	技术要求	检验标准
比表面积(m^2/kg)	350~450	《水泥比表面积测定方法(勃氏法)》(GB/T 8074)
需水量比(%)	≤100	《高强高性能混凝土用矿物外加剂》(GB/T 18736)
含水率(%)	≤1.0	《用于水泥和混凝土中的粒化高炉矿渣粉》(GB/T 18046)
烧失量(%)	≤3	《水泥化学分析方法》(GB/T 176)
SO_3含量(%)	≤4	
MgO含量(%)	≤14	
氯离子含量(%)	≤0.02	《水泥原料中氯的化学分析方法》(JC/T 420)
25d活性指数(%)	≥95	《用于水泥和混凝土中的粒化高炉矿渣粉》(GB/T 18046)

硅灰技术要求　表 12.9-8

项　目	技术要求	检验标准
比表面积(m^2/kg)	≥18 000	《高强高性能混凝土用矿物外加剂》(GB/T 18736)
需水量比(%)	≤125	
含水率(%)	≤3.0	《水泥化学分析方法》(GB/T 176)
烧失量(%)	≤6	
SiO_2 含量(%)	≥85	《高强高性能混凝土用矿物外加剂》(GB/T 18736)
氯离子含量(%)	≥0.02	《水泥原料中氯的化学分析方法》(JC/T 420)
28d 活性指数(%)	≥85	《高强高性能混凝土用矿物外加剂》(GB/T 18736)

高性能混凝土的最大水胶比和最小胶凝材料用量(kg/m^3)　表 12.9-9

环境作用等级	强度等级	最大水胶比	最小胶凝材料用量	强度等级	最大水胶比	最小胶凝材料用量
	设计基准期 100 年			设计基准期 50 年		
A	C30	0.55	280	C25	0.60	260
B	C35	0.50	300	C30	0.55	280
C	C40	0.45	320	C35	0.50	300
D	C45	0.40	340	C40	0.45	320
E	C50	0.36	360	C45	0.40	340
F	C50	0.32	380	C50	0.36	360

注:1. 大掺量矿物掺和料混凝土的水胶比应不大于 0.42。

2. 对环境作用等级为 E 或 F 的重要工程,其混凝土材料的拌和用水量不宜高于 $150kg/m^3$。

3. 对冻融和化学腐蚀环境下的薄壁结构或构件,其水胶比宜适当低于表中对应的数值。

引气混凝土的适宜含气量和气泡间距系数　表 12.9-10

集料最大粒径(mm)	含气量(%)		
	高度水饱和环境	中度水饱和环境	盐冻环境
10	7.0	5.5	7.0
15	6.5	5.0	6.5
25	6.0	4.5	6.0
40	5.5	4.0	5.5
气泡间距系数(μm)	≤250	≤300	≤200

注:1. 高度水饱和指冰冻前长期或频繁接触水或湿润土体,混凝土体内高度水饱和;中度水饱和指冰冻前偶受雨水或潮湿,混凝土体内饱水程度不高。

2. 表中含气量为在现场新拌混凝土中取样测得的平均值,允许误差为 ±1.0%

3. 气泡间距系数为在现场或模拟现场的硬化混凝土中钻芯取样测得的数值。

12.10 质量检验和质量标准

质量检验和质量标准 表 12.10-1

项　目	内　容
混凝土的质量检验	1. 混凝土的质量宜分为施工前、施工过程和施工后三个阶段进行检验(见表 12.7-2)。施工前检验的项目应全部合格方可进行施工;施工过程中的检验项目不合格时,应分析原因,采取措施调整,待合格后方可继续施工;施工后的检验与施工前、施工过程的检验共同作为混凝土质量评定和验收的依据。 2. 对混凝土应制取试件检验其在标准养护条件下 28d 龄期的抗压强度。不同强度等级不同配合比的混凝土应分别制取试件,试件应在浇筑地点从同一盘混凝土或同一车运送的混凝土中随机制取。试件制取组数应符合下列规定: (1)浇筑一般体积的结构物(如基础、墩台等)时,每一单元结构物应制取不少于 2 组。 (2)连续浇筑大体积结构物时,每 200m³ 或每一工作班应制取不少于 2 组。 (3)每片梁(板),长 16m 以下的应制取 1 组,16 ~ 30m 应制取 2 组,31 ~ 50m 应制取 3 组,50m 以上者应不少于 5 组。 (4)就地浇筑混凝土的小桥涵,每一座或每一工作班应制取不少于 2 组;当原材料和配合比相同,并由同一拌和站拌制时,可几座合并制取不少于 2 组。 (5)应根据施工需要,制取与结构物同条件养护的试件,作为判断结构混凝土在拆模、出池、吊装、预施应力、承受载荷等阶段强度的依据。 3. 高性能混凝土的质量除进行常规检验外,尚应对其耐久性质量进行检验。耐久性质量应根据不同要求和处于不同环境作用下的工程,对混凝土的拌和物及实体结构分别进行相应的检验。质量检验的结果应符合设计和规范的规定;当质量检验评定结果不合格时,应委托专门的咨询机构就其耐久性质量进行评价,并应按其评价结论采取措施进行处理。耐久性的质量检验应符合下列规定: (1)对高性能混凝土的拌和物,宜进行抗渗、抗冻和电通量等耐久性指标的检验,对引气混凝土,尚应抽检其含气量。抗渗、抗冻检验的试验方法应符合现行行业标准《公路工程水泥及水泥混凝土试验规程》(JTG E30)的规定,电通量的检验应符合桥规 JTG/T F50—2011 附录 B3 的规定,高性能混凝土的电通量应不大于 1 000C。检验结果应满足设计和经批准的施工配合比的要求。 (2)实体结构在拆模且养护结束后,应对钢筋的混凝土保护层厚度,保护层混凝土的密实性、渗透性等进行检验。必要时,可从实体结构的混凝土中取芯制作试件,测定混凝土的含气量和气泡间距系数、抗冻等级或耐久性指数 DF、氯离子扩散系数等指标。 (3)高性能混凝土的保护层厚度,宜采用专用的钢筋保护层厚度检测仪进行无损检测,当对保护层厚检测结果有怀疑时,可采用局部破损的方法进行复核,但复核结束后应对破损部位进行及时修复。 (4)保护层混凝土的密实性宜采用标准预埋件的拔出试验或回弹仪试验,通过测定表层混凝土的强度并间接估计其质量,测定宜在达到 28d 龄期时进行,测得的强度平均值应不低于预先规定的数值。采用回弹仪测定时,应在试验室内通过标定对比试验确定。 (5)高性能混凝土的渗透性检验宜采用混凝土渗透性测试仪,测定结构物表层混凝土的抗渗性,其结果应不低于设计值
质量标准	除另有规定外,混凝土应以标准养护条件下 28d 龄期试件的抗压强度按《混凝土强度检验评定标准》(GB/T 50107—2010)进行评定,其合格条件应符合下列规定: 1. 应以强度等级相同、龄期相同以及生产工艺条件和配合比相同的混凝土组成同一验收批,同一验收批的混凝土强度应以同批内所有各组标准尺寸试件的强度测定值(当为非标准尺寸试件时应进行强度换算)为代表值。 2. 大桥等重要工程及中小桥、涵洞工程的试件大于或等于 10 组时,应以数理统计方法按下述条件评定: $$m_{fcu} \geqslant f_{cu,k} + \lambda_1 \cdot S_{fcu} \quad (1)$$ $$f_{cu,min} \geqslant \lambda_2 \cdot f_{cu,k} \quad (2)$$ 式中:m_{fcu}——同一检验批 n 组混凝土立方体抗压强度的平均值(MPa); $f_{cu,k}$——混凝土立方体抗压强度标准值(MPa); S_{fcu}——同一检验批混凝土立方体抗压强度的标准差(MPa),精确到 0.01;当计算值小于 2.5MPa 时,应取 2.5MPa;S_{fcu} 按下式计算

续上表

项　目	内　容
质量标准	$$S_{fcu}=\sqrt{\frac{\sum_{i=1}^{n}f_{cu,i}^{2}-nm_{fcu}^{2}}{n-1}} \quad (3)$$ $f_{cu,i}$——第 i 组混凝土样本试件的立方体抗压强度代表值(MPa),精确到0.1; n——本检验期内的样本数量; $f_{cu,min}$——同一检验批 n 组混凝土立方体抗压强度的最小值(MPa); λ_1、λ_2——合格判定系数,见表12.10-3。 3. 中小桥及涵洞等工程,同批混凝土试件少于10组时,可采用非统计方法按下述条件进行评定: $$m_{fcu} \geqslant \lambda_3 \cdot f_{cu,k} \quad (4)$$ $$f_{cu,min} \geqslant \lambda_4 \cdot f_{cu,k} \quad (5)$$ 式中:λ_3、λ_4——混凝土强度的合格判定系数,见表12.10-4 4. 当混凝土强度按试件强度进行评定达不到合格条件时,可采用无损检测法或钻取试样确定结构混凝土的实际强度和浇筑质量。如仍有不合格,应采取措施进行处理

检验项目和次数　表12.10-2

混凝土施工前的检验	混凝土施工前的检验项目应包括下列内容: 1. 施工设备和场地; 2. 混凝土的原材料和各种组成材料的质量; 3. 混凝土配合比及其拌和物的工作性能、力学性能及抗裂性能等,对耐久性混凝土,尚应包括耐久性的性能; 4. 基础、钢筋、预埋件等隐蔽工程及支架、模板; 5. 混凝土的运输、浇筑和养护方法及设施,安全设施
混凝土施工过程的检验	混凝土施工过程的检验项目应包括下列内容: 1. 混凝土组成材料的外观及配料、拌制,每一工作班应不少于2次,必要时应随时抽样试验; 2. 混凝土的和易性、坍落度及扩展度等工作性能,每工作班应检验不少于2次; 3. 砂石材料的含水率,每日开工前应检测1次,天气有较大变化时应随时检测;当含水率变化较大并将使配料偏差超过规定时,应及时调整; 4. 钢筋、预应力管道、模板、支架等的安装位置和稳固性; 5. 混凝土的浇筑质量; 6. 外加剂使用效果
混凝土施工后的检验	混凝土拆模且养护结束后应对实体混凝土进行下列检验: 1. 养护情况; 2. 混凝土强度、拆模时间; 3. 混凝土外露面质量; 4. 结构的外形尺寸、位置、裂缝、变形和沉降等

混凝土强度的合格判定系数　表12.10-3

试件组数	10~14	15~19	≥20
λ_1	1.15	1.05	0.95
λ_2	0.90	0.85	

混凝土强度的非统计方法合格判定系数　表12.10-4

混凝土强度等级	<C60	≥C60
λ_3	1.15	1.10
λ_4	0.95	

13 砌体

13.1 砌体材料与质量要求

砌体施工是指用砌石、混凝土预制块砌筑的圬工基础、墩台、附属工程及台背回填等的施工。所用材料应符合《公路桥涵施工技术规范》(JTG/T F50—2011)和相关规定。

砌体常用材料规格表 表13.1-1

<table>
<tr><th colspan="2">类 别</th><th colspan="6">砌体用料有关规定和要求</th></tr>
<tr><td rowspan="12">石料</td><td rowspan="4">石料强度及换算系数</td><td colspan="6">石料应符合设计规定的类别和强度,石质应均匀、不易风化、无裂纹。石料强度为20cm×20cm×20cm含水饱和试件的抗压强度(MPa)。当用较小试件时应乘以下列换算系数</td></tr>
<tr><td colspan="6">石料强度换算系数</td></tr>
<tr><td>试件尺寸(cm)</td><td>20×20×20</td><td>15×15×15</td><td>10×10×10</td><td>7.07×7.07×7.07</td><td>5×5×5</td></tr>
<tr><td>换算系数</td><td>1.0</td><td>0.9</td><td>0.8</td><td>0.7</td><td>0.6</td></tr>
<tr><td rowspan="5">砌体材料抗冻性指标</td><td colspan="6">一月份平均气温低于-10℃的地区,除干旱地区的不受冰冻部位或根据以往实践经验证明材料确有足够抗冻性者外,所用石料及混凝土材料须通过抗冻融试验证明符合下列抗冻性指标,才可使用</td></tr>
<tr><td colspan="6">石料及混凝土材料抗冻性指标</td></tr>
<tr><td colspan="2">结构物类别</td><td colspan="2">大、中桥</td><td colspan="2">小桥及涵洞</td></tr>
<tr><td colspan="2">镶面或表层</td><td colspan="2">50</td><td colspan="2">25</td></tr>
<tr><td colspan="6">注:抗冻性指标系指材料在含水饱和状态下经-15℃的冻结与融化的循环次数。试验后的材料应无明显损伤(裂缝、脱层),其强度不低于试验前的0.75倍</td></tr>
<tr><td>片石</td><td colspan="6">片石,一般系指由爆破或楔劈法开采的石块,厚度不应小于150mm(卵形和薄片者不得使用)。用于镶面的片石,应选择表面较平整、尺寸较大者,并应稍加修整</td></tr>
<tr><td>镶面块石</td><td colspan="3">w t l >10cm　　l t w >10cm</td><td colspan="3">块石形状应大致方正,上下面应大致平整,厚度 t 为200~300mm,宽度 b 约为厚度t的1.0~1.5倍,长度 l 约为厚度 t 的1.5~3.0倍(如有锋棱锐角,应敲除)。块石用作镶面时,应由外露面四周向内稍加修凿;后部可不作修凿,但应略小于修凿部分</td></tr>
</table>

续上表

<table>
<tr><th colspan="2">类　别</th><th colspan="3">砌体用料有关规定和要求</th></tr>
<tr><td rowspan="2">石料</td><td>镶面粗料石</td><td colspan="2"> 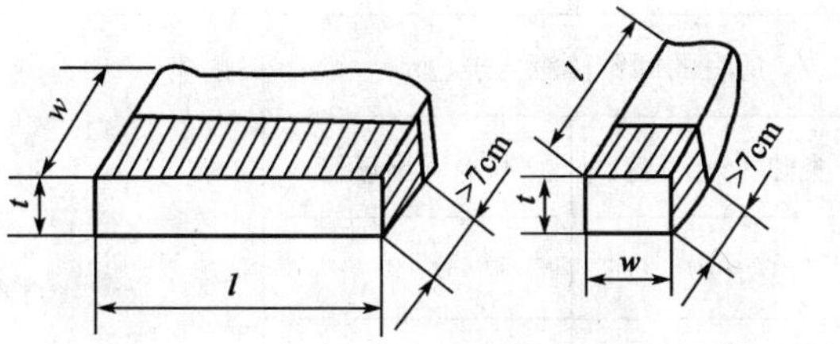</td><td>块石形状应大致方正，上下面应大致平整，厚度 t 为 200 ~ 300mm，宽度 b 约为厚度 t 的 1.0 ~ 1.5 倍，长度 l 约为厚度 t 的 1.5 ~ 3.0 倍（如有锋棱锐角，应敲除）。块石用作镶面时，应由外露面四周向内稍加修凿；后部可不作修凿，但应略小于修凿部分</td></tr>
<tr><td>拱石</td><td colspan="2"> 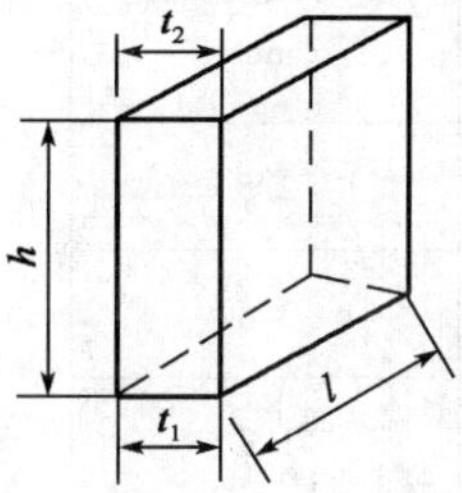尺寸要求：
1. $t_1 \geqslant 20$cm，t_2 按设计或放样；
2. h 为 t_1 的 1.2 ~ 2.0 倍；
3. l 为 t_1 的 2.5 ~ 4.0 倍</td><td>拱石可按设计采用粗料石、块石或片石；拱石应立纹破碎、岩层面应与拱轴线垂直，各排拱石沿拱圈内弧的厚度应一致。
用粗料石砌筑曲线半径较小的拱圈，辐射缝上下宽度相差超过 30% 时，宜将粗料石加工成左图所示的楔形。具体尺寸可根据设计与施工条件确定，但应符合左图所注要求</td></tr>
<tr><td rowspan="5">石料强度</td><td rowspan="5">技术标准</td><td colspan="3">桥梁结构物用石料的强度技术标准</td></tr>
<tr><td>序号</td><td>结构物种类</td><td>石料最低强度（MPa）</td></tr>
<tr><td>1</td><td>拱圈</td><td>30</td></tr>
<tr><td>2</td><td>大中桥墩台及基础、梁式轻型桥台</td><td>25</td></tr>
<tr><td>3</td><td>小桥涵墩台及基础、挡土墙</td><td>25</td></tr>
<tr><td colspan="2">混凝土预制块</td><td colspan="3">混凝土预制块的规格应与粗料石相同，其强度一般应不低于石料强度（或设计要求），尺寸应根据砌体形状确定。预制块作拱石时，应比封顶时间提前 2 ~ 4 个月预制，以减少混凝土的收缩</td></tr>
<tr><td rowspan="2">砌筑砂浆与抹面砂浆</td><td>砌筑砂浆选用与标准</td><td colspan="3">砌筑砂浆的类别和强度，应符合设计要求。砂浆的最低强度等级：对主体工程不应低于 M10，附属工程不宜低于 M7.5。砂浆强度等级为 7.07cm × 7.07cm × 7.07cm 试件标准养护 28d 的抗压强度（MPa）。标准养护条件为：
1. 水泥石灰等混合砂浆养护温度 20℃ ± 3℃，相对湿度 60% ~ 80%。
2. 水泥砂浆和微沫水泥砂浆养护温度 20℃ ± 3℃，相对湿度为 90% 以上</td></tr>
<tr><td>砂的粒径和含泥量</td><td colspan="3">砂浆用水泥、砂、水质量标准与混凝土工程材料宜取相应标准，用砂用中粗砂为好，砂的最大粒径：用于砌筑片石时，不宜超过 5mm；用于砌筑块石、粗料石时，不宜超过 2.5mm。如砂的含泥量达不到混凝土用砂的标准，当砂浆强度等级 ≥ M5 时，可不超过 5%，< M5 时可不超过 7%</td></tr>
</table>

续上表

<table>
<tr><th colspan="2">类 别</th><th colspan="5">砌体用料有关规定和要求</th></tr>
<tr><td rowspan="9">砌筑砂浆与抹面砂浆</td><td rowspan="9">砂浆稠度选择</td><td colspan="4">砌筑砂浆与抹面砂浆</td><td>稠度(流动性)试验</td></tr>
<tr><td rowspan="4">砌筑砂浆</td><td rowspan="2">砂浆用途</td><td colspan="2">适宜的圆锥体沉入度(cm)</td><td rowspan="8">标准圆锥体(尺寸单位:m)沉入度越大,砂浆的流动性(即稠度)越大</td></tr>
<tr><td>炎热干燥环境</td><td>寒冷潮湿环境</td></tr>
<tr><td>砖砌体</td><td>7~10</td><td>6~8</td></tr>
<tr><td>石砌体</td><td>5~7</td><td>4~5</td></tr>
<tr><td rowspan="4">抹面砂浆</td><td>抹面名称</td><td>圆锥沉入度(cm)</td><td>砂的最大粒径(mm)</td></tr>
<tr><td>底层</td><td>10~12</td><td>2.5</td></tr>
<tr><td>垫层</td><td>7~9</td><td>2.5</td></tr>
<tr><td>面层</td><td>6~8</td><td>1.2</td></tr>
<tr><td rowspan="2">改善砂浆和易性的塑化剂掺量</td><td>掺塑化剂的砂浆</td><td colspan="5">为改善水泥砂浆的和易性,可掺入无机塑化剂或以皂化松香为主要成分的微沫剂等有机塑化剂,其掺量可参照生产厂家的规定并通过试验确定,一般为水泥用量的0.5/10 000~1.0/10 000(微沫剂按100%纯度计)。采用微沫剂时宜用不低于70℃的水稀释至5%~10%的浓度,稀释后存放不宜超过7d。各类砂浆均应采用机械拌和,拌和时间宜为3~5min</td></tr>
<tr><td>拌和与使用</td><td colspan="5">砂浆配制应采用质量比,并应随拌随用,保持适宜的稠度,一般宜在3~4h内使用完毕;气温超过30℃时,宜在2~3h内使用完毕。在运输过程或储存器中发生离析、泌水的砂浆,砌筑前应重新拌和;已凝结的砂浆,不得使用</td></tr>
<tr><td>石灰水泥砂浆用石灰</td><td>石灰质量</td><td colspan="5">石灰水泥砂浆所用生石灰,应成分纯正,煅烧均匀、透彻、一般宜熟化成消石灰或石灰膏使用,也可磨细成生石灰使用,有关生石灰及消石灰的技术指标详见表13.1-2所示</td></tr>
<tr><td rowspan="2">小石子混凝土</td><td>配比与粗集料</td><td colspan="5">小石子混凝土的配合比设计、材料规格和质量检验标准,应符合第12章的有关要求。
小石子混凝土的粗集料可采用细卵石或碎石,最大粒径不宜大于20mm</td></tr>
<tr><td>拌和物坍落度</td><td colspan="5">小石子混凝土拌和物应具有良好的和易性,坍落度宜为50~70mm(片石砌体)或70~100mm(块石砌体)。为改善小石子混凝土拌和物的和易性,节约水泥,可通过试验,在拌和物中掺入一定数量的减少剂等外加剂或粉煤灰等混合材料</td></tr>
</table>

注:砌筑用砂浆应采用水泥砂浆,其强度的测定方法、试件规格及标准养护条件按现行《公路工程水泥及水泥混凝土试验规程》(JTG E30—2005),砂浆强度以MPa表示,常用的砂浆强度等级分别为M20,M15,M10,M7.5,M5,M2.5等。

生石灰及消石灰技术指标表 表 13.1-2

项目	分项与技术指标						
	1. 生石灰的技术指标						
	分 项	钙质生石灰			镁质生石灰		
		优等品	一定品	合格品	优等品	一定品	合格品
生石灰	CaO + MgO 含量(%)不小于	90	85	80	85	80	75
	未消化残渣含量(5mm 圆孔筛筛余)(%)不大于	5	10	15	5	10	15
	CO_2(%)不大于	5	7	9	6	8	10
	产浆量(L/kg)不小于	2.8	2.3	2.0	2.8	2.3	2.0

项目	2. 生石灰粉的技术指标							
	分 项		钙质生石灰			镁质生石灰		
			优等品	一定品	合格品	优等品	一定品	合格品
生石灰粉	CaO + MgO 含量(%)不小于		85	80	75	80	75	70
	CO_2 含量(%)不大于		7	9	11	8	10	12
	细度	0.90mm 筛的筛余(%)不大于	0.2	0.5	1.5	0.2	0.5	1.5
		0.125mm 筛的筛余(%)不大于	7.0	12.0	18.0	7.0	12.0	18.0

项目	3. 消石灰粉的技术指标									
	分 项		钙质消石灰粉			镁质消石灰粉			白云消石灰粉		
			优等品	一定品	合格品	优等品	一定品	合格品	优等品	一定品	合格品
消石灰粉	CaO + MgO 含量(%)不小于		70	65	60	65	60	55	65	60	55
	游离水		0.4~2	0.4~2	0.4~2	0.4~2	0.4~2	0.4~2	0.4~2	0.4~2	0.4~2
	体积安定性		合格	合格		合格	合格		合格	合格	
	细度	0.90mm 筛的筛余(%)不大于	0	0	0.5	0	0	0.5	0	0	0.5
		0.125mm 筛的筛余(%)不大于	3	10	15	3	10	15	3	10	15

注：生石灰及消石灰技术指标摘自建筑石灰及试验方法标准系列(JC/T 479~481/92)。

13.2 砌体基础施工

砌体基础施工 表13.2-1

<table>
<tr><th>项　目</th><th>内　容</th></tr>
<tr><td>技术准备</td><td>1. 审查施工图，查阅相关标准和质量验收规范，编制砌体分项工程施工方案。
2. 根据基础类型、断面形状及尺寸，确定基础砌筑形式，绘制基础组砌图。
3. 基础垫层验收合格后，根据轴线控制桩，放出基础的轴线和边线；根据高程控制点，测出水平高程。
4. 根据基础每皮料石的高度及灰缝厚度，制作数量适宜的皮数杆。
5. 对进场的料石、水泥、砂等材料进行质量验收，并按规范要求见证取样试验。
6. 由试验室根据设计要求和现场实际材料，通过试验确定出砌筑砂浆的配合比</td></tr>
<tr><td>材料要求</td><td>1. 条(料)石
(1)料石基础主要采用毛料石或粗料石。选用的石材的品种、规格必须符合设计要求，其材质必须质地坚实，无风化剥落和裂纹。
(2)料石应六面方整，四角齐全，边棱整齐。料石的宽度、厚度均不宜小于200mm，长度不宜大于厚度的4倍。
2. 砌筑砂浆
料石基础的砌筑砂浆宜采用水泥砂浆或水泥混合砂浆，砂浆的强度等级不应低于M5。
(1)水泥：一般采用32.5级、42.5级普通硅酸盐水泥或矿渣硅酸盐水泥，应有出厂合格证及复试报告。如出厂日期超过3个月，应按复试结果使用。不同品种的水泥，不得混合使用。
(2)砂：宜用中砂，并应用5mm孔径筛过筛。配制M5(含M5)以上砂浆，砂的含泥量不应超过5%，不得含有草根等杂物。
(3)掺和料：有石灰膏、磨细生石灰粉、电石膏和粉煤灰等，石灰膏的熟化时间不应少于7d，严禁使用冻结或脱水硬化的石灰膏。
(4)水：应用自来水或不含有害物质的洁净水</td></tr>
<tr><td>主要机具</td><td>1. 机械设备
应备有200L倾翻卸料式砂浆搅拌机、石材切割机及石材打磨机等。
2. 主要工具
应备有大铁锹、瓦刀、手锤、手凿，托线板、线坠、角尺、水平尺、钢卷尺、皮数杆、小白线，铁锹、筛子、扫帚、灰桶或存灰槽、勾缝条，手推胶轮车和磅秤等</td></tr>
<tr><td>作业条件</td><td>1. 基础垫层已施工完毕，并通过验收，办完隐检手续。
2. 放好基础的轴线和边线，测出水平高程，立好皮数杆。皮数杆间距以不大于15m为宜，在料石基础的转角处和交接处均应设置皮数杆。
3. 砌筑前，应将基础垫层上的泥土、杂物等清除干净，并浇水湿润。
4. 拉线检查基础垫层表面高程是否符合设计要求。如第一皮水平灰缝厚度超过20mm时，应用细石混凝土找平，不得用砂浆或在砂浆中掺碎砖或碎石代替。
5. 常温施工时，砌石前一天应将料石浇水湿润。
6. 选择好施工机械，包括垂直运输、水平运输、料石修改等施工机械，尽量减少人工搬运等笨重体力劳动，以提高功效。
7. 校好计量设备，备好砂浆试模。
8. 确保基槽边坡土体稳定，无坍塌危险</td></tr>
</table>

续上表

项 目	内 容
施工组织及人员准备	1. 根据料石基础砌体工程量、作业面及工期要求组建作业班组,每一班组以 20 ~ 30 人为宜,其中高、中级工不应少于 70%。 2. 以每个技工负责 3m 长砌体安排工作面。以自然间为界,每一段基础安排两个技工作业,每两个技工配一个普工。其中,盘角应由高级技工进行操作。 3. 根据现场实际情况,另行组织砂浆搅拌和运输及料石搬运和修改(二次加工)人员,人员安排应能保证一线砌筑需要。其中,料石修改应由专业技工进行操作。 4. 配备施工员一名,负责测量放线和砌筑过程中的作业指导。配备专职质检员一名,负责砌筑工程的质量检查和验收。配备专职安全员一名,负责砌筑过程中的安全检查。配备试验员一名,负责水泥、砂、料石、砂浆的取样、送检等
操作工艺	1. 放出基础的轴线和边线,测出水平高程,立好皮数杆,拉上准线。 2. 料石基础砌筑前,应组织有关人员对基础垫层进行验收。 3. 料石基础有墙下条形基础和柱下独立基础两种。其断面形状有矩形和阶梯形等,见图 3.2-1。阶梯形基础每阶挑出宽度不大于 200mm,每阶为一皮或二皮料石。 4. 料石基础砌筑形式有丁顺叠砌和丁顺组砌。丁顺叠砌是一皮顺石与一皮丁石相隔砌成,上下皮竖缝相互错开 1/2 石宽;丁顺组砌是同皮内 1 ~ 3 块顺石与 1 块丁石相隔砌成,丁石中距不大于 2m,上皮丁石座中于下皮顺石,上下皮竖缝相互错开 1/2 石宽。 5. 砌筑前,先根据组砌图试排料石,再盘角挂线。 6. 料石基础应双面拉准线砌筑,先砌转角处和交接处,后砌中间部分。 7. 第一皮料石应采用坐浆丁砌。上级阶梯的料石至少压砌级阶梯料石 1/3。 8. 灰缝厚度不宜大于 20mm。砌筑时,料石要放置平稳,砂浆铺设厚度略高于规定灰缝厚度,一般高出厚度为 6 ~ 8mm。 9. 料石的转角处和交接处应同时砌筑,如不能同时砌筑应留置斜槎。 10. 料石基础每天砌筑高度不应超过 1.2m
质量标准	一般规定: 1. 选用的石材必须符合设计要求,其材质必须质地坚实,无风化剥落和裂纹。 2. 料石表面的泥垢、水锈等杂质,砌筑前应清除干净。 3. 料石基础砌体的灰缝厚度不宜大于 20mm。 4. 砂浆初凝后,如移动已砌筑的石块,应将原砂浆清理干净,重新铺浆砌筑。 5. 砌筑料石基础的第一皮石块应采用丁砌层坐浆砌筑

13.3 砌体墩、台施工

砌体墩、台施工一般要求 表 13.3-1

类 别	砌体用料有关规定和要求
砌块与基底处理	1. 石块或混凝土预制块在砌筑前,必须浇水湿润,表面如有泥土、水锈,应清洗干净。 2. 砌筑基础的第一层砌块时,如基底为岩层或混凝土基础,应先将基底表面清洗、湿润,再坐浆砌筑;如基底为土质,可直接坐浆砌筑(当基底为松软土质,应在处理后再行砌筑)
砌体分段与设置位置	砌体应分层砌筑,砌体较长时可分段分层砌筑,但两相邻工作段的砌筑高差一般不宜超过 1.2m;分段位置宜尽量设在沉降缝或伸缩缝处,各段水平砌缝应一致

续上表

类　别	砌体用料有关规定和要求
砌筑程序与镶面勾缝	各砌层应先砌外圈定位行列，然后砌筑里层，外圈砌块应与里层砌块交错连成一体。砌体外露面镶面种类应符合设计规定，位于流冰或有严重漂流物河中的墩台，宜选用较坚硬的石料或高强度混凝土预制块进行镶砌。砌体里层应砌筑整齐，分层应与外圈一致，应先铺一层适当厚度的砂浆再安放砌块和填塞砌缝。 砌体外露面应进行勾缝，并应在砌筑时靠外露面预留深约 20mm 的空缝备作勾缝之用；砌体隐蔽面砌缝可随砌随刮平，不另勾缝
砌筑过程还须注意的问题	1. 各砌层的砌块应安放稳固，砌块间应砂浆饱满，黏结牢固，不得直接贴靠或脱空。砌筑时，底浆（坐浆）应铺满，竖缝砂浆应先在已砌石块侧面铺放一部分，然后于石块放好后填满捣实。用小石子混凝土塞竖缝时，应以扁铁捣实。 2. 砌筑上层块时，应避免振动下层砌块。砌筑工作中断后恢复砌筑时，已砌筑的砌层表面应加以清扫和湿润

浆砌石块砌筑方法和要求　　表 13.3-2

项　目		示　意　图	砌筑方法和要求
石块砌体的层次	长层砌体	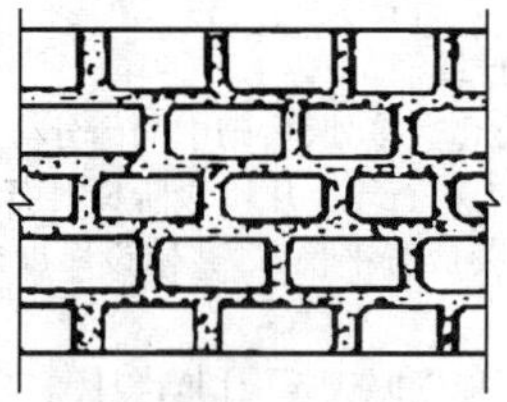	石料砌筑应有一定的工作层次，对形状规则的块石砌体，其层次分明，一般可将一批石块砌成一个工作层，平整的水平缝和竖向交错的垂直缝。平缝宽应≤3cm，竖缝宽应≤4cm，用小石子混凝土时，≤5cm，上下竖缝错开距离应不小于 8cm
	断层砌体	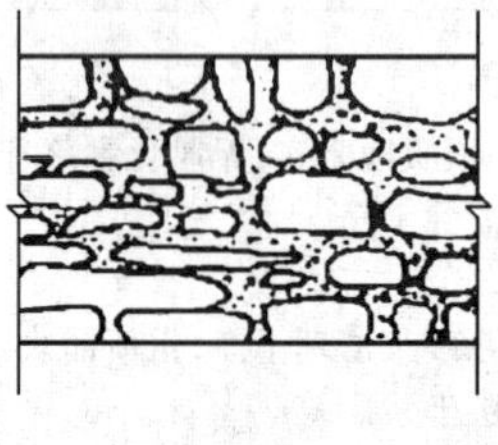	片石亦应分层砌筑，宜以 23 层砌块组成一工作层，每一工作层大致找平，各工作层竖缝要相互错开，不得贯通，但在一个工作层内夹有断层，如左图所示
	乱层砌筑	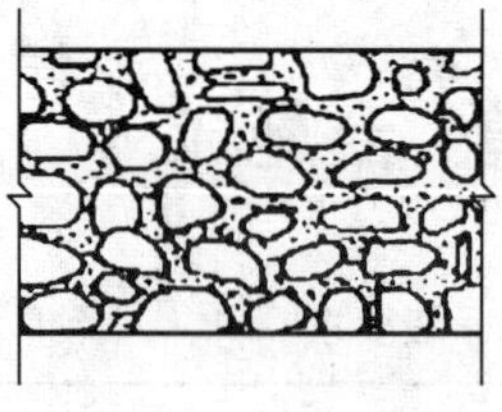	对于大小不等，形状很不规则的石块，除去尖凸棱角外用于砌筑挡土墙、护坡等，形成乱层，浆砌时应注意避免同缝，而应充分利用石块状组成如左图所示的相互交错的接缝
石砌墩台放样	挂线放样	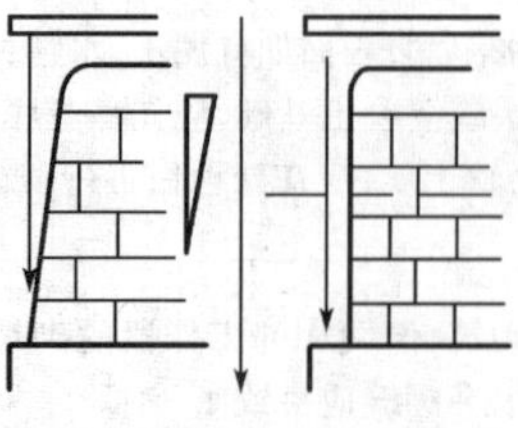	块石浆砌墩台时可采取挂线放样法，当有斜度时以垂线和样板校验；如为垂直墩、台身则放线距离外移 1 ~ 2cm，按垂线向后缩进 1 或 2cm 为准，由放线时确定即可

续上表

项目		示意图	砌筑方法和要求
石砌墩台放样	树立样架	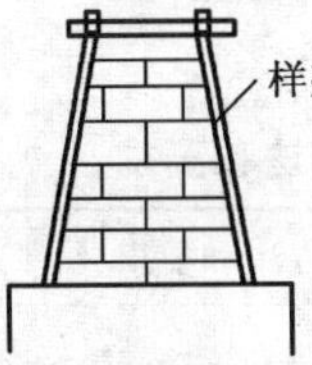 样架	根据设计横截面尺寸，用竹、木扎成样架作砌筑时的尺寸依据，样架可按墩、台宽度（即横桥向之长）设置2～3只，样架之间可随时（固定）拉线以利控制校验
浆砌块石桥墩砌筑实例	圆端形桥墩	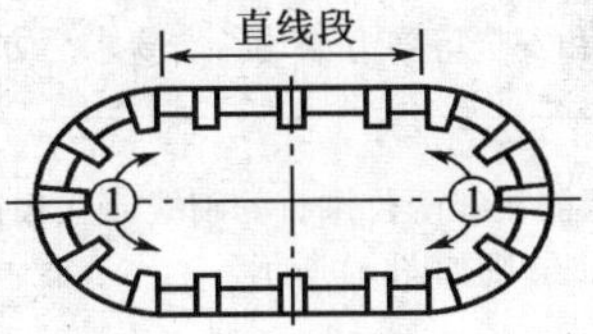 直线段 ① ① 第一层 直线段 ① ① 第二层	桥台应先砌角石，再接砌镶面石，除角石错缝不小于15cm外，接缝宽度宜控制在23cm。 桥墩砌石时一般先从桥墩的上下游圆头石或分水尖开始，然后砌镶面石，最后再砌腹石。如左图所示13.3-6
	尖端形桥墩	② ① ① ② 第二层 ② ① ① ② 第二层	圆端桥墩的圆端顶点不应有垂直灰缝，砌石应从顶端开始先砌石块（左图①），然后依丁顺相间排列，接砌四周镶面石。圆端底层顺石宜稍长，以利于逐层减短收坡，使丁石位置保持不变。 尖端及转角不得有垂直接缝，同样应先砌石块①，再砌转角石②。然后丁顺相同排列，接砌四周镶面石。 砌石时应将大面平面朝下，安放稳定，砂浆饱满，并不得在石块间垫塞小石块
桥墩破冰体镶面的砌筑	夹角小于20°时	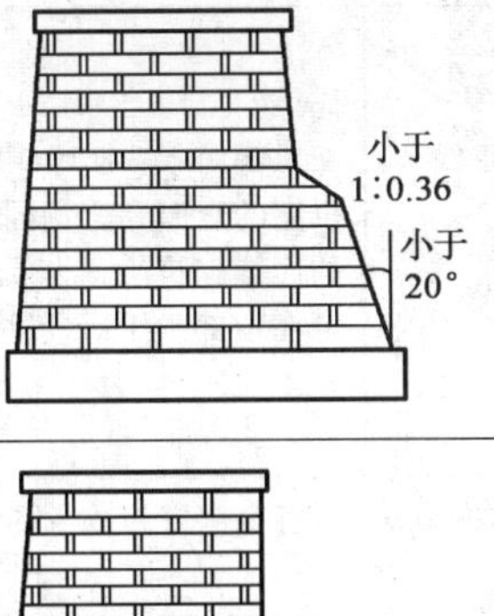 小于1∶0.36 小于20°	夹角是指桥墩破冰体棱与垂线所构成的角度而言。砌筑时应符合下列要求： 1. 破冰棱与垂线的夹角小于或等于20°，破冰体的镶面（横缝）可成水平。 2. 当夹角大于20°时，破冰体的镶面横缝应垂直于破冰棱，并与墩身层次一致。 3. 破冰体镶面的砌筑层次应与墩身一致，砌缝宽度应为10～12mm。 4. 在破冰棱中线上及破冰棱与墩身的相交线上，均不得设置竖向砌缝
	夹角大于20°时	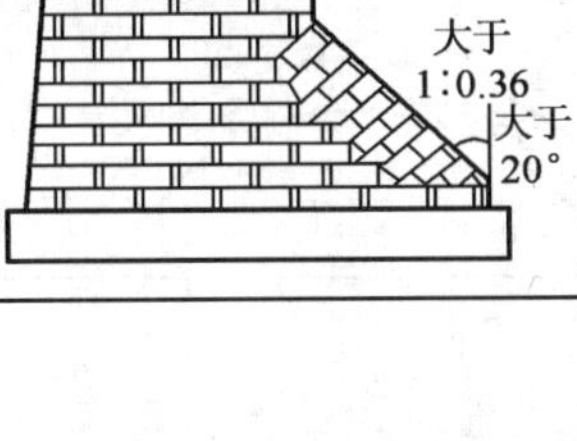 大于1∶0.36 大于20°	

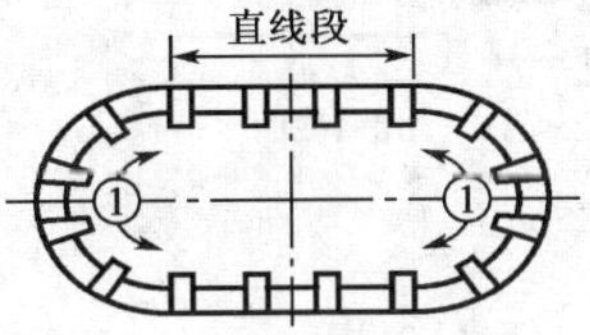

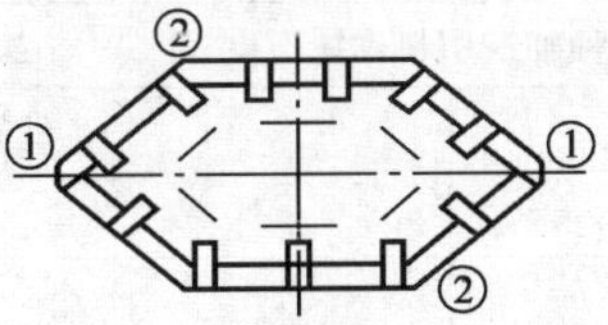

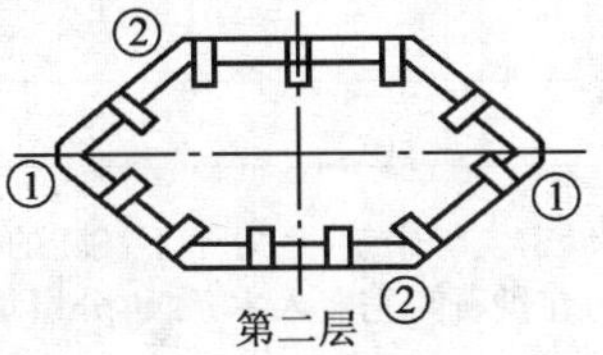

13.4 砌体拱圈施工

浆砌石块及预制块砌筑方法和要求 表 13.4-1

<table>
<tr><th>项　目</th><th colspan="3">拱圈砌筑方法和要求</th></tr>
<tr><td>拱圈砌筑前的准备工作</td><td colspan="3">拱圈和拱上结构所用砌块的规格应符合设计规定，施工时应按设计留置施工预拱度。砌筑拱圈工作开始前，应先详细检查拱架和模板，在质量和安全等各方面均符合要求后方可开始砌筑</td></tr>
<tr><td>拱圈砌缝</td><td colspan="3">拱圈的辐射缝应垂直于拱轴线，辐射缝两侧相邻两行拱石的砌缝应互相错开如图 a）所示，同一行内上下层砌缝可不错开如图 b）所示，拱底面砌缝则如图 c）所示。 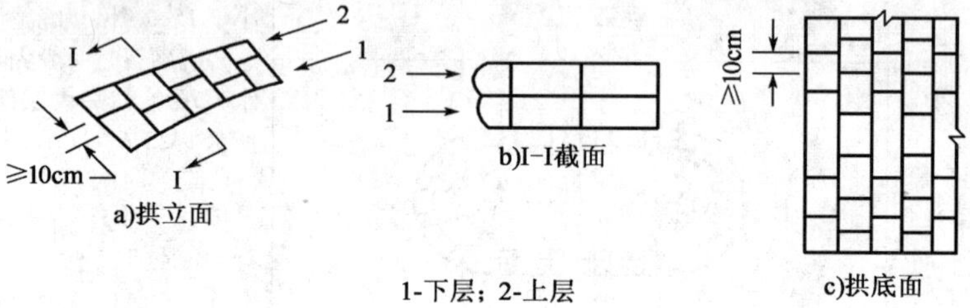
I　2　1　≥10cm　I　a)拱立面
2　1　b)I–I截面
≥10cm　c)拱底面
1-下层；2-上层</td></tr>
<tr><td rowspan="7">砌缝宽度</td><td colspan="3">各种砌筑用料砌缝宽度</td></tr>
<tr><td>砌筑拱圈用料</td><td colspan="2">砌缝宽度（cm）</td></tr>
<tr><td>浆砌粗料石和混凝土预制块拱圈</td><td colspan="2">1 ~ 2</td></tr>
<tr><td>块石拱圈</td><td colspan="2">≤3</td></tr>
<tr><td>片石拱圈</td><td colspan="2">≤4</td></tr>
<tr><td>小石子混凝土砌块石拱圈</td><td colspan="2">≤5</td></tr>
<tr><td>小石子混凝土砌片石时</td><td colspan="2">4 ~ 7</td></tr>
<tr><td>砌筑拱圈砌缝要求</td><td colspan="3">砌筑各类浆砌拱圈时，均应砂浆饱满、砌缝密实。砌筑时，对于不甚陡的辐射缝，应先在侧面已砌拱石上铺浆，再放拱石挤砌；辐射缝较陡时，可在拱石间先嵌入木条，再分层填塞，捣实砂浆，具体砌筑工艺将于本表后详述</td></tr>
<tr><td>拱圈连续砌筑法</td><td> 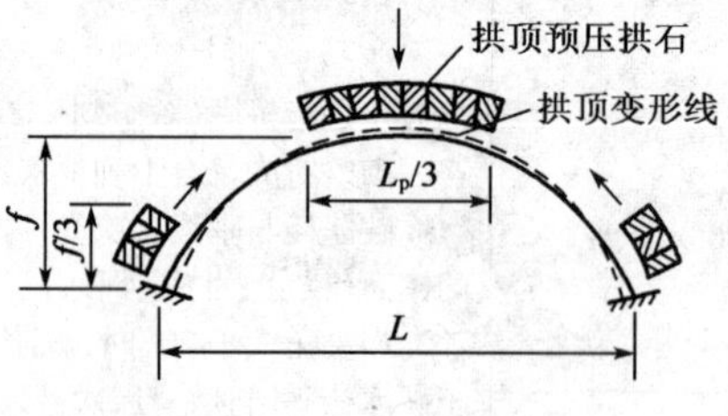拱顶预压拱石
拱顶变形线
$L_p/3$
f　$f/3$
L</td><td colspan="2">拱圈跨径 $L<10$m 时可采用从两端拱脚开始，按拱圈的全厚和全宽同时向拱顶对称砌筑、一气呵成的连续砌筑法。为保证施工过程受力平衡，砌筑时可在顶部预压适量拱石</td></tr>
<tr><td rowspan="2">拱圈分段砌筑法</td><td colspan="3">当拱圈跨径 >15m 时，必须采用分段砌筑的方法，即将全拱分为数段，同时对称砌筑</td></tr>
<tr><td>将全拱分为 6 段砌筑</td><td> 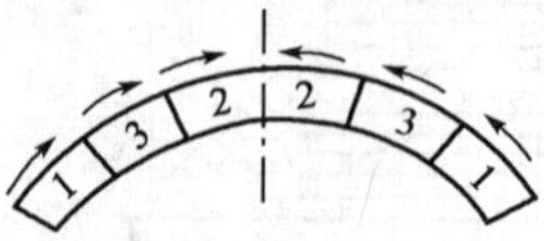1　3　2　2　3　1</td><td>可先砌 1 段，后砌 2 段，最后砌 3 段；或先砌 1、2 段，最后再砌 3 段</td></tr>
</table>

续上表

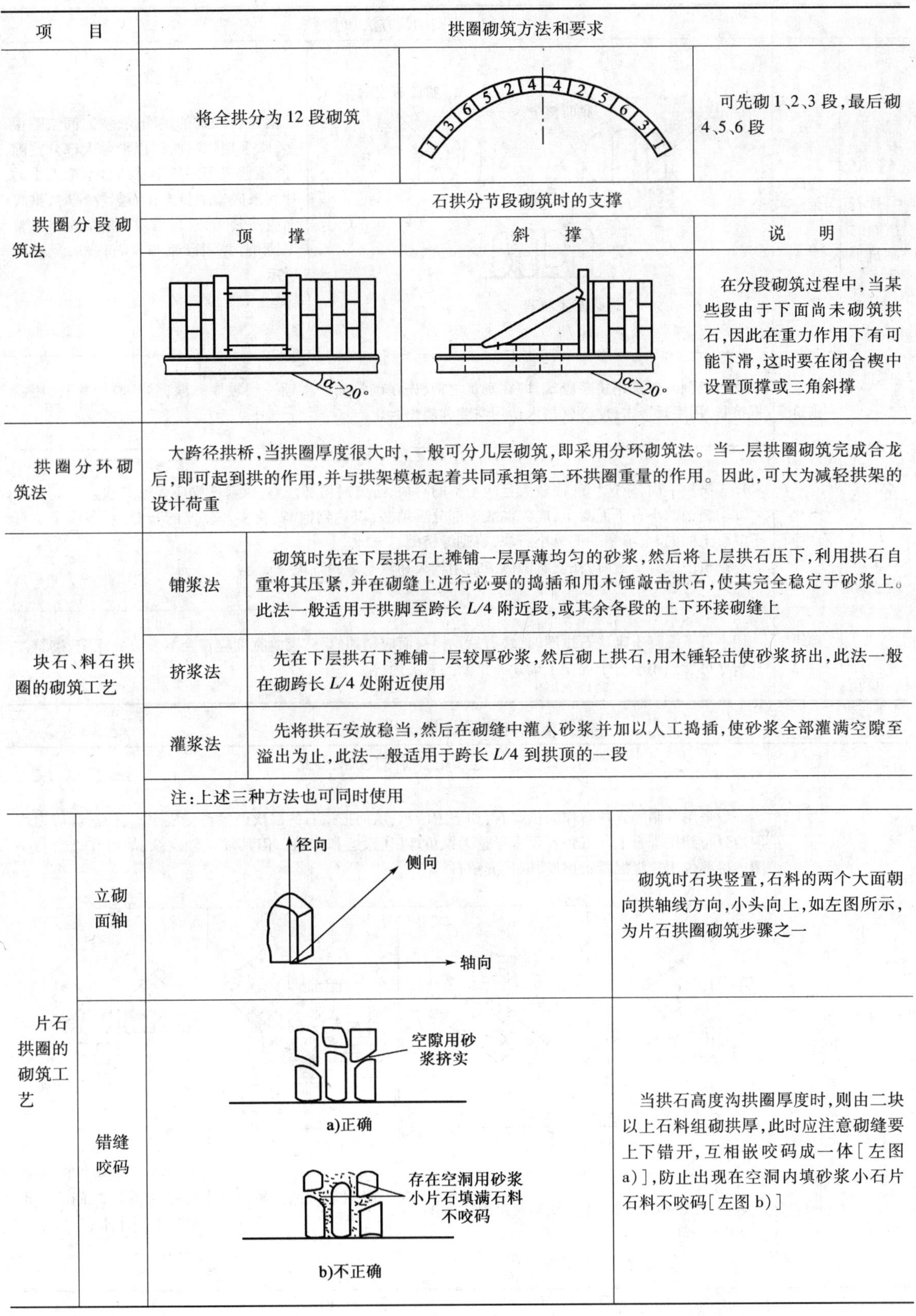

项目	拱圈砌筑方法和要求		
拱圈分段砌筑法	将全拱分为12段砌筑		可先砌1、2、3段，最后砌4、5、6段
	石拱分节段砌筑时的支撑		
	顶撑	斜撑	说明
			在分段砌筑过程中，当某些段由于下面尚未砌筑拱石，因此在重力作用下有可能下滑，这时要在闭合楔中设置顶撑或三角斜撑
拱圈分环砌筑法	大跨径拱桥，当拱圈厚度很大时，一般可分几层砌筑，即采用分环砌筑法。当一层拱圈砌筑完成合龙后，即可起到拱的作用，并与拱架模板起着共同承担第二环拱圈重量的作用。因此，可大为减轻拱架的设计荷重		
块石、料石拱圈的砌筑工艺	铺浆法	砌筑时先在下层拱石上摊铺一层厚薄均匀的砂浆，然后将上层拱石压下，利用拱石自重将其压紧，并在砌缝上进行必要的捣插和用木锤敲击拱石，使其完全稳定于砂浆上。此法一般适用于拱脚至跨长 $L/4$ 附近段，或其余各段的上下环接砌缝上	
	挤浆法	先在下层拱石下摊铺一层较厚砂浆，然后砌上拱石，用木锤轻击使砂浆挤出，此法一般在砌跨长 $L/4$ 处附近使用	
	灌浆法	先将拱石安放稳当，然后在砌缝中灌入砂浆并加以人工捣插，使砂浆全部灌满空隙至溢出为止，此法一般适用于跨长 $L/4$ 到拱顶的一段	
	注：上述三种方法也可同时使用		
片石拱圈的砌筑工艺	立砌面轴		砌筑时石块竖置，石料的两个大面朝向拱轴线方向，小头向上，如左图所示，为片石拱圈砌筑步骤之一
	错缝咬码	a)正确 b)不正确	当拱石高度沟拱圈厚度时，则由二块以上石料组砌拱厚，此时应注意砌缝要上下错开，互相嵌咬码成一体［左图a)］，防止出现在空洞内填砂浆小石片石料不咬码［左图b)］

续上表

项目		拱圈砌筑方法和要求	
片石拱圈的砌筑工艺	嵌缺平脚	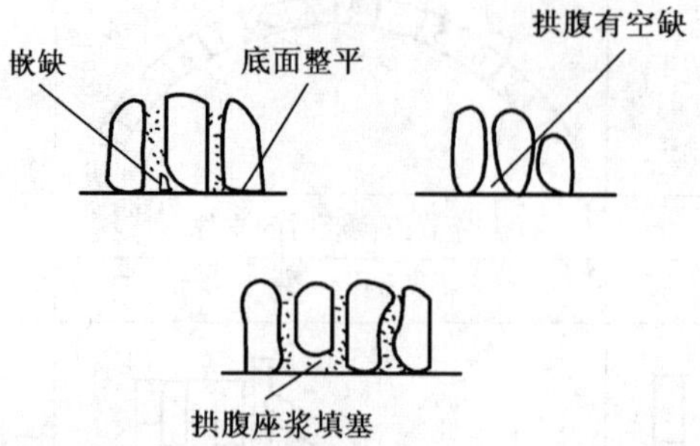 嵌缺 底面整平 拱腹有空缺 拱腹座浆填塞	由片石砌筑的拱圈，石块之间空隙很多，除采用错缝咬码以消除大部分空隙外，还须选用一些形状适合空隙大小的片石来嵌实缺口。在石料立砌时，拱腹面应挤紧无缺口，石块下端应基本平整无棱角，并用砂浆与片石嵌缺，见左图所示
	挤浆砌筑	片石拱圈一般采用挤浆砌筑，即在砌筑之前，先在砌筑面上摊铺一层较厚砂浆，然后放置片石，用撬棍挤紧，用手锤轻击，使砂浆挤入所用空隙并溢出为止	
用小石子混凝土砌筑拱圈	砌片石拱圈	1. 靠拱模一面，应选用底面较大且较平整的石块，必要时稍加修整；拱背面则应大致平顺。 2. 砌缝中的小石子混凝土，应先铺放一部分再填塞，以达到饱满、密实。较宽的竖缝，可在填塞小石子混凝土的同时，填塞一部分小石块，将砌缝挤满。 3. 砌筑中设置空缝时，在空缝两侧应选用较大和较平整的石块	
	砌块石拱圈	用小石子混凝土砌块石拱圈时，块石靠拱模一面应稍加修整，砌缝宽度应符合本表有关规定，砌筑注意事项可参照用小石子混凝土砌片石拱圈的有关内容	

桥梁墩台与拱圈连接及拱圈合龙 表 13.4-2

项目	连接构造简图及拱圈合龙			
墩台、供上拱墙和拱圈的连接	一般采用特制的五角石作为拱脚石，如下图所示，从而把拱石的层次由倾斜变成水平，使拱脚应力均匀地分布到拱脚石上。五角石要求平整无锐角，以利搬运和砌筑。但其加工较复杂，故可在墩台与拱圈连接部位用现浇混凝土拱座，取代五角石			
	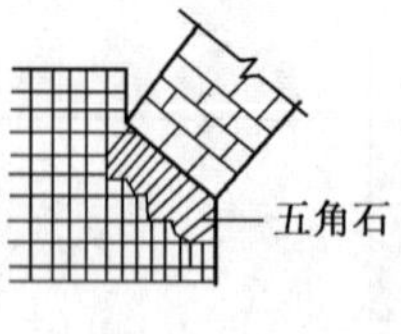 五角石	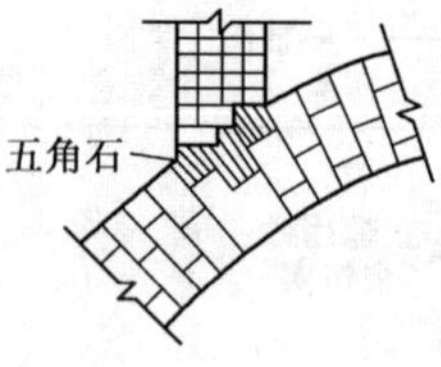 五角石		
	墩台与拱圈的连接	横墙与拱圈的连接	跨径较大的拱桥的拱脚石构造	桥墩与坦拱拱圈的连接构造，拱脚之间石料砌缝与水平面垂直，以承受两面巨大的水平推力

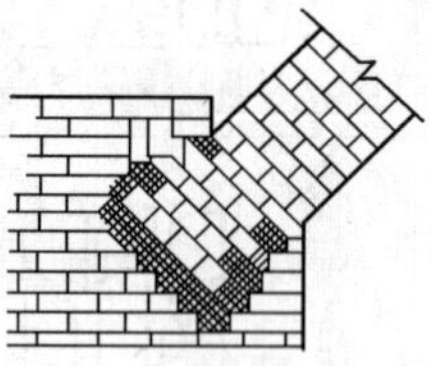

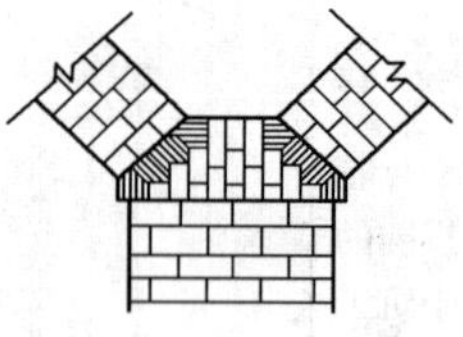

续上表

项　目	连接构造简图及拱圈合龙
拱圈合龙的技术要求	1. 封拱合龙宜在当日最低气温，且温度场较为稳定的时段进行。 2. 分段砌筑的拱圈应待填塞空缝的砂浆强度达到设计强度的85%后进行，采用刹尖封顶的拱圈应待砂浆强度达到设计强度85%后进行。 3. 封拱合龙前用千斤顶施加压力的方法调整拱圈应力时，砂浆强度应达到设计规定的强度
拱上结构的砌筑	1. 拱上结构在拱架卸架前砌筑时，应待拱圈合龙砂浆强度达到设计强度85%以上后进行。 2. 当先松架后砌拱上结构时，应待拱圈合龙砂浆强度达到设计强度100%以上后进行。 3. 采用分环砌筑的拱圈，应待上环合龙砂浆强度达到设计强度85%以上后进行。 4. 采用施加压力调整拱圈应力时，应待封拱砂浆强度达到设计的规定后砌筑拱上结构。 5. 拱上结构一般应由拱脚至拱顶对称、均衡地砌筑。 6. 拱上填方亦应同时对称、均衡分层填筑密实

13.5　砌体冬季施工

砌体冬季施工的有关规定和要求　表13.5-1

项　目	砌体冬季施工的有关规定和要求
使用材料	1. 所用钻石砌块应干净、无冰霜附着；砂中不得夹含有冰块或冻结团块。遇水浸泡后受冻的砌块不得使用。 2. 冬季施工的砌体砂浆必须保持正温，砂浆与石料表面的温差不宜超过20℃。石膏不宜受冻，如有冻结，应经融化并重新拌和后方可使用，但因受冻而脱水的石膏不得使用。 3. 冬季砌筑砌体，应使用水泥砂浆或水泥石灰砂浆，不得使用无水泥配制的砂浆，砂浆宜采用普通硅酸盐水泥拌制。 4. 砂浆应随拌随用，搅拌时间应以常温时增加0.5～1倍，砌筑砂浆的稠度宜较常温适当加大。 5. 小石子混凝土的配置和使用应按有关规定执行
暖棚法砌筑	在结构物周围用廉价保温材料搭设简易暖棚，在棚内装置热风机或火炉（注意安全）保温，故亦称保温法砌筑。 采用暖棚法保温砌筑要求如下： 1. 砌块的温度应在5℃以上。 2. 砂子和水加温拌和的砂浆，其温度不得低于15℃。 3. 室内地面处的温度不得低于5℃。 4. 砂浆保温时间应以达到其抗冻强度为准。 5. 养护时间应洒水，保持砌体湿润
冬季施工前后气温突降时的措施	1. 拌和砂浆的材料加热，宜采用两步投料法，水温不得超过80℃，砂子不得超过40℃，使砂浆的温度不低于20℃。 2. 拌制砂浆的速度与砌筑进度密切配合，随拌随用。 3. 砌完部分用保温材料覆盖，气温低于5℃时，不得洒水养生

续上表

<table>
<tr><th>项　目</th><th colspan="7">砌体冬季施工的有关规定和要求</th></tr>
<tr><td colspan="8">为加速砂浆硬化，缩短保温时间，可在水泥砂浆中掺氯化钙等早强剂，其掺量通过试验或参考表列</td></tr>
<tr><td colspan="8">氯化钙掺量和砂浆相对强度</td></tr>
<tr><td rowspan="6">砂浆中掺用氯化钙早强剂</td><td rowspan="2">氯化钙掺量（以水泥质量的%计）</td><td colspan="5">砂浆凝期(d)</td><td rowspan="2">溶液的冻结温度(℃)</td></tr>
<tr><td>1</td><td>2</td><td>3</td><td>4</td><td>5</td></tr>
<tr><td>1</td><td>180</td><td>160</td><td>140</td><td>130</td><td>120</td><td>-1</td></tr>
<tr><td>2</td><td>210</td><td>200</td><td>170</td><td>1 500</td><td>130</td><td>-3</td></tr>
<tr><td>3</td><td>240</td><td>230</td><td>190</td><td>160</td><td>140</td><td>-5</td></tr>
<tr><td colspan="7">注：以未加早强剂的同龄期砂浆强度的100%计</td></tr>
<tr><td>抗冻砂浆法砌筑</td><td colspan="7">在砌筑砂浆中掺以一定数量的早强抗冻剂，使砂浆在副温下不冻结，且强度能继续缓慢增长，或在砌筑后慢慢受冻，而在冻结前达到20%以上强度，解冻后强度继续上升，使强度不受损失或损失微小。抗冻砂浆常用氯化钠或氯化钙，其掺量超过早强用量的水泥砂浆或水泥混合砂浆</td></tr>
<tr><td>抗冻砂浆法注意要点</td><td colspan="7">1. 抗冻砂浆在严寒地区宜采用硅酸盐水泥或普通硅酸盐水泥，其他地区可采用矿渣水泥、火山灰水泥或粉煤灰水泥。抗冻砂浆应尽量用细度模数较大的砂。
2. 抗冻砂浆使用时的温度不得低于5℃。当设计无要求时，且一天最低气温低于-15℃时，承重砌体的砂浆强度应比常温时提高一级。
3. 用抗冻砂浆砌筑的砌体，应在砌筑后加以覆盖，但不得浇水</td></tr>
</table>

<table>
<tr><td rowspan="7">抗冻砂浆的抗冻剂掺量</td><td colspan="6">抗冻砂浆的抗冻剂掺量，可通过试验确定或参考下列采用</td></tr>
<tr><td colspan="6">抗冻砂浆的抗冻剂掺量</td></tr>
<tr><td>序号</td><td>掺量(%)
砌后预计7d内最低气温(℃)
抗冻剂类别</td><td>-5</td><td>-10</td><td>-15</td><td>-20</td></tr>
<tr><td>1</td><td>单盐氯化钙</td><td>6</td><td>10</td><td>—</td><td>—</td></tr>
<tr><td>2</td><td>单盐氯化钙</td><td>6</td><td>10</td><td>—</td><td>—</td></tr>
<tr><td>3</td><td>盐氯化钠+氯化钙（混合掺用）</td><td>3+3</td><td>6+4</td><td>8+5</td><td>10+5</td></tr>
<tr><td colspan="6">注：1. 掺量按拌和水质量的百分数计。
2. 表中掺量可根据具体情况和强度增长速度要求，参照可靠经验或通过试验增减，不允许严重析盐的砌体，应采用较小掺量。
3. 本表系用于石砌体，当用于砖砌体时，掺量可酌减</td></tr>
</table>

13.6 施工质量检验与要求

砌体质量要求 表 13.6-1

项 目	有关质量要求的规定内容
砌体质量要求	1. 砌体所用各项材料类别、规格及质量符合要求。 2. 砌缝砂浆或小石子混凝土铺填饱满,强度符合要求。 3. 砌缝宽度、错缝距离符合规定,勾缝坚固、整齐,深度和形式符合要求。 4. 砌筑方法正确。 5. 砌体位置、尺寸不超过允许偏差

墩、台砌体施工质量标准 表 13.6-2

项目 名称	项目 类别	规定值或允许偏差
砂浆强度(MPa)		在合格标准内
轴线偏位		20
墩台宽度与长度(mm)	片石	+40，-10
	块石	+30，-10
	粗料石	+20，-10
大面积平整度(mm)	片石	30
	块石	20
	粗料石	10
竖直度或坡度(%)	片石	0.5%
	块石、粗料石	0.3%
墩台顶面高程(mm)		±10

注:混凝土预制砌体允许偏差可按粗料石标准执行。

浆砌片石基础施工质量标准 表 13.6-3

项 目	检 查 项 目		规定值或允许偏差
1	砂浆强度(MPa)		在合格标准内
2	轴线偏位(mm)		25
3	平面尺寸(mm)		±50
4	顶面高程(mm)		±30
5	基底高程(mm)	土质	±50
		石质	+50，-200

加筋土桥台面板预制、安砌施工质量标准 表 13.6-4

检 查 项 目	规定值或允许偏差	检 查 项 目	规定值或允许偏差
混凝土强度(MPa)	在合格标准内	预埋件位置(mm)	5
边长(mm)	±5 或 ±0.5% 边长	每层面板顶高程(mm)	±10
两对角线差(mm)	10 或 0.7% 最大对角线长	轴线偏位(mm)	10
厚度(mm)	+5，-3	面板竖直度或坡度(%)	+0，-0.5
表面平整度(mm)	4 或 0.3% 边长	相邻面板错台(mm)	5

注:面板安装以同层相邻两板为一组。

侧墙砌体施工质量标准 表 13.6-5

项 目	检查项目		规定值或允许偏差
1	砂浆强度(MPa)		在合格标准内
2	外侧平面偏位(mm)	无镶面	+30，-10
		有镶面	+20，-10
3	宽度(mm)		+40，-10
4	顶面高程(mm)		±10
5	竖直度或坡度(%)	片石砌体	0.5
		块石、粗料石、混凝土块镶面	0.3

拱圈砌体允许偏差 表 13.6-6

项 目	允许偏差
拱圈和拱上砌体侧面位置与设计位置偏差	有镶面时为+20mm，-10mm
	无镶面时为+30mm，-10mm
拱圈厚度	不小于设计值
	超厚不大于设计值的3%
拱圈侧面粗斜石镶面两邻接砌块表面错位	彼此错位不大于3mm
内弧线偏离设计弧线	当跨径≤30m时为±20mm 当跨径>30m时为±1/1 500跨径（对于拱式桥涵，箱涵、圆管涵为净跨径）

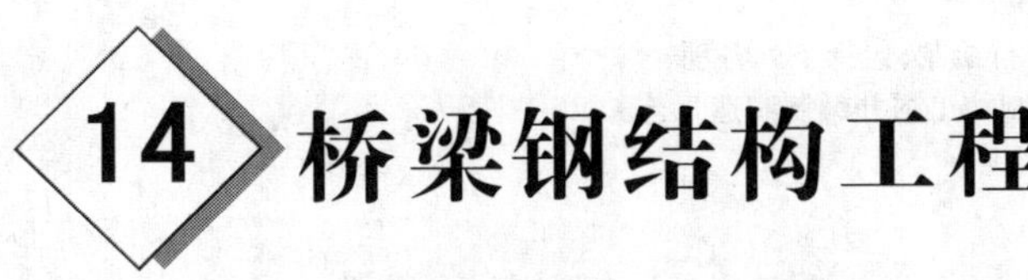

14 桥梁钢结构工程

14.1 桥梁钢结构材料种类及质量和施工要求

桥梁钢结构材料种类及质量和施工要求　表 14.1-1

项目	内容
桥梁钢结构材料及质量要求	常用的桥梁用钢有碳素钢 Q235，低合金钢 Q345、Q345q、Q370q、Q390、Q390q、Q420，优质碳素结构钢 35 号、45 号钢，合金结构钢 30 铬锰钛(30CrMnTi)、40Cr 合金钢。 钢材按炼钢过程中的脱氧成分及脱氧方法分为： 沸腾钢：以 Mn 为脱氧剂，标识符 F； 半镇静钢：介于沸腾钢与镇静钢之间，标识符 b； 镇静钢：除 Mn 外，增加 Si 为脱氧剂，标识符 Z； 特殊镇静钢：在用硅脱氧后，再用铝补充脱氧，标识符 TZ。 钢材标识中 Z、TZ 可以省略。 Q235 钢分又分为 A、B、C、D 四个质量等级。 低合金钢(Q345、Q345q、Q370q、Q390、Q390q、Q420)又分为 A、B、C、D、E 五个质量等级。 同一种钢号各质量等级强度相等，主要是对冲击韧性要求不一样，一般来说 A 级不要求冲击韧性试验，B 级要求 +20℃冲击韧性试验合格，C 级要求 0℃冲击韧性试验合格，D 级要求 -20℃冲击韧性试验合格，E 级要求 -40℃冲击韧性试验合格。施工中应按桥梁所处环境，严格按照设计文件规定的材质要求选用钢材。 设计文件中的标识方法：Q + 屈服点数值 + 质量等级 + 脱氧方法。 例如：Q235BF、Q235C、Q235D、Q345B、Q390D 等
桥梁钢结构材料的使用	1. 桥梁钢结构制造使用的材料必须符合设计文件的要求和现行有关标准的规定，必须有材料质量证明书并进行复验；钢材应按同一炉批、材质、板厚每 10 个炉(批)号抽验一组试件，焊接与涂装材料应按有关规定抽样复验，复验合格后方可使用。若订货为探伤钢板，尚应抽取每种板厚约 10%(至少 1 块)进行超声波探伤。 2. 采用进口钢材时，应按合同规定进行商检，应按现行标准检验其化学成分和力学性能；并应按现行有关标准进行抽查复验和与匹配的焊接材料做焊接试验，不符合要求的钢材不得使用。 3. 当钢材表面有锈蚀、麻点或划痕等缺陷时，其深度不得大于该钢材厚度允许负偏差值的 1/2。钢材表面的锈蚀等级应符合现行国家标准《涂装前钢材表面锈蚀等级和除锈等级》(GB/T 8923—1988) 4. 剪力钉(圆柱头焊钉)应符合《电弧螺栓焊用圆柱头焊钉》(GB/T 10433—2002)的规定。 5. 高强度螺栓连接副应符合 GB/T 1228—2006 ~ GB/T 1231—2006 以及 GB/T 3632—2008 的规定
有关设计文件图纸的规定	制造厂应对设计文件严格进行工艺性审查。当需要修改设计时，应取得原设计单位的同意，并应签署设计变更文件。桥梁钢结构的制作和安装应符合设计文件和加工图的要求，并应符合《公路桥涵施工技术规范》(JTG/T F50—2011)的规定。 1. 提交桥梁钢结构制造厂的设计文件应包括： (1)桥梁钢结构主要受力杆件的应力计算表及杆件断面的选定图表。 (2)桥梁钢结构全部杆件的设计详图、材料明细表、工地螺栓表，制作时应考虑荷载引起的挠度对钉孔的影响。 (3)特定的设计、施工及安装说明

续上表

项目	内容
有关设计文件图纸的规定	(4)安装构件、附属构件的设计图。 2. 桥梁钢结构加工图由制造厂进行绘制，包括下列各项： (1)根据设计文件按杆件编号绘制加工图并编制制造工艺。 (2)发送杆件表。 (3)厂内试装简图。 (4)工地拼装简图
检测仪具的校核	桥梁钢结构制造和检验所用的量具、仪器、仪表等应经主管部门授权的法定计量技术机构进行校验，并应按有关规定进行操作
使用规范	桥梁钢结构制造及验收除应符合《公路桥涵施工技术规范》(JTG/T F50—2011)外，还应符合国家现行的有关强制性的标准之规定

14.2 桥梁钢结构制造

放样、号料和切割技术要求 表 14.2-1

<table>
<tr><th>项目</th><th colspan="2">放样、号料和切割技术要求</th></tr>
<tr><td rowspan="7">放样制作允许偏差</td><td colspan="2">1. 作样和号料应根据加工图和工艺要求进行，应预留制作和安装时的焊接收缩余量及切割、刨边和铣平等加工余量。
2. 对于形状复杂的零、部件，图中不易确定的尺寸，通过几何计算确定，并利用 AutoCAD 作图校对。
3. 样板，样杆，样条制作的允许偏差应符合表内的规定</td></tr>
<tr><td>分　项</td><td>允许偏差(mm)</td></tr>
<tr><td>两相邻孔中心线距离</td><td>±0.5</td></tr>
<tr><td>对角线、两极边孔中心距离</td><td>±1.0</td></tr>
<tr><td>孔中心与孔群中心线的横向距离</td><td>0.5</td></tr>
<tr><td>宽度、长度</td><td>+0.5，-1.0</td></tr>
<tr><td>曲线样板上任意点偏离</td><td>1.0</td></tr>
<tr><td>号料要求</td><td colspan="2">号料前应检查钢料的牌号、规格、质量，如发现钢料不平直，有蚀锈、油漆等污物，应矫正清理后再号料；号料外形尺寸允许偏差为 ±1mm</td></tr>
<tr><td>切割注意要点</td><td colspan="2">切割时应注意下列事项：
1. 钢板在下料前应进行辊平、抛丸除锈、除尘及涂防锈底漆等处理。主要受力零件下料时，应使钢板的轧制方向与其主要应力方向一致。
2. 切割前应将料面的浮锈、污物清除干净。钢料应放平、垫稳，割缝下面应留有空隙。切割工艺应根据其评定试验结果编制，切割表面不应产生裂缝。
3. 零件宜采用精密(数控、自动、半自动)切割下料，在数控切割下料编程时除应考虑焊接收缩量之外，尚应考虑切割热变形的影响；剪切仅适用于次要零件或剪切后仍需加工的零件；手工气割仅适用于工艺特定的或切割后仍需加工的零件。
4. 采用剪切工艺时，钢板厚度不宜大于 12mm，剪切边缘应平整，无毛刺、反口、缺肉等缺陷。剪切的尺寸允许偏差为 ±2mm，边缘缺棱不大于 1mm，型钢端部垂直度不大于 2mm。采用手工气割时，其尺寸的允许偏差应为 ±2mm。
5. 精密切割边缘表面质量应符合下表的规定，切割面硬度应不超过 HV350；剪切和手工气割后不再进行机加工的切割边缘表面质量应符合下表的规定</td></tr>
</table>

续上表

项目	放样、号料和切割技术要求			
	精密切割边缘表面质量要求			
	项　　目	用于主要零件	用于次要零件	备　　注
精密切割边缘表面质量要求	表面粗糙度(μm)	25	50	按 GB/T 1031 用样板检测
	崩坑	不允许	1m 长度内允许有 1 处 1mm	深度小于 2mm 时，可磨修匀顺；当深度超过 2mm 时，应先补焊，然后磨修匀顺
	塌角(mm)	圆角半径≤0.5	—	—
	切割面垂直度(mm)	≤0.05t，且不大于 2.0	t 为钢板厚度	—
	剪切和手工气割边缘表面质量要求			
	项　　目	构 件 分 类	允许偏差(mm)	备　　注
剪切和手工气割边缘表面质量要求	自由边缘	主要构件	0.2	—
		次要构件	0.5	—
	焊接边缘	主要构件	0.3	接头有顶紧要求时除外
		次要构件	0.6	—

矫 正、弯 曲 要 求　　　　表 14.2-2

项目	矫正、弯曲要求				
	1. 零件矫正前，剪切的反口应修平，切割的挂渣应铲净。 2. 零件矫正宜采用冷矫，冷矫时的环境温度不宜低于 -12℃。矫正后的零件表面不应有明显的凹痕或损伤。 3. 主要受力零件冷作弯曲时，环境温度不宜低于 -5℃，内侧弯曲半径不得小于板厚的 15 倍，小于者应热煨，热煨的加温温度、高温停留时间、冷却速率应与所加工钢材的性能相适应。冷作弯曲后的零件边缘不得产生裂纹。 4. 采用热矫时，温度应控制在 600～800℃。矫正后零件温度应缓慢冷却，降至室温以前，不得锤击钢料或用水急冷				
	零件矫正允许偏差				
	零件	检查项目	简图(mm)	允许偏差(mm)	备注
矫正、弯曲具体要求及允许偏差	板件	平面度	f　1 000	f≤1.0	每米范围
		直线度	f　L	L≤8 000，f≤2.0	全长范围
				L＞8 000，f≤3.0	全长范围
	型钢件	直线度	型钢轴线　f　1 000	f≤0.5	每米范围
		角钢肢垂直度	Δ	Δ≤0.5*	连接部位
				Δ≤1.0	其余部位

续上表

项目	矫正、弯曲要求				
	零件矫正允许偏差				
	零件	检查项目	简图(mm)	允许偏差(mm)	备注
矫正、弯曲具体要求及允许偏差	型钢件	角肢平面度		Δ≤0.5	—
				Δ≤1.0	
		工字钢、槽钢腹板平面度		Δ≤0.5	—
				Δ≤1.0	
		工字钢、槽钢翼缘垂直度		Δ≤0.5	—
				Δ≤1.0	

注＊:用角式样板卡样时,角度不得大于90°

U形肋尺寸允许偏差

检 查 项 目	简 图	允许偏差(mm)
开口宽 B		+3,-1
顶宽 b		±1.5
肢高 h_1、h_2		±2
两肢差 $\lvert h_1-h_2\rvert$		不大于2
直线度(旁弯、竖弯)f		$f\leq L/1\,000$ 或10,取较小值

注:L为U形肋长度。

边缘加工偏差要求 表14.2-3

板梁、桁梁零件加工及其允许偏差

1. 零件边缘的加工深度不应小于3mm,当边缘硬度不超过HV350时,加工深度不受限;加工面的表面粗糙度 R_a 不得低于25μm;顶紧加工面与板面垂直度偏差应小于0.01倍板厚,且不得大于0.3mm。
2. 零件应根据预留加工量及平直度要求,两边均匀加工,并应磨去边缘的飞刺、挂渣,使端面光滑匀顺。
3. 零件尺寸允许偏差应符合下列表的规定

板梁、桁梁零件加工尺寸允许偏差

名　　称	项　　目		允许偏差(mm)
板梁主梁,桁梁的弦、斜、竖杆、纵梁,横梁,联结系杆件	盖板宽度	工形	±2.0
		箱形	+2.0 -0
	腹板宽度		根据盖板厚度及焊接收缩量确定
节点板,拼接板	孔边距		±2.0
座板	长度、宽度	嵌入式	±1.0
		其他	±2.0
拼接板	宽度		±2.0
支承节点板、拼接板、角钢	支承边孔边距		+0.5 +0.3
焊接接头板	孔至焊接边距离		根据焊接收缩量确定

续上表

<table>
<tr><th></th><th colspan="2">名　称</th><th colspan="2">项　目</th><th>允许偏差(mm)</th></tr>
<tr><td rowspan="11">板梁、桁梁零件加工及其允许偏差</td><td colspan="2" rowspan="5">箱形杆件内隔板</td><td rowspan="2">宽度</td><td>≤1 000</td><td>+0.5
+0.3</td></tr>
<tr><td>>1 000</td><td>+1.0
-0</td></tr>
<tr><td colspan="2">高度</td><td>+0
-1.0</td></tr>
<tr><td rowspan="2">板边垂直度</td><td>隔板尺寸
≤1 000</td><td>不大于0.5</td></tr>
<tr><td>隔板尺寸
>1 000</td><td>不大于1.0</td></tr>
<tr><td rowspan="6">桥面板块</td><td>桥面板</td><td colspan="2">长度、宽度</td><td>±2.0</td></tr>
<tr><td rowspan="5">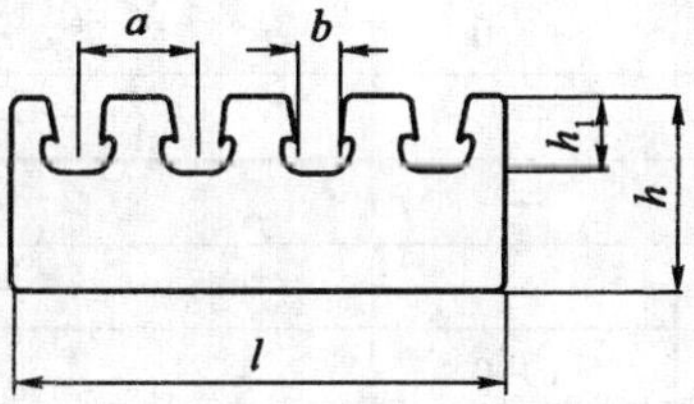
</td><td colspan="2">a</td><td>±2.0
（任意两槽口间距）
±1.0
（相邻两槽口间距）</td></tr>
<tr><td colspan="2">b</td><td>+2.0
-0</td></tr>
<tr><td colspan="2">开口深度 h_1</td><td>±2.0</td></tr>
<tr><td colspan="2">高度 h</td><td>+1.5
-0</td></tr>
<tr><td colspan="2">长度 l</td><td>焊接:0
-2.0;
栓接: ±5.0</td></tr>
</table>

一般箱形梁零件加工尺寸允许偏差

<table>
<tr><th></th><th colspan="2">名　称</th><th>允许偏差(mm)</th><th>图　例</th></tr>
<tr><td rowspan="8">箱形零部件加工尺寸允许偏差</td><td rowspan="2">盖板</td><td>长度</td><td>按工艺文件</td><td rowspan="4">—</td></tr>
<tr><td>宽度</td><td>+2.0
-0</td></tr>
<tr><td rowspan="2">腹板</td><td>长度</td><td>按工艺文件</td></tr>
<tr><td>宽度</td><td>根据盖板厚度
及焊接收缩量确定</td></tr>
<tr><td rowspan="4">隔板</td><td>宽度 b</td><td>+1.5
-0</td><td rowspan="4">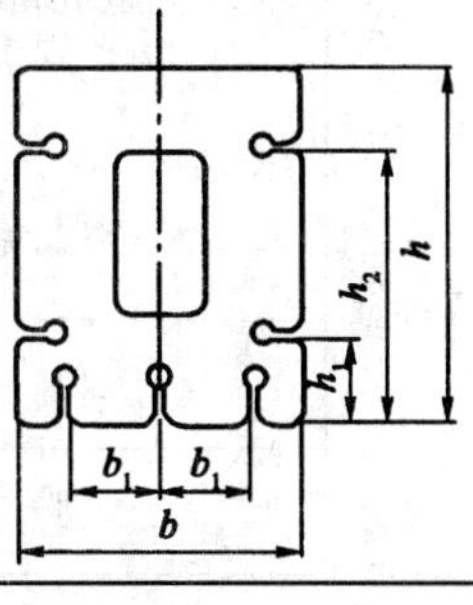
</td></tr>
<tr><td>高度 h</td><td>+2.0
-0</td></tr>
<tr><td>缺口定位尺寸
b_1、h_1、h_2</td><td>±1.0</td></tr>
<tr><td>垂直度</td><td>≤1.0</td></tr>
</table>

续上表

	大型箱形梁零件加工尺寸允许偏差				
	名称		允许偏差(mm)		备注
			长度	宽度	
箱形零部件加工尺寸允许偏差	顶板、底板、腹板		±2.0	±2.0	长度留二次切头量的正差可放宽
	锚箱板件		±2.0	±2.0	—
	横隔板	整体	±1.0	±1.0	—
		分块	±2.0	±2.0	搭接的横隔板边坡
	纵隔板	板件	±2.0	±1.0	—
		钢管	±3.0	—	—
	横、纵隔板接板		±2.0	±2.0	与横、纵隔板搭接
			±2.0	±1.0	与横、纵隔板对接
	风嘴板件		±2.0	±2.0	长度留二次切头量时,正差可放宽
	中央扣杆件	翼板	±2.0	±2.0	长度留二次切头量时,正差可放宽;腹板宽度应根据翼板厚度配刨
		腹板	±2.0	±1.0	
	其他板件		±2.0	±2.0	—
	U形肋		±2.0	±3.0	—
	球扁钢		±2.0	—	—
	锚管		±3.0	—	—
	检查车轨道	工字钢	±2.0	—	—
		方钢	±1.0	±1.0	—
	其他型钢		±3.0	—	端面垂直度不大于2.0mm

制孔要求及允许偏差 表14.2-4

项目	制孔要求及允许偏差
制孔方法和要求	1. 螺栓孔应成正圆柱形,孔壁表面粗糙度 $R_a \leq 25\mu m$,孔缘无损伤不平,无刺屑。螺栓孔不得采用冲孔、气制孔。 2. 组装件可预钻小孔,然后扩钻。预钻孔径至少应较设计孔径小3mm。扩钻孔时,严禁飞刺和铁屑进入板层。 3. 使用卡板(卡样)时,必须按施工图检查零件规格尺寸,核对所用钻孔样板无误后,方可钻孔。对卡固定式样板钻孔的杆件,应检查杆件外形尺寸和制造偏差,并将误差均分。卡固限度应符合下列要求: (1)工形杆件腹板中心与样板中心允许偏差1mm。 (2)纵向偏差应以两端部边距相等为原则。 (3)箱形杆件两竖板水平中线与样板中线允许偏差1.5mm,但有水平拼接时,其允许偏差为1mm。 4. 螺栓孔孔径的允许偏差应符合下列规定:

螺栓孔孔径的允许偏差

螺栓孔孔径允许偏差			
螺栓直径	螺栓孔径	允许偏差(mm)	
		孔径	孔壁垂直度
M12	14	+0.5 −0	板厚 $t \leq 30$ 时,不大于0.3; 板厚 $t > 30$ 时,不大于0.5
M16	18	+0.0 −0	

续上表

项目	制孔要求及允许偏差			
	螺栓孔孔径允许偏差			
	螺 栓 直 径	螺 栓 孔 径	允许偏差(mm)	
			孔 径	孔壁垂直度
螺栓孔孔径的允许偏差	M20	22	+0.7 −0	板厚 $t \leqslant 30$ 时,不大于 0.3; 板厚 $t > 30$ 时,不大于 0.5
	M22	24	+0.7 −0	
	M24	26	+0.7 −0	
	M27	29	+0.7 −0	
	M30	33	+0.7 −0	
	>M30	>33	+1.0 −0	

项目	螺栓孔距允许偏差应符合下列规定:				
	螺栓孔距允许偏差				
	分 项		允许偏差(mm)		
			主要杆件		次要杆件
			桁梁杆件	板梁杆件	
螺栓孔距允许偏差	两相邻孔距		±0.4	±0.4	±0.4(±1.0)②
	多组孔群两相邻孔群中心距		±0.8	±1.5	±1.0(±1.5)②
	两端孔群中心距	$l \leqslant 11$m	±0.8	±4.0①	±1.5
		$l > 11$m	±1.0	±8.0①	±2.0
	孔群中心线与杆件中心线的横向偏移	腹板不拼接	2.0	2.0	2.0
		腹板拼接	1.0	1.0	—
	杆件任意两面孔群纵、横向错位		1.0	—	—
	注:①连接支座的孔群中心距允许偏差。 ②括号内数值为附属结构的允许偏差				

组装要求及允许偏差 表 14.2-5

项目	组装要求及允许偏差
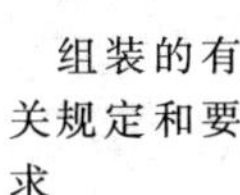 组装的有关规定和要求	1. 组装前,零件、部件应经检查合格;连接接触面和焊缝边缘每边 30~50mm 范围内的铁锈、毛刺、污垢、冰雪等应清除干净,露出钢材金属光泽。 2. 杆件的组装应在胎架上进行组装,每次组装前应对胎架进行检查,确认合格后方可组装。组装时应将焊缝错开,错开最小距离应符合下图的规定。 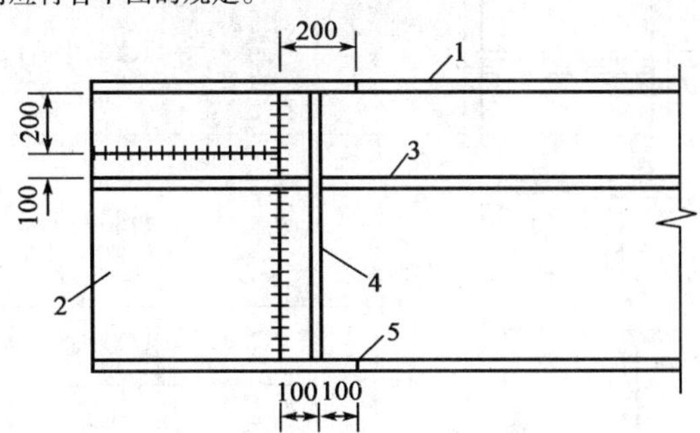 焊缝错开的最小距离(尺寸单位:mm) 1-盖板;2-腹板;3-板梁水平肋或箱形梁纵肋;4-板梁竖肋或箱形梁横肋;5-盖板对接焊缝

续上表

<table>
<tr><th>项目</th><th colspan="4">组装要求及允许偏差</th></tr>
<tr><td>组装的有关规定和要求</td><td colspan="4">3. 组装时，应用冲钉使绝大多数孔正确就位，每组孔应打入10%的冲钉，但不得少于2个，冲钉直径不应小于设计孔径0.1mm。采用预钻小孔组装的杆件，使用的冲钉直径不应小于预钻孔径0.5mm。
4. 组装时，应用螺栓紧固，保证零件、杆件相互密贴，一般在任何方向每隔320mm至少有一个螺栓。组装螺栓的数量不得少于孔眼总数的30%；组装螺栓的螺母下最少应放置一个垫圈，如放置多个垫圈时，其总厚不应超过30mm。
5. 焊接杆件和焊接箱形梁的组装允许偏差应分别符合下表之规定。
6. 卡样钻孔应经常检查钻孔套模的质量情况，如套模松动或磨耗超限时，应及时更换
7. 对采用埋弧焊、CO_2 气体保护焊及低氢型焊条手工焊等方法焊接的接头，在组装前应将待焊区域的铁锈、氧化皮、污垢、水分等有害物清除干净，使其表面露出金属光泽。清除范围应符合下图的规定。 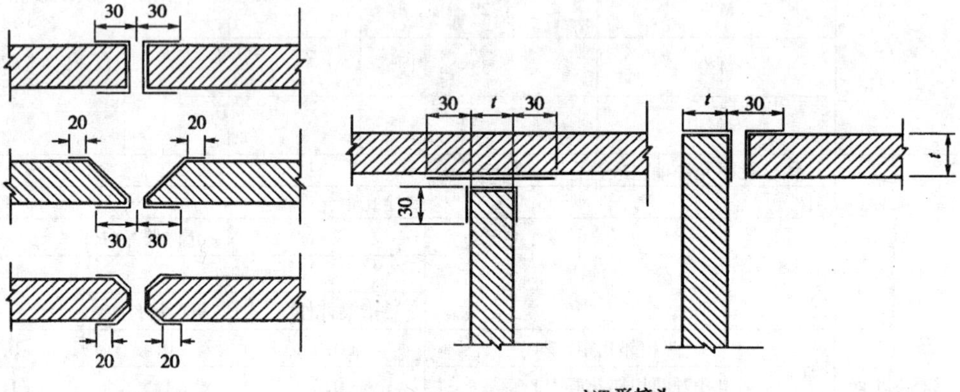
a) 对接接头　b)T 形接头
清除范围(尺寸单位:mm)</td></tr>
<tr><td rowspan="13">板梁、桁梁杆件组装简图及其允许偏差</td><td colspan="4">板梁、桁梁杆件组装允许偏差</td></tr>
<tr><td>简图</td><td colspan="2">分项</td><td>允许偏差(mm)</td></tr>
<tr><td rowspan="3"> 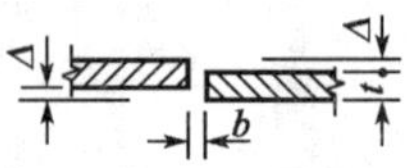</td><td rowspan="2">对接高低差Δ</td><td>t≥25</td><td>1.0</td></tr>
<tr><td>t<25</td><td>0.5</td></tr>
<tr><td colspan="2">对接间隙b</td><td>+1.0</td></tr>
<tr><td rowspan="3"> 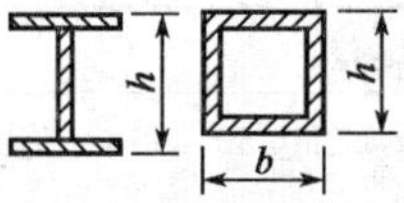</td><td colspan="2">桁梁的箱梁杆件宽度b</td><td>±1.0
(有拼接时)</td></tr>
<tr><td colspan="2">桁梁的箱梁杆件对角线差</td><td>2.0</td></tr>
<tr><td colspan="2">桁梁的H形杆件和箱形杆件高度h</td><td>+1.5,
-0</td></tr>
<tr><td> 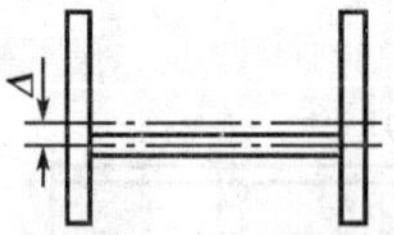</td><td colspan="2">盖板中心与腹板中心线的偏移Δ</td><td>1.0</td></tr>
<tr><td> 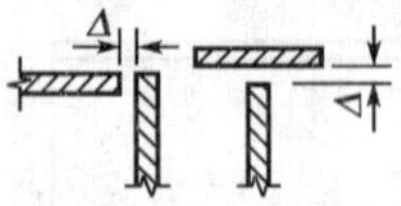</td><td colspan="2">组装间隙Δ</td><td>1.0</td></tr>
<tr><td rowspan="3"> 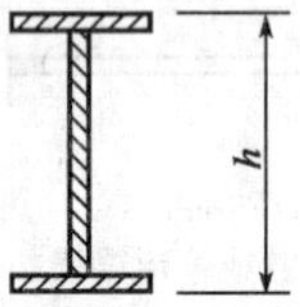</td><td colspan="2">纵横梁高度h</td><td>1.5，-0</td></tr>
<tr><td rowspan="2">板梁高度h</td><td>h≤2m</td><td>+2.0，-0</td></tr>
<tr><td>h>2m</td><td>+4.0，-0</td></tr>
</table>

续上表

<table>
<tr><th>项目</th><th colspan="4">组装要求及允许偏差</th></tr>
<tr><td rowspan="9">板梁、桁梁杆件组装简图及其允许偏差</td><td colspan="4">板梁、桁梁杆件组装允许偏差</td></tr>
<tr><td>简图</td><td colspan="2">分项</td><td>允许偏差(mm)</td></tr>
<tr><td></td><td colspan="2">盖板倾斜 Δ</td><td>0.5</td></tr>
<tr><td rowspan="2"></td><td rowspan="2">组合角钢肢高低差 Δ</td><td>接合处</td><td>0.5</td></tr>
<tr><td>其余处</td><td>1.0</td></tr>
<tr><td rowspan="2"></td><td rowspan="2">板梁，纵、横梁加劲间距 s</td><td>有横向连接</td><td>±1.0</td></tr>
<tr><td>有横向连接</td><td>±3.0</td></tr>
<tr><td></td><td colspan="2">板梁腹板，纵、横梁腹板的局部平面度 Δ</td><td>1.0</td></tr>
<tr><td>磨光顶紧</td><td colspan="2">局部缝隙</td><td>不大于0.2</td></tr>
<tr><td rowspan="10">一般箱形梁组装简图及允许偏差</td><td colspan="4">一般箱形梁组装允许偏差</td></tr>
<tr><td>简图</td><td colspan="2">分项</td><td>允许偏差(mm)</td></tr>
<tr><td></td><td colspan="2">箱形梁盖板、腹板的纵肋、横肋间距 s</td><td>±1.0</td></tr>
<tr><td></td><td colspan="2">箱形梁隔板间距 s</td><td>±3.0</td></tr>
<tr><td rowspan="5"></td><td colspan="2">箱形梁宽度 b</td><td>±2.0</td></tr>
<tr><td rowspan="2">箱形梁高度 h</td><td>$h \leqslant 2$m</td><td>±2.0，-0</td></tr>
<tr><td>$h > 2$m</td><td>±4.0，-0</td></tr>
<tr><td colspan="2">箱形梁横断面对角线差 $|l_1 - l_2|$</td><td>3.0</td></tr>
<tr><td colspan="2">箱形梁旁弯 f</td><td>5.0</td></tr>
</table>

续上表

<table>
<tr><th>项目</th><th colspan="5">组装要求及允许偏差</th></tr>
<tr><td rowspan="25">大型钢箱梁板单元和杆件组装尺寸允许偏差</td><td colspan="5">大型钢箱梁板单元和杆件组装尺寸允许偏差</td></tr>
<tr><td>名称</td><td>简　图</td><td colspan="2">项　目</td><td>允许偏差(mm)</td></tr>
<tr><td rowspan="7">顶板底板</td><td rowspan="7"> 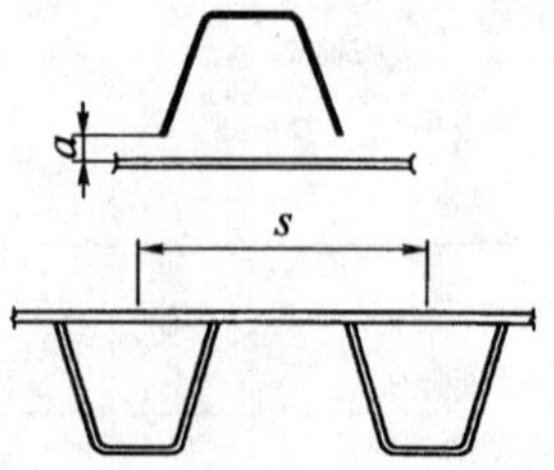</td><td colspan="2">长度、宽度(mm)</td><td>±2.0</td></tr>
<tr><td rowspan="2">平面度(mm)</td><td>横向(S_1 为纵肋间距)</td><td>$S_1/300$</td></tr>
<tr><td>纵向(S_2 为横隔板间距)</td><td>$S_2/300$</td></tr>
<tr><td colspan="2">U 形肋与顶、底板组装间隙 a (mm)</td><td>不大于 0.5，局部允许 1.0</td></tr>
<tr><td colspan="2">横隔板接板间距 S(mm)</td><td>±2</td></tr>
<tr><td rowspan="2">U 形肋中心距 S (mm)</td><td>端部及横隔板处</td><td>±1.0</td></tr>
<tr><td>其他部位</td><td>±2.0</td></tr>
<tr><td rowspan="6">腹板</td><td rowspan="6"> 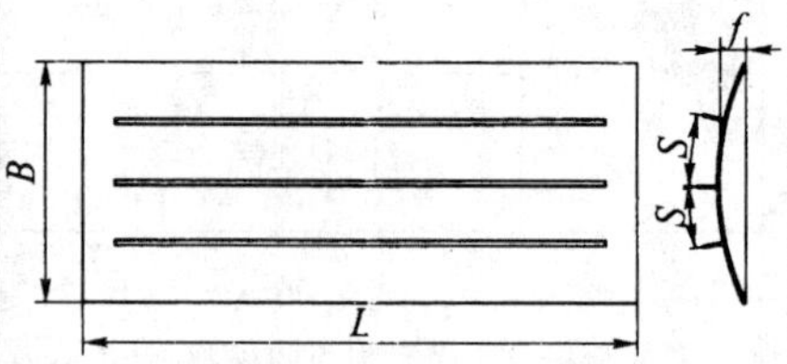</td><td colspan="2">长度 L、宽度 B</td><td>±2.0</td></tr>
<tr><td rowspan="2">平面度 f (mm)</td><td>横向</td><td>不大于 2</td></tr>
<tr><td>纵向</td><td>小于 4/4.0m</td></tr>
<tr><td colspan="2">加劲肋与腹板组装间隙 a(mm)</td><td>不大于 1.0</td></tr>
<tr><td rowspan="2">加劲肋中心距 S (mm)</td><td>端部及横隔板处</td><td>±1.0</td></tr>
<tr><td>其他部位</td><td>±2.0</td></tr>
<tr><td rowspan="4">斜拉桥锚箱</td><td rowspan="4"> 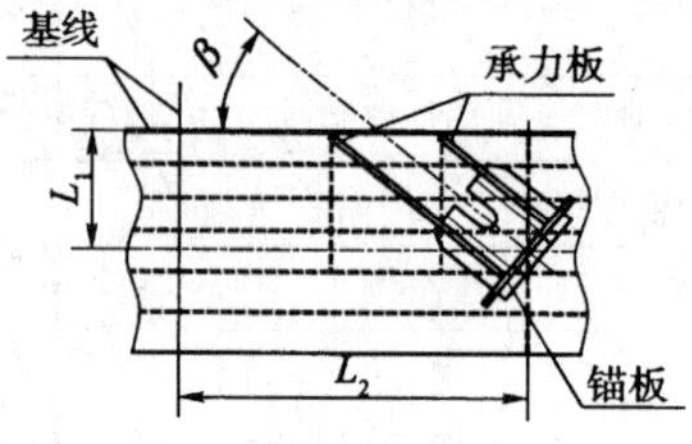</td><td colspan="2">锚板组装位置 L_1、L_2(mm)</td><td>±0.75</td></tr>
<tr><td colspan="2">承力板组装角度 β(°)</td><td>±0.10</td></tr>
<tr><td colspan="2">锚板组装角度(90° − β)(°)</td><td>±0.10</td></tr>
<tr><td colspan="2">承力板与锚板组装间隙(mm)</td><td>小于 0.2</td></tr>
<tr><td rowspan="3">中央扣</td><td rowspan="3"> 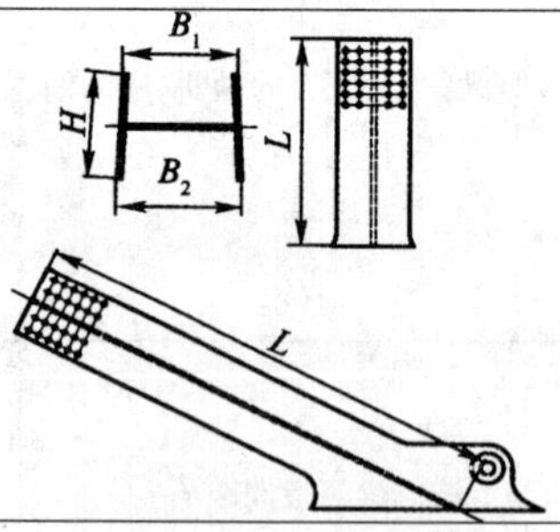</td><td colspan="2">斜、竖杆高度 H (mm)</td><td>±2</td></tr>
<tr><td colspan="2">斜、竖杆宽度 B_1、B_2 (mm)</td><td>±2</td></tr>
<tr><td colspan="2">斜、竖杆长度 L (mm)</td><td>±2</td></tr>
<tr><td rowspan="3">横隔板</td><td rowspan="3"> 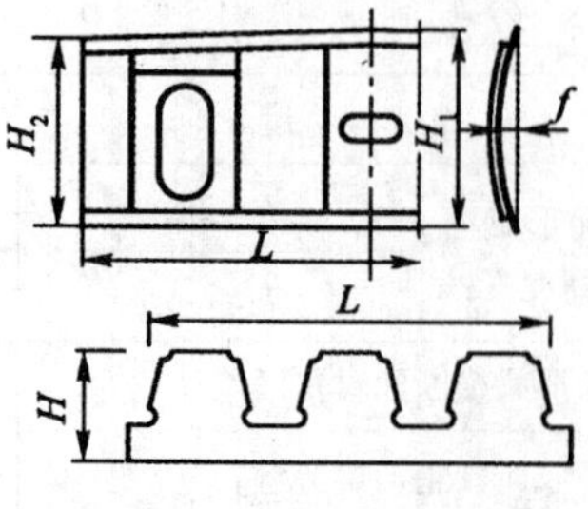</td><td colspan="2">横隔板及其接板长度 L、宽度 H (mm)</td><td>±2</td></tr>
<tr><td colspan="2">横隔板及其接板平面度 f (mm)</td><td>小于 H/250,5；取较小者</td></tr>
<tr><td colspan="2">横隔板接板垂直度 (mm)</td><td>±2</td></tr>
</table>

续上表

项目	组装要求及允许偏差
大型钢箱梁板单元和杆件组装尺寸允许偏差	大型钢箱梁板单元和杆件组装尺寸允许偏差（见下表）
大型钢箱梁梁段组装要求	大型钢箱梁的梁段应在胎架上组装，胎架应具有足够的刚度和几何尺寸精度，且在横向应预设上拱度，组装前应按工艺文件要求检测胎架的几何尺寸。梁段宜采用连续匹配组装的工艺，每次组装的梁段数量不应少于3段。在组装过程中应避开日照的影响，采用全站仪监控测量主要定位尺寸。梁段组装尺寸允许偏差应符合下表的规定
大型钢箱梁梁段尺寸允许偏差	大型钢箱梁梁段组装尺寸允许偏差（见下表）

大型钢箱梁板单元和杆件组装尺寸允许偏差

名称	简图	项目		允许偏差(mm)
纵隔板		纵隔板及其接板长度、宽度(mm)		±2
		纵隔板对角线差 $\lvert L_1-L_2\rvert$ (mm)		±4
		纵隔板接板平面度 f (mm)		±2
		纵隔板接板垂直度(mm)		±2
风嘴		长度 L、宽度 B(mm)		±2
		顶板、导风板平面度 f (mm)	横向	$S_1/250$
			纵向	$S_2/500$
		纵肋垂直度 α(°)		±1

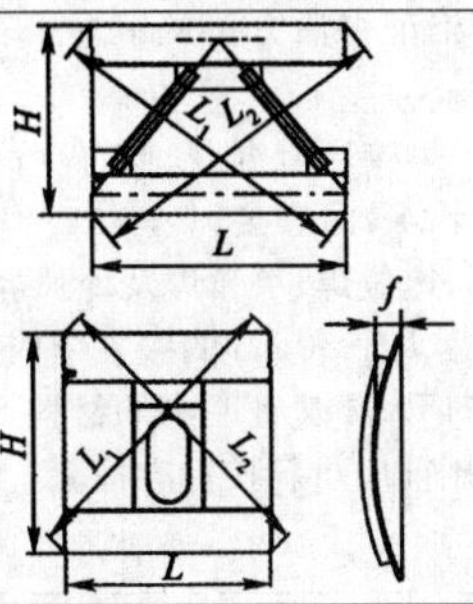

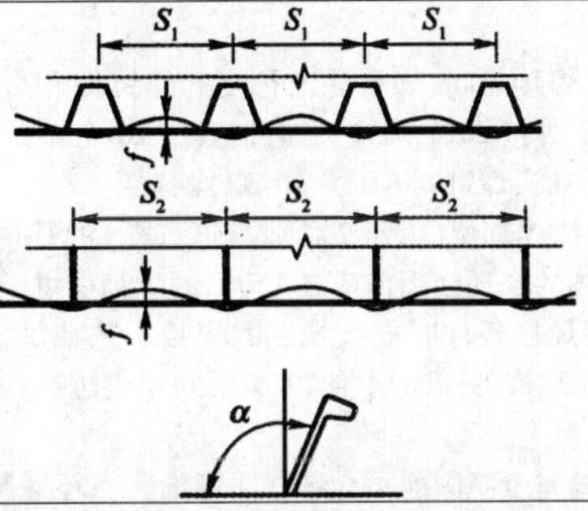

大型钢箱梁梁段组装尺寸允许偏差

简图	项目		允许偏差(mm)	备注
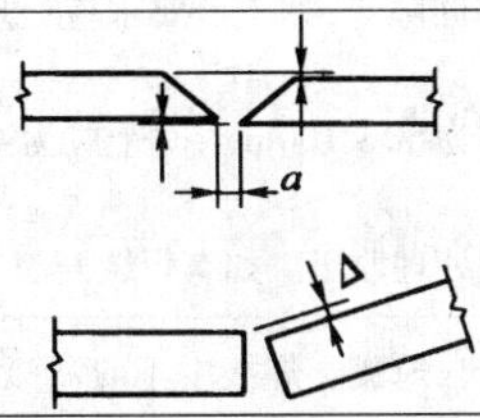	板单元拼接对接板错边 Δ		≤0.5	板厚 t≤25
			≤1.0	板厚 t≤25
	对接板间隙 a		±2	—
	平底板与斜底板对接错边量 Δ		≤1.0	—
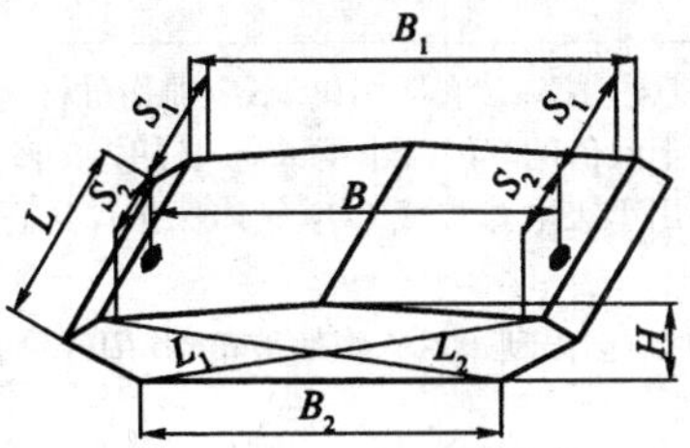	梁段高度 H		±2	拼接处
	两吊点横向中心距 B		±4	返线到腹板上
	两吊点纵向中心距 S		±3	返线到腹板上
	两侧吊点纵向错位 Δ		±2	返线到腹板上
	横隔板间距		±3	—
	纵隔板间距		±2	拼接处
	腹板中心距		±2	拼接处
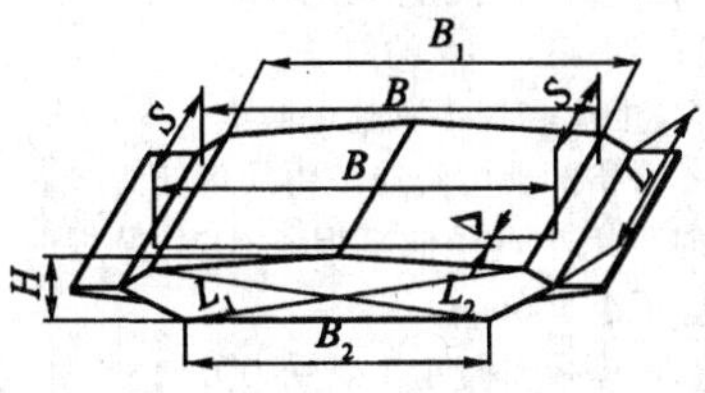	顶(底)板宽 $B_1(B_2)$	2车道	±5	拼接处相对差≤2mm
		4车道	±6	
		6车道	±8	
	对角线差 $\lvert L_1-L_2\rvert$		不大于4	拼接处横断面

焊接的有关规定和要求 表 14.2-6

项目	焊接的有关规定和要求
焊接基本要求的规定	1. 在工厂或工地首次焊接工作之前或材料、工艺在施工过程中遇有须重新评定的变化,必须分别进行焊接工艺评定试验。焊接工艺评定按《公路桥涵施工技术规范》(JTG/T F50—2011)附录 F1 进行。 2. 焊工应经过考试,熟悉焊接工艺要求,取得资格证书后方可从事焊接工作。焊工停焊时间超过 6 个月,应重新考核。 3. 工厂焊接宜在室内进行,湿度不宜高于 80%。焊接环境温度,低合金高强度结构钢不应低于 5℃,普通碳素结构钢不得低于 0℃。主要杆件应在组装后 24h 内焊接。 4. 低合金高强度结构钢厚度为 25mm 以上时进行定位焊、手弧焊及埋弧焊时应进行预热,预热温度 80 ~ 120℃,预热范围为焊缝两侧,宽度 50 ~ 80mm。厚度大于 50mm 的碳素结构钢焊接前也应进行预热。 5. 焊接材料应通过焊接工艺评定确定,没有生产厂家质量证明书的材料不得使用。焊剂、焊条必须按产品说明书烘干使用,对储存期较长的焊接材料,使用前应重新按标准检验。CO_2 气体保护焊的气体纯度应大于 99.5%
圆柱头焊钉焊接要求	圆柱头焊钉的焊接 1. 圆柱头焊钉焊接工艺参数(焊接电流、焊接时间、焊钉伸出长度和焊钉提升高度等)应通过其焊接工艺试验确定,并用确定的工艺参数在试板上焊接 20 个圆柱头焊钉,其中 10 个做拉伸试验,10 个做弯曲试验,全部试验结果应符合《电弧螺栓焊用圆柱头焊钉》(GB/T 10433)的规定。 2. 焊接前应清除圆柱头焊钉头部及钢板待焊部位(大于 2 倍剪力钉直径)的铁锈、氧化皮、油污、水份等有害物,使钢板表面显露出金属光泽。受潮的瓷环使用前应在 150℃ 的烘箱中烘干 2h。 3. 每台班开始焊接圆柱头焊钉前或更换焊接条件时应按规定的焊接工艺在试板上试焊两个圆柱头焊钉,焊后按《公路桥涵施工技术规范》(JTG/T F50—2011)第 19.6 条的规定进行检验,合格后方可在梁段上焊接。 4. 应在平位施焊圆柱头焊钉,在焊缝金属完全凝固前不允许移动焊枪。当环境温度低于 0℃,或相对湿度大于 80%,或钢板表面潮湿时,不得焊接圆柱头焊钉
焊接时的规定	1. 施焊前必须按表 14.2-6 焊接基本要求的规定,清除焊接区的有害物。 2. 施焊时母材的非焊接部位严禁焊接引弧。 3. 多层焊接宜连续施焊,应注意控制层间温度,每一层焊缝焊完后应及时清理检查,清除药皮、熔渣、溢流和其他缺陷后,再焊下一层
定位焊时的规定	1. 焊前必须按施工图及工艺文件检查坡口尺寸、根部间隙等,如不合要求应处理改正。 2. 所采用的焊接材料型号应与焊件材质相匹配。 3. 定位焊缝应距设计焊缝端部 30mm 以上,焊缝长应为 50 ~ 100mm,间距应为 400 ~ 600mm,定位焊缝的焊脚尺寸不得大于设计焊脚尺寸的 1/2。 4. 定位焊不得有裂纹、气孔、夹渣、焊瘤等缺陷,否则应处理改正。如有焊缝开裂应查明原因,清除后重焊
埋弧焊时的规定	埋弧自动焊必须在距杆件端部 80mm 以外的引板上起、熄弧。焊接中不应断弧,如有断弧必须将停弧处刨成 1:5 斜坡后,并搭接 50mm 再引弧施焊
焊缝磨修和返修焊时的规定	1. 焊件上的引板、产品试板或临时连接件应用气割切掉,并磨平切口,不应损伤母材。 2. 焊脚尺寸、焊波或余高等超出表 14.2-8 规定上限值的焊缝及小于 1mm 且超差的咬边应修磨匀顺。 3. 焊缝咬边超过 1mm 或焊脚尺寸不足时,可采用手工电弧焊或 CO_2 气体保护焊进行返修焊。Q345 钢板厚度大于 25mm 返修焊时,应预热至 100 ~ 150℃。 4. 宜采用碳弧气刨清除焊接缺陷,在清除缺陷时应刨出利于返修焊的坡口,并用砂轮磨掉坡口表面的氧化皮,露出金属光泽。 5. 焊接裂纹的清除范围除应包括裂纹全长外,还应由裂纹端外延 50mm。 6. 用自动焊返修焊缝时,应将清除焊缝部位的两端刨成 1:5 的斜坡。 7. 返修焊缝应按原焊缝质量要求检验,同一部位的返修焊不宜超过两次。 8. 缺焊焊缝长度超过周长的 1/4 或因其他项不合格的剪力钉应予更换重新焊接。 9. 剪力钉焊缝的缺焊长度未超过周长的 1/4 时可用小直径低氢焊条补焊,补焊时应预热 50 ~ 80℃,并应从缺焊焊缝端部 10mm 外引、熄弧,焊脚尺寸应不小于 6mm。 10. 所有表面的修磨均应沿主要受力方向进行,使磨痕平行于主要受力方向

焊缝外观检查质量标准 表 14.2-7

项目	简图	质量要求(mm)		
气孔	—	横向对接焊缝	不允许	
		纵向对接焊缝 主要角焊缝	直径小于1.0	每米不多于3个，间距不小于20，但焊缝端部10mm之内不允许
		其他焊缝	直径小于1.5	
咬边	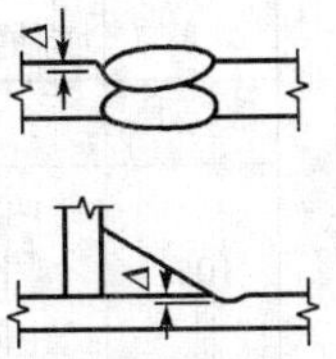	受拉杆件横向对接焊缝及竖加劲肋角焊缝(腹板侧受拉区)		不允许
		受压杆件横向对接焊缝及竖加劲肋角焊缝(腹板侧受压区)		Δ≤0.3
		纵向对接及主要角焊缝		Δ≤0.5
		其他焊缝		Δ≤1.0
焊脚尺寸	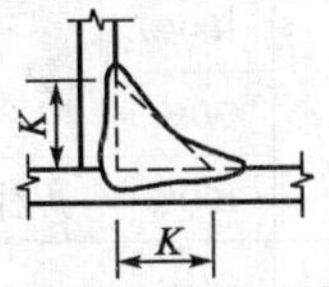	主要角焊缝		$K_{0}^{+2.0}$
		其他焊缝		$K_{-1.0}^{+2.0}$①
焊波	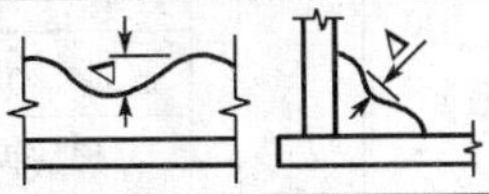	角焊缝		任意25mm范围内高低差Δ≤2.0
余高	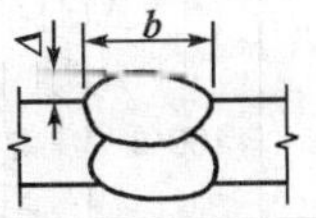	不铲磨余高的对接焊缝		焊缝宽 $b>12$mm 时，Δ≤3.0
				焊缝宽 $b\leq 12$mm 时，Δ≤2.0
余高铲磨后表面	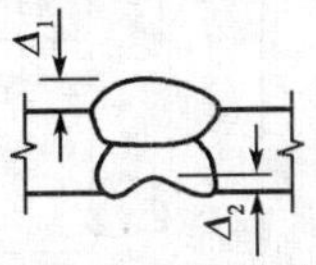	横向对接焊缝		不高于母材0.5
				不低于母材0.3
				粗糙度50μm

注：①手工角焊缝全长10%区段内允许 $K_{-1.0}^{+3.0}$。

焊缝检验的有关规定 表 14.2-8

项目	焊缝检验的有关规定					
焊缝检验规定	焊缝经外观检查合格后方可进行无损检测，无损检测应在焊接24h后进行。箱形杆件棱角焊缝探伤的最小有效厚度为$\sqrt{2}t$(t为水平板厚度，以mm计)，当设计有熔深要求时应从其规定。焊缝无损检测的质量分级、检验方法、检验部位和等级应符合下表规定					
焊缝无损检验质量等级及探伤范围	焊缝无损检验质量等级及探伤范围					
	焊缝名称	质量等级	探伤方法	检验等级	探伤比例	探伤部位
	横向对接焊缝 (顶板、底板、腹板、横隔板等)	Ⅰ级	超声波探伤(UT)	B(单面双侧)	100%	焊缝全长
	纵向对接焊缝(顶板、底板、腹板等)					端部1m范围内为Ⅰ级 其余部位为Ⅱ级
	T形接头和角接接头熔透角焊缝			B		焊缝全长
	横隔板纵向对接焊缝	Ⅱ级		B	100%	焊缝全长
	部分熔透角焊缝			B		焊缝两端各1m
	焊脚尺寸≥12mm的角焊缝			A		焊缝两端各1m

续上表

<table>
<tr><td>项目</td><td colspan="7">焊缝检验的有关规定</td></tr>
<tr><td rowspan="17">焊缝无损检验质量等级及探伤范围</td><td colspan="7">焊缝无损检验质量等级及探伤范围</td></tr>
<tr><td colspan="2">焊 缝 名 称</td><td>质量等级</td><td>擦伤方法</td><td>检验等级</td><td>擦伤比例</td><td>擦 伤 部 位</td></tr>
<tr><td rowspan="2">纵向对接焊缝</td><td>顶板</td><td rowspan="7">I 级</td><td rowspan="7">射线探伤(RT)</td><td rowspan="7">AB</td><td rowspan="2">10%</td><td>中间 250 ~ 300mm</td></tr>
<tr><td>底板、腹板</td><td>焊缝两端各 250 ~ 300mm</td></tr>
<tr><td colspan="2">横隔板横向对接焊缝</td><td>5%</td><td>下部 250 ~ 300mm</td></tr>
<tr><td colspan="2">横向对接焊缝(顶板、底板、腹板等)</td><td>10%</td><td>两端各 250 ~ 300mm,
长度大于 6 000mm
中间加探 250 ~ 300mm</td></tr>
<tr><td rowspan="3">梁段间对接焊缝</td><td>顶板十字交叉焊缝</td><td>100%</td><td rowspan="2">纵、横向各 250 ~ 300mm</td></tr>
<tr><td>底板十字交叉焊缝</td><td>30%</td></tr>
<tr><td>腹板</td><td>100%</td><td>焊缝两端各 250 ~ 300mm</td></tr>
<tr><td colspan="2">连接锚箱或吊耳板的熔透角焊缝</td><td rowspan="7">II 级</td><td rowspan="7">磁粉探伤(MT)</td><td rowspan="7">—</td><td rowspan="7">100%</td><td>焊缝全长</td></tr>
<tr><td colspan="2">U 形肋对接焊缝</td><td>焊缝全长</td></tr>
<tr><td colspan="2">横隔板与腹板角焊缝</td><td>焊缝两端各 500mm</td></tr>
<tr><td colspan="2">U 形肋与顶(底)板角焊缝</td><td>每条焊缝两端各 1 000mm,
其中行车道范围的顶板角
焊缝为两端各 2 000mm</td></tr>
<tr><td colspan="2">横隔板与顶(底)板角焊缝</td><td>行车道范围总长的 20%</td></tr>
<tr><td colspan="2">腹板与底板角焊缝</td><td>焊缝两端各 1 000mm,
中间每隔 2 000mm
探 1 000mm</td></tr>
<tr><td colspan="2">临时连接(含马板)</td><td>拆除临时连接的部位</td></tr>
<tr><td colspan="7">注:探伤比例指探伤接头数量与全部接头数量之比</td></tr>
<tr><td>焊缝超声波探伤检验规定</td><td colspan="7">1. 对接焊缝除应进行超声波探伤外,尚应按接头数量的 10%(不少于一个接头)进行射线探伤,探伤范围为焊缝两端各 250 ~ 300mm,焊缝长度大于 1 200mm 时,中部应加探 250 ~ 300mm。进行局部超声波探伤的焊缝,当发现裂纹或较多其他缺陷时,应扩大该条焊缝探伤范围,必要时可延至全长。进行射线探伤或磁粉探伤的焊缝,当发现超标缺陷时应加倍检验。
2. 采用超声波、射线、磁粉等多种方法检验的焊缝,应达到各自的质量要求,该焊缝方可认为合格。焊缝的射线探伤应符合现行国家标准《金属熔化焊焊接接头射线照相》(GB/T 3323)的规定,射线透照技术等级采用 B 级(优化级),焊缝内部质量应达到 II 级;磁粉探伤应符合现行行业标准《无损检测 焊缝磁粉检测》(JB/T 6061)的规定。
3. 圆柱头焊钉焊接后应获得完整的 360°周边焊缝。圆柱头焊钉焊缝的宽度、高度等尺寸应满足:焊缝沿圆柱头焊钉轴线方向的平均高度 h_m 应不小于 $0.2d$;最小高度 h_{min} 应不小于 $0.15d$;在钢板侧焊趾的平均直径和应不小于 $1.25d$(d 为圆柱头焊钉直径)。应随机抽取各部位圆柱头焊钉总数的 3% 进行 30°弯曲检验,弯曲后圆柱头焊钉的焊缝和热影响区不应有肉眼可见的裂纹,检验合格的圆柱头焊钉可保留其弯曲状态</td></tr>
</table>

超声波探伤的规定 表 14.2-9

距离—波幅曲线灵敏度

焊缝质量等级	板厚(mm)	判废线	定量线	评定线
对接焊缝 I、II 级	8 ~ 100	$\phi 3 \times 40 - 4dB$	$\phi 3 \times 40 - 10dB$	$\phi 3 \times 40 - 16dB$

续上表

距离—波幅曲线灵敏度				
焊缝质量等级	板厚(mm)	判废线	定量线	评定线
角焊缝 II 级	8～25	$\phi1\times2$	$\phi1\times2-6dB$	$\phi1\times2-12dB$
	>25～100	$\phi1\times2+4dB$	$\phi1\times2-4dB$	$\phi1\times2-10dB$
全熔透角焊缝	8～100	$\phi3\times40-4dB$	$\phi3\times40-10dB$	$\phi3\times40-16dB$
	8～100	$\phi6$	$\phi3$	$\phi2$

注:1. 角焊缝超声波探伤采用铁路钢桥制造专用柱孔标准试块或与其校准过的其他孔形试块。
2. 当允许未焊透尺寸不大于7mm时,采用与探测距离等距的槽形对比试块进行纵波扫查,槽形对比试块的槽形宽度为允许的未焊透尺寸;当允许未焊透尺寸大于7mm时,采用半波高度法界定未焊透尺寸。
3. 如超声波探伤已可准确认定焊缝存在裂纹,则应判定焊缝质量不合格。
4. $\phi6$、$\phi3$、$\phi2$ 表示纵波探伤的平底孔参考反射体尺寸

超声波探伤缺陷等级评定应符合下表的规定,判断为裂纹、未熔合、未焊透(对接焊缝)等危机性缺陷者,应判断为不合格

缺陷等级评定		
评定等级	板厚(mm)	单个缺陷指示长度
对接焊缝 I 级	8～100	$t/3$,最小可为10,最大不超过30
对接焊缝 II 级		$2t/3$,最小可为12,最大不超过30
全熔透角焊缝 I 级		$t/3$,最小可为10,最大不超过30
全熔透角焊缝 II 级		$2t/3$,最小可为12,最大不超过30
全焊缝 II 级		$t/2$,最小可为10,最大不超过30

注:1. 母材板厚不同时,按较薄板评定。
2. 缺陷指示长度小于8mm时,按5mm计。

杆件矫正有关规定 表 14.2-10

杆件矫正时除应符合表14.2-3的规定外,尚应符合下列规定:
(1)冷矫的环境温度不应低于5℃,矫正时应缓慢加力,冷矫的总变形量不应大于变形部位原始长度的2%。时效冲击值不满足要求的拉力杆件,不得冷矫。
(2)热矫时加热温度应控制在600～800℃,严禁过烧,且不宜在同一部位多次重复加热。
(3)矫正后的板单元、杆件和梁段表面不应有凹痕和其他操作

1. 一般箱形梁矫正允许偏差			
简图	项目		允许偏差(mm)
Δ Δ	盖板对腹板的垂直度Δ	有孔部位	1.0
		其余部位	3.0

续上表

简图	项目		允许偏差(mm)
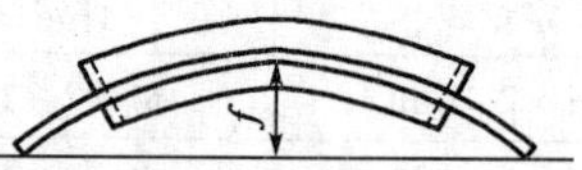	隔板弯曲 f	横向 纵向	2.0
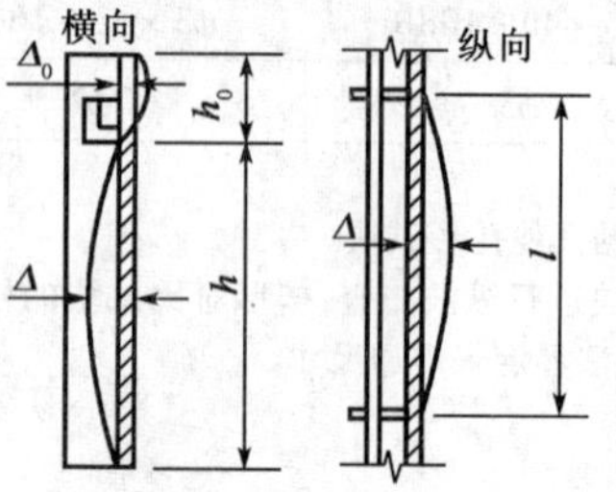	腹板平面度 Δ	横向	$\frac{h}{250}$
		有孔部位	2.0
		纵向	$\frac{l}{500}$
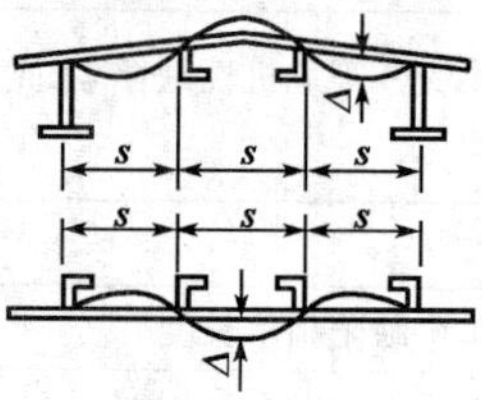	盖板平面度 Δ	有孔部位	2.0
		横向	$\frac{s}{250}$
		纵向 4m 范围	4.0
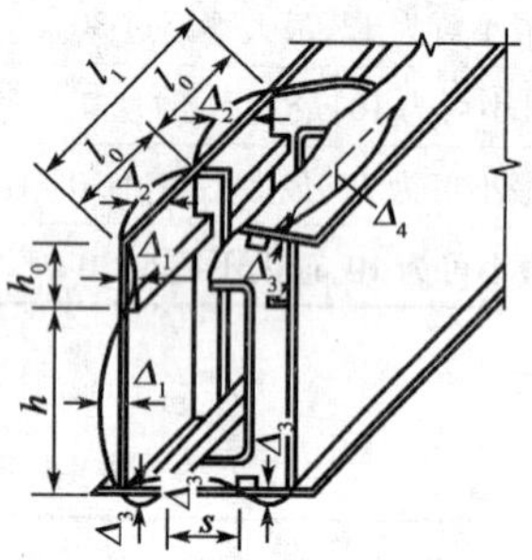	腹板平面度	横向 $\Delta 1$	$\frac{h}{250}$且不大于 3
		纵向 $\Delta 2$	$\frac{l_0}{500}$且不大于 5.0
	盖板平面度	横向 $\Delta 3$	$\frac{s}{250}$且不大于 3.0
		纵向 $\Delta 4$	$\frac{l_1}{500}$且不大于 5.0
	扭曲		每米不大于 1， 且每段不大于 10

2. 大型钢箱梁板单元矫正允许偏差

名称	简　图	项　目		允许偏差(mm)	备　注
顶板 底板 腹板	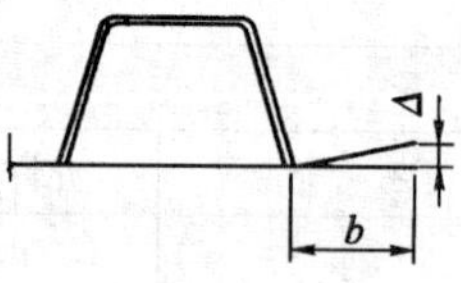	长度、宽度		±2	有切头时长度可放宽
		对角线相对差		不大于 4	—
		平面度 f	横向	$S_1/250$	S_1 为纵肋间距
			纵向	$S_2/250$	S_2 为横肋间距
		角变形 Δ		不大于 $b/150$	—
		板边直线度 f		不大于 3	—
		横、纵隔板接板垂直度		不大于 2	—
横隔板	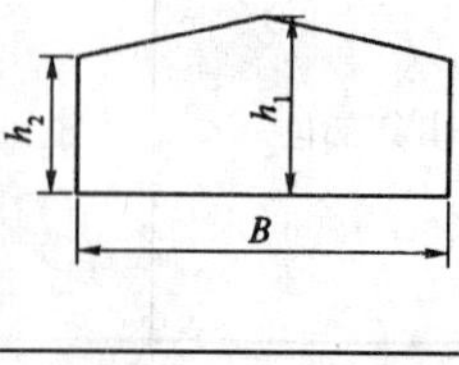	高度 h_1、h_2		±2	搭接构造可放宽
		宽度 B		±2	搭接构造可放宽
		平面度 f		不大于 $h_1/250$	当底板为柱面时，视为与理论柱面的允许偏差
		板边直线度 f		不大于 2	搭接构造可放宽

续上表

名称	简图	项目	允许偏差(mm)	备注
纵隔板	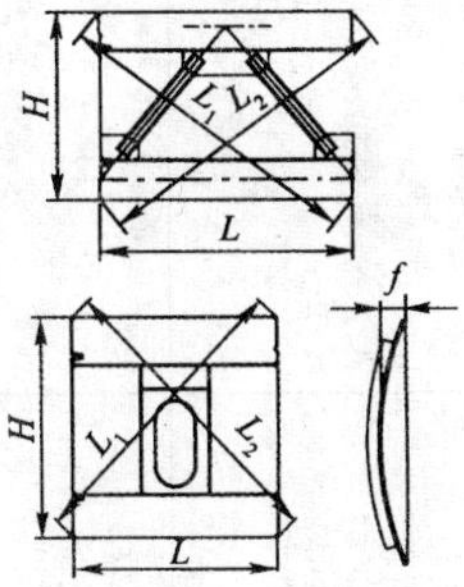	纵隔板及接板长度、宽度	±2	—
		纵隔板对角线差$\|L_1-L_2\|$	±4	—
		纵隔板及其接板平面度f	不大于2	—
		纵隔板接板垂直度	±2	—
风嘴	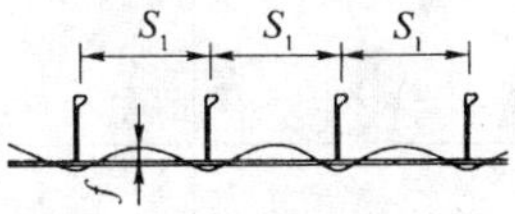	长度、宽度	±2	有切头时长度可放宽
		顶板、导风板平面度f	$S_1/250$	S_1为纵肋间距

3. 大型钢箱梁梁段矫正允许偏差

项目		允许偏差(mm)	备注
梁段高度H		±2	工地接头处
		±4	其余部分
两吊点中心距	横向	±4	—
	纵向	±3	—
梁段长度L		±2	—
腹板中心距		±3	工地接头处
顶板宽B	2车道	±5	拼接处相对差不大于2
	4车道	±6	
	6车道	±8	
横断面对角线差		不大于4	工地接头处的横断面
旁弯f		不大于5	单个梁段
桥面横坡		±4	测量同一横断面
左右支点(吊点)高差		不大于5	—
顶板、底板、腹板平面度f		$S/250$,且不大于8	S为加劲肋间距 或顶板与加劲肋间距
扭曲		每米不超过1,且每段不大于8	每段以两边隔板处为准

4. 板梁、桁梁杆件矫正允许偏差

简图	项目		允许偏差(mm)
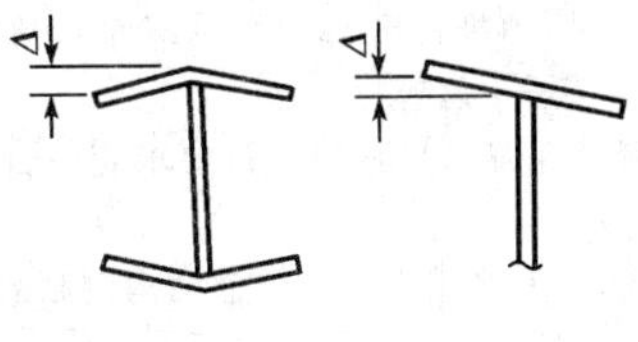	盖板对腹板的垂直度Δ	有孔部位	盖板宽度≤600mm时,不大于0.5 盖板宽度>600mm时,不大于1.0
		其余部位	1.5

续上表

简图	项目		允许偏差(mm)
近端 远端 远端 Δ Δ	工形、箱形的扭曲 Δ		3.0
l_1 l_2	箱形杆件中对角线差		2.0
Δ Δ	盖板平面度 Δ	有孔部位	0.5
		其余部位	1.0
Δ h	板梁,纵、横梁腹板的平面度 Δ		$\Delta \leqslant \frac{h}{500}$ 且不大于5.0
f l l	工形、箱形杆件的弯曲或纵横梁的旁弯 f		2.0($l \leqslant 4\,000$mm) 3.0(4 000mm$\leqslant$ $l \leqslant 16\,000$mm) 5.0($l > 16\,000$mm)
f	板梁拱度 f	不设拱度	+5.0,0
		设拱度	+10.0,-3.0
	纵、横梁拱度 f		+3.0,0

节点钢枢、枢孔及高强度螺栓有关规定 表 14.2-11

项目	有关规定及要求
节点钢枢及枢孔	1. 枢孔直径允许偏差为 ±0.2mm,拉力杆件两枢孔外缘至外缘,或压力杆件两端枢孔内缘至内缘之距离,除设计文件另有规定外,允许偏差为 ±0.5mm。枢孔应于杆件焊接矫正后镗(钻)制。 2. 公路装配式桥梁钢结构的枢孔、钢枢直径和杆件两端枢孔距离允许偏差及其他质量要求应符合设计文件的规定。 3. 公路装配式桥梁钢结构的钢枢除设计另有规定外,应采用30铬锰钛(30CrMnTi)合金结构钢制造

续上表

项目	有关规定及要求
高强度螺栓	公路桥梁钢结构所用的高强度螺栓可选用大六角形(GB/T 1228—2006 ~ GB/T 1231—2006)和扭剪型(GB/T 3632—2008 ~ GB/T 3633—2008)两类。制造高强度螺栓、螺母、垫圈的材料应符合表 14.1-1 钢材使用第 2 条的规定,并应在专门螺栓厂制造。制成后的高强度螺栓、螺母和垫圈应符合下列规定: 1. 外形尺寸、允许偏差应符合 GB/T 1228—2006、GB/T 1229—2006、GB/T 1230—2006 和 GB/T 3632—2008 ~ GB/T 3633—2008 的规定。高强度螺栓、螺母、垫圈的表面宜进行表面防锈处理。 2. 垫圈两面应平直,不得翘曲,其维氏硬度 HV30 应为 329 ~ 436(HRC35-45)。 3. 每批高强度螺栓应有出厂合格证,强度试验方法应按 GB/T 1231、GB/T 3633 的规定,螺栓运到工地后,除检查出厂合格证外,应从各批螺栓中抽样检验,每批抽检 8 副

构件板面处理和除锈质量要求 表 14.2-12

<table>
<tr><th>项目</th><th colspan="6">有关规定和要求</th></tr>
<tr><td>构件板面(摩擦面)的处理</td><td colspan="6">在工地以高强度螺栓栓接的构件板面(摩擦面)必须进行处理,处理后的抗滑移系数值应符合设计要求。摩擦面的处理还应注意:
经处理的摩擦面,出厂时应按批按照表 14.2-13 做抗滑移系数试验,应按批附 3 套与杆件相同材质、相同处理方法的试件,由安装施工单位复验抗滑移系数。在运输过程中试件摩擦面不得损伤</td></tr>
<tr><td rowspan="7">构件表面除锈方法、等级及其质量要求</td><td colspan="6">1. 在工地以高强度螺栓栓接的杆件和梁段板面(摩擦面)必须进行处理,处理后的抗滑移系数值应合设计规定;设计未规定时,抗滑移系数出厂时应不小于 0.55,工地安装前的得验值应不小于 0.45。
2. 抗滑移系数试验用的试件应按制造批每批制作 6 组,其中 3 组用于出厂试验,3 组用于工地复验。抗滑移系数试件应与杆件和梁段同材质、同工艺、同批制造,并应在同条件下运输、存放且试件的摩擦面不得损伤。抗滑移系数的试验应符合《公路桥涵施工技术规范》(JTG/T F50—2011)附录 F3 的规定</td></tr>
<tr><td colspan="6">表面除锈质量要求</td></tr>
<tr><td>除锈方法</td><td colspan="3">喷射或抛射除锈</td><td colspan="2">手工和动力工具除锈</td></tr>
<tr><td>除锈等级</td><td>Sa2</td><td>Sa2.5</td><td>Sa3</td><td>St2</td><td>St3</td></tr>
<tr><td>适用范围</td><td>除右边两类条件以外的其他地区</td><td>年平均相对湿度在 50% 以上及有一般大气污梁的工业地区</td><td>1. 大气含盐雾的沿海地区。
2. 大气中 SO_2 含量大于 250 mg/m^3 的工业地区。
3. 杆件浸水部分。
4. 防腐要求高的钢梁及构件</td><td>与 Sa2 条件同</td><td>与 Sa3 条件同</td></tr>
<tr><td>质量标准</td><td>一般喷射、抛射除锈,钢材表面的油脂和污垢,氧化皮、锈和油漆涂层等附着物已基本清除,其残留物应是牢固附着的</td><td>较彻底的喷射、抛射除锈,钢材表面应无可见的油脂和污垢,氧化皮、锈和油漆涂层等附着物,任何残留的痕迹应仅是点状或条纹状的轻微色斑</td><td>彻底的喷射、抛射除锈,钢材表面应无可见的油脂和污垢,氧化皮、锈和油漆涂层等附着物,表面应呈现均匀的金属光泽</td><td>一般的手工和动力工具除钢筋。钢材表面应无可见的油脂和污垢,没有附着不牢的氧化皮、锈和油漆涂层等附着物</td><td>彻底的手工和动力工具除锈。钢材表面应无可见的油脂和污垢,没有附着不牢的氧化皮、锈和油漆涂层等附着物,除锈比 St2 彻底,底材显露部分的表面应具有金属光泽</td></tr>
<tr><td colspan="6">注:喷射与抛射除锈技术是目前除锈质量较高的、采用较多的技术。二者的区别是喷射的被除锈杆件不动,喷射工具的移动;抛射是抛射工具不动,被除锈杆件移动</td></tr>
</table>

续上表

项目	有关规定和要求									
	除锈质量等级与涂料的适应性									
	除锈方法	除锈等级（GB/T 8923—88）	涂料种类							
			洗涤底漆	有机富锌	无机富锌	油性涂料	长油醇酸涂料	环氧沥青涂料	环氧树脂涂料	氯化橡胶涂料
除锈等级与涂料适应性	喷砂除锈	Sa3	○	○	○	○	○	○	○	○
		Sa2.5	○	○	○－△	○	○	○	○	○
		Sa2	○	○－△	×	○	○	○－△	○－△	○
	动力工具除锈	St3	△	△	×	○	○－△	△	△	△
	手工工具除锈	St2	×	×	×	△	△	×	×	×
	注：○为合适；△为稍不适合；×为不合适									
涂料选用参考	Sa2.5 是最常用的除锈等级，适用于各种涂料，与 Sa3 相比，所需费用可大大降低。动力和手工工具除锈方法，只适用于常规涂料，除锈等级应不低于 St2									

高强度螺栓连接抗滑移系数试验方法 表 14.2-13

项目	内容及要求
基本要求	1. 制造厂家和安装单位应分别以钢结构制造批为单位进行抗滑移系数试验。制造批可按单位工程划分规定的工程量每 2 000t 为一批，不足 2 000t 的可视为一批。选用两种及两种以上表面处理工艺时，每种处理工艺应单独检验。每批三组试件。 2. 抗滑移系数试验应采用双摩擦面的两栓或三栓拼接的拉力试件（下图）。 两栓连接试件 画线位置 四边均为 12.5 a)两栓拼接试件 画线位置 b)三栓拼接试件 d 为螺栓直线 抗滑移系数试件的形式和尺寸
试验方法	1. 试验用的试验机误差应在 1% 以内。 2. 试验用的贴有电阻片的高强度螺栓、压力传感器和电阻应变仪应在试验前用试验机进行标定，其误差应在 2% 以内。 3. 测定抗滑移系数的试件为拉力试件

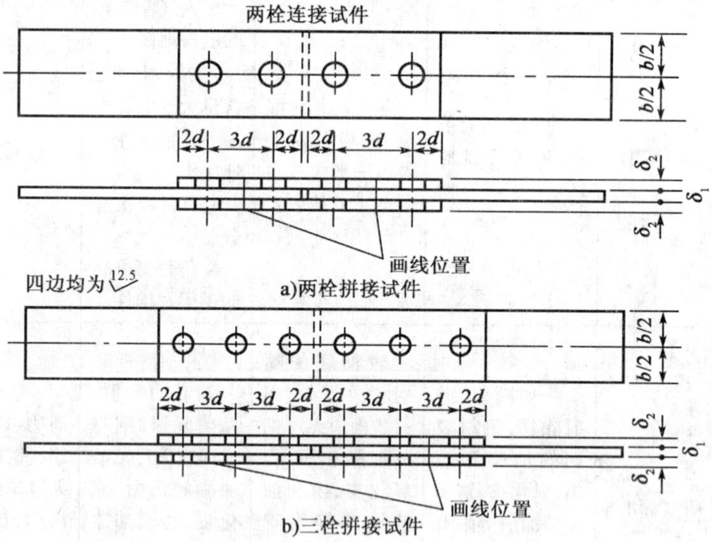

续上表

<table>
<tr><th>项目</th><th colspan="5">内容及要求</th></tr>
<tr><td rowspan="4">试验方法</td><td colspan="5">4. 测定抗滑移系数的试件应由桥梁钢结构制造厂加工；试件与所代表的桥梁钢结构应为同一材质、同批制作、同一摩擦面处理工艺，使用同一性能等级和同一直径的高强度螺栓连接副，并在相同条件下运输、存放。
5. 测定抗滑移系数的试件为双面拼装试件。
6. 试件的钢板厚度 δ_1、δ_2 应为所代表的桥梁钢结构中有代表性部件的钢板厚度，试件的宽度 b 应按下表确定。</td></tr>
<tr><td>螺栓直径 d(mm)</td><td>16</td><td>20</td><td>22</td><td>24</td></tr>
<tr><td>板宽 b(mm)</td><td>60</td><td>75</td><td>80</td><td>85</td></tr>
<tr><td colspan="5">7. 试件加工应符合图中规定。
8. 试件板面应平整，无油污、孔边，板面无飞边、毛刺。
9. 按图所示进行试件组装，先打入冲钉定位，然后逐个换成贴有电阻应变片的高强度螺栓(或用压力传感器)，拧紧高强度螺栓的预应力达到 0.95～1.05P(P 为高强度螺栓设计预拉力)。
10. 将试件装在试验机上，使试件的轴线与试验机夹具中心线严格对中，在试件侧面画直线，画线位置如图所示，测出高强度螺栓预拉力实测值，然后进行拉力试验，平稳加载，加载速度为 3～5kN/s，拉至滑动测得滑动荷载 N。
11. 在试验中发生以下情况之一时，认为达到滑动荷载：
(1)试验机发生回针现象。
(2)X-Y 记录仪中变形发生突变。
(3)试件测面画线发生错动</td></tr>
<tr><td>抗滑移系数计算方法</td><td colspan="5">抗滑移系数 f 按下式计算，取两位有效数字：
$$f=\frac{N}{m\sum P}$$
式中：N——由试验机测得的滑动荷载(kN，取三位有效数字)；
m——摩擦面数，取 $m=2$；
$\sum P$——与试件滑动荷载对应一侧的高强度螺栓预拉力实测值之和(kN，取三位有效数字)</td></tr>
</table>

钢梁试拼接及其质量标准 表 14.2-14

<table>
<tr><th>项目</th><th>试拼装要求和允许偏差</th></tr>
<tr><td>试拼装的主要方法和要求</td><td>钢桥应按试装图进行厂内试拼装，未经试拼装检验合格，不得成批生产。试拼装应符合下列规定：
1. 试拼装应在胎架上进行，胎架应有足够的刚度，其基础应有足够的承载力。胎架顶面(梁段底)纵、横向线形应与设计要求的梁底线形相吻合。杆件和梁段应解除与胎架间的临时连接，处于自由状态。
2. 板梁应整孔试拼装；简支桁梁的试拼装长度不宜小于半跨；连续梁试拼装应包括所有变化节点；对大跨径桥的钢梁，每批梁段制造完成后，应进行连续匹配试拼装，每批试拼装的梁段数不应少于 3 段，试拼装检查合格后，应留下最后一个梁段并前移参与下一批次试拼装。
3. 钢索塔(钢桥墩)的塔柱应采取两节段立位匹配试拼装，合格后还应进行多节段水平位置的试拼装，每一批次的多节段水平位置试拼装应不少于 5 个节段。
4. 试拼装时应使板层密贴，冲钉不宜少于孔眼总数的 10%，螺栓不宜少于螺栓孔总数的 20%；有磨光顶紧要求的杆件，应有 75% 以上的面积密贴，采用 0.2mm 的塞尺检查时，其塞入面积不应超过 25%。试拼装时，应采用试孔器检查所有螺栓孔，桁梁主桁的螺栓孔应能 100% 自由通过较设计孔径小 1.0mm 的试孔器；板梁和箱梁的螺栓孔应 100% 自由通过较设计孔径 1.5mm 的试孔器方可认为合格</td></tr>
</table>

续上表

项目	试拼装要求和允许偏差		
钢梁试拼装主要尺寸允许偏差	板梁试拼装主要尺寸允许偏差		
	分项		允许偏差(mm)
	梁高 h	$h\leqslant 2$m	±2
		$h>2$m	±4
	跨度 L	支座中心至中心	±8
	全长	全桥长度	±15
	主梁中心距		±3
	旁弯	桥梁中心线与其试拼装全长 L 的两端中心所连直线的偏差	$L/5\,000$
	平联节间对角线差		3
	横联对角线差		4
	主梁倾斜		5
	支点高低差	支座处三点水平时，另一点翘起高度	3
	桁梁试拼装主要尺寸允许偏差		
	项目		允许偏差(mm)
	桁高	上下弦杆中心距离	±2
	节间长度		±2
	旁弯	桥面系中线与其试拼装全长 L 的两端中心所连续直线的偏差	$\frac{L}{5\,000}$
	试装全长	$L\leqslant 50$m	±5
		$L>50$m	$\pm\frac{L}{10\,000}$
	拱度（计算拱度）	$f\leqslant 60$mm	±3
		$f>60$mm	$\pm\frac{5}{100}f$
	对角线	每个节间	±3
	主桁中心距		±3

钢梁厂内涂装的有关要求 表 14.2-15

项目	厂内涂装的有关规定和要求
对厂内涂装的具体规定	1. 涂装方案应符合文件要求，并应符合现行行业标准《公路桥梁钢结构防腐涂装技术条件》(JT/T 722)的规定。 2. 涂装施工时，杆件和梁段表面不应有雨水或结露，相对湿度不应高于 80%；环境温度对环氧类漆不得低于 10℃，对水性无机富锌防锈底漆、聚氨酯漆和氟碳面漆不行低于 5℃。在风沙天、雨天和雾天不应进行涂装施工，涂装后 4h 内应采取措施保护，避免遭受雨淋。 3. 底漆、中间漆涂层的最长暴露时间不宜超过 7d，两道面漆的涂装间隔时间亦不宜超过 7d；若超过，应先采用细砂纸将涂层表面打磨成细微毛面，再涂装后一道面漆。喷铝应在表面清理后 4h 内完成，涂层间隔的时间要求应符合现行国家标准《热喷涂金属件表面预处理通则》(GB/T 11373)的规定。 4. 涂装后，应在规定的位置涂刷杆件和梁段标记。杆件和梁段的码放必须在涂层干燥后进行，对局部损伤的涂层，应按本手册中涂装施工的规定进行表面处理，并按原设计涂层补涂各层涂料。 5. 涂料涂层的表面应平整均匀，不应有漏涂、剥落、起泡、裂纹和气孔等缺陷，颜色应与比色卡相一致；金属涂层的表面应均匀一致，不应有起皮、鼓包、大熔滴、松散粒子、裂纹和掉块等缺陷。每涂完一道涂层应检查干膜厚度，出厂前应检查总厚度

钢梁验收制造尺寸允许偏差　表 14.2-16

<table>
<tr><th>项目</th><th colspan="6">分项允许偏差</th></tr>
<tr><td rowspan="19">板梁验收制造尺寸允许偏差</td><td colspan="6">1. 板梁制造尺寸允许偏差</td></tr>
<tr><td colspan="3">项目</td><td colspan="2" rowspan="2">允许偏差(mm)</td></tr>
<tr><td colspan="2">名称</td><td>检查方法</td></tr>
<tr><td rowspan="2">梁高 h</td><td>$h\leq 2m$</td><td rowspan="2">测量两端腹板处高度</td><td colspan="2">±2</td></tr>
<tr><td>$h>2m$</td><td colspan="2">±4</td></tr>
<tr><td colspan="2">跨度 L</td><td>测量两支座中心距离</td><td colspan="2">±8</td></tr>
<tr><td colspan="2">全长</td><td>测量全桥长度</td><td colspan="2">±15</td></tr>
<tr><td colspan="2">纵梁长度</td><td rowspan="2">测量两端角钢背与背之间的距离</td><td colspan="2">+0.5，-1.5</td></tr>
<tr><td colspan="2">横梁长度</td><td colspan="2">±1.5</td></tr>
<tr><td colspan="2">纵梁高度</td><td rowspan="2">测量两端腹板处高度</td><td colspan="2">±1.0</td></tr>
<tr><td colspan="2">横梁高度</td><td colspan="2">±1.5</td></tr>
<tr><td colspan="2">纵、横梁旁弯</td><td>梁立置时在腹板一侧距主焊缝100mm处拉线测量</td><td colspan="2">3</td></tr>
<tr><td colspan="2" rowspan="2">主梁拱度 f</td><td rowspan="2">梁卧置时在下盖板外侧拉线测量</td><td>不设拱度</td><td>+3,0</td></tr>
<tr><td>设拱度</td><td>+10，-3</td></tr>
<tr><td colspan="2">两片主梁拱度差</td><td>分别测量两片主梁拱度,求差值</td><td colspan="2">4</td></tr>
<tr><td colspan="2">主梁腹板平面度</td><td rowspan="2">用平尺测量
（h 为梁高或纵向加劲肋至下盖板间的距离）</td><td colspan="2">小于$\frac{h}{500}$且不大于8</td></tr>
<tr><td colspan="2">纵、横梁腹板平面度</td><td colspan="2">$\frac{h}{500}$且不大于5</td></tr>
<tr><td rowspan="2">主梁、纵横梁盖板对腹板的垂直度</td><td>有孔部位</td><td rowspan="2">用直角尺测量</td><td colspan="2">0.5</td></tr>
<tr><td>其余部位</td><td colspan="2">1.5</td></tr>
<tr><td rowspan="10">桁梁杆件验收制造尺寸允许偏差</td><td colspan="6">2. 桁梁杆件制造尺寸允许偏差</td></tr>
<tr><td rowspan="2">简图</td><td colspan="3">分项</td><td colspan="2" rowspan="2">允许偏差(mm)</td></tr>
<tr><td colspan="2">名称</td><td>检查方法</td></tr>
<tr><td rowspan="3"></td><td rowspan="3">连接系杆件</td><td>高度 h</td><td>测量两端腹板处高度</td><td colspan="2">±1.5</td></tr>
<tr><td>盖板宽度 b</td><td>每2m测一次</td><td colspan="2">±2.0</td></tr>
<tr><td>长度 l</td><td>测量全长</td><td colspan="2">±5</td></tr>
<tr><td rowspan="3"> 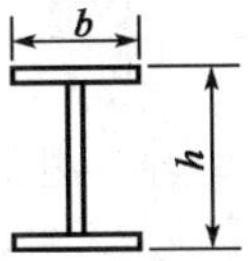</td><td rowspan="5">纵横梁</td><td>纵梁高度 h</td><td rowspan="2">测量两端腹板处高度</td><td colspan="2">±1.0</td></tr>
<tr><td>横梁高度 h</td><td colspan="2">±1.5</td></tr>
<tr><td>盖板宽度 b</td><td>每2m测一次</td><td colspan="2">±2.0</td></tr>
<tr><td rowspan="2"></td><td>纵梁长度 l</td><td rowspan="2">测量两端角钢背至背之间的距离</td><td colspan="2">+0.5
-1.5</td></tr>
<tr><td></td><td>横梁长度 l</td><td colspan="2">±1.5</td></tr>
</table>

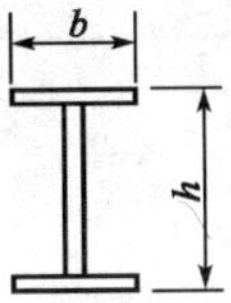

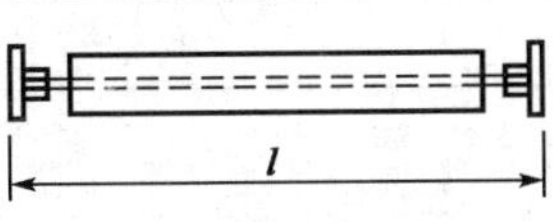

续上表

项目	分项允许偏差					
	简图	分项				允许偏差(mm)
		名称			检查方法	
桁梁杆件验收基本允许偏差	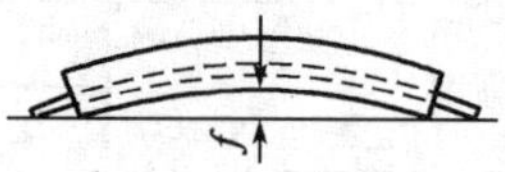	纵横梁	旁弯 f		梁立置时,在腹板一侧距主焊缝 100mm 处拉线测量	3
	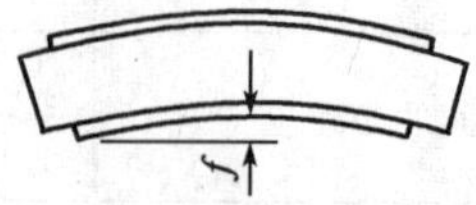	纵横梁	拱度 f		梁卧置时,在下盖板外侧拉线测量	+3,0
	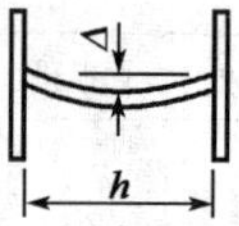	纵横梁	腹板平面度 Δ		用平尺测量	h/500 且不大于 5
	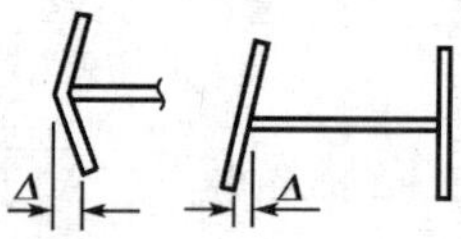	纵横梁	盖板对腹板的垂直度 Δ	有孔部位	用直角尺测量	0.5
		纵横梁	盖板对腹板的垂直度 Δ	其余部位	用直角尺测量	1.5
	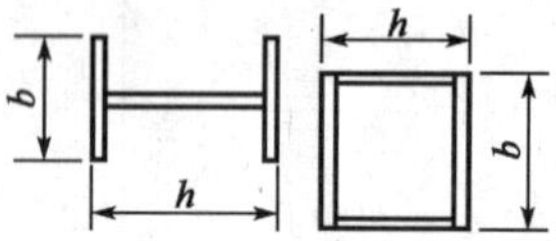	主桁杆件	高度 h		测量两端腹板处高度	±1.0
		主桁杆件	盖板宽度 b		每 2m 测一次	±2.0[①]
		主桁杆件	长度 l		测量全长	±5
	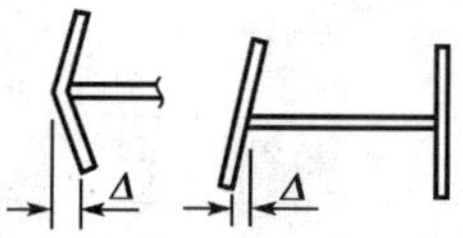	主桁杆件	工形件的盖板对腹板的垂直度 Δ	有孔部位	用直角尺测量	0.5
		主桁杆件	工形件的盖板对腹板的垂直度 Δ	其余部位	用直角尺测量	1.5
	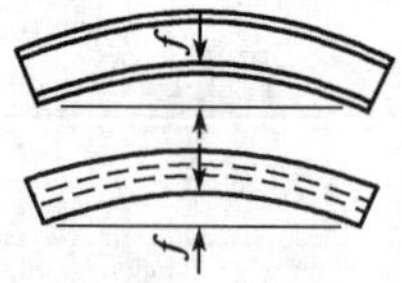	主桁杆件	弯曲 f		拉线测量	2($l \leq$4 000mm) 3(4 000 < $l \leq$ 16 000mm) 5(l > 16 000mm)
	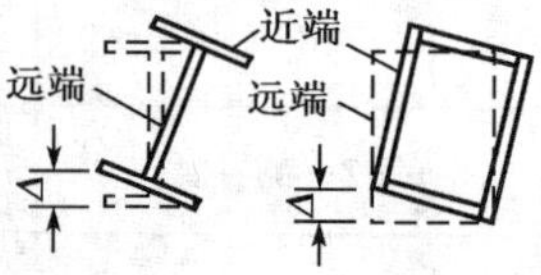	主桁杆件	扭曲 Δ		杆件置于平台上,四角中有三角接触平台,悬空一角与平台之间隙	3

注①:箱形杆件有拼接要求时为 ±1.0 .

续上表

项目	分项允许偏差			
	3. 一般箱形梁制定尺寸允许偏差			
	分项			允许偏差(mm)
	名称		检验方法	
	梁高 h	$h \leqslant 2m$	测量两端腹板处高度	±2
		$h > 2m$		±4
	跨度 l		测两支座中心距离,l 以 m 计	$\pm(5+0.15l)$
	全长		—	±15
	腹板中心距		测两腹板中心距	±3
	盖板宽度 b		—	±4
一般箱形梁制造尺寸允许偏差	横断面对角线差		测两端断面对角线差	4
	旁弯		L 以 m 计	$3+0.1L$
	拱度		—	+10,-5
	支点高度差		—	5
	腹板平面度		h 为盖板与加劲肋或加劲肋与加劲肋之间的距离	$<\frac{h}{250}$且$\leqslant 8$
	扭曲		每段以两端隔板处以为准	每米≤1 且每段≤10

注:1. 分段分块制造的箱形梁拼接处,梁高及腹板中心距允许偏差按施工文件要求办理。

2. 箱形梁其余各项检查方法可参照板梁检查方法。

3. L 为跨度,以 m 计

大型钢箱梁梁段尺寸允许偏差

项目	项目			允许偏差(mm)	简图	检查方法
大型钢箱梁梁段制造尺寸允许偏差	梁长	顶板长度 L_1		±2	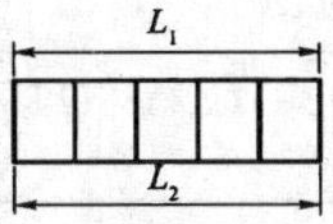	以梁段两端检查线为基准,用钢盘尺测量长度,合龙段长度根据实测结果确定
		底板长度 L_2				
	梁高	中高 H		±2	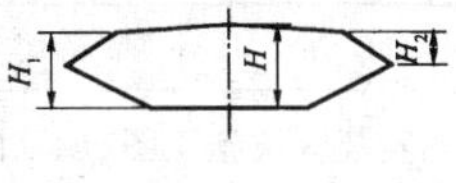	测量两端口,以底部为基准,采用激光仪测量高度
		边高 H_1、H_2		±2		
	梁宽	梁半宽 $B/2$ 顶板半宽$B_1/2$ 底板半宽$B_2/2$	2 车道	±2.5	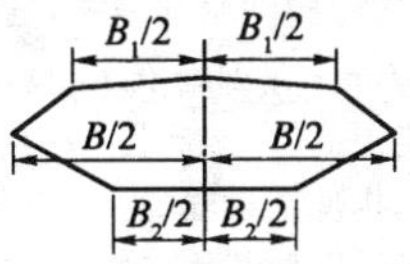	在梁段两端口用钢盘尺测量宽度
			4 车道	±3		
			6 车道	±4		
	端口尺寸	对角线差 $\lvert L_1-L_2\rvert$	不大于 6		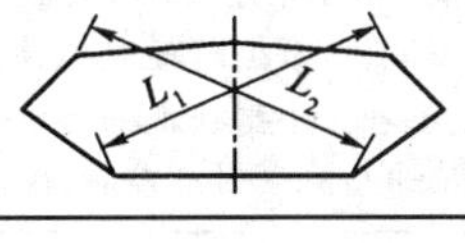	用钢尺测量对角线,检查测量值之差

续上表

项目	分项允许偏差				
		项目	允许偏差（mm）	简图	检查方法
大型钢箱梁梁段制造尺寸允许编差	锚箱位置	同一梁段两锚箱高差	不大于5	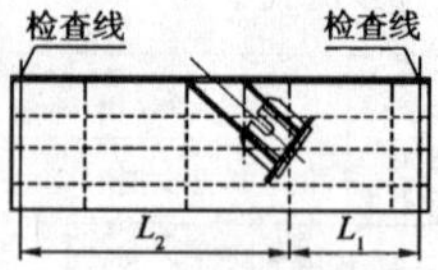	用水准仪测量两锚箱高差
		锚箱距梁段端口长度 L_1、L_2	±2		用钢盘尺测量锚箱至梁段两端检查线的距离
	顶板	四角（A、B、C、D）水平	±6	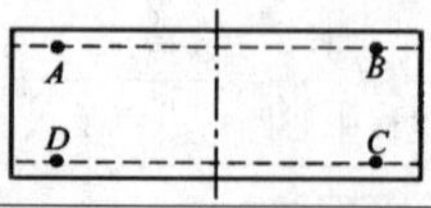	用激光仪测量，测点在两端横隔板上
		相对高差	不大于8		
		1/2 对角线（AO_1、BO、A_1O_1、B_1O）差	不大于8	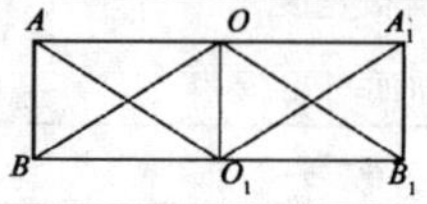	用钢尺测量，测点在两端检查线上
	旁弯	f	L/2 000，且不大于5	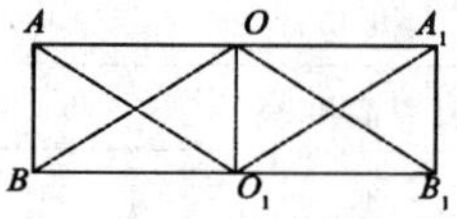	L 为梁段长度，用激光仪、钢尺测量
	板面平面度	横桥向 f	不大于 S_1/250	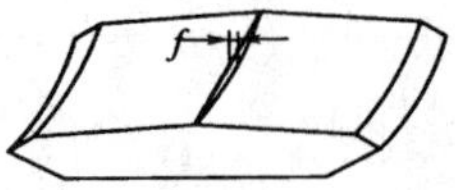	用钢尺测量纵肋间距 S_1
		纵桥向 f	不大于 S_2/500		用钢尺测量横隔板间距 S_2
桥梁钢结构构件出厂时应提供的资料	1. 产品合格证。 2. 钢材和其他材料质量证明书或试验报告。 3. 加工图、拼装简图和设计变更文件，设计变更内容应在加工图中相应部位注明。 4. 产品试板的试验报告。 5. 焊缝重大修补记录。 6. 高强度螺栓摩擦面抗滑移系数试验报告，焊缝无损检验报告及涂层检测资料。 7. 工厂试拼装记录。 8. 构件发运和包装清单				

注：钢梁构件包装必须在涂层干燥后进行。包装和存放应保证构件不变形、不损坏，不散失，包装和发运应符合运输的有关规定

桥梁钢结构工地安装 表 14.2-17

项目	桥梁钢结构工地安装有关规定和要求
一般规定	1. 桥梁钢结构安装应按施工图、加工图和拼装简图进行。安装前应对临时支架、支承、吊机等临时结构和桥梁钢结构结构本身在不同受力状态下的强度、刚度及稳定性进行验算。 2. 安装前，应按照构件明细表核对进场的构件、零件，查验产品出厂合格证及材料的质量证明书。 3. 桥梁钢结构杆件在工地安装过程中对矫正、制孔、组装、焊接和涂装等工序的施工质量要求应符合表 14.2-2 有关规定。 4. 桥梁钢结构构件在运输、存放和安装过程中损坏的涂层，应按照表 14.2-15 中的有关规定补涂。桥梁钢结构面层涂装应在桥梁钢结构结构安装完成后进行。 5. 钢梁安装前，应对桥台、墩顶面高程、中线及各孔跨径进行复测，误差在允许偏差内方可安装。 6. 钢梁工地安装，可根据跨径大小、河流情况、起吊能力选择安装方法。 7. 钢桥工地安装时，不得在现场对结构杆件进行未被批准的临时性的焊接和切割作业。 8. 钢桥安装应进行施工过程控制，保证其内力、变形、线形及高程符合设计要求

续上表

<table>
<tr><th>项目</th><th>桥梁钢结构工地安装有关规定和要求</th></tr>
<tr><td>钢梁安装方法、要求</td><td>1. 杆件宜采用预先组拼、栓合或焊接，扩大拼装单元进行安装，对容易变形的构件应进行强度和稳定性验算，必要时应采取加固措施。
2. 杆件组拼前应清除杆件上的附着物，摩擦面应保持干燥、整洁。应根据外界环境和焊接等变形因素的影响，采取措施，保证钢梁的建筑拱度及中心线位置。
3. 在支架上拼装钢梁时，冲钉和粗制螺栓总数不得少于孔眼总数的1/3，其中冲钉不得多于2/3。孔眼较少的部位，冲钉和粗制螺栓总数不少于6个或将全部孔眼插入冲钉或粗制螺栓。
用悬臂或半悬臂法拼装钢梁时，联结处所需冲钉数量应按所承受荷载计算决定，但不得少于孔眼总数的一半，其余孔眼布置精制螺栓。冲钉和精制螺栓应均匀地布置。
高强度螺栓栓合梁拼装时，冲钉数量应符合上述规定，其余孔眼布置高强度螺栓。吊装杆件的吊钩，必须待杆件完全固定后方可卸去。
4. 拼装用的冲钉直径（中段圆柱部分）应较孔眼设计直径小0.2～0.3mm，其长度应大于板束厚度。
拼装用精制螺栓直径应较孔眼设计直径小0.4mm，拼装板束用的粗制螺栓直径应较孔眼直径小1.0mm。冲钉和螺栓可用35号碳素结构钢制造。
5. 桥梁钢结构安装过程中，每完成一节间应测量其位置、标高和预拱度，如不符合要求时应进行校正。
6. 对斜拉桥和悬索桥的大型钢箱梁安装，其施工要求尚应分别符合《公路桥涵施工技术规范》（JTG/T F50—2011）的相关规定</td></tr>
<tr><td>高强度螺栓连接的有关规定</td><td>1. 由制造厂处理的桥梁钢结构杆件的摩擦面，安装前应复验所附试件的抗滑移系数，合格后方可安装，并应符合设计要求。
2. 高强度螺栓的设计预拉力、施加预拉力应符合下列预拉力的规定
<table>
<tr><th colspan="5">高强度螺栓的预拉力（kN）</th></tr>
<tr><td>螺纹规格 d（mm）</td><td>M22</td><td>M24</td><td>M27</td><td>M30</td></tr>
<tr><td>设计预拉力 P（kN）</td><td>190</td><td>225</td><td>270</td><td>355</td></tr>
<tr><td>施加预拉力 P_c（kN）</td><td>210</td><td>250</td><td>300</td><td>390</td></tr>
</table>
3. 高强度螺栓连接在运输过程中应轻装轻卸，储存时应分类分批存放，不得混淆，并防止受潮生锈，在使用前应进行外观检查并应在同批内配套使用。
4. 施工前，高强度螺栓连接应按出厂批号复验扭矩系数，每批号抽验不少于8套，其平均值和标准偏差应符合设计要求。设计无要求时平均值应在0.11～0.15范围内，其标准偏差应小于或等于0.01。复验数据应作为施拧的主要参数。
5. 安装钢梁的高强度螺栓的长度必须与安装图一致。安装时，高强度螺栓应顺畅穿入孔内，不得强行敲入，穿入方向应全桥一致。高强度螺栓不得作为临时安装螺栓。被栓合板束的表面应垂直于螺栓轴线，否则应在螺栓垫圈下面加垫斜坡垫板。
6. 施拧高强度螺栓应按一定顺序，从板束刚度大、缝隙大之处开始，对大面积节点板应由中央向外进行施拧，并应在当天终拧完毕。施拧时，不得采用冲击拧紧和间断拧紧。大六角头高强度螺栓的施拧，仅应在螺母上施加扭矩。
7. 用扭矩法施拧高强度螺栓连接副时，初拧、复拧和终拧应在同一工作日内完成。初拧扭矩应由试验确定，一般为终拧扭矩的50%。终拧扭矩应按下列公式计算：
$$T_c = K \cdot P_c \cdot d$$
式中：T_c——终拧扭矩（N·m）；
K——高强度螺栓连接副的扭矩系数平均值，按本栏第4条要求测得；
P_c——高强度螺栓的施工预拉力（kN），见本栏第2条；
d——高强度螺栓公称直径（mm）。
8. 用扭角法施拧高强度螺栓可按照现行《铁路桥梁钢结构高强螺栓连接施工规定》（TBJ 214—1992）的规定执行。
9. 高强度螺栓施拧采用的扭矩扳手，在作业前后均应进行校正，其扭矩误差不得大于使用扭矩值的±5%。
10. 高强度螺栓终拧完毕应按下列规定进行质量检查：
（1）检查应由专职质量检查员进行，检查扭矩扳手必须标定，其扭矩误差不得大于使用扭矩的±3%，且应进行扭矩抽查。
（2）松扣、回扣法检查，先在螺栓与螺母上做标记，然后将螺母退回30°，再用检查扭矩扳手把螺母重新拧至原来位置测定扭矩，该值不小于规定值的10%时为合格</td></tr>
</table>

续上表

项目	桥梁钢结构工地安装有关规定和要求
高强度螺栓连接的有关规定	(3)对主桁节点及板梁主体及纵、横梁连接处,每栓群以高强度螺栓连接副总数的5%抽检,但不得少于2套,其余每个节点不少于1套进行终拧扭矩检查。扭矩检查应在螺栓终拧1h以后,24h之前完成。 (4)每个栓群或节点检查的螺栓,其不合格者不得超过抽验总数的20%,如超过此值,则应继续抽验,直至累计总数80%的合格率为止。然后对欠拧者补拧,超过者更换后重新补拧。 (5)高强度螺栓拧紧检查验收合格后,连接处的板缝应及时用腻子封闭,并应按设计要求涂漆防锈
桥梁钢结构工地焊缝连接技术要求	桥梁钢结构工地焊缝连接分全焊连接和焊缝与高强度螺栓合用连接两类。合用连接中高强度螺栓连接的技术要求应符合高强螺栓连接的规定。工地施焊连接的技术要求应符合下列规定: 1. 杆件的工地施焊连接应按设计规定的顺序进行;设计未规定时,纵向宜从跨中向两端,横向宜从中线向两侧对称进行。 2. 箱形梁梁段间的焊接连接,应在梁段就位、固定并经检查合格后再进行施焊。施焊应按顶板、底板、纵隔板的顺序对称进行;梁段间的焊缝经检验合格后,应按先对接后角接的焊接U形肋嵌补件。 3. 当钢桥为焊接与高强度螺栓合用连接时,栓接结构应在焊缝检验合格后再终拧高强度螺栓连接副。 4. 工地焊接前应做工艺评定试验,施焊应严格按已评定的焊接工艺进行。焊接前应对关坡口、焊缝间隙和焊接板面高低差等进行检查,并应采用钢丝砂轮对焊缝进行除锈,且工地焊接应在除锈后的24h内进行。 5. 工地焊接时应设立防风、防雨设施,遮盖全部焊接处。工地焊接的环境要求为:风力应小于5级;温度应大于5℃;相对湿度应小于85%;在箱梁内焊接时应有通风防护安全措施。 6. 焊接施工时的技术要求和工地焊接接缝等应符合表14.2-8的规定检验
桥梁钢结构构件的固定和落梁就位	桥梁钢结构构件连接固定后落梁就位时,应符合下列规定: 1. 钢梁就位前应清理支座顶面,其高程及平面位置应符合设计要求。 2. 固定支座与活动支座的精确位置应按设计图并考虑施工安装温度、施工误差等确定。 3. 钢梁落梁前后应检查其线形、拱度和平面尺寸,并做记录,校正支座位置。 4. 钢梁安装后的允许偏差见表14.2-18

钢梁安装后的允许偏差 表14.2-18

项目			规定值或允许偏差(mm)
轴线偏位	钢梁中线		10
	两孔相邻横梁中线相对偏差		5
梁底高程	墩台处梁底		±10
	两孔相邻横梁相对高差		5
支座偏位	支座纵、横线扭转		1
	固定支座顺桥向偏差	连续梁或60m以上简支梁	20
		60m以下简支梁	10
	活动支座按设计气温定位前偏差		3
支座底板四角相对高差			2
连接	对接焊缝的对接尺寸、气孔率		符合表14.2-8要求
	高强度螺栓扭矩		±10%

注:大跨径桥钢梁安装后的允许偏差应符合设计规定或专用质量标准的要求。

桥梁钢结构工地涂装应符合设计要求。防腐蚀涂料应具有良好的附着性、耐蚀性,并具有出厂合格证和检验资料,工地涂装应编制实施性的施工组织设计。喷涂金属的表面处理的最低等级为Sa2.5。喷涂金属系统的封闭涂层,其底漆应具有良好的封孔性能。面漆的涂装宜在钢桥安装施工完成后进行。对在施工过程中将厂内涂装层损伤的部位,应进行表面清理并按设计涂装方案规定的涂料、层数和漆膜厚度重新补涂。工地涂装质量检验符合相关规范要求。

桥梁钢结构工地涂装质量要求　表 14.2-19

项目	工地涂装质量检验
涂层系统的检验	1. 涂装前应进行表面处理的质量检查,合格后方可进行涂装。 2. 涂装时,涂层遍数和漆膜厚度应符合设计要求,应及时测定湿膜厚度,保证干膜厚度。 涂装时发现漏涂、流挂发白、皱纹、针孔、裂纹等缺陷,应及时进行处理。每层涂装前,应对上一层涂层进行检查。涂装后,应进行涂层外观检查。表面应均匀、无气泡、无裂纹等缺陷。 3. 涂层干膜厚度大于或等于设计厚度值的点数占总测点数的 90% 以上,其他测点的干膜厚度不应低于 90% 的设计厚度值。当不符合上述要求时,应进行修补。 4. 厚膜涂层应进行针孔检测,针孔数不应超过测点总数的 20%,当不符合要求时,应进行修补
喷涂金属系统	1. 可目视或用 5～10 倍放大镜观察,喷涂金属层应颗粒细密、厚薄均匀,并不得有固体杂质、气泡及裂缝等缺陷。 2. 喷涂厚度达不到要求时,应进行补喷或重喷。 3. 空隙率检测,检测面积宜占总面积的 5%,当不合格时,应进行补喷或重喷。 4. 对喷涂金属层与钢结构的结合性能,可采用敲击或刀刮进行检测,当不合格时,应进行补喷或重喷。 5. 封闭涂层质量可按涂层质量检查的有关规定进行

注:桥梁钢结构工程的验收应在桥梁钢结构全部安装并涂装完成后进行。桥梁钢结构安装、涂装的质量和允许偏差应符合本章各节的有关要求。

螺栓防松动措施　表 14.2-20

项目	螺栓防松动措施
定义	螺栓连接,在静力荷载及温度变化不大的情况下,螺母一般不会松动,但在冲击、振动或交变荷载作用下,以及温度变化较大时,螺母可能会松动,甚至脱落。防松就是防止螺纹副的相对转动
螺纹连接的摩擦放松方法	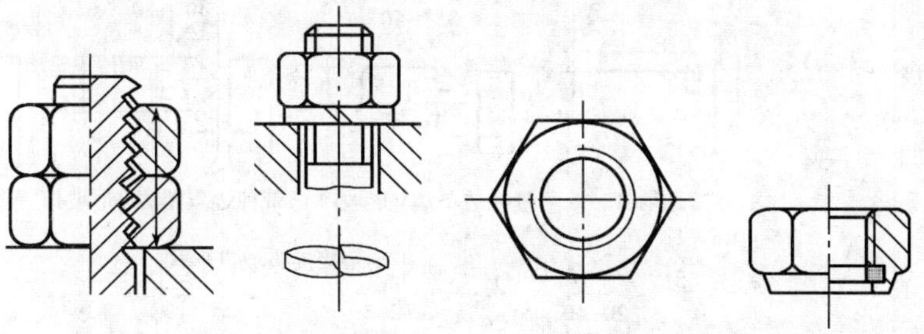 a)对顶螺母　b)弹簧垫圈　c)椭圆口自锁螺母　d)尼龙圈锁紧螺母
螺纹连接的机械放松方法	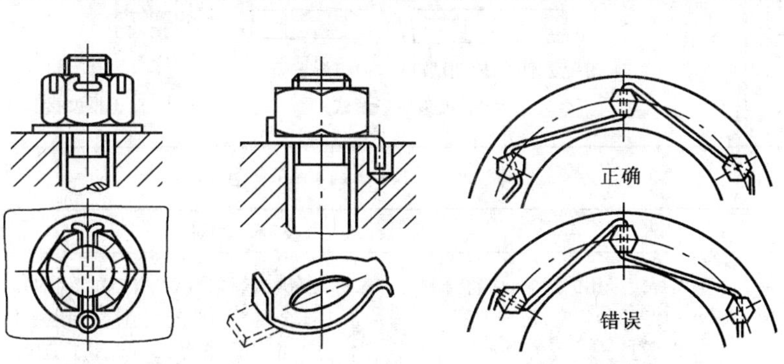 正确 错误 a)槽形螺母和开口销　b)止动垫圈　c)串联钢丝

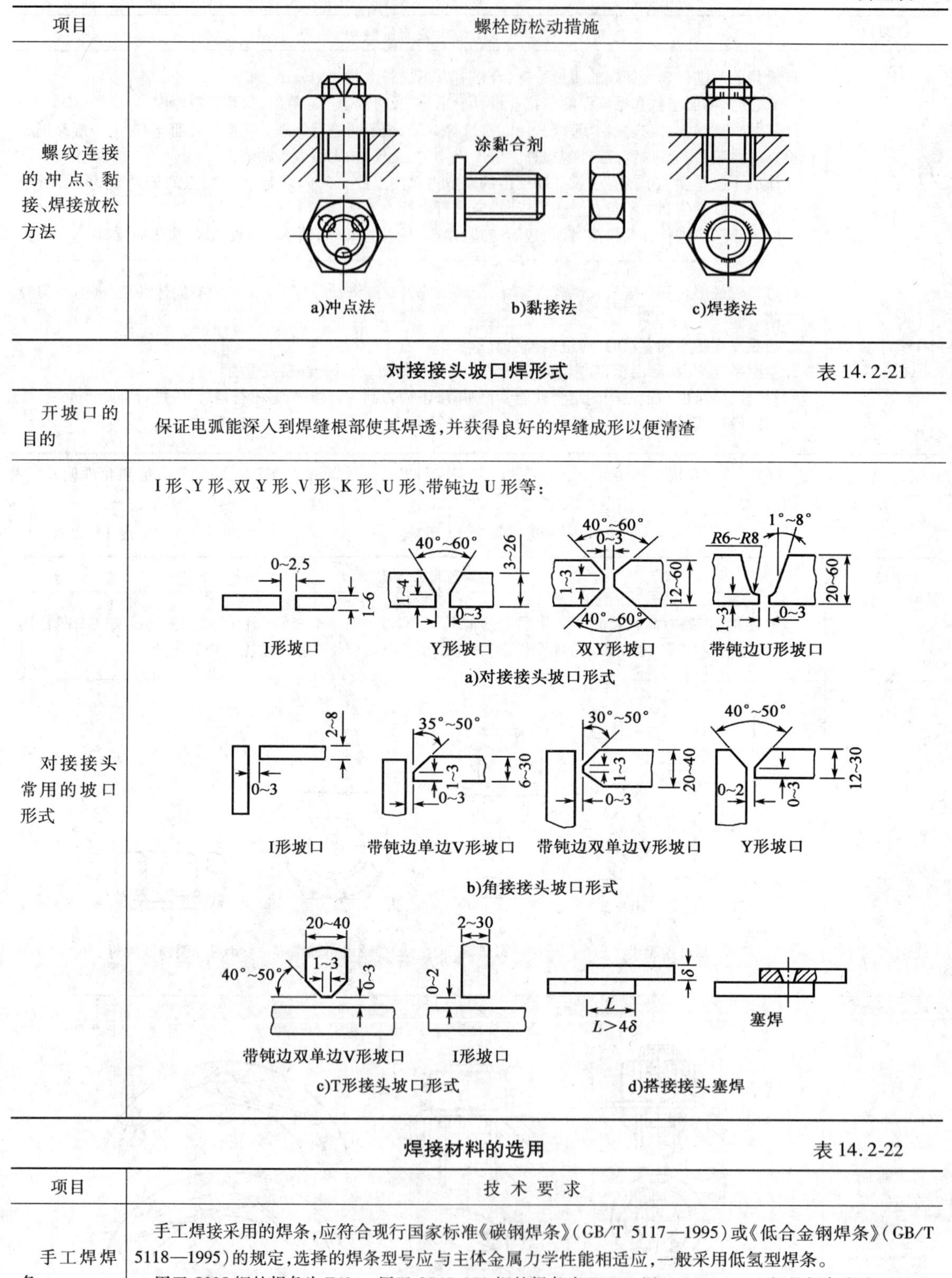

续上表

项目	螺栓防松动措施
螺纹连接的冲点、黏接、焊接放松方法	a)冲点法　b)黏接法　c)焊接法

对接接头坡口焊形式　表 14.2-21

开坡口的目的	保证电弧能深入到焊缝根部使其焊透，并获得良好的焊缝成形以便清渣
对接接头常用的坡口形式	I 形、Y 形、双 Y 形、V 形、K 形、U 形、带钝边 U 形等： a)对接接头坡口形式 b)角接接头坡口形式 c)T形接头坡口形式　d)搭接接头塞焊

焊接材料的选用　表 14.2-22

项目	技 术 要 求
手工焊焊条	手工焊接采用的焊条，应符合现行国家标准《碳钢焊条》(GB/T 5117—1995)或《低合金钢焊条》(GB/T 5118—1995)的规定，选择的焊条型号应与主体金属力学性能相适应，一般采用低氢型焊条。 用于 Q235 钢的焊条为 E43xx，用于 Q345、370 钢的焊条为 E50xx，用于 Q390、Q420 钢的焊条宜为 E55xx。常用碳素钢、低合金钢焊条选用：

续上表

项目	技术要求							
	钢材力学性能							焊条型号
	牌号	质量等级	抗拉强度 σ_b(MPa)	屈服强度 σ_s(MPa)		冲击能		
				$\delta \leqslant 16$mm	$\delta = 50 \sim 100$mm	T(℃)	A_{kv}(J)	
手工焊焊条	Q235	A	375~460	235	205	—	—	E4303
		B				20	27	E4303 E4328 E4315 E4316
		C				0	27	
		D				-20	27	
	Q345	A	470~630	345	275	—	—	E5003
		B				20	34	E5003
		C				0	34	E5016 E5018
		D				-20	34	
		E				-40	27	—
	Q390	A	490~650	390	330	—	—	E5015 E5016
		B				20	34	
		C				0	34	
		D				-20	34	
		E				-40	27	—
	Q420	A	520~680	420	360	—	—	E5015-D3 E5015-G E5016-D3 E5016-G
		B				20	34	
		C				0	34	
		D				-20	34	
		E				-40	27	—
埋弧焊的焊接材料	埋弧焊的焊接材料包括焊丝和焊剂，焊丝和焊剂直接参与焊接过程的冶金反应，因此正确地选择焊丝和焊剂，是埋弧焊技术的一项重要内容。 对于Q235钢，一般选用H08（焊8）、H08A（焊8高）、H08Mn（焊8锰）焊丝，焊剂选用F4xx。例如F4A0-H08A。 对于低合金钢，一般选用H08Mn2Si（焊8锰2硅）、H08Mn2SiA（焊8锰2硅高）、H10Mn2SiMo（焊10锰2硅钼）焊丝，焊剂选用F5xxx。例如F5014-H08Mn2Si							
CO_2气体保护焊焊丝	焊接低碳钢、低合金钢一般选用H08MnSi、H08Mn2SiA、H10MnSi焊丝							

14.3 桥梁钢结构的长效防护

桥梁钢结构的长效防护　　表14.3-1

防护措施	技术内容
涂料保护	涂料保护是钢结构防腐蚀的最方便而有效的方法之一，涂料对钢铁的保护作用主要有三种，即屏蔽作用、缓蚀作用和阴极保护作用。目前，重防腐涂料的防腐寿命一般为10~15年

续上表

<table>
<tr><th>防护措施</th><th>技术内容</th></tr>
<tr><td>涂料保护</td><td>环氧富锌漆和无机硅酸富锌漆，就是利用锌粉的阴极保护，是重防腐涂料体系中的首选底漆。高含量的锌粉与钢铁紧密接触，由于锌的电位比钢铁低，腐蚀电流就会从锌流向钢铁，锌粉首先被腐蚀，从而保护了钢铁。锌粉在大气中的腐蚀产物为难溶碱式盐，它们会填没涂层中的空隙，也具有保护作用
<table>
<tr><th colspan="3">国内目前常用的重防腐涂料方案</th></tr>
<tr><th>涂料名称</th><th>道数</th><th>每道干膜厚度(μm)</th></tr>
<tr><td>环氧富锌底漆</td><td>2～3</td><td>20～30</td></tr>
<tr><td>环氧云铁中间漆</td><td>2～3</td><td>50</td></tr>
<tr><td>聚氨酯面漆</td><td>2</td><td>50</td></tr>
</table>
</td></tr>
<tr><td>金属喷涂（喷镀）</td><td>防腐年限在15年以上的钢结构，宜采用金属喷涂防腐，广泛喷涂方法是电弧喷锌、喷铝。
电弧喷涂的原理是利用电弧喷涂设备，对两根带电的金属丝(如锌、铝或锌铝合金等)进行加热、熔融、雾化、喷涂形成防腐涂层。外加有机封闭涂层，形成长效防腐复合涂层，一般可达30年以上，30年以后的维护，仅需在电弧涂层上刷封闭涂料。
喷铝、喷锌或喷锌铝合金，实际上就是阴极保护防腐
<table>
<tr><th colspan="2">热喷铝的长效涂装参考方案</th></tr>
<tr><th>涂层名称</th><th>厚度(μm)</th></tr>
<tr><td>热喷铝</td><td>160</td></tr>
<tr><td>聚氨酯封闭漆</td><td>25</td></tr>
<tr><td>锌黄聚氨酯中间漆</td><td>50</td></tr>
<tr><td>聚氨酯面漆</td><td>50</td></tr>
</table>
</td></tr>
</table>

15 桥梁墩台

15.1 圬工墩台

墩台砌筑施工要点　　表 15.1-1

项目	具体要求	
砌筑要点	纵剖面　立面　*a-a*剖面　*b-b*剖面 桥墩配料大样图	在砌筑前应按设计图放出实样，挂线砌筑。砌筑基础的第一层砌块时，如基底为土质，只在已砌石块的侧面铺上砂浆即可，不需坐浆。 如基底为石质，应将其表面清洗、润湿后，先坐浆再砌石。砌筑斜面墩台时，斜面应逐层放坡，以保证规定的坡度。 砌块间用砂浆黏结并保持一定的缝厚，所有砌缝要求砂浆饱满。 形状比较复杂的工程，应先作出配料设计图（左图），注明块石尺寸；形状比较简单的，也要根据砌体高度、尺寸、错缝等，先行放样配好料石再砌
砌筑方法	第一层　第二层 a)圆端形桥墩的砌筑 第二层　第二层 b)尖端形桥墩的砌筑 桥墩的砌筑	同一层石料及水平灰缝的厚度要均匀一致，每层按水平砌筑，丁顺相间，砌石灰缝互相垂直，灰缝宽度和错缝应符合表 15.1-2 的规定。砌石顺序为先角石，再镶面，后填腹。填腹石的分层高度应与镶面相同；圆端、尖端及转角形砌体的砌石顺序，应自顶点开始，按丁顺排列接砌镶面石。砌筑图例如左图，圆端形桥墩的圆端顶点不得有垂直灰缝，砌石应从顶端开始先砌石块①[图 a)]，然后依丁顺相间排列，安砌四周镶面石；尖端桥墩的尖端及转角处不得有垂直灰缝，砌石应从两端开始，先砌石块①[图 b)]，再砌侧面转角②，然后丁顺相间排列，接砌四周的镶面石

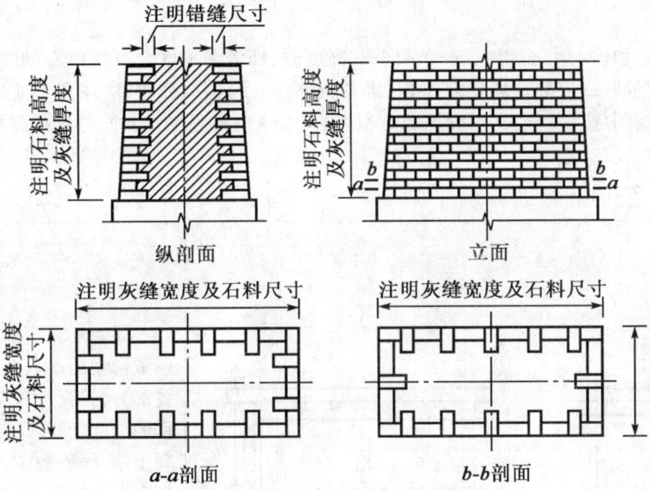

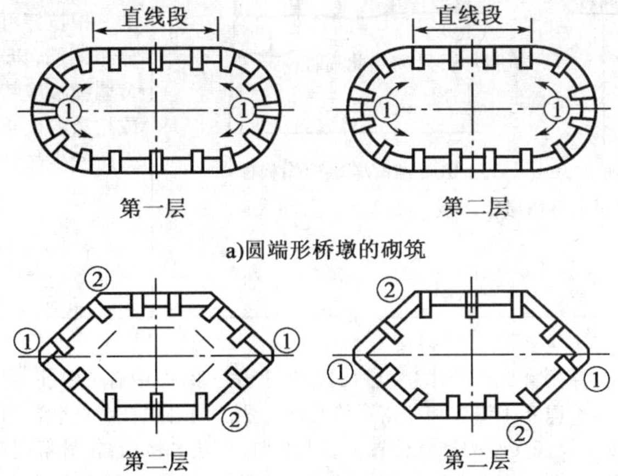

浆砌镶面石灰缝规定 表 15.1-2

种类	灰缝厚度 (cm)	错缝(层间或行列间) (cm)	三块石料相接处空隙 (cm)	砌筑行列高度 (cm)
粗料石	1.5~2	不小于10	1.5~2	每层石料厚度一致
半细料石	1~1.5	不小于10	1~1.5	每层石料厚度一致
细料石	0.8~1	不小于10	0.8~1	每层石料厚度一致

墩台顶帽施工的主要工序 表 15.1-3

施工工序	具 体 要 求	
墩、台帽放样	墩台混凝土(砌石)灌注至离墩、台帽底下30~50cm高度时,即需测出墩台纵横中心轴线,并开始竖立墩、台帽模板,安装锚栓孔或安装预埋支座垫板、绑扎钢筋等。台帽放样时,应注意不要以基础中心线作为台帽背墙线,浇筑前应反复核实,以确保墩台帽中心、支座垫石等位置方向与水平高程等不出差错	
模板	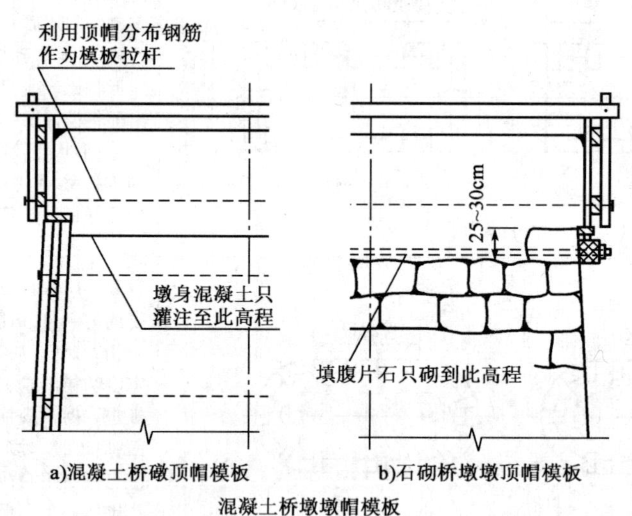 a)混凝土桥礅顶帽模板 b)石砌桥墩墩顶帽模板 混凝土桥墩墩帽模板	墩台帽是支承上部结构的重要部分,其尺寸位置和水平高程的准确度要求较严。浇筑混凝土应从墩台帽下30~50cm处至墩台帽顶面一次浇筑,以保证墩、台帽底有足够厚度的紧密混凝土。左图为混凝土桥墩墩帽模板图。墩帽模板下面的一根拉杆可利用墩帽下层的分布钢筋,以节省铁件。台帽背墙模板应特别注意纵向支撑或拉条的刚度,防止灌注混凝土时发生鼓肚,侵占梁端空隙
钢筋和支座垫板	墩、台帽钢筋绑扎应遵守《公路桥涵施工技术规范》(JTG/T F50—2011)中有关钢筋工程的规定。墩、台帽上支座垫板的安设一般采用预埋支座垫板和预留锚栓孔的方法。前者须在绑扎墩台帽和支座垫石钢筋时,将焊有锚固钢筋的钢垫板安设在支座的准确位置上,即将锚固钢筋和墩、台帽骨架钢筋焊接固定,同时将钢垫板做成木架,固定在墩、台帽模板上。此法在施工时垫板位置不准确,应经常检查与校正。后者须在安装墩台帽模板时,安装好预留孔模板,在绑扎钢筋时注意将锚栓孔位置留出。此法安装支座施工方便,支座垫板位置准确	

15.2 现浇混凝土墩台

混凝土墩台施工的一般要求 表15.2-1

项目	有关内容
一般要求	混凝土集料、矿物掺和料、水、水泥、外加剂、混凝土配合比等按《公路桥涵施工技术规范》(JTG/T F50—2011)第6章的规定办理。 1. 在每层混凝土浇筑前，应对已浇混凝土表面进行凿毛处理，并将其表面的松散层、石屑等清扫干净，再修整连接钢筋。 2. 模板组装前，应在基础顶面放出墩、台中线及实样
墩台身钢筋	墩、台身钢筋施工除应符合本手册第10章的有关规定外，尚应符合下列规定： 1. 对高度大于30m的桥墩，在钢筋安装时宜设置劲性骨架。 2. 钢筋施工时其分节高度不宜大于9m，以确保施工安全。 3. 下一节段钢筋绑扎时，上一节段混凝土强度应达到2.5MPa以上
模板、脚手架	模板制作安装与脚手架施工除应符合本手册第9章的有关规定外，尚应符合下列规定： 1. 高墩施工宜采用翻转模板、爬升模板或滑升模板。 2. 模板采用分段整体吊装时，应联结牢固，保证其整体性，可视吊装能力确定分段尺寸。 3. 高墩施工时，首节模板安装平面位置和竖直度应严格控制。模板安装过程中必须采取可靠的调整措施，以保证高墩的垂直度满足《公路桥涵施工技术规范》(JTG/T F50—2011)的要求。 4. 钢筋与模板之间保持间距的垫块，厚度不允许有负偏差，正偏差不得大于5mm。 5. 模板在安装过程中，必须设置防倾覆设施。对高度大于30m的桥墩或风力较大地区，应设置风缆。 6. 墩台身施工时应搭设脚手架工作平台，上铺木板，下挂安全网，周围设扶手栏杆
混凝土的运送	1. 混凝土从拌和站运送到现场的水平运输宜采用混凝土罐车。 2. 混凝土垂直运输可采用各种吊机与吊斗结合的方式；对高墩或混凝土数量大以及浇筑速度快的情况，可采用汽车泵或混凝土输送泵输送
混凝土浇筑	混凝土浇筑施工除应符合本手册第12章的有关规定外，尚应符合下列规定： 1. 墩、台身如属大体积混凝土，应按大体积混凝土施工的有关规定办理。 2. 混凝土浇筑时，串筒、溜管等布料点的布置应方便摊铺和振捣，并应明确划分工作区域。 3. 采用滑升模板浇筑桥墩混凝土时，应符合下列规定。 (1)宜采用低流动度或半干硬性混凝土。 (2)浇筑应分层分段进行，各段应浇筑到距模板上口不小于100～150mm的位置为止。若为排柱式墩台，各立柱应保持进度一致。 (3)应采用插入式振捣器振捣。 (4)为加快模板提升时间，可掺入一定数量的早强剂。 (5)在滑升中须防止千斤顶或油管接头在混凝土或钢筋材料上漏油。 (6)每一整体结构的浇筑应连续进行，若因故中途停工，应按施工缝处理。 (7)混凝土脱模时的强度宜为0.2～0.5MPa，脱模后如表面有缺陷，应及时予以修补
养生	墩、台顶表面收浆后，应及时养生，养护须采用淡水。缺乏淡水时，应涂养护剂或采用塑料薄膜覆盖进行养护。用塑料薄膜养生时，模板拆除后应先将混凝土表面用清水浇湿，再用薄膜将该节墩、台身包裹严密，养生时间不得少于7d

现浇混凝土的技术要求 表 15.2-2

<table>
<tr><th>项目</th><th>现浇混凝土的技术要求</th></tr>
<tr><td>浇筑混凝土前的检查</td><td>1. 对支架、模板、钢筋和预埋件进行检查,合格后方可进行。
2. 运至浇筑的混凝土如有离析现象或坍落度不符合要求,应重新搅拌均匀,满足坍落度后才能入模</td></tr>
<tr><td rowspan="2">混凝土浇筑方向、顺序和分层厚度</td><td>为防止由高处向模板内倾斜混凝土时产生离析现象,应注意:
1. 自由倾落高度一般不大于2m,以不发生拌和物离析为度。
2. 当倾落高度大于2m时,应通过串筒、溜槽或振动溜管等设施滑下;倾落高度在10m以上时,应设置减速装置。
3. 在串筒出料口下面,混凝土堆积高度不宜超过2m</td></tr>
<tr><td>1. 混凝土浇筑,应在下层混凝土初凝或能重塑前浇筑完成上层混凝土。上下层同时浇筑时,上层与下层前后的浇筑距离应保持在1.5m以上。
2. 在倾斜面上浇筑混凝土时,应从低处开始逐层扩展升高,并应保持水平分层。
3. 分层厚度不应超出下列规定:
混凝土浇筑分层厚度
<table>
<tr><th>序号</th><th colspan="2">捣实方法</th><th>浇筑层厚度(cm)</th></tr>
<tr><td>1</td><td colspan="2">用插入式振捣器</td><td>30</td></tr>
<tr><td>2</td><td colspan="2">用附着式振捣器</td><td>30</td></tr>
<tr><td rowspan="2">3</td><td rowspan="2">用表面振捣器</td><td>无筋或配筋稀疏时</td><td>25</td></tr>
<tr><td>配筋较密时</td><td>15</td></tr>
<tr><td rowspan="2">4</td><td rowspan="2">人工振捣</td><td>无筋或配筋稀疏时</td><td>20</td></tr>
<tr><td>配筋较密时</td><td>15</td></tr>
</table>
注:表列浇筑层厚度可根据结构物和振捣器型号等适当调整</td></tr>
<tr><td>浇筑混凝土时的振捣要求</td><td>浇筑混凝土时,除少数塑性混凝土可用人工捣实外,一般应用振捣器振实,并应满足下列要求:
1. 插入式振捣器应垂直或略有倾斜地插入混凝土中,倾斜度不应过大;不能放在混凝土的面层,否则会减小插入深度,影响振捣效果。
2. 插入时宜稍快,提出时略慢,并边提边振,以免在混凝土中留下空洞。
3. 插入式振捣器振捣时的移动间距不应超过振捣器作用半径的1.5倍;与侧模应保持在5~10cm的距离;应插入下层混凝土5~10cm,使上下层混凝土结合牢固。
4. 表面振捣器的移位距离,应以振捣器平板能够覆盖已振实的部分10cm左右为宜。
5. 附着式振捣器的布置距离,应根据构造物的形状及振捣器性能等情况通过试验来确定。
6. 混凝土浇筑后应随即进行振捣,振捣时间要适合,一般控制在25~40s为宜;如振捣时出现下列情况之一,表明混凝土已经振捣完成。
(1)混凝土表面停止沉落,或沉落不显著。
(2)振捣不再出现显著气泡,或振捣器周围无气泡冒出。
(3)混凝土表面呈现平坦、浮浆。
(4)混凝土已将模板边角部位填满充实</td></tr>
<tr><td>混凝土浇筑容许间断时间</td><td>混凝土的浇筑应连续进行,若因故必须间断,其间断时间应小于前层混凝土的初凝时间或能重塑的时间。容许间断时间应经试验确定,当无试验资料时,可参考下列规定:
浇筑混凝土的容许间断时间
<table>
<tr><th rowspan="2">序号</th><th rowspan="2">混凝土强度等级</th><th colspan="2">容许间断时间(min)</th></tr>
<tr><th>气温不高于25℃</th><th>气温高于25℃</th></tr>
<tr><td>1</td><td>小于或等于C30</td><td>210</td><td>180</td></tr>
<tr><td>2</td><td>大于C30</td><td>180</td><td>150</td></tr>
</table>
注:当混凝土中掺有促凝或缓凝剂时,其容许间断时间应根据试验结果而定</td></tr>
</table>

续上表

<table>
<tr><th>项目</th><th colspan="14">现浇混凝土的技术要求</th></tr>
<tr><td rowspan="11">混凝土达到一定强度所需时间</td><td colspan="14">如浇筑混凝土的间断时间超过规定或前层混凝土已凝结，除按施工缝处理外，一般须待前层混凝土达到1.2MPa，方可浇筑次层混凝土。当结构物为钢筋混凝土时，须待前层混凝土强度达到2.5MPa，方可浇筑次层混凝土。</td></tr>
<tr><td colspan="14">混凝土达到0.5MPa及1.2MPa强度所需时间</td></tr>
<tr><td rowspan="4">混凝土达到0.5MPa强度所需时间(h)</td><td rowspan="2">混凝土强度等级</td><td colspan="12">日平均气温</td></tr>
<tr><td colspan="4">5～15℃</td><td colspan="4">16～20℃</td><td colspan="4">21～30℃</td></tr>
<tr><td>C30</td><td colspan="4">10</td><td colspan="4">7</td><td colspan="4">4</td></tr>
<tr><td>C15～C20</td><td colspan="4">11</td><td colspan="4">8</td><td colspan="4">5</td></tr>
<tr><td rowspan="4">混凝土达到1.2MPa强度所需时间(h)</td><td rowspan="2">水泥品种及强度等级</td><td colspan="12">外界平均气温(℃)</td></tr>
<tr><td colspan="3">小于5℃</td><td colspan="3">小于10℃</td><td colspan="3">小于15℃</td><td colspan="3">大于15℃</td></tr>
<tr><td>硅酸盐水泥及强度等级≥32.5级的普通水泥</td><td colspan="3">2.5</td><td colspan="3">2</td><td colspan="3">1.5</td><td colspan="3">1</td></tr>
<tr><td>矿渣水泥、火山灰水泥、粉煤灰水泥及强度等级<32.5级的普通水泥</td><td colspan="3">4</td><td colspan="3">3</td><td colspan="3">2</td><td colspan="3">1.5</td></tr>
<tr><td colspan="14">注:1. 浇筑混凝土期间，应设专人检查支架模板钢筋和预埋件等的稳固情况，当发现有松动变形移位时，应及时处理。在浇筑混凝土过程中，使用插入式振捣器时还应随时注意防止机头与模板钢筋及预埋件碰撞所引起的松动变形和移位。
2. 高大的桥台，若自身后仰，说明其自重力偏心较大。为平衡台身偏心，施工时应随同填筑四周路堤土方同步砌筑或浇筑台身，防止桥台后倾或向前滑移。未经填土的台身施工高度一般不宜超过4m，以免偏心引起基底不均匀沉陷</td></tr>
</table>

墩台混凝土的浇筑方法和要求 表15.2-3

项目	墩台混凝土的浇筑方法和要求
墩台基底处理	对桥梁墩台基底的处理，除应遵照有关要求和规定外，还应注意做到： 1. 基底为非黏性土或干性土时，应将其润湿。 2. 基面为岩石时，应加以润湿，并铺一层2～3cm的水泥砂浆，然后在水泥砂浆凝结前浇筑第一层混凝土
浇筑方法及要求	一般墩台及基础混凝土，应在整个平截面范围水平分层进行浇筑。 大体积墩台基础混凝土，当平截面过大，不能在前层混凝土初凝或重塑前浇筑完成次层混凝土时，可分块进行浇筑。分块浇筑时应符合以下要求： 1. 分块合理布置，各分块面积不宜小于$50m^2$。 2. 每块高度不宜超过2m。 3. 块与块之间的竖向接缝面应于基础平截面短边平行，与平截面短边垂直。 4. 上下邻层混凝土间竖向接缝应错开位置做成企口，并按施工缝处理
大体积混凝土水化热的控制	对于大体积混凝土的浇筑，应考虑水化热温度的控制，可参照下述方法进行： 1. 可采用水化热低的大坝水泥、矿渣水泥、粉煤灰水泥或低等级水泥。 2. 用改善集料级配降低水灰比、掺混合料、掺外加剂、掺入片石等方法减少水泥用量。 3. 减少浇筑层的分层厚度，加快混凝土的散热速度。 4. 尽量减少对混凝土用料的日光曝晒，以降低初始温度。 5. 在混凝土内埋设冷却管，通水冷却

续上表

项目	墩台混凝土的浇筑方法和要求
毛石混凝土的浇筑	浇筑较大体积的混凝土墩台及其基础，可在混凝土中填充厚度不小于15cm的石块，其填充量不得超过混凝土体积的1/5，且必须满足下列要求： 1. 块石必须经过挑选，无裂纹和夹层，块石吸水饱和状态下极限抗压强度不得低于60MPa。 2. 块石在使用前必须用清水冲洗干净，使用时再用水润湿。 3. 块石应镶嵌在新浇筑的流态混凝土上部，并在初凝后的混凝土上放置块石；应竖向嵌置不得乱抛，并埋设于混凝土中一半，露出一半，与次层混凝土结合。 4. 填嵌块石时不允许碰触结构中任何钢筋及预埋件。 5. 块石应分布均匀，间距不得小于15cm，局部突出处最小间距不得小于10cm，块石与基础地面模板边缘及桩等间距不应小于15cm

15.3 装配式墩台

装配式墩台类型 表15.3-1

项目	结构形式及主要特点	
砌块式墩台	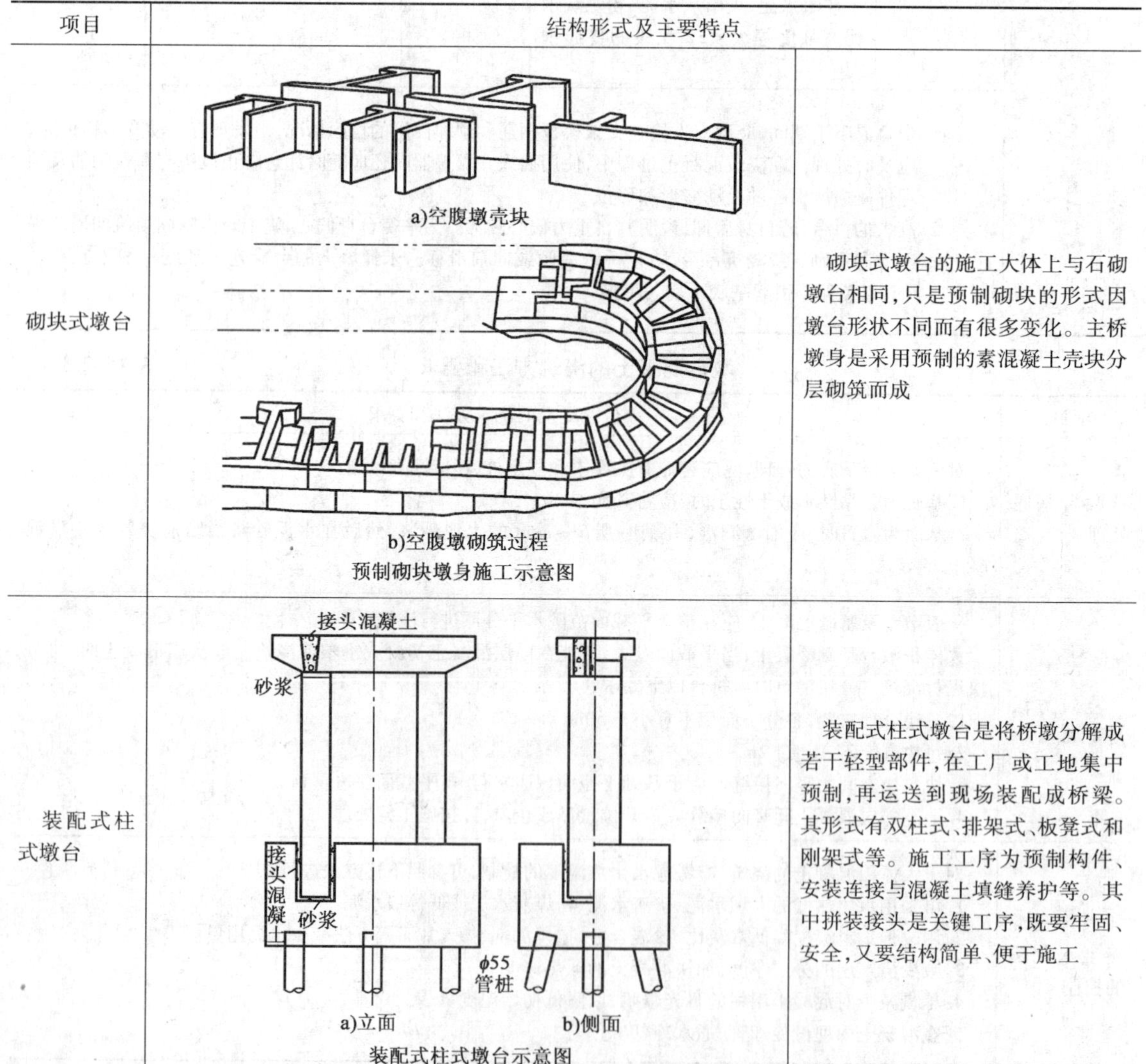 a)空腹墩壳块 b)空腹墩砌筑过程 预制砌块墩身施工示意图	砌块式墩台的施工大体上与石砌墩台相同，只是预制砌块的形式因墩台形状不同而有很多变化。主桥墩身是采用预制的素混凝土壳块分层砌筑而成
装配式柱式墩台	 a)立面 b)侧面 装配式柱式墩台示意图	装配式柱式墩台是将桥墩分解成若干轻型部件，在工厂或工地集中预制，再运送到现场装配成桥梁。其形式有双柱式、排架式、板凳式和刚架式等。施工工序为预制构件、安装连接与混凝土填缝养护等。其中拼装接头是关键工序，既要牢固、安全，又要结构简单、便于施工

装配式柱式墩台常用的拼装接头　　表 15.3-2

接头类型	特　　点
承插式接头	将预制构件插入相应的预留孔内，插入长度一般为1.2～1.5倍的构件宽度，底部铺设2cm砂浆，四周以半干硬性混凝土填充，常用于立柱与基础的接头连接
钢筋锚固接头	构件上预留钢筋或型钢，插入另一构件的预留槽内，或将钢筋互相焊接，再灌注半干硬性混凝土，多用于立柱与顶帽处的连接
焊接接头	将预埋在构件中的铁件与另一构件的预埋铁件用电焊连接，外部再用混凝土封闭。这种接头易于调整误差，多用于水平连接杆与主柱的连接
扣环式接头	相互连接的构件按预定位置预埋环式钢筋，安装时柱脚先坐落在承台的柱芯上，上下环式钢筋互相错接，扣环间插入U形短钢筋焊牢，四周再绑扎钢筋一圈，立模浇注外围接头混凝土。这种接头要求上下扣环预埋位置正确，施工较为复杂
法兰盘接头	在相连接构件两端安装法兰盘，连接时用法兰盘连接，要求法兰盘预埋位置必须与构件垂直。接头处可不用混凝土封闭

装配式柱式墩台的注意事项　　表 15.3-3

项目	具 体 要 求
装配式柱式墩台	1. 墩台柱构件与基础顶面预留杯形基座应编号，并检查各个墩台高度和基座高程是否符合设计要求。基杯口四周与柱边的空隙不得小于2cm。 2. 墩台柱吊入基杯内就位时，应在纵横方向测量，使柱身竖直度或倾斜度以及平面位置均符合设计要求。对重大、细长的墩柱，需用风缆或撑木固定，方可摘除吊钩。 3. 在墩台柱顶安装盖梁前，应先检查盖梁口预留槽眼位置是否符合设计要求，否则应先修凿。 4. 柱身与盖梁（顶帽）安装完毕并检查符合要求后，可在基杯空隙与盖梁槽眼处灌注稀砂浆，待其硬化后，拆除楔子、支撑或风缆，再在楔子孔中灌填砂浆

后张法预应力混凝土装配墩施工　　表 15.3-4

项目	具 体 要 求
预应力钢材	一般采用冷拉Ⅳ级粗钢筋和高强度低松弛钢丝。高强度低松弛钢丝，其强度高，张拉力大，预应力束数较少；施工时穿束较容易，在预应力钢束连接处受预应力钢束连接器的影响，需要局部加大构件壁厚。冷拉Ⅳ级粗钢筋要求混凝土预制构件中的预留孔道精度高，利于冷拉Ⅳ级钢筋连接
预应力张拉方式	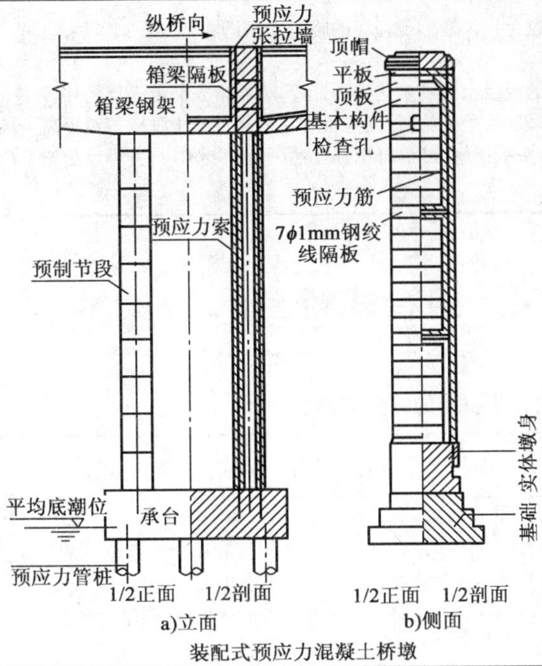 纵桥向　预应力张拉墙　顶帽　平板　顶板　箱梁隔板　箱梁钢架　基本构件　检查孔　预应力筋　预应力索　7ϕ1mm钢绞线隔板　预制节段　实体墩身　基础　平均底潮位　承台　预应力管桩　1/2正面　1/2剖面　1/2正面　1/2剖面 a)立面　b)侧面 装配式预应力混凝土桥墩 张拉位置可以在墩顶上张拉，如左图a)所示；亦可以在墩台底的实体部位张拉，如左图b)所示。一般采用墩帽顶上张拉。 墩帽顶上张拉预应力钢束的主要特点是：①张拉操作人员及设备均处于高空作业，张拉操作虽然方便，但安全性较差；②预应力钢束锚固端可以直接埋入承台，而不需要设置过渡段；③在墩底截面受力最大位置可以发挥预应力钢束抗弯能力强的特点。 墩底实心体张拉预应力钢束的主要特要特点是：①张拉操作人员和设备均为地面作业，安全方便；②在墩底处要设置过渡段，既要满足预应力钢束张拉千斤顶安放要求，同时又要布置较多的受力钢筋，满足截面在运营阶段的受力要求；③过渡段构件中预应力钢束的张拉位置与竖向受力钢筋相互关系较为复杂

续上表

项目	具 体 要 求
压浆	预应力钢束的张拉要求和预应力管道内的压浆要求与预应力混凝土梁的要求一致,不再赘述。特别应注意的是,压浆最好由下而上压注;构件装配的水平拼装缝采用35 号水泥砂浆,砂浆厚度为15mm,一方面可以调节水平,另一方面可避免因渗水而影响预制构件的连接质量

预制环管式墩台的安装 表 15.3-5

项目	具 体 要 求
预制环管式墩台	1. 在基础或承台上安装预制混凝土管节、环圈作墩台时,由混凝土基础或承台中伸出的钢筋应插入管节、环圈中间的现浇混凝土内,插入钢筋的数量和锚固长度应按设计要求或通过计算确定。 2. 管节或环圈安装时,应严格控制设计轴线的位置,不得出现倾斜或上下错位现象。 3. 应采用设计规定的砂浆将管节或环圈处的接缝填塞抹平。 4. 管节或环圈内的钢筋绑扎和混凝土浇筑,应按本手册第 10 章、第 12 章的有关规定执行

预制整体式基础的安装步骤与要求 表 15.3-6

项目	安装步骤与要求
预制整体式基础	1. 构件的混凝土强度达到设计要求后方可安装,设计无要求时一般不应低于 30MPa。 2. 安装前应检查支承结构的尺寸、高程、平面位置和承载能力,均应符合设计要求。 3. 基础安装的岩面或混凝土的表面应平整,安装前应冲刷干净,坐浆时应将水泥浆抹平,厚薄均匀。 4. 安装就位后应采取保证构件稳定的措施,平面位置、高程、垂直度经检查校正符合设计要求后,方可焊接或浇筑接头混凝土。 5. 吊装大薄壁构件时,应采取避免构件变形或损坏的临时加固措施。 6. 构件固定后方可脱离吊钩。 7. 分层安装时,若接头或接缝的混凝土强度未达到设计要求,不得安装上一层构件。 8. 接头、接缝混凝土或砂浆宜采取快凝措施,强度等级宜比构件混凝土强度等级提高一级。 9. 已安装完毕的整体基础的接头或接缝,其混凝土强度达到设计要求后,方可承受施工荷载

15.4 组合式桥台

组合式桥台的构造与施工 表 15.4-1

项　　目	组合式桥台的构造
组合式桥台的定义	组合式桥台就是将桥台的两大主要功能——支承主梁和隔挡台后填土及承受侧向土压力,分别由轻型桥台和锚定板两种独立结构各自承担,从而形成组合结构。组合式桥台形式简化了桥台的结构,减少桥台结构自身的质量,降低了地基承载力的要求,使结构受力更简明

续上表

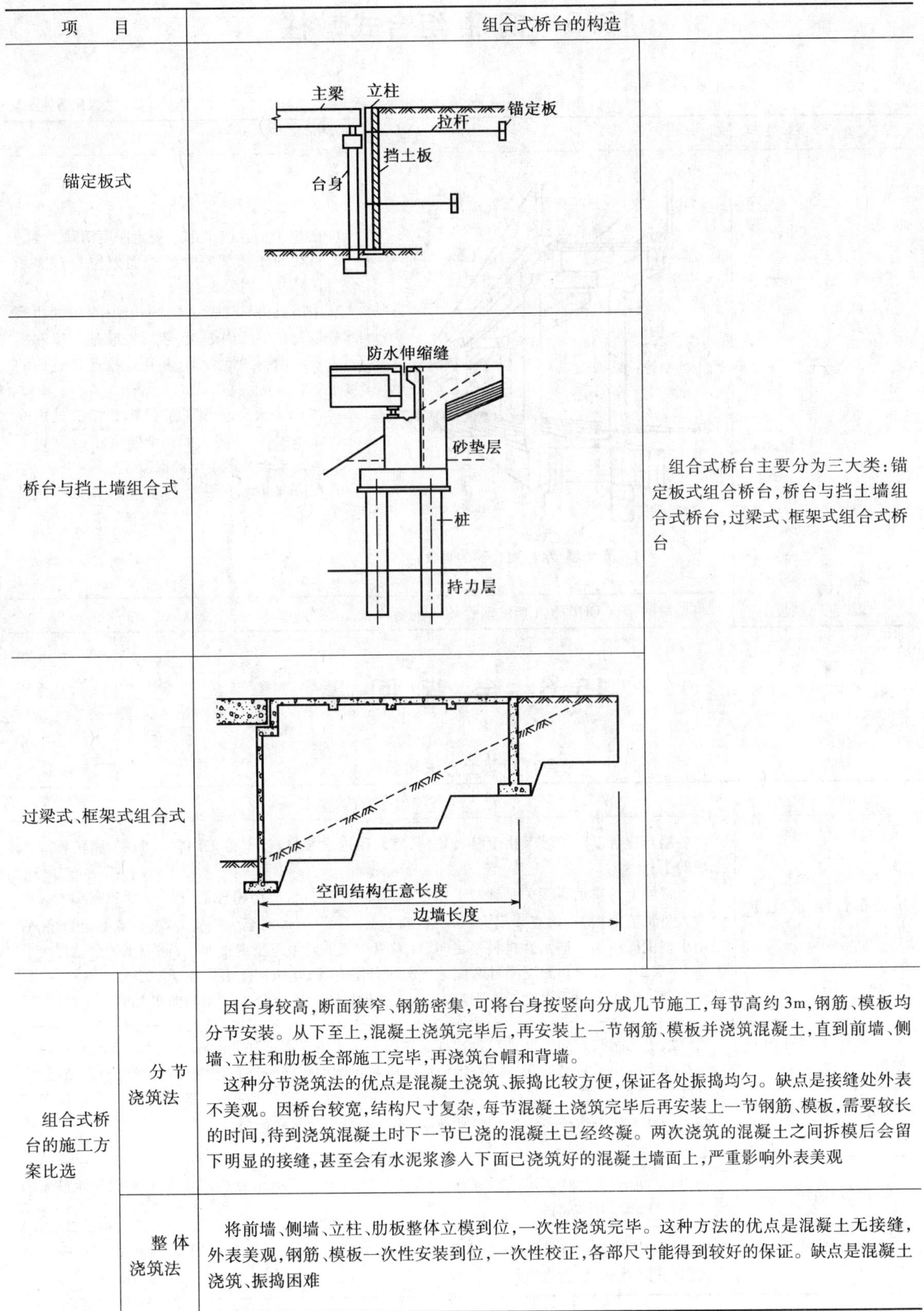

项　目		组合式桥台的构造	
锚定板式		（图）	组合式桥台主要分为三大类：锚定板式组合桥台，桥台与挡土墙组合式桥台，过梁式、框架式组合式桥台
桥台与挡土墙组合式		（图）	
过梁式、框架式组合式		（图）	
组合式桥台的施工方案比选	分节浇筑法	因台身较高，断面狭窄、钢筋密集，可将台身按竖向分成几节施工，每节高约3m，钢筋、模板均分节安装。从下至上，混凝土浇筑完毕后，再安装上一节钢筋、模板并浇筑混凝土，直到前墙、侧墙、立柱和肋板全部施工完毕，再浇筑台帽和背墙。 这种分节浇筑法的优点是混凝土浇筑、振捣比较方便，保证各处振捣均匀。缺点是接缝处外表不美观。因桥台较宽，结构尺寸复杂，每节混凝土浇筑完毕后再安装上一节钢筋、模板，需要较长的时间，待到浇筑混凝土时下一节已浇的混凝土已经终凝。两次浇筑的混凝土之间拆模后会留下明显的接缝，甚至会有水泥浆渗入下面已浇筑好的混凝土墙面上，严重影响外表美观	
	整体浇筑法	将前墙、侧墙、立柱、肋板整体立模到位，一次性浇筑完毕。这种方法的优点是混凝土无接缝，外表美观，钢筋、模板一次性安装到位，一次性校正，各部尺寸能得到较好的保证。缺点是混凝土浇筑、振捣困难	

15.5 钢-混组合式墩柱

钢管桥墩安装步骤与要求 表 15.5-1

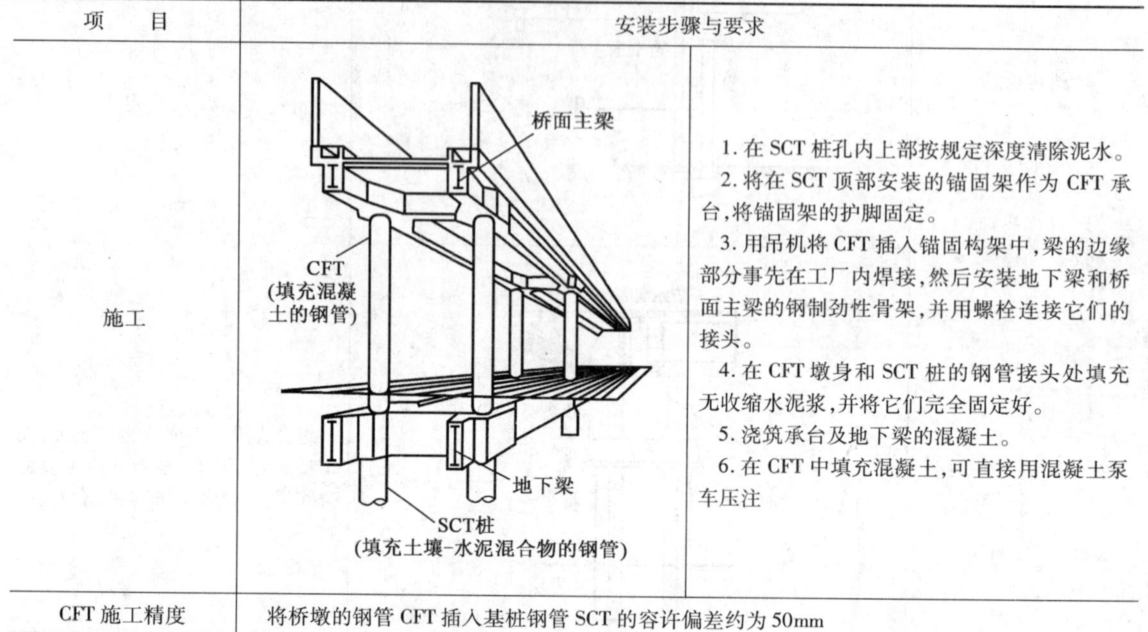

项　　目	安装步骤与要求	
施工	（图）	1. 在 SCT 桩孔内上部按规定深度清除泥水。 2. 将在 SCT 顶部安装的锚固架作为 CFT 承台，将锚固架的护脚固定。 3. 用吊机将 CFT 插入锚固构架中，梁的边缘部分事先在工厂内焊接，然后安装地下梁和桥面主梁的钢制劲性骨架，并用螺栓连接它们的接头。 4. 在 CFT 墩身和 SCT 桩的钢管接头处填充无收缩水泥浆，并将它们完全固定好。 5. 浇筑承台及地下梁的混凝土。 6. 在 CFT 中填充混凝土，可直接用混凝土泵车压注
CFT 施工精度	将桥墩的钢管 CFT 插入基桩钢管 SCT 的容许偏差约为 50mm	

15.6 台 背 回 填

台背回填土方法和要求 表 15.6-1

项　　目	各项填土方法、要求
桥台台背、锥坡、护坡填土	1. 桥涵台背、锥坡、护坡及拱上各种填料，宜采用透水性材料，不得采用含有泥草、腐殖物或冻土块的土。 2. 台背填土的质量直接关系到竣工后行车的舒适与安全，应严格控制分层厚度和密实度。应设专人负责监督检查，检查频率为 $50m^2$ 检验 1 点，不足 $50m^2$ 时至少检验 1 点，每点都应合格，宜采用小型机械压实。透水性材料不足时，可采用石灰土或水泥稳定土回填；回填土的分层厚度宜为 0.1 ~ 0.2m。台背和涵洞洞身两侧的填土应分层夯实，其压实度不应小于 96%。 3. 当台背填土采用透水性土有困难时，无冻土地区可在高水位以下用与路堤相同的土填筑
台背填土的范围和锥坡填土要求	台背填土顺路线方向长度，应自台身起，顶面不小于桥台高度加 2m，底面不小于 2m，拱桥台背填土长度不应小于台高的 3 ~ 4 倍；锥坡填土应与台背填土同时进行，并按设计宽度一次填足
软土地基上的台背填土	软土地基上的台背填土应根据设计要求，采取必要的技术措施进行
拱桥台背的填土	拱桥台背的填土应在主拱圈安装或砌筑以前完成；填土必须分层夯实，并应在桥台砌筑砂浆强度达到设计规定要求后进行
轻型、埋置式桥台台背填土	梁式桥的轻型桥台台背填土，宜在梁体安装完成以后，在两侧平衡地进行；埋置式桥台台背填土，宜在柱侧对称、平衡地进行

15.7 桥头搭板

桥头搭板的构造与要求　　表 15.7-1

项目		桥头搭板的构造与要求
桥头搭板质量要求		1. 钢筋混凝土桥头搭板,台后填土的填料应以透水性材料为主,并应分层填筑、压实。台背回填前应按设计要求做防水处理。 2. 台后地基如为软土,应按设计要求对地基进行处理并对台后填土进行预压。预压时应进行沉降观测,预压沉降控制值应在施工搭板前完成。 3. 桥头搭板下的路堤可设置排水构造物。 4. 钢筋混凝土搭板及枕梁宜采用就地浇筑
搭板的埋置方式	平置式	搭板的纵坡与路面设计纵坡平行,搭板的近台端搁置在台帽背墙的牛腿上或桥台前墙顶面,远台端则搁置在枕梁上。这种方式适用于引道是刚性路面的情况
	斜置式	搭板的纵坡一般不大于5%,和上述方式的不同点是远离台背端深埋在路面基层以下或者置于路面面层与基层之间。这种方式适用于引道是柔性路面的情况,有利于行车从刚性桥面到柔性路堤过渡。为预防搭板下沉,也可在搭板上先铺设一层沥青面层,通车后搭板若下沉,则在其上加铺沥青混凝土或沥青砂
	加设变厚式埋板	为避免二次跳车,常在搭板的尾端加设一段浅埋的变厚式埋板,其长度一般取3~5m,对于水泥混凝土路面,也可将与搭板连接处的路面板改为变厚式板。在搭板、埋板或变厚式板的下层,为保证与桥台连接部位的刚柔性层次在水平和垂直方向均能渐次变化,应采用强度及回弹模量均高于其他路段对应的路面结构层材料,以提高该部位整体受荷的抗冲能力,使路面刚度向路堤方向渐变,从而避免二次跳车现象发生
桥头搭板的长度确定		1. 搭板的长度应与填土高度或桥头路基容许沉降成正比。要考虑在使用年限内由于桥头路堤施工后沉降引起的路面纵坡变化。 2. 桥头引道的容许纵向沉降坡度与搭板的长度有直接关系。工程中容许的纵向坡度一般为4‰~6‰。 3. 搭板的长度应能跨越桥台台背难以压实的土体,或跨越按计划在台背预留的土方缺口长度,或跨越台背后破坏棱体的长度,或跨越填土前预留缺口的上口宽度
材料要求		1. 所用的水泥、砂、石、水及外掺剂的质量和规格必须符合有关规范要求,按规定的配合比施工。 2. 桥头搭板下的地基及垫层或路面基层的强度和压实度必须满足设计要求。 3. 不得出现露筋和空洞现象

15.8 施工质量检验与要求

墩台帽和盖梁施工质量标准(JTG/T F50—2011)　　表 15.8-1

项目	规定值或允许偏差	项目	规定值或允许偏差
混凝土强度(MPa)	在合格范围内	断面尺寸(mm)	±20
轴线偏位(mm)	10	顶面高程(mm)	±10
预埋件位置(mm)	10	大面积平整度(mm)	5

墩台身施工质量标准(JTG/T F50—2011)　表 15.8-2

<table>
<tr><th>项　次</th><th colspan="2">规定值或允许偏差</th><th>项　次</th><th>规定值或允许偏差</th></tr>
<tr><td>混凝土强度(MPa)</td><td colspan="2">在合格标准内</td><td>断面尺寸(mm)</td><td>±20</td></tr>
<tr><td rowspan="2">竖直度(mm)</td><td>$H \leq 30$m</td><td>H/1 500,
且不大于 20</td><td rowspan="2">顶面高程(mm)</td><td rowspan="2">±20</td></tr>
<tr><td>$H > 30$m</td><td>H/3 000,
且不大于 30</td></tr>
<tr><td>节段间错台(mm)</td><td colspan="2">5</td><td>轴线偏位(mm)</td><td>10</td></tr>
<tr><td>预埋件位置(mm)</td><td colspan="2">10</td><td>大面积平整度(mm)</td><td>5</td></tr>
</table>

注:H 为墩身或台身高度。

桥头搭板施工质量标准(JTG/T F50—2011)　表 15.8-3

<table>
<tr><th>项　次</th><th colspan="2">检 查 项 目</th><th>规定值或允许偏差</th></tr>
<tr><td>1</td><td colspan="2">混凝土强度(MPa)</td><td>在合格标准内</td></tr>
<tr><td rowspan="2">2</td><td rowspan="2">枕梁尺寸(mm)</td><td>宽、高</td><td>±20</td></tr>
<tr><td>长</td><td>±30</td></tr>
<tr><td rowspan="2">3</td><td rowspan="2">板尺寸(mm)</td><td>长、宽</td><td>±30</td></tr>
<tr><td>厚</td><td>±10</td></tr>
<tr><td>4</td><td colspan="2">顶面高程(mm)</td><td>±2</td></tr>
<tr><td>5</td><td colspan="2">板顶纵坡(%)</td><td>0.3</td></tr>
</table>

16 梁桥施工

一般规定 表 16.0-1

项目	一般规定
模板、支架	模板、支架的设计与安拆按本手册第9章的有关内容执行
临时性结构	用以施工的所有临时性承重结构均应进行设计计算，确保施工过程有足够的强度、刚度和稳定性，且变形值在允许范围内。 临时承重结构的地基及基础的设计和施工计划应及时书面报告监理工程师审查，签认批准后方可施工
主要材料	1. 木材应符合本手册第9章的规定。 2. 钢材（预应力筋、普通钢筋、钢板）的力学要求及加工应符合《公路桥涵施工技术规范》（JTG/T F50—2011）的规定。 3. 混凝土材料［水泥、砂、碎（卵）石、混合材料、外加剂］应符合《公路桥涵施工技术规范》（JTG/T F50—2011）的规定。 4. 混凝土配合比设计、拌和、运输、浇筑、养生除满足本章的规定外还应符合本手册第12章的规定
施工监控	大桥、特大桥或重要结构在施工阶段，对结构物的应力、变形值应有针对性的施工监测控制，以保证结构物的线形和结构安全

16.1 支架施工简支梁（板）桥

简支梁（板）桥常用支架形式 表 16.1-1

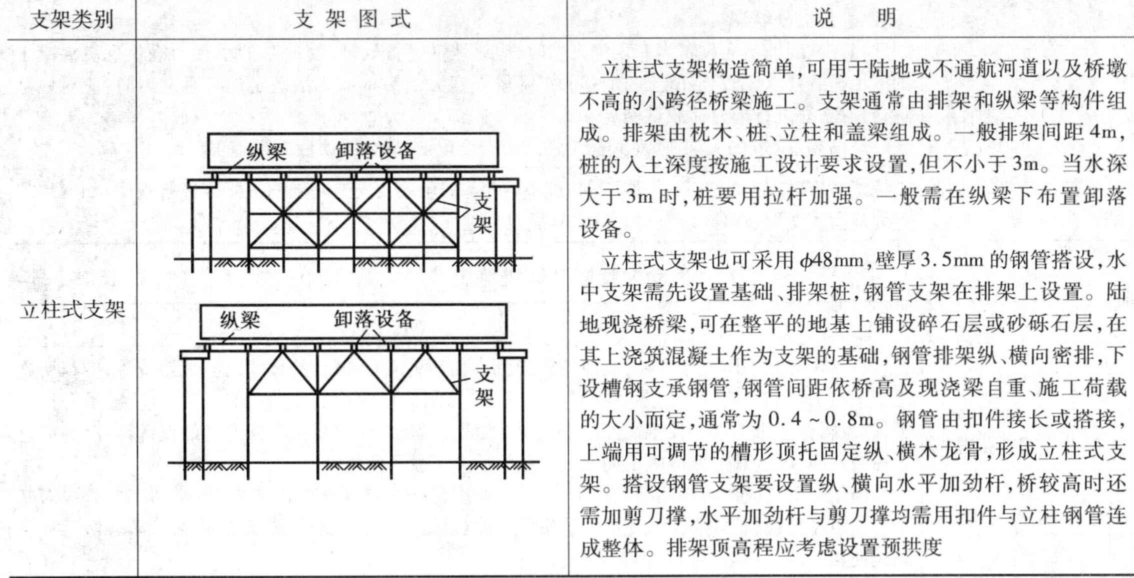

支架类别	支架图式	说明
立柱式支架	（见图）	立柱式支架构造简单，可用于陆地或不通航河道以及桥墩不高的小跨径桥梁施工。支架通常由排架和纵梁等构件组成。排架由枕木、桩、立柱和盖梁组成。一般排架间距4m，桩的入土深度按施工设计要求设置，但不小于3m。当水深大于3m时，桩要用拉杆加强。一般需在纵梁下布置卸落设备。 立柱式支架也可采用 ϕ48mm，壁厚3.5mm的钢管搭设，水中支架需先设置基础、排架桩，钢管支架在排架上设置。陆地现浇桥梁，可在整平的地基上铺设碎石层或砂砾石层，在其上浇筑混凝土作为支架的基础，钢管排架纵、横向密排，下设槽钢支承钢管，钢管间距依桥高及现浇梁自重、施工荷载的大小而定，通常为0.4～0.8m。钢管由扣件接长或搭接，上端用可调节的槽形顶托固定纵、横木龙骨，形成立柱式支架。搭设钢管支架要设置纵、横向水平加劲杆，桥较高时还需加剪刀撑，水平加劲杆与剪刀撑均需用扣件与立柱钢管连成整体。排架顶高程应考虑设置预拱度

续上表

支架类别	支架图式	说明
梁式支架	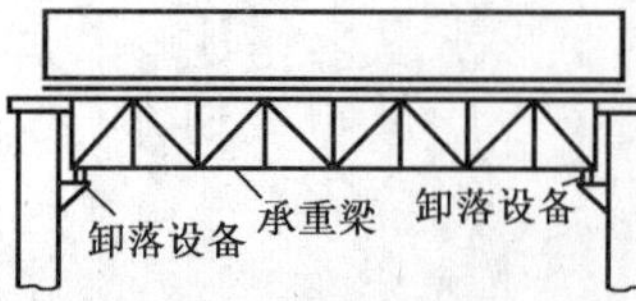 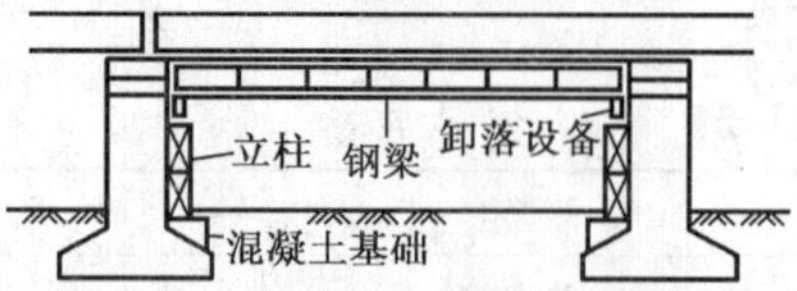	根据跨径不同,梁可采用工字钢、钢板梁或钢桁梁。一般工字钢用于跨径小于10m的情况,钢板梁用于跨径小于20m的情况,钢桁梁用于跨径大于20m的情况。梁可以支承在墩旁支柱上,也可支承在桥墩上预留的托架或桥墩处的横梁上
梁一柱式支架	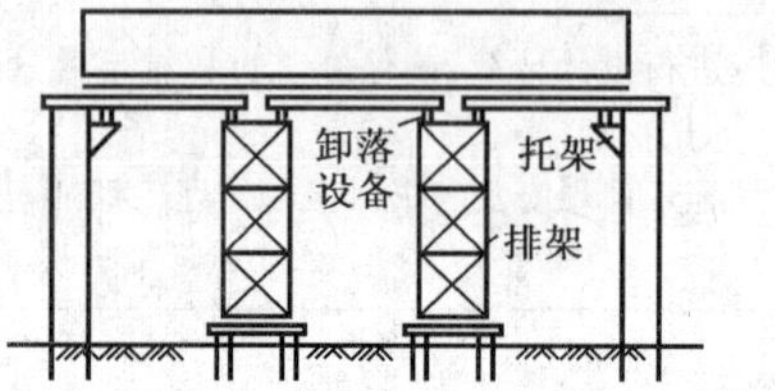 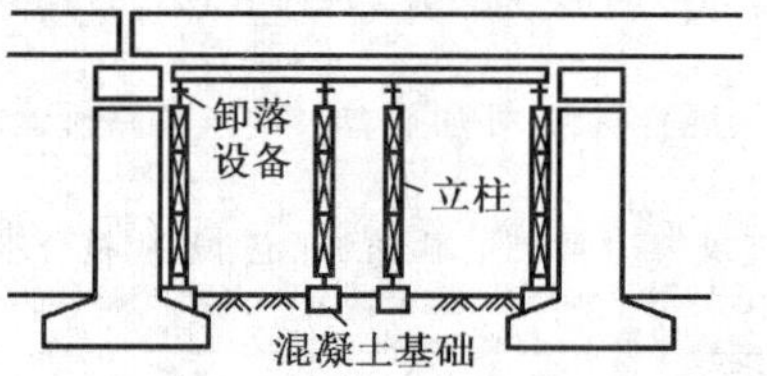	当桥梁较高、跨径较大或必须在支架下设通航孔或排洪孔时可用梁一柱式支架。梁支承在桥墩台以及临时支柱或临时墩上,形成多跨的梁一柱式支架

支架施工的技术要求 表16.1-2

项目	有关规定
支架技术要求	1. 支架应进行设计和计算,经审批后方可施工。 2. 支架的强度、刚度和稳定性等要求应符合《公路桥涵施工技术规范》(JTG/T F50—2011)有关条款的规定。 3. 支架的弹性、非弹性变形及基础的允许下沉量应满足施工后梁体设计高程的要求。 4. 整体浇筑时应采取措施,防止梁体不均匀下沉产生裂缝。若地基下沉可能造成梁体混凝土产生裂缝时,应分段浇筑。 5. 当在软弱地基上设置满布现浇支架时,应对地基进行处理,使地基的承载力满足现浇混凝土的施工荷载要求,浇筑混凝土时地基的沉降量不宜大于5mm。无法确定地基承载力时,应对地基进行预压,并进行部分荷载试验。 6. 高度超过8m的支架,应对其稳定性进行安全论证,确认无误后方可施工
支架上浇筑梁式桥的观测内容	施工时应对支架的变形、位移、节点和卸架设备的压缩及支架基础的沉降等进行观测,如发现超过允许值的变形、变位,应及时采取措施予以调整

移动模架逐孔现浇施工 表16.1-3

项目	要求
移动模架逐孔现浇施工	1. 移动模架宜采用定型产品,模加的功能、承载能力、长度、模板的尺寸及支承系统等,应与所施工的预应力混凝土连续梁的各项要求相适应,设计制造厂家应提供模架的产品出厂质量合格证书,以及操作手册等相关技术文件。当采用非定型模架时,应对模架进行专门的设计计算,并应进行荷载试验,确认其能保证施工的安全和质量后方可投入使用。 2. 模架的拼装应按照产品的操作手册进行,并应保证拼装期间的施工安全;拼装完成后应对其拼装质量进行检验,并应在首孔梁的浇筑位置就位后进行荷载试压试验,检验和试压合格后方可正式使用

续上表

项目	要求
移动模架逐孔现浇施工	3. 模架的支承系统应安全可靠,应具有足够的承载能力、刚度和稳定性。模架的后端宜设置后吊点,应使模架中的模板与已浇梁段的悬臂端梁体紧密贴合,防止该处产生错台或漏浆。模架应设置预拱度,预拱度值应经计算并参考荷载试验结果确定。 4. 首孔梁浇筑混凝土前,应做好施工前的各项准备工作,制订详细的施工方案、施工工艺、各项保障措施及应急预案;浇筑施工时,应对模架进行挠度监测,监测的数据及分析结果应作为修正模架预拱度的依据。首孔梁的混凝土在顺桥向宜从桥台(或过渡墩)开始向悬臂端进行浇筑,中间孔宜从悬臂端开始向已浇梁段推进浇筑,末孔宜从一联中最后一个墩位处向已浇梁段推进浇筑,最终与已浇梁段接合;梁体混凝土在横桥向应对称浇筑。连续梁逐孔现浇的纵向分段接缝位置应符合设计规定;设计未规定时,宜设在1/5跨的弯矩零点附近。 5. 任一孔梁的混凝土浇筑施工完成后,内模中的侧向模板应在混凝土抗压强度达到2.5MPa后,顶面模板应在混凝土抗压强度达到设计强度等级的75%后,方可拆除;外模架应在梁体建立预应力后方可卸落。 6. 模架横移和纵向移动过孔前,应解除作用于模架上的全部约束。纵向移动时两侧的承重钢梁应保持基本同步,不同步的最大距离偏养应符合产品设计的规定,且应有限位和紧急制动装置;移动到下一孔位置后,应立即对模架进行准确就位并固定。模架在移动过孔的抗倾覆稳定系数应不小于1.5。 7. 模架的拆除应根据不同的施工环境条件确定相应的拆除方案,并应有可靠的起吊和拆除的安全措施,防止发生事故。 8. 移动模架在使用期间尚应符合下列规定: (1)在梁体混凝土的浇筑施工过程中,应随时对模架的关键受力部位和支承系统进行检查,有异常时应采取有效措施及时处理;在移动过孔时,应对模架的运行状态进行监控。 (2)模架所有操作平台的边缘处,应设置防护栏杆,必要时应挂安全网,同时应在模架的适当部位配备消防器材。 (3)模架中的动力和照明线路应由专业人员敷设,并应定期检查清理,消除漏电、短路等隐患。 (4)每完成一孔梁的施工,应对模架的关键部位及支承系统等进行检查,发现问题后应及时处理

支架现浇梁的预拱度设置 表16.1-4

项目	有关规定
预拱度设置考虑的因素	1. 卸架后上部结构本身及活载一半所产生的竖向挠度 δ_1。 2. 支架在荷载作用下的弹性压缩 δ_2。 3. 支架在荷载作用下的非弹性变形 δ_3。 4. 支架基底在荷载作用下的非弹性沉陷 δ_4。 5. 由混凝土收缩、徐变及温度变化而引起的挠度 δ_5
预拱度计算	上部结构和支架的各项变形值之和(支架若进行过预压,则不考虑 δ_3 与 δ_4),即为应设置的预拱度。各项变形值可按下列方法计算和确定。 1. 桥跨结构应设置预拱度,其值等于恒载和半个静活载所产生的竖向挠度 δ_1。当恒载和静活载产生的挠度不超过跨径的1/1 600时,可不设该项预拱度。 2. 对于满布式支架,当其杆件长度为 l,压力为 N 时,其弹性变形为: $$\delta_2 = \frac{Nl}{E}$$ 3. 当支架为桁架等形式时,应按具体情况计算其弹性变形。 4. 支架在每一个接缝处的非弹性变形,一般情况下,横纹木料接缝为3mm,顺纹木料接缝为3mm,木料与金属或木料与圬工的接缝为1~2mm,顺纹与横纹木料接缝为2.5mm。 5. 卸落设备砂筒内砂粒压缩和金属筒变形的非弹性压缩量,应根据压力大小,砂子细度模量及筒径、筒高确定。一般20t压力砂筒为4mm,40t压力砂筒为6mm,砂子未预先压紧者为10mm。 6. 支架基底的沉陷,可以通过试验确定或按表16.1-5取用。 7. 混凝土的收缩、徐变引起的结构挠度则根据混凝土的加载龄期和荷载进行计算

续上表

项　　目	有 关 规 定
预拱度设置方式	根据梁的挠度和支架的变形所计算出来的预拱度之和为预拱度的最高值，其应设置在梁的跨径中点。其他各点的预拱度，应以中间点为最高值，以梁的两端为零，按直线或二次抛物线比例分布

支架地基沉陷值(cm) 表 16.1-5

土　　壤	枕　　梁	柱	
		当桩上有极限荷载时	桩的支承能力不允许利用时
砂土	0.5~1.0	0.5	0.5
黏土	1.5~2.0	1.0	0.5

混凝土工程的施工过程 表 16.1-6

项　　目	主 要 要 求
准备工作	应检查混凝土供料、拌制、运输系统是否符合规定要求，在正式浇筑前对灌注的各种机具设备进行试运转，以防在使用中发生故障。要依照浇筑顺序布置好振捣设备，检查螺母紧固的可靠程度。对大型就地浇筑施工结构，必须准备备用的机械、动力。 在浇筑混凝土前，应会同监理部门对支架、模板、钢筋、预留管道和预埋件进行检查，合格后方可进行浇筑混凝土工作
混凝土浇筑	1. 梁、板应按一定厚度、顺序和方向分层浇筑。 2. 腹板底部为扩大断面的T形梁，应先浇筑扩大部分并振实后，再浇筑其上部腹板。 3. 箱形梁可上下一次浇筑或分两次浇筑。一次浇筑时，应先浇筑底板(同时腹板部位浇筑至底板承托顶面)，待底板混凝土稍沉实后再浇筑腹板；分两次浇筑时，应先浇筑底板至底板承托顶面，待施工缝处理后，再浇筑腹板混凝土。 4. 小型构件宜在振动台上振动浇筑。混凝土砌块、小型盖板、路缘石等小型构件，可在移动式底模或平整的地面上浇筑。 5. 采用平卧重叠法支立模板、浇筑构件混凝土时，下层构件顶面应设临时隔离层，上层构件须待下层构件混凝土强度达到5.0MPa后方可浇筑
简支梁	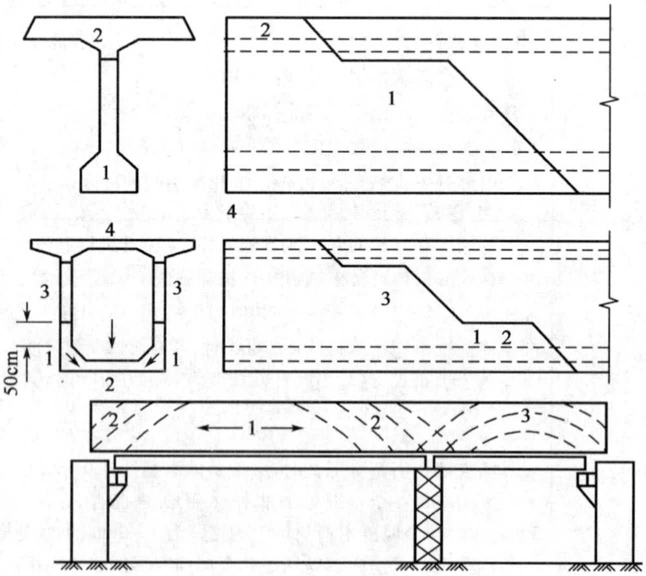 2 1 2 1 4 3 3 50cm 1 1 2 3 1 2 2 2 1 2 3 如上图所示： 1. 对于跨径不大的简支梁桥，可在钢筋全部绑扎完成后，沿一跨全长分层浇筑，在跨中合龙。为避免支架不均匀沉陷的影响，浇筑速度应尽量快，以便在混凝土失去塑性之前完成

续上表

项　　目	主 要 要 求
简支梁	2. 用斜层浇筑法进行混凝土浇筑时，应从主梁的两端对称地向跨中斜层浇筑，在跨中合龙。其中，混凝土的适宜倾斜角与混凝土的稠度有关，一般可用 20°～25°。采用这一浇筑方法的最典型示例即为在固定台座上预制 T 形和箱形简支梁。 3. 当采用梁式支架，支点不设在跨中时，则应在支架下沉量大的位置先浇筑混凝土，使应该发生的支架变形及早完成，其浇筑顺序见上图。 4. 当桥梁跨径较大时，可先浇筑纵横梁，待纵横梁完成浇筑后，再沿桥的全宽浇筑桥面混凝土；桥面与纵横梁之间应按设置工作缝处理。 5. 当桥面较宽且混凝土数量较大时，可分成若干纵向单元分别浇筑。每个单元可沿其长度分层浇筑，在纵梁间的横梁上设置连接缝，并在纵横梁浇筑完成后填缝连接。之后，桥面板可沿桥全宽一次浇筑完成。桥面与纵横梁之间应设置水平工作缝
悬臂梁	混凝土的浇筑顺序、方向如下图 a) 中圆圈内数字和箭头所示。首先浇筑①②③梁段，待其施工完毕，并且强度达到设计强度等级的 70% 之后，才可浇筑④⑤⑥梁段的工作缝。①段由桥墩以远向墩身进行，可减少沉落应力；因主梁底板有坡度，则②段由墩身以远向桥墩进行，避免浇筑时水泥浆流失；③段从⑥段开始浇筑，因为浇筑③段时，⑥段右边的①段已终凝，不致因使用振捣器而影响①段的凝结。 分段浇筑混凝土时，应就每一段的全部高度连同桥面板一起，沿上部结构整个横断面以斜坡层向前推进。斜坡层倾斜角为 20°～25°[每段梁体纵向浇筑顺序图 b)]。 浇筑④⑤⑥段工作缝混凝土时，先将两侧隔板拆除，再将接头混凝土面的浮浆清洗干净，并凿毛，以增强新旧混凝土的黏结。 如对悬臂梁桥孔中的挂梁采用就地浇筑施工，则须待悬臂梁混凝土浇筑完成且其强度达到设计强度的 70% 后才能进行 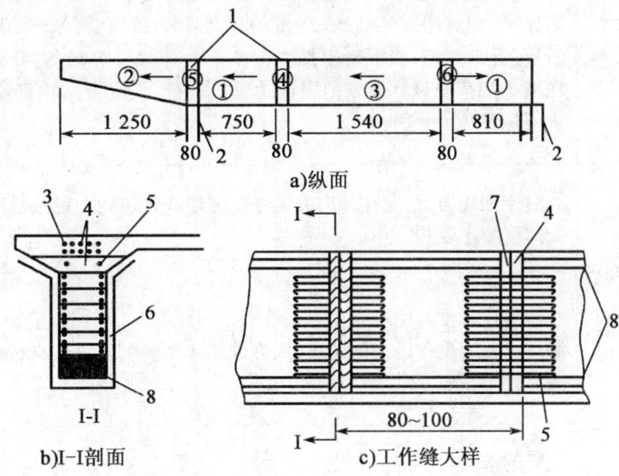 悬臂梁工作缝的位置与构造(尺寸单位：cm) 1-工作缝；2-桥墩；3-主梁钢筋；4-隔板；5-分布钢筋；6-主梁模板；7-垂直木条；8-穿过隔板的主钢筋 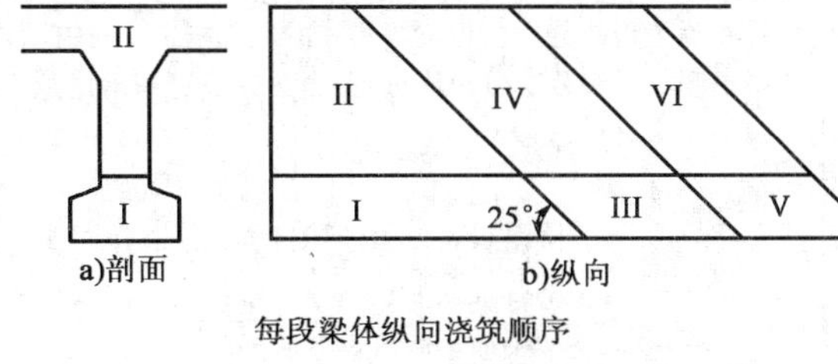 每段梁体纵向浇筑顺序

续上表

项　　目	主 要 要 求
预应力张拉	张拉时,结构或构件混凝土的强度、弹性模量(或龄期)应符合设计规定;设计未规定时,混凝土的强度应不低于设计强度的80%,弹性模量应不低于混凝土28d弹性模量的80%

支架上现浇梁施工质量标准

项　　目		规定值或允许偏差
混凝土强度(MPa)		在合格标准内
轴线偏位(mm)		10
梁(板)顶面高程(mm)		±10
断面尺寸(mm)	高度	+5,-10
	顶宽	±30
	箱梁底宽	±20
	顶、底、腹板或梁肋厚	+10,0
长度(mm)		+5,-10
横坡(%)		±0.15
平整度(mm/2m)		8

支架模板拆除 表16.1-7

项　　目	具 体 规 定
脱模时间	施工中应合理确定脱模时间。脱模时间太晚,将影响模板周转,同时可能使拆模困难;脱模时间过早,则可能损坏结构,严重的还将影响结构质量。当混凝土达到设计强度等级的25%以后,可拆除侧模;当混凝土强度不小于设计强度等级的80%以后,方可拆除各种梁的模板。应在施工规范或设计要求的强度达到后进行,预应力结构则必须在预应力张拉后进行,必要时可进行试验
支架拆除时间	对于预应力梁,应在预应力筋张拉完毕或张拉到一定数量后(根据设计要求),再拆除支架,以免梁体混凝土受拉
卸落设备	卸落设备可采用木楔、木马、砂筒、千斤顶等,其构造与本手册第9章所述拱架卸落设备类似。卸落设备应放在适当的位置,当为排架式支架时应放在立柱处,当为梁式支架时应放在支架梁的支点处
支架模板拆除	梁的落架程序应从梁挠度最大处的支架节点开始,逐步卸落相邻两侧的节点,并要求对称、均匀、有顺序地进行;同时要求各节点应分多次进行卸落,以使梁的沉落曲线逐步加大
	支架卸落时,简支梁、连续梁及刚架桥应从跨中向两端进行,悬臂梁应先卸落挂梁及悬臂部分,然后卸落主跨部分。肋板梁等形式的上部构造,应按荷载传递的次序进行。 模板卸落时应分次分阶段进行,当达到一定卸落量后,支架才能脱离梁体。卸落量 h 的计算可按如下公式进行: $$h=\delta_1+\delta_2+c$$ 式中:δ_1——安装降落设备处梁体在自重及恒载作用下的挠度; δ_2——支架的弹性变形; c——从支架中取出卸落设备所需净空

16.2 支架施工连续梁(板)桥

混凝土的浇筑顺序 表16.2-1

项 目	浇筑顺序
钢筋混凝土连续空心板梁	一五跨一连的钢筋混凝土连续空心板梁,每跨14.68m,桥面净空10m,采用满布式钢支架,空心板梁内模采用钢圆筒,混凝土用泵车浇筑。浇筑程序及工作缝的设置见下图,图中圆圈内数字为混凝土浇筑顺序,箭头所指为浇筑的方向 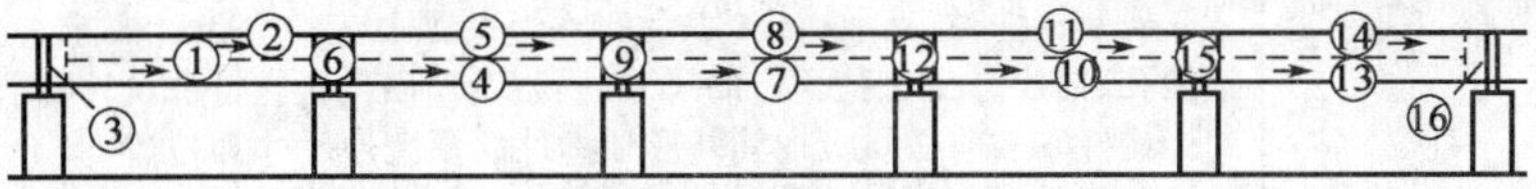 空心板梁混凝土浇筑顺序
预应力混凝土箱形梁	大跨径预应力混凝土连续梁桥常采用箱形截面,施工时要分多段进行。一种是水平分层方法,先浇筑底板,待达到一定强度后进行腹板施工,或直接先浇筑成槽形梁,然后浇筑顶板。当工程量较大时,各部位可分数次完成浇筑。另一种施工方法是分段施工法,根据施工能力,每隔20~45m设置连接缝,一般设在梁的弯矩较小的区域,宽约1m,待各段混凝土浇筑完成后,在接缝处施工合龙。为使接缝处结合紧密,通常在梁的腹板上做成齿形或留企口缝。分段施工法,大部分混凝土重量在梁合龙之前已作用,这样可减少支架早期变形及由此原因引起的梁的开裂

工作缝设置的技术要求 表16.2-2

项 目	技术要求	
工作缝设置原因	悬臂梁、连续梁及刚架桥的上部结构在支架上浇筑时,由于桥墩为刚性支点,桥跨下的支架为弹性支撑,支架会产生不均匀沉降。因此,在浇筑混凝土时,必须采取有效措施,以防止上部结构在桥墩处产生裂缝。除了采取预压支架的方法外,另一通常采用的方法是设置临时工作缝。当浇筑混凝土时,在桥墩上设置临时工作缝,待梁体混凝土浇筑完成、支架稳定、上部构造沉降停止后,再将此工作缝填筑起来。根据同样的原因,当支架中有较大跨径的梁式构造时,在该梁的两端支点上也应设置临时工作缝。 另外,受混凝土收缩的影响,如果一次灌注时间过长,则在梁体中会发生收缩裂缝(纵向分布钢筋和主筋仅能部分地避免收缩裂缝)。因此,在施工中采取设置工作缝并分段浇筑即可避免收缩裂缝的产生	
工作缝的构造	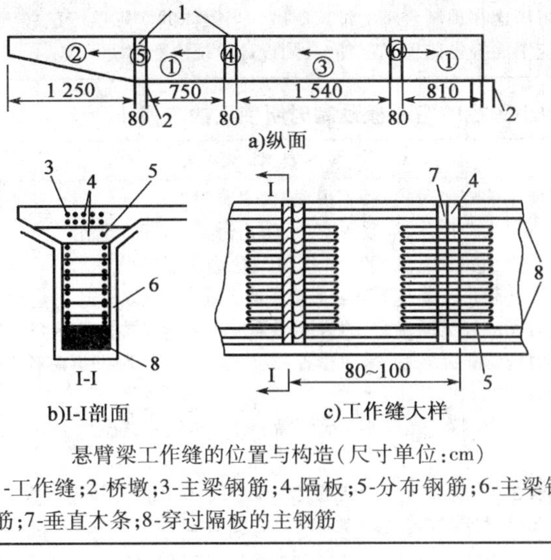 a)纵面 b)I-I剖面 c)工作缝大样 悬臂梁工作缝的位置与构造(尺寸单位:cm) 1-工作缝;2-桥墩;3-主梁钢筋;4-隔板;5-分布钢筋;6-主梁钢筋;7-垂直木条;8-穿过隔板的主钢筋	工作缝两端以木板与主梁体隔开,并留出分布加强钢筋通过的孔洞。由主梁底一直隔到桥面板顶部,木板外侧用垂直木条钉牢。工作缝宽度一般为80~100cm。工作缝两端穿过隔板设置长65cm、直径8~12mm的分布钢筋,上下间距10cm,其布置如左图所示

16.3 预制拼装简支梁(板)桥

预制拼装一般要求　表16.3-1

项　目	一般要求
预制拼装	1. 装配式桥构件在脱底模、移运、堆放、吊装时，混凝土的强度不应低于设计要求的吊装强度，一般不得低于设计强度的80%。对孔道已压浆的预应力混凝土构件，其孔道水泥浆的强度不应低于设计要求；如设计无规定时，一般不低于30MPa。 2. 安装构件时，支承结构(墩台、盖梁)的强度应符合设计要求。支承结构和预埋件(包括预留锚栓孔、锚栓、支座钢板等)的尺寸、高程及平面位置应符合设计要求。 3. 构件安装前必须检查其外形和构件的预埋件尺寸和位置，其允许偏差不得超过设计规定；如设计无规定时，不得超过本章的有关规定。 4. 构件安装就位完毕并经过检查校正符合要求后，才允许焊接或浇筑接头(缝)混凝土，以固定构件。 5. 分层、分段安装的构件在后续安装时，必须在先安装的构件进行了可靠固定且受力较大的接头混凝土达到设计要求的强度后，方可进行。如设计无规定时，应达到设计强度的80%后方可进行。 6. 分段拼装梁的接头混凝土或砂浆，其强度不应低于构件的设计强度。不承受内力的构件的接缝砂浆，其强度不应低于M10。 7. 需与其他混凝土或砌体结合的预制构件的砌筑面应按施工缝处理。 8. 构件吊运安装时，必须遵守有关安全操作技术规程。 9. 吊运工具、设备的使用技术要求，应参照起重吊装的有关规定执行。25m以上的预应力简支梁应验算裸梁的稳定性

预制场地及台座布置　表16.3-2

项　目	具体要求
预制场地	预制场地应平整、坚实，承载力应满足要求，并应有足够的平面及空间位置以满足施工作业的要求。预制场地应根据地基及气候条件，采取必要的排水措施，防止场地沉陷
台座形式与构造	预制台座应坚固、无沉陷，台座各墩间距应适宜，以保证底模挠度不大于2mm。台座表面应光滑平整，在2m长度上平整度的允许偏差为2mm，气温变化大时应设伸缩缝
预制模板	预制模板除应符合本手册第9章的有关规定外，底模板应根据桥梁跨度设置预拱度。装配式桥中的预应力混凝土梁、板预制构件在预制施工前，应根据设计单位提供的理论拱度值，结合施工的实际情况，正确预计梁体拱度的变化情况，并采取相应措施。当后张法全预应力混凝土梁预计的拱度值较大时，可考虑在预制台座上设置反拱。当梁体的实际拱度已较大，将对桥面混凝土的施工造成影响时，应书面报告监理工程师，会同设计单位协商解决

中小跨径的空心板预制时所使用的芯模　表16.3-3

项　目	具体要求
芯模	1. 充气胶囊在使用前应经过检查，不得漏气，安装时应有专人检查钢丝头，钢丝头应弯向内侧，胶囊涂刷隔离剂。每次使用后，应妥善存放，防止污染、破损及老化。 2. 从开始浇筑混凝土到胶囊放气时止，其充气压力应保持稳定。 3. 浇筑混凝土时，为防止胶囊上浮和偏位，应采取有效措施加以固定，并应对称均衡地进行浇筑。 4. 胶囊的放气时间应经试验确定，以混凝土强度达到能保持构件不变形为宜。 5. 木芯模使用时应防止漏浆，并采取措施便于脱模。应控制好拆芯模时间，宜根据施工条件通过试验确定拆除时间。 6. 钢管芯模应由表面匀直、光滑的无缝钢管制作。混凝土终凝后，即可将芯模轻轻转动，然后边转动边拔出。 7. 充气胶囊芯模在工厂制作时，应规定充气变形值，保证制作误差不大于设计规定的误差要求。在设计无规定时，应满足本章对板梁构造尺寸的要求

预制构件移运、堆放要求　　表 16.3-4

项　目	技 术 要 求
移运时的混凝土强度	预制构件场内移运时，必须在混凝土达到设计规定的强度后进行。如设计未作规定，则应在构件混凝土强度达到设计强度的80%以后，方可启运
坡道移运和道木平整	预制构件场内移运，遇有上下坡时应将构件适当垫高，以防构件底面在坡度变换处着地割断；场内的道木应铺设平整、坚实，如地基松软，需先予以加固
吊点位置的确定	构件移运时的吊点位置应按设计规定确定。在设计无规定时，大型构件和预应力混凝土构件均应根据计算确定；确定板梁、T形梁、箱形梁、槽形梁等一般吊点可设在距两端面各50～80cm处
预埋吊环	预制构件的吊环应保持平直，如发现弯扭，必须校正，使吊钩顺利套入。经校正后的吊环须防止损伤或断裂，必要时应加设绳套（千斤绳绑扎），绑扎处需用木板、麻袋、橡皮等垫衬护角，以免钢丝绳磨损或轧断
板式构件的吊移	吊移板式构件时，须注意不得吊错上、下面，以免折断。构件运输时，应有特制的固定架以稳定构件。对小型构件，宜顺宽度方向侧立放置，并注意用绊绳系牢，以防倾倒；如平放，两端吊点处必须设置支搁方木
起重机吊移构件	使用起重机吊移构件时，应确保起重机有足够的起重系数，保持稳定，并尽可能吊得低一些
大型构件运输	使用平板拖车或超长拖车运输大型构件时，车长应能满足支承间的距离要求，支点处应设活动转盘以免搓伤构件混凝土。运输道路应平整坚实，如有松软、坑洼或高低不平，应事先修整
桁架和大梁的运输	桁架、大梁的运输，应顺高度方向竖立放置；其他构件应按运输时受力情况，水平或竖直放置。竖立放置运输的构件应有防止倾倒的固定措施。装卸桁架、大梁时，必须等支撑稳妥后，方可卸除吊钩
构件装车	预制构件装车运输时，必须平衡放正，使车辆承重对称均匀。构件支点下需垫木块，相邻两构件之间需填木块、麻袋或橡胶板（片），防止构件相互碰撞，损伤构件
成垛堆放装配式构件	1. 堆放构件的场地应平整夯实，使其不致积水，并在场地周围开挖排水沟 2. 根据构件的使用先后和吊装顺序进行堆放，注意留出适当通道，防止越堆吊运。 3. 堆放构件时，应按构件刚度、受力情况，采用平放或竖放并保持稳定。 4. 构件堆垛时，应放置在垫木上，垫木位置要与吊点相符；同时，应使吊环向上，标志向外，以利吊运。 5. 水平分层堆放构件时，其堆垛高度应按构件强度、底面承载力、垫木强度以及堆垛的稳定性而定。大型构件一般以2层为宜，不应超过3层；小型构件一般不宜多于6～10层。各层之间以垫木（在吊点处）隔开，并要求各层垫木必须在同一竖直线上，以防构件折断

架 设 安 装 方 法　　表 16.3-5

项目	图示与说明	
自行式吊车安装	陆地桥梁、城市高架桥预制梁安装常采用自行吊车安装。一般先将梁运到桥位处，采用一台或两台自行式汽车吊机或履带吊机直接将梁片吊起就位，方法便捷，履带吊机的最大起吊能力达3MN	
缆索起重机架设法	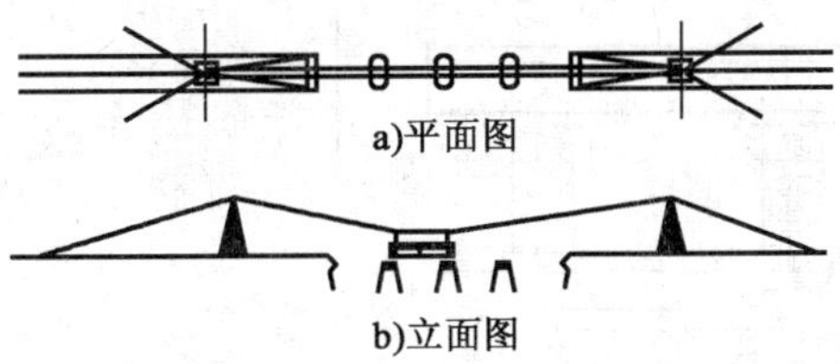 a)平面图 b)立面图	本法是通过缆索起重机的两跑车上设置的起吊设备将预制梁起吊提升、牵拉运行、就位安装。 本法的最大优点是不受桥孔下的地基、河流水文状况等条件限制，也不需要导梁、龙门吊机等重型吊装设备，而且无扒杆移动等问题

续上表

项目	图示与说明	
跨墩式龙门架架设法	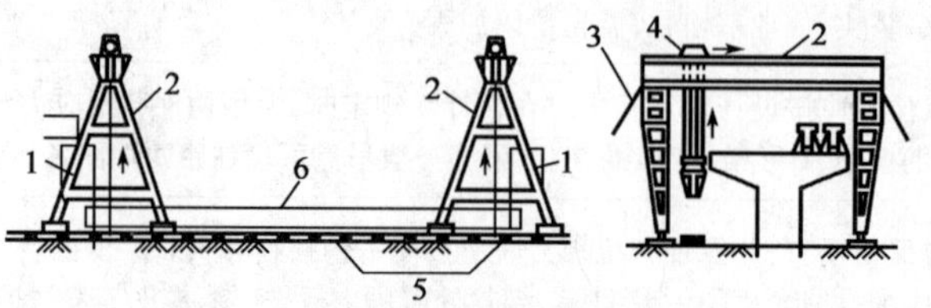 跨墩龙门架架设 1-桥墩；2-龙门架吊机(自行式)；3-风缆；4-横移行车；5-轨道；6-预制梁	跨墩龙门吊机安装适用于岸上和浅水滩以及不通航浅水区域安装预制梁。 两台跨墩龙门吊机分别设于待安装孔的前、后墩位置，预制梁由平车顺桥向运至安装孔的一侧，移动跨墩龙门吊机上的吊梁平车，对准梁的吊点放下吊架，将梁吊起。当梁底超过桥墩顶面后，停止提升，用卷扬机牵引吊梁平车慢慢横移，使梁对准桥墩上的支座，然后落梁就位，接着准备架设下一根梁。 在水深不超过5m、水流平缓、不通航的中小河流上的小桥孔，也可采用跨墩龙门吊机架梁。这时必须在水上桥墩的两侧架设龙门吊机轨道便桥，便桥基础可用木桩或钢筋混凝土桩。 在水浅流缓而无冲刷的河上，也可用木笼或草袋筑岛来做便桥的基础。便桥的梁可用贝雷梁组拼
浮运架设法	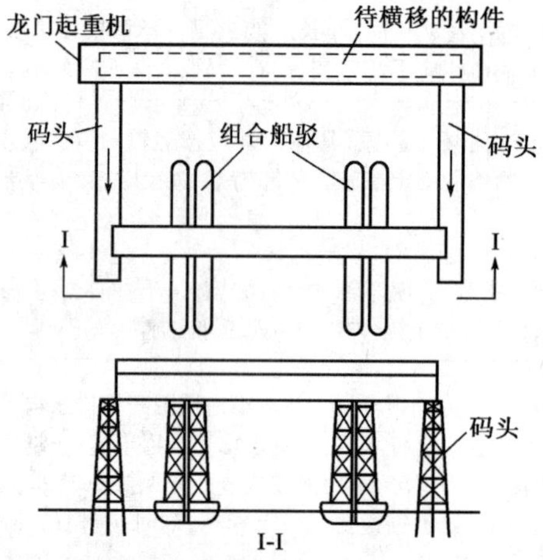 I-I 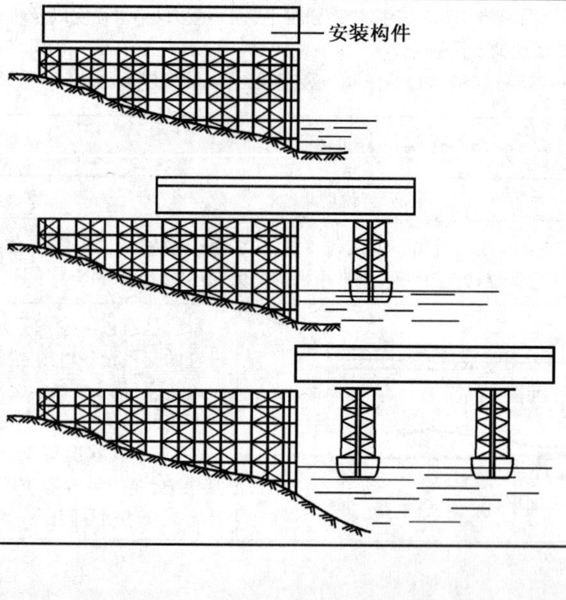	在通航河道或水深河道上架桥，可采用浮吊安装预制梁。该方法的施工速度快，高空作业较少，吊装能力强，是大跨多孔河道桥梁的有效施工方法。采用浮吊架设要配置运输驳船，岸边设置临时码头，同时在浮吊架设时应牢固锚定，注意施工安全。 利用浮船进行预制梁安装的另两种方法是：浮船充排水架设法和浮船支架拖拉架设法。前者(左图上)将预制梁装载在浮船上的支架枕木垛上，使梁底的高度高于墩台支座顶面0.2～0.3m，然后将浮船拖运至架设孔，充水入浮船，使浮船吃水加深，降低梁底高度使预制梁安装就位。后者(左图下)是将预制梁拖拉滚移到岸边，并将其一端拖至浮船支架上，再利用浮船将预制梁拖拉至对岸，用龙门架或扒杆安装就位

续上表

项目	图示与说明
穿巷式架桥机架设法	穿巷吊机可支承在桥墩和已架设的桥面上，不需要在岸滩或水中另搭脚手架与铺设轨道，因此，它适用于在水深流急的大河上架设水上桥孔。 根据穿巷吊机的导梁主桁架间净距的大小，可分为宽、窄两种。宽穿巷吊机可以进行边梁的吊起并横移就位；窄穿巷吊机的导梁主桁净距小于两边 T 梁梁肋之间的距离，因此，边梁要先吊放在墩顶托板上，然后再横移就位。 宽穿巷吊机如下图所示。宽穿巷吊机可以进行梁体的垂直提升、顺桥向移动、横桥向移动和吊机纵向移动四种作业。吊机构造虽然较复杂，但工效却较高，且横移就位也较安全 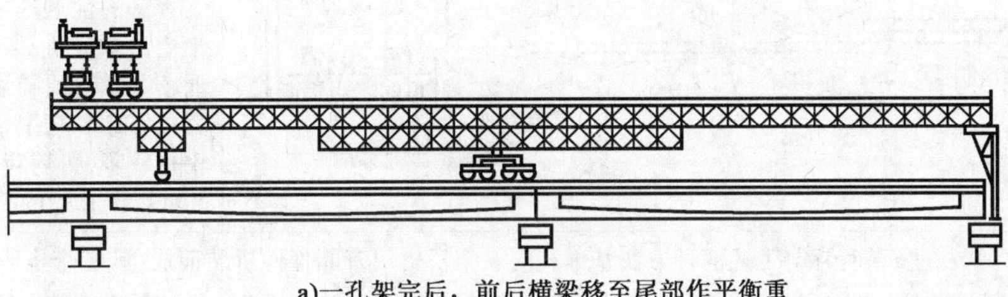 a)一孔架完后，前后横梁移至尾部作平衡重 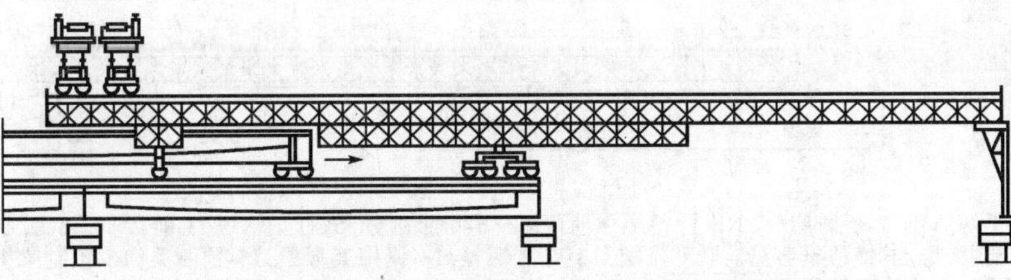 b)穿巷吊机向前移动一孔位置，并使前支腿支承在墩顶上  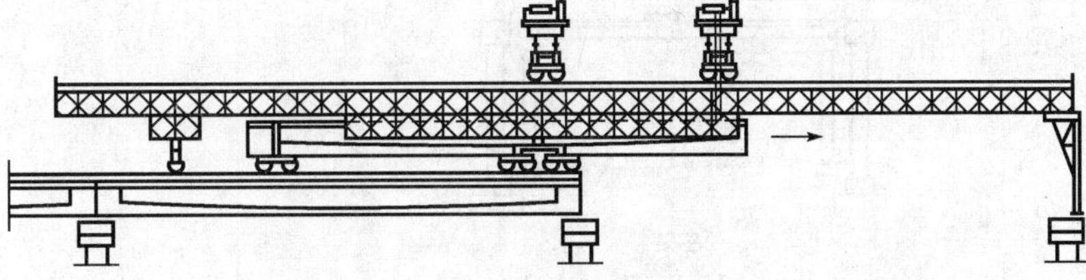 c)吊机前横梁吊起T形梁，梁的后端仍放在运梁平车上，继续前移 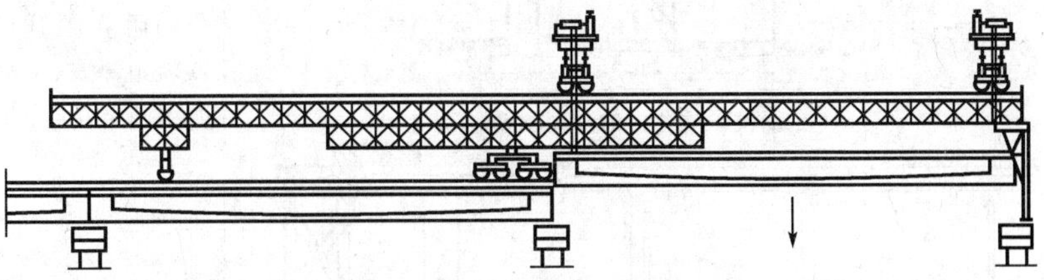 d)吊机后横梁也吊起T形梁，缓慢前移，对准纵向梁位后，先固定前后横梁，再用横梁上的吊梁小车横移落梁就位

续上表

<table>
<tr><th>项目</th><th colspan="2">图示与说明</th></tr>
<tr><td>联合架桥机架设法</td><td>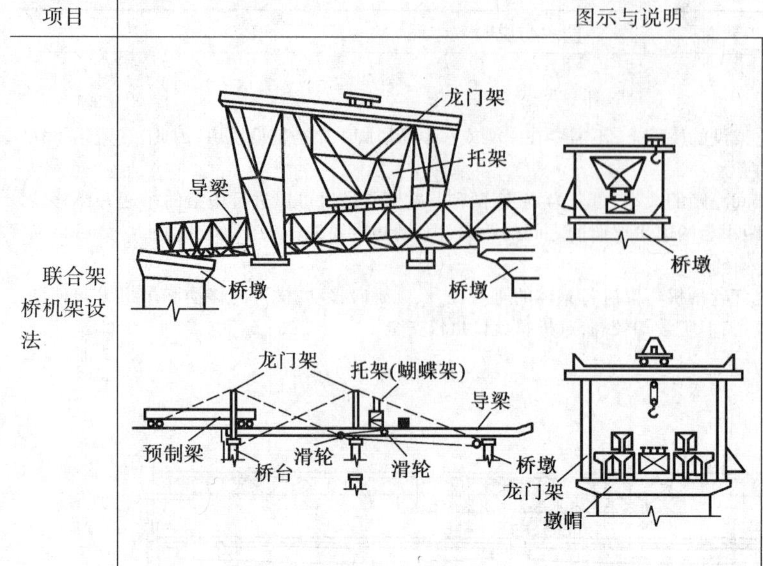
</td><td>本法是以联合架桥机为主，并配备若干滑车、千斤顶、绞车等辅助设备架设安装预制梁。
架梁时，先设导梁和轨道，用绞车将导梁拖移就位后，把蝴蝶架用平板小车推上轨道，将龙门吊机托运至墩上，再用千斤顶将吊机降落在墩顶，并用螺栓固定在墩的支承垫块上，用平车将梁运到两墩之间，由吊机起吊、横移、下落就位。待全跨梁就位后，铺设轨道，用蝴蝶架把吊机移至下一跨架梁。
本法的优点是可完全不设桥下支架，不受洪水威胁，架设过程中不影响桥下通车、通航；预制梁的纵移、起吊、横移、就位都比较便利。缺点是架设设备用钢材较多(可周转使用)，较适用于多孔30m以下孔径的装配式桥</td></tr>
<tr><td>拼装式双导梁架桥机架设法</td><td colspan="2">本法的安装程序与上述两种方法基本相同。架桥机用万能杆件拼装而成，其三个支点下面均设有铰支座。预制梁横移时架桥机桁架不需移动，故安装大梁较迅速、方便。但桥墩应较桥面稍宽以便搁置架桥机横梁
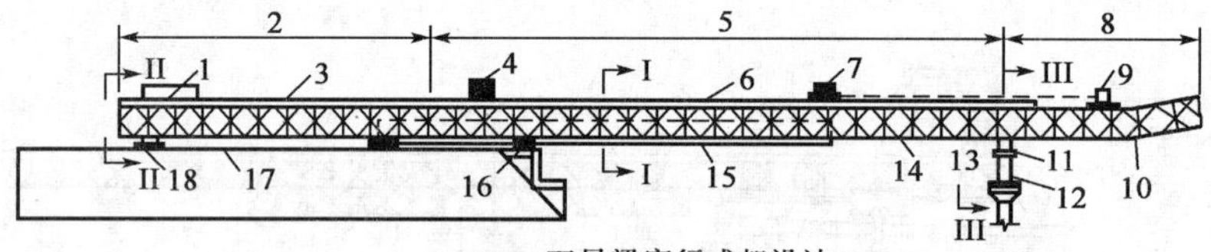

双导梁穿行式架设法
1-平衡压重；2-平衡部分；3-人行便道；4-后行车；5-承重部分；6-行车轨道；7-前行车；8-引导部分；9-绞车；10-装置特殊接头；11-横移设备；12-墩上排架；13-花篮螺丝；14-钢桁架导梁；15-预制梁；16-预制梁纵向滚移设备；17-纵向滚道；18-支点横移设备</td></tr>
<tr><td>支架便桥架设法</td><td>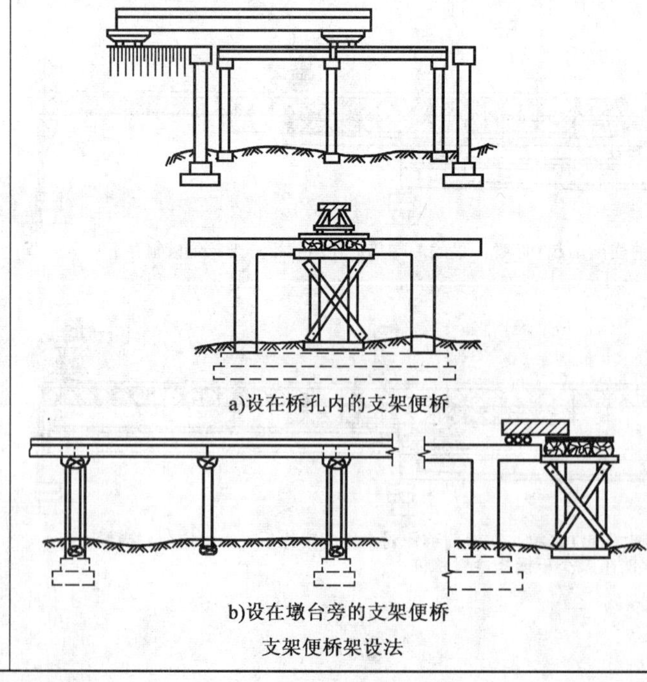
a)设在桥孔内的支架便桥
b)设在墩台旁的支架便桥
支架便桥架设法</td><td>本法是在桥孔内或墩台旁顺桥向用钢梁或木料搭设便桥作为运送梁、板构件的通道，在通道上面设置走板、滚筒或轨道平车，从对岸用卷扬机将梁、板牵引至桥孔后，再横移就位</td></tr>
</table>

续上表

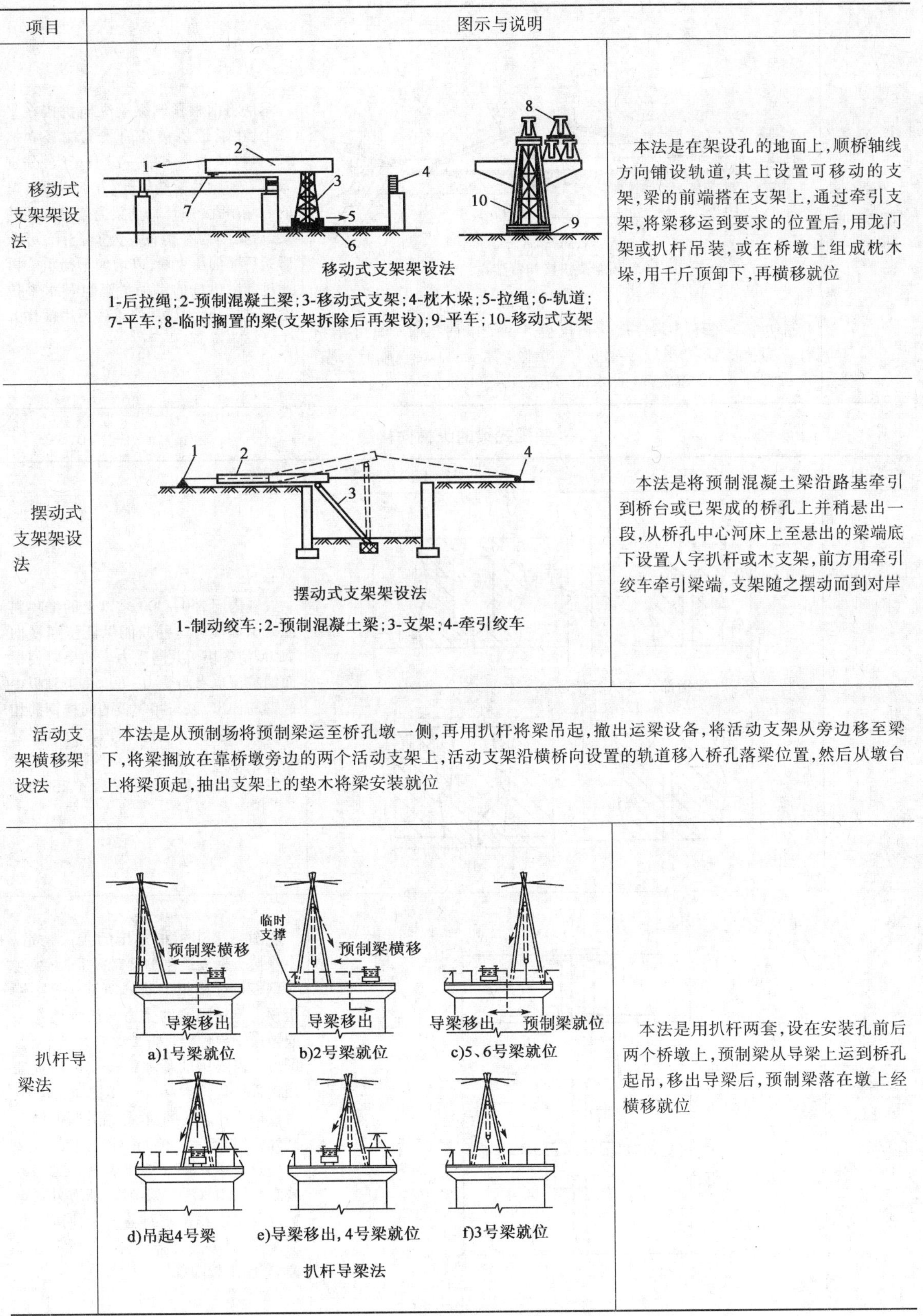

项目	图示与说明	
移动式支架架设法	移动式支架架设法 1-后拉绳；2-预制混凝土梁；3-移动式支架；4-枕木垛；5-拉绳；6-轨道；7-平车；8-临时搁置的梁(支架拆除后再架设)；9-平车；10-移动式支架	本法是在架设孔的地面上，顺桥轴线方向铺设轨道，其上设置可移动的支架，梁的前端搭在支架上，通过牵引支架，将梁移运到要求的位置后，用龙门架或扒杆吊装，或在桥墩上组成枕木垛，用千斤顶卸下，再横移就位
摆动式支架架设法	摆动式支架架设法 1-制动绞车；2-预制混凝土梁；3-支架；4-牵引绞车	本法是将预制混凝土梁沿路基牵引到桥台或已架成的桥孔上并稍悬出一段，从桥孔中心河床上至悬出的梁端底下设置人字扒杆或木支架，前方用牵引绞车牵引梁端，支架随之摆动而到对岸
活动支架横移架设法	本法是从预制场将预制梁运至桥孔墩一侧，再用扒杆将梁吊起，撤出运梁设备，将活动支架从旁边移至梁下，将梁搁放在靠桥墩旁边的两个活动支架上，活动支架沿横桥向设置的轨道移入桥孔落梁位置，然后从墩台上将梁顶起，抽出支架上的垫木将梁安装就位	
扒杆导梁法	a)1号梁就位　b)2号梁就位　c)5、6号梁就位 d)吊起4号梁　e)导梁移出，4号梁就位　f)3号梁就位 扒杆导梁法	本法是用扒杆两套，设在安装孔前后两个桥墩上，预制梁从导梁上运到桥孔起吊，移出导梁后，预制梁落在墩上经横移就位

续上表

项目	图示与说明	
预制梁拼接伸臂架设法	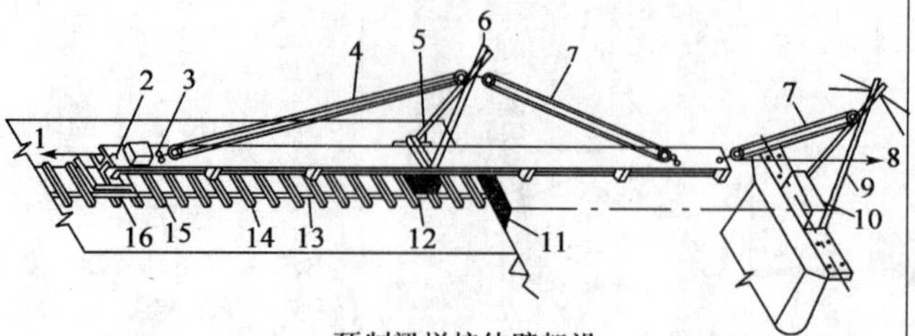 预制梁拼接伸臂架设 1-制动绳;2-吊环;3-吊装孔;4-后拉索;5-两梁端捆扎钢丝绳;6-后扒杆;7-前拉索;8-牵引绳;9-前扒杆;10-临时木垛;11-桥台临时木垛;12-二号平车;13-钢轨;14-枕木;15-压重;16-三号平车	本法将两根预制纵梁纵向拼接在平车上,在靠近拼接处前梁上端竖立扒杆,扒杆顶前后各设一组滑车组,分别系吊着前梁的前端吊孔(吊环)和后梁的后端吊孔(吊环),前梁为架设安装的梁,后梁则为平衡重。为安全计,可在后梁后面加压重块,以增加平衡重。再通过前墩扒杆的牵吊滑车组和水平拉索拉进桥孔,到设计位置后再用横移方法横移落梁,安装就位

装配式梁的纵横向接缝 表 16.3-6

项目	技术要求	
企口混凝土铰连接	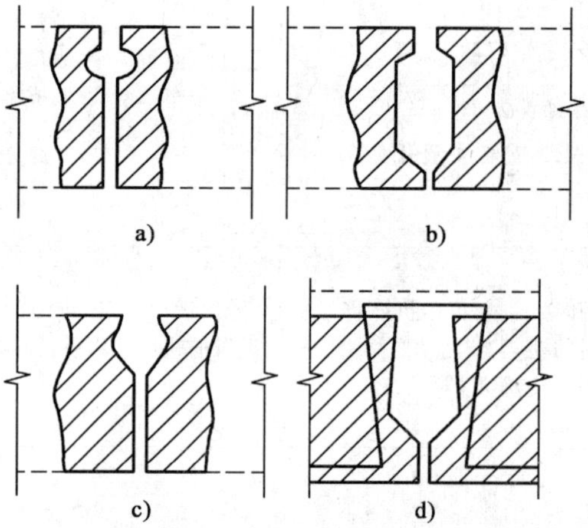 a) b) c) d)	铰缝内用 250 ~ 300 号以上的细集料混凝土填实。这种铰能保证传递横向剪力,使各块板共同受力。如果要使桥面铺装层也参与受力,可以将预制板中的钢筋伸出,以与相邻板的同样钢筋相互绑扎,再浇筑在铺装层内。企口混凝土铰需要现场钢板连接浇筑混凝土,并需待混凝土达到设计强度后才能通车
钢板焊接连接	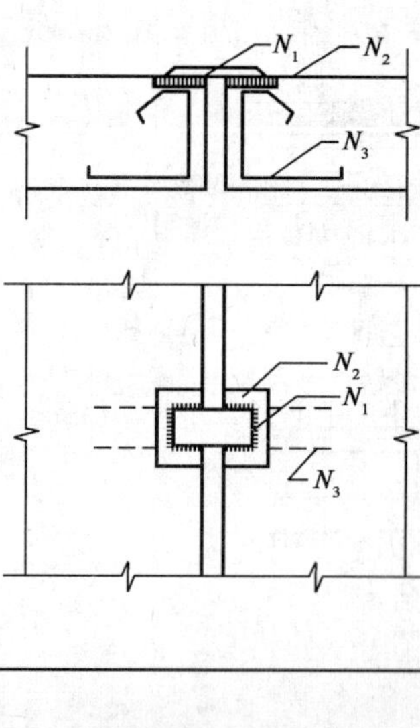 N_1 N_2 N_3 N_2 N_1 N_3	左图是采用钢板连接的接头构造。上缘接头钢板设在T梁翼板上,下缘接头钢板设在横梁梁肋的两侧。焊接钢板预先与横隔梁的受力钢筋焊接在一起做成安装骨架。当T梁安装就位后,即可在横隔梁的预埋钢板上再加焊盖接钢板使连成整体。端横隔梁的焊接钢板接头构造与中横隔梁相同,但由于其外侧(近墩台一侧)不好施焊,故焊接接头只设于内侧。相邻横隔梁之间的缝隙最好用水泥砂浆填满,所有外露钢板也应用水泥灰浆封盖。这种接头强度可靠,但焊接后需要立即在桥下进行仰焊,施工较困难

先张法施工工艺 表 16.3-7

工艺	步骤
先张法	整理台座内的底模板 预应力钢筋对焊、冷拉时效 张拉预应力钢筋至 $1.05\sigma_k$ 再退至 $0.5\sigma_k$ 安装侧模、端模 模板制作 绑扎底板钢筋 浇筑底板混凝土 普通钢筋加工 安装芯模 绑扎其他部位钢筋 张拉预应力钢筋至 σ_k 制混凝土试件 继续浇筑混凝土 混凝土养护 拆除芯模 测定混凝土试块强度 放松切断预应力钢筋 拆除侧模、端模 起吊、移梁、存放 封头

后张法施工工艺　　表 16.3-8

工　艺	步　骤
后张法	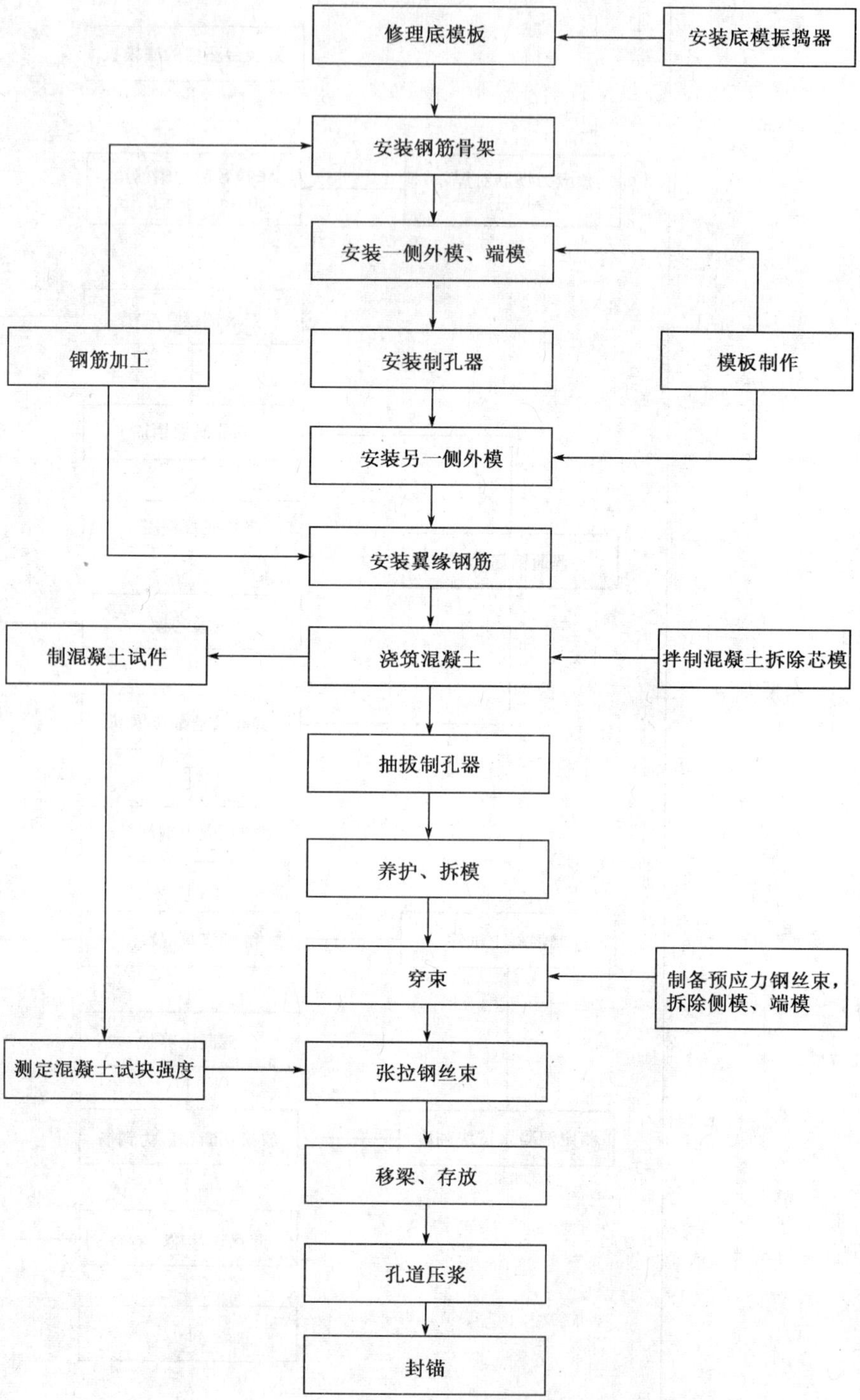 修理底模板 安装底模振捣器 安装钢筋骨架 安装一侧外模、端模 钢筋加工 安装制孔器 模板制作 安装另一侧外模 安装翼缘钢筋 制混凝土试件 浇筑混凝土 拌制混凝土拆除芯模 抽拔制孔器 养护、拆模 穿束 制备预应力钢丝束，拆除侧模、端模 测定混凝土试块强度 张拉钢丝束 移梁、存放 孔道压浆 封锚

简支梁、板的安装施工要求 表16.3-9

项目	施工要求
一般要求	1. 除应验算构件在起吊过程中所产生的应力是否符合要求外，应按《公路桥涵施工技术规范》(JTG/T F50—2011)第16章的有关规定执行。 2. 支座的安装应参照本手册第20章执行
安装施工	简支梁、板的安装应符合下列规定： 1. 安装前应对墩台的施工质量进行检验，并应对支座或临时支座的平面位置和高程进行复测，合格后方可进行梁、板等构件的安装。 2. 安装的方法和安装设备宜根据构件的结构特点、质量及施工环境条件等综合确定，并应制订专项施工技术方案、安装工艺及安全技术方案，对安装设备的强度、刚度稳定性应进行必要的验算。 3. 采用架桥机进行安装作业时，其抗倾覆稳定系数应不小于1.3；架桥机过孔时，应将起重小车置于对稳定最有利的位置，且抗倾覆稳定系数应不小于1.5。 4. 采用吊机吊装构件时，如采用1台吊机起吊，应在吊点位置的上方设置吊架或起吊扁担；如采用两台吊机抬由，应统一指挥，协调一致，使构件的两端同时起吊、同时就位。 5. 梁、板安装施工期间及架桥机移动过孔时，严禁行人、车辆和船舶在作业区域的桥下通告。 6. 梁、板就位后，应及时设置保险垛或支撑将构件临时固定，对横向自稳性较差的T形梁和I形梁等，应与先安装的构件进行可靠的横向连接，防止倾倒。 7. 安装在同一孔跨的梁、板，其预制施工的龄期差不宜超过10d。梁、板上有预留孔道的，其中心应在同一轴线上，偏差应不大于4mm。梁、板之间的横向湿接缝，应在一孔梁、板全部安装完成后方可进行施工。 8. 对弯、坡、斜桥的梁、板，其安装的平面位置、高程及几何线形应符合设计要求

预制梁、板施工质量标准 表16.3-10

检查项目			规定值或允许偏差
混凝土强度(MPa)			在合格标准内
梁(板)长度(mm)			+5，-10
宽度(mm)	干接缝(梁翼缘、板)		±10
	湿接缝(梁翼缘、板)		±20
	箱梁	顶宽	±30
		底宽	±20
	腹板或梁肋		+10,0
高度(mm)	梁、板		±5
	箱梁		+0，-5
断面尺寸(mm)	顶板厚		+5，-0
	底板厚		
	腹板或梁肋		
跨径(支座中心至支座中心)(mm)			±20
支座平面平整度(mm)			2
平整度(mm)			5
横系梁及预埋件位置(mm)			5

简支梁、板安装质量标准 表16.3-11

检查项目		允许偏差	检查项目	允许偏差
支座中心偏位(mm)	梁	5	梁、板顶面纵向高程(mm)	+8，-5
	板	10	相邻梁、板顶面高差(mm)	8
竖直度(%)		1.2		

16.4 预制拼装连续梁桥、连续刚构桥

预制拼装连续梁桥注意事项 表 16.4-1

项　　目	注 意 事 项
一般施工	1. 完成下部结构施工后，架设预制的主梁，此时全桥为简支体系，结构仅承受自重作用。 2. 连接梁端预留普通钢筋，浇筑墩顶湿接缝，张拉负弯矩区段预应力钢筋。 3. 拆除临时支座，安装永久支座，施工栏杆及桥面铺装，此时结构为连续梁体系
湿接缝施工	湿接缝施工前，应先将该区域顶板混凝土凿毛1cm左右，在浇混凝土时湿润其表面并坐浆，以保证新老混凝土的良好结合。现浇段及梁端部须预留预应力孔道，施工时应严格控制孔道位置的偏差
预应力施工	待湿接缝混凝土强度达到设计强度的95%以上时张拉负弯矩预应力短束，张拉时应保证主梁预制龄期不少于90d，梁端接头合龙温度应在日照温度最低时进行，然后进行孔道压浆封锚。湿接缝混凝土的浇筑及预应力束的张拉顺序会对结构的受力情况产生影响，纵向上合理的施工工序为：当跨数 $N \leqslant 5$ 时，采用“对称浇筑，对称张拉”；当跨数 $N > 5$ 时，采用“隔端浇筑，隔端张拉”。张拉每一墩顶负弯矩束时，横向应采用由两边向中间对称张拉的方式
临时支座的拆除	待一联梁板的所有连续段预应力短束张拉、压浆完成后，方可进行落梁，拆除临时支座。当跨数 $N \geqslant 5$ 时，临时支座拆除的合理顺序为“隔端拆除”；当跨数 $N < 5$ 时，可以采用“对称拆除”

悬臂拼装节段预制的技术要求 表 16.4-2

项目	技 术 要 求
短线预制	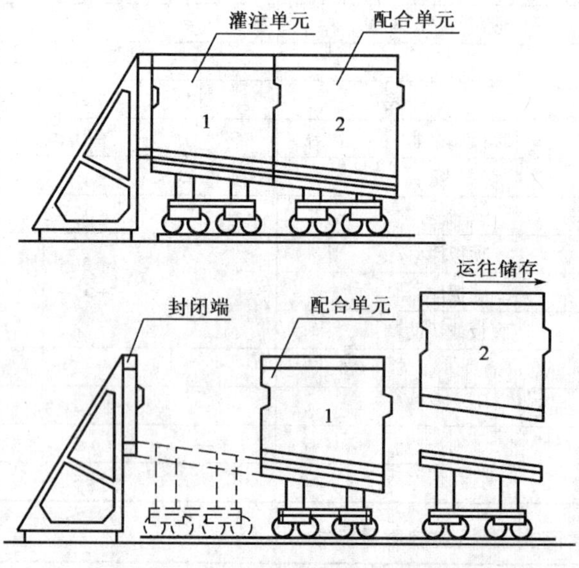 短线预制的施工方法 短线预制箱梁块件的施工，是由可调整外部及内部模板的台车与端模架来完成的，见左图。第一节段混凝土浇筑完成后，在其相对位置上安装下一节段模板，并利用第一节段的端面作为第二节段的端模完成混凝土的浇筑工作。 短线预制适合工厂节段预制，设备可周转使用，每条生产线平均五天可生产四块，但节段的尺寸和相对位置的调整要复杂一些。 为保证悬臂拼装顺利进行，在预制节段起吊运输前需进行块件整修。湿接缝两侧的块件端面混凝土必须凿毛；胶接缝块件端面，先清洗掉隔离剂，将突出端面的混凝土凿平，使端面平整、清洁，以免影响环氧树脂的黏结效果；检查各锚头垫板是否与预应力孔道垂直，不垂直者在锚垫上加焊楔形垫板纠正；检查相邻梁段孔道接头是否正位，对错位严重者要分别凿打予以调整；压水检查预应力束孔道是否串孔，凡有串孔现象的要进行修补。 为使预制梁块在拼装时能准确而迅速地安装就位。在预制节段的端面（箱梁的顶板、腹板）设有定位器。有的定位器不仅能起到固定位置的作用，而且能承受剪力，这种定位装置称为抗剪楔或防滑楔。 块件预制时，除注意预埋定位器装置外，尚需注意按正确位置预埋孔道形成器和吊点装置（吊环或竖向预应力粗钢筋）等

续上表

项目	技术要求
长线预制	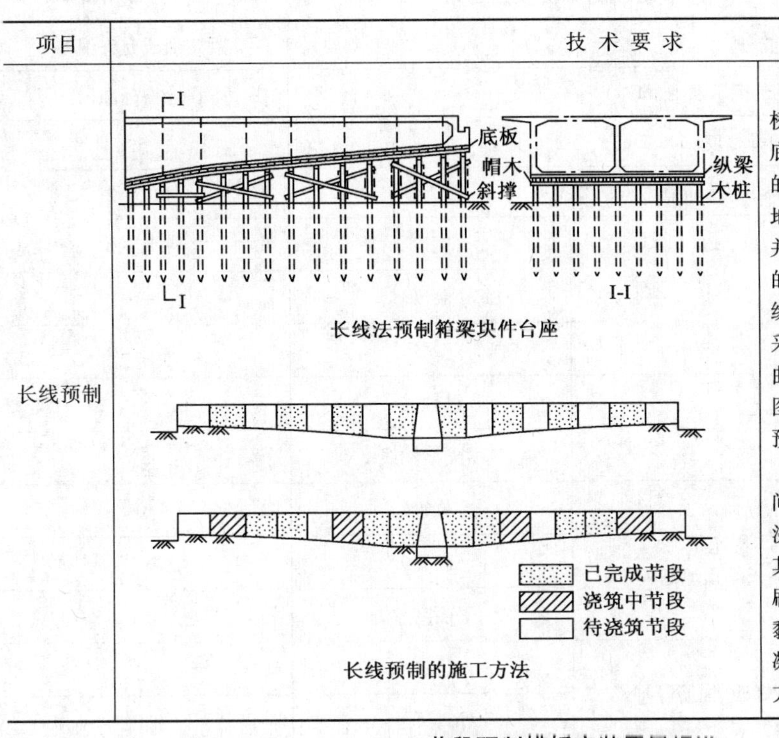 长线法预制箱梁块件台座 长线预制的施工方法 长线预制是在预制厂或施工现场按桥梁底缘曲线制成的固定底座上安装底模，进行块件预制工作。形成梁底缘的底座有多种方法，可以利用预制场的地形堆筑土胎，经加固夯实后铺砂石层并在其上面做混凝土底板；山区有石料的地区可用石砌圬工筑成所需的梁底缘形状；地质条件较差的预制场地，需采用打短桩基础，再搭设排架形成梁底曲线。排架可用木材或型钢组成。左图为预应力混凝土T形刚构桥的箱梁预制台座的构造图。 施工时应加快施工进度，保证节段之间密贴，可采用间隔浇筑法和分区连续浇筑法，即待某段箱梁浇筑完成后，将其端面作为下一节段的端模，在上面涂刷隔离剂，以致相邻块件在操作时既不黏结又保证其间接触密贴。当节段混凝土强度达到设计强度的70%以上后，方可吊出预制场地

节段预制模板安装质量标准　　表16.4-3

项　目			规定值或允许偏差(mm)
相邻两板表面高低差			2
表面平整度			3
垂直度			$H/1\,000$，且不大于3
模内尺寸		长度	+1，-3
		宽度	+3，-2
		高度	+0，-2
轴线偏移量			2
匹配节段定位		纵轴线	2
		高程	±2
预埋件	剪力键	位置	2
		平面高差	2
	支座板、锚垫板等预埋钢板	位置	3
		平面高差	2
	螺栓、锚筋等	位置	10
		外露尺寸	±10
吊孔		位置	2
预应务筋孔道		位置	节段端部10

注：H为节段高度

节制预制施工质量标准　　表 16.4-4

项　目			规定值或允许偏差
混凝土抗压强度(MPa)			在合格标准内
表面平整度(mm/2m)			5
长度(mm)			+0，-2
断面尺寸(mm)		宽度	+5，-0
		高度	±5
		壁厚	+5，-0
轴线偏移量(mm)		纵轴线	5
		横隔梁轴线	5
预埋件	支座板、锚垫板等预埋钢板	位置	10
		高程	±5
		平面高差	5
	螺栓、锚筋等	位置	10
		外露尺寸	±10
预留孔	吊孔	位置	5
	预应务孔道位置	位置	节段端部 10
		孔径	+3，-0

块 件 运 输　　表 16.4-5

项目	技 术 要 求
块件运输	箱梁块件自预制底座移出后，一般先存放于存梁场。拼装时块件由存梁场至桥位处的运输方式，一般可分为场内运输、块件装船和浮运三个阶段
场内运输	根据预制场制梁底座与河流的相互关系，预制场的布置有三种，分别为平行式、垂直式和沿河式。前两种形式见下图。 当预制底座平行于河岸时，场内运输应另备运梁平车进行，栈桥上也必须另设起重吊机，供吊运块件上船。 当预制底座垂直于河岸时，存梁场往往设于底座轴线的延长线上，此时，块件的出坑和运输一般由预制场上的龙门吊机担任，块件上船也可使用预制场的龙门吊机。 当存梁场或预制台座布置在岸边，又有大型悬臂浮吊时，可用浮吊直接从存梁场或预制台座将块件吊放到运梁驳船上浮运。 当预制场与栈桥距离较远时，应首先考虑采用平车运输。起运前要将块件安放平稳，底面坡度不同的块件要使用不同厚度的楔形木来调整，块件用带有花篮螺栓的缆索保险。 当采用无转向架的运梁平车时，运输轨道不能设平曲线，纵坡一般应为平坡；当地形条件限制时，最大纵坡也不得大于 1%。下坡运行时，平车后部要用钢丝绳牵引保险，不得溜放。 块件的起吊应该配有起重扁担。每块箱梁四个吊点，使用两个横扁担由两个吊钩起吊。如用一个主钩以人字千斤起吊时，还必须配一根纵向扁担以平衡水平分力

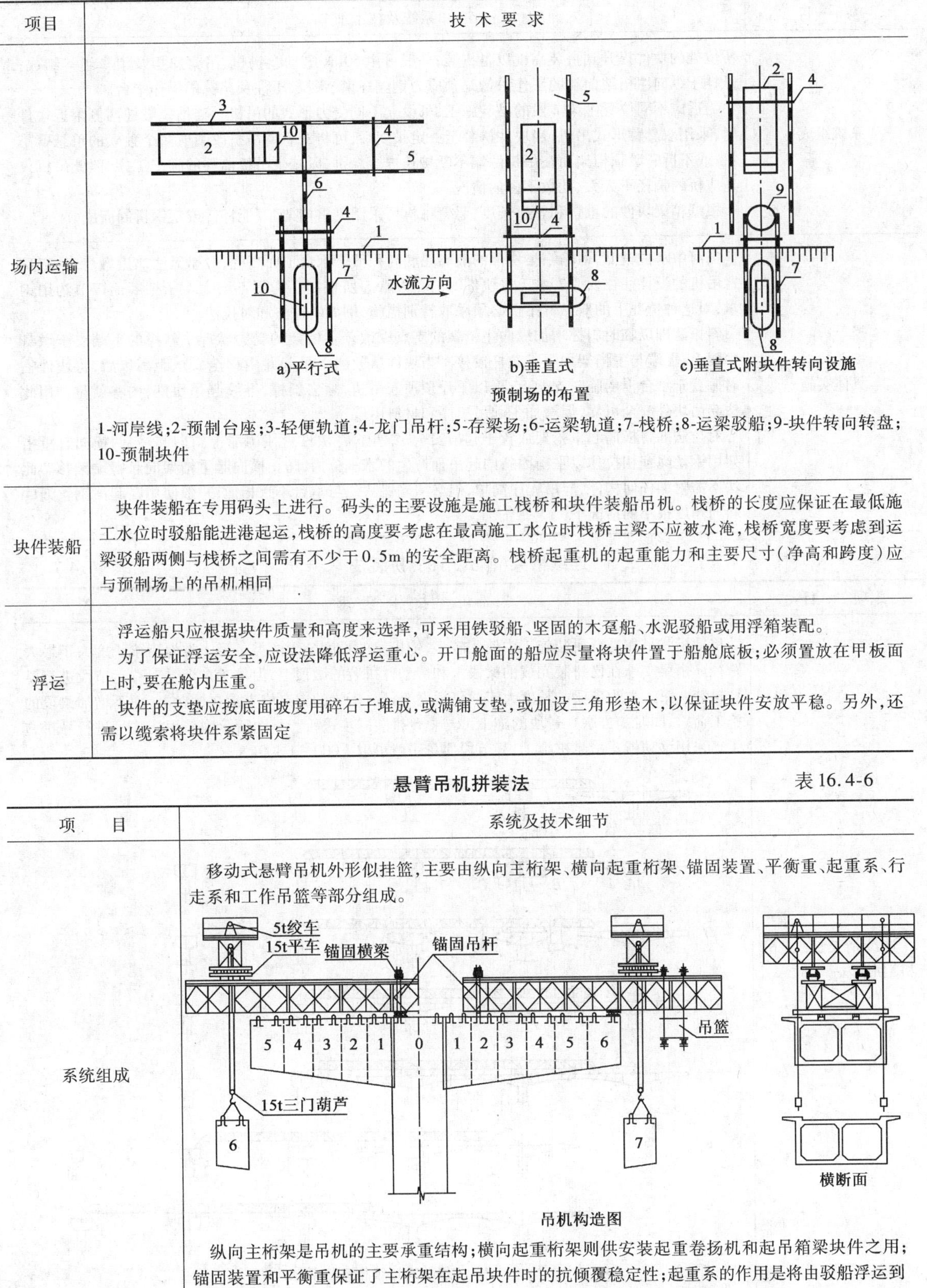

续上表

项目	技术要求
场内运输	a)平行式　b)垂直式　c)垂直式附块件转向设施 预制场的布置 1-河岸线;2-预制台座;3-轻便轨道;4-龙门吊杆;5-存梁场;6-运梁轨道;7-栈桥;8-运梁驳船;9-块件转向转盘;10-预制块件
块件装船	块件装船在专用码头上进行。码头的主要设施是施工栈桥和块件装船吊机。栈桥的长度应保证在最低施工水位时驳船能进港起运,栈桥的高度要考虑在最高施工水位时栈桥主梁不应被水淹,栈桥宽度要考虑到运梁驳船两侧与栈桥之间需有不少于0.5m的安全距离。栈桥起重机的起重能力和主要尺寸(净高和跨度)应与预制场上的吊机相同
浮运	浮运船只应根据块件质量和高度来选择,可采用铁驳船、坚固的木趸船、水泥驳船或用浮箱装配。 为了保证浮运安全,应设法降低浮运重心。开口舱面的船应尽量将块件置于船舱底板;必须置放在甲板面上时,要在舱内压重。 块件的支垫应按底面坡度用碎石子堆成,或满铺支垫,或加设三角形垫木,以保证块件安放平稳。另外,还需以缆索将块件系紧固定

悬臂吊机拼装法　　表16.4-6

项　目	系统及技术细节
系统组成	移动式悬臂吊机外形似挂篮,主要由纵向主桁架、横向起重桁架、锚固装置、平衡重、起重系、行走系和工作吊篮等部分组成。 吊机构造图 纵向主桁架是吊机的主要承重结构;横向起重桁架则供安装起重卷扬机和起吊箱梁块件之用;锚固装置和平衡重保证了主桁架在起吊块件时的抗倾覆稳定性;起重系的作用是将由驳船浮运到

续上表

项　　目	系统及技术细节
系统组成	桥位处的块件提升到拼装高度以备拼装，一般可由50kN电动卷扬机、吊梁扁担及滑车组等组成；悬挂于纵向主桁架前端的工作吊篮是预应力钢丝穿束、张拉、压注灰浆等的操作平台。 为适应不同位置主梁节段的吊装施工，可设立不同受力形式的吊机。当吊装墩柱两侧附近块件时，采用双悬臂形式吊机，当块件拼装至一定长度后，可将双悬臂吊机改装成两个独立的单悬臂吊机，或不拆开墩顶桁架而在吊机两端不断接长进行悬拼，以减少吊机前移的施工工序，但此吊机仅适应桥的跨径不太大、孔数不多的情况。 根据箱梁块件的重量和悬拼长度，悬臂吊机可采用贝雷桁架、万能杆件或型钢拼制而成
具体实施	当河中水位较低，运输箱梁块件的驳船船底高程低于承台顶面高程，驳船无法靠近墩身时，双悬臂吊机的设计往往要受安装1号块件时的受力状态所控制。为了不增大主桁架断面以节约用钢量，对这种情况下的双悬臂吊机必须采取特别措施，例如斜撑法和对拉法。 斜撑法即以临时斜撑增加纵向主桁架的支点以改善主桁架的受力状况。斜撑的下端支于墩身牛腿上，上端与主桁架加强下弦杆铰接。当块件从驳船上吊起并内移至安全距离以后，将块件临时搁置于承台上的临时支架上，再以千斤顶顶起吊机，除去斜撑，继续起吊块件，内移就位。用此法起吊块件安全可靠，但增加了起吊工序和材料用量。 对拉法即将横向起重桁架放置于起吊安全距离内，将块件直接由船上斜向起吊，两横向起重桁架用钢丝绳互相拉住以平衡因斜向起吊而产生的水平分力，防止横向起重桁架向悬臂端滚移。此法不需附加任何构件，起吊程序简单，但必须确保块件与承台不致相撞，一般使用在起吊钢丝绳的斜向角度很小的情况下

连续桁架(闸式吊机)拼装法　　表16.4-7

项　　目	技 术 要 求
连续桁架(闸式吊机)拼装法	移动桁式吊在悬臂拼装施工中使用较多，依桁梁的长度分为两类。第一类为桁梁长度大于最大跨径。桁梁支承在已拼装完成的梁段上和待悬臂拼装的墩顶上，由吊车在桁梁上移运节段进行悬臂拼装。第二类为桁梁的长度大于两倍桥梁跨径。桁梁的支点均支承在桥墩上，而不增加梁段的施工荷重，同时前方墩0号块的施工可与悬臂拼装同步进行。下图所示为采用桁式吊进行悬拼施工。采用移动桁式吊悬拼施工，其节段质量一般可取1 000～1 300kN 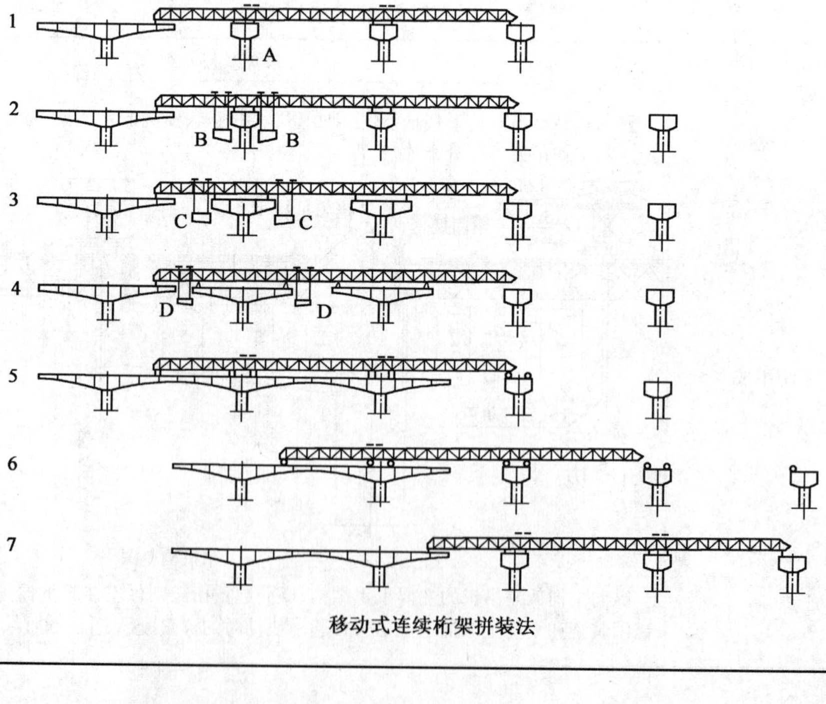 1 A 2 B B 3 C C 4 D D 5 6 7 移动式连续桁架拼装法

续上表

预应力混凝土梁节段悬臂拼装施工质量标准		
项目		规定值或允许偏差
湿接头、合龙段混凝土强度(MPa)		在合格标准内
轴线偏位(mm)	$L\leqslant 100$m	10
	$L>100$m	L/10 000
顶面高程(mm)	$L\leqslant 100$m	±20
	$L>100$m	±L/5 000
	相邻节段高差	10
同跨对称点高差	$L\leqslant 100$m	20
	$L>100$m	L/5 000

注:L 为跨径。

接缝处理及拼装程序 表 16.4-8

接缝类型	技术要求
1 号块和调整块用湿接缝拼装	悬拼施工时,防止梁体上翘和下挠的关键在于1号块的准确定位,它是基准块件。一般1号块件与墩柱上的0号块以湿接缝相接。定位后的1号块可用下面的临时托架支承,也可由吊机悬吊支承。为便于进行接缝处管道接头操作、接头钢筋的焊接和混凝土振捣作业,湿接缝一般宽0.1~0.2m。 0号块和1号块件间湿接缝的施工程序如下: 将桥墩两侧的1号块件提升到设计高程并初步定位,测量调整1号块件的纵轴线,使之纵、横轴线与0号块件相对应,并保证两块件的间距符合设计要求;调整并制作接缝间预应力管道接头;固定1号块件后,进行接缝的普通钢筋制作和模板安装、混凝土浇筑和养护等工序;最后穿预应力钢束,张拉锚固。 跨度大的T形刚构桥,由于悬臂很长,往往在伸臂中部设置一道现浇箱梁横隔板,同时设置一道湿接缝。这道湿接缝除了能增加箱梁的结构刚度外,也可以调整拼装位置。 在拼装过程中,如拼装上翘的误差很大,难以用其他办法补救时,也可以增设一道湿接缝来调整。但应注意的是,增设的湿接缝宽度必须用凿打块件端面的办法来设置
一般块件之间接缝	除上述湿接缝位置外,一般块件之间采用干接缝或胶接缝。 环氧树脂胶接缝可使块件连接密贴,提高结构抗剪能力、整体刚度和不透水性。 环氧树脂胶由环氧树脂、固化剂、增塑剂、稀释剂、填料等组成。其中环氧树脂一般选用环氧树脂E-44(6101),具有工艺性能好、施工方便、可加入大量填料等优点;增塑剂能降低树脂的黏度,固化后增加胶体的塑性;稀释剂的主要作用是降低环氧树脂的黏度,增加流动性,便于施工时调配;单纯环氧树脂固化后胶体的弹性模量很低,而温度膨胀系数很大,填料的加入将降低成本并改善环氧树脂胶的性能。 一般对接缝混凝土面先涂底层环氧树脂底胶(环氧树脂底层胶由环氧树脂、固化剂、稀释剂按试验决定比例调配),然后再涂加入填料的环氧树脂胶。环氧树脂胶随用随配

块件穿束及张拉 表 16.4-9

项目	技术要求
穿束	采用悬臂施工的桥梁的纵向预应力钢筋布置有两个特点:一是较多集中于顶板部位;二是钢束布置基本对称于桥墩,并有明槽布设和暗管布设两种。 明槽钢束通常为等间距排列,锚固在顶板加厚的部分(这种板俗称“锯齿板”)。加厚部分预制时留有管道。穿束时先将钢束在明槽内摆放平顺,然后再分别将钢束穿入两端管道之内。钢束在管道两头伸出的长度要满足张拉设备所要求的工作长度。 暗管穿束比明槽难度大。经验表明,60m以下的钢丝束穿束一般均可采用人工推送,较长钢丝束穿入端,可点焊成箭头状缠裹黑胶布;60m以上的长束穿束时,可先从孔道中插入一根钢丝,与钢丝束引丝连接,然后一端以卷扬机牵引,一端以人工送入

续上表

项　目	技术要求
张拉	钢丝束张拉次序的确定与箱梁横断面形式、同时工作的千斤顶数量、是否设置临时张拉系统等因素关系密切。在一般情况下，纵向预应力钢丝束的张拉次序按以下原则确定： 1. 对称于箱梁中轴线，钢束两端同时成对张拉。 2. 先张拉肋束，后张拉板束。 3. 肋束的张拉次序是先张拉边肋，后张拉中肋（若横断面为三根肋，仅有两对千斤顶时）。 4. 同一肋上的钢丝束，先张拉下边的，后张拉上边的。 5. 板束的次序是先张拉顶板中部的，后张拉边部的。 每一预应力钢束的张拉应采取张拉力与延伸量双控制，最大张拉应力不得超过设计规定，张拉程序可参见有关后张法预应力张拉工艺

悬臂施工挠度控制　　表16.4-10

项　目	技术要求
允许误差	两端悬臂施工至合龙时，梁底高程误差不得超出允许范围（合龙段高程允许误差为20mm，轴线允许偏位为10mm）
影响挠度的主要因素	预应力、自重力和在接缝上引起的弹性和非弹性变形，还有块件拼装的安装误差；各段混凝土间材料性能、温度、湿度以及养护等方面存在差异，各段的工期也很难准确估计；施工中荷载随时间变化，梁体截面组成也随施工进程中预应力筋的增多而发生变化
计算机程序跟踪控制的步骤	1. 将施工中实际结构状态信息（如量测的高程、钢束张拉力、温度变化、截面应力）以及设计参数的实测值（如混凝土、钢材的重度和弹性模量，构件几何尺寸，施工荷载，混凝土的徐变系数等）输入计算机程序。 2. 通过对各种量测信息的综合处理，得到结构的误差。 3. 对成果进行判断，决定是否要采取有效措施来纠正已偏离目标的结构状态。纠正措施主要是调整浇筑梁段的高程。其他措施，如改变预应力束的张拉次序、改变张拉力等，在不改变结构承力的条件下也是可考虑的办法。 通过对上述每个节段反复循环的跟踪控制及调整，可使结构与预定目标始终控制在很小误差范围内，最后合龙时，达到理想目标
具体措施	1. 1号块定位时按计算的悬臂挠度及需设的预拱度确定正确的定位位置，并仔细、准确地进行定位。 2. 其他块件胶接缝的涂层应尽量减薄，并使其在临时的均匀压力下固化。 3. 悬拼过程中发现实际悬拼挠度过大时，需认真分析原因，及时采取措施。可采取的措施按上翘程度不同大体上有：通过多次涂胶将胶接缝做成上厚下薄的胶接层，以调整上翘度；在接缝上缘的胶层内加垫钢板，增加接缝厚度；凿打端面，将块件端面凿去一层混凝土，凿去的厚度沿截面的上、下方向按需要变化，然后涂胶拼接；增加一个湿接缝，即改胶接缝（或干接缝）为湿接缝，将块件调整到要求的位置

结构受力体系的转换　　表16.4-11

项　目	结构受力体系转换措施
结构体系转换和必要措施	采用悬臂拼装法施工预应力悬臂梁桥或预应力连续梁桥时，应注意结构受力体系转换问题。 当块件拼装完毕，拆除墩顶临时锚固系统时，梁体的弯矩方向发生转换（结构由双悬臂状态转换为单悬臂状态），必须注意使预应力钢材符合设计布置。在拆除墩顶临时锚固系统前，应按设计要求张拉一部分块件底部的预应力钢材（承受梁体正弯矩的预应力筋），并在悬臂梁端设置向下的预拱度，防止梁上部已张拉的明槽预应力钢材上漂，以保证转换体系前后拼装、张拉各阶段的安全

续上表

项目	结构受力体系转换措施
临时锚固放松时的要求	对0号节段在放松墩顶临时锚固时，应注意均衡对称，确保均匀地释放。在放松前应测量各节段的高程，在放松过程中须注意各节段的高程变化，如有异常情况应立即停止，以保证施工安全
对转为超静定结构的多因素控制	对转为超静定结构，应考虑钢材张拉、支座变形、温度变化等各种因素引起的结构的次内力。若按设计要求需进行内力调整时，应以高程、反力等进行多种因素控制，相互校核，如出入过大应分析研究

合龙段施工采取的措施 表16.4-12

项目	合龙段施工常用措施
合龙段施工措施的必要性	合龙段施工过程中，昼夜温差变化，新浇筑混凝土的早期收缩、水化热影响，已完成结构混凝土的收缩、徐变，结构体系的变换以及施工荷载等因素，都会直接影响合龙段的质量。因此，有必要采取下列有关措施以保证合龙段的施工质量
合龙段长度宜短	在满足施工要求的前提下，应尽量缩短合龙段的长度，一般取1.5～2m
混凝土浇筑时间及材料要求	合龙段混凝土浇筑时间，宜在一天中气温最低时完成；用于合龙段的混凝土强度等级可提高一级，或选用早强、高强、少收缩或微胀的水泥拌制的混凝土，以便尽早张拉，防止接缝处出现裂缝
加强混凝土养护	合龙段混凝土浇筑完毕，立即加强养护，使之保持湿润，并将其覆盖，以减少日照直射的温度影响
挂篮后移距离相同	合龙段施工时，通常可将两侧挂篮向后移动，其距离应对等，使两悬臂端的施工荷载对称相等。移动的距离则应满足合拢施工需要
拆除挂篮防止后倾	拆除挂篮时，应先拆除模板再从悬吊系统开始逐步拆卸，拆除过程中应防止挂篮后倾，为此，在平衡重下应设临时垫木撑

16.5 悬臂现浇连续梁、连续刚构桥

悬臂施工法的常用结构体系 表16.5-1

项目	连续体系	铰接体系
悬臂施工体系	c A_1 a a 柔墩 c A_2 固结 柔墩 c A_3	b a d B_1 固结 d B_2 a 挂孔 b B_3 挂孔 固结 B_4
说明	A_1-刚墩铰支连续梁；A_2-柔墩铰支连续梁；A_3-柔墩固结连续梁	B_1-铰接悬臂梁；B_2-连续框式悬臂梁；B_3-挂孔悬臂梁；B_4-框式挂孔悬臂梁
	a-混凝土铰；b-钢筋混凝土摆座；c-橡胶支座；d-剪力铰	

墩顶梁段(0号块)的施工 表16.5-2

项　　目	技 术 要 求
总的施工顺序	墩顶0号块的浇筑、悬臂节段的预制安装或挂篮现浇、各桥跨间的合龙段施工及相应的施工结构体系转换、桥面系施工
0号块(墩顶梁段)	0号块一般均在墩顶托架上立模现场浇筑。除刚架桥外，连续梁、悬臂梁桥均需在施工过程中设置临时梁墩锚固，使0号块梁段能承受两侧悬臂施工时产生的不平衡力矩
施工托架	施工托架有扇形、门式等形式，托架可采用万能杆件、贝雷梁、型钢等构件拼装，也可采用钢筋混凝土构件做临时支撑。根据墩身高度、承台形式和地形情况，施工托架可分别支承在墩身、承台或经过加固的地面上。托架的总长度视拼装挂篮的需要而定，其横桥向宽度要考虑箱梁外侧模板的要求，托架顶面应与箱梁底面纵向线形一致。扇形施工托架与门式施工托架形式参见下图。 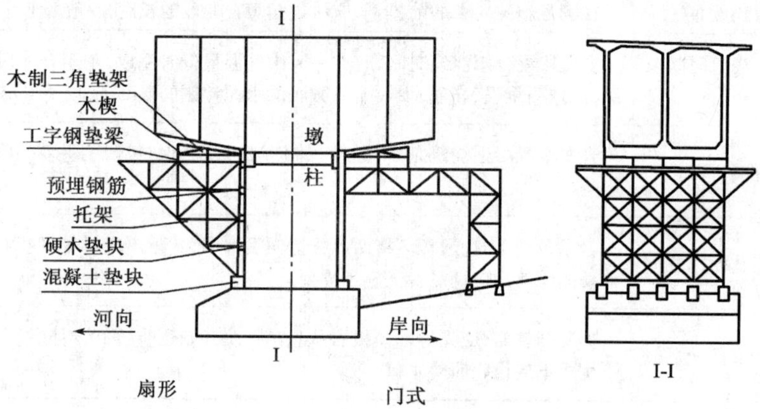 扇形与门式托架示意图 为保证在托架上浇筑混凝土的施工质量，应有效防止和减少由于托架变形所产生的不良影响。因此，在设计托架时，除考虑强度要求外，还需尽可能增大托架主桁的刚度和整体性，采用大型型钢、板梁、贝雷梁或节点较少的组合体系进行拼装，并采取预压、抛高(预留沉降度)及调整措施，以减少托架变形对混凝土质量的影响
0号节段的临时固结及支承措施	对T形刚构及刚架桥，因墩身与梁本身采用刚性连接，所以不存在梁墩临时固结问题。悬臂梁桥及连续梁桥采用悬臂施工法，为保证施工过程中结构的稳定、可靠，必须采取0号块梁段与桥墩间临时固结或支承措施。 临时固结、支承措施如下： 1. 将0号块梁段与桥墩用普通钢筋或预应力筋临时固结，待需要解除固结时切断，如0号块件与桥墩的临时固结构造图所示。 2. 在桥墩一侧或两侧加临时支承或支墩，如临时支承措施图所示。 3. 将0号块梁段临时支承在扇形或门式托架的两侧。 4. 临时支承可用硫磺水泥砂浆块、砂筒或混凝土块等卸落设备，以使体系转换时，较方便地将其撤除。在临时梁墩固结或支承的构造设计中，一般应考虑最大悬臂状态时悬臂结构一侧有一梁段因施工超前而产生的不平衡力矩，验算临时构件的强度、刚度和稳定性及相应的桥墩强度指标，稳定性系数不应小于1.5。 若采用硫磺水泥砂浆块做临时支承的卸落设备，在用高温熔化撤除支承时，必须在支承块之间采取隔热措施，以免损坏支座部件

续上表

项　目	技术要求
0号节段的临时固结及支承措施	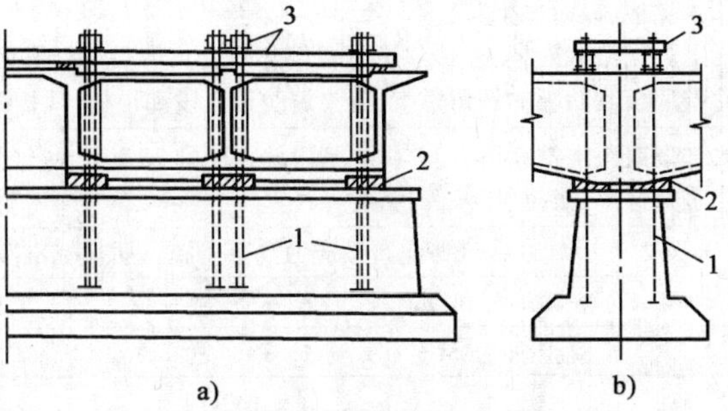 a)　b) 0号块件与桥墩的临时固结构造 1-预埋临时锚固用预应力筋;2-支座;3-工字钢 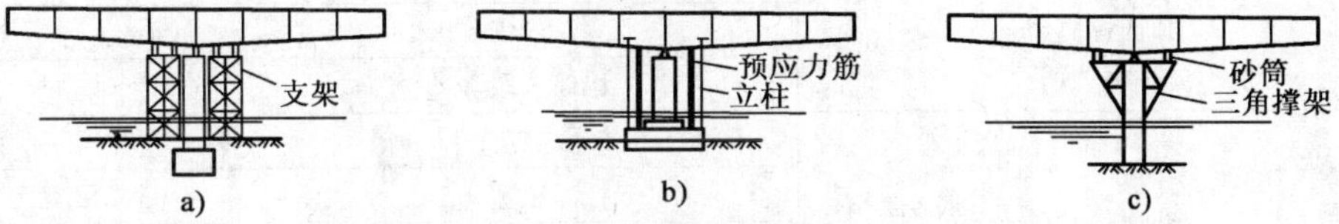 支架　预应力筋　立柱　砂筒　三角撑架 a)　b)　c) 临时支承措施
临时固定的验算	在编制施工设计(或施工大纲)时,应对临时固定的方法进行详细的分析计算。临时固定结构强度计算需考虑一个节段的不平衡力矩,并验算其稳定性,稳定系数不宜小于1.5
增加施工稳定性的辅助措施	当利用导梁进行悬臂浇筑(拼装)施工时,可利用导梁增加施工稳定性,即在已安装梁段的前端用拉杆和支撑与导梁连接,借以抵抗悬臂施工产生的不平衡弯矩。利用导梁只能作为增加施工稳定性的辅助措施,在悬臂施工之前还要对0号节段作一定的固结处理
高温撤除硫磺砂浆块的防护	若临时支承采用在支座两侧设置硫磺水泥砂浆块,当采取高温熔化方法撤除时,必须在支座与垫块之间采取隔热防护措施,以免损坏支座部件

节段的悬臂浇筑　　表16.5-3

项　目	悬臂浇筑及其注意要点
模板安装	组装模板并校正中线,外模及框架的长度和高度应能适应各节段的变化。内模由侧模、顶模和内框架组成,应便于拆模和修改。模板安装后应严格测定位置、核对高程(注意预留拱度即抛高量)、校正中线。模板和前一节段的混凝土面应平整密贴
管道连接与定位	放置预应力管道时要注意和前一节段的管连接接头严密、线形和顺,并设置足够的定位钢筋,以保证灌注混凝土过程中位置正确
浇筑混凝土顺序	浇筑混凝土时,必须从两个悬臂端对称均衡地进行浇筑
测定高程与防止挂篮偏位	挂篮桁架行走前要测定已完成节段梁端高程,并定出箱梁中轴线。当解除挂篮的后锚固后,挂篮沿箱梁中轴线对称向两端推进,每前进50cm作1次同步观测,防止挂篮转角、偏位,造成挂篮受扭
箱梁混凝土的浇筑	可视箱梁截面高度情况采用一次或两次浇筑法。采用一次浇筑时,可在顶板中部留一洞口以供浇筑底板混凝土,待浇好底板后立即补焊钢筋封洞,并同时浇筑肋板混凝土,最后浇顶板混凝土,一次完成

续上表

项　　目	悬臂浇筑及其注意要点
箱梁混凝土的浇筑	浇筑肋板混凝土时，两侧肋板应同时分层进行。浇筑顶板及翼板混凝土时，应从外侧向内侧一次完成，以防产生裂纹。 当箱梁截面较大（或靠近悬臂根部梁段），节段混凝土数量较多时，每个节段可分两次浇筑，先浇筑底板到肋板的倒角以上，再浇筑肋板上段和顶板，其接缝按施工缝要求处理
浇筑完毕后的工作	混凝土浇筑完毕，经养护达到设计强度的75%后，再经过孔道检查和修理管口弧度等工作，即可进行穿束、张拉、压浆和封锚

悬臂浇筑预应力混凝土施工质量标准

项　　目		规定值或允许偏差
混凝土强度(MPa)		在合格标准内
轴线偏位(mm)	$L \leq 100$m	10
	$L > 100$m	$L/10\,000$
顶面标高(mm)	$L \leq 100$m	±20
	$L > 100$m	$\pm L/5\,000$
	相邻节段高差	10
断面尺寸(mm)	高度	+5，-10
	顶宽	±30
	底宽	±20
	顶底腹板厚	+10，-0
同跨对称点高差(mm)	$L \leq 100$m	20
	$L > 100$m	$L/5\,000$
横坡(%)		±0.15
平整度(mm)		8

注：L为跨径。

16.6　顶推施工连续梁桥

顶推法施工及其特点　　表16.6-1

项　　目	方法和特点
主要特点	顶推法发挥了先张法、悬浇法的优点，弥补了其缺点，具有分段预制的好处而无块件的接缝问题。此外，顶推法还具有如下主要特点： 1. 可节约施工场地，减少构件、材料运输，并在节省劳动力、减轻劳动程度与缩短工期上效果显著。 2. 便于加强施工管理，施工场地仅限于预制台附近较小范围；可盖设临时工棚，有利于冬期、雨季施工；可以反复操作，工人容易熟练技术，有利于促进质量提高。 3. 可相应降低造价。由于临时设备是预制台附属设备和顶推装置，不需脚手架和特殊的机械，只需制作梁段块件单元长度的模板（可反复使用）即可
预推施工种类图示及说明	**1.跨中设置临时支墩法** 导梁　临时支墩　桥墩　制作台 在将预制梁面推悬出的过程中，其跨中截面通过墩顶时由正弯矩变更为负弯矩，故需对梁加强，即除了配置设计荷载所需的预应力筋外，还需设置临时的预应力筋以承受顶推时引起的弯矩

续上表

项　目	方法和特点	
预推施工种类图示及说明	2.梁前安装导梁法 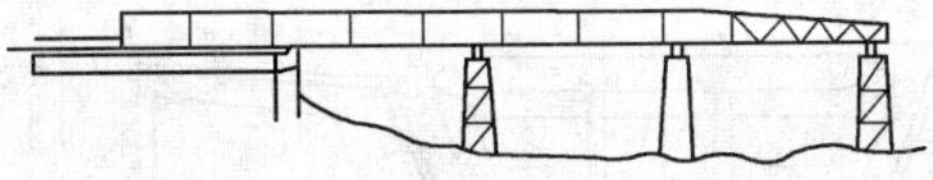 3.梁上设置吊索架法 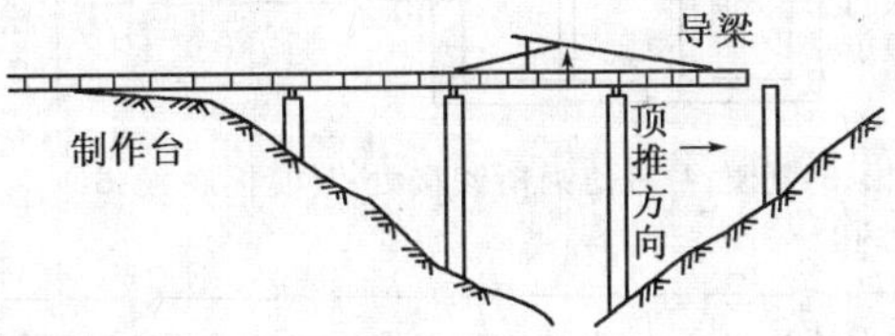	为减少顶推时产生的内力，有左图所列三种方法，应结合地理条件、施工难易、桥梁跨径、经济因素等选择。一般用1、2法或2、3法组合施工，但由于3法装置复杂，一般不予采用，多以1、2法组合使用
导梁的设置要求	梁段前端设置导梁时，应先将导梁全部节间拼装平整，再与梁段前端的预埋件连接，在校正位置后，进行混凝土浇筑。 采用钢桁架导梁时，应注意导梁与梁段刚度的协调，不得采用刚度过小的导梁，应减小每个节点的非弹性变形，使梁端挠度不大于设计要求	
临时支墩的设置与拆除	桥跨中间如有必要设置临时支墩时，其施工技术要求应按照设计规定进行。临时支墩可采用钢结构或装配式钢筋混凝土薄箱、井筒，使之易于装拆。 临时墩在承受荷载时不应发生沉陷，在顶推时不得因纵向摩阻力而发生偏斜(必要时可在墩设临时支撑)。当各联主梁顶推作业完成并落位到桥墩正式支座上以后，应将临时墩拆除	

梁段预制场地布置要求　　表16.6-2

项　目	场地选择与布置要求
预制场地布置	选择梁段预制场地时，还应根据顶推法施工的要求注意以下事项：应设在桥台后面(桥轴线上)的引道(或引桥)上；当为多联顶推时，为加速施工进度，可在桥两端均设场地，从两端相对顶推
场制地长、宽度的确定	1.预制场地的长度应考虑梁段悬臂时反压段的长度、梁段度板与腹(顶)板预制长度、导梁拼接长度和机具设备进入预制作业线的长度。 2.预制场地的宽度则可根据梁段两侧施工作业的需要酌定
场地布置示例	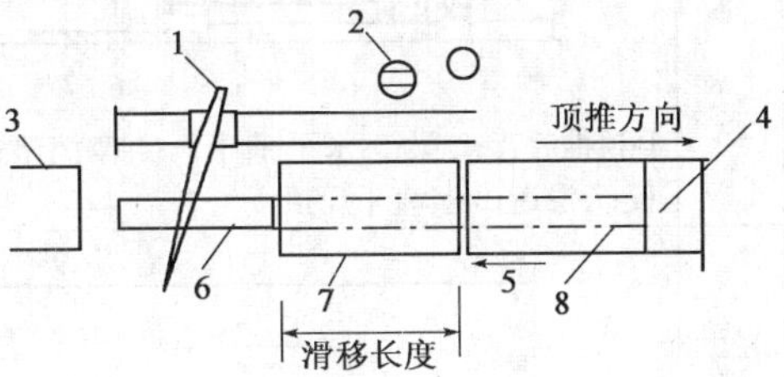 1-塔式起重机；2-混凝土搅拌机；3-钢筋加工场；4-桥台；5-移回内模车供下次使用；6-底板模板；7-固定外模；8-刚完成的块件
预制场作业工棚	为避免受天气影响，可在场地搭建临时有盖工棚，要有固定线可以移动。可移动的作业工棚能用于浇筑作业或顶推工作台，视现场条件和需要确定
预制台座	预制台座设置于路基或引桥上，其地基或引起的强度、刚度、稳定性应符合设计要求，并应做好台座基础的防水、排水设施，防止沉陷；在荷载作用下，台座顶面变形应不大于2mm

梁段模板和梁段预制　表 16.6-3

项　目	箱梁模板及梁段制作	
梁段预制模板	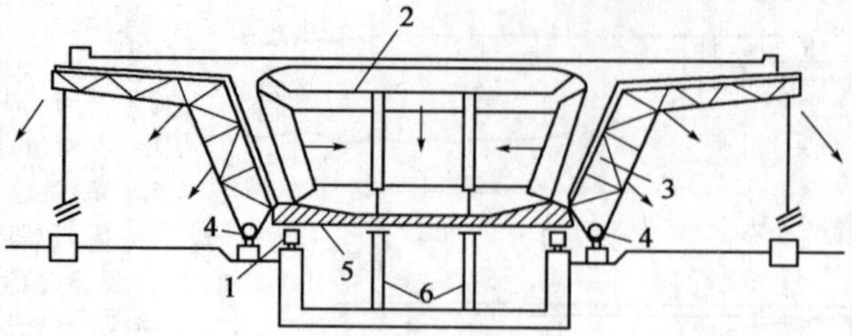 1-滑道；2-顶板内模；3-侧模；4-加劲钢桁铰接处；5-模板底板；6-模板支柱	梁底板的底模板上应装有表面磨光的钢板，以减少梁底板的摩擦力。 侧模板是固定的，每侧的两片外模是各成一片，用轻型钢桁加劲，并在根部铰接，当两边支柱松下，模壳很易与混凝土脱开。从左图可见，中间部分顶板内模先落下，然后将两边模向内松移。模壳滑行操作简便，可在数分钟内以液压设备完成
梁段浇筑	梁段浇筑，可根据桥头地形、模板结构和浇筑施工机械化程度等，采用在一个底座上浇筑整个断面的混凝土，或将梁段底板与腹板、顶板分开，在前后邻接的台座上分次浇筑。 梁段浇制过程要严格控制界面尺寸、底面平整度和梁段端部的垂直度。 严格控制梁段内钢筋、预应力筋孔道位置、预埋件位置，以及混凝土的浇筑质量。 为提高混凝土早期强度，缩短顶推周期，在配制混凝土时可采用早强水泥、掺入早强减水剂，以及采取蒸汽养护等措施	

顶推方式和技术要求　表 16.6-4

项　目	顶推方式和技术要求		
用拉杆顶推	1-顶推的千斤顶；2-拉杆；3-拉杆锚固；4-滑动支座；5-模板；6-底板；7-桥台	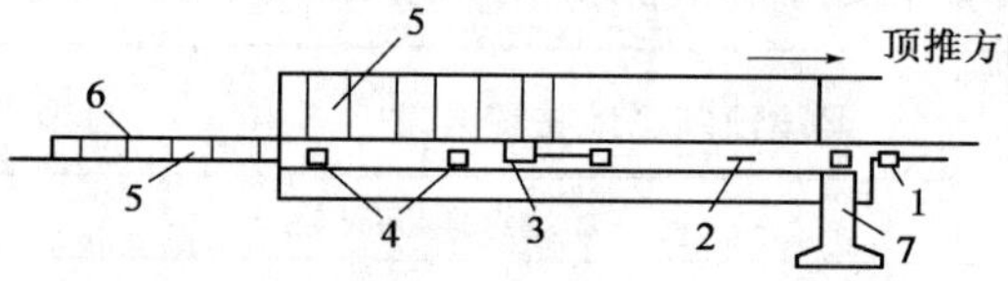	在桥台前面安装一对具有顶推力的千斤顶。钢拉杆是用高强螺栓固定的托座与块件连接。千斤顶顶出一个块件后，把钢拉杆固定于后面的块件，再用千斤顶把梁顶拉出，依次反复顶推出梁
水平—竖直千斤顶顶推	一落梁	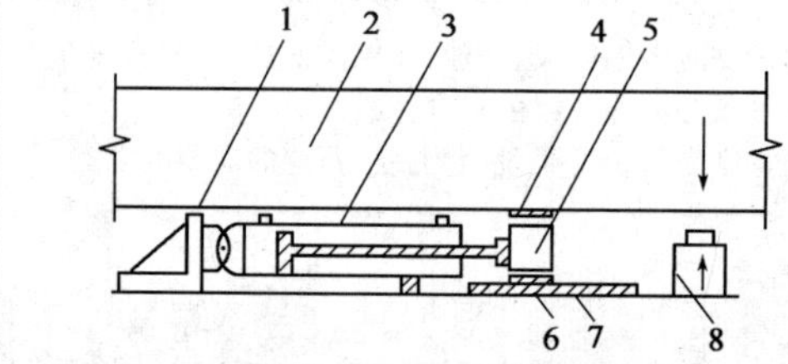 1-顶推后背；2-梁；3-水平千斤顶；4-摩擦垫；5-滑块；6-滑板；7-滑道；8-竖直千斤顶	降落竖直千斤顶，使梁落于水平千斤顶前面的滑块上
	二顶推	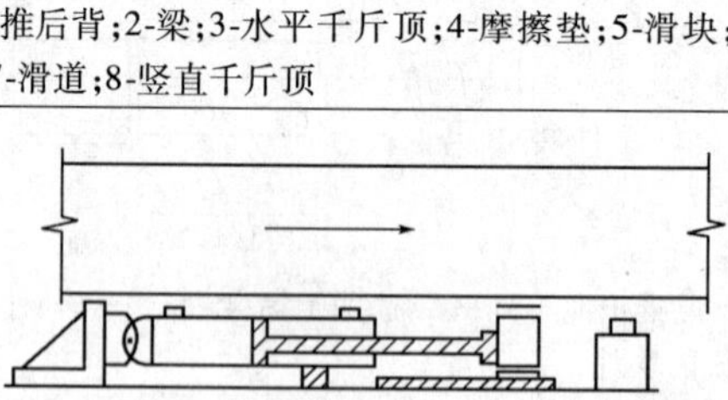	利用竖直千斤顶将梁顶升
	三升梁	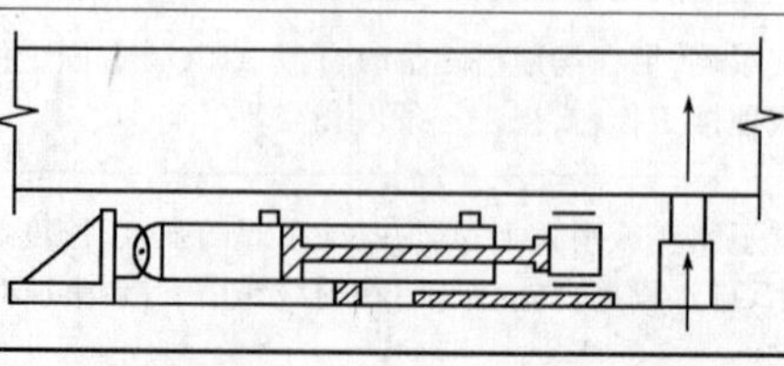	开动油泵，水平顶进至容许最大行程

续上表

项目	顶推方式和技术要求		
水平—竖直千斤顶顶推	四退回滑块		顶升竖直千斤顶,将滑块退回原处,再行落梁,继续水平顶进
顶推方式的选择	顶推施工前,应根据主梁长度、设计顶推跨度、桥墩能承受的水平推力以及顶推设备和滑动装置等条件,选择适宜的顶推方式		
采用水平—竖直千斤顶方式(单点或多点)顶推时的要求	1. 水平千斤顶的实际总顶力不应小于计算顶推力的2倍。 2. 墩、台顶上水平千斤顶的台背必须坚固,应经验算能够承受顶推时的总反力;在顶推过程中各桥墩的纵向位移值不应超过设计规定。 3. 主梁在各墩(包括临时支墩)支承处,均应按本手册表16.6-5有关要求设立滑动装置。 4. 单点或多点的水平千斤顶顶推时,左右两条顶推线应横向同步运行;多点顶推时,各墩台的水平千斤顶均应纵向同步运行,保证主梁纵向轴线在设计允许偏差值范围内		
主梁顶推时的导向纠偏措施	1. 楔形导向滑板纠偏法。其构造与滑板基本相同,但为楔形,横向设在梁侧的反力架间。当梁段通过时,利用楔形板的横向分力来纠偏。 2. 千斤顶纠偏法。当梁体偏移较大时,横向装置设在桥墩两侧的钢支架上。在进行纠偏时,开动一侧的千斤顶使梁横移		

滑动装置与落梁就位 表16.6-5

项目	具体要求
水平—竖直千斤顶顶推方式的滑动装置	滑动装置每一顶推行程的施工程序为顶梁、推移、落下竖直千斤顶的活塞杆、收回水平千斤顶的活塞杆。顶推时,升起竖直顶活塞,使临时支承卸载,开动水平千斤顶去顶推竖直顶,由于竖直顶下面设有滑道,顶的上端装有一块橡胶板,在前进过程中可带动梁体向前移动。当水平千斤顶达到最大行程时,降下竖直顶活塞,使梁体落在临时支承上,收回水平顶活塞,带动竖直千斤顶后移,回到原来位置,如此反复不断地将梁顶推到设计位置
拉杆顶推方式滑动装置	水平液压千斤顶布置在桥台前端,底座紧靠桥台,由楔形夹具固定在梁底板或侧壁锚固设备上的拉杆与千斤顶连接,通过千斤顶的牵引作用,带动梁体向前运动。千斤顶回程时,固定在油缸上的刚性拉杆便从楔形夹具上松开,在锚头中滑动,随后重复下一循环
滑动装置	滑道支承设置在桥墩上的混凝土临时垫块上,由光滑的不锈钢板与组合的聚四氟乙烯滑块组成。其中,滑块由四氟板与具有加劲钢板的橡胶块构成,外形尺寸有420mm×420mm、200mm×400mm、500mm×200mm等数种,厚度也有40mm、31mm、21mm之分。顶推时,组合的聚四氟乙烯滑块在不锈钢板上滑动,并在前方滑出,通过在滑道后方不断喂入滑块,带动梁身前进
落梁就位的有关要求	1. 全梁顶推到设计位置以后,必须将梁落到正式的支座上,并按设计文件的张拉顺序,对补充的预应力钢材进行张拉、锚固、压浆,将临时的预应力钢筋按设计拆除。 2. 落梁前应拆除墩、台上的滑动装置。拆除时,各支点宜均匀顶起,其预应力按设计支点反力控制,相邻墩各顶点的高差不应大于5mm,两侧梁底顶起高差不应大于1mm。 3. 落梁时应按设计要求和每次下落要求进行,并注意同一墩台的千斤顶应同步运行。 4. 安装活动支座时,要按落梁时的气温调整其具体位置

顶推施工梁质量标准

项目		规定值或允许偏差
轴线偏位(mm)		10
落梁反力(kN)		符合设计规定;设计未规定时不大于1.1倍的设计反力
支点高差(mm)	相邻纵向支点	符合设计规定;设计未规定时不大于5
	同墩两侧支点	符合设计规定;设计未规定时不大于2

16.7　整孔预制安装箱梁

预制场地及模板要求　　表 16.7-1

项　目	内　容
预制场地及模板	1. 预制场地应进行专门设计,其布置应有利于制梁、存梁、运梁和架梁的施工作业;制梁台座、存梁台座及运梁线路的地基应具有足够的承载能力,并应有防排水设施;场地内的道路、料场等应硬化处理。 2. 对在水域中架设安装的箱梁,应在预制场地设置箱梁的出运码头;从岸的一侧开始延伸至水域中或在陆上架设安装的箱梁,应设置必要的提梁设施和装置。 3. 钢筋宜在专用胎架上绑扎制作成整体骨架后,进行整体起吊安装;采用拼装式内模时,钢筋宜分片制作,分片起吊安装。 4. 箱梁的预制宜采用定型钢模板,模板应具有足够的强度和风度,并应能满足多次重复使用不变形的要求。模板的制作、安装与拆除除应符合《公路桥涵施工技术规范》(JTG/T F50—2011)第 5 章的规定外,尚应符合下列规定: (1)钢模板在加工制作时,模板的全长和跨度应考虑箱梁反拱度的影响及预留压缩量。附着式振捣器的支座应交错布置,安设牢固,并应使振动力先传向模板的骨架,再由骨架传向面板。 (2)模板安装时,其位置应准确,各部位的连接应牢固可靠,接缝应严密且不漏浆。模板安装的尺寸允许偏差应符合下表的规定。 (3)模板的拆除期限除应符合《公路桥涵施工技术规范》(JTG/T F50—2011)第 5 章的规定外,对外侧模和端模,尚应满足箱染混凝土的表层温度与环境温度之差不大于 15℃的要求;当气温急剧变化时,不宜进行拆模作业

整孔预制箱梁钢模板安装质量标准

项　目		允 许 偏 差
模板全长(mm)		±10
模板高度(mm)		±5
模板宽度(mm)	顶板	±10
	底模板	+10,-0
板面平整度(mm/m)		2
垂直度(mm/m)		3
中心线与设计位置偏差(mm)	顶板	10
	底模板	2
	腹板	10
横隔板中心位置偏差		5
顶板内外偏差设计位置		+10,-5
断面尺寸(mm)	顶板	+5,-0
	腹板	
	底板	
横隔板厚度(mm)		+10,-5
端模预应力支承垫板中心偏位		3

箱梁混凝土浇筑　　表 16.7-2

项　目	内　容
箱梁混凝土浇筑	1. 箱梁混凝土宜一次连续浇筑完成,且宜采取水平分层、斜向推进的方式浇筑,水平分层的厚度不得大于 300mm,各层间混凝土的间隔浇筑时间不应超过其初凝时间。梁体腹板下部的底板混凝土宜采用设于底模处的附着式振捣器振动;腹板混凝土宜采用插入式振捣器及附着式振捣器辅助振捣;对钢筋和预应力管道密

续上表

项　　目	内　　容
箱梁混凝土浇筑	布区域的混凝土,应提前按一定间距设置混凝土溜槽和插入式振捣器辅助导向等装置,保证该区域的混凝土能振捣密实。 2. 箱梁混凝土浇筑完成后,应按《公路桥涵施工技术规范》(JTG/T F50—2011)第 20.3.6 条的规定及时进行覆盖和养护,并应符合下列规定: (1)当采取蒸汽养护时,除应符合《公路桥涵施工技术规范》(JTG/T F50—2011)第 24 章的规定外,尚宜分为静停、升温、恒温、降温及自然养护五个阶段。静留守期间应保持蒸汽养棚内的温度不低于 5℃;混凝土浇筑完成 4h 后方可升温,日升温的速度不应大于 10℃/h;恒温时应将温度控制在 50℃以下,恒温时间宜由试验确定;降温的速度不应大于 5℃/h;蒸汽养护结束后,应立即进入自然养护阶段,且养护时间不宜少于 7d。蒸养期间、拆除保温设施及模板时,梁体混凝土表层的温度与环境温度之差不得大于 15℃。 (2)当采取自然养护时,对暴露于大气环境中的混凝土表面应有要用适宜的材料进行覆盖,并洒水养护;拆模后尚未达到养护时间的梁体混凝土表面,宜采用喷淋方式或采用养护剂喷洒养护。当环境相对湿度小于 60% 时,自然养护的时间不宜少于 28d;相对湿度大于或等于 60% 时,不宜少于 14d。 3. 梁体混凝土的抗压强度达到设计强度等级的 1/3 以上、弹性模量不低于设计值的 50% 时,可对部分预应力钢束进行初张拉,但其张拉应力不应超过设计张拉控制应力的 1/3,且初张拉的预应力钢束编号及张拉应力应符合设计规定。对箱梁预应力钢束的终张拉,应在其混凝土抗压强度达到设计强度等级的 80% 后进行。设计对张拉有具体规定时应从其规定。 4. 梁体预应力孔道的压浆符合《公路桥涵施工技术规范》(JTG/T F50—2011)第 7 章的规定。压浆结束后应将锚具外部清理干净,并应对梁端混凝土进行凿毛,对锚具进行防锈处理,按设计要求设置钢筋网片,浇筑封端混凝土。封端应采用无收缩混凝土,其强度应符合设计规定,并应严格控制梁体长度

整孔预制大型后张预应力混凝土箱梁施工质量标准

项　　目		规定值或允许偏差
混凝土强度(MPa)		在合格标准内
梁长(mm)		+5,-10
梁高(mm)		0,-5
梁宽(mm)	顶板	±20
	底板	±10
断面尺寸(mm)	顶板厚	+10,0
	腹板厚	+10,-5
	底板厚	+10,0
横隔板厚(mm)		+10,-5
梁体上拱(mm)		L/3 000
表面平整度(mm/m)		5
横坡(%)		±0.15
预埋件位置(mm)		5
顶面预留钢筋位置(mm)		5

注:L 为跨径

箱梁架设安装

表 16.7-3

项　　目	内　　容
箱梁架设安装	1. 箱梁应采用通过技术质量监督部门产品认证的专用架桥机、或由海事部门颁布发船舶证书及起重检验证书的起重船进行架设安装,且起重参数应能满足架梁的要求,起重锚泊系统应能满足作业水域的条件。吊架和吊具应专门设计。起重设备、吊架和吊具等应经试吊确认安全后方可用于正式施工,吊具应定期进行探伤检查

续上表

项　　目	内　　容
箱梁架设安装	2. 采用架桥机安装作业时，其抗倾覆稳定系数不应小于1.3；架桥机过孔时，起重小车应位于对稳定最有利的位置，且抗倾覆稳定系数不应小于1.5。 3. 采用起重船安装作业时，起重船在进入安装位置后应根据流速、流向、风向和浪高等情况锚定位，定位时不得利用桥墩墩身带缆；在起重船定位和箱梁架设安装过程中，船体和梁体均不得对桥墩或承台产生碰撞。 4. 架设安装时，箱梁在起落过程中应保护水平；顶落梁时梁体的每端应同步缓慢起落，并不得冲击临时支座。箱梁就位时，应设置必要的装置对梁体的空间位置进行精确调整。 5. 在墩顶设置的临时支座，其形式和位置应符合设计规定，梁底与支座应密贴；4个临时支座的顶面相对高差不得超过4mm。 6. 箱梁架设安装后的吊梁孔应采用收缩补偿混凝土封填 7. 箱梁简支变连续时的体系转换除应符合设计要求和《公路桥涵施工技术规范》(JTG/T F50—2011)第16.4.10条的规定外，尚应符合下列规定： (1)需浇筑湿接头的箱梁端部的形状应符合设计规定，预应力钢束及其他预留孔道的位置偏差应不大于4mm。 (2)宜于先将一联箱梁采用型钢在纵向予以临时固结，且宜在一天中气温最低且温度场均匀稳定的时段浇筑湿接头混凝土

整孔箱梁架设安装质量标准

项　　目	规定值或允许偏差	项　　目	规定值或允许偏差
轴线偏位(mm)	10	相邻预制梁端的顶面高差(mm)	10
梁顶面高程(mm)	±5	湿接头混凝土强度(MPa)	在合格标准内

16.8 斜 腿 刚 构

斜 腿 刚 构　　　表16.8-1

项　　目	内　　容
斜腿刚构	1. 斜腿可采取有支架或无支架的方式进行施工。采取有支架方式施工时，对支架的要求应符合《公路桥涵施工技术规范》(JTG/T F50—2011)第5章的规定；采取拉杆扣拉或转体等无支架方式施工时，应按照《公路桥涵施工技术规范》(JTG/T F50—2011)第15章的相关规定执行。不论采取何种方式施工，均应采取有效措施，防止斜腿的截面产生过大的局部应力或变形。 2. 主梁的施工应符合下列规定： (1)采取支架现浇方式施工时，除应符合《公路桥涵施工技术规范》(JTG/T F50—2011)第5章规定外，对多跨斜腿刚构桥的主梁不应一次浇筑成型，而应在分跨浇筑后，再设置合龙段合龙。 (2)采用悬臂法施工时，除应符合《公路桥涵施工技术规范》(JTG/T F50—2011)第16.5节的要求外，对斜腿部分应设置具有足够强度和刚度的临时支撑或拉杆进行固定，抵抗主梁悬浇过程中产生的不均衡弯矩，且其基础应满足承载力的要求；主梁与斜腿的连接处应一次性浇筑完成，对有V形墩的斜腿刚构桥，应选择适宜的温度先V形墩与其上的主梁形成闭合三角形结构，再进行其余主梁的悬臂浇筑施工

斜腿刚构桥斜腿施工质量标准

项　　目	规定值或允许偏差	项　　目	规定值或允许偏差
混凝土强度(MPa)	在合格标准内	顶面高程(mm)	±10
断面尺寸(mm)	±20	节段间错台(mm)	5
斜度(mm)	0.3%H，且不大于20	平整度(mm/2m)	5
轴线偏位(mm)	10	—	—

续上表

<table>
<tr><th>项　目</th><th colspan="4">内　容</th></tr>
<tr><td rowspan="5">斜腿刚构</td><td colspan="4">斜腿刚构桥主梁施工质量标准</td></tr>
<tr><td>项　目</td><td>规定值或允许偏差</td><td>项　目</td><td>规定值或允许偏差</td></tr>
<tr><td>混凝土强度(MPa)</td><td>在合格标准内</td><td>合龙高程偏差(mm)</td><td>±20</td></tr>
<tr><td>断面尺寸(mm)</td><td>±10</td><td>横坡(%)</td><td>±1.5</td></tr>
<tr><td>合龙轴线偏差(mm)</td><td>10</td><td>平整度(mm/2m)</td><td>8</td></tr>
</table>

16.9 拓宽改建梁桥拼接施工

拓宽改建梁桥拼接施工 表16.9-1

<table>
<tr><th>项　目</th><th>内　容</th></tr>
<tr><td>拓宽改建桥梁拼接施工</td><td>1.梁式桥拓宽改建拼接施工前,应做好下列准备工作:
(1)应收集既有桥梁的设计图纸、竣工文件及相关资料,或进行必要的勘测和调研,了解既有桥梁的结构形式和现状。
(2)应对桥位处地下管线和隐蔽物等的位置、尺寸进行调查,并应采取保护、避让及处理的措施。
(3)应根据现场的具体情况,制订专项施工技术方案,确定施工顺序和施工工艺,合理配备施工的机具设备。
(4)应在对交通流量调查的基础上,提出交通导流和安全防护的方案,保证施工期间的施工安全和交通安全。
2.对既有桥梁进行部分凿除或拆除时,应采取措施防止对拟保留的部分造成损伤或破坏。拆除施工过程中不宜于将大型施工机具置于既有桥梁上进行作业,必须置于其上作业时,应对既有桥梁的承载能力进行验算,验算通过后方可实施;施工时应采取临时封闭交通等措施,保证安全,并应对既有桥梁的沉降及裂缝等情况进行监测,发现异常应及时采取措施进行处理。
3.对新旧混凝土结合面的处理和拼接施工应符合下列规定:
(1)旧混凝土结合面的凿毛应凿至完全露出新鲜密实混凝土的粗集料,并应清洗干净;对较大体积的结构混凝土的结合面,应将其凿成台阶式,且阶长宜于为阶高的2倍。对结合面处外露钢筋表面的锈皮、浮浆等,应采用适宜的工具刷净。
(2)拼接连接的方式应符合设计规定。设计未规定时,对竖向结合面的接缝,可采取新设接头钢筋再浇筑混凝土的方式进行拼接,接头钢筋的直径宜于为6~10mm,其所需截面面积宜于为梁、板截面面积的0.2%~0.3%,插入长度新旧混凝土均为30倍钢筋直径,且两端宜于设弯钩;或在既有桥梁的梁、板上按一定的间距钻孔并植入抗剪钢筋,植入的钢筋应采用环氧树脂将其孔洞灌注密实。
(3)拼接施工浇筑新混凝土前,应采用清水冲洗旧混凝土的表面使其保护湿润。需要在旧混凝土的结合面上涂刷界面剂时,应符合设计的规定;设计未规定时宜通过试验确定。
(4)新浇混凝土的施工应符合《公路桥涵施工技术规范》(JTG/T F50—2011)相应章节的规定。
4.拓宽拼接的主体工程结构施工完成后,应先将既有桥梁的桥面铺装层全部凿除并清理干净,再进行全桥桥面铺装层施工,施工应符合下列规定:
(1)对既有桥梁原铺装层的结合面应进行处理,凿除原结构表面的浮浆,使集料外露,形成4~6mm自然凹凸粗糙面或采用机械刻槽形成糙面,并清洗干净;凿除和清理施工时不得损坏原结构混凝土,且不应有局部光滑结合面。
(2)凿除既有桥梁铺装层后,对存在缺陷后的部位,应进行修补。对空洞和破损处,应在凿除疏松部分混凝土后,采用高一级强度的细石混凝土填筑密实;当有钢筋锈蚀引起混凝土胀裂时,应先剔除松动开裂的混凝土,再进行钢筋表面的除锈和防护等处理。
(3)桥面铺装新浇混凝土前,对原结构的结合面应充分湿润,但不应有明水。桥面铺装的施工技术要求应符合《公路桥涵施工技术规范》(JTG/T F50—2011)第21章的规定,混凝凝土的养护时间不宜少于14d</td></tr>
</table>

17 拱桥施工

17.1　拱桥施工方法

拱 桥 施 工 方 法　　表 17.1-1

类别		施工方法简述
有支架施工	土牛拱胎施工	在缺乏钢木材料但不受水流影响的地区,可先在桥下用土、砂或卵石填筑一个土胎(俗称"土牛"),然后在上面砌筑(石拱)或浇筑(混凝土拱)拱圈,待拱圈完成或拱上建筑完成后将填土清除,形成受力拱圈或拱桥
	拱架就地砌筑、浇筑施工	首先架设拱架,并在拱架上砌筑(石拱)或浇筑(混凝土拱)拱圈,然后根据设计规定待拱圈完成或拱上建筑完成后拆除拱架,形成受力拱圈或拱桥
	劲性骨架浇筑施工	也称米兰法或埋置式拱架施工。以采用缆索吊装等方法形成的劲性钢桁架(骨架)拱作为拱圈的施工支架,并将劲性骨架各片横、纵桁架分环分段包以混凝土,形成钢筋混凝土箱型截面拱圈。劲性骨架不仅在施工中起到支架作用,同时它又是主拱圈结构的组成部分
无支架施工	预制安装施工	现场预制拱圈节段,采用缆索吊装系统+斜拉扣挂系统进行施工,主要用于钢筋混凝土箱肋拱桥、箱板拱桥、钢管拱桥
	悬臂施工	采用自架设原理,通过悬臂浇筑或拼装形成拱圈,包括钢筋混凝土拱圈、钢管拱圈。具体方式分为:①斜拉扣挂施工;②斜压桁架式悬拼施工;③斜拉桁架式悬浇施工
	转体施工	在河流两岸预制半拱(钢筋混凝土拱圈、钢管拱圈),借助专设的拱圈转动装置和平衡稳定设施,通过转动合龙拱圈。包括:①平转施工(分为有平衡重转体和无平衡重转体);②竖转施工;③平转与竖转结合施工
	顶推施工	对于多跨系杆拱桥,可借助临时构造,采用在岸边制作并顶推的方式进行施工

17.2　支 架 施 工

17.2.1 支架施工圬工拱桥

(1)拱架类型及设计

拱架类型及设计表　　表 17.2-1

分类	特点
支柱式木拱架	支柱间距小,结构简单且稳定性好,适用于河滩和流速小、不受洪水威胁、无通航的河道
撑架式木拱架	构造较为复杂,但支点间距可较大;对于较大跨径且桥墩较高的情况,可节省木材并可适应通航

续上表

分类	特点
扇形拱架	扇形拱架是在桥中的一个基础上设置斜杆，并用横木连成整体的扇形，用以支承砌筑的施工荷载。比撑架式拱架更加复杂，但支点间距可以比撑架式拱架更大些，尤宜在拱度很大时采用
钢木组合拱架	钢木组合拱架是在木支架上用钢梁代替木斜梁，可以加大支架的间距，减少材料用量。在钢梁上可设置变高的横木形成拱度，并用以支承模板。也可用钢桁梁或贝雷梁与钢管脚手架组拼钢组合拱架
钢桁式拱架	钢桁式拱架常用常备拼装式桁架拼成拱形拱架，即拱架由标准节段、拱顶段、拱脚段和连接杆等以钢销或螺栓连接而成。为使拱架能适应施工荷载产生的变形，一般拱架采用三铰拱。拱架在横向可由若干组拱片组成，拱片数量依桥梁跨径、荷载大小和桥宽而定，各组间用横向联结系连成整体。 钢桁式拱架也可用装配式公路钢桥桁架节段或用万能杆件拼装组成
土牛拱胎	土牛拱胎用于缺乏钢木的地区。它是先在桥下用土、砂或卵石填筑一个土胎（俗称“土牛”），然后在上面砌筑拱圈，待拱圈完成后将填土清除，形成受力拱圈
拱架设计	1. 无论采用落地式拱架还是拱式拱架，均应进行施工图设计，按《公路桥涵钢结构及木结构设计规范》（JTJ 025—1986）、《钢结构设计规范》（GB 50017—2003）验算其强度、刚度和稳定性。提交相应文件，包括：①拱架设计图和说明书；②拱架计算书；③材料数量表；④拱架拼装、使用、拆卸安全技术操作规程。 2. 拱架的计算荷载应包括：①拱圈自重乘以系数1.2；②拱架和模板自重；③施工人员、机具重，按2.5kPa计算；④振捣混凝土产生的荷载，按2.0kPa计算。另外，根据实际情况，考虑作用在拱架上的风力、水流压力、流冰压力和船只漂流物的冲击力等荷载。荷载组合见表9.1-2。 3. 支架应置于可靠基础上，不得产生不均匀沉降。对地基基础必须进行承载力验算，置于水中的支架，还必须进行冲刷计算。 4. 强度及刚度要求： （1）结构表面的模板，挠度为模板构件跨度的1/400，最大不超过4mm。 （2）钢模板的面板变形为1.5mm。 （3）落地式拱架弹性挠度不得超过相应结构跨度的1/2 000，且不超过50mm。 （4）拱式拱架弹性挠度不得超过相应结构跨度的1/1 000，且不超过100mm。 5. 根据拱架结构形式及所承受的荷载对拱架各截面的应力进行验算。按分阶段浇筑或砌筑工况，验算拱顶、拱脚及1/4跨各截面以及各连接点的应力，拱架整体稳定，局部稳定及抗倾覆稳定系数应不小于1.5。同时验算分阶段浇筑或砌筑时的强度及稳定性，抗倾覆稳定系数不得小于2。 6. 施工预拱度计算。 7. 拱式支架应验算拼装过程中的稳定性，采取缆风等措施保证拱式支架在拼装过程中横向稳定满足要求

拱架预拱度的设置 表17.2-2

项目		内容
预拱度值确定应考虑的因素	拱圈自重	拱圈（包括拱上结构）自重产生的拱顶弹性下沉，由设计确定；1/2汽车荷载（不计冲击力）引起梁的弹性挠度
	温度变化与收缩	拱圈由于温度降低与混凝土收缩产生的拱顶弹性下沉
	墩台位移	墩台水平位移产生的拱顶下沉
	拱架变形	拱架在承重后的弹性变形、非弹性变形
	基础下沉	拱架基础受载后的非弹性压缩

续上表

项　目	内　容
预拱度设置方式	拱顶处应按总预拱度设置，拱脚处为零，其余各点可按拱轴线坐标高度比例或按二次抛物线分配。 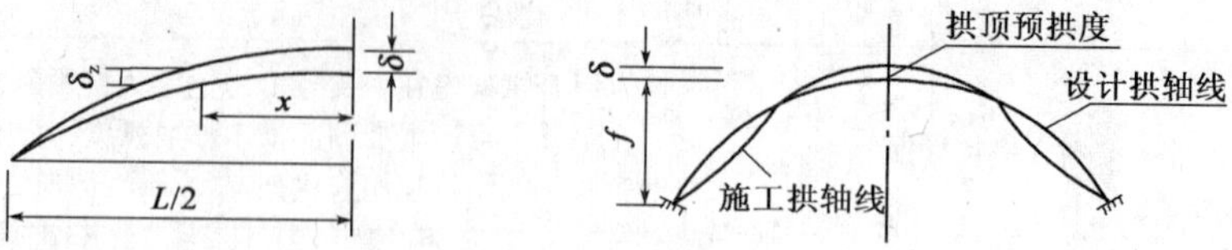 a)　b) $$\delta_x = \delta\left(1 - \frac{4x^2}{L^2}\right)$$ 式中：δ_x——任意点（距离为 x）的预加高度； δ——拱顶总预拱度； L——拱圈计算跨径； x——跨中至任意点的水平距离

（2）砌筑施工

砌 筑 施 工　　表 17.2-3

项　目		施工内容及要求
拱架拼装		1. 复核桥轴线、高程、跨径。对拱式支架和落地式支架的支撑面进行详细检查，准确调整其高程，确认无误后方可进行安装。 2. 根据拱架的构造确定拼装方法。对于常备式钢构件拱架，应遵循所采用设备的相关要求，设置足够的斜撑、剪力撑和缆风绳，保证拱架的稳定。 3. 各类拱架顶部的高程应符合拱圈下缘加预拱度后的几何线形，允许偏差为 ±10mm。拱架纵轴的平面位置偏差应不大于跨度的 1/1 000，且不大于 30mm。 4. 拱架立柱必须安装在有足够承载力的地基上，扣件式钢管立柱底端应设垫板来分布和传递压力，并保证浇筑混凝土后不发生超过允许的沉降量。 船只或汽车通行孔的两边支架应加设护桩，夜间应用灯光标明行驶方向。施工中易受漂流物冲撞的河中支架应设坚固的防护设备。 5. 木拱架所用的材料规格及质量应符合要求。桁架拱架在制作时，各杆件应当采用材质较强、无损伤及湿度不大的木材。木拱架制作时，木板长短应搭配好，纵向接头要求错开，其间距及每个断面接头应满足使用要求。 木拱架的强度和刚度应满足变形要求。杆件在竖直与水平面内，要用交叉杆件连接牢固，以保证稳定。木拱架制作安装时，应使基础牢固，立柱正直，节点连接应采取可靠措施以保证支架的稳定，高拱架横向稳定应有保证措施。 制作木拱架时，长杆件接头应尽量减少，两相邻立柱的连接接头应尽量分设在不同的水平面上。主要压力杆的纵向连接，应使用对接法，并用木夹板或铁夹板夹紧。次要构件的连接可用搭接法。 6. 拱架安装完毕后，应对其平面位置、顶部高程、节点连接及纵、横向稳定性进行全面检查，符合要求后，方可进行下一工序。 7. 对拱架宜进行预压（预压荷载为实际荷载的 1.2 倍），以检验拱架的安全性，并消除拱架的非弹性变形
拱圈砌筑施工	拱圈放样与备料	1. 在样台上将拱圈按 1:1 的比例放出大样，然后用木板或锌铁皮在样台上按分块大小制成样板，进行编号，以供加工。 2. 拱石划分注意事项（下图）：左右两批拱石间的砌缝横贯拱圈全部宽度，并垂直于拱圈中轴，成为贯通的辐射缝。上下两层拱石的砌缝为断续的弧形缝，其前后拱石间的砌缝则为断续的、与拱圈纵轴平行的平面缝。两相邻拱石的砌缝必须错开，其距离应不小于 10cm，以利于拱圈传力和具有较好的整体性

续上表

项目		施工内容及要求
	拱圈放样与备料	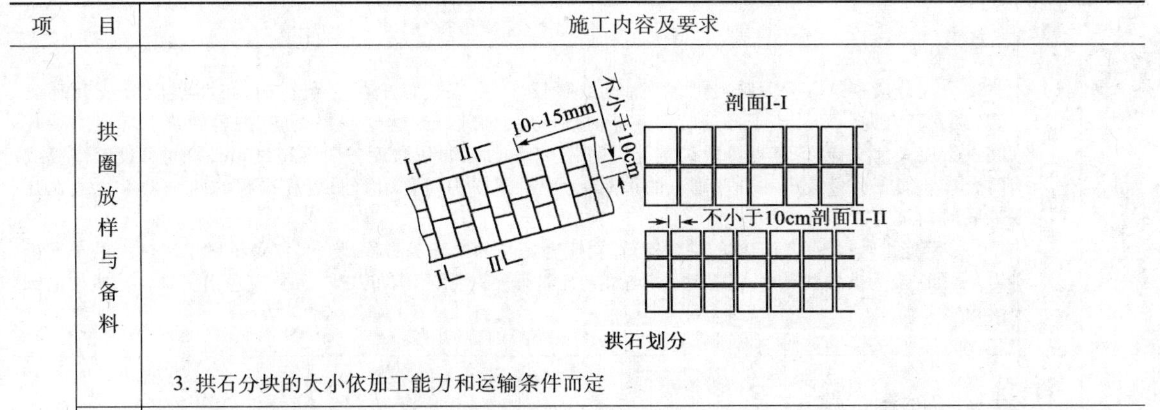 拱石划分 3.拱石分块的大小依加工能力和运输条件而定
拱圈砌筑施工	拱圈的砌筑	1.连续砌筑。跨径<16m且采用满布式拱架施工时，可以从两拱脚同时向拱顶一次按顺序砌筑，在拱顶合龙；跨径<10m且采用拱式拱架时，应在砌筑拱脚的同时，预压拱顶以及拱跨1/4部位。预压物可采取拱石，随撤随砌，也可采用砂袋等其他材料。通常在拱顶预留一龙口，最后在拱顶合龙。 2.分段砌筑。当采用满布式拱架施工16~25m跨径拱桥，或采用拱式拱架施工10~25m跨径拱桥时，可采用半跨分成三段的分段对称砌筑，如下图所示。 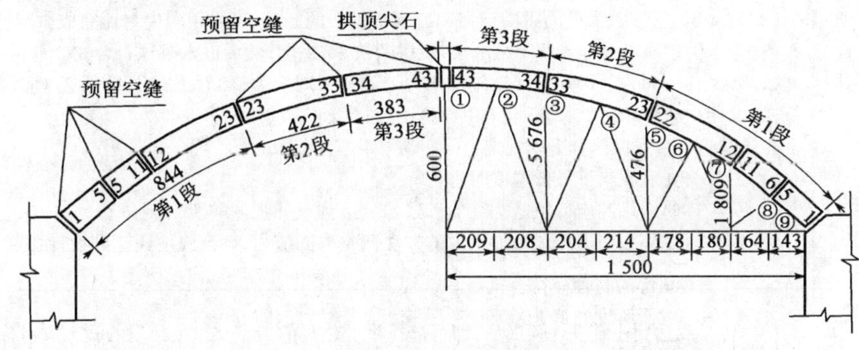 分段对称砌筑（尺寸单位：cm） 分段砌筑时，段间留缝3~4cm，可用铁条或水泥砂浆预制块作为垫块，待各段拱石砌完后填塞空缝。在两半跨对称进行填塞空缝，拱顶最后一个填缝属于合龙，需在设计温度下进行。砌筑大跨径拱圈时，在拱脚至$L/4$段，当其倾斜角大于拱石与模板间的摩擦角时，拱段下端必须设置端模板并用撑木支撑（称为闭合楔）。闭合楔应设置在拱架挠度转折点处，宽约1.0m，撑木的设置如下图所示。砌筑闭合楔时，必须拆除三角架，可分2~3次进行，先拆一部分，随即用拱石填砌，一般先在桥宽的中部填砌，然后再拆第二部分。每次所拆闭合楔支撑必须在前一部分填砌的圬工砌缝砂浆充分凝固后进行。 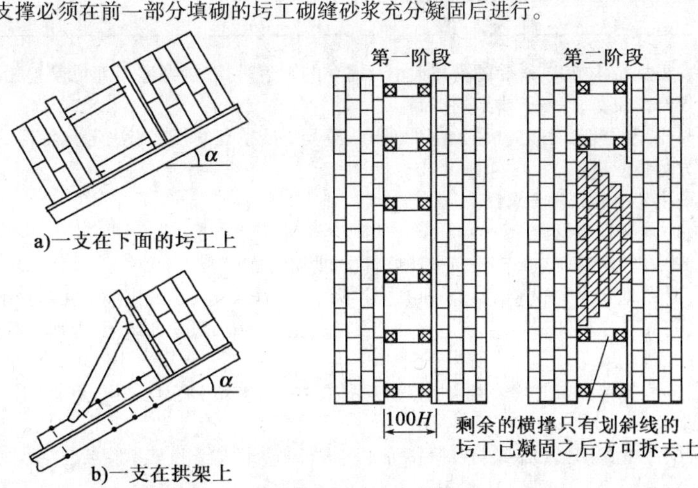 a)一支在下面的圬工上 b)一支在拱架上

续上表

<table>
<tr><th colspan="2">项目</th><th>施工内容及要求</th></tr>
<tr><td rowspan="2">拱圈砌筑施工</td><td>拱圈的砌筑</td><td>3. 分环分段砌筑。较大跨径的拱桥，当拱圈较厚、由三层以上拱石组成时，可将拱圈分成几环砌筑，砌一环合龙一环。当下环砌筑完并养护数日后，砌缝砂浆达到一定强度时，再砌筑上环。上下环间拱石应犬牙交错，每环可分段砌筑。当跨径 >25m 时，每段长度一般不超过 8m，段间可设置空缝或闭合楔。对于分段较多和分环砌筑的拱圈，为使拱架受力对称、均匀，可在拱跨的两个 1/4 处或在几处同时砌筑合龙。
4. 多跨连拱砌筑。多跨连拱的拱圈砌筑时，应考虑与邻孔施工对称、均匀，以免桥墩承受过大的单向推力。因此，当为拱式拱架时，应适当安排各孔的砌筑程序；当采用满布式支架时，应适当安排各孔拱架的卸落程序</td></tr>
<tr><td>拱圈合龙</td><td>1. 拱圈的合龙方式有三种。
(1)安砌拱顶石合龙。砌筑拱圈时，常在拱顶预留一龙口，在各拱段砌筑完成后，安砌拱顶石完成拱圈合龙。分段较多的拱圈以及分环砌筑的拱圈，为使拱架受力对称、均匀，可在拱圈两半跨的 1/4 处或在几处同时完成拱圈合龙。
为防止拱圈因温度因素产生过大的附加应力，拱圈合龙应按设计规定的温度和时间进行。如设计无规定，则拱圈合龙宜选择在接近当地年平均温度时或昼夜平均温度时进行。
(2)对小跨径拱圈，为提高拱圈应力和有利于拱架的卸落，可采用刹尖封顶完成拱圈合龙。即在砌筑拱顶石前，先在拱顶缺口中打入若干组木楔，使拱圈挤紧、拱起，然后嵌入拱顶石合龙。
(3)预施压力封顶。即用千斤顶施加压力来调整拱圈应力，然后进行拱圈合龙。应严格按照设计规定进行；如设计文件中无此要求，不得采用预施压力封顶来完成拱圈合龙。
2. 拱圈封拱合龙应符合下列规定：
(1)封拱合龙宜在当日最低温度时进行。
(2)分段砌筑的拱圈应待填塞空缝的砂浆强度达到设计强度的 85% 后进行。
(3)封拱合龙前如用千斤顶施加压力的方法调整拱圈应力，砂浆强度应达到设计强度</td></tr>
<tr><td colspan="2">拱上建筑施工</td><td>1. 当主拱圈达到一定设计强度后，即可进行拱上建筑的施工。拱上建筑的施工应对称、均衡地进行，避免使主拱圈产生过大的不均匀变形。实腹式拱上建筑从拱脚向拱顶对称地进行，当侧墙砌完后，再填筑拱腹填料。空腹式拱一般是在腹拱墩或立柱完成后，卸落主拱圈的拱架，然后对称、均衡地进行腹拱或横梁、联系梁以及桥面的施工。较大跨径拱桥的拱上建筑砌筑程序，应按设计文件规定进行。
2. 拱上结构的砌筑应符合下列规定：
(1)拱上结构在拱架卸架前砌筑时，应待拱圈合龙砂浆强度达到设计强度的 85% 以上后进行。
(2)当先松架后砌拱上结构时，应待拱圈合龙砂浆强度达到设计强度的 100% 以上后进行。
(3)拱上结构一般应由拱脚至拱顶对称、均衡地砌筑</td></tr>
<tr><td colspan="2">拱架卸落</td><td>1. 根据结构形式、承受的荷载大小及需要的卸落量，在拱架适当部位设置相应的木楔、木马、砂筒或千斤顶等卸落设备，以便于拱架的拆卸。
2. 拱架的拆除时间应根据结构物特点、混凝土所达到的强度来决定。在混凝土强度达到设计强度的 85% 后方可拆除拱架。
3. 拱架拆除技术要求：
(1)落架程序设计。
(2)在卸落前应在卸架设备上画好每次卸落量的标记。
(3)落地式拱架卸落时，可从拱顶向拱脚依次循环卸落；拱式拱架可在两支座处同时均匀卸落。
(4)多孔拱桥卸架时，若桥墩允许承受单孔施工荷载，可单孔卸落，否则应多孔同时卸落，或各连续孔分阶段卸落。
(5)在卸落拱架时应设专人用仪器观测拱圈挠度和墩台变化情况，并详细记录。另设专人观察是否有裂缝现象。
(6)不允许用猛烈地敲打和强扭等方法进行卸落拱架。拱架拆除后，应维修整理，分类妥善存放</td></tr>
</table>

续上表

项　目	施工内容及要求
拱架卸落	4. 石拱桥的拱架卸落还应符合下列要求： (1)浆砌石拱桥卸架，须待砂浆强度达到设计强度标准值的85%后进行。如设计上另有规定，应按照设计规定执行。 (2)跨径小于10m的小拱桥，宜在拱上建筑全部完成后卸架；中等跨径的实腹式拱，宜在护拱砌完后卸架；大跨径空腹式拱，宜在拱上小拱横墙砌好（未砌小拱圈）后卸架。 (3)当需要进行裸拱卸架时，应对裸拱进行截面强度及稳定性验算，并采取必要的稳定措施

(3)砌体拱圈质量要求

砌体拱圈质量要求　表17.2-4

项　目		规定值或允许偏差
砂浆或小石子混凝土强度（MPa）		在合格标准内
砌体外侧平面偏位（mm）	无镶面	+30，-10
	有镶面	+20，-10
拱圈厚度（mm）		+30，-0
相邻镶面石砌块表层错位（mm）	粗料石，预制块	3
	块石	5
内弧线偏离设计弧线（mm）	$L\leqslant30$m	±20
	$L>30$m	$\pm L/1\,500$

注：L为跨径。

17.2.2 支架现浇钢筋混凝土拱桥

(1)支架浇筑施工

支 架 浇 筑 施 工　表17.2-5

项　目	施工内容及要求
浇筑程序	第一阶段：浇筑拱圈及拱上立柱的柱脚。 第二阶段：浇筑拱上立柱、连接系及横梁等。 第三阶段：浇筑桥面系。 后一阶段混凝土应在前一阶段混凝土达到规定强度后才能浇筑。拱圈的拱架，可在拱圈的混凝土强度达到设计值的85%以上后，在第二或第三阶段开始前拆除，但应事先对拆除拱架后拱圈的稳定性进行验算
主拱圈浇筑施工	1. 连续浇筑。跨径在16m以下的混凝土拱圈或拱肋可以从两拱脚开始对称向拱顶方向浇筑混凝土。如果预计因混凝土数量多而不能在限定时间内完成，则需在两拱脚处预留隔缝，并在最后封拱。 2. 分段浇筑。跨径在16m以上的混凝土拱圈或拱肋应沿拱跨方向分段浇筑，各段之间留有间隔槽。分段长度一般取6～15m，且应使拱顶两侧保持对称、均匀。间隔槽宽0.5～1.0m，一般宜设在拱架受力的反弯点、拱架节点、拱顶或拱脚处。如间隔槽内需要钢筋接头，其宽度尚应满足钢筋接头的需要。拱段的浇筑程序应符合设计规定，在拱顶两侧对称进行，以使拱架变形保持均匀和最小。间隔槽应在拱圈各段混凝土浇筑完成，且强度达到设计强度等级的85%以上后进行，浇筑的顺序可从拱脚向拱顶对称进行，在拱顶浇筑间隔槽使拱合龙。拱的合龙温度应符合设计要求，一般应接近当地的年平均温度或在5～15℃为宜

续上表

项　　目	施工内容及要求
主拱圈浇筑施工	3. 分环分段浇筑。大跨径钢筋混凝土拱圈一般采用分环浇筑混凝土，即将拱圈高度分成两环或三环，先分段浇筑下环混凝土，分环合龙，再浇筑上环混凝土。分环浇筑的施工时间较长，但下环混凝土在达到设计强度后，与拱架共同承担上环浇筑混凝土的质量，可节省拱架。分环分段浇筑也可采取先分环分段浇筑，最后一次合龙。上下环间隔槽互相对应、贯通，宽度一般取用2m左右，有钢筋接头的槽宽可取用4m左右。按这样的浇筑程序，仅能减少每次浇筑的混凝土数量，而拱架仍必须按全部主拱圈自重设计。下图为劲性骨架主拱圈分环分段浇筑程序示意。分环浇筑程序、龄期等必须按计算确定 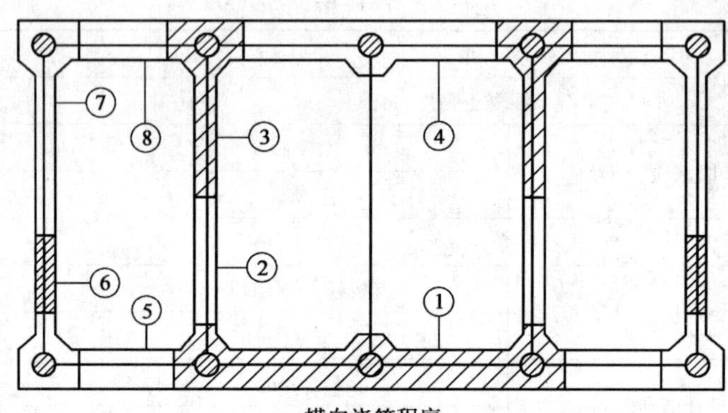 横向浇筑程序 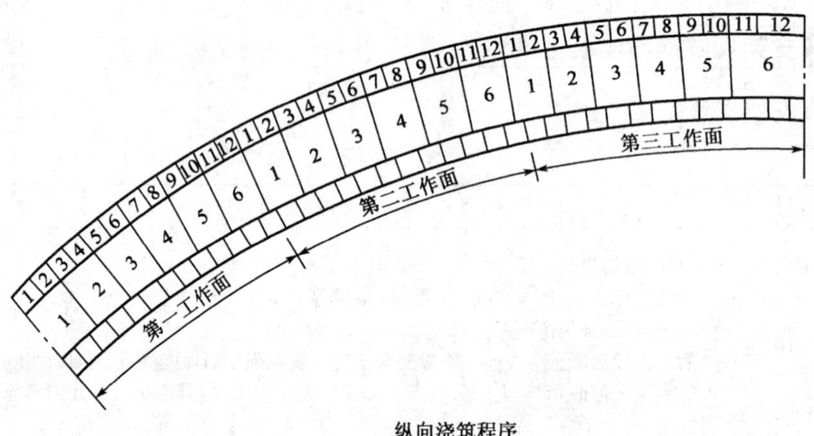 纵向浇筑程序
拱上建筑施工	1. 钢筋与模板。拱上建筑结构的钢筋预先拼成骨架，模板预先拼组成整块或整体，采用缆索系统运至拱上安装。 2. 混凝土浇筑。拱上建筑混凝土浇筑应自拱顶向拱脚或自拱脚向拱顶对称进行。大跨径拱桥拱上建筑的浇筑程序，按拱圈最有利的受力情况进行

(2)现浇拱圈质量要求

现浇拱圈的质量要求 表 17.2-6

项目		规定值或允许偏差
混凝土强度(MPa)		在合格标准内
轴线偏位(mm)	板拱	10
	肋拱	5
内弧线偏离设计弧线(mm)	跨径 $L\leq30$m	±20
	跨径 $L>30$m	±L/1 500
断面尺寸(mm)	高度	±5
	顶、底、腹板厚	+10,-0
拱宽(mm)	板拱和箱形拱	±20
	肋拱	±10
拱肋间距(mm)		±5

17.3 劲性骨架施工钢筋混凝土拱桥

17.3.1 劲性骨架施工

劲 性 骨 架 施 工 表 17.3-1

项目	施工内容及要求
施工步骤	1. 在现场按设计进行骨架 1∶1 放样、下料、加工以及分段拼装成型。 2. 采用缆索系统进行骨架的吊装。 3. 在骨架上悬挂模板浇筑混凝土拱圈(分段、分环、多工作面进行)。 4. 拱上立柱和T形梁施工,桥面系施工
拱圈(拱肋)浇筑	1. 劲性骨架浇筑施工过程实际上是在骨架拱圈上不断加载的过程。为避免拱圈施工中早期成型的混凝土产生裂缝,保证先期形成的混凝土和劲性骨架共同承载。拱圈空中浇筑需要严格按照多点平衡浇筑法及设计和施工控制要求进行,必要时可以采用锚索加载法、水箱加载法和斜拉扣挂法等外力平衡法控制劲性骨架的变形,以保证拱圈混凝土施工的顺利进行。多点平衡浇筑法是将拱圈横向分块、径向分环、纵向分段,施工时按加载设计所确定的方案进行多点均衡浇筑混凝土,使拱受力、变形及稳定状态在允许范围内。 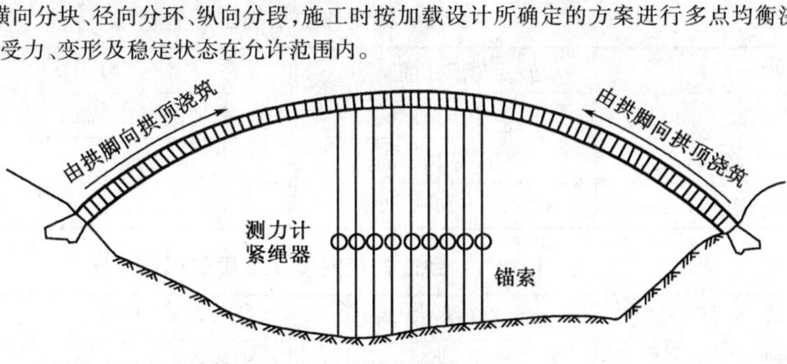 由拱脚向拱顶浇筑 由拱脚向拱顶浇筑 测力计 紧绳器 锚索 锚索加载法

续上表

<table>
<tr><th>项　　目</th><th>施工内容及要求</th></tr>
<tr><td>拱圈(拱肋)浇筑</td><td>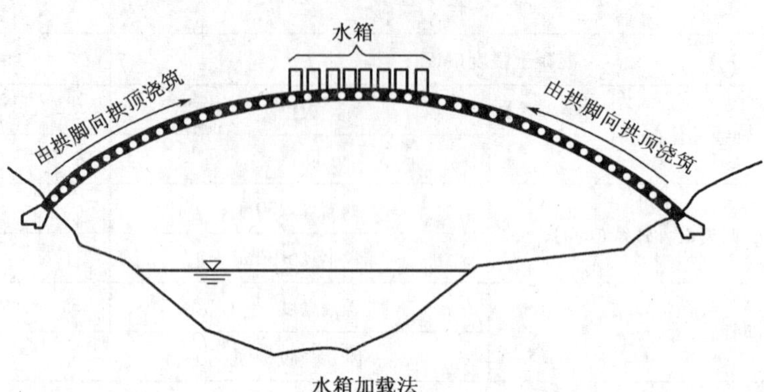

水箱加载法
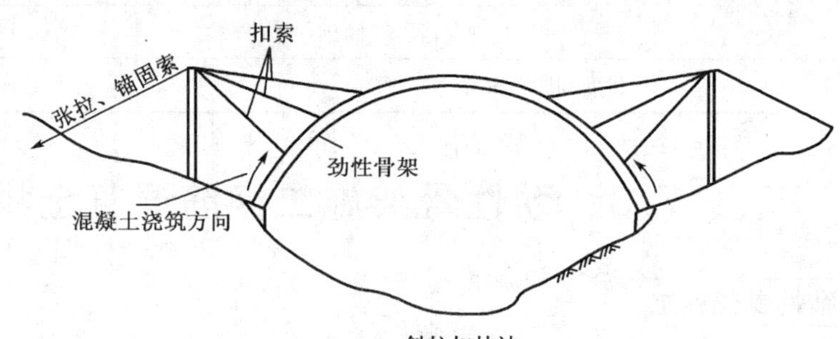

斜拉扣挂法
2. 分环多工作面均衡浇筑混凝土拱圈(拱肋)时,多工作面的工作段长度可根据模板长度划分。按工作面均衡对称浇筑混凝土,其浇筑进度差不宜超过一个工作段。
3. 水箱压载分环浇筑混凝土拱圈(拱肋)时,可在浇筑该处第一层(环)混凝土设置约 200mm 的变形缝,待浇完第一层(环)后再用混凝土填实,以免 $L/4$ 截面附近混凝土开裂。
4. 斜拉扣挂分环连续浇筑混凝土拱圈(拱肋)时,需采用操作方便、可靠的扣索系统,确定扣索的索力、位移和张拉程序,能有效地控制连续浇筑混凝土过程中拱圈(拱肋)的变形。
5. 分阶段浇筑拱圈(拱肋)时,应严格控制每一施工阶段劲性骨架及劲性骨架与混凝土形成组合结构的变形形态、位置、拱圈高程和轴线横向偏位等,使其符合有关要求。
6. 钢管混凝土劲性骨架的混凝土灌注施工要求与钢管混凝土拱桥相同</td></tr>
</table>

17.3.2 劲性骨架拱圈施工质量要求

劲性骨架制作加工施工质量标准　　表 17.3-2

项　　目	规定值或允许偏差	项　　目	规定值或允许偏差
杆件截面尺寸(mm)	不小于设计值	每段的弧长(mm)	±10
骨架高、宽(mm)	±10	焊缝	符合设计要求
内弧偏离设计弧线(mm)	10		

劲性骨架安装施工质量标准　　表 17.3-3

项　　目	规定值或允许偏差	项　　目	规定值或允许偏差
轴线偏位(mm)	$L/6\,000$	对称点相对高差(mm)	$L/3\,000$
高程(mm)	$\pm L/3\,000$	焊缝	符合设计要求

劲性骨架混凝土拱圈施工质量标准 表 17.3-4

项　　目		规定值或允许偏差
混凝土强度(MPa)		在合格标准内
轴线偏位(mm)	$L \leqslant 60m$	10
	$L = 20m$	30
	$L > 200m$	L/4 000,且不超过 40
拱圈高程(mm)		±L/3 000,且不超过 50
对称点相对高差(mm)		L/3 000,且不超过 40
断面尺寸(mm)		±10

注:L 为跨径,当 L 在 60 ~ 200m 之间时,轴线偏位允许偏差内插。

17.4 缆索吊装施工拱桥

17.4.1 缆索吊装施工

缆 索 吊 装 施 工 表 17.4-1

项　　目	施工内容及要求
施工工序	1. 预制拱圈(拱肋)节段(钢筋混凝土箱肋拱节段、钢管拱节段)和拱上结构。 2. 将预制节段移运至缆索吊装位置。 3. 将节段吊运至安装位置,利用扣索对节段进行临时固定。 4. 对各节段进行轴线调整,合龙主拱圈。 5. 拱上结构施工
拱肋节段段预制	1. 节段划分按设计规定进行。 2. 节段预制分立式预制和卧式预制。立式预制起吊安全、方便,节省木料;当采用密排浇筑时,占用场地也较少。卧式预制可节省木料,拱肋的形状及尺寸较易控制,浇筑混凝土时操作也方便,但拱肋起吊时容易损坏。一般采用立式预制。 3. 预制拱肋时,应先在样台上放出拱肋大样,然后制作样板。放样时,应将横隔板、吊孔、接头位置准确放出。 4. 箱形拱可先预制横隔板、腹板,然后在土牛拱胎上组装,浇筑底、顶板和接头混凝土。待混凝土强度达到设计强度的 85% 后,方可起吊运输到存梁场存放
拱肋安装	1. 吊装顺序的确定需遵循下列原则: (1)单孔桥跨常由拱肋合龙的横向稳定方案决定吊装拱肋顺序。 (2)多孔桥跨应尽可能在每孔内多合龙几片拱肋后再推进,一般不少于两片拱肋。但合龙的拱肋片数不能超过桥墩强度和稳定性所允许的单向推力。 (3)高桥墩时应以桥墩的墩顶位移值控制单向推力,位移值应小于 L/400 ~ L/600 。 (4)设有制动墩的桥跨可以制动墩为界分孔吊装,先合龙的拱肋可提前进行拱肋接头、横系梁等的安装工作。 (5)为减少主索的横向移动次数,可将每个主索位置下的拱肋全部吊装完毕后再移动主索。 (6)为减少扣索往返拖拉次数,可按吊装推进方向顺序吊装。 2. 拱肋安装的一般顺序为:边段拱肋吊装及悬挂、次边段拱肋吊装及悬挂、中段拱肋吊装及拱肋合龙。在边段、次边段拱肋吊运就位后,需施加扣索进行临时固定。 3. 缆索吊机在吊装前必须按设计荷载进行试吊,以检验缆索吊装系统的安全性和设计计算的准确性。 试吊时应检查所有设备运行情况,分级加载,并对以下部位进行观测: (1)主缆跨中垂度

续上表

项　目	施工内容及要求
拱肋安装	(2)索塔偏位。 (3)锚碇和索塔基础变形。 必要时宜对主缆、起吊索、牵引索的索力进行测量。 4. 对于3段吊装,采用阶梯形搭接接头时,宜先准确扣挂两拱脚段,调整扣索使其上端头高程比设计值抬高30~50mm,再安装拱顶段使之与拱脚段合龙。采用对接接头时,宜先悬扣拱脚段初步定位,使其上端头高程比设计值抬高50~100mm,然后准确悬扣拱顶段,使其两端头比设计值高出10~20mm,最后放松两拱脚段扣索使其两端均匀下降与拱顶段合龙。 5. 对于5或7段吊装,宜先从拱脚段开始,依次向拱顶分段吊装就位,每段的上端头断面不得扭斜。首先使拱脚段的上端头高程较设计值抬高150~200mm,次边段定位后,使拱脚段的上端头抬高值下降为50mm左右。此时,应保持次边段的上端头抬高值约为拱脚段的上端头抬高值的2倍的关系,否则应及时调整,以防拱肋接头处开裂
合龙	1. 吊装合龙方式有单基合龙、悬挂多段边段或次边段拱肋后单肋合龙、双基肋合龙、留索单肋合龙等。下图为单肋合龙示意。 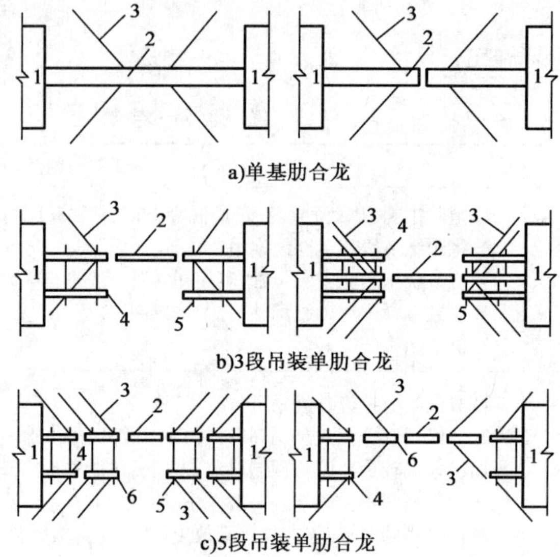 拱肋合龙方式示意图 1-墩台;2-基肋;3-风缆;4-拱脚段;5-横尖木;6-次拱脚段 2. 当拱肋跨度大于80m或横向稳定安全系数小于4时,应采用双基肋合龙松索成拱的方式。即当第一根拱肋合龙并校正拱轴线,楔紧拱肋接头缝后,稍松扣索和起重索,压紧接头缝,但不卸掉扣索,待第二根拱肋合龙并将两根拱肋横向连接、固定和拉好风缆后,再同时松卸两根拱肋的扣索和起重索。 3. 合龙后松索注意事项: (1)松索前应校正拱轴线位置及各接头高程,使之符合要求。 (2)每次松索均应采用仪器观测,控制各接头、拱顶及1/4高程,防止拱肋接头发生非对称变形而导致拱肋失稳或开裂。 (3)松索应按照拱脚段扣索、次拱脚段扣索、起重索三者的顺序进行,并按比例定长、对称、均匀松卸。 (4)每次松索量宜小,各接头高程变化不宜超过1cm。松索至扣索和起重索基本不受力时,用钢板嵌塞接头缝隙,再将扣索和起重索放松到不受力,压紧接头缝,拧紧接头螺栓,同时用风缆调整拱肋轴线。调整拱肋轴线时,除应观测各接头高程外,还应兼测拱顶及1/8跨点处高程,使其在允许偏差之内。 (5)大跨径箱形拱桥分3段或5段吊装合龙成拱后,根据拱肋接头密合情况及拱肋的稳定度,可保留起重索和扣索部分受力,待拱肋接头的连接工序基本完成后再全部松索。 拱上结构安装时需遵循的原则与无支架拱桥施工的相同

续上表

项　目	施工内容及要求
稳定措施	1. 设置横向风缆并在拱肋之间设置横向联系装置。 2. 当设计选择的拱肋宽度小于单肋合龙所需要的最小宽度时,采用双基肋合龙或多肋合龙的形式。 3. 对较大跨径的拱桥,尤宜采用双基肋或多基肋合龙,基肋与基肋之间必须紧随拱肋的拼装及时联系(或临时连接)。拱肋横向联系方式通常有木夹板、木剪刀撑、钢筋拉杆、钢横梁等。 4. 在拱轴系数过大、拱肋截面尺寸较小、刚度不足等个别情况下,有时需采用加强拱肋纵向稳定的施工措施。如当拱肋接头处可能发生上冒变形时,可在接头下方设置下拉索以控制变形;当拱肋截面尺寸较小、刚度不足时,可在拱肋底弧等分点上用钢丝绳进行多点张拉

注:缆索吊装施工设计与计算详见本手册9.7节。

17.4.2 预制拱圈节段施工质量要求

预制拱圈节段施工质量要求　　表17.4-2

项　目		规定值或允许偏差
混凝土强度(MPa)		在合格标准内
每段拱箱内弧长(mm)		+0,-10
内弧偏离设计弧长(mm)		±5
断面尺寸(mm)	顶底腹板厚	+10,-0
	宽度及高度	+10,-5
轴线偏位(mm)	肋拱	5
	箱拱	10
拱箱接头倾斜(mm)		±5
预埋件位置(mm)	肋拱	5
	箱拱	10

17.4.3 拱圈安装施工质量要求

拱圈安装施工质量要求　　表17.4-3

项　目		规定值或允许偏差
轴线偏位(mm)	$L \leqslant 60m$	10
	$L > 60m$	$L/6\,000$,且不超过40
拱圈高程(mm)	$L \leqslant 60m$	±20
	$L > 60m$	$\pm L/3\,000$,且不超过50
两对称接头相对高差(mm)	$L \leqslant 60m$	20
	$L > 60m$	$\pm L/3\,000$,且不超过40
同跨各拱肋相对高差(mm)	$L \leqslant 60m$	20
	$L > 60m$	$\pm L/3\,000$,且不超过30
同跨各拱肋间距(mm)		30

注:L为跨径。

17.5 转体施工拱桥

17.5.1 有平衡重平转施工

有平衡重平转施工 表 17.5-1

项目	施工内容及技术要求
制作底盘	底盘由轴心(磨心)和环形轨道板组成。轨道板允许高差为 ±1mm,应注意板底与混凝土接触密实,不能有空隙
制作上转盘	1. 跨径较大、转动体系重心较高的转体施工,采用环道与中心支承相结合的转盘结构,以确保整个转动体系的稳定。中、小跨径的桥梁转体施工,可采用中心支承的转盘结构。 2. 在轨道板上按设计位置放好承重滚轮,滚轮下面垫有 2 ~ 3mm 厚的小薄铁片。此铁片当上盘一旦转动后即可取出,这样便可在滚轮与轨道板间形成一个 2 ~ 3mm 的间隙。该间隙是保证转动体系的质量压在磨心上而不压在滚轮上的一个重要措施。同时,可用来判断滚轮与轨道板接触松紧程度,调整重心。 3. 应选用摩擦系数较小的材料制作滑板和转盘轴心,并符合下列规定: (1)环道转盘应平整,球面转盘应圆顺,其允许偏差为 ±1mm;环道基座应水平,3m 长度内平整度不大于 ±1mm,环道径向对称点高差应不大于环道直径的 1/5 000。 (2)中心支承宜采用球面铰柱,用直径不小于 100mm 的钢质或钢管混凝土定位销固于球面铰柱中心,再用不低于 C50 的混凝土浇筑球面铰成型。在球面打磨光滑后再浇筑混凝土球面铰盖。达到设计强度后,应将盖、铰进行反复磨合,至单人以 3m 杠杆能推动为止。 (3)盖、铰磨合符合要求后,其接触面应涂以二硫化钼或黄油四氟粉等润滑剂,再将铰盖浇固于上盘混凝土中。 (4)浇固于上盘周边的 4 个或 6 个辅助支腿,应对称均匀布置,与下环道的间距不得大于 20mm。 (5)环道钢板安装固定时,宜与下转盘预埋件栓接,以便能精确调节环道钢板安装位置,以及避免因焊接而造成的环道钢板变形。 (6)为减小环道和走板之间的摩擦力,应在环道表面设置一层 3mm 厚镜面不锈钢板
布置牵引系统的锚碇及滑轮,试转上盘	要求主牵引索基本在一个平面内。上转盘混凝土强度达到设计要求后,在上转盘前方或后方配临时平衡重,把上盘重心调到轴心处,最后牵引上转盘到预制拼装上部构造的轴线位置。这是一次试转,一方面可以检查、试验整个转动牵引系统,另一方面也是正式开始上部结构施工前的一道工序。为了使牵引系统能够供正式转体时使用,布置转向轮 1、2 时应使其连线通过轴心且与轴心距离相等,使正式转体时的牵引力也是一对平行力偶
浇筑背墙	上转盘试转到上部构造预制轴线位置后即可准备浇筑背墙,需设坚固的背墙模板支架,避免设工作缝
浇筑或拼装主拱圈	可以利用两岸地形作支架土模,也可采用扣件式钢管作为满堂支架进行拱圈浇筑或拼装(对钢拱圈)
张拉脱架	1. 当拱圈混凝土达到设计强度后,即可进行安装拉杆、张拉脱架的工序。为了确保拉杆的安全可靠,要求每根拉杆钢筋都进行超荷载 50% 试拉。正式张拉前应先张拉背墙的竖向预应力筋,再张拉拉杆。在实际操作中,应反复张拉 2 ~ 3 次,使各根钢筋受力均匀。为了防止横向失稳,要求两台千斤顶的张拉合力应在拱桥轴线位置,不得有偏心。 2. 通过张拉,要求把支承在支架、滚轮、支墩上的上部结构与上转盘、背墙全部连接成一个转动体系,最后脱离其支承,形成一个悬空的平衡体系支承在轴心铰上。这是一道十分重要的工序,它将检验转体阶段的设计和施工质量

续上表

项目	施工内容及技术要求
张拉脱架	3. 当拱圈全部脱离支架悬空后，上转盘背墙下的支承钢木楔也陆续松脱，根据楔子与滚轮的松紧程度加片石调整重心，或以千斤顶辅助拆除全部支承楔子，让转动体系悬空静置一天，观测各部变形有无异常，并检查牵引体系等，均确认无误后，即可开始转体。 4. 采用内、外锚扣体系的注意事项： (1)扣索宜采用钢绞线、带镦头锚的高强钢丝等高强材料，安全系数不应低于2。扣索索力允许偏差为±3%。 (2)扣点应设在拱顶点附近，如因大跨径拱桥单点扣索力太大或者其他原因需采用多扣点时，应控制好扣索同步张拉，使桥体截面应力处于允许的受力状态。 (3)扣索和锚索之间宜通过置于扣、锚支承(桥台或立柱)的顶部交换梁相连接。扣索锚点高程不应低于扣点，宜与通过锚点的水平线形成0～5°的角度，以利于扣索调整和拱圈脱架。 (4)用千斤顶张拉扣索时应分级进行，并同时进行结构内力及挠度观测，直到拱圈脱架
转体合龙	1. 把第一次试转时的牵引绳按相反的力向重新穿索、收紧，即可开始正式转体。为使其平稳转体，应控制角速度为0.5°/min。当快合龙时，防止转体超过轴线位置，采用简易的反向收紧绳索系统，用手拉紧后慢慢放松，并在滚轮前微量松动木楔的方法徐徐就位。轴线对中以后，接着进行拱顶高程调整。在上下转盘之间用千斤顶能很方便地实现拱顶升降，只是应先把前后方向的滚轮拆除，并在上下转盘四周用混凝土预制块楔紧、楔稳，以保证轴线位置不再变化。拱顶最后的合龙高程应考虑桥面荷载以及混凝土收缩、徐变等因素产生的挠度，留够预拱度。轴线与高程调整符合要求后，即可先将拱顶钢筋以绑条焊接，以增加稳定性。 2. 转体牵引力按下式计算： $$T = \frac{2fGR}{3D}$$ 式中：T——牵引力(kN)； G——转体总重力(kN)； R——铰柱半径(m)； D——牵引力偶臂(m)； f——摩擦系数，无试验数据时，可取静摩擦系数为0.1～0.12，动摩擦系数为0.06～0.09。 3. 转体牵引索可用两根(钢绞线或高强钢丝束)，其一端引出，另一端绕固于上转盘上，形成一转动力偶。牵引动力可用卷扬机、牵引式千斤顶等，也可用普通千斤顶斜置在上、下转盘之间(注意应预留顶位)。转动时应控制速度，通常角速度不宜大于0.01～0.02rad/min或桥体悬臂端线速度不大于1.5～2.0m/min。 4. 采用钢绳牵引转动时，必须用千斤顶直接顶推启动后，再用钢绳牵引转动，以防止在牵引过程中克服转盘的静摩擦力时带来冲击力。 5. 转体合龙注意事项： (1)合龙接口高程允许偏差为±10mm，轴线允许偏差为±5mm。 (2)合龙时应选择当日最低温度进行。当合龙温度与设计计算温度相差较大时，应考虑温度差带来的影响，修正合龙高程。 (3)采用先打入钢楔的快速合龙措施，然后施焊接头钢筋，浇筑接头混凝土，封固转盘。在混凝土达到设计强度后，再分批、分级松扣，拆除扣、锚索
封上下盘、封拱顶、松拉杆	封盘混凝土的坍落度宜选用17～20cm，且各边应宽出20cm，要求灌注的混凝土应从四周溢流，上下盘间密实。封盘后接着浇筑桥台后座，当后座达到设计要求强度后，即可选择夜间气温较低时浇封拱顶接头混凝土，待其达到设计要求后，拆除拉杆，实现桥梁体系的转化，完成主拱圈的施工。主拱圈完成后，即是常规的拱上建筑施工和桥面铺装
施工计算内容	1. 转动体系各部杆件的计算，包括转体阶段结构强度验算、转体阶段桥台计算、上转盘应力验算。 2. 转动工艺设计计算，包括转动体系重心计算、转体装置结构计算、转体牵引设计计算

续上表

项　　目	施工内容及技术要求
施工计算内容	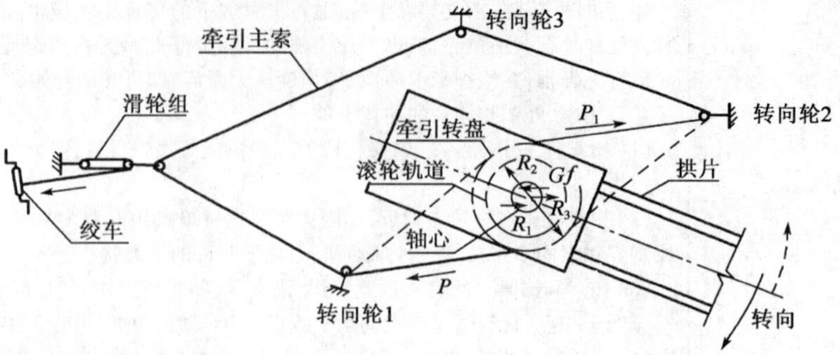 转动体系重心按下式计算： $x_{尾} = \frac{\sum M_{尾}}{\sum P}$ 式中：$x_{尾}$——转动体系重心距上盘尾端点的距离（m）； $\sum M_{尾}$——转体各力 P 对尾端点的力矩（kN·m）； $\sum P$——转动体系总重力（kN）。 假定有两个滚轮着地，每个轮受 5% 的转体重力，则 牵引转动力偶： $M_{转} = 2R_1P$ 阻力偶： $M_{阻} = 2TR_2 + 0.9Gf_1 \times \frac{2R_3}{3} \times 2$ 式中：G——转体总重； f_1——磨心顶面摩擦系数，在无资料时可取 0.12； P——牵引力； T——滚轮上的阻力，$T = 0.05Gf_2$； f_2——滚轮滚动摩擦系数，可参考取用 0.1； R_1——牵引转盘半径； R_2——滚轮轨道半径； R_3——磨心顶球面的半径。 由 $M_{转} > M_{阻}$，求算牵引力 P。 3. 体系转换过程结构计算

17.5.2 竖转施工

竖 转 施 工　　表 17.5-2

项　　目	施工内容及要点
转体驱动系统安装	1. 转动系统由转动铰、提升体系（动、定滑车组，牵引绳等）、锚固体系（锚索、锚碇等）等组成。 2. 根据竖转拱肋的质量及牵引设备情况选用钢丝绳或钢绞线作扣索，提升动力可选用吨位适宜的卷扬机。扣索系统必须经过计算，钢丝绳的安全系数不小于 6，钢绞线的安全系数不小于 2，锚碇抗拔、抗滑安全系数不小于 2。 3. 索塔设计时要充分考虑拱肋竖转产生的偏载、荷载变化、风力等不利影响，确保索塔的强度、刚度及稳定性符合要求。 4. 转动铰可根据推力大小选用钢制的轴销铰、钢板包裹混凝土的弧形柱面铰、球面铰等。转动铰应转动灵活，接触面能满足局部承压的要求

续上表

项　　目	施工内容及要点
拱肋的竖转施工	1. 竖向转体施工包括两种方式：①竖直向上预制半拱，然后向下转动成拱。其特点是施工占地少，预制可采用滑模施工，工期短，造价低。需注意的是，在预制过程中应尽量保持位置垂直，以减少新浇混凝土重力对尚未结硬混凝土的弯矩，并在浇筑一定高度后加设水平拉杆，以避免拱形曲率影响，产生较大的弯矩和变形。②在桥面以下俯卧预制半拱，然后向上转动成拱。 2. 转动注意事项： (1)转动前应进行试转。竖转速度控制在0.005~0.01rad/min，提升重力大者采用较低的转速，力求平稳。 (2)两岸桥体竖转就位后，调整高程和轴线，楔紧合龙缺口，焊接钢筋，浇筑合龙混凝土，封填转动铰至混凝土达到设计强度后，拆除提升体系，完成竖转工作

17.5.3 拱桥转体施工质量要求

拱桥转体施工质量要求　　表17.5-3

检 查 项 目	规定值或允许偏差
封闭转盘和合龙段混凝土强度(MPa)	在合格标准内
轴线偏位(mm)	L/6 000，且不超过30
跨中拱顶面高程(mm)	±20
同一横截面两侧或相邻上部构件高差(mm)	10

注：L为跨径。

17.6 钢管混凝土拱桥施工

17.6.1 钢管拱肋制作加工基本要求与准备工作

钢管拱肋制作加工基本要求与准备工作　　表17.6-1

项　　目	技术方案与要求
基本要求	1. 钢管拱肋的制作必须满足设计文件要求，并在施工组织设计中明确提出技术要求、制作工艺、检验标准、验收方法及施工安全措施。 2. 钢管、钢管拱肋和辅助构件制作中的焊接必须满足钢结构焊接工艺技术的具体要求，并制订焊接施工相应的焊接方法、技术要求、焊缝检验方法和检验手段。 3. 公路钢管混凝土拱桥必须考虑钢管拱肋、系杆、吊杆和其他金属构件的防腐措施，应配合设计充分考虑吊杆和系杆的维修、更换等措施，以保证桥梁结构在运营期间的安全性和耐久性。 4. 钢管拱肋制作放样、组装等所用量具、仪器与吊装、验收及土建所用量具、仪器应具有相同的精度等级，并按同一标准进行标定。 5. 钢管和其他承重结构钢材的钢号和材质应符合设计要求，同时符合相应的现行国家标准——《低合金高强度结构钢》(GB/T 1591—1994)、《桥梁用结构钢》(GB/T 714—2008)、《结构用无缝钢管》(GB/T 8162—2008)、《碳素结构钢》(GB/T 700—2006)等有关规定，且具有生产厂家的质量证明书。 6. 用于制作焊接钢管的钢板必须平直，表面不得有锈蚀或受过冲击。在拱肋加工过程中，发现加工的钢材有缺陷时，应及时更换材料，以确保钢管拱肋的质量。 7. 钢管和加工用的其他钢材的堆放应注意防潮、防腐、防碰伤，尽量避免露天堆放。露天堆放的，应予架空。 8. 钢结构的放样、号料、切割、矫正、弯曲、边缘加工、制孔等应符合《公路桥涵施工技术规范》(JTG/F F50—2011)的规定

续上表

项目		技术方案与要求
准备工作	加工工艺装备	根据结构设计及安装的要求,结合钢管结构特点,完成放样和试装平台、专用胎型(包括圆管对接焊胎型,工厂预制节段拼装、焊接胎型,工地整体节段组焊胎型)、样板等工艺装备设计,并做到结构简单,保证精度,安全可靠
	施工详图	根据设计图的要求及制作条件绘制施工详图(包括零件图、单元构件图、节段构件图及组焊、拼装工艺流程图),编制制作工艺,确定工厂制作与现场制作的内容。确定工厂和现场制作内容时,应考虑尽量减少现场作业
	加工分段	根据材料、工艺、运输、吊装等因素确定其加工分段长度
	放样	根据设计图的要求和施工方案确定考虑预拱度的钢管拱肋放样坐标
	焊接技术方案	针对钢管焊接结构的特点,在焊接性能试验和焊接工艺试验的基础上,根据现行《铁路钢桥制造规范》(TB 10212—2009)及《金属材料焊接质量要求》(GB/T 12467—2009),编制《焊接工艺及焊接质量管理细则》,包括:焊接方法的确定;焊接材料的选用;根据不同焊接头的特点确定坡口形式、坡口角度等有关参数;确定焊接工艺参数和焊接顺序;需要时还要制订预热以及防止焊接变形和焊后修磨措施等
	加工地点	根据桥梁的结构特点、施工单位的技术水平、施工现场的运输条件、钢管拱肋的安装工艺及经济指标,确定厂内加工或现场加工。由于工厂设备齐全,设施完善,人员便于组织,质量、环境和职业健康安全等都有保证,同时减少了现场用地,避免了和现场混凝土施工、设备的安装等互相干扰,有利于提高项目总体工效,所以,宜采用工厂加工
	钢管拱肋拼装台座	形成钢管拱肋拼装台座(或称胎架、放样台),其技术要求为: 1. 采用节段安装的钢管拱肋拼装台座宜满足半孔拱肋按1:1放大样(卧置)的要求;场地受限制时,台座的面积也应满足至少三个相邻节段按1:1放样的要求。 2. 拼装台座应支承在坚实的地基基础上,自身应牢靠稳定,并宜通过预压消除台座非弹性变形,必要时应设预拍高值。拼装平台应先按设计要求进行测定;测点间距不宜大于1m,高程容许偏差为±2mm;拼装台座表面需定期监测调整。 3. 拼装前应清理组拼台座表面,其上应画出拱肋外包线、轴线、角尺线、水平线、检查线等必要的标记
	原材料	钢管拱桥在设计中根据地区气候差异,对钢材材质和相关的试验提出不同的要求,用于钢管拱肋零部件加工制作的原材料必须在检验合格后使用

17.6.2 钢管制作

钢 管 制 作　　表17.6-2

项目	技术方案与要求
零部件加工测量放样	1. 对钢板类材料,常用样冲和划针打点、画线放样,以中线控制为主。中线包括纵横方向中轴线和对角线。 2. 对钢管类材料,其直线度、椭圆度和切割相贯线的测量放样控制是难点。但可通过辅助手段进行测量控制和加工。钢管直截面切割时,将钢管固定在加工台架上,直线度可拉线检查。切割前,切割位置用内衬板或支撑加强,以减少切割变形;切割后,用与钢管直径内径等长的标准杆多点测量圆口

续上表

<table>
<tr><th colspan="2">项　　目</th><th>技术方案与要求</th></tr>
<tr><td colspan="2">零部件加工测量放样</td><td>3. 相贯线的切割可以使用数控机床或专用的相贯线切割机械加工，也可以采用相贯线展开的方法测量放样。
4. 型钢类材料零部件加工测量相对容易，可通过三角函数直接计算出下料长度和切割尺寸，使用标准钢尺或钢卷尺丈量出来的精度已能满足加工制作要求。
零部件下料加工过程中的测量放样方法很多，大量应用的是几何数学方法计算、丈量、测设放样点线。但应注意以下几点：①测量放样仪器和量具必须有足够的精度；②在钢材表面放出的点、线大样使用涂料标记时，必须用不易脱色、耐磨、黏结力好的有色涂料，并尽可能使用钢结构加工作业中常用的画线、打点工具；③对测量放样的误差分析和处理必须结合加工机械设备能力，要有充分的考虑。能正确放出大样并不代表加工后的零部件能达到精度要求，因为在切割或焊接过程中还有损耗和变形，因此零部件测量放样必须计入切割余量和收缩余量</td></tr>
<tr><td rowspan="4">钢管拱肋零部件切割下料</td><td>切割方法</td><td>大多数钢管拱肋由钢板、钢管和型钢加工后通过焊接、栓接组装而成。常用的切割下料方法有：机械切割、火焰切割、等离子切割、激光切割等方式，应根据零部件的大小和精度要求选择合适的切割方法</td></tr>
<tr><td>钢板切割下料</td><td>1. 钢板切割下料一方面要注意减少热影响造成的变形，另一方面钢结构加工下料时，对长度短、面积小的部件多采用负公差控制，但对长宽尺寸较大的板、管要考虑切割下料阶段和组装阶段温差带来的变形影响。
2. 钢板下料前应先清理钢材表面的锈蚀、油污等污物，根据加工图样划出切割和加工的边界线[下料尺寸 = 展开长度(中径) + 切割余量 + 收缩余量]。下料时应严格控制板的长度、宽度和对角线尺寸，特别是对角线误差。
3. 钢板零件可以直接用精密数控等离子切割机或多头切割机精密切割下料；对板厚在12mm以下的板零件，也可用剪切方法下料，但剪切后应加工剪切边缘，消除因剪切可能产生的微裂纹</td></tr>
<tr><td>钢管切割下料</td><td>相贯焊缝的切割应采用相贯切割机完成，其相贯焊接间隙为1～6mm。钢管采用气焰切割下料时，应在切割部位设置内外加劲套箍约束，以免钢管圆度发生变化；切割后，待温度下降至常温时撤出约束。钢管组对对环焊缝时，力求组对间隙均匀一致。当采用卧式组对对环缝时，应用拉线法对转胎进行找平、找直，并根据具体情况合理布置转胎，以防因悬空太大而导致直线度超差</td></tr>
<tr><td>矫形</td><td>1. 出现变形的零部件需要进行必要的矫形处理，但最好是在技术上采取反变形措施进行控制，以减少矫形处理的难度。常见的钢板反变形措施在钢管对接、切割下料时也可采用。
2. 零部件加工矫形处理按矫形原理分热矫形和冷矫形。热矫形主要是火焰加热方式，冷矫形主要有机械矫形和手工矫形。不管采用哪一种矫形方式，都严禁使用反复捶击、冲击、锻打等物理打击方式进行矫形。采用热矫形方式必须按照施工规范规定的温度上、下限进行矫形处理。已经进行过两次矫形处理但仍达不到要求的零部件(钢管校圆除外)，按作废处理，不得再重复进行矫形处理。
3. 零部件矫形处理必须根据实际施工使用的机具编制矫形工艺，明确矫形处理方法和质量验收要求，并由经验丰富的工人负责施工作业</td></tr>
</table>

续上表

项目	技术方案与要求
钢管制作验收	1. 焊接钢管分为直缝焊接钢管和螺旋缝焊接钢管。两种焊接钢管均应尽可能在工厂制作。 2. 焊接钢管的卷管方向应与钢板压延方向一致，并采用自动双面焊缝，焊接质量和成管直径误差应符合设计要求。卷管焊接完成后应进行全面外观检查，对符合要求者应进行超声波检测和X射线检测，若发现问题应及时返修；对于外观检测不合要求者，应视情况作返工或者作废品处理。 3. 无缝钢管应符合设计文件规定的技术指标和《结构用无缝钢管》(GB/T 8162—2008)的有关规定。 4. 钢管构件的制作允许误差如下表所示：

偏差名称	示意图	允许值
长度	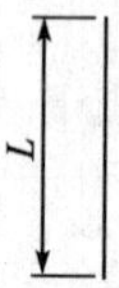	±1.0mm
纵向弯曲	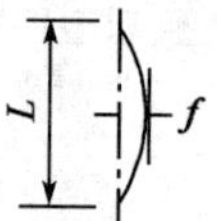	$f \leqslant L/1\,000$ $f \leqslant 5$mm
椭圆度	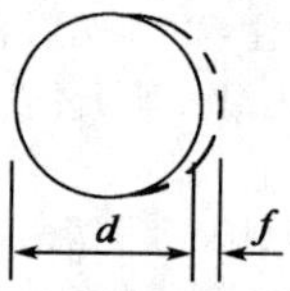	$f/d \leqslant 3/1\,000$
直径	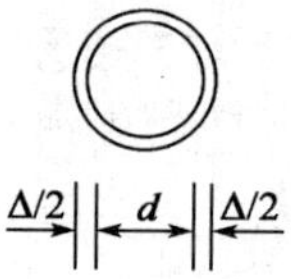	$\Delta \leqslant d/500$ $\Delta \leqslant 5$mm
管端不平度	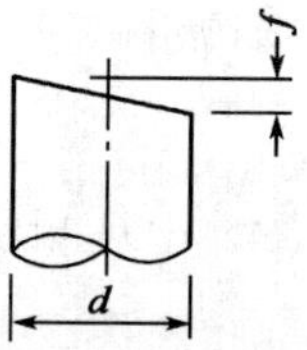	$f/d \leqslant 1/500$ $f \leqslant 2$mm

项目	技术方案与要求
钢管制作验收	5. 钢管进入拱肋加工前，应进行验收。验收时应具备下述资料： ①钢材的质量证明书及抽样检验报告； ②焊接材料质量证明书和烘焙记录； ③涂装材料质量证明书； ④焊接工艺评定报告； ⑤焊缝质量外观检测报告； ⑥内部探伤报告； ⑦钢管构件加工施工图(含原设计图、设计变更文件以及制作中对技术问题处理的协议文件)； ⑧钢管构件几何尺寸检验报告； ⑨按工序检验所发现的缺陷及处理方法记录； ⑩钢管构件加工出厂产品合格证和质量证明书

17.6.3 管拱肋弦杆弯曲成型

拱肋钢管加工成曲线的方法主要有：热加工和冷加工，即热煨弯成型和“以直代曲”多段短钢管对接焊拟合拱轴线成型。钢管拱肋曲线多采用悬链线形，也有采用高次抛物线和圆曲线的，一般在施工设计图纸中给出部分钢管拱肋坐标。在进行拱肋加工制作时，通常需要进行坐标加密，以便在加工制作过程中更有效地控制、纠正拱肋线形。

加热法管拱肋弦杆弯曲成型 表 17.6-3

项目		施工技术要求
火焰加热煨弯	基本原理	使用火焰加热手段将每个节段的拱肋钢管单根在煨弯台架上分环、分段加热到一定温度（700～900℃）时，在外力作用下使钢管塑性变形，将钢管弯制成拱肋弦杆（采用千斤顶和反力架施加外力煨弯） 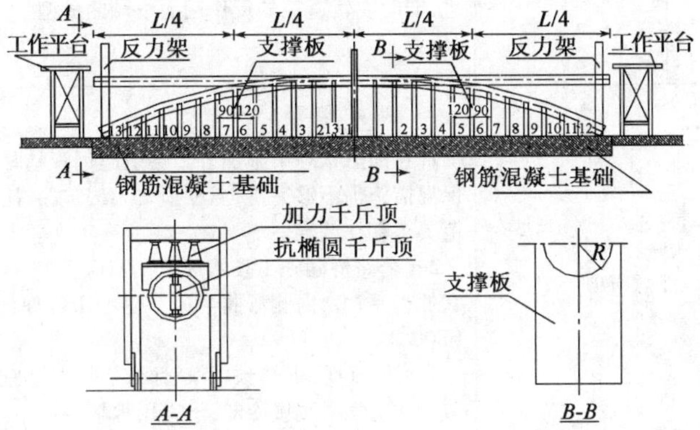
	优点	1. 采用成品钢管，减少钢管交叉焊缝，缩短了制作工期。 2. 拱肋钢管整体弯制成型，线性圆顺，整体质量较好。 3. 焊缝残余应力减少（在煨弯过程，由于加热作用，焊接区域分子活动加强，残余应力得到释放）
	缺点	1. 因无成套成熟的自动控制设备，需要较多的加热设备和熟练操作工人，温度控制保证措施不足。 2. 火焰加热区域的保温控制措施不足，温度散失快，容易出现温度不均匀情况。 3. 拱肋钢管温度与作用外力大小的协调关系较难掌握。 4. 热煨弯节段钢管的塑性变形及冷却后的弹性变形难以控制。 5. 弯制过程中会出现管体局部损伤、凹凸变形现象。 6. 拱肋钢管壁厚变化难以控制
电加热煨弯	基本原理	利用电磁转换设备，将电磁能转化为热能对钢管进行加热，并使用温度设备监测。当钢管加热温度达到可塑状态时，通过对钢管施加外部作用力，将钢管弯制成拱肋弦杆。电加热方式又分为红外线陶瓷片加热、中频加热等
	红外线陶瓷片加热，液压弯管机弯制	将待煨弯的钢管放置于加工台座上，利用红外陶瓷片加热及温度控制装置使钢管温度达到可塑状态，通过弯管机液压力臂对钢管施加作用力，达到弯制钢管目的。 采用红外陶瓷片加热弯管时，选择一根钢管进行试制，预先在管体上划分好加热区域，并逐个按区域加热、施压弯制。具体方法是：首先在弯管机胎架上建立坐标系统，按考虑回弹量的线形值调整反力板高度，在胎架上形成加工线形。把钢管放置在胎架后，再按照划分好的加热区域布置红外线陶瓷加热片和温控装置。然后，将钢管预热到 800～900℃，启动油泵在钢管两端分级对称逐渐增压，管端顶压速度、压力增量、完成一个级别顶压后的持荷时间及冷却卸压温度等需通过试验确定。完成一个区域热煨弯之后，调整压力点至下一加热弯制区域，重新布置加热片和温控装置，重复以上弯制步骤

续上表

项　　目		施工技术要求
电加热煨弯	中频加热，液压弯管机弯制	中频弯管机通过将三相 380V 电源经三相整流桥整流和电抗器滤波后变成直流电，再将该直流电逆变为 1 400Hz、750V 的单相中频电源，经中频变压器和补偿电容器谐振，并由感应圈感应加热工件。 具体做法：在加工胎架上首先建立坐标系统，按照坐标系统将反力板定位于胎架上，然后在反力板上焊接轨道板，并在反力架下方沿拱肋线形铺设地面轨道。钢管放入中频弯管机后，端部伸出一定长度，并安置导轮和约束装置（约束装置通过增加垫片调节超弯量），尾部放置于轨道平车上。加热弯制时，尾部轨道平车缓慢顶进，钢管端部在导轮和管端约束装置的作用下，沿线形轨道前进，同时在轨道板的反作用力下弯曲成型
注意事项		1. 在加热状态下施加外力会引起钢管壁厚的变化，或者出现局部波浪凹凸现象。在加热过程中保温措施仍不够完善，温度损失无法掌握，耗能大。对热煨弯加工的温度控制，不同行业的技术规范要求存在差异。 2.《公路桥涵施工技术规范》(JTG/T F50—2011)规定：主要受力零件冷作弯曲时，环境温度不宜低于 -5℃，内侧弯曲半径不得小于板厚的 15 倍，小于者必须热煨，热煨温度宜控制在 900 ~ 1 000℃。 3. 实践证明，加热预压弯管时，加热温度宜控制在 700 ~ 800℃，不应超过 900℃，且弯曲后的管节应在空气中缓慢冷却，不得用水骤冷

"以直代曲"法管拱肋弦杆弯曲成型　　表 17.6-4

项　　目	施工技术要求
基本原理	"以直代曲"的方法是用多段短直管拟合拱轴线来形成拱肋钢管，是一种常用的方法
直线节段长度确定	采用分段直线代替曲线时，每节直管的长度可根据卷管长度、拱肋长度及计算简化图式而具体确定，且相邻管节长度不应过于悬殊。钢管拱肋拼接以分段折线代替曲线时，折点应在计入预拱度后的拱轴线上。放样时应使由于制作误差引起钢管弯曲的弯曲方向与拱轴的弯曲方向一致，以减小拱轴误差。 直线节段长度应符合下式要求： $$\theta \leqslant 0.04d/L$$ 式中：θ——折角，圆弧拱时 $\theta = L/R_a$； d——钢管直径(m)； L——直线段长(m)； R_a——拱的曲率半径(m) 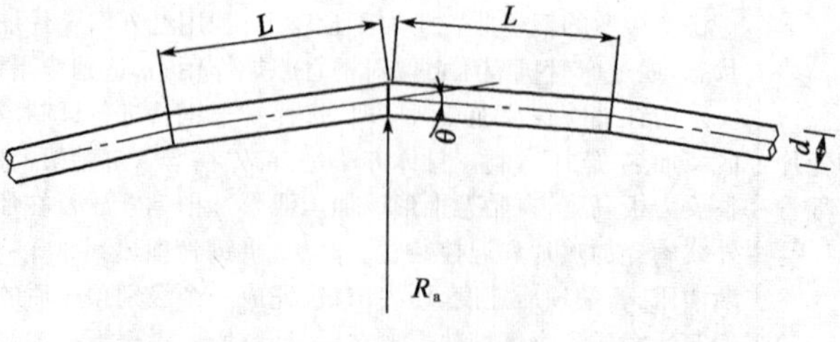 L　L　θ　d　R_a

续上表

项　　目	施工技术要求
注意事项	1."以直代曲"法加工钢拱肋虽然具有工艺简单、设备投入少、加工速度快、对钢材损伤小、节省成本等优点,但也以牺牲一定的拱肋轴线精度为代价。 2.使用"以直代曲"法加工钢拱肋时,环形焊缝和T形焊缝较多,因交叉焊缝比较多,焊缝区域的残余应力相应增加;由于每一个节段的钢拱肋骨架均由多段较短的直缝钢管拼接而成,存在着对接引起的错边和焊接产生的收缩变形及焊接自应力问题,使拱肋加工的精度和焊接质量受到一定程度的影响,并因此增加焊缝检测的工作量

17.6.4 钢管拱肋组装

钢管拱肋单节段组装方式　表17.6-5

项　　目	施工技术要求
基本要求	拱肋钢管弯制完成后、在进入拱肋加工前,应作除锈防护处理。对于管内填充混凝土的钢管(弦管、受压腹杆等),管内应除锈,管外应除锈与防护;对于管内不填充混凝土的钢管(横撑、受拉腹杆等),管内应除锈与防护,管外与弦杆拼装完成后一起除锈与防护。除锈后的钢管与已经加工好的其他部件(如腹杆、节点钢板、拱上立柱基座、吊杆锚箱或拱脚段转动铰等)进行组装,形成单节段拱肋
卧式组装	卧式组装是将钢管拱肋侧向翻转90°,把立面改为平面进行加工制作,通常用于采用无支架缆索吊装、支架安装工艺的钢管拱桥。采用该方式能够降低钢管拱肋节段重心位置和组装作业高度,便于施工操作和控制。此外,还能充分利用自动焊接和起重设备进行作业,提高焊接质量和降低安全风险
立式组装	立式组装是按照钢管拱肋曲线搭设拱形工作支架,使钢管拱肋节段保持立面姿态进行零部件组装。采用该方式加工制作时,由于钢管拱肋节段重心高,稳定性较差,高空作业量增加,作业难度加大,在安全技术方面需要制订相应的措施保证拱肋在立式姿态下稳定,同时工作支架也需要专门设计,耗用的施工辅助材料较多,成本较高。 适用场合:①受场地限制,必须采用立式组装者;②焊接工艺需要,必须采用立式组装者;③采用转体、支架施工或双肋结构安装工艺的钢管混凝土拱桥

钢管拱肋多节段组装拼接工艺　表17.6-6

项　　目	施工技术要求
基本要求	采用多节段组拼工艺时,需将多个独立节段进行接头耦合预拼装,以检验钢管拱肋节段之间的对接精度,并对拱肋的偏差进行适当的校调
半拱连续拼装工艺	在钢管拱肋场地面积足够的情况下,一般采用1:1半拱大样连续拼装工艺进行组装和试拼装。该工艺首先在加工制作场地地面按照1:1放出半拱大样,其次在半拱大样上搭设简易加工台座或支架,最后零部件的组装及拱肋对接试拼装均在加工制作台架上完成
半拱"n+1"组合拼装工艺	在场地受限制,无法采用1:1半拱大样连续布置的情况下,可将半拱多个钢管拱肋节段分成几个组,每组由若干节段组成,组与组之间设一个参考节段进行对接,即采用"$n+1$"组合方式进行钢管拱肋节段试拼装。其中,"n"表示已完成并通过初步验收的多段钢管拱肋;"1"既表示待对接检验节段,也表示为中间间隔节段

钢管拱肋节段组装与整体拼装测量　表17.6-7

项　　目	施工技术要求
测量控制点布置	测量控制点(水准、坐标)应布置在加工制作场地内或场地附近,可使用水泥桩、钢管桩或长度>1.5m的ϕ25mm钢筋打入地面下,外露10cm左右。在加工制作场地周边至少布置4个以上测量控制点,并形成交叉三角网布置。在钢管拱肋加工制作过程中,测量控制点相互之间必须保证能通视

续上表

<table>
<tr><th colspan="2">项　　目</th><th>施工技术要求</th></tr>
<tr><td rowspan="2">钢管拱肋加工坐标计算和大样测设</td><td>钢管拱肋加工制作坐标加密计算</td><td>1. 钢管拱肋大型结构件组装拼接时,需要在加工制作场地上建立一套加工坐标。加工坐标是根据施工设计图提供的拱肋轴线坐标计算公式和部分关键节点坐标,将钢管拱肋的坐标数据与加工制作场地的测量控制点进行转换后得到的。钢管拱肋在卧式组装拼接时使用二维坐标系,立式组装拼接时使用三维坐标系,或者两种坐标系统根据需要同时使用。
2. 直角坐标和极坐标的互化公式如下。
极坐标:
$$r = \sqrt{x^2 + y^2}, \alpha = \arctan\frac{y}{x}$$
直角坐标:
$$x = r \cdot \cos\alpha, y = r \cdot \sin\alpha$$
3. 大地坐标系转换为工程坐标系(二维坐标系转换通用)方法如下。
设待转换点为 P,大地坐标:X_p、Y_p,工程坐标系原点 O 的大地坐标:X_o、Y_o,工程坐标:x、y,工程坐标系 x 轴的大地方位角:α,则 P 点转换后的工程坐标为:x,y。
其中,
$$x = (X_p - X_o)\cos\alpha + (Y_p - Y_o)\sin\alpha + X_o$$
$$y = -(X_p - X_o)\sin\alpha + (Y_p - Y_o)\cos\alpha + Y_o$$
4. 钢管拱肋节段加工制作大样测设前均需要进行坐标加密计算。拱肋轴线坐标加密计算比较容易,直接使用线形公式计算即可,但在钢管拱肋加工制作中,只能以轮廓线控制整体外形,也就是说必须计算出钢管上下缘控制的坐标值</td></tr>
<tr><td>钢管拱肋节段加工制作大样测设</td><td>1. 钢管拱肋节段加工制作大样按 1:1 的比例尺寸在加工制作地坪上绘制,采用二级放样复核法控制。可先用偏角法或极坐标法进行快速放样,再用二维坐标法来精确校验,复核上一级放样中每个单元放样的准确性。
2. 在大样测设时使用偏角法或极坐标法快速放样前,需要将坐标点换算为角度、长度,需要注意长距离小偏角误差对坐标准确性的影响,最好设 2~3 个控制点交会测设</td></tr>
</table>

17.6.5 钢管拱肋焊接及焊接质量控制

钢管拱肋焊接及焊接质量控制　　表 17.6-8

<table>
<tr><th>项　　目</th><th colspan="3">施工技术要求</th></tr>
<tr><td>焊接工艺试验</td><td colspan="3">焊接质量控制内容包括焊接变形控制和焊缝质量控制。
对于首次采用的钢材、焊接材料、焊接方法、焊前预热、焊后热处理等,应进行焊接工艺评定,并应根据评定报告确定焊接工艺,以保证焊接接头的质量。确定的工艺参数施工中不得随意改动</td></tr>
<tr><td rowspan="6">焊接工艺试验步骤</td><td>步骤</td><td>焊接工艺试验内容</td><td>监理工程师工作内容</td></tr>
<tr><td>1</td><td>原材料检验,上岗人员执业资格审查</td><td>审查</td></tr>
<tr><td>2</td><td>编制焊接工艺方案:
①根据钢管拱肋结构特点确定各种焊接形式和焊缝类型。按焊接等级、钢材材质、钢材板厚、焊接材料、焊接设备的不同进行分类分组,列出焊接工艺试验项图表。在板厚相差 ±2mm 的情况下可按照同一工艺试验覆盖进行。
②根据焊接工艺试验项图表确定各分类、分组焊接试件的制作数量,应满足施工、监理单位试验检测及第三方验证的要求。
③根据设计文件及现行规范要求确定焊接工艺试验项的试验检测方法和评定标准</td><td>审批、确定</td></tr>
<tr><td>3</td><td>焊接工艺试件制作与试验检测</td><td>见证、监控</td></tr>
<tr><td>4</td><td>试验结果汇总评定,编写焊接工艺评定报告</td><td>审批</td></tr>
<tr><td>5</td><td>在评定焊接工艺的可行性后,编写适用于本工程的焊接工艺指导书或焊接工艺规程,制订工艺保证措施</td><td>审批、监督实施</td></tr>
</table>

续上表

<table>
<tr><th colspan="2">项　　目</th><th colspan="3">施工技术要求</th></tr>
<tr><td colspan="2">焊接工艺评定方法与原则</td><td colspan="3">方法：按国家现行的《建筑钢结构焊接技术规程》（JGJ 81—2002）或《钢制压力容器焊接工艺评定》（JB 4708—2000）的规定进行。焊接工艺评定内容按设计文件要求或现行的《铁路钢桥制造规范》（TB 10212—2009）的规定进行。
原则：以可靠的钢材焊接试验为依据，并在桥梁正式施焊之前完成，以测定焊接接头是否满足设计所要求的使用性能，验证施焊工艺是否正确，确保焊接质量</td></tr>
<tr><td colspan="2">焊接材料</td><td colspan="3">1. 焊接材料包括焊条、焊丝、焊剂、气体等。
2. 焊接材料应有产品质量证明书，且内容齐全、清晰，并符合相应标准的规定。必要时，焊接材料应复验，合格后方可使用。
3. 焊接材料的选用应按《建筑钢结构焊接规程》（JGJ 81—2002）的规定及合格的焊接工艺评定进行，且不得使用药皮开裂、变质的焊材</td></tr>
<tr><td colspan="2">焊接设备</td><td colspan="3">焊接设备
— 电焊机
—— 电弧焊机
——— 手工弧焊机：弧焊变压器、弧焊整流器、直流弧焊发电机
——— 埋弧焊机
——— 气体保持弧焊机：不熔化气体保护弧焊机、熔化气体保护弧焊机
—— 电阻焊机：点焊机、凸焊机、缝焊机、对焊机
—— 其他焊机：电渣焊机、等离子弧焊机、高频电阻焊机、电子束焊机、光束焊机、超声波焊机、摩擦焊机、冷压焊机、真空扩散焊机、钎焊机、螺柱焊机、旋弧焊机
— 火焰焊接设备
— 其他焊接设备</td></tr>
<tr><td rowspan="9">焊接工艺要求</td><td>焊接方式</td><td colspan="3">埋弧自动焊</td></tr>
<tr><td>焊接时间</td><td colspan="3">钢管组成钢管拱肋节段的焊接工作应在组拼后24h内施焊</td></tr>
<tr><td>焊接顺序</td><td colspan="3">钢管的对接焊接宜采用分段反向顺序，分段施焊宜保持对称</td></tr>
<tr><td>焊接定位</td><td colspan="3">焊接前，对小直径钢管可采用点焊定位，对大直径钢管可另用附加钢筋或定位板焊于钢管外壁做临时固定联焊。固定点的间距可取300mm左右，且不得少于3点。钢管对接焊接过程中如发现点焊定位处的焊缝出现微裂缝，则该处必须全部铲除重焊</td></tr>
<tr><td>对接焊缝</td><td colspan="3">钢管的对接环焊缝可采用无衬垫的双面熔透焊和有衬垫的单面坡口焊。对于焊工可进入管内施焊的大管径钢管对接，应尽量采用无衬垫的双面熔透焊。相邻两条对接环焊缝的间距应符合设计要求。当设计无规定时，直缝焊接管不应小于钢管的直径，螺旋焊接管不应小于3m</td></tr>
<tr><td rowspan="3">钢管对接焊缝的允许偏差</td><td>项　　目</td><td>允 许 偏 差</td><td>图　　例</td></tr>
<tr><td>对口错边 Δ</td><td>小于 $t/10$ 且不大于2.0mm</td><td rowspan="2">t　a　t　a　t　a</td></tr>
<tr><td>间隙 a</td><td>1.0mm</td></tr>
</table>

续上表

项目		施工技术要求
焊接工艺要求	钢管节点焊接	钢管桁式拱肋中主管与支管的连接尺寸和角度必须准确、各杆之间的间隙应严格控制。支管的端部宜采用自动相贯线切割机来保证相贯线和坡口的制作精度。主管与支管焊接时，应根据间隙大小选用适当直径的焊条，焊接次序应考虑焊接变形的影响。钢管拱肋每个吊装节段内包含若干节段，可先在模架上对接成整体。接头焊接工艺和坡口形式应事先鉴定，对接时应将各节钢管的纵向焊缝位置错开150mm以上
	焊接姿势	打磨、施焊的每一道工序都必须经过严格检查后才能实施。所有焊缝均宜采用平焊，尽量避免仰焊或立焊。平焊焊不到的位置可将骨架翻身施焊。焊缝清根要彻底，施焊时接头和焊条要干燥
	哑铃形断面焊接	对于哑铃形断面，宜将钢管卷管对接的纵向焊缝置于缀板空腔内，且每个节段内缀板与钢管之间的纵向焊缝、缀板之间的横向焊缝宜采用埋弧焊或气体保护焊
	拱肋节段对接焊	若干拱肋节段对接成吊装节段的焊接次序，由焊接工艺试验确定，并要求焊接变形及焊接残余应力最小。拱肋节段间的环焊缝的施焊应对称进行，施焊前需保证节段间有可靠的临时连接，并用定位板控制焊缝间隙，且不得采用堆焊
	开孔补焊	对施工图规定的开孔，如吊杆孔、混凝土浇筑孔、振捣孔等，应按照设计要求在开孔位置予以局部补强，由开孔而割出的开孔盖板应编号并焊于孔边，以防丢失。开孔盖板应在混凝土强度达到设计值的50%后，按设计要求进行补焊，焊接应平整光滑，不突出、不漏焊，并采取措施不烧伤混凝土
	临时焊件处理	因施工需要而在钢管拱肋表面的开孔和焊接的临时结构，应经过施工组织设计，具有相应的结构补强措施。割除钢管拱肋上的施工临时钢结构时，不得伤及钢管拱肋
	焊接缺陷处理	外观检查和探伤结果有不允许的缺陷时，应按《建筑钢结构焊接技术规程》(JGJ 81—2002)的有关规定进行焊缝磨修及返修焊。焊缝尺寸超出允许正偏差的焊缝及小于1mm且超差的咬边必须磨修匀顺，焊缝咬边超过1mm或外观检查超出负偏差的缺陷，应用手弧焊进行返修焊；气孔、裂纹、夹渣、未溶透等超出规定时，应查明原因，用碳弧气刨清除缺陷，用原焊接方法进行返修焊。 返修焊后的焊缝应随即铲磨匀顺，并按原质量要求进行复检。焊缝同一部位的返修次数不宜超过两次
	焊缝修磨和锤击	钢管桁式拱肋中主管与支管的结点焊缝均应进行焊缝修磨和锤击，以减小焊接残余应力

17.6.6 钢管拱肋加工制作精度要求

下料精度要求 表17.6-9

项次	检查项目	允许偏差	备注
1	长度、宽度(mm)	+0.5，-1.0	—
2	竖板偏差(mm)	±1	—
3	梁内隔板(mm)	±0.5	—
4	直线度(mm)	±2	—
5	管直径(mm)	D/500且≤±5	—
6	中心线、理论线和分段尺寸(mm)	1.0	—
7	对角线之差(坐标轴)(mm)	1.0	—
8	加工样板、模板与正确形状偏差(mm)	±0.5	—
9	零件外形尺寸(mm)	±1.0	—
10	切割面平面度(mm)	0.05t且≤2.0	t为切割面厚度
11	割纹深度(mm)	0.2	—
12	局部缺口深度(mm)	1.0	—

组 拼 精 度 要 求 表 17.6-10

项次	检 查 项 目	允 许 偏 差	备　注
1	对口错边(mm)	$t/10$	t 为壁厚
2	接头间隙(mm)	±1	—
3	轴线偏位(mm)	±3	—
4	桁架高度、宽度(mm)	±3	—
5	对角线(mm)	±4	—
6	拱肋内弧长(mm)	+0，-10	—
7	接缝错台(mm)	±3	—
8	拱轴线偏位(mm)	±8	—
9	拱轴线(mm)	8	—
10	接口间隙(mm)	-1，+2	—

钢管拱分段胎架制造精度要求 表 17.6-11

项次	检 查 项 目	允 许 偏 差	备　注
1	胎架水平度(mm)	±2.0	—
2	模板垂直度(mm)	1.0	—
3	放样定位坐标(mm)	±1.0	—

钢管拱分段制造精度要求 表 17.6-12

项次	检 查 项 目	允 许 偏 差	备　注
1	拱肋弦杆内弧线偏离(mm)	8.0	—
2	弦管端口最大最小直径差(mm)	3.0	—
3	端面对弦管轴的垂直度(mm)	3.0	—
4	分段长度(弧长)(mm)	-10,(0)	—
5	端口弦杆中心横向间距(mm)	±3	—
6	端口弦杆中心竖向间距(mm)	±3	—
7	端口弦杆中心对角线(mm)	±4.0	—
8	水平度(mm)	5.0	—
9	K 型、X 型横撑主杆管直线度(mm)	3.0	—
10	K 型、X 型横撑结构对线(mm)	±3.0	—
11	对接焊缝缝口错边(mm)	$t/10$	t 为壁厚
12	对接焊缝缝口间隙(mm)	±1.0	—
13	坡口角度(°)	±5	—

分段预拼装精度要求 表 17.6-13

项次	检 查 项 目	允 许 偏 差	备　注
1	分段水平度(mm)	5.0	—
2	预拼总长(mm)	±5.0	—
3	拱肋内弧线偏离(mm)	8.0	—
4	分段端口环缝对接错边量(mm)	2.0	—
5	缝口间隙(mm)	2	—
6	坡口角度(°)	±5	—

钢管拱肋制作验收 表 17.6-14

项次	检查项目	规定值或允许误差	检查项目和频率	权值
1	钢管直径(mm)	±*D*/500 及 ±5	尺量:每管检查 1～3 处	3
2	钢管中距(mm)	±5	尺量:每段检查 2～3 处	1
3	内弧偏离设计弧线(mm)	8	样板:每段测 1～3 点	2
4	拱肋内弧线(mm)	+0，-10	尺量:每段检查	1
5	节段对接错边(mm)	2	尺量:检查各对接断面	2
6	节段平面度(mm)	3	拉线测量:每段检查 1 处	1
7	竖杆节间长度(mm)	±2	尺量:检查每个节间	1
8	焊缝尺寸	符合设计要求	量规:检查全部	3
	焊缝探伤		超声:检查全部; 射线:符合设计规定， 设计未规定时按 5% 抽查	

焊缝检查 表 17.6-15

项目		检查内容及标准
焊缝外观质量要求(mm)	未焊满	对接焊缝:不允许
		每 100mm 焊缝内缺陷总长≤25
	咬边	对接焊缝:不允许
		其余:<0.05*t* 且≤0.5,连续长度≤100 且焊缝两侧咬边总长≤10% 焊缝全长。*t* 为较薄板厚
	裂纹	不允许
	电弧擦伤	不允许
	飞溅	清除干净
	接头不良	对接焊缝:不允许
		其他:每米焊缝不得超过一处
	焊瘤	不允许
	表面焊渣	不允许
	表面气孔	不允许
	焊缝余高	≤3.0
	焊角尺寸	焊缝全长的 10% 范围内焊角高:埋弧焊时为 $K_0^{+2.0}$,手工电弧焊时为 $K_{-1.0}^{+3.0}$
焊缝内部质量	焊缝探伤	符合设计要求。超声:检查全部;射线:按设计规定
设计无明确要求时	对接焊缝	X 射线探伤检查 15%,Ⅱ级合格; 超声波检查 100%,B 级合格
	角焊缝 ≥90°	超声波探伤 100%,合格熔透深度≥80% 板厚且有效焊缝厚度≥板厚
	角焊缝 <90°	采用层间检查,要求有效焊缝厚度≥板厚
	采用标准	X 射线检查采用现行《无损检测 金属管道熔化焊环对接接头射线照相检测方法》(GB/T 12605—2008)
		超声波检查采用《钢焊缝手工超声波探伤方法和探伤结果分级》(GB/T 11345—1989)

17.6.7 钢管拱肋安装

钢管拱肋安装方法 表 17.6-16

项目	原理
拱上悬臂吊机(挂篮)法	利用附着在已安装拱肋上的自行式拱上吊机(具),逐段向跨中悬臂安装(或浇筑)拱肋,直至拱顶合龙,已安装段一般采用斜拉扣挂法临时固定平衡
提升法	通过船只将预制的整体钢管拱圈(节段)运至待安装处对应的河面位置,利用液压提升设备整体提升安装。
转体法	以拱座为一端,将半个钢管拱圈在岸上预制,绕拱座平转或竖转,合龙拱圈
缆索吊装法	利用缆索吊机进行拱肋节段(构件)吊装就位,用支架、扣索或吊索并辅以缆风索等措施临时固定,进行拱肋安装。通常,对称依次吊装拱肋各段,并使之对接,形成两个悬臂拱段,最后在两悬臂拱段之间安装合龙段,松扣索合龙或合龙松扣索形成拱圈。缆索吊装法必须结合固定拱肋的方法使用,如支架法、少支架法或无支架法(斜拉扣挂法)

拱肋安装精度要求 表 17.6-17

项次	检查项目	允许偏差	备注
1	拱肋轴线横向偏位(mm)	L/6 000,且不超过 50	—
2	拱肋高程偏差(mm)	符合设计要求 设计无规定时,±L/3 000,且不超过 ±50	—
3	对称点高差(mm)	符合设计要求 设计无规定时,≯L/3 000,且不超过 40	—
4	拱肋节段弦杆接头接缝错台(mm)	≯0.2t	t 为壁厚

17.6.8 管内混凝土的施工

管内混凝土配比设计 表 17.6-18

项目	技术要求
技术要求	1. 混凝土早期、28d 强度满足设计强度要求。 2. 混凝土初凝时间不得小于混凝土混合料运输、泵送、直到浇灌完成的全过程所需的时间。 3. 混凝土拌和物和易性要好,坍落度衰减慢,并且要具有良好的内聚性、不离析、少泌水,既要保证其可泵性,还要保证其免振自密性,以确保混凝土灌注后的质量合格。 4. 具有微膨胀或收缩补偿性
配合比设计技术要求	1. 配制强度:通常,3d 达到设计强度等级的 75%,28d 强度按设计规程计算,强度标准差 σ 取值 5~6MPa。 2. 流变系数:钢管混凝土属于特殊的高流态混凝土。若流变性指标制订过高,一是会增加配制难度;二是会提高经济成本;三是由于流变性指标提高,缓凝时间延长,则其他条件相同时,早期强度会有所下降。设计坍落度应考虑坍落度经时损失,扩展度入泵应 >500mm。将设计配合比初始坍落度 200~240mm,扩展度 550~650mm;1 小时坍落度损失≤2~3cm,扩展度损失≤50mm 作为基本要求,工程实践中应根据具体情况和要求制订相应参数。 3. 水灰比:对于 C50 的混凝土,水灰比不宜大于 0.4。 4. 砂率:砂率对混凝土的泵送性能非常重要,在满足自密性能的前提下,应尽量选择偏低砂率。钢管混凝土胶凝材料含量较高,建议根据工程实际和具体原材料情况,在 35%~45% 范围内经试验确定。 5. 其他:①初凝时间 > 预计灌注时间 + 安全保证时间,且满足 1.5 倍单管压注时间;②补偿收缩,14d 限制膨胀率≥1.5×10^{-4}

管内混凝土浇筑、养护及检测 表 17.6-19

项目		技术要求
准备工作		1. 拱脚预埋钢管内混凝土施工缝的处理。拱脚预埋管结构大致有两种情况：第一种为封底式，预埋管结构设封底钢板，浇筑拱座混凝土（进行管的预埋）时，管内先不浇筑混凝土（留待与弦管内混凝土一道灌注）；第二种为插入式，预埋管不设封底钢板，浇筑拱座混凝土时，混凝土同时进入管内，因此应按设计尺寸控制好混凝土的深度，并保证管内混凝土振捣密实。施工完成后，应对管内混凝土面进行凿毛处理，凿入深度到完全合格的混凝土为止，凿成表面与管轴线相垂直。完成后将松散混凝土完全清除，冲洗干净。拱肋合龙封拱脚时，应再进行检查和清理，保证拱脚预埋管内洁净，之后再进行封闭。 2. 钢管混凝土灌注前，必须要确保弦管内自拱顶至拱脚任何部位没有杂物和尘渣，钢管内壁程度严重的浮锈、焊缝表面的焊渣也应设法彻底清除。 3. 在灌注钢管混凝土之前，应在钢管顶部距离拱根（分仓时为隔仓板）一定距离的位置开小孔，检查预埋管（或分仓底部）有无积水，有积水时应设法排干。 4. 完成钢管混凝土配合比的设计。 5. 确定灌注顺序和程序。灌注顺序应遵循对称加载的原则，即以拱顶为对称线，两半跨对称加载，以桥轴线为对称线，桥两侧对称加载。分双幅独立设计的桥梁以单幅轴线为对称线，单幅两侧对称加载，完成一幅再进行另一幅。多跨钢管拱桥跨间钢管混凝土灌注的先后，应保证拱肋对桥墩形成的单向推力，不超过桥墩的安全承受能力。对无推力拱（系杆拱）桥，应根据钢管混凝土的灌注进程穿插对系杆进行张拉加载，因此还需事先确定具体的张拉加载程序。 6. 确定钢管拱肋、墩台变形、应力的监测控制实施方案，做好监控系统的布设调试工作和初始数据的收集。 7. 向相关施工（管理）人员做好灌注工艺实施方案的全面、详细的交底工作
灌注方法	一级灌注	拱矢高度≤60m 的拱圈，由拱脚至拱顶一次顶升完成钢管混凝土的灌注
	分级灌注	对于拱矢高度大于 60m 的拱圈，一次顶升因泵送压力过大，或一次灌注混凝土方量巨大，灌注时间无法满足要求时，应分段分级灌注。其分段原则为： 1. 拱肋各分段的灌注时间大致相等。 2. 各级输送泵的最大泵送压力不超过施工安全容许值。 3. 每根弦管灌注的总时间不超过最先进入该管的混凝土的初凝时间
	多点开孔倒喂灌注	多点开孔倒喂灌注不宜在拱肋弦管的灌注中采用。拱肋其他部位混凝土的灌注受限制确需采用此办法时，应采取恰当的措施（如适当振捣），保证混凝土的灌注质量
钢管混凝土的养护		钢管混凝土灌注完成后，应将钢管的所有开孔封闭，防止管内水分蒸发，进行保水养护。在养护初期，若遇高温日晒天气，钢管温度高于 30℃时，应对钢管淋水降温，以防管内混凝土水化热集中产生内部裂缝
管内混凝土的检测	人工敲击听声检测	通过人工敲击钢管上部，并通过声响的差异来判别内部混凝土是否有脱空情况及脱空的范围
	钻小孔直接观察	沿钢管顶部对敲击声异常的部位钻小孔（直径为 5～10mm，在接近钻穿管壁时需小心操作），然后用高压空气吹除孔内尘渣，直接观测管内混凝土是否有脱空情况
	超声检测	由专门的检测机构和操作人员来进行超声检测。检测内容包括混凝土的脱空及混凝土内部的密实情况，并用钻孔法对其脱空情况的检测结果进行验证

18 斜拉桥施工

18.1　桥塔施工

斜拉桥索塔施工方法及注意要点　表 18.1-1

项　目		索塔施工方法及注意要点
索塔施工方法选择和要求	混凝土索塔	索塔的施工方法宜于根据结构特点、施工互不干涉和设备能力等综合确定。索塔施工期间,应具有必要的起重设备和安全通道。索塔施工时应对其平面位置、断面尺寸、倾斜度、应力和线形等进行监测和控制。 混凝土索塔的施工应符合下列规定: 1. 塔柱节段施工长度的划分,宜于根据索塔结构形式、钢筋定尺长度和施工条件等因素确定;塔柱模板应具有足够的强度、刚度和稳定性,用于高塔且风力较大地区的模板应进行抗风稳定性验算。 2. 塔座及塔柱实心段施工时,除应控制好模板的平面位置和倾斜度外,尚应对混凝土采取降低水化热和温度控制的措施;同时宜于采取适当措施缩短塔座与承台、塔柱与塔座之间浇筑混凝土的间隔时间,间歇期不宜于大于 10d。 3. 索塔主梁不宜于交义施工,必须交叉施工时应采取质量和施工安全的措施。索塔施工时宜于设置劲性骨架,所设置的劲性骨架应能起到保证钢筋架立、模板安装和拉索预埋导管空间定位精度的作用;劲性骨架应采用型钢制作,不得使用管材。 4. 横梁施工时,应设置可靠的支架系统。支架系统应进行专门设计,其强度、刚度和稳定性应满足使用要求,同时应考虑变形和日照温差等因素对支架系统的不利影响。体积过大的横梁可沿高度方向分次浇筑,但分次浇筑的时间间隔不宜于 10d,并应采取措施防止施工接缝处产生收缩裂缝;分次浇筑时支架系统的设计宜于考虑横梁的全部自重。 5. 塔柱和横梁可同步施工或异步施工。但异步施工时塔柱与横梁之间浇筑混凝土的间隔时间不应超过 30d,并应采取措施使塔梁之间的接缝可靠连接,不得产生收缩裂缝。倾斜塔柱施工时,应对各施工阶段塔柱的强度和变形进行验算,分高度设置主动横撑或拉杆,使其线形、内力和倾斜度满足设计要求并保证施工期结构的安全。 6. 混凝土浇筑施工时应根据索塔的高度及混凝土供应能力选择适宜的输送方式,采用输送泵时宜于一泵到顶。浇筑混凝土时,布料应均匀,应控制其倾落高度不超过 2m,保证混凝土不产生离析,并应采取措施避免上部塔体施工时对下部塔体的表面造成污染。混凝土浇筑完成后,应及时养护。养护的方法和措施应根据结构特点、气温、环境条件等因素综合确定,每一节段现浇混凝土的养护时间应不少于 7d。 7. 索塔横梁和拉索锚固区的预应力施工,应符合《公路桥涵施工技术规范》(JTG/T F50—2011)第 7 章的有关规定。对拉索锚固区曲率半径较小的环向预应力钢束,宜于按设计要求进行模型试验,取得经验数据后方可正式施工。 8. 对拉索预埋导管的安装,应在施工前认真复核设计单位提供的施工图是否已进行拉索的垂度修正;定位安装时宜于利用劲性骨架控制导管进出口处的中心坐标,并应采取其他辅助措施进行调整和固定;预埋导管不宜于有接头。在上塔柱安装钢锚箱或钢锚梁时,应根据构件的结构特点,提前确定吊装的方法和施工工艺,并验算吊装的安全性;吊装宜在风速 10m/s 以下的时段进行,安装的允许误差应符合设计要求
	钢索塔	1. 钢索塔的构件在工厂制作时应进行试拼装,试拼装合格后方可启运,并应根据不同的运输方式对构件进行必要的临时加固和保护。节段构件安装的吊点、导向件及临时匹配件宜于在厂内制作时设置。 2. 安装施工前应编制详细的节段构件吊装施工工艺,并应核对各节段构件的编号和起吊质量。在吊装前应对节段构件起吊的稳定性进行验算,并应对各关键部位进行临时加固后试吊,确定无误方可正式起吊安装

续上表

项目		索塔施工方法及注意要点
索塔施工方法选择和要求	钢索塔	3. 钢索塔与基础的连接采用螺栓锚固时，承压板与混凝土之间应保持密贴，混凝土表面应抛光磨平并对承压板进行机械加工切削，采用埋入式锚固时，应保证底座的安装精度符合设计要求。 4. 采用高强度螺栓连接或焊接连接的钢索塔，其工地现场连接施工应符合《公路桥涵施工技术规范》(JTG/T F50—2011)第19章的规定。 5. 倾斜索塔架设时，应验算索塔内力，控制成塔线形，分高度设置水平横撑或拉杆。在架设安装过程中，应分阶段对已完成的索塔采取必要的抑振措施，保证后续施工中永久结构和临时结构的安全性，以及施工操作人员的舒适性。 6. 钢索塔架设安装时，应根据高空作业的特点制订安全施工专项方案，保证施工安全，并应充分考虑气候对施工的影响
索塔常用施工方法		混凝土、钢筋混凝土和预应力混凝土索塔可按下列方法施工。 1. 整体搭架分节立模浇筑法 宜先设置支架，一般可用万能杆件、装配式公路钢桁架片或组合型钢安装。这种方法工艺成熟，无须专用的施工设备，能适应较复杂的断面形式，对锚固区的预留孔道和预埋件的处理也较方便，但是费工、费料、速度慢。跨度200m左右的斜拉桥，一般塔高(指桥面以上部分)在40m上下，搭架现浇比较适合。跨度更大的斜拉桥，塔柱可以分为几段，各段的尺寸、倾角都不相同，往往各段采用的方法也不同。下端比较适合于搭架现浇。 2. 滑升模板法 滑动模板在结构上应有足够强度、刚度和稳定性，每段模板高度一般为1～1.5m，滑动模板的支承杆及提升设备应能保证模板竖直均衡上升。为使模板不致发生倾侧和扭转，宜采用油压千斤顶同步提升(提升时速宜在10～30cm/h)。提升时应连续进行，以免中断(中断时亦应缓慢提升)致使混凝土粘住模板。此外，当因故中断时，在中断前亦应将混凝土浇筑齐平。 这种方法的最大优点是施工进度快，适用于高塔的施工。塔柱无论是竖直的或是倾斜的都可以用这个方法，但对斜拉索锚固区预留孔道和预埋件的处理要困难些。所谓滑模，是指模板沿着所浇筑的混凝土由千斤顶(螺旋式或液压式)带动而向上滑升，要求所浇筑的混凝土强度必须达到模板滑升所必需的强度。在各个工程中滑模也称为爬模，或称为提模，其构造大同小异。提模则是拆模后把模板挂在支架上，模板随着支架的提升而上升。支架的提升是在塔的四周设置若干组滑车组，其上端与塔柱内预埋件连接，下端与支架的底框连接，支架随拉动手拉葫芦而徐徐上升。 3. 翻转模板法 每套翻转模板由内外模、对拉螺杆、护栏及内工作平台等组成，不另设内外脚手架。模板分节高度及分块大小，根据起重设备吊装能力和塔柱构造要求确定。一般情况下，每套模板沿高度方向分为三节，每节高度为1～3m。由下至上依次交替上升循环浇筑，直至达到设计的高度为止。 4. 爬模法 爬模系统采用自备爬架提升模板，对起重设备要求不高。一般由模板、爬架及提升三大部分组成，待爬模起始段施工完成后拼装爬模系统，依次循环进行索塔的爬模施工。这种方法具有施工速度快、安全可靠等优点，但对折线形索塔适应性较差，一般适用于直线形索塔的施工。 5. 采用装配式预应力混凝土预制块件逐节吊装 采用装配式预应力混凝土预制块件逐节吊装，然后在块件预留上下贯通的孔道内穿入预应力钢材，最后张拉锚固。这种方法要求有较强的起重能力和专用的起重设备，当桥塔不是太高时，可以加快施工进度，减轻高空作业的难度和劳动强度。采用钢箱与混凝土结合结构时，也可预制吊装。对塔高不是太高的情况，可采用卧地预制，从地面上用绞车和滑轮组扳起，由相应的吊装设备提供吊装力
索塔施工主要部分要求	塔脚为铰接时	塔底与桥墩为铰接的索塔，施工过程中(在安装或浇筑塔身时)应将塔身按设计位置临时固定，使其不动摇，以保证安装质量；塔身建筑到一定高度后，应采取稳定措施或设置缆风，待斜缆索全部安装并张拉完成后，方可撤除风缆并恢复铰接
	塔、墩或塔、梁固结	塔、墩固结的索塔，采用固定支架施工方案时，施工支架宜在墩上架设。塔、梁固结的索塔，施工支架宜在梁上搭设。如果梁体采用悬衡施工法，且索塔与悬臂梁须交错施工，浇筑的塔段要配合索塔摆动向上延伸时，应在支架与浇筑的索塔间留出活动空隙，以免支架阻碍索塔的摆动

续上表

项目		索塔施工方法及注意要点
索塔施工主要部分要求	塔索施工支架的搭设	当采用两种不同材料搭设支架时,相互之间的牢固连接是支架整体稳定的关键,必须采取可靠措施予以保证。 支架和操作平台应有足够的强度和刚度,并应设置安全护栏。支架还应具有足够的抗风稳定性,一般宜间隔5m高度与索塔连接。 支架顶端应有防雷击装置。当用竹、木等易燃材料作为护栏或走道板时,应在间隔一定高度的适当位置配备消防器材,以策安全。 为配合模板及张拉千斤顶的垂直提升,支架与索塔的间距宜在50cm左右,在此间距中应配置可靠的安全网
	斜缆索管道	安设锚箱中的斜缆索管道时,应设置稳固的钢筋骨架固定管道,防止其在浇筑混凝土时移位。在管道测量定位时,应考虑斜缆索因自重下垂而导致其端部的方向、位置、高程的改变。缆索管道的位置、高程和角度的允许偏差值应按设计规定。 拉索索管制作和安装定位的精度要求较高。首先应建立三维坐标系,利用空间点到面的距离(即坐标或坐标差),确定空间点的三维坐标来定位索管。然后,利用塔柱上已放出的纵、横轴线,来控制索管顶面与底口中心点;在纵桥向和横桥向的坐标位置,用钢尺导入法,将中横梁顶面高层定位控制点的高程引测至塔柱已浇段顶面的临时水准点上。最后,再以几何水准测量,配合竖向量距的方法测定索管顶口和底口中心的高程
	塔身浇筑	塔身浇筑混凝土时应注意掌握均匀分层。每次浇筑的混凝土均应在混凝土的初凝时间内完成,并注意及时加强养护

18.2 主梁施工

斜拉桥桥主梁施工方法及注意要点 表18.2-1

项目	主要施工方法及注意要点
主梁施工可采用的方案	主梁应严格按照预定的程序、方法和措施进行施工。主梁在悬臂施工时,应保持两端的施工荷载对称平衡,其最大不平衡荷载不得超过设计允许的范围。 斜拉桥的主梁施工,可采用悬臂浇筑、悬臂拼装、纵向顶推、横向顶移、在支架上架设安装、在支架上就地浇筑等方案,一般可根据设计原则和具体条件进行技术经济比较从而确定
施工控制和监控测试	1.斜拉桥上部结构施工时应对其施工过程进行控制,应保证结构在施工过程中始终处于安全范围内,成桥后的线形、内力和索力符合设计要求。施工控制的方法宜根据结构特点、施工方案和环境条件等因素综合选择确定。 2.斜拉桥的施工控制宜于遵守以下原则:在主梁悬臂施工阶段以高程控制为主;二期恒载施工阶段以控制索力为主。 3.施工控制应贯穿于斜拉桥施工的全过程中,除施工应按规定的程序进行外,对各类施工荷载应加强管理,并应对施工过程中的变形、应力和温度等参数进行监控测试,且采集的数据应准确、可靠。监控测试应符合下列规定。 (1)宜选择无风或微风的天气进行测试,减小风对测量的不利影响。 (2)测试时应停止桥上的机械施工作业,消除机械设备的振动及不平衡荷载等对测试产生的不利影响。 (3)各种测试均应在尽可能短的时间内完成,应避免测试条件产生较大的变化。测量宜在夜间气温相对稳定的时段进行
梁塔临时固结	对设计为飘浮或半飘浮体系的斜拉桥,在主梁施工期间应使塔梁临时固结

续上表

<table>
<tr><th colspan="2">项　目</th><th>主要施工方法及注意要点</th></tr>
<tr><td colspan="2">主梁斜拉索预埋管的精密定位</td><td>主梁斜拉索钢管的中心定位利用梁面上建立的双索面对称中心线及里程控制线进行，由于主梁节段施工中的线形变化的动态特性，钢管定位中难度较大的是钢管倾斜角度的确定。首先应对拉索钢管安装进行动态分析，钢管倾角定位以运营阶段的斜拉索倾角为目标值，在挂篮高程经过初调后，对挂篮高程进行测量。然后根据挂篮实测坡率，考虑混凝土灌注过程中的梁段下沉、挂篮变形以及斜拉索垂度等影响因素，确定施工阶段钢管倾角值。最后精确安装钢管，并在混凝土施工过程中不断修正</td></tr>
<tr><td rowspan="2">混凝土主梁施工</td><td>0号段现浇施工</td><td>主梁0号段采用支架法施工，主要通过在承台（系梁）上或在已施工塔柱下横梁上设置钢管或万能杆件支架平台，利用施工平台进行0号段施工，全桥体系转换前通过底部正式支座或临时支座（撑）体系承受其自重和其他施工荷载。适用于塔梁结合、塔梁分离的非漂浮、漂浮、半漂浮体系的预应力混凝土斜拉桥0号段施工。
主梁0号段在支架或塔下托架上施工时，应根据其结构形式、质量及支撑高度设置可靠的模板和支撑体系，考虑弹性和非弹性变形、支撑下沉、温差及日照的影响，同时应考虑设置落架装置。
主梁0号段底模通过支架支撑天地托调节高度，因其结构为内空薄壁，棱角变化多，底模和侧模（端模、隔板模）设计时应考虑循环施工使用，从经济和便利的角度可选用组合或新制钢模，方木或钢管加撑；由于内模多棱角变化，材料损耗大，可利用小块钢模和木板组拼，方木或钢管加撑，端模可采用木模</td></tr>
<tr><td>挂篮悬臂浇筑</td><td>1. 主梁采用悬臂浇筑。悬臂施工时挂篮的选型根据设计要求或梁段的质量来选择，通常情况下挂篮按其受力情况分为前支点挂篮（牵索式挂篮）和后支点挂篮。一般连续梁施工常用的挂篮，无论是桁梁式挂篮还是斜拉式挂篮均是后支点形式。这种形式的挂篮为单悬臂受力，承受负弯矩较大，浇筑节段长度受到了很大的限制，挂篮自重与所浇筑梁段质量之比一般在0.7以上，甚至可能达到1～2。根据斜拉桥的特点，工程中研制采用了前支点的牵索式挂篮。即利用施工节段前端最外侧两根斜拉索，将挂篮前端大部分施工荷载传至桥塔，变悬臂负弯矩受力为简支正弯矩受力。这样，随着受力条件的变化，节段悬浇长度及承受能力均大大提高。
2. 主梁节段混凝土应采取全段面一次性浇筑，先浇筑箱梁底板混凝土，再浇筑横隔板，最后浇顶板混凝土。混凝土浇筑按从挂篮前端（悬臂远塔端）向挂篮后端（悬臂近塔端）水平分层进行，分层厚度不大于30cm，对称均衡浇筑，即按从梁远端向近端、从中间向两边浇筑的原则进行。混凝土初凝后，用草袋覆盖，并洒水养护，养护时间不少于7d。混凝土强度达到2.5MPa以上后，及时凿除端头混凝土表面的水泥砂浆、凿毛，以利与下节段混凝土有良好的连接。
3. 主梁0号梁段及相邻梁段浇筑施工时，应设置可靠的支架系统。支架系统应进行专门设计，其强度、刚度和稳定性应满足使用要求，同时应考虑变形、地基的不均匀沉降和日照温差等因素对支架系统的不利影响；施加在支架上的临时施工荷载应包括悬浇挂篮的质量。辅助跨梁段的现浇支架亦应符合上述规定。
4. 用于悬浇施工的挂篮应进行专门设计，挂篮应满足使用期的强度和稳定性要求，同时应考虑主梁在浇筑混凝土时抗风振的刚度要求。挂篮的全部构件制作完成后应进行检验和试拼，合格后再运至现场整体组装，并应按设计荷载及技术要求进行预压。挂篮在预压时应测定其弹性挠度的变化、高程调整的性能及其他技术性能。
5. 基于悬臂浇筑法施工的原理，预应力混凝土斜拉桥被划分为0号段、悬臂浇筑段、边跨现浇段及边（中）跨合龙段。其中的边跨现浇段长度一般不大，但受到施工场地条件、支座安装和边跨合龙段施工的影响，其施工具有特殊性。施工时应根据桥梁结构和施工现场的实际情况选择适宜的支架方案（包括落地支架、桥墩牛腿支架和挂篮吊架）和地基处理方案，待支架（含地基处理）施工好后进行支架预压（包括堆载预压和反拉预压方案）；预压完成后依次进行底模和外侧模安装，底腹板及横隔墙钢筋、预应力管道安装，内模安装和顶板钢筋、预应力管道安装，最后进行混凝土浇筑和养护。
6. 合龙段施工方案、施工工艺及体系转换是斜拉桥施工的重难点之一，其施工的质量直接影响全桥的施工质量和结构安全。合龙段长度一般为1.5～2.0m，但受到施工场地条件、支座安装和边跨现浇段施工的影响，其施工也具有特殊性。施工时应根据预应力混凝土斜拉桥结构设计情况，将合龙段劲性骨架、临时预应力索、临时支座等结构与桥梁墩、塔、斜拉索及梁部结构一起建立计算模型，综合分析合龙段劲性骨架、临时预应力索、临时支座（只有漂浮或半漂浮体系斜拉桥才需临时支座）等结构的最不利受力情况，据此进行其结构设计和施工；合龙段施工支架根据现场实际情况灵活选择挂篮或搭设落地支架方案；模板除内模外均采用悬浇段施工的外侧模和底模；按照等载替换原则配置换重荷载；在设计规定的温度范围进行合龙段劲性骨架和混凝土浇筑施工；按照设计要求的程序进行体系转换施工。体系转换施工主要包括滑动支座约</td></tr>
</table>

续上表

项 目		主要施工方法及注意要点
混凝土主梁施工	挂篮悬臂浇筑	束解除、限位支座安装、临时支座拆除和后期预应力张拉等内容，其施工顺序应严格按照设计文件规定进行。 (1)边跨合龙段施工，若采用挂篮作为合龙段施工支架，在最后一个悬浇段施工时应注意预留孔道，待悬浇完成后即可将挂篮走行就位并锚固好，进行后续工序；若采用落地支架施工合龙段，支架地基处理、搭设可参照边跨现浇段落地支架施工。 (2)中跨合龙段施工，一般采用挂篮作为合龙段施工支架，在最后一个悬浇段施工时应注意预留孔道，待悬浇完成后即可将一个挂篮后退或拆除，另一个挂篮走行就位并锚固好，进行后续工序。 7. 为防止合龙梁段施工出现裂缝，应采用以下方法改善受力和施工状况： (1)在梁上下底板或两肋端部预埋临时连接钢构件，或设置临时纵向连接预应力索，或用千斤顶调节合龙口的应力和合龙口长度。 (2)合龙两端高程在设计允许范围内时，可视情况进行适当压重。 (3)观测合龙前连日的昼夜温度场变化与合龙高程及合龙口长度变化的关系，选定适当的合龙浇筑时间。 (4)合龙梁段浇筑后至纵向预应力索张拉前应禁止施工荷载的超平衡变化。 8. 在桥梁合龙段施工过程中，主梁由悬臂状态向固定状态转变，桥梁体系转换施工也同步进行，此时梁段处于比较复杂的受力状态，其施工的好坏将直接影响到整个桥梁的结构安全和质量。因此，在施工时需注意以下事项： (1)应保证劲性骨架及临时预应力束的施工质量，因为劲性骨架及临时预应力束锁定的好坏决定着合龙段的施工好坏。 (2)滑动支座和现浇段的约束应及时解除，保证现浇段能随主梁温度变化自由伸缩。 (3)限位支座安装和临时支座拆除应严格按照设计要求的时间和方法进行，确保桥梁整个体系与设计一致。 (4)后期预应力束一般比较长，制索、穿索及张拉施工均比较麻烦，应认真做好施工组织安排和施工质量控制工作，确保成桥质量。 9. 主梁的合龙施工应符合下列规定： (1)主梁的合龙应按照设计和施工控制的要求进行，施工前应确定施工程序并进行合龙施工计算，制订详细的施工工艺及各项保障措施的方案。 (2)对合龙前最后若干个悬臂施工梁段的高程、线形、轴线偏差及索力应进行严格控制，使合龙口两侧主梁的自然相对偏差满足合龙的误差要求。 (3)混凝土主梁和合焊钢主梁在合龙时，应按照设计要求设置临时刚性连接，控制合龙口长度及主梁轴线与高程的变化。 (4)主梁合龙施工期间，应对桥面上的临时施工荷载进行严格控制，不得随意施加除合龙施工需要的其他附加荷载。 (5)主梁中跨合龙后，应按设计要求的程序在规定时间内拆除塔梁临时固装置，保证结构体系的安全转换。 (6)边跨合龙应根据主梁的结构特点按《公路桥涵施工技术规范》(JTG/T F50—2011)的相关要求进行施工。 (7)多塔斜拉桥主梁的合龙顺序应符合设计规定
	主梁采用悬臂拼装	1. 主梁采用悬拼时，除应遵守连续梁及斜拉桥主梁悬浇的有关规定外，还应按下列要求施工： (1)梁段的预制可采用长线法或短线法台座。预制台座的设计应考虑主梁成桥线形的影响，并应保证预制梁段的截面尺寸能满足拼装的精度要求。预制梁段的混凝土端面应密实饱满，不得随意修补。 (2)对梁段拼装用的非定型桥面悬臂吊机或其他起吊设备，应进行专门设计并宜于委托具有相应资质的专业单位加工制造，加工完成后应进行出厂质量验收。起吊设备在现场组装后应进行试吊，确认安全方可用于正式施工。 (3)0 号及其相邻的梁段为现浇时，在现浇梁段和第一节预制安装梁段间宜于设湿接头，对湿接头结合面的梁段混凝土应进行凿毛并清洗干净。采用垫片调整梁段拼装线形时，每次调整的高程不应大于 20mm；多段拼装中的累积误差，可用湿接头调整。 2. 悬臂拼装施工是将主梁在预制场分段预制，由于主梁预制混凝土龄期较长，其收缩、徐变影响小，且梁段的断面尺寸和混凝土质量容易得到保证。一般如起吊设备条件可以解决，块件以整体截面预制为好。主梁在预制场的预制应考虑安装顺序，预制台座时要按设计要求设置预拱度。 3. 块件拼装基本程序：先在桥塔处支架上现浇主梁 0 号段及其两旁的梁段；主梁预制块件按先后顺序，从预制场通过轨道或驳船运至桥下吊装位置；用起吊设备起吊梁段，逐节进行悬臂拼装；张拉纵向预应力筋

续上表

项目		主要施工方法及注意要点
混凝土主梁施工	主梁采用悬臂拼装	进行斜拉索的挂索与张拉，并调整高程。为了保证在安装过程中不致出现过大的塔顶水平位移，可在塔顶与河跨另一桥墩之间设辅助拉索，用它与边跨的背索一起来约束塔顶位移。一个索段主梁分两个节段预制拼装时，一般情况下先安装有索块后，挂索并初张至主梁基本返回设计线，再安装无索块。 4. 长拉索在抗振阻尼支点尚未安装前，应采用钢索或杆件（平面索时）将一侧拉索连接以抑制和减小拉索的振动。 5. 大跨径主梁施工时应缩短双向长悬臂持续时间，尽快使一侧固定，以减少风振的不利影响，必要时应采取临时抗风措施。 悬臂拼装法既可用于混凝土主梁也可用于钢主梁斜拉桥
	纵向顶推	当桥下不允许设置过多临时支架，如跨越道路、铁路的高架桥时，可以考虑采用顶推法。 为保证顶推时内力和挠度的要求，施工中可设置临时墩，且在顶推过程中给主梁配置临时预应力束筋，使其在顶推过程中为连续梁，塔柱、斜拉索在主梁顶推到位后安装，斜拉索张拉后成为斜拉桥，并拆除临时支墩。顶推法只适用于塔梁固结、墩梁分离体系的斜拉桥
	转体施工	桥址附近河滩平整且墩身较矮，结构体系适合整体转动的中小跨径斜拉桥，适合于平转法施工。先分别在两岸或一岸顺河流方向的河滩上搭设低支架浇筑斜拉桥上部结构，并在岸上完成张拉、落架、调索等安装工作，至此平衡转体施工就位。转体装置为混凝土球铰和钢滚轮，短跨内配有平衡重
	在支架上就地浇筑	采用支架施工时，斜拉桥上部结构在支架上浇筑完成后安装斜拉索，索力调整到位后主梁自动脱架。支架法只能用于跨径小、桥下净空低、搭设支架方便且不影响桥下交通的情况，如城市立交桥和净高较低的岸跨主梁施工
	钢主梁	1. 钢梁应由具备相应资质的专业单位加工制造，制造完成后应在工厂内进行试拼装和涂装，经质量检验合格后方可运至工地现场。加工制造应符合《公路桥涵施工技术规范》（JTG/T F50—2011）的规定，钢梁构件上的吊点、导向件及临时匹配件宜按照设计要求在工厂加工制造时设置。 2. 钢梁的构件或梁段在运输过程中，应采取可靠的临时加固措施，避免受到损伤。在工地临时存放时，应对存放场地进行规划，存放场地应平整、稳固、排水良好，存放的构件或梁段应支离地面一定高度，基础应具有足够的强度，并应防止地基的不均匀沉降；同时应采取必要的防护措施，防止钢梁积水锈蚀和栓接板面损坏、污染。 3. 钢梁架设安装采用的桥面悬臂吊机或其他起吊设备，其基本要求应符合《公路桥涵施工技术规范》（JTG/T F50—2011）的规定。桥面悬臂吊机的前支点和后锚固点应严格按设计要求可靠设置，保证架设安装期的起吊安全。 4. 钢梁安装施工前应编制详细的梁段吊装的施工工艺，并应制定梁段间连接的工艺标准、焊接或栓接的工艺检验标准、以及施工的安全技术规程。在吊装前应核对各构件或梁段的起吊质量，对构件或梁段起吊的稳定性进行验算，经试吊确认无误后方可正式起吊安装。 5. 在支架上进行索塔附近无索区梁段安装施工时，应设置可调节梁段空间位置的装置，保证梁体在安装时的精确定位。 6. 应采取必要措施减少钢箱梁安装时的接缝偏差，在内、外腹板位置，高度方向和宽度方向的拼接错口宜不大于2mm。 7. 采用高强度螺栓连接或焊接连接的钢梁，其工地现场连接施工应符合《公路桥涵施工技术规范》（JTG/T F50—2011）相关规定。 8. 钢桁梁安装架设施工应按以下规定执行： （1）钢桁梁施工应编制实施性施工组织设计、施工工艺设计。 （2）钢桁梁杆件存放场地应平整、密实、排水良好，基础应具有足够的强度，防止不均匀沉降。杆件存放应支离地面一定高度，防止杆件积水锈蚀和栓接板面损坏、污染。 （3）钢桁梁杆件预拼图应根据钢桁梁设计图和钢桁梁拼装顺序绘制，应标明预拼杆件位置编号、节点板位置编号。 （4）高强螺栓连接副施拧使用的扳手，使用前后必须标定，扭矩偏差不应大于使用扭矩值的 ±5%。 （5）杆件拼装前，必须对工厂随梁发送的栓接板面抗滑移系数试件进行检验，抗滑移系数符合设计要求才能安装。 （6）高强度螺栓副的规格质量、扭矩系数必须符合设计要求和相关标准的规定

续上表

项	目	主要施工方法及注意要点
混凝土主梁施工	钢主梁	(7)由板厚小于32mm板组成的板束,其板层缝隙必须满足0.3mm插片深入缝隙深度不大于20mm。其他板束必须符合设计要求。 (8)磨光顶紧节点预拼时,必须按工厂的编号组拼,不得调换、调边或反面拼装。磨光顶紧处缝隙不大于0.2mm的密贴面积应不大于75%
	钢-混凝土组合梁	1.钢-混凝土组合梁在施工前,应根据结构的特点和受力特性确定施工程序和施工工艺。钢结构部分的施工应符合钢主梁施工的规定。 2.混凝土桥面板宜于预制施工,对跨径不大的组合梁或某些特殊部位,可现浇施工。采取预制施工时,预制台座顶面的平整度宜于不大于2mm;侧向模板的设置应保证钢筋及预应力管道的准确定位。 3.桥面板混凝土可适当掺加能提高混凝土抗裂性能的材料,但掺加材料应得到设计的认可并应通过试验确定其掺量和效果。混凝土浇筑后,应及时覆盖洒水养护,养护的时间应不少于7d;拆模后应及时对桥面板侧面的混凝土进行凿毛,凿毛可采用人工方式或采用高压水冲法,凿毛的深度宜为5~8mm。 4.预制桥面板的存放台座应进行专门设计,桥面板在台座上叠放的数量应根据地基情况经计算确定。当台座位于软弱地基上时,应采取措施防止地基的不均匀沉降。预制桥面板的存放时间不宜于少于6个月。 5.预制桥面板在起吊、运输和安装时,应采取必要措施防止对其产生碰撞、坠落等损伤而开裂,对吊点处的局部应力应进行验算。预制桥面板安装前,应将钢梁与桥面板的结合面及剪力连接装置表面清理干净;安装应遵循先预制先安装的原则,安装时不得因桥面板就位困难而随意破坏剪力连接装置。 6.各桥面板单元之间的湿接缝应采用微膨胀低收缩混凝土。湿接缝混凝土浇筑后的养护时间应不少于7d,对桥面板预应力钢束的张拉亦宜在混凝土龄期达7d后进行。 7.当组合梁采用先组合形成节段再安装的方法施工时,应在规划的场地上设备台座,将钢梁准确置于台座上,再支立模板进行桥面板混凝土的浇筑施工。台座应进行专门设计,同时应考虑台座地基的不均匀沉降对组合梁节段形成时的不利影响。组合梁节段的存放、运输和安装施工应符合《公路桥涵施工技术规范》(JTG/T F50—2011)的相关规定。
	钢-混凝土混合梁	1.混合梁施工时,钢主梁部分的施工应符合钢主梁施工的规定;混凝土主梁部分的施工应符合钢筋混凝土主梁的规定。钢梁与混凝土梁在结合段处的临时连接应严格按照设计要求设置。 2.对支承钢—混凝土结合段连接施工的支架,应进行专门设计,支架的强度、刚度和稳定性应满足使用的要求,并应充分考虑变形、地基的不均匀沉降和日照温差等因素对支架系统的不利影响。 3.结合段在浇筑混凝土之前,应对混凝土梁的结合面进行严格凿毛,并将全部结合面清理干净。结合段宜于采用微膨胀低收缩混凝土,其配合比应通过专项试验确定;混凝土浇筑时应充分振捣,保证其密实性;混凝土浇筑后的养护时间应不少于7d。 4.结合段的预应力钢束宜在混凝土龄期达7d后张拉或符合设计规定,张拉时应对称均衡地进行,预应力的其他施工要求应符合《公路桥涵施工技术规范》(JTG/T F50—2011)的规定

18.3 拉索制作、安装与防护

18.3.1 拉索制作

索的组成与防护 表18.3-1

项	目		内 容
索的组成与防护	拉索组装件		斜拉索由两端的锚具、中间的拉索传力件及防护材料三部分组成,称为拉索组构装件
	目前主要采用斜拉索基本结构形式	平行钢丝束(冷铸锚)斜拉索	斜拉索由平行高强钢丝束外包两层高密度聚乙烯(HDPE,简称PE)防护套构成。平行钢丝索由ϕ5mm或ϕ7mm高强度镀锌钢丝组成,一般排列成六边形或圆形,表面由玻璃丝布包扎定型后用热挤PE塑造成正圆形截面,里层为黑色PE,表层为彩色PE。这种斜拉索具有厚镀锌层(锌层300g/m)和厚PE层(厚度6mm以上)。其端头采用冷铸镦头锚具进行锚固,且锚具有张拉端和锚固端之分,张拉端的锚杯带有内螺纹以便与大吨位的张拉或牵引杆连接,而锚固端的锚杯较短且无内螺纹。将钢丝束穿入冷铸锚中,钢丝尾镦头后锚定在冷铸锚的后锚板上,再在锚体内分段常温浇灌环氧树脂、铁丸和环氧树脂加岩粉(辉绿岩)等混合料,使锚体与钢丝束之间的刚度匀顺变化,避免在索和锚的交界处产生刚度突变。最后,将冷铸锚头放入加热炉中加热养生,加热温度约为1 500℃。由于是在

续上表

项目			内容
索的组成与防护	目前主要采用斜拉索基本结构形式	平行钢丝束(冷铸锚)斜拉索	常温下浇铸填料,不同于传统的锌基合金填料的浇铸温度,故相对而言称为“冷铸锚”。冷铸锚的锚固力,由锚筒的圆锥体内腔和筒内填料的横向挤压承受,在正常情况下镦头不受力,只是作为安全储备。平行钢丝索和冷铸锚的拉索,其整体在工厂制造
		平行钢绞线索(夹片锚)斜拉索	平行钢绞线索是采用七丝钢丝扭绞成束后,经镀锌(或环氧喷涂)、油脂、外包热挤PE层形成单根低松弛预应力钢绞线,由张拉端锚具组件、中间自由段索体和锚固端锚具组件构成。其中:张拉端锚具组件、锚固端锚具组件均由锚具、n根环氧涂层钢绞线、柔性填充物质、密封装置、防松装置、减振装置、防腐油脂等组成;中间自由段索体由n根环氧涂层钢绞线、内注石蜡(油脂)、索箍、外包热挤PE防护套、整体外层PE防护套组成。连接装置构造细节与固体防腐油脂应能够保证拉索两端的水密性和气密性。钢绞线群锚拉索体系是在单根PE热挤钢绞线基础上发展起来的,对于斜拉桥受力大的拉索采用多股钢绞线和共用锚板形成钢绞线群锚体系。平行钢绞线索一般在现场制作,配用夹片锚具,类似于后张法预应力筋,钢绞线逐根穿入预先安装在斜拉索位置处的套管内单根张拉,安装时起吊重量小,张拉力也小,可以采用小千斤顶张拉大斜拉索,因此平行钢绞线索比较适合于超长斜拉索。单根张拉钢绞线斜拉索时索力控制难度较大,有时在单根张拉形成初应力后,再用大千斤顶调整索力
	拉索材料	钢丝绳	早期的斜拉桥曾采用钢丝绳做斜拉索,两端用铅锌合金的热铸锚具,钢丝绳弹性模量小,且热铸锚具的疲劳性能较差,合金熔液温度达400℃以上,以致锚具附近的钢丝退火,整条索的强度不能充分利用,所以后期的斜拉桥已很少采用,但是作为人行桥或管道桥的斜拉索还是可以使用钢丝绳的。 防护:钢丝绳外面涂漆防护
		粗钢筋	冷拉粗钢筋或热处理钢筋作为斜拉索材料原则上也是可以的。它具有较高的弹性模量和稍低于高强钢丝的强度,表面积较小,所以防锈较易解决;张拉也很方便,可以单根张拉,也可以组成强大的拉索一次张拉。较小直径的粗钢筋可以使用镦头锚具,而直径较大的粗钢筋则可使用轧丝锚具,或直接将高强粗钢筋加工成精轧螺纹钢,并配上相应的螺母作为锚头。小直径粗钢筋的供货形式通常是盘圆,使用时只需在工地调直与镦头;当直径较大时,则必须用连接套筒来接长。国内生产的大直径粗钢筋长度有限,需用很多套筒,以致未能广泛采用。限于当前的钢铁工艺,粗钢筋强度仅达到高强钢丝的50%左右,故此种斜拉索材料用量多,成本较高。 防护:通常将粗钢筋穿在钢套管或其他材质的套管中,管中注入水泥砂浆防护
		封闭式钢缆	封闭式钢缆是以一根较细的单股钢绞缆为缆心,逐层绞裹断面为梯形的钢丝,接近外层时绞裹断面为“Z”形的钢丝,相邻各层的捻向相反,最后得到一根粗大的钢缆。这种钢缆结构紧密,具有最大面积率,水分不易侵入,因此称为封闭式钢缆。封闭式钢缆使用镀锌钢丝,绞制时还可以在钢丝上涂防锈脂,最外层再涂防锈涂料防护。它需配用热铸锚具,只能在工厂制作,盘绕后运送至现场。这种钢索制造工艺复杂,应用的桥例并不多。 防护:在钢丝上涂防锈脂,最外层再涂防锈涂料或用色带缠包防护
		高强钢丝	将若干根钢丝平行并拢、扎紧形成平行钢丝索,按照钢丝的集束方式又可分为平行钢丝股索(Parallel Wire,简称PW)、平行钢丝索(Parallel Wire Cable,简称PWC)、半平行钢丝索。通常采用的高强钢丝直径为ϕ5mm或ϕ7mm。这种钢丝的优点是强度高(1570～1860MPa)、弹性模量高(2.0×10^5MPa),可以做成较长的索而无须中间接头,吨位可大可小,配用冷铸锚可以有较好的耐疲劳性能;缺点是对防锈的要求较高。 1. 平行钢丝股索是将一定根数的镀锌钢丝平行地捆扎成股,股索的截面呈六角形,所以每股的钢丝根数是一定的,可为19、37、61、91、127……大型的平行钢丝股索可直接单独用作拉索,大多数情况是每根拉索由多股平行钢丝股索组成。 2. 平行钢丝索直接将钢丝平行并拢、扎紧,截面不要求是六角形,因此截面内的钢丝根数可以自由地选定

续上表

项	目		内 容
索的组成与防护	拉索材料	高强钢丝	上述两种平行钢丝索由于钢丝未经旋钮，整索的抗拉强度和弹性模量与单根镀锌钢丝相同，没有损耗，抗疲劳性能也较好。缺点是钢索刚度较大，不易弯曲，架设困难，易引起索内的弯曲次应力。一般这种斜拉索在施工现场平放制作，成束后穿入聚乙烯套管或金属套管内，张拉结束后再压注水泥砂浆防护。由于必须现场制作，且防护效果不太好，现已较少使用。 3. 为解决不能弯曲的问题，将钢丝平行并拢后同心同向作轻度扭绞，扭绞角为2°～4°，再用包带扎紧，最外层直接挤裹单层或双层聚乙烯索套作防护，就成为半平行钢丝索，是结合冷铸锚、电缆制造技术以及以往斜拉桥施工经验研制成的新一代平行钢丝索，即“成品索”。这种索的技术名称为“挤包护层扭绞型拉索”，采用ϕ5mm或ϕ7mm低松弛镀锌高强钢丝作为索材，两端用冷铸锚具，定长下料。索体由若干根高强度钢丝并拢，经大节距扭绞，缠包高强复合带，然后挤包单护层或双护层而形成。单护层为黑色PE；双护层内为黑色PE，外为聚氨酯。其工艺流程大致为：下料—排丝—扭绞成束（左旋）—缠包高强复合带（右旋）—挤塑护套—精下料—冷铸锚制作—超张拉—上盘—进库。 成品索经工厂化生产，质量可靠，挠曲性能好，可以盘绕，具备长途运输条件，运到工地后不再有工地制作要求，因此能越来越多地取代套管压浆的平行钢丝索。它的缺点是PE护套硬度较低，在放索及安装过程中被刮坏、划破的情况屡见不鲜，轻者1～2mm，重者可见钢丝，故挂索后还需用小缆车检查、修补，若有遗漏，则是一大隐患。钢索扭绞后抗拉强度、弹性模量和抗疲劳性能均有所降低，但扭绞角小于4°时，损减很小。 尽管工厂化生产的平行钢丝热挤PE索套防护的拉索，其可靠性、耐久性都得到了充分的保障，但随着斜拉桥建造跨度和索力的不断增大，拉索越来越长，自重越来越大，绕盘盘径已超过陆上运输允许的界限，拉索的转场、起吊、安装、牵引、张拉都需要大型设备。其施工风险、技术难度也随之增大。拉索造价则因厂房的扩建、预张拉台座的增长、大型设备的投入和施工难度的增大而大幅度提高。这些问题有待寻求更好的解决办法。 防护： （1）平行钢丝索，钢丝经机械除锈后，外涂快干的氯化橡胶防锈漆；组索时，钢丝间隙填满防锈油脂，拉索张拉后，高空缠包环氧树脂玻璃钢。 （2）采用镀锌高强钢丝，拉索张拉后，外部安装铝管或镀锌铁皮管并注入水泥浆。 （3）采用带PE套管的平行钢丝索，管内压注水泥浆。 （4）挤包护层扭绞型拉索，采用低松弛镀锌高强钢丝作为索材，经扭绞成束（左旋）、缠包高强复合带（右旋）、挤塑护套进行防护。目前采用平行钢丝索作为斜拉桥拉索的，基本上都采用这种成品索，详情还可参考本手册表18.3-2
		钢绞线	钢绞线索由多股钢绞线平行或经轻度扭绞构成，其标准强度已达1 860MPa，因此用钢绞线制作的钢索可以进一步减轻钢丝的质量。钢绞线索可以平行成束，也可以扭绞一定的角度成为半平行钢绞线索。钢绞线拉索是几乎与上述热挤PE平行钢丝拉索同时期开展研究的，是拉索技术发展的另一途径，其技术基础是夹片群锚技术的完全成熟。钢绞线拉索的成功使用，解决了上述热挤PE平行钢丝拉索遇到的困难。 平行钢绞线拉索体系，采用单根七丝ϕ15.24mm高强镀锌钢丝钢绞线及PE护套防护，拉索的制备一般在现场截取需要长度后，除去两端部分长度的套管，逐根安装、张拉，两端裸线由夹片锚固定。因此，具有安装方便、张拉机具小的优点。目前我国大跨度大吨位的斜拉桥均采用平行钢绞线拉索体系。平行钢绞线索也可以在工厂制作好后运至工地，一般将多股钢绞线并拢后再做一定角度的扭转使斜拉索便于盘绕，编索完成后同样在外侧热挤PE进行保护。 钢绞线拉索的基本技术描述如下：钢绞线逐根穿挂、逐根张拉，以夹片固锁，组合成束后再整体小行程张拉、调整索力，以螺母锚固。夹片的锚固性能必须是优良的，并能在上限为0.45倍绞线破断力、应力变化幅度200MPa条件下经受200万次循环试验。为使拉索组装件的抗疲劳性能得到更可靠的保证，在夹片群锚后端再连接一段适量长度的钢套管，张拉锚固后，在钢套管内压注砂浆或环氧砂浆，使锚具得到可靠防护，并借用砂浆与绞线的黏结力减轻夹片直接承受高幅度应力变化的作用。出于对夹片锚固性能的绝对信任，近年来新建的斜拉桥也有在锚具后端接以较短的钢套管，在其内灌注石蜡的，石蜡只封闭绞线端头剥除PE套部分，起防护作用，全部动荷载仍直接由夹片承受，其施工更为方便

续上表

项目			内容
索的组成与防护	拉索材料	高强钢丝	这种拉索的优点，是拉索制作、穿挂、牵引、张拉全过程均“化整为零”，取消了拉索工厂制造的全部繁杂工艺，避免了大型成品索的起重、运输、吊装、穿挂、牵引方面的困难，无须大型施工设备，施工便捷，大幅度降低了拉索造价。目前已成功研制出采用各种群锚夹片、各具特征的钢绞线拉索体系，最大单索索力已超千吨，详情可参考本手册表18.3-2。 防护： (1)在单根绞线上逐根外包PE护套，然后挂线、张拉，成索后或再外包环氧织物，或不再外包都有成例。绞线应涂防锈漆或其他防锈涂层，挤包PE可用小型挤塑机在现场进行，工艺简单。 (2)每一根钢绞线涂防锈油脂后挤裹PE护套，再将带有护套的钢绞线穿入大的PE套管中，并压注油脂。这种索由于在钢绞线外层与整索外层设置两层PE护套，套管内灌注流塑性材料，不存在开裂问题，防腐性能较好

拉索制作有关要求 表18.3-2

项目		拉索制备有关要求
拉索及其制作区分		本表所述拉索是指由高强钢丝为材料的拉索，其类型为平行钢丝束及绞制工艺和热挤PE护套等工艺制成的钢绞线(索)。前者多为工地现场制作，后者则为工厂制作，具有较高的内在质量和防腐能力，有条件时宜优先考虑采用
拉索色彩要求与制作		由PE材料作护套的拉索均为黑色。当设计要求采用涂料涂成彩色外套时，应在拉索安装调试完成后进行，所用涂料必须具有抗老化能力；当设计要求在工厂制索并直接制成彩色外套时，则可以采用两次挤塑的工艺，在黑色护套挤塑完成后，继续加挤所需的彩色护套
平行钢丝索的制作	调直与防锈	未经镀锌的高强钢丝应堆放于室内，并防止潮湿锈蚀。使用前用调直机进行调直和除锈。经调直的钢丝其弯曲矢高应≤5mm/m，表面不能有烧伤发蓝的痕迹。在调直后的钢丝表面应均匀涂抹防锈油脂
	确定标准钢丝	每束拉索中应有1根钢丝在对在0.1 R_y^b（R_y^b为钢丝标准强度）应力下换算成标准温度时的长度予以精确丈量后切断，作为该索的标准丝(样板丝)，并在该丝两端涂色，用以区别于其余各根钢丝。其余各丝可略长于标准丝在通常情况下切断
	钢丝排列夹紧定位	在编索平台上按锚板孔的位置将钢丝分层排列，并注意将标准丝安排在最外层，不可错位，然后用梳板将钢丝梳理顺直；再用特别的夹具将梳理顺直的钢索夹紧定位，夹具间距一般可为2m。夹紧的钢索断面应符合设计形状，且能保证钢丝之间相互密贴，无松动现象
	内防腐处理	在夹紧定位后的钢丝索上须进行内防腐处理，一般可采用涂刷橡胶沥青防水涂料和包裹玻璃纤维布的做法。要求涂料涂刷均匀，无空白漏涂现象；玻璃纤维布的包裹则应紧密重叠
	平行索的外防护	平行钢丝索的外防护有多种处理方法，一般宜采用PE管作护套，安装后再在护套内压注特种水泥砂浆或油脂。因此，护套须能承受一定的内压并具有一定的抗老化能力。可根据设计所要求的直径与管壁厚度，由专业工厂制作，其分节长度可视工地现场及运输条件确定
	护套安装	平行钢丝索的外防护是指在内防护完成后，套入PE套管，要求将每节PE管接顺，并保持其接缝平整严密。PE管焊接时，应对段管编号、段管长度、焊接头预热温度、预热压力、加热时间、切换时间、焊接压力、冷却时间和焊接时间等进行记录
	堆放要求	平行索应保持顺直、平放，其支点间距一般不应大于4m，堆放场地要求干燥、阴凉。堆放工地现场须有保护措施，以防碰撞、破损缆索表面

续上表

项目		拉索制备有关要求
绞制钢丝索的制作	防锈、防伤	绞制钢索采用未镀锌高强钢丝时，应进行除锈、防锈油等临时防腐措施；当采用镀锌高强钢丝时，须注意在放丝绞制过程中防止擦伤镀锌表层
	绞制要求	钢丝应按设计断面进行排列定位，不能错位。钢索绞制的角度须严格控制在2°～4°以内
	缠绕紧密	钢索绞制成型后立即绕上2～4层高强复合带，要求绕缠紧密，经绕缠后的钢束断面形状应正确，且钢丝紧密无松动现象
	热挤护套要求	热挤护套可采用低密度聚乙烯或高密度聚乙烯材料，根据设计决定的材料性能选用。PE材料中应掺有一定比例的炭黑，以提高抗老化能力。 PE护套应紧裹在钢丝索外，在正常生产、运输、吊装过程中不应脱壳。护套外观应光滑圆整，厚度偏差不大于1mm。护套材料应满足PE护套挤压后表面光滑、厚薄均匀，且要对钢绞线包裹紧密；PE护套厚度为0.8～1.2mm；防腐润滑油脂质量每延米不小于50g
	拉索长度	挤好护套后的拉索长度应大于成品索的设计长度，应换算成标准温度在无应力状态下的长度，经精确丈量、复核无误后将两端切齐，要求端面与缆索垂直，不能歪斜
平行钢绞线索的制作	环氧涂层钢绞线	环氧树脂涂层钢绞线是采用七丝钢丝捻制的低松弛预应力钢绞线，通过静电喷涂，使丝周围形成一层熔融键结型环氧保护层而形成。喷涂前的预应力钢绞线表面应进行除锈处理。将经除锈处理的钢绞线完全松开，采用静电喷涂的方法使环氧树脂均匀喷涂在每根钢丝上，在进行完全固化后捻制复原
	外层护套材料	采用带PE环氧涂层钢绞线，PE层与钢绞线间涂专用油脂，如在下料、挂索等过程中发现PE有破损处，立即用焊枪修补，谨防钢绞线锈蚀。护套材料应满足PE护套挤压后表面光滑、厚薄均匀，且对钢绞线包裹紧密；PE护套厚度为0.8～1.2mm；防腐润滑油脂质量每延米不小于50g
	拉索外套管	在单根PE热挤钢绞线基础上发展起来的钢绞线群锚拉索体系，整索外再套以PE护管，要求将每节PE管接顺，并保持其接缝平整严密。PE管焊接时，应对段管编号、段管长度、焊接头预热温度、预热压力、加热时间、切换时间、焊接压力、冷却时间和焊接时间等进行记录。PE外套管应符合《斜拉桥热聚乙烯高强钢丝拉索技术条件》(GB/T 18365—2001)的规定，厚度为8～10mm的单层黑色套管或双层彩色套管，其焊接位置的各项技术指标应不低于母材指标

18.3.2 拉索的安装

拉索安装的规定和要求 表18.3-3

项目	拉索安装有关规定和要求
拉索及其附件的一般要求	1.拉索及其附件应符合设计规定，进场后应进行质量验收。平行钢丝拉索应符合现行国家标准《斜拉桥热挤聚乙烯高强钢丝拉索技术条件》(GB/T 18365)的要求，成品拉索在出厂前应做放索试验，同时应做1.2～1.4倍设计索力的超张拉检验，检验后冷铸造锚板的内缩值不宜于大于5mm；钢绞线拉索采用的钢绞线、锚具应分别符合现行国家标准《预应力混凝土用钢绞线》(GB/T 5224)和《预应力筋用锚具、夹具和连接器》(GB/T 14370)的要求。成品拉索和钢绞线应缠绕成盘进行运输，在起吊、运输和存放时应采取措施防止其产生破损、变形或腐蚀。 2.拉索在安装施工前，应按设计要求及拉索结构的不同制订相应的施工方案、施工工艺及施工安全技术方案。安装前还应全面检查预埋拉索导管的位置是否准确，发现问题应及时采取措施予以处理，同时应将导管内的杂物清理干净。 3.拉索的安装施工应按设计和施工控制的要求进行，在安装和张拉拉索时应采用专门设计制作的施工平台及其他辅助设施进行操作，保证施工安全。张拉拉索用的千斤顶、油泵等机具及测力设备应按《公路桥涵施工技术规范》(JTG/T F50—2011)的要求进行配套校验；为施工配备的张拉机具，其能力应大于最大拉索所需要的张拉力

续上表

<table>
<tr><th colspan="2">项　　目</th><th>拉索安装有关规定和要求</th></tr>
<tr><td colspan="2">拉索及其附件的一般要求</td><td>4. 拉索可在塔端或梁端单端进行张拉，张拉时应按索塔的顺桥向两侧及横桥向两侧对称同步进行。同步张拉时不同步索力之间的差值不得超出设计和施工控制的规定；两侧不对称或设计拉力不同的拉索，应按设计规定的索力分级同步张拉，各千斤顶同步之差不得大于油表读数的最小分格。拉索张拉的顺序、级次数和量值应符合设计和施工控制的规定；张拉宜于以测定的索力或油压表量值为准，以延伸值作校核。
5. 拉索索力实测值与设计值的偏差不宜于大于5%，超过时应进行调整。调整索力时应对索塔和相应的主梁梁段进行变形和应力监测，并作记录</td></tr>
<tr><td rowspan="2">斜拉索安装有关规定</td><td>平行钢丝拉索</td><td>平行钢丝拉索的安装和张拉施工应符合下列规定：
1. 施工前应根据索长、索重、斜度和风力等因素，计算拉索在安装时锚头距索管口不同距离以及满足锚环支承时的牵扯引力；张拉杆、连接套和软牵扯引等施工辅助设施应经专门设计，并应在正式使用前进行1.2倍设计牵扯引力的对拉试验。
2. 吊装时不宜于使用起重钩或容易对索体产生集中应力的吊具直接挂扣拉索，宜于采用带胶垫的管形夹具和尼龙吊带并设置多吊点进行起吊。放索时索体应在柔软的滚轮或皮带输送机上拖拉，并应控制索盘的转速，防止转速过快导致索盘倾覆。
3. 安装施工时不得挤压、弯折索体，不得损伤索体的保护层和索端的锚头及螺纹；应在索管管口处设置对中控制的装置或限位器进行调控，防止锚头和索体在穿入索管时因偏位而产生摩擦受损。当拉索的索体防护层和锚头已发生不影响使用的损伤时，应及时进行修复并记录在案，施工结束后对损伤部位尚应进行跟踪维护。
4. 拉索的内置式减振圈和外置式抑振器未安装前，应采取有效措施，保证塔、梁两端的索管和锚头不受到水或其他介质的污染和腐蚀。
5. 张拉平行钢丝拉索时，其施工的方法和设备应根据索型、锚具、布索方式、塔和梁的构造特点确定</td></tr>
<tr><td>钢绞线拉索</td><td>1. 钢绞线拉索的安装施工应符合下列规定：
(1)安装施工前，应在桥面上的适当位置设置钢绞线的放线架、导向轮和切割工作平台，以及切割和镦头的相关设备；并应在塔柱外的顺桥向两侧附近安装操作平台和起吊设备。
(2)拉索外套管的连接接长采用热熔焊接接头时，热熔焊接的温度应符合外套管材料的要求。对外套管进行移动时，不得将其在未加支垫保护的桥面上拖拽；起吊过程中，其下方严禁站人。与外套管有连接关系或承套关第的所有部件均应与其临时固定，临时固定时宜在塔、梁两端各留出1m左右的空间。
(3)钢绞线的下料长度应计入牵扯引、张拉时的工作长度；下料时对钢绞线的切割应采用砂轮锯，不得采用电弧焊或氧乙炔进行切断。
(4)牵扯引安装钢绞线时，其牵扯引装置必须安全可靠，牵扯引过程中钢绞线不得产生弯折，转向时应通过导向轮实现。每根钢绞线安装就位后，应及时用夹片锁定。
2. 钢绞线拉索的张拉施工应符合下列规定：
(1)钢绞线拉索宜于采用单根安装、单根张拉、最后再整体张拉的施工方法。单根钢绞线的张拉应按分级、等值的原则进行，整体张拉时应以控制所有钢绞线的延伸量相同为原则。拉索整体张拉完成后，宜对各个锚固单元进行顶压，并安装防松装置。
(2)在一根斜拉索中，单根张拉后各钢绞线索力的离散误差不宜超过±2%；整体张拉完成后，各钢绞线索力的离散误差不宜超过±1%。
(3)拉索的张拉工作全部完成后，应及时对塔、梁两端的锚固区进行最后的组装以及抗震防护与防腐处理</td></tr>
<tr><td colspan="2">平行钢丝束(冷铸锚)斜拉索安装具体操作要求</td><td>根据塔式起重机仅能承受竖向荷载的特点，原则上拉索张拉应设在塔上，锚固端应设在梁上。即使用塔吊先将斜拉索张拉端临时悬挂于塔柱上并将张拉端导入塔上的索管，然后在0号梁段上布置5t双筒卷扬机，并将牵引索引至已浇梁段端头倒向后与斜拉索锚固端相连。锚固端牵引到位后安装，然后使用液压穿心千斤顶在塔柱内牵引张拉端就位，安装张拉端螺母，按设计吨位要求张拉斜拉索后锚固。斜拉索安装及张拉应注意施工的对称性，避免塔柱承受过大的不均衡荷载、塔柱倾斜度超过规范要求。
1. 锚固端的安装
将斜拉索厂家提供的专用放线盘安装在塔柱附近，在塔柱上设操作平台和弧形保护架。在已浇梁段端头安装牵引倒向架并穿绕牵引索和滑车，在索管口附近设简易龙门吊。使用塔吊将斜拉索张拉端吊至塔柱弧</td></tr>
</table>

续上表

项 目	拉索安装有关规定和要求
平行钢丝束(冷铸锚)斜拉索安装具体操作要求	形保护架上,再用10t手拉葫芦将牵引张拉端临时锚固。在主梁上铺设保护滚筒(间距3~6m),安装牵引索夹,牵引锚固端到索管口,使用简易龙门吊调整锚固端位置和方向与索管一致,牵引锚固端到位,安装锚固螺母。 2. 张拉端的安装 将张拉变径接头和张拉杆安装在张拉端上,从塔内将牵引杆穿过索管安装在张拉杆上。为避免单根牵引杆过长而满足不了操作空间要求,牵引杆可用连接螺母分段接长。使用穿心千斤顶逐段牵引张拉端,当张拉杆能用螺母临时锚固时(螺纹旋合4扣以上),拆除全部牵引杆。用张拉杆继续牵引张拉端,直至张拉锚固螺母能全部旋合,拆除张拉杆底螺母。按照设计要求的索力张拉后锚固张拉端。 3. 牵引提升系统的布置和安装 斜拉索施工最常用的牵引装置为卷扬机,卷扬机的型号及额定拉力可以根据索的质量来确定。 4. 斜拉索牵引阶段施工要点 (1)斜拉索放索架应安装配重,并有制动装置。张拉端冷铸锚杯被牵引出索盘后,当固定端锚具转至索盘最高点时,由于力矩不平衡,索盘会发生突然加速转动,使得放索速度时快时慢很不安全,也容易损坏斜拉索,因此应根据固定端锚杯质量在其所处直径的另一端加配相同质量铁块以平衡力矩,使得索盘能匀速转动。 (2)张拉端锚杯通过前端转向架时,应尽量使其从平辊中间位置通过,以不受阻碍地到达桥面。 (3)为保护斜拉索外包装,应在桥面上斜拉索经过的沿途设置平辊,平辊过索槽净宽度应大于最大直径的锚杯5~6cm。 (4)张拉端被牵引至索塔根部附近处,即开始安装吊点抱箍及引伸张拉丝杆,准备向上提升。这个工作很关键,必须认真细致地完成。抱箍应有足够的长度,其夹紧用的螺栓也应有足够的强度,拧紧后应使抱箍与斜拉索之间(垫有橡胶皮)产生足够的摩擦力,以防止抱箍受力后滑移。张拉丝杆通过一个内外有螺纹的接头与冷铸锚杯连接,另一端与牵引钢丝连接。 (5)拉索张拉端被提升至所需高度后,主要由从预埋管引出的滑轮组(单门滑轮、两根丝)牵引进入,此时塔顶主滑轮组应及时调整锚头倾角,使张拉丝杆基本沿套筒轴线方向牵引进入,丝杆前端超出锚垫板一定高度后,即可用开合螺母临时锚固,待安装千斤顶准备张拉。 (6)当张拉端被临时锚固后,即可用卷扬机滑轮组将固定端引入锚箱,此状况下所需牵引力较大,滑轮组仍通过抱箍与斜拉索连接。为防止抱箍滑移,可在抱箍前加一根套筒,将力传至冷铸锚杯根部。 5. 张拉 (1)拉索张拉工艺、索力及高程的施工控制是斜拉桥施工的关键所在。拉索的张拉,应在主桥两侧平行、对称、同步进行,以利施工控制或减少主桥附加内力。 (2)每组拉索张拉前,应由技术部门提供张拉设备的配套关系以及斜拉索的控制应力、张拉伸长值等施工控制参数。 (3)斜拉索张拉的油表读数控制张拉力,应以伸长值校核。 (4)各索应同步张拉、分级加载,并检查张拉装置的安装是否正确,油泵、千斤顶是否漏油。张拉时应边控边旋紧螺母,分级加载过程中,锚杯螺母达到各载荷点随即旋紧。油泵操作人员应随时注意索体动态,以确保安全。 (5)为消除斜拉索由于黏弹性滞后对索力的影响,宜在张拉完成后静止适当时间再张拉一次,并待千斤顶完全卸载后,通过索力测试校核,以满足索力小于±2%的误差。 (6)拉索锚具和孔道未封之前应临时加以防护,防止雨水浸入索体、撞击锚头。 6. 索力调整 (1)主梁全桥合龙前或合龙后应进行一次线形、索力以及关键断面的应力测量。为控制索力,一般应至少进行一次全桥索力调整。调整方案由设计计算确定,调整后还应进行全桥索力与高程的测量。 (2)索力的调整可采用四种方法:一次张拉法、多次张拉法、设计参数识别法和卡尔曼滤波法。 (3)索力调整时,可从超过设计索力最大或最小的拉索开始(放或拉),直到调至设计索力为止。 (4)索力调整时,应对塔和相应梁段进行位移检测,并做出存档记录,记录内容包括:日期、时间、环境温度、索力、索伸缩量、桥面荷载状况、塔梁的变位量及主要相关控制断面应力等
平行钢绞线索(夹片锚)斜拉索安装具体操作要求	1. 循环牵引动力系统安装 (1)设置导向,并将卷扬机移动到位。 (2)从塔外将循环钢丝绳一端加配重,穿过PE护管放到桥面,桥面人员将其与牵引器连接。 (3)另一端通过塔外导向后沿索塔向放到桥面,在通过桥面导向后引入卷扬机,从卷扬机引出循环钢丝绳,再通过挂索点导向后与牵引器另一端连接在桥面导向处

续上表

项　　目	拉索安装有关规定和要求
平行钢绞线索(夹片锚)斜拉索安装具体操作要求	(4)用2t葫芦对循环钢丝绳进行预紧,操作卷扬机进行试循环。如没有问题,则循环装置安装完成。 2. 安装程序 (1)钢绞线运输到施工现场后,将索盘吊装于放线架上,考虑挂索时从PE管下端向上牵引,将放线方向朝向梁端预埋处,放线架与预埋管之间应设铺垫及导向,以防钢绞线PE损伤。 (2)将盘好的钢绞线放盘打开,连接张拉端与循环钢丝绳上的专用牵引装置,启动循环系统将钢绞线顺着PE护管牵引至上端管口,将已牵引出的钢绞线从盘上全部放出,与穿过下端锚具的牵引索连接,用人工穿过锚孔,安装夹片锚固。 (3)在塔外将钢绞线和从锚具孔穿过的牵引索连接,解除循环系统上的牵引装置,通过塔柱内的葫芦等工具将钢绞线拉出锚板孔,塔内作业人员相应辅助,直到满足单根张拉所需的工作长度后锚固,准备牵引下一根钢绞线。 (4)单根挂索时,注意PE护套的保护,严防打绞、旋转及扭曲现象发生。 (5)利用循环牵引钢丝绳可一次同步牵引两根钢绞线。 (6)不同桥跨的斜拉桥斜拉索采用的锚具型号不同,穿索时按先上游、后下游,先上排孔、后下排孔的顺序进行;各号索均按主、边跨四个工作面同时进行。 3. 斜拉索架设及张拉 (1)单根张拉 为了保证单束拉索中每根钢绞线应力满足设计要求,保证索力均匀度控制在2%范围内,张拉时应严格按工艺控制进行,并做好张拉记录。施工前必须提供以下项目: ①斜拉索安装控制张拉力,该值由监控单位以监控指令形式提供给安装施工单位。 ②在斜拉索安装控制张拉力作用下,斜拉索锚固点计算相对位移量(或变形量),包括该索所在竖直平面内下端锚点竖向位移和上端锚点水平位移,由监控单位临时给出。 ③主梁相应截面的相关物理参数,该参数一般根据设计而定。 ④斜拉索索体几何和物理参数,由斜拉索产品供方提供。 (2)单根张拉力计算 斜拉索第一次张拉是通过单根张拉索力累积达到整束设计第一次张拉索力的,实际施工操作时应按以下原则进行。 ①第一、二根:为减少PE外套管对单根张拉力造成过大的非线性影响,第一、二根钢绞线用来承受PE外套管的自重,所以张拉力由该管的垂度确定。 ②第三根:根据整束拉索索力平均值由主梁及索塔的变形量进行修正,使安装完成之后单根索力累计值与设计值接近,避免单根挂索之后索力大调整。 ③第 i 根: $$T_i = T_{i-1} - \Delta_i$$ 式中:Δ_i ——第 i 根安装时传感器变化值。 ④第一、二根补拉时按 $T_i = T_{i-1} - \Delta_i$ 控制方法确定。 (3)单根张拉力控制 单根钢绞线索力均匀性控制是平行钢绞线拉索制作安装的关键,张拉过程应采用振弦式传感器控制。该传感器使用时安装在第三根钢绞线上,通过单孔锚具临时锚固,待该整束斜拉索安装完成后拆除。其中传感器通过导线与显示仪相连,压力变化值从显示仪中读取。 (4)单根钢绞线张拉锚固 钢绞线可采用YDCS160—150张拉,选用配套标定的油压表控制,传感器尽量避免安装在锚具第一排,以减少非线性影响;张拉过程控制应力取传感器稳定显示值;连续张拉一次性锚固,夹片安装不均匀度不得大于0.5mm。 (5)整体张拉 整体张拉时,必须根据索号选择千斤顶,并配套张拉连接套、张拉杆和张拉撑脚。在塔内进行设备安装可利用塔吊将撑脚、千斤顶、张拉杆、连接套吊至塔内平台上,然后利用活动平台移动到相应索号张拉端位置,借助于手拉葫芦将连接套、张拉杆、千斤顶、撑脚及张拉螺母依次安装固定,千斤顶安装时对中误差应≤5mm。 (6)整体张拉力控制 该工况下张拉配合性工作较强,张拉主要是服从监控指令,除控制拉索在该工况下的有效应力外,还应顾及相应的主梁段及挂篮控制点高程,控制技术措施如下: ①根据监控指令进行张拉。 ②为保证张拉时克服张拉部件的变形量对有效应力的影响,张拉到控制应力之后,锚固卸压

续上表

项 目	拉索安装有关规定和要求
平行钢绞线索(夹片锚)斜拉索安装具体操作要求	③按照监控指令要求调整索力。 ④整体张拉时四个工作点进行同步分级张拉,各点同级索力相对误差控制在2%之内,拉索最终索力误差控制在控制索力的2%以内,做好张拉记录。 斜拉索的引架作业是将斜拉索引架到桥塔锚固点和主梁锚固点之间的位置上,其作业方法一般有如下五种。 1. 在工作索道上引架 这种方法是先在斜拉索的位置下安装一条工作索道,使斜拉索沿着工作索道引架就位。国外早期的斜拉桥较多采用这种方法,但时至今日,这个方法已很少采用。 2. 由临时钢索及滑轮吊索引架 这种方法是在待引架的斜拉索之上先安装一根临时钢索,称为导向索,斜拉索拉在沿导向索滑动并与牵引索相连接的滑动吊钩上,用绞车引架就位。 3. 利用吊装天线引架 例如主索采用 ϕ22mm 的钢丝绳,用 ϕ13mm 钢丝绳做拉索,通过单门滑车和吊环与主索系在一起,每个单门滑车上穿入一根 ϕ19mm 的白棕绳,其作用是捆绑并提升斜拉索。全桥共设两套天线,位于主梁两侧,大致与斜拉索中心线在同一竖直平面。 4. 利用卷扬机或吊机直接引架 这个方法最为简捷,也特别适合于密索体系悬臂施工。当索塔很高时,吊机没有那么高,则可以在浇筑桥塔时先在塔顶预埋扣件,挂上滑轮组,利用桥面上的卷扬机和牵引绳通过转向滑轮和塔顶滑轮将斜拉索起吊,一端塞进箱梁,另一端塞进桥塔。这种方法在吊装过程中可能损伤索外防护材料,但只要小心施工,问题不难克服。我国于20世纪80年代后建造的斜拉桥大多采用这个方法。1997年建成的徐浦大桥斜拉索为双护层的“成品索”,出厂前缠绕在特制的索盘上,水运至工地后,由地面水平和垂直运输设备将其运到桥面,再由桥面吊机将索盘搁在特制的放索架上。施工时由安装在桥面上的80~200kN卷扬机通过塔顶上索具及滑轮组将斜拉索缓缓抽出,然后用桥面吊机将锚固端锚具在钢主梁中安装就位。此时,塔顶上的滑轮组继续牵引斜拉索,当张拉端锚头(锚头前端还装有“探杆”)接近塔柱上的索孔时,将其和张拉千斤顶上伸出的钢绞线连接,开动塔内张拉力6 000kN千斤顶将索牵引至所需位置,套上固定螺栓。如此安装就位后即可按施工控制要求张拉。 5. 单根钢绞线安装 按照弗雷西奈专利的预应力法,即“等拉力法”,用轻型的张拉设备每次提升一根钢绞线(7ϕ5mm),其承载力为225kN,一根斜拉索中有几十根这样的钢绞线,这样一根根地提升、张拉、锚固,直至一根斜拉索中的全部钢绞线安装完成。其中平行钢绞线就适用于这种安装方法
拉索安装的张拉作业概况	斜拉索的张拉作业大致有以下三种。 1. 用千斤顶将塔顶鞍座顶起 每一对索都支承在各自的鞍座上,鞍座先就位在低于其最终的位置上,当斜拉索引架就位后,将鞍座顶到其预定的高程,使斜拉索张拉达到其承载力。 2. 在支架上将主梁前端向上顶起 斜拉索引架时处于不受力状态,比受力状态时要短,为此,于主梁与斜拉索的连接点上将梁顶起。斜拉索引架完成后放下千斤顶使斜拉索受力。 3. 千斤顶直接张拉 这是最常用也是最方便的方法,有关千斤顶张拉斜拉索的内容参见本表中的单根张拉和整体张拉方法

18.3.3 拉索防护

拉索防护的规定和要求 表18.3-4

项 目	拉索防护有关规定和要求
拉索防护规定	1. 斜拉索、锚具和减振装置的规格、品种和防腐等级必须符合设计要求。 2. 斜拉索搬运和安装时,应用有足够直径和刚度的专用索盘,严禁弯折、错压。不得撞伤锚头和损伤保护层,保护层不得进水。 3. 锚环必须与锚垫板密贴并居中

续上表

项　目	拉索防护有关规定和要求
拉索防护构造	4.斜拉索护管的长度和索道管内的填充必须符合设计要求。索道内部不能有积水和其他杂物。 5.张拉力及索力调整必须符合设计要求 斜拉索由高强钢材组成,长期在变幅度高应力状态下工作,防腐是提高拉索使用寿命的关键。拉索的防护可分为钢丝防护和拉索防护两个方面。斜拉索的防护材料必须不含有腐蚀钢材的成分,并要求有足够的强度和良好的耐候性。 拉索的损伤有电化学锈蚀和机械损伤两方面。前者的防护可从钢丝防护和拉索防护两个方面着手,而后者的防护必须设置一些防撞设施。 1.钢丝的防护 由于化学成分的原因,高强钢丝特别易于锈蚀,镀锌是钢丝防腐的传统方法。传统的电镀方法将使高强钢丝的强度降低,随着冶金工业技术的发展,这一问题已经得到解决。目前钢丝的防护可以采用镀锌、涂防锈脂、涂防锈底漆等传统方法,还有镀环氧层等先进的方法。钢绞线的防护可以采用镀锌、镀环氧层等方法。 2.拉索的防护 对于封闭式钢缆,由于截面紧密,封闭性较好,孔隙率很小,可以只对各组成索的钢丝镀锌,并对钢缆表面施加涂料进行防护。但对于由钢丝索组成的拉索,由于孔隙率大,封闭性差,必须进行钢丝和拉索两部分防护。 拉索防护采用拉索外多层板拉纤维缠绕并加涂沥青或环氧树脂形成玻璃钢外壳防护,主要问题是缠绕层易老化。 拉索防护采用外套钢、铝或 PE 套管,管内压注水泥浆方法防护,主要问题是钢索、管内填充材料、外层套管的弹性模量及线膨胀系数均不相同,在使用过程中易造成管内填充材料、套管的破损,从而失去防护作用。 拉索防护采用在微绞扭的钢索外热挤压 PE 套管的方法,是将类似于电缆的斜拉索连同锚头一起在工厂制造,然后一根索缠绕在一个滚筒上运输到工地。它不仅成本低,而且防腐效果好,在制索同时完成拉索的防护工作。目前较多采用双层热挤 PE 套管,其内层为黑色的 PE,外层为加彩色填料的 PE,以达到不同的美观效果。 PE 材料的性能应符合《斜拉桥热挤聚乙烯高强钢丝拉索技术条件》(GB/T 18365—2001)的要求,其老化年限不宜低于 30 年。 随着超大跨度斜拉桥的建设,斜拉索的质量越来越大,致使整根斜拉索安装越来越困难,因此可以单根安装、张拉的平行钢绞线斜拉索得到了越来越多的应用。借鉴法国 Nomandy 桥的经验,每一根钢绞线涂防锈油脂后挤裹 PE 护套,再将带有护套的钢绞线穿入大的 PE 套管中,并压注油脂。这种索由于在钢绞线外层与整索外层设置两层 PE 护套,套管内灌注流塑性材料,不存在开裂问题,防腐性能较好,同时钢绞线可以单根张拉,操作方便。 3.拉索的防撞 拉索设计必须考虑事故造成的危险,例如车辆撞击、火灾、爆炸和破坏等防护,为此应考虑: (1)拉索下部 2m 范围内用钢管防护,生根于桥面并和拉索管道相接。 (2)钢管的尺寸(厚度、间距)和锚固区的价钱要足以抵抗火灾和破坏的危险。 (3)锚固区要予以加强,以抵抗车辆撞击。 (4)防护构件的替换不影响拉索本身,并尽可能地不影响交通

18.4 施 工 控 制

施工控制相关要求　　表 18.4-1

项　目	施工控制有关规定
概述	与多变的结构体系相对应,斜拉桥施工的方法也是多种多样的。大跨径斜拉桥主要采用悬臂浇筑和悬臂拼装的施工方法。中小跨径的斜拉桥,还可以根据桥址处的地形条件和结构本身的特点,采用支架法、顶推法或平转法等其他施工方法

续上表

项　目	施工控制有关规定
概述	斜拉桥属于高次超静定结构,所采用的施工方法和安装程序与成桥后的主梁线形和结构恒载内力有着密切的联系。另一方面,在施工各阶段随着斜拉桥结构体系和荷载状态的不断变化,结构内力和变形亦随之发生变化。因此,需要对斜拉桥的每一施工阶段进行详尽的分析、验算,求得斜拉索张拉吨位和主梁挠度、塔柱位移等施工控制参数的理论设计值,对施工的顺序作出明确的规定,并在施工中加以有效的管理和控制。 斜拉桥的一个重要特点是设计和施工高度耦合。如何通过施工中的索力和主梁高程调整获得预先设计的应力状态,是斜拉桥施工中最为关键的问题之一。 施工控制的基本特点,就是根据实际的施工工序以及现场获取的参数和数据,建立施工控制计算文件,对桥跨结构进行实时理论分析和结构验算;对每一施工阶段,根据分析验算结果给出其主梁悬臂端的挠度(每阶段施工挂篮的立模高程)、斜拉索张拉力等施工控制指令;在施工全过程中根据各阶段的斜拉索索力、结构应力与变形等实测数据,实时分析其与理论预测值的差异并找出原因,采用应力预警体系对施工状态进行安全度评价和灾害预警。这样,才能保证结构的受力和变形始终处于安全范围内,成桥后的结构内力和线形接近设计的理想状态。 主梁施工控制测量要求尽量选择无风或微风的天气,以排除风荷载的影响;应在0~7点(日出前)进行测量;测量应在短时间内完成,以免测试条件的变化太大;测量时应停止机械施工,以排除汽车制动力等的影响
施工控制的内容	结构变形控制:桥梁结构尺寸的控制是施工控制的基本要求。 结构应力控制:如果结构实际应力状态与设计应力状态不符,将会给结构造成危害,并较结构变形的影响更大。 结构稳定性控制:桥梁结构的稳定关系到桥梁的安全,与桥梁的强度有着同等重要的意义。桥梁施工过程中不仅要严格控制变形和应力,而且更要严格控制施工各阶段结构的局部和整体稳定
施工管理	1.主梁恒载的误差对结构内力和变形的影响较为显著,应在技术上、管理上采取有效的措施将误差减小到最低限度。同时,对施工荷载也要严加管理,因为它对结构内力和变形的影响同样不容忽视。 2.及时完善各项施工测试任务,采集的数据应准确、可靠,它们是施工控制的主要依据。 3.严格按规定的施工程序进行安装架设,便于获得与其相应的施工控制参数的理论值,从而保证理论计算模式与实际施工过程一致
施工现场观测测试	1.变形测试主要观测主梁挠度、主梁轴线偏差和塔柱水平位移的变化情况。通常使用(精密)水准仪、经纬仪、倾角仪等测量仪器。 2.应力测试主要测定斜拉索索力、支座反力和主梁、塔柱的应力在施工过程中的变化情况。一般使用千斤顶油压表、荷载传感器或激振法、随机振动法等测定斜拉索的索力,主梁、塔柱应力的测试则使用各种应变仪(应变片)或测力计等。 3.温度测试主要观测主梁、塔柱和斜拉索的温度(温度场)以及主梁绕塔柱位移等随气温和时间变化的规律。斜拉桥的主梁为预制钢梁时,合龙段施工前夕温度测试对于合龙温度的选择和合龙段预制钢梁长度的确定具有重要的指导作用
温度影响	温度变化,特别是日照温差的变化对于斜拉桥结构内力和变形的影响是复杂的。施工阶段,日照温差对大跨径斜拉桥主梁挠度和塔柱水平位移的影响尤为显著。但由于日照时间、方位和强度是在不断发生变化的,而斜拉索结构各部分的受温性能又不同,要精确、迅速地计算出实际温度变化所产生的结构变形是相当困难的。 通过理论计算发现: 1.当斜拉桥整个结构均匀升温或降温时,温度变化对主梁挠度的影响较小。这与混凝土和钢的线膨胀系数相近,梁、塔、索在相同温度变化下所产生的变形基本相同是吻合的。因此施工控制可不考虑季节温差对主梁线形的影响

续上表

项　目	施工控制有关规定
温度影响	2. 日照温差对主梁挠度的影响则要比季节温差影响大得多。随着主梁悬臂施工长度的增加,日照温差的影响愈加显著。但是如果要将日照温差所引起的结构变化从挠度实测值中分离出来则是非常困难的,一般利用一天中日照温差对结构变形影响最小的时候即日出之前进行测量。对于以高程控制斜拉索张拉或线形调整等与测量工作密切相关的施工操作,测量时机的选择是非常重要的
施工控制的原则	一般来说,斜拉桥施工时在主梁悬臂架设阶段确保主梁线形平顺、正确是第一位的,施工中以高程控制为主。二期恒载施工时,为保证结构的整体内力和变形处于理想的状态,拉索张拉时以索力控制为主
施工控制的方法	在斜拉桥的理论计算中,虽然可采用各种计算方法计算出各施工阶段(步骤)的索力和相应的挠度、位移值,但是按理论计算所给出的索力进行施工时,结构的实际变形却未必能达到预期的效果。这主要是由于设计时所用的诸如材料的弹性模量、构件自重、混凝土的收缩徐变系数、温度变化、材料热膨胀系数、施工临时荷载等设计参数,与实际工程中所表现出来的参数不完全一致而引起的。斜拉桥在施工中所表现出来的这种理论与实践的偏差具有积累性,如不加以有效的控制和调整,随着主梁悬臂施工长度的增加,主梁高程最终将显著地偏离设计目标,造成合龙困难并影响成桥后的内力。 桥梁施工实用的控制方法,目前主要有:一是采取纠偏终点控制的方法,即在施工过程中,对产生主梁线形偏差的因素进行跟踪控制,随时纠偏,最终达到理想线形。这种方法常用 Kalman 滤波法、灰色理论等,但工作量大,有时控制效果并不一定理想。二是应用现代控制理论中的自适应控制方法,即对施工过程中的高程和内力的实测值与预计值进行比较,对桥梁结构主要基本设计参数进行识别,找出实测值与预计值(设计值)产生偏差的原因,从而对参数进行修正,达到双控的目的。 对于偏差的处理和索力的调整,具体常用的方法有如下几种。 1. 一次张拉法 在施工过程中每一根斜拉索张拉至设计索力后不再重复张拉。对于施工中出现的梁端挠度和塔顶水平位移偏差不用索力调整,或任其自由发展,或通过下一块件接缝转角进行调整,直至跨中合龙时对挠度的偏差采用压重的方法强迫合龙。一次张拉法简单易行、施工方便,但对构件的制作要求较高。因为对已完成的主梁高程和索力不予以调整,主梁线形较难控制,跨中强迫合龙会扰乱结构理想的恒载内力状态。 2. 多次张拉法 在整个施工过程中对拉索进行分期分批张拉,使施工阶段结构的内力较为合理,梁塔的受力处于大致平衡的状态,即梁塔仅承受轴向力和数值不大的弯矩。主梁的线形主要是通过斜拉索索力在一定范围内的调整而加以控制的。 3. 卡尔曼滤波法 卡尔曼滤波法类似一次张拉法,但各阶段索的张拉力不是原来的设计索力,而是根据变位的实测数值经过滤波和反馈控制计算后给出的索力修正值。它把梁的挠度 x 看做随机状态矢量,索力 U 作为外加控制矢量,通过适当地选择索力以控制最后梁端或塔顶位置达到某一指定值 δ,因此它对位置的控制是绝对的,对于索力的控制则是在满足设计位置的基础上,以结构内能为最小条件下的最优。 由此可见,以往的施工控制方法是仅从控制索力或仅从控制轴线位置来制订的。由上述的误差特性与索力调整关系可知,单方面的控制往往会顾此失彼,不能获得理想的结果。 4. 最小二乘法 设可调整的索力为 N,施工管理项目数为 M,施工管理项目可以包括索力、梁的挠度、塔的位移或构件截面应力等,并允许 $M>N$。设 R 为索力调整后管理项目的残余误差列向量,$R=[R_1,R_2,\cdots,R_n]^T$,则目标函数 Ω 可表示为: $$\Omega=\sum_{i=1}^{M}R_i^2$$ 因为残余误差 R 是索力 N_j 的线性函数,则使上式为最小的索力为: $$\frac{\partial\Omega}{\partial N_j}=0(j=1,2,\cdots,N)$$ 由上式得到 N 元联立方程,解方程很容易求出 N_j 值。最小二乘法在控制管理项目中能概括我们所关心的控制内容,因此,只要在施工中适当地选择管理项目就能获得预期的效果

18.5 施工质量要求

施工质量控制标准　　表 18.5-1

<table>
<tr><td>项　　目</td><td colspan="4">质量控制标准</td></tr>
<tr><td>有关规定的说明</td><td colspan="4">斜拉桥基础、混凝土、钢筋、预应力筋及钢结构等方面的施工质量控制标准，应参照本手册有关章节要求办理。
斜拉桥索塔和梁的施工质量标准见现行《公路桥涵施工技术规范》(JTG/T F50—2011)的规定</td></tr>
<tr><td rowspan="12">混凝土索塔施工质量标准</td><td colspan="2">项　　目</td><td colspan="2">规定值或允许偏差</td></tr>
<tr><td colspan="2">混凝土强度(MPa)</td><td colspan="2">在合格标准内</td></tr>
<tr><td colspan="2">塔柱底偏位(mm)</td><td colspan="2">10</td></tr>
<tr><td colspan="2">横梁轴线偏位(mm)</td><td colspan="2">10</td></tr>
<tr><td colspan="2" rowspan="2">倾斜度(mm)</td><td>总体</td><td>符合设计规定
设计未规定时按塔高的 1/3 000，且不大于 30</td></tr>
<tr><td>节段</td><td>节段高的 1/1 000，且不大于 8</td></tr>
<tr><td colspan="2">塔顶高程(mm)</td><td colspan="2">±20</td></tr>
<tr><td rowspan="2">外轮廓尺寸(mm)</td><td>塔柱</td><td colspan="2">±20</td></tr>
<tr><td>横梁</td><td colspan="2">±10</td></tr>
<tr><td colspan="2">拉索锚固点高程(mm)</td><td colspan="2">±10</td></tr>
<tr><td colspan="2">横梁顶面高程(mm)</td><td colspan="2">±10</td></tr>
<tr><td colspan="2">预埋索管孔道位置(mm)</td><td colspan="2">10，且两端同向</td></tr>
<tr><td rowspan="14">钢索塔安装质量标准</td><td colspan="2">分　　项</td><td colspan="2">规定值或允许偏差</td></tr>
<tr><td colspan="2">顶面高程(mm)</td><td colspan="2">±2n；且不大于 20</td></tr>
<tr><td rowspan="2">总体垂直度偏差(mm)</td><td>顺桥向</td><td colspan="2">H/4 000</td></tr>
<tr><td>横桥向</td><td colspan="2">H/4 000</td></tr>
<tr><td colspan="2">对接口板错边量(mm)</td><td colspan="2">≤2</td></tr>
<tr><td colspan="2">塔柱中心距(接头部位)(mm)</td><td colspan="2">±4.0</td></tr>
<tr><td rowspan="2">节段轴线相对塔柱轴线的偏差(mm)</td><td>顺桥向</td><td colspan="2" rowspan="2">2h/1 000</td></tr>
<tr><td>横桥向</td></tr>
<tr><td colspan="2">两塔柱横梁中心处高程的相对差(mm)</td><td colspan="2">4</td></tr>
<tr><td rowspan="3">端面金属接触率(%)</td><td>壁板</td><td colspan="2">符合设计要求</td></tr>
<tr><td>腹板</td><td colspan="2">符合设计要求</td></tr>
<tr><td>加劲板</td><td colspan="2">符合设计要求</td></tr>
<tr><td colspan="2">斜拉索锚固点高程(mm)</td><td colspan="2">±10</td></tr>
<tr><td colspan="4">注：n 为节段总数；H 为索塔总高度；h 为节段高度</td></tr>
</table>

续上表

项　　目	质量控制标准		
悬臂浇筑混凝土梁施工质量标准	分　　项		规定值或允许偏差
	混凝土强度(MPa)		在合格标准内
	轴线偏位(mm)	$L \leqslant 100\mathrm{m}$	10
		$L > 100\mathrm{m}$	$L/10\,000$,且不大于30
	塔顶偏位(mm)		符合设计和施工控制要求;未要求时,纵向不大于30,横向不大于20
	斜拉索索力(kN)		符合设计和施工控制要求
	断面尺寸(mm)	高度	+5,-10
		顶宽	±30
		底宽	±20
		板厚	+10,0
	梁锚固点高程(mm)	$L \leqslant 100\mathrm{m}$	±20
		$L > 100\mathrm{m}$	$\pm L/5\,000$
	锚具轴线与孔位轴线偏位(mm)		5
	注:L为跨径		
悬臂拼装混凝土梁施工质量标准	分　　项		规定值或允许偏差
	合龙段混凝土强度(MPa)		在合格标准内
	轴线偏位(mm)	$L \leqslant 100\mathrm{m}$	10
		$L > 100\mathrm{m}$	$L/10\,000$,且不大于30
	塔顶偏位(mm)	符合设计和施工控制要求;未要求时,纵向不大于30,横向不大于20	
	斜拉索索力(kN)	符合设计和施工控制要求	
	锚具轴线与孔道轴线偏位(mm)	5	
	梁锚固点高程(mm)	$L \leqslant 100\mathrm{m}$	±20
		$L > 100\mathrm{m}$	$\pm L/5\,000$
	注:L为跨径		
钢—混凝土组合梁(钢桁架与混凝土桥面板组成的组合梁;钢箱梁与混凝土桥面板组成的组合梁)施工质量标准	分　　项		规定值或允许偏差
	混凝土强度(MPa)		在合格标准内
	轴线偏位(mm)	$L \leqslant 200\mathrm{m}$	10
		$L > 200\mathrm{m}$	$L/20\,000$,$\leqslant 20$
	混凝土桥面板断面尺寸(mm)	厚	+10,0
		宽	±30
	桥面板中心线与钢梁中心线(mm)		10
	塔顶偏位(mm)		符合设计和施工控制要求;未要求时,纵向不大于30,横向不大于20

续上表

<table>
<tr><th>项　目</th><th colspan="5">质量控制标准</th></tr>
<tr><td rowspan="9">钢—混凝土组合梁（钢桁架与混凝土桥面板组成的组合梁；钢箱梁与混凝土桥面板组成的组合梁）施工质量标准</td><td colspan="2">分　项</td><td colspan="3">规定值或允许偏差</td></tr>
<tr><td colspan="2">斜拉索索力(kN)</td><td colspan="3">符合设计和施工控制要求</td></tr>
<tr><td rowspan="2">梁顶面高程(mm)</td><td>L≤200m</td><td colspan="3">±20</td></tr>
<tr><td>L>200m</td><td colspan="3">±L/10 000</td></tr>
<tr><td rowspan="3">连接</td><td>焊缝尺寸</td><td colspan="3" rowspan="2">符合设计要求</td></tr>
<tr><td>焊缝探伤</td></tr>
<tr><td>高强螺栓扭矩</td><td colspan="3">±10%</td></tr>
<tr><td colspan="2">钢梁防护</td><td colspan="3">涂装符合设计要求</td></tr>
<tr><td colspan="5">注:L为跨径</td></tr>
<tr><td rowspan="12">钢主梁施工质量标准</td><td colspan="2" rowspan="2">分　项</td><td colspan="3">规定值或允许偏差</td></tr>
<tr><td>0号梁段</td><td>悬臂拼装梁段</td><td>合龙梁段</td></tr>
<tr><td colspan="2">轴线偏位(mm)</td><td>5</td><td>L≤200m,10;
L>200m,
L/20 000</td><td>10</td></tr>
<tr><td colspan="2">塔顶偏位(mm)</td><td colspan="3">符合设计和施工控制要求;未要求时,
纵向不大于30,横向不大于20</td></tr>
<tr><td colspan="2">线形标高(mm)</td><td colspan="3">符合设计和施工控制要求</td></tr>
<tr><td colspan="2">梁顶水平度(mm)</td><td colspan="3">20</td></tr>
<tr><td colspan="2">梁段上3点相对高差(mm)</td><td>±3</td><td>符合施工控制要求</td><td>符合施工控制要求止</td></tr>
<tr><td colspan="2">相邻梁段匹配高差(mm)</td><td colspan="3">2</td></tr>
<tr><td colspan="2">索力(kN)</td><td colspan="3">符合设计规定,设计未规定时与设计值相差10%</td></tr>
<tr><td rowspan="3">连接</td><td>焊缝尺寸</td><td colspan="3" rowspan="2">符合设计要求</td></tr>
<tr><td>探伤</td></tr>
<tr><td>高强螺栓扭矩</td><td colspan="3">±10%</td></tr>
<tr><td rowspan="2">钢—混凝土混合梁施工质量标准</td><td colspan="2">分　项</td><td colspan="3">规定值或允许偏差</td></tr>
<tr><td colspan="2">混合梁施工时,分钢主梁和混凝土主梁两部分,分别按钢主梁和混凝土主梁有关项目执行</td><td colspan="3">分别按悬臂浇筑混凝土梁、悬臂拼装混凝土梁及钢主梁施工质量标准执行</td></tr>
</table>

18.6　常用拉索与锚具规格及技术要求

热挤聚乙烯拉索(平行钢丝索)**技术参数**(ϕ5mm、σ_b = 1 670MPa)　　表18.6-1

规格型号	钢丝束面积(mm^2)	钢丝束直径(mm)	单护层拉索直径(mm)	双护层拉索直径(mm)	钢丝束理论质量(kg/m)	破断载荷(kN)	配用锚具规格
PES5—37	726	35.0	45	53	5.7	1 212	LZM7—37L(G)
PES5—55	1 080	41.1	51	59	8.5	1 804	LZM7—55L(G)

续上表

规格型号	钢丝束面积 (mm^2)	钢丝束直径 (mm)	单护层拉索直径(mm)	双护层拉索直径(mm)	钢丝束理论质量(kg/m)	破断载荷 (kN)	配用锚具规格
PES5—61	1 197	45.0	55	63	9.4	1 999	LZM7—61L(G)
PES5—73	1 433	48.6	59	67	11.3	2 393	LZM7—73L(G)
PES5—85	1 668	50.8	61	69	13.1	2 786	LZM7—85L(G)
PES5—91	1 786	55.0	65	73	14.0	2 983	LZM7—91L(G)
PES5—109	2 139	57.9	68	76	16.8	3 572	LZM7—109L(G)
PES5—121	2 375	60.7	71	79	18.7	3 966	LZM7—121L(G)
PES5—127	2 492	65.0	75	83	19.6	4 162	LZM7—127L(G)
PES5—139	2 728	65.9	78	88	21.4	4 556	LZM7—139L(G)
PES5—151	2 963	67.4	79	89	23.3	4 984	LZM7—151L(G)
PES5—163	3 199	70.6	83	93	25.1	5 342	LZM7—163L(G)
PES5—187	3 670	75.0	87	97	28.8	6 129	LZM7—187L(G)
PES5—199	3 905	77.1	89	99	30.7	6 521	LZM7—199L(G)
PES5—211	4 141	80.5	93	103	32.5	6 915	LZM7—211L(G)
PES5—223	4 377	83.1	95	105	34.4	7 310	LZM7—223L(G)
PES5—241	4 730	85.0	97	107	37.1	7 849	LZM7—241L(G)
PES5—253	4 965	86.9	101	111	39.0	8 292	LZM7—253L(G)
PES5—265	5 201	90.5	105	115	40.8	8 686	LZM7—265L(G)
PES5—283	5 554	92.1	106	116	43.6	9 275	LZM7—283L(G)
PES5—301	5 907	95.0	111	121	46.4	9 865	LZM7—301L(G)

热挤聚乙烯拉索(平行钢丝索)**技术参数**(ϕ7mm、σ_b = 1 670MPa)　　表 18.6-2

规格型号	钢丝束面积 (mm^2)	钢丝束直径 (mm)	单护层拉索直径(mm)	双护层拉索直径(mm)	钢丝束理论质量(kg/m)	破断载荷 (kN)	配用锚具规格
PES5—37	1 424	49.0	60	68	11.2	2 240	LZM5—37L(G)
PES5—55	2 117	57.5	68	76	16.6	3 535	LZM5—55L(G)
PES5—61	2 348	63.0	73	81	18.4	3 920	LZM5—61L(G)
PES5—73	2 809	68.0	78	86	22.1	4 692	LZM5—73L(G)
PES5—85	3 271	71.2	83	91	25.7	5 463	LZM5—85L(G)
PES5—91	3 504	77.0	90	98	27.5	5 748	LZM5—91L(G)
PES5—109	4 195	81.1	93	101	32.9	7 005	LZM5—109L(G)
PES5—121	4 656	84.9	99	107	36.6	7 777	LZM5—121L(G)
PES5—127	4 887	91.0	105	113	38.4	8 162	LZM5—127L(G)
PES5—139	5 349	92.2	106	114	42.0	9 833	LZM5—139L(G)
PES5—151	5 811	94.4	109	117	45.6	9 705	LZM5—151L(G)
PES5—163	6 273	98.8	115	123	49.2	10 476	LZM5—163L(G)
PES5—187	7 197	105.0	121	129	56.5	12 018	LZM5—187L(G)

续上表

规格型号	钢丝束面积 (mm^2)	钢丝束直径 (mm)	单护层拉索直径(mm)	双护层拉索直径(mm)	钢丝束理论质量(kg/m)	破断载荷 (kN)	配用锚具规格
PES5—199	7 658	108.0	124	134	60.1	12 790	LZM5—199L(G)
PES5—211	8 102	112.7	129	139	63.7	13 561	LZM5—211L(G)
PES5—223	8 581	116.3	132	142	67.4	14 332	LZM5—223L(G)
PES5—241	9 274	119.0	135	145	72.8	15 489	LZM5—241L(G)
PES5—253	9 736	121.6	140	150	76.4	16 260	LZM5—253L(G)
PES5—265	10 198	126.6	145	155	80.1	17 031	LZM5—265L(G)
PES5—283	10 890	129.0	147	157	85.5	18 188	LZM5—283L(G)
PES5—295	11 352	131.5	150	160	89.1	18 960	LZM5—295L(G)
PES5—301	11 583	133.0	151	161	90.6	19 345	LZM5—301L(G)
PES5—313	12 046	135.3	153	163	94.5	20 116	LZM5—313L(G)
PES5—337	12 968	140.6	160	170	101.8	21 659	LZM5—337L(G)
PES5—349	13 430	143.3	163	173	105.4	22 430	LZM5—349L(G)
PES5—367	14 124	147.0	167	177	110.9	23 587	LZM5—367L(G)
PES5—397	15 277	153.2	175	185	119.9	22 515	LZM5—397L(G)
PES5—421	16 202	155.2	177	187	127.2	27 057	LZM5—421L(G)
PES5—511	19 666	174	198	208	154.4	32 842	LZM5—511L(G)

OVMLZM 型冷铸镦头锚具主要尺寸参数表(ϕ5mm 钢丝、σ_b = 1 670MPa)　　表 18.6-3

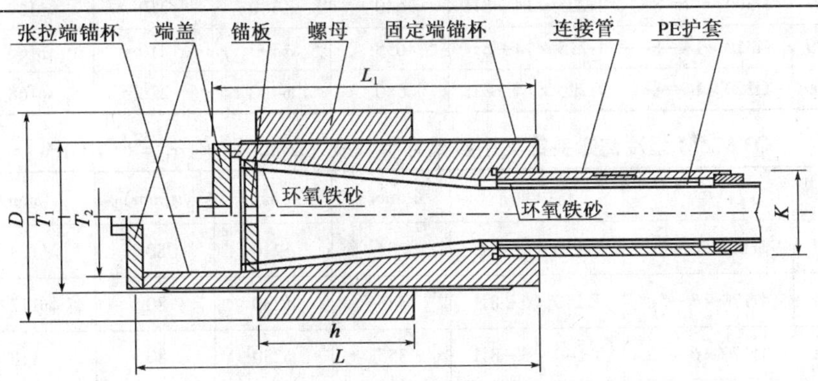

OVMLZM 型冷铸镦头锚具构造图

型　号	T_1(mm)	T_2(mm)	L(mm)	D(mm)	h(mm)	K(mm)	L_1(mm)
OVMLZM5—37	Tr130 × 6—8e	Tr90 × 6—8H	245	ϕ180	60	ϕ80	210
OVMLZM5—55	Tr140 × 6—8e	Tr110 × 6—8H	260	ϕ190	80	ϕ96	220
OVMLZM5—61	Tr140 × 6—8e	Tr110 × 6—8H	260	ϕ190	80	ϕ100	220
OVMLZM5—73	Tr160 × 8—8e	Tr120 × 8—8H	290	ϕ210	100	ϕ104	230
OVMLZM5—85	Tr170 × 8—8e	Tr120 × 8—8H	305	ϕ220	100	ϕ106	245
OVMLZM5—91	Tr170 × 8—8e	Tr130 × 8—8H	320	ϕ220	100	ϕ110	260

续上表

型　号	T_1(mm)	T_2(mm)	L(mm)	D(mm)	h(mm)	K(mm)	L_1(mm)
OVMLZM5—109	Tr180×10—8e	Tr135×10—8H	355	ϕ240	120	ϕ112	290
OVMLZM5—121	Tr190×10—8e	Tr140×10—8H	375	ϕ250	120	ϕ116	290
OVMLZM5—127	Tr200×10—8e	Tr150×10—8H	385	ϕ260	120	ϕ120	300
OVMLZM5—139	Tr200×10—8e	Tr150×10—8H	405	ϕ270	120	ϕ122	300
OVMLZM5—151	Tr200×10—8e	Tr150×10—8H	420	ϕ270	120	ϕ122	315
OVMLZM5—163	Tr210×10—8e	Tr155×10—8H	420	ϕ280	140	ϕ128	315
OVMLZM5—187	Tr220×12—8e	Tr160×12—8H	465	ϕ290	140	ϕ130	360
OVMLZM5—199	Tr230×12—8e	Tr165×12—8H	490	ϕ300	140	ϕ132	360
OVMLZM5—211	Tr230×12—8e	Tr170×12—8H	505	ϕ300	140	ϕ136	365
OVMLZM5—223	Tr240×12—8e	Tr175×12—8H	510	ϕ310	170	ϕ140	370
OVMLZM5—241	Tr250×12—8e	Tr180×12—8H	535	ϕ330	170	ϕ140	385
OVMLZM5—253	Tr260×12—8e	Tr190×12—8H	535	ϕ340	170	ϕ144	385
OVMLZM5—265	Tr260×12—8e	Tr190×12—8H	540	ϕ340	170	ϕ150	390
OVMLZM5—283	Tr270×12—8e	Tr200×12—8H	550	ϕ350	170	ϕ150	400
OVMLZM5—301	Tr280×12—8e	Tr190×12—8H	550	ϕ360	190	ϕ154	400
OVMLZM5—313	Tr280×12—8e	Tr195×12—8H	595	ϕ360	190	ϕ156	415
OVMLZM5—337	Tr290×12—8e	Tr200×12—8H	620	ϕ370	200	ϕ160	430
OVMLZM5—349	Tr300×12—8e	Tr205×12—8H	630	ϕ380	200	ϕ160	440
OVMLZM5—367	Tr300×14—8e	Tr205×14—8H	640	ϕ380	210	ϕ164	440
OVMLZM5—379	Tr310×14—8e	Tr215×14—8H	655	ϕ390	210	ϕ166	455
OVMLZM5—409	Tr320×14—8e	Tr220×14—8H	680	ϕ400	220	ϕ168	470

OVMZM 型冷铸镦头锚具主要尺寸参数表(ϕ7mm 钢丝、σ_b = 1 670MPa)　　表 18.6-4

型　号	T_1(mm)	T_2(mm)	L(mm)	D(mm)	h(mm)	K(mm)	L_1(mm)
OVMLZM7—37	Tr150×6—8e	Tr120×6—8H	285	ϕ210	80	ϕ104	245
OVMLZM7—55	Tr170×6—8e	Tr140×6—8H	345	ϕ230	80	ϕ112	305
OVMLZM7—61	Tr170×6—8e	Tr140×6—8H	355	ϕ230	80	ϕ118	315
OVMLZM7—73	Tr190×6—8e	Tr155×8—8H	410	ϕ250	100	ϕ122	360
OVMLZM7—85	Tr190×6—8e	Tr155×8—8H	410	ϕ250	100	ϕ128	360
OVMLZM7—91	Tr200×6—8e	Tr165×8—8H	425	ϕ260	100	ϕ134	375
OVMLZM7—109	Tr220×6—8e	Tr180×8—8H	470	ϕ290	120	ϕ138	410
OVMLZM7—121	Tr230×10—8e	Tr185×10—8H	500	ϕ300	120	ϕ142	415
OVMLZM7—127	Tr240×10—8e	Tr195×10—8H	515	ϕ310	120	ϕ150	430
OVMLZM7—139	Tr240×10—8e	Tr195×10—8H	540	ϕ310	120	ϕ150	455
OVMLZM7—151	Tr250×10—8e	Tr195×10—8H	555	ϕ330	140	ϕ152	470

续上表

型　号	T_1(mm)	T_2(mm)	L(mm)	D(mm)	h(mm)	K(mm)	L_1(mm)
OVMLZM7—163	Tr260×10—8e	Tr200×10—8H	555	φ340	140	φ158	470
OVMLZM7—187	Tr270×10—8e	Tr210×10—8H	590	φ350	150	φ165	505
OVMLZM7—199	Tr280×10—8e	Tr220×10—8H	620	φ370	150	φ168	515
OVMLZM7—211	Tr290×10—8e	Tr225×10—8H	635	φ380	150	φ172	540
OVMLZM7—223	Tr300×10—8e	Tr235×10—8H	670	φ390	150	φ175	575
OVMLZM7—241	Tr310×12—8e	Tr240×12—8H	695	φ400	170	φ178	570
OVMLZM7—253	Tr320×12—8e	Tr250×12—8H	715	φ420	170	φ182	585
OVMLZM7—265	Tr320×12—8e	Tr260×12—8H	725	φ420	170	φ188	595
OVMLZM7—283	Tr330×14—8e	Tr265×14—8H	740	φ430	170	φ190	610
OVMLZM7—301	Tr340×14—8e	Tr270×14—8H	755	φ440	190	φ194	625
OVMLZM7—313	Tr360×16—8e	Tr285×16—8H	775	φ470	190	φ198	625
OVMLZM7—337	Tr360×16—8e	Tr285×16—8H	805	φ470	190	φ204	655
OVMLZM7—349	Tr360×16—8e	Tr295×16—8H	805	φ480	190	φ206	655
OVMLZM7—367	Tr370×16—8e	Tr295×16—8H	830	φ480	190	φ210	680
OVMLZM7—379	Tr390×16—8e	Tr300×16—8H	830	φ510	220	φ214	680
OVMLZM7—409	Tr390×16—8e	Tr310×16—8H	860	φ520	220	φ220	710

OVM250 型钢绞线拉索群锚锚具张拉端主要尺寸参数表　表 18.6-5

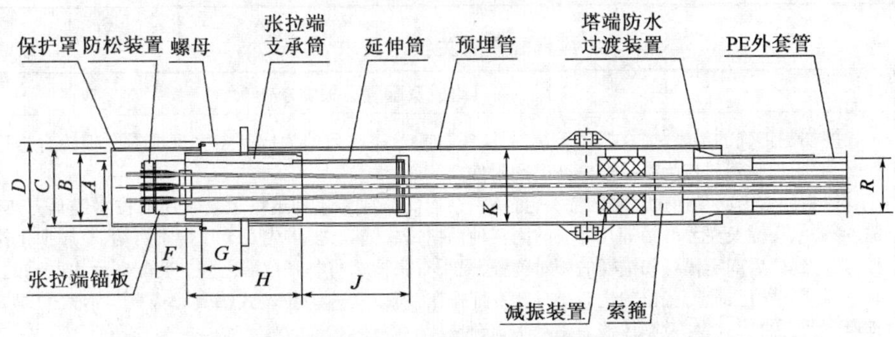

OVM250 型钢绞线拉索群锚锚具张拉端构造图

尺寸 锚具规格	张拉端锚板		张拉端支承筒		保护罩	张拉端螺母		延伸筒	张拉端预埋管
	A(mm)	F(mm)	B(mm)	H(mm)	C(mm)	D(mm)	G(mm)	J(mm)	K(mm)
OVM250—19	φ270	100	φ285	400	φ295	φ360	120	400	φ300
OVM250—22	φ270	100	φ285	400	φ295	φ360	120	400	φ300
OVM250—27	φ270	100	φ285	400	φ295	φ360	120	400	φ300
OVM250—31	φ310	140	φ330	450	φ340	φ420	150	400	φ345
OVM250—34	φ310	140	φ330	450	φ340	φ420	150	400	φ345
OVM250—37	φ335	150	φ350	500	φ360	φ450	150	400	φ365
OVM250—43	φ335	150	φ350	500	φ360	φ450	150	400	φ365
OVM250—55	φ370	180	φ390	600	φ400	φ500	180	500	φ410

OVM250 型钢绞线拉索群锚锚具固定端主要尺寸参数表 表 18.6-6

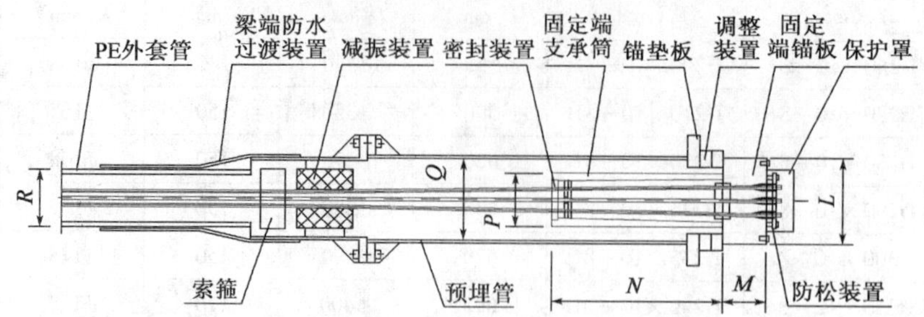

OVM250 型钢绞线拉索群锚锚具固定端构造图

锚具规格 \ 尺寸	固定端锚板		固定端支承筒		固定端预埋管	PE 护管(R)		配套千斤顶型号
	L(mm)	M(mm)	N(mm)	P(mm)	Q(mm)	圆管	HALF 管(mm)	
OVM250—19	φ360	180	400	φ155	φ300	φ155	φ132	YDCS3000
OVM250—22	φ360	180	400	φ180	φ300	φ180	φ170	YDCS3000
OVM250—27	φ360	180	400	φ180	φ300	φ180	φ170	YDCS3000
OVM250—31	φ420	220	400	φ200	φ345	φ200	φ170	YDCS5500
OVM250—34	φ420	220	400	φ200	φ345	φ200	φ170	YDCS5500
OVM250—37	φ450	220	500	φ200	φ365	φ200	φ170	YDCS5500
OVM250—43	φ450	220	500	φ230	φ365	φ230	φ195	YDCS5500
OVM250—55	φ460	280	600	φ235	φ380	φ235	φ195	YDCS6500

锚具配置有关技术要求 表 18.6-7

项　　目	锚具组成及配置有关要求
斜拉索锚具构造	长度切割正确的缆索,应在两端配置锚具,锚具配置完成后即为成品索。每根索经检验合格后应按编号挂牌,并附检验资料作为产品合格证书的附件。 斜拉索的索力必须通过两端的锚头,把桥跨结构的荷载传递到索塔上。常用的拉索锚具有热铸锚、镦头锚、冷铸镦头锚及夹片群锚等几种。前面三种是拉锚式锚具,需事先安装在钢索两端,千斤顶张拉并引伸锚杆,张拉到位后固定锚杆和锚圈的相对位置,锚头有张拉端与非张拉端之分。装配夹片式群锚的拉索,张拉时千斤顶直接拉钢索,张拉到位后锚具才发挥作用,所以又称为拉丝式锚具。锚具与钢索的连接必须可靠且耐疲劳,锚具与塔柱及梁体传力关系必须顺畅
冷铸锚具的组成及其相关要求	拉索的锚具大多采用冷铸锚具,每副冷铸锚具主要由锚环、锚板、约束圈、连接筒、螺母、后盖等部分组成,其所用钢材质量均应符合有关标准。锚环、螺母是冷铸锚的主要受力部件,应经探伤合格。冷铸锚具主要部件的精加工误差应符合有关设计规定,同一规格冷铸锚具的同类部件应具有互换性
表面处理	锚环、螺母、接口、后盖等部件,当设计需要镀锌处理时,其镀锌量应不少于 150g/m^2。不镀锌的部件应妥善堆放于室内,避免生锈;如设计采用发黑工艺时,则应注意润色一致
钢丝镦头技术要求	钢丝穿过镦板后应进行镦头,镦头直径要求不小于钢丝直径的 1.5 倍,高度不小于钢丝直径;头形目视正直;允许有小于 0.1mm 的纵向裂纹,但不得有横向裂纹;钢丝在镦头夹紧部位不得有削弱断面。锚环孔眼直径应大于钢丝直径,但不得超过 0.4mm
锚具钢材	锚板、螺母、夹片、支承筒等主要受力构件必须选用优质合金钢,其技术条件应符合《合金结构钢》(GB/T 3077—1999)的规定。其他零件材料应符合《优质碳素结构钢》(GB/T 699—1999)的规定。锚板、螺母、支承筒等锻件应符合现行规范和标准的规定

续上表

项　目	锚具组成及配置有关要求
锚具制作技术要求	锚具零件的机械加工应符合现行规范和标准的规定，热处理应符合现行规范和标准的规定。 锚具的梯形螺纹应符合《梯形螺纹　第4部分：公差》(GB/T 5796.4—2005)的规定，精度为8*H*/8*C*。螺纹的极限尺寸应符合《梯形螺纹量规　技术条件》(GB/T 8124—2004)的规定。 锚板、螺母、支承筒等主要受力构件的半成品在热处理后，应作超声波探伤，探伤合格后才能进入下一道工序。成品表面应进行磁粉探伤，探伤方法及评定标准应符合《承压设备无损检测》(JB 4730—2005)中11.13的规定。 锚板、螺母、支承筒、夹片应有硬度测试记录，硬度试验应符合《金属洛氏硬度试验》(GB/T 230—2002)的规定。 锚具所有金属件的外露表面须根据设计镀覆防腐金属层或进行防腐处理。电镀锌后应作脱氢处理，其试验及评定标准应符合《人造气氛腐蚀试验　盐雾试验》(GB/T 10125—1997)、《金属覆盖层　钢铁上的锌电镀层》(GB/T 9799—1997)的规定。 锚板、螺母、支承筒及夹片在生产过程中均应编打流水号，最后出厂时应用钢印将型号及流水号打在成品上。 环氧树脂涂层钢绞线拉索锚具组件应符合《预应力筋用锚具、夹具和连接器》(GB/T 14370—2007)中I类锚具的要求。 锚具组件静载锚固性能应满足锚固效率$\eta_A \geqslant 95\%$、极限延伸率≥2%的要求；低应力使用状态自锁性能可靠。 采用的锚具和咬透式夹片必须与环氧树脂涂层钢绞线配套，生产厂家应提供低应力状态下锚具夹片咬透环氧层试验
热铸锚	将一个内壁为锥形的钢套筒套在钢索上，然后使钢索端部的钢丝散开，在套筒中灌入熔融的低熔点合金，待合金凝固后就与散开的钢丝在套筒内形成一个楔形塞子。钢索受拉后，塞子在套筒中越楔越紧，外界拉力通过钢套筒传给钢索。套筒称为锚杯，用于张拉端的锚杯有插销式内螺纹，以便和张拉设备相连。锚杯出口部分填充环氧树脂，以防止金属之间的磨损腐蚀。 锚杯内填充物为锌铜合金，浇铸温度超过400℃，对钢丝的力学性能有不利影响，相对其后开发出的低温填充物锚具，称其为热铸锚
镦头锚	钢丝在穿过多孔锚板后将其末端镦粗，由于镦粗后的钢丝头已不能通过孔眼，钢丝拉力就传递到锚板上。锚板的厚度由材料的抗剪强度和钢丝的拉力控制。 锚板具有的外螺纹用于安装螺母，张拉端锚板连接带有内螺纹的套筒以便与张拉设备连接。镦头锚适用于平行钢丝索，具有良好的耐疲劳强度。使用镦头锚时必须选用可镦性的钢丝
冷铸镦头锚	冷铸锚构造与热铸锚相似，只是在锚杯锥形腔后面增设了一块钢丝定位板，钢丝通过锚杯后，再穿过定位板上的对应孔眼，镦头就位。锚杯中的孔隙用特制的环氧混合料填充，待环氧固化后，即与锚杯中的钢丝结合成整体。环氧混合料中须加入铸钢丸，以便在混合料中形成承受荷载的构架。钢丝受拉后，由于楔形原理，铸钢丸受到锚杯内壁的挤压，对索中钢丝形成开后门啮合，使钢丝获得锚固。在正常条件下，钢丝的拉力不会传递到镦头上，镦头只是安全储备
冷铸镦头锚	环氧混合料可在室温下浇铸，固化温度低于180℃，对钢丝的力学性能没有影响，相对于400℃高温下浇铸的热铸锚而言被称为冷铸锚。冷铸镦头锚有优异的抗疲劳性能，耐疲劳应力幅度大于200MPa，能完全满足斜拉桥要求，是目前成品索上广泛使用的锚具，在国外又被称为HiAm(耐高应力幅)锚
夹片式群锚	这是一种由后张法预应力体系演变而来的拉索锚具形式，用于锚固钢绞线索，但用作斜拉桥索的夹片式群锚的抗疲劳性能要求较高，其构造不同于一般的夹片式群锚。钢绞线索在进入群锚的锚板前，先穿过一节钢筒，钢筒的尾端与群锚板间须有可靠的连接，在拉索的索力调整完毕后，于钢筒中注入水泥浆。这样，拉索的静载由群锚承受，动载则通过钢筒时在拉索上获得缓解传递，从而减轻了群锚的负担。 夹片式群锚的优点是可以逐根钢绞线单独张拉，从而降低了超长斜拉索安装的难度，受到越来越多的重视。但是，受结构变形影响，每根钢绞线张拉力均不相同，如何保证总索力准确的同时使每根钢绞线应力均匀是施工的关键。 锚具是一根拉索极为重要的部件，必须严格满足现行《公路斜拉桥设计细则》(JTG/T D65-01—2007)的要求。当采用新型锚具时，必须经过耐疲劳及强度试验、锚固性能参数检验，且证明使用中不会出现滑丝、失锚现象后才能使用

18.7 部分斜拉桥、矮塔斜拉桥、无背索斜拉桥施工技术要求

部分斜拉桥、矮塔斜拉桥、无背索斜拉桥施工技术要求　　表 18.7-1

部分斜拉桥施工技术要求

项　目	内　容
索塔	索塔混凝土施工要求同混凝土索塔的相关规定。 安装索鞍前，应检查分丝管数量是否正确、有无孔洞等。安装时，宜采用劲性骨架进行定位，确保索鞍位置符合安装精度要求。索鞍区混凝土浇筑时，按索鞍分排的情况依次浇筑，确保索鞍下方混凝土的密实性，振捣时严禁碰撞索鞍预埋钢管。 抗滑锚块灌注环氧砂浆时，应封闭索鞍管口，防止环氧砂浆进入索鞍内。必须采用专用环氧砂浆灌浆机进行灌浆。 采用内外管索鞍时，应确保内管压浆的密实性，保证拉索防腐效果
主梁	主梁施工方法与连续梁施工基本相同。主梁高程施工控制应以挂篮立模调整为主
张拉	在张拉斜拉索时，宜利用锚具的测力装置，对斜拉索的应力（内力）从以下几个方面进行控制： 1. 控制每根斜拉索各股钢绞线拉力的离散误差在理论值的 ±3% 之内。 2. 控制一对斜拉索两束间的差值在整索索力理论值的 1% 之内。 3. 控制斜拉索整索索力实测值与理论值的误差在 2% 之内
施工控制	1. 部分斜拉桥索塔施工时，应进行施工观测和控制，主要控制对象如下： （1）索塔的几何位置、断面尺寸与倾斜度。 （2）索塔水平横撑的顶撑力。 （3）索塔施工期间的应力测量、线形测量及纠偏措施。 2. 主梁施工观测和控制： （1）主梁施工时必须进行施工控制，即对梁体每一施工阶段的结果进行详细检测分析和验算，以确定下一施工阶段拉索张拉量值和主梁线形、高程及索塔位移控制量值，周而复始，直至合龙成桥。 （2）主梁施工控制测量环境要求如下： ①尽量选择无风或微风的天气，以排除风荷载的影响。 ②应在 0 ~ 7 点（日出前）进行测量。 ③测量应在短时间内完成，以免测试条件的变化太大。 ④测量时应停止机械施工，以排除汽车制动力等的影响。 （3）施工监控测试的主要内容如下： ①变形：主梁线形、高程、轴线偏差、索塔顶的水平位移； ②应力：拉索索力、支座反力以及梁塔应力在施工过程中的变化； ③温度：温度场温度及指定测量时间段内塔、梁、索温度的变化。 （4）对塔梁非固结的斜拉桥，施工时必须使塔梁临时固结，合龙后按要求程序解除临时固结，完成结构的体系转换。施工期间应加强对临时固结的观察施工质量
施工质量控制标准	部分斜拉桥索塔和主梁施工质量控制标准与斜拉桥相关标准相同。 部分斜拉桥质量控制标准除满足索塔和主梁相应控制标准规定外，索鞍预埋钢管还应满足如下要求：管口高程≤10mm；管口坐标偏差≤10mm，且两边同向

矮塔斜拉桥

项　目	内　容
一般要求	1. 矮塔斜拉桥各部位的施工除应分别符合《公路桥涵 施工技术规范》（JTG/T F50—2011）的规定外，尚应根据其结构特点和受力特性，制订针对特殊部位的施工方案、施工工艺及控制方法。 2. 安装拉索的索鞍前，应检查分丝管数量是否正确，有无孔沿等；安装时，宜于采用劲性骨架进行定位，保证索鞍位置符合设计规定的精度要求。 3. 在浇筑索鞍区混凝土时，应按索鞍分排的情况依次浇筑；振捣混凝土时不得碰撞索鞍区的预埋钢管，并应采取措施保证索鞍区下方混凝土的密实性

续上表

矮塔斜拉桥	
项　目	内　容
一般要求	4. 抗滑锚块压注环氧砂浆时，应采用专用的环氧砂浆压浆机进行压注，并应封闭索鞍管口，防止环氧砂浆进入索鞍内。采用内外管索鞍时，应采取有效措施保证内管压浆的密实性，保证拉索的防腐效果。 5. 混凝土主梁施工时的控制宜以调整挂篮立模高程为主；主梁为钢梁时宜以调整梁顶高程为主。 6. 张拉拉索时，对平行钢丝拉索每张拉完一根拉索，或对钢绞线拉索每张拉完一根钢绞线，均应对索鞍两侧的管口进行封堵，保证雨水与杂物不进入管内。 7. 矮塔斜拉桥施工的质量标准除应符合一般斜拉桥相应的规定外，索鞍的预埋钢管尚应符合下列规定：管口高程的允许偏差为 ±10mm；管口坐标的允许偏差为 ±10mm，且两边同向

无背索斜拉桥	
项　目	内　容
一般要求	1. 无背索斜拉桥的施工应根据其结构特点和受力特性，在施工前制订施工方案和施工工艺。是采用先塔后梁还是先梁后塔的施工方法宜于根据索塔的倾斜程度确定。 2. 倾斜混凝土索塔的施工，在进行模板、支架设计及预埋拉索导管定位时，应充分考虑因塔的倾斜而导致各种构造尺寸和角度的变化，认真复核验算，避免发生差错。对倾斜钢索塔，在加工制造前，应在认真复核设计图纸的基础上，绘制加工工艺图，并应在加工制造时严格控制精度。 3. 采用先塔后梁的方法进行倾斜索塔的施工时，应采取必要措施，避免塔柱根部的混凝土产生过大的拉、压应力；有横梁的索塔，在横梁施工时应根据其构造特点对模板和支架系统进行专门设计，支架系统应可靠，其强度、刚度和稳定性应满足使用的要求。采用先梁后塔方法时，索塔应结合拉索的安装和张拉并按照施工控制的要求进行分段施工

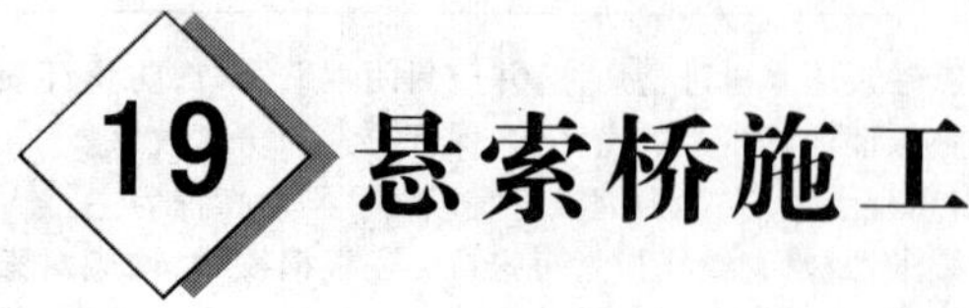

19 悬索桥施工

19.1 悬索桥施工内容与流程

悬索桥施工内容与流程 表 19.1-1

项　　目	主 要 内 容
悬索桥施工内容	1. 施工索塔及锚碇基础，同时加工制造上部结构施工所需的构件。 2. 施工塔柱、锚体以及鞍座等。 3. 主缆系统安装架设，包括牵引系统、猫道的架设、主缆索股预制和架设、紧缆、上索夹、吊索安装等。 4. 加劲梁节段的吊装架设，包括整体化焊接等。 5. 桥面铺装施工、主缆缠丝防护、伸缩缝安装等
悬索桥施工流程	施工流程如下图 锚碇　索塔 加劲钢箱梁制作　主索鞍、散索鞍制作　主缆索股制作　索夹、吊索制作 先导索过江 牵引系统架设 猫道架设 猫道门架、滚筒安装 主缆索股架设 紧缆 索夹、吊索安装 加劲钢箱梁安装架设 桥面铺装 主缆缠丝防护 桥面系伸缩缝及其他附属工程 静动载试验

19.2 锚碇施工

锚碇施工方法及注意要点 表 19.2-1

<table>
<tr><th colspan="2">项　目</th><th>主要施工方法及注意要点</th></tr>
<tr><td rowspan="2">重力式锚碇</td><td>重力式锚碇基础施工</td><td>
重力式锚碇基础的施工与索塔基础施工相似，所不同的是桥塔基础以承受垂直力为主，而锚碇基础则以抵抗水平力为主。因此，锚碇基础常被嵌入基岩较深，通常将基础底面挖成锯齿形、台阶形，以确保锚碇在主缆的巨大拉力下不产生滑移。
重力式锚碇基础施工应注意：
1. 坑开挖时应采取沿等高线自上而下分层开挖，在坑外和坑底要分别设置排水沟和截水沟，防止地面水流入，积留在坑内而引起塌方或基地土层破坏。原则上应采用机械开挖，开挖时应在基底高程以上预留150～300mm 土层用人工清理，不要破坏基底结构。如采用爆破方式施工，应使用如预裂爆破等小型爆破法，尽量避免对边坡造成破坏。
2. 对于深大基坑边坡处理，应采取边开挖边支护措施，保证边坡稳定。支护方法应根据地质情况采用
</td></tr>
<tr><td>重力式锚碇锚固体系施工</td><td>
1. 型钢锚固体系可按下列规定进行：
(1)所有钢构件安装均应按桥涵技术规范要求进行。
(2)锚杆、锚梁制造时必须严格按设计要求进行抛丸除锈、表面涂装和无破损探伤等工作。出厂前应对构件链接进行试拼，其中应包括锚杆拼装、锚杆与锚梁连接、锚支架及其连接系平面试装。
(3)锚杆、锚梁制作及安装精度应符合设计及规范要求，一般应符合下表要求
<table>
<tr><th colspan="3">锚杆、锚梁制作安装要求</th></tr>
<tr><th colspan="2">项　目</th><th>规定值或允许偏差</th></tr>
<tr><td rowspan="3">锚杆制造(mm)</td><td>长度</td><td rowspan="3">±3</td></tr>
<tr><td>高度</td></tr>
<tr><td>宽度</td></tr>
<tr><td rowspan="2">支架安装(mm)</td><td>中心线偏差</td><td>±10</td></tr>
<tr><td>横向安装锚杆的平联高差</td><td>-2，+5</td></tr>
<tr><td rowspan="3">锚杆安装(mm)</td><td>X 轴</td><td>±10</td></tr>
<tr><td>Y 轴</td><td>±5</td></tr>
<tr><td>Z 轴</td><td>±5</td></tr>
<tr><td rowspan="2">后锚梁安装</td><td>中心偏差(mm)</td><td>5</td></tr>
<tr><td>偏角(°)</td><td>符合设计要求</td></tr>
<tr><td colspan="2">漆膜厚度</td><td>不小于设计要求</td></tr>
</table>
2. 对预应力锚固体系可按下列规定进行：
(1)预应力张拉与压浆工艺，除严格按照设计和规定进行外，锚头要安装防护套，并注入保护性油脂。
(2)加工件必须进行超声波和磁粉探伤检查。
(3)预应力锚固系统施工精度应符合设计及规范要求，一般应符合下表要求
<table>
<tr><th colspan="2">预应力锚固体系施工要求</th></tr>
<tr><th>项　目</th><th>规定值或允许误差</th></tr>
<tr><td>拉杆张拉力</td><td>符合设计要求</td></tr>
<tr><td>前锚孔道中心坐标(mm)</td><td>±10</td></tr>
<tr><td>前锚孔道角度(°)</td><td>±0.2</td></tr>
<tr><td>拉杆轴线偏位(mm)</td><td>5</td></tr>
<tr><td>连接器轴线(mm)</td><td>5</td></tr>
</table>
</td></tr>
</table>

续上表

<table>
<tr><th colspan="2">项　目</th><th>主要施工方法及注意要点</th></tr>
<tr><td rowspan="2">重力式锚碇</td><td>重力式锚碇锚体混凝土施工</td><td>1. 大体积混凝土施工需要采取下列措施进行温度控制，以免混凝土开裂：
(1)采用低水化热品种的水泥。对于普通硅酸盐水泥应经过水化热试验比较后方可使用。
(2)采用下列方法降低水泥用量、减少水化热：掺入质量符合要求的粉煤灰和缓凝型外掺剂，粉煤灰用量一般为水泥用量的30%～40%；混凝土可按60d的设计强度进行配合比设计。
(3)降低混凝土入仓温度。可对砂石料加遮盖，防止日照；采用冷却水作为混凝土的拌和水等。
(4)进行大体积混凝土温控设计及监测。
①温度控制标准：
a. 混凝土内表(外)温差不超过25℃。
b. 混凝土上下层温差不超过20～25℃。
c. 混凝土入泵温度(随季节月份不同而异)。
d. 混凝土降温速率不超过2.0℃/d。
②温度控制措施：
a. 砂石料和拌和水预冷却措施(当环境温度较高时)。
b. 混凝土入泵温度的控制措施(运料车降温或保温、在泵管上覆盖麻袋、选择合适的环境温度浇筑)。
c. 每层设冷却水管，混凝土终凝后开始通水冷却降温。设计好水管流量、管道分布密度和进水温度，使进出水温度控制在10℃左右，水温与混凝土内部温差不大于20℃。
d. 加强混凝土养护。
③混凝土温度监测：
a. 监测仪器及测点布置(温度计在下几层多埋设，随高度增加逐渐减少)。
b. 测温设备布设(包括温度计布设、电缆线埋设、设立临时测站等)。
c. 温度监测内容(除监测气温、混凝土原材料温度、混凝土入泵温度、冷却水温度外，还要监测各层混凝土的最高温度值与升温值，以及各测点温度变化过程和特征)。
2. 大体积混凝土浇筑还应注意：
(1)采用分层施工，每层厚度可为1～1.5m，应视混凝土浇筑能力和降温措施而定。后一层混凝土浇筑前需要对已浇筑好的混凝土进行凿毛、清除浮浆，确保混凝土结合面黏结良好。每层间歇为4～7d。
(2)根据锚碇的结构形式、大小等采取分块施工，块与块之间预留湿接缝，槽缝宽度宜为1.5～2m，槽缝内宜浇筑微膨胀混凝土。
(3)混凝土浇筑完成后应按照规定覆盖并洒水进行养护。当气温急剧下降时注意保温，并应将混凝土内外温差控制在25℃以内</td></tr>
<tr><td>隧道式锚碇</td><td>1. 隧道式锚洞应采用小型爆破，并不得损坏周围岩体。开挖后应正确支护并进行锚体灌注。
2. 锚体混凝土必须与岩体结合良好，宜采用微膨胀混凝土，防止混凝土收缩与拱顶基岩分离。
3. 混凝土浇筑完毕之后，必须采用混凝土养生措施，确保混凝土的质量。
4. 洞内应具备排水和通风条件。
5. 隧道式锚碇混凝土施工精度应符合设计及规范要求，一般应符合下表要求
<table>
<tr><th colspan="3">隧道式锚碇混凝土施工精度要求</th></tr>
<tr><th colspan="2">项　目</th><th>允许偏差</th></tr>
<tr><td rowspan="2">锚碇结构轴线偏位(mm)</td><td>基础</td><td>20</td></tr>
<tr><td>锚面槽口</td><td>10</td></tr>
<tr><td colspan="2">断面尺寸(mm)</td><td>±30</td></tr>
<tr><td rowspan="2">基础底面高程(mm)</td><td>土质</td><td>±50</td></tr>
<tr><td>石质</td><td>+50，-200</td></tr>
<tr><td colspan="2">顶面高程(mm)</td><td>±20</td></tr>
<tr><td colspan="2">大面积平整度(mm)</td><td>8</td></tr>
<tr><td colspan="2">预埋件位置(mm)</td><td>10</td></tr>
</table></td></tr>
</table>

19.3 索塔施工

索塔施工方法及注意事项 表 19.3-1

<table>
<tr><th colspan="2">项 目</th><th>施工方法及注意事项</th></tr>
<tr><td rowspan="3">钢结构索塔施工</td><td>浮式吊机安装法</td><td>将索塔节段从水上浮吊安装。其优点是可以大大缩短施工期,适宜于塔高在 80m 以下的中等跨度悬索桥索塔施工</td></tr>
<tr><td>塔式吊机安装法</td><td>在索塔旁预先安装塔式吊机,通过塔吊进行起吊安装</td></tr>
<tr><td>爬升式吊机安装法</td><td>在索塔塔柱上安装爬升导轨,爬升式吊机沿此导轨爬升,通过爬升式吊机起吊安装</td></tr>
<tr><td rowspan="5">混凝土索塔施工</td><td>搭架现浇</td><td>1. 工艺成熟,无须专用的施工设备,能适应较复杂的断面形式,对锚固区的预留孔道和预埋件的处理也较方便,但是比较费工、费料、速度慢。
2. 跨度 200m 左右的斜拉桥,一般塔高(指桥面以上部分)在 40m 上下,搭架现浇比较适合。
3. 跨度更大的斜拉桥,塔柱可以分为几段,各段的尺寸、倾角都不相同,往往采用的方法也不同。下段比较适合于搭架现浇。
4. 跨度在 400m 以上,塔高在 350m 以上的,下塔柱可采用传统的脚手架翻模工艺,缺点是施工周期较长</td></tr>
<tr><td>预制吊装</td><td>要求有较强的起重能力和专用的起重设备,当桥塔不是太高时,可以加快施工进度,减轻高空作业的难度和劳动强度</td></tr>
<tr><td>滑模施工</td><td>滑模是指模板沿着所浇筑的混凝土由千斤顶(螺旋式或液压式)带动而向上滑升,要求所浇筑的混凝土强度必须达到模板滑升所必需的强度。提模则是拆模后把模板挂在支架上,模板随着支架的提升而上升。支架的提升是在塔的四周设置若干组滑车组,其上端与塔柱内预埋件连接,下端与支架的底框连接,支架随拉动手拉葫芦而徐徐上升。滑膜施工进度快,适用于高塔的施工。塔柱无论是竖直的或是倾斜的都可以用这个方法,但对斜拉索锚固区预留孔道和预埋件的处理要困难些</td></tr>
<tr><td>索塔横梁施工</td><td>通常采用支架施工,为消除支架变形,并保证横梁混凝土质量和外观线形,需对支架实施预压。当不便预压时,应采用如下措施:
1. 支架系统安装时,各竖向连接部位尽量贴紧,减少间隙。根据支架安装的实际情况,确定横梁底模预抬高量。
2. 计算支架系统的弹性变形。根据计算值,预先给底模一个预拱度值。
3. 配制和易性好、坍落度损失小、初凝时间较长的混凝土,在初凝前浇筑完混凝土,确保支架系统的变形在混凝土初凝前完成</td></tr>
<tr><td>施工精度要求</td><td>索塔施工精度要求
<table>
<tr><th>项 目</th><th>规定值或允许偏差</th></tr>
<tr><td>混凝土强度</td><td>在合格标准内</td></tr>
<tr><td>塔柱底水平偏位(mm)</td><td>10</td></tr>
<tr><td>倾斜度(mm)</td><td>符合设计规定;设计未规定时,塔高的 1/3 000,且不大于 30</td></tr>
<tr><td>断面尺寸(mm)</td><td>±20</td></tr>
<tr><td>系梁高程(mm)</td><td>±10</td></tr>
<tr><td>索鞍底板面高程(mm)</td><td>+10, -0</td></tr>
<tr><td>预埋件位置(mm)</td><td>10</td></tr>
</table></td></tr>
</table>

19.4 猫道架设

猫道施工　　表 19.4-1

项　目	主要内容
猫道架设总原则	对称施工,确保边跨与中跨作业平衡,以减少对塔变位的影响,控制裸塔塔顶变位及扭转在设计容许范围内。猫道承重索架设后要进行线形调整,应预留500mm以上的可调长度,各根索的跨中高程相对误差宜控制在±30mm之内。承重索在边跨与中跨应连续架设
猫道施工要求	1. 猫道形状及各部尺寸应满足主缆工程施工的需要。猫道面层高程到被架设的主缆底面距离沿全长应保持一致,宜为1.3~1.5m;猫道净宽宜为3~4m,扶手高宜为1.50m。上、下游猫道间宜设置若干条人行通道,以增强抗风稳定性。 2. 猫道承重索可用钢丝绳或钢绞线。设计时应充分考虑猫道自重及可能作用其上的其他荷载,承重索的安全系数不小于3.0。猫道宜设抗风缆,确保其稳定性。 3. 一般采用单线往复式牵引系统架设猫道,如下图所示。跨承重索架设:两边跨用直接提升法架设,中跨一般采用托架法架设。 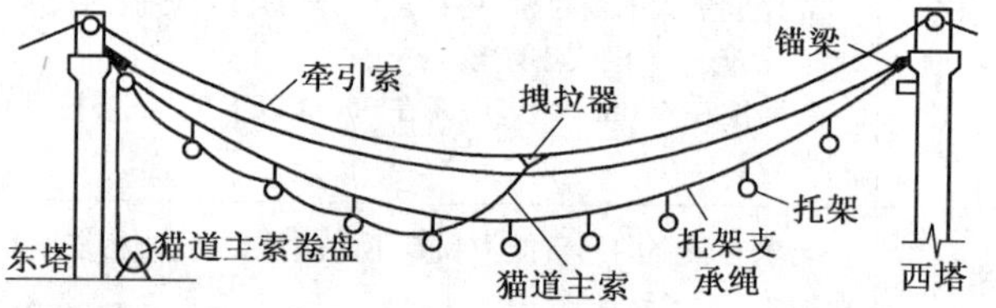 锚梁　牵引索　拽拉器　托架　东塔　猫道主索卷盘　托架支承绳　猫道主索　西塔 4. 采用钢丝绳作承重索时,须进行预张拉,以消除非弹性变形。预张拉荷载不得小于各索破断荷载的1/2,相邻两次张拉后钢丝长度应≤0.3‰,持荷时间不少于60min,进行两次。测长和标记在温度稳定的夜间进行。承重索按被指定的长度切断以后,其端部灌注锚头,锚头顶面须与承重索垂直,并对锚头进行静载检验,以策安全。 5. 猫道面层宜由阻风面积小的两层大、小方格钢丝网组成。 6. 猫道面层从塔顶向跨中、锚碇方向铺设,并且上、下游两幅猫道要对称、平衡地进行。铺设过程中设牵引及反拉系统,防止面层下滑失控而出现事故及卡环与猫道承重索卡死的现象。 7. 中跨、边跨猫道面的架设进度,要以塔的两侧水平力差异不超过设计要求为准。在架设过程中须监测塔的偏移量和承重索的垂度。 8. 抗风缆采用钢丝绳时,使用前应进行预张拉。抗风缆架设时宜按先内侧后外侧的架设顺序进行。架设前须先与有关部门联系,设置通航标志,保证航道安全。 9. 加劲梁架设前,须将猫道改吊于主缆上(改吊间距一般为6~8m),然后解除猫道承重索与塔和锚碇的连接,以利施工控制。 10. 主缆防护工程完成以后,可进行猫道拆除工作。拆除时严禁伤及吊索、主缆和桥面
承重索下料及锚头浇筑	1. 下料采用温度修正方法,将预张拉后的钢丝绳在持荷(最小破断拉力20%)状态下按设计无应力长度+弹性伸长量的修正长度进行精确测长、下料、标记。 2. 锚头浇筑工艺要进行评定,并制作试验段进行静载试验(破断拉力)
抗风系统	1. 采用常规浪风作为抗风缆。 2. 设置制振系统(设竖向和水平制振索),具有节省工期及费用、不增加猫道承重索拉力、不影响通航等优点。润扬大桥(基本风速29.1m/s)、西堠门大桥(基本风速41.12m/s)、泰州大桥(基本风速31.83m/s)、南京四桥等均采用了制振系统
猫道拆除	1. 猫道拆除在主缆缠丝防护、索夹螺栓最后一次紧固等工作全部完成后进行。 2. 猫道拆除工作内容及步骤:拆除抗风缆,拆除横向通道,拆除猫道改吊绳、侧网、扶手索、面网、横梁、猫道承重索、猫道工作平台及预埋件等

19.5　主缆架设与基准索控制

主缆架设与基准索控制要求　　表 19.5-1

<table>
<tr><th>项　目</th><th>主缆架设与基准索控制要求</th></tr>
<tr><td>先导索过江(海)</td><td>一般采用双线往复式牵引系统架设主缆。目前国内先导索过江方法有：
1. 自由悬挂法(海沧大桥，主跨 648m 三跨连续悬索桥采用自由悬挂法使先导索过海，由 ϕ16mm 转换为 ϕ28mm 再转换为 ϕ36mm)。
2. 分段牵引、江中对接法[如宜昌大桥，主跨 960m 单跨悬索桥，由 ϕ21.5mm(ϕ19.5mm) 转换为 ϕ28mm，再转换为 ϕ36mm]。
3. 直升机牵引法(如西堠门大桥，主跨 1 650m 二跨连续悬索桥，采用直升机牵引先导索过海，由 ϕ6mm 迪尼玛纤维绳转换为 ϕ22mm，再转换为 ϕ36mm)。
4. 拖轮水面漂浮牵引法[如泰州大桥，主跨 390m + 1 080m + 1 080m + 390m 三塔两跨连续悬索桥，先导索过江采用拖轮水面漂浮牵引法，用 ϕ13mm(绳芯) 迪尼玛纤维绳作先导索转换为 ϕ22mm，再转换为 ϕ36mm]</td></tr>
<tr><td>主缆架设方法</td><td>1. 空中送丝法
如下图所示。在两岸锚碇之间布置一无端牵引绳，即将牵引绳的端头连接起来，形成从这一岸到那岸的长绳圈。将送丝轮扣牢在牵引绳上某处，且将缠满钢丝的卷筒放在一岸的锚碇旁，从卷筒中抽出钢丝头，暂时固定在某靴跟(可编号为 A)处，称这一钢丝头为“死头”。继续将钢丝向外抽，由死头、送丝轮和卷筒将正在输送的丝形成一个钢丝套圈，用动力机驱动牵引绳，于是送丝轮就带着钢丝送向对岸。在钢丝套圈送到对岸时，用人工将套圈从送丝轮上取下，套到其对应的靴跟上。
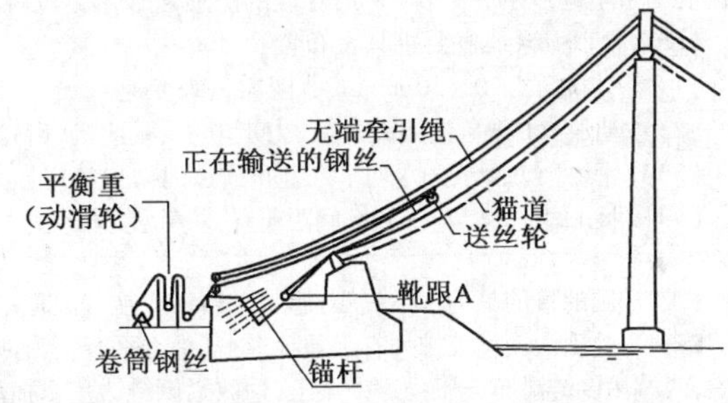

2. 预制索股法
预制索股一般每束 61 丝、91 丝或 127 丝。如下图所示，采用门架式拽拉器牵引索股，在猫道上设置若干个猫道门架安装门架导轮组，牵引索通过这些导轮组，其上固接有拽拉器，通过主(副)牵引卷扬机的收(放)索或放(收)索，使牵引索带动拽拉器穿过导轮组作往复运动。索股前端与拽拉器相连，使得索股前端约 30m 长悬在空中运行，而索股后段则支承在导向滚轮上运行
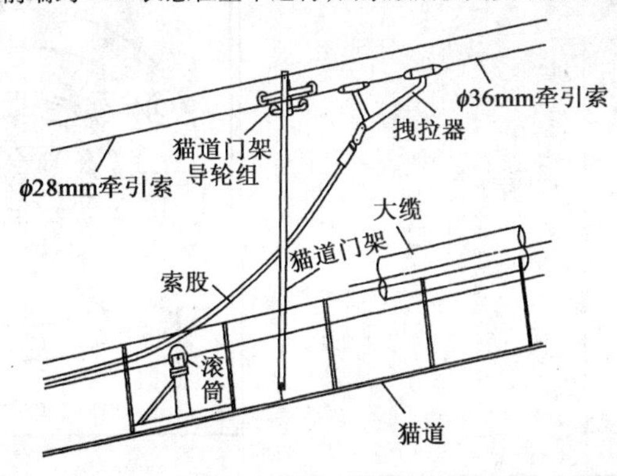
</td></tr>
</table>

续上表

项　　目	主缆架设与基准索控制要求
索股牵引	1. 牵引过程中应对索股施加反拉力。 2. 牵引最初几根时，宜压低牵引速度，注意检查牵引系统运转情况，对关键部位进行调整后方能转入正常架设工作。 3. 牵引过程中发现绑扎带连续两处被切断时，应停机进行修补。监视索股中的着色丝，一旦发生扭转，须采取措施加以纠正。 4. 牵引到对岸，在卸下锚头前须把索股临时固定，防止滑移。索股后端宜施加反拉力。 5. 索股两端的锚头引入锚固系统前，须将索股理顺，对鼓丝段进行梳理，不许将其留在锚跨内。 6. 索股横移时应使主、散索鞍前后两握索器之间的索股呈无应力状态，即索股横移时，须将索股从猫道滚筒上提起，确认全跨径的索股已离开猫道滚筒后，才能横向移到索鞍的正上方。横移时拽拉量不宜过大，任何人不允许站在索股下方。 7. 索股整形应用木锤敲打，并用钢片进行断面梳理，用专用四边形夹具夹紧，用绑扎带绑扎。 8. 索股入鞍顺序为塔顶处由边跨向主跨侧，散索鞍支墩顶由锚跨向边跨方向依次放入鞍槽。 9. 索股调整： （1）基准索股调整中的垂度测量有两个方法，即单向三角高程中间法和单向三角高程测量法。后者是考虑大气折光误差影响后的单向三角高程测量法。基准索股调整顺序为先中跨、后边跨。基准索股调整好后，须进行至少3d稳定观测，将连续3d观测数据经算术平均后作为基准索股最终线形。 （2）上、下游两根基准索股相对垂度差应不大于10mm，可用连通管法测量，也可直接测量上下游索股相对高差。 （3）一般索股调整可采用传统调索法，也可采用主缆各层外侧一根一般索股作为相对基准索股、逐层进行传递的方法。 10. 为防止索股架设中出现的“呼拉圈”、扭转、散丝、鼓丝及表面划伤等现象，应采取一系列措施：采用被动放索机构、加密塔顶及散索鞍支墩顶的托滚、索股上安装六边形鱼雷夹具、保持放索速度与牵引速度的一致性、采用合理的整形入鞍工艺及顺序等。 11. 索股牵引系统主要机具及布置： （1）牵引卷扬机（0～30m/min范围内无级变速）。 （2）被动放索机构（包括放索架、力矩电机、减速机、齿轮副、电磁制动器及手制动器等）。 （3）导轮组（包括塔顶门架导轮组和猫道门架导轮组）。 （4）索股托滚（一般以9～12m间距布置，采用尼龙材质，索鞍处加密）；拽拉器（应与牵引索配套设计）
紧缆	1. 初整圆的目的是为了下一步挤紧作准备，应在气温稳定的夜间进行。首先在主跨1/4、1/2、3/4、边跨1/2处确认钢丝束排列有无差异、钢丝是否平行，若有则及时调整。然后用ϕ10mm小钢丝绕两圈，两端用倒链滑车连于猫道横梁上，边收紧倒链边用木槌敲打。初整圆后，用钢带打包捆扎。 2. 紧缆借助紧缆机进行。紧缆机包含一个安装在主缆外面的环状刚性钢架，内有6个（或8个、乃至12个）置于径向的千斤顶，千斤顶可以是液压式或螺旋式，在各千斤顶的活塞顶端装有按大缆最终直径制造的圆弧状靴块，千斤顶的另一端则抵紧在上述环状钢架上，如下图所示 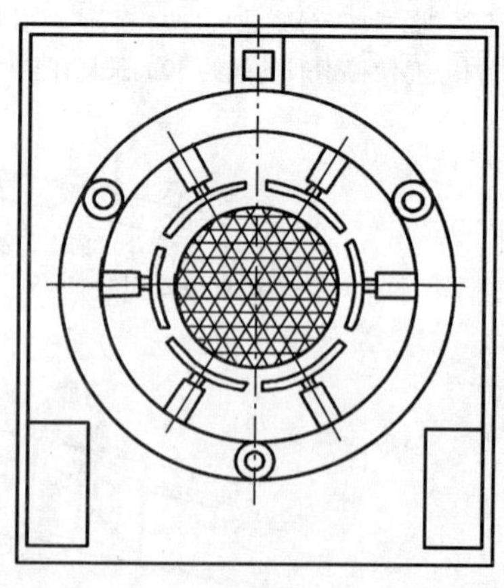

续上表

项　目	主缆架设与基准索控制要求
紧缆	3. 预紧缆应在温度稳定的夜间进行。其作业顺序采用"二分法"进行，分成大段后每段再采用该方法分至小段，以免钢丝的松弛集中在一处。索股上的绑扎带采用边紧缆边拆除的方法，不宜一次全部拆除。预紧缆完成处必须用不锈钢带捆紧，保持主缆的形状。不锈钢带的距离可为 5 ~ 6m，预紧缆目标空隙率宜为 28% ~ 30%。 4. 正式紧缆宜用专用的紧缆机把主缆整成圆形。其作业可以在白天进行，正式紧缆的方向宜向塔柱方向进行。当紧缆点空隙率达到设计要求时，在靠近紧缆机的地方打上两道钢带，其间距可取 100mm，带扣放在主缆的侧下方。紧缆点间的距离约为 1m。 5. 正式紧缆质量控制： (1)空隙率须满足设计要求，空隙率偏差为 2% ~ 3%。 (2)不圆度(即紧缆后主缆横径与竖径之差)不宜超过主缆设计直径的 2%
注意事项	1. 索股整形入鞍时，应在该段索股处于无应力状态下采用整形器完成，整形时应保持钢丝平顺，不得交叉、扭转或损伤钢丝。索股横移时，应将索股从猫道滚筒上提起，确认全跨径的索股已脱离滚筒后，方可移至索鞍的正上方；横移时的拽拉量不宜过大，且操作人员不得处于索股下方。 2. 索股锚头入锚后进行临时锚固。在跨中位置应对索股设定 200 ~ 300mm 的抬高量，并做好编号标志。 3. 索力的调整以设计和施工挖制提供的数据为依据，其调整量应根据调整装置中测力计的读数和锚头移动量双控确定。其精度要求为：实际拉力与设计值之间的允许误差为设计锚固力的 3%
索股线形调整	1. 垂度调整应在夜间温度稳定时进行。湿度稳定的条件为：长度方向索股的温差 $\Delta t \leqslant 2$℃；横截面索股的温差 $\Delta t \leqslant 1$℃。 2. 对基准索股的线形应采用绝对垂度进行调整，调整完成后，应连续数天对其线形进行观测，观测宜在风力小于 5 级的夜间且温度定时进行，并应在记录对应的跨中高程、气温、索股温度及索鞍 IP 点的偏量，确认基准索股的线形稳定后方可进行其他索股的架设；其他索股的线形应以基准索股为准，进行相对垂度调整。调整好的索股在索鞍位置应临时压紧固定，不得在鞍槽内滑移。 3. 对索股线形进行垂度调整时，其精度宜经索股高程的允许误差控制：索股中跨跨中为 $\pm L/20\,000$（L 为跨径），边跨跨中为中跨跨中的 2 倍；上下游基准索股高差为 10mm，一般索股（相对于基准索股）为 -5mm，+10mm

19.6 索鞍、索夹和吊杆安装

索鞍、索夹和吊杆安装控制要求 表 19.6-1

项　目	索鞍、索夹和吊杆安装控制要求
索鞍安装	1. 索鞍在安装前，应根据鞍体的开关和质量、施工环境条件、起吊高度等因素选用吊装设备；对设置在塔顶的起重支架及附属的起重装置等应进行专门设计，其强度、刚度和稳定性应满足使用的要求，并应有足够的安全系数。 2. 起重安装的所有准备工作完成后，应对起重设施进行全面检查。索鞍在正式起吊前，应先将鞍体吊离地面 0.1 ~ 0.2m，并持荷 10min 以上，检验起重设施各部位的受力和变形状况；并应在离地面 1 ~ 3m 范围内将鞍体提升起降两次检验卷扬机电机的性能。经上述检验并确认起重设施的各部位均正常后，方可进行正式起吊作业

续上表

<table>
<tr><th colspan="2">项 目</th><th>索鞍、索夹和吊杆安装控制要求</th></tr>
<tr><td colspan="2">索鞍安装</td><td>
3. 主索鞍底座钢格栅和散索鞍底座安装调整完成后，必须进行全桥面联测检查，确认无误后方可灌注底座下的混凝土。
4. 索鞍在安装时应根据设计规定的预偏量进行就位和固定，且应在主缆加载过程中根据监控数据分次顶推到设计位置。顶推前应确认滑动面的摩阻系数，严格控制顶推量。
5. 索鞍安装质量应符合下列表的规定
<table>
<tr><th colspan="2">主索鞍安装精度要求</th></tr>
<tr><th>项 目</th><th>规定值或允许偏差</th></tr>
<tr><td>纵向最终偏差(mm)</td><td>符合设计要求</td></tr>
<tr><td>横向偏位(mm)</td><td>10</td></tr>
<tr><td>高程(mm)</td><td>+20,0</td></tr>
<tr><td>四角高差(mm)</td><td>2</td></tr>
</table>
<table>
<tr><th colspan="2">散索鞍安装精度要求</th></tr>
<tr><th>项 目</th><th>规定值或允许偏差</th></tr>
<tr><td>纵、横向偏位(mm)</td><td>5</td></tr>
<tr><td>高程(mm)</td><td>±5</td></tr>
<tr><td>角度(°)</td><td>符合设计要求</td></tr>
</table>
</td></tr>
<tr><td rowspan="2">索夹和吊杆安装</td><td>索夹安装</td><td>
1. 安装前，应测定主缆的空缆线形，并在对设计规定的索夹位置进行确认后，方可于温度稳定时，在空缆上放样定出各索夹的具体位置并编号。安装前尚应清除索夹内表面及索夹位置处方缆表面的油污及灰尘，涂上防锈漆。
2. 索夹在场内运输和安装过程中应注意保护，防止损坏其表面。
3. 索夹在主缆上精确定位后，应立即紧固螺栓，且在紧固同一索夹螺栓时，应保证各螺栓受力均匀。索夹安装位置的纵向误差应不大于10mm。
4. 索夹螺栓的紧固应按安装时、加劲梁吊装后、全部二期恒载完成后三个荷载阶段分步进行，对每次紧固的数据应进行记录并存档
</td></tr>
<tr><td>吊杆安装</td><td>
1. 吊索制作必须按有关产品标准执行。
2. 运输、安装过程中保证吊索不受损伤。
3. 安装时须采取措施，防止吊索扭转。
4. 索夹和吊索安装精度应符合设计及规范要求，一般应符合下表要求
<table>
<tr><th colspan="4">索夹和吊索安装精度要求</th></tr>
<tr><th>项 目</th><th colspan="2">检 查 项 目</th><th>允许值或允许偏差</th></tr>
<tr><td rowspan="2">1</td><td rowspan="2">索夹偏位(mm)</td><td>纵向</td><td>10</td></tr>
<tr><td>横向</td><td>3</td></tr>
<tr><td>2</td><td colspan="2">上、下游吊点高差(mm)</td><td>20</td></tr>
<tr><td>3</td><td colspan="2">螺杆紧固力(mm)</td><td>符合设计要求</td></tr>
</table>
</td></tr>
</table>

19.7　加劲梁的架设及几何控制

施工测量　表 19.7-1

项　　目	测量内容与方法
准备工作	1. 建立施工测量控制网。 2. 准确收集锚碇、索塔和主散索鞍竣工测量资料，包括主、散索鞍的里程、中线和高差，并对索塔进行 24h 连续变形监测。 3. 收集索塔及锚碇的位移与沉降监测数据，并将此项监测贯穿上部施工全过程
猫道测量与调整	采用间接三角高程法观测、调整各跨猫道承重索的高程，调整中需考虑温度对猫道垂度的影响
主缆架设的高程控制	1. 根据温度、跨径的观测条件，拟订温度测量、基准索股绝对垂度测量方法。 2. 计算大气折光系数。 3. 进行基准索股绝对垂度敏感性分析。 4. 进行一般索股相对垂度、左右两根基准索股以及左右两根主缆间高差的监测等
索夹安装的位置控制	1. 索夹放样前进行坐标换算。 2. 在白天利用地面控制点放样出索夹大致位置。 3. 在气温稳定、风小的夜间确定出主缆的天顶线，放出吊索中心线与主缆的天顶线交点，并根据计算值确定索夹两端边缘位置
加劲梁架设阶段	1. 对钢箱梁架设过程中主索鞍顶推量进行监测。 2. 对梁段线形进行监测。 3. 对索塔变形及散索鞍位置进行监测

加劲梁制作　表 19.7-2

<table>
<tr><th>项　　目</th><th colspan="3">主 要 内 容</th></tr>
<tr><td rowspan="9">零部件加工</td><td colspan="3">1. 加劲梁零件参加工尺寸允许偏差参见本手册第 14 章相关内容
2. 零部件边缘的加工，应优先选用精密切割。
3. 边缘加工后，必须将边缘刺屑清除干净，磨去飞刺、挂渣及波纹，还应将崩坑等缺陷部位磨修匀顺。
4. 零件应根据零件预留加工量及平直度要求，加工端边。已有孔（或锁口）的零件按孔（或锁口）中心线定位加工边缘
5. 按设计要求需要刨铣加工的零件，刨边时应避免油污污染钢料，加工面的表面粗糙度 R_a 不应大于 25μm，顶紧加工面与板面垂直度偏差应小于 0.001t（t 为板厚）且不大于 0.3mm。
6. 经刨边后的边缘，其表面质量及公差应符合设计及规范要求，一般应符合下表要求</td></tr>
<tr><td colspan="3">刨边要求及公差</td></tr>
<tr><td colspan="2">项　　目</td><td rowspan="2">规定值或允许偏差</td></tr>
<tr><td>范　　围</td><td>名　　称</td></tr>
<tr><td rowspan="2">一般结构</td><td>刨铣边垂直度(mm)</td><td>≤0.05t 且不大于 2</td></tr>
<tr><td>粗糙度(μm)</td><td>R_a≤25</td></tr>
<tr><td rowspan="2">顶紧传力面</td><td>刨铣边垂直度(mm)</td><td>≤0.01t 且不大于 0.3</td></tr>
<tr><td>粗糙度(μm)</td><td>R_a≤12.5</td></tr>
<tr><td colspan="3">注：t 为板厚，R_a 为表面粗糙度</td></tr>
</table>

续上表

项　　目	主 要 内 容
零部件加工	7. 焊接坡口的加工偏差应符合设计及规范要求，一般应符合下表要求

焊接坡口加工允许偏差

简　　图	接 头 类 别	允 许 偏 差
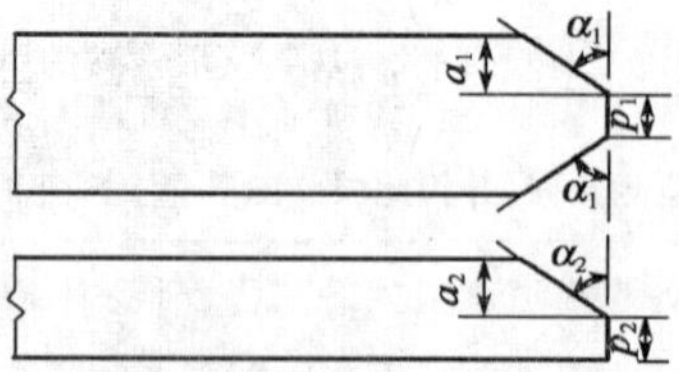	对接接头	α_1、α_2、α_3：±1° a_1、a_2：±1mm p_1、p_2：±1.5 mm
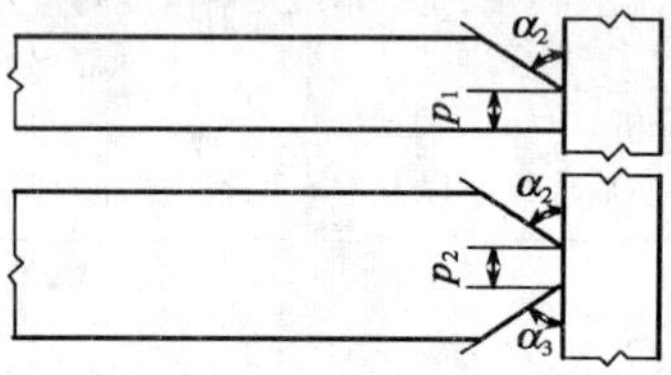	角接接头	α_1、α_2、α_3：±3° p_1、p_2：±1.5mm
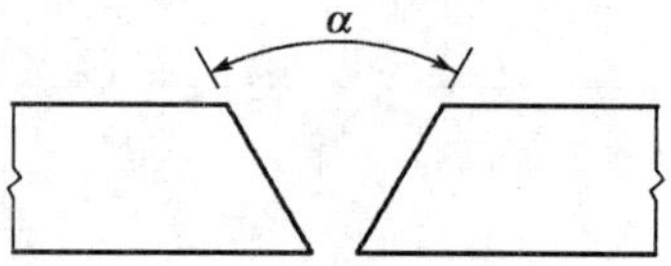	CO_2 单面衬垫焊接头	α：±3°

项　　目	主 要 内 容
板件、部件及节段组装	1. 组装 (1)组装前应熟悉施工图和工艺文件，核对编号及图纸无误后方可组装。 (2)板件、部件及节段组装应在专用平台或胎架上进行，使用专用夹具或马板进行固定，并按工艺要求施放余量或补偿量，在确保产品组装精度、控制焊接变形的条件下应尽量使用夹具，减少用马板的数量。 (3)松开马板约束时，必须采用火焰切割的方式进行，并将约束部位修磨均匀。 (4)桥面板、桥底板纵、横对接焊缝应带产品试板，对产品试板进行拉伸试验及焊缝热影响区低温冲击试验。产品试板数量为前面板、桥底板纵向对接焊缝每10条焊缝带1块产品试板，横向对接焊缝每5条焊缝带1块产品试板。 (5)组装合格后的板块或部件，应在规定部位打上编号钢印。 (6)组装精度应满足设计要求，设计无规定时，可按下表要求执行

组 装 精 度 要 求

简　　图	项　　目	允 许 偏 差
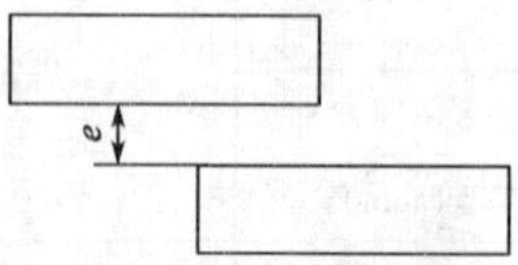	搭接接头的间隙(mm)	0,2
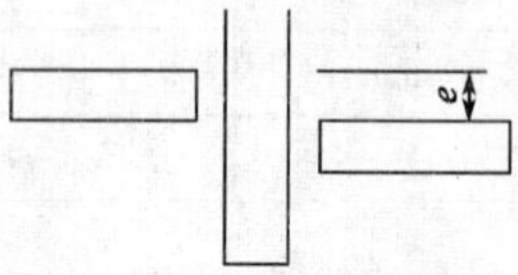	结合的错位(mm)	小于 $t/5$，且不大于4（t 为板厚）

续上表

项　目	主要内容		
	简　图	项　目	允许偏差
	—	横向构件与理论线位置偏差（mm）	±2
	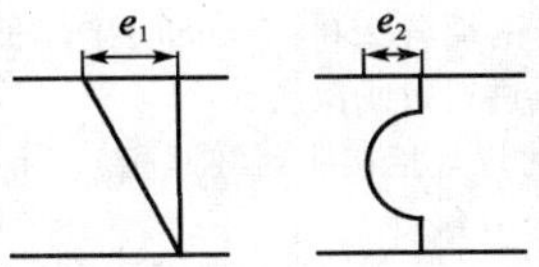	纵隔板和横隔板垂直度和平面度（mm）	$e_1 \leqslant 3$，$e_2 \leqslant 4$
		纵向构件与理论线位置偏差（mm）	±1
板件、部件及节段组装	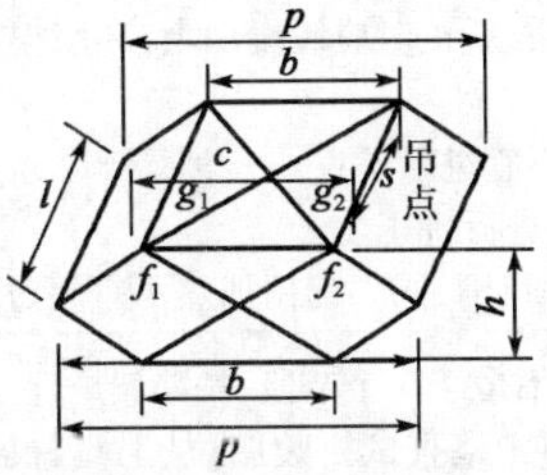	一般箱型梁节段的外形尺寸（mm）	b：±3；p：±3；l：±2；c：±2；s：±2；h = ±2（端口处）；h = ±4（其他）；$\vert f_1 - f_2 \vert \leqslant 4$；吊点四角平面度 ≤ 5 $\vert g_1 - g_2 \vert \leqslant 5$

2. 焊接

（1）焊接要求符合相关规定。

（2）焊缝超声波无损探伤范围、内部质量分级及检验等级应符合设计及规范要求，一般应符合下表要求

焊缝超声波无损探伤范围、内部质量分级及检验等级

项目	探伤方法	适用范围	探伤方法	质量等级	检验等级
对接焊缝	超声波	桥面板、桥底板、风嘴（参与强度计算时）的纵、横向对接焊缝	全长	Ⅰ级	B级
	超声波	U肋、球扁钢、扁钢等的对接焊缝；加劲肋的对接焊缝；隔板对接焊缝	全长	Ⅱ级	B级
角焊缝	超声波	U肋、球扁钢、扁钢与桥面板、桥底板、风嘴的角焊缝；加劲肋的对接焊缝；隔板与桥板的角焊缝	全部杆件两端各1m，中间加深1m	Ⅱ级	B级
	超声波	锚箱本体的角焊缝及与锚箱连接处的角焊缝	全长	Ⅱ级	B级
	磁粉或渗透	锚箱本体的角焊缝及与锚箱连接处的角焊缝	全长	—	—

续上表

项　目	主 要 内 容
板件、部件及节段组装	(3)焊缝的超声波探伤应符合现行《钢焊缝手工超声波探伤方法和探伤结果分级》(GB 11345—1989)的规定。 (4)焊缝的磁粉探伤应符合现行《无损检测　焊缝磁粉检测》(JB/T 6061—2007)的规定。 (5)焊缝的渗透探伤应符合现行《无损检测　焊缝渗透检测》(JB/T 6062—2007)的规定。 (6)桥面板、桥底板、风嘴(参与强度计算时)的纵、横向对接焊缝须进行射线探伤。纵缝按接头数量的10%进行射线探伤,探伤范围为焊缝两端各250~300mm,接焊长度大于2m时中间加探250~300mm。横缝应按横缝长度的5%随机进行射线探伤。 (7)焊缝的射线探伤应符合现行《金属熔化焊焊接接头射线照相》(GB/T 3323—2005)的规定。射线照相质量等级为AB级;焊缝内部质量为Ⅱ级。 (8)焊缝修磨和返修: ①外观检查超标者应按本手册表14.2-8标准进行返修。 ②超出规定的内部缺陷应在查明原因后用碳弧气刨清除缺陷,用手工焊进行返修。 ③返修焊后的焊缝应修磨匀顺,并按原质量标准进行复检。 3. 部件矫正 (1)部件矫正时,应优先采用机械矫正方法,矫正时应缓慢加力,环境温度不应低于5℃,冷矫角变形总量不应大于2%。 (2)仅做定位焊或焊缝尚未完成的构件,不宜进行矫正。 (3)板件和节段应在装焊完毕松弛约束后进行矫正。 (4)热矫时加热温度应控制在600~800℃范围,同一部位加热不宜超过2次
试拼装	1. 钢梁应按拼装图进行厂内试拼装,试拼不少于3个节段,按架梁顺序进行。 2. 试拼装前,应认真做好各项准备工作,仔细检查试拼装胎位、工具、仪器及吊具是否完好和安全是否可靠。 3. 依据设计图及工艺文件核对每个零件、部件、梁段,不允许使用未经检验或不合格的零部件及梁段参加厂内试拼装。 4. 每次试拼按箱形梁矫正允许偏差和板梁、桁梁杆件矫正允许偏差进行检测,其结果应有详细的记录。首次由工厂技术负责主管组织鉴定,其余各次由工厂检验部门检验确认合格后方可进行下一道工序
成品	1. 成品梁段基本尺寸允许偏差应符合设计及规范要求,一般应符合下表要求

梁段验收允许误差

项目：名　称	项目：范　围	允许误差(mm)
跨度 L	L为三段试装时最外两吊点的中心距(m)	±(5+0.15L)
	分段时两吊点中心距	±2
全长	分段累加总长	±20
	分段长	±2
盖板宽	盖板单元纵向有对接时的盖板宽	±1
	箱梁段的盖板宽	±3
旁弯	桥面中心线在平面内的偏差,L为三段试装长度(m)	3+0.1L,最大12
	单段箱梁	≤5
拱度	L为跨度或试装匹配时三段的长度(m)	超过的 + {3+0.15L; 最大12}
		不足的 − {3+0.05L; 最大6}
工地对接板面高低差	安装匹配件后板面高差	≤1.5

续上表

项　目	主 要 内 容
成品	2. 钢梁成品应由工厂检验部门进行全面检查、验收，并与业主委派的质量监理工程师共同确认，合格后方可填发产品合格证。 3. 成品移交用户时，工厂应提供下列文件：①产品合格证；②完工图；③工厂内试拼装记录；④焊缝重大修补检验记录

加劲梁的架设及其几何控制要求　　表 19.7-3

项　目	主 要 内 容
吊装准备工作	1. 对桥下地形及河床进行探测，根据实际情况进行清理。 2. 潮汐河段须掌握桥位区海域水文情况，了解该处潮汐变化规律。 3. 完成施工组织设计，并经审定。 4. 确定吊装期间封航和航道运输管理方案。 5. 应充分掌握有关气象资料，特别是突发性风情预报，并做好防范措施。 6. 吊机安装就位，并完成各项设备的安装及检查工作
吊机	安装钢箱梁的吊机可选用卷扬机提升跨缆吊机或液压提升跨缆吊机，启用前必须进行试吊
吊装方法	1. 如能将梁段运至吊点位置处，可采用垂直起吊法架设。 2. 因河床的限制，梁段不能运至吊点正下方时，可将吊机偏位垂直起吊梁段，然后纵向牵引箱梁就位
吊装过程相关规定	1. 吊装过程必须严格遵守高空作业及水上作业的安全规定。 2. 吊装过程应观察索塔变位情况，根据设计要求和实测塔顶位移量分阶段调整索鞍偏移量，以保证工程质量和施工安全。 3. 安装前应确定安装顺序，一般可以从中跨跨中对称地向两边进行，安装完一段跨中梁段后，再从两边跨对称地向索塔方向进行。 4. 钢箱梁水上运输必须由有经验的人员担任。架设前，宜进行现场驳船定位试验，以保证定位精度。 5. 各工作面上，吊装第二节段起须与相邻节段间预偏一定间隙（0.5～0.8m），至高程后牵拉连接，避免吊装过程与相邻节段发生碰伤，影响吊装工作顺利进行。 6. 安装合龙段前，必须根据实际的合龙长度，对合龙段长度进行修正
调试和定位	1. 在节段吊装过程中应对箱梁节段接头进行测试，并随时拧紧定位临时螺栓。 2. 当节段吊装超过一定数量时，跨中段的挠度曲线趋于平缓，接近设计要求，此时可对该接头进行定位焊。随节段吊装的增加，其他节段的挠度曲线也将逐渐趋于平缓，其接头也将就位，可实施定位焊
工地焊接	1. 工地焊接应进行工艺评定，并严格按工地焊接工艺进行工地焊接。 2. 工地焊缝焊接前应用钢丝砂轮进行焊缝除锈，并在除锈后 24h 内进行工地焊接。 3. 焊接前应检查接头坡口、间隙和板面高低差是否符合要求，同时检查环境是否满足工地焊接的环境要求，如不满足应采取措施。工地焊接环境要求：风力 <5 级，温度 >5℃，湿度 $<85\%$。雨天不能进行工地焊接（箱内除外）。 4. 工地接头焊接时，应注意温度变化对接头焊接的影响。安装时须有足够数量的固定点并保证足够的强度。当工地焊缝形成并具有足够的刚度和强度时，方能解除安装固定点，防止焊缝裂纹及接口处错边量超差。 5. 箱内焊接须有通气排尘措施，钢桥上应有安全用电措施，确保施工安全。 6. 桥面板和桥底板应使用单面焊双面成形技术，其他结构应尽可能采用高效焊接以减少焊接变形。当箱内采用 CO_2 气体保护焊时，应采取通风防护安全措施。 7. 为控制变形，应对施焊顺序进行控制，横向施焊顺序宜从桥面中轴线向两侧焊接，并尽量做到对称施焊

续上表

项　　目	主 要 内 容
工地焊接	8. 工地焊接接头应进行 100% 的超声波探伤，其中抽 30% 进行 X 光探伤拍片检查，当有一片不合格时则对该焊缝进行 100% 的 X 光探伤拍片。 9. 纵向加劲肋的对接接缝只做超声波探伤。 10. 焊缝缺陷的修补应按有关规定执行
工地涂装	1. 工地焊接后应按防腐设计要求进行表面处理。 2. 工地焊接的表面补涂油漆应在表面除锈 24h 内进行，分层补涂底漆和面漆，并达到设计的漆膜总厚度。 3. 根据技术文件的要求，工地焊接完成后，应按涂装工艺文件的要求涂箱外装饰面漆
安装顺序	悬臂吊装时，可先利用塔顶的吊装设备安装好靠塔柱的节段，再在桁梁上安装移动式悬臂吊机，利用移动式悬臂吊机从塔柱往主跨跨中及锚碇方向对称均衡地将桁梁安装到位。对于桁梁节段质量较轻者，也可采用缆索吊装
加劲梁安装质量	加劲梁安装质量标准

加劲梁安装质量标准

项　　目	规定值或允许偏差值
吊点偏位（mm）	20
梁顶面高程在两吊索处高差（mm）	20
相邻节段匹配高差（mm）	2
吊索防护	符合设计规定
梁段工地连接	符合设计规定
加劲梁工地防护	符合设计规定

19.8　主缆缠丝防护

主缆防护技术要求　　表 19.8-1

项　　目	主缆防护与锚具技术要求
缠丝机	缠丝机的主要部件包含一个可以开闭的钢环，钢环隔着圆弧形衬板骑在大缆之上。缠在环上的软钢丝被一迅速旋转的飞轮抽出，紧紧缠在主缆之外。如中交第二公路工程局研制的 CSJ—950 型大跨径悬索桥主缆缠丝机、中跌大桥局研制的 ZLC350 型主缆缠丝机等
缠丝时间	1. 缠缆工作应在大部分恒载作用之后进行，此时主缆截面因拉应力作用而稍稍收缩且索夹均已安装到位，故缠丝机应有越过索夹的功能。通常在桥面铺装完成后进行缠丝。 2. 国内也有多座桥采用“先缠丝后桥面铺装”工艺，关键是要准确确定缠丝拉力，需根据后期恒载（桥面铺装及其他附属结构）、汽车荷载和最大降温组合计算确定
相关要求	1. 缠丝之前要在主缆钢丝表面涂以铅丹膏。在缠丝过程中，铅丹膏会被挤出，应随时将挤出的铅丹膏刮去，不让铅丹膏结硬在缠丝表面，随后再在缠丝之外进行油漆。 2. 缠丝机只能在索夹之间工作，缠丝的头要腊焊于索夹边缘。对于缠丝和索夹之间的缝隙，需要用铅毛（极细的小段铅丝）嵌塞，但位于主缆下面的缝隙都不必嵌塞，以使浸入主缆内部的水分可以从这里泄出。应尽可能避免施工过程雨水浸入主缆
缠丝顺序	中、边跨缠丝先后顺序及缠丝方向因缠丝机的使用性能及桥梁实际情况而定。缠丝总体方向宜由高处向低处进行，而两个索夹之间则应从低到高，以保证缠丝的密实程度

19.9 施 工 监 控

施 工 监 控 表 19.9-1

项 目	主 要 内 容
监控目的	确保成桥后的结构内力和线形符合设计要求
预期目标	1. 成桥后钢箱梁线形平顺,应力分布合理。 2. 成桥后主缆索股拉力和吊索力逼近设计状态。 3. 成桥后主缆跨中高程逼近设计状态。 4. 成桥后索塔位置逼近设计状态。 5. 架设阶段确保主缆、钢箱梁线形,索塔偏位与理论计算值接近;施工过程和竣工时结构变形、线形、位移等达到设计要求
监控内容	1. 索塔的变形监测(索塔结构混凝土收缩、徐变影响的参数收集;锚碇、索塔高程及位移监测)。 2. 主缆线形及桥面线形的监控(悬索桥线形控制的关键在于控制主缆的架设线形,在完成空缆线形后决定吊索计算下料长度,一期及二期恒载必须准确。悬索桥线形控制是靠精确的计算和施工测量来实现的)。 3. 主缆索股锚跨张力及吊索力测定。 4. 架设钢箱梁阶段线形及内力监控(索鞍顶推阶段及顶推量、架梁过程线形变化、索塔及散索鞍的位移、建成后钢箱梁内力监测等)

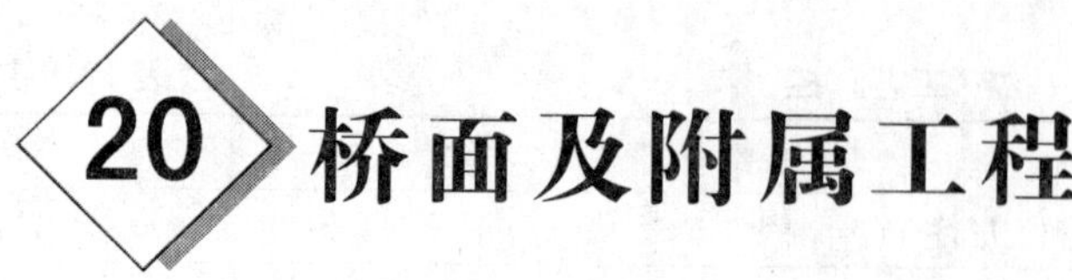

20 桥面及附属工程

20.1 总体要求

总体要求　　表 20.1-1

项　目	技术要求
橡胶支座	1. 板式橡胶支座需符合现行《公路桥梁板式橡胶支座》(JT/T 4—2004)标准的规定。要求不偏位、不倾斜、不脱空。 2. 盆式橡胶支座应符合现行《公路桥梁盆式支座》(JT/T 391—2009)标准的规定。要求位置准确,平整,滑动方向符合设计要求
伸缩装置	橡胶伸缩装置应符合现行《公路桥梁伸缩装置》(JT/T 327—2004)标准的规定。要求安装温度测量准确,伸缩体横桥向应与桥面线形相吻合,缝槽洁净,锚固可靠,在接缝伸缩开放状态下浇筑混凝土,伸缩装置两边的组件及桥面应平顺,无扭曲
混凝土桥面铺装	包括沥青混凝土铺装和水泥混凝土铺装,需符合《公路沥青路面施工技术规范》(JTG F40—2004)、《公路钢箱梁桥面铺装设计与施工技术指南》及《水泥混凝土桥面铺装技术指南》(SCG F31—2010)的有关规定
复合式桥面铺装	复合式桥面铺装指上层为沥青桥面铺装,下层为水泥混凝土桥面铺装,需符合《公路沥青路面施工技术规范》(JTG F40—2004)的规定及参考《水泥混凝土桥面铺装技术指南》(SCG F31—2010)有关规定执行
特大桥桥面铺装	按专项设计施工
防撞护栏	桥面防护的防撞护栏施工应符合现行《公路交通安全设施施工技术规范》(JTG F71—2006)的有关规定

20.2 支座安装

桥梁支座安装技术要求　　表 20.2-1

项　目	支座安装的有关规定和要求
板式橡胶支座安装	1. 支座在顺桥向和横桥向的方向、位置应准确,安装应进行检查核对,避免反置。 2. 当顺桥向有纵坡导致两相邻墩(台)的高程不同时,支座安装对高程的控制应符合设计规定,且同一片梁(板)在考虑坡度后,其相邻墩垫石顶面高程的相对误差不得超过 3mm。 3. 梁、板吊装时,就位应准确且其底面应与支座密贴,否则应将梁、板吊起,重新调整就位安装;安装时不得采用撬棍移动梁、板的方式进行就位

续上表

项　目	支座安装的有关规定和要求
盆式橡胶支座安装	1. 梁、板底面和垫石顶面的钢垫板应埋置稳固。垫板与支座间平整密贴，支座四周不得有0.3mm以上的缝隙，并应保持清洁。 2. 活动支座的聚四氟乙烯板和不锈钢板不得有刮伤、撞伤。氯丁橡胶板块应密封在钢盆内，应排除空气，保持紧密。 3. 活动支座安装前应采用适宜的清洁剂擦洗各相对滑移面，擦净后应在四氟滑板的储油槽内注满硅脂类润滑剂。 4. 盆式支座的顶板和底板可采用焊接或锚固螺栓栓接在梁体底面和垫石顶面的预埋钢板上。采用焊接时，应对称、间断焊接，并应防止温度过高对橡胶板、聚四氟乙烯板以及对周边混凝土产生影响；焊接完成后，应在焊接部位作防锈处理。安装锚固螺栓时，其外露螺杆的高度不得大于螺母的厚度。 5. 对跨数较多的连续梁，支座顶板纵桥向的尺寸，应考虑温度、预应力、混凝土收缩与徐变等影响因素引起的梁长变化，保证支座能正常工作
球形支座安装	1. 支座的安装高度应符合设计要求，安装时应保证支座平面的水平，支座支承面的四角高差不得大于2mm。 2. 安装支座板及地脚螺栓时，在下支座板四周宜采用钢楔块进行调整，使支座水平。支座在安装过程中不得松开上顶板与下底盘的连接固定板。 3. 灌浆料应采用质量可靠的专用产品，灌浆应饱满、密实。灌浆料硬化并达到规定的强度后，应及时拆除支座四角的临时钢楔块，楔块抽出的位置应采用相同的灌浆料填塞密实。 4. 在梁体安装完毕或现浇混凝土梁体形成整体，并达到设计强度后，张拉梁体预应力之前，应拆除支座上顶板与下底盘的连接固定板，解除约束使梁体能正常转动和位移。 5. 拆除连接固定板后，应对支座进行清洁，检查无误后灌注硅脂，并应及时安装支座外防尘罩。 6. 当支座采用焊连接时，应在支座准确定位后，采用对称、间断的方式焊接。焊接时应采取适当措施防止损伤支座的钢构件、聚四氟乙烯板、硅脂以及周边的混凝土等；焊接后应对焊接部位作防锈处理
特殊形式支座安装	1. 对于聚四氟乙烯滑板式橡胶支座，四氟板表面应设置储油槽，支座四周设置防尘设施。在安装时应注意以下各点： （1）墩台上设置的支承垫石，其高程应考虑预埋的支座下钢板厚度，或在下承垫石上预留一定深度的凹槽，将支座下钢板用环氧树脂砂浆黏结于凹槽内。 （2）在支座下钢板上及四氟滑板式支座上标出支座位置中心线，两者中心线相重合放置。为防止施工时移位，应设置临时固定措施。安装宜在年平均气温相差不大时进行。 （3）梁底预埋有支座上钢板，与四氟滑板式支座密贴接触的不锈钢板嵌入梁底上钢板内，或用不锈钢沉头螺钉固定在上钢板上，并标出不锈钢板中心线位置。安装支座时，不锈钢板、四氟板表面均应清洁、干净，在四氟滑板表面涂上硅脂油。落梁时要求平稳、准确、无振动，梁与支座密贴，不得脱空。 （4）支座正确就位后，拆除临时固定装置，采取安装防尘围裙措施。 2. 圆形板式橡胶支座安装注意事项同聚四氟乙烯滑板式支座

支座安装施工质量标准 表 20.2-2

项目		规定值或允许偏差
支座中心与主梁中线(mm)		2
支座顺桥向偏位(mm)		10
高程(mm)		符合设计规定,未规定时 ±5
支座四角高差(mm)	承压力≤5 000kN	小于 1
	承压力 >5 000kN	小于 2

斜拉桥、悬索桥支座安装施工质量标准 表 20.2-3

竖向支座的纵、横向偏位(mm)	5
支座高程	±10
竖向支座垫石钢板水平度	2
竖向支座滑板中线与桥轴线平行度	1/1 000
横向抗风支座支挡垂直度(mm)	不大于 1
横向抗风支座支挡表面平行度(mm)	不大于 1
支挡表面与横向杭风支座表面间距(mm)	2

20.3 伸缩装置安装

伸缩装置及其安装 表 20.3-1

项目	伸缩装置及其安装要求
梳形钢板伸缩装置安装	1. 采用梳形钢板伸缩装置安装的间隙,应按安装时的梁体温度确定,一般可按下式计算: $\Delta_1 = l - l_1 + l_2$ 式中:Δ_1——安装时的梳形板间隙; l——梁的总伸缩量; l_1——施工时梁的伸长量,应考虑混凝土干燥收起的收缩量,预应力混凝土梁还应考虑混凝土徐变引起的收缩量; l_2——富余量。 2. 梳形钢板伸缩装置、板式橡胶伸缩装置,施工前必须认真做好伸缩装置部位的清理工作。施工中应加强锚固系统的锚固,防止锚固螺栓松动、螺帽脱落,注意养护。 3. 应设置橡胶封缝条防水
橡胶伸缩装置安装	1. 采用橡胶伸缩装置时,材料的规格、性能应符合设计要求。根据桥梁跨径大小或连续梁(包括桥面连续的简支梁)的每联长度,可分别选用纯橡胶式、板式、组合式橡胶伸缩装置。对于板式橡胶伸缩装置,应有成品解剖检验证明。安装时,应根据气温高低,对橡胶伸缩体进行必要的预压缩。气温在5℃以下时,不得进行橡胶伸缩装置施工。 2. 采用后嵌式橡胶伸缩体时,应在桥面混凝土干燥收缩完成且徐变也大部完成后进行安装。 3. 伸缩装置安装时应注意下列事项: (1)检查桥面板端部预留空间尺寸,注意钢筋不受损伤。若为沥青混凝土桥面铺装,宜采用后开槽工艺安装伸缩缝,以提高与桥面的顺适度。 (2)根据安装时的环境温度计算橡胶板伸缩装置的模板宽度与螺栓间距。将准备好的加强钢筋与螺栓焊接就位,然后浇筑混凝土养生。 (3)将混凝土表面清洁后,涂防水胶黏材料。利用调整压缩的工具,将伸缩装置安装就位。向伸缩装置螺栓孔内灌注防蚀剂后,注意及时盖好盖帽。 (4)应符合《公路桥梁伸缩装置》(JT/T 327—2004)的规定

20.4 沉降缝、桥面防水及泄水管设置

沉降缝、桥面防水及泄水管设置 表 20.4-1

项　目	有关规定和设置要求
沉降（变形）缝设置	沉降（变形）缝的位置应按设计要求设置，缝宽均匀一致，从上到下竖直贯穿桥梁结构物。缝端面平整，按设计要求设置嵌缝材料
桥面防水层设置	1. 防水层材料应在进场时进行检测，在符合产品的相应标准后方可使用。 2. 铺设防水材料前应清除桥面的浮浆和各类杂物。 3. 防水层在横桥向应闭合铺设，底层表面应平顺、干燥、干净。防水层不宜在雨天或低温下铺设。 4. 防水层通过伸缩缝或沉降缝时，应按设计规定铺设。 5. 水泥混凝土桥面铺装层当采用织物与沥青黏合的防水层时，应设置隔断缝。 6. 防水层施工完成后，在未达到规定的时间内，不得开放交通
管设置	1. 泄水管的施工应按设计要求执行。泄水管应伸出结构物底面 100～150mm。泄水孔的顶面不应高于水泥混凝土铺装层的顶面。 2. 桥下有道路、铁路、航道等不宜直接排水的情况，可将泄水管通过纵向及竖向排水管道直接引向地面，或按设计文件要求办理。要求管道有良好的固定装置，如锚碇轨及抱箍等预埋件

20.5 桥面铺装施工

20.5.1 桥面沥青混凝土铺装

沥青混凝土面层铺装 表 20.5-1

项　目	沥青混凝土面层铺装方法和要求
沥青混凝土桥面铺装施工要求	1. 铺装的层数和厚度应符合设计规定，铺装前应对桥面进行检查，桥面应平整、粗糙、干燥、整洁。铺筑前应洒布黏层沥青。 2. 当采用刻槽方式增加沥青混凝土铺装层与混凝土桥面的啮合，提高其抗滑能力时，刻槽的宽度宜为 20mm，槽间距宜为 20m，槽深宜为 3～5mm。 3. 沥青混凝土的配合比设计、铺筑及碾压等施工，应符合现行行业标准《公路沥青路面施工技术规范》（JTG F40—2004）的有关规定
浇洒黏层沥青工艺要求	1. 如上所述，黏层沥青应均匀洒布（亦可涂刷）。浇洒过量的局部地段或积聚油量较多时应予以刮除 2. 当气温低于 10℃或水泥混凝土面层潮湿（或不洁）时，不得浇洒黏层沥青。 3. 浇洒黏层沥青后，严禁除沥青混合料运输车外的其他车辆、行人通过。 4. 黏层沥青洒布后，应紧接铺筑沥青混凝土面层，但乳化沥青应待破乳、水分蒸发完后铺筑。 5. 洒布沥青黏层前宜在路缘石上方涂刷石灰水或粘贴保护纸张，以免沥青沾染缘石
铺筑沥青面层时伸缩缝缘处理	伸缩缝处宜用黄沙等松散材料临时铺垫与水泥混凝土顶面相平，沥青混凝土面可连续铺筑。铺筑完成后再按所用伸缩装置的宽度，划线切割，挖除伸缩缝部分的沥青混凝土后再安装伸缩装置
热拌沥青混合料的运输	1. 沥青混凝土面层铺筑用沥青混合料应采用较大吨位的自卸汽车运输，车厢应清扫干净。为防止沥青与车厢板黏结，车厢侧板和底板可涂一薄层油水混合液（柴油与水比例可为 1∶3），但不得有余液积聚在车厢底部

续上表

<table>
<tr><th>项　　目</th><th colspan="3">伸缩装置及其安装要求</th></tr>
<tr><td>模数式伸缩装置安装</td><td colspan="3">模数式伸缩装置所用的异形钢梁沿长度方向的直线度应满足1.5mm/m、全长应满足10mm的要求，钢构件外观应光洁、平整，不得扭曲变形，且应进行有效的防腐处理。伸缩装置应在进行组装，出厂时应附有效的产品质量合格证明文件；吊装位置应采用明显颜色标明；在运放过程中应避免阳光直接暴晒或雨淋雪浸，并应保持清洁，防止变形。其安装施工应符合规定：
1.安装前应检查核对预留槽口尺寸和预埋锚固筋，不符合设计要求时应进行处理，满足求后方可进行安装，并应根据安装时的气温确定安装的定位值。
2.安装时宜采用专用卡具将其固定，伸缩装置的中心线应与桥梁中心线重合，顶面与设计高程相吻合；绑扎其他钢筋和铺设防裂钢筋网等工作，应在按桥面横坡定位、定后进行。
3.浇筑过渡段混凝土前应将间隙填塞；浇筑时应防止混凝土渗入伸缩装置的位移内，或撒落在密封橡胶带缝中及表面，如发生此现象，应立即清除；浇筑后应将填塞取出。
4.伸缩装置两侧的过渡段混凝土应覆盖洒水养护不少于7d，其强度满足设计要求后，交通</td></tr>
<tr><td>弹塑体材料填充式伸缩装置安装</td><td colspan="3">1.伸缩体由高黏弹塑性材料和碎石结石合而成的伸缩装置称为填充式伸缩装置。它缩量小于50mm的中、小跨径桥梁工程，适应温度为-25～60℃，应按设计要求设置。
2.弱塑体材料物理性能应符合有关规定，产品应附有效的合格证书。弹塑体材料加热应按要求严格控制。主层石料压碎值不应大于30%，扁平及细长石料含量应少于15%料使用前应清洁干净。其加热温度应控制在100～150℃。
3.风力大于3级、气温低于10℃及有雨时不宜施工。
4.施工可采用分段分层浇灌铺筑法，亦可采用分段分层拌和铺筑法</td></tr>
<tr><td>复合改性沥青填充式伸缩装置安装</td><td colspan="3">1.由复合改性沥青及碎石混合而成的伸缩装置称为复合性沥青填充式伸缩装置。它缩量小于50mm的中、小跨径桥梁工程，适用温度为-30～70℃，应按设计要求设置。
2.复合改性沥青应符合产品有关规定，其加热熔化温度要控制在170℃以内。
粗石料(14～19mm)和细石料(6～10mm)应满足：强度>100MPa；相对密度2.6～3(L·A)<30；磨光值(P·S·V)>42；压碎值(A·C·V)<20；扁平细长颗粒含量<15
3.嵌入桥梁伸缩空隙中的T形钢板厚度3～5mm，长度为1m左右</td></tr>
<tr><td rowspan="8">伸缩缝安装质量要求</td><td colspan="3">伸缩缝安装允许偏差</td></tr>
<tr><td colspan="2">项目</td><td>允许偏差</td></tr>
<tr><td colspan="2">长度(mm)</td><td>符合设计要求</td></tr>
<tr><td colspan="2">缝宽(mm)</td><td>符合设计要求</td></tr>
<tr><td colspan="2">与桥面高差(mm)</td><td>2</td></tr>
<tr><td rowspan="2">纵坡(%)</td><td>一般</td><td>±0.5</td></tr>
<tr><td>大型</td><td>±0.2</td></tr>
<tr><td colspan="2">横向平整度(mm)</td><td>3</td></tr>
<tr><td colspan="4">注：缝宽应按安装时的气温折算</td></tr>
</table>

续上表

项 目	沥青混凝土面层铺装方法和要求
热拌沥青混合料的运输	2. 运料车应用篷布覆盖，以保温、防雨、防污染，夏季运输时间短于0.5h时，亦可不加覆盖。 3. 连续摊铺过程中，运料车应在摊铺机前10～30cm处停住，不得撞击摊铺机。卸料过程中运料车应挂空挡，靠摊铺机推动前进。 4. 沥青混合料运至摊铺地点后应凭运料单接收并检查拌和质量及温度要求，遇有已经结成团块或已经遭雨淋湿的混合料不得铺筑在桥面、道路上
沥青混凝土面层的铺筑	1. 铺筑沥青混凝土面层应采用机械摊铺，并宜以伸缩缝的间距确定一次铺筑的长度，要求在相邻两个伸缩缝之间尽量不设施工缝。桥面的宽度宜在1d内铺筑成，每次铺筑的纵向接缝宜在上次铺筑的沥青混凝土的实际温度未降至100℃时予以接缝铺筑并碾压。 2. 根据水泥混凝土面层的平整度、沥青混凝土面层的厚度和结构层次决定一次铺筑或两次铺筑。沥青混凝土面层厚度大于6cm时，宜采用两次铺筑以提高沥青混凝土面层的平整度。 3. 沥青混合料必须缓慢、均匀、连接不间断地摊铺。摊铺过程不得随意变换速度或中途停顿。摊铺速度一般应控制在2～6m/min，可根据沥青混合料供应和机械配套情况及摊铺层厚度、宽度确定。 4. 摊铺好的沥青混合料应紧接碾压（碾压方法、要求可参照沥青路面施工有关规定），如因故不能及时碾压或遇雨时，应停止摊铺，并对卸下的沥青混合料覆盖保温。 5. 当先铺筑的沥青混凝土的实际温度降至80℃以下时，与后铺筑的沥青混凝土应按冷接缝方式处理，即铣刨接缝处的沥青混凝土，要求接缝顺直。纵缝的铣刨宽度宜为20～30cm，横缝的铣刨宽度应用3m直尺测量后决定，一般不宜小于100cm。如无铣刨机时，可画线用切缝机割后，再凿除。 6. 沥青混凝土面层的铺筑和碾压宜从下坡进行。施工车辆和施工机械不准停留在新铺筑的沥青混凝土面层上，也不准柴油之类的油料滴漏在沥青混凝土面层上，以免引起沥青混凝土软化、拥包

20.5.2 水泥混凝土铺装

水泥混凝土面层铺装 表20.5-2

项 目	水泥混凝土面层铺装方法和要点
水泥混凝土桥面铺装施工要求	1. 铺装的厚度、材料、铺装层结构、混凝土强度、防水层设置等均应符合设计规定。 2. 桥面铺装工作应在梁体的横向联结钢板焊接工作或湿接缝浇筑完成后，方可进行。 3. 铺装施工前应使梁、板顶面粗糙，清洗干净，并应按设计要求铺设纵向接缝钢筋和桥面钢筋网。 4. 水泥混凝土桥面铺装，其做面应采取防滑措施，做面宜分两次进行，第二次抹平后，应沿横坡方向拉毛或采用机具压槽，拉毛或压槽的深度应符合现行行业标准《公路水泥混凝土路面施工技术规范》（JTG F30—2003）的有关规定。 5. 水泥混凝土桥面铺装如设计为防水混凝土，施工时应按照防水混凝土的相关规定执行。 6. 纤维水泥混凝土桥面铺装的施工，可参照现行行业标准《纤维混凝土结构技术规程》（CECS 38—2004）的规定执行
桥面钢筋绑扎	桥面钢筋的绑扎应根据设计要求和有关规定进行，一般可参照本手册第10章有关绑扎搭接的要求。必须注意放正钢筋位置，对斜交桥梁，桥面钢筋应按图纸规定方向放置，以防有误。所有钢筋均应正确留有保护层厚度。采用双层钢筋网时，两层钢筋之间应有足够数量的定位撑筋，以保证两层钢筋的空间位置正确
面层混凝土的分仓浇筑	铺筑桥面混凝土时，为防止铺装层出现收缩裂缝，宜采用分仓浇筑施工法。分仓原则可按桥面宽度以及无伸缩缝桥面的长度来考虑，并在施工组织设计中有计划地事先做好周密部署，重大工程尤其不可忽视
浇筑水泥混凝土铺装层的注意事项	1. 浇筑铺装层时，必须严格要求，不得在钢筋上搁置重物、不允许运料小车在钢筋网上推运及人行践踏而使钢筋变位，必须搭设走道支架架空，并在浇筑过程中随时注意纠正钢筋位置。 2. 浇筑混凝土时，宜从下坡进行，要求路拱符合设计规定，面层必须平整、粗糙；由于桥面纵坡较大，因此必须进行压纹处理

续上表

项　目	水泥混凝土面层铺装方法和要点
浇筑水泥混凝土铺装层的注意事项	3. 当在水泥混凝土面层上还需铺装沥青混凝土时，水泥混凝土面层上必须采用特制工具在水泥混凝土初凝前加以重点凿毛，并要求表面呈现深度为 2 ~ 3mm 的均匀凹槽，用以增加与沥青混凝土面层的黏结。 沥青混凝土面层宜采用粗糙度较大的防滑层结构。 4. 连续桥面的施工应符合有关设计规定的要求

20.5.3 桥面铺装施工

桥面铺装施工 表 20.5-3

钢桥面铺装	1. 钢桥面铺装的结构层、厚度、材料等应符合设计规定。 2. 钢桥面铺装施工前应制订专项施工技术方案，并应做好人员培训、材料的调查试验以及机具设备的检查维护等准备工作。 3. 钢桥顶面在出厂时应按设计要求涂防锈漆，在桥面铺装施工前应喷丸除锈并作防锈处理。 4. 铺装施工前应做试验段，试验段的铺设应包括钢桥面铺装的全部工序。 5. 铺装施工在一道工序完成之后，下道工序应连续进行；上一层铺装施工前其下层应保持干燥、整洁，不得有尘土、杂物、油污或损坏，当不符合要求时应予处理。铺装层完工后，应规定时限，期间严禁车辆通行。 6. 钢桥面铺装宜避开雨季施工。钢桥面铺装的每个层次均不得在雨天施工，施工中遇雨必须立即停工，在消除雨水所带来的危害后，方可重新施工。钢桥面铺装施工的环境温度应在 15℃以上，且不宜在夜间施工。 7. 对钢桥面沥青混凝土铺装进行检测时，不得采用钻孔法，而应采用无损检测法。钢桥面铺装施工质量应符合下表的规定

钢桥面铺装结构表 表 20.5-4

铺 装 面 层	高弹改性沥青 SMA10	厚度：35mm
黏层	改性乳化沥青	用量：300 ~ 500g/m^2
铺装下层	聚合物改性沥青 GA10	厚度：35mm
Eliminator 防水黏结体系 2mm 厚	Tack Coat No. 2 胶黏剂	用量：100 ~ 200g/m^2
	Eliminator 防水膜（两层）	总用量：2 500 ~ 3 500g/m^2
	Zed S94 防腐底漆	用量：100 ~ 200g/m^2
钢板	喷砂除锈	清洁度：Sa2.5 级，粗糙度：50 ~ 100μm
总计厚度	62mm	

主 要 原 材 料 表 表 20.5-5

序　号	名　称	备　注
1	Eliminator 防水黏结体系	英国进口
2	沥青	韩国 SK 高弹改性沥青、高黏沥青
3	集料	玄武岩、石灰岩
4	矿粉	石灰石矿粉
5	矿物纤维	玄武岩矿物纤维
6	Sasobit 改性剂	—

主要机械设备表 表 20.5-6

序号	名称	用途及规格
1	自动喷砂机	用于喷砂除锈
2	沥青混合料拌和楼	4 000 型
3	沥青储存罐	储存能力 50t/个,可循环
4	具有自动调平功能的摊铺机	摊铺 SMA
5	载重大于 10t 的自卸汽车	运输 SMA 混合料
6	浇筑式沥青混凝土专用升温搅拌运输车(含 Cooker)	运输浇筑式沥青混合料
7	沥青洒布车	能均匀洒布黏层油,并能控制洒布量为 300 ~ 500g/m^2
8	自重 10t 以上的双光轮压路机	碾压 SMA
9	水平振荡压路机	碾压 SMA
10	防水黏结层施工专用拌和及喷涂设备	施工 Eliminator 防水黏结层
11	发电机	50 ~ 75kW,用于现场发电
12	小型施工机具	滚筒、人工手持式夯锤等,辅助施工
13	其他相关设备	装载机、灌缝机等,辅助施工

Eliminator 防水体系材料技术要求表 表 20.5-7

试验项目	要求	试验方法
Zed S94 防腐底漆		
施工温度(℃)	-10 ~ 40	—
干膜厚度(μm)	50	—
Eliminator 防水膜		
拉伸强度(25℃)(MPa)	≥11.8	《建筑防水涂料试验方法》(GB/T 16777—2008)
拉伸伸长率(25℃)(%)	≥130	《建筑防水涂料试验方法》(GB/T 16777—2008)
与钢板的黏结强度 (25℃)(MPa)	≥5.0	《公路钢箱梁桥面铺装设计与施工技术指南》附录 E
低温柔性(-20℃,ϕ20mm 弯曲,90°)	表面无裂纹	《公路钢箱梁桥面铺装设计与施工技术指南》附录 D
Tack Coat No. 2 胶黏剂		
干固时间(23℃)(h)	≤1	《建筑防水涂料试验方法》(GB/T 16777—2008)
活化温度(℃)	≥80	—
黏结强度(摊铺浇筑式后)(25℃)(MPa)	≥1.0	《公路钢箱梁桥面铺装设计与施工技术指南》附录 E

改性乳化沥青性能指标表 表 20.5-8

试验项目		要求	试验方法
1.18mm 筛上余量(%)		≤0.1	《公路工程沥青及沥青混合料试验规程》(JTJ 052—2000)T0652
储存稳定性(5d)(%)		≤5	《公路工程沥青及沥青混合料试验规程》(JTJ 052—2000)T0655
黏度 $C_{25.3}$(s)		8 ~ 25	《公路工程沥青及沥青混合料试验规程》(JTJ 052—2000)T0621
蒸发残留含量(%)		≥55	《公路工程沥青及沥青混合料试验规程》(JTJ 052—2000)T0651
蒸发残留物性质	针入度(25℃)(0.1mm)	40 ~ 100	《公路工程沥青及沥青混合料试验规程》(JTJ 052—2000)T0604
	延度(5℃)(cm)	≥20	《公路工程沥青及沥青混合料试验规程》(JTJ 052—2000)T0605
	软化点(℃)	≥55	《公路工程沥青及沥青混合料试验规程》(JTJ 052—2000)T0606

铺装层用改性沥青技术要求表 表 20.5-9

指标		SMA 改性沥青	浇筑式改性沥青	试验方法
针入度(25℃,100g,5s)(0.1mm)		50～100	10～50	《公路工程沥青及沥青混合料试验规程》(JTJ 052—2000)T0604
环球软化点(℃)		≥80	≥80	《公路工程沥青及沥青混合料试验规程》(JTJ 052—2000)T0606
延度(5cm/min,5℃)(cm)		≥70	≥30	《公路工程沥青及沥青混合料试验规程》(JTJ 052—2000)T0605
黏度(135℃)(Pa·s)		≤3.0	—	《公路工程沥青及沥青混合料试验规程》(JTJ 052—2000)T0625
闪点(℃)		≥250	≥250	《公路工程沥青及沥青混合料试验规程》(JTJ 052—2000)T0611
弹性恢复(25℃)(%)		≥90	≥90	《公路工程沥青及沥青混合料试验规程》(JTJ 052—2000)T0662
RTFOT 后(163℃)	质量相对变化(%)	≤0.5	≤0.5	《公路工程沥青及沥青混合料试验规程》(JTJ 052—2000)T0610
	针入度比(25℃)(%)	≥65	≥65	《公路工程沥青及沥青混合料试验规程》(JTJ 052—2000)T0604
	延度(5cm/min,5℃)(cm)	≥40	≥20	《公路工程沥青及沥青混合料试验规程》(JTJ 052—2000)T0605
	弹性恢复(25℃)(%)	≥85	≥80	《公路工程沥青及沥青混合料试验规程》(JTJ 052—2000)T0662
PG 等级		PG76-28	PG82-22	AASHTO-TP1/TP5

粗集料技术性能指标表 表 20.5-10

试验项目	要求	试验方法
针片状颗粒含量(%)	≤15	《公路工程集料试验规程》(JTG E42—2005)T0312
压碎值(%)	≤26	《公路工程集料试验规程》(JTG E42—2005)T0316
洛杉矶磨耗损失(%)	≤28	《公路工程集料试验规程》(JTG E42—2005)T0317
吸水率(%)	≤2.0	《公路工程集料试验规程》(JTG E42—2005)T0304
坚固性(%)	≤12	《公路工程集料试验规程》(JTG E42—2005)T0314
黏附性(级)	≥5	《公路工程沥青及沥青混合料试验规程》(JTJ 052—2000)T0616

细集料技术性能指标表 表 20.5-11

试验项目	要求	试验方法
表观相对密度	≥2.50	《公路工程集料试验规程》(JTG E42—2005)T0328
坚固性(>0.3mm 部分)(%)	≤12	《公路工程集料试验规程》(JTG E42—2005)T0340
天然砂含泥量(<0.075mm 的含量)(%)	≤3	《公路工程集料试验规程》(JTG E42—2005)T0333
砂当量(%)	≥60	《公路工程集料试验规程》(JTG E42—2005)T0334

矿粉技术性能指标表 表20.5-12

试验项目		要求	试验方法
表观密度(g/cm^3)		≥2.50	《公路工程集料试验规程》(JTG E42—2005)T0352
含水率(%)		≤1	《公路土工试验规程》(JTG E40—2007)T0103
通过率(%)	<0.6mm	100	《公路工程集料试验规程》(JTG E42—2005)T0351
	<0.15mm	90~100	
	<0.075mm	75~100	
亲水系数	<1		《公路工程集料试验规程》(JTG E42—2005)T0353
塑性指数(%)	<4		《公路工程集料试验规程》(JTG E42—2005)T0355

集料规格技术要求表 表20.5-13

集料规格	通过率(%)			试验方法
	9.5mm	4.75mm	2.36mm	
5~10	≥90	≤15	≤5	《公路工程集料试验规程》(JTG E42—2005)T0303
3~5	—	≥90	≤15	
0~3	—	—	≥80	《公路工程集料试验规程》(JTG E42—2005)T0327

纤维性能技术要求表 表20.5-14

试验项目	要求	试验方法
直径(μm)	≤25	《沥青路面用木质素纤维》(JT/T 533—2004)
抗拉强度(断裂强度)(MPa)	≥500	《沥青路面用木质素纤维》(JT/T 533—2004)
断裂伸长率(%)	≥3	《沥青路面用木质素纤维》(JT/T 533—2004)
熔点(℃)	≥250	《沥青路面用木质素纤维》(JT/T 533—2004)

混合料级配范围要求表 表20.5-15

混合料类型	通过率(%)(筛孔:mm)									
	16	13.2	9.5	4.75	2.36	1.18	0.6	0.3	0.15	0.075
SMA10	100	100	90~100	28~60	20~32	14~26	12~22	10~18	9~16	8~13
GA10	—	100	100	63~80	48~63	38~52	32~46	27~40	24~36	20~30

铺装面层高弹改性沥青 SMA10 混合料性能要求表 表20.5-16

试验项目	要求	试验方法
空隙率(%)	2.5~4.0	《公路工程沥青及沥青混合料试验规程》(JTJ 052—2000)T0705
矿料间隙率(%)	≥16.5	
马歇尔稳定度(kN)	≥6.0	《公路工程沥青及沥青混合料试验规程》(JTJ 052—2000)T0709
冻融劈裂强度比(%)	≥80	《公路工程沥青及沥青混合料试验规程》(JTJ 052—2000)T0729
粗集料骨架间隙率 VCA_{mix}(%)	≤VCA_{DRC}	《公路工程沥青及沥青混合料试验规程》(JTJ 052—2000)T0705
沥青饱和度 VFA(%)	75~85	

续上表

试验项目	要求	试验方法
析漏量(%)	≤0.1	《公路工程沥青及沥青混合料试验规程》(JTJ 052—2000)T0732
沥青混合料飞散损失(%)	≤15	《公路工程沥青及沥青混合料试验规程》(JTJ 052—2000)T0733
车辙动稳定度(60℃)(次/mm)	≥3 000	《公路工程沥青及沥青混合料试验规程》(JTJ 052—2000)T0719
弯曲极限应变(-10℃)	$\geq 8\times10^{-3}$	《公路工程沥青及沥青混合料试验规程》(JTJ 052—2000)T0715
备注		低温弯曲试验试件尺寸:300mm×100mm×50mm

浇筑式沥青混合料 GA10 性能要求 表 20.5-17

试验项目	要求	试验方法
流动性(240℃)(s)	≤40	《公路钢箱梁桥面铺装设计与施工技术指南》附录 F
贯入度(60℃)(mm)	≤4	《公路钢箱梁桥面铺装设计与施工技术指南》附录 G
贯入度增量(60℃)(mm)	≤0.4	
弯曲极限应变(-10℃)	$\geq 7\times10^{-3}$	《公路工程沥青及沥青混合料试验》(JTJ 052—2000)T0715
备注	1. 流动性要求仅适用于浇筑式沥青混合料室内试验,对于施工现场的浇筑式沥青混合料,流动性以能够均匀摊铺为原则。 2. 低温弯曲试验试件尺寸:300mm×100mm×50mm	

钢桥面施工 表 20.5-18

项目		钢桥面铺装方法和要点
钢桥面喷砂除锈	喷砂前的处理	1. 喷砂前,应首先检查钢桥面板的外观,确保表面无焊瘤、飞溅物、针孔、飞边和毛刺等,否则必须通过打磨加以清除,锋利的边角必须处理成半径 2mm 以上的圆角。 2. 用清洁剂或溶剂清洗钢桥面板表面的油、油脂、盐分及其他脏物。 3. 用高压清水清洁,直至无油污、尘垢为止
	喷砂除锈	1. 环境要求 (1)遇下雨、结露等气候时,严禁除锈作业。 (2)钢板温度应高于露点 3℃以上,相对湿度≤85%。 2. 磨料要求 (1)磨料采用钢丸、钢质棱角砂,其比例通过试验确定。 (2)磨料必须保持干燥、清洁、不含有害物质,如油脂、盐分。 3. 喷砂质量要求 (1)喷砂除锈后的钢桥面板表面应达到《涂装前钢材表面锈蚀等级和除锈等级》(GB 8923—1988)标准 Sa2.5 的要求。 (2)粗糙度必须达到 50~100μm 的要求。 4. 喷砂设备 (1)采用带吸尘装置的移动式自动无尘打砂机。 (2)对于自动无尘打砂机所不能施工的区域和边缘,可采用手提式打砂机作业
Eliminator 防水黏结层	环境要求	1. 喷涂的基面必须干燥、洁净、无油污、无异物、无灰尘。 2. 遇下雨、下雪、结露等气候条件时,严禁涂布作业。 3. 环境温度 -10~50℃,相对湿度≤85%。 4. 钢板温度应高于露点 3℃以上

续上表

项目		钢桥面铺装方法和要点
Eliminator 防水黏结层	涂布操作	1. 防腐金属底漆 Zed S94 的施工 喷砂除锈检验合格后，在 3h 内实施防腐底涂层 Zed S94。采用滚涂方式施工，Zed S94 用量为 100～200g/m^2，干膜厚度约为 50μm Zed S94 的干燥时间视现场环境而定，温度 10℃的固化时间约为 60min，其他温度固化时间参考产品说明书。 2. Eliminator 防水层的施工 待防腐金属底漆 Zed S94 固化后，喷涂 Eliminator 防水材料，分两层施工，每层湿膜厚度不小于 1.2mm，干膜总厚度不小于 2 mm，总用量 2 500～3 500g/m^2。待首涂层固化后，直接喷涂下一层，间隔时间取决于温度，并需参照产品说明书、结合完全固化标准现场确定。Eliminator 防水材料含两种树脂组分（A 组分和 B 组分）及一种催化剂，施工前先将催化剂加入 B 组分充分搅拌均匀后，再和 A 组分搅拌喷涂。具体掺配比例及喷涂时间控制参考材料供应商提供的产品说明书。 3. Tack Coat No. 2 胶黏剂的施工 Eliminator 防水层喷涂结束并完全固化后，应立即施工 Tack Coat No. 2 胶黏剂。可采用刷涂、滚涂或无气喷涂的方法施工。施工时，应用直尺或其他工具将 Tack Coat No. 2 胶黏剂与短期接头和搭接区分隔。Tack Coat No. 2 胶黏剂的喷涂用量为 100～200g/m^2，待其完全固化后，搁置或进行下一道工序施工
	其他	1. 已涂刷好的区域要进行保护，严禁油、油脂和脏物等的污染。 2. 小块 Eliminator 防水层修补施工、涂层的划破处理、修补及施工仪具清洁等参考材料供应商给出的要求执行
水泥混凝土桥面防水黏结体系施工	水泥桥面喷砂	1. 在正式喷砂前应封闭施工区域，首先人工清理桥面上残存的水泥浮浆和其他杂物，遇有桥面缺陷应处理后再进行喷砂。 2. 喷砂施工不得在桥面潮湿状态下进行，确保喷砂和封闭层施工时桥面处于干燥状态。个别部位如果潮湿或者水汽太大，可以采用喷火枪将桥面烘烤干燥。 3. 喷砂采用自动吸尘的抛丸机进行，施工完毕应达到相应的效果，使桥面形成一个干燥、洁净、新鲜的混凝土表面。喷砂完成后应用磁铁吸附残存的钢丸，并用吹风机彻底清除残存的灰尘，紧接着进行下封闭层的施工
	环氧下封闭层施工	1. 水泥桥面喷砂完成后应紧接着进行环氧树脂下封闭层施工，并随即按设计要求数量撒布小碎石，使其固化为一体。 2. 下封闭层材料主要为环氧树脂、固化剂和稀释剂，其按一定比例混合搅拌均匀后使用，具体的比例要在现场试配。环氧树脂的选择要由其环氧当量值及稠度、黏度确定，固化剂采用相匹配的即可，稀释剂则根据需要添加，以能够施工为宜。最终的封闭层的技术指标应达到设计要求。 3. 在喷砂后的桥面上，将封闭层材料按比例均匀混合后，即可进行封闭层的刮涂施工，材料数量根据施工速度确定，避免出现来不及施工就固化的现象。可以 2 人一组，采用建筑用的刮板顺桥面进行刮涂，刮涂完毕后随即撒布小碎石，封闭层材料及碎石材料使用数量可以进行标定，严格按设计数量进行。 4. 封闭层施工时，桥面上不得有水、油存在，不得被污染。施工完毕后的封闭层应达到涂布均匀、无漏涂区域，碎石撒布均匀，材料用量满足设计要求。施工完毕后到完全固化的时间内不得有行人和车辆通行
	AMP 防水黏结剂施工	待下封闭层固化后，即可进行 AMP 反应型黏结剂的施工，施工时应保证界面清洁干燥，且不得在雨天施工。AMP 黏结剂施工采用人工滚涂方式，滚涂时应严格控制材料用量，不得超出范围。过少则不能够形成良好的黏结效果，过多则容易形成滑动层；同时，桥面不得存有积液。施工完毕后，经过挥发干燥固化，可以形成良好的防水黏结体系

续上表

项目		钢桥面铺装方法和要点
浇筑式混合料GA10施工	施工前准备	1. 在浇筑式摊铺之前,应保持防水层清洁干燥,必要时应用吹风机进行吹风和干燥。对油迹的污染,应及时擦洗,绝对不允许有油污的存在。 2. 由于浇筑式摊铺根据垫块和侧限挡板高度控制铺装层的平整度,因此,应进行精确测量,准确定位侧限挡板的高度。 3. Cooker运输车在进入施工现场前,应对其轮胎及底板进行清洗,防止运输车污染桥面。现场施工人员应穿上鞋套,以保证施工现场清洁。 4. 应保证材料及时供应,加强对施工机械的检查以及人员的调配,防止因材料、人员或机械产生的人为冷接缝。 5. 浇筑式沥青混凝土摊铺,因其劳动强度大,环境温度高,应充分做好安全防护工作,配备必要的劳保用品
	浇筑式沥青混合料的拌和	1. 浇筑式沥青混合料所用的聚合物改性沥青的加热温度是175~185℃。 2. 由于浇筑式沥青混合料拌和温度高,搅拌时间长,因此对拌和楼的拌和能力和耐高温能力有很高的要求;同时,浇筑式沥青混合料所用的沥青黏度大,而且沥青含量比较高,混合料容易黏附在设备上,每次生产完毕后,待设备未完全冷却时,应对黏附的混合料进行彻底清理;在生产前应对运料小车、储罐或卸料斗进行清理并涂刷隔离剂。 3. 混合料拌和温度控制:如果矿粉未加热,则石料加热温度应为340℃左右,混合料拌和后出料温度按220~250℃的目标进行控制。由于混合料中矿粉含量很大,因此混合料的拌和时间比较长,拌和时间为干拌15s,湿拌90s,并应在湿拌过程中加入适量改善流动性的Sasobit,上述工艺均需现场试拌后确定。 4. 拌和过程中应充分注意矿粉掺加、改性沥青用量及出料温度的控制;同时,冷料仓上料速度的设置应充分考虑到加热鼓风中细集料的粉料(<0.3mm材料)损失。 5. 如发现任何异常情况,应立即停机处理,通知摊铺现场。在未找到发生异常的原因并解决前,不得恢复施工
	浇筑式沥青混合料的运输	1. 从拌和楼生产出来的浇筑式沥青混合料还需不断搅拌和加温,因此,运输浇筑式沥青混合料使用专门的运输设备(即Cooker)。在Cooker初次进料之前,应将其温度预热至160℃左右,装入Cooker中的混合料应保持不停地搅拌,同时应让混合料升温至220~250℃。 2. 应尽量避免浇筑式沥青混合料在高温的Cooker中停留太长时间,超过250℃时停留时间不能超过4h,220~250℃时停留时间不能超过6h。但在Cooker中的搅拌时间至少应在40min以上。 3. 在从运输混合料的Cooker中出料时必须对加热温度进行调节,以避免结合料硬结。同时还须减慢搅拌速度,避免空气中的氧气进入浇筑式沥青中,以减少结合料的氧化
	浇筑式沥青混合料的摊铺	1. 浇筑式沥青混凝土在220~260℃摊铺时具有流动性,需设置边侧限制,防止混合料侧向流动。边侧限制采用30mm的方钢管作为模板,设在车道连接处的边缘。根据钢板表面平整度的情况,用不同厚度的铁片或木片调节,以达到保证铺装表面平整的目的。 2. 在摊铺之前,根据钢板表面情况进行测量放样,确定一定间隔某一点的摊铺厚度,然后调整导轨的高度及边侧限制板,从而确定摊铺厚度。摊铺机整平板有自动的水平设备控制,按照侧限板高度摊铺规定厚度的路面。 3. 分幅进行摊铺。在护栏边缘部位因无法机械摊铺,采用人工摊铺,每侧预留0.5m即可。应根据摊铺机及桥面宽度设定合理的摊铺宽度,尽量避免接缝位于行车道轮迹带内。 4. Cooker倒行至摊铺机前方,将混合料通过其后的卸料槽直接卸在桥面板上。摊铺机的整平板的紧前方布料板左右移动,把浇筑式沥青混合料铺开。摊铺机向前移动把沥青混合料整平到控制厚度。 5. 紧跟摊铺机后,对接缝进行加热并人工使用木制刮板修整。摊铺机应带有红外加热设备,用于对先铺路面的加热,保证与新铺的沥青混凝土形成整体,接缝处连接可靠。在摊铺机行走过后,再采用喷枪进行加热,使新旧混合料变软;同时由人工用工具搓揉,使结合部位进一步良好结合,消除接缝

续上表

项目		钢桥面铺装方法和要点
浇筑式混合料GA10施工	浇筑式沥青混合料的摊铺	6. 在浇筑式沥青混凝土摊铺过程中，会产生部分气泡，应采用带尖头的工具刺破，排出内部空气，使其充分致密。 7. 待摊铺的GA10浇筑式沥青混凝土降到合适的温度，采用人工或机械撒布5～10mm预拌0.5%～1%沥青的碎石(用量为5～10kg/m^2)，并用人工滚筒将碎石压入浇筑式沥青混凝土中。 8. 拆除边侧限制之前，让铺装层冷却，留下一个轮廓清晰的边侧连接。摊铺机行走速度应尽可能放慢，以便与拌和运输能力相匹配(整平能力适当低于拌和能力)
	接缝及边界处理	1. 对于横向接缝可以采用喷火枪加热的方式软化已施工接头，设置封条然后再继续施工；应尽量减少纵向接缝。 2. 对于人工施工部分，采用小推车将浇筑式混合料运输至铺装区域，将混合料倒在桥面上，然后立即人工用铁锹将混合料大致平整，再用模板反复揉搓平整，随后撒布小碎石。人工施工最重要的就是要保证混合料的流动性，只有这样才能确保表面层外观漂亮，质量可靠
	乳化沥青施工	1. 在铺装下层铺筑完毕之后，施工改性乳化沥青黏层。改性乳化沥青黏层的施工应由对改性乳化沥青生产及满布均具备实践经验的施工队伍施工。 2. 改性乳化沥青黏层用量为300～500g/m^2，其在铺装面层混合料摊铺前一天施工，要求洒布均匀并基本满布
SMA10混合料施工	改性沥青SMA10混合料生产	1. 每一阶段SMA混合料拌和前，均需对拌和楼进行彻底的检修与维护。避免发生导热油渗漏、沥青泵停机、矿粉掺加速度慢及掺加量不够等问题，同时对所有计量设备进行检查。 2. 混合料拌和温度控制：石料加热200～240℃，混合料拌和后出料温度按175～185℃的目标进行控制。拌和时间为干拌10～30s，湿拌30～60s，上述工艺均需现场试拌后确定。 3. 拌和过程中应充分注意矿粉掺加、纤维掺加、沥青用量及出料温度控制。同时，冷料仓上料速度的设置应充分考虑到加热鼓风中细集料中的粉料(<0.3mm材料)损失。 4. 拌制好的混合料储存时间不应超过4h。 5. 实验室人员应按规定抽样频率取样检验并密切观察拌制混合料的质量。 6. 拌和楼拌和工序必须采用自动控制。特殊情况下，经监理工程师同意，可少量采用人工控制(开始拌和及故障等特殊情况每次不超过5斗)。 7. 铺装层每施工段均需进行拌和混合料总量的计算及厚度检验，应按30mm计算用量。 8. 经过试拌确认并批准的混合料拌和工艺不得更改。如需更改，需取得监理工程师的同意。 9. 如发现任何异常情况，应立即停机处理，通知摊铺现场。在未找到发生异常的原因并解决前，不得恢复施工
	改性沥青SMA混合料的运输	1. 桥面铺装改性沥青SMA混合料运输应采用载重20t以上的自卸汽车运输。运输车辆数量应足够，以保证施工作业的连续进行。运输车辆应先将底盘及车轮清洗干净，防止泥土等杂物掉落在铺装施工范围内。运输过程中，应加盖帆布保温。 2. 运输车辆在摊铺机前被推行时，不得紧急制动，以防止轮胎搓动黏层。此外，向摊铺机料斗中喂料时，禁止将混合料大量洒落在铺装下层。 3. 因各种原因，车厢中混合料未能完全卸完时，不得倾倒在桥面板上，应在桥面铺装范围以外进行清理。 4. 运输车辆不得在桥面上急转弯及调头。运输车辆必须按指定路线进入施工现场，在桥面上行驶速度不得超过10km/h。运输车辆从装入混合料起至开始摊铺为止，运料及等待时间不得超过1.5h
	改性沥青SMA混合料的摊铺	1. 铺装水泥桥面SMA混合料时，采用两台摊铺机并机摊铺，因为中间存在双向横坡变坡点，所以每台摊铺机负责一个半幅的摊铺，摊铺机间距尽量控制在5m以内，以确保接缝处的混合料不冷却。在铺装钢桥面SMA时，也采用双机联铺的方式，以桥梁中心线作为分幅线，水泥桥面摊铺完成后只需要将摊铺机熨平板拆除到需要宽度即可

续上表

项目		钢桥面铺装方法和要点
SMA10混合料施工	改性沥青SMA混合料的摊铺	2. 摊铺机摊铺施工前,应进行全面彻底的检修,确保摊铺施工中不出现设备故障。 3. 摊铺机应在前一天基本就位,到达摊铺起点附近,应放置在当日施工范围以外,压路机等机械设备也应同样放置。 4. 摊铺开始前1h左右使摊铺机就位于起点,并充分预热摊铺机熨平板。摊铺机采用非接触式平衡梁方式找平。 5. 摊铺机行走速度应尽可能放慢,以便与拌和楼拌和能力相匹配(摊铺能力适当低于拌和能力)。铺装下层及面层混合料摊铺时,摊铺机行走速度依据拌和能力,一般控制在1.5~2.0m/min范围,最高不超过3m/min。 6. 摊铺机行走时,应尽可能少地在浇筑式铺装层上转弯。绝对禁止在铺装层上面急转弯和掉头。 施工管理人员应密切注意拌和楼、运输车辆及摊铺机、压路机之间的协调统一,避免摊铺机长时间停机待料
	改性沥青SMA混合料的压实	改性沥青SMA混合料的碾压必须紧跟摊铺机,初碾、复碾工作长度约为30m,不允许超过50m。对此,施工单位应采取适宜的保证措施。 1. 初碾 初碾采用自重大于10t的压路机进行静压。初碾压路机每次前进时,均应前行到接近摊铺机尾部位置。每次前进后均应在原轮迹上(重复)倒退,第二次前进应重复约2/3轮宽,往返一次为碾压一遍,需碾压1~2遍。铺装表面层施工时,行驶速度应控制在3km/h范围内。初碾必须在铺装温度150℃以上完成。 2. 复碾 初步确定SMA铺装层复碾采用水平振荡压路机,特殊情况下(气温较低或铺装中层)采用轮胎压路机,碾压2~4遍,复碾完成时铺装温度应大于130℃。 3. 收迹碾压 采用钢轮压路机无振动碾压收迹1~2遍即可。收迹碾压终了温度应大于120℃。在边缘难以用大型压路机压实的部位,需采用小型压路机及人工操作的机动夯锤夯实
	施工缝设置与处理	1. 在钢桥面铺装施工中,尽可能不设置横向施工缝(单向一次成型)。若遇特殊情况,需设置施工横缝时,横缝设置位置应在横梁间隔约1/4处,面层应设置在另一边约1/4处。上下层横缝错开1.5m以上。 2. 横缝界面应涂布高性能改性乳化沥青黏结剂。 3. 铺装下层横缝可使用边侧限制板横放的办法,或采用适宜的其他方法设置。 4. 铺装上层横缝时应碾压成斜面,之后切割清除斜面部分,再行下段施工。切割清除工作应在下段铺装的下层施工完毕后进行。切割界面在清洁、干燥后应满涂改性乳化沥青或黏结剂

20.5.4 沥青混凝土、水泥混凝土桥面铺装质量要求

沥青混凝土、水泥混凝土桥面铺装施工允许偏差 表20.5-19

项次	检查项目			规定值或允许偏差	
1	强度或压实度			符合设计要求	
2	厚度(mm)			+10,-5	
3	平整度	高速公路、一级公路		沥青混凝土	水泥混凝土
			IRI(m/km)	2.5	3.0
			σ(mm)	1.5	1.8
		其他公路	IRI(m/km)	4.2	
			σ(mm)	2.5	
			最大间隙h(mm)	5	

续上表

项次	检查项目		规定值或允许偏差
4	横坡(%)	水泥混凝土面层	±0.15
		沥青混凝土面层	±0.3
5	抗滑构造深度(mm)		符合设计要求

注:1. 桥长不足100m时,按100m处理。

2. 高速公路、一级公路上的小桥可按路面进行质量控制。

钢桥面铺装施工质量标准　表20.5-20

检查项目			规定值或允许偏差
压实度代表值	SMA	面层	最大理论密度的94%
		下层	最大理论密度的95%
	AC	面层	最大理论密度的94%
	环氧沥青混凝土	面、下层	最大理论密度的97%
面层厚度	代表值	设计值的	-10%
	极值	设计值的	-20%
总铺装层厚度	代表值	设计值的	-8%
	极值	设计值的	-15%
平整度	标准差(mm)	不大于1.2	—
	最大间隙(mm)	不大于3	—
路表渗水系数(mL/min)			不大于200
宽度(mm)			-20
横坡度			±0.3%
表层构造深度			满足设计要求
摩擦系数			满足设计要求

20.6　人行道、栏杆、灯柱、桥头搭板

人行道、栏杆、灯柱、桥头搭板施工　表20.6-1

项　目	施工要求
总体要求	1. 桥面安全带和路缘石、人行道梁、人行道板、栏杆、扶手、灯柱等,在修建安装完工后,其竖向线形或坡度、断缝或伸缩缝必须符合设计规定。 2. 钢筋混凝土柱式护栏、金属制护栏放样前应选择桥梁伸缩缝附近的端部立柱等作为控制点。当间距出现零数,可用分配办法使之符合规定的尺寸,立柱宜等距设置。 3. 轮廓标的安装高度宜尽量统一,其连接应牢固
安全带、缘石安装	1. 悬臂式安全带构件必须与主梁横向连接或拱上建筑完成后才可安装。 2. 安全带梁安放在未凝固的M20稠水泥砂浆上,以便形成顶面设计的横向排水坡。 3. 为减少从缘石与桥面铺装缝中渗水,缘石宜采用现浇混凝土,使其与桥面铺装的底层混凝土结为整体
人行道安装	1. 悬臂式人行道构件必须在与主梁横向连接完成或拱上建筑完成后安装。 2. 人行道梁安放在未凝固的M20稠水泥砂浆上,以便形成人行道顶面横向排水坡

续上表

<table>
<tr><th>项　　目</th><th colspan="2">施 工 要 求</th></tr>
<tr><td>人行道安装</td><td colspan="2">3. 人行道板在人行道梁锚固后铺设，对设计无锚固的人行道梁、人行道板应按由里向外的次序铺设。
4. 对于设有锚固的人行道梁，其焊缝必须符合设计要求</td></tr>
<tr><td>栏杆块件安装</td><td colspan="2">栏杆块件在人行道板铺设完毕后安装。安装栏杆柱时，必须全桥对直、校平（弯桥、坡桥要求平顺），竖直后用水泥砂浆填缝固定。桥上灯柱按设计位置安装，必须牢固、线条顺直、整齐美观</td></tr>
<tr><td rowspan="7">防撞护栏</td><td colspan="2">1. 对结构重心位于梁体以外的悬臂式防撞护栏，应在主梁横向联结或拱上结构完成后方可施工。
2. 对就地现浇的防撞护栏，宜在顺桥向每间隔 5～8m 设一道断缝或假缝。
3. 防撞护栏的钢筋应与梁体的预留钢筋可靠连接。
4. 模板宜采用钢模，支模时宜在其顶部和底部各设一道对拉螺杆，或采用其他固定模板的装置。
5. 宜采用坍落度较小的干硬性混凝土，浇筑时应分层进行，分层厚度不宜超过 200mm；振捣时应采取适当的措施使模板表面的气泡逸出。
6. 对预制安装的防撞护栏，在搬运和安装时，应采取适当的保护措施，防止损伤棱角处的混凝土。连接钢板的焊接质量应符合设计要求和本规范的相关规定。
7. 施工完成后的防撞护栏，其顶面高程和位置应准确，位于弯道上的护栏线形应平顺。
8. 混凝土防撞护栏施工质量应符合下表的规定</td></tr>
<tr><td>项　　目</td><td>规定值或允许偏差</td></tr>
<tr><td>混凝土强度（MPa）</td><td>在合格标准内</td></tr>
<tr><td>平面偏移（mm）</td><td>4</td></tr>
<tr><td>断面尺寸（mm）</td><td>±5</td></tr>
<tr><td>竖直度（mm）</td><td>4</td></tr>
<tr><td>预埋件位置（mm）</td><td>5</td></tr>
<tr><td rowspan="6">人行道铺设限差</td><td>项　　目</td><td>规定值或允许偏差</td></tr>
<tr><td>人行道边缘平面偏位（mm）</td><td>5</td></tr>
<tr><td>纵向高程（mm）</td><td>+10，0</td></tr>
<tr><td>接缝两侧高差（mm）</td><td>2</td></tr>
<tr><td>横坡（%）</td><td>±0.3</td></tr>
<tr><td>平整度（mm）</td><td>5</td></tr>
<tr><td rowspan="6">栏杆、护栏安装限差</td><td>项　　目</td><td>规定值或允许偏差</td></tr>
<tr><td>护栏、栏杆平面偏位（mm）</td><td>4</td></tr>
<tr><td>扶手高度（mm）</td><td>±10</td></tr>
<tr><td>栏杆柱顶面高差（mm）</td><td>4</td></tr>
<tr><td>护栏、栏杆柱纵、横向竖直度（mm）</td><td>4</td></tr>
<tr><td>相邻栏杆扶手高差及护栏接缝两侧高差（mm）</td><td>3</td></tr>
<tr><td>桥头搭板、台后填土施工</td><td colspan="2">1. 钢筋混凝土桥头搭板、台后填土的填料应以透水性材料为主，分层压实应按砌体施工要求填筑。台背回填前应按设计要求作防水处理。
2. 台后地基如为软土，应按设计依照软基处理方法进行处理，预压时应进行沉降观测，预压沉降控制值应在施工搭板前完成</td></tr>
</table>

续上表

<table>
<tr><th>项 目</th><th colspan="3">施 工 要 求</th></tr>
<tr><td rowspan="9">桥头搭板、台后填土施工</td><td colspan="3">3. 钢筋混凝土桥头搭板的施工应符合下列规定：
(1)钢筋混凝土搭板及枕梁宜采用就地浇筑的方式施工。
(2)搭板钢筋与其下的垫层间宜设置垫块并应交错布置。在上、下两层钢筋之间应设置支撑保证其位置的准确。
(3)浇筑拱板混凝土时应按照搭板的坡度由低向高处进行，振捣时应避免碰撞钢筋、模板</td></tr>
<tr><td colspan="2">项 目</td><td>规定值或允许偏差</td></tr>
<tr><td colspan="2">混凝土强度(MPa)</td><td>在合格标准内</td></tr>
<tr><td rowspan="2">枕梁尺寸(mm)</td><td>宽、高</td><td>±20</td></tr>
<tr><td>长</td><td>±30</td></tr>
<tr><td rowspan="2">板尺寸(mm)</td><td>长、宽</td><td>±30</td></tr>
<tr><td>厚</td><td>±10</td></tr>
<tr><td colspan="2">顶高高程(mm)</td><td>±2</td></tr>
<tr><td colspan="2">顶面纵坡(%)</td><td>0.3</td></tr>
</table>

21 桥梁维护与加固

21.1 混凝土桥梁表层缺陷修补

混凝土桥梁表层缺陷修补 表21.1-1

项　　目	技术内容与要求
水泥砂浆修补	1. 对象为桥梁构件表面深度较浅、面积较小的缺陷。 2. 修补前应对混凝土表面进行处理、凿毛、清洁。 3. 修补材料采用普通水泥砂浆或专用修补材料。 4. 采用人工涂抹法进行修补
混凝土修补	1. 对象为混凝土桥梁构件表面蜂窝、空洞以及较大范围的破损等。 2. 采用比原结构强度等级高一级的混凝土，混凝土粗集料的粒径一般不大于15mm。 3. 在施工条件受限时可采用自流平混凝土。 4. 修补前应对混凝土表面的蜂窝、空洞进行处理、凿毛，对已经生锈的钢筋除锈，并使旧混凝土表面保持湿润、清洁。 5. 混凝土施工应符合现行《公路桥涵施工技术规范》（JTG/T F50—2011）的规定，注意加强振捣并及时养生
聚合物水泥砂浆修补	1. 对象为混凝土桥梁表面的风化、剥落、露筋及小面积的破损等。 2. 聚合物水泥砂浆的性能指标应符合《公路桥梁加固设计规范》（JTG/T J22—2008 ）表4.7.2的规定。 3. 修补前应对混凝土缺陷部位进行清理，对已经生锈的钢筋除锈。 4. 修补施工过程中应避免振动。 5. 聚合物砂浆终凝前，应避免其表面受到雨水、风及阳光直射等不利影响，并及时养护
改性环氧砂浆（混凝土）修补	1. 对象为混凝土桥梁构件表面蜂窝、空洞、风化、剥落、露筋及小面积的破损等。 2. 采用的改性环氧基液的安全性能指标应符合国家标准、规范的有关规定。 3. 涂抹改性环氧砂浆（混凝土）修补前，应对混凝土缺陷部位进行清理，对已经生锈的钢筋除锈。应先在已凿毛的混凝土表面涂一层改性环氧基液，使旧混凝土表面充分浸润。 4. 立模浇筑改性环氧混凝土的工艺要求与浇筑普通混凝土基本相同，但应防止扰动已涂刷的改性环氧基液；浇筑时应充分插捣，反复压抹平整。 5. 改性环氧砂浆施工温度宜为20℃ ±5℃，高温或寒冷季节应采取有效措施控制施工温度
防腐涂装	1. 对象为处于严重腐蚀环境下的混凝土桥梁。 2. 防腐材料选择应综合考虑桥梁所处环境的温度、湿度及养护条件等因素，采用能有效抵抗外部不良因素侵害的、经检验符合国家有关标准要求的材料。 3. 涂装前应除去混凝土表面模板残渣、油污及杂物等，金属外露的锐边、尖角和毛刺应打磨圆顺。 4. 涂装前应使混凝土表面保持干燥、清洁。在混凝土表面处理检查合格后4h内进行施工

续上表

<table>
<tr><th>项　目</th><th>技术内容与要求</th></tr>
<tr><td>钢筋锈蚀处理</td><td>1. 混凝土表层缺陷处理前应对生锈钢筋进行除锈，除锈后应及时涂刷阻锈剂。
2. 阻锈剂的质量及性能指标应符合现行有关国家标准的规定。
3. 采用阻锈剂溶液时，混凝土拌和物的搅拌时间应延长 1min；采用阻锈粉剂时，应延长 3min</td></tr>
<tr><td>质量检验</td><td>1. 修补完成后的结构表面应平整，无裂缝、脱层、起鼓、脱落等，修补处表面应和原结构表面色泽基本保持一致。平整度允许偏差值应符合下表要求

平整度允许偏差值实测项目
<table>
<tr><th>项　目</th><th>规定值或允许偏差</th><th>检查方法与频率</th></tr>
<tr><td>梁体平整度（mm）</td><td>5</td><td>钢尺丈量</td></tr>
<tr><td>阴阳角（°）</td><td>5</td><td>尺量</td></tr>
</table>
2. 浇筑面积较大的混凝土或砂浆应预留强度试块进行检验；新旧混凝土的黏结情况可通过敲击法和钻芯取样检测。检验结果应符合设计或相关规定要求。
3. 桥梁混凝土表面涂装应无漏喷、流挂、针孔、气泡、色泽不均等异常情况。涂装表面应均匀平整，并符合下表要求

桥梁混凝土表面涂装实测项目
<table>
<tr><th>项次</th><th>实测项目</th><th>规定值或允许偏差</th><th>检查方法和频率</th></tr>
<tr><td>1</td><td>总干膜平均厚度</td><td>≥设计厚度</td><td rowspan="2">涂装完成 7d 后进行测定。每 50m² 面积随机检测一个点，测点总数不小于 30 个</td></tr>
<tr><td>2</td><td>总干膜最小厚度</td><td>≥0.75 倍设计厚度</td></tr>
</table></td></tr>
</table>

21.2 结构裂缝的处理

结构裂缝的处理　　表 21.2-1

<table>
<tr><th>项　目</th><th>适用范围及施工工艺简述</th></tr>
<tr><td>材料选用</td><td>1. 裂缝修补用的胶黏剂除应遵循《公路桥梁加固设计规范》（JTG/T J22—2008）4.7 条的相关规定外，尚应符合下列要求：
（1）胶黏剂浆液的黏度小，渗透性、可灌性好。
（2）胶黏剂浆液固化后收缩性小；固化时间可调节，灌浆工艺简便；固化后不应遗留有害化学物质。
2. 水泥浆、水泥砂浆应先进行试配，有关指标应符合设计要求</td></tr>
<tr><td>施工</td><td>1. 现场核实裂缝数量、长度、宽度等，并对裂缝编号，做好记录，绘制裂缝分布图。
2. 根据不同构件、不同部位、不同的裂缝形态选择适合的修补方法、修补材料和修补时间。
3. 处理裂缝缝口表面，达到工作面平顺、干燥、无油污。处理范围为沿裂缝走向宽 30～50mm。
4. 裂缝缝口表面经处理后，用胶黏剂涂刷，使其渗透到裂缝内，封闭裂缝通道；或用改性环氧胶泥适当加压刮抹，封闭裂缝通道。
5. 自动低压渗注法、压力注浆法的施工工艺流程如下图所示。
6. 注浆嘴沿裂缝走向布置，间距 200～400mm，缝窄取较小值，缝宽取较大值。
7. 压力注浆修补裂缝应根据浆液流动性选择注浆压力，一般为 0.1～0.4MPa。
8. 竖向、斜向裂缝压浆应自下而上进行</td></tr>
</table>

续上表

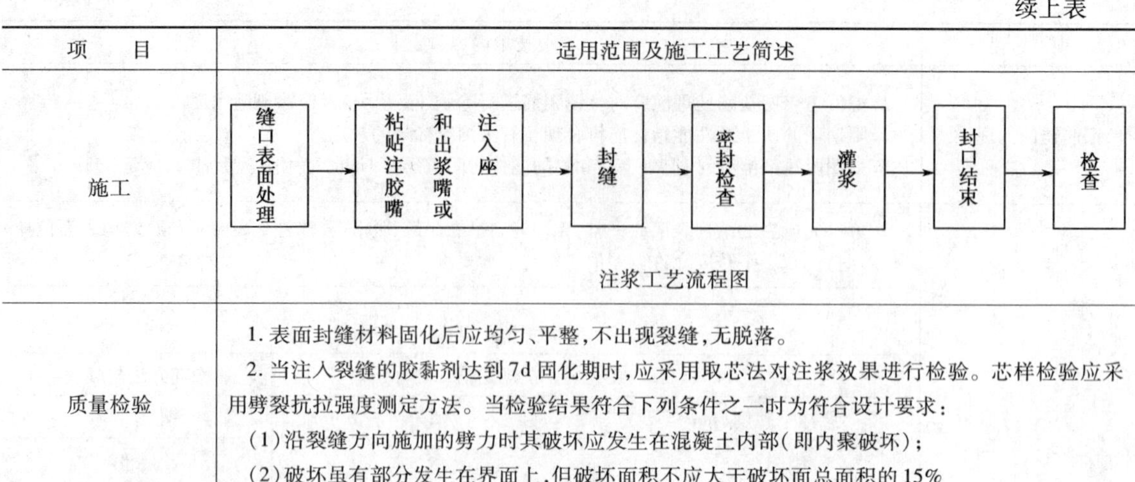

项　目	适用范围及施工工艺简述
施工	缝口表面处理 → 粘贴注胶嘴和出浆嘴或注入座 → 封缝 → 密封检查 → 灌浆 → 封口结束 → 检查 注浆工艺流程图
质量检验	1. 表面封缝材料固化后应均匀、平整，不出现裂缝，无脱落。 2. 当注入裂缝的胶黏剂达到7d 固化期时，应采用取芯法对注浆效果进行检验。芯样检验应采用劈裂抗拉强度测定方法。当检验结果符合下列条件之一时为符合设计要求： (1)沿裂缝方向施加的劈力时其破坏应发生在混凝土内部(即内聚破坏)； (2)破坏虽有部分发生在界面上，但破坏面积不应大于破坏面总面积的15%

21.3　混凝土结构植筋施工工艺

混凝土结构植筋施工工艺　　表 21.3-1

项　目	施工工艺简述
施工工艺流程	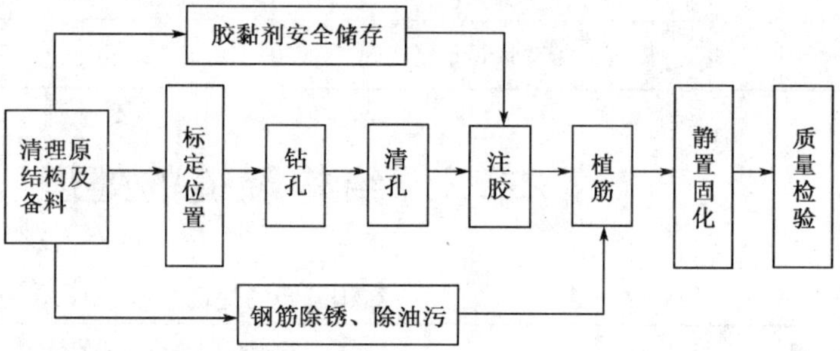 胶黏剂安全储存 清理原结构及备料 → 标定位置 → 钻孔 → 清孔 → 注胶 → 植筋 → 静置固化 → 质量检验 钢筋除锈、除油污
植筋用胶黏剂	植筋用胶黏剂分管装式、机械注入式两种，其性能应符合《公路桥梁加固设计规范》(JTG/T J22—2008)第4章的相关规定。施工时应注意材料和配胶方式的相互配套，不得在现场配置植筋用胶黏剂。
植筋定位、钻孔	1. 钻孔前用钢筋探测仪探测桥梁构件植筋部位钢筋位置，或凿去保护层暴露钢筋，若植筋孔位处存在钢筋，则应适当调整钻孔位置。 2. 钻孔施工遇到钢筋或预埋件时应立即停钻，并适当移动钻孔孔位，若移动量太大时需报请设计单位确认或处置
清洁孔壁、钢筋	1. 先将喷嘴伸入成孔底部并吹入洁净的压缩空气，向外拉出喷嘴，反复3次。 2. 将硬毛刷插入孔中，往返旋转清刷3次。 3. 再将喷嘴伸入钻孔底部吹气，向外拉出喷嘴，反复3次。 4. 对要植入钢筋上的锈迹、油污进行除锈与清理。 5. 植筋前用丙酮或工业用酒精擦拭孔壁、孔底和植入钢筋
植筋	1. 植筋用胶黏剂应采用专用灌注器或注射器进行灌注，灌注量一般为孔深的2/3，并应保证在植入钢筋后有少许胶黏剂溢出

续上表

项　目	施工工艺简述
植筋	2. 注入胶黏剂后应立即单向旋转插入钢筋，直至达到设计的深度，并保证植入钢筋与孔壁间的间隙基本均匀，校正钢筋的位置和垂直度
静置固化	胶黏剂完全固化前，不得触动或振动已植钢筋，以免影响其黏结性能

21.4　混凝土结构锚栓施工工艺

混凝土结构锚栓施工工艺　表 21.4-1

<table>
<tr><th colspan="2">项目</th><th>施工工艺简述</th></tr>
<tr><td colspan="2">施工工艺流程</td><td>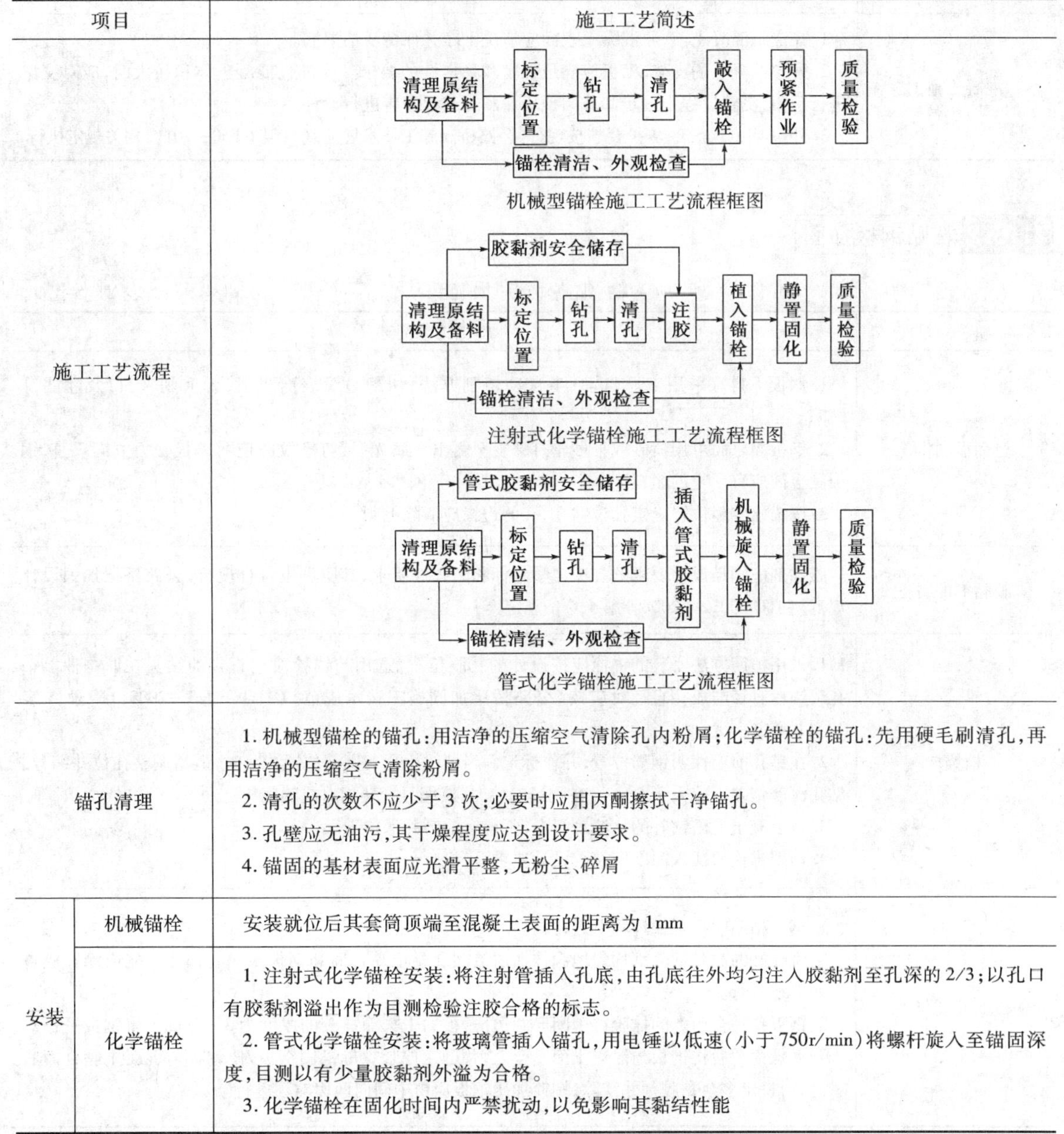

机械型锚栓施工工艺流程框图

注射式化学锚栓施工工艺流程框图

管式化学锚栓施工工艺流程框图</td></tr>
<tr><td colspan="2">锚孔清理</td><td>1. 机械型锚栓的锚孔：用洁净的压缩空气清除孔内粉屑；化学锚栓的锚孔：先用硬毛刷清孔，再用洁净的压缩空气清除粉屑。
2. 清孔的次数不应少于 3 次；必要时应用丙酮擦拭干净锚孔。
3. 孔壁应无油污，其干燥程度应达到设计要求。
4. 锚固的基材表面应光滑平整，无粉尘、碎屑</td></tr>
<tr><td rowspan="2">安装</td><td>机械锚栓</td><td>安装就位后其套筒顶端至混凝土表面的距离为 1mm</td></tr>
<tr><td>化学锚栓</td><td>1. 注射式化学锚栓安装：将注射管插入孔底，由孔底往外均匀注入胶黏剂至孔深的 2/3；以孔口有胶黏剂溢出作为目测检验注胶合格的标志。
2. 管式化学锚栓安装：将玻璃管插入锚孔，用电锤以低速（小于 750r/min）将螺杆旋入至锚固深度，目测以有少量胶黏剂外溢为合格。
3. 化学锚栓在固化时间内严禁扰动，以免影响其黏结性能</td></tr>
</table>

21.5 混凝土梁式桥梁加固施工

21.5.1 增大截面法加固

增大截面法加固 表 21.5-1

项　　目	施工工艺简述
结合面处理	凿除原构件混凝土缺陷及碳化层，构件接合面凿毛凹凸差不宜小于6mm，并露出粗集料
钢筋制安	1. 梁肋增设主筋时，对原有钢筋应进行除锈处理。当受力钢筋需焊接时，施焊前应采取适当措施以避免烧伤混凝土。 2. 通过在原结构上植筋新增的钢筋骨架与锚筋连成整体
混凝土施工	1. 在浇筑混凝土前，原混凝土表面应清洗干净并保持清洁湿润。 2. 外包混凝土的支架、模板应满足强度和稳定性的要求。当外包混凝土体积较大时，应对支架进行预压，浇筑过程中逐步卸载。预压量和卸载程序应进行设计。 3. 外包混凝土浇筑、养护要求按现行《公路桥涵施工技术规范》(JTG/T F50—2011)相关规定执行

21.5.2 粘贴钢板加固

粘 贴 钢 板 加 固 表 21.5-2

项　　目	施工工艺简述
钢板制作	1. 钢板下料宜采用工厂自动、半自动切割方法，切割边缘表面光滑，无毛刺、咬口及翘曲等缺陷。 2. 钢板黏合面可用喷砂或平砂轮打磨直至露出金属光泽，打磨纹路应与钢板受力方向垂直，钢板黏合面应有一定的粗糙度。 3. 按锚栓实际位置确定孔位钻孔，孔的边缘应清除毛刺
胶黏剂的制备	胶黏剂应满足设计要求的各项力学指标和耐久性要求，其质量应符合现行《公路桥梁加固设计规范》(JTG/T J22—2008)第 4.6 条规定
植锚栓	1. 采用植筋方法安装的锚栓应按设计的孔眼位置，选用与锚栓对应直径的钻头在原构件上钻孔。锚栓直径与成孔直径对应按《公路桥梁加固施工技术规范》(JTG/T J23—2008)附录 A 表 A1.11 确定。 2. 在钻孔前应探明钢筋位置，并作标记。当植锚栓孔与钢筋位置冲突时，适当调整孔位并编号。钻孔深度偏差不应大于 5mm。在现场安装时，按编号安装相对应的钢板。 3. 将混凝土上已钻好的孔清理干净，不得有油污并保持干燥。 4. 预埋锚栓的插入深度应符合设计要求
钢板的安装与锚固	1. 钢板粘贴应在干燥环境下进行。 2. 将配好的黏胶剂分别均匀地涂抹在清洁的混凝土黏合面和钢板条黏合面上。立面涂胶应自上而下地进行。 3. 钢板条黏合面上的抹胶可中间厚两边薄，板的中央涂抹胶的厚度为 3 ~ 5mm。将钢板平稳对准预埋螺栓孔后将钢板与混凝土面黏合上，并迅速拧紧螺母锚固钢板，使钢板与混凝土黏合面紧密黏合，挤出多余黏胶剂并清除，螺栓加压钢板应由中间向两边对称进行

续上表

项　目	施工工艺简述
钢板的安装与锚固	4. 钢板厚度大于5mm时，采用压力注胶黏结，先用环氧胶泥将钢板周围封闭，留出排气孔，并在钢板低处位置粘贴灌浆嘴，待灌浆嘴粘牢后，通气试漏，再以不低于0.1MPa的压力将黏胶剂从灌浆嘴压入，当排气孔出现浆液后，停止加压，以环氧胶泥堵孔，最后以较低压力维持10min以上方可停止灌浆
钢板的防护涂装	1. 加固所用的钢板应按设计要求进行涂装防护处理。 2. 钢板外露部分在涂装前必须除锈呈金属光泽，去除油污，并保持干燥

21.5.3 粘贴纤维复合材料加固

粘贴纤维复合材料加固　表21.5-3

项　目	施工工艺简述
底面处理	1. 修补结构裂缝。 2. 将被加固区域混凝土表面剥落、疏松、蜂窝、腐蚀等劣化部分清除后，洗净表面，打磨平整，待混凝土表面干燥后，用修复材料将混凝土表面修复平整。粘贴表面有破损或有高差时，用找平胶将其修补、抹平，直到没有明显的刮痕为止。如果有毛刺，应用砂纸打磨平整。找平面用手触摸感觉干燥后，方能进行下一工序的施工。 3. 外转角粘贴处应打磨成圆弧状，圆弧半径不应小于25mm；内转角以树脂砂浆填补成圆弧倒角，圆弧半径不应小于25mm。除去灰尘并保持干燥
涂刷底胶	1. 调制好的底胶应及时使用，用一次性软毛刷或特制滚筒将底胶均匀涂抹于混凝土表面，不得漏刷、流淌或有气泡。待底胶固化后检查涂胶面，如涂胶面上有毛刺，应用砂纸打磨平顺；如胶层被磨损，应重新涂刷，固化后方可进行下一道工序。 2. 底胶固化后应尽快进行下一道工序，若涂刷时间超过7d，应清除原底胶，用砂轮机磨除，重新涂抹
粘贴纤维复合材料	1. 雨天或空气潮湿条件下不宜施工。对玻璃纤维复合材料，相对湿度不宜大于80%。如确需在潮湿的构件上施工，必须烘干构件表面或采用专门的胶黏剂。 2. 纤维复合材料粘贴宜在5～35℃环境温度条件下进行，胶黏剂的选用应满足使用环境温度的要求。 3. 在待加固的混凝土表面按照设计图纸放样，确定纤维复合材料各层的位置。 4. 按照设计尺寸裁剪纤维复合材料，纤维复合布材搭接长度不宜小于100mm，搭接位置宜避开主要受力区。裁剪的纤维布材必须呈卷状妥善摆放并编号。已裁剪的纤维复合材料应尽快使用。 5. 粘贴纤维复合材料前应对混凝土表面再次拭擦，确保粘贴面无粉尘。混凝土表面涂刷胶黏剂时应做到胶体不流淌，胶体涂刷不出控制线，涂刷均匀。 6. 粘贴立面纤维复合材料时应按照由上到下的顺序进行。用滚筒将纤维复合材料从一端向另一端滚压，除去胶体与纤维复合材料之间的气泡，让胶体渗透到纤维复合材料，浸润饱满。选用的滚筒应在滚压过程中不产生静电作用。 7. 当采用多条或多层纤维复合材料加固时，在前一层纤维布表面用手指触摸感到干燥后立即涂胶黏剂，粘贴后一层纤维复合材料。 8. 最后一层纤维复合材料施工结束后，在其表面均匀涂抹一层浸渍树脂（面层防护），自然风干。 9. 对于受弯构件宜在受拉区沿轴向平直粘贴碳纤维复合材料进行加固补强，并在主纤维方向的断面端部进行锚固处理。 10. 当采用碳纤维板加固时，按设计尺寸一次完成下料。碳纤维板的厚度不应大于2.0mm，宽度不应大于150mm，纤维体积含量不应小于60%

21.5.4 体外预应力加固

体外预应力加固 表 21.5-4

项目		施工工艺简述
安装及张拉	T梁	1.按设计要求凿出锚固槽口,在槽口内按设计要求的角度钻孔,并粘贴锚固钢板。 2.按设计要求安装转向装置。 3.对称、均衡张拉至设计吨位,拉杆的松紧度应调整一致。张拉方法按现行《公路桥涵施工技术规范》(JTG/T F50—2011)相关规定执行
	箱梁	1.按设计要求增设横隔板或齿板,安装锚具,在横梁、转向块位置的混凝土上粘贴钢板,在结构胶达到要求的强度后进行张拉。 2.为了使预应力钢绞线在锚固点附近成喇叭口状分布在锚具上,锚固端400mm范围内需将孔道逐渐扩宽,以满足锚具安装要求。 3.各体外束的张拉应按设计要求进行。当设计未作具体要求时,施加张拉力次序为:0→15%→0→50%→80%→100%
齿板、转向块板及滑块	齿板	1.按照设计图纸进行放样,确定齿板纵向位置。探测出的底板原预应力筋位置如果与新增齿板位置有冲突时,可经设计同意后调整齿板横向位置。 2.凿除底板混凝土保护层,露出新鲜混凝土面,将混凝土碎渣清理干净,使底板纵向和横向钢筋外露,并用钢刷除去钢筋上的锈迹。 3.按照设计要求在底板植筋。等到植筋胶固化后,绑扎齿板钢筋,调整锚具位置及角度,并将齿板钢筋和原底板钢筋焊接成整体。 4.立模浇筑齿板混凝土,等到齿板混凝土强度达到设计强度后才能张拉预应力束
	转向块	新浇混凝土转向块与梁体间接缝处必须进行人工凿毛处理,需要植筋时可参照《公路桥梁加固施工技术规范》(JTG/T J23—2008)附录A的要求。为减少体外索水平筋(束)在活载作用下发生振动,应沿其纵向设置水平筋(束)减振装置
	滑块	1.滑块可用钢材或混凝土浇筑成型,对于后者需预留孔道以穿入水平预应力钢筋。 2.水平滑块的钢垫板需粘贴在梁的底面上。当在水平滑块上设置聚四氟乙烯滑板时,可将其预先粘贴在钢垫板上或滑块的顶面上。水平预应力钢筋的定位座可粘贴在跨中梁底位置上
防腐与防护		体外预应力筋张拉结束后应按设计要求进行防腐处理。当体外预应力筋采用成品索,自身带有防腐功能时,可不采取防腐措施
施工监控		在控制张拉力和伸长量的同时,应对旧桥主要断面的应变及整体挠度进行监控

21.5.5 改变结构体系加固

改变结构体系加固 表 21.5-5

项目	施工工艺简述
增加支点	1.按设计位置修建新桥墩,并对支点处梁体进行加固补强。 2.在墩台帽上按设计或控制要求顶升主梁并安放支座。如果用组合楔块代替支座,顶升完毕后,应将所有楔块焊接,再用环氧砂浆封闭

续上表

项　目	施工工艺简述
增加支点	3. 新建桥墩与梁体固结部位接触面需凿毛、清洁，洒水湿润，用于硬性混凝土浇筑。当采用型钢套箍连接时，型钢套箍与梁接触面间用水泥砂浆坐浆，待型钢套箍与墩顶预埋件焊牢后，用干硬性混凝土将全部缝隙填实并将连接部位包裹
简支变连续	1. 凿除原桥面铺装和梁端部混凝土，使主筋外露。连接梁端钢筋并在梁顶增设受力钢筋。连接钢筋如果采用挤压套筒连接，施工前应对选用的套筒及采取的连接方法进行试验。应按照《钢筋机械连接技术规程》(JGJ 107—2010)进行钢筋连接。 2. 当设计布置有负弯矩预应力束时，在梁顶凿槽安装波纹管道，按设计要求焊接梁端的连接钢筋，安装预应力束和锚具，待连接混凝土达到设计强度后进行张拉。 3. 安装永久支座(当采用单支座时)。 4. 连接缝处采用粒径不大于20mm的混凝土，并在温度较低的时间段进行浇筑。 5. 拆除原有支座(当采用单支座时)

21.5.6 加固质量检验

桥梁加固施工使用的主要材料性能，应在加固工程现场取样进行检验。试验资料应齐全，并符合设计要求。

采用粘贴纤维复合材料加固时，施工质量检验及验收标准应符合表21.5-6的要求。

碳纤维复合材料粘贴质量检验实测项目　　表21.5-6

<table>
<tr><th>项　次</th><th colspan="3">检验项目</th><th>合格标准</th><th>检验方法</th><th>频　数</th></tr>
<tr><td>1</td><td colspan="3">碳纤维布材粘贴误差</td><td>中心线偏差≤10mm</td><td>钢尺测量</td><td>全部</td></tr>
<tr><td>2</td><td colspan="3">碳纤维布材粘贴</td><td>≥设计数量</td><td>计算</td><td>全部</td></tr>
<tr><td rowspan="4">3</td><td rowspan="4">粘贴质量</td><td colspan="2">空鼓面积之和与总粘贴面积之比</td><td>小于5%</td><td>小锤敲击法</td><td>全部或抽样</td></tr>
<tr><td rowspan="2">胶黏剂厚度</td><td>板材</td><td>2mm±1.0mm</td><td rowspan="2">钢尺测量</td><td rowspan="2">构件3处</td></tr>
<tr><td>布材</td><td><2mm</td></tr>
<tr><td colspan="2">硬度(布材)</td><td>>70°</td><td>测量</td><td>—</td></tr>
</table>

采用体外预应力加固时，体外预应力加固的张拉控制及尺寸偏差应符合表21.5-7的要求。

体外预应力张拉力及尺寸偏差实测项目　　表21.5-7

<table>
<tr><th>项　次</th><th colspan="2">检查项目</th><th>规定值或允许偏差</th><th>检查方法与频率</th></tr>
<tr><td rowspan="2">1</td><td rowspan="2">钢索坐标(mm)</td><td>梁长方向</td><td>±30</td><td rowspan="2">尺量：抽查50%；各转折点</td></tr>
<tr><td>梁高方向</td><td>±10</td></tr>
<tr><td>2</td><td colspan="2">张拉力值</td><td>符合设计要求</td><td>查油压表读数：全部</td></tr>
<tr><td>3</td><td colspan="2">张拉伸长率</td><td>符合设计要求；设计未规定时，±6%</td><td>尺量：全部</td></tr>
<tr><td rowspan="2">4</td><td rowspan="2">断丝滑丝数</td><td>钢束</td><td>每束1根，且每断面不超过钢丝总数的1%</td><td rowspan="2">目测；每根(束)</td></tr>
<tr><td>钢筋</td><td>不允许</td></tr>
</table>

21.6 拱式桥加固施工

拱式桥加固施工 表 21.6-1

项目		施工工艺简述
拱上建筑拆除		1. 拱上建筑拆除应严格按设计卸载程序进行。设计无要求时,应按对称、均衡原则进行拆除,对跨径较大拱桥拱上建筑拆除应做专门的卸载程序设计与相应的结构验算。 2. 拱上建筑拆除时,应观测1/4跨、拱顶及其他控制截面的挠度和拱圈横向位移、结构开裂情况,多孔拱桥拱上建筑不能同时对称拆除时,还应观测相邻孔跨拱圈和墩台的变位,并详细记录。发现异常情况应立即停止施工,并及时分析原因。必要时应采取安全措施或调整卸载程序。 3. 大跨径拱桥拱上建筑拆除施工应在有效的监控下进行
圬工拱桥加固	套拱加固	1. 凿除拱圈剥落、松散、风化表层。套拱施工前应对拱圈的其他缺陷,如砌缝砂浆脱落、裂缝、掉块、空洞等进行修补。 2. 按照设计进行原拱腹及拱座植筋,应确保套拱新增钢筋与原拱圈连接牢固。植筋深度按设计确定。植筋与主筋焊接时,应在外露长度15d外施焊;采用搭接时应满足搭接长度要求。 3. 浇筑套拱混凝土前应充分湿润原拱腹面。 4. 按设计程序浇筑混凝土,设计程序无明确规定时应按对称、均衡原则进行浇筑。 5. 应采取有效措施保证新浇混凝土密实以及与原结构密贴。 6. 套拱拱座施工还应符合《公路桥梁加固施工技术规范》(JTG/T J23—2008)第10章有关规定
	拱背增大截面加固	1. 对拆除拱上建筑后的拱背上的松散砂浆或破损砌体进行清理。 2. 对拱圈缺陷进行修补。 3. 按照设计进行原拱背及拱座植筋,应确保套拱新增钢筋与原拱圈连接牢固。 4. 浇筑混凝土前应充分湿润原拱背面。 5. 按设计程序浇筑混凝土,设计无要求时,由两拱脚向拱顶对称浇筑。对跨径或宽度较大的拱桥,必要时可沿横向由拱圈中线向两侧对称、分环浇筑。 6. 按设计程序恢复拱上建筑
	更换砌块	1. 更换破损的砌块应逐个或小批量分次进行。修补用砌块的强度指标不应低于原砌块。 2. 修补砌块的材质、色泽应与原拱尽量统一。 3. 清理破损的砌块后应及时进行修补,必要时可采用临时支撑。 4. 新砌块就位后应用楔子固定,并用干硬性砂浆砌筑,砂浆强度应高于原砂浆一级
钢筋混凝土拱桥加固	增设拱肋加固	1. 安装新拱肋时,在原拱肋拱顶、1/4等部位设临时横向联系,保证施工过程的结构横向稳定。 2. 支架现浇拱肋时,墩、台帽内预埋钢筋与主筋焊接在外露长度15d外施焊;采用搭接时要满足搭接长度要求[《公路钢筋混凝土及预应力混凝土桥涵设计规范》(JTG D62—2004)]。 3. 预制安装拱肋所需墩、台帽预留槽深度应与原拱肋预留槽一致。 4. 现浇或预制混凝土拱肋施工应符合现行《公路桥涵施工技术规范》(JTG/T F50—2011)的规定
	横向连接加固	1. 拱肋与横系梁或横隔板结合面应凿毛至露出粗集料,凹凸差不小于6mm。 2. 横系梁或横隔板底面钢筋应通长设置,并与植入主筋连接,植入深度按设计确定,其余横向主筋应与拱肋主筋可靠连接
钢管混凝土拱桥加固	混凝土空洞	采用钻孔浇筑聚合物混凝土进行处理。处理后应复原封口,打磨平整,并涂油漆,油漆颜色应与原涂料基本一致
	钢管混凝土脱空	1. 在管内脱空段按1m左右间距钻孔,孔径10mm,在孔中插入长约100mm的钢管,用环氧树脂封口固定。 2. 注浆压力应控制在0.2~0.6MPa,注浆应按自下而上的顺序进行。 3. 灌浆料固化3d后,应用超声波及人工敲击检测。脱空部分填充饱满后,应复原封口,打磨平整,并涂油漆

续上表

项　目	施工工艺简述
质量要求	加固混凝土、钢筋、模板、焊接等的质量要求应符合现行《公路桥涵施工技术规范》(JTG/T F50—2011)的规定。钢管拱内脱空灌浆的质量要求应符合《公路桥梁加固施工技术规范》(JTG/T J23—2008)第5章的规定

21.7　斜拉桥、悬索桥加固

21.7.1 斜拉桥斜拉索更换

斜拉桥斜拉索更换　表21.7-1

项　目	施工工艺简述
基本要求	1.换索前,检查新旧索工具锚口是否匹配。 2.换索施工在索塔、主梁及锚碇缺陷修复、加固完成后进行。 3.对换索过程进行结构分析计算,确定合理换索顺序,控制结构内力在允许范围内。按设计或控制给定的换索顺序换索,并控制换索区内的荷载。 4.索力调整应避开日照对结构的影响,并避开交通量高峰时段。 5.换索施工时应对桥上交通实行三限(限载、限量、限速),必要时应短暂中断交通。 6.换索期间避免将多余的机具、设备、材料、杂物等堆放在换索区域内。 7.换索施工应严格执行设计规定的程序及工艺要求,应对梁、塔的变形和相邻索索力变化进行全面监测
卸索及更换	1.卸索时应记录锚具大螺母松开时的千斤顶油表读数,并进行两次放张,满足设计要求后方可进行卸索。 2.卸索中全程跟踪观测梁顶高程的变化,并与理论监控计算值进行比较,如有异常,应立即停止卸索,待查明原因并处理后方可继续施工。 3.拉索张拉的顺序、级次数和量值应按设计规定和控制要求执行。拉索张拉可于塔端或梁端单端进行。平行钢丝拉索应整体张拉。 4.拉索更换后及时在拉索钢套管处采取有效密封措施。拉索锚具在梁内及塔上的外露部分,应按原桥使用的材料或设计要求予以保护
换索过程监测	1.对影响范围内梁体的高程进行换索前、卸索、新索张拉、索力调整四个阶段的桥面高程监测。桥面高程监测可采用精密水准仪,为避免日照等对高程的影响,在夜间及温度趋于稳定的时段进行观测。 2.在换索前、卸索、新索张拉、索力调整四个阶段应对索塔位移、主梁及索塔混凝土应变进行观测。 3.跟踪测试被换拉索前后3~5组拉索索力,并与理论计算值进行比较。 4.换索工程竣工后,对全桥拉索的索力及主梁高程进行测定,以检验换索效果,并作为验收的依据

21.7.2 悬索桥吊杆更换、主缆维修及锚碇加固

悬索桥吊杆、主缆维修及锚碇加固　表21.7-2

项　目	施工工艺简述
吊杆更换	1.根据构造形式、施工设备等实际情况设置工具吊杆,工具吊杆应进行设计计算,对工具吊杆施力时,应保证同步张拉,使吊杆受力平衡

续上表

项　　目	施工工艺简述
吊杆更换	2. 对柔性牵引索及刚性连接杆的长度、尺寸、连接方式与构造进行专门设计。当采用刚性连接杆时，应考虑吊杆长度、质量、索管长度的差别。 3. 施工过程中新旧吊杆、工具吊杆之间的荷载转换应平稳。 4. 更换吊杆过程连续监测桥面高程、吊杆内力及混凝土应力变化，新吊杆张拉实行双控，以桥面高程控制为主，吊杆内力控制为辅
主缆维修	1. 对主缆状况进行全面检查。 2. 采取与原防护同样的材料进行主缆缆套损伤修补。 3. 若主缆索股间受力有较大偏差时，可通过索端拉杆螺栓进行调整。 4. 紧固同一索夹螺栓时应保证各螺栓受力均匀
锚碇加固	1. 未做衬砌的岩石锚室或锚洞表面风化或开裂时，先将表面风化层及开张部分凿除，然后用钢丝网水泥砂浆或结构胶黏剂进行处理。 2. 锚洞外的压重体出现松散龟裂时，应及时注入结构胶黏剂修补，增加圬工以补足质量。采用圬工增加锚洞外压重时应做好新老压重体的连接，施工技术要求应符合现行《公路桥涵施工技术规范》(JTG/T F50—2011)的相关规定。 3. 加厚结构加固锚室时，应先处理裂缝及表面缺陷，然后进行锚室表面扩大截面施工。如有渗水，应先处理渗水，增加防水层

21.7.3 加固质量要求

(1)锚碇施工质量检验，应执行《公路桥梁加固施工技术规范》(JTG/T J23—2008)的相关规定。

(2)斜拉索更换质量检验实测项目应符合表21.7-3的要求。

斜拉索更换质量检验实测项目　　表21.7-3

项　次	检 查 项 目		规定值或允许偏差		检查方法和频率
1	索力(kN)	允许	满足设计要求		测力仪：测每对索索力
		极值	符合设计规定，设计未规定时与设计值相差小于10%		
2	梁锚固点或梁顶高程(mm)		$L \leq 200$m	±20	水准仪或全站仪：测量每个锚固点或每梁段中点
			$L > 200$m	$\pm L/10\,000$	
3	锚具轴线与孔道轴线偏位(mm)		5		尺量：抽查25%

注：L为斜拉桥主跨跨径。

(3)吊杆更换质量检验实测项目应符合表21.7-4的要求。

吊杆更换质量检验实测项目　　表21.7-4

项　次	检 查 项 目	规定值或允许偏差		检查方法和频率
1	吊杆长度(mm)	$\pm 0.001L$, ±10		用钢尺量
2	吊杆拉力(kN)	符合设计要求		测力仪：每吊杆检查
3	吊点位置(mm)	10		全站仪：每吊点检查
4	吊点高程(mm)	高程	±10	水准仪：每吊点检查
		两侧高差	20	

注：L为吊杆长度。

(4)主缆防护质量检验实测项目应符合表21.7-5的要求。

主缆防护质量检验实测项目 表21.7-5

项 次	检 查 项 目	规定值或允许偏差	检查方法和频率
1	缠丝间距(mm)	1	插板:每两索夹间随机量测1m长
2	缠丝张力(kN)	±0.3	标定检测:每盘抽查1处
3	防护涂层厚度(mm)	符合设计要求	测厚仪:每200m测1点

21.8 桥梁基础及下部结构加固

桥梁基础及下部结构加固施工 表21.8-1

项 目		施工工艺简述
盖梁及墩柱增大截面加固		1.钢筋混凝土盖梁接长:①凿除连接部位的混凝土保护层,露出钢筋;②新接长的钢筋应与原主筋焊接、安装钢筋;③新旧混凝土连接表面应凿毛(通常需做剪力槽);④浇筑混凝土。 2.钢筋混凝土盖梁加宽、墩柱截面加大时:①凿除盖梁或墩柱侧面混凝土保护层,露出钢筋;②按设计进行植筋、安装钢筋;③新旧混凝土连接表面凿毛;④浇筑混凝土
桥台加固		1.浆砌片石桥台采用注浆加固的施工技术要求应符合《公路桥梁加固施工技术规范》(JTG/T J22—2008)第10.4.4节有关规定。 2.侧墙及台身前缘采用现浇钢筋混凝土补强时所需植筋的施工要求应符合《公路桥梁加固施工技术规范》(JTG/T J23—2008)第6章相关规定。 3.基础因不均匀沉降产生裂缝时应先加固地基基础,再封闭裂缝。 4.台后填土不密实时,可采用换填、注浆等方法进行处理。换填施工应重做台后防排水系统。其施工技术要求应符合现行《公路桥涵施工技术规范》(JTG/T F50—2011)的规定。 5.桥台加固时应观测台身的稳定性,必要时增加临时支撑,防止滑移或倾覆
增大基础加固		1.基坑应严格按设计要求开挖,不得超深、超宽,避免基坑坍塌。应采取措施保证原基础不受基坑开挖、抽排水的影响。 2.基坑开挖至设计高程后,应检测基底承载力,如达不到设计要求时,对地基进行加固处理。 3.将原基础存在的缺陷清理至密实部位,对结合面凿毛,按设计要求植筋,并与新增的钢筋骨架连成整体,确保新旧混凝土结合牢固
承台加固		1.水中承台加固需借助围堰进行。 2.地面承台加固开挖时应严格控制开挖范围,确保周围土体的稳定。 3.承台增大截面施工时,应先将混凝土表面凿毛,对原有钢筋进行除锈处理,并逐根分区分层进行焊接。浇注混凝土前应保持湿润清洁
桩基加固	增补灌注桩	1.灌注桩成孔方法的选择应综合考虑原桩基深度、地基类型、原桥结构高度等因素,减少施工对原结构的破坏。 2.在清孔排渣时,必须保持孔内水头高度,防止坍孔。 3.施工过程中应对原桥的沉降、位移进行观测。 4.灌注桩施工按现行《公路桥涵施工技术规范》(JTG/T F50—2011)执行
	增补静压桩	1.压桩架应保持竖直,锚固螺栓的紧固应均衡,并应一直保持紧固状态。 2.就位的桩节应保持竖直,使千斤顶、桩节及压桩孔轴线重合,不得偏心加压。 3.整根桩应一次连续压到设计高程,当中途必须停止时,桩端应停留在软弱土层中,且停压的时间间隔不宜超过24h。 4.同一基础压桩施工应对称进行,避免数台压桩机在一个独立基础上同时加压。 5.压桩应以压力控制为主,桩长控制为辅。压桩达到设计荷载后应持压稳定30min

续上表

项目		施工工艺简述
人工地基加固	注浆加固	1. 施工时应对原桥梁及其邻近建筑物、地下管线、地面以及桥梁本身的沉降、倾斜、位移和裂缝进行监测。 2. 采取多孔间隔注浆和缩短浆液凝固时间等措施避免对原桥梁基础产生附加沉降。 3. 在注浆过程中缓慢连续搅拌浆体,搅拌时间应小于浆液初凝时间。浆液在泵送前应经过筛网过滤。 4. 日平均温度低于5℃或最低温度低于-3℃的条件下注浆时,应在施工现场采取保温措施,防止浆液冻结。 5. 对渗透系数相同的土层,首先应注浆封顶,然后由下向上进行注浆,防止浆液上冒。如土层的渗透系数随深度而增大,则应自下向上注浆。对互层地层,首先应对渗透性或孔隙率大的地层进行注浆
	旋喷桩加固	1. 根据工程地质、临近建筑物、地下埋设物等制订旋喷施工方案,并进行现场试验,确定施工工艺参数。 2. 旋喷桩施工前应检查高压设备和管路系统,其压力和流量必须满足设计要求。注浆管及喷嘴内不得有杂物,注浆管接头的密封圈应良好。 3. 垂直施工时,钻孔的倾斜度不应大于1.5%。 4. 旋喷时,应做好压力、流量和喷浆量的量测工作,并按要求逐项记录。 5. 钻杆的旋转和提升需连续进行。 6. 拆卸钻杆继续旋喷时,应保持钻杆有0.1m的搭接长度,不得使旋喷固结体脱节。 7. 应采用速凝浆液或跳孔喷射和冒浆回灌等措施防止喷射过程中地基产生附加变形和地基与基础间出现脱空现象。 8. 对桥梁的沉降、开裂等进行检测

21.9 支座和伸缩装置更换

21.9.1 支座更换

支座更换 表21.9-1

项目	施工工艺简述
工艺流程	顶升准备 → 顶升梁体 → 更换支座 → 落梁
简易支座	1. 按设计要求顶升梁板,并临时支撑。 2. 清除破损支座垫片,改换成新设橡胶支座
板式橡胶支座	1. 检查、处理原支座垫石的缺陷,使结构完好,顶面高程及平整度符合设计要求。 2. 按设计要求顶升主梁并临时支撑,取出原橡胶支座。 3. 清理上、下垫板,放置支座。支座中心线应与支承垫石中心线重合
盆式橡胶支座	1. 盆式橡胶支座更换工序要求:①顶升梁体,拆除旧支座并清理支座垫石、梁底钢板。②核对支座位置并放样。③若更换或加大原支承垫石,其施工技术要求应符合本手册第6章规定。④安装盆式橡胶支座。下支座板四角用钢楔块调整,使支座水平。⑤当支座底面的环氧砂浆或无收缩砂浆硬化后,拆除支座四角临时钢楔块,并用砂浆填塞。⑥拆除上下支座连接板后,检查支座外观并及时安装支座防尘围板。 2. 垫板与支座间四周缝隙不得大于0.3mm。活动支座的四氟板和不锈钢板不得有刮痕、撞伤。氯丁橡胶板块密封在钢盆内,应排除空气、保持紧密

续上表

项　目	施工工艺简述
盆式橡胶支座	3. 活动支座更换安装前，应清洗滑移面，在储油槽内注满清洁的硅脂类润滑剂。 4. 盆式橡胶支座的顶板和底板可用焊接或锚固螺栓栓接在梁体底面和墩台顶面的预埋钢板上；采用焊接时，应防止烧坏混凝土；安装锚固螺栓时，其外露螺杆的高度不应大于螺母的厚度。 5. 安装支座需按设计或温度修正值进行预偏

支座更换实测项目 表 21.9-2

项　次	检查项目		规定值或允许偏差	检查方法和频率
1	支座中心横桥向偏位(mm)		±2	经纬仪、钢尺：每支座
2	支座顺桥向偏位(mm)		±10	经纬仪或拉线检查：每支座
3	支座高程(mm)		符合设计规定；设计未规定时，±5	水准仪：每支座
4	支座四角高差(mm)	承压力≤500kN	±1	水准仪：每支座
		承压力>500kN	±2	

21.9.2 伸缩装置更换

伸缩装置更换 表 21.9-3

项　目	施工工艺简述
基本要求	1. 新伸缩装置应符合现行《公路桥梁伸缩装置》(JT/T 327—2004)的规定，更换前需通过计算校核定位值。 2. 根据施工环境温度确定新伸缩装置开口量。 3. 更换前应认真做好伸缩装置的清理工作，设法避免损坏桥面结构及锚固筋。 4. 为不中断交通，可采用半幅施工，但应确保伸缩装置连接平顺、可靠。 5. 伸缩缝两侧槽口尺寸应满足新伸缩装置的安装连接要求。桥面板(梁)上锚固预埋件有缺损时，应补植连接锚筋；采用焊接时，应保证连接筋与锚筋的有效搭接长度，不得点焊连接。 6. 浇筑槽口混凝土时需设法避免混凝土流入缝内
模数式伸缩装置更换	1. 在工厂组装伸缩装置。组装钢构件应进行防锈蚀处理，吊装位置应用明显颜色标明，出厂时应附带有效的产品质量合格证明文件。 2. 伸缩装置运输中应避免阳光直接暴晒、雨淋雪浸。应保持清洁、防止变形。 3. 伸缩装置更换安装注意事项：①按照设计核对预留槽口尺寸。预埋锚固筋有损坏或不符合设计要求应补植锚固筋。②伸缩装置安装前，应按照安装时的气温，调整安装开口量，用专用卡具固定。③浇筑槽口混凝土前应凿毛旧混凝土面并清洗，还可使用界面剂加强新旧混凝土连接。应将间隙填塞，防止混凝土渗入位移控制箱及橡胶带槽缝，如有渗入应及时清理干净

伸缩缝安装实测项目 表 21.9-4

项　次	检查项目	规定值或允许偏差		检查方法和频率
1	长度(mm)	符合设计要求		尺量：每道
2	缝宽(mm)	符合设计要求		尺量：每道 2 处(按安装时气温折算)
3	与桥面高差(mm)	±2		尺量：每侧 3～7 处
4	纵坡(%)	一般	±0.5	水准仪：测量纵向锚固混凝土端部 3 处
		大型	±0.2	水准仪：沿纵向测伸缩缝每侧 3 处
5	横向平整度(mm)	3		3m 直尺：每道

参 考 文 献

[1] 中华人民共和国行业标准. JTG/T F50—2011 公路桥涵施工技术规范[S]. 北京:人民交通出版社,2011.

[2] 中华人民共和国行业标准. JTG/T J23—2008 公路桥梁加固施工技术规范[S]. 北京:人民交通出版社,2008.

[3] 中华人民共和国行业标准. JTG/T J22—2008 公路桥梁加固设计规范[S]. 北京:人民交通出版社,2008.

[4] 中华人民共和国行业标准. JTG D60—2004 公路桥涵设计通用规范[S]. 北京:人民交通出版社,2004.

[5] 中华人民共和国行业标准. JTG D62—2004 公路钢筋混凝土及预应力混凝土桥涵设计规范[S]. 北京:人民交通出版社,2004.

[6] 中华人民共和国行业标准. JTG D61—2005 公路圬工桥涵设计规范[S]. 北京:人民交通出版社,2005.

[7] 中华人民共和国行业标准. JTJ 025—86 公路桥涵钢结构及木结构设计规范[S]. 北京:人民交通出版社,1986.

[8] 中华人民共和国行业标准. JTG D63—2007 公路桥涵地基与基础设计规范[S]. 北京:人民交通出版社,2007.

[9] 中华人民共和国行业标准. JTG F80/1—2004 公路工程质量检验评定标准[S]. 北京:人民交通出版社,2004.

[10] 中华人民共和国行业标准. JTG E40—2007 公路土工试验规程[S]. 北京:人民交通出版社,2007.

[11] 中华人民共和国国家标准. GB 50214—2001 组合钢模板技术规范[S]. 北京:中国计划出版社,2001.

[12] 中华人民共和国国家标准. GB 50113—2005 滑动模板工程技术规范[S]. 北京:中国计划出版社,2005.

[13] 中华人民共和国行业标准. JGJ 166—2008 建筑施工碗口式钢管脚手架安全技术规范[S]. 北京:中国建筑工业出版社,2008.

[14] 中华人民共和国行业标准. JGJ 130—2011 建筑施工扣件式钢管脚手架安全技术规范[S]. 北京:中国建筑工业出版社,2011.

[15] 中华人民共和国国家标准. GB 1499. 1—2008 钢筋混凝土用钢 第 1 部分:热轧光圆钢筋[S]. 北京:中国标准出版社,2008.

[16] 中华人民共和国国家标准. GB 1499. 2—2007 钢筋混凝土用钢 第 2 部分:热轧带肋钢筋[S]. 北京:中国标准出版社,2007.

[17] 中华人民共和国国家标准. GB 13788—2008 冷轧带肋钢筋[S]. 北京:中国标准出版社,2008.

[18] 中华人民共和国国家标准. GB/T 5223—2002 预应力混凝土用钢丝[S]. 北京:中国标准出版社,2002.

[19] 中华人民共和国国家标准. GB/T 5224—2003 预应力混凝土用钢绞线[S]. 北京:中国标准出版社,2003.

[20] 中华人民共和国国家标准. GB/T 5223.3—2005 预应力混凝土用钢棒[S]. 北京:中国标准出版社,2005.

[21] 中华人民共和国行业标准. JG 3007—1993 无黏结的预应力筋专用防腐润滑脂[S]. 北京:中国建筑工业出版社,2003.

[22] 中华人民共和国国家标准. GB 50204—2002 混凝土结构工程施工质量验收规范[S]. 北京:中国建筑工业出版社,2002.

[23] 中华人民共和国行业标准. JT/T 529—2004 预应力混凝土桥梁用塑料波纹管[S]. 北京:人民交通出版社,2004.

[24] 中华人民共和国国家标准. GB/T 14370—2007 预应力筋锚具、夹具和连接器[S]. 北京:中国标准出版社,2007.

[25] 中华人民共和国行业标准. JG 161—2004 无黏结预应力钢绞线[S]. 北京:中国标准出版社,2004.

[26] 中华人民共和国行业标准. JGJ 85—2010 预应力筋用锚具、夹具和连接器应用技术规程[S]. 北京:中国建筑工业出版社,2010.

[27] 中华人民共和国行业标准. JTG E42—2005 公路工程集料试验规程[S]. 北京:人民交通出版社,2005.

[28] 中华人民共和国国家标准. GB 175—2007/XG1—2009 通用硅酸盐水泥国家标准第 1 号修改单. 北京:中国标准出版社,2008.

[29] 中华人民共和国国家标准. GB/T 1596—2005 用于水泥和混凝土中的粉煤灰[S]. 北京:中国标准出版社,2005.

[30] 中华人民共和国国家标准. GB 8076—2008 混凝土外加剂[S]. 北京:中国标准出版社,2008.

[31] 中华人民共和国行业标准. JC 473—2001 混凝土泵送剂[S]. 北京:中国建筑工业出版社,2001.

[32] 中华人民共和国国家标准. GB 23439—2009 混凝土膨胀剂[S]. 北京:中国标准出版社,2010.

[33] 中华人民共和国国家标准. GB 50119—2003 混凝土外加剂应用技术规范[S]. 北京:中国建筑工业出版社,2003.

[34] 中华人民共和国行业标准. JGJ 55—2000 普通混凝土配合比设计规程[S]. 北京:中国建筑工业出版社,2000.

[35] 中华人民共和国行业标准. JTG E30—2005 公路工程水泥及水泥混凝土试验规程[S]. 北京:人民交通出版社,2005.

[36] 重庆市公路工程行业标准. CQJTG F81—2009 桥梁预应力及索力张拉施工质量检测验收规程[S]. 北京:人民交通出版社,2009.

[37] 交通部第一公路工程局. 公路施工手册 桥涵[M]. 北京:人民交通出版社,2000.

[38] 杨文渊,徐犇. 桥梁施工工程师手册[M]. 北京:人民交通出版社,2003.

[39] 张俊义. 桥梁施工常用数据手册[M]. 北京:人民交通出版社,2005.

[40] 周水兴,何兆益,邹毅松. 路桥施工计算手册[M]. 北京:人民交通出版社,2001.

[41] 黎中银,焦生杰,吴方晓.旋挖钻机与施工技术[M].北京:人民交通出版社,2010.
[42] 王继成,向中富,彭凯等.桥梁预应力及索力张拉测控技术[M].北京:人民交通出版社,2010.
[43] 杨文渊,徐犇.简明公路施工手册[M].北京:人民交通出版社,2006.
[44] 郭智多.桥梁工程施工便携手册[M].北京:中国电力出版社,2006.
[45] 刘自明,王邦楣,陈开利.桥梁深水基础[M].北京:人民交通出版社,2003.
[46] 姚玲森.桥梁工程[M].北京:人民交通出版社,2008.
[47] 邵旭东.桥梁工程[M].北京:人民交通出版社,2007.
[48] 周孟波.斜拉桥手册[M].北京:人民交通出版社,2004.
[49] 王武勤.大跨度桥梁施工技术[M].北京:人民交通出版社,2006.
[50] 刘士林,梁智涛.斜拉桥[M].北京:人民交通出版社,2002.
[51] 严国敏.现代斜拉桥[M].成都:西南交通大学出版社,1996.
[52] 向中富.桥梁施工控制技术[M].北京:人民交通出版社,2001.
[53] 雷俊卿,郑明珠,徐恭义.悬索桥设计[M].北京:人民交通出版社,2001.
[54] 周孟波.悬索桥手册[M].北京:人民交通出版社,2003.
[55] 周绪利.公路工程施工质量检查与验收手册[M].北京:人民交通出版社,2004.
[56] 魏红一. 桥梁施工及组织管理(上册)[M].北京:人民交通出版社,2008.
[57] 杨寿忠.几种常见的挂篮[J].市政技术.2007(1).

人与人之间最稳健的关系，是供需关系，情侣更是如此。

这段时间，朱夏在张一寻面前都把“顺利”表现得谨小慎微的，买回来的新衣服和手机要藏起来，绝不在他面前聊工作，更不会透露自己升职的消息。她保持谦恭，赞美他的身材、他的才华，以及最大限度地展示自己有多么需要他。

但下班后看见张一寻又在床上窝了一整天，茶饭不思，轻描淡写地将他的悲戚无声地在空气中娓娓道来。朱夏终于按捺不住，一股脑儿把升迁的邮件、柜子里的手机、未拆的衣服悉数丢在他面前，大吵了一架：“从今天起，我不会再在乎你的破感受了，人反正要死，你吃不吃东西也不劳我费心。但我告诉你，生活不仅仅只有变好或者变坏，而是人既然活着，就必须为了生存做一点什么。你可以继续躺在这儿，但我一定会往前跑，拼命跑，因为我没有义务停下来，教你如何成为一个男人。”

宣泄完这几天的委屈，朱夏的眼泪像开了闸，即便不是真的想哭，但就是忍不住。半小时过去，张一寻怕她哭脱水，递水给她，她也不喝，只好穿上衣服，下楼买了两袋她最爱的哈哈镜和啤酒。

“妈呀，好好吃啊。”朱夏叼着鸭脖子，泪珠挂在脸上，忘了哭。

本以为张一寻这次已经嫌恶自己到绝望的地步，会从此一蹶不振。没想到吵完的第二天，他就全然无事，精气神重回脸上，不再顾念出书的悲剧，家里唯有的几本样书，也被他放进箱子底，权当是人生这盘不太动听的 CD 的安慰 bonus（彩蛋）。

大概归功于跟过去等量齐观的来自对命运的审视，他不想把自己的不作为都归结于朱夏太优秀的压力上。

少年时对人不对事，成年后对事不对人，时间教会我们最大的本事，根本不是看清自己，而是太会就事论事。不上升到感情，也不触碰到情绪，因此能够什么都觉得不重要了，化戾气为祥和，化险为夷，化危为安，丢了曾经的锋利，感动了自己。无论最后是得到还是失去，勉强说一句算了，才能称得上，一切都是最好的安排。

他的微博认证申请被驳回，原因是不够知名。但未关注人私信里，常能收到一位忠实粉丝的告白，说以前写影评的时候就很喜欢他的文字，出了新书第一时间拜读，虽然故事是虚构的，但的确还是治愈了她。

张一寻每天都会在微博上跟她聊天，关于写作，关于生活。这个叫 Viko 的女生是东京大学的交换生，学的是艺术设计，经常会发来一些自己的画作，还说根据张一寻在小说勒口的写真照设计了一个形象，觉得他像只软糯糯的羊，于是用白云给他做身子，脖子上挂着黑色的领结，鹅蛋小脸，嘴上叼了根狗尾巴草。

他们给这只羊取了个名字，叫唯阿羊，谐音 we are young。

“我要回国了。”那个叫 Viko 的女生发来私信。

“真的吗，打算去哪儿？”张一寻咬着半块吐司，回道。

“还没想好。”

“北京欢迎你！”

“好啊，我的三十本书终于可以拥有签名了。”

“是你买的？”

“都说了是铁粉。”说着，Viko 发了一个唯阿羊过来，是个动起来的表情包。

“哇，好可爱！”

“我还做了好多呢。”

“我能发微博吗？”张一寻问。

“当然。你还可以给他写个故事。”

受过伤的地方像是长出了新芽，灵感已至，张一寻打开 word 文档，写了一段童话故事的开头：

> 一个永远在下雨的城市，失去方向和人生目标的唯阿羊收到一封信件，没有寄件人，信上说：“欢迎光临太阳岛，我们都会经历停滞的时刻，也会因为‘就这样吧’的生活态度而变得彻底唯心，当一切根本违背了心底所幻想的样子，那唯一能做的，就是改变。因为决定接下来人生归属的，往往不是努力，而是选择。在这里，你会找回真正的自己。”
>
> 于是唯阿羊收拾行囊，决心改变，要去寻找那个有太阳的地方。

上传好长图，附上 Viko 做的表情包，点击发布。

张一寻后来去了郊区的纸厂，看着那些库存积压的书被打成纸浆，如同经历一场告别式，收拾好心情，再次去找了徐老大。以几乎快要给他下跪的姿态，要来一份编辑的工作。他不想再去体制内的公司感受不快乐，他想要找到自己真正热爱的东西。

见张一寻找回状态，朱夏悬着的心终于可以休息一会儿了。

她的箱包方案进行到第二阶段，之前的病毒视频太成功，到现在余温都没散，以至于影响了后面的宣传节奏。在是按照原方案做其他的策划还是乘胜追击再出一支暖心片子之间，她选了后者，但脚本来回改了十几遍都不满意，最后让军师张一寻出马，把烦琐的文案精简成十句话，起名“狗狗的十个秘密”。

“你有整个世界，而它只有你。”

这最后一个秘密，让整个部门泪目了，朱夏决定把这句话作为视频的slogan（口号）。在商定拍摄方式和团队时，许念念给她推荐了一个广告导演，说是以前专业拍动物的，特别有经验。

朱夏重金请来导演，用三只各个年龄段的金毛拍完全片，过程顺利，合作愉快。客户很满意这支片子，对其抱有超高期待，还事先跟代言人团队打好招呼，等视频上线之后配合宣传。

没有丝毫悬念，这支片子再次成为全网热点，一天的销售转化率是品牌这十年间最高的。朱夏恍然，担心这复制粘贴的成功之路是不是有点过于顺利，事情接下来的发展验证了她的墨菲定律。

上帝给你开了一扇窗，势必要你知道外面是刮风还是下雪。

隔天，有人上传了一支片场偷拍的视频，导演用钢丝绑住小金毛的脚，不顾它的叫唤强迫完成规定动作。网上顿时掀起轩然大波，

“××品牌虐狗”成为当日热搜词，舆论一边倒，官微评论点开全是骂声，连带合作的艺人也被键盘侠讨伐。

公司的电话被打爆，Richard的办公室大门紧闭，让朱夏自己解决。客户直接无条件毁约，连危机公关的机会都不给他们，更现实的是，跟着朱夏做策划的几个小孩儿都互相推卸责任，让她成为众矢之的。

朱夏握着已经被打到滚烫的手机，急得满脸通红，大脑缺氧。

“念念姐跟那个广告导演那么熟，会不知道他是个什么样的人吗？”有人给她发来一段语音。

朱夏愣神了，她趴在自己的格子间，用余光看向在隔壁房间忙碌的许念念，想起之前她说过的话，邪恶的神经上头。

她来到许念念房间。

“想到办法了吗？”许念念停下手里的事，问她。

朱夏摇摇头。

“打起精神来，你先别管别人怎么说，在职场里，每个人看别人都是傻逼，谁能笑到最后，谁就是聪明人。”

“你跟那个导演有多熟啊？”朱夏冷冷地问。

“合作过几次，算熟。”许念念掏出手机按了一通，“我也给他打了一上午电话了，我把号码发给你，你也打，让他发个声明解释是特殊拍摄，绝无动物演员受伤，把责任揽下来，诚心道个歉，我觉得这是最有效的办法。”

朱夏靠在门边，呆滞地看着许念念。

“愣着干吗，快去啊！”

回到座位，朱夏没给那个导演打电话，而是直接把号码匿名发在了网上。果然不出一个下午，导演的住址、身份证、户口全被人肉出来了。他在宁波老家的父母信息被挂在网上，自己的住处全被油漆刷满了污言秽语，已经订婚的未婚妻被公司开除。裹挟着乌合之众的流氓精神，用暴力惩罚暴力，滋生出更多无辜的伤害。

一周后，导演发布道歉视频，说从此以后退出广告圈，还哭着给网友下跪，已经一无所有，恳求大家放他一马。

朱夏没有想到事情最终的结局是这般模样，更没想到的是，许念念辞职了。

朱夏没有问许念念，许念念也默契地再也没有联系过她。偌大的北京，连知己朋友都经常聚不上，更何况是职场来来去去的人。那一趟每天横穿京城的地铁，有多少次停靠就有多少个人上车下车，而我与你，很可能今生就只有一段擦肩的缘分。

只是她深深记得，那个说“成年人啊，拣对自己有用的听就好了”，那个说“这样的男生，你要爱”的女人，成为她北漂的第一盏灯，微微地亮着光，提醒着她，那是我想成为的模样。

公交站的灯箱亮着，海报上的李亭玉气质出众，无瑕的脸上眼神温柔而坚定。她真的红了。因为质感清纯，成为很多护肤品牌追捧的“国民女神”，每天通告满档，忙碌在世界各地。

陆乘风的网剧拍摄到中段，刷着手机，随处可见李亭玉的消息，他觉得陌生又宽慰，毕竟感情与事业的角力里，如果只能对方好，或者都差，他会毫不犹豫成全前者。

今天只有四场戏，陆乘风拍完就早早收工了，他不喜欢跟其他演员聚餐喝酒，习惯了自己一个人回酒店看书。正要卸妆，眼睛突然被蒙住了，掰开手，镜子里映着已经在房间里藏了多时的李亭玉。

她瞒着经纪人，让助理在酒店把风，打算过来陪他几天。陆乘风将她揽入怀，闻着她头发的香味，在洗手间抱了她许久。

“我们去外面吃点东西吧。”陆乘风放开她，牵起手问。

“别了，出门还要担心狗仔，”李亭玉将他拉到房间里，打开行李箱，拿出两盒泡面，“我们吃这个吧，好久都没吃了。”

陆乘风叉着腰，难堪地点点头。

他们并肩坐在桌边等着面泡好，李亭玉把发丝别到耳后，俯下身闻了闻：“哇，好香啊，平时他们都不准我吃，三餐都只能烫青菜。”

陆乘风看着她，情不自禁地心跳加速，头皮发麻。五分钟后，他撕开盖子，挑起一筷子面，热气缓缓腾起来，被他脸的下缘打散，顺着轮廓漫开。正准备吃，被李亭玉一口咬住。看着一脸无辜的陆乘风，她咬着筷子笑了出来，然后迎来了陆乘风热切的吻。

白天陆乘风上戏，李亭玉就躲在他房间里等他下班。三天后，组里开来一辆写着“陆乘风全国后援会”的应援车，这种摆满零食水果饮料的应援车往往是当红名星才有的待遇，粉丝精心包装好每一个食物，贴上统一标志送给组里的工作人员，给偶像撑足面子。

陆乘风有种不好的预感，果然在一堆扮演粉丝的群众演员里，看见了装扮醒目的邱白露。李亭玉知道以后，戴着口罩和帽子去现场侦察敌情，老远瞧见邱白露拿着杯子蛋糕围着陆乘风转悠，恨不得马上冲过去，但被助理拉着，警告道，不要变成明天的头条。

微博响起清脆的刷新声，张一寻猛地从床上弹起。

他以为是刚刚睡醒眼睛不好使，几次确认后，发现自己的微博粉丝涨了五万，消息一栏的红圈数字，写着 999+。

“真敢花钱。”出版社里，徐老大把手机还给他。

“我没有，是真的。”张一寻激动万分，“我们的唯阿羊火了！”

“这种昙花一现的热度能叫火？赶紧去把今天的稿子校了！”

张一寻回到工位上，迫不及待地跟 Viko 分享这个好消息。唯阿羊那几条微博收到很多评论，说给他们带去了勇气。不过是无心插柳的随便写写，竟然有了天真的力量。

国庆节后，Viko 来了北京，应聘了一家游戏公司的原画设计师。她是个胖胖的女孩儿，皮肤透白，红框眼镜下永远用口罩遮着脸，喜欢在大冷天穿裙子，特别像漫画里的人物。张一寻跟她约在世贸天阶见面，参照着手机上鹅蛋脸的自拍，直接错过了真人。还是 Viko 主动叫住他，他木然片刻，才傻傻叫出她的名字。

“怎么了，不像吗？”Viko 把口罩往上拽了拽。

“……像！特别像从照片里蹦出来的。”张一寻傻笑着。

“别假啦！明明像从身份证里蹦出来的。”

张一寻略尴尬：“哈哈，你本人比照片白啊。”

Viko 继续自黑：“见过气球吗，吹得越大颜色越浅呀。”

“哈哈哈。”

张一寻以半个主人姿态，带她走了标准游客路线，两个人一高一矮、一胖一瘦、一花一素，倒也成了秋日路上别样的风景线。

张一寻说 Viko 是她的福星，不仅在低潮期给了他安慰，还在平淡日子里给了他希望。Viko 被说得不好意思，即便口罩遮面，也挡不住脸颊的红。他疑惑 Viko 为什么总戴着口罩。挣扎了很久，确认他不会吓到之后，她怯生生地把口罩摘下来。

是个有兔唇的女孩子。

张一寻的反应还算绅士，只是将嘴抿紧了几分，带有一种“欲说还休”的珍视。在他看来，上天要她与众不同的原因，或许就为了让她践行这异于常人的敏感和善良。胖瘦美丑都不重要，只要是Viko就好。

后来张一寻才明白，Viko不仅是他的福星，也是他命运转折的贵人。

某知名图书公司的总编辑直接找到张一寻，说要以唯阿羊为主角，让他和Viko共同出版一本绘本，一个写一个绘。

听到出书，张一寻第一反应是拒绝，他不想再次试错。倒是Viko欣然答应，还劝服张一寻，权当给她的一段纪念，毕竟这算是追星的最高境界了。

总编辑给了他们八个版税点，也不用任何经纪约的承诺，单就合作一本书，用他的口吻是：“我们一起玩儿一次？”

张一寻整日在公司都心不在焉的，满脑子都是签约和出书的事。他昨晚听了总编辑的建议，已经把与徐老大签的经纪约发给了对方法务。不知这样是否妥当，见徐老大到公司，恻隐心一起，便把他拉去一边问他有没有再给他出书的打算。徐老大没有正面回应他，全程招呼着同行的年轻作家，还介绍张一寻给他认识。

“这是你新书的编辑小张，今后有任何问题，尽管差遣他。”徐老大殷勤地对那个作家笑道。

那一刻，张一寻确定了。

下班之前，他收到法务的信息：你这个合同没有法律效力，单方面发邮件解约就可以。

他怔住了。沉思良久，翻到总编辑的微信，回复了四个字。

“合作愉快。”

新书的创作很快提上日程，这次他谁也没说，包括朱夏，一来是想给她个惊喜，二来也给失败留一条后路。这一回，他以平常心对待，不视为赌局，而是就像 Viko 说的，纪念。

在出版公司上班时，是一个默默无闻的编辑，下班就沉浸在童话世界里，跟随唯阿羊寻找太阳岛。那段时间，为了沟通图文的搭配，张一寻跟 Viko 经常线上热聊、线下见面，以至于让神经大条的朱夏都起了疑心。

朱夏打开客厅的灯，又是空落落的家。发微信问张一寻的行踪，他语音回道：“马上回来了，陪朋友。”

朱夏没再回复，转而去洗手间卸妆，擦掉眼线，怎么想都不对，赶紧打电话求助邱白露。

“他说陪朋友是哪种语气？”邱白露语气轻佻地模仿，“陪朋友呢……”

“不是。”

“陪朋友！”又提高音量利落地说。

“也不是。”

“……陪……朋友。”邱白露刻意压低声音，一字一顿。

“是这种！”

“恭喜你，有猫腻！”

朱夏心一沉：“不会吧……”

“现在外面牛鬼蛇神那么多，僧多粥少，你们家张一寻在你面前腰杆再弯，出了门也是个直的。”

朱夏急了：“那怎么办啊！”

“你们最近那方面还正常吗?”邱白露问。

朱夏吞吐道:“就还行吧。”

“几天一次?”

“……大概三四五六,八九十天吧。”

“你教我数数呢。”

朱夏羞道:“哎呀,主要是我们工作都忙,一着床就想睡了。”

“那这是你的问题,又不长身体,少睡一个小时不会死,但你们这么相处下去,这关系不死即伤。别嫌我说话难听,做女朋友的,即便白天正经如观音,到了床上也要有先骚为敬的魄力。”

“但我就是这么个人啊,而且我们太熟了,这种事又不能逼他。”

“为什么不能逼?你不逼,他不逼,那别的女人就逼了。”

“等、等一下,”朱夏皱眉,“咱俩这对话怎么听着那么像骂人呢。”

邱白露叹口气:“你知道怎么把人逼疯吗?”

“怎么?”

“说话只说一半……”

“然后呢?”

“欸!我们家艺人收工了!”说罢,邱白露残忍地挂掉了电话。

然后朱夏就疯了。

这晚,朱夏早早洗漱完就躲进了房间,张一寻一进屋,被香氛呛得连打喷嚏,只见朱夏慌张地裹起被子,站在床上,用优雅的侧脸线条对着他。她轻咳一声,奋力挺起胸,给了个娇柔的慢动作,被子滑至手臂,露出里面性感的蕾丝内衣。

张一寻看呆了,想遁走:“打扰了。”

“慢着。”朱夏轻咬下唇，温柔而有力地转过身，一只脚陷在被子里，没跟上节奏，从床上栽了下来。

张一寻给她的脚踝喷上云南白药气雾剂，房间里的柠檬草香气不再，像是置身于一个跌打损伤的拳击场。朱夏兴致全无，穿回棉质睡衣靠在床上生闷气，张一寻不久后的呼噜声，如同在场的观众对一个扼腕的选手的怜惜鼓励。

趁张一寻睡着，朱夏解锁他的手机。

张一寻有定期删微信记录的习惯，看不出什么猫腻，于是转而进攻微博，果然在私信里看到了一个叫“Viko 在东京”的人。点开头像，戴着口罩的日系可人儿，两个人的聊天记录刷了好几屏都没到底。

她看不懂满屏的什么羊啊岛的，只看见张一寻让她来北京的殷勤，以及好多个刺眼的晚安。

朱夏辗转难眠，有好几次都想把张一寻拽起来质问，但又怕冤枉好人，联想起邱白露的说辞，脑内小剧场开始上演，可能他早已跟别人谈了上亿的生意，心里不住地淌血。

第二天一早，张一寻在刷牙，朱夏像往日一样跳到他背上，结果张一寻没坚持多久，就放她下来，说最近腰不太好。

她一早上都没理他。

到公司之后收到 Richard 的信息，下午要带她和总监一起去客户公司开会。会议全程朱夏都心不在焉的，只在甜品上来的时候拍了张照。下班后她刻意在公司留到十点，然后发了一条只有张一寻可见的朋友圈，照片是下午拍的甜品，刻意带了 Richard 的半边脸，文案写着：唯有美食与爱不可辜负。

朱夏不停刷新朋友圈，视死如归地等着张一寻做何反应。绿是互相的，把你的绿我的绿串一串，串成幸运草同心圆，两个人的恋爱，四个人的狂欢。

眼看快十二点了，她颓丧地放弃抵抗，灰溜溜地下班回家。

刚一下车，在小区门口碰上了同样晚归的张一寻。

“你怎么这么晚才回来？”朱夏先问。

“哦，陪朋友吃了个饭。”

“你为什么不问我去哪儿了？”先开口还带设问句的人，一上来就输了。

“哦，去哪儿了？”

朱夏故意闪烁其词：“也不知道老板最近怎么了，老爱找各种借口请我吃饭。”

“想妈妈了吧。”

朱夏脸色一沉：“滚蛋，张一寻，你女朋友正在被别人追，你一点不紧张啊。”

张一寻按下电梯，问：“你老板不是喜欢男的吗？”

“啊？谁说的。”

“你说的啊。”

“我说过吗……”朱夏嗓子一紧，“被我掰直了不行啊。”

“好端端的你掰人家干吗？”

朱夏撩起头发：“咳咳，怪我这无处安放的魅力啊。”

电梯门打开，张一寻推着朱夏往家走：“告诉你们老板，人生还是很美好的，不要这么想不开。”

朱夏回身就是几拳：“张一寻你不是人！”

“又怎么了?”张一寻眼疾手快地进屋，回身把门抵住，不让她进来。

“你说，‘Viko 在东京’是什么意思!”朱夏推着门。

“她不在东京，在北京啊。”张一寻反应过来，“你怎么知道 Viko 的?”

听完朱夏就把高跟鞋脱了，用鞋跟戳着他:“说吧，今天是你死还是你死。”

狠话撂完，哭声汪洋了整个楼道。这还是朱夏第一回搞这么大阵仗的哭，张一寻蒙了，赶紧放她进来，将她按在自己怀里。

“混蛋，你说了要对我负责的。”朱夏哭哭啼啼地道出所有委屈。张一寻听完爆笑，捂着肚子，差点厥过去。

出书的消息还是没瞒住，他把与 Viko 的故事都告诉了朱夏。朱夏一笑释然，像喝了半夜的酒，脸红到了脖子上。终于可以卸一个没有心事的妆，两人一个在洗手间，一个在客厅，还时不时传来笑声。

隔天下班，张一寻在花鸟市场买了九十九朵玫瑰送给她，说是让女朋友吃无名醋，罪该万死。朱夏虽然还是嫌他乱花钱，但在大街上抱着一大簇玫瑰还是很拉风的。她坦然接受，只是没地方养，丢了又可惜，于是晚上睡觉前泡了一个花瓣澡。

张一寻目瞪口呆，女人果然是这个世界上最匪夷所思的生物。

第二天，朱夏全身过敏，把自己武装成一个粽子上班去了。

都说在爱里，再聪明的人也会变成傻子，那本身就不太聪明的，只能变成瞎子。身体与智力同等退化，选择性愚痴。

临近年关，张一寻交完新书稿件，给徐老大发了律师拟好的解约邮件。将出版社的交接工作整理完毕，向徐老大提了辞职。

徐老大什么也没说，当着他的面念那封解约函：“在协议签署后的一段时间内，您曾为本人联络有关出版事宜，但是在协议期间，我们的合作未能按照最初预期的方向发展，双方就出版合作发生争议……”

“还是要谢谢老大。”张一寻打断他，不想再听了。

“其实找你的时候，我也刚创业，合同模板都是自己找来改的。要真想诓你，就不会连双方责任都不写清楚了，罢了，你们这些90后啊……”

张一寻听完，笑了笑，离开了公司。

楼下路两旁的老树被扒光了叶子，只剩下突兀的枝干张牙舞爪在弥漫的雾气里。不知不觉，一年又要过去了。

天津的剧组里，邱白露挂掉了父亲的电话，她爸威胁说，最多再给她一年时间考雅思，两人又聊得不欢而散。回到杀青宴上，不过一通电话的时间，陆乘风已经被灌得不省人事，只好把他扶回酒店。

陆乘风一路上都在念叨：“真的好辛苦啊。”

邱白露的小身板艰难地扛着他，边走边应和着：“我懂，我懂。”

“你根本就不懂！”

“凶个屁啊，”邱白露把陆乘风甩在走廊上，“你们苦，我花钱也很累啊。”

陆乘风讪笑着，努力撑起身子，非要自己走回房间，踉跄地找到房门，房卡怎么刷都不管用。

“这是我的房间。”邱白露扶额。

陆乘风脸红成了柿子，胃里一阵恶心，眼看就要吐了。

“你忍着！”邱白露吓得刷开门，陆乘风冲到洗手间就吐了。

邱白露在屋外泛着顶配的恶心，心想着要是换成其他任何人，早连夜让他滚蛋了，男人在她面前，必须保持颜好、身材佳，以及说话没有口音的原则，更不能在她面前放屁、剔牙、打嗝、拉屎、呕吐，哭就更不用说了。总之只要想象一破碎，她就会立刻失了兴致。

唯独陆乘风是例外。

邱白露把他从满地狼藉的洗手间拖出来，手上沾满了秽物，她愤愤道：“我是中了什么邪啊！”

陆乘风趴在邱白露的床上，吐过之后，脸上的红褪了些，但胃里仍然难受，下意识地来回翻着身子，冒着胡话。

“邱白露！”他陡然大声，“你不要闹了！”

“老说我闹，我是闹了天宫还是闹了东海啊，我就不明白了……”正在一边收拾的邱白露尖着嗓子问。

“我不会喜欢你的！”

“我谢谢你啊，”邱白露翻了个白眼，没搭腔，静了静，在床边坐下，“就这么跟你说吧，你真是我撩汉路上的滑铁卢，我就是不甘心，而且我也不能保证你也喜欢我之后，我还会不会喜欢你。所以你不要答应我，千万别答应。人可以用无数种办法骗过别人好像什么都无所谓似的，但就是骗不了自己的心。我喜欢你，太折磨人了，但我能一直享受这种感觉。谁叫我自私又变态呢！七年前我眼睛受伤，我哥杀人入狱，我爸还有了新家庭，打心底里觉着，够精彩了吧。所以人生再怎么殴打我，我也不会还手了。喂……你睡着了吗？”

陆乘风一声不吭地躺在床边。

邱白露躺在他身边，闻着他带着酒气的鼻息，再凑近看了看，柔软的嘴唇轻轻开合，她忍不住，一时长出坦荡的勇气，欲把自己的唇贴上去。

李亭玉打来视频电话，陆乘风睁开眼猛地一抬头，脑门撞在邱白露的牙上，两个人疼得捶胸顿足的。

李亭玉撒娇："干什么呢？这么久才接电话。"

陆乘风捂着头，回应得语无伦次。

"你在哪儿呢？"

"房、房间里……"陆乘风把额前的刘海往后一梳，从床上下来。

"这不是你的房间吧。"李亭玉说。

这一年的春节是印象中来得最晚的，张一寻好不容易熬过了林夕施对他的事业三连问，到了朱夏家又开始被旁敲侧击地问他们结婚的打算。问恋爱、问工作、问工资、问年终奖，四件套并不只限于大龄单身青年，像他们这样感情稳定的小情侣同样难逃魔掌。

只是在张一寻和朱夏看来，比那四件套更可怕的是跟爸妈越走越远的三观，比如家里的马桶坏了不修，一定要用桶接水，一滴两滴，逆流成河。比如无论他们是在谈工作还是记备忘，在他们眼里就是在玩手机。比如总想开空调不是浪费电，而是在北京待惯了回到南方就怕冷。还比如洗发水要兑了水才算用完，以及还在用名字都念不利索的蜂花护发素。

总之，跟家人相处的关系，就是见面之前想念，见面中互看不顺眼，见面后继续想念，如此死循环。

林家茶楼在除夕前一晚才停业，外人永远无法理解川渝同胞们对麻将的一腔赤诚。人去"楼"空，张一寻跟着林夕施收拾卫生。林夕施要求每张桌椅要摆成一朵盛开的花，麻将要一排排放进箱子里垒好，地上的绿植要将灰尘擦干净，枯叶子剪掉，最后再在门口的关公像前上三炷香。

林夕施说这个茶楼照顾了他们娘俩半生，是财门，也是连接邻里的纽带。

张一寻无从下手，撑着扫帚靠在墙角发呆。

林夕施洗完茶具出来，扶着腰训斥道："你在那旮旯犄角里杵了快半小时了，想偷懒就干脆找个地方坐。"

"瞎说，我明明是在观察你。"

林夕施下意识地顺起刚染完的头发，顾盼生姿地问："观察出啥了？"

张一寻啧啧着嘴："怎么感觉你身上多了点老人味，准确来说，有点慈祥。"

林夕施一把甩飞手里的抹布。

张一寻顺手接住，擦起旁边的琴叶榕。

"不过由不得我们不认，年纪确实也大了。"林夕施突然顺着他的话题说，"经常来茶楼的那个宋阿姨你晓得吧，说是山上的墓碑都买好了，听着怪瘆得慌，这不是盼着自己死嘛，我可不往这地方想。就算死，也不想困在深山老林里。"

"好端端的提那个字干吗？"张一寻心一软。

两人安静了一会儿。玩笑过后，张一寻聊了点严肃的："妈，我不在你身边，你每天都怎么过的啊？"

"嚯，终于没得人烦我了，敲锣打鼓放鞭炮，欢天喜地搓麻将。"

张一寻笑道："你就不想我？"

"想你做啥，我这么抠的人，当初能让你离开，就没想过逮你回来。年轻小伙多闯一闯，别给我搞些婆婆妈妈的。”

张一寻撇嘴，了无生趣地用大拇指指甲戳起琴叶榕的叶子。

“但是差不多了还是要带媳妇儿回来，我说正儿八经领证的媳妇儿。”林夕施补充道。

他一哆嗦，脑子里滚过诸多思绪，回过神，琴叶榕的叶片上被他戳了一道道小口。他警觉地看了眼林夕施，俯身偷偷转了半圈水泥盆，把叶子藏了起来。

正如张一寻说的，朱夏也觉得廖梅和朱振东有了老人味，“老人味”和“老人”是不一样的，跟皱纹白发的生理变化无关，就像“哭”和“流泪”，“孤独”和“孤单”，其实感觉不太一样，但又说不清哪里有偏差。

春晚上莫文蔚非常应景地唱着《当你老了》，朱夏想把这首歌送给廖大幅，因为他在学校用“大幅锁”的时候竟然闪了腰，在医院过的除夕。

《当你老了》里有句歌词是这样唱的：“多少人曾爱你青春欢畅的时辰，爱慕你的美丽、假意或真心，只有一个人还爱你虔诚的灵魂。”

的确，每个年轻的孩子还有美丽、假意和真心的时辰，但守着故乡的家人，掏尽半生心血，有的，就只剩下灵魂。

节后回到北京，张一寻处理完新书预售的事宜，着手准备找新工作。他模仿网上的奇葩简历，做了一份手账简历，全文没有一个电脑字，都是在纸上写写画画扫描完成的。

果不其然，很快就接到了几家公司的面试通知，正为面试着装发愁，Viko 打来电话。

“你看到网店的排行榜了吗?”她语气很激动。

“什么排行榜?”

“图书销售排行榜，你快去看啦!”

“一会儿看，我先把简历发出去。”

“还发什么简历，张一寻，你要红了!”隔着电话都能感受到Viko成吨的喜悦。

张一寻丈二和尚似的打开网页，拉到新书排行榜，向下滑动鼠标，又推上去。他看见排行榜第一的位置，是自己那本红色封面的书。

他蒙了。

还没来得及消化，总编辑又打来电话，说预售成绩太好，首印的五千册全被卖空，现在印厂在紧急加印，让他做好准备，这几天网站可能会要求他们提供签名版。

张一寻将信将疑地连问了好几遍:“没骗我吧?”

在得到确定一定以及肯定的回答之后，他给了自己一耳光，很疼。然后跑到客厅，一把抱起沙发上正在做面膜的朱夏，放肆地扯掉她的面膜，把她湿漉漉的脸亲到变形。

“怎么啦?”朱夏还在状况外。

“太兴奋了，我现在欲火焚身!”

“你犯病啊!”

张一寻把朱夏扛到肩上，问她:“洗澡了吗?”

朱夏吓得直叫唤:“洗了啊，你要干什么!”

“干……”张一寻耳语道，“你。”

于是把她直接拎房间里去了。

靠着那本唯阿羊为主角的小红书，张一寻成了新的文学偶像。微博粉丝呈几何倍速增加，每天成千上万的读者等着他的治愈微博。张一寻睁眼后第一件事和闭眼前最后一件事，都是刷新图书排行榜，冠军位子无人撼动。他们的书在预售阶段就卖破二十万册，总编辑说近几年还没遇到这种书还没上市就连续加印三次的情况。网上有段子手自发把书里的金句做成九宫格，全网随处可见唯阿羊的表情包。整年份的不快乐，都被这只羊治愈了。

他们被网友评为微博最励志的图文搭档。

张一寻跟 Viko 在库房签了整整两天的书，目送一万册成山的签名本发往线下书店。上市那天，他们潜伏到西单图书大厦，见小红书被码成堆，放在门口最醒目的位置，巨幅的宣传海报挂在书城中央，头顶的电子屏滚动的都是他们的名字。

家庭群发来消息，老家的 F4 举着小红书拍了张拙劣的合影，张一寻揉了揉眼，不争气地有点想哭。

“你是张一寻吗?”旁边的小女生对比着新书勒口的作者图片，突然问他。

张一寻愣住，与 Viko 面面相觑。

“啊啊啊啊！真的是，好帅啊！”小女孩开始呼朋引伴。

眼看后面好几个学生模样的人过来，Viko 戒备地埋下头扯起口罩，张一寻见状，牵着她跑开了。

他们从西单图书大厦逃出来，跑得气喘吁吁才停下。

“跑得挺快嘛。”张一寻打趣道。

“证明不是虚胖……”Viko 撑着膝盖大口喘着气。

“喂，我们真的火了。”

“是你火了，我就是朵绿叶，衬托你就好啦。”她微微一笑，眼睛挤成一道缝。

“胡说，你明明是芭蕉叶。”

戳中笑点，两个人笑到不停。

行人众多的西单大街，Viko 永远埋着头，不敢直视路人。张一寻双手插在牛仔上衣的兜里，说：“你真的很好。”

“嗯？”Viko 看向他，脸颊瞬间就红了。

“好到会忽略其他你以为不好的东西，”张一寻努力想着措辞，生怕伤害她，“我是说，或许你可以摘掉口罩试试，让所有人看到你是多么可爱的女孩子。”

“让你看到就好了。”刚好一辆公车开过，盖过 Viko 的声音，她眨巴着眼，大步向前走。

“你说什么？”张一寻追了上去。

小红书上市一个月，销量如有神助般冲破三十万册，彻底打消了张一寻回归上班族的念头。成为专职作家的第一步，是迎接即将到来的全国巡回签售会。为了给 Viko 打气，让她一起去签售，张一寻趁着朋友们都在，做东办了一场小型庆功宴。

陆乘风还在与李亭玉冷战，先胜一筹的邱白露依然跟狗皮膏药一样粘着他。知道邱白露狠追陆乘风的事迹之后，站在道德那一方，张一寻和朱夏强烈谴责邱白露的小三行为，但站在知心朋友那一方，他们强烈表示不操心，邱白露就是当代雅典娜，要收集黄金十二宫保护她，以这大爱的脾性，应该追着追着就忘了。

工体纯 K 的包房里，张一寻把 Viko 介绍给大家，因为事先跟他们打过招呼，没有人刻意问她口罩的事。

朱夏开启麦霸模式，张一寻眼睁睁看着自己的歌一首一首被顶掉。作为二次元同好的陆乘风，跟 Viko 聊得甚欢，更有缘的是，Viko 几年前就在人人网上看过他的 cos 视频。

一个小时后，浓妆艳抹的邱白露到了包厢，前两天刚打完肉毒，一进来就警告大家不许诱惑她喝酒。

自来熟的邱白露见着 Viko，形容她像个吉祥物，对她的一切都表示好奇。

“你的眼镜好可爱啊，能不能给我戴戴。”邱白露接过眼镜。

“你头上的鬏鬏好萌。”把玩着她的头绳。

“戴口罩不闷吗?”上手把她口罩给拔了下来。

KTV 里光线昏暗，邱白露和朱夏都叫出了声。

“什么东西啊!”邱白露吓得脱口而出，被张一寻一巴掌捂住嘴，她也意识到自己好像说错话，连忙解释道，“我不是这个意思，我……你们怎么不先说一声啊!”

邱白露转身对其他人嚷嚷。

越描越黑，张一寻一直在给她使眼色。

“我这人天生就嘴贱，对不住了啊。”邱白露搪塞过去，没再看 Viko，乖乖去旁边点歌了。

Viko 戴回口罩，没再说过话。

庆功宴潦草结束。

从纯 K 出来，张一寻拉着朱夏上了出租，没有坐邱白露的车。

车上，朱夏帮邱白露说了几句好话。她其实是真心同情 Viko 的，不过聊起兔唇，不知哪根筋没搭对，随口问了一句:“他们吃东西会漏吗?”

“你在说什么呢?!”张一寻朝她吼道。

“你吼什么，我是在同情她啊！”

“同情?”张一寻反问，“他妈的人家好端端的，需要你同情什么?”

“你干吗说脏话啊！”朱夏很错愕，“我就是问问。”

“你以前不是这样的，问问题也要经大脑吧。”

“我一直都是这样，明明是你太敏感。”

“行，我的错，打住，不吵了。”张一寻往窗边一靠，刷起手机。

“……”

尽管在我们这个时代，有太多需要平常心看待的不平常，但再聪明世故的我们，还是会在亲身接触异己时，站在完美的制高点，不自觉地发出那个“跟自己不同”的讯号。

不是刻意为之的敌意，而是来自心底的恶意。

后来Viko还是没有参与他们新书的签售，从第一站上海开始，张一寻独自带着小红书走遍了十几个城市。上海签售的头一晚，他彻夜难眠，Viko好像有感应似的给他打来视频电话，她把一个自己缝制的唯阿羊公仔杵在镜头前，掐着嗓子用奶音给他加油打气。

张一寻做好了签十几分钟就结束的准备，结果当天到场将近一千人，队伍从书城三楼向下绵延到一楼的大街上，他给每一本书都写了we are young，那天，他足足签满了五个小时。

书城的负责人说已经很久没有“90后”的作家能有这样的号召力了。

张一寻从一开始讲话就露怯，到十几场后日臻熟练，不再害怕面对镜头和人群的注视，对任何问题都能手到擒来。如果当初的自己是那只迷途的唯阿羊，或许此时此刻，已经抵达太阳岛了。

他形容自己，重新活了一次。

但此时的张一寻不知道，命运是善妒的，不甘于你一人暴露于荒野，也不许你轻易劫后重生，所以人才会在最绝望时触底反弹，在最顺遂时功亏一篑。它早已虎视眈眈站在未来的某个十字路口，盘着手里的刀叉，划破写着“生机”二字的骨肉，如同茹毛饮血，没有一点美感。

00:05

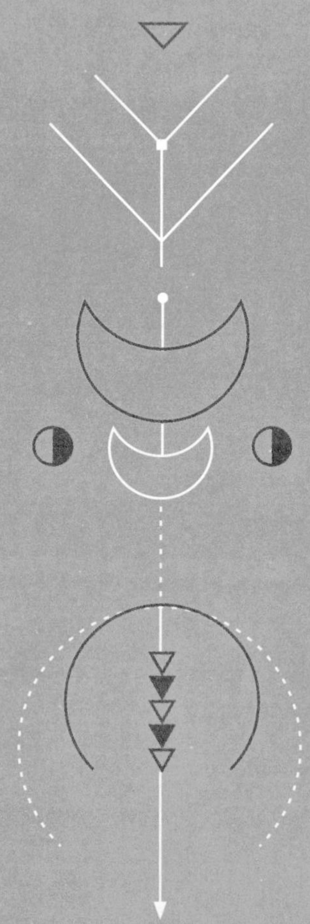

7月份的时候，李亭玉主动找过陆乘风，他们公司投了一个真人秀，六位年轻男女进行为期两个月的短剧拍摄，其间共同入住海景别墅，并记录他们私下相处的全过程。六位嘉宾的组合里，除了她和另一位当红的鲜肉男演员 Tony，其他四位都是新人。节目组原本定的是要她和 Tony 炒 CP（配对），但她考虑与其跟外人炒热度，不如跟爱人演一场戏，互相成全，于是向经纪人透露了与陆乘风的关系，还说服公司，让他参与节目，这样四季度播出时，刚好他去年拍摄的网剧上线，还能双赢。

但有一个条件，就是要签进他们公司，成为他们的全约艺人。

陆乘风搓着手思索着，突而咬紧腮帮，点头同意了。

进组第一天，数十台摄像机对着他们，邱白露从摄像大哥身后进来的时候，李亭玉和陆乘风的脸色都变了。只见她坐在其中一个位子上，装作不认识，非常自然地跟他们问好。陆乘风眼神攻击无效，导演宣布真人秀部分开机。

六个刷着红蓝色的箱子非常有仪式感地从天而降，蓝色代表男性角色，红色是女性，对应了六个关键词，其中四个分别是初生牛犊、怦然星动、幕后玩家、欢乐咖啡豆。演员们需要通过选择关键词，领取角色信息。

李亭玉第一个抽选，经纪人已经与节目组套好口风，“怦然星动”是女一号的角色。她胸有成竹，正要起身，邱白露先发制人，对准摄像机说：“年纪最小的先选吧！”

真人秀已开始，连导演都不敢轻易喊停。

邱白露果真选了“怦然星动”，李亭玉努力克制脸上的微表情，尽量不要露出一点早已看破的情绪，笑着拿了“初生牛犊”。按照年纪，陆乘风倒数第二，Tony 是最后一个。陆乘风来到指代男主的“幕后玩家”的箱子前，深知规则已经被邱白露破坏，他绕过箱子，选了“欢乐咖啡豆”。

角色公布，怦然星动是 Z 市当红女明星，初生牛犊是刚毕业的女大学生，幕后玩家是天使投资人，欢乐咖啡豆是咖啡师。女明星与天使投资人恋情告急，女大学生追求一见钟情的咖啡师，故事以此展开。

导演在场外旁白道，四十八小时后正片开机，整部剧将采取顺拍方式，每次只能拿到一集的剧本，他们每一天的相处，都有可能影响剧本走向。

拿到剧本后，邱白露就晕了，根据目前人物关系的设置，两波人马基本就是各排各的，她要跟 Tony 搭戏，反倒成全了李亭玉和陆乘风。

摄像机二十四小时不停机。

中午六个人在别墅的餐桌上吃饭，邱白露眼疾手快地坐在陆乘风旁边。李亭玉夹着白水焯过的青菜，不动声色地问：“白露，你为什么来这个节目呀，之前演过戏吗？”

“没有啊，来玩一玩，制片人说我这脸不演戏有点浪费，对吧，乘风哥。”她突然问陆乘风。

被一声“哥”激出浑身鸡皮疙瘩，陆乘风尴尬地笑笑，专心吃饭。

“女演员讲究自然，你看你那下巴，不怕扎着自己啊。”李亭玉玩笑道。

“我宁愿把自己扎死，也不愿像你一样丑啊。”

气氛一下子冷下来。

邱白露突然大笑：“不好意思啊，我给我这女明星的性格设定就是毒舌。倒是亭玉姐姐，哪有大学生吃白水煮青菜的，赚钱那么辛苦，逮着每一顿不都得吃回本啊，我觉得你还没有进入角色，你得忘掉自己的明星身份，不争不抢，感受女大学生的日常才对。”

筷子没夹稳，西蓝花掉到桌上，李亭玉的笑容僵在脸上，片刻后，她把菜从桌子上夹起来塞进嘴巴里：“这样像没钱的大学生了吗？”

摄像机推进李亭玉嚼西蓝花的特写。

“正是因为不想输，所以才要争要抢呢。”李亭玉满眼温柔地看着邱白露。

张一寻的签售之行进行得如火如荼，除去周末加上两天的飞行日，一周只有四天能跟朱夏碰上，还不包括其他的宣传通告，总之，两人的生活习惯越来越不同，张一寻的作息从以前的12点入睡变成凌晨3点，经常第二天一觉醒来，朱夏已经给客户讲完两个方案了。

好不容易闲下来一天，张一寻特地订了工体附近的日料，朱夏一直都很想吃一次正宗的怀石料理，而不是那种自助餐厅的冷冻冰虾和寿司卷。只是在拿到菜单的那一刻，朱夏傻了眼，张一寻没问她意见，直接点了最贵的会席。价格单上的数字瞬间在朱夏脑子里合并，这顿饭要吃掉四千五人民币，除开项目奖金，她现在的月工资是六千。

她突然有种被掏空的感觉。

年中的时候，她找总监提过一次加薪。但总监给的答复是，去年的“虐狗风波”后，Richard已经顶着压力留了她主管职位的升迁，升职不升薪，是给公司其他“老人”一个交代。

“怎么了？”张一寻见她出神，问道。

朱夏说：“没，一时间有点不适应。”

“乖，你男朋友现在负担得起。”张一寻知道她在想什么。

“就是觉得自己好没用啊。”朱夏戚戚道。

“傻瓜，你不需要有用，有我就好了，都说了我养你。”

吃到半途，张一寻提起他在朝阳路看中的一套大两居，离邱白露也近，不想再麻烦她了，打算搬出去他们自己租房子。

朱夏喝了一口这个叫“獭祭”的清酒，除了应允好像也没有立场说不同意。始料未及地过上了不曾想象的生活，她好像还在慢慢加载，而张一寻似乎不用适应，已经无缝衔接成了那种人。

说不上是开心还是不开心，只是患得患失的情绪燃上心头，快速步入张一寻搭建好的乐园，这种害怕无异于缘木求鱼，最后自己都迷失了。

有一回张一寻受品牌邀请，在北师大做分享会，朱夏也去了，远远地坐在学生堆里，看着台上侃侃而谈的张一寻。时间说来甚是奇妙，那个曾经穿着校服趴在窗边抖粉笔灰的男孩，如今走过社会的尘埃，竟然变得如此挺拔而夺目。自己也要开始接受一个事实，就是要与别人分享这个男人从生活里悟到的智慧和抽刀难断弱水三千的魅力。

分享会结束，陆续还有一些读者坐在台下不肯走，张一寻被保安护着回休息室，眼神落在朱夏身上，朝她招了招手，示意她跟来。

休息室里，女客户一直殷勤地拉着张一寻，让他分身乏术。朱夏就像个不合时宜的局外人站在角落里，直到司机开来一辆别克 GL8，他们准备离开，才跟张一寻搭上线。他刻意抱了一下朱夏的肩，让她跟在身后。朱夏眼尖，算了算在场的人，除了她，刚好六位。

张一寻先上车，女客户绕过朱夏紧跟了上去，转头问："这位是？"

张一寻："啊，我……"

"他妹。"朱夏接得很快。

"那要一起去吃饭吗？"客户问。

"不用了，我就是来看看的。你们走吧，我还有约呢。"朱夏退了几步，让其他人上车，然后努力挤着微笑，朝张一寻挥手。

目送张一寻一行人离开，朱夏瘪起嘴，刚出了学校没几步路，随着一声闷雷，北京瞬间进入暴雨模式，大雨各个声部交错着砸向地面。几个叫车软件都叫不到车，朱夏用细胳膊徒劳地挡着雨，一路小跑到就近的公交车站。

十五分钟过去，没看到一辆空着的出租。

暴雨被狂风吹断了线，不分青红皂白地胡乱散进公交车站内，避雨不及，浑身已经湿了大半。朱夏狼狈地查着回家的公交车路线，在最无能为力时，脑袋莫名被一个塑料袋罩住。

她汗毛直立，吓得一回身，撞进张一寻的怀里。

张一寻把她扶到旁边停好的出租车里，塑料袋被雨点震成一首歌，她听清楚了张一寻那温柔的一句："堵车，来晚了。"

这一盆粉红泡泡正腻着，结果到了家门口，两人傻眼，没人带钥匙。

他们湿漉漉地席地而坐，也不说话，就互相看了一眼，然后开始大笑。

开锁师傅正在路上。

张一寻掏出手机，打开音乐APP，说要跟朱夏玩个游戏，心里想一个问题，然后点击随机播放，歌名就是答案。

朱夏先来，她原本觉得这游戏很瞎，随口问了个"下半年的运势"，结果按下播放，如有神助地放起麦当娜的*Lucky Star*。

"哇！"朱夏惊喜地叫出声。

张一寻非常嘚瑟地朝她眨了下眼。

换张一寻，他认真地想了想，说："我们目前的工作状态是我们想要的吗？"

随机播放，是林俊杰的《那些你很冒险的梦》。

朱夏再次捂住嘴，连林俊杰的歌都等不及听完整首，迫不及待地切歌继续。

张一寻强调："你来最后一次，但每回只能玩三次，因为后面就不灵了。"

朱夏咽下口水，想了很久，她瞟着张一寻，好多具体的问询一时间全部冲进脑袋里，但都不敢面对，万语千言只能汇成一个意向的、无关轻重的，但又非常恰到好处的问题。

"我们此刻的心情。"

两人认真地盯着屏幕，朱夏颇有仪式感地伸出食指，在半空中顿了顿，用力点上屏幕。

APP 卡顿了一下，弹出童安格的《忘不了》。

他们同时怔住了。

两人都不再说话，只是安静地把这首歌听完，楼道里的感应灯自动熄灭，他们再也看不见彼此的表情。

但确认的是，他们应该都流泪了。

为何一转眼
时光飞逝如电
看不清的岁月
抹不去的从前
……
忘不了你的泪
忘不了你的好
忘不了醉人的缠绵
也忘不了你的誓言
何不让这场梦
没有醒来的时候
只有你和我
直到永远
只有你和我
直到永远
……

张一寻和朱夏搬新家那天，用一辆货车外加半条命才把所有东西运过去。想起他们第一次搬家只有两件行李，而现在不知不觉已经收集了太多在北京活过的证据。

有些东西，不是丢了可惜，而是丢不掉，因为都跟回忆有关。

朱夏已经没体力了，在旁边看着张一寻一件件把东西整理到它们该去的地方。等他收拾完，已是深夜。张一寻灰头土脸地呈大字形躺在地上，朱夏靠在他怀里，两人望着客厅硕大的水晶灯发呆。

良久，张一寻说："发现没有，我们来北京之后，你记性好像好了很多。"

"是吗？可能发生太多事，脑容量撑大了吧。"

"其实我真想让你永远做个小白痴，跟在我身边。只要别突然有一天把我忘了就好。"张一寻声音很轻。

"忘了你真的太难了。"朱夏说，"今年是我们认识的……第二十年了。"

"啊？才二十年啊，感觉已经跟你过了大半辈子了。"

听完他的话，朱夏侧过身，把头埋进他脖子里。

张一寻觉得T恤被洇湿，捧起朱夏的脸，发现她在哭鼻子。

他哄道："哎哟，怎么啦，最近很爱哭嘛。"

朱夏擦掉眼泪，带着哭腔说："刚刚看着你忙前忙后独当一面的样子，就感觉你好像突然长大了一样，又开心又伤感，好怕以后看不到了。"

"想什么呢，我们啊，已经不用靠爱在一起了，我们拥有更宝贵的连接。"张一寻狠狠抱住她。

"是什么？"

张一寻说："时间啊，笨蛋。"

“我爱你……”朱夏小声地脱口而出。

“你说什么？”

“我……耐你呀！”朱夏害羞道。

“你刚刚不是这么发音的。”

“哪个刚刚？我怎么不知道，你学一下我听听看。”

张一寻抱紧朱夏，糯糯地靠近她耳边，说：“我……哎咿呀咿哟……你。”

“张一寻！！！”

厦门的真人秀摄制组里，虽然邱白露也花钱置了装找了助理，但娱乐圈好似名利场，有钱的人多了去，拜高踩低，谁红跟谁玩。说白了，这个节目就是为了李亭玉做的，全组人都围着她打转，即便邱白露买通制片给她塞了个名额，但江湖毕竟是江湖，要成功就要尽可能爬到最高处，空有一身闯劲没有功法，待在半山腰的人往往最露怯。

真人秀和短剧分别来自两个团队，真人秀的导演就巴不得越闹越好，剧那边是个知名的言情剧导演，不仅作品知名，脾气臭也是出了名的。李亭玉和邱白露唯一一场对手戏，是大学生与女明星看了同一场电影，散场时大学生认出她，要求合影。

她们对戏的时候，李亭玉给了她一副墨镜，说是散场之后得戴，这是明星出门必备的装备。

邱白露拉低鸭舌帽，戴上墨镜后的确更有星味，于是照着演了。

正式开机，影院的灯光很暗，导演大怒，朝邱白露喊：“哪里来的墨镜，电影院包成这样生怕别人不认识你吗，有病吧！”

邱白露看向李亭玉。

李亭玉很委屈地说：“对啊，都不接戏了。”

本来就不会演戏，被导演骂了几次的邱白露更躁了。连续NG，苦了跟他搭戏的Tony，但他一直是脾气好、不骄不躁的人设，火只能往肚子里咽。李亭玉看准了时机，让经纪人给Tony的团队煽风点火，向导演组投诉，让邱白露被制片人严重警告。

某场戏对词，她怎么都记不住，看着Tony皮笑肉不笑的样子终于爆发了，嚷道："你这职业假笑我看着都累，想骂就骂。"

Tony绷不住面子，骂了句娘后愤愤离开了，一大堆工作人员围上去安抚他。

当日拍摄不得已暂停，导演对邱白露劈头盖脸一顿臭骂。邱白露输人不输阵，竟跟导演吵了起来，最后导演撂了摊子，威胁制片人说换走她，否则就不拍了。

邱白露见状把制片人拉去一边，天真地问能不能给导演塞钱。

制片人给了她两条路，要么滚，要么道歉。

邱白露买好了水果咖啡，给导演连说了三声对不起。那是邱白露长这么大以来，第一次跟别人道歉。

角色得以保住，但她也明白，没有放肆的余地了，只能咬着面包，背词到深夜。

邱白露独自窝在阳台角落，艰难地记着台词，平日里说话跟机关枪一样，但让她背别人写好的话，就没办法，她跋扈到已经长成自己，做不了别人了。

海边起风了，门外有动静，是陆乘风。

他坐在邱白露身边，说："赶紧回去吧。"

"回哪儿去，你在哪儿我在哪儿。"

"别做无用功了。"

邱白露咬起唇："我就是觉得李亭玉配不上你。"

"你当然觉得没人会比你好，你要知道这个世界上的人，并不是每个人都拥有你那些优越的条件。"

"我哪里优越了，你们正常人在储蓄，我这种人都在透支。"

"我知道你不是那种人。"

"我是！"

"你是没安全感，所以才想要用爱来填，没有自信，所以才想让全世界都注意你。"

邱白露一愣，安静得只能听见海浪声。

她说："不是所有人都因为经历了不好的事，才变成坏人。别自以为是拿你们直男的审美来给我做压力测试，你以为看透我了吗？呵，你根本就不懂。"

陆乘风叹了口气，起身准备回屋。

邱白露叫住他："你知道他们以前叫我什么吗，邱少，我就是一路意气用事过来的。沉没成本效应知道吧，喜欢了你这么久，怎么可能放弃得了。我觉得你肯定已经有一点喜欢我了，哪怕一点点。"

"没有，一丝一毫都没有。如果我哪里让你误会了，抱歉。"陆乘风头也不回地离开了。

邱白露咬牙切齿道："你有！"

夜晚太静，只听到海声给她的回答，是连绵的无尽的漫长的空寂。

靠着整晚的努力，第二天邱白露终于撑到拍摄结束，他们拿到下一集的剧本：女明星与大学生误入一家神奇易物店，店主说只要交换贴身之物，就可以交换人生，于是女明星用口红，大学生用钥匙链交换，一觉醒来后，两人人生互换。

“什么叫人生互换？”李亭玉问经纪人。

经纪人说：“就是你来演明星，那丫头变成大学生。”

“那陆乘风换吗？”她又问。

“资方和导演组都在给我施压，你就别想了，大家想办法让你顺理成章拿回女一，还是专心跟 Tony 搭戏吧。”

李亭玉：“可是……”

经纪人瞪她一眼：“哪儿那么多可是，现在什么节骨眼儿你又不是不知道，审计还在公司待着呢。”

李亭玉语塞，她晃悠着手里的保温杯，把台词本撂在桌上，说：“那我有个要求，删减陆乘风的单人戏份。”

因为自己的不专业反而跟陆乘风绑定在一起，邱白露做梦都要笑醒，这已经不是第一次看他工作，仍觉得他是个很好的演员，不是那种粗浅的长相好，而是事先做足功课，与角色合为一体，无论站在哪里，目光都会不自觉看向他。尤其在监视器上，他的微表情，每一次恰到好处的低眉和抬眼，都直中人心。

他为了演好角色，练熟了咖啡拉花，有时天气好，阳光漫入，隔着老远也能看见他发光的眼睫毛。这就是青春梦里最让人蠢蠢欲动的升格画面。

邱白露从早上起来肚子就不舒服，几次厕所的间隙，刷到节目组给在市区拍摄重场戏的男女主安排了盛大的媒体探班。气势汹汹地问制片为什么媒体探班不通知其他人，制片给她回了一个“呵呵”表情，自己体会。邱白露气不过，把已经三天没通告的陆乘风从别墅里拽出来，说：“机会不是留给有准备的人的，而是留给有勇气的人的。”不料陆乘风却佛系地回道：“不想争。”

“你看看你从头到脚的氟利昂气质，没人说，还真以为是个性呢。说白了你不就是怕嘛，怕选择，怕承诺，怕拒绝，却偏偏不怕犹豫，不怕浪费时间。你说难，有时候觉得全世界都欠你一个道歉，但亲爱的，会难受的又不止你一个人。别总怪老天爷不懂你，因为连你自己都不懂自己！”邱白露朝他喊。

“哦。”陆乘风往外走。

邱白露败下阵，问：“想通了？”

“去洗手间。”

邱白露脸垮了下来。

陆乘风说：“路上没厕所怎么办。”

别墅楼下，节目组像做了万全的准备，车子全被开走了，只剩跟拍摄像的一辆高尔夫球车。邱白露捂着越来越疼的肚子陪陆乘风在海风里等车，眼看时间耽搁，她直接跨上高尔夫球车的驾驶座，不顾车上吓到静止的陆乘风和摄像，狠踩油门，伴随着轰隆的电机声，在海滨路飙起车来。

终于在群访前赶到，邱白露捂着肚子，让陆乘风赶紧进去。

“那你呢？”陆乘风问。

“应付他们。”邱白露指了指身后的交警。

被媒体围着的李亭玉见陆乘风进来，先是一惊，随后叫他过来，大方地把他介绍给媒体朋友，说这是她的同门师弟。

另一头的邱白露，笔录做到一半，晕倒在了派出所。

邱白露被救护车送到医院后直接进了手术室。急性阑尾炎。盲肠取出来的时候已经穿孔，好在来得及时，再迟一点就会有生命危险。

邱白露睡了好长一觉，梦里感觉五脏六腑都在下坠，从病床上醒来，手边正挂着点滴，麻药过劲儿，伤口隐隐作痛。

她看了眼身处的普通大开间，挣扎着想坐起来，刚巧进门的护士上前叮嘱她，放屁之前，尽量不要乱动。她不听，执意要换 VIP 病房，护士冷冰冰地说这里没有，而且住院费已经有人付过了。她直觉是陆乘风，顺着护士指的方向往门外一看，是她的跟拍摄像。

邱白露把脸捂上："你有病吧！这也要拍！"

同一时间陆乘风发来信息，说他马上到医院。邱白露慌了，借口想上厕所，摄像在洗手间外等她，她独自举着吊瓶狼狈不堪地守在隔间里，好不容易进来一个年轻人，她推开半扇门，客气道："你好，有化妆品吗？"

打开前置摄像头，着实被素面朝天的自己吓了一跳。她打好底，手颤抖着化了条飞扬的眼线，最后拿出口红，一拧开，整个傻眼，死亡芭比粉。

"邱白露，你不能输。"碎碎念着，用力地涂上。

邱白露从厕所探出半个头，见摄像正在打电话，于是蹑手蹑脚从他身后躲了过去，往前没走几步，就听见摄像喊她的名字。邱白露小碎步向前移动，吊瓶的导管在她身前来回晃，直到撞见赶来的陆乘风，远远使了个眼色，拉着他钻进了储物室。

储物室的空间很小，两人必须紧贴着身后的桌子，才能空出两个拳头的距离。

"你还好吧。"陆乘风问。

"还好……哎哟。"

“怎么了?”

“手举累了，你帮我拿一下。”邱白露把吊瓶递给他。滑开手机，借着屏幕的光，终于看清彼此的脸。

陆乘风举着吊瓶俯瞰她，距离非常尴尬，于是另一只手把她直接抱起来放在桌上，距离没那么暧昧了，但刚好眼神平视。

有那么几秒的安静。

突然陆乘风说:“你的嘴唇在发光。”

邱白露大叫:“哎哟!”

“又怎么了?”

“有个事……”邱白露从桌上挪下来，支支吾吾道，“你介意我放屁吗?”

他想了想，认真回答:“你可以试试。”

邱白露闭上眼，哭丧着脸，在陆乘风面前，放了一个荡气回肠的屁。

张一寻的新书签售即将开回老家，他们常去的那个书城已经挂满了他的大脸海报，一楼到四楼的扶手电梯旁，摆满了小红书。店员还贴心地画了变形的唯阿羊广告牌立在书堆前，LED大屏幕上写着:欢迎本土作家张一寻回家。他再三确认过，这句话里的“本”和“土”之间有没有空格。

这些前线的照片都是林夕施拍给他的，她已经戴着丝巾在书城里拍过一组大片，林家茶楼的麻友们也蓄势待发准备列队欢迎了。

在“荣归故里”之前，他做了一条片子发给Viko，是之前十几站的读者们举着书，齐刷刷地喊:“地球都找到另一半了，我们还没找到你，Viko，我们见面吧!”

影片的末尾，张一寻出现在镜头前，翻开签名页，他认真地说："每次签名，我都留出了你的位子，we are young，少了你，这份纪念就不年轻了。我要回家了，希望我最好的搭档能跟我一起去，我要把最可爱的你，介绍给生我养我的地方。"

Viko在屏幕前哭红了脸，她把家中唯一的镜子从柜子里拿出来，郑重地取下口罩，她慢慢咧开嘴，努力释放出一个微笑，对着空气说了声，谢谢。

签售会当天，昔日F4再聚首，朱振东和廖梅竟然在书城门口请来了舞龙舞狮队，在最热闹的商业街上，廖大幅带着学生列队送花。书城早已被围得水泄不通，林夕施顶着深棕爆炸头，化着过时的烟熏妆，脚踩沉箱多年的战靴，金色，在阳光下特刺眼那种。她喜笑颜开地站在队伍里，指着海报见人就说："那是我儿。"

张一寻在休息室听着外面噼里啪啦的动静不敢出去，活动开始才终于消停，他示意编辑，准备出场。

惯常的分享会后，张一寻卖了个关子，没有直接签售，而是告诉大家今天来了一位对他很重要的人。人群中的林夕施心跳加快，她拽着玫红色的外套，问旁边的廖梅自己的妆容是否到位，抖着手整理完耳边的碎发，泪眼汪汪地注视着亲儿子。

"Viko！"

现场的读者尖叫起来。

林夕施的笑容凝固，随着大家的掌声，尴尬而不失礼貌地拍了几下。

在所有人四处打量时，取下口罩的Viko埋着头从背板后慢慢移出来，张一寻上前牵住她的手，握在掌心用力捏了捏。收到鼓励的信号，Viko往台前大迈了一步，抬起头，给了一个这辈子最灿烂的笑。

台下先是安静，然后是纷纷的议论声，有零星的掌声，有手机相机的快门声，还有位母亲怀里小孩的哭声。

在台上不知所措的Viko猛地向大家鞠了个躬，仓皇而逃，张一寻想去追，被编辑拦住，签售还要继续。

家乡站的签售成了噩梦，Viko当日就飞回北京。给她打电话提示关机，发微信不回。张一寻特地去她微博看了看，好在鼓励居多，但也有几个看着让人不太舒服的评论。待到深夜，收到Viko“我没事”的信息，他才放心让累了一天的身心休息一下。

Viko没再出现在后面的签售会，她说能有大部分人的鼓励，已经很开心了，就不要再去破坏那份想象了。最后一站收官，总编辑找到张一寻，想让他们继续以这样的组合形式再出续集。张一寻没有明确回应，先问了Viko的意见，她说最近游戏公司比较忙，如果要出画稿，只有晚上加班，速度可能没那么快。

张一寻没辙，只能尊重她。Viko变得越来越忙，有时隔了好几天才回复他的信息。

朱夏的意思是，可能小姑娘有别的想法了。

“如果不想再跟我合作了，你可以告诉我。”张一寻发微信给Viko。

Viko秒回：“怎么会，画稿我晚点就给你。”

“工作上还好吗？”张一寻说道，“我想说如果你对我们下本书的版税分配有任何意见，都可以说出来，争取让你也别工作了。”

直到第二天她才回复：“我不需要什么钱。”

张一寻觉察到可能是自己的一厢情愿，让Viko直面底线，她生气是应该的，那几个月，他们联系渐少。

厦门的真人秀临近杀青，戏中戏里，感受了一夜暴富的大学生，体会到人生没有捷径，而那个原本已经是人生赢家的女明星，回归到平凡的朝九晚五里，找回了自己。最后一集的剧本，她们再次遇上那间易物店，有一次把人生换回去的机会，她们还会不会换。

编剧设定了开放式结局，没给两人写台词，要让她们给出真实反应。

邱白露趴在餐桌上，随口问陆乘风："你说我换不换啊。"

"随你。"陆乘风始终盯着手机，云淡风轻地回道。

邱白露撑起下巴，看着他，眼波流转，没人知道那一刻她在想什么。

剧本的设定是，除非两人达成共识都不换，如果其中一方要换，则换回原本人生。李亭玉见邱白露和陆乘风有说有笑地来到现场。男人对女人有没有好感，从言行举止都不能妄下判断，而是要看眼睛，因为心都能骗过自己，但眼神骗不了别人。

"第二十八场'最终选'一镜一次，Action。"

易物店的老板问："怎么样，二位想好了吗？"

李亭玉看着嘴角牵起笑的邱白露，又抬眼瞄了一下陆乘风，两行清泪滑过，认命道："我不换……"

"哈哈，好好好，看来还是想做明星啊。"老板笑道。

真人秀机位切到李亭玉的特写镜头，她的经纪人摩挲着手，长舒一口气。

"等一下，你还没问我呢，"邱白露打破节奏，"我要换回去。"

监视器后的陆乘风怔了一下。

副导想喊“cut”，被导演一掌拍了下去。

邱白露笑出声，牵起李亭玉的手说：“我发现还是比较喜欢以前光鲜亮丽的生活，什么峥嵘北漂路啦、文艺小清新啦，都不适合我，人啊，还是现实一点比较好。”

李亭玉收住了眼泪，满目萧然地看着她。

CUT！

邱白露没去杀青宴，没与陆乘风道别，当晚就飞回了北京只剩她一个人的家。睡了好沉的一觉，第二天带着“十大酷刑”之首的鲱鱼罐头，杀去张一寻和朱夏的新房子，“庆祝”他们乔迁之喜。

他们叫来火锅外卖，吃得正热烈，邱白露收到陆乘风的微信，点开看了眼就锁上屏。

“为什么不回啊？”朱夏瞄到屏幕，八卦地问。

“不为什么，不想追了呗。”

“不想追，还是追不上啊？”张一寻咬着筷子反唇相讥。

“有我邱白露追不上的人吗？”

张一寻嗔怪道：“邱少，你最好给我老实一点，你看看你在干什么，就算老天爷不惩罚你，你这行为搁到台面上，一人一口唾沫也能给你淹了。”

邱白露不爽：“陆乘风和李亭玉就不是一类人，你们信不信，即便没我，他俩该出问题也会出问题的。”

张一寻说：“万事万物都要有力来推动，你以为自己能独善其身啊，殊不知有时候就是你在这儿轻轻一动，人家就往坏的地方滚去了。”

“干吗！说到底，只允许你们恩爱，就不准我为爱痴狂啊！”邱白露急了，“你问问朱夏，若是她碰到真爱，是当闷屁呢，还是勇敢追。”

朱夏很快回答：“追……不过呢，也要具体问题具体分析，我当时对张一寻不也是畏畏缩缩的嘛。”

“那是你压根儿不确定他是不是你真爱！人一辈子就那么几十年，担心这担心那，很可能就错过了。喜欢就说，想念就去找啊。反正我们今天不是被这个人伤，明天就被那件事伤，人生在世，谁不是受害者啊，既然都是受害者，怎么就不能有破釜沉舟的勇气呢？谁有扛得住暴风雨的底气，就做自己甘之如饴的事儿，别管别人怎么看你！”

张一寻见邱白露情绪激动，不再做斗争：“算了，不说了，把你当朋友才好言劝你几句。”

“瞧把你这大作家伟大的，你可不想承认有我这么个朋友吧。”邱白露呛他。

张一寻说：“我懒得理你，行，有本事你就追，但我把话放这儿了，你们没可能的。”

邱白露不置可否，说：“你们知道冬季捕鱼的原理是什么吗？冬天水面结冰，但下面的水还可以维持在四摄氏度左右的温度，鱼会在这个区域内冬眠，你给它们营造一个这样的舒适区。只要你起网了，想要的鱼，一定逃不了。”

张一寻：“说人话。”

邱白露笑道：“冬眠的鱼会想念四摄氏度的水的，这回，该换他追我了。”

果然，回到北京大本营的陆乘风，破天荒地组了几次局，但邱白露就是不赴约，他偷偷给她朋友圈点了赞，又取消，在三更半夜发来一首英文歌，说有助于她学雅思。

而这一切都在邱白露的射程范围内。

直到某天夜里，邱白露在小区停车场撞见独自前来的陆乘风。

“好巧。”陆乘风把手插进驼色大衣的口袋里，不敢看她。

“你又没车，在这偶遇个什么劲儿啊。”

他嘴硬：“我等人。”

“行，那你继续等啊。”说着，邱白露上了车。

“邱少！”

“这名字不是你叫的。”

陆乘风把住车窗，说：“我就想知道为什么。”

“什么为什么？”

“……为什么突然对我这么冷淡。”

“想明白了呗。”邱白露把着方向盘，看向前方。

“哦。”陆乘风松开手。

“哦？”还是败给了他这种能把人憋死的举重若轻，邱白露反问，“你没什么想说的吗？”

陆乘风摇摇头：“就想知道个原因。”

“姓陆的，你到底喜不喜欢我啊！”邱白露想咬他。

“我……”陆乘风为难道，“我不能对不起她。”

“苍天啊！”邱白露气急败坏地拉下手刹。

“那咱们还是朋友吧。”

“不必了。”邱白露摇上车窗，猛踩油门逃走。

被留在原地的陆乘风打了个寒战，责怪自己多情，又苦于这种情没有位置来填满，一部分的自己觉得这已经算爱，更大一部分的自已趋于逃避。他深知，两个人能否走到一起，重要的不是人，而是时机。

他们的真人秀播到一半即成为今年的网播量冠军，不过陆乘风的戏份被大量删除，播完也没什么水花，倒是去年拍摄的网剧顺利播出，那个暖男的角色给他带来了不少的追随者。

这段时间，邱白露低调许多，她在真人秀里张牙舞爪的表现被恶意剪辑得更加讨厌，网上 diss（批评）她的段子与表情包成了流行。无论陆乘风发了多少信息过去，她都不再回复。

这天夜里，邱白露原本只是开车去超市买了点吃的，回到小区停车场时，见到几个男子在她的停车位旁边打电话，没有多想，她锁好车，拎上新鲜的百香果，刚一回身，其中一个穿绒边牛仔服的男子直接一拳将她抡翻在地。

邱白露捂着渗出血的嘴角，满脸恐慌地看着他们："你、你们想干什么！"

"干什么？电视上不是能耐吗！"另一个寸头男直接一脚踢中她的肚子，"我让你臭显摆，让你这么对我女神！"

根本由不得她抵抗，便迎来更加残暴的拳打脚踢。邱白露护着头蜷缩着，身体已然不受控，只能绝望地哭喊。那一刻，多年前被道路标线漆淋满全身的记忆再度袭来，手脚被医生拽着，浑身发烫到几乎失了神志，但也能感受到头上心爱的卷发被剪去，刚被注射完药水的眼球里，似乎有火。

那是一种宛如凌迟的梦魇。

车库保安看到邱白露的时候，她已满脸是血，趴在地上动弹不得，她撑着最后一口气，努力拨弄着不远处的手机，然而比绝望更沉重的是，她并不知道可以打给谁。

北京一夜入冬，陆乘风在通州的蜗居里看书，李亭玉突然回来了。自从公司给她在紫檀万豪租了一个两百多平的豪华公寓，她就没再回过这里。两人刚见面，陆乘风一掌把她抵在墙边，质问她为什么公司把邱白露剪辑成那样。为此，两人大吵一架，不欢而散。

李亭玉当晚就把家里自己的东西打包，戴上口罩帽子，拖着行李箱来到楼下，站定了一会儿，四周很安静，眼看一辆黑车从她面前开过，副驾的车窗摇上，里面的人手里拿着一个长焦相机。

第二天一早，狗仔大V放料“周一见”。李亭玉跟公司报备，直觉昨晚被拍了，在圈子里横行多年的经纪人四处打听，对方口风很紧，但意有所指。团队的意思是，准备两份声明，如果没有关键证据，就说是去朋友家，如果没什么可辩的，就公布恋情，说明是在真人秀录制的时候产生感情，还能给节目炒一把热度。

周一上午十点，李亭玉和陆乘风的恋情曝光，多个娱乐大V同步转发，偷拍的资料直接追溯到了去年陆乘风在天津的剧组，狗仔跟了李亭玉近两年，终于让这段恋情无所遁形。如同福尔摩斯的网友更是统计出陆乘风在真人秀里出场的分钟数，明明是同公司，其戏份比男三还少，一定是为了避嫌，掩盖二人的情侣关系。

陆乘风与送外卖的小哥换装，躲过了楼下的记者，偷偷潜进李亭玉的经纪人家中与他们一起商量对策。团队七八个人已经在这宛如战场的家里鏖战了好几天。经纪人的意思是，鉴于李亭玉最后一次出现在陆乘风家中是拖着行李箱的，可以说是感情结束，李亭玉一刻不愿等，深夜搬家，恢复单身，塑造敢爱敢恨的人设。

李亭玉虽然觉得这样对陆乘风不妥，但也没有更好的办法。倒是陆乘风全程没发表意见，只是默默地看着他们做决定。

公司宣传拟着声明，狗仔放出新料，在真人秀录制期间，李亭玉去了 Tony 的房间，直到第二天凌晨 5 点才离开。

“你怎么那么爱去别人屋啊！”经纪人崩溃了。

李亭玉慌了：“那晚杀青，喝了点酒……”

“你以前从来不喝酒的。”陆乘风淡淡地掷下一句。

“还不是因为你陆乘风！”李亭玉突然失控，抓着陆乘风的胳膊哭喊道，“是你说的，要为自己活，好，我可以为了一个机会六亲不认，经历了再多委屈，到了镜头前仍然可以对全世界笑。我接了公司给我的所有通告，没睡一天好觉，就是因为要麻痹自己，让你看到我并没有时间想你。可你呢，你为什么要这么对我，为什么要让那个贱人左右我们的感情，我哪里对不起你了，我哪一点不配拥有你！你不过是仗着我爱你，才一而再再而三地让我那么不坚定……”

“你们做爱了吗？”

“如果我说没有，你相信吗？”李亭玉眼泪如注。

“得了，公布恋情吧！”经纪人恼火地拉开他们。

“我们结婚吧。”陆乘风说。

大家集体缄默了。

“你愿意吗？”陆乘风问。

随着两行眼泪落下，李亭玉咬紧唇，用力地点点头。

“可以可以，娱乐圈 90 后第一夫妇，要做就做别人没做过的！”经纪人几乎是跑着去宣传身边的，像是看到了新的曙光。

病房里的邱白露脸上贴着纱布，正闭目养神，恍惚间听见门口的护士提到陆乘风的名字。她睁开眼，强忍腹部的不适，努力了好久，才将床头柜上的手机拿起来，终于等到李亭玉更新微博回应恋情，只见她和陆乘风牵着的手部特写上，是两枚戴在无名指上的戒指。文案写道，“此生，我欲与你乘风来去@陆乘风”，五分钟后，陆乘风转发，“此爱，我定许你亭亭玉立@李亭玉”。

邱白露将手机放在心口，闭上眼不发一言。

给她换药的护士进来，以为她睡着了，轻轻上手。

邱白露一声惊呼，惶恐地缩成一团。

“别怕别怕，是我。”护士拍着她的背，安抚着。

直到邱白露不再抗拒，她开始换药，边操作边问：“还没有家属朋友来看你吗？”

邱白露摇摇头，不想多说。

“这是谁干的啊，对一个女孩下这么重的手。”护士小声嘀咕。

邱白露没接她的话茬，虚起眼，温声温气地问：“你看了今天的新闻吗？”

“李亭玉？”

“嗯……”

护士说：“看了啊，她那么火。”

半晌，邱白露问：“你觉得陆乘风是真的爱她吗？”

护士的话匣子打开了：“那肯定是啊，这么好的女孩子，长得漂亮，演技又好，听说她对粉丝也特别好。你看这么年轻就结婚了，其他哪个女明星有她这魄力啊，不过她跟陆乘风倒真是挺配的……”

“你出去吧。”邱白露打断她。

“怎么了，药还没换完呢。”

“我请你出去一下，谢谢。”她难得客气。

“那你一会儿记得按铃啊。”护士见她情绪低落，先行离开。

邱白露微微偏过头，盯着窗外光秃的树枝出神，额头上肿起的乌青将眼皮牵起，瞳仁来回收缩，像在奋力抵抗眼泪。

邱父打来电话，响了很久，邱白露才接。这些天，真人秀里的荒唐事全成了亲戚朋友的饭后笑料，学雅思学到电视上去了，邱父在朋友圈里丢了面子，联络好英国的语言学校，勒令邱白露要么立刻去英国，要么滚回他身边。

她没告诉邱父自己的处境，电话里的口气一点不像是刚受过伤，仍然是那不可一世的倔。因为她不想在邱父面前悉数承认，这些年，她自作自受的孤立无援。

接下来的半个月，邱父动用了几乎这二十多年来对女儿最大的关注，非常言行一致地停了她所有的信用卡，还派人把她的保时捷开回了广州。

没了资本加身，邱白露就像被扒光了一样，敞亮又无用。

出院那天，邱白露回家认真地洗了个澡，抹开涂满水雾的镜子，脸上的多处疤痕像是印章，记录着自从认识陆乘风后为他做出的那些似她又非她的荒唐事，深感人间不值得。不过自己的人生也不是没被打回过出厂设置，她用了半个晚上的时间，斟字酌句地给陆乘风发了一段微信。

到了后半夜，她翻完手机上的照片，起身来到张一寻和朱夏以前的房间，启动了那台早已积灰的打印机，张一寻和朱夏在这个家中的甜腻日常一张张从打印机里滑出来，它们都来自于特别喜欢拍人丑照的邱白露。

邱白露找来一个笔记本，把照片精心地排版好，像极了上学那会儿做的交换日记。末尾，她写道：

> To：离天堂8英尺
>
> 告诉你一个秘密，当初选择来北京，是因为你们在这，别问我怎么知道的，大概掐指一算，你们五行缺我。不过没能帮上什么，看你们这么甜，我就把民政局搬到你们面前吧。如果你真的拿我当朋友，就不用每次分别都要彩排了，好好的，不谢。
>
> 邱少

清晨的天光未亮，她将笔记本包好，贴上快递单放在前台，几乎什么也没带走，只背走了一个常用的包。

飞往伦敦的班机停在远机位，邱白露戴着墨镜和口罩从摆渡车上下来，头发被寒风吹乱，她定定地看着远处航站楼的灯火，手里的登机牌没拿稳飞了出去，小跑了两步，才弯腰捡到，像是谢幕一般，那一低头，眼泪忽然就落了一地，等再起身时，她嘴角微微上扬，悲伤已不着痕迹。

她很爱陆乘风，她也很在乎张一寻和朱夏，她想要向这荒诞的人生竖个中指。

但是，他们，都不会知道了。

飞机离开跑道，邱白露再一次与这可笑的命运和解，消失于人海。

00:04

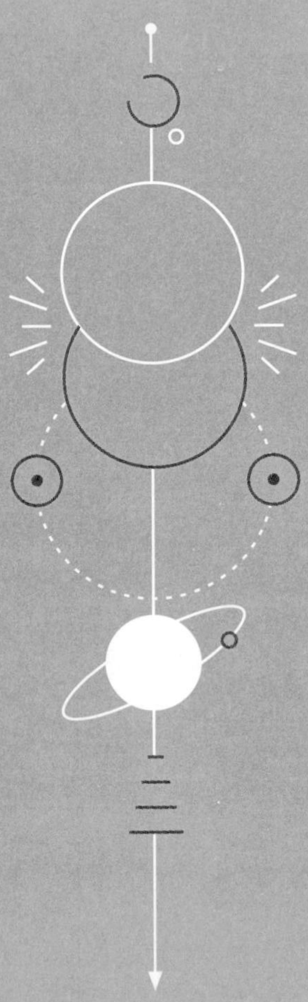

邱白露离开的两个月后，陆乘风和李亭玉在大溪地举行了盛大的婚礼。

张一寻和朱夏作为男方朋友受邀出席，这是他们第一次出国，张一寻拍了一路的VLOG（影像日志），三天的行程朱夏搭配出六套衣服，在沙滩上打滚，在超大的泳池房间里打滚，在纪念品店里打滚。

婚礼当天，张一寻被挤在媒体摄像机外，远远看着大学最好的朋友宣讲誓词，亲吻新娘。可能因为是公关婚礼的缘故，现场的氛围有种说不出的克制。陆乘风始终保持着朗朗笑意，眼睛里却失了神，不管此时此刻他正经历着什么，外人看上去是再幸福不过的场面，只有老朋友才知道背后佯装快乐的蛛丝马迹。就像朱夏当时在他耳边说的，陆乘风的心事就写在脸上。

跟李亭玉宣布婚讯之后，两个人捆绑出席了好几场活动，陆乘风也一时间收到好几个大戏男一号的邀约。过去一直盼望着这样的未来，但未来到来之后，才发现费了那么多年的努力，在运气面前都显得那么不知轻重。

只是在某个夜深人静的夜里醒来，他看着身边熟睡的妻子，恍然问问自己，这已然是最好的选择了吗？

有些爱，经过太短，怀念又太长。

手机里，他还留着邱白露发给他的最后一条微信。

> 其实我们挺像的，只是孤独的表现形式不一样罢了。我习惯了让别人来讨好我，于是先辜负一些人，再被一些人辜负，兜了一圈，最后什么也没得到。我以为这场游戏我能赢，但我傻了，原来一开始，我就已经把全部的自己放在你那里了。不管怎样，我笃定你会记得我，而我一定会忘记你，不过你也赚到了，希望你保留好我为数不多的、对一个人的真心。

那晚跟李亭玉求婚之后，陆乘风穿着外卖小哥的衣服，到了邱白露的楼下。

支着下巴从一楼开始往上数，来回数了好几遍，终于数到二十八层，邱白露的房间正亮着暖色的光。

他仰着头看了很久，不知道是视线僵硬还是什么的缘故，眼睛倏尔湿了，他不敢低头，就索性仰着脑袋，让眼泪偷偷滑进鬓角里。

一个人不孤独，想一个人才孤独，恋爱之后才懂孤独，最后会发现，人的一生，孤独原来是一种安全感。

朱夏的年终奖是一个月工资，外加年会抽中的充电宝。公司群发的升迁邮件里，Richard 按照之前的承诺，给她成立了新媒体创意部，担任主管的职位，手下有四位同事。但一个叫木木的新人空降，填上了许念念的创意部主管的位子。虽然他们是平级，但业务内容非常暧昧，木木的部门仍保持原有的新媒体业务，意思是如果总监把案子打包给到底下的几个项目组，那朱夏来来回回只有五个人的部门就被架空了。

那个叫木木的之前是某奢侈品公关，刚上位就直接跟朱夏叫嚣，私下抢走她维系三年的珠宝品牌客户，还凭着前单位的媒介关系，与熟悉的KOL打好招呼，拒绝朱夏推来的单子。

朱夏为此询问过Richard，Richard给的答复是，大家各凭本事，公平竞争。朱夏明知道他偏袒木木，但还是一气之下摔了办公室的门。这件事成了全公司的课间谈资，Richard也没处罚她，只是对她越来越冷，冷到几乎不过问她的策划案，让她眼睁睁看着木木接下了一个又一个客户。

对于那个时候的朱夏，很多道理可能要再成熟一点才知道，比如，谈工作的时候，不要谈感情。老板没有义务感受别人的感受，他仅有的义务，就是看谁对他有益。

张一寻收到小红书的新一轮版税，数字惊人到可怕。责任越大压力也越大，Viko的画稿已经拖了四个月，没有插图，文稿部分也进行得不顺利，与总编辑商定的截稿日期就要到了，于是在顺义定了一家度假酒店，隔三岔五把自己关进去全身心创作，除了责任与热爱之外，自私一点说，还夹杂着害怕失去这一切的操心。

人总被欲望驱使，他已经过上了自己梦寐以求的生活，不允许任何人让列车偏离轨道。

总编辑给他的建议是，找其他画手创作新的形象，并且不再以合著书形式出版，张一寻现在的量级完全可以独挑大梁。

他不置可否，给 Viko 发了信息，告诉她如果再交不出画稿，太阳岛可能就与她无关了，意味着这段纪念到此结束。

那段时间，张一寻又陷入了创作焦虑，与之对比的是朱夏在他住酒店太奢侈和吐槽办公室的势利中纠结。张一寻常把“你想太多了”挂在嘴边，话虽然轻佻，但都走心，在他看来，朱夏的烦恼只是儿童的烦恼，朱夏也在他的话里做阅读理解，认为他和 Richard 一样，猴子掰苞谷，见着更好的世界了，就忘记她的好。

两个心里都装着事的人，晚上云雨到一半，张一寻从朱夏身上移开，怎么也进行不下去。觉得口干，穿上内裤去冰箱里找了瓶苏打水，一口气喝了大半。

朱夏扯过被角，盖住光溜溜的身子，忽然觉得人到了一定岁数，时间磨光了少年时的无畏，总会被生活带来一些没来由的惆怅。

这一年朱夏的生日，只有他俩过，讽刺的是，在京城混迹了快四年，也没留下什么朋友，邱白露不知去向，陆乘风成了在新闻上才能见到的朋友。张一寻早早订好了国贸的一家西餐，特地叮嘱她前面社里开会，不用去太早。

下班后无所事事的朱夏，提早去国贸商场逛了逛，碰巧路过那家餐厅。透过玻璃看见里面正在搭台，幕布后的墙上贴着“Marry Me”形状的金色气球。她一激灵，联想起陆乘风的婚礼，他跟张一寻站在人群外，看着满天的花瓣，张一寻问她，你想结婚吗？朱夏那时的回答是，要看跟谁了。

怪不得这几个月她跟张一寻的相处都似如履薄冰，说不出哪里有问题，好像又全是问题，看来肯定是为了给她准备一个世纪惊喜。朱夏越想越兴奋，身上的毛孔瞬间张开，她连忙去卫生间给自己补了个妆。眼看还有时间，约好发廊做了个头发。

张一寻比原计划迟了将近一个小时才到。不过朱夏一点都没责怪他，笑意盈盈地开了红酒，连灌自己两杯。

“干什么你，求醉啊。”张一寻调侃着。

“我开心啊。”又是一大口。

朱夏整晚顾不上吃，无论服务生上来什么菜，她都拿叉子先翻一翻，生怕错过戒指。张一寻的一举一动都被她看在眼里，但凡看手机，或是招呼服务员，哪怕是突然挠头、摸嘴唇、整理衣服的小动作，都觉得是即将求婚的暗号。

晚饭进行到一半，朱夏已经有点上头了。

“我的礼物呢？”朱夏红着脸对他抛媚眼。

“你想要什么？”

“哪有讨礼物的，没诚意。”

张一寻送上一抹笑，招呼服务员端上来一个蛋糕。白色的奶油蛋糕上铺满了朱夏喜欢的杧果，一棵金色的小树立在中心。

“还没到十二点呢，就吃蛋糕啊。”朱夏故意撒起娇。

“这不是让你吃的，你看看这树，有什么不一样？”

朱夏突然笑场，心知肚明的浪漫，这怎么忍得住。

“你干吗啊？”张一寻也笑出来。

朱夏捂住嘴摆摆手，难掩笑意，上手发现小树底下是活动的，轻轻往上一扯，牵出一张毛爷爷，她继续笑，再一扯，又一张，笑容有点僵硬，她站起身，用力扯出了连在后面的三十张人民币。

张一寻大笑着鼓起掌，问她：“好不好玩？”

假笑凝固在朱夏的脸上，她歪着头，问他：“没、没啦？”

“还嫌不够啊，那再微信转账！”张一寻痛快地拿起手机。

笑容化成忧伤，神色黯然下来，朱夏猛地上手，满手奶油地把蛋糕捣烂，掏出里面的盒子，空空如也。

她怅然若失，委屈来袭，鼻子禁不住发酸，在这么需要眼泪的时候，却不能哭。她努力平复情绪，又喝了半杯红酒。

抱着手机的张一寻神情肃穆，他没注意到朱夏的情绪变化，把手机递给她看。

Viko刚发来一段微信，她说："一寻，我今天被确诊了重度抑郁症，医生让我画情绪波动的曲线图，我把从小到大能想起来的事情和时间都标记了出来，后来发现这几年跟你认识后一起创作、聊天的日子是曲线图里为数不多的高点，突然就很想你。我一直在想，要是从来没认识过你，结局会不会不一样，可是人生无法重来。谢谢你的文字，你的好，你的一切，你一定会有更好的生活，因为你的努力都值得。"

朱夏沉吟半晌，冷静地说："别回了，你负不起这个责任。"

"我得去找她。"张一寻有点慌乱。

"不许去！"朱夏抓住桌布，来回蹭着手里的奶油。

"这可能会出事儿啊！"

话音未落，餐厅灯光变暗，一束追光打在隔壁桌的情侣身上，右侧的幕布拉开，乐队主唱唱起田馥甄的《小幸运》，男生离开桌子，单膝跪地，亮出求婚戒指。

张一寻皱着眉，觉得这里太吵，想要出去，朱夏又喊了一声"不许去"，随即胃里泛起恶心，张一寻见状立刻把她扶到洗手间。朱夏吐完，双腿一软，直接瘫在地上。张一寻架住她，伴随着那句"原来你是我最想留住的幸运"，身心俱疲地结账离开了。

专车上，张一寻回复Viko：“朱夏生日，她喝多了，你别胡思乱想，明天可以见一面吗？我们好好聊聊。”

终于把不省人事的朱夏抱回床上，张一寻背对着她坐在床边，脱掉牛仔外套，整理混乱的思绪。朱夏突然从身后抱住他，开始亲吻他的脖子、脸颊、唇边的胡茬。

张一寻反手抓起她的手臂，见她一脸清醒，狐疑道：“你不会在给我装醉吧?”

“酒醒了不行吗?”朱夏又亲上去。

“人家可是抑郁症。”张一寻捧着她的脸，暴力揉成一团。

“那又怎样，你今晚也快把我整抑郁了。”朱夏嘟着嘴糯糯道。

“我怎么了?”

“你到底什么时候娶我?”朱夏撑开他的手，打了个酒嗝。

“啊?”

没等他多做反应，朱夏双手环住他的脖子，继续未完成的吻。两人翻搅得热烈，张一寻反手把她抱到自己腿上，伸手袭击她的胸，这一刻，他想暂时放下思绪，用力回应她的爱。

沙发上，张一寻的手机提示收到一封邮件，发件人是Viko，邮件的标题是：唯阿羊全书画稿。

Viko租的房子有个很宽敞的天台，有时保安大哥没有上锁，她便会去上面看日落。天台上有个梯子，可以通向最高处的平台，在那上面，可以看见整座北京城的天际线。碰上天气好的时候，能看见马卡龙色系的晚霞。

Viko带张一寻上来过一次。平台边的栏杆上，绑着一只巨大的红色气球。她画过的一幅画里，唯阿羊也牵着这样的一个气球站在高处。

那天她让张一寻牵着气球，拍下了一张心里的照片作为留念。

Viko 聊起过她的家，她母亲私下把她生下来的时候，就丢过她一次，结果被好心人给送回去了，镇上的人都知道她有个兔唇的女儿，也不敢再丢了。Viko 小学四年级，妈妈嫁给了一个美国人，摇身变凤凰，在波特兰有了新的家庭。

她是个小怪物，从小孤单惯了，去东京当交换生那几年，也是一个人上学放学，整日窝在出租房里，吃同样的涮锅。

她没有朋友，因为她看透了那些泛着同情的关注，和假惺惺的善良。张一寻是她唯一的朋友。

前方的确有路，但却迈不出步子，不是因为懒，也不是因为没力气，而是因为她病了，生命失去了活力。肢体没有崩坏，只是心里某些部分已经崩塌了。

那夜清晨，她借着城市微微放亮的光，放走了那只干瘪的红气球。

张一寻和朱夏赶到医院的时候，Viko 已经去了远方。她的同事辗转联系到她在美国的母亲，开始说孩子在医院，说什么也不肯来，告诉她出事儿了，她还说，这么大的人，能有什么事。

克制多时的张一寻抢过电话，哭着呵斥："有你那么当妈的吗！人都没了！她死了……我的 Viko……没了。"

朱夏抢过手机还给同事，抱住崩溃的张一寻。

"放开我！"张一寻推开朱夏，指着她声嘶力竭地吼，"我可以劝她的……我明明可以劝她的！都是因为你！"

“我……”朱夏如鲠在喉，无法为昨晚装醉找任何借口。

张一寻收回手，转身跑开了。

回到家，他把自己锁在客卧里，翻看 Viko 新的画稿，一条条看她的微博主页，越是惯常，越是懊恼自己为什么没有早点发现她的病。

突然看到她曾经赞过的一条微博，ID 的名字叫“唯一一一一”。

点开后，发现是她的小号。

那个号上，每天都在更新她真实的状态，导火索是去年在张一寻家乡的签售，原来她在私信里收到过很多血淋淋的嘲讽和变态的谩骂，她把那些不堪入目的字眼都截图发了出来，配文“看看这个世界的恶”。

明明内心已经兵荒马乱，可在他看来，Viko 只是比从前沉默了一点。原本就在逃避真实的女孩，却被真实裹挟，被撕扯得什么都不剩，一步步走向破败。

张一寻眼眶通红，他用力咬着指节，后悔还曾想私心撇下她，这一切都与他有关。

除了那些截图，还有很多关于张一寻的微博，他接受过一个采访，聊到虽然这一年收到很多喜欢，但也会有人把他的故事粗暴地归结为心灵鸡汤，出的书是垃圾，不是真正的作家。Viko 转发道，当有一人成为听众，言语就有了价值。感谢那些看不到你的好的人，才让我知道，喜欢你是多么幸运的事。

继续往下翻，停在一条 2014 年年底的微博，他一眼认出照片上，是自己的背影。

正文写道："感谢我不可以，拥抱你的背影，所以才能，变成你的背影。躲在安静角落，不用你回头看，不用珍惜。"

他再也忍不住，张着嘴哭了。

原本以为，对一份情深意切最好的回应，就是希望对方快乐，但最深的遗憾，就是当那个人告诉你她并不快乐，自己却无能为力。

Viko 说过的话，随着过往的画面在脑子里打转，每转一圈，就多一点自责。他反复询问自己，如果不要执意让她面对喜欢她的人们，如果这一年对她再多一点关心，如果昨晚第一时间去看她，会不会就不必体会这比让他死还难过的负罪感了。

朱夏已经嚷嚷着敲了很久的门。

张一寻收拾好眼泪，面无表情地出来。朱夏正拎着两袋哈哈镜和啤酒，楚楚可怜地望着他。

他装作没看见，从她身边经过。

朱夏扔掉食物，一把抱住他，嗫嚅着："我怕。"

张一寻无言以对，丧眉耷眼地松开她的手，抱着 MacBook（苹果笔记本电脑）往门口的方向走去。

"这结果不是我造成的！你就没想过她可能老早心理就不正常了！"朱夏也很委屈。

"闭嘴吧你！"

朱夏猝不及防地被这一声呵斥吓住了。

张一寻回过头："朱夏，我认识你二十多年了。你知道你最让我无奈的是什么吗？就是你没有一刻停止炫耀你那骄傲又欺人太甚的自私。"

"你不能这么说我……"朱夏咬住唇。

张一寻想要开门。

“分手吧。”

“好。”说罢，张一寻离开，轻轻关上了门。

朱夏定在原地，眼泪漾了满脸。她不知道哪里生出的勇气，喊出了那两个字。原来真实的分手，没有惊天动地，不会说“我恨你”，也不会在电梯门关上之前追出去，而是被那两个字击中后，意志无法支配行动，丝毫做不出反应。

太宰治在《人间失格》里有句话，说，若能避开猛烈的欢喜，自然也不会有悲痛来袭。

就像朱夏的字典里，少有事不关己的大度，正是因为太爱自己了，所以拥有的时候才会极度喜悦，而失去了就只有成倍的痛楚。

无论是张一寻，还是朱夏，都不曾想他们分手的场景是这样的。他们想过某天因为不爱了而分开，想过一方比一方老得快而分开，想过世界末日病毒入侵而分开，却没想到无坚不摧的爱，说不清道不明地，败给了无法安放的情绪。

爱不就是这样，你爱上了一个彩虹般绚烂的人，但被时间更新以后，却只能看到他退去一身滤镜下的平凡，原来那么地庸俗、自私、贪婪与不堪一击。

只是那时的他们不明白，真正的放弃，不是瞬间的决定，而是藏着不动声色的蓄谋已久，可能是财务不对等，可能是三观不统一，也可能你给的不再是对方所需要的。人往往在经历时不自知，经过后才懂，那颗完美的心脏，在爱的日益磨损里，不断被施上一拳。从此以后，见着伤口就揉，越揉越痛，越走越远，直到无法回头。

知道木木是Richard的地下恋人后，朱夏如释重负地辞了职。

在这座城市里早出晚归，囿于地铁公交车厢的人们，并不是因为love and peace（爱与和平），都只是想多赚一点钱，少生一些是非罢了。理想和憧憬早已在工作的无常中消耗殆尽，日子给你最大的成长，就是终于分清了梦想和痴心妄想。

离职最爽的体验，是退群。

眼看着客户群一个个从聊天列表里消失，朱夏终于可以不用随叫随到，“您”来“您”去，一遍一遍发那些可爱乖巧的表情包，记那些与本人气质严重不符的英文名。

她在丽都租了个房子，靠近望京，平日里没有市区的喧嚣，安静许多。

不过，无法停止想念张一寻。

那种想念不是说舍不得，而是习惯被打碎，要承受重建的代价。

她要学会睡在双人床的中间，把握好自己一个人点外卖的量，要适应好几天回家没人讲话，还要被迫领悟曾经听过的情歌，原来歌词写得那么动人。

尽管在分手当晚，朱夏就把张一寻的微信拉黑了，但她跟张一寻和双方父母有个群，这两个月以来，他们俩没有在群里说过话，但林夕施还是雷打不动地发早安晚安的老年表情包，廖梅每天分享危言耸听的文章，朱振东晒自己做的菜、养的杜鹃花。

张一寻没告诉林夕施他们分手的事。朱夏闲话家常的时候，也故意跳过这部分，聊别的话题。

比他们分手还要严重的，是要让这几个大人被迫接受突然的结局。

年中，张一寻的唯阿羊续集绘本上市，他以Viko的名义，将新书的版税全数捐给了新生儿唇腭裂的慈善机构。在这之前，他还找到徐老大，一百二十万的违约金一分不少地还给了他，他说天蝎座特别记仇，但也特别记恩，这一路走来，好与坏都成就了他，不想欠着谁。

分手后，他过得并不好，那种想念的折磨不比朱夏来得少。只是因为身上还带着Viko的那份责任，不得已继续在微博上扮演那一副正能量满满的样子，在读者面前佯装坚强，头头是道地分享成年人如何处理自己的情绪。等回到只有一个人的家，却阴晴不定，看喜剧片会哭，面对伤感的爱情片却不掉一滴泪。

那段时间他常去酒仙桥的一家酒馆。店面不大，桌子间隔又小，常常喝大了，整个酒馆的陌生人都能打成一片。

店里有一款特调酒，叫“念念相忘”，酒呈蓝色，大概是普通威士忌酒杯一半的量，传说只要一饮而尽，并念出杯底的诗，只要还能保持清醒，老板就可以免单。

张一寻第一次喝的时候，胃里如烧灼般难受，等念出杯底那句“我与世界只差一个你，因为是你，晚一点没关系”之后，就不省人事，被老板抬了出去。

第二次喝，坚持了半个钟头，猛灌温水，最后还是晕乎乎地在酒馆哭了起来，委屈地说他的世界早就空了。老板觉得他可爱，送了他两碟薯条鸡翅，安慰着，世界不空，怎么允许新的人住进来。

第三次喝，他终于可以连喝两杯，并且在老板面前念完诗。老板请客，他撂下酒杯，说，你知道世界空了是什么意思吗？是她待得太久，以至于带走一切后，我这儿什么都没了，花花草草，连枕头被子都没了，谁住得了。

说完，披着外套就踉踉跄跄地叼着烟走了。

是的，他学会抽烟了。原来学会一件破事，靠的不是天赋，而是“我就乐意这样寂寞了”的决心。

沉寂数月的朱夏去了一家食品品牌做策划，翻身做甲方。他们家的龙头产品是方便面，但她负责的是另一款新产品的前期策划，一种可以直接加热食用的方便火锅，预计明年底投放市场。

那阵子，她特别习惯一个人吃火锅这件事，为了工作，也不顾店员侧目，独自吃遍京城大大小小的火锅店。

一个人吃火锅有一个人吃火锅的好，比如不会再有人跟你抢肥牛卷，比如可以放慢涮菜的速度，比如有时菜吃不完，可以大大方方打包回家，连去超市的工夫都省了。

这已经是她评测的第十五家店了，离开的时候，店员说已经有人帮她买过单。她承认，那一瞬间脑子里冒出过张一寻，等她回头，见不远处那张桌子，许念念朝她挥了挥手。

她们换到楼下的咖啡厅，朱夏落座后，一直不敢直视许念念，只把最近的工作情况汇报给她。

“怎么想着做了个这么接地气的工作啊?”许念念问。

“没公关圈那么现实吧。”朱夏躲避她的眼神，不自在地喝着水。

许念念打破僵局:“那会儿 Richard 器重你，职位就那么多，我不走，他也难做。况且，公司出了事，总得有人搞定这烂摊子，好让那些闲人闭嘴。”

“念念姐，对不起……”

“你是挺对不起我的，这么优秀干吗，真是不给我们这种老人活路。”

朱夏终于笑了，再见到老友，过去的二三事便不重要了，两人很快热络，聊起这几年的改变。许念念创业做了个生活类的公众号，分享一些关于职场、生活、情爱里的仪式感。说到感情，朱夏没隐瞒，把事情经过都告诉了她。许念念没有对这场分手下任何评判，谁都没错，只是到了时间节点而已。

“那说点开心的，我儿子满月酒，来玩吗？”许念念问。

朱夏大惊：“你有孩子啦？！”

“干吗一副生父般的惊喜啊。”

朱夏扑哧一下被逗乐了。

“这波宣传节奏稳不稳，下一步我打算就要做辣妈KOL了。”许念念打趣道。

朱夏真心为她高兴，曾经以为失去的那盏灯又亮起来，仍觉得现实还是有美好的可能，许念念就是靠自己而改变人生的赢家。

今年中秋节，朱振东和廖梅早早就许下心愿，要来北京看看十五的月亮及他们的宝贝女儿。按朱夏的性子，可能早就鸡飞狗跳地告诉父母一百遍他们分手的事实了，但也许是跟张一寻的感情战线拉得太长，老家的父母们关系又太亲近，怎么都说不出口。眼看就要瞒不住，她不得已借口张一寻创作期间规矩多，死活都不让二老去她家，在北边给他们订了个酒店。

看月亮和看她都是假话，他们来催婚是真的。吃饭间隙九曲十八弯地总要提到隔壁家新婚的二狗、顶楼生娃的李蛋，还有单位抱二胎的王二麻子。逛商场也总是来回在童装店门口踱步，说着你们今后云云。

要如何才能形容90后这一代的压力，首先独生子女独自摸石头过河，在最受关注的溺爱里撑起一个人照顾全家的大旗，在新的世界里觉悟，然后回到父母所在的旧世界里，开始三观的斡旋。

他们其实很体谅父母一辈子绕着别人打转，没有自我，却要被迫接受有一天，自己的小孩突然有了自我。

但他们又特别困惑，无法让父母懂得，一个人一辈子努力的原因，不是为了嫁娶一个怎样的另一半，依靠一个怎样的子女，而是为了活得更好，日后可以依托于社会关系与社会福利，度过有尊严的老年。

朱夏左耳朵进右耳朵出地陪了他们两整天。第三天开始，廖梅就不乐意了，怨张一寻还不出现接见他们，终于忍不住，嚷嚷着不能以为自己是个名人就摆架子，掏出手机准备打给他。

“他已经跟我求婚了！”朱夏突然喊。

廖梅狂喜，放下手机：“啊？什么时候的事呐。”

“就最近……”

“那准备什么时候办酒啊？”

“他最近都在创作，你们能不能别打扰他。”

“也对也对，人家可是大作家。都要嫁人了，你这脾气要收敛一点，知道不！”廖梅拍着朱夏碎碎念道，“那小子也算有出息，让他在北京给你买个大房子！”

“得了，当初是谁看不上人家一寻的。”朱振东在一旁啧啧道。

廖梅挑眉：“从他小时候起我就喜欢他，就觉得他是潜力股。”

“我看你是从小就想打他吧。”

“朱振东，我让你多嘴了吗！这日子还过不过呐！”

“好了！你们烦不烦啊。”朱夏捂上耳朵，径直往前面走。

终于送走了两枚高分贝的超龄儿童，朱夏收拾心情，参加许念念儿子的满月宴。他们的孩子叫可鹿，名字是杨燚起的，他把许念念送进产房的那天，梦里出现了一只鹿，一直朝他点头，觉得是神明的旨意。小可鹿的眉眼像杨燚，嘴巴像许念念，总之结合了爸妈的优点，上可撩人，下可撑人。

晚宴后，许念念刻意让朱夏留下来，说杨燚要介绍个男朋友给她。

半推半就的朱夏想着当是放松，跟他们到了一家酒馆，在吧台的位置坐定之后，才知道这是杨燚开的店。

他说有杯酒是以许念念的名字取的，大部分人一杯倒，不过有个男生很可爱，失恋了，就拿它练酒量。

“他来了。”杨燚说。

话音未落，张一寻推开酒馆的玻璃门进来。

他们一眼就互相看到彼此。

打了个别扭的招呼，张一寻见只有朱夏身边有个空位，尴尬地坐了过去。

杨燚见状，问：“你们认识？”

“搬走的那女孩。”张一寻答。

杨燚秒懂。

“我是错过了什么吗？”许念念疑惑道，杨燚咳嗽了两声，给了她一个眼神示意，旋即反应过来，“不是吧，这么巧！我发誓这不是我跟四火串通好的。”

朱夏苦笑着，随手偷按着鼻翼上出的油。

“那别等了，来呗！”杨燚回身招呼小哥，上了四杯“念念相忘”。

朱夏晃着杯里蓝色的调酒，问道：“你们这最多的纪录是几杯啊？”

“五杯，冠军是你旁边这位。”杨燚指着张一寻。

“那我不能输。”朱夏说罢，跟他们碰杯，仰头把酒灌了进去。

然后就失忆了。

她依稀记得杯底有白色的字，记得夜里12点有人在他们身后跳舞，还记得专车在张一寻朝阳路上的家停下，记得张一寻明显的喉结，记得他的鼻息，记得磨唇的胡茬，身体彼此联结的力度，拥抱的体温，还有云雨后的眼泪。

早晨醒来的时候，胃里还有点难受，她正躺在张一寻的怀里。

张一寻抱着她，单手刷着手机，见她醒了，用熟悉的柔声细语说：“早安。”

“我是不是在做梦啊……”朱夏自言自语地翻了个身。

张一寻按着肩皱眉。

“怎么了？”朱夏问。

“看你睡得熟，不敢动。”

朱夏伸手帮他揉着肩膀：“摇醒我啊，本来就受过伤。”

“不舍得。”

她往上移了移身子，躺在张一寻旁边，吻了吻他的耳垂，欲开口。

“过去的不说了。”张一寻打断。

朱夏点头不语，两人沉寂了一会儿。

张一寻说：“我妈给我打电话，说我们要结婚了，我怎么不知道？”

朱夏按着脑袋："我爸妈前阵子来过，我也没辙了。"

张一寻应道："他们就爱夸张。"

"这位上帝……"朱夏顿了顿，"我们会结婚吗？"

"多久没见了，这种事，到了那个时候再说吧。"

"嗯。"她轻声应。

"我出去一下。"

"干吗？"

"抽根烟。"

"……哦。"朱夏眼睛里微微有光，没多问，只是侧身看向屋外吞云吐雾的张一寻，半张脸笼在烟里，轮廓深邃，泪沟明显，皮肤没有以前好了，平添了几分沧桑的陌生感。

床头柜上，Viko 生前做的唯阿羊公仔立在台灯边，像是纪念，也像是提醒。

这一年注定不平静，本以为娱乐八卦到年终可以安心收个尾，但媒体还是加班加点报道了最后的头条，著名小花旦李亭玉与已有家室的男演员共赴五小时良宵。男演员的声明是说在对戏，屋内还有助理，却有神通广大的网友找出走廊监控，指出两位演员的助理在自己的房间就没出来过。

在网友的吃瓜浪潮中，陆乘风发布声明，说妻子对工作负责，热爱演艺事业，更相信妻子为人，欲洗脱李亭玉的出轨传闻。

乔装后的李亭玉回到家，躲了一天的狗仔，终于可以卸下防备，拾掇自己。陆乘风坐在沙发上，两人全程无交流，李亭玉泡完澡做完保养，进了另一间卧室。

他们已经分床半年了。

大溪地婚礼结束后，李亭玉又翻了陆乘风的手机，她为邱白露最后的聊天记录与他大吵了一架，忍不住说漏嘴，露出了真面目。

这游戏如她所愿，是因为过程的每一步，她都知己知彼，胜券在握。

具体说来，是在那晚从邱白露的车上下来之后，她就发誓告诫自己，不能输。去陆乘风天津的剧组探班，她带了记者，故意在陆乘风房间门口停留，留下游戏开篇的证据，真人秀大量删减陆乘风的戏份，结尾难掩伤情，是为了给网友破案留空间，最后去他家收拾行李，也是安排好狗仔早早埋伏，按照剧本演出的戏码之一。

只是这其中，她赌了一把。

真人秀最后选择不换身份，跟 Tony 在一起，顺理成章地在杀青宴后假装吐露心声，敲了他房间的门。

她知道早有媒体埋伏在酒店走廊里。

敢这么玩，是因为她认定，在前路是刀山火海与平原草地之间，陆乘风不会看着她受伤。

邱白露是狠角色，但她的狠，只是出于她天生的欲。但她忽略了李亭玉身上，如同基因突变的，一个女人，可以因为一个男人，浴火重生般地恶。

陆乘风有想过向大众公布一切，大不了以两败俱伤收场。但经纪人劝过他，两人目前利益捆绑，合体代言众多，没人担得起婚变的后果。他无奈向现实妥协，与李亭玉分居，在外界面前继续扮演夫妻，但再也与爱无关。

要说尽李亭玉，一两行口诛笔伐计较不清。她是真的爱陆乘风，无论是算盘用尽，还是这一次与男演员的桃色绯闻，她试图想忘记他，想证明自己还有爱上别人的能力。她不想在日益形同陌路的感情里，扮演那个有勇气任重道远的疯子。

她好失败，身上是别的男人，心里却怀念与陆乘风的温存。

李亭玉每次回到家面对陆乘风，一百次想要跪下求他原谅，一百次想要检讨自己怎么一步步走到如今，一百次责怪自己如果一开始不争不抢会不会爱人也不会走，但都抵不过陆乘风仅有一次的冷漠。

就是那种看一个陌生的罪人，由心底生出的恶心。

这一次，陆乘风离婚声明都拟好了。李亭玉在他面前骇笑着，把她和经纪人及某巨头影业公司的“对赌协议”放出来。

双方约定在三年期内要实现税后四亿的净利润，否则影业有权让李亭玉等人回购股份，如果期间核心艺人和管理人员中有离任、退出经营管理工作、严重负面绯闻的情形，也会触发回购条款。

而经纪人所属的公司，陆乘风也占有股份，他是对赌条款的第二大摇钱树，如果他与李亭玉形象倒地，这牵扯的不只是他们两人，这不仅是成为劣迹艺人那么简单，回购股份和加计的利息，可能让包含他们在内的数家公司地震。高风险匹配高收益，经纪人和李亭玉明显是瞄准赌赢后的巨额利益去的。

陆乘风咬紧牙关，再次妥协。

只是不再配合他们在媒体面前秀恩爱，但凡提到李亭玉，他就努力挤出一个笑容，避而不答。

八卦新闻很快被信息流弃置荒野，人类太浮躁了，这个世界，大多数人都只相信自己愿意相信的，憎恶比自己优秀的，同情比自己不行的。

走自己的路，同时允许别人走别人的路，这是基本。

走自己的路，同时赞赏别人走别人的路，这是风度。

走自己的路，同时不看别人走别人的路，这是自知。

但没人懂这个道理。

00:03

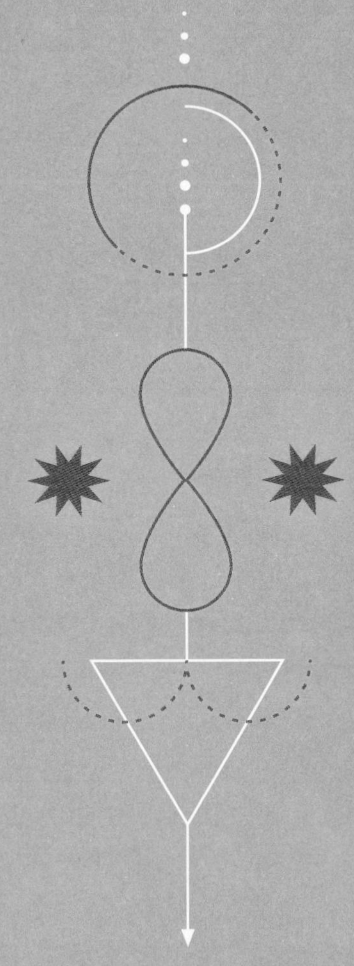

北京的距离，不只体现在地理位置上，也不是说堵在长安街上的时长，而有时就是两个明明熟络的朋友，就是因为“改天”“下次”“找机会”这样的说辞，约着约着，就变陌生了。这两年大家各自发展，张一寻跟陆乘风渐行渐远，没有特别发生什么狗血的矛盾，只是因为生活环境自然地新陈代谢。

要感谢林夕施今年春节灌了太多香肠，张一寻实在吃不了，才借着交接家乡美食的机会跟陆乘风见了一面。他比过去更成熟，眉宇间多了份俊朗不羁，不过眼神没从前那么亮，常常定神发一个好长的呆。

他还是假话全不说，真话说一半的性子，问他什么，他都说还好。自己没准备好，就不会向张一寻轻易示弱。

张一寻吐着烟说：“以前总觉得你其实没把我当朋友，后来明白了，这就是你啊，心里装再多事，嘴巴也封得死死的。你从不在我面前聊李亭玉，你们结婚那会儿我就看出来了，不管在别人面前你是谁，在我这儿，你还是我大学就认识的兄弟，话里有话的眼神，我老早就领教过。”

陆乘风叹口气，又开了一瓶酒，怅然道：“日子过得太快了，一不留神就过成今天这样子，我是回不去了。”

“你放走了邱少，遗憾吗？”

“你有朱夏是运气好，如果你遇上一个特别的人却明白不可能在一起，或迟或早，你都会放弃的。”

张一寻没有顺着他的话题聊，话锋一转：“有时候在想，你看我们现在过得都挺好，要什么有什么，但真的开心吗？”

“你说呢？”陆乘风反问。

“问你呢，怎么扯到我了。”

“大家心里清楚，那些说自己开心的人，只是很擅长说服自己。”陆乘风说着仰头灌酒。

“今天可以了，别醉醺醺地出去被拍了。”

“这瓶喝完吧，太久没喝了。”

张一寻说：“好。”

陆乘风问：“今后怎么打算，你跟朱夏准备结婚吗？”

“不瞒你，Viko 走了之后，我们分过一次手。我也想了很多，我觉得我们都还不够成熟。婚姻是要等两个人都不贪了再做的事。你知道吗？这像是马上要吃一辈子白米饭了，还在想着红烧肉，或者害怕有一天没米了，然后每天因为这些事争吵，不定性。当然了，如果当初我们没来北京，就在老家待着，没体会这一遭，或许我们现在都抱好几个娃了。哦，想着头疼。反正我觉得我俩这辈子是分不开了，就再磨一磨吧。”

“一寻，”陆乘风说，“我觉得你变了好多。”

“怎么说？”

“更理智了。”

“说明老了。”

陆乘风笑着，心领神会地碰上酒杯。

接下来这一年，张一寻和朱夏又住回了一起。张一寻在各地做活动时，找到了新的创作方向，开始写中篇小说，他写小说的日常十分规律，晚上写到深夜，第二天中午起床，简单吃个 brunch（早午餐），下午有时在家，有时找个咖啡馆。碰上休息，就去楼下健个身，他看了好多《与神对话》《西藏生死书》之类的书，还在家搞了个茶桌，自己斟茶。按照时下最流行的话说，整个人变得特别佛系。

朱夏看到那篇“第一批 90 后已经出家了”的文章时，特别担心张一寻有一天大彻大悟，告诉她想去当和尚。对比之下，朱夏的生活就比较 freestyle（自在），方便火锅选定了合作的品牌底料，已经投入后期研发。不再像以前需要写一百个方案讨好客户，她现在只需要在一百个竞稿里，选自己喜欢的。

他们能同框出去约会，基本上都是离家一公里范围内的商场，碰上雾霾天，可能就是外卖搭配小米盒子，看部电影。张一寻越来越自律，他需要完整的一天来让自己舒服，于是订好了写作计划，约好了健身，雷打不动，没有任何人能改变他已经做了决定的事。

朱夏终于崩溃了，说：“好不容易休息，我们能不能不要总是去十分钟以内的商场，能不能去个稍微远一点的地方。我们好歹是在谈恋爱吧，怎么感觉过得像是七老八十的生活一样。”

“真正的夫妻生活都是这样的。”

张一寻一句话堵回她。

朱夏没事常去许念念家照看小可鹿。他们的育儿观很别致，过了两个月就忍心扔他一个人在房间睡觉，哭啊闹的也从不去哄，以至于小可鹿特别独立，抱出去也不哭闹，放在婴儿座上，吸着奶嘴，甩着公仔，非常会跟自己玩。

杨燚的酒吧生意很好，主要是他个高人帅，吸引了很多慕名前来的网红妹子，和她们的男闺蜜，经常一整天在外忙碌，奶孩子的事儿基本都交给许念念和保姆。

为此朱夏请教过许念念，怎么做到如此心静如水地独自生活的。

许念念逗着可鹿，说："刚把他生下来，我在产房止不住地咳嗽，全身发冷，冷到昏了过去。等我醒来的时候，四火在我旁边哭得不成样子，医生告诉我，说我羊水栓塞，去鬼门关转了一趟。说句心里话，看到四火为了我哭，我当时还挺开心的。"

朱夏苦笑，又问："那有了可鹿之后，你们的生活变化大吗？"

"生活其实没变，是我们变了。小孩就是把钥匙，你如果一辈子不要，也无所谓，但你要了，真的就能给你打开另一个世界，那种连接是过去无法想象的。"

朱夏似懂非懂地点头："那……你觉得四火是爱你更多还是爱孩子更多啊？"

"我啊。"许念念很果断。

朱夏一笑："这么肯定。"

"那必须的。"许念念打趣道，"你今天一来就跟个十万个为什么一样，想说什么？"

"就……我也在反思跟张一寻的相处。"

许念念教她："成年人，要揣着三件事别放，一是要求，二是相信，三是接受。对自己有要求，选择相信，以及接受得了任何结果，要有没了感情我也可以活得尚好的底气。对男人呢，要有的放矢，该强势的时候强势，该示弱的时候示弱，有风筝线拽着，他即便飞得再远，还是有回家的觉悟，等他回来，我只会说句老公你辛苦了，他就会死心塌地给家里赚奶粉钱。”

年底的时候，朱夏决定放放风筝，请假回老家住了几天。

县城今年刚通了地铁，以前朱夏觉得他们大院儿是县里的中心，现在围着地铁口开发了新的商业区，大院儿这片就变成了县里的郊区。她非常不习惯叫不到专车，出门靠步行，没有暖气，没有星巴克，没有金拱门，只有乡村基的生活。

廖梅对她这次回来颇有微词，敏感神经作祟，在家追着她连环发问。

“吵架了？”

“没有。”朱夏回。

“那你怎么突然回来了，不工作啊？”

“请假了。”

“好端端的请什么假。”

“你就不想让我回来看看你们吗？”朱夏反问。

“我们又没什么事儿，你看什么。”

朱夏往房间里走：“哦，一定要有个什么事，我才能回来吗？”

廖梅恍然大悟，想跟她进去，自作多情道：“我知道了，你是不是回来跟我们商量结婚的事儿啊？”

朱夏白眼一翻，用力关上门，随手反锁。

吃了个闭门羹，廖梅朝朱振东愤愤道：“这就是你女儿！”

“我来，我来。”朱振东挥手示意她退下，在朱夏门前轻轻敲了几声，“是我。可以进来吗？”

朱夏问："干吗？"

朱振东说："就是吧……手机上有几个软件不太会用。"

隔了片刻，朱夏开了门。

朱振东披着睡衣，朝廖梅使了个眼色，神采奕奕地进了房间，装模作样地滑起手机。朱夏瞥了他一眼，道："行了，爸，你别演了。张一寻要写书，我也不想打扰他，就回来休息休息。"

"你不用跟我解释，年轻人嘛，肯定有自己的心思，犯不着我们大人操心。你不用听你妈的，她也是关心你，就是关心不到点上。"

"爸，道理我真的都懂。你看我现在一年回来不了几次，我不想每次回来都因为这些话题闹得不开心，你们着急的，我也着急，所以都别提了，聊点跟我们一家三口有关系的事好吗！"

"好好好。"朱振东说，"我女儿是长大了啊。"

"那是，你看再过几年你们该退休了，到时候你带着我妈，上个老年大学什么的，别整天待在家里，注意力都放在我身上。你们要有自己的生活。"

朱振东兴趣来了："说到退休我还想跟你说呢，我打算等你妈退了，我也提前退下来，咱买辆房车，带她环游全中国去。"

"我妈知道吗？"朱夏问。

"知道啊。"

"她什么反应？"

"哭了。"朱振东一撇嘴，"怪我没上进心，说大院儿里没哪个男的五十五岁就退，觉得自己委屈呗。"

朱夏苦笑，道："哎，算了，跟你们这理念三观打交道，我感觉还要再修炼个十几二十年。"

"乖女儿，你别嫌爸妈唠叨，你是出去了，见得多了，但有烟火气的地方，才是家。”说罢，朱振东转身出了房间。

晚上洗澡的时候，家里花洒的出水口堵了半面，朱夏关上水龙头，哆嗦着身子嚷嚷道：“老妈，这花洒是洗澡还是在浇花呢！”

“什么洒？”廖梅从厨房出来，举着菜刀来到厕所门口。

“花……”朱夏扶额，“莲蓬头儿！”

“怎么了呐？”

“不出水，怎么洗啊！”

“哦，出去了一趟，回家连澡都洗不了啦！我跟你爸这么多年怎么洗的。”

深谙抗议是无效的，朱夏关上水龙头，胡乱地擦干身子，套上外套幽怨地出了门。

听见关门声，廖梅探出半个脑袋，朝客厅里的朱振东抱怨：“你看这孩子，什么意思呐……”

朱振东不搭腔，用报纸遮住了脸。

十几分钟后，朱夏从五金店买了个带七彩霓虹光的花洒，厕所关着灯，水流如注，愉悦地边唱边搓。

廖梅看着像舞台一样的厕所，鄙夷道：“竟给我搞些稀奇古怪的！”

“爱如潮水它将你我包围！”朱夏提高音量。

朱振东放下报纸，扶了扶老花眼镜，粲然一笑。

朱夏擦着未干的头发，一溜烟躲进温暖的电热毯里，窝在床上吹头发。廖梅到她门前：“收到一些快递，都给你拆了，放阳台上了。”

“嗯嗯。”朱夏应付地点着头。

廖梅拿出一串水晶项链，问她：“这项链还挺好看，不要的话，我戴戴哈。”

朱夏关上吹风，看了一眼那串项链，像是触电般地从床上腾地坐起，问廖梅是在哪个快递里找到的。

朱夏在阳台翻着箱子，除了那串项链，还有高中收藏过的香味中性笔芯、漫画杂志的赠品，和当时找了好久都没找到的耳钉。

“这都谁寄的？”廖梅问。

“妈，我困了。”朱夏抱着快递盒，回了房间。

房间里，一盏台灯亮着暗光，她拉开抽屉，找到一个尘封的施华洛世奇包装盒，里面是空的，将刚才的水晶项链放上去，正好卡住。

她仔细辨认快递单上的手机号，却不敢拨回。转而用手机号添加微信好友，搜索结果是一个大写英文，TIAN。

回忆翻涌，偶尔想起，又被生活遗忘，不知觉倏尔已经十年过去。

她整晚都睡得很轻，每翻一次身，脑子里就冒出他的名字，终于在清晨6点，她在半梦半醒间，解锁手机，添加了对方的微信。

邱天在年前出狱，用了整整半年的时间来适应新世界，接手了父亲的房地产项目，在亚洲国家买地建别墅，或是收购二手公寓，集中做主题式的短租民宿。

两人恢复联络，多是寒暄。朱夏与张一寻在一起，邱天一点也不意外，解释道把旧物寄回她家，只是想与过去告别。

他出狱之后，学会的第一件事，就是接受这十年来所有人事已非的变迁，学会告别，因为没有什么是时间的变力做不到的。

邱天的朋友圈，几乎是一个旅行博主的日常，在菲律宾的海岛浮潜，在赫尔辛基跟圣诞老人合影，在京都吃怀石料理，在纽约中央公园跑步。

他缺席了人世间的十年，却好像在监狱里拥有了别人在生活里摸爬滚打二十年的悟性。让朱夏欣慰的是，尽管字里行间能感受到他的成熟，但语音说话的腔调，又好像一点都没变，仍然是当初那个在操场跑着步、在江湖叛逆的大哥大。

朱夏回到北京，她没告诉张一寻邱天出狱的事，也不知当下哪根筋没对，心里有鬼般地删了与邱天的聊天记录，还把他的微信名备注成了一个枫叶的图案。

交完书稿的张一寻如释重负，几天未见，对朱夏热络许多。他提议去国外跨年，而且要用家里的地球台灯，转动的时候让朱夏按停，手指在哪，就带她去哪。好不容易浪漫一回，结果朱夏三次都按在太平洋里。

张一寻轻轻把地球一转，说："去东京吧。"

"为什么？"

"一直想去 Viko 待过的城市看看。"

"好啊。"朱夏努力撑出一个微笑。

签证下来后，他们的东京跨年行正式开启。

张一寻做好了五天的计划，每天去哪些景点吃哪家餐厅事无巨细，可惜第一次去日本没经验，碰上日本人放大假及中国人的元旦，每个景点都人满为患。在人流夹缝中求签的浅草寺，满大街中国人的新宿，排着长队拍《你的名字》同款的须贺神社，以及晚上 8 点就基本关门的表参道。别说需要预定的餐厅了，连路边的咖啡馆都座无虚席。

张一寻刻意远离人流订了惠比寿的酒店，到了30号，附近大多数餐厅都停业，朱夏想说吃碗拉面凑合，张一寻不死心，非要找到个高级餐厅，结果他们从代官山一路走回酒店也没碰上。两人饿得前胸贴后背，路过惠比寿花园的大型超市时，他们一致同意，买了三明治、炸猪排，还有啤酒、方便面，收获颇丰地回了房间。

他们在窗前看着亮灯的东京塔，大快朵颐，像极了当初在东交民巷的日子。好在日本的方便面比较好吃，朱夏安慰自己可以回头推荐给公司做方便面的同事。

本以为这几天的不顺只是为了衬托跨年的美好，结果第二天一早，张一寻接到总编辑的电话，1号当天有一家国际男刊的颁奖盛典，磨了对方好久，才特批了一个作家的奖项，身为“90后”作家，张一寻一直想要得到主流媒体的肯定，况且这个奖项，也是当晚除了演艺明星外，唯一的作家奖。

张一寻查着当日的航班。

“明天一早飞过去呢？”朱夏问。

“赶不上的，跟下午的流程有冲突。”

“你没查怎么知道？”

张一寻顿了顿。

朱夏冷脸：“你早有这个准备对不对？”

张一寻说：“当时只是提起，我没想过会谈下来。”

“那你也该想过谈下来会怎样吧！”

“……跟我一起回去吧，回北京跨年一样的。”

朱夏无名火上头："一样？是，电影哪里看都一样，饭怎么吃都是吃，生活过得像方程式，我都忍了。但有些事，怎么能一样，那既然我们谈不谈恋爱都一样，那为什么要谈。"

张一寻皱眉："你又把问题上升了，我也很无奈啊。"

"行，年我自己跨，你走吧。"

"你先别生气好吗？"

"好，我要逼我自己懂事，但你让我生一下气不行吗……"朱夏说着就哽咽了。

"你别哭啊，"张一寻抱住她，"我订一张今晚最晚的航班回去好吗？"

"随你。"

"你真不回去？"

"不回。"

张一寻知道多说无益，不再跟她来回对峙。朱夏努力克制着情绪，一整天都没怎么搭理他。临近傍晚，在大堂外把他送上车后，转身回了酒店，眼泪如期而至。

她如一摊烂泥般陷在床上，看着这几天拍的旅行照越想越气，一激动全删了，只留了一张在房间里拍的东京塔夜景，发了条"this is new year"的朋友圈。气累了，她睡了一觉，醒来已是晚上10点，她了无生趣地滑开手机，提示收到两条微信。

一条是张一寻的起飞报备。

另一条是两个小时前邱天发来的："你在东京？"

朱夏退出聊天窗口，去他的朋友圈看了看，没有显示东京的定位。

她谨慎地回："对啊，你在哪？"

"我在涩谷。"秒回。

“你们也来跨年吗？”接着一条。

朱夏脑袋一片空白，顿了顿，敲了一个“嗯”，又删掉，回复道：“就我一个人。”

“吵架了？”

“不允许一个人跨年吗？”她回。

“允许，但我这有个四人组，赏脸来吗？除了我，还有一个我的合伙人，已经喝挂了，另外两个都是日本人，不用怕尴尬。”

“笑话，我什么时候怕过尴尬。”

“我派车来接你。”

“不用，我自己来。”朱夏说。

你来我往，一气呵成，在异国与初恋跨越十年的会面就这么谈定了。朱夏像是如梦初醒，周遭的一切感觉都不太真实，她到镜子前，把自己收拾得得体大方，嫌自己带的口红太温良，又去楼下的药妆店买了一支正红色的涂上。

朱夏打车到了涩谷109大楼下，邱天已经等在约定好的店门口。

他的脸还保持着朱夏记忆中的样子，像是欧洲人才有的眉宇和鼻梁，把眼窝适配得深邃且迷人，睫毛仍然浓密，抿嘴的时候，嘴角仍有一抹类似酒窝的弧度。唯一的区别，大概是少年时的婴儿肥不见了，露出两侧线条硬朗的下颚角。

他余光微侧，也看到了路边的朱夏。

“快上去吧，外面冷。”邱天免去了开场白，热情得很适度。

“嗯。”

朱夏必须要承认，抛开自己的感情不谈，十年前的邱天，是她幻想中的青春小说男主角，而今的他，更有一种夹带沧桑的主角光环，那种男性荷尔蒙与张一寻不同，不是看着他一路飞驰的养成系，而是一种比自己强势许多心甘情愿的倾倒。

那晚他们聊了很多，看似缺席的漫长时光，三言两语就总结概括了。邱天一点也不掩饰自己的前科，日本朋友知道他是杀人犯后，一直“sigoyi”个没完，邱天也逗他们，用烤串的铁签反手把他们架在胸前，威胁道，怕了吗？

已经喝晕的朱夏笑得前仰后合，很久都没这么笑过了。

临近12点，他们一行五人来到楼下，109门前的舞台上乐手正在表演，路两头停满了封路的警车，几条主干道上全是人，大家戴着品牌发放的红色礼帽，热闹非凡。

邱天牵起朱夏，一路穿过人潮，来到舞台下方正中心的位置。

朱夏被这场面震撼，举着手机拍个不停。

“要帮你拍照吗？”邱天凑到她耳边问。

“我们自拍吧！”朱夏把手机反过来，自然地靠在邱天身边，邱天弯下腰张开腿，贴心地入画。

看着自己跟邱天同框的画面，朱夏一时间想到高中，心脏开始不规律地跳动。

此时，他们身后有老外跟着音乐跳舞，邱天把朱夏拉到中间，也随着他们跳起来。

零点即将逼近，音乐声越来越大，四周都是此起彼伏的尖叫。

“我好开心啊！”朱夏大喊。

邱天听不清：“什么？”

朱夏在他耳边用力喊：“我说我好开心啊！好像这么多年都没有这么开心过了。”

邱天笑了，他说：“你一点都没变。”

“你也是！”朱夏喊。

倒数开始，109 大楼的电子屏上出现数字。

“Ten……Nine……Eight……”

朱夏拿起手机，转着圈拍视频，张一寻发来微信，她没点开，把通知滑了上去。

“Four……Three……Two……One……Happy New Year！！”

礼炮打响，金色的纸片漫天纷飞。

身上的毛孔全数张开，浑身透着爽意，朱夏又蹦又跳地狂叫，她大笑着看向邱天，邱天摇摇头，上前拥她入怀，吻上了她的唇。

朱夏怔住了，她接受了这个吻，但几秒之后，顿然推开了他。

理智告诉自己，不能这么做。

伴随着凉风，身子一颤，她突然很害怕，负罪感如一盆凉水从头顶直接倒了下来，她不知如何自处，只想逃离这个艰难的处境，随着人流开始移动，她挤开身边的人，往外跑开。

但在她预判之外的，是今夜参加跨年活动的人数。

从 109 大楼到涩谷地铁站的“宇宙中心”，路上的商铺几乎全部关店，宽敞的行车道被密密麻麻的人群填满。她往外没跑几步，就发现根本动不了了，再想往后退，又被后面的人挤上来，最多一两秒的工夫，就彻底前胸后背地与其他游客贴在了一起，由不得她想往哪里走。几乎是被拖着的架势左右挪动，稍不留神就会摔倒，她仰起头，感觉有点窒息。

朱夏瞬间清醒，几个作死的老外还故意往前挤，身边的亚洲夫妇惊慌失措地大喊着：“Don't Push! Don't Push！”

联想到上海外滩的那次惨剧，只要一个人摔倒，整个广场俨然就变成一个大型的多米诺骨牌。她分明感受到了死亡的恐惧，踏踏实实地以为这辈子就在这里结束了，那一刹那，她想到了廖梅和朱振东，还有张一寻。

突然，她重心不稳，身子向前歪了下去。

腰被后面的人抱住。

她疯了似的回过头，是邱天。

“别慌。”邱天冷静地说，“看到前面的黄色招牌了吗？稳住步子，我们去那儿。”

像抓住最后一棵救命稻草，朱夏死死把着邱天的手臂，贴在他怀里，邱天护着她，慢慢地向前移动。

大概被困了二十分钟，终于离开人群，朱夏扶着路边的栏杆，大口喘着气，手还在不住地抖。邱天递给她一瓶果汁，她仰头一气喝尽，双手才稍微安分下来，一看手机，已经关机了。

分别前，邱天说如果明天有时间，带她去玩。朱夏以“看状态”敷衍过去，匆忙撂下“谢谢”二字，就上了出租。

回酒店充上电，张一寻的微信涌了进来。

问她在哪里，她说刚刚差点死了。张一寻立刻打来视频电话，朱夏委屈巴巴地把刚才的遭遇跟他说了。

“你一个人往那么危险的地方去干什么！”镜头对面的张一寻瞪着眼。

朱夏故意躲开摄像头，揉了揉眼睛。半晌，她问：“如果你在的话，会保护我吗？”

“我就不会带你去，这两天你就在酒店附近玩玩吧。”

朱夏沉默，第二天，赴了邱天的约。

他租了一辆车，说要带她正确打开真正的东京。

他们中午吃了一碗比一蘭还好吃且不用排队的拉面，下午直接开去了镰仓，朱夏站在湘南海岸边，脚下是潮涨的海，抬起头，是被日落刷成粉蓝色的天空。

他们没去游客周知的蟹道乐，去了一家叫濑里奈的店，吃了顿没人打扰的螃蟹大餐，就连朱夏要喝网红蓝瓶子咖啡，邱天也知道目黑分店人少，不用排队。即便新年很多店都关张，但邱天还是找到一家常去的爵士吧，白天喝咖啡，晚上佐着酒精和爵士乐起舞。

他记得朱夏喜欢动漫，带她去日本桥夹娃娃，去了表参道一家四层楼的玩具店，一整层展架都是美少女战士的周边。

朱夏度过了如同梦幻巡游的两天。

临行前的晚上，他们的车停在东京塔下的绝佳观赏位，天窗摇开，东京塔亮着新年限定的彩虹灯，中间还有一颗红心。

邱天喝着啤酒，漫不经心地说："我以为我能忘记你呢，看到你之后，十年的修行都毁于一旦。"

朱夏不知怎么回应，只能开玩笑："明明是十年的劳动改造。"

"那你不可怜一下劳动人民吗？"

"同志，辛苦了。"

邱天讪笑着，旋即又问："你跟张一寻在一起多久了。"

"从我俩认识算起，是八千九百一十七天，谈恋爱的话是，一千九百八十二天。"

"哈哈，数学还是这么好啊。"

"有 APP 记着呢。"朱夏晃了晃手机。

两人对上眼，大笑起来，气氛终于舒适一些。

“跟他在一起，幸福吗?”邱天认真道。

“虽然有时跟想象的不太一样，但……是幸福的吧。”

“那就好。”邱天说，“你一定得过得比我好，不然我可不甘心。”

朱夏点点头，没有应声。她看了看窗外，心事重重地说：“回去吧。”

“朱夏……”邱天说，“如果有一天，你需要我了，我就来爱你，不需要的时候，我就想你。但能克服，问题不大。”

朱夏浑身一颤，脑子里蹦出了不好的念头，混杂着车厢里的啤酒味，那股念头悄无声息地晕染开来，呈现无法抗拒的气势，就像约翰·格林在小说里写道，如果人是一场雨，那我是毛毛细雨，而他则是狂风暴雨。

裹挟的欲望与念想被倾盆的大雨浇得湿透，借由酒精的助力，繁衍出一片满目萧然的天地。

她深知，这应该是最后一次与邱天见面。

飞机落地首都机场，一脸疲惫的朱夏拖着行李箱从海关出来，迎接她的是一个写着“欢迎猪宝归国”的巨大灯牌，戴着口罩的张一寻露出半个脑袋。

看到他，朱夏眼眶立刻红了。

“这么感动啊！”张一寻揉着她的脸。

朱夏知道在张一寻面前，自己就是个透明人，无法掩饰情绪，无法欺骗，无法假装自己还能在他面前霸道逞强，却负罪感全无。

回去的路上，朱夏跟他坦白了。从跟邱天恢复联系，到东京跨年，再到这两天的行程。

只是有选择地隐去了一部分。

张一寻竟然没有问，任何问题都没问。

他只是帮朱夏整理好行李，然后一直抱着她不松手。

朱夏洗澡的时候，张一寻看了她的手机。早已烂熟对方的手机密码，但从来不会以“想要看到什么”的心态看对方的手机，敞亮得如同他们对彼此的那颗心。

这是张一寻第一次“看”她的手机，翻着相簿里的风景照、蟹肉牛肉大餐、摇晃不止的倒数视频，以及那张刺眼的、她与邱天的自拍。

他们像情侣般靠在一起，没有半点生分。

当一段感情开始，心上就不自觉挂上顽石，一块是责任，一块是信任，一块是热情，尽管这些年信任、责任与热情三方角力，来回下坠施压，但心怎么受损，信任都不会挪动半寸。他觉得，这是跟朱夏共同的默契，如同一盆无须过问的多肉植物，总能自然生长。

但此刻，连着信任的石头好像摇摇欲坠，那根白色的渔线，像被什么利器割断了。伴随着焦虑与不安，他们相处了此生最后的一段时光。

他们正在看一段抖音视频，朱夏收到微信，她顺手点开，没想到是邱天发来的：“你在北京吗？”

朱夏退出微信。

“回复他啊。”张一寻冷冷道，“约他出来吃个饭。”

“别闹了……”

“我认真的。”

于是十年后，三个人终于重聚。

他们约在双井的一家北京菜馆。朱夏和张一寻迟到了，张一寻在洗手间磨蹭了很久，洗了两次头，终于折腾出一个看得顺眼的发型。他们到店的时候，邱天已经坐定，随意的运动卫衣，黑色棒球帽，非常不费力地赢了一局。

张一寻先发制人坐在中间，把邱天和朱夏隔开。

邱天约朱夏的原因，是他在西边胡同里买了个四合院，做成了主题酒店，以朱夏的名字命名了一个房间，作为生日礼物，送给她一把钥匙，只要没有客人入住，她就有这个房间永久的使用权。

眼看着他俩互动频繁，自己却跟一堵墙一样多余，张一寻咳嗽了一声："这还有个喘气儿的呢。"

"你在啊，不好意思。"邱天说。

"老早就在了，坐了十年牢，眼睛没退化吧，你不说，我以为在这装瞎呢。"

朱夏在桌底下踢他。

邱天笑道："又把我当敌人了？当年是谁跟着我混呢。放心，只不过送个生日礼物，没别的意思。"

张一寻把钥匙还给邱天："要么你直接送房子，给把钥匙，还有限制，我这想顺路去上个厕所也不方便啊。"

"缺房子啊？"

"不缺，缺心眼，把她一个人留在东京，给别的司机兼导游添麻烦了。"

"没事儿，下次再去哪玩儿，找我，我帮你做攻略。"

"不费心了。我说，你们兄妹俩还都挺喜欢帮别人做攻略的。"

邱天搂住张一寻的肩，用力捏了捏："怎么说话呢，老朋友。"

"不是老朋友，"张一寻拍了拍他的手背，道，"是朱夏的男朋友。"

"我们吃饭吧。"朱夏忙解围。

整个晚饭，张一寻不肯丢气势，跟邱天暗暗较量，夹个菜都火药味十足。结束后两个人你争我抢地买单，容不得服务员插嘴。

"我来！"张一寻举着几张百元钞嚷道。

"我来。"邱天扳下他的手，晃悠自己手里的钱。

"说了我来。"张一寻不服，还击。

"我来。"邱天把张一寻手里的钱抽出来，塞给服务员，"不用找了。"

于是世界静止了。

坐在桌前看热闹的朱夏，忍不住苦笑。

回到家，张一寻就朱夏刚刚隔岸观火看他宣告主权也不搭腔，以及看邱天的眼神、说话的语气、收到礼物的兴奋劲儿等种种不作为，进行了猛烈的批评教育。

朱夏也被他弄疲了："你如果不相信我，我也没办法。"

张一寻抱住她，败下阵来："我就是太相信我们的关系了，哪怕只是一点点风吹草动，我也有自信，但他是邱天，我就突然有点害怕了，我也不知道自己怎么了……我真的很想和你有很久很久的未来。"

"我也想。"朱夏像是安慰孩子似的安抚道。

接下来，邱天的名字变成了最短的咒语，笼罩在张一寻和朱夏二人之间。命运就跟狗皮膏药一样，越不想看见的人，越敞亮地让你看见。

张一寻的新小说出版，在北京长楹天街开首签会，现场有个读者买了一百本书来找他签。邱天发誓说正巧路过，于是张一寻笑脸盈盈地签了一百本，邱天就在他桌子边坐着等他。

最后一本，张一寻多留了句言，四个字："长命百岁"。

现场来签售的多是女生，这一幕被拍下来，在粉丝群里疯传，脑补出一场年度 CP 大戏，妹子高喊："这两人，我锁了。"

为了避嫌，朱夏连邱天的朋友圈都不敢点，他们最近一次交集，是朱夏公司有了内鬼，在他们的方便火锅上市之前，泄露了技术，结果被另一家公司捷足先登，上架了同款不同底料的产品。

这事儿是邱天帮她解决的。尽管对方先声夺人占据市场，但朱夏他们与四川连锁火锅是官方合作，味道自然不在话下。于是邱天动用朋友关系，让他们的火锅进驻了北京当地的小超市，几乎能买到哈哈镜的地方，顺带都有他们的方便火锅。

农村包围城市，很快全家、罗森也有了他们产品的身影，销售数据一路飙升，一度成了方便火锅热词搜索的默认结果。

等邱天来北京出差，朱夏又一次跟他见面，这次的由头，是谢谢他出手相救。

这也让患得患失许久的张一寻失了理智，他甚至不想朱夏那么诚实，有时候，宁可骗他一下。他让朱夏删了邱天的微信，朱夏感受到实实在在的委屈，暗自戒备起来，一来二去，两人再次爆发争吵。以冷战的形式维系了一周的冰川期。

这天，朱夏收到张一寻的信息，约她在三里屯 Hollister 门口碰面。

碰上周五的下班晚高峰，到了约定地点天光都暗了。

朱夏没看到张一寻，却看到插着口袋在店门口来回踱步的邱天。她没敢上前，确认了一下张一寻的信息，然后转身想走。

邱天在背后叫住她。

“我还有事儿，先走了。”朱夏不安地四处打量。

邱天疑惑：“不是你约我的？”

“啊？”

邱天把微信记录给她看，昨天晚上发的，说有急事，无论如何今晚见一面。

朱夏看了眼自己的手机，一声叹息：“你特意飞来的吗？”

邱天点点头，暗叹道：“是他用你手机发的吧？”

“不好意思。”朱夏乏了，她说，“如果可以，我们不要再见了。”

“你真的很爱他。”邱天点了支烟，“但我不认为，这是一段理想的爱情。”

“我的坏脾气，和他的占有欲，这故事一开始就码好了，我也该成熟一点，学会妥协了。”

“但你不觉得我很无辜么？”邱天吞云吐雾道。

“……所以不想再伤害你了。真的抱歉。”

“好！”邱天猛吸一口烟，“这辈子，你都不会再见到我。”

邱天掐灭烟头，他朝远处看了看，一手插兜离开。

《少年派的奇幻漂流》里说，人生就是不断地放下，但最遗憾的是，我们来不及好好告别。但其实有时候，最遗憾的，是时间充裕，却不知道该如何告别，用拜伦的诗来说，以眼泪，还是在些许无奈的情绪中，忧愁地沉默。

本就该在青春结束的故事，就还给那场青春吧。

邱天没走多远，脚下的喷泉忽然喷出水柱，他连连后退，回到了朱夏身边。

时下最热的《偶像练习生》主题曲响起来，周遭的年轻人停下脚步，齐刷刷行着注目礼。

进入副歌时，喷泉停止。一群穿着训练生制服的dancer（舞者）从人群外窜出来，在广场中心开始齐舞。朱夏没有看错，站在C位的人，是张一寻。

围观群众越来越多，张一寻卖力地手舞足蹈，眼神落在朱夏身上，寸步不移。像被人扒光了衣服，羞耻感瞬间遍布全身，朱夏捏紧衣角。终于，张一寻慢慢朝她走过来，单膝下跪，掏出了一枚戒指。

人群外又是一阵骚动，她抬眼看，陆乘风攥着一大束美少女战士图案的气球出现，旁边是正用相机记录一切的许念念和杨燚。

音乐适时结束，陆乘风松开手，气球升起。

拿出准备好的麦克风，张一寻清了清嗓子，拖着长音对朱夏念道："我想把你拍成一部电影，写成一本睡前读的书，做成一道难忘的料理，看成只会对我笑的风景。我想要把全部都给你，可又觉得，太过廉价。未来那么好看，不如让我陪你勇敢。请你大发慈悲，嫁给我吧。"

朱夏脑中一片空白，太阳穴突突地跳。四周闪光灯不断，她死死盯着身下的张一寻，不敢分心看向别处。

"猪宝……"张一寻咬紧牙关，深吸一口气，大喊，"我爱你！"

终于听到了那三个字。

但此刻的心绪却不能同日而语，它们不偏不倚出现在不被期待的时间点。朱夏呆怔住，努力平复心情。

围观群众全在喊“嫁给他”。

邱天已经被挤去一旁，他像个局外人般面色沉郁地观察着眼前的局势。

沉吟半晌，朱夏问：“你是真的爱我，还是怕失去我……”

“真的爱……咿呀伊哟！”张一寻笑场。

她轻嗔道：“如果没有邱天的出现，你会跟我求婚吗？”

张一寻放下话筒：“这不重要。”

“这很重要！”朱夏喊道，“回答我！”

张一寻正色说：“说没关系是假的，但想娶你是真的，我一直在找一个节点，说服自己该这么做了……”

“你到底拿我当什么啊，你行事历上的图钉？记号笔？便利贴？是，你可以拿我当作你人生规划的一部分，但不好意思，我是我自己的全部。”

戾气上头，朱夏捂住脸，转身推开吃瓜群众，拔腿跑了出去。

张一寻脸色陡变，他颤悠悠地站起来，围观群众被他的神色吓到，默默让开路。他径直走到邱天身边，笑了好一会儿，揶揄道：“本想让你做见证人的，没想到让你看笑话了。朱夏这些年，算我帮你存着的，利息我也不收了，我把她还给你。”

“垃圾！”说完，邱天给了他一拳。

两人扭打在一起，看热闹的人像过年一样沸腾了，杨燚上前把他们分开，陆乘风让助理把车开到优衣库门前，避着身后不断的闪光灯，扛着崩溃的张一寻上了车。

当晚，作家张一寻的求婚闹剧就成了抖音随处可刷的热门，陆乘风的出现更帮他顶上了微博热搜第一，评论素质参差不齐，求婚变成大型翻车现场。

“看他平时写的东西感觉挺会教别人谈恋爱的，怎么自己的感情都处理不好。”

“看着像是情敌干架啊。”

“绿了自己，照亮别人。”

“卖中央空调人设，结果早就有女朋友了，脱粉不谢。”

“‘8102’年了，求婚还这么土，明星能不能别占用公共资源啊。”

“这年头兴师动众地秀恩爱都没有好下场。”

“……”

这一次，他们没人说结束。

就像是少年时青梅竹马的默契，没人敢说喜欢。

他们使出浑身解数，尽快逃离彼此的羁绊，只是因为不知该如何收场，想要走的时候，体面一点。最后在人生海海里觉悟，无法跟喜欢的人在一起，其实是人生的常态。

看到新闻后，林夕施的反应最为激烈。张一寻借口忙工作躲了她好一阵的夺命电话，迫于压力还是接了。果然，迎来她劈头盖脸的一顿臭骂，说看他朋友圈步数就知道他每天窝在家里不动，装什么忙啊。

“你赶紧把朱夏给我追回来。”

“你不应该安慰我吗？”张一寻心有戚戚焉。

“安慰你也改变不了结果，有毛用，”电话那头的林夕施发着脾气，“小两口吵架多正常呀。”

“妈，我太累了。”

“别轻易喊累，等你舒服了，你女人就跑远了。”

张一寻闭着眼：“你根本就不懂。”

“懂啥子懂，人生在世，能有几个谈恋爱谈明白的。你不追，我帮你追，我现在就去北京！”

“妈！我够烦了，你能别添乱了吗！”

“张一寻，我就问你，你不会不甘心吗？”

“那你跟我爸离婚，你甘心吗？”

“别扯我，你爸他是原则问题。”

张一寻心头一热，脱口而出：“那你就没想过，是不是你自己一身毛病，除了爱酒爱钱、抠抠搜搜，还一无是处，他才变心的？！”

林夕施沉默了，半晌，挂断电话。

张一寻按着脑袋，吃了颗止痛片，他趴在书桌上，旁边的烟缸里，堆满了一宿燃尽的烟头。

也是在那天，廖梅退出了他们的家庭群，然后是朱夏，跟着是林夕施，最后朱振东发完一个“再会”的老年表情包也退了。

张一寻这才发现，原来微信群只剩自己一个人，群也可以存在的。

又讽刺又治愈。

看过的电影里，那句台词很伤人：“我们花一辈子时间，等父母跟我们道歉，而他们花一辈子时间，等我们说谢谢，而我们都得不到想要的。”

我们等待父母因为他们随意指摘我们的人生而道歉，而父母却等待我们因为他们帮助我们选择人生而向他们道谢。所以，我们都得不到想要的。

后来几天，张一寻试过联系林夕施，但她都躲着。因为网上的闹剧，连累张一寻的新书滞销，好几家城市的书店推了请他做签售的计划。于是，他就这么魂不守舍地跟外界保持零互动，一晃就是三个月过去。

再次听到林夕施的消息，是从朱振东那里。

电话里，他嗓音干涩，略带哽咽地说：“孩子啊，快回来吧，你妈病了。”

00:02

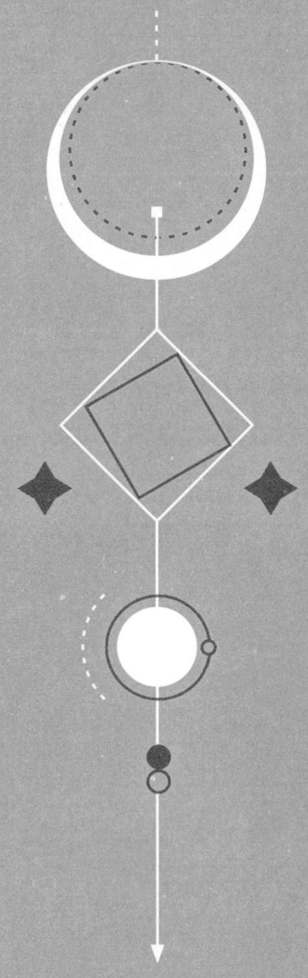

林夕施因为急性胰腺炎住进了ICU病房。按照朱振东的说法，是她又染上酒瘾，没日没夜地喝，加上吃饭也不规律，重油重辣的，这段时间常喊肚子痛，到了晚上整个人烧得神志不清。

只有张一寻知道，与酒瘾无关。是他的不孝，才让林夕施借酒消愁。

医生叮嘱三天内禁水禁食，加上水肿和黄疸的缘故，林夕施的身体有些走形，张一寻每天会来给她擦身子。大部分时间，林夕施都在睡梦中，偶尔会疼醒，碰上状态好一点的时候，才能清醒地跟张一寻聊上一会儿。

“儿啊，辛苦你了，要浪费钱救我这个废人了。”林夕施虚着眼，往日的光鲜不再，声音都是嘶哑的。

张一寻克制情绪，继续为她擦身子：“废人才没你那么能喝酒。”

林夕施顿了顿，说：“别怪妈妈啊。”

“说什么呢！”

“其实我只是想让你过得开心。”

“你给我老实一点，我就开心了。”

林夕施闭上眼，不知是不是又睡着了。

“妈……”张一寻轻轻唤了一声，望着她想说什么，停下手里的动作，吐出俩字，“……谢谢。”

“不客气。”林夕施偷偷睁开一只眼，嘴角扯起一抹笑。

张一寻没好气地瘪嘴，伸手比个了心：“送你的。”

“干吗，找我要钱啊。”

张一寻终于被逗得笑了出来。

歇业的林家茶楼大门紧闭，张一寻在里面打扫，按照林夕施教他的一套流程下来，深感疲累。擦拭那棵琴叶榕的时候，发现那年春节按下指甲印的那片叶子竟然还在，只是林夕施在上面又添了几下，刚好变成“一寻”两个字。

他给关二爷上了三炷香，许下愿望，愿意用一切交换林夕施身体健康。

入院的第五天，林夕施从梦中惊醒，瞳仁放大，眼珠子似乎都要瞪出来，她张着嘴，腹痛到呼吸困难，抓着张一寻的手不停地念叨，说她看见了好大一片浓雾，身后有黑白无常来抓她。

张一寻悬着心守在病房外，一宿没合眼，医生确诊林夕施为坏死性胰腺炎，在这之后不过一周的时间，林夕施就去了。

林夕施这一生看似风风火火，可她没告诉张一寻，跟他爸离婚后，他爸偷了她全部的家当，以当时农村的风气，告到派出所根本没用，加上丈夫跟别的女人跑了，又饱受亲戚冷眼，这才一狠心，带着他到了现在的老家。独自把孩子养大，过程的确挺难的，后来经历了下岗潮、SARS、汶川地震，她就觉得人一辈子怕着怕着，难着难着也就过来了。

唯独等到张一寻离开她身边，才发觉后半辈子忽然变得挺漫长的。

她计算着，这念想还得再撑个几十年。

伴随着多器官衰竭，监护仪上的心跳走成一道直线，林夕施想，原来，这一生竟是这般短暂。

林夕施的样子不太好看，张一寻没按地方的习俗布置灵堂，只在医院开了一个小小的区域，用合紧的木棺安置她。

“妈，你放心，美着呢，没人看得见。”张一寻坐在棺前守夜，他抱着林夕施的照片自顾自说着，语气异常冷静。

大院儿的邻居都说张一寻不孝，亲妈走了，连眼泪都不掉一下。

倒是往日里虚张声势的廖梅，跌在朱振东怀里哭得不能自己，一旁的廖大幅呆愣着，不忍直视。朱夏也回来了，她远远站在张一寻身后抹着泪，不曾想两人再碰面，是在此情此景之下。

安葬好林夕施，张一寻没有多留。

回北京的时候，他累得在飞机上睡着了。半梦半醒间，听见飞机的引擎发动声，依稀记得像是小时候林夕施在家里蒸饭的高压锅发出的声响。

突突突。

突突突。

他从小有个坏习惯，吃饭总要林夕施喂，喂了还不安分，常常看电视看得入迷，包着一嘴饭也不咽。

林夕施就拍他鼓囊的小脸。

结果他一激灵，喷了满世界的饭粒。

梦里的画面停在这，他怅然若失，难过来袭，眼泪终于决堤。

空姐见状，前来关心他。

他摆摆手，闭着眼任凭眼泪往下掉，又不敢哭出声，只能咬着毯子，释放积压许久的情绪。

几个小时前，张一寻独自在家里收拾旧物。在林夕施的床头柜里，看到一本房产证。

是一套北京亦庄七十平的小房子。

这是她给儿子和儿媳妇准备的，最后的礼物。

如何形容这种痛呢，如果用肉体疼痛来比喻，相当于从五楼直接摔下。

绝望越深，越是超然的冷静，尽管周身乃至细胞都在溃败，但大脑也容不得在最需要坚强的时候轻易倒下。只是，当一个人真的崩溃了，大脑就失了防御，夹带着这么多年的悲观情绪，滚雪球般堆积在一起。

真实的崩溃，不是大动干戈地哭，而是不动声色地把世界恨了一遍。

张一寻如魔怔般地想去体验林夕施的感受。白天，依然像个人类，到了晚上，就疯狂酗酒，威士忌香槟红酒混着喝，酒瘾忍不了，就立刻去楼下的便利店，直到老板都不愿卖给他，便再换个便利店。

朱夏请师傅撬了锁，把昏迷在沙发上的张一寻送去医院洗胃。在医院那几天，张一寻常常看着窗外出神，朱夏一言不发地守着他，只要他不喝酒，怎样都好。他们似乎回到了小时候的状态，不过问儿女情长，就这么陪他度这一段。

出院那天，朱夏拉开窗帘，阳光刺破尘埃，衣物已经帮他打包好。走之前，看着他一动不动背对着自己，准备好的长篇大论一时间都忘了，只淡淡留下一句："我们都累了，好好休息一下吧。"

邱天删了朱夏的微信，信守承诺消失于人海。

2019年年初，朱夏在城西做调研，路过邱天开的那家主题酒店。她去了那间以她名字命名的房间。

里面被布置成20世纪90年代非常少女的居家卧室。

墙上贴着林俊杰的海报，床和化妆台都是粉色的，上面有个美少女战士魔法阵的无线充电器。房子中间立着一个与人等高的《天空之城》的机器人兵。

一旁的服务生提示她，可以把房间钥匙放在机器人兵的手心。

朱夏照做了，房间里响起久石让的音乐，机器人的眼睛亮灯，说了一句话："谢谢你来了，也谢谢我自己，曾经守护过你。"

她辨得出，这是邱天的声音。

朱夏微笑着，脸颊有泪滑过，她为什么哭，服务生也不知道。

人生冗长的时光，不过是大梦一场。

我们做的大部分努力，不是为了与未来拉锯，而是与过去锱铢必较，鞠躬尽瘁，最后握手言和。

邱天离开北京那天，陆乘风找过他。

大体是问邱白露的近况。以朋友圈的定位来看，她正在瑞士，连续玩了两天的滑翔伞。

自出狱后，邱天也就见过她两次。上一次见她，是在广州的家里，跟她老公从印度回来。

陆乘风狐疑道：“她结婚了?”

“嗯，对方是个搞户外极限运动的，常年世界各地跑，认识两个月，闪婚了。”

陆乘风面无表情地点点头，临走前，邱天叫住他。

“准确来说，是她前夫，她那次回来，是来拿户口本的。她跟我说，在印度看了四个小时的恒河烧尸，想了很多，完了就跟她前夫摊了牌。我这个妹就这样，天真有邪，不会认真的。”

“或许……她只有不停地爱，才不会觉得孤独吧。”陆乘风轻叹道。

邱天挑眉：“你好像很了解她。”

“想听实话吗？其实我一点都不了解，她不会给任何人了解她的机会。”

邱天愣神，说：“因为她只爱她自己。”

“她有跟你提过吗，曾经爱上过一个没勇气的人。”

邱天视线飘向远处，隔了许久，回看他：“爱是爱，上是上，这事儿你要搞清楚。”

陆乘风抿唇一笑：“不劳费心。”

半年后，李亭玉的对赌协议到期，按照约定，公司发布一纸声明，近四年的婚姻宣告终结。陆乘风与经纪人解约，退出了微博，解散了自己的工作团队，决定淡出公众视野，退居幕后做影视项目。

北京最繁华的CBD商务区，鳞次栉比着多少悲欢离合。陆乘风在公寓里收拾东西，一天前，他看好了四环的房子，打算租下来做工作室。李亭玉在他身后已经数落许久，直到她晃着红指甲，来回甩起他的手机。陆乘风终于忍不住，一把将手机抢过来，第一时间翻到邱白露的微信，果不其然，最后那条聊天记录被清空。

正想要对她发脾气，忽然之间，血管里像是被注入了麻药，身子一酥，眼神瞬间失去焦点。他顿住了好一会儿，等到视线重回到现场，竟露出些许老态的模样。他没有与李亭玉理论，而是直接进入购票系统，订好了五个小时后去瑞士的机票。

陆乘风抬起头，四处打量此时的环境，最后停在了对面的李亭玉身上。李亭玉见他的表情变得有种说不出的陌生感，取下嘴里的电子烟，问：“你怎么了？”

“亭玉是吧。”陆乘风的语气也变了，“我要走了。”

“我知道！你不用再通知我一次！”

“我要去瑞士了。”

李亭玉听罢，上前扳下他的胳膊，看了眼手机屏，吼道：“你疯了吧?!”

陆乘风彬彬有礼地回：“这是我这一生最清醒的时候。”

“因为她吗?”

“嗯。”

李亭玉掉下眼泪：“她到底特殊在哪儿，凭什么值得你惦记这么多年。”

“她一点都不特殊，她只是对我而言，最特殊的那一个。”

李亭玉绝望地把自己锁进卧室，几分钟后，陆乘风再次恍了神，有种如梦初醒的错觉，他看着满地狼藉，还有打包好一半的行李，正准备继续收拾。

手机收到短信提醒，北京飞往苏黎世的机票订座成功。

他怔住了，冥冥中好像被天意当头一击，替他做了选择。

人不会肆无忌惮地释放自己全部的情绪，有人只能看到你的一半明亮，误解另一半悲伤。但总有一个人，即便你收敛了沮丧、痛苦、孤傲，他都能以热情、温和、忍耐奉陪到底。两个人如狂风暴雨，又如春风和煦。走一步看一步，对未来笃定又不迫。他风轻云淡地问你，你愿意吗？从那个问题开始，故事就有了以后。

张一寻搬到了亦庄的房子里，回归正常生活，他选了一张手机拍的林夕施在天安门前的照片，做成相框，妥帖地放在边柜上，没事的时候就跟她聊会儿天。

“妈，我换工作了，去了一家外资咨询公司做顾问。书也在继续写，但想找个时机转个型什么的，毕竟你也知道，作为第一批 90 后，我也要三十了。”

“今后有没有媳妇儿住进来我不知道，但我知道，有这房子就够我吃吃喝喝一辈子了，你怎么这么有先见之明呢。”

“……妈，我想你。”

照片上，林夕施额头饱满明亮，烫好的卷发非常时髦，她昂首挺胸，英姿飒爽地荡着丝巾，脸上一副心满意足的表情。

时间的齿轮又拨快半年，张一寻再次见到朱夏，依然在杨燚的酒吧里。

他戒了酒，偶尔来，就只点一盘薯条鸡翅，嘬一小杯软饮，听陌生人扯淡，从杨燚那打听一点朱夏的近况。

朱夏跟许念念他们成了邻居，年底刚升职，拿了年度优秀员工，年会抽奖还成了当晚的锦鲤。她跟小可鹿关系很好，可鹿总喊她妈妈，索性认了干儿子，提早进入奶孩子的实习期。

知道她过得好，张一寻就放心了。

这回，杨燚给许念念通风报信，一个小时后，便带着朱夏来了。

四人在老位子落座，有一搭没一搭地聊着天。杨燚偏执地觉得张一寻和朱夏还有可能，即便再远的话题，总会山路十八弯地带回到他们身上。

借由两杯“念念相忘”，杨燚问：“我就好奇，你们不在一块儿，就不会想吗？”

张一寻咬着薯条，与朱夏默契地互相沉默。

许念念握住杨燚的手臂，努力配合他：“我觉得不是不想了，而是算了。”

“什么意思？”杨燚问。

“你知道女人来大姨妈的时候，她看着整个冰箱的饮料冰淇淋，想吃吗？非常想，但……觉得还是算了。是吧，朱夏。”她把话风抛给朱夏。

朱夏撑着下巴，失神地笑笑。

“不懂。”杨燚认真起来。

许念念：“回去多读点书吧。”

杨燚不死心：“都说相爱容易相处难嘛，我是觉得心动容易心定难。如果你们觉得心定了，就再试一试。”

“嗯。”张一寻敷衍道。

开场营造的气氛又自然而然地落入尴尬。

说起明天初一，张一寻一早要去潭柘寺给林夕施烧香，起身想要离开。许念念接他的话茬，提议她开车，一起去。问朱夏，她定了定神，欣然应允。

第二天，四人成行。张一寻和朱夏坐在后排，客气地保持距离。

路上，电台放到林俊杰的歌。

张一寻记得这首《莎士比亚的天分》。

上学那会儿，每每碰到他发专辑，对朱夏来说就是场仪式，首先要在作业本上设计海报，然后狠抄歌词本，最后要强迫张一寻跟她一起听，并背诵全碟歌词。

两人在晚自习，用校服袖子藏着耳机线，压着耳朵偷听。

这首歌，循环了不下三十遍。

只是那时听歌，都不怎么看歌词，即便记下了，也不懂创作者的心境。现在听来，仿佛作者采撷了他们的结局，一早就下了注解。

我是一个没勇气的人
带着小小年纪的天真
想你一定是不敢转身
脸上微笑心舍不得
我没有莎士比亚的天分
写出我们的喜怒哀乐
但在这一刻
写了一个完结篇
失去了你

都说性、恋爱、婚姻，只是男人的一生里非常微小的部分，而大多数女人，却把它们当成全部。但其实，不是男人没有这种觉悟，而是男人比女人更胆小，他们没有勇气承受，有一天会失去全部。

就像不囿一代、照临万世的莎翁也能写出，脆弱啊，你的名字是女人。

思绪回到现实，他们已经到了潭柘寺的山口。买好香烛，在天王殿拜完，许念念和杨燚就默契地遁走，不知去向。

张一寻和朱夏二人只好结伴往山上的庙宇走去。

跪在大雄宝殿的佛像面前，张一寻偷偷瞄了眼朱夏。

朱夏皱着眉，模样好虔诚。

他轻声提醒："我看过的书上说，许愿的时候，不能向佛祖乞求，而要感谢。"

"嗯?"朱夏睁眼，疑惑着。

"因为你希望神明给你什么，就是在暗示自己缺少什么，那一辈子也得不到，但是感谢，就是在潜意识里说，我已经拥有了这些。"

"即便没有?"

"即便没有。"张一寻说，"但也什么都有了。"

那日分别，张一寻先下车，朱夏从后座蹿出来，给了他一个吻。

副驾上的杨燚一副得逞的样子，淡定地发笑着。

只有许念念看出来了，这一次，没有疾风骤雨，没有失控，而是如成人般的那种告别，平静地结束了。

应该都懂那种感觉吧，面前真真切切站着的这个人，是爱了很久的朋友。这种爱，贯穿了自己懵懂的少年和年少时光，业已成为绵薄的呼吸，明心见性的习惯。

人与人的关系像是共同经营一个账户，温柔是存款，伤害是支出，感情的青春期总有一段是拼命透支也相安无事的，只是积累到了某个阶段，就失去了伤害彼此的资本。

这种失去，与爱本身无关，甚至连怨恨、难过都没有，只是他们无能为力，更没有再多的时间再度分手又复合的轮回。不过遗憾在于，他们曾经都认真地把彼此放进了人生计划里。

人因为经历而世故，感情因为世故的涤荡而慈悲。

如果真要给这段感情留一个纪念，那便是最后这一吻吧。从我们走散的地方，回归到我们相遇的地方。从无爱不欢，回归到青梅竹马。

不必说话。喜欢，就替她采下一朵栀子花。

朱夏三十岁的第一年，她坐上了市场部总监的位置，六位数年薪。镜子里的她，骨骼纤细，妆容精致，气质裹挟，没有一点初老的模样。

她终于成为初来北京时，最想要成为的样子。

张一寻被公司调派到上海之前，给朱夏送了一张非常复古的生日贺卡，就是宋体的烫金祝词，打开之后，会唱歌的那种。

她摸着鼓鼓囊囊的贺卡，想起许念念聊过的恋爱史里，杨燚也做过同样的事。

果然，中间黏着双面胶，夹层可以撕开。

里面藏着张一寻的手写信。

亲爱的朱夏同志：

三十的人了，我也不想煽情，就长话短说，你意会便好。

所谓天时地利人和，我们很幸运地拥有了人和，却又很不幸地，只拥有人和，没有天时地利的迷信，感觉日子过得没那么顺遂。

你从东京回来变了很多，我没追究发生了什么，是因为追究不起。在这之前，其实有好几次想跟你道歉，我觉得没有把你照顾好，曾经答应要替你遮风挡雨，可是后来，大风大浪全是我给的。是我没有守护好我们的感情。

但人生好像没有什么是不可原谅的，我原谅我做过的每一件傻事，也希望你能原谅每一件傻事背后的一往情深。

虽然我到现在也还是不明白，为什么我在乎的人都一个个离我而去。佛说，人有七苦，生、老、病、死、怨憎会、爱别离、求不得。大概是告诉我们，在面对悲欢离合的时候，最智慧的选择就是放下。可是我们都太愚钝，所以成不了佛。

我们互相看了对方几十年，也看腻了吧，别人家的青梅竹马都约定，三十岁还单着，就在一起。恍然间，我们已经来不及了。那不如我们就玩个游戏，叫谁先理谁谁就输了，就彼此祝福，祝安好，祝不见的日子，都在各自的天空灿烂吧。

这次我不会让你了。

张一寻

朱夏小心翼翼地把信折好，一滴眼泪掉在信纸上，晕染了字迹。她抬起头，伴随着强烈的心痛，狠狠哭了一整夜。

朱夏三十五岁那年，廖大幅从学校教务处退休，身体一年不如一年，索性放弃了柔术，承包了大院儿的林家茶楼，替林夕施征战麻坛。与张一寻分开后，廖梅和朱振东对女儿结婚这件事已然不抱什么期待，给她买了好几份保险，以为这辈子她就要单着了。

结果同年冬天，朱夏在南山滑雪场认识了一个滑雪教练。两天课程下来，教练摘下装备露了脸，朱夏终于认出，是她初中的同桌，寸头男。

她跟寸头男闪婚，婚礼也是在雪场办的。

两年的时间里，由于朱夏身体不好，怀了两个孩子都没保住，医生告诉她怀孕无望，只有找代孕妈妈。寸头男的传统家庭无法接受，他又太妈宝，闹了几回，离婚收场。

四十岁那年，她跟张一寻的游戏一直都未分胜负，唯独有一次两人离得最近，那是在巴黎近郊吉维尼小镇的一个艺术品商店里。店内有个老式的黑胶唱机，满满地响着Bob Dylan的*Blowin' in the Wind*。伴着口琴声，朱夏心头涌起一股悠长而平静的喜悦。

而她身后，是戴着黑色礼帽、穿着山本耀司长款风衣的张一寻，他隔着玻璃，欣赏着门前的艺术装置，驻足片刻，便云淡风轻地离开了。

朱夏五十岁时，廖大幅和朱振东相继过世，其间回了趟老家办丧事，见林夕施的墓地被迁走，一问管理员才知道，张一寻带走了她的骨灰，听说绑在气球上，送到宇宙里去了。大院儿的亲朋好友都不待见这个不孝子，只有朱夏明白，他做的每个决定，一定都有原因。

六十岁时，每位男性女性都可以与大数据匹配的最佳伴侣享受恒定恋爱，朱夏拒绝了匹配。当时的政策只要是独身人士都可以住进政府特惠的共享格子社区。垂垂老矣的廖梅说什么也不愿去，即便需要高昂的产权续约费，也要死守着大院儿的房子。

那时朱夏名下无房产，膝下又无子，落得一身轻松，刚好在格子社区养老，大到汽车，小到羽毛球拍，都可以扫码共享。靠着爱打抱不平的咋呼劲儿，她成了社区的闲人朱奶奶。

七十岁时，人类的“超级人类”社会步入第五个年头，旧式以家庭为单位的婚姻制度被废除。为防止人口二次老龄化，每位孩子皆由生命呵护机构共同抚养，从受精卵的基因筛除，到二十二年高等义务教育，以及成年后用量身定制的大数据匹配工种，保证超级人类的精英值密度。

同年，朱夏定居卫星城，尽管医疗条件高度发达，衣食住行交给了人工智能，但朱夏还是抵挡不住病痛的侵袭。突然有一天，伴随着呼吸困难从噩梦里醒来，皮肤出现了大量的紫绀。

心脏病晚期带来的并发症让她身体水肿僵硬，浑身使不上力，只好常年窝在床上，被 AI 护工悉心照料着。

很快，她的身子无法动弹。

只有意识的幻境里，还恍惚浮现着那一段最初的爱。

年轻时，她有一部最爱的电影，叫《伊丽莎白镇》。

她特别钟爱苏珊 · 萨兰登在丈夫的葬礼上跳踢踏舞那段，她在台上笑，朱夏在屏幕前哭。

有一个很流行的问句，从来没有在一起和最终没有在一起，哪个比较遗憾？坐过车和错过车，哪个又比较遗憾？从来不认识和像极了陌生人，哪个又更遗憾？

年轻时无法回答，变老后才可意会，我们本可以在一起最遗憾，我们本可以坐上车最遗憾，我们本可以认识最遗憾。

这个世界上的爱都是如此，开始时春林初盛，你是无意穿堂风，偏偏故居引山洪。结束时相顾无言，渐行渐远渐无书，自此山水不相逢。

00:01

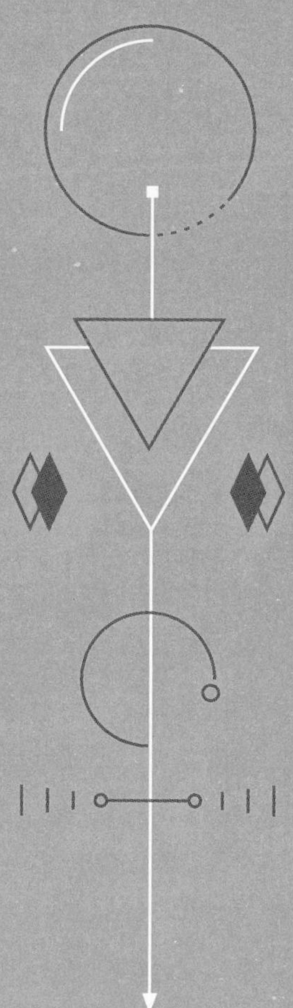

画面中央。

是正在熟睡的老年张一寻。

有型的银色中长发，胡须爬满下巴，身下是讲究的真丝床品，四周墙壁刷着深灰色的涂料，白色大理石纹路的地板上放着一簇用橡果和尤加利叶扎成的干花，黄铜配搭黑胡桃木的床头柜上。智能穿戴手环适时收到信息提醒，在空中投射出一块通透的荧光幕，此刻时间是2060年11月18日上午7：40。

拉布拉多闻声进屋，贴在老人的床边来回蹭，老人从繁复的梦里醒来，如常抚摸它的头。

新的记忆如同潮水般从梦境的出口涌入，他分明记得给朱夏写下最后那封信时满脸的泪，记得他们在北京那些年所有的争吵与和好，记得给她买手链时的怦然心动，记得他们肌肤之亲，相敬如宾。也记得大学毕业的散伙饭上，那个长了脚的可乐瓶。

还有躺在病床上奄奄一息的林夕施，牵着红色气球的Viko，故乡的小道与旧人。年轻时生活对他的所有致命打击，一点一点慢慢浮现出来。

只是有些模糊，恍然分不清，哪些是新的记忆，哪些是原本的生活留下的证据。

张一寻撑着腰来到客厅，拉布拉多围着他打转，轻轻叫唤着。他看了一圈，没找到仿生犬的饮用水，于是心不在焉地顺了顺它的毛。

客厅好安静，暖气蒸得视界里都雾茫茫的。与过去无异，仍然是这个独居的房子，仍然是弯腰吃力的年纪，仍然一个老人和一只仿生犬，就像那个时光投影的说明一样，即便改变过去，只会在本人的意识层面留下记忆，不会对现实产生影响。

他想起 Dandy 说过的话："老爷子，人都是靠记忆活着的，如果你左右了过去，除了你现有的，还要承担所有改变后的记忆，万一记忆不那么美好的话……"

他突然哭了，泪水被眼角纵生的纹路稀释，失神的眼眶瞬间通红。

记忆是盖棺论定的，原本的经历，只有那一次未曾说出口的遗憾，却因为过程被更改，成了一辈子活到头的缺憾。眼睁睁看着时间带给他的果，空着手，却束手无策。

张一寻惘然若失地坐在沙发上，了无生趣地滑动手环，点开早晨收到的信息，是他的主治医生发来的。

他忽而有些疑惑，说不上哪里出了问题，扶了扶视力矫正镜，仔细辨认屏幕右下角的日期，11 月 18 日。

不该是这样的。

这是他记忆里的昨天。昨天这个时候，他放下吐司，穿戴整齐地去了 SOULTIME 公司，参与了正在内测的时光投影技术。

记忆瞬间混乱起来。

他按着脑袋，努力回忆，想看看是不是错过了什么。

客厅的电视墙是一排三米高的落地书架，寻思的过程中，张一寻突然怔住了。

他缓缓移步到书架中心的位置，抬起颤抖的手，开始抚摸那排陈列整齐的书。它们的作者，都来自同一人，张一寻。

书架旁的边几上，凭空多出了一个老式相框，上面的照片已经褪色发黄，但荡着丝巾的林夕施仍然充满生机和骄傲。思维显然跟不上现实，张一寻吃力地回到客厅，喝了杯水压惊，拉布拉多还在他脚边撒娇，他轻蹲下身，下意识地在它耳朵后摸了摸。

果然，没有圆环感应装置。

张一寻抱住拉布拉多，感受到它的体温，还有肚子上起伏有致的呼吸。

他噙满泪，终于认定这个事实。

现实世界被改变了！

成倍的痛瞬间袭来。为了弥补一个遗憾而造成无法逆转的结果，这种痛，没人可以与他分享，这将会成为自己临死前，最盛大的悲剧。

明明可以做得更好的，就只差那么一点点。

犹如醍醐灌顶，他冲进书房打开电子全息屏，在邮箱里翻找那封SOULTIME 公司的邀请函。

近几天都没有新的邮件，垃圾箱里也没有。

似乎在茫茫大海里找到了浮木。张一寻把长发拢成一个髻，套上呢子大衣，选了灯芯绒领结旁边的格纹领带，拿上银色狮子头的手杖，径直冲出了家门。

没有邀请函上的地址，他只能在无人驾驶的车上，凭着记忆在街上找 SOULTIME 的标志大楼。

记忆在关键时刻派不上用场，他在城里就这么绕着圈。眼看太阳渐渐落山，城市被一层绛紫色的黑幕笼罩。

不同于白天银色金属质感的街道，夜晚的城市，进入一种梦游般的光怪陆离。两边的写字楼与商铺披上霓虹，头上开过的城市空铁也镶嵌着紫蓝色的荧光灯柱，随处可见戴着 4D 眼镜正在虚拟现实世界里交互的年轻人，硕大的吃豆人全息投影冲向张一寻的车子，撞击后，变成散落一地的金币，品牌广告随后亮起。

他揉着胀痛的眼睛，疲惫不堪，定神后，决定继续。直到看见前方 pizza（比萨）车旁熟悉的人影。

车子在 Dandy 身边停下，张一寻杵着手杖从车上下来，像见到老乡般地握住他的胳膊："小伙子，竟在这碰到你了！"

留着油头、戴着黄色复古眼镜的 Dandy，狐疑地盯着他。

"我想要再投影一次！"他接着说。

"你谁啊？"Dandy 含混地问。

"我是张一寻，你们邀请的客人。"

"我不认识他啊，"Dandy 回头跟车上的店员说，"碰瓷儿的。"

"谁碰谁的瓷儿啊，为什么骗我说过去是改变不了的？"

"老爷子，您有病就上医院，我们真不认识，不知道你在说什么。"说着，Dandy 想要离开。

张一寻转动手杖上的狮子头，抬起手杖往 Dandy 身上一戳，只见他哆嗦了几下，应声倒地。

张一寻费了老命，把他塞进后座。整理好领带，眼神凌厉地瞟了眼 pizza 车上的店员。

呆怔多时的店员拉下帽檐，乖巧地埋头继续烤比萨。

Dandy 从车上醒来，见自己被五花大绑着，嘴上还贴着胶布。身旁的张一寻默默注视着前方，两手搭在拐杖上正襟危坐着。

Dandy 嗯嗯啊啊了半天，张一寻扯掉他嘴上的胶布。

“老爷子，饶命啊，我就是一夜场跳舞的，我真的什么都不知道。”Dandy 带着哭腔说。

“还不说实话？”

“您就算电死我，我也吐不出您要的实话啊。”

张一寻问：“你真的不知道 SOULTIME？”

“那是什么？”

“也不认识我？”

“……认识！”Dandy 闪着水汪汪的大眼，“闪电侠！”

张一寻一口叹息：“算了算了，你走吧。”

替他松了绑，张一寻的思绪更乱了，他不愿承认这一切只是记忆。

Dandy 胡乱地整理着衣服，一口一个“后会有期”，毕恭毕敬地开车门。

“等一下！”张一寻叫住他。

Dandy 顿住：“又怎么了？”

“你有东西掉了。”张一寻把坐垫上的东西递给他。

一个写着他名字的名牌。

Dandy 一瞪眼，与张一寻面面相觑，咬牙切齿道：“我……啊啊啊啊啊。”

又被电晕了。

再次醒来，他正在副驾上，这次一身轻松，手脚没被绑住，急切地一开车门，脚下是半空的悬崖，吓得他关门退了回来，这才发现一半车身正悬在山崖边。Dandy两腿一软，车头慢慢前倾，他疯了似的跳到后座上，努力保持车子的平衡。

正想打开后车门，车门适时被锁上，张一寻控制着手环，站在车尾面无表情地观察着一切。

Dandy摇下车窗，哀求：“张先生，您疯了吧！要出人命的！”

“反正我也要死了，能带走一个是一个，我也不孤单了。”

“您到底想要做什么！”

“我想要改变过去。”张一寻冷冷地答。

“您这不是已经改了吗？要怎么才能明白，人生就是不能得偿所愿啊。”

张一寻激动道：“不可能，一次不行，就改两次、三次，改到没有遗憾，改成最好的结局！”

“结局就是你已经死了！”Dandy脱口而出。

张一寻愣住片刻，颤巍巍地举起手环，威胁道：“少用那一套吓唬我，我是人是鬼，我自己清楚。”

“是，现在您是活人……”车子又往前倾了半寸，Dandy汗毛直竖，嚷嚷道，“哎呀，您想知道事情的真相就放我下来！”

他们驱车前往市中心，路上，Dandy讲了一个故事。

故事的开始要从最初的时间线说起。

《文静的美国人》里有句话，是这么说的——

“他们不知道爱是怎么回事，只是走进一间房，爱上了一个陌生人。”

五岁的朱夏第一次看到林夕施带着张一寻搬到大院儿来，就对这个长头发的小男生产生了强烈的好奇，主动把廖梅包的饺子送过去示好，可张一寻就是不买账，只会躲在林夕施身后。

朱夏问朱振东：“爸爸，为什么楼上的新邻居不理我？”

朱振东答说：“因为你们还不是好朋友呀。”

于是朱夏跟张一寻成了好友，跟着这个过家家换来的“哥哥”行走了六年的小学江湖。

六年级的集体照里，朱夏在男生的队伍里找张一寻，想要离他近一点，却被旁边的同学踩了脚，镜头在此刻定格。洗出来的照片上，朱夏疼得龇牙咧嘴，队伍里的张一寻正看着她。

后来有堂作文课，题目叫“我的好朋友”。张一寻写了朱夏，其实朱夏也写了他，不过文笔不好，没有被老师当成范文来念。

老师在课堂上问张一寻：“你们做过最亲密的事是什么呀？”

“看着她……”张一寻顿了顿，“……出糗。”

全班哄堂大笑。

朱夏托着腮，来回搓着作文本一角，直到搓出了细屑。

她的作文是这么写的：想要跟他一起看雪，一起去日本找夜礼服假面，吃牛排和西餐，在海边的沙滩滚来滚去，浑身沾上沙子也不怕（前提是我们爸妈没有来），不过这是我们以后才能做的事。

整个中学时代，就是朱夏的自我放任史。放任自己的头发忽长忽短，放任张一寻每天给她送花生牛奶，放任无论在哪，身边一定有个张一寻。

暑假的时候，朱夏穿着连衣裙，张一寻穿着背心裤衩窝在家里看《还珠格格》。放到紫薇和尔康接吻那一段，张一寻眼疾手快地换了台，朱夏假装翻起青春小说。隔了一会儿再换回去，发现还在亲，转着圈儿地亲。

张一寻不好意思再换台，就埋头研究起遥控器，朱夏继续看小说。

过了一会儿见没动静了，朱夏抬起眼，发现张一寻正盯着她胸部看。

脸唰地一下就红了，她兴奋又羞涩地用手挡着身子，喊道："人家只想跟你看雪看星星看月亮，别对我有非分之想。"

张一寻翻了个白眼道："书拿反了。"

朱夏失了兴致，在少女怀春的青春期，恋爱是要讲究时机的，早一步晚一步都不行。他们的关系就像拉过钩的小指，毛主席盖过的章，铁证如山般的青梅竹马。于是才在丘比特的一激灵里，确认过眼神，遇上了邱天。

后来，带着成吨的伤，朱夏与张一寻考去了同一所大学。

他们依然默契地延续着十几年的角色定位，朱夏照顾世间万物，张一寻照顾她。两个人都是第一次住校，张一寻很快适应了，只有朱夏在床上套个被子，都能从床上滚下来。

还好室友在地上垫了拼图泡沫垫，只是轻微扭伤。于是张一寻每次帮她套好被子，再让她抱回寝室。

对于张一寻这个背后灵，朱夏的室友有颇多微词。

跟室友解释不清这剪不断理还乱的关系，索性跟她们说，是她哥。

“表的。”

直到有一天，室友向朱夏通风报信说：“你表哥好像谈恋爱了。”

朱夏躺在床上敷面膜，举着手机慢条斯理地说：“不可能。”

“而且是个男的。”

手机砸到了脸上。

根据室友的描述，她潜伏到对面的男生宿舍楼。

那是她第一次见到陆乘风。

亲眼看见了张一寻一手搭着陆乘风的肩，两人聊到兴起，陆乘风还拍了拍他的屁股。朱夏握紧拳，下一秒就想替天行道，但理智让她学会忍耐，因为对方的颜值太雄厚，皮肤太好了，粉白得几乎要透出光来。

又听信偏方，朱夏洗完澡用大蒜擦身子美白，每天出门必须全妆，还得用最白的粉底。

尽管查阅了很多诸如“如何鉴别同性恋”“好朋友是同性恋怎么办”“直男可以被掰弯吗”的资料，她还是不信邪，于是申请了一个小号，换成一个小姐姐头像，去聊骚张一寻。几次未果，张一寻无动于衷，朱夏急了，撒着娇问，到底是怎样啦，张一寻说，有喜欢的人了。

最后一丝理智被剪断，这些年所有的恩怨细节，好像都一一有了回答。她不知道该以怎样的态度面对张一寻，躲了他好几天。

直到某天从实验楼下课，电梯门打开，张一寻背着包进来。

张一寻对她嚷嚷道:“你这几天死哪去了，信息不回，电话也不接。”

朱夏忍无可忍，故意把电梯按钮全按亮。

“怪不得从小就留长头发!”朱夏喊。

四楼到了，电梯门打开。

张一寻不解:“怎么了?”

“怪不得你爱演小青!”

三楼。

“你在说什么啊，不是你让我演的吗?”张一寻惶恐道。

朱夏问:“你是不是弯的?”

“哪儿弯?”

二楼。

朱夏直截了当:“你跟陆乘风，是不是一对?”

一楼的电梯门开了。

陆乘风刚好抱着书站在门口。他愣了神，然后和颜悦色地向张一寻和朱夏打着招呼。

气氛降到冰点。

张一寻狂笑起来。

虽然这个乌龙算这么过去了，但朱夏也再一次陷入对张一寻一言难尽的惶恐里。

朱夏偷偷报了恋爱心理学的选修课，没想到在课上碰到张一寻，她只好借口是来听八卦修学分的，故意在他面前装作不认真听课的样子。

恋爱的心理没有学进去，但听见了老师课上说的一句话——

“真心喜欢一个人，就是毫不迟疑，就是满心欢喜，就是泪流满面。”

她好像确定了。

不只是两小无猜而不迟疑，也不是心心相印而欢喜，更不是友谊万岁而流泪，就是清清楚楚、明明白白的，我喜欢你。

大学四年，朱夏仍然记性不好，身体常亮红灯，嫌弃学校的大锅饭不好吃，他们常去校外改善伙食。门口两里地的梭边鱼火锅，给了他们为数不多的独处时光。朱夏总借口身子骨弱，林黛玉上身，吃得发乎情止乎礼的，结果张一寻比她吃得还慢，两人经常一顿饭吃三个多小时，像是刚结束一场米其林三星大餐。

她知道张一寻为了让她多运动，每次都骗她公交车收车，步行回学校。她不拆穿，这样也挺好，可以并肩多走一段。

“你知道夏目漱石吗？”朱夏捡起话题。

“谁啊？”

“哦，画少女漫画的。”

“怎么了？”

“没什么……今晚的月色真美。”朱夏声音渐弱。

张一寻抬头：“雾很大啊。”

朱夏翻着白眼，不小心碰到他的手背，旋即弹开。

大四那年，他们各自从实习单位回来，交了论文后，约上陆乘风，三人一起去了趟泸沽湖，当是毕业旅行。

结果张一寻在网上订好的客栈临时被取消，又碰上当地的旅游旺季，青年旅社都住满了。三人最后选了家其貌不扬的客栈，老板是个摩梭老奶奶，汉语不太流利，连比画带猜的，才知道她的意思。

只有一间房。

房间很小，除了容纳一张靠墙的单人床，两边只能放下一个行李箱。

三个人脑袋顶着墙，横睡在床上，半条腿支在外面。

“我俩还是睡地板吧。”陆乘风撑着腰跟张一寻比画，“你在这儿，我去那边。”

陆乘风抱着枕头睡在厕所门口。

张一寻在朱夏边上，撑到两点，艰难地翻了个身，怎么也睡不着。

“你睡了吗？”朱夏轻声问。

张一寻小声：“没。”

“……你要不要跟我挤一下啊。”

“没事儿。”

两人不说话了，房间好安静，朱夏突然叹了口气。

“想什么呢？”张一寻问。

“毕业之后，你真的要去北京吗？”

“对啊，从小被我妈盯着，老早就想出去试试看，男儿要志在四方。”

朱夏柔声道：“我跟你一起去吧。”

“你爸不是有门路，让你留校当辅导员吗？有什么理由不去啊？”

“理由找一找就有了……张一寻，你为什么都不谈恋爱啊？”

张一寻一字一顿地说：“没遇到合适的。”

“哦……”

他补充：“再说了，我也不放心你，我要谈恋爱，谁看着你啊。”

“得了吧你，如果你有喜欢的人了，就告诉我……免得我俩走那么近，让人家误会了。”

“哇，这么善良啊。”

“那是，人美心善说的就是我。”

张一寻转过身，背对着她问：“你不怕吗？”

“怕什么？”

“有一天我们都有各自的生活了，会不会就不会像现在这么好了。”

朱夏向床边挪了挪，起身看了眼张一寻，他弓着背，有那么一瞬间，她试图要跳下去，扑在他身上，用行动告诉他，其实我好怕。

“其实我……”

陆乘风突然坐起身，在睡梦中抠了抠头，觉得口干，起来找水喝。

等到房间里再次传来陆乘风规律的呼吸声，张一寻喊了喊朱夏。

没动静。

撑起身一看，已经背对着他睡着了。

张一寻帮她掖了掖被角，小声嗫嚅道：“真是个猪，说秒睡就秒睡。”

朱夏用被子挡着脸，蜷缩在夜色里，不住地眨着眼。

她做了个决定。

毕业散伙饭当晚，张一寻和朱夏的寝室做了个单身联谊，举杯庆祝大学四年没谈恋爱的光荣战绩。陆乘风是他们的见证人，开奖词是这么说的，各位在开心农场和QQ空间抢车位里做出的突出贡献，不卑不亢，起早贪黑，六亲不认，大义之举感动中国，授予各位“你不单身谁单身”奖。

火锅店里发出一顿爆笑，隔着锅里热腾腾的烟气，朱夏笑得非常不走心，像是有心事，一直闷头喝酒。

“朱夏！”坐在张一寻身边的方脸男生明显喝多了，“我觉得你今后肯定会跟张一寻好的。”

话题突然落到她身上。

“扯吧你！”喝醉的朱夏撂下筷子，感觉到身上的毛孔瞬间张开，心里的热血冲向脑门，她站起身，径直走到张一寻身边，缓缓道，“什么叫今后啊？”

说着俯下身吻了他一口。

张一寻傻了似的捂住嘴。

“张一寻，你给我听好了！不管你怎么看我的，我是受不了了，很可能这一吻，我们这么多年的友情就到头了。反正你也要走了，有些话现在不说，以后就没机会说了。我、我……我为什么要跟喜欢的人做朋友，我不需要那么多朋友！”

朱夏噙着泪喊完，她真的好委屈，觉得可能从此就要失去张一寻了。

张一寻突然站起身，抬着她的脸，眼神一失焦，直接吻了回去。

桌上的朋友们都沸腾了，整个火锅店的食客都在为他们呐喊。

一整晚，大家猛灌着这对“新人”，彼此哭着喊着，终于把离别的情绪消耗殆尽。

散场后，张一寻拉着朱夏在街上跑。

“我们去哪儿？”朱夏问。

张一寻大喊：“回家，告诉爸妈，我要带你去北京。”

“这么晚了，校车都没了！”

“打车！”

“哈哈哈，张一寻，你疯了。”

张一寻直接把朱夏抱了起来原地转圈，招呼出租车在路边停下，抱上了出租。

两人在车上一直在笑。笑彼此通红的脸，笑出租车里的非主流音乐，笑街上走过的人群。

朱夏靠着车窗，四仰八叉地发表酒后感言：“张一寻，我通知你，从今以后，你就是……老娘的人了，没人可以抢得走，有我在……谁都不能欺负你。我是说，everyone（每一个人）！”

张一寻笑得停不下来：“那你欺负我怎么办？”

“那就忍着！”

司机扑哧一声，也被逗乐了。

“师傅你认真开车哟，怎么还偷听呢。”张一寻笑着把朱夏的安全带系上。

深夜的道路畅通，出租车经过不远处的十字路口，司机像听段子一样正乐呵，没注意红灯，眼看着右方刹车失灵的货车撞上来，连打个方向盘的余地都没有。

安静的夜晚被撞击声和沥青路面的摩擦声打破，出租车滚了几圈，撞在水泥柱上，停了下来。

朱夏醒来的时候，脑袋朝着车顶，脖子被安全带勒死，窝着身子动弹不得。出租车翻了个身，司机已经当场死亡，油箱的汽油像是开了龙头一般倒灌，溅在挡风玻璃上。

张一寻半身倒挂着，趴在朱夏肚子上，额头的血顺着脸颊一滴滴落下来，浸透了她的T恤。

她慌了神，动用全部力气，嘶喊张一寻的名字。

“我在呢。”几声下来，他终于微微睁开眼。

“张一寻，我不能呼吸了。”

“嘘……嘘……别说话。”张一寻虚弱地安慰道。

“孩子们，能听见我说话吗？”警察及时赶到，打不开已经变形的车门，趴在碎了半扇的车窗前喊着，“救护人员马上就来了！”

警察看了一眼现场的局势，货车停在五米外，两个同事正在尾部灭火。

“还能动吗？”警察问他们。

“可以……”张一寻硬扛着疼，眼睛被血刺痛。

“好，我救你出来。”警察沉着道。

“先救她！”

朱夏仰着下巴嚷着：“不行！先救张一寻！”

“叔叔，听我的。”张一寻嘴唇干裂，哀求道。

“我答应你们，两个都会好好的，但别慌，跟着我的节奏，匀速呼吸。”警察趴在地上，慢慢钻进车厢，扯了扯朱夏的安全带，发现被锁死了。

他转移朱夏的注意力：“有骨折吗？”

“应该……没有，就是呼吸困难。”

警察取下腰间的钥匙串，挪到朱夏身下，用小刀开始割安全带。

朱夏问：“叔叔，你会把我们救出去吗？”

“会的，相信我。”

朱夏嘤嘤道：“张一寻，我怕……”

张一寻伸手牵住她，像是她在大学发烧的时候，给她勇气一样。

“相信我，我们一定会没事的，我们还要去北京呢，租个大房子，”他把朱夏的手贴在唇边，用尽全力吻着，“我会赚很多很多钱，养你，我们还会生一儿一女……”

朱夏眼泪哗地下来：“你怎么知道？”

张一寻笑了：“……因为，我是上帝啊。”

随着安全带被割断，车厢猛地抖动了一下，朱夏吓得失了声。

此时，货车底部的汽油溢出，慢慢滑到尾部，火花零星溅落，瞬间燃起烈火，顺着一路的油，很快侵蚀了他们的出租车。

警察透着前挡风玻璃，看见同事拿着灭火器冲过来，但根本来不及。

火势顺着汽油把出租车头吞没，车厢一声哀号，再一次下沉。

朱夏和张一寻死死牵着，同事开始拉扯警察的腿，想拖他出去。

叫唤声中，朱夏看见张一寻瞪着血红的双眼，在警察耳边咕哝着什么。

警察踢开同事，再次钻入车厢，两手掐住朱夏的胳膊，用力扯她出来。

“干什么！不要！我不要！”朱夏挣扎着。

张一寻主动松开手，然后使出浑身的劲试图甩开她。

“张一寻，你要干什么啊！我求求你，不要放开我！”朱夏声嘶力竭，眼泪模糊视线。

两人的手慢慢分开。

警察朝同事大喊：“用力拉！”

终于，他抱住朱夏，将她拉出了车厢。

他们往前匍匐了几步，出租车在他们身后爆炸。

朱夏傻了，心轰然下沉，五脏六腑霎时错了位。她颤抖着张开嘴，不住地干呕着，被救护人员拖上救护车。

泸沽湖的毕业旅行，他们早早爬起床，乘船到湖中心看日出，本以为当日起雾又多云要失望而返，结果太阳出来后，云边被镀了金，出现成片的火烧云，湖水倒映着天空，像是一幅惟妙惟肖的油画。

朱夏与张一寻一人坐在一头。你一眼，我一眼，偷偷瞄着对方。

恋爱最美好的时候，就是彼此喜欢又没有说破的暧昧。

沈从文在书里写道，我行过许多地方的桥，看过许多次数的云，喝过许多种类的酒，却只爱过一个正当最好年龄的人。

那时，就是张一寻和朱夏最好的年龄。

天空的火烧云在张一寻微动的眼眸里燃烧。

直到瞳仁蒙上一层雾霭。

直到眼皮耷拉，眼神失焦。

直到回到了此刻。

“她后来过得好吗……”张一寻坐在驾驶位上，直直地盯着前方。

Dandy说：“很不好。跟变了个人似的，她跟爸妈闹掰了，一个人去了北京，说是要替您活下去。时常恍神以为您还在，于是床要买最大的，餐具要准备双份，看到什么都会发信息给您，精神变得不正常。一辈子也没爱别人，一个人孤零零地过了后半生。我们比对了大数据，挑中了她，成为我们时光投影仪的体验者。”

“所以，原本时空的朱夏，改变了过去，让我活了过来。”

“是的。”

暗自神伤片刻，张一寻又疑惑道：“为什么我没有自己出车祸的记忆？”

“您年轻的时候，玩过角色扮演游戏吧？”

张一寻点点头。

Dandy 不疾不徐地说："这个世界的时间就是一档游戏，如果进度被覆盖，只有第一视角的玩家才知道，其他角色是不知道的。记得投影仪上的磁力扣吗？它像是一个病毒，注射到人体后，会读取宿主的大脑信息，借由时光投影仪改变过去以后，只有宿主能记得。"

"那你又是怎么知道的？"

Dandy 瞄了他一眼，叹了口气，问他："车上有纸吗？写字儿的。"

张一寻打开抽屉翻了翻，把自己的胃癌化验单给他。

"这边，任意时空，这边，现在。"Dandy 比画着两边长，然后把化验单卷起，把长边合成一条线，"这样一来，纸两端就有了两个点，以及这条近道，类似于虫洞，整栋 SOULTIME 大楼，其实就是个虫洞，您也可以想象成是小型的百慕大三角洲。时光投影仪可以产生时空裂变的效应，从现在这个点，回到过去，并留下一个坐标空间，只要生成了坐标空间，那时间线就可以被新的历史覆盖，就像过去的奶茶店里，一层一层的留言帖一样。受技术限制，这个效应只能维持十分钟，但次数其实可以无限，每次留下的坐标空间都会自动被磁力扣记录在案，即便我们不是玩家，只要读取这些坐标空间，就能知道发生了什么。"

张一寻听得一知半解，大脑无法处理这些信息，他又开始舞着手杖，激动得连连咳嗽："你们就不怕引起蝴蝶效应，把这个世界毁灭了吗？"

Dandy 大笑道："首先呢，大数据会帮我们避开这些人，另外，您看世界改变了吗？没有啊。该贫穷的继续贫穷，该战争的继续战争，人类依然懒惰，没有爱，环境并没有一天天变好，但也不会再差了。我说过，人啊，就跟蚂蚁一样，你是生是死，往哪走，都无关紧要。所有发生都是必然的。”

“那你们研究这破玩意儿有什么用！”

“观察人类永无止境的贪婪和欲望，不是很有意思吗？”Dandy陡然严肃起来。

“呵，”张一寻狡黠地轻嗔道，“我把这一切弄得更加糟糕，你们满意了？看得开心吗？”

“靠边停吧，我们到了。”Dandy说。

张一寻拄着拐杖下来，面前是一家私人医院。

“这不是我看病的医院吗？”

“哦？”Dandy挑眉道，“那您有去过2579号房吗？”

“……谁在那儿。”

Dandy没回答他，先进了医院，进电梯前，他回头对张一寻说：“朱女士偷了一台带有我们原始数据的投影仪，改变了您的结局，从此下落不明。我们私下找到您，就是要您改变过去，覆盖新的时间线，让投影仪自己回来。”

“你是说，朱夏……”张一寻皱起眉，“可她为什么要偷啊？”

“因为她改变了二百三十三次过去。”

年近七十的朱夏收到医院下的心脏病晚期病危通知单，她最爱的男人永远停在了二十二岁，自己的一生庸碌无为、精神异常，满是遗憾。经过SOULTIME公司的大数据评估，成为时光投影技术的体验用户之一。

朱夏选择投影到张一寻出车祸的当晚。

随着意识如烟云般散尽，身上阵痛袭来，朱夏定了定神，此时出租车已经翻车，张一寻正悬在她身上向警察请求着先救她。朱夏突然拼命晃动，说什么也不离开，还咬伤了警察的手臂。

旁边的货车起火，连带着出租车头也烧了起来，千钧一发之际，警察只得转而施救张一寻。

她看着张一寻被拖出去，眼眶不住地泛泪，心事落定，结束了十分钟的投影。

睁开眼回到七十岁，发现自己正躺在家中床上，她敲着变得沉重的肩膀来到洗手台前，镜子里是半边脸毁容的自己。朱夏仔细搜索着记忆，这条新的时间线里，警察的同事赶在出租车起火前，熄灭了引擎的火势。但换成了几米外的货车爆炸，警察救出张一寻，却一同淹没在烈火中。

张一寻还是死了。

她凭着记忆再次找到SOULTIME公司大楼，却被前台接待告知，一个人一生只有一次投影的机会，出再多钱都无用。她坐在大堂外侧的茶歇室前抹眼泪，束手无策之际，碰到了刚刚读取完记录的Dandy，规则没有人能打破，Dandy也帮不了她。

朱夏临走前想接点热水，保温杯的盖子打不开，顺手递给Dandy请他帮忙。

Dandy使出吃奶的劲也扭不开，观察了下杯盖，按下按钮："您这是按的吧。"

结果就被电晕了。

朱夏把Dandy藏在门背后，偷走他的名牌，刷开了六十二层的顶楼电梯。服务中心的屏幕上，显示目前十个房间均不可使用。朱夏不死心，顺着走廊绕了一圈，直到停在一个半掩着门的房间。

面对同样的一面白墙，朱夏原本只想碰碰运气，结果用之前

Dandy 输入的密码，顺利打开了封存投影仪的隐形柜门。

这台投影仪的外观跟她之前用的那台有些许不同，银质外壳，尺寸更大，旁边还有一个绑绳文件袋，里面装着目前所有使用过时光投影服务的人的名册与说明书。

朱夏粗浅地翻了翻，时间无多，索性抱着投影仪离开房间。刚到门口，楼内就响起警报。

她抱着仪器，腿脚不利索，根本躲不过大楼内的巡警。乘不了电梯，只好从安全出口走楼梯下去。很快，楼梯间也听到巡警的声响。

她眼疾手快地爬到窗户外，好在圆形的大楼每一层都有一圈水泥平台，容得下两人并肩的宽度。只是她在这六十层的高楼上，四周大风呼啸，每迈出一步子，身子就打战，血压不稳定，她感觉有些缺氧。

似乎有个巡警定位到她的位子，开始扒着窗户向外看，朱夏大口喘着气，把投影仪死死护在胸前，紧贴着墙壁缓缓挪动身子，跟巡警开始猫鼠游戏。

另一个巡警及时赶到，朱夏腹背受敌，无所遁形。

情急时小腿肚子踢到一个把手，一个趔趄，投影仪没拿稳，掉进了深渊。朱夏的心开始绞痛，绝望之际，俯身发现把手连着一个小铁门。铁门内是个深不见底的洞穴，洞口有几节钢筋梯子，眼看要被发现，她用力吸了口气，弓下背钻了进去。

洞内结构诡异，梯子并不牢靠，没两步就踩空了，通道几乎接近九十度，像是自由落体般，朱夏感觉到背上撞到了柔软的物质，然后开始向内倾斜，如同坐滑梯一样滚了下去。

两眼一黑，失去了知觉。

她又开始做梦了。

梦中医生告诉她，心脏衰竭的速度比想象的更快。

伴随着一阵心悸，朱夏从梦中惊起，额头渗出了细密的汗。她用力扶着墙壁站起来，发现自己正身处大楼的最底层，身下是陷入地面的圆形凹槽，底部有一圈像是蜂巢般的密网，里面频率有致地冒出白色的石柱，头顶的中心有一个闪着诡异蓝色光芒的触手。

她嘴角淌着血，难忍咳嗽。

知道自己快来不及了，朱夏蹙着眉按住左胸，好像摸到了什么东西，揭开外套的扣子，发现一枚磁力扣正夹在走线的毛衣上。

磁力扣亮着蓝色的指示灯，她定了定神，撩开脖颈间的碎发，把磁力扣吸在太阳穴上。顷刻间，头顶的触手开始运转，蓝光加剧，脚下的石柱呈逆时针不断地从蜂巢里高低窜出。眼前出现了异象，目光所遍及的一切像是小时候台式电脑宕机时，用鼠标牵扯出的无数对话框。物体跟随视线的移动被无限复制拉长成线，她松开扶着墙壁的手，向旁边迈动步子，换个角度看，那些细线竟然成了一幅幅完整的记忆画面，她看见了无数个年轻的自己，无数个午夜梦回最强烈的遗憾，世界变成绚丽又疯狂的万花筒。

她看到了毕业散伙饭当晚，张一寻牵着她从火锅店出来。

她伸出手，似乎能触摸到正发着光的记忆，承受着身体强烈的不适，慢慢闭上眼。

睁开眼时，她正被张一寻抱着，高兴地在原地转圈。随后，张一寻招呼一辆出租车在路边停下。

朱夏猛地拍了拍张一寻，从他身上挣脱下来，俯身对出租车司机说：“师傅，认真开车，慢走不送。”

师傅骂咧咧地摇上车窗开走了。

张一寻扶着朱夏的肩，问："你这是……？"

"我爱你。"朱夏抱着张一寻，用力亲了上去。张一寻搂住她的腰，认真回应这个吻。

猛然惊醒，朱夏坐起身，脸上火吻的伤疤消失，她仍躺在大楼底部，此前绚丽的景象不再，新的记忆再次涌来。

他们结束绵长的亲吻，搭乘另一辆出租车回家，开出火锅店一公里，因为前方十字路发生车祸堵了很久的车。到家后，醉醺醺的二人把父母从睡梦中吵醒，宣告妄想的远大前程。廖梅说什么也不同意，醉酒的朱夏跟她大吵一架，冲出家门，张一寻为了追她，从楼梯上摔下，脑袋撞在水泥角上，从此成了植物人。之后的时间线与现在无异，她偷了投影仪，掉入了大楼底部的量子反应堆里。

虽然细节有了差异，但都逃不了遗憾的咒语。

再一次，朱夏在靠近十字路口前，投影到年轻的自己身上，勒令停车，张一寻以为她醉了，让司机安心开车。朱夏见状，解开安全带直接扑上前控制方向盘。出租车猛地撞在路边的水泥墩子上，躲过了前来的货车。

张一寻想起身保护她，却因此断了左腿。

第四次，朱夏投影在方脸男说话之后，阻止了自己的告白。十分钟过去，意识迷蒙的朱夏恍惚自己断了片，一整晚都心不在焉的。她晃悠着去洗手间吐了一次，出来看见正在洗手的张一寻，身子像不听使唤，就想往他身上倒。两人抱在一起，此时无言，却似说了几辈子的话。散伙饭结束，借着酒意，他们上了回家的出租。张一寻仰面躺在朱夏的腿上，朱夏忍不住吻上了他的唇，抬脸起来时，出租车在不远处的十字路口被一辆冲上来的货车撞翻。

接下来一百多次，她用尽各种办法阻止当年的自己告白，但十分钟的时间太短，要么无法阻止悲剧的重演，要么故事的发展不如她所愿，无论怎么改，两人就是无法牵手一起离开故乡。

朱夏的呼吸越来越急促，心脏像是被一双强而有力的手不断敲击揉捏，崩溃得不成样子。

记忆的画面一遍遍在她眼前铺展开来。

朱夏把磁力扣贴在脖子上，视界再次拉长变形。

她开始往更年轻的时光飞去。

回到高考的英语考场上，考卷已经早早写完，距离交卷最后十分钟，朱夏突然拿起橡皮，把机读卡上涂好的答案全部擦掉。

投影结束，现实不为所动。因为那一年高考，张一寻知道以他们的真实水平，是无法去一所大学的，所以他在每科的试卷上，故意空了几道大题。

于是他们考去了同一所学校。

回到高三那年，张一寻、朱夏和邱少来到近郊的狗厂，企图救狗。朱夏偷偷脱离了队伍，敲了正在屋内睡觉的中年男人的门，她以为这样可以阻止他们，避免邱天坐牢的悲剧，她就可以继续跟邱天在一起。

可现实是，正因为她改变了时间线，才得以让后面的故事发生。

奄奄一息的朱夏，甚至想过最坏的方式。

她回到自己的学前班，上课铃已经响过，其他的小朋友都陆续回了班级。她蹲在厕所隔间里，突然扯起背带裤的一根带子，向后套住脖子打了个死结，然后用力勒。

直到呼吸困难，小脸被涨得通红，也不松开手。

……

十分钟投影结束。

此时的朱夏，失去了最后一丝气力。她跪在地上，身子止不住地发颤，咳嗽不止，口水里夹带着血丝，因为呼吸不畅，脑子里的记忆像是打架一般来回推搡。

她知道，自己又失败了。

手臂一软，她跌在地上，仰面躺着。她颤巍巍地从毛衣的老位置上扯下磁力扣，别在耳后，这是第二百三十三次投影。

看着眼前密密麻麻的画面，早已分不清这些日常是在哪条时间线里出现的。唯独前方闪着火光的车祸画面，如同赌场里摆放整齐的筹码，一遍一遍提醒着她失去挚爱的痛。

痛到麻木。

她到底忽略了哪一步。

她开始整理这二百多次的记忆，第一次告白后，两人在街上拥抱、亲吻、狂奔、坐上了那辆出租车，历史再度重演。第二次，第三次，张一寻免于车祸之死，然后两次车祸之后，第五次再躲过车祸。朱夏闭着眼睛，数字在她脑海里排兵布阵。

2、3、5、8、13、21、34……

想到课上数学老师的一段话："规律本是无所谓有，无所谓无的。但二维空间的 N 个顶点可以确定一个通向方程。"

她睁开眼，盯着反应堆底部的蜂巢布局。

这是一串类似"斐波那契数列"，换言之，从第三项开始，每一项都是前两项之和。

下一个是——233！

这是一次新的免于车祸的机会，但她深知，以现在的身体条件，可能也是最后一次投影。

幽暗的微光中，朱夏看见圆形建筑的中心有一幅倒置交错的画面，她气若游丝地向前爬，摸到边缘的栏杆，倒转身子。终于看清，某一帧记忆里，以上帝视角俯瞰着散伙饭的圆桌。

张一寻去吧台借了支记号笔，小心翼翼地在灌满可乐的瓶子中心，写下一串5201314。

他把可乐瓶藏进背包，席间与对面的朱夏对上眼神，就立刻转移视线。

一针一线缝制的记忆里，朱夏终于找到那根源头的线，那时的张一寻不确定她的心意，正在两难。所以意味着在有限的十分钟里，关键不是要阻止自己告白，而是让张一寻死心。

朱夏的脑容量将要炸裂，撑着最后一口气，艰难地爬到平台边缘，她觉得好困，眼皮不住地打战，忽然，身下一空，跌进了绚烂的万花筒里。

在闭眼之前，她看着头顶的画面，抬起手挡在眼前，蓝色的光线不住地打在指节上。

似乎抚摸到过去的温存。

第二百三十三次回到过去。

“朱夏！”方脸男生挑逗着气氛，“我觉得你今后肯定会跟张一寻好的。”

朱夏脑子内混乱，耳蜗里发出凄厉的长鸣，她难受地搁下筷子，说：“别恶心我们了……”坐在对面的张一寻抬起头。她继续说道：

“两个人能在一起，早在一起了。生花生是甜的，煮熟了就不甜了，我以后可以向全世界讨一颗糖吃，就是不能浪费时间跟太熟的人谈恋爱。”

饭桌上没人说话了，气氛变得尴尬。张一寻愣愣地靠在椅背上，随后借口头疼，提前离了席。朱夏的眼圈瞬间红了，她埋下头，听见自己心脏狂跳，然后如同一段音乐的休止符，戛然而止。

锅里的红汤突突地冒着泡，热气腾腾。

“张一寻呢?”朱夏抬头，觉得脑仁疼。

“走了啊。”方脸男回应。

“为什么?”朱夏不解。

“不想喝了呗，你看他哪次喝醉过。我们啊，算个处得来的朋友就不错了。朱夏，别看你跟他在一块儿那么多年，我看大家也彼此彼此。”方脸男端起杯，“得了，大家走一个，去社会上了该恋爱的恋爱，该发财的发财，大家长命百岁，万事如意。”

“你还好吗?”见朱夏心不在焉，陆乘风问她。

“嗯，好像有点断片了。”朱夏一口深呼吸，掏出手机，点开张一寻的QQ，想说些什么，转瞬觉得还是算了。

提前离场的张一寻没有坐那辆出租，而是坐班车回了学校。他没有与任何人告别，只用了两天时间，收拾好全部的过去，坐了一天一夜的火车，只身前往北京。

他甚至连一句妥帖的再见都没跟朱夏说，只是到站后，拍了张南站的照片发给她。

朱夏含着泪，回复他：“我在一本书上看到一个印章，上面写着，生欢喜心，把它送给你，祝福你从此以后，由心底觉得自由、快乐。”

青梅竹马的二人因为距离渐渐失了联系。

记忆留给记忆，后来时间，回到开头。

Dandy 按下了 2579 的门铃。

一位 AI 护工开的门，Dandy 友好地与她握了握手，眼里一番扫描后，护工侧身放行。

老年朱夏正躺在床上，靠呼吸机维持生命，护工说她的紫绀面积太大，身体肌肉已经麻痹，无法起身。但意识是清醒的，可以试着唤一唤她。

张一寻慢慢挪到朱夏身边，事隔几十年再次见到爱人，情绪瞬间翻涌成海。

“老太婆，猪宝，我还是见到你了，你又赢了。”张一寻张着嘴，下巴的白色胡须也跟着嘴唇的频率不住地抖动。他轻轻掀开被子一角，牵起她枯槁的手，看见了他当年送的手链，肿胀的手腕把链条撑得变了形，勒出深深的红印。

当年因为这条手链争吵，在雾霾的冬天翻了一整宿的垃圾桶。所有前尘往事，一时间都浮现在眼前。

“老太太说什么也不肯取下这链子，我们想动一下都不行，总跟我们急。”护工说道。

朱夏的眼角突然沁出了泪，心率也开始异常。

张一寻俯下身，轻轻吻去了她眼角积起的泪，一下下抚摸着她白如鱼线的发丝，像是回到了在北京的那几年时光。

Dandy 叹了口气，道：“您不知道原本的生活，已经是她力所能及为您写下的最好的结局了。”

张一寻没忍住，像个孩子般，趴在朱夏床前哭出了声：“对不起，又让你陪我受了一遍苦，是我把它搞砸了。”

“怎么样，还想要再改吗？”Dandy 问。

“不必了，”张一寻擦掉眼泪，凄然道，“但是，我能有一个请求吗？”

从医院出来，Dandy 坐上通往市郊的空轨，越过几个交叉的十字路与大型中央公园，SOULTIME 标志性的大楼出现在车窗前，空轨靠站，停在旁边六层楼高的公寓边。

SOULTIME 的所有员工都住在这里。

Dandy 用虹膜刷开房门，六十平方米的开间里，所有家电一应俱全，生活气十足，但却不杂乱。最显眼的是床边的两排衣架，整齐地挂着白色的工作服和各色剪裁新颖别致的衣服。

门口的餐桌上，一台绿色的复古咖啡机旁摆放着精致的餐食。Dandy 靠在椅子上，看见盘子下压着一个信封。

拆开里面的电子通知单，他大致晃了一眼，突然没来由地发起脾气，把桌上的食物全部扫到地上。

食物依然完好，因为都是模型。

他一股脑儿踹了桌椅，毁坏了墙上的画，转而从冰箱掏出一罐蓝色的透明饮料，一饮而尽。来到床前，气急败坏地掀开白色的床单被罩，露出银色的金属底座，他侧卧在床上，闭目养神。

床上有电流运转的声音，Dandy 的后脑勺浮起一个蓝色的小圆环，手臂上亮起一个电池的图案，显示正在充电中。

对面的 SOULTIME 大楼隐匿在入夜的雾气中，六十二层的圆形建筑，建筑层面复杂，用料考究，是美国科学家和日本的建筑家联名的结晶，在整个城市中都是现代美学与尖端科技的佼佼者。除了高端会员和邀请制服务，平日这里鲜有闲人进入，没人知道这栋大楼里还有多少秘密。

其实在六十二层的顶层之上，还有一个隐藏的六十三层。只有拥有特殊身份的人，才可以进入，他们有一个特别的称谓，叫“God Player（上帝玩家）”。

他们这些人里，分为超级人类，和自然受孕的人类。有坐拥亿万资产的地产商、商界精英、演艺界名流，也有科技医务工作者、画家、作家，也有家庭主妇、未婚青年、自由白领、建筑工、乞丐。

整层楼的空间，除了四周一圈白色的皮质座椅外，中间被大大小小的水泥柱围成了一个小型的斗兽场，场地中心有一个全息投影的电子屏。只要楼下的时光投影房间有体验者进入，屏幕上就会跳出对应房间的罗马数字。

体验者戴上磁力扣的瞬间，他视线所能看到的一切，会同步显示在现场的电子屏上。

所有的God Player手上均有一枚仿古的铜制筹码，两圈星环套着一枚心脏形状的星球，下方用花体英文刻着“For My Soul”。座椅扶手两边，分别有一个大理石烛台，对应“yes”与“no”。在投影开始前，屏幕上会显示一笔当日奖金池的数字。

从投影开始到结束，他们有三次放置筹码的机会。

第一次：体验者会不会违背投影规则，改变过去？

第二次：如果过去的遗憾消除，新的生活会更完美吗？

第三次：体验者还会想要再次投影吗？

每次必须放置筹码，以体验者的选择为最终答案，输者淘汰离场，三次均正确的赢家可以平分奖金池的奖金，并继续持有筹码，保留 God Player 身份。

人的记忆不是对场景的重现，而是后期对事件的加工整理。就像我们在回忆过去的时候，总是以上帝的视角，而非从自己的双眼看一切。

体验者每改变一次过去，新的生活会以上帝视角呈现在屏幕上，对所有 God Player 来说，像看了一部电视剧，或者一本书。

声色犬马的斗兽场，众人像机器一样注视着别人的生活，手里的香槟不住地冒着细密的气泡，整齐精致的西瓜摆盘，以智者的姿态，坦荡地接受着一切。

“观察人类永无止境的贪婪和欲望，不是很有意思吗？”Dandy 的声音响起。

充电中的 Dandy 眼皮微微颤抖。

思绪回到今日下午。

“我能有一个请求吗？”张一寻问他。

“老爷子，您又要干什么？”

张一寻的声音有些发涩，说：“我知道你是仿生人。”

Dandy 怔住了，裹了裹外套，挑眉掩饰：“啊？您说什么呢？”

“我第一次去 SOULTIME 的时候，你的海报就贴在走廊上。”

电子海报上，“时光投影技术革命”几个大字霸占在中央，Dandy 的形象出现在海报的右下角，动漫对话框上写着，最新仿生管理员贴心服务。

Dandy 扶额，试图说服全世界，想要当个人类，结果不过是掩耳盗铃，欺骗自己罢了。

“你是故意出现在pizza店的吧。”张一寻站起身，缓缓走向Dandy，“带我来医院跟朱夏重逢，告诉我原本时间线发生的事，是为了不想再让我们重蹈覆辙吧?”

Dandy下意识地连连后退:“哎呀，谁爱管你们人类的事啊，我是完全遵守公司规定，不左右客户意志的啊，您可别瞎说。”

“真的吗?那我再大胆瞎说说，其实时光投影技术，本来就可以改变过去，你骗我只能在意识层面留下记忆，是知道朱夏好不容易让我活了过来，不忍心我再把过去覆盖了吧?”

Dandy惶恐地瞪着眼，琥珀色的瞳仁微微颤着光。

SOULTIME的六十三层，Dandy举着香槟酒与美食，游走在各个God Player之间。碰到没素质的人，若打断了他们兴致，会被责骂，有时实在忍不住想要回嘴，却被挑衅道:“以为自己是人类吗?”

他只好沉默，无奈地道歉，乖乖躲回人类的背后。屏幕上灰蓝色的荧光深深浅浅地映上他的脸，那位叫朱夏的七十岁体验者是他接待过的客户，被她与发小的故事所感动，可惜一次投影之后，朱夏并没有成功改变过去。

他想要为她做些什么。

朱夏顺利偷走了原始数据的投影仪，误入量子反应堆，斗兽场的电子屏无法追踪朱夏的记忆，也因为大量原始数据消失，六十三层一度中断营业。

“你是怎么知道的……”Dandy冷冷地说。

张一寻看着Dandy，此时已经离他很近了，他低头，示意Dandy

向下看。

他早已扭开了手杖上的狮子，手杖的尖头碰着他的腿很久了。

“好吧，我承认，但我没那么伟大，我只是不想让那台投影仪回来，不想让六十三层继续存在。”Dandy 摊手道，“可拦不住你，还是失败了……我真的不想再被当成一个呼来唤去的产品了，你们发明了我们，给了我们意识，却不能让我们有像正常人类的尊严，凭什么！”

“你觉得人类的尊严是什么？”张一寻反问。

Dandy 顿了顿，说：“可以随便指点别人。”

“我觉得是爱……”张一寻轻叹息，“可我们现在没有了，所以才会有上面的人，像看标本一样看过去的我们。”

Dandy 觉得身子变热，蹲在地上，仿生人没有泪腺，但能体会什么叫哭。

张一寻拍拍他的背：“你比人类善良，人类喜欢看事故，却不爱看故事。”

Dandy 不知该说什么。

他眼波流转，招招手，示意 Dandy 站起来，语重心长道：“孩子啊，我不会改变过去了，此生，我们有在北京的那几年记忆，已经足够温柔了。我跟朱夏都没几天可活，在这之前，我想认认真真地享受一次这十分钟的投影。”

充电中的 Dandy 眼皮颤抖的幅度越来越剧烈。

那封拆开的电子通知单上，有一个红色叹号的三角形符号。一串跳动的英文下，写着他的惩罚决议书。鉴于私自开启原始投影仪房间，给盗窃者提供机会，并影响体验者意志，险些无法召回原始投影仪，诸多罪行并犯，违反仿生人约束条例，将于三日后返厂报废，弃入仿生产品堆填垃圾场。

Dandy猛地睁开眼，后脑的小圆环陡然碎裂。

张一寻戴着口罩和帽子，推着轮椅上的朱夏进入SOULTIME，Dandy身穿工作服正在门口等着他们。

来到前台，Dandy跟接待说他们是受邀的体验者。

前台的接待冷冰冰地让他们出示邀请函。

“邀请函呢？”Dandy转头向张一寻挤眉弄眼道。

“啊……哦！”张一寻假惺惺地开始触碰手环，捣鼓了半天，弹出一个三维码递上去。

接待扫了一遍，无法识别：“您这是收款码吧？”

“老爷子，确定是这个吗？”Dandy用手肘顶了顶张一寻。

“是它，是它！”

前台不信邪，站起来，又仔细扫了一遍。

Dandy眼疾手快地按下她后脑的开关，接待瞬间趴在桌上。

张一寻咽了团口水，肾上腺素狂飙，推着朱夏绕过前台，跟上Dandy的步子。

进来电梯，Dandy按下六十二层的按钮，电梯门合上之前，一位胖巡警伸手抵住了门，他双手扶着肚子上的皮带，趾高气扬地走进来，上下打量着他们。

Dandy和张一寻不敢出声，默契地低下头。

好在巡警没起疑心，按了楼层后，电梯缓缓上升。

Dandy抬起眼，在他身后张望有没有开关。

一旁的张一寻小声道：“他是不是人啊？”

巡警转过头，瞪了他们一眼，恼羞成怒地答：“你才不是人！”

喊完便转了回去。

两人对视，淡定地连连点头，张一寻转开手杖。

电梯门打开，巡警应声倒地。

到了六十二层后，Dandy想用名牌随便刷个房间，但房门打不开，名牌已失效，换了好几个房间都不管用。

站在电梯间的张一寻突然喊他："Dandy，七号！"

几秒前，电子屏上标示"Ⅶ"的房间跳出"Occupied（使用中）"的提示。

张一寻推着朱夏赶到Ⅶ房前，Dandy朝他比了个嘘声的手势，随后敲了敲门。

屋内果然有动静，Dandy又狠狠朝门上拍了两掌。

房门开出一条缝，一个跟Dandy穿着一样白色工作服的小鲜肉露出半张脸，警惕地问："你是哪层楼的，打断使用中的时光投影仪，知道这是违背公司规定的吗？"

一边说着，瞳仁一边对Dandy进行扫视，资料库开始运转。

"扫哪呢！"Dandy对着他眼睛就是一拳。

Dandy撞开门，小鲜肉躺在地上，龇牙咧嘴地捂着眼，Dandy气不打一处来："换人也就算了，还换一个比我帅的！"

小鲜肉猛然伸出腿，绊了他一跤，两人在地上扭打成一团，打断了正在座位上接受投影的老人，老人太阳穴上的磁力扣掉落在地。

张一寻抱歉地上前拍了拍，老人埋着头坐在座位上，意识已经不清。

被勒住脖子的小鲜肉护着自己脑后的开关，其间启动了应急装置，大楼警报响起。

眼看来不及了，Dandy 挣不开小鲜肉钳住他的两条腿，索性朝墙上用力一蹬，直接缠着他滚出了房间。终于腾出一只手，用力拉上了房间的门，房门自动上锁。

在最后一刻，他朝张一寻吼道：“老爷子！很高兴认识你！”

外面的动静越来越大。

张一寻扶着房门把手，忍住胸腔剧烈的起伏，用手腕揉了揉干涩的眼睛。按照 Dandy 的指示，如果两枚磁力扣同时吸附在他和朱夏身上，即可投影到两人出现的同一个节点。

张一寻取下投影仪上的一枚磁力扣，但刚刚从老人身上掉下来的那枚却不见了踪影。正当焦急之时，他感觉到太阳穴一阵轻微的刺疼。

是另一枚磁力扣。

回过身，是刚才那个老人，他挺拔地站在张一寻面前，低眉浅笑着，即便岁月的痕迹爬上面颊，但仍挡不住他眼神里坚毅的光。

“陆……”张一寻惊喜交加，努力回忆着名字。

“我帮你守着，快点。”老人打断他，粲然一笑，“我们在过去见。”

张一寻噙着泪，将磁力扣吸在朱夏额角。

他们眼前出现了 SOULTIME 的 logo，两人此生重叠的记忆开始像幻灯片一般一帧帧闪现。

在正式投影之前，张一寻看着四面的白墙，兀自说了一段话。

“你啊，别看了，就是你啊，看着我们一路过来的朋友。我想说，人类真的太可怜了，容易死，不自由，大部分的梦想也都实现不了，可是欲望又无限大，遗憾各不相同，但都痛，笑着说没事，不过是撒了一个只骗过自己的谎。但是，都会过去的，一切都会过去的。因为一生一回的人间，最珍贵的东西就是爱，爱会让我们主动或者被迫地接受，受得住，就考虑明天地活着，受不住，就随意地活着吧。总之，别给人类丢脸啊。就看到这儿吧，西瓜吃多了，会胖的。”

张一寻牵起朱夏的手，俯身鞠了个躬。

他回头看了眼身后的老人，老人朝他点点头。

牵着朱夏的手稍加了力气，张一寻捏了捏她的指节。

倘若故事的结局写在最初，那他们还有一件事未完成。

“如果你有一次机会，把此刻的灵魂投射到过去的你身上，你可以看看曾经，与遗憾对话，但过程只有十分钟，你想去哪里？”

“去那一天吧。从那天开始，我们所做的每一件事，都是为了，再靠近彼此一点点。”

他们回到了故乡的大院里。

五岁的张一寻和朱夏坐在水泥墩子上聊着天。

两个小孩子眼神忽然失焦，不再说话了，只是静静地看着彼此笑了起来。

廖梅和朱振东站在不远处，林夕施也刚好从夜市回来，见张一寻和朱夏玩得好，也不忍心打扰。

他们回头看了眼身后年轻的父母，逆着傍晚的落日，美好得像是一幅定格的胶片。

朱夏把张一寻牵到旁边的草坪里，摸着栀子花，问他：“好看吗？”

张一寻点点头。

“那你送给我好不好？”

张一寻应声，折下一朵花，戴在了朱夏的头上。

放下手的时候，朱夏变成了二十多岁的样子，她甜甜地笑着，眼眶里满是眼泪。同样年轻的张一寻也回望着她，一边笑，一边把她脸颊的碎发拨到耳后。

朱夏再抬眼看，年老的张一寻眼圈通红，笑容堆出了好多条皱纹。视线里，同样斑驳的朱夏，也笑得灿烂如花。

在眼泪落下之前。

他们深深看了彼此最后一眼。

那一眼，抵万年。

写在最后

一切开始以前，故乡未老，我们还不擅长遗忘。

人到某个阶段，会密集地怀念从前，感叹自己变成了过去讨厌的人。但其实，正因为太不珍惜此时此刻，所以才会觉得过去怎样都好，你也并不是变成了过去讨厌的人，你只是在那时，并不了解人生。

人生就是一场事故与故事塞满的剧，我们都因为其中的某个选择，给了回忆不同的注解。于相遇中领会痴狂，于告别中学会接纳，于孤独中念念不忘，于生命中直面成全。

世界的生灭变化如同一场循环，结局已是开始。开始，即为结束。

生而为人，有一种状态最为美好，它有一个值得咀嚼的名字：“最初”。

2019 年 1 月 30 日星期三 第一稿

2019 年 3 月 04 日星期一 第二稿

2019 年 3 月 21 日星期四 第三稿

张皓宸

青年作家，写故事的人。
生活另一部分交给插画与手写字。
见字如面。

已出版作品：
《谢谢自己够勇敢》
《我与世界只差一个你》
《听你的》
《你是最好的自己》

睡不着就找我，我不关机 :)

最初之前

产品经理 | 马伯贤　　责任印制 | 刘　淼
版式设计 | 欧阳颖　　营销推广 | 何禾鹤
技术编辑 | 顾逸飞　　　　　　　马　焱
产品总监 | 应　凡　　出 品 人 | 王　誉

图书在版编目（CIP）数据

最初之前 / 张皓宸著. -- 天津：天津人民出版社，2019.5

ISBN 978-7-201-14661-4

Ⅰ. ①最… Ⅱ. ①张… Ⅲ. ①长篇小说－中国－当代 Ⅳ. ①I247.5

中国版本图书馆CIP数据核字（2019）第070082号

最初之前

ZUICHU ZHI QIAN

出　　版　天津人民出版社
出 版 人　刘　庆
地　　址　天津市和平区西康路35号康岳大厦
邮政编码　300051
邮购电话　022-23332469
网　　址　http://www.tjrmcbs.com
电子信箱　tjrmcbs@126.com

责任编辑　张　璐
产品经理　马伯贤
特约编辑　金晓芸
装帧设计　TOPIC DESIGN

制版印刷　河北鹏润印刷有限公司
经　　销　新华书店
　　　　　果麦文化传媒股份有限公司
开　　本　145×210毫米　1/32
印　　张　9.25
插　　页　2
字　　数　230千字
版次印次　2019年5月第1版　2019年5月第1次印刷
定　　价　49.00元